ULRICH FABER

Die arbeitsschutzrechtlichen Grundpflichten des § 3 ArbSchG

Schriften zum Sozial- und Arbeitsrecht

Band 231

Die arbeitsschutzrechtlichen Grundpflichten des § 3 ArbSchG

Organisations- und Verfahrenspflichten, materiellrechtliche Maßstäbe und die rechtlichen Instrumente ihrer Durchsetzung

Von

Ulrich Faber

Duncker & Humblot · Berlin

Die Juristische Fakultät der Martin-Luther-Universität Halle-Wittenberg
hat diese Arbeit im Jahre 2002 / 2003 als Dissertation angenommen.

Bibliografische Information Der Deutschen Bibliothek

Die Deutsche Bibliothek verzeichnet diese Publikation in
der Deutschen Nationalbibliografie; detaillierte bibliografische
Daten sind im Internet über <http://dnb.ddb.de> abrufbar.

Fotoprint: Berliner Buchdruckerei Union GmbH, Berlin
Printed in Germany

ISSN 0582-0227
ISBN 3-428-11153-2

Gedruckt auf alterungsbeständigem (säurefreiem) Papier
entsprechend ISO 9706 ♾

Internet: http://www.duncker-humblot.de

Vorwort

Die vorliegende Arbeit wurde im Wintersemester 2002/2003 von der Juristischen Fakultät der Martin-Luther-Universität Halle-Wittenberg als Dissertation angenommen. In der Veröffentlichung konnte Literatur und Rechtsprechung bis zum Herbst 2002, z.T. bis Anfang 2003 berücksichtigt werden.

Besonderer Dank gebührt meinem „Doktorvater", Herrn Prof. Dr. Wolfhard Kohte. Er hat nicht nur das Thema der Arbeit angeregt, sondern den Entstehungsprozeß durch Anregungen in zahlreichen Diskussionen unermüdlich unterstützt und mich in schwierigen Phasen mit viel Einfühlungsvermögen immer wieder ermutigt. Dank gilt zudem Herrn Prof. Dr. Raimund Schmidt-De Caluwe für die trotz des beträchtlichen Umfangs der Arbeit zügige Erstellung des Zweitgutachtens.

Ohne die solidarische und konstruktive Unterstützung von Arbeitskollegen, Freunden und nicht zuletzt meiner Familie wäre die Arbeit wohl kaum gelungen. Immer wieder wichtige Impulse habe ich von den Mitgliedern des „Halleschen Freitagsclubs", dem Doktoranden-Kolloquium von Prof. Dr. W. Kohte bekommen. Es erwies sich für mich als großer Gewinn, mehrmals die Gelegenheit zu bekommen, die Arbeit in der für mich einzigartig sachlichen, konstruktiv-kritischen und freundschaftlichen Atmosphäre des „HFC" zu diskutieren. Zu danken habe ich auch allen Mitarbeiterinnen und Mitarbeitern des Lehrstuhls für Arbeits- und Organisationspsychologie der Ruhr-Universität Bochum (Prof. Dr. B. Zimolong) für die kritische Begleitung meiner Arbeit. Durch die interdisziplinäre Zusammenarbeit in mehreren empirischen Forschungsprojekten zum Arbeits- und Gesundheitsschutz habe ich nicht nur die Sichtweise von „Organisationsentwicklern" kennengelernt, sondern durch die Studien vor Ort in den Betrieben auch die betriebliche Praxis mehrerer Branchen. Viele Ideen sind gerade durch die intensiven Gespräche mit den betrieblichen Praktikern entstanden. Ohne andere zurücksetzen zu wollen, gebührt dabei besonderer Dank Frau Dipl. Psych. Corinna Wiegratz, die mir auf einer Fülle von Bahnfahrten quer durch die Republik immer wieder die arbeits- und organisationswissenschaftliche Seite des Themas mit großer Geduld nahegebracht hat.

Eine wichtige Gesprächspartnerin während der gesamten Bearbeitungszeit war für mich Frau Dr. Kerstin Feldhoff, deren Rückmeldung und Kritik für mich besonders weiterführend war, als es „nicht rund" lief. Dank gilt zudem all denen, die mich in schwierigen Phasen nicht nur ertragen, sondern auch aufgebaut haben. Ausdrücklich erwähnen möchte ich hier Peter Finkensiep, Ingo Hamm und Klaus Schmitz, die hoffentlich alle um ihren jeweils speziellen Beitrag dazu wissen, daß ich „durchgehalten" habe. Ein großes Dankeschön gebührt schließlich meiner Familie, allen voran meiner Lebensgefährtin, Frau Dr. Heike Diederich, und meinen Eltern, die mir jederzeit jede erdenkliche Hilfestellung gegeben haben. Einen Riesenkuß hat sich unsere kleine Tochter Emma verdient, die mir, ohne es wissen zu können, klar gemacht hat, daß jede Arbeit irgendwann abzuschließen ist.

Witten, Mai 2004 *Ulrich Faber*

Inhaltsverzeichnis

Fünftes Kapitel

Rechtliche Instrumente zur Durchsetzung der Grundpflichten des § 3 ArbSchG 353

Abkürzungsverzeichnis

a.A.	Anderer Ansicht
ABl. EG	Amtsblatt der EG
ACOP	Approved Code of Practice
a.F.	alte Fassung
AG	Aktiengesellschaft
AiB	Arbeitsrecht im Betrieb (Zeitschrift)
AktG	Aktiengesetz
AMBV	Arbeitsmittelbenutzungsverordnung, außer Kraft getreten am 3.10.2002 (BGBl. I 2002, S. 3815) und aufgegangen in der BetrSichV
Anm.	Anmerkung
AöR	Archiv des öffentlichen Rechts (Zeitschrift)
AP	Arbeitsrechtliche Praxis – Nachschlagewerk des Bundesarbeitsgerichts
Arbeit	Zeitschrift für Arbeitsforschung, Arbeitsgestaltung und Arbeitspolitik
ArbG	Arbeitsgericht
ArbGG	Arbeitsgerichtsgesetz
AR-Blattei	Arbeitsrechts-Blattei
Arbo-wet	Niederländisches Arbeitsschutzgesetz
ArbR BGB	Schliemann (Hrsg.): Das Arbeitsrecht im BGB
ArbSch	Fachbeilage Arbeitsschutz des Bundesarbeitsblatts
ArbSchG	Arbeitsschutzgesetz
ArbSchR	Kittner/Pieper, Arbeitsschutzrecht, Kommentar für die Praxis
ArbStättV	Arbeitsstättenverordnung
ArbStoffV	Arbeitsstoffverordnung
ArbuR	Arbeit und Recht (Zeitschrift)
ArbZG	Arbeitszeitgesetz
Art.	Artikel
ASiG	Arbeitssicherheitsgesetz
AuA	Arbeit und Arbeitsrecht (Zeitschrift)
AÜG	Arbeitnehmerüberlassungsgesetz
BAG	Bundesarbeitsgericht
BArbBl.	Bundesarbeitsblatt (Zeitschrift)

BAT	Bundes-Angestellten-Tarifvertrag
BAU	Bundesanstalt für Arbeitsschutz und Unfallforschung
BauA	Bundesanstalt für Arbeitsschutz und Arbeitsmedizin
BauGB	Baugesetzbuch
BauStellV	Baustellenverordnung
BayVBl.	Bayerische Verwaltungsblätter
BayVGH	Bayerischer Verwaltungsgerichtshof
BB	Der Betriebs-Berater (Zeitschrift)
BDSG	Bundesdatenschutzgesetz
Betriebsrat	Der Betriebsrat (Zeitschrift)
BetrSichV	Betriebssicherheitsverordnung
BetrVG	Betriebsverfassungsgesetz
BGB	Bürgerliches Gesetzbuch
BGH	Bundesgerichtshof
BGHSt	Entscheidungssammlung des Bundesgerichtshofes in Strafsachen
BGHZ	Entscheidungssammlung des Bundesgerichtshofes in Zivilsachen
BGV	Berufsgenossenschaftliche Vorschriften
BGZ-Report	Schriftenreihe des Bundesverbandes der gewerblichen Berufsgenossenschaften
BildscharbV	Bildschirmarbeitsverordnung
BImSchG	Bundes-Immissionsschutzgesetz
BioStoffV	Biostoffverordnung
BlStSozArbR	Blätter für Steuer-, Sozial- und Arbeitsrecht
BMA	Bundesministerium für Arbeit- und Sozialordnung
BnatSchG	Bundesnaturschutzgesetz
BSG	Bundessozialgericht
BSGE	Entscheidungssammlung des Bundessozialgerichts (Zeitschrift)
BT-Drcks.	Bundestagsdrucksache
BuW	Betrieb und Wirtschaft (Zeitschrift)
BverfG	Bundesverfassungsgericht
BverfGE	Entscheidungssammlung des Bundesverfassungsgerichts
BverwG	Bundesverwaltungsgericht
BverwGE	Entscheidungssammlung des Bundesverwaltungsgerichts
bzw.	beziehungsweise
ChemG	Chemikaliengesetz
CR	Computer und Recht (Zeitschrift)
DB	Der Betrieb (Zeitschrift)
Die BG	Die Berufsgenossenschaft (Zeitschrift)
DIN	Deutsches Institut für Normung

DÖV	Die öffentliche Verwaltung (Zeitschrift)
DV	Deutsche Verwaltung (Zeitschrift)
DVBl.	Deutsches Verwaltungsblatt (Zeitschrift)
DVP	Deutsche Verwaltungspraxis (Zeitschrift)
EAS	Europäisches Arbeits- und Sozialrecht, hrsg. von Oetker/Preis
EGV	EG-Vertrag
EMAS	Environmental Management and Audit Scheme
ErfK	Erfurter Kommentar zum Arbeitsrecht
EU	Europäische Union
EuGH	Europäischer Gerichtshof
EuGHE	Entscheidungssammlung des Europäischen Gerichtshofs
EWG	Europäische Wirtschaftsgemeinschaft
EWS	Europäisches Wirtschafts- und Steuerrecht (Zeitschrift)
FAZ	Frankfurter Allgemeine Zeitung
FR	Frankfurter Rundschau
GefStoffV	Gefahrstoffverordnung
GenTG	Gentechnikgesetz
GenTSV	Gentechniksicherheitsverordnung
GewArch	Gewerbearchiv (Zeitschrift)
GewO	Gewerbeordnung
ggf.	gegebenenfalls
GK-BetrVG	Gemeinschaftskommentar zum Betriebsverfassungsgesetz
GSG	Gerätesicherheitsgesetz
HdUR	Handwörterbuch des Umweltrechts
HSOG	Hessisches Sicherheits- und Ordnungsgesetz
HVBG	Hauptverband der gewerblichen Berufsgenossenschaften
IKARUS-Abschlußbericht	Forschungsbericht von Zimolong/Kohte, vgl. Literaturverzeichnis
ILO	Internationale Arbeitsorganisation
Industrielle Beziehungen	Zeitschrift
Insbes.	insbesondere
InsO	Insolvenzordnung
ISO	International Organization for Standardization (Internationale Normungsorganiation)
JA	Juristische Arbeitsblätter (Zeitschrift)
JarbSchG	Jugendarbeitsschutzgesetz
JbRSozRTh	Jahrbuch für Rechtssoziologie und Rechtstheorie
Jura	Juristische Ausbildung (Zeitschrift)
JuS	Juristische Schulung (Zeitschrift)
JUTR	Jahrbuch des Umwelt- und Technikrechts

JZ	Juristenzeitung
KJ	Kritische Justiz (Zeitschrift)
KK OWiG	Karlsruher Kommentar zum Ordnungswidrigkeitengesetz
Krw-/AbfG	Kreislaufwirtschafts-/Abfallgesetz
KSchG	Kündigungsschutzgesetz
LAGE	Entscheidungssammlung der Landesarbeitsgerichte
LasthandhabV	Lastenhandhabungsverordnung
LM	Lindenmaier/Möhring, Nachschlagewerk des BGH in Zivilsachen
LPK-Bearbeiter	Lehr- und Praxiskommentar zum SGB VII
MAK	Maximale Arbeitsplatzkonzentration
MaschinenV	Maschinenverordnung (9. GSGV)
MBl.NW	Ministerialblatt Nordrhein-Westfalen
MüKo	Münchener Kommentar zum BGB
MünchArbR-	Münchener Handbuch zum Arbeitsrecht
MüKo-ZPO	Münchener Kommentar zur ZPO
MuSchG	Mutterschutzgesetz
MuSchRiV	Mutterschutzrichtlinienverordnung
m.w.N.	mit weiteren Nachweisen
N+R	Natur und Recht (Zeitschrift)
NJW	Neue juristische Wochenschrift (Zeitschrift)
NStZ	Neue Zeitschrift für Strafrecht
NuR	Natur und Recht (Zeitschrift)
NVwZ	Neue Zeitschrift für Verwaltungsrecht
NWVBl.	Nordrhein-Westfälische Verwaltungsblätter (Zeitschrift)
NZA	Neue Zeitschrift für Arbeitsrecht
NZA-RR	NZA-Rechtsprechungs-Report
NZS	Neue Zeitschrift für Sozialrecht
OBGBG	Ordnungsbehördengesetz Brandenburg
OBGNW	Ordnungsbehördengesetz Nordrhein-Westfalen
OLG	Oberlandesgericht
OWiG	Ordnungswidrigkeitengesetz
PersR	Der Personalrat (Zeitschrift)
PersV	Die Personalvertretung (Zeitschrift)
Prax-Kommentar	Praxis-Kommentar zum ArbSchG
ProdHG	Produkthaftungsgesetz
PrOVG	Preußisches Oberverwaltungsgericht
PrPVG	Preußisches Polizeiverwaltungsgesetz
PSA	Persönliche Schutzausrüstung
RdA	Recht der Arbeit (Zeitschrift)

Rdnr./Rdnrn.	Randnummer/n
RG-Prax	Die Reichsgerichtspraxis im deutschen Rechtsleben, Festgabe zum 50jährigen Bestehen des Reichsgerichts
RGRK	Kommentar zum BGB (vgl. Literaturverzeichnis)
RGSt	Entscheidungssammlung des Reichsgerichts in Strafsachen
RGZ	Entscheidungssammlung des Reichsgerichts in Zivilsachen
RVO	Reichsversicherungsordnung
S.	Seite
SAE	Sammlung arbeitsrechtlicher Entscheidungen (Zeitschrift)
SGB	Sozialgesetzbuch
SGb	Die Sozialgerichtsbarkeit (Zeitschrift)
s.i.s.	Sicher ist Sicher (Zeitschrift)
SK-StGB	Systematischer Kommentar zum Strafgesetzbuch
SOGLS	Sicherheits- und Ordnungsgesetz Sachsen
SOGLSA	Sicherheits- und Ordnungsgesetz Sachsen-Anhalt
SozSich	Soziale Sicherheit (Zeitschrift)
StA	Staatsanwaltschaft
StGB	Strafgesetzbuch
StörfallV	Störfallverordnung
StrlSV	Strahlenschutzverordnung
TAS	Wank, Kommentar zum technischen Arbeitsschutz
TRGS	Technische Regeln für Gefahrstoffe
UmwG	Umwandlungsgesetz
UPR	Umwelt- und Planungsrecht (Zeitschrift)
UTR	Schriftenreihe des Instituts für Umwelt- und Technikrecht der Universität Trier
UVP	Umweltverträglichkeitsprüfung
UVPG	Gesetz über die Umweltverträglichkeitsprüfung
UWG	Gesetz gegen den unlauteren Wettbewerb
VersR	Versicherungsrecht (Zeitschrift)
VerwArch	Verwaltungsarchiv (Zeitschrift)
VR	Verwaltungsrundschau
VVDStRL	Veröffentlichungen der Vereinigung der deutschen Staatsrechtslehrer
VwGO	Verwaltungsgerichtsordnung
VwVfG	Verwaltungsverfahrensgesetz
WHG	Wasserhaushaltsgesetz
WHO	Weltgesundheitsorganisation
WiB	Wirtschaftsberatung (Zeitschrift)

Wistra	Zeitschrift für Wirtschaft, Steuer, Strafrecht
WiVerw	Wirtschaft und Verwaltung (Zeitschrift)
WSI Mitteilungen	Zeitschrift der Hans-Böckler-Stiftung
WuWEBGH	Wirtschafts- und wettbewerbsrechltiche Entscheidungen des BGH (Entscheidungssammlung)
Z.ArbWiss	Zeitschrift für Arbeitswissenschaften
z.B.	zum Beispiel
ZEuP	Zeitschrift für Europäisches Privatrecht
ZfA	Zeitschrift für Arbeitsrecht
ZfRSoz	Zeitschrift für Rechtssoziologie
ZfW	Zeitschrift für Wasserrecht
ZGR	Zeitschrift für Unternehmens- und Gesellschaftsrecht
ZHR	Zeitschrift für das gesamte Handels- und Wirtschaftsrecht
ZIP	Zeitschrift für Wirtschaftsrecht
ZPO	Zivilprozeßordnung
ZStW	Zeitschrift für die gesamte Strafrechtswissenschaft
z.T.	zum Teil
ZTR	Zeitschrift für Tarifrecht
ZUR	Zeitschrift für Umweltrecht
ZZP	Zeitschrift für Zivilprozeß

Erstes Kapitel

Einleitung

Am 21. August 1996 ist das Arbeitsschutzgesetz (ArbSchG) inkraftgetreten. Das ArbSchG bildet den Kern des „Gesetzes zur Umsetzung der EG-Rahmenrichtlinie Arbeitsschutz und weiterer Arbeitsschutz-Richtlinien“[1], durch das in Gestalt eines Artikelgesetzes eine Reihe europäischer Richtlinien, darunter die Arbeitsschutzrahmenrichtlinie 89/391/EWG[2], in nationales deutsches Recht umgesetzt worden sind. Neben der Einführung des ArbSchG (Art. 1), enthält das Artikelgesetz Regelungen über das Inkrafttreten (Art. 6) sowie partielle Änderungen des ASiG (Art. 2), BetrVG (Art. 3), AÜG (Art. 5) und der GewO (Art. 4). Mit dem Erlaß des ArbSchG hat der Gesetzgeber nicht nur seit langem erhobene sozialpolitische Forderungen aufgegriffen, sondern zugleich rechtliche Pflichten zur Novellierung des Arbeitsschutzrechts erfüllt. So war die Frist zur Transformation der EG-Rahmenrichtlinie Arbeitsschutz nach ihrem Art. 18 Abs. 1 bereits am 31. Dezember 1992 abgelaufen. Zu verweisen ist weiter auf Art. 30 Abs. 1 Nr. 2 Einigungsvertrag, der die Aufgabe einer zeitgemäßen Neugestaltung des Arbeitsschutzes formuliert.[3]

Mit dem ArbSchG hat sich der Gesetzgeber nach einer langen und bewegten Gesetzgebungsgeschichte[4] zu einer 1 : 1 Umsetzung der europäischen Rahmenrichtlinie Arbeitsschutz durchgerungen. Es handelt sich damit zwar nicht um „den großen Wurf“, durch den das betriebliche Arbeitsschutzrecht „anwenderfreundlich“ in einem übergreifenden Gesetz zusammengefaßt geregelt wird.[5] Ungeachtet dessen stellt das ArbSchG wohl unbestritten einen Fortschritt für die systematische Weiterentwicklung des über einen langen Zeitraum gewachsenen und zer-

---

[1] BGBl. I 1996, 1246 ff.

[2] Richtlinie 89/391 EWG des Rates vom 12. Juni 1989 über die Durchführung von Maßnahmen zur Verbesserung der Sicherheit und des Gesundheitsschutzes der Arbeitnehmer bei der Arbeit (Abl. EG Nr. L 183, S. 1).

[3] Hierzu etwa *Wlotzke*, Festschrift Kehrmann, 141 ff. (141 f.); *Kollmer*, WiB 1996, 825 ff. (825).

[4] Vgl. hierzu eingehend *Pieper*, Das Arbeitsschutzrecht in der deutschen und europäischen Arbeits- und Sozialordnung, S. 336 ff.; *Koll/Janning/Pinter-Koll*, Kommentar zum ArbSchG, Ordnungsbuchstabe B, Rdnrn. 38 ff.

[5] Hierzu etwa *Vogl*, NJW 1986, 2753 ff. (2754); *Wlotzke*, NZA 1996, 1017 ff. (1024).

splitterten deutschen Arbeitsschutzrechts[6] dar. Da das Gesetz einheitliche Grundvorschriften für alle Tätigkeitsbereiche schafft, entfallen die historisch erklärbaren, in der Sache aber kaum zu rechtfertigenden unterschiedlichen Rechtsgrundlagen zwischen verschiedenen Beschäftigtengruppen, insbes. zwischen den Beschäftigten im öffentlichen Dienst und in der Privatwirtschaft.[7] Als „Grundgesetz“ oder „Allgemeiner Teil“[8] des betrieblichen Arbeitsschutzrechts bildet das ArbSchG zudem einen Rahmen für eine einheitliche, rechtssystematisch abgestimmte Bereinigung bzw. Fortschreibung der Schutzvorschriften.[9]

Während die skizzierten rechtssystematischen Weichenstellungen durch das ArbSchG weitgehend als geklärt gelten dürften, liegen die Dinge anders im Hinblick auf die Frage, ob und ggf. welche sachlichen Änderungen des gewachsenen Arbeitsschutzrechts mit dem ArbSchG verbunden sind. Zwar besteht auch insoweit auf prinzipieller Ebene kaum Streit. So ist im Rahmen der Rezeption des Gesetzes durch die Literatur hervorgehoben worden, daß dem ArbSchG ein neuer, erweiterter Arbeitsschutzansatz zugrundeliegt.[10] Unklar ist jedoch, welche Schlußfolgerungen und Anforderungen aus dieser eher programmatischen Feststellung zu ziehen sind.

Uneinheitlich beantwortet wird bereits die Frage, was Gegenstand des erweiterten Arbeitsschutzverständnisses ist. Einige Autoren stellen in diesem Zusammenhang darauf ab, daß der Arbeitgeber alle Umstände zu berücksichtigen hat, die Sicherheit und Gesundheit der Beschäftigten bei der Arbeit beeinflussen. Dies führe dazu, daß z.B. auch psychomentale Belastungsfaktoren, die über einen längeren Zeitraum zu chronischen Schädigungen führen können, Anlaß für Arbeitsschutzmaßnahmen sind.[11] Andere Stimmen machen den erweiterten Arbeitsschutzansatz an dem in der Legaldefinition der „Maßnahmen des Arbeitsschutzes“ in § 2 Abs. 1 ArbSchG verwandten Begriff der „Maßnahmen der menschenge-

---

[6] *Dötsch*, AuA 1996, 329 ff. (330); *Konstanty*, SozSich 1996, 361 ff. (362); *Kollmer/Vogl*, Arbeitsschutzgesetz, Rdnr. 6; zu den Grundstrukturen des Arbeitsschutzrechts vor Inkrafttreten des ArbSchG vgl. etwa *Kloepfer*/Veit, NZA 1990, 121 ff.

[7] *Fischer/Schierbaum*, PersR 1996, 423 ff. (424); *Konstanty/Zwingmann*, WSI Mitteilungen 1997, 817 ff. (818). Auch innerhalb der Privatwirtschaft ergaben sich im übrigen vielfältige Differenzierungen, so insbesondere zwischen gewerblichen Arbeitnehmern und kaufmännischen Angestellten, vgl. dazu etwa *Wlotzke*, Festschrift Däubler, 654 ff. (656).

[8] *Vogl*, NJW 1996, 2753 ff. (2754); *Kittner/Pieper*, ArbSchR, Einleitung, Rdnr. 111; *Kohte*, Jahrbuch des Arbeitsrechts 2000, 21 ff. (30).

[9] Vgl. etwa *Fischer*, BArBl. 1996 (1), 21 ff. (22); *Wlotzke*, Festschrift Däubler, 654 ff. (655 ff.); *Kittner/Pieper*, ArbSchR, § 1 ArbSchG, Rdnr. 13; *Kollmer*, WiB 1996, 825 ff. (826); *Konstanty*, SozSich 1996, 361 ff. (362).

[10] Vgl. etwa *Fitting/Kaiser/Heither/Engels/Schmidt*, BetrVG, § 87, Rdnr. 292; *Wlotzke*, NZA 1996, 1017 ff. (1019); *Dötsch*, AuA 1996, 329 ff. (330); *Wank*, TAS, § 2 ArbSchG, Rdnrn. 2 f.; *Buchholz*, ZTR 1996, 495 ff. (497); *Angermaier*, AiB 1996, 522 ff. (524).

[11] *Blume*, Arbeitsschutzgesetz, S. 63 f.; *Buchholz*, ZTR 1996, 495 ff. (497); ähnlich BVerwG, NZA 1997, 482 ff. (483), anknüpfend an ein erweitertes Verständnis des Gesundheitsbegriffs.

rechten Gestaltung der Arbeit" fest, wobei wiederum keine Einigkeit darüber besteht, ob die menschengerechte Arbeitsgestaltung schlechthin[12] oder nur ein für den Arbeitsschutz relevanter Ausschnitt[13] gemeint ist. Neben diesen Problemen bei der gegenständlichen Umschreibung des erweiterten Arbeitsschutzansatzes sind auch die Voraussetzungen, unter denen er in der betrieblichen Praxis zum Tragen kommt, zweifelhaft. So wird z.T. darauf hingewiesen, daß der Arbeitgeber generell kein Ermessen bei der Festlegung konkreter Arbeitsschutzmaßnahmen hat.[14] Konträr hierzu wird in anderen Stellungnahmen gerade hervorgehoben, daß das Gesetz grundsätzlich Spielraum beläßt, um über betriebsangepaßte Lösungen entscheiden zu können.[15] Eine weitere Position differenziert zwischen den klassischen Aufgaben des arbeitsschutzrechtlichen Gefahrenschutzes und den Elementen des erweiterten Arbeitsschutzansatzes, die gerade die Möglichkeit betrieblicher Ermessensentscheidungen eröffneten.[16]

Als weiteres Beispiel läßt sich auf die Dynamisierung des Arbeitsschutzes als Leitgedanken des ArbSchG verweisen. Normativer Anknüpfungspunkt für diese wohl allgemein geteilte Position ist primär § 3 Abs. 1 Sätze 2 und 3 ArbSchG, wonach der Arbeitgeber erforderlichenfalls Anpassungsmaßnahmen mit dem Ziel einer Verbesserung des Schutzes festzulegen hat.[17] Ungeachtet der Einigkeit im Grundsätzlichen ist kaum geklärt, nach welchen Regeln und rechtlichen Maßstäben die Dynamisierung des betrieblichen Schutzes erfolgen soll. So wird auf der einen Seite den in § 4 Nr. 3 ArbSchG genannten Erkenntnissen, namentlich dem „Stand von Technik, Arbeitsmedizin und Hygiene" eine entscheidende Steuerungsfunktion für den in § 3 Abs. 1 ArbSchG angelegten Verbesserungsprozeß beigemessen.[18] Auf der anderen Seite wird herausgestellt, daß in § 4 Nr. 3 ArbSchG kein rechtsverbindliches Schutzniveau festgelegt wird und der Arbeitgeber lediglich verpflichtet ist, die entsprechenden Erkenntnisse in seine Überlegungen einzubeziehen.[19]

---

[12] *Kittner/Pieper*, ArbSchR, § 2 ArbSchG, Rdnrn. 8 f.

[13] So z.B. *Fitting/Kaiser/Heither/Engels/Schmidt*, BetrVG, § 87, Rdnr. 292; *Wlotzke*, Festschrift Däubler, 654 ff. (658); in diesem Sinne wohl auch *Berger-Delhey*, PersV 1996, 518 ff. (518).

[14] *Nöthlichs*, Arbeitsschutz und Arbeitssicherheit, § 3 ArbSchG, Anm. 2.2.

[15] *Blume*, Arbeitsschutzgesetz, S. 59 f.; *Fischer*, BArbBl. 1996 (1), 21 ff. (24); *Dötsch*, AuA 1996, 329 ff. (330); *Wank*, DB 1996, 1134 ff. (1134).

[16] *Kohte*, Jahrbuch des Arbeitsrechts 2000, 21 ff. (31 f.).

[17] *Kittner/Pieper*, ArbSchR, § 3, Rdnr. 5; *Kollmer/Vogl*, Arbeitsschutzgesetz, Rdnr. 71; *Wlotzke*, NZA 1996, 1017 ff,. (1019); *Heilmann/Aufhauser*, Kommentar zum ArbSchG, § 3, Rdnr. 1.

[18] Hierzu etwa *Kohte*, EAS, B 6100, Arbeitsschutzrahmenrichtlinie, Rdnrn. 52 ff.; *Kollmer/Vogl*, Arbeitsschutzgesetz, Rdnrn. 82 ff.; *Wlotzke*, Festschrift Däubler, 654 ff. (664 f.).

[19] So *Wank*, TAS, § 4 ArbSchG, Rdnr. 5; *Nöthlichs*, Arbeitsschutz und Arbeitssicherheit, § 4 ArbSchG, Anm. 3.3.1.

Die vorstehenden Beispiele zeigen, daß ungeachtet eines relativ breiten Konsenses über die „Leitlinien“[20] des ArbSchG viele Zweifelsfragen verbleiben, anhand welcher rechtlicher Maßstäbe die allgemeinen Grundprinzipien des Gesetzes in die betriebliche Wirklichkeit umzusetzen sind. Ziel der vorliegenden Arbeit ist es, einen Beitrag zur Lösung der angedeuteten Probleme zu leisten und die Anforderungen, die sich insbes. aus den europarechtlichen Vorgaben ergeben, zu präzisieren. Im Zentrum der Überlegungen werden dabei die in § 3 ArbSchG geregelten „Grundpflichten des Arbeitgebers“ stehen. Diese Vorgehensweise bietet sich schon deswegen an, weil durch § 3 ArbSchG die vormalige Grundvorschrift des staatlichen Arbeitsschutzrechts, die Generalklausel des § 120 a GewO a.F. abgelöst worden ist.[21] Möglich wird so ein direkter Vergleich mit der alten Rechtslage, durch den die Änderungen des Arbeitsschutzrechts seit Inkrafttreten des ArbSchG in besonderem Maße transparent werden. Hinzu kommt, daß die bisherige Rezeption der Vorschrift zu äußerst unterschiedlichen Ergebnissen geführt hat und insoweit offenkundig Klärungsbedarf besteht. So wird etwa vertreten, daß der gesamte § 3 ArbSchG (für die gewerbliche Wirtschaft) keine Neuregelungen enthalte[22] oder es sich lediglich um einen „Programmsatz“ handele.[23] In schroffem Gegensatz hierzu wird die Vorschrift von einer anderen Stimme in der Literatur als Beleg dafür genommen, daß „im deutschen Arbeitsschutzrecht ein vorsichtiger, aber bemerkenswerter Paradigmenwechsel stattgefunden“ hat.[24]

Die Untersuchung wird sich nicht allein auf die Klärung und Präzisierung der sich aus den Grundpflichten ergebenden Verhaltensgebote des Arbeitgebers beschränken. Es wird vielmehr auch zu fragen sein, welche rechtlichen Instrumente im Konfliktfalle zur Verfügung stehen, um die Grundpflichten des Arbeitgebers nach § 3 ArbSchG rechtlich durchzusetzen. Da es sich beim staatlichen Arbeitsschutzrecht in der Sache um öffentliches Recht handelt, lag in der Vergangenheit der Schwerpunkt der Rechtsdurchsetzung vorrangig bei den staatlichen Aufsichtsbehörden. Sie konnten in diesem Zusammenhang insbes. auf die bekannten ordnungsrechtlichen Mittel, insbes. in Gestalt von Ordnungsverfügungen, zurückgreifen.

Ausweislich der Gesetzesbegründung, der die Literatur soweit ersichtlich einhellig folgt, versteht das ArbSchG den Arbeits- und Gesundheitsschutz als eine Aufgabe, die vorrangig auf der betrieblichen Ebene vom Arbeitgeber in Kooperation mit den Beschäftigten, Betriebsräten und Sicherheitsfachkräften selbst, d.h. eigenverantwortlich, zu lösen ist.[25] Ein so verstandener betrieblicher Arbeits-

---

[20] Instruktiv zu den „Leitlinien“ des ArbSchG, *Wlotzke*, Festschrift Däubler, 654 ff.

[21] Hierzu etwa *Landmann/Rohmer-Kollmer*, § 3 ArbSchG, Rdnrn. 1 ff.; *Wank*, TAS, § 3 ArbSchG, Rdnrn. 2 ff.

[22] *Brock*, Arbeitsschutzgesetz, S. 19.

[23] So *P. Merten*, Anm. zu BAG, AP, Nr. 7 zu § 87 BetrVG 1972 – Gesundheitsschutz –, S. 6.

[24] *Landmann/Rohmer-Kollmer*, § 3 ArbSchG, Rdnr. 3.

[25] BT-Drcks. 13/3540, S. 12 f.; *Wlotzke*, Festschrift Däubler, 654 ff. (665); *Fischer*, BArbBl. 1996 (1), 21 ff. (21); *Kollmer/Vogl*, Arbeitsschutzgesetz, Rdnrn. 24 ff.

schutz nährt Zweifel an der Eignung ordnungsrechtlicher Instrumente der Rechtsdurchsetzung. Dem Adressaten einer Ordnungsverfügung wird typischerweise detailliert ein präzise bestimmtes Verhalten (Tun oder Unterlassen) verbindlich aufgegeben. Diese Verhaltenspflichten sind regelmäßig fremdbestimmt, da sie auf einer – einseitigen – Entscheidung der Behörde beruhen (§ 35 VwVfG). Es ist vor diesem Hintergrund zu klären, wie sich diese für das Ordnungsrecht typische Fremdbestimmung zu dem Postulat verhält, daß der Arbeitgeber den betrieblichen Arbeitsschutz zusammen mit den betrieblichen Akteuren selbst gestalten soll. Die Problematik wird bereits bei näherer Betrachtung des Wortlauts des § 3 Abs. 2 ArbSchG deutlich. Dort ist von der Planung von Maßnahmen (des Arbeitsschutzes) die Rede. Da Planungen Abwägungen voraussetzen, ist zu untersuchen, was noch abzuwägen und zu planen verbleibt, wenn im Extremfall sämtliche Maßnahmen durch Verwaltungsakt einseitig angeordnet werden könnten.

Wie bereits dargelegt, definiert das ArbSchG die betriebliche Sicherheit und Gesundheit als kooperativ zu bewältigende Aufgabe des Arbeitgebers und der übrigen betrieblichen Akteure. Soll es sich dabei nicht um ein allgemeines, rechtlich folgenloses Bekenntnis handeln, ist zu fragen, nach welchen rechtlichen Regeln diese Kooperation zu erfolgen hat. Dieser Aspekt ist auch für die im Rahmen dieser Arbeit zu untersuchende Problematik der – rechtlichen – Durchsetzung der Grundpflichten von Belang. Sofern wirksame Mechanismen und Instrumente zur Bewältigung von Störungen der Kooperation vorhanden sind, können diese –, ganz im Sinne der vom Gesetzgeber eingeforderten Eigenverantwortung – genutzt werden, um Konflikte bei der betrieblichen Umsetzung der Grundpflichten selbstbestimmt, d.h. ohne ordnungsrechtliche Fremdbestimmung auszutragen.

Der Plan der nachfolgenden Untersuchung ergibt sich im Prinzip bereits aus den vorstehenden einleitenden Überlegungen. Nach einem allgemeinen Überblick über die verschiedenen (Teil)regelungen des § 3 ArbSchG (2. Kapitel) werden die einzelnen Bestimmungen der hier vorrangig interessierenden Absätze 1 und 2 des § 3 ArbSchG im Detail untersucht (3. und 4. Kapitel). Daran anschließend wird den angedeuteten Fragen der Rechtsdurchsetzung nachgegangen werden (5. Kapitel). Da das ArbSchG europäisches Recht in deutsches Recht transformiert, wird stets auch die europarechtliche Perspektive und dabei insbes. die Frage der ordnungsgemäßen Umsetzung der Vorgaben der Rahmenrichtlinie-Arbeitsschutz im Auge zu behalten sein.[26]

---

[26] Entsprechende Ausführungen finden sich nicht in einem gesonderten Teil der Untersuchung, sondern im jeweiligen Sachzusammenhang.

Zweites Kapitel

Überblick über die Grundpflichten des § 3 Abs. 1 bis 3 ArbSchG

Bevor die Grundpflichten des § 3 ArbSchG im Detail untersucht werden, soll die Vorschrift zunächst im Überblick vorgestellt werden. Es geht an dieser Stelle noch nicht um inhaltliche Details, sondern um eine „Außenansicht" der Vorschrift und eine Bestimmung des Verhältnisses zu den übrigen Regelungen des Gesetzes. Zu diesem Zwecke werden in einem ersten Schritt die verschiedenen Teilelemente, wie sie sich aus dem Wortlaut des § 3 ArbSchG ergeben, vorgestellt. Hieran schließen sich Überlegungen über den Regelungszweck und über die rechtssystematische Stellung im Regelungsgefüge des ArbSchG an. Auf diese Weise soll ein Bezugsrahmen für die eingehendere Untersuchung der sich aus § 3 ArbSchG ergebenden Pflichtenstellungen geschaffen werden („Innenansicht"), die sich in den folgenden Teilen der Arbeit anschließt. Um Unterschiede zur aufgehobenen arbeitsschutzrechtlichen Generalklausel des § 120 a GewO a.F. zu verdeutlichen, erfolgt am Ende dieses Teils – auf der Grundlage der bis dahin gefundenen Ergebnisse – ein erster Vergleich des § 3 ArbSchG mit dem abgelösten Recht.

A. Die Teilelemente der Grundpflichten

§ 3 ArbSchG besteht aus drei Absätzen, in denen verschiedene Pflichten für den Arbeitgeber als Normadressaten formuliert werden. Im ersten Absatz finden sich Regelungen über die Festlegung von „Maßnahmen des Arbeitsschutzes"; im zweiten Absatz werden Anforderungen an die Planung, Durchführung und Organisation dieser Maßnahmen gestellt. Der dritte Absatz regelt schließlich die Kosten der Maßnahmen nach dem ArbSchG. Die Bestimmungen der Absätze eins und zwei, die im Mittelpunkt dieser Arbeit stehen werden, lassen sich weiter in die folgenden Teilelemente auffächern.

I. Die Teilelemente des § 3 Abs. 1 ArbSchG

§ 3 Abs. 1 ArbSchG regelt die Pflichten des Arbeitgebers im Zusammenhang mit den in § 2 Abs. 1 ArbSchG legaldefinierten „Maßnahmen des Arbeitsschutzes". Satz 1 bestimmt insofern zunächst, daß der Arbeitgeber verpflichtet ist, „die erforderlichen Maßnahmen des Arbeitsschutzes unter Berücksichtigung der Umstände zu treffen, die Sicherheit und Gesundheit der Beschäftigten beeinflussen". Als erstes Teilelement läßt sich danach die Pflicht des Arbeitgebers, *Schutzmaßnahmen* zu *treffen*, festhalten.

In Satz 2 des § 3 Abs. 1 ArbSchG finden sich mit den Verpflichtungen, die – festgelegten – „Maßnahmen auf ihre *Wirksamkeit zu überprüfen* und erforderlichenfalls *sich ändernden Gegebenheiten anzupassen*", zwei weitere Teilpflichten. Das Gesetz stellt auf diese Weise klar, daß sich der betriebliche Arbeitsschutz nicht im einmaligen Treffen von Schutzmaßnahmen erschöpft.[1]

Nach § 3 Abs. 1 Satz 3 ArbSchG hat der Arbeitgeber schließlich „*eine Verbesserung von Sicherheit und Gesundheitsschutz der Beschäftigten anzustreben*". Durch die Verwendung des Wortes „dabei" zu Beginn des Satzes 3 ordnet das Gesetz dieses Optimierungsgebot systematisch den Teilpflichten der Sätze 1 und 2 des § 3 Abs. 1 ArbSchG zu. Dies spricht dafür, das Optimierungsgebot des Satzes 3 nicht als eigenständige Pflicht zu deuten, sondern als handlungsleitende Zielausrichtung, die bei der Erfüllung der Teilpflichten der Sätze 1 und 2 des § 3 Abs. 1 ArbSchG mitzubeachten ist. Zwar ist der Arbeitgeber, wie sich aus dem Wort „anzustreben" ergibt, nicht in jedem Fall verpflichtet, tatsächlich eine Optimierung zu realisieren. Insoweit steht ihm ein Entscheidungsspielraum offen. Dies ändert aber nichts an der grundsätzlichen Feststellung, daß § 3 Abs. 1 Satz 3 ArbSchG eine Rechtspflicht des Arbeitgebers begründet, eben diesen Entscheidungsspielraum auszufüllen und für den Einzelfall zu konkretisieren.

Zusammenfassend läßt sich danach festhalten, daß § 3 Abs. 1 ArbSchG mit den Pflichten

- Maßnahmen des Arbeitsschutzes zu treffen,
- die Wirksamkeit der Maßnahmen zu überprüfen und
- erforderlichenfalls Anpassungsmaßnahmen zu treffen

eine Pflichtentrias regelt, aus der sich ein rechtlicher Rahmen für eine kontinuierliche Verbesserung des betrieblichen Arbeits- und Gesundheitsschutzes ergibt.

II. Die Teilelemente des § 3 Abs. 2 ArbSchG

Auch die Pflichten des § 3 Abs. 2 ArbSchG lassen sich in verschiedene Teilelemente aufgliedern. Durch die Bezugnahme auf die Maßnahmen des Absatzes 1 trifft das Gesetz eine normative Aussage über den sachlichen Anwendungsbereich der Teilelemente des § 3 Abs. 2 ArbSchG. Die (Organisations)pflichten gelten von daher nur im Hinblick auf die in § 3 Abs. 1 ArbSchG geregelten Maßnahmen.

[1] Vgl. auch *Heilmann/Aufhauser*, ArbSchG, § 1, Rdnr. 2; *Kollmer/Vogl*, Arbeitsschutzgesetz, Rdnr. 71; *Buchholz*, ZTR 1996, 495 ff. (497).

Als Teilelemente des § 3 Abs. 2 ArbSchG sind zunächst die Pflichten zur *Durchführung und Planung* der Maßnahmen zu nennen. Zwar lassen sich aus dem Wortlaut der Norm nicht unmittelbar die entsprechenden Pflichten entnehmen. Sie werden jedoch vorausgesetzt, indem das Gesetz anordnet, daß „zur Planung und Durchführung der Maßnahmen nach Absatz 1" die unter den Ziffern 1 und 2 des § 3 Abs. 2 ArbSchG geregelten Vorkehrungen zu treffen sind.[2] Es gehört damit zu den Aufgaben des Arbeitgebers, Maßnahmen des Arbeitsschutzes nicht nur zu treffen, sondern sie „im Vorfeld" zu planen und auch tatsächlich durchzuführen.

§ 3 Abs. 2 Nr. 1 ArbSchG verpflichtet den Arbeitgeber in dem so vorgezeichneten Rahmen für eine *geeignete Organisation* zu sorgen. Neben dieser, hier als *allgemeine arbeitsschutzrechtliche Organisationspflicht* bezeichneten Regelung, finden sich in § 3 Abs. 2 ArbSchG weitere Bestimmungen zur Betriebsorganisation, die im Rahmen dieser Arbeit unter dem Begriff *spezielle Organisationspflichten* zusammengefaßt werden sollen.

„Zu erwähnen ist insoweit zunächst die in § 3 Abs. 2 Nr. 2 ArbSchG geregelte Verpflichtung, Vorkehrungen zu treffen, daß die Maßnahmen erforderlichenfalls bei allen Tätigkeiten und eingebunden in die betrieblichen Führungsstrukturen, beachtet werden."

Durch diese Verpflichtung zur *Integration* definiert das Gesetz den Arbeits- und Gesundheitsschutz als übergreifende Aufgabe, die für alle Hierarchieebenen (vertikale Integration) und Funktionsbereiche (horizontale Integration) prinzipiell relevant ist. Darüber hinaus muß der Arbeitgeber nach § 3 Abs. 2 Nr. 2 ArbSchG *Vorkehrungen* treffen, damit „die Beschäftigten ihren *Mitwirkungspflichten* nachkommen können". Mit den Pflichten der Beschäftigten, die in §§ 15, 16 ArbSchG geregelt sind, korrespondiert also eine Pflicht des Arbeitgebers, entsprechende (organisatorische) Vorkehrungen zu treffen. Als letztes Teilelement der Pflichten des § 3 Abs. 2 ArbSchG bleibt schließlich auf die Pflicht des Arbeitgebers hinzuweisen, die *erforderlichen Mittel* für die Planung und Durchführung der Maßnahmen des Arbeitsschutzes *bereitzustellen*.

Zusammenfassend läßt sich danach festhalten, daß § 3 Abs. 2 ArbSchG einerseits die Pflichten des § 3 Abs. 1 ArbSchG präzisiert, indem der Arbeitgeber verpflichtet wird, Arbeitsschutzmaßnahmen zu planen und durchzuführen, d.h. tatsächlich zu realisieren. Darüber hinaus legt die Vorschrift dezidierte Anforderungen an die betriebliche Arbeitsschutzorganisation fest. Neben der allgemeinen arbeitsschutzrechtlichen Organisationspflicht werden mit den Pflichten zur vertikalen und horizontalen Integration sowie zur Schaffung von Vorkehrungen im Hinblick auf die Mitwirkungspflichten der Beschäftigten spezielle Organisationspflichten normiert.

---

[2] Vgl. z.B. *Kollmer*, WiB 1996, 825 ff (826); *Prax.-Kommentar-Seeger*, § 3 ArbSchG, Rdnr. 46; *Vogl*, NJW 1996, 2753 ff. (2755).

III. Die Regelung der Kosten in § 3 Abs. 3 ArbSchG

Der Vollständigkeit halber ist an dieser Stelle noch kurz auf die Regelung der Kosten für Arbeitsschutzmaßnahmen in § 3 Abs. 3 ArbSchG einzugehen. Da im Zentrum dieser Arbeit die sich aus § 3 Abs. 1 und 2 ArbSchG ergebenden betriebsbezogenen Grundpflichten des Arbeitgebers bei der Festlegung und Organisation der Arbeitsschutzmaßnahmen stehen, werden die im Zusammenhang mit § 3 Abs. 3 ArbSchG stehenden Fragen in der Folge keine besondere Berücksichtigung mehr finden.

§ 3 Abs. 3 ArbSchG bestimmt in Umsetzung von Art. 6 Abs. 5 Arbeitsschutzrahmenrichtlinie, daß der Arbeitgeber den Beschäftigten keine Kosten für Maßnahmen nach dem ArbSchG auferlegen darf. Diese Regelung entspricht im Großen und Ganzen der bisher in der Bundesrepublik Deutschland geltenden Rechtslage. Die Freistellung der Arbeitnehmer von den Kosten des betrieblichen Arbeitsschutzes wurde bislang aus § 618 BGB abgeleitet. Mit § 3 Abs. 3 ArbSchG gibt es nunmehr eine ausdrückliche Regelung.[3] Dies ist insbesondere für die betriebliche Praxis eine begrüßenswerte Klarstellung. In der Gesetzesbegründung[4] und in den Stellungnahmen zum ArbSchG[5] wird darauf hingewiesen, daß Abweichungen von § 3 Abs. 3 ArbSchG durch rechtlich abgesicherte Kostenübernahmevereinbarungen und spezielle Regelungen möglich sind. Zu denken ist insbesondere an den Fall, daß z.B. persönliche Schutzausrüstungen (z.B. Sicherheitsschuhe) von den Beschäftigten auch privat genutzt werden können.

Von einigen Stimmen in der Literatur wird in diesem Zusammenhang betont, daß bei solchen Vereinbarungen hohe Anforderungen an die Freiwilligkeit und den Nutzen einer privaten Verwendung zu stellen sind, um eine mißbräuchliche Umgehung von § 3 Abs. 3 ArbSchG auszuschließen.[6] Dem ist im Grundsatz zuzustimmen. Zur Klarstellung ist aber auf den Wortlaut des Art. 6 Abs. 5 Arbeitsschutzrahmenrichtlinie hinzuweisen. Anders als in § 3 Abs. 3 ArbSchG ist dort geregelt, daß die Kosten des betrieblichen Arbeitsschutzes „auf keinen Fall zu Lasten der Arbeitnehmer gehen" dürfen. Der strikte Wortlaut der Richtlinie

---

[3] Vgl. etwa *Prax.-Kommentar-Seeger*, § 3 ArbSchG, Rdnr. 49; *Nöthlichs*, Arbeitsschutz und Arbeitssicherheit, § 3 ArbSchG, Anm. 4; *Koll/Janning/Pinter-Koll*, Kommentar zum ArbSchG, § 3, Rdnrn. 26 f.; *Hinrichs*, AiB 1997, 217 ff. (218); zur bisherigen Rechtsprechung z.B. BAG, AP, Nrn. 17, 18, 19 zu § 618 BGB.

[4] BT-Drcks. 13/3540, S. 16.

[5] *Wank*, TAS, § 3 ArbSchG, Rdnr. 14; *Koll/Janning/Pinter-Koll*, Kommentar zum ArbSchG, § 3, Rdnr. 27; *Nöthlichs*, Arbeitsschutz und Arbeitssicherheit, § 3 ArbSchG, Anm. 4; *Kollmer/Vogl*, Arbeitsschutzgesetz, Rdnr. 75, die allerdings offenlassen, an welche Voraussetzungen „rechtlich abgesicherte Kostenübernahmevereinbarungen" zu knüpfen sind.

[6] *Koll/Janning/Pinter-Koll*, Kommentar zum ArbSchG, § 3 ArbSchG, Rdnr. 27; *Kittner/Pieper*, ArbSchR, § 3 ArbSchG, Rdnr. 15; *Fitting/Kaiser/Heither/Engels/Schmidt*, BetrVG, § 87, Rdnr. 291.

spricht dafür, daß in richtlinienkonformer Auslegung des § 3 Abs. 3 ArbSchG Kostenübernahmevereinbarungen überhaupt nur dann in Betracht zu ziehen sind, wenn Abweichungen von diesem Grundsatz durch spezielle Rechtsvorschriften zugelassen sind.

Die Problematik der privaten Nutzung von Schutzausrüstungen, die den im deutschen Recht entwickelten Grundsätzen zugrundeliegt, ist vom europäischen Normgeber durchaus gesehen und einer differenzierten Lösung zugeführt worden. So räumt Art. 4 Abs. 6 der PSA-Benutzungs-Richtlinie[7] ausdrücklich die Möglichkeit ein, im Einklang mit den nationalen Praktiken einen Kostenbeitrag der Arbeitnehmer zu fordern, wenn persönliche Schutzausrüstungen nicht nur bei der Arbeit getragen werden.[8] Werden persönliche Schutzausrüstungen im privaten Bereich genutzt, können die Beschäftigten danach in Übereinstimmung mit der bisherigen Rechtslage an den Kosten beteiligt werden. Etwas anderes gilt für die in § 6 Abs. 2 BildscharbV vorgesehenen speziellen Sehhilfen bei der Bildschirmarbeit. Hier stellt Art. 9 Abs. 4 EG-Bildschirmrichtlinie[9] ausdrücklich klar, daß die Maßnahmen zum Schutz der Augen und des Sehvermögens „in keinem Fall zu einer finanziellen Mehrbelastung der Arbeitnehmer führen" dürfen. Im Hinblick auf die Beschaffung von sog. Bildschirmarbeitsbrillen ist danach grundsätzlich kein Raum für besondere Kostenübernahmevereinbarungen und insofern eine Ausnahmregelung zu § 3 Abs. 3 ArbSchG von vornherein ausgeschlossen.[10]

Abschließend ist darauf hinzuweisen, daß § 3 Abs. 3 ArbSchG keine Regelung darüber trifft, wer die Kosten der Maßnahmen nach dem ArbSchG zu tragen hat. In der Regel ist dies der Arbeitgeber, da er grundsätzlich die Kosten zu tragen hat, die in seiner Sphäre anfallen.[11] Die Vorschrift schließt jedoch andere Institutionen als Kostenträger nicht grundsätzlich aus, sofern hierdurch keine finanziellen Belastungen für die Beschäftigten entstehen.[12]

---

[7] Richtlinie 89/656/EWG des Rates über Mindestvorschriften für Sicherheit und Gesundheitsschutz bei Benutzung persönlicher Schutzausrüstungen durch Arbeitnehmer bei der Arbeit vom 30. November 1989, ABl. EG Nr. L 393, 18 ff.

[8] Hierauf macht auch *Brock*, Arbeitsschutzgesetz, S. 19, aufmerksam.

[9] Richtlinie 90/270/EWG des Rates über die Mindestvorschriften bezüglich der Sicherheit und des Gesundheitsschutzes bei der Arbeit an Bildschirmgeräten vom 29. Mai 1990, ABl. EG Nr. L 156, 14 ff.

[10] Vgl. hierzu auch ArbG Dortmund, AiB 1999, 419 f., mit Anm. *Wagner*; ArbG Neumünster, CR 2000, 665 ff. (666 f.), mit Anm. *Kohte/Habich*; *Wank*, TAS, § 6 BildscharbV, Rdnr. 5; *Prax.-Kommentar-Blachnitzky*, Erläuterungen zur BildscharbV, Rdnr. 37; *Kittner/Pieper*, ArbSchR, § 6 BildscharbV, Rdnr. 8.

[11] BAG, DB 1993, 990 ff. (991); *Koll/Janning/Pinter-Koll*, Kommentar zum ArbSchG, § 3, Rdnr. 26; *Däubler/Kittner/Klebe-Klebe*, BetrVG, § 87, Rdnr. 187; *Nöthlichs*, Arbeitsschutz und Arbeitssicherheit, § 3 ArbSchG, Anm. 4.

[12] Hierauf weist *Koll/Janning/Pinter-Koll*, Arbeitsschutzgesetz, § 3, Rdnr. 26, zutreffend hin. Allerdings dürfte eine Überwälzung von Kosten auf die Krankenkassen regelmäßig ausscheiden, da die Arbeitnehmer an den Beiträgen zur Krankenversicherung beteiligt

B. Die Grundpflichten im Regelungsgefüge des ArbSchG

Bei der Gesetzesauslegung kommen neben dem Wortlaut insbes. dem Normzweck und der systematischen Stellung von Rechtsvorschriften im Gesetz erheblicher Stellenwert zu.[13] Bevor die Grundpflichten des § 3 ArbSchG im einzelnen untersucht werden können, soll daher zunächst den hiermit aufgeworfenen grundsätzlichen Fragen nachgegangen werden.

I. § 3 Abs. 1 ArbSchG

1. Normzweck

Die Frage des Normzwecks des § 3 Abs. 1 ArbSchG ist in der bisherigen Diskussion des ArbSchG soweit ersichtlich kaum explizit thematisiert worden.[14] Aus den Kommentierungen und Beiträgen zu § 3 ArbSchG lassen sich jedoch einige Aspekte entnehmen, die Rückschlüsse auf den Sinn und Zweck der Regelung ermöglichen.

a) Verantwortung des Arbeitgebers für den Arbeits- und Gesundheitsschutz

In der Literatur und in der Gesetzesbegründung wird zunächst darauf hingewiesen, daß § 3 Abs. 1 ArbSchG die grundlegende Verantwortung des Arbeitgebers für die Sicherheit und Gesundheit in seinem Betrieb festlegt.[15] Soweit eine nähere Begründung erfolgt, wird einerseits auf Art. 5 Abs. 1 und Art. 6 Abs. 1 der Arbeitsschutzrahmenrichtlinie 89/391/EWG hingewiesen, die durch § 3 ArbSchG in deutsches Recht transformiert worden seien.[16] Der Arbeitgeber sei danach verpflichtet, „für die Sicherheit und den Gesundheitsschutz der Arbeitnehmer in bezug auf alle Aspekte, die die Arbeit betreffen, zu sorgen“ (Art. 5 Abs. 1 Arbeitsschutzrahmenrichtlinie) und im Rahmen dieser Verpflichtung die erforderlichen Schutzmaßnahmen zu treffen (Art. 6 Abs. 1 Arbeits-

---

sind. Vgl. hierzu auch die Begründung zum novellierten § 20 SGB V, BT-Drcks. 14/1245, S. 62.

[13] Hierzu etwa *Larenz/Canaris*, Methodenlehre der Rechtswissenschaft, S. 141 ff.; *MüKo-Säcker*, Einleitung, Rdnrn. 118 ff.

[14] Vgl. insoweit nur die Kommentierungen zu § 3 ArbSchG von *Prax.-Kommentar-Seeger*, *Kittner/Pieper*, ArbSchR, *Nöthlichs*, Arbeitsschutz und Arbeitssicherheit oder *Koll/Janning/Pinter-Koll*, Kommentar zum ArbSchG, die sich jedenfalls nicht ausdrücklich mit dem Sinn und Zweck der Regelung befassen.

[15] Hierzu nur *Koll/Janning/Pinter-Koll*, Kommentar zum ArbSchG, § 3, Rdnr. 2; *Kollmer*, WiB 1996, 825 ff. (826); *Fischer*, BArbBl. 1996 (1), 21 ff. (22); *Berger-Delhey*, PersV 1996, 518 ff. (518); *Vogl*, NJW 1996, 2753 ff. (2754).

[16] So *Koll/Janning/Pinter-Koll*, Kommentar zum ArbSchG, § 3, Rdnr. 2; wohl auch *Kittner/Pieper*, ArbSchR, § 3 ArbschG, Rdnr. 1; grundlegend zur Verantwortung des Arbeitgebers nach der Arbeitsschutzrahmenrichtlinie etwa *Bücker/Feldhoff/Kohte*, Rdnr. 249; *Brandes*, System des europäischen Arbeitsschutzrechts, S. 184 ff.

schutzrahmenrichtlinie). Andererseits wird herausgestellt, daß der Arbeitgeber Normadressat der Pflichten des § 3 ArbSchG und der weiteren Bestimmungen des 2. Abschnitts des Gesetzes ist.[17] Hieraus wird gefolgert, daß der Arbeitgeber verpflichtet ist, selbst initiativ zu werden und es keiner weiteren behördlichen Schritte, insbes. in Form von Anordnungen, bedarf.[18]

Den vorstehenden Erwägungen ist in der Sache, allerdings nicht in der Begründung, zuzustimmen. Zweifelhaft ist insofern, ob die grundlegende Verantwortung des Arbeitgebers tatsächlich in Übereinstimmung mit den europäischen Vorgaben der Rahmenrichtlinie aus § 3 Abs. 1 ArbSchG abgeleitet werden kann. Dagegen spricht, daß der Wortlaut des Art. 5 Abs. 1 Rahmenrichtlinie, der unbestritten auf der Ebene des europäischen Rechts diese Frage regelt[19], in seinem Wortlaut und in seiner Pflichtenstruktur wenig mit § 3 Abs. 1 ArbSchG gemein hat. An dieser Stelle soll den sich hieraus ergebenden Fragen noch nicht weiter nachgegangen werden. Es sind zuvor die weiteren Aspekte des Normzwecks und der rechtssystematischen Einordnung von § 3 Abs. 1 und 2 ArbschG genauer zu betrachten. Auf dieser Basis kann dann die hier bereits angedeutete europarechtliche Problematik im einzelnen entwickelt werden (vgl. unten S. 46 ff.).

b) Grundlegende Pflichten des Arbeitgebers zu einem präventiven Arbeitsschutz und Anpassung der Maßnahmen zum Zwecke der Optimierung

Vor dem Hintergrund der amtlichen Begündung des ArbSchG wird in der Literatur weiter darauf hingewiesen, daß sich aus § 3 Abs. 1 Satz 1 ArbSchG die grundlegende Pflicht des Arbeitgebers „zu einem umfassenden Schutz der Beschäftigten vor einer Gesundheitsgefährdung durch die Arbeit und bei der Arbeit“[20] ergebe. Insbes. durch die Bezugnahme auf den legaldefinierten Begriff der „Maßnahmen des Arbeitsschutzes“ (§ 2 Abs. 1 ArbSchG) zeige sich, daß die Pflichten des § 3 Abs. 1 ArbSchG präventionsorientiert zu verstehen seien, da neben der Vermeidung von Unfall- und Gesundheitsgefahren auch die menschen-

---

[17] *Nöthlichs*, Arbeitsschutz und Arbeitssicherheit, § 3 ArbSchG, Anm. 1, 2.1; wohl auch *Wlotzke*, Festschrift Kehrmann, 141 ff. (161); sowie *Bücker/Feldhoff/Kohte*, Rdnr. 249, mit Blick auf die Arbeitsschutzrahmenrichtlinie.

[18] *Prax.-Kommentar-Seeger*, § 3 ArbSchG, Rdnr. 12; *Kittner/Pieper*, ArbSchR, § 3 ArbSchG, Rdnr. 1, die von einer Handlungspflicht sprechen; *Bücker/Feldhoff/Kohte*, Rdnr. 249.

[19] *Wank/Börgmann*, S. 89; *Brandes*, System des europäischen Arbeitsschutzrechts, S. 112; *Pieper*, Das Arbeitsschutzrecht in der deutschen und europäischen Sozialordnung, S. 291.

[20] Amtliche Begründung des ArbSchG, BT-Drcks. 13/3540, S. 16; in der Literatur wird die zitierte Formulierung aus den Gesetzesmaterialien z.T. wörtlich übernommen, vgl. *Brock*, Arbeitsschutzgesetz, S. 18.

gerechte Gestaltung der Arbeit zu gewährleisten sei.[21] Mit Blick auf § 3 Abs. 1 Sätze 2 und 3 ArbSchG wird herausgestellt, daß aufgrund des dort normierten Optimierungsgebots der Arbeits- und Gesundheitsschutz als betriebliche Daueraufgabe anzulegen ist.[22]

In der Sache ist diesem Befund zu folgen. Zweifelhaft ist aber, ob die Verpflichtung zur Festlegung von Maßnahmen für einen kontinuierlichen, breit angelegten, präventiven Arbeitsschutz den Schutzzweck des § 3 Abs. 1 ArbSchG in seinem Kern trifft. Dagegen spricht, daß bereits die Zielbestimmung des Gesetzes in § 1 Abs. 1 ArbSchG ebendiese präventive Ausrichtung des Gesetzes zum Ausdruck bringt, indem dort die Sicherung und Verbesserung der Sicherheit und der Gesundheit der Beschäftigten durch Maßnahmen des Arbeitsschutzes postuliert wird. Auch wenn einer solchen Zweck- oder Zielbestimmung eines Gesetzes keine unmittelbar pflichtenbegründende Wirkung zukommt, ist sie jedoch bei der Auslegung der einzelnen Bestimmungen heranzuziehen, sofern der Wortlaut Zweifel offenläßt und der Sinn und Zweck der betreffenden Vorschrift ermittelt werden soll.[23] Es läßt sich vor diesem Hintergrund zwar argumentieren, daß der Normzweck des § 3 Abs. 1 ArbSchG darin zu sehen ist, die Schutzziele des § 1 Abs. 1 ArbSchG als bindende materiellrechtliche Pflichten zu normieren. Fraglich ist jedoch, ob mit einer solchen primär materiellrechtlichen Deutung der Normzweck des § 3 Abs. 1 ArbSchG hinreichend beschrieben ist.

c) Verfahrensvorgaben für Maßnahmen des Arbeitsschutzes

Die bisherigen Überlegungen zum Normzweck des § 3 Abs. 1 ArbSchG setzten jeweils an den Teilpflichten der Norm an. Mit der Verpflichtung zur eigenverantwortlichen Festlegung der Schutzmaßnahmen durch den Arbeitgeber und der Forderung, den Arbeitsschutz als Aufgabe von Dauer zu betreiben, wurden dabei zwei für den Normzweck relevante Aspekte herausgearbeitet. Weitergehende Gesichtspunkte im Hinblick auf die hinter dem Norminhalt stehenden Ziele des § 3 Abs. 1 ArbSchG ergeben sich aus einer Gesamtschau der Teilelemente der Vorschrift.

§ 3 Abs. 1 ArbSchG schreibt nicht konkret vor, welche Maßnahmen des Arbeitsschutzes zu treffen, überprüfen und erforderlichenfalls anzupassen sind.

---

[21] Vgl. z.B. *Wank*, TAS, § 3 ArbSchG, Rdnr. 2; *Kittner/Pieper*, ArbSchR, § 3 ArbSchG, Rdnr. 1; *Kollmer/Vogl*, Arbeitsschutzgesetz, Rdnr. 64; ähnlich *Fischer/Schierbaum*, PersR 1996, 423 ff. (425).

[22] Vgl. nur *Prax.-Kommentar-Seeger*, § 3 ArbSchG, Rdnr. 12; *Kollmer/Vogl*, Arbeitsschutzgesetz, Rdnr. 71; *Wlotzke*, NZA 1996, 1017 ff. (1019).

[23] Speziell mit Blick auf § 1 Abs. 1 ArbSchG, *Nöthlichs*, Arbeitsschutz und Arbeitssicherheit, § 1 ArbSchG, Anm. 1; *Kittner/Pieper*, ArbSchR, § 1 ArbSchG, Rdnr. 3; *Wank*, TAS, § 1 ArbSchG, Rdnr. 3; allgemein zur Bedeutung des Normzwecks für die Rechtsanwendung *MüKo-Säcker*, Einleitung, Rdnr. 128.

Das Gesetz normiert insoweit nur, daß die „erforderlichen" Maßnahmen zu treffen sind, weswegen in der Literatur auf den generalklauselartigen Charakter der Bestimmung verwiesen wird.[24] Im Kontrast zu dieser nur kryptischen Beschreibung der materiellen Vorgaben an die „Maßnahmen des Arbeitsschutzes" macht die Vorschrift vergleichsweise präzise Vorgaben, in welcher Weise der Arbeitgeber vorzugehen hat:

> „Maßnahmen des Arbeitsschutzes sind zu treffen (§ 3 Abs. 1 Satz 1 ArbSchG), auf ihre Wirksamkeit zu überprüfen und erforderlichenfalls anzupassen (§ 3 Abs. 1 Satz 2 ArbSchG), wobei eine Verbesserung von Sicherheit und Gesundheitsschutz der Beschäftigten anzustreben ist (§ 3 Abs. 1 Satz 3 ArbSchG). Es werden also bestimmte Prozeduren normiert, die bei der praktischen Arbeitsschutzarbeit im Betrieb vom Arbeitgeber zu beachten sind. Man kann insofern davon sprechen, daß der betriebliche Arbeitsschutz auf die Beachtung einer spezifischen Systematik verpflichtet wird".[25]

Hiervon ausgehend lassen sich die oben als relevant erwiesenen Aspekte der Anlage des Arbeitsschutzes als Daueraufgabe und die Pflicht zur eigenverantwortlichen Festlegung von präventiven Maßnahmen stimmig zuordnen. Die durch § 3 Abs. 1 ArbSchG normierten Verfahrensschritte bilden einen prozeduralen Rahmen für den Arbeitgeber und die übrigen betrieblichen Akteure, um die betriebliche Sicherheit als ständige Aufgabe verfolgen zu können. Sie beschreiben eine Verfahrensweise, um „Maßnahmen des Arbeitsschutzes" systematisch und eigenständig – d.h. ohne obrigkeitliche Vorgaben in Gestalt von Einzelfallanordnungen – festzulegen und nicht zuletzt auch tatsächlich zu realisieren. Wesentlicher Zweck der Vorschrift ist es demnach, ein spezifisches Verfahren für den betrieblichen Arbeits- und Gesundheitsschutz festzulegen. Die Verfahrensregeln bilden m.a.W. das rechtliche Instrumentarium für einen eigenverantwortlichen, dauerhaft angelegten Arbeits- und Gesundheitsschutz.[26]

Um Mißverständnissen vorzubeugen ist darauf hinzuweisen, daß § 3 Abs. 1 ArbSchG nicht allein als prozedurale Vorschrift zu verstehen ist, sondern auch einen materiellrechtlichen Gehalt aufweist. Für letzteren steht insbes. das

---

[24] Vgl. nur *Wank*, TAS, § 3 ArbSchG, Rdnr. 3; *Prax.-Kommentar-Kollmer*, Vor. § 1 ArbSchG, Rdnr. 36.

[25] Vgl. hierzu *Faber*, 9. Workshop Psychologie der Arbeitssicherheit, 79 ff.; *Scheel*, DB 1999, 1654 ff. (1654), sowie S. 1658, speziell mit Blick auf die Richtlinie 98/24/EG zum Schutz von Gesundheit und Sicherheit der Arbeitnehmer vor der Gefährdung durch chemische Arbeitsstoffe bei der Arbeit (14. Einzelrichtlinie i.S. des Art. 16 der Rahmenrichtlinie).

[26] Das in § 3 Abs. 1 ArbSchG angelegte Verfahren ähnelt in auffälliger Weise der Systematik der Prozeßsteuerung verschiedener Managementsysteme, die vor allem durch das PDCA-Prinzip (Plan-Do-Check-Act) geprägt sind. Nimmt man die Pflicht zur Planung in § 3 Abs. 2 einleitender Satzteil hinzu, finden sich mit dem Treffen der Maßnahmen (Do), den Wirksamkeitskontrollen (Check) und den Anpassungsmaßnahmen (act) die genannten Elemente des PDCA-Zyklus wieder. Vgl. hierzu *Beutler/Langhoff*, WSI Mitteilungen 1997, 829 ff. (832); *Scheel*, DB 1999, 1654 ff. (1654), sowie die Ausführungen zu den Managementsystemen, unten S. 293 ff.

Merkmal „erforderlich“. Konturen bekommt diese materiellrechtliche Anforderung durch die Verknüpfung mit § 5 ArbSchG, wonach der Arbeitgeber durch eine Gefährdungsbeurteilung zu ermitteln hat, welche (konkreten) „Maßnahmen des Arbeitsschutzes erforderlich sind“. Zugleich unterstreicht die durch die Verwendung des Tatbestandsmerkmals „erforderlich“ implizierte Bezugnahme auf § 5 ArbSchG die konstatierte Bedeutung prozeduraler Elemente. Gefährdungsbeurteilungen sind Verfahrensinstrumente, die darauf zielen, systematisch materiellrechtliche Schutzziele und -maßnahmen zu identifizieren.[27]

2. Rechtssystematische Stellung des § 3 Abs. 1 ArbSchG

Von der Frage des Normzwecks zu trennen ist die rechtssystematische Stellung des § 3 Abs. 1 ArbSchG. Da die Rechtssystematik wie auch der Normzweck maßgeblichen Einfluß auf die Interpretation einer Norm haben, sind einige Überlegungen vor der detaillierten Untersuchung der Pflichten des § 3 Abs. 1 ArbSchG angezeigt.

a) Generalklausel

§ 3 Abs. 1 ArbSchG steht an der Spitze der im 2. Abschnitt des ArbSchG geregelten Pflichten des Arbeitgebers. Schon der Titel der amtlichen Überschrift, „Grundpflichten des Arbeitgebers“ läßt erkennen, daß der Vorschrift paradigmatische Bedeutung zukommt. Wie bereits erwähnt, wird in der Literatur die Bedeutung des § 3 ArbSchG als arbeitsschutzrechtliche Generalklausel wegen ihrer inhaltlichen Offenheit hervorgehoben.[28] Ausweislich der Gesetzesbegründung[29], die von der Literatur[30] einhellig geteilt wird, sollen die offenen Formulierungen des ArbSchG dazu dienen, den äußerst vielfältigen Bedingungen des Arbeitslebens durch betriebsangepaßte Lösungen gerecht zu werden. Zudem soll die Möglichkeit eröffnet werden, den permanenten Wandel des Wirtschaftlebens im Hinblick auf die Belange des Arbeits- und Gesundheitsschutzes unmittelbar nachzuvollziehen.

---

[27] *Heilmann/Aufhauser*, Kommentar zum ArbSchG, § 5, Rdnr. 1, weisen in diesem Zusammenhang zutreffend darauf hin, daß Gefährdungsbeurteilungen und die Dokumentation nach § 6 ArbSchG „einen wesentlichen Bestandteil desjenigen Verfahrens (bilden), in dem die Gefährdungen für Sicherheit und Gesundheit der Beschäftigten vorausschauend und ständig fortschreitend zu minimieren sind“.

[28] Vgl. z.B. *Wank*, TAS, § 3 ArbSchG, Rdnr. 3; *Fitting/Kaiser/Heither/Engels/Schmidt*, BetrVG, § 87, Rdnrn. 274, 295.

[29] Vgl. BT-Drcks. 13/3540, S. 12.

[30] Vgl. z.B. *Wlotzke*, NZA 2000, 19 ff. (20); *Koll/Janning/Pinter-Koll*, Kommentar zum ArbSchG, Ordnungsbuchstabe B, Rdnr. 54; *Blume*, Arbeitsschutzgesetz, S. 65.

Mit der Einstufung als arbeitsschutzrechtliche Generalklausel ist allerdings die rechtssystematische Verortung des § 3 Abs. 1 ArbSchG im Verhältnis zu den übrigen Vorschriften des ArbSchG und zu den speziellen Regelungen des betrieblichen Arbeitsschutzrechts nicht abgeschlossen. Offen bleibt insbesondere, ob durch die Vorschrift lediglich Schutzlücken geschlossen werden sollen oder ob ihr grundsätzlich eine eigenständige Funktion neben dem übrigen arbeitsschutzrechtlichen Regelwerk zukommt.

b) Verhältnis zu anderen Arbeitsschutzvorschriften

Das ArbSchG trifft in § 1 Abs. 3 eine Regelung über das Verhältnis der Normen des ArbSchG zu sonstigen Rechtsvorschriften zur Gewährleistung des Arbeits- und Gesundheitsschutzes. Nach dieser Kollisionsregel bleiben sonstige Arbeitsschutzvorschriften (Gesetze, Rechtsverordnungen, Unfallverhütungsvorschriften, vgl. § 2 Abs. 4 ArbSchG) unberührt. Hieraus wird gefolgert, daß diese Normen nach dem Grundsatz der Spezialität Vorrang vor den Bestimmungen des ArbSchG haben, sofern sie die allgemeineren Pflichten des ArbSchG näher konkretisieren.[31] Dem ist im Grundsatz zuzustimmen, wobei allerdings zu betonen ist, daß das Spezialitätsverhältnis stets im Einzelfall für die in Rede stehenden Bestimmungen zu klären ist.[32]

Mit Blick auf den § 3 Abs. 1 ArbSchG ist festzustellen, daß ein echter Vorrang einer speziellen Rechtsvorschrift, mit der Folge der vollständigen Nichtanwendbarkeit, jedenfalls nach der gegenwärtigen Rechtslage kaum vorstellbar ist. Erblickt man den wesentlichen normativen Gehalt des § 3 Abs. 1 ArbSchG, wie hier vertreten, in der Festlegung eines prozeduralen (methodischen) Rahmens für den betrieblichen Arbeits- und Gesundheitsschutz, zeigt die Analyse

---

[31] *Prax.-Kommentar-Kollmer*, § 1 ArbSchG, Rdnr. 80; *Koll/Janning/Pinter-Koll*, Kommentar zum ArbSchG, § 1, Rdnr. 13; Amtliche Begründung zu § 1 ArbSchG, BT-Drcks. 13/3540, S. 14.

[32] Dies geschieht in der Literatur bisweilen nicht mit der nötigen Deutlichkeit. So stellt etwa *Wank*, TAS, § 1 ArbSchG, Rdnr. 19, lediglich pauschal fest, daß andere Rechtsvorschriften durch das ArbSchG unberührt bleiben (ähnlich auch *Koll/Janning/Pinter-Koll*, Kommentar zum ArbSchG, § 1, Rdnr. 13). Dem Befund ist zwar auf diesem Abstraktionsniveau nicht zu widersprechen. Er darf jedoch nicht dahingehend mißverstanden werden, daß die Anwendung der Kollisionsvorschrift des § 1 Abs. 3 ArbSchG nicht für jeden Einzelfall zu prüfen wäre. Eine sorgfältige Prüfung des Spezialitätsverhältnisses ist schon deshalb notwendig, weil sich das historisch-situativ gewachsene deutsche Arbeitsschutzrecht nicht ohne weiteres in die Systematik des ArbSchG einfügen läßt. In der Literatur wird daher zutreffend von einem Verhältnis gegenseitiger Ergänzung gesprochen (so *Kollmer/Vogl*, Arbeitsschutzgesetz, Rdnr. 31; *Kittner/Pieper*, ArbSchR, § 1 ArbSchG, Rdnr. 22; ebenfalls differenzierend *Nöthlichs*, Arbeitsschutz und Arbeitssicherheit, § 1 ArbSchG, Anm. 7). Praktisch relevant wird diese Frage insbes. im Hinblick auf das Verhältnis der allgemeinen Grundsätze des Arbeitsschutzes gemäß § 4 ArbSchG zu spezialgesetzlich geregelten Schutzzielen.

der übrigen, speziellen Rechtsvorschriften, daß es insoweit allenfalls partiell Überschneidungen gibt. Praktisch keine Kollisionen lassen sich in Bezug auf die Sätze 2 und 3 des Absatzes 1 nachweisen. Die übrigen Rechtsvorschriften i.S. von § 1 Abs. 3 ArbSchG (z.B. BildscharbV, BetrSichV, GefstoffV, ArbstättV) formulieren durchweg bestimmte Schutzziele, schreiben aber nicht die Durchführung von Wirksamkeitskontrollen oder Optimierungsmaßnahmen vor.

Nichts grundsätzlich anderes gilt auch für die Pflicht nach § 3 Abs. 1 Satz 1 ArbSchG, die „erforderlichen Maßnahmen des Arbeitsschutzes" zu treffen. Wie oben ausgeführt, handelt es sich auch hierbei um eine verfahrensorientierte Vorschrift, aus der sich nicht unmittelbar ergibt, welche konkreten Maßnahmen im Einzelfall zu ergreifen sind. Durch die Verwendung des Tatbestandsmerkmals „erforderlich" verweist die Bestimmung auf die Regelungen zur Gefährdungsbeurteilung in § 5 ArbSchG und damit auf eine weitere prozedurale Norm. Ihr Anwendungsbereich liegt im Vorfeld des Treffens der Maßnahmen, da nach § 5 Abs. 1 ArbSchG mit Hilfe der Gefährdungsbeurteilung systematisch zu ermitteln ist, welche Maßnahmen erforderlich sind. Vergleichbare Vorschriften, die das Verfahren, das dem Treffen der Maßnahmen vorangeht, regeln, finden sich zwar in einer Reihe spezieller Arbeitsschutzvorschriften. Hinzuweisen ist insoweit etwa auf §§ 16 Abs. 4 GefStoffV, 8 Abs. 4, 6 GentSV, § 1 MuSchRiV oder 5 ff. BioStoffV, die jeweils entsprechende Pflichten zur Vornahme von Gefährdungsbeurteilungen normieren. Zu beachten ist jedoch, daß auch in diesen Fällen die Pflicht des § 3 Abs. 1 Satz 1 nicht vollständig verdrängt wird. Da sich die spezialgesetzlichen Regelungen lediglich auf die von ihnen erfaßten spezifischen Gefährdungen erstrecken, bleiben im übrigen § 3 Abs. 1 Satz 1 i.V. mit § 5 ArbSchG anwendbar.[33] § 3 Abs. 1 Satz 1 ArbSchG stellt dies ausdrücklich dadurch klar, daß generell die Berücksichtigung der Umstände, die Sicherheit und Gesundheit bei der Arbeit beeinflussen, verlangt wird.[34]

Aufgrund der vielfach konkretisierenden Funktion der Spezialregelungen wird in der Literatur zu recht darauf hingewiesen, daß die allgemeinen Vorschriften des ArbSchG nicht verdrängt, sondern lediglich „überlagert" bzw. „überschattet" werden und sie in einem Verhältnis wechselseitiger Ergänzung stehen.[35] Der Hinweis auf die Wechselseitigkeit der Ergänzung der allgemeinen Regelungen des ArbSchG und der speziellen Regelungen der Rechtsverord-

---

[33] Vgl. hierzu auch *MünchArbR-Wlotzke*, § 211, Rdnr. 22; *Koll/Janning/Pinter-Koll*, Kommentar zum ArbSchG, § 1, Rdnr. 13; *Prax.-Kommentar-Kollmer*, § 1 ArbSchG, Rdnr. 81.

[34] Vgl. insoweit auch den Text der Rahmenrichtlinie-Arbeitsschutz 89/391/EWG. Nach Art. 5 Abs. 1 hat der Arbeitgeber für die Sicherheit und den Gesundheitsschutz in bezug auf alle Aspekte, die die Arbeit betreffen, zu sorgen.

[35] So *Prax.-Kommentar-Kollmer*, § 1 ArbSchG, Rdnr. 80; *Kittner/Pieper*, ArbSchR, § 1 ArbSchG, Rdnrn. 22 ff.; *MünchArbR-Wlotzke*, § 211, Rdnrn. 21 ff.

nungen zum ArbSchG ist hier insofern von Belang, als er verdeutlicht, daß die spezifischen Regelungen in den Rechtsverordnungen auch für die Auslegung der Grundpflichten fruchtbar zu machen sind. Durch die speziellen Schutzvorschriften wird der durch das ArbSchG normativ abgesteckte Rahmen für bestimmte Sachverhalte (Tätigkeiten, Gefahren) konkretisiert und der Entscheidungsspielraum des Arbeitgebers insoweit eingeschränkt. Da es sich aber letztlich nur um Verdeutlichungen der ohnehin rahmengesetzlich bestehenden Pflichtenstellungen (z.B. nach § 3 Abs. 1 ArbSchG) handelt, spricht nichts dagegen, sie auch für andere, nicht durch spezielle Rechtsverordnungen geregelte Sachverhalte zu nutzen.[36] Hierdurch wird im Unterschied zu den von den Spezialregelungen erfaßten Fällen der Entscheidungsspielraum – und dies ist entscheidend – lediglich verdeutlicht, nicht aber eingeschränkt.

Wenn also in § 5 BiostoffV die Beschaffung bestimmter Informationen für die Gefährdungsbeurteilung verlangt wird, stellt dies für den Arbeitgeber, der mit Biostoffen arbeiten läßt, eine zwingende Verpflichtung dar. Auch wenn für andere Arbeitgeber eine solche Pflicht im Zusammenhang mit § 5 ArbSchG nicht verbindlich ist, verdeutlicht § 5 BiostoffV doch einen wichtigen – methodischen – Aspekt, der auch bei der Durchführung allgemeiner Gefährdungsbeurteilungen zu beachten ist. Zwar ist der Arbeitgeber nicht verpflichtet nach den Maßstäben des § 5 BiostoffV Informationen zu beschaffen. Dessenungeachtet machen die Regelungen der BiostoffV aber klar, daß zur Erfüllung der Pflichten aus § 5 ArbSchG die für die Durchführung einer Gefährdungsbeurteilung relevanten Informationen systematisch zu generieren sind.

Zusammenfassend kann festgehalten werden, daß sich die Frage der Gesetzeskonkurrenz mit spezialgesetzlichen Regelungen im Zusammenhang mit § 3 Abs. 1 ArbSchG bis dato nur selten stellt. Dies ergibt sich aus der spezifischen Verfahrensorientierung des § 3 Abs. 1 ArbSchG. Da in den speziellen Arbeitsschutznormen Fragen des Verfahrens nur schwach reguliert sind, finden sich nur partiell speziellere Regelungen.

II. § 3 Abs. 2 ArbSchG

Soweit ersichtlich sind auch der Normzweck und die rechtssystematische Stellung der Pflichten des Arbeitgebers aus § 3 Abs. 2 ArbSchG noch nicht ausdrücklich thematisiert worden. In den Stellungnahmen der Literatur finden sich jedoch eine Reihe von Aspekten, die in die nachfolgenden Überlegungen miteinfließen werden.

---

36 Hierzu auch *Kohte*, ArbuR 1984, 263 ff. (264).

1. Normzweck

Es wurde oben herausgearbeitet, daß sich die Regelungen des § 3 Abs. 2 ArbSchG in verschiedene Teilelemente auffächern lassen. Diese bilden den Anknüpfungspunkt für die folgenden Ausführungen.

a) Rechtlicher Rahmen für eine übergreifende Schutzkonzeption (Planung)

Wie bereits erwähnt, läßt sich insbesondere aus dem einleitenden Satzteil des § 3 Abs. 2 ArbSchG auf eine Pflicht des Arbeitgebers zur Planung der Maßnahmen des Arbeitsschutzes schließen. Sinn und Zweck dieses in der bisherigen Rezeption des ArbSchG nur wenig thematisierten Elements der Grundpflichten erschließen sich aus dem Begriff der Planung.[37] Der Planungsbegriff steht allgemein für eine in die Zukunft gerichtete Gestaltungsstrategie, die nicht reaktiv, sondern einem systematischen und rationalen Entwurf folgend, die jeweils avisierten Ziele und deren Verwirklichung gedanklich vorwegnimmt, statt sie dem Zufall oder der Intuition zu überlassen.[38] Der gesetzliche Zweck der Planungspflicht liegt vor diesem Hintergrund darin, eine übergreifende, nachvollziehbare Gesamtkonzeption für den betrieblichen Arbeits- und Gesundheitsschutz einzufordern. Die Sinnhaftigkeit einer solchen Gestaltungsstrategie ergibt sich daraus, daß Entscheidungen über Arbeitsschutzmaßnahmen nicht selten mit Zielkonflikten verbunden sind, die sich sachgerecht nur durch planerisches Vorgehen lösen lassen.

So können auf der Ebene der einzelnen Arbeitsplätze durchaus unterschiedliche Schutzmaßnahmen in Betracht kommen. Bezogen auf den gesamten Betrieb wird es regelmäßig Arbeitsplätze mit mehr oder weniger großem Handlungsbedarf geben. In letzterem Fall bietet die Planung die Möglichkeit, eine an den realen Gefährdungsschwerpunkten orientierte Schutzkonzeption zu verabschieden, etwa indem Maßnahmen zeitlich gestaffelt (kurz-, mittel- und langfristige Ziele) festgelegt werden. Auf diese Weise läßt sich nicht nur sicherstellen, daß dringende Probleme unverzüglich erledigt werden (z.B. Verstoß gegen zwingende spezialgesetzliche Schutzziele), sondern insbesondere auch, daß vermeintlich weniger gravierende Fragen nicht „unter den Tisch fallen“, sondern tatsächlich verbindlich in eine übergreifende Schutzkonzeption eingehen, selbst dann, wenn kein unmittelbarer Handlungsbedarf besteht. Zweck der Planungspflicht ist daher die Operationalisierung des Ziels eines systematischen, dauerhaften und auf kontinuierliche Verbesserung angelegten Arbeits- und Gesundheitsschutzes.

---

[37] Hierzu auch eingehend unten S. 86 ff.

[38] Vgl. etwa *Kloepfer*, Umweltrecht, § 5, Rdnr. 5; UPR 2002, 321 ff. (321); speziell mit Blick auf die Planung nach der Rahmenrichtlinie-Arbeitsschutz *Bücker*, Von der Gefahrenabwehr zur Risikovorsorge, S. 243 ff.

b) Tatsächliche Realisierung der getroffenen Maßnahmen

Aus § 3 Abs. 2 ArbSchG ergibt sich – wie gesehen – die Verpflichtung, die Maßnahmen des Arbeitsschutzes durchzuführen. Der Sinn und Zweck der Durchführungspflicht ist insoweit zweifelhaft, als der Arbeitgeber bereits nach § 3 Abs. 1 ArbSchG verpflichtet ist, die erforderlichen Maßnahmen des Arbeitsschutzes zu treffen. Es fragt sich, ob der Gesetzgeber bewußt zwischen dem Treffen und dem Durchführen von Arbeitsschutzmaßnahmen differenziert hat. Hiervon kann jedenfalls dann ausgegangen werden, wenn dem Begriff der Durchführung ein eigenständiger Sinngehalt zukommt. Hierfür läßt sich anführen, daß mit dem Treffen einer Maßnahme noch nicht automatisch ihre tatsächliche Durchführung gewährleistet ist.[39] Gerade im arbeitsteiligen Betrieb bedarf es hierfür in der Regel weiterer (exekutiver) Handlungen dritter Personen, etwa einer Führungskraft, die die festgelegten Unterweisungen vornimmt oder eines Mechanikers, der die vorgesehenen Wartungsarbeiten realisiert. Die Situation ist insofern vergleichbar mit dem Abschluß einer Betriebsvereinbarung, die nach ihrem Abschluß der Durchführung durch den Arbeitgeber bedarf (§ 77 Abs. 1 BetrVG), um ihre Wirksamkeit zu entfalten.[40] Der Normzweck ist daher in der Klarstellung zu sehen, daß Maßnahmen des Arbeitsschutzes nicht nur am „grünen Tisch“ festzulegen sind, sondern auch tatsächlich in betriebliche Praxis umzusetzen sind. Hiermit sind, neben der Bereitstellung der sächlichen Mittel, insbesondere Maßnahmen organisatorischer Natur angesprochen, auf die nunmehr genauer einzugehen ist.

c) § 3 Abs. 2 Nr. 1: Spezifische Anforderungen an den Arbeits- und Gesundheitsschutz unter den Bedingungen der Arbeitsteilung

Die Pflicht des Arbeitgebers, für eine geeignete Organisation zur Planung und Durchführung der Maßnahmen des Arbeitsschutzes zu sorgen (§ 3 Abs. 2 Nr. 1 ArbSchG), wird in der Literatur vor allem als Instrument gesehen, die Realisierung der Aufgaben des betrieblichen Arbeitsschutzes sicherzustellen.[41] Durch die ausdrückliche Formulierung dieser allgemeinen Organisationspflicht trägt das Gesetz sicherheitswissenschaftlichen Erkenntnissen Rechnung, aus denen sich ergibt, daß die betriebliche Sicherheit nicht nur durch eine adäquate Sicherheitstechnik, sondern in besonderem Maße durch eine effektive Sicher-

---

[39] In diesem Sinne wohl auch *Buchholz*, ZTR 1996, 495 ff. (497).

[40] Der Vergleich ist insofern in besonderem Maße geeignet, als die Regelung der erforderlichen Maßnahmen nach der hier vertretenen Auffassung in vielen Fällen der betrieblichen Mitbestimmung nach § 87 Abs. 1 Nr. 7 BetrVG unterliegt. Vgl. hierzu im einzelnen unten, S. 468 ff.

[41] Vgl. z.B. *Wank*, TAS, § 3 ArbSchG, Rdnr. 9; *Kittner/Pieper*, Basiskommentar zum ArbSchG, § 3, Rdnr. 3; *Nöthlichs*, Arbeitsschutz und Arbeitssicherheit, § 3 ArbSchG, Anm. 3.1.1.

heitsorganisation determiniert wird.[42] Nach dem insoweit eindeutigen Wortlaut des § 3 Abs. 2 Nr. 1 ArbSchG bilden die Planung und Durchführung der Maßnahmen des Arbeitsschutzes den sachlichen Anknüpfungspunkt der Organisationspflicht. Die allgemeine Organisationspflicht des Arbeitgebers erstreckt sich damit nicht auf die gesamte Betriebsorganisation, sondern lediglich auf das Segment und die Aspekte, die für die Gewährleistung der Sicherheit und des Gesundheitsschutzes der Beschäftigten von Bedeutung sind.[43]

Einige Stimmen in der Literatur erblicken in der allgemeinen Organisationspflicht des § 3 Abs. 2 Nr. 1 ArbSchG keine originäre Arbeitsschutzaufgabe, sondern lediglich eine Hilfsfunktion.[44] Hierfür läßt sich anführen, daß sich die Organisationspflicht auf die Planung und Durchführung der Maßnahmen des Arbeitsschutzes nach § 3 Abs. 1 ArbSchG bezieht, sie also in ihrer sachlichen Reichweite von den sonstigen materiellrechtlichen Arbeitsschutzpflichten determiniert wird. Daraus läßt sich indes nicht zwingend schließen, daß es sich bei der Sicherheitsorganisation nicht um eine originäre Arbeitsschutzaufgabe handelt. In arbeitsteiligen Organisationen wie Betrieben realisieren sich Aufgaben, wie z.B. Arbeitsschutzmaßnahmen nicht von selbst. Sie müssen vielmehr durch Organisationsmaßnahmen (insbes. Aufgabenübertragung und Koordination) umgesetzt werden, damit sie tatsächlich in der vorgesehenen Weise realisiert werden.[45] Die fachliche Entscheidung über eine Maßnahme des Arbeitsschutzes steht deshalb in untrennbarem Zusammenhang mit Organisationsentscheidungen, die die Frage der Umsetzung regeln.

Es handelt sich bei der Organisationspflicht deswegen durchaus um eine originäre Aufgabe des Arbeitsschutzes. Die Einordnung der Organisation als Hilfsfunktion ist vor diesem Hintergrund zwar nicht grundsätzlich zu verwerfen; in der Sache selbst dürfte auch kaum ein Dissens bestehen. Sie ist aber deswegen problematisch und mißverständlich, weil sie die wesentliche Bedeutung des organisatorischen Aspekts des betrieblichen Arbeitsschutzes zu kaschieren droht. Treffender dürfte es sein, die Organisation als Komplementärfunktion oder Instrument zur Erfüllung der arbeitsschutzrechtlichen Pflichten

[42] Nach einem Bericht des Hauptverbandes der gewerblichen Berufsgenossenschaften ist der technische Arbeitsschutz in der Bundesrepublik „ausgereizt". Ohne „neue Ansätze" ist danach mit einer Konsolidierung der Anzahl der Arbeitsunfälle zu rechnen, nachdem sich die Zahl über viele Jahre kontinuierlich und deutlich reduziert hat. Vgl. FAZ vom 25.03.2000, S. 14, außerdem eingehend unten S. 198 ff.

[43] So auch *Koll/Janning/Pinter-Koll*, Kommentar zum ArbSchG, § 3, Rdnr. 16; *Prax.-Kommentar-Seeger*, § 3 ArbSchG, Rdnr. 58.

[44] *Kollmer/Vogl*, Arbeitsschutzgesetz, Rdnr. 72; *Nöthlichs*, Arbeitsschutz und Arbeitssicherheit, § 3 ArbSchG, Anm. 3.1.1; *Wank*, TAS, § 3 ArbSchG, Rdnr. 9.

[45] Vgl. auch *Feldhaus*, in: Umwelthaftung und Umweltmanagement, 9 ff. (23 f.).

unter den Bedingungen der Arbeitsteilung zu bezeichnen.[46] Auf diese Weise wird einerseits der enge Zusammenhang zu den fachlichen Entscheidungen des Arbeitsschutzes betont und andererseits der unverzichtbare Beitrag der Sicherheitsorganisation für die Sicherheit und Gesundheit bei der Arbeit deutlich.[47] Normzweck des § 3 Abs. 2 Nr. 1 ArbSchG ist demnach die Regelung der spezifischen Anforderungen an den Arbeits- und Gesundheitsschutz unter den Bedingungen der Arbeitsteilung.

Nach § 3 Abs. 2 Nr. 1 ArbSchG muß der Arbeitgeber zudem die erforderlichen Mittel bereitstellen. Die Regelung hat vornehmlich den Zweck klarzustellen, daß organisatorische, aber auch technische Schutzmaßnahmen nur dann wirksam werden können, wenn auch die tatsächlichen Voraussetzungen geschaffen werden, um die in Rede stehenden arbeitsschutzrechtlichen Verpflichtungen erfüllen zu können. Gemeint sind vornehmlich die sächlichen und finanziellen Ressourcen für den betrieblichen Arbeitsschutz (Schutzausrüstungen, Material für Unterweisungen, Meßgeräte etc.).[48]

d) § 3 Abs. 2 Nr. 2 ArbSchG: Arbeitsschutz als Führungsaufgabe

Mit der Verpflichtung, Vorkehrungen zu treffen, damit die Arbeitsschutzmaßnahmen in die betrieblichen Führungsstrukturen eingebunden werden (§ 3 Abs. 2 Nr. 2 ArbSchG), präzisiert das Gesetz die allgemeine Organisationspflicht des Arbeitgebers. Zweck der Regelung ist es, den Arbeits- und Gesundheitsschutz als betriebliche Führungsaufgabe zu konstituieren und ihn in die betriebliche Linienorganisation bis hinunter in die unterste Hierarchieebene einzubetten.[49]

---

[46] Dieser instrumentelle Charakter der Organisationspflicht wird im betrieblichen Umweltrecht hervorgehoben, vgl. insoweit etwa *Rehbinder*, UTR 26, 29 ff. (38); *Feldhaus*, in: Umwelthaftung und Umweltmanagement, 9 ff. (23 f.), der die Organisationspflicht als „akzessorisch" zu den materiellen Grundpflichten des Umweltschutz- und Arbeitsschutzrechts bezeichnet. Auch diese instrumentelle Sichtweise wird der Bedeutung der Organisation m.E. eher gerecht als der mißverständliche Begriff der Hilfsfunktion.

[47] Zur Klarstellung sei bereits an dieser Stelle darauf hingewiesen, daß insbesondere Mängel der Arbeitsorganisation als unmittelbare Belastungsfaktoren zu schädlichen Beanspruchungen der physischen und psychischen Gesundheit führen können (vgl. hierzu etwa *Prax.-Kommentar-Schmidt*, B 5, Physiologische u.a. ausgewählte Aspekte des Arbeitsschutzes, Rdnrn. 135 ff.). Bei den insoweit zu treffenden „Maßnahmen des Arbeitsschutzes" wird es sich in der Regel um organisatorische Festlegungen handeln (z.B. Arbeitszeit- oder Pausengestaltung), deren Umsetzung wiederum nach § 3 Abs. 2 Nr. 1 ArbSchG durch entsprechende organisatorische Vorkehrungen sicherzustellen ist. Einzelheiten hierzu unten S. 207 ff.

[48] Vgl. nur *Koll/Janning/Pinter-Koll*, Kommentar zum ArbSchG, § 3, Rdnr. 19; *Kittner/Pieper*, ArbSchR, § 3 ArbSchG, Rdnr. 7; *Nöthlichs*, Arbeitsschutz und Arbeitssicherheit, § 3 ArbSchG, Anm. 3.2; *Wank*, TAS, § 3 ArbSchG, Rdnr. 11.

[49] Allgemeine Auffassung, vgl. nur *Wank*, TAS, § 3 ArbSchG, Rdnr. 12; *Kollmer/Vogl*, Arbeitsschutzgesetz, Rdnr. 74; *Blume*, Arbeitsschutzgesetz, 67; *Fischer*, BArbBl. 1996, 1, 21 ff. (22).

Es ist daher nicht mit dem Normzweck des § 3 Abs. 2 Nr. 2 ArbSchG vereinbar, die Sicherheitsorganisation allein auf die nach der Konzeption des ASiG in Stabsfunktionen agierenden betrieblichen Sicherheitsexperten, namentlich die Fachkraft für Arbeitssicherheit und den Betriebsarzt, zu reduzieren.[50] Das Gesetz trägt auf diese Weise im übrigen der in einer Untersuchung der IAO geäußerten Kritik Rechnung, die in der faktischen Separierung des Arbeitsschutzes in eine expertendominierte Sicherheitsorganisation ein wesentliches Defizit des deutschen Arbeitsschutzsystems erblickt hat.[51]

e) § 3 Abs. 2 Nr. 2 ArbSchG: Arbeits- und Gesundheitsschutz als Querschnittsaufgabe aller betrieblichen Beteiligten

Nach § 3 Abs. 2 Nr. 2 ArbSchG muß der Arbeitgeber außerdem Vorkehrungen treffen, damit die Arbeitsschutzmaßnahmen bei allen Tätigkeiten beachtet werden und die Beschäftigten ihren Mitwirkungspflichten nachkommen können. Neben der (vertikalen) Integration in die Linienorganisation zielt das Gesetz damit darauf, den Arbeits- und Gesundheitsschutz zur Aufgabe aller betrieblichen Funktionsbereiche und Akteure zu machen.[52] Zweck der Vorschrift ist es demnach zunächst, den Arbeitsschutz als betriebliche Querschnittsaufgabe zu etablieren und ihn so auf eine möglichst breite Basis zu stellen. Das Gesetz unterstützt damit seine konsequent präventive Ausrichtung, indem es der Erkenntnis Rechnung trägt, daß ein effektiver Schutz nicht erst am Ort des Auftretens von arbeitsbedingten Gefährdungen ansetzen kann, sondern z.B. bei der Beschaffung von Arbeitsstoffen oder bei der Gestaltung der Fertigungsabläufe beginnt. Dem Charakter des Arbeitsschutzes als Querschnittsaufgabe aller betrieblichen Beteiligten entspricht es schließlich, daß § 3 Abs. 2 Nr. 2 ArbSchG

---

[50] So auch *Kohte*, EAS, B 6100, Arbeitsschutzrahmenrichtlinie, Rdnr. 64.

[51] Vgl. IAO (Hrsg.), Bericht über die Wirksamkeit der Arbeitsaufsicht in der Bundesrepublik Deutschland, S. 165 ff., insbes. 170 f.; außerdem *Kohte*, EAS, B 6100, Arbeitsschutzrahmenrichtlinie, Rdnrn. 64 ff. Für diesen Befund steht auch die Einschätzung von *Seeger*, Prax-Kommentar,§ 3 ArbSchG, Rdnr. 64, der große Mängel bei der Integration des Arbeitsschutzes in die betrieblichen Geschäftsgrundsätze und Handlungsanleitungen sieht. Für *Seeger* steht es „außer Frage", daß „die Organisationsverpflichtungen der Arbeitgeber für die Sicherheit und Gesundheit der Beschäftigten bei der Arbeit von der Mehrzahl der Unternehmen nicht ausreichend wahrgenommen werden".

[52] Ähnlich *Kollmer/Vogl*, Arbeitsschutzgesetz, Rdnr. 73; *Fischer*, BArbBl., 1996, 1, 21 ff. (22); *Koll/Janning/Pinter-Koll*, Kommentar zum ArbSchG, § 3 Rdnr. 21, der in diesem Zusammenhang exemplarisch auf sog. „Querschnittsmaßnahmen" wie z.B. Arbeitszeitregelungen oder den Nichtraucherschutz verweist, die in allen betrieblichen Funktionsbereichen (z.B. Verwaltung, Produktion, Lager) zu beachten sind. M.E. sind diese „Querschnittsmaßnahmen" kein geeignetes Beispiel für die „Querschnittsaufgabe" Arbeitsschutz. Es steht wohl außer Frage, daß wegen § 3 Abs. 1 ArbSchG die Arbeitsschutzmaßnahmen an allen Arbeitsplätzen eines Betriebs zu treffen sind. Der Normzweck des § 3 Abs. 2 Nr. 2 ArbSchG dürfte daher kaum darin zu finden sein, klarzustellen, daß auch außerhalb des Produktionsbereichs Arbeitsschutz zu betreiben ist.

die Betroffenen selbst in den Fokus nimmt. Der Arbeitgeber hat insoweit die erforderlichen, insbes. organisatorischen Vorkehrungen zu treffen, damit die Beschäftigten ihren Mitwirkungspflichten aktiv nachkommen können.[53] Zusammenfassend läßt sich danach die umfassende Integration des Arbeits- und Gesundheitsschutzes in alle betrieblichen Funktionsbereiche und die Organisation der Beteiligung der Beschäftigten als Normzweck des § 3 Abs. 2 Nr. 2 ArbSchG festhalten.

2. Rechtssystematische Stellung des § 3 Abs. 2 ArbSchG

Die aus dem einleitenden Satzteil des § 3 Abs. 2 ArbSchG abzuleitenden Pflichten zur Planung und Durchführung der Arbeitsschutzmaßnahmen geben allgemeine, verbindliche Grundanforderungen wieder, die vom Arbeitgeber in jedem Falle einzuhalten sind. Da die speziellen Arbeitsschutzpflichten des ArbSchG (z.B. § 12 ArbSchG – Unterweisung; § 10 ArbSchG – Erste Hilfe und sonstige Notfallmaßnahmen) und auch die sonstigen Arbeitsschutzvorschriften (z.B. ArbStättV, GefStoffV) nicht über vergleichbare Regelungen verfügen, ergibt sich insoweit kein Konkurrenzverhältnis. Die sich aus den jeweiligen Vorschriften ergebenden erforderlichen Maßnahmen des Arbeitsschutzes müssen also geplant und durchgeführt i.S. von § 3 Abs. 2 ArbSchG werden. Hieraus ergibt sich zugleich, daß für die Anwendung der Kollisionsvorschrift des § 1 Abs. 3 ArbSchG jedenfalls in aller Regel kein Raum sein wird.

Gleiches gilt für die Organisationspflichten der Nrn. 1 und 2 des § 3 Abs. 2 ArbSchG. Aufgrund der oben beschriebenen Komplementärfunktion der Organisationspflichten sind sie im Prinzip zu jeder „erforderlichen Maßnahme des Arbeitsschutzes" hinzuzudenken. Im Hinblick auf die Akteure und Institutionen des betrieblichen Arbeitsschutzes wird die Gestaltungsfreiheit des Arbeitgebers durch das ASiG und das SGB VII begrenzt. Die dort zu findenden Regelungen über die Aufgaben und Rechtsstellung des Betriebsarztes, der Fachkraft für Arbeitssicherheit und der Sicherheitsbeauftragten nach § 22 SGB VII sowie über den Arbeitsschutzausschuß stehen nicht zu seiner Disposition. Insoweit tritt § 3 Abs. 2 ArbSchG hinter diese spezielleren Regelungen wegen § 1 Abs. 3 ArbSchG zurück.[54]

---

[53] *Koll/Janning/Pinter-Koll*, Kommentar zum ArbSchG, § 3, Rdnr. 23; *Kittner/Pieper*, ArbSchR, § 3 ArbSchG, Rdnr. 12; *Prax.-Kommentar-Seeger*, § 3 ArbSchG, Rdnr. 47; *Nöthlichs*, Arbeitsschutz und Arbeitssicherheit, § 3 ArbSchG, Rdnr. 3.4.

[54] Vgl. auch *MünchArbR-Wlotzke*. § 210, Rdnr. 31; *Koll/Janning/Pinter-Koll*, Kommentar zum ArbSchG, § 3, Rdnr. 18.

III. Ordnungsgemäße Umsetzung der Vorgaben der Arbeitsschutzrahmenrichtlinie durch § 3 Abs. 1, 2 ArbSchG?

Ausweislich der amtlichen Begründung des ArbSchG[55] sollen durch § 3 Abs. 1 und 2 ArbSchG zum einen Art. 5 Abs. 1 der Rahmenrichtlinie und zum anderen eine Reihe von Elementen des Art. 6 der Rahmenrichtlinie in deutsches Recht umgesetzt werden. Blickt man in den Normtext der angesprochenen europäischen Regelungen fällt auf, daß sich die beanspruchte Umsetzung des Art. 5 Abs. 1 der Richtlinie 89/391/EWG jedenfalls nicht ohne weiteres aus dem Wortlaut des § 3 ArbSchG erschließt.

Nach der Gesetzesbegründung soll Art. 5 Abs. 1 der Rahmenrichtlinie durch § 3 Abs. 1 Satz 1 ArbSchG in deutsches Recht transformiert worden sein.[56] Art. 5 Abs. 1 Rahmenrichtlinie verpflichtet den Arbeitgeber, „für die Sicherheit und den Gesundheitsschutz der Arbeitnehmer in bezug auf alle Aspekte, die die Arbeit betreffen, zu sorgen“. Der Text des ArbSchG weist insoweit nur partiell Ähnlichkeit mit Art. 5 Abs. 1 Rahmenrichtlinie auf, insbes. ist dort nicht von einer Verpflichtung Maßnahmen zu treffen die Rede. Es stellt sich von daher die Frage, ob § 3 Abs. 1 Satz 1 ArbSchG den Art. 5 Abs. 1 Rahmenrichtlinie ordnungsgemäß umsetzt. Die Zweifel verdichten sich mit Blick auf Art. 6 Abs. 1 Unterabs. 1 Rahmenrichtlinie, nach dem der Arbeitgeber die erforderlichen Maßnahmen für den Arbeits- und Gesundheitsschutz zu treffen hat. Obwohl es naheliegt, findet diese Bestimmung in der Gesetzesbegründung keine Erwähnung.

1. Normativer Gehalt von Art. 5, 6 Rahmenrichtlinie 89/391/EWG

Um die deutsche Umsetzungsregelung bewerten zu können, ist zunächst der materielle Gehalt der Art. 5, 6 Rahmenrichtlinie zu klären. Art. 5 und 6 stehen an der Spitze von Abschnitt II der Rahmenrichtlinie, in dem die Pflichten des Arbeitgebers geregelt sind. Es handelt sich bei ihnen um Grundvorschriften, wie sich bereits aus den amtlichen Überschriften „Allgemeine Vorschrift“ (Art. 5) und „Allgemeine Pflichten des Arbeitgebers“ (Art. 6) ergibt.

Art. 5 Abs. 1 Rahmenrichtlinie verpflichtet den Arbeitgeber, Sorge zu tragen für einen bestimmten Zuständigkeitsbereich, der in der Richtlinie mit dem Terminus „Sicherheit und den Gesundheitsschutz der Arbeitnehmer“ umschrieben wird. Die Norm präzisiert diese Sorgepflicht in gegenständlicher Hinsicht dadurch, daß alle Aspekte, die die Arbeit betreffen einzubeziehen sind, also nicht etwa auch das Freizeitverhalten der Arbeitnehmer. Das in Art. 5 Abs. 1 Rahmenrichtlinie enthaltene Gebot ist als ein striktes, im Sinne einer Pflicht,

---

[55] BT-Drcks. 13/3540, S. 16.
[56] BT-Drcks. 13/3540, S. 16.

den Arbeits- und Gesundheitsschutz zu garantieren, zu verstehen.[57] Der Arbeitgeber agiert insoweit also quasi als „Garant". Dieser Hinweis ist hier geboten, da eine Pflicht, sich „zu sorgen" durchaus auch als Pflicht sich „zu kümmern" gedeutet werden kann. Dies ist aber ersichtlich nicht gemeint, wie der Blick in die englische und französische Fassung der Rahmenrichtlinie belegt. Dort ist im hier interessierenden Zusammenhang von „to ensure" bzw. „assurer" die Rede. Es ist vor dem Hintergrund dieser Wortlautauslegung mit der Literatur davon auszugehen, daß Normzweck des Art. 5 Rahmenrichtlinie in der Formulierung einer grundlegenden Arbeitgeberpflicht zu einem umfassenden Schutz der Beschäftigten vor einer Gesundheitsgefährdung durch die Arbeit und bei der Arbeit zu deuten ist.[58]

Bestätigt wird dieser Befund durch die Absätze 2-4 der Vorschrift, die den Umfang der Arbeitgeberverantwortung weiter präzisieren. Sie stellen klar, daß die grundlegende Verantwortung des Arbeitgebers auch nicht durch den Einsatz externer Fachleute und durch die Pflichten der Arbeitnehmer berührt wird. Außerdem kann eine Einschränkung der Arbeitgeberverantwortung optional von den Mitgliedsstaaten nur vorgesehen werden, wenn es sich um anormale und unvorhersehbare Umstände sowie außergewöhnliche Ereignisse handelt, sofern deren Folgen trotz aller Sorgfalt nicht hätten vermieden werden können. Art. 5 Rahmenrichtlinie regelt folglich gegenständlich, *was* vom Arbeitgeber zu gewährleisten ist. Die Vorschrift enthält sich demgegenüber jeder normativen Aussage darüber, *wie* der Arbeitgeber seinen insoweit bestehenden Verpflichtungen nachzukommen hat.

Im Gegensatz dazu stellt Art. 6 Rahmenrichtlinie allgemeine Maßstäbe auf, die der Arbeitgeber zu beachten hat, um seiner Verantwortung für die Sicherheit und den Gesundheitsschutz der Arbeitnehmer gerecht zu werden. Anders als in Art. 5 Rahmenrichtlinie geht es also nicht um das „Was", sondern um das „Wie". Ohne ins Detail gehen zu können, lassen sich diese rechtlichen Bindungen unterscheiden in materiellrechtliche Maßstäbe und prozedurale Regeln, die bei der Durchführung des betrieblichen Arbeits- und Gesundheitsschutzes zu beachten sind.

Die materiellrechtlichen Maßstäbe ergeben sich im wesentlichen aus den allgemeinen Grundsätzen der Gefahrenverhütung des Art. 6 Abs. 2 Rahmenrichtlinie, die durch den § 4 ArbSchG als eigenständige Vorschrift in deutsches Recht umgesetzt worden sind.[59] Die Einlösung der Gewährleistungsverpflichtung bein-

---

[57] Hierzu auch *Kohte*, Jahrbuch des Arbeitsrechts 2000, 21 ff. (31).

[58] *Wank/Börgmann*, S. 89; *Brandes*, System des europäischen Arbeitsschutzrechts, S. 112; *Pieper*, Das Arbeitsschutzrecht in der deutschen und europäischen Sozialordnung, S. 291.

[59] Vgl. hierzu etwa die Kommentierung bei *Prax.-Kommentar-Wilhelm*, § 4 ArbSchG sowie *Kohte*, EAS, B 6100, Rdnrn. 50 ff., der im übrigen (ebenda, Rdnr. 57 f.) zutreffend darauf aufmerksam macht, daß der allgemeine Grundsatz des Art. 6 Abs. lit. d Rahmenrichtlinie, der die Berücksichtigung des „Faktors Mensch" fordert, in bedenklicher

haltet also schon deshalb auch die Einhaltung materiellrechtlicher Schutzstandards und nicht lediglich die Einhaltung prozeduraler Pflichten. Die zweitgenannte Gruppe, also die Verfahrensregeln, umfaßt die hier besonders interessierenden Pflichten des Arbeitgebers im Zusammenhang mit Arbeitsschutzmaßnahmen, namentlich ihre Ermittlung, Festlegung, Durchführung und Anpassung sowie Bestimmungen zur Organisation (vgl. Art. 6 Abs. 1 und 3 Rahmenrichtlinie).

Es kann damit festgehalten werden, daß die Rahmenrichtlinie rechtssystematisch trennt zwischen der Normierung der grundlegenden Verantwortung des Arbeitgebers für die Sicherheit und den Gesundheitsschutz der Arbeitnehmer auf der einen Seite und den rechtlichen Maßstäben, die bei der Wahrnehmung dieser Verantwortung zu beachten sind, auf der anderen Seite. Neben den allgemeinen Pflichten des Art. 6 Rahmenrichtlinie[60] hat der Arbeitgeber dabei zudem die speziellen Regelungen der Art. 7 ff. zu beachten, die ebenfalls präzisieren, wie, d.h. insbes. mit welchen Instrumenten (z.B. Dokumentation, Unterweisung) der Arbeitgeber seine grundlegende Verantwortung zu erfüllen hat.

2. *Kritik der Umsetzungsregelungen des § 3 ArbSchG*

Das ArbSchG folgt der aufgezeigten Regelungssystematik der Rahmenrichtlinie nicht, da es nicht zwischen der Ebene der Pflicht „Sicherheit und Gesundheitsschutz der Arbeitnehmer in bezug auf alle Aspekte, die die Arbeit betreffen" zu gewährleisten und dem rechtlichen Instrumentarium zur Umsetzung dieser Verpflichtung differenziert. § 3 Abs. 1 und 2 ArbSchG orientieren sich ganz im Sinne der intendierten 1 : 1 Umsetzung eng an den Vorgaben des Art. 6 Abs. 1 Rahmenrichtlinie, sowie im Hinblick auf die horizontale und vertikale Integration des Arbeits- und Gesundheitsschutzes an Art. 6 Abs. 3 Rahmenrichtlinie. Durch die Verwendung des Tatbestandsmerkmals „erforderlich" in § 3 Abs. 1 Satz 1 ArbSchG stellt das Gesetz zudem eine Verknüpfung mit den allgemeinen Grundsätzen des § 4 ArbSchG, sowie zu § 5 ArbSchG her, der das Verfahren der Ermittlung der erforderlichen Schutzmaßnahmen regelt. Durch diese Verknüpfung werden die in der Richtlinie als allgemeine Arbeitgeberpflichten formulierten Regelungen zur Beachtung materieller Schutzziele (Art. 6 Abs. 2) und zur Gefährdungsbeurteilung (Art. 6 Abs. 3 lit. a) in deut-

---

Weise transformiert worden ist. Für *Kohte* ist es nicht sachgerecht, daß dieser Grundsatz nicht in § 4 ArbSchG aufgenommen worden ist und stattdessen an versteckter Stelle in § 2 Abs. 1 ArbSchG mit dem Begriff der menschengerechten Gestaltung der Arbeit in das Gesetz Eingang gefunden hat. Es sei hier dahingestellt, ob dies auf die hier kritisierte unzureichende Trennung des ArbSchG zwischen der Ebene der Sachverantwortung und den rechtlichen Bindungen bei der Umsetzung der Verantwortung zurückzuführen ist.

[60] Hierzu zählt im übrigen auch die Pflicht zur Gefährdungsbeurteilung in Art. 6 Abs. 3 lit a Rahmenrichtlinie, die durch § 5 ArbSchG außerhalb der „Grundpflichten" geregelt worden ist.

sches Recht transformiert. Wie bereits ausgeführt fehlt es aber an einer dem Wortlaut des Art. 5 Abs. 1 Rahmenrichtlinie vergleichbaren Bestimmung.

Für die Begründung in den Gesetzesmaterialien, wonach Art. 5 Abs. 1 Rahmenrichtlinie durch § 3 Abs. 1 Satz 1 ArbSchG transformiert worden ist[61], könnte sprechen, daß der Arbeitgeber Adressat der Norm ist. Als solcher ist er verpflichtet und damit verantwortlich dafür, die erforderlichen Maßnahmen unter Berücksichtigung der Umstände, die Sicherheit und Gesundheit der Beschäftigten beeinflussen, zu treffen. Erschöpfte sich die grundlegende Verantwortung zur Gewährleistung von Sicherheit und Gesundheitsschutz im Treffen von Maßnahmen des Arbeitsschutzes i.S. von § 3 Abs. 1 Satz 1 ArbSchG, wäre durch die Adressierung der Vorschrift die grundlegende Verantwortung des Arbeitgebers normiert. Der deutsche Gesetzgeber hätte dann zwar eine andere Regelungssystematik gewählt, im übrigen aber den materiellen Gehalt der Rahmenrichtlinie nicht verkürzt.

Gegen die der vorstehenden Überlegung zugrundeliegende Prämisse, wonach Gegenstand der Verantwortung des Arbeitgebers allein das Treffen von Maßnahmen ist, spricht zunächst die dargestellte Systematik der Rahmenrichtlinie, die zwischen der grundlegenden Gewährleistungspflicht für den Arbeits- und Gesundheitsschutz und der instrumentellen Ebene zur Einlösung dieser Verpflichtung klar unterscheidet. Die Regelungen des Art. 5 Rahmenrichtlinie wären überflüssig oder hätten bestenfalls klarstellenden Charakter, wenn sie lediglich in anderen Worten die Pflichten des Art. 6 wiedergäben und die Frage der Verantwortung identisch wäre mit der Einhaltung bestimmter maßnahmeorientierter Prozeduren.

Um die grundlegende Verantwortung des Arbeitgebers für die Gewährleistung des betrieblichen Arbeits- und Gesundheitsschutzes inhaltlich zu präzisieren, ist es hilfreich einen Blick auf die Umsetzungsakte anderer Mitgliedsstaaten zu werfen. Eine eigenständige, an der Systematik der Rahmenrichtlinie orientierte Umsetzung des Art. 5 findet sich in Großbritannien. Umsetzungsvorschrift ist insoweit Regulation 4 der Management of Health and Safety at Work Regulations 1992, in der gerade nicht die Frage konkreter Schutzmaßnahmen thematisiert wird. Dies geschieht im Rahmen von Regulation 3 und dem hierzu erlassenen Approved Code of Practice (ACOP), die sich insbes. mit dem „risk assessment", also einer instrumentellen, verfahrensorientierten Ebene befassen. Regulation 4 und der zugehörige ACOP reflektieren demgegenüber die grundlegende Rolle des Arbeitgebers. Es geht um grundlegende Festlegungen (arrangements), wie der Arbeits- und Gesundheitsschutz in das gesamte Managementsystem einzubinden ist und welche Rolle der Arbeitgeber dabei zu

[61] BT-Drcks. 13/3540, S. 16; diese Auffassung wird, soweit ersichtlich, durchgängig von der Literatur geteilt. Vgl. insoweit etwa *Kittner/Pieper*, ArbSchR, § 3 ArbSchG, Rdnr. 1; *Brock*, Arbeitsschutzgesetz, S. 18; *Vogl*, NJW 1996, 2753 ff. (2754).

spielen hat. In der Literatur wird vor diesem Hintergrund von der Notwendigkeit einer „Health and Safety Policy" gesprochen.[62] Eine solche Politik soll neben prinzipiellen Aussagen zum Stellenwert des Arbeits- und Gesundheitsschutzes sowie den diesbezüglichen Zielen des Unternehmens ein Grundgerüst und Leitfaden für die Einzelfragen (risk assessment, Maßnahmen) schaffen.

Als zweites Beispiel lassen sich die Niederlande anführen. Dort ist der Arbeitgeber durch Art. 3 Abs. 1 des Umsetzungsgesetzes (arbowet) ausdrücklich auf eine Politik zur Verbesserung der Arbeitsumstände („arbeidsomstandighedenbeleid") verpflichtet. Zweck dieser Arbeitsumständepolitik ist es einmal, den Arbeitsschutz nicht als eine Reihe von Einzelmaßnahmen anzulegen, sondern strukturell im Unternehmen zu verankern. Es geht also wiederum um eine Art Globalsteuerung. Außerdem soll der Arbeitsschutz bei allen betrieblichen Entscheidungen als gleichwertige Zielsetzung berücksichtigt werden. Schon dies setzt eine nach außen erkennbare Anerkennung der Bedeutung des Arbeitsschutzes durch den Arbeitgeber voraus. Es kann vor diesem Hintergrund kaum erstaunen, daß in der niederländischen Diskussion dem ausdrücklich erklärten Willen des Arbeitgebers, den Arbeitsumständen in seinem Betrieb dieselbe Aufmerksamkeit zu schenken wie wirtschaftlichen Belangen, große Bedeutung, insbes. für die Motivation der Führungskräfte und Mitarbeiter, beigemessen wird.[63]

Aus den vorstehenden Überlegungen ergibt sich, daß die Gewährleistung von Sicherheit und Gesundheitsschutz i.S. von Art. 5 Abs. 1 Rahmenrichtlinie durchaus mehr beinhaltet, als das Treffen von Arbeitsschutzmaßnahmen, so wichtig diese auch sein mögen. Aus der rechtlich und tatsächlich exponierten Position des Arbeitgebers ergibt sich insbes. die Verpflichtung, über das Treffen konkreter Schutzmaßnahmen hinausgehend, die grundlegenden Orientierungsmarken für den – praktischen – Arbeitsschutz zu setzen. Es geht dabei z.B. darum, die Voraussetzungen für eine Betriebskultur zu schaffen, in der Arbeits- und Gesundheitsschutz tatsächlich gelebt werden kann. Dies kann z.B. durch eine Arbeitsumständepolitik geschehen, in der der Arbeits- und Gesundheitsschutz als Unternehmensziel anerkannt wird oder aber auch durch das nach außen erkennbare Wirken der Unternehmensleitung im Sinne eines präventiven, auf kontinuierliche Verbesserung zielenden Arbeitsschutzes.[64]

---

[62] Vgl. *Watkins*, The health and safety handbook, S. 25 ff.

[63] Vgl. *Veigel*, Das niederländische Arbeitsschutzrecht, S. 36, 58, der in seiner Arbeit einen ausführlichen Überblick über das niederländische Arbeitsschutzrecht gibt und die Umsetzung der Rahmenrichtlinie durch das „arbo-wet" Detail untersucht.

[64] Es geht hier nicht darum, im Lichte des europäischen Rechts noch eine weitere „Pflicht aus dem Hut zu zaubern", sondern um durchaus praktische, häufig leicht zu erfüllende Dinge, die aber durchaus Reizthemen im Betrieb sein können. Veranschaulicht sei dies an einem schlichten Beispiel aus der Betriebspraxis. In einem Betrieb einigte man sich mit viel Mühe auf ein Rauchverbot, das im übrigen schon aus gefahrstoffrechtlichen Gründen geboten war. Kurze Zeit später lief der Chef mit brennender Zigarette durch die Halle;

Dadurch, daß das ArbSchG die normative Regelung der umfassenden und grundlegenden Verantwortung des Arbeitgebers nicht systematisch von den zu beachtenden arbeitsschutzrechtlichen Instrumenten trennt, ist der beschriebene originäre Teil der Arbeitgeberverantwortung jedenfalls nicht unmittelbar aus § 3 Abs. 1 Satz 1 ArbSchG zu entnehmen. Das Gesetz konzentriert sich letztlich auf die klassisch-technische Sicht des Arbeitsschutzes, die, wie in der Literatur herausgearbeitet worden ist, gerade durch die Rahmenrichtlinie überwunden werden sollte.[65] Der in Art. 5 Rahmenrichtlinie geforderte Blick auf alle Aspekte, die die Arbeit betreffen und damit also auch auf die skizzierten Arbeitsumstände, die allein durch den Arbeitgeber geprägt werden, wird dadurch zumindest erschwert.

3. Richtlinienkonforme Auslegung des ArbSchG

Die vorstehenden Überlegungen haben ergeben, daß eine korrekte Umsetzung des Art. 5 Abs. 1 Rahmenrichtlinie entgegen der Gesetzesbegründung jedenfalls nicht durch § 3 Abs. 1 Satz 1 ArbSchG erfolgt ist. Nach der Rechtsprechung des EuGH und vor dem Hintergrund von Art. 10 EGV ist im Falle einer unvollständigen Transformation einer europäischen Richtlinie das nationale Recht soweit wie möglich am Wortlaut und Zweck der betreffenden Richtlinie auszulegen, um so die europarechtlich vorgegebenen Ziele möglichst vollständig zu erreichen.[66] M.E. kann die durch Art. 5 Abs. 1 Rahmenrichtlinie normierte grundlegende Verantwortungszuweisung an den Arbeitgeber durch eine richtlinienkonforme Auslegung des § 3 Abs. 1, 2 ArbSchG i.V. mit §§ 5, 13 ArbSchG entnommen werden.

Auszugehen ist dabei mit der vorliegenden Literatur zunächst davon, daß der Arbeitgeber Adressat der Pflichten des § 3 Abs. 1 Satz 1 ArbSchG ist, er also rechtlich dafür einzustehen hat, daß die erforderlichen Maßnahmen des Arbeitsschutzes getroffen werden.[67] Es wurde oben aufgezeigt, daß Art. 5 Abs. 1 Rahmenrichtlinie eine Garantie des Arbeitgebers für die Sicherheit und den Gesundheitsschutz der Arbeitnehmer verlangt. Eine solche Garantie ergibt sich nicht allein aus § 3 Abs. 1 ArbSchG, denn das Treffen, die Überprüfung und

---

hiermit war das Rauchverbot auch für engagierte Führungskräfte praktisch kaum noch durchsetzbar. In einem Gespräch mit einem Betriebspraktiker wurde der Verfasser in ähnlichem Zusammenhang treffend darauf hingewiesen, daß man die „Treppe von oben fegt". Eben darum geht es bei der betrieblichen Arbeitsschutzpolitik.

[65] Hierzu eingehend *Kohte*, EAS, B 6100, Arbeitsschutzrahmenrichtlinie, Rdnr. 35, m.w.N.

[66] EuGHE 1984, 1891 ff. (1909); EuGHE 1990, 4156 ff. (4159); EuGHE 1994, 3347 ff. (3357).

[67] Siehe etwa *Bücker/Feldhoff/Kohte*, Rdnr. 249; *Buchholz*, ZTR 1996, 495 ff. (497); *Nöthlichs*, Arbeitsschutz und Arbeitssicherheit, § 3 ArbSchG, Anm. 1.

die Anpassung von Maßnahmen sind zwar zentrale Pflichten, aber noch keine Garantie für die Einhaltung des betrieblichen Arbeits- und Gesundheitsschutzes bezüglich aller Aspekte, die die Arbeit betreffen.

Auf eine so geartete Einstandspflicht dürfte aber § 3 Abs. 2 ArbSchG schließen lassen. Der einleitende Satzteil läßt sich dahingehend verstehen, daß die Maßnahmen nach Abs. 1 ArbSchG durchzuführen sind, weshalb keine Bedenken bestehen, hierin eine unbedingte Pflicht im Sinne einer Garantie entsprechend Art. 5 Abs. 1 Rahmenrichtlinie zu sehen. Hiermit ist allerdings nur der erste Schritt getan, denn offen bleibt die Frage, ob diese Sicherstellungspflicht auch gegenständlich Art. 5 Abs. 1 Rahmenrichtlinie entspricht, der in diesem Zusammenhang die Einbeziehung aller Aspekte, die die Arbeit betreffen, verlangt. Wie gesehen reicht es gerade nicht aus, lediglich Maßnahmen zu treffen.

Ein gewichtiges Indiz dafür, daß auch der gegenständliche Anwendungsbereich des Art. 5 Abs. 1 Rahmenrichtlinie gewahrt wird, ergibt sich daraus, daß die „erforderlichen" Maßnahmen des Arbeitsschutzes unter Berücksichtigung der Umstände zu treffen sind, die Sicherheit und Gesundheit der Beschäftigten bei der Arbeit beeinflussen (§ 3 Abs. 1 Satz 1 ArbSchG). Da die Vorschrift durch den Gebrauch des Merkmals „erforderlich" auf die Gefährdungsbeurteilung nach § 5 ArbSchG verweist[68], kann bei sachgerechtem Einsatz dieses Instruments davon ausgegangen werden, daß auch die Umstände, die primär durch den Arbeitgeber geprägt werden, zu Tage treten werden. Gerade diese Umstände, die wie aufgezeigt in anderen EU-Mitgliedsstaaten zur Forderung nach einer Orientierung stiftenden Arbeits- und Gesundheitsschutzpolitik geführt haben, sind aber ein wesentliches Element der Pflichtenstellung nach Art. 5 Abs. 1 Rahmenrichtlinie.

Dieser Befund wird erhärtet durch § 3 Abs. 2 Nr. 2, 13 Abs. 1 ArbSchG. Weil die Maßnahmen nach § 3 Abs. 2 Nr. 2 ArbSchG erforderlichenfalls bei allen Tätigkeiten und eingebunden in die betrieblichen Führungsstrukturen[69] zu beachten sind, kann insoweit darauf geschlossen werden, daß der Arbeitsschutz in alle Geschäftsprozesse zu integrieren ist, was ein zentrales Element einer „Arbeitsumständepolitik" ist. Dafür, daß es einen Ausschnitt des betrieblichen Arbeitsschutzes gibt, der originär vom Arbeitgeber bzw. Management zu füllen ist, spricht schließlich § 13 ArbSchG. Da auch im Falle einer Verantwortungsdelegation der Arbeitgeber neben den verantwortlichen Personen verantwortlich bleibt, läßt dies – was im übrigen unbestritten ist[70] – den Rückschluß auf

---

[68] *Kittner/Pieper*, ArbSchR, § 3 ArbSchG, Rdnr. 2; *Wlotzke*, NZA 1996, 1017 ff. (1020); *F. Merten*, Gesundheitsschutz und Mitbestimmung bei der Bildschirmarbeit, S. 53.

[69] In diesem Zusammenhang ist auch die Bezugnahme auf den Betrieb und nicht auch auf das Unternehmen durchaus fragwürdig. Vgl. hierzu unten S. 339 ff.

[70] Vgl. nur *Prax.-Kommentar-Lorenz*, § 13 ArbSchG, Rdnr. 63; *Kollmer/Vogl*, Arbeitsschutzgesetz, Rdnr. 40; *Brock*, Arbeitsschutzgesetz, S. 51.

einen originären Verantwortungsbereich der Unternehmensspitze zu. Es würde dem Sinn einer Verantwortungsdelegation ersichtlich widersprechen, wenn es um die schlichte Doppelung einer inhaltlich identischen Verantwortlichkeit ginge. Unstreitig auszugehen ist vielmehr davon, daß sich, was nachfolgend noch genauer zu zeigen sein wird (vgl. unten S. 300 ff.), der Inhalt der Verantwortung des Delegierenden durch die Pflichtendelegation ändert. In der bisherigen deutschen Diskussion wurde dieser geänderte Verantwortungsinhalt zumeist als Pflicht zur „Oberaufsicht“ gedeutet.[71] Wegen Art. 5 Abs. 1 Rahmenrichtlinie wird dieses Verständnis dahingehend weiterzuentwickeln sein, daß nicht nur eine Aufsicht zu gewährleisten, sondern auch eine übergreifende Orientierung für eine Sicherheitskultur im Betrieb zu schaffen ist.

Zusammenfassend läßt sich damit festhalten, daß eine Umsetzung des Art. 5 Abs. 1 Rahmenrichtlinie durch eine richtlinienkonforme Auslegung der §§ 3 Abs. 1, 2 i.V. mit §§ 5, 13 ArbSchG attestiert werden kann. Vor dem Hintergrund der Anforderungen an eine ordnungsgemäße Umsetzung[72], d.h. der Effektivität, Rechtssicherheit, Transparenz und Kontrollierbarkeit des Umsetzungsaktes, verbleibt allerdings ein deutliches Unbehagen an der rechtssystematisch unbefriedigenden Umsetzung durch das ArbSchG. Dieses verstärkt sich noch dadurch, daß in der deutschen Diskussion die aufgezeigten Aspekte der Arbeitgeberverantwortung (Stichwort: Arbeitsumständepolitik) vornehmlich im Rahmen der Diskussion um Arbeitsschutzmanagementsysteme aufgegriffen worden sind[73], nicht aber als Rechtsfragen im Zusammenhang mit der Auslegung der Grundpflichten des § 3 ArbSchG.

C. Zwischenergebnis

Auf der Basis der bisherigen Ausführungen läßt sich im Hinblick auf den Regelungsinhalt, den Normzweck und die rechtssystematische Stellung des § 3 ArbSchG folgendes Zwischenfazit ziehen.

Die Grundpflichten nach § 3 ArbSchG zielen in zwei Richtungen: Einerseits wird die grundlegende Verantwortung des Arbeitgebers für den Arbeits- und Gesundheitsschutz festgelegt. Andererseits steckt § 3 ArbSchG die instrumentelle Ebene des Arbeits- und Gesundheitsschutzes durch ein Bündel von verfah-

---

[71] *Gerhard*, AuA 1998, 236 ff. (239); *Prax.-Kommentar-Lorenz*, § 13 ArbSchG, Rdnrn. 76 ff.; *Kittner/Pieper*, ArbSchR, § 13 ArbSchG, Rdnr. 4.

[72] Hierzu jüngst die verbraucherschutzrechtliche Entscheidung des EuGH, NJW 2001, 2244 f.; umfassend zur Thematik *Bücker/Feldhoff/Kohte*, Rdnrn. 171 ff., mit Hinweisen auf die Rechtsprechung des EuGH.

[73] Vgl. hierzu *Poppendick/Brückner/Rötzer/Waldeck/Brock/Zwingmann*, BArbBl. 1999 (2), 11 ff. (13); *Schliephacke*, Führungswissen Arbeitssicherheit, S. 69 ff., sowie jüngst der vom Bundesministerium für Wirtschaft und Arbeit veröffentlichte „Leitfaden für Arbeitsschutzmanagementsysteme“, BArBl. 2003 (1), 101 ff. (103).

rensrechtlichen und organisatorischen Anforderungen ab. Durch die Verwendung des Tatbestandsmerkmals „erforderlich“ wird zudem eine Bindung der „Maßnahmen des Arbeitsschutzes“ an materiellrechtliche Schutzziele, wie sie in speziellen Arbeitsschutznormen und in den allgemeinen Grundsätzen des § 4 ArbSchG niedergelegt sind, bewirkt. Vor allem die europarechtliche Perspektive hat verdeutlicht, daß die Struktur der Grundpflichten des § 3 ArbSchG deutlich von ihrem europäischen Vorbild, der Rahmenrichtlinie-Arbeitsschutz abweicht. Es wird vor allem nicht klar zwischen der grundlegenden Verantwortung des Arbeitgebers für die Sicherheit und Gesundheit seiner Beschäftigten und dem bei der Wahrnehmung dieser Garantiepflicht zu beachtenden rechtlichem Instrumentarium, namentlich den Verfahrens- und Organisationsregeln des § 3 Abs. 1 und 2 ArbSchG unterschieden.

Auch wenn dieser Mangel der Umsetzung des Art. 5 Abs. 1 Rahmenrichtlinie im Wege der richtlinienkonformen Auslegung wohl zu bereinigen ist, verbinden sich mit der rechtssystematisch unbefriedigenden Transformation gravierende Nachteile, die in anderen EU-Mitgliedsstaaten dadurch vermieden worden sind, daß die systematische Struktur der Art. 5 Abs. 1, 6 Rahmenrichtlinie übernommen worden ist.[74] Vor allem besteht die Gefahr, daß der Blick dafür versperrt wird, daß die Arbeitgeberverantwortung mehr umfaßt als das Treffen und die Durchführung von Maßnahmen. Gemeint ist hiermit vor allem die originäre Aufgabe des Arbeitgebers, die grundlegenden Orientierungen für den präventiven, erweiterten Arbeitsschutzansatz zu garantieren. Solche Orientierungen können insbesondere in der Festlegung einer „Arbeitsumständepolitik“ bestehen.[75]

Bei der praktischen Umsetzung dieser Politik sind die in § 3 ArbSchG geregelten prozeduralen und organisationalen Anforderungen zu beachten. Arbeitsschutzmaßnahmen sind danach nicht lediglich zu treffen, sondern zuvor systematisch durch Gefährdungsbeurteilungen zu ermitteln, sowie auf ihre Wirksamkeit zu überprüfen und ggf. anzupassen. Der Arbeitsschutz ist als ständige Aufgabe anzulegen und kontinuierlich zu verbessern. Wegen § 3 Abs. 2 ArbSchG hat der Arbeitgeber die „erforderlichen Maßnahmen des Arbeitsschutzes“ zu planen und durchzuführen, d.h. tatsächlich zu realisieren. Um den genannten Verpflichtungen effektiv nachkommen zu können, sind eine geeignete Organisation und die erforderlichen Mittel bereitzustellen. In Ergänzung zu dieser allgemeinen Organisations-

[74] Vgl. insoweit etwa neben der bereits dargestellten Situation in Großbritannien und den Niederlanden auch das österreichische ArbeitnehmerInnenschutzgesetz, das in § 3 Abs. 1 die grundlegende Verantwortung als „Sorgepflicht“ regelt und in §§ 4 ff. die maßgeblichen prozeduralen Bestimmungen trifft.

[75] In diesem Zusammenhang sei noch einmal auf die Rechtslage in den Niederlanden und Großbritannien verwiesen. Hierzu nochmals *Veigel*, Das niederländische Arbeitsschutzrecht, S. 57 ff.; zur Situation in Großbritannien, *Watkins*, The health and safety handbook, S. 25 ff.; *Wright*, Law of health and safety at work, S. 75 ff.

verpflichtung sind die Arbeitsschutzmaßnahmen nach § 3 Abs. 2 Nr. 2 ArbSchG in die Linienorganisation einzubinden (vertikale Integration) und nach Maßgabe des § 3 Abs. 2 Nr. 2 ArbSchG als Querschnittsaufgabe anzulegen, an der alle betrieblichen Funktionsbereiche erforderlichenfalls mitzuwirken haben (horizontale Integration). Die Möglichkeiten der Mitwirkung der einzelnen Beschäftigten sind durch entsprechende, vornehmlich organisatorische Maßnahmen, zu gewährleisten. Kosten dürfen den Beschäftigten für Maßnahmen nach dem ArbSchG grundsätzlich nicht entstehen.

Die Grundpflichten des § 3 ArbSchG stehen in aller Regel nicht in Gesetzeskonkurrenz zu den sonstigen Arbeitsschutzvorschriften, da diese zumeist weniger intensiv Bestimmungen über die dargestellten grundsätzlichen Fragen der Methodik des betrieblichen Arbeitsschutzes und seiner Organisation enthalten. § 3 Abs. 1 ArbSchG bildet von daher im Einzelfall den normativen Ausgangspunkt für die Ermittlung der konkreten Arbeitsschutzpflichten des Arbeitgebers mit Hilfe von Gefährdungsbeurteilungen nach § 5 ArbSchG; § 3 Abs. 2 ArbSchG bildet die rechtliche Basis für die Pflicht zur Planung, Durchführung und Organisation der Maßnahmen des Arbeitsschutzes.

D. Vergleich mit der bisherigen Regelung des § 120 a GewO a.F.

Durch § 3 ArbSchG wurde der § 120 a GewO als Grundvorschrift für den betrieblichen Arbeitsschutz abgelöst. Um die durch das ArbSchG bewirkten Veränderungen des deutschen Arbeitsschutzrechts zu verdeutlichen, ist es angebracht, die beiden Vorschriften zu vergleichen. Dabei ist zu beachten, daß bislang lediglich eine überblicksartige Analyse des § 3 ArbSchG vorgenommen worden ist. Soweit es angezeigt ist, wird auch bei der eingehenderen Untersuchung der Grundpflichten nach dem ArbSchG in den nachfolgenden Kapiteln der Blick auf den § 120 a GewO a.F. zu lenken sein.

I. Festlegung und Durchführung von Maßnahmen

§ 120 a GewO a.F. enthält keine ausdrücklich formulierte Pflicht, Arbeitsschutzmaßnahmen zu treffen und durchzuführen. Eine solche Verpflichtung ergibt sich aber ohne weiteres im Wege der Auslegung der Vorschrift, denn die in § 120 a Abs. 1 GewO a.F. an den Gewerbeunternehmer adressierte Verpflichtung,

> „die Arbeitsräume, Betriebsvorrichtungen, Maschinen und Gerätschaften so einzurichten und zu unterhalten und den Betrieb so zu regeln, daß die Arbeitnehmer gegen Gefahren für Leben und Gesundheit soweit geschützt sind, wie es die Natur des Betriebs gestattet",

läßt sich praktisch nur durch die Festlegung und Durchführung von Maßnahmen erfüllen.

Im Gegensatz zu § 3 Abs. 1 ArbSchG beinhaltet die abgelöste Vorschrift keine Regelungen zur Wirksamkeitskontrolle und Anpassung der Maßnahmen an sich ändernde Gegebenheiten. Sie ist insoweit weitaus weniger verfahrensorientiert. Zwar ist der Gewerbeunternehmer gehalten, die Arbeitsräume und betrieblichen Anlagen so zu unterhalten, daß sie in ordnungsgemäßem Zustand verbleiben. Dies ist aber nicht mit den in § 3 Abs. 1 ArbSchG angeordneten Wirksamkeitskontrollen vergleichbar. Unter Unterhaltungsmaßnahmen sind vor allem sicherheitstechnische Kontrollen, sowie Instandsetzungs- und Wartungsarbeiten zu verstehen.[76] Durch diese Maßnahmen werden die einmal getroffenen Vorkehrungen nicht grundsätzlich auf den Prüfstand gestellt; Ziel ist es, die vorhandenen technischen Schutzmaßnahmen in einem einwandfrei funktionsfähigen Zustand zu erhalten. Die Überprüfungen nach § 3 Abs. 1 ArbSchG sind demgegenüber im Zusammenhang mit der Anpassungspflicht und dem Optimierungsgebot zu sehen. Die festgelegte Schutzkonzeption ist danach auch als solche zu hinterfragen und ggf. zu modifizieren. Das Arbeitsschutzrecht öffnet sich auf diese Weise für Innovationen. In der Literatur wird diese Dynamisierung der Pflichten des Arbeitgebers zu recht als qualitative Weiterentwicklung gegenüber der obsoleten Bestimmung des § 120 a GewO a.F. eingestuft.[77]

§ 120 a GewO a.F. machte keine Vorgaben, wie die gebotenen Maßnahmen zu ermitteln sind. Entscheidend war, daß die vorgesehenen Maßnahmen im Ergebnis die materiellrechtlichen Schutzziele abdeckten. Auch dies stellt einen qualitativen Unterschied zu § 3 ArbSchG dar. Indem § 3 ArbSchG durch den Gebrauch der Wendung „erforderliche Maßnahmen des Arbeitsschutzes" die Brücke zu den Gefährdungsbeurteilungen nach § 5 ArbSchG schlägt, wird die klassische ergebnisorientierte Sicht wiederum um eine Verfahrenskomponente ergänzt.[78]

II. Organisatorische Sicherstellung des betrieblichen Arbeits- und Gesundheitsschutzes

Ein Schwerpunkt der Grundpflichten des § 3 ArbSchG ist die Bereitstellung einer geeigneten Organisation zur Planung und Durchführung der erforderlichen Arbeitsschutzmaßnahmen. Eine derartige Hervorhebung der Organisationspflichten findet sich in § 120 a GewO a.F. nicht. Es sind allerdings aus der Pflicht zur Unterhaltung der Arbeitsstätte und Betriebsanlagen, sowie in besonderem Maße aus der Pflicht zur Regelung des Betriebs, eine Reihe organisationsbezogener Anforderungen entwickelt worden. Zu nennen sind in diesem Zusammenhang die bereits erwähnten Wartungs- und Instandhaltungsaufgaben, die

[76] Vgl. hierzu *Landmann/Rohmer-Meyer*, § 120 a GewO, Rdnr. 11.

[77] *Prax.-Kommentar-Kollmer*, § 1 ArbSchG, Rdnr. 31; *Kittner/Pieper*, ArbSchR, § 1 ArbSchG, Rdnr. 5; *Kohte*, EAS, B 6100, Arbeitsschutzrahmenrichtlinie, Rdnr. 39.

[78] Zur Ergebnisorientierung des klassischen Arbeitsschutzrechts vgl. auch *Bieback/Oppolzer*, Strukturwandel im Arbeitsschutz, 7 ff. (10).

Auswahl zuverlässigen Aufsichtspersonals, der Einsatz geeigneten Personals bei gefährlichen Arbeiten oder arbeitsorganisatorische Vorkehrungen bei riskanten Arbeitsprozessen.[79] Es handelte sich hierbei um partielle Pflichten, deren Inhalt nicht immer zweifelsfrei festzustellen war.[80] Mit § 3 Abs. 2 ArbSchG verfügt das Arbeitsschutzrecht nunmehr über eine explizit formulierte übergreifende Organisationspflicht zur effektiven Planung und Durchführung der betrieblichen Schutzkonzeption. Hierdurch wird die Bedeutung organisatorischer Fragen hervorgehoben und klargestellt, daß bei allen betrieblichen Arbeitsschutzaktivitäten stets die organisatorische Seite mitzubedenken ist.

Neu sind die nach § 3 Abs. 2 Nr. 2 ArbSchG zu regelnden Vorkehrungen zur vertikalen und horizontalen Integration des Arbeits- und Gesundheitsschutzes. War die vertikale Integration immerhin ansatzweise in der Pflicht zuverlässiges Aufsichtspersonal zu stellen enthalten, stellt die horizontale Integration ein Novum für das deutsche Recht dar. Gleiches gilt im Hinblick auf die durch § 3 Abs. 2 Nr. 2 ArbSchG geforderte Schaffung der Voraussetzungen für die Wahrnehmung der Mitwirkungspflichten der Beschäftigten. Eine solche organisatorische Absicherung der Beteiligung der Beschäftigten war in § 120 a GewO nicht vorgesehen.

III. Grenzen der Arbeitgeber bzw. Gewerbeunternehmerpflichten

Der Umfang der aus § 120 a GewO a.F. resultierenden Schutzpflichten wurde durch die Begriffe der „Gefahr" und der „Natur des Betriebs" determiniert. § 3 ArbSchG trifft eine hiervon abweichende Grenzziehung.

So beinhalten die „Maßnahmen des Arbeitsschutzes", die gemäß § 3 Abs. 1 ArbSchG durch den Arbeitgeber zu treffen sind, nach der Legaldefinition des § 2 Abs. 1 ArbSchG „Maßnahmen zur Verhütung von Unfällen bei der Arbeit und arbeitsbedingten Gesundheitsgefahren einschließlich Maßnahmen der menschengerechten Gestaltung der Arbeit". Die Pflichten nach § 3 ArbSchG sind demnach weiter gespannt als in § 120 a GewO a.F., da neben der Abwehr von Unfall- und Gesundheitsgefahren auch Maßnahmen der menschengerechten Gestaltung der Arbeit zu den Schutzpflichten des Arbeitgebers gezählt werden. Der Frage, ob und inwieweit sich aus diesen, hier nur mit den Mitteln der Textanalyse herausgefilterten Unterschieden eine Änderung des Schutzniveaus ergibt, wird im weiteren Verlauf der Untersuchung noch genauer nachzugehen sein.

Entsprechendes gilt für die in der Literatur z.T. leidenschaftlich kritisierte Begrenzung der Pflichtenstellung des Gewerbeunternehmers durch die „Natur des Betriebs".[81] Hier ist zunächst zu konstatieren, daß sich in § 3 ArbSchG diese

[79] Vgl. hierzu *Landmann/Rohmer-Meyer*, § 120 a GewO, Rdnrn. 12 f., m.w.N.

[80] So *Prax.-Kommentar-Seeger*, § 3 ArbSchG, Rdnr. 25.

[81] Vgl. nur *Buchholz*, ZTR 1996, 495 ff. (498); *Angermaier*, AiB 1996, 522 ff. (523 f.).

Einschränkung nicht nachweisen läßt. Welche konkreten Unterschiede sich aus dem Fehlen der Formel ergeben, läßt sich erst auf der Grundlage einer eingehenden Diskussion der Schranken der Grundpflichten des ArbSchG genauer klären.

E. Fazit: Die Grundpflichten des § 3 ArbSchG als Ausdruck eines verfahrensorientierten betrieblichen Arbeits- und Gesundheitsschutzes

Nach alledem unterscheiden sich die Grundpflichten des § 3 ArbSchG von § 120 a GewO a.F. in bemerkenswerter Weise dadurch, daß Aspekte des Verfahrens, der Organisation und der Optimierung des Schutzes deutlich herausgestellt werden. Es stellt sich vor diesem Hintergrund die Frage, ob dahinter ein grundlegend anderes gesetzgeberisches Konzept steckt oder ob es sich lediglich um eine Modifzierung bzw. Verdeutlichung des klassischen Arbeitsschutzverständnisses handelt.

Auf eine prinzipielle Neuorientierung deuten viele Stellungnahmen in der Literatur hin, die darauf hinweisen, daß das Gesetz die Eigenverantwortung stärken und die Lösung der konkreten Probleme primär auf der betrieblichen Ebene ansiedeln will.[82] Die Grundpflichten des § 3 ArbSchG und insbes. die Regelungen der §§ 4-6 ArbSchG wären demnach quasi die (rechtlichen) Werkzeuge zur Realisierung einer solchen „Betriebsorientierung". Auch wenn diese Diagnose soweit ersichtlich unbestritten ist, fällt auf, daß bis dato die sich hieraus ergebenden Konsequenzen kaum in grundsätzlicher Form aufgearbeitet worden sind.[83] So wird zwar z.B. das Instrument der Gefährdungsbeurteilung zu Recht mit der Wahrnehmung von betrieblicher Eigenverantwortung in Verbindung gebracht[84], dem prinzipiellen Ordnungsverständnis des Gesetzes wird aber nicht weiter nachgegangen. Hierzu besteht jedoch Anlaß, wie die nachfolgenden Überlegungen zeigen werden.

I. Neudefinition der Verantwortungssphären von Staat und Betrieb

Das ArbSchG ist ein öffentlich-rechtliches Gesetz. Die Einforderung von Eigenverantwortung des Bürgers bei der Bekämpfung und Vorbeugung von Gefahren ist verwaltungsrechtlich keineswegs selbstverständlich. Nach traditionellem

---

[82] Vgl. nur *Fischer*, BArbBl. 1996 (1), 21 ff. (21); *Kollmer/Vogl*, Arbeitsschutzgesetz, Rdnr. 97; *Brandes*, System des europäischen Arbeitsschutzrechts, S. 179 f.; *Pieper*, Das Arbeitschutzrecht in der deutschen und europäischen Sozialordnung, S. 269; Gesetzesbegründung, BT-Drcks. 13/3540, S. 13.

[83] Vgl. insoweit aber bereits *Bücker/Feldhoff/Kohte*, Rdnrn. 246 ff.

[84] *Kollmer/Vogl*, Arbeitsschutzgesetz, Rdnr. 97; *Brandes*, System des europäischen Arbeitsschutzrechts, S. 179 f., die auf die Maßnahmen der Art. 6, 8-12 der Rahmenrichtlinie Arbeitsschutz 89/391/EWG hinweist.

Verständnis ist es Sache der Verwaltung und nicht des Bürgers, im Rahmen eines Verwaltungsverfahrens Maßnahmen zum Schutz und zur Verhütung von Gefahren festzulegen und den zugrundeliegenden Sachverhalt zu ermitteln (vgl. auch § 9 VwVfG).[85] Lockerungen dieses Grundsatzes, wie sie mit der Einforderung von Selbstverantwortlichkeit des Bürgers notwendigerweise verbunden sind, stellen nun allerdings keineswegs ein völlig neues Phänomen dar.

Vor allem im Bereich des Umweltrechts werden seit geraumer Zeit die Grenzen der beschriebenen klassischen Doktrin konstatiert. Den sachlichen Hintergrund der Diskussion bildet dabei der Befund, daß die zu entscheidenden Sachverhalte und die hinter ihnen stehenden Interessengeflechte immer komplexer werden (z.B. Genehmigungsverfahren für industrielle Großprojekte; Sicherheitsmängel in einer Chemieanlage).[86] Für die Behörde bedeutet dies, daß es zunehmend schwieriger wird, den Sachverhalt etwa in einem Genehmigungsverfahren umfassend auszuermitteln. Da die Akteure des Wirtschaftslebens, die eine neue Anlage planen wollen, näher an den tatsächlichen – technischen und organisatorischen – Problemen dran sind, wird es als schneller und effizienter angesehen, die Unternehmen für die Informationsermittlung zu aktivieren. Dieser Logik folgend sieht etwa § 4 e der 9. BImSchV vor, daß dem Antragsteller in der ersten Phase des Verfahrens weitgehend die Ermittlungsverantwortung auch im Hinblick auf die Umweltverträglichkeitsprüfung zukommt.

In der Literatur wird dieser Sachverhalt plakativ als Beispiel „regulierter Privatverantwortung mit staatlichem Auffangnetz“ bezeichnet, wobei das Auffangnetz in einer „nachvollziehenden Amtsermittlung“ bestehen soll.[87] Größere Sachnähe der Unternehmen bzw. Betriebe, Komplexität der Regelungssachverhalte und der fehlende Einblick der staatlichen Aufsicht lassen sich also nicht nur im Arbeitsschutzrecht, sondern auch im Umweltrecht als Begründungsmuster für – staatsentlastende – Eigenverantwortung Privater feststellen.[88]

II. Folgerungen für das Ordnungsverständnis des ArbSchG

Die beschriebene Lockerung der Entscheidungsverantwortung der Verwaltung hat in der umweltrechtlichen Literatur zu Überlegungen geführt, die auch für die Untersuchung des hier vorrangig interessierenden Ordnungsverständnisses des ArbSchG fruchtbar gemacht werden können. Sie lassen sich im Ergebnis prägnant

[85] *Schoch*, DV 1992, 21 ff. (23 ff.); *Burmeister*, JUTR 1988, 121 ff. (126 f.); *Hill*, JUTR 1994, 91 ff. (100 f.).

[86] Instruktiv hierzu *Hoffmann-Riem*, AöR 1994, 590 ff. (593 ff.); außerdem etwa *Hill*, JUTR 1994, 91 ff. (93 ff.).

[87] Hierzu *Hoffmann-Riem*, AöR 1994, 590 ff. (609 ff.), der zudem als Beispiel auf das Öko-Audit verweist; ders., DVBl. 1994, 605 ff.

[88] Vgl. hierzu auch *Hoffmann-Riem*, AöR 1994, 590 ff. (608); *Schmidt-Preuß*, DÖV 2001, 45 ff. (49).

mit der bereits zitierten Wendung *Hoffmann-Riems,* der von „regulierter Privatverantwortung mit (staatlichem) Auffangnetz“ spricht, zusammenfassen.[89]

1. Regulierte Privatverantwortung ...

Wenn hier von regulierter Selbstverantwortung die Rede ist, bedeutet dies primär, daß das technische Sicherheitsrecht sich verstärkt den internen – betrieblichen – Prozessen zuwendet, mit denen Sicherheit vor den Gefahren der Unternehmens- bzw. Betriebstätigkeit hergestellt werden soll. Mit Blick auf den Arbeitsschutz als Teil des technischen Sicherheitsrechts bedeutet dies, daß den betrieblichen Verfahrensweisen im Arbeitsschutz und den Interaktionen der betrieblichen Akteure vermehrt Aufmerksamkeit zu schenken ist.

a) Verfahrensrichtigkeit als rechtlicher Bewertungsmaßstab betrieblicher Schutzmaßnahmen

Die Bedeutung von Verfahrensregeln im betrieblichen Arbeitsschutz rührt im Ergebnis daher, daß es nicht die einzig richtige betriebliche Arbeitsschutzmaßnahme oder, treffender, das einzig richtige betriebliche Schutzkonzept gibt. Jedenfalls im Bereich der Gefahrenvorsorge gibt es stets einen mehr oder weniger breiten Korridor rechtlich vertretbarer Lösungen. Dies ist darauf zurückzuführen, daß dem Arbeitsschutzrecht – wie auch dem Umweltrecht – eine erhebliche Komplexität zukommt. Es handelt sich bei beiden Rechtsgebieten um Materien, die nicht nur technisch kompliziert sind, sondern denen auch ein komplexes Geflecht von mitzuberücksichtigenden Aspekten zugrundeliegt. Liegen im betrieblichen Umweltrecht die Schwierigkeiten vornehmlich darin, etwa die Interessen von Betreibern, Nachbarn und die Belange der Umwelt angemessen zu berücksichtigen, geht es im Arbeitsschutz z.B. darum, Prioritäten zu setzen, die schützenswerten Interessen einzelner Beschäftigter oder von Beschäftigtengruppen in Rechnung zu stellen, Notwendigkeiten der Fertigungsorganisation mitzubedenken oder die Folgewirkungen bestimmter Maßnahmen[90] prospektiv bei der Maßnahmenplanung zu beachten.

Dieses hinter den konkreten Sachfragen liegende Geflecht von jeweils für sich anerkennenswerten Interessen und Schutzzielen spiegelt sich auch in den Normen wider, die die zu treffenden Entscheidungen rechtlich programmieren.

---

[89] *Hoffmann-Riem*, AöR 1994, 590 ff. (609).

[90] Z.B.: Der Einsatz von Absaugungen vermindert zwar die Gefahrstoffexposition, führt aber zu einer bedenklichen Erhöhung des Lärms am Arbeitsplatz; Einsatz von Ohrenschutzmitteln in einem Lärmbereich erschwert die bei der Zusammenarbeit unverzichtbare mündliche Kommunikation; Ersatz von Farbpulver durch Farbpaste reduziert die Gefahr von Atemwegserkrankungen, die Farbpaste führt aber zu Hautallergien bei den Beschäftigten.

Im klassischen bipolaren Verwaltungsrechtsverhältnis wurde in der Regel mit konditional programmierten Normen operiert, die idealerweise punktuell eindeutige und ohne weiteres subsumtionsfähige Entscheidungen ermöglichten.[91] Von einem solchen Ausgangspunkt war es durchaus konsequent, Aspekten des Verfahrens bestenfalls eine Hilfsfunktion zuzubilligen. Es ist, teilt man diese Prämissen, im Prinzip egal, ob Verfahrensregeln eingehalten werden oder nicht, denn entscheidend ist allein das Ergebnis, das entweder richtig oder falsch sein kann.

Viele neuere Vorschriften des Umwelt- und Technikrechts weisen eine solche eindeutige Steuerungswirksamkeit auf ein ganz bestimmtes Ergebnis hin aber gerade nicht auf. In ihnen werden stattdessen blankettartige Rechtsbegriffe verwendet oder Ziele und allgemeine Anforderungen formuliert, die es für den Einzelfall zu konkretisieren, harmonisieren und optimieren gilt.[92] An die Stelle der konditionalen Programmierung tritt also zunehmend eine finale Programmierung, deren Steuerungsfähigkeit im Hinblick auf ein bestimmtes Ergebnis bestenfalls gering ist.[93]

Komplexität in der Sache und finale Programmierung führen damit letztlich dazu, daß Abschied zu nehmen ist von der Vorstellung einer einzigen rechtlich „richtigen Entscheidung".[94] Die rechtliche Bewertung einer Entscheidung kann dann aber nicht mehr allein aus ihrem – richtigen – Ergebnis heraus erfolgen, denn sie ist, sofern sie sich im vorprogrammierten Entscheidungskorridor bewegt, rechtlich vertretbar aber deshalb noch nicht zwangsläufig richtig.

Sieht man eine zentrale Funktion einer rechtlich gesteuerten Entscheidung darin, daß der Rechtsfrieden hergestellt wird, verbietet es sich, Richtigkeit mit rechtlicher Vertretbarkeit zu verwechseln. Angenommen, ein Mitarbeiter in einer Konstruktionsabteilung hat Rückenprobleme. Er sitzt arbeitstäglich an seinem Bildschirmarbeitsplatz auf einem guten, wenn auch nicht optimalen Bürostuhl. Nimmt man den Optimierungsauftrag des § 3 Abs. 1 Satz 3 ArbSchG ernst, ist es rechtlich sicherlich vertretbar, seinen Arbeitsplatz durch einen für ihn optimalen Stuhl zu verbessern. Wird bei der Entscheidung über die Beschaffung neuer Stühle sein Anliegen nicht berücksichtigt, weil, rechtlich gleichermaßen vertretbar, die Priorität pauschal auf die Neuausrüstung der Mitarbeiter der Vertriebsabteilung gesetzt wird, wird er hierfür wenig Verständnis aufbringen. Sein Unmut wird

---

[91] So jedenfalls in der Theorie. Ob ein solches deterministisches Verständnis bei der Verwendung unbestimmter Rechtsbegriffe nicht letztlich eine Fiktion ist, sei hier dahingestellt. Hierzu zutreffend *Hoffmann-Riem*, AöR 1994, 590 ff. (596); *Schoch*, DV 1992, 21 ff. (46 f.); kritisch zur Konzeption des VwVfG, das eben vorwiegend bipolare Rechtsbeziehungen im Fokus hat, *Schoch*, DV 1992, 21 ff. (34 f.).

[92] *Von Danwitz*, DVBl. 1993, 422 ff. (425); *Burmeister*, JUTR 1988, 121 ff. (125).

[93] Hierzu *Burmeister*, JUTR 1988, 121 ff. (125); *von Danwitz*, DVBl. 1993, 422 ff. (425); *Grimm*, NVwZ 1985, 865 ff. (866 f.).

[94] *Hoffmann-Riem*, AöR 1994, 590 ff. (596); *Grimm*, NVwZ 1985, 865 ff. (866 f.).

vermutlich steigen, wenn bei der Beschaffungsentscheidung sein gesundheitliches Problem überhaupt nicht mit ihm erörtert wurde und ihm ein Kollege aus dem Vertrieb erklärt, daß sein alter Stuhl technisch einwandfrei war und ihm der neue Bürostuhl „fürsorglich" aufgedrängt worden ist. Nun ist nicht auszuschließen, daß es tatsächlich gute Gründe für die Prioritätensetzung bei der Neuausrüstung gibt, den Rechtsfrieden, oder treffender den Betriebsfrieden stellt eine solche Entscheidung sicherlich nicht her.[95]

Das Beispiel sollte verdeutlichen, daß die rechtlich richtige Entscheidung in solchen Korridoren rechtlich vertretbarer Gestaltungsalternativen nicht allein vom Ergebnis abhängen kann. Geht man davon aus, daß die Befriedung eines Konflikts die Akzeptanz der Entscheidung voraussetzt, wird der Blick frei, um die Bedeutung von Verfahrensregeln zutreffend zu erfassen. Akzeptanz setzt voraus, daß die Belange der Betroffenen überhaupt berücksichtigt werden, sie fair behandelt werden, ihre Interessen angemessen zum Tragen kommen und die gewählte Lösung nachvollziehbar, d.h. vor allem in ihrer Begründung transparent ist.[96] Gerade dies sind Aspekte, die nur durch die strikte Beachtung von Verfahrensregeln zu gewährleisten sind. Es ist das besondere Verdienst der umweltrechtlichen Diskussion, herausgearbeitet zu haben, daß das Verfahrensrecht im Verhältnis zum materiellen Recht kein Recht minderer Güte ist. Bei rechtlich schwach vorprogrammierten Sachverhalten, und dies ist im Technikrecht die Regel und nicht die Ausnahme, wird die schwache – unmittelbare – Steuerungsfähigkeit durch das Verfahrensrecht quasi kompensiert.[97] Das Verfahren wird auf diese Weise zu einer zentralen „Richtigkeitsreserve des Verwaltungshandelns"[98], mit der Folge, daß sich Entscheidungen nicht mehr nur von ihrem Ergebnis her, sondern ganz wesentlich durch das ihnen zugrunde liegende Verfahren legitimieren.

Die hier vorgetragenen Erwägungen sind ohne weiteres auf die in § 3 ArbSchG vorgesehenen betrieblichen Prozeduren übertragbar. Die Betriebe stehen, inner-

[95] Das Beispiel ist für die Praxis moderner Verwaltungen durchaus nicht untypisch. Gerade im Hinblick auf die Ausstattung von Bildschirmarbeitsplätzen ergeben sich nicht selten in „guten Betrieben" Probleme daraus, daß die technische Ausstattung (Computer, Bildschirm) Statuscharakter und Neuanschaffungen sich am internen Status orientieren. So kann es passieren, daß Mitarbeiter, die aufgrund ihrer Arbeitsaufgabe am dringendsten auf fortschrittliche Hardware angewiesen sind, zuletzt bedient werden, weil die vorhandene Ausrüstung, vermeintlich rechtlich noch vertretbar, den Anforderungen der BildscharbV genügt.

[96] Ähnlich *Hoffmann-Riem*, AöR 1994, 590 ff. (599 ff.); vgl. im übrigen auch die Sondervoten der *Richter Simon* und *Heußner* im Mühlheim-Kärlich Beschluß des Bundesverfassungsgerichts, BVerfGE 53, 30 ff. (76 ff.); zur Bedeutung der Begründung für die Rationalität wertungsoffener Entscheidungen vgl. auch *Burmeister*, JUTR 1988, 121 ff. (151 f.); BVerwGE 75, 214 ff. (239 ff.).

[97] Hierzu *von Danwitz*, DVBl. 1993, 422 ff. (425).

[98] *Hoffmann-Riem*, AöR 1994, 590 ff. (591).

halb des ihnen zustehenden Gestaltungsspielraums, in gleicher Weise vor dem Problem, ihre Entscheidungen mit einem Mindestmaß an Rationalität zu versehen. Insoweit sprechen also schon pragmatische Gründe dafür, Verfahrenspflichten auf der betrieblichen Ebene ernst zu nehmen. Rechtlich entscheidend ist, daß spätestens seit der Mühlheim-Kärlich Entscheidung des Bundesverfassungsgerichts geklärt ist, daß Grundrechtsschutz weitgehend auch durch die Gestaltung von Verfahren zu gewährleisten ist, die Grundrechte also nicht nur das materielle Recht, sondern auch das Verfahrensrecht beeinflussen und prägen.[99] Hat die Legitimation durch Verfahren also auch eine verfassungsrechtliche Dimension, kann diese nicht dadurch überspielt werden, daß der Grundrechtsschutz regellos in die Hände Privater, hier des Arbeitgebers, gelegt wird. Grundrechtsschutz durch Verfahren bedeutet dann, daß auf der betrieblichen Ebene die verfahrensrechtlichen „Spielregeln" eingehalten werden.[100]

Wendet man diese Deutung von Verfahrensregeln auf die Grundpflichten des § 3 ArbSchG an, werden Stellenwert und Tragweite der dort normierten Verfahrens- und Organisationsregeln klar. So prägen die Gefährdungsbeurteilungen, mit deren Hilfe die „erforderlichen Maßnahmen des Arbeitsschutzes" i.S. von § 3 Abs. 1 Satz 1 ArbSchG zu ermitteln sind, als Verfahrensschritt den Prozeß der Informationsgewinnung. Die bei der Gestaltung der erforderlichen Maßnahmen anzulegenden Grundsätze des § 4 ArbSchG determinieren die verschiedenen Ziele, die in diesem Zusammenhang rechtlich zu berücksichtigen sind. Die Dokumentation der erforderlichen Maßnahmen nach § 6 ArbSchG schließlich ermöglicht Transparenz, der wiederum eine ganz wesentliche Bedeutung für die Akzeptanz des Schutzkonzepts zukommt.

Die Einhaltung dieser Regeln ist danach ein zentraler Maßstab für die rechtliche Richtigkeit von betrieblichen Schutzkonzepten. Es ist schon deshalb mehr als bedenklich, wenn in der Literatur bisweilen die Bedeutung dieser Vorschriften dadurch relativiert wird, daß sie als lediglich vorbereitende Maßnahmen des Arbeitsschutzes qualifiziert werden.[101]

b) Angemessene Beteiligung der betrieblichen Akteure als Strukturprinzip

Für den großen Stellenwert von Verfahrensfragen spricht noch ein weiterer Gesichtspunkt, der zudem deutlicher konturiert, was unter *regulierter* Privatverant-

[99] BVerfGE 53, 30 ff. (65); besonders prägnant die verdeutlichenden Ausführungen im Sondervotum der *Richter Simon* und *Heußner* (S. 72 f.), die betonen, daß sich aus den Grundrechten „Maßstäbe für eine den Grundrechtsschutz effektuierende Verfahrensgestaltung und für eine verfassungskonforme Anwendung der vorhandenen Verfahrensvorschriften" ergeben.

[100] Ähnlich auch *Hoffmann-Riem*, AöR 1994, 590 ff. (624).

[101] So z.B. *Wank*, TAS, § 5 ArbSchG, Rdnr. 11, § 6 ArbSchG, Rdnr. 12; *Merten/Klein*, DB 1998, 673 ff. (675).

wortung zu verstehen ist. Es wurde bereits darauf hingewiesen, daß dem technischen Sicherheitsrecht typischerweise in tatsächlicher Hinsicht komplexe Sachverhalte zugrunde liegen. Die Qualität einer Entscheidung hängt insofern zwanglsäufig davon ab, inwieweit es gelingt, die tatsächlichen Umstände (möglichst) vollständig aufzuklären und die dabei gewonnenen Informationen möglichst problemadäquat zu verarbeiten. Auch hier bietet das Umweltrecht Orientierungen, um Maßstäbe für die rechtliche Problemverarbeitung im Bereich des Arbeitsschutzes zu gewinnen.

Ungeachtet vieler Zweifelsfragen im Detail dürfte es im Grundsatz unbestritten sein, daß bei einer solchen Ausgangslage eine weitgreifende Beteiligung aller Betroffenen ein wichtiges Element ist, um zu tragbaren Ergebnissen zu gelangen. Nicht nur die Anhörungspflicht des § 28 VwVfG, sondern vor allem auch die ausdifferenzierten und gestuften Beteiligungsregeln diverser umweltrechtlicher Verwaltungsverfahren (z.B. Planfeststellung, Umweltverträglichkeitsprüfung) spiegeln diesen prinzipiellen Konsens normativ wider. Blickt man ins ArbSchG wird schnell klar, daß diese Erkenntnis auch für das Arbeitsschutzrecht Gültigkeit beanspruchen kann. Das ArbSchG regelt die Beteiligung der Beschäftigten in seinem dritten Abschnitt eingehend und stattet sie mit Rechten und Pflichten im betrieblichen Arbeitsschutz aus. Unterstrichen wird die Bedeutung der Beschäftigtenbeteiligung durch § 3 Abs. 2 Nr. 2 ArbSchG, wonach organisatorische Vorkehrungen zu treffen sind, damit die Beschäftigten ihren Mitwirkungspflichten nachkommen können. Die Beteiligung der Arbeitnehmer soll also nicht dem Zufall überlassen bleiben. Sie durch entsprechende organisatorische Vorkehrungen einzufordern ist vielmehr eine Grundpflicht des Arbeitgebers.

Hiermit ist indes noch nicht geklärt, welchen Charakter diese Beteiligung haben muß. Zugespitzt ausgedrückt sind im Prinzip zwei grundsätzliche Modi denkbar: *Erstens* kann Beteiligung den Zweck haben, möglichst umfassende Informationen zu gewinnen, um Entscheidungen im betrieblichen Arbeitsschutz vorzubereiten. Die Rolle der Beschäftigten als Betroffene wäre danach eher reaktiv, d.h. sie treten dann in Erscheinung wenn ihr spezifisches Erfahrungswissen benötigt wird. *Zweitens* kann Beteiligung als Wahrnehmung eigener Interessen (Gesundheit und Leben) durch die Beschäftigten gedeutet werden. Die Rolle der Beschäftigten wäre eine aktive, gerichtet auf die Gestaltung der Verhältnisse, die ihre elementaren Interessen berühren.[102] Sie wären dann nicht lediglich nur „Lieferanten“ von Informationen.

Im Umweltrecht bewegt sich das Meinungsspektrum im Prinzip auf der gesamten Bandbreite zwischen den skizzierten Extrempositionen.[103] Dem Sinn und

---

[102] Zu diesen Alternativen auch *Schoch*, DV 1992, 21 ff. (26 f.).

[103] Vgl. einerseits die Entscheidung BVerwGE 75, 214 ff. (230), in dem die Bedeutung der Beteiligung im Planfeststellungsverfahren darin gesehen wird, die Behörde

Zweck des ArbSchG dürfte allerdings nur das Leitbild[104] einer aktiven Beteiligung gerecht werden, durch die die Beschäftigten eigene Interessen wahrnehmen. Die beschriebene reaktive Beteiligung läuft im Verwaltungsverfahren in der Sache auf eine treuhänderische Wahrnehmung der Interessen der Betroffenen durch die Behörde hinaus. Sie erhebt und bewertet die gelieferten Informationen und trifft sozusagen aus einer neutralen Position heraus ihre Entscheidung.[105] Schon im Verwaltungsverfahren spricht einiges gegen ein solches Verständnis von Beteiligung, denn in einer emanzipierten Gesellschaft sollten die Bürger beanspruchen dürfen, ihre Interessen selbst zu akzentuieren und zu verfolgen.[106]

Übertragen auf die Verhältnisse des betrieblichen Arbeitsschutzes verliert das Argument der treuhänderischen Interessenwahrnehmung aber jegliche Tragfähigkeit. Verantwortlich für die Gewährleistung der betrieblichen Sicherheit und Gesundheit ist der Arbeitgeber. Von ihm eine der Funktion der Behörde entsprechende neutrale, treuhänderische Wahrnehmung der berechtigten Interessen der Beschäftigten zu verlangen, würde ihn schlicht überfordern. Er ist selbst Partei, die eigene, im übrigen gleichermaßen berechtigte Interessen vertritt.

Nimmt man auch hier wieder das Verfahren als Ordnungsprinzip der Grundpflichten, läßt sich der partizipative Ansatz des ArbSchG, auf den im Zusammenhang mit der Rezeption des Gesetzes verschiedentlich hingewiesen worden ist[107], zwanglos rechtssystematisch einordnen. Aktive Beteiligung ist ein not-

---

informatorisch in den Stand zu setzen, problemabgewogen zu entscheiden; andererseits BVerfGE 53, 30 ff. (65, sowie insbes. das Sondervotum, S. 77) wo Verfahrensteilhabe als Element der Grundrechtsausübung und als Ausdruck der Möglichkeit, Interessen einzubringen angesehen wird; außerdem *Hoffmann-Riem*, AöR 1994, 590 ff. (623); *Grimm*, NVwZ 1985, 865 ff. (869 f.).

[104] Der Begriff des Leitbildes wird im Rahmen dieser Untersuchung verstanden als prinzipienleitendes Grundmodell (*Bücker*, Von der Gefahrenabwehr zur Risikovorsorge, S. 40). Funktion eines Leitbildes ist es, den rechtssystematischen Zusammenhang und Zweck einer Norm sowie ihre praktischen Wirkungsbedingungen zu beschreiben. Leitbilder sind eine bedeutende Hilfe für die Auslegung wertungsoffener Rechtsvorschriften. Sie formen sich notwendigerweise aus normativen und empirischen Aspekten und beschreiben gewissermaßen ein ideales Bild, an das sich die Auslegung der Norm im Zweifelsfalle orientieren kann, zum Ganzen vgl. auch *Kohte*, Festschrift Wlotzke, 563 ff. (565), sowie instruktiv zur „Eingriffsverwaltung“ als Leitbild des Polizei- und Ordnungsrechts und seiner Ergänzung durch das umweltrechtliche Prinzip der Risikovorsorge, *Bücker*, wie vorstehend, S. 40 f.

[105] Hierzu beispielhaft BVerwGE 75, 214 ff. (230 f.).

[106] *Hoffmann-Riem*, AöR 1994, 590 ff. (623).

[107] *Koll/Janning/Pinter-Koll*, Kommentar zum ArbSchG, Einführung, Rdnr. 52; *Brandes*, System des europäischen Arbeitsschutzrechts, S. 180 ff.; vgl. im übrigen auch die Erwägungsgründe der EG-Rahmenrichtlinie 89/391 EWG, wo davon die Rede ist, daß es erforderlich ist, daß die Arbeitnehmer bzw. ihre Vertretungen „in die Lage versetzt werden, durch eine angemessene Mitwirkung entsprechend den nationalen Rechtsvorschriften bzw. Praktiken zu überprüfen und zu gewährleisten, daß die erforderlichen Schutzmaßnahmen getroffen werden“.

wendiges Element, um die im Zusammenhang mit den Grundpflichten nach § 3 Abs. 1 ArbSchG vorgesehenen Prozeduren angemessen durchführen zu können (Planung, Gefährdungsbeurteilung, Wirksamkeitskontrolle, Maßnahmen zur Optimierung). Auf der anderen Seite wird aber auch die Bedeutung der Organisationspflicht des § 3 Abs. 2 ArbSchG für einen prozeßorientierten Arbeitsschutz klarer. Organisation muß immer auch heißen, für die Bedingungen einer angemessen Beteiligung zu sorgen. Die betrieblichen Akteure sind also so aufzustellen, daß sie ihre Rechte und Pflichten wahrnehmen können. Organisieren heißt m.a.W. also auch, das Verfahren zu organisieren.

2. ... mit staatlichem Auffangnetz

Es wurde oben eingehend geschildert, daß die vom ArbSchG intendierte Stärkung der betrieblichen Selbstverantwortung mit einer Verschiebung der Verantwortungssphären von Staat und Privaten verbunden ist. Lag es nach klassischem ordnungsrechtlichen Verständnis in der Verantwortung der Aufsichtsbehörde, anzuweisen, welche Schutzmaßnahmen im einzelnen zu ergreifen sind, soll nunmehr verstärkt der Arbeitgeber und mit ihm die übrigen betrieblichen Akteure in die Pflicht genommen werden, eigene Vorstellungen zu entwickeln und umzusetzen. Daß dies nicht nach Gutdünken, sondern nur unter Beachtung rechtlicher Bindungen geschehen kann, haben die Überlegungen zur *regulierten* Privatverantwortung ergeben.

Es fragt sich nunmehr, nachdem der betriebliche Verantwortungsbereich unter die Lupe genommen worden ist, in welcher Weise sich dies auf die Rolle der Aufsicht auswirkt. Auszugehen ist hier vom grundsätzlichen Auftrag der Ordnungsbehörden, Gefahren für rechtlich geschützte Interessen und Belange abzuwehren. Der hohe rechtliche Stellenwert dieses Auftrages erschließt sich daraus, daß die Tätigkeit der Arbeitsschutzaufsicht in Erfüllung der sich aus Art. 2 Abs. 2 GG ergebenden grundrechtlichen Schutzpflichten des Staates für das Leben und die körperliche Unversehrtheit der Beschäftigten erfolgt.[108] Schon wegen dieses verfassungsrechtlichen Rahmendatums scheidet eine völlige Verlagerung der Verantwortung in die betriebliche (private) Sphäre aus. Als Grundrechtsverpflichteter kann der Staat seine Aufgaben zum Schutz von Leben und Gesundheit nicht schlicht an Private (hier den Arbeitgeber) weitergeben und sich dadurch seinen Verpflichtungen entziehen. Es bedarf vielmehr der bereits erwähnten rechtlichen Auffangnetze, die gewährleisten, daß die grundrechtlichen Verbürgungen auch tatsächlich eingelöst werden.[109]

---

[108] Vgl. dazu *Schmidt-Preuß*, VVDStRL 1997 (56), 160 ff. (172 ff.).

[109] Hierzu auch *Hoffmann-Riem*, AöR 1994, 590 ff. (619).

Der rechtliche Bewertungsmaßstab für diese Auffangnetze ergibt sich im Prinzip bereits aus der vorstehenden Überlegung. Liegt der (verfassungs)rechtliche Grund für flankierende Sicherungen bei der Übertragung staatlicher Aufgaben im Zusammenhang mit dem Schutz von Leben und Gesundheit im Grundrecht des Art. 2 Abs. 2 GG, müssen die gebotenen Begrenzungen auch hier gesucht werden. Maßstabsbildend für die Bestimmung der verfassungsrechtlichen Grenzen staatlicher Schutzpflichten ist das Untermaßverbot, d.h. die staatlichen Vorkehrungen dürfen insbes. nicht gänzlich ungeeignet sein für die Erfüllung der staatlichen Schutzpflicht.[110]

Wendet man diesen Grundsatz auf den hier vorwiegend interessierenden Bereich des Arbeits- und Gesundheitsschutzes an, ergibt sich zunächst, daß eine Lockerung staatlicher Verantwortlichkeit auf dem klassischen Feld der Gefahrenabwehr kaum in Betracht kommt.[111] Wie bisher auch gebietet die Schutzpflicht nicht nur eine gezielte Überwachung der Betriebe, sondern auch ein kategorisches Einschreiten, wenn sich gravierende Sicherheitsdefizite in Gestalt von Gesundheitsgefahren zeigen.[112] Abzuwarten bleibt allerdings, inwieweit die Betriebe durch die neuen Instrumente des ArbSchG (Gefährdungsbeurteilung, Wirksamkeitskontrollen) Probleme selbst erkennen und lösen und insoweit ein Einschreiten der Behörde möglicherweise unnötig wird.

Etwas anderes gilt allerdings für die praktische Umsetzung von Vorschriften, die über den durch das Untermaßverbot markierten Mindestschutz hinausgehen. Im ArbSchG sind dies vornehmlich die Regelungen, die für den erweiterten Arbeitsschutzansatz des Gesetzes stehen, also die von § 2 Abs. 1 ArbSchG erfaßten Aspekte der menschengerechten Gestaltung der Arbeit. Sie zielen über

---

[110] Vgl. hierzu auch BVerfGE 85, 191 ff. (212); BVerfGE 77, 170 ff. (241 f.) Zum Untermaßverbot vgl. auch *Denninger*, Festschrift Mahrenholz, 561 ff. (insbes. 565 ff.), der zu recht auf die Unbestimmtheit des Untermaßverbots hinweist und sich kritisch mit der neueren Rechtsprechung des Bundesverfassungsgerichts auseinandersetzt. In der Tat ist bei der erforderlichen Grenzziehung der gesetzgeberische Gestaltungsspielraum zu respektieren, d.h. ein Verstoß gegen das Untermaßverbot kann nur bei evidenten Verstößen bzw. beim Fehlen jeglicher Schutzvorschriften angenommen werden. Keinesfalls geht es vor dem Hintergrund des Prinzips der Gewaltenteilung an, daß sich das Bundesverfassungsgericht an die Stelle des Gesetzgebers setzt und diesem ein Gesetzgebungsprogramm vorgibt. Insoweit zutreffend die Kritik *Denninger*s, wie vorstehend S. 566 ff.; vgl. außerdem *Grimm*, NVwZ 1985, 865 ff. (869).

[111] In diesem Sinne wohl auch *Hoffmann-Riem*, AöR 1994, 590 ff. (619); vgl. hierzu für das Arbeitsschutzrecht im übrigen auch *Kohte*, Jahrbuch des Arbeitsrechts 2000, 21 ff. (32).

[112] In vielen Fällen wird die Behörde hier auch auf steuerungswirksame Konditionalprogramme zurückgreifen können. *Wenn* an einer Maschine eine Abdeckung fehlt und hierdurch die erhebliche Gefahr von Quetschungen an beweglichen Maschinenteilen besteht, *dann* besteht nicht nur die Pflicht einzuschreiten, sondern ist auch die Auswahl der Mittel deutlich vorgegeben. Solange nicht für Abhilfe durch eine geeignete Abdekkung gesorgt ist, ist die Maschine stillzulegen.

die Einhaltung der verfassungsrechtlichen Mindestanforderungen hinaus auf die Verbesserung der betrieblichen Verhältnisse, orientiert an weiten, wertungsoffenen Schutzzielen. Da auch diese Bestimmungen Ausdruck der Erfüllung staatlicher Schutzpflichten sind, ist ein völliger Rückzug des Staates, d.h. also der Aufsicht, nicht möglich, wohl aber kann das „Auffangnetz" grobmaschiger sein.[113] Soll die angestrebte stärkere Eigenverantwortung mehr als eine Hülse sein, muß die Rolle der Behörde dabei eine andere sein, als bestimmte Maßnahmen im Wege der Anordnung durchzusetzen. Erkennt man an, wie hier vertreten, daß bei komplexen Sachverhalten, die rechtlich durch final programmierte Normen und Generalklauseln zu bewältigen sind, die Richtigkeit von Entscheidungen entscheidend von der Qualität des eingesetzten Verfahrens abhängt, muß es für die Aufsichtsbehörden zu allererst darum gehen, die betrieblichen Prozesse so zu beeinflussen, daß die Richtigkeit der Problemverarbeitung möglichst hoch ist.[114]

Daraus folgt zugleich, daß – jedenfalls im Bereich des erweiterten Arbeitsschutzansatzes des ArbSchG – die Rolle der Behörde nicht mehr vorrangig darin bestehen kann, „Ergebnisrichtigkeit" herbeizuführen, sondern sie sich – vorgelagert – um „Interaktionsgerechtigkeit im Verfahren" zu bemühen hat.[115] Wird die Forderung nach Interaktionsgerechtigkeit ernstgenommen, führt dies zu durchaus bemerkenswerten Änderungen der Aufsichtstätigkeit. Es reicht nicht, allein die in §§ 3-6 ArbSchG vorgesehenen Prozeduren in den Fokus zu nehmen, sondern es ist auch zu prüfen, ob die betrieblichen Akteure entsprechend ihren gesetzlichen Aufgaben und Rechten beteiligt worden sind. Auch wenn dieses, vor allem „umweltrechtlichem Denken" entliehene Modell viele Fragen aufwirft, die auch im Rahmen dieser Arbeit nicht vollständig gelöst werden können, erscheint gerade das Arbeitsschutzrecht als Referenzgebiet für eine „regulierte Privatverantwortung mit staatlichem Auffangnetz" gut geeignet. So ist z.B. der Kreis der Betroffenen[116] gut abgegrenzt durch den Begriff des „Betriebes". Darüber hinaus gibt es mit dem Betriebsverfassungsrecht, dem ASiG oder auch den Regelungen des SGB VII über die Sicherheitsbeauftragten einen durchaus erprobten rechtlichen Rahmen, um den noch abstrakten Begriff der „Interaktionsgerechtigkeit" inhaltlich aufzufüllen.

---

[113] In diesem Sinne wohl auch *Schoch*, DV 1992, 21 ff. (32).

[114] *Hoffmann-Riem*, AöR 1994, 590 ff. (614) spricht insoweit anschaulich davon, daß die Verfahren zu „inszenieren" sind.

[115] Hierzu *Hoffmann-Riem*, AöR 1994, 590 ff. (623 ff.), der in diesem Zusammenhang zutreffend darauf hinweist, daß der Rahmen privater Verantwortungsübernahme so zu strukturieren ist, „daß die privat organisierte Informationsgenerierung und Interessenwahrnehmung den Komplexitätsanforderungen gerecht wird und insbesondere nicht zu unangemessenen Selektivitäten (und letztlich Machtungleichgewichten) führt" (wie vor, S. 624).

[116] Zu den insoweit bestehenden allgemeinen verwaltungsrechtlichen Problemen vgl. etwa *Schoch*, DV 1992, 21 ff. (35).

III. Zwischenergebnis

Die konstatierten Schwerpunkte der Grundpflichten des § 3 ArbSchG auf Aspekte des Verfahrens und der Organisation sind keineswegs zufällig, sondern Ausdruck der offen formulierten Schutzziele und Anforderungen des Gesetzes, sowie der insbesondere im Anwendungsbereich des „erweiterten Arbeitsschutzansatzes" regelmäßig komplexen, nicht mehr durch vergleichsweise einfache Ursache-Wirkungszusammenhänge abzubildenden Sachverhalte. Die „Richtigkeit" betrieblicher Maßnahmen und Konzepte rechtfertigt sich dabei vor allem aus der Qualität der betrieblichen Interaktionen bei der Anwendung der in § 3 ArbSchG normierten Verfahrensweisen.

Die durch das ArbSchG intendierte Stärkung der Eigenverantwortung ist mit einer partiellen Verschiebung der Verantwortungssphären der staatlichen Aufsicht und des Arbeitgebers verbunden. Während die Behörden im Zusammenhang mit der Gefahrenabwehr wie bisher als „Durchsetzer" des Arbeitsschutzrechts agieren, besteht ihre Aufgabe bei den der Gefahrenabwehr vorgelagerten Schutzzielen des ArbSchG vor allem darin, auf „Interaktionsgerechtigkeit im Verfahren"[117] hinzuwirken.

---

[117] *Hoffmann-Riem*, AöR 1994, 590 ff. (623).

Drittes Kapitel

§ 3 Abs. 1 ArbSchG – Verfahrenspflichten und materiellrechtliche Maßstäbe

Ein zentrales Ergebnis der vorstehenden überblicksartigen Darstellung der Regelungen des § 3 ArbSchG ist, daß die arbeitsschutzrechtlichen Grundpflichten deutlich verfahrensorientiert sind. Funktion des nun folgenden Teils der Arbeit ist die genauere Untersuchung der verschiedenen Verfahrenspflichten und der sich daraus ergebenden Konsequenzen für den betrieblichen Arbeits- und Gesundheitsschutz. Es geht m.a.W. darum, die sich aus den Grundpflichten ergebenden Eckpunkte des Verfahrens im einzelnen inhaltlich mit Leben zu erfüllen.

§ 3 Abs. 1 ArbSchG hat Regelungen über „Maßnahmen des Arbeitsschutzes" zum Gegenstand. Bevor die angedeuteten Verfahrensregeln genauer beleuchtet werden, soll dem Terminus der „Maßnahmen des Arbeitsschutzes" zunächst als Vorfrage näher nachgegangen werden. Dies ist angezeigt, um den Gegenstand und die Ziele der prozeduralen Elemente der Grundpflichten genauer fassen zu können.

A. Vorfrage: Der Begriff der „Maßnahmen des Arbeitsschutzes"

Die Maßnahmen des Arbeitsschutzes i.S. des ArbSchG sind in § 2 Abs. 1 ArbSchG legaldefiniert. Es handelt sich danach um „Maßnahmen zur Verhütung von Unfällen bei der Arbeit und arbeitsbedingten Gesundheitsgefahren einschließlich Maßnahmen der menschengerechten Gestaltung der Arbeit".

I. Normzweck des § 2 Abs. 1 ArbSchG

In § 2 ArbSchG finden sich eine Reihe von Legaldefinitionen zentraler Begriffe des Arbeitsschutzrechts („Arbeitgeber", „Beschäftigte", „Maßnahmen des Arbeitsschutzes"), die eine einheitliche Auslegung des ArbSchG erleichtern sollen.[1] Auf die hier näher zu betrachtenden „Maßnahmen des Arbeitsschutzes" wird in zahlreichen zentralen Regelungen des ArbSchG Bezug genommen. Der Begriffsklärung kommt deshalb sowohl große Bedeutung für das Verständnis des § 3 Abs. 1 ArbschG als auch für eine rechtssystematisch abgestimmte Auslegung des ganzen Gesetzes zu (insbes. §§ 4, 5, 6 ArbSchG).

---

[1] Vgl. auch *Prax.-Kommentar-Kohte*, § 2 ArbSchG, Rdnr. 1.

Das Gesetz nennt in § 2 Abs. 1 ArbSchG keine konkreten Maßnahmen. Die Legaldefinition bezeichnet mit den Maßnahmen zur Verhütung von Unfällen bei der Arbeit und arbeitsbedingten Gesundheitsgefahren, einschließlich Maßnahmen der menschengerechten Gestaltung der Arbeit, allein die Ziele, die durch die Maßnahmen zu verfolgen sind.[2] Diese Ziele stehen für bestimmte fachliche Aufgaben des Arbeitsschutzes.[3] Die in § 2 Abs. 1 ArbSchG normierten Zielrichtungen gehen über die bis 1996 geltenden Aufgabenfelder des staatlichen Arbeitsschutzrechts hinaus, da sie auch Maßnahmen der menschengerechten Gestaltung der Arbeit einschließen. Dieser weite Ansatz war aus europarechtlichen Gründen geboten, da mit § 2 Abs. 1 ArbSchG das umfassende Arbeitsschutzverständnis, wie es in Art. 5 Abs. 1 und Art. 6 Abs. 1, 2 lit. d Arbeitsschutzrahmenrichtlinie zum Ausdruck kommt, in deutsches Recht transformiert werden sollte.[4]

Als Normzweck des § 2 Abs. 1 ArbSchG kann damit, neben der Einheitlichkeit der Rechtsauslegung, die Ausrichtung der Maßnahmen auf bestimmte Fachgebiete des Arbeitsschutzes notiert werden. Die Legaldefinition umschreibt auf diese Weise die sachliche Reichweite des Arbeits- und Gesundheitsschutzes, die nach dem ArbSchG zu gewährleisten ist. Nachfolgend sollen nun die verschiedenen Zielrichtungen der „Maßnahmen des Arbeitsschutzes“ im einzelnen untersucht werden.

II. Verhütung von Unfällen bei der Arbeit

Maßnahmen zur Verhütung von Unfällen bei der Arbeit i.S. von § 2 Abs. 1 ArbSchG beschreiben einen klassischen Regelungsbereich des Unfallversicherungs- und Arbeitssicherheitsrechts. Das ArbSchG ändert nichts an dem für die Bundesrepublik Deutschland typischen Dualismus von staatlichem Arbeitsschutz und autonomem (Arbeits)unfallversicherungsrecht.[5] Wie bisher finden

[2] Vgl. *Koll/Janning/Pinter-Koll*, Kommentar zum ArbSchG, § 2, Rdnr. 1; *Prax.-Kommentar-Kohte*, § 2, Rdnr. 9; *Nöthlichs*, Arbeitsschutz und Arbeitssicherheit, § 2 ArbSchG, Anm. 1.1.

[3] Zu den verschiedenen Aufgaben und Zielen des Arbeitsschutzes vgl. etwa *Wank/Börgmann*, S. 13 ff; *MünchArbR-Wlotzke*, § 206, Rdnrn. 9 ff.

[4] Vgl. auch die Gesetzesbegründung zu § 2 ArbSchG, BT-Drcks. 13/3540, S. 15, in der mit Blick auf die Erwähnung der menschengerechten Gestaltung der Arbeit darauf hingewiesen wird, daß sich der im deutschen Recht eingeführte Begriff mit der europarechtlich geforderten Berücksichtigung des „Faktors Mensch“ in Art. 6 Abs. 2 lit. d Arbeitsschutzrahmenrichtlinie deckt. Dem Gesetzgeber ging es also ersichtlich darum, die Vorgaben der Arbeitsschutzrahmenrichtlinie anhand der in Deutschland gebräuchlichen Terminologie zu transformieren. Vgl. auch *Wank*, TAS, § 2 ArbSchG, Rdnr. 1 f.; *Wlotzke*, NZA 1996, 1017 ff. (1019); *Kittner/Pieper*, ArbSchR, § 2 ArbSchG, Rdnr. 1; *Prax.-Kommentar-Kohte*, § 2 ArbSchG, Rdnr. 11.

[5] Zur Zweispurigkeit des deutschen Arbeitsschutzrechts vgl. nur Übersicht über das Arbeitsrecht-*Paland*, S. 532 ff.; speziell zur Situation nach Erlaß des ArbSchG, vgl. *Wlotzke*, NZA 1996, 1017 ff. (1020).

Maßnahmen zur Unfallverhütung weiterhin ihre Rechtsgrundlage nicht nur im Unfallversicherungsrecht des SGB VII, sondern auch im staatlichen Recht.

Unfälle werden üblicherweise als ungewollte, plötzlich auftretende, schadensstiftende Ereignisse definiert.[6] Für das Unfallversicherungsrecht ist der Begriff des Arbeitsunfalls in § 8 Abs. 1 Satz 2 SGB VII definiert. Es handelt sich danach um „zeitlich begrenzte, von außen auf den Körper einwirkende Ereignisse, die zu einem Gesundheitsschaden oder zum Tod führen“ und sich infolge einer den Unfallversicherungsschutz begründenden Tätigkeit ereignen.

Der unfallversicherungsrechtliche Unfallbegriff wird überwiegend als weiter angesehen als sein arbeitsschutzrechtliches Pendant.[7] Begründet wird dies vor allem damit, daß unter den unfallversicherungsrechtlichen Begriff auch Wegeunfälle fallen.[8] Da der Arbeitgeber aber in der Regel keinen Einfluß auf die Gestaltung der von den Beschäftigten zurückzulegenden Wege hat, wird zutreffend darauf hingewiesen, daß Wegeunfälle insoweit nicht unter den Schutzzweck des ArbSchG fallen.[9]

Auf der anderen Seite gibt es aber auch Konstellationen, in denen der arbeitsschutzrechtliche Unfallbegriff weiter reicht. So ist es nach § 2 Abs. 1 ArbSchG nicht erforderlich, daß eine enge Kausalbeziehung zwischen Unfallgefahr und Arbeit besteht. Es reicht vielmehr aus, wenn durch die Arbeit eine, wenn auch nicht die ausschlaggebende Bedingung für den Unfall gesetzt wird.[10] Ziel des ArbSchG ist es nach § 1 Abs. 1 ArbSchG, die Sicherheit bei der Arbeit zu gewährleisten und zu verbessern, wobei wegen § 4 Nr. 1 ArbSchG vorrangig Gefährdungen zu vermeiden bzw. zu minimieren sind. Es kann demnach im Hinblick auf die Verhütung von Unfällen bei der Arbeit i.S. von § 2 Abs. 1 ArbSchG nicht darauf ankommen, daß ein enger Kausalzusammenhang zwischen Arbeit und Unfall besteht. Maßgeblich ist, daß bestehende Risiken ausgeschaltet oder möglichst gering gehalten werden.

---

[6] Hierzu etwa *Nöthlichs*, Arbeitsschutz und Arbeitssicherheit, § 2 ArbSchG, Anm. 1.2; *Kittner/Pieper*, ArbSchR, § 2 ArbSchG, Rdnr. 3.

[7] So z.B. *Kittner/Pieper*, ArbSchR, § 2 ArbSchG, Rdnr. 3; *MünchArbR-Wlotzke*, § 206, Rdnr. 10; *Koll/Janning/Pinter-Koll*, Kommentar zum ArbSchG, § 2, Rdnr. 2; a.A. und differenzierend, *Prax.-Kommentar-Kohte*, § 2 ArbSchG, Rdnrn. 12 ff.

[8] Vgl. hierzu nur *Nöthlichs*, ArbSchG, § 2, Anm. 1.2; *Kittner/Pieper*, ArbSchR, § 2 ArbSchG, Rdnrn. 3 ff.; *Brock*, Arbeitsschutzgesetz, S. 15; *Wank*, TAS, § 2 ArbSchG, Rdnr. 1.

[9] Vgl. auch *Koll/Janning/Pinter-Koll*, Kommentar zum ArbSchG, § 2, Rdnr. 2. Diese allgemeingültige Feststellung entbindet allerdings nicht davon, im Einzelfall zu prüfen, ob der jeweilige Unfall dem Einfluß- und Organisationsbereich des Arbeitgebers zuzuordnen ist, so wenn etwa die Beschäftigten vom Arbeitgeber von ihrer Wohnung zu einer Baustelle befördert werden. Hierauf weist Kommentar-*Kohte*, § 2 ArbSchG, Rdnr. 13, zutreffend hin.

[10] Hierzu *Prax.-Kommentar-Kohte*, § 2 ArbSchG, Rdnr. 14.

Unfallversicherungsrechtlich ist nach § 8 Abs. 1 SGB VII hingegen wegen der insoweit maßgeblichen „Theorie der wesentlichen Bedingung" eine intensive Kausalbeziehung konstituierend für den Arbeitsunfallbegriff.[11] § 8 SGB VII hat die Funktion, den Kreis der entschädigungspflichtigen Versicherungsfälle zu beschreiben und einzugrenzen[12], und dies im übrigen ex post. Eine solche unter haftungsrechtlichem Blickwinkel adäquate Restriktion des Unfallbegriffs ist aber für § 2 Abs. 1 ArbSchG weder angebracht, noch entspricht sie dem Schutzzweck des Gesetzes nach § 1 Abs. 1 ArbSchG. Der Begriff der Unfälle bei der Arbeit in § 2 Abs. 1 ArbSchG ist daher nicht unfallversicherungsrechtlich zu verstehen, sondern anhand des – präventiven – Schutzzwecks des ArbSchG auszulegen. Um den umfassenden Präventionsauftrag des ArbSchG zu verdeutlichen, ist es erforderlich, einen eigenständigen arbeitsschutzrechtlichen Unfallbegriffs zu entwickeln.[13]

III. Verhütung arbeitsbedingter Gesundheitsgefahren

Zu den Maßnahmen des Arbeitsschutzes werden in § 2 Abs. 1 ArbSchG weiter Maßnahmen zur Verhütung arbeitsbedingter Gesundheitsgefahren gezählt. Das Gesetz greift damit das zweite Schutzziel des § 1 Abs. 1 ArbSchG, die Sicherung und Verbesserung des Gesundheitsschutzes der Beschäftigten, auf. Zu verhüten sind Gesundheits*gefahren*, also mit der Arbeit verbundene schädigende Einwirkungen. Durch die Verwendung des Wortes „arbeitsbedingt" schränkt die Norm den Kreis der zu verhütenden Gefahren auf solche Gefahren ein, auf die der Arbeitgeber Einfluß nehmen kann.

Da Gesundheitsgefahren typischerweise gesundheitliche Schädigungen hervorrufen können, zielen die Maßnahmen letztlich auf den Schutz vor Krankheiten. In der Vergangenheit erfolgte die rechtliche Bewertung arbeitsbedingter Gefahren vor allem über den Krankheitsbegriff.[14] Es wird dabei üblicherweise zwischen Berufskrankheiten i.S. von § 9 SGB VII und arbeitsbedingten Erkrankungen differenziert. Berufskrankheiten sind Krankheiten,

> „die nach den Erkenntnissen der medizinischen Wissenschaft durch besondere Einwirkungen verursacht sind, denen bestimmte Personengruppen durch ihre versicherte Tätigkeit in erheblich höherem Grade als die übrige Bevölkerung ausgesetzt sind" (§ 9 Abs. 2 SGB VII).

---

[11] BSGE 61, 127 ff. (129 f.); BSGE 63, 277 ff. (280); LPK-SGB VII-*Ziegler*, § 8, Rdnrn. 11 ff.; *Kater/Leube*, Kommentar zum SGB VII, vor §§ 7-13, Rdnrn. 30 ff.; *Schöpf*, Multikausale Schäden in der gesetzlichen Unfallversicherung, S. 34 ff.

[12] LPK-SGB VII-*Ziegler*, Rdnrn. 17 ff.; *Schöpf*, Multikausale Schäden in der gesetzlichen Unfallversicherung, S. 35.

[13] Zum Ganzen vgl. auch *Prax.-Kommentar-Kohte*, § 2 ArbSchG, Rdnr. 14.

[14] Ausführlich dazu *Prax.-Kommentar-Kohte*, § 2 ArbSchG, Rdnrn. 15 ff.

Schon der flüchtige Blick auf den Wortlaut des § 9 Abs. 2 SGB VII zeigt, daß hohe Anforderungen an die Ursächlichkeit der Arbeit für die erlittene Erkrankung gestellt werden. Diesen begrifflichen Restriktionen unterliegen „arbeitsbedingte Erkrankungen“, deren Untersuchung etwa zu den Aufgaben der Betriebsärzte nach § 3 ASiG zählt, nicht. Nach einer auf das BMA zurückgehenden Definition[15], der sich die arbeitsschutzrechtliche Literatur weitgehend angeschlossen hat[16], handelt es sich um Erkrankungen, „die durch Arbeitseinflüsse verursacht oder mitverursacht, bzw. die als außerberuflich erworbene Erkrankungen durch Arbeitsverhältnisse in ihrem Verlauf ungünstig beeinflußt werden“. In den Blick gerät damit die Prävention von Krankheiten multifaktorieller Genese.

Aufgrund seiner hohen Anforderungen an die arbeitsbedingte Verursachung einer Krankheit, für die auch hier im übrigen nicht zuletzt die Theorie der wesentlichen Bedingung steht[17], ist der unfallversicherungsrechtliche Berufskrankheitsbegriff ungeeignet, den Begriff der arbeitsbedingten Gesundheitsgefahren in § 2 Abs. 1 ArbSchG normzweckgerecht zu konkretisieren. § 2 Abs. 1 ArbSchG erfaßt schon nach seinem Wortlaut alle Maßnahmen zur Verhütung von „arbeitsbedingten Gesundheitsgefahren“, unabhängig davon, ob für die Beschäftigten ein Risiko besteht, das in erheblichem Maße über dem der übrigen Bevölkerung liegt. Die einschränkenden Voraussetzungen des Berufskrankheitenbegriffs des § 9 SGB VII resultieren aus dem Bemühen, Entschädigungsansprüche sachgerecht einzugrenzen. Eine solche kompensationsrechtliche Sicht ist aber für die präventiven Aufgaben, die durch § 2 Abs. 1 ArbSchG umrissen werden, völlig inadäquat. Entsprechend dem konsequent präventiven Ansatz des ArbSchG muß die Ursachenanalyse und Ursachenbeseitigung im Zentrum der betrieblichen Aktivitäten stehen und nicht die nachgeschaltete Kompensation erlittener Gesundheitsschäden.[18] Mit der wohl einhelligen Meinung in der arbeitsschutzrechtlichen Literatur[19] ist daher der Rechtsbegriff der „arbeitsbedingten Erkrankung“ zur inhaltlichen Füllung des Begriffs der arbeitsbedingten Gesundheitsgefahren i.S. von § 2 Abs. 1 ArbSchG heranzuziehen, da er alle Gefahren, unabhängig von der Art des Verursachungsbeitrags (monokausale oder multifak-

---

[15] BMA, BAnz 1993, Nr. 116.

[16] Vgl. nur *Wank*, TAS, § 2 ArbSchG, Rdnr. 1; *Anzinger/Bieneck*, ASiG, § 1, Rdnr. 18; *Nöthlichs*, Arbeitsschutz und Arbeitssicherheit, § 2 ArbSchG, Anm. 1.3; *Pflüger*, DB 1995, 1761 ff. (1762).

[17] Hierzu auch *Prax.-Kommentar-Kohte*, § 2 ArbSchG, Rdnrn. 18 ff.

[18] *Anzinger/Bieneck*, ASiG, § 3, Rdnr. 109; *Prax.-Kommentar-Kohte*, § 2 ArbSchG, Rdnr. 20; ähnlich, *Nöthlichs*, Arbeitsschutz und Arbeitssicherheit, § 2 ArbSchG, Anm. 1.3.

[19] Vgl. nur *Prax.-Kommentar-Kohte*, § 2 ArbSchG, Rdnrn. 20 f.; *Wank*, TAS, § 2 ArbSchG, Rdnr. 1; *Nöthlichs*, Arbeitsschutz und Arbeitssicherheit, § 2 ArbSchG, Anm. 1.3; *Koll/Janning/Pinter-Koll*, Kommentar zum ArbSchG, § 2, Rdnr. 6.

torielle Verursachung), umfaßt. Hiermit übereinstimmend ist zudem auf eine im Unfallversicherungsrecht zunehmend zu beobachtende Position hinzuweisen, die zwischen Entschädigungsrecht und unfallversicherungsrechtlicher Prävention differenziert. Die Theorie der wesentlichen Bedingung soll danach nur noch bei der Entschädigung von Berufskrankheiten Anwendung finden. Im Bereich der Prävention soll demgegenüber bereits ein kausaler Beitrag an der Entstehung einer Erkrankung genügen.[20]

Die somit erforderliche Einbeziehung multifaktoriell verursachter Erkrankungen in § 2 Abs. 1 ArbSchG geht mit einer deutlichen Akzentuierung und Ausweitung der Pflichten des Arbeitgebers im Bereich des präventiven Gesundheitsschutzes einher. Zwar gehörte es auch bisher zu den Aufgaben der Betriebsärzte, den Arbeitgeber durch Untersuchung arbeitsbedingter Krankheiten zu unterstützen (§ 3 Abs. 1 Nr. 3 lit. c ASiG). Es fehlte jedoch an einer, ggf. durch Verhängung von Sanktionen oder im Wege der betrieblichen Mitbestimmung nach § 87 Abs. 1 Nr. 7 BetrVG durchzusetzenden expliziten Rechtspflicht des Arbeitgebers, die Ursachen arbeitsbedingter Erkrankungen durch entsprechende Maßnahmen auszuschalten bzw. zu minimieren.[21] Auf diese Weise wurden große Teile des betrieblichen Krankheitsgeschehens[22] weitgehend ausgeblendet, was sich z.B. besonders deutlich in der fehlenden rechtlichen Handhabe zur Durchsetzung von Maßnahmen des Gesundheitsschutzes bei der Bildschirmarbeit[23] bis zum Inkrafttreten der BildscharbV manifestierte.[24]

Es sollte nach alledem im Hinblick auf die Konkretisierung der Maßnahmen zur „Verhütung arbeitsbedingter Gesundheitsgefahren" i.S. von § 2 Abs. 1 ArbSchG davon Abstand genommen werden, überhaupt auf die unfallversicherungsrechtliche Terminologie zurückzugreifen. Es trifft zwar zu, daß Berufskrankheiten i.S. von

---

[20] Hierzu *Schöpf*, Multikausale Schäden in der gesetzlichen Unfallversicherung, S. 237 ff., sowie zusammenfassend *Prax.-Kommentar-Kohte*, § 2 ArbSchG, Rdnrn. 19 ff.

[21] *Prax.-Kommentar-Kohte*, § 2 ArbSchG, Rdnr. 15.

[22] Hierzu etwa *Zimolong*, Arbeitssicherheit und Umweltschutz, Kurseinheit 1-2, Sicherheit und Gesundheit, S. 34 ff.; das dort präsentierte Zahlenmaterial veranschaulicht, daß die klassischen Berufskrankheiten i.S. der Berufskrankheitenliste nur einen vergleichsweise geringen Anteil des betrieblichen Krankheitsgeschehens abbilden; vgl. außerdem im Detail, *Vetter/Dieterich/Acker*, Fehlzeiten-Report 2000, 277 ff. (304 ff.). Zur Problematik der Erfassung und Bewertung arbeitsbedingter Erkrankungen vgl. *Heuchert/Horst/Kuhn*, BArbBl. 2001 (2), 24 ff. (25 ff.).

[23] Vgl. hierzu etwa *Bücker/Feldhoff/Kohte*, Rdnrn. 289 ff.; *Wlotzke*, NJW 1997, 1469 (1472 f.); *Prax.-Kommentar-Blachnitzky*, BildscharbV, Rdnrn. 2 ff.; *Kittner/Pieper*, ArbSchR, § 1 BildscharbV, Rdnrn. 4 ff.

[24] Deutlich insofern die erste Entscheidung des BAG zur Bildschirmarbeit aus dem Jahre 1983 (AP Nr. 7 zu § 87 BetrVG – Überwachung). Das Gericht sah sich seinerzeit außerstande, eine Pflicht zum Erlaß von Gesundheitsschutzmaßnahmen auf der Basis von § 120 a GewO zu erkennen. Die Entscheidung ist mittlerweile vor dem Hintergrund der europäischen Rechtssetzung korrigiert worden (vgl. BAG, AP Nr. 5 zu § 87 BetrVG 1972 – Gesundheitsschutz).

§ 9 SGB VII einen Unterfall der arbeitsbedingten Erkrankungen darstellen.[25] Für die Verdeutlichung der Aufgabendefinition des § 2 Abs. 1 ArbSchG ist hiermit allerdings nichts gewonnen, im Gegenteil: Es wird der Blick auf die präventiven Gehalte der Maßnahmen zur Verhütung „arbeitsbedingter Gesundheitsgefahren“ versperrt, ohne daß hiermit ein zusätzlicher Erkenntnisgewinn verbunden wäre.[26]

IV. Rechtssystematisches Verhältnis der Maßnahmen zum Unfallschutz und der Maßnahmen zur Verhütung arbeitsbedingter Gesundheitsgefahren

Die Verhütung von Unfällen bei der Arbeit stellt einen wichtigen Unterfall arbeitsbedingter Gesundheitsgefahren dar. Wie gesehen, werden durch den Begriff der Maßnahmen zur Verhütung arbeitsbedingter Gesundheitsgefahren grundsätzlich alle arbeitsbedingten Gefahrenquellen erfaßt. Unfälle als plötzlich auftretende Ereignisse stellen neben Erkrankungen, die in der Regel durch Gefahrexposition über einen längeren Zeitraum entstehen, nur eine Kategorie von Ursachen für gesundheitliche Schädigungen durch die Arbeit dar. Sie bilden damit lediglich eine, wenn auch bedeutende, Teilmenge der Gesundheitsgefahren.[27] Die in § 2 Abs. 1 ArbSchG erwähnten Maßnahmen zur Verhütung von Unfällen heben dieses klassische Feld des Arbeitsschutzes somit nur klarstellend hervor.

V. „einschließlich Maßnahmen der menschengerechten Gestaltung der Arbeit“

Nach § 2 Abs. 1 ArbSchG schließen „Maßnahmen des Arbeitsschutzes“ Maßnahmen der menschengerechten Gestaltung der Arbeit mit ein. Es handelt sich hierbei nicht um eine weitere, eigenständige „Säule“ des Arbeitsschutzrechts. Durch die Verwendung des Wortes „einschließlich“ wird die menschengerechte Gestaltung der Arbeit in nicht näher durch das Gesetz beschriebener Weise den Maßnahmen zur Verhütung von Unfällen und arbeitsbedingten Gesundheitsgefahren zugeordnet.[28] Nachfolgend ist daher zunächst der Begriff der „menschengerechten Gestaltung der Arbeit“ zu klären. Sodann stellt sich die Frage der Zuordnung zu den anderen Maßnahmen.

---

[25] *Koll/Janning/Pinter-Koll*, Kommentar zum ArbSchG, § 2, Rdnr. 6; *Anzinger/Bieneck*, ASiG, § 3, Rdnr. 111; *Wank*, TAS, § 2 ArbSchG, Rdnr. 1; Gesetzesbegründung, BT-Drcks. 13/3540, S. 15.

[26] *Prax.-Kommentar-Kohte*, § 2 ArbSchG, Rdnr. 15, weist in diesem Zusammenhang mit Blick auf die Problematik der Bildschirmarbeit zutreffend darauf hin, daß die Fixierung auf das Listensystem des § 9 SGB VII in der Vergangenheit zu einer wesentlichen Einschränkung präventiver Regelungen geführt hat.

[27] *Prax.-Kommentar-Kollmer*, § 1 ArbSchG, Rdnr. 21; *Koll/Janning/Pinter-Koll*, Kommentar zum ArbSchG, § 1, Rdnr. 3.

[28] *Prax.-Kommentar-Kohte*, § 2 ArbSchG, Rdnr. 9.

1. Begriff und Inhalt

Der Begriff der menschengerechten Gestaltung der Arbeit findet sich in einer Reihe arbeitsschutzrechtlich relevanter Rechtsvorschriften. Erstmalig wurde er im Jahre 1972 in den §§ 90, 91 BetrVG verwendet. Daran anschließend fand er Eingang in den Unterstützungsauftrag der Fachkräfte für Arbeitssicherheit gemäß § 6 Satz 1 ASiG, sowie in einige andere Vorschriften, die verschiedene spezielle arbeitsschutzrechtliche Fragen regeln (vgl. etwa § 19 Abs. 1 ChemG, § 6 Abs. 1 ArbZG).

Maßnahmen zur menschengerechten Gestaltung der Arbeit zielen generell darauf ab, die Bedingungen, unter denen die Arbeit zu erbringen ist, zu verbessern.[29] Vorrangiges Bestreben ist dabei die Anpassung der Arbeit und der Arbeitsbedingungen an den Menschen, so daß sie seinen physischen und psychischen Eigenschaften und Potentialen entsprechen.[30] Es geht demnach nicht um die – reaktive – Abwehr von Gefahren, sondern darum, die Arbeitsbedingungen präventiv so zu gestalten, daß sie schädigungsfrei ausgeführt werden können.[31] Physische und psychische Belastungen, etwa in Form von Über- oder Unterforderung, sind beispielsweise bereits im Vorfeld, d.h. bei der Gestaltung der Arbeitsplätze bzw. bei der Auswahl von Arbeitsmitteln nach Möglichkeit zu vermeiden.[32] Solche Belastungen sind grundsätzlich dazu geeignet, Gesundheitsschäden bei den betroffenen Beschäftigten hervorzurufen, wenngleich dies auch nicht zwangsläufig der Fall sein muß.[33] Als weitere Beispiele lassen sich in diesem Zusammenhang etwa die ergonomische Einrichtung von Arbeitsstätten und Arbeitsplätzen, die Anreicherung von Arbeitsinhalten, die Vermeidung taktgebundener Arbeit bzw. die Schaffung von Freiräumen bei taktgebundener Arbeit (z.B. durch Einräumung von Erholzeiten oder Pufferbildung), die Erhöhung der Eigenverantwortung der Beschäftigten, die Arbeitszeitgestaltung (z.B. durch Einschränkung von Nacht- und Schichtarbeit) oder die Berücksichtigung individueller Beeinträchtigungen aufgrund von Behinderungen oder besonderer Lebenssituationen (z.B. jugendliches Alter, Schwangerschaft) nennen.[34] Anders als im klassischen Ordnungsrecht, wo die Eingriffsschwelle durch den Gefahrbegriff markiert wird, zielen Maßnahmen der menschengerechten Gestaltung

---

[29] *MünchArbR-Wlotzke*, § 206, Rdnr. 14; *Kittner/Pieper*, ArbSchR, § 2 ArbSchG, Rdnr. 9; *Wank/Börgmann*, S. 14.

[30] Vgl. nur *GK-BetrVG-Wiese*, § 90, Rdnr. 34; *Fitting/Kaiser/Heither/Engels/Schmidt*, BetrVG, § 90, Rdnr. 38.

[31] Prax.-Kommentar-Kohte, § 2 ArbSchG, Rdnr. 24, *Fitting/Kaiser/Heither/Engels/Schmidt*, BetrVG, § 90, Rdnr. 38.

[32] *Bücker/Feldhoff/Kohte*, Rndr. 48; *Wlotzke*, NZA 1996, 1017 ff. (1019).

[33] *MünchArbR-Wlotzke*, § 206, Rdnr. 14; *Bücker/Feldhoff/Kohte*, Rdnr. 48.

[34] Vgl. hierzu etwa *Fitting/Kaiser/Heither/Engels/Schmidt*, BetrVG, § 90, Rdnr. 40; *Däubler/Kittner/Klebe-BetrVG-Klebe*, § 90, Rdnr. 32; *Anzinger/Bieneck*, ASiG, § 1, Rdnr. 20; Gesetzesmaterialien BT-Drcks. 13/3540, S. 15.

darauf ab, bereits im Vorfeld dem Entstehen von Gefahren durch eine Minimierung der Belastungen vorzubeugen.

Neben der Verminderung der Belastungen durch die Arbeit zählt die Förderung der Persönlichkeit im Arbeitsverhältnis zum Gegenstandsbereich der menschengerechten Arbeitsgestaltung. Es wird hierbei eine ethisch-moralische Wertorientierung angelegt, wonach der arbeitende Mensch nicht als bloßes Objekt zu sehen ist, dessen Leistungsfähigkeit zur Sicherung wirtschaftlicher Effizienz vor schädigenden Belastungen bewahrt werden soll. Humanisierungsmaßnahmen verfolgen daher das Ziel, ihn als Subjekt mit schöpferischer Phantasie zu begreifen, „dessen Kreativität und dessen Kommunikationsbedürfnis nicht auf seine Freizeit abgedrängt werden dürfen“.[35] Verfassungsrechtlich abgesichert ist das Postulat der Persönlichkeitsförderlichkeit der Arbeit durch die nach Art. 1 GG geschützte Menschenwürde und die Freiheit der Person (Art. 2 Abs. 1 GG), die aufgrund der strukturellen Unterlegenheit des Arbeitnehmers auch in privatrechtlich ausgestaltete Arbeitsverhältnisse einwirken.[36] Menschengerechte Arbeitsgestaltung im vorstehenden Sinne visiert etwa einen Zuschnitt der Arbeitsaufgaben an, der dem individuellen Leistungsvermögen des Arbeitnehmers entspricht und ihm Möglichkeiten eröffnet, seine fachlichen Fähigkeiten weiterzuentwickeln, sowie Kreativität zu entfalten. Als weitere Aspekte seien hier die Gelegenheit zur Kommunikation bei der Arbeit, positive soziale Beziehungen mit der Arbeitsumwelt (z.B. gruppendynamische Prozesse, Führungsstrukturen, respektvoller Umgang miteinander) und eine Arbeitsgestaltung, die eine Anpassung an Schwankungen der individuellen Leistungsfähigkeit zuläßt, hervorgehoben.[37]

2. Einbeziehung des „gesundheitsnahen Bereichs“ der menschengerechten Arbeitsgestaltung

Es liegt auf der Hand, daß die Subsumtion sämtlicher Aspekte der menschengerechten Gestaltung der Arbeit bis hin zur Persönlichkeitsförderlichkeit unter § 2 Abs. 1 ArbSchG bei weitem das bis 1996 vorherrschende Verständnis des Arbeits- und Gesundheitsschutzes sprengen würde. Es stellt sich daher die Frage, ob ein so weitreichender Arbeitsschutzansatz durch § 2 Abs. 1 ArbSchG tatsächlich vorgegeben ist. Dagegen spricht, wie bereits oben ausgeführt, daß durch den Gebrauch

---

[35] *Zöllner*, RdA 1973, 212 ff. (213).

[36] *Zöllner*, RdA 1973, 212 ff. (214 f.), der offenläßt, ob die Art. 1 und 2 GG unmittelbar anzuwenden sind oder im Wege der mittelbare Drittwirkung durch Generalklauseln Wirkung im Arbeitsverhältnis entfalten – so die heute h.M. und Rechtsprechung des Bundesverfassungsgerichts, BVerfGE 81, 242 ff. (255 f.); BVerfGE 89, 214 ff. (232 ff.), vgl. zum Ganzen auch *Kittner/Zwanziger-ArbR-Kittner*, § 15, Rdnrn. 11 ff.

[37] Vgl. hierzu nur die Beispiele bei *Zöllner*, RdA 1973, 212 ff. (213); *MünchArbR-Wlotzke*, § 206, Rdnr. 14; *Anzinger/Bieneck*, ASiG, § 1, Rdnr. 21; *Kittner/Pieper*, ArbSchG, § 2, Rdnr. 9.

des Wortes „einschließlich" in § 2 Abs. 1 ArbSchG die Maßnahmen der menschengerechten Arbeitsgestaltung den Maßnahmen zur Verhütung von Unfällen bei der Arbeit und den Maßnahmen zur Verhütung arbeitsbedingter Gesundheitsgefahren sachlich zugeordnet werden. In der arbeitsschutzrechtlichen Literatur wird vor diesem Hintergrund nahezu einhellig die Auffassung vertreten, daß nicht sämtliche Facetten der menschengerechten Arbeitsgestaltung im Rahmen von § 2 Abs. 1 ArbSchG zu berücksichtigen sind, sondern lediglich die gesundheitsnahen Bereiche.[38]

Diese Differenzierung ist sachgerecht und entspricht dem Normtext. Durch die Verwendung des Wortes „einschließlich" werden die Maßnahmen der menschengerechten Gestaltung der Arbeit mit den Zielen der Maßnahmen zum Unfall- und Gesundheitsschutz verknüpft. Eine solche Auslegung entspricht darüber hinaus der Zweckbestimmung des § 1 Abs. 1 ArbSchG, wonach die Sicherung und Verbesserung der Sicherheit und Gesundheit bei der Arbeit intendiert ist, nicht aber eine allgemeine Verbesserung der persönlichen Entfaltungsmöglichkeiten der Beschäftigten.[39] Sie führt schließlich auch zu rechtssystematisch stimmigen Ergebnissen, weil sie an das Verständnis verschiedener spezialgesetzlicher Regelungen über die menschengerechte Gestaltung der Arbeit anknüpfen kann (insbes. § 6 Satz 1 ASiG; 19 Abs. 1 ChemG), die terminologisch Vorbild für § 2 Abs. 1 ArbSchG waren.[40]

Die Entscheidung, ob sich eine Maßnahme zur menschengerechten Gestaltung im „gesundheitsnahen Bereich" bewegt, ist stets im Einzelfall zu klären. So ist es nicht angebracht, apodiktisch festzuhalten, aus § 2 Abs. 1 ArbSchG lasse sich nicht die Forderung nach der Übertragung sinnvoller Aufgaben an die Beschäftigten ableiten.[41] Es sei an dieser Stelle dahingestellt, ob sich hieraus nicht psychische Belastungen ergeben können, die durchaus gesundheitsrelevant sein können. Immerhin hat der Gesetzgeber in der Gesetzesbegründung[42] auf die gesundheits-

---

[38] Vgl. etwa *Koll/Janning/Pinter-Koll*, Kommentar zum ArbSchG, § 2, Rdnr. 11; *Wlotzke*, Festschrift Däubler, 654 ff. (658); *Fitting/Kaiser/Heither/Engels/Schmidt*, BetrVG, § 87, Rdnr. 293; *Zöllner/Loritz*, 345; a.A. *Kittner/Pieper*, ArbSchR, § 2 ArbSchG, Rdnrn. 8 f., die offenbar alle Fragen der menschengerechten Gestaltung der Arbeit einbeziehen wollen.

[39] *Nöthlichs*, Arbeitsschutz und Arbeitssicherheit, § 2 ArbSchG, Anm. 1.4; *Prax.-Kommentar-Kollmer*, § 1, Rdnr. 27 ff., insbes. 38 ff.; sowie *Prax.-Kommentar-Kohte*, § 2 ArbSchG, Rdnr. 27, mit ergänzenden Hinweisen zu den gemeinschaftsrechtlichen Vorgaben.

[40] Hierzu etwa *Koll/Janning/Pinter-Koll*, Kommentar zum ArbSchG, § 2, Rdnr. 11; *MünchArbR-Wlotzke*, § 206, Rdnrn. 12, 16; *Prax.-Kommentar-Kohte*, § 2 ArbSchG, Rdnr. 27, der außerdem zutreffend darauf aufmerksam macht, daß sich eine solche Auslegung stimmig in die betriebsverfassungsrechtliche Systematik einfügt und im Besonderen eine sachgerechte Abgrenzung von § 87 Abs. 1 Nr. 7 BetrVG zu §§ 90, 91 BetrVG ermöglicht. Hierzu auch unten S. 475 ff.

[41] So *Nöthlichs*, Arbeitsschutz und Arbeitssicherheit, § 2 ArbSchG, Anm. 1.4.

[42] BT-Drcks. 13/3540, S. 15.

schädlichen Auswirkungen monotoner Tätigkeiten hingewiesen. In jedem Fall wird aber verkannt, daß die Gestaltung der Arbeitsaufgaben durch die Arbeitsorganisation erheblichen Einfluß auf den sicheren Betrieb von Anlagen hat. Analysen industrieller Störfälle haben empirisch nachgewiesen, daß eintönige Arbeiten, sowie die Über- bzw. Unterforderung der Beschäftigten durch die Arbeitsaufgabe, oftmals eine wesentliche Unfallursache darstellen.[43] Insbesondere in Krisensituationen, in denen schnelles und sicheres Handeln unabdingbar ist, können derartige Defizite der Sicherheitsorganisation zu fatalen Folgen führen. Maßnahmen der menschengerechten Gestaltung der Arbeit bergen von daher ein durchaus beachtliches Potential zur Verbesserung des Unfallschutzes.[44]

Der durch die Einbeziehung der menschengerechten Gestaltung in § 2 Abs. 1 ArbSchG erweiterte Arbeitsschutzansatz des ArbSchG kann nicht ohne Auswirkungen auf das Verständnis wichtiger arbeitsschutzrechtlicher Begriffe bleiben. Nachfolgend sollen kurz einige wichtige Konsequenzen, die für den weiteren Verlauf der Arbeit von Bedeutung sind, beleuchtet werden.

VI. Auswirkungen des § 2 Abs. 1 ArbSchG auf zentrale Begrifflichkeiten des ArbSchG

1. Rückschlüsse auf das Gesundheitsverständnis

Zweck der „Maßnahmen des Arbeitsschutzes“ ist der Schutz der Gesundheit der Beschäftigten. Da § 2 Abs. 1 ArbSchG wie gesehen keine konkreten Maßnahmen normiert, sondern lediglich die materiellen Ziele des betrieblichen Arbeitsschutzes in grundsätzlicher Form umreißt, lassen sich Rückschlüsse auf das dem ArbSchG zugrundeliegende Gesundheitsverständnis ziehen.

Der Unfallschutz und die Verhütung arbeitsbedingter Gesundheitsgefahren bezwecken die Wahrung der physischen und psychischen Integrität der Beschäftigten. Dies ergibt sich aus der Verknüpfung des Begriffs „Gesundheit“ mit dem Gefahrenbegriff. Da eine – ordnungsrechtliche – Gefahr begrifflich eine empirisch nachweisbare hinreichende Wahrscheinlichkeit einer nicht unerheblichen Schädigung voraussetzt, geht es letztlich um den Integritätsschutz. Die beiden Maßnahmenarten korrespondieren damit mit dem klassischen arbeitsschutzrechtlichen Gesundheitsbegriff, wonach unter Gesundheit die physische und psychische Unversehrtheit der Arbeitnehmer und ihre Erhaltung im Hinblick auf Verletzungen und medizinisch diagnostizierbare Beeinträchtigungen zu verstehen ist.[45]

---

[43] Hierzu *Prax.-Kommentar-Kohte*, § 2 ArbSchG, Rdnr. 29, m.w.N.

[44] Zu diesen Zusammenhängen vgl. auch eingehend unten S. 208 ff.

[45] *Koll/Janning/Pinter-Koll*, Kommentar zum ArbSchG, § 1, Rdnr. 3, § 2, Rdnr. 5; *Nöthlichs*, Arbeitsschutz und Arbeitssicherheit, § 1 ArbSchG, Anm. 2.1; *Kollmer/Vogl*, Arbeitsschutzgesetz, Rdnr. 67.

Durch die dargestellte Einbeziehung der „Maßnahmen zur menschengerechten Gestaltung der Arbeit“ erfährt dieses Gesundheitsverständnis eine Erweiterung. Da menschengerechte Arbeitsgestaltung generell auf die Vermeidung bzw. Reduzierung von physischen und psychischen Belastungen durch die Arbeit zielt, ist sie nicht an die sich aus dem Gefahrbegriff ergebenden Restriktionen gebunden.[46] Es geht generell um eine Optimierung der gesundheitsrelevanten Arbeitsbedingungen durch die Vermeidung bzw. Minimierung belastender Faktoren. Neben die klassische Aufgabe der Abwehr von Gesundheitsgefahren tritt also ein weiteres, vorgelagertes Aktionsfeld für den betrieblichen Arbeitsschutz. Die Situation weist unübersehbare Parallelen mit dem Umweltrecht auf. Dort wird mit dem Begriffspaar der Gefahrenabwehr und Gefahrenvorsorge[47] der Übergang vom reinen Integritätsschutz hin zur generellen Optimierung der Bedingungen durch Belastungsminimierung beschrieben.[48]

Für den arbeitsschutzrechtlichen Gesundheitsbegriff ergibt sich hieraus die Notwendigkeit einer Öffnung, die ebendiesen Schritt nachvollzieht und Belastungen unterhalb der Gefahrenschwelle mitberücksichtigt. In der Literatur[49] und der neueren Rechtsprechung des Bundesverwaltungsgerichts[50] setzt sich vor diesem Hintergrund zunehmend ein Gesundheitsbegriff durch, der sich an der Definition des ILO-Abkommens Nr. 155 orientiert.[51] Danach umfaßt der Begriff Gesundheit im Zusammenhang mit der Arbeit nicht nur das Freisein von Krankheit oder Gebrechen, sondern auch die physischen und geistig-seelischen Faktoren, die sich auf die Gesundheit auswirken und in unmittelbarem Zusammenhang mit der Sicherheit und Gesundheit bei der Arbeit stehen.

---

[46] BVerwG, NZA 1997, 482 ff. (483); *Wank*, TAS, § 2 ArbschG, Rdnr. 2; *Wlotzke*, Festschrift Däubler, 654 ff. (658 f.).

[47] Vgl. hierzu etwa *Kloepfer*, Umweltrecht, § 4, Rdnrn. 10 ff.; *Bender/Sparwasser/Engel*, Umweltrecht, S. 29 ff.; *Ossenbühl*, NVwZ 1986, 161 ff. (162 ff.), der den Vorsorgebegriff im Gesundheits-, Arbeits- und Umweltschutz vergleichend untersucht.

[48] Eingehend hierzu *Bücker*, Von der Gefahrenabwehr zur Risikovorsorge, S. 87 ff., der in diesem Zusammenhang in Anlehnung an die umweltrechtliche Terminologie von Risikovorsorge spricht.

[49] *Wlotzke*, Festschrift Däubler, 654 ff. (658 f.); *Kittner/Pieper*, ArbSchR, § 1 ArbSchG, Rdnrn. 8 ff.; *Kohte*, EAS, B 6100, Arbeitsschutzrahmenrichtlinie, Rdnrn. 37 f.; *Anzinger/Bieneck*, ASiG, § 1, Rdnr. 22; ähnlich *Brandes*, System des europäischen Arbeitsschutzrechts, 173 ff. Dem traditionellen, eine Beeinträchtigung der gesundheitlichen Integrität voraussetzendem Gesundheitsbegriff folgen weiterhin etwa *Prax.-Kommentar-Kollmer*, § 1 ArbSchG, Rdnrn. 16 ff.; *Kollmer/Vogl*, Arbeitsschutzgesetz, Rdnrn. 65 ff.; *Koll/Janning/Pinter-Koll*, Kommentar zum ArbSchG, § 1, Rdnr. 3; *Nöthlichs*, Arbeitsschutz und Arbeitssicherheit, § 1 ArbSchG, Anm. 2.1.

[50] BVerwG, NZA 1997, 482 ff. (483).

[51] Bei der Auslegung gemeinschaftsrechtlicher Begriffe des Arbeitsumweltrechts sind insbes. die Abkommen und Beschlüsse der ILO heranzuziehen, vgl. hierzu EuGHE 1976, 455 (474; EuGHE 1979, 35 ff. (53); *N. Fabricius*, Einstellung der Arbeitsleistung, S. 81; zweifelnd *Birk*, ZfA 1991, 355 ff. (367).

Dieser Definition ist zuzustimmen, da sie sowohl die Aspekte des Integritätsschutzes als auch der Belastungsminimierung aus der Arbeitsumgebung berücksichtigt. Eine weitergehende Auseinandersetzung mit dem Gesundheitsbegriff, insbesondere auch im Hinblick auf die z.T. vom EuGH zugrundegelegte Definition der WHO, würde den Rahmen dieser Arbeit sprengen und ist auch nicht angezeigt im Hinblick auf die weitere Untersuchung.[52]

2. Gefahr – Gefährdung – Risiko

Im ArbSchG werden an vielen Stellen die Tatbestandsmerkmale „Gefahr“ (z.B. §§ 2 Abs. 1, 4 Nrn. 2, 6, § 9 Abs. 2 und 3 ArbSchG) und „Gefährdung“ (§§ 4 Nr. 1, 5 ArbSchG) verwendet. Auch wenn sie, anders als die „Maßnahmen des Arbeitsschutzes“, nicht legaldefiniert sind, ist zu beachten, daß der Gesetzgeber bei der Wortwahl bewußt differenziert hat[53] und den Begriffen unterschiedliche Bedeutungen zukommen. Unter einer Gefahr wird in Übereinstimmung mit der allgemeinen ordnungsrechtlichen Begriffsbildung

> „eine Sachlage verstanden, die bei ungehindertem Ablauf des objektiv zu erwartenden Geschehens zu einem Schaden führt, wobei für den Schadenseintritt eine hinreichende Wahrscheinlichkeit verlangt wird und von einem Schaden erst gesprochen werden kann, wenn eine nicht unerhebliche Beeinträchtigung vorliegt“.[54]

Der Gefahrbegriff beschreibt die Reichweite des klassischen – ordnungsrechtlich geprägten – Arbeitsschutzrechts. Dadurch, daß eine hinreichende Wahrscheinlichkeit eines nicht unerheblichen Schadens vorausgesetzt wird, wird klar, daß mit dem Gefahrbegriff vor allem ein Mindestmaß an Integritätsschutz für das Schutzgut des Arbeitsschutzes, die Gesundheit der Beschäftigten, gewährleistet wird.

Einem anderen Ansatz folgt der Rechtsbegriff der Gefährdung. In der Gesetzesbegründung, der soweit ersichtlich die Literatur ausnahmslos folgt, heißt es dazu:

> „‚Gefährdung‘ bezeichnet im Gegensatz zur ‚Gefahr‘ die Möglichkeit eines Schadens oder einer gesundheitlichen Beeinträchtigung ohne bestimmte Anforderungen an deren Ausmaß oder Eintrittswahrscheinlichkeit.“[55]

---

[52] Vgl. hierzu EuGH, NZA 1997, 23 ff. (24); ebenfalls gegen die Anwendung des WHO-Begriffs, *Bücker/Feldhoff/Kohte*, Rdnrn. 235 ff.; 574; *Kittner/Pieper*, ArbSchR, § 1 ArbSchG, Rdnr. 9: *MünchArbR-Wlotzke*, § 206, Rdnr. 36; *Faber*, Arbeit 1998, 203 ff. (207 ff.).

[53] Vgl. hierzu auch die Gesetzesbegründung, BT-Drcks. 13/3540, S. 16.

[54] So die Gesetzesbegründung, BT-Drcks. 13/3530, S. 16, der soweit ersichtlich die Literatur einhellig folgt, vgl. insoweit nur *Kittner/Pieper*, ArbSchR, § 4 ArbSchG, Rdnr. 2; *MünchArbR-Wlotzke*, § 206, Rdnr. 26; *Brock*, Arbeitsschutzgesetz, S. 20 f.; vgl. außerdem die grundlegende Analyse des Gefahrbegriffs von *Bücker*, Von der Gefahrenabwehr zur Risikovorsorge, S. 88 ff.

[55] Vgl. Gesetzesbegründung, BT-Drcks. 13/3530, S. 16; aus der Literatur z.B. *Wank*, TAS, § 4 ArbSchG, Rdnr. 2; *Koll/Janning/Pinter-Koll*, Kommentar zum ArbSchG, § 4, Rdnr. 8; *Kollmer/Vogl*, Arbeitsschutzgesetz, Rdnr. 78.

Im Unterschied zum Gefahrbegriff zielt der Gefährdungsbegriff danach nicht auf die Bestimmung der Grenze eines Mindestmaßes an Integritätsschutz. Er fokussiert stattdessen die Möglichkeit eines Schadens und damit die potentiell schädigenden Faktoren aus der Arbeitsumwelt. In der Sache wird damit den dargestellten Weiterungen des Arbeitsschutzansatzes Rechnung getragen, die aus der Einbeziehung der gesundheitsnahen Bereiche der menschengerechten Gestaltung der Arbeit folgen. Wie gesehen, zielt die menschengerechte Arbeitsgestaltung gerade auf die Verbesserung der Arbeitsbedingungen mittels Gestaltungsmaßnahmen, insbes. durch die präventive Verminderung schädlicher physischer und psychischer Belastungen, unabhängig davon, ob diese bereits die Gefahrenschwelle überschritten haben. Mit dem differenzierten Gebrauch der Begriffe „Gefahr" und „Gefährdung" operationalisiert das Gesetz somit den erweiterten Arbeitsschutzansatz, der in der Legaldefinition des § 2 Abs. 1 ArbSchG angelegt ist.

Als letzter Terminus sei hier noch kurz auf den Begriff des Risikos i.S. des ArbSchG hingewiesen. Dieser findet sich zwar nicht im Normtext. Es wird mit ihm jedoch in der Literatur und auch in der Gesetzesbegründung operiert. Das Risiko wird in der Gesetzesbegründung[56], der die Literatur[57] durchgängig folgt, als Produkt aus Eintrittswahrscheinlichkeit und Ausmaß des möglichen Schadens definiert. Es handelt sich dabei um eine quantitative Größe für das Ausmaß der Gefährdung. Bedeutung hat der Risikobegriff insbesondere für die Gefährdungsbeurteilung nach § 5 ArbSchG. Diese Terminologie ist nicht unbedingt glücklich, da insbes. im Umweltrecht der Risikobegriff dem Begriff der Gefahr gegenübergestellt wird und als Topos für das Handeln unter Ungewißheitsbedingungen verwendet wird. Anders als die Gefahrenabwehr ist die Risikovorsorge dort dadurch gekennzeichnet, daß es gerade keine empirisch gesicherten Erfahrungssätze über das Eintreten eines Schadens gibt.[58] Zur Klarstellung ist hier darauf zu verweisen, daß im Rahmen dieser Arbeit der Risikobegriff in der beschriebenen Weise als quantitative Größe für das Ausmaß der Gefährdung verwendet wird.

VII. Zwischenergebnis

Maßnahmen nach § 2 Abs. 1 ArbSchG zielen auf die Verhütung aller arbeitsbedingten Beeinträchtigungen der gesundheitlichen Integrität, seien sie durch Unfälle, also plötzliche Ereignisse oder durch andere, dauerhafte schädi-

---

[56] BT-Drcks. 13/3540, S. 16.

[57] *Kittner/Pieper*, ArbSchR, § 4, Rdnr. 2; *Kollmer/Vogl*, Arbeitsschutzgesetz, Rdnr. 78; *MünchArbR-Wlotzke*, § 206, Rdnr. 29; *Koll/Janning/Pinter-Koll*, Kommentar zum ArbSchG, § 4, Rdnr. 8.

[58] Vgl. hierzu *Bücker*, Von der Gefahrenabwehr zur Risikovorsorge, S. 87 ff.; *Koenig*, NVwZ 1994, 937 ff. (938); *Ladeur*, JUTR 1988, 305 ff. (306 ff.).

gende Einwirkungen, die zu einer Erkrankung führen können, verursacht. Ohne Bedeutung ist es, ob die Verhältnisse bei der Arbeit eine wesentliche Bedingung für gesundheitliche Schädigungen darstellen, oder eine Ursache unter mehreren in einem multifaktoriellen Verursachungszusammenhang sind. Der präventionsorientierte Zweck des ArbSchG verbietet insofern eine Übernahme der unfallversicherungsrechtlichen Begriffsbildung.

Durch die Einbeziehung des „gesundheitsnahen Bereichs" der menschengerechten Gestaltung der Arbeit wird die Zielrichtung der Maßnahmen des Arbeitsschutzes auch auf arbeitsbedingte Belastungen unterhalb der Gefahrenschwelle ausgedehnt. Maßnahmen nach § 2 Abs. 1 ArbSchG beinhalten daher auch die generelle Vermeidung und Minimierung von Belastungen durch die Arbeitsbedingungen. Es besteht insoweit also eine arbeitsschutzrechtliche Pflicht zur Gefahrenvorsorge.[59] Das Gesetz vollzieht auf diese Weise den Schritt vom reinen Gefahrenschutz zum Gefährdungsschutz.[60]

B. Weiterer Gang der Darstellung

§ 3 Abs. 1 ArbSchG trifft Regelungen darüber, wie mit „Maßnahmen des Arbeitsschutzes" zu verfahren ist. Nach der Klärung des Begriffs der „Maßnahmen des Arbeitsschutzes" kann nunmehr der Blick auf die einzelnen Elemente des § 3 Abs. 1 ArbSchG gelenkt werden. Die Teilpflichten des § 3 Abs. 1 ArbSchG stehen nicht beziehungslos nebeneneinander. Sie beschreiben vielmehr zeitlich aufeinanderfolgende Verfahrensschritte, beginnend mit dem Treffen der Maßnahmen über die Wirksamkeitskontrollen bis hin zu Anpassung der Maßnahmen. Die folgenden Ausführungen werden sich an dieser im Gesetz angelegten zeitlichen Abfolge orientieren. Dabei ist zu beachten, daß die genannten Verfahrensschritte durch § 3 Abs. 2 ArbSchG jeweils weiter strukturiert werden. Durch die in § 3 Abs. 2 ArbSchG vorausgesetzte „Planung" der Maßnahmen findet sich insoweit eine zeitlich vorgelagerte prozedurale Verpflichtung und mit der Durchführung der Maßnahmen eine sich zeitlich anschließende Verfahrensstufe. Die sich danach für § 3 Abs. 1 ArbSchG ergebende Abfolge von Verfahrensschritten kann der nachstehenden Übersicht entnommen werden.

---

[59] Vgl. hierzu auch *MünchArbR-Wlotzke*, § 206, Rdnrn. ff.; *Koll/Janning/Pinter-Koll*, Kommentar zum ArbSchG, § 4, Rdnrn. 9 f.

[60] So die plakative Feststellung von *Kohte*, Jahrbuch des Arbeitsrecht 2000, 21 ff. (32).

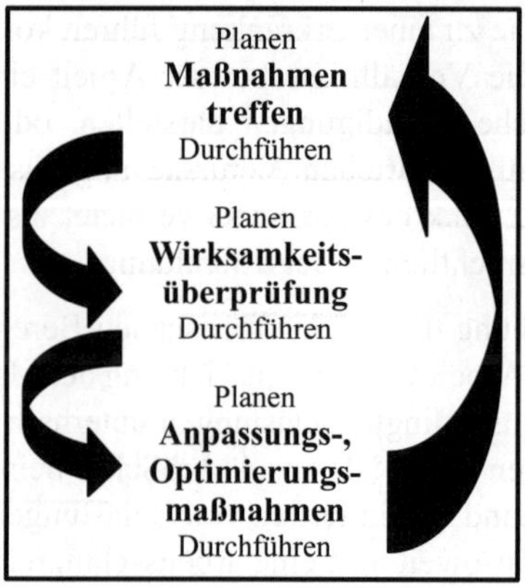

C. Treffen der erforderlichen Maßnahmen des Arbeitsschutzes gemäß § 3 Abs. 1 Satz 1 ArbSchG

Das erste Teilelement des § 3 Abs. 1 ArbSchG besteht darin, die erforderlichen Maßnahmen des Arbeitsschutzes unter Berücksichtigung der Umstände zu treffen, die die Sicherheit und die Gesundheit der Beschäftigten bei der Arbeit beeinflussen. Wie soeben dargelegt, sind die erforderlichen Maßnahmen des Arbeitsschutzes i.S. von § 3 Abs. 1 Satz 1 ArbSchG wegen § 3 Abs. 2 ArbSchG zu planen.

I. Planung der Maßnahmen nach § 3 Abs. 1 Satz 1 ArbSchG

Der Begriff der Planung wird im ArbSchG nicht definiert und kaum konkretisiert. Außer in § 3 Abs. 2 ArbSchG findet er sich noch einmal in § 4 Nr. 4 ArbSchG. Die „Maßnahmen sind danach mit dem Ziel zu planen, Technik, Arbeitsorganisation, sonstige Arbeitsbedingungen, soziale Beziehungen und Einfluß der Umwelt auf den Arbeitsplatz sachgerecht zu verknüpfen". Hiermit werden zwar die Ziele der betrieblichen Planung des Arbeits- und Gesundheitsschutzes nach dem ArbSchG näher beschrieben; es ergeben sich jedoch keine Anhaltspunkte dafür, welche Anforderungen an den Vorgang des Planens selbst zu stellen sind.

1. Der Planungsbegriff

Will man sich dem rechtlichen[61] Gehalt des Begriffs der Planung bzw. des Planens nähern, bietet es sich an, in einer vergleichenden Perspektive den Blick auf andere Rechtsgebiete zu legen. Die Begriffe des Plans, der Planung und des

---

[61] Zum organisationswissenschaftllichen Planungsbegriff siehe etwa *Kieser/Kubicek*, Organisation, S. 114 ff.; *Bea/Göbel*, Organisation, S. 271 f.

Planens finden sich in einer Fülle öffentlich-rechtlicher und zunehmend auch privatrechtlicher Normen. Beispielhaft erwähnt seien hier für das öffentliche Recht die Bauleitplanung (§§ 1 ff. BauGB), die Landschaftsplanung (§§ 5 ff. BNatSchG) oder die Abfallwirtschaftsplanung (§ 29 KrW-/AbfG) und für das Privatrecht der Insolvenzplan (§§ 217 ff. InsO), der Sozialplan (§ 112 f. BetrVG) oder der Spaltungsplan (§ 136 UmwG). Auch in diesen Vorschriften wird der Begriff der Planung weitgehend vorausgesetzt und es finden sich insbesondere keine Legaldefinitionen, die geeignet wären, die mit der Planungspflicht verbundenen Implikationen umfassend zu klären. Für das öffentlich-rechtliche Planungsrecht ist vor diesem Hintergrund konstatiert worden, daß es sich bei der Planung um einen zwar gängigen verwaltungsrechtlichen Fachbegriff handelt, der jedoch keine dogmatische Vergangenheit besitzt.[62]

Dessenungeachtet gibt es Definitionsversuche, von denen hier nur einer vorgestellt werden soll: Der

> „Plan ist ein Entwurf, in dem eine beabsichtigte Handlung bzw. eine Mehrheit von Handlungen sowie das damit verfolgte Ziel gedanklich vorweggenommen werden, um den gewünschten Erfolg möglichst sicher, leicht und rasch zu erreichen. Planung ist demgemäß die Tätigkeit, durch die ein Plan in dem geschilderten Sinn ausgearbeitet wird."[63]

Eine solche Definition erlaubt durchaus allgemeine Rückschlüsse auf den (rechtlichen) Sinn und Zweck von Planungen. Aufgrund ihres hohen Abstraktionsgrades hilft sie jedoch wenig, den Planungsbegriff operationalisierbar zu machen, indem sie auf instrumenteller und methodischer Ebene übergreifende Gemeinsamkeiten aufzeigt.[64]

Nachfolgend soll deswegen mittels der vergleichenden Analyse verschiedener Planungsregelungen der Versuch unternommen werden, die sich aus der Planungspflicht des § 3 Abs. 2 ArbSchG ergebenden Anforderungen weiter zu konturieren. Auch hierbei sind Generalisierungen unvermeidlich, da nur so von den Besonderheiten der jeweiligen Regelungsgegenstände abstrahiert werden kann. So ist zu bezweifeln, daß sich das verfahrensrechtliche Instrumentarium des öffentlichen Planungsrechts 1 : 1 auf das Arbeitsschutzrecht übertragen läßt. Öffentlich-rechtliche Planungen (z.B. Bebauungsplanung; Planfeststellungsverfahren) sind wesentlich durch eine Fülle verfahrensrechtlicher Sicherungen zugunsten außenstehender Dritter geprägt, die durch das jeweilige Vorhaben betroffen werden (können). Die öffentliche Bekanntmachung des Vorhabens, das Recht Einwendungen zu erheben oder Erörterungstermine, die prägend für den Ablauf dieser Verfahren sind, verfolgen dabei den Zweck, einer-

---

62 So *Hoppe*, Grundfragen des Planungsrechts, S. 5.

63 *Herzog*, zitiert nach *Hoppe*, Grundfragen des Planungsrechts, S. 6.

64 Hierzu auch *Hoppe*, Grundfragen des Planungsrechts, S. 6.

seits die außenstehenden Drittbetroffenen in das Verfahren zu integrieren und andererseits belastende Entscheidungen ihnen gegenüber zu legitimieren.

Derartige Anforderungen an das Verfahren würden die betriebliche Arbeitsschutzplanung nicht nur unter Praktikabilitätserwägungen unangemessen erschweren, sie sind auch aufgrund der Spezifika des Arbeitsschutzrechts nicht geboten. So gibt es insbesondere keine außenstehenden Dritten, die in das Verfahren einzubinden wären. Der Kreis der Betroffenen wird durch den Begriff der „Beschäftigten“, die zum Arbeitgeber zumeist in einem arbeitsvertraglichen Verhältnis stehen, klar umrissen. Diese haben wegen § 16 Abs. 2 ArbSchG nicht nur das Recht, sondern auch die Pflicht, an den entsprechenden Aktivitäten mitzuwirken. Aus alledem ergibt sich, daß es nicht angezeigt ist, pauschal Konkretisierungen an das Verfahren der Planung nach § 3 Abs. 2 ArbSchG aus anderen Rechtsgebieten zu übernehmen. Die spezifischen Anforderungen, z.B. über die Art und Weise der Beteiligung, können vielmehr nur aus dem Arbeitsschutzrecht selbst entnommen werden. Ungeachtet dessen lassen sich für den hier interessierenden Zusammenhang folgende drei Gesichtspunkte zur Präzisierung der arbeitsschutzrechtlichen Planungspflicht herausfiltern:

a) Die Planungssituation

Das erste Grundelement betrifft die Regelungssachverhalte, die Planungen typischerweise zugrundeliegen. Es handelt sich hierbei stets um komplexe Entscheidungssituationen mit einer Fülle von Regelungsfragen, die nicht isoliert, sondern nur einheitlich, d.h. aufeinander abgestimmt, zu lösen sind.

Als erstes Beispiel läßt sich der Insolvenzplan nach § 217 ff. InsO anführen, der als Kernstück des neuen Insolvenzrechts der InsO gilt.[65] Mit dem Rechtsinstitut des Insolvenzplans hat der Gesetzgeber ein Instrument geschaffen, mit dem die Befriedigung der absonderungsberechtigten Gläubiger und der Insolvenzgläubiger, die Verwertung und Verteilung der Insolvenzmasse sowie die Haftung des Schuldners nach Beendigung des Insolvenzverfahrens abweichend von den gesetzlichen Vorschriften, die nach § 159 InsO die sofortige Verwertung des zur Insolvenzmasse gehörenden Vermögens vorsehen, geregelt werden können. Es ist auf diese Weise ein Rechtsrahmen zur einvernehmlichen Insolvenzbewältigung im Wege von Verhandlungen und privatautonomen Aushandlungsprozessen geschaffen worden.[66] Mit der Option des Insolvenzplans sollen vor allem die Möglichkeiten zur Sanierung notleidender Unternehmen erweitert und Raum geschaffen werden für Lösungen, die wirtschaftlich sinnvoller sind

---

[65] Vgl. etwa *Wimmer/Stenner*, Lexikon des Insolvenzrechts, 207; *Burger/Schellberg*, DB 1994, 1833 ff. (1833).

[66] Vgl. *Burger/Schellberg*, DB 1994, 1833 ff. (1833); *Bork*, ZZP 1996, 473 ff. (475); *Smid*, Insolvenzrecht, § 20, Rdnr. 16.

als die Verwertung des Vermögens nach § 159 InsO. So können sich durch die Verwertung von Überschüssen des sanierten und fortgeführten Unternehmens die Befriedigungschancen der Gläubiger verbessern oder es kann dem Interesse am Fortbestand des Unternehmens dadurch Rechnung getragen werden, daß die Geschäftsbeziehungen weitergeführt werden können. Entsprechend dem Ziel des Insolvenzverfahrens (§ 1 InsO), eine gemeinschaftliche Befriedigung der Gläubiger zu erreichen, muß der Insolvenzplan eine übergreifende, alle Gläubiger berücksichtigende Regelung beinhalten.

Um den insoweit z.T. sehr unterschiedlichen Interessen der Gläubiger (z.B. Kreditgeber, Lieferanten, Arbeitnehmer) Rechnung zu tragen, sieht § 222 InsO die Bildung von Gruppen vor. Neben den obligatorisch zu bildenden Gruppen der absonderungsberechtigten Gläubiger, der nichtnachrangigen Insolvenzgläubiger und der nachrangigen Insolvenzgläubiger eröffnet das Gesetz die Möglichkeit zur Bildung weiterer (Unter)Gruppen, um insbesondere die Berücksichtigung gleichartiger wirtschaftlicher Interessen zu ermöglichen. Zusammenfassend läßt sich also notieren, daß der Planbegriff im Insolvenzrecht im Zusammenhang mit einer komplexen Entscheidungssituation zum Tragen kommt, um ein Bündel von Einzelentscheidungen abzustimmen. Für den Insolvenzplan bedeutet das konkret, daß eine einheitliche Regelung zu finden ist, um die von höchst unterschiedlichen Interessenlagen geprägten Beziehungen zwischen dem Gemeinschuldner und den verschiedenen Gläubigern, sowie den Gläubigergruppen untereinander, zu gestalten.

Eine strukturell vergleichbar komplexe Regelungssituation liegt dem Sozialplan nach § 112 BetrVG zugrunde.[67] Die Hauptregelungsfragen liegen hier einerseits in der Bemessung des Gesamtbetrages der Sozialplanleistungen und andererseits in der Erarbeitung eines Verteilungsschlüssels für die von der Betriebsänderung betroffenen Arbeitnehmer. Die tatsächliche Feststellung der betroffenen Interessen, ihre differenzierte Bewertung sowie die Beurteilung der Möglichkeiten zum Ausgleich bzw. zur Milderung der mit einer Betriebsänderung i.S. von § 111 BetrVG verbundenen Nachteile umreißen die vielschichtige Aufgabe zur Integration unterschiedlicher Interessenlagen in ein einheitliches Konzept, den Sozialplan. Wichtig und prägend ist auch insofern die Notwendigkeit einer einheitlichen Regelung, die sich insbesondere aus der Bindung der Betriebsparteien an § 75 BetrVG und den Gleichbehandlungsgrundsatz ergibt.[68] Zur Vermeidung ungerechtfertigter Ungleichbehandlungen ist ein Verteilungs-

---

[67] Zum Sozialplan vgl. allgemein etwa die Kommentierungen von *Fitting/Kaiser/Heither/Engels/Schmidt*, BetrVG, §§ 112, 112 a BetrVG; *GK-BetrVG-Fabricius/Oetker*, § 112, 112 a BetrVG.

[68] Vgl. hierzu nur BAG, AP Nr. 21 zu § 112 BetrVG 1972; BAG, AP Nr. 89 zu § 112 BetrVG 1972; *Fitting/Kaiser/Heither/Engels/Schmidt*, BetrVG, §§ 112, 112 a, Rdnrn. 153 ff.; Däubler/Kittner/Klebe-BetrVG-*Däubler*, §§ 112, 112 a, Rdnrn. 49 ff.

schlüssel zu finden, der den unterschiedlichen Interessenlagen der betroffenen Arbeitnehmer durch sachgerechte Differenzierungen Rechnung trägt. Die in § 112 Abs. 5 BetrVG für die Einigungsstelle genannten Kriterien geben hierfür Anhaltspunkte, die aber keineswegs abschließend sind.

Auch die Bauleitplanung, als letztes Beispiel in dieser Reihe, verfolgt das Ziel, unterschiedliche Interessen, oder in der Sprache des Baurechts, unterschiedliche Belange zu gestalten. Gegenstand der Planung ist es, die z.T. gegenläufigen öffentlichen Belange (z.B. soziale und kulturelle Bedürfnisse der Bevölkerung, Denkmalschutz, Umweltschutz, § 1 Abs. 5 Nrn. 3, 5, 7 BauGB) und die privaten Belange gegeneinander und untereinander gerecht abzuwägen (§ 1 Abs. 6 BauGB). Auch der (Bebauungs)plan stellt eine einheitliche Regelung über eine Fülle rechtlicher Beziehungen dar, so daß auch hier der Plan(ungs)begriff im Zusammenhang mit der Ausgestaltung eines komplexen Interessengeflechts benutzt wird.[69]

Richtet man vor diesem Hintergrund den Blick auf die Verwendung des Begriffs der „Planung" im ArbSchG, läßt sich feststellen, daß er im Zusammenhang mit einer typischen Planungssituation eingesetzt wird. Besonders deutlich wird dies durch die Ziele der Planung nach § 4 Nr. 4 ArbSchG. Wenn dort die Planung der Maßnahmen mit dem Ziel, Technik, Arbeitsorganisation, sonstige Arbeitsbedingungen, soziale Beziehungen und Einfluß der Umwelt auf den Arbeitsplatz sachgerecht zu verknüpfen, gefordert wird, wird klar, daß Arbeitsschutzmaßnahmen nicht isoliert festzulegen sind, sondern in ein übergreifendes Konzept einzubinden sind, das alle Aspekte und Einflüsse der Arbeitsumwelt aufgreift und berücksichtigt.[70] Planung steht also auch im Kontext des ArbSchG für die einheitliche, abgestimmte Regelung eines komplexen Sachverhalts.

Hiermit ist indes zunächst erst die Funktion von Planungen genauer bestimmt. Noch nicht geklärt ist demgegenüber, welche konkreten Anforderungen sich aus der Planungspflicht für das Treffen der erforderlichen Maßnahmen i.S. von § 3 Abs. 1 Satz 1 ArbSchG ergeben. Auch insofern lassen sich allgemeine Grundsätze in anderen Rechtsgebieten ausmachen, die auch für das Arbeitsschutzrecht fruchtbar gemacht werden können.

---

[69] Zur insoweit vergleichbaren Problematik der öffentlich-rechtlichen Umweltplanung vgl. jüngst den instruktiven Beitrag von, UPR 2002, 321 ff. (321), der sich im übrigen anschaulich mit den Schwierigkeiten der Koordination der verschiedenen Ebenen und Arten der Umweltplanung befaßt.

[70] Ähnlich *Prax.-Kommentar-Wilhelm*, § 4 ArbSchG, Rdnrn. 22 f.; *Koll/Janning/Pinter-Koll*, Kommentar zum ArbSchG, § 4, Rdnr. 27; *Kollmer/Vogl*, Arbeitsschutzgesetz, Rdnrn. 85 f.

b) Struktur des Planungsprozesses

Ungeachtet vieler, in den Besonderheiten der jeweiligen Sachgebiete begründeter Unterschiede vollzieht sich die planerische Entscheidung in zwei Schritten. Der erste Schritt besteht darin, die maßgeblichen Umstände zur Vorbereitung der eigentlichen Entscheidung aufzubereiten. Zu diesem Zweck sind die relevanten Tatsachen zu ermitteln, zu beschreiben und der Status Quo einer Bewertung zuzuführen. Auf der Basis dieser systematisch gewonnenen Entscheidungsgrundlage sind sodann in einem zweiten Schritt die zur Erreichung der Planungsziele erforderlichen Regelungen zu treffen, mit denen zugleich die betroffenen Interessen und Rechtspositionen gestaltet werden.

Besonders deutlich wird diese Struktur beim Insolvenzplan, der nach § 219 InsO in einen darstellenden (§ 220 InsO) und einen gestaltenden Teil (§ 221 InsO) zu gliedern ist. Zweck des darstellenden Teils des Insolvenzplans ist es nach § 220 Abs. 2 InsO, alle erheblichen Informationen für die Entscheidung der Gläubiger über die Zustimmung zum Plan und dessen gerichtliche Bestätigung zusammenzustellen. Neben Angaben zur rechtlichen und wirtschaftlichen Situation des Gemeinschuldners sowie Informationen über denkbare Planalternativen (insbes. Sanierung, Verkauf, Zerschlagung) sind etwa Vergleichsrechnungen über die verschiedenen Strategien anzustellen, die eine Bewertung der Chancen und Risiken einer Befriedigung der Gläubiger anhand eines Insolvenzplans ermöglichen.[71] Im gestaltenden Teil werden auf dieser Basis die ins Auge gefaßten Änderungen der Rechtsstellung der Beteiligten (absonderungsberechtigte Gläubiger, Insolvenzgläubiger) formuliert (§ 221 InsO). Er beinhaltet mithin die Summe der Gestaltungsmaßnahmen, die zur Realisierung der im darstellenden Teil festgelegten Ziele des Insolvenzplans erforderlich werden.

Eine ähnliche Struktur, bestehend aus der eingehenden Beschreibung des Regelungssachverhalts und einer auf dieser Basis entwickelten Rechtsgestaltung, findet sich im Umwandlungsrecht. Dieses kennt mit dem Spaltungsplan nach § 136 UmwG ebenfalls einen privatrechtlichen Plan. Der Spaltungsplan, der nach § 136 Satz 2 UmwG bei der Unternehmensspaltung zur Neugründung an die Stelle des Spaltungs- und Übernahmevertrags tritt, gestaltet dabei die im Zusammenhang mit der Spaltung stehenden rechtlichen Fragen. Nach §§ 135 Abs. 1, 136 UmwG i.V. mit § 126 UmwG ist z.B. zu regeln, in welcher Weise die Anteilsinhaber des übertragenden Rechtsträgers beteiligt werden sollen und welche Höhe das Nominalkapital bzw. die Kapitalkonten des neuen Rechtsträgers haben. Außerdem enthält der Umwandlungsplan die genaue Bezeichnung und Aufteilung der Gegenstände des Aktiv- und Passivvermögens, die an jeden der übernehmenden Rechtsträger übertragen werden sowie der übergehenden Betriebe und Be-

[71] Vgl. hierzu nur *Burger/Schnellberg*, DB 1994, 1833 ff. (1834); *Maus*, Der Insolvenzplan, 707 ff. (716 ff.).

triebsteile unter Zuordnung zu den übernehmenden Rechtsträgern. Zudem sind die Folgen der Spaltung für die Arbeitnehmer und ihre Vertretungen sowie die insoweit vorgesehenen Maßnahmen im Spaltungsplan zu bezeichnen.[72] Die mit der Spaltung verfolgten unternehmerischen Ziele, die durch den Spaltungsplan umgesetzt werden sollen, sind im Spaltungsbericht (§§ 136, 135 UmwG i.V. mit § 127 UmwG) eingehend darzulegen und zu beschreiben. Der Inhalt des Spaltungsberichts ergibt sich dabei aus § 127 UmwG und aus § 8 Abs. 1 Sätze 2-4, Abs. 2 und 3 UmwG, die nach § 127 Satz 2 UmwG entsprechend anzuwenden sind. Der Spaltungsbericht dient dem Schutz der Anteilsinhaber. Um ihre Zustimmung oder Ablehnung in Kenntnis aller wesentlichen Umstände abgeben zu können, sollen sie umfassend über die für sie bedeutsamen wirtschaftlichen und rechtlichen Implikationen der Unternehmensspaltung informiert werden.[73] Es genügt daher nicht, den Spaltungsplan lediglich in anderen Worten wiederzugeben. Es ist vielmehr insbes. schlüssig und plausibel auszuführen, wieso die Umstrukturierung das geeignete Mittel zur Erreichung der unternehmerischen Ziele ist und welche Auswirkungen mit ihr verbunden sind.[74] Wie auch beim Insolvenzplan ist es insofern gerechtfertigt, von einem beschreibenden und einem gestaltenden Teil der Spaltungsplanung nach dem UmwG zu sprechen. In der Sache wird damit dem oben beschriebenen Umstand Rechnung getragen, daß auch dem Spaltungsplan ein rechtlich und wirtschaftlich komplexer Sachverhalt zugrundeliegt. Die Berichtspflicht trägt dazu bei, diese Komplexität zu verdeutlichen und zu bewältigen.

Eine vor diesem Hintergrund vergleichbare Methodik der Entscheidungsfindung liegt auch dem öffentlichen Planungsrecht zugrunde. Eine eingehende Aufklärung des Planungssachverhalts findet hier unter dem Stichwort „Zusammenstellung des Abwägungsmaterials" statt.[75] Der in diesem Zusammenhang durchzuführenden Ermittlung der durch das Planungsvorhaben betroffenen Belange kommt in der Praxis eine wesentliche Bedeutung zu, da sie, anders als die planerische Entscheidung selbst, als Tat- und Rechtsfrage der vollen gerichtlichen Kontrolle unterliegt.[76] Die systematisch ermittelten planungserheblichen Belange bilden, vergleichbar den Feststellungen des darstellenden Teils des Insolvenz-

---

[72] Vgl. hierzu etwa die Kommentierungen zu §§ 136, 126 UmwG von *Dehmer*, UmwG oder *Goutier/Knopf/Tulloch*, UmwG.

[73] Vgl. hierzu etwa *Dehmer*, UmwG, § 8, Rdnrn. 1 ff.; *Goutier/Knopf/Tulloch-Bermel*, § 8, Rdnr. 2; BGHZ 107, 296 ff. (302 ff.); BGH, WM 1990, 2073 ff. (2074).

[74] *Dehmer*, UmwG, § 8, Rdnrn. 10 ff.; BGHZ 107, 296 ff. (302 ff.).

[75] Hierzu z.B. *Bender/Sparwasser/Engel*, Umweltrecht, S. 118 f.; *Hoppe/Beckmann/Kauch*, Umweltrecht, § 7, Rdnr. 9; BVerwG, DVBl. 1980, 999 ff. (999); BVerwGE 45, 309 ff. (314).

[76] Vgl. hierzu *Bender/Sparwasser/Engel*, Umweltrecht, S. 118; BVerwGE 48, 56 ff. (63 ff.); zum Umfang der anzustellenden Ermittlungen BVerwG, NVwZ-RR 1997, 340 ff. (341 ff.).

plans, den Ausgangspunkt für die Gestaltung der durch das Vorhaben betroffenen rechtlich relevanten Interessen im Rahmen der planerischen Abwägung.

Die Beispiele verdeutlichen, daß Planungsentscheidungen in ganz erheblichem Umfang von der systematischen Ermittlung, Zusammenstellung und Bewertung von Informationen abhängig sind. Dies ist verständlich, da es sich regelmäßig um komplexe, mehrdimensionale Regelungsfragen handelt, die sich auf die verschiedensten Ziele, Interessen und Belange auswirken können. Ein zentrales Merkmal und eine besondere Leistung der Planung liegt vor diesem Hintergrund darin, die verschiedenen Facetten des regelungsbedürftigen Sachverhalts erkennbar zu machen und damit überhaupt erst eine sachlich angemessene Entscheidung zu ermöglichen. Dies gilt in besonderem Maße für Entscheidungen im Zusammenhang mit technischen Risiken, die ja nicht zuletzt auch im Arbeitsschutzrecht eine zentrale Rolle spielen. Aufschlußreich ist insoweit ein Blick ins Umweltrecht.

Industrielle Vorhaben sind zumeist mit unmittelbaren und mittelbaren Auswirkungen auf die Umwelt verbunden. Die Kenntnis dieser Auswirkungen, nicht zuletzt auch im Hinblick auf Wechselwirkungen mit anderen ökologisch relevanten Determinanten, ist notwendig, um die umweltrechtliche Zulässigkeit beurteilen zu können. Das Umweltrecht verfügt mit der Umweltverträglichkeitsprüfung (UVP) nach dem UVPG[77] über ein rechtlich normiertes Instrument, das solche Entscheidungen von ihrer informatorischen Seite her systematisch aufzubereiten hilft. Durch die UVP werden die Auswirkungen eines Vorhabens auf die Umwelt sowie auf Kultur- und sonstige Sachgüter ermittelt, beschrieben und bewertet (§ 2 Abs. 1 UVPG). Gegenstand, Umfang und Methode der UVP sind dabei im sog. scoping-Verfahren im einzelnen zwischen der zuständigen Behörde und dem Vorhabensträger abzustimmen (§ 5 UVPG). Den Projektträger trifft im scoping-Verfahren eine wesentliche Mitwirkungslast, da er nach Maßgabe des § 6 UVPG Unterlagen erstellen muß, die neben einer eingehenden Beschreibung des Vorhabens auch Angaben über die zu erwartenden Umweltauswirkungen und die vorgesehenen Umweltschutzmaßnahmen enthalten müssen.[78]

Der Hinweis auf die UVP ist im vorliegenden Kontext vor allem aus zwei Gründen von Interesse. *Erstens* verfügt das Arbeitsschutzrecht mit der Gefährdungsbeurteilung nach § 5 ArbSchG über ein methodisch mit der UVP vergleichbares Instrument[79] (Einzelheiten hierzu vgl. unten S. 99 ff.). Der Blick auf das Umweltrecht erleichtert die systematische Einordnung der Gefährdungsbeurtei-

---

[77] Mit dem UVPG vom 12.2.1990 wurde die EG-UVP-Richtlinie 85/337/EWG vom 27.6.1985 in deutsches Recht transformiert.

[78] Einen kurzen Überblick über das UVP-Verfahren geben etwa *Bender/Sparwasser/Engel*, Umweltrecht, S. 66 ff.; *Kloepfer*, Umweltrecht, § 5, Rdnrn. 84 ff.

[79] Ähnlich *Kohte*, EAS, B 6100, Arbeitsschutzrahmenrichtlinie, Rdnr. 42.

lungen. Ähnlich der UVP ist die Gefährdungsbeurteilung als Instrument zur Unterstützung der nach § 3 Abs. 2 ArbSchG notwendigen Planung des betrieblichen Arbeits- und Gesundheitsschutzes zu sehen. Funktional vergleichbar mit der UVP weist sie den Weg zur systematischen Beschaffung, Beschreibung und Bewertung der im Rahmen der planerischen Ermessensentscheidung zu verarbeitenden Informationen über die arbeitsbedingten Gefährdungen und Gefahren. *Zweitens* ist der UVP eine ganzheitliche, medienübergreifende Perspektive immanent.[80] Dieser integrative Anspruch deckt sich, übertragen auf die Problemlagen des betrieblichen Arbeitsschutzes, mit dem erweiterten Arbeitsschutzverständnis des ArbSchG (vgl. hierzu bereits oben S. 77 ff.). Nach § 4 Nr. 4 ArbSchG ist es das Ziel der betrieblichen Planung von Maßnahmen, alle wesentlichen Umstände, die die Sicherheit und den Gesundheitsschutz betreffen, sachgerecht zu verknüpfen.

Zusammenfassend läßt sich festhalten, daß Planungen als Prozeß zu verstehen sind, der sich in zwei grundsätzliche Verfahrensschritte gliedern läßt. Im ersten Schritt geht des darum, den für Planungssituationen typischerweise komplexen Entscheidungssachverhalt systematisch zu ermitteln, beschreiben und zu bewerten. Der zweite Schritt des Planungsprozesses besteht darin, auf Grundlage der so gewonnenen Informationsbasis den zugrundeliegenden Sachverhalt unter Berücksichtigung aller entscheidungserheblichen Aspekte zu gestalten. Die somit zu konstatierende Prozeßhaftigkeit des Planenes unterstützt im übrigen die oben entwickelte Position nachhaltig, wonach insbes. die Grundpflichten des § 3 Abs. 1 ArbSchG als Verfahrensregeln zu verstehen sind.

c) Planerische Gestaltungsfreiheit

Aus den vorstehenden Überlegungen ergibt sich, daß der Planungsprozeß mit einer Entscheidung abgeschlossen wird, durch die der Planungssachverhalt gestaltet wird. Auch diese Planungsentscheidung weist typische Merkmale auf. Nach einer auf das öffentliche Planungsrecht gemünzten Wendung des Bundesverwaltungsgerichts ist Planung ohne planerische Gestaltungsfreiheit ein Widerspruch in sich.[81] Planungen sind demnach nicht lediglich Gesetzesvollzug, sondern innerhalb eines rechtlich determinierten Gestaltungsspielraums wertende Entscheidungen. Prägend für Planungen ist es, daß sie nicht konditio-

---

[80] *Erbguth/Schink*, Kommentar zum UVPG, § 12, Rdnr. 33; *Bender/Sparwasser/Engel*, Umweltrecht, S. 62 f.; *Kloepfer*, Umweltrecht, § 5, Rdnr. 85. Umweltrechtlich stellt die angemessene Berücksichtigung der im Rahmen der UVP gewonnenen Erkenntnisse ein zentrales Problem dar. Insbesondere bei gebundenen Entscheidungen des medialen Umweltrechts (z.B. immissionsschutzrechtliche Genehmigung) stellt sich die Frage, ob die medienübergreifenden Folgerungen der UVP angemessen i.S. von § 12 UVPG berücksichtigt werden können. Vgl. hierzu ausführlich *Erbguth/Schink*, Kommentar zum UVPG, § 12, Rdnrn. 95 ff.; kritisch auch *Kloepfer*, Umweltrecht, § 5, Rdnr. 101.

[81] BVerwGE 55, 220 ff. (226).

nal im Sinne des „Wenn-Dann-Schemas“ programmiert sind, sondern final im Sinne des „Zweck-Mittel-Schemas“.[82] Typischerweise werden nur Ziele für Planungssachverhalte angegeben, deren Konkretisierung und möglichst optimale Verwirklichung Aufgabe des Planungsträgers ist. Anders als bei konditional programmierten Entscheidungen, bei denen sich die Rechtsfolgen quasi automatisch ergeben, wenn die Tatbestandsvoraussetzungen einer solchen Norm erfüllt sind, wird der Weg zur Erreichung der planerischen Ziele in das Ermessen des Planers gelegt.[83] Anspruch dieser Ermessensentscheidung ist zum einen die möglichst optimale Realisierung der z.T. konfligierenden Planungsziele. Zum anderen geht es um die angemessene Berücksichtigung und Abstimmung der Planungsziele mit den übrigen, durch den Plan unmittelbar oder mittelbar betroffenen, rechtlich geschützten Belangen und Interessen.

Seinen Ausdruck findet die planerische Gestaltungsfreiheit insbesondere durch die Interessenabwägung, die regelmäßig im Zuge der Planung vorzunehmen ist. Die eingehende Abwägung der berührten Interessen ist unverzichtbarer Bestandteil einer jeden Planungsentscheidung, denn nur auf diese Weise läßt sich der durch die Planung zu gewährleistende Ausgleich der u.U. konfligierenden Interessen nachvollziehbar begründen und sind Eingriffe in geschützte Rechtsgüter zu legitimieren. Die Gestaltungsfreiheit bei Abwägungsentscheidungen schlägt sich in ihrer eingeschränkten rechtlichen Kontrollierbarkeit nieder. Die Art und Weise der Berücksichtigung von planungserheblichen Zielen und Belangen (Gewichtung, Bevorzugung bzw. Zurückstellung), die den Kern der Planungsentscheidung bildet, kann vor dem Hintergrund planerischen Ermessens folgerichtig nur auf Abwägungsfehler (Abwägungsausfall, Abwägungsdefizit, Abwägungsdisproportionalität) hin gerügt werden.[84]

Gestaltungsspielräume sind auch zentrale Merkmale des Planens außerhalb des öffentlichen Rechts. Der rechtliche Handlungsrahmen zivilrechtlicher Pläne wie etwa des Insolvenzplans oder des Sozialplans ist ebenfalls ganz überwiegend final und nicht konditional programmiert. So ist mit dem Insolvenzplan ein Rechtsrahmen geschaffen worden, eine Insolvenz abweichend von den (Regel)vorschriften der InsO im Wege privatautonomer Aushandlungsprozesse zu bewältigen.[85] An Stelle der Sanierung des Gemeinschuldners durch Schuldenregulierung, strebt das Insolvenzplanverfahren primär die Sanierung des krisengeschüttelten Unterneh-

---

[82] So für das öffentliche Planungsrecht, *Bender/Sparwasser/Engel*, Umweltrecht, S. 112; *Erbguth*, DVBl. 1986, 1230 ff. (1231).

[83] Vgl. auch *Stüer*, Handbuch des Bau- und Fachplanungsrechts, Rdnr. 706; *Bender/Sparwasser/Engel*, Umweltrecht, S. 112.

[84] Hierzu in knapper Form *Bender/Sparwasser/Engel*, Umweltrecht, S. 116 ff.; *Ibler*, DVBl. 1988, 469 ff. (469 f.); sowie ausführlich, *Stüer*, Handbuch des Bau- und Fachplanungsrechts, Rdnrn. 792 ff.

[85] *Wimmer/Stenner*, Lexikon des Insolvenzrechts, 207; *Burger/Schellberg*, DB 1994, 1833 ff. (1833); *Bork*, ZZP 1996, 473 ff. (475).

mens an, letztlich verbunden mit der Erwartung, auf diese Weise zugleich eine bessere Befriedigung der Gläubiger zu erreichen.[86] Das Gesetz beschränkt sich in den § 217 ff. InsO im wesentlichen auf verfahrensrechtliche Vorgaben, überläßt aber im übrigen bewußt die Gestaltung der Rechte der Betroffenen weitestgehend dem Planvorlegenden. Als privatautonomer Aushandlungsprozeß ist die Aufstellung des Insolvenzplans notwendigerweise final programmiert, da alle Betroffenen naturgemäß ihre ureigensten Interessen (Ziele) unmittelbar selbst einbringen.

Hierin liegt ein wesentlicher Unterschied zu öffentlich-rechtlichen Planungen, bei denen der Ausgleich der planbetroffenen Belange nicht unmittelbar durch eine Einigung der Betroffenen erfolgt, sondern durch die gerechte Abwägung der privaten und öffentlichen Belange gegeneinander und untereinander (vgl. inbes. § 1 Abs. 6 BauGB). Die Bewertung und Bevorzugung bzw. Zurückstellung der betroffenen Interessen erfolgt dort also durch eine dritte, dem Anspruch nach neutrale Institution, der Planungsbehörde. Ungeachtet dieses Unterschiedes bleibt aber festzuhalten, daß die Planentscheidung jeweils unter Ausnutzung eines Gestaltungsspielraums erfolgt. Unterschiedlich sind nur die Modi, durch die der gegebene Entscheidungskorridor gefüllt wird. Während im öffentlichen Planungsrecht die gerechte Abwägungsentscheidung durch eine auf Neutralität verpflichtete Instanz vermittelt wird, wird der Regelungsspielraum im Zivilrecht durch einen privatautonomen Aushandlungsprozeß gefüllt.

Bestätigt wird dieses Ergebnis auch mit Blick auf den Sozialplan nach § 112 BetrVG. Nach der Rechtsprechung des BAG ist es Sache der Betriebsparteien auszuhandeln und zu regeln, welche Nachteile der fraglichen Betriebsänderung in welcher Weise ausgeglichen oder gemildert werden sollen.[87] Typischerweise für Planungen geht es also auch hier darum, eine kollektive, d.h. einheitliche und übergreifende Regelung über die für die Arbeitnehmer negativen Folgen der Betriebsänderung zu finden. Der allgemein attestierten weitgehenden Freiheit bei der Bestimmung des Umfangs und des Inhalts des Sozialplans liegt bei der Aufstellung durch die Betriebsparteien ohne Einschaltung der Einigungsstelle die Überlegung zugrunde, daß rechtsgeschäftlich begründete Vereinbarungen eine generelle Richtigkeitsgewähr in sich tragen. Es wird ein angemessener Ausgleich der Interessen vermutet, wenn die Kontrahenten über den Inhalt und den Abschluß ihrer Vereinbarung (hier des Sozialplans) in Selbstbestimmung und Eigenverantwortung entscheiden.[88]

---

[86] *Maus*, Der Insolvenzplan, 707 ff. (707); *Wimmer/Stenner*, Lexikon des Insolvenzrechts, 207.

[87] BAG, AP Nr. 103 zu § 112 BetrVG 1972; BAG, AP Nr. 89 zu § 112 BetrVG 1972; BAG, AP, Nr. 85 zu § 112 BetrVG 1972; BAG, AP Nr. 21 zu § 112 BetrVG 1972; BAG, AP Nr. 11 zu § 112 BetrVG 1972.

[88] Vgl. hierzu *Kallrath*, Gerichtliche Kontrolle von Betriebsvereinbarungen, S. 190.

Unabhängig davon, ob bei Sozialplanverhandlungen tatsächlich stets die diesem Begründungsansatz für einen weiten Gestaltungsspielraum gedanklich zugrundeliegende Parität der Parteien vorliegt, ist unbestritten, daß dieser nicht unbegrenzt ist, sondern rechtlich überprüfbaren Schranken unterliegt. Dies gilt für alle hier exemplarisch vorgestellten Planungen und Pläne.

So finden sich im Insolvenzplanverfahren normative Grenzen der Gestaltungsfreiheit vornehmlich im gestaltenden Teil, in dem die Änderungen der Rechtsstellung der Beteiligten im einzelnen geregelt werden. Es ist danach zwingend zwischen den Rechten der Absonderungsberechtigten, der Insolvenzgläubiger und der nachrangigen Insolvenzgläubiger zu unterscheiden (§§ 223 ff. InsO). Innerhalb der Gläubigergruppen gilt der Grundsatz der Gleichbehandlung der Beteiligten (§ 226 InsO), mit § 251 InsO wird ein besonderer Minderheitenschutz geregelt, der Gläubiger vor einer Schlechterstellung im Vergleich zum Regelinsolvenzverfahren schützen soll. Durch das Obstruktionsverbot des § 245 InsO werden schließlich die privatautonomen Handlungsoptionen der Gläubigergruppen dadurch eingeschränkt, daß die Zustimmung zum Insolvenzplan fingiert wird, wenn die betreffende Gruppe durch die vorgesehenen Regelungen nicht schlechter gestellt ist als ohne Insolvenzplan, die Gruppe angemessen am wirtschaftlichen Wert beteiligt wird und die Mehrheit der abstimmenden Gruppen dem Plan zugestimmt hat.

Die Schranken der Gestaltungsfreiheit bzw. des Ermessens ergeben sich beim durch die Betriebsparteien ausgehandelten Sozialplan vor allem aus höherrangigem Recht. Zu beachten sind insbes. § 75 Abs. 1 BetrVG und der allgemeine Gleichheitssatz. Sozialpläne müssen also den Grundsätzen von Recht und Billigkeit entsprechen und dürfen nicht willkürlich sein, d.h. nur solche Differenzierungen zwischen den Beschäftigten vorsehen, die durch einen sachlichen Grund gerechtfertigt sind.[89] Die Rechtskontrolle des Sozialplans konzentriert sich in erster Linie auf seine inhaltliche Ausgestaltung, d.h. darauf, ob das frei zwischen den Betriebsparteien auszuhandelnde Volumen des Sozialplans[90] ohne unangemessene Benachteiligungen einzelner Arbeitnehmer oder Arbeitnehmergruppen verteilt wird. Gleichbehandlungsaspekte erweisen sich hierbei als wichtiger rechtlicher Kontrollmaßstab zur Bewertung von Entscheidungen, die – typisch für Planungen – einheitlich gegenüber mehreren Personen getroffen werden. Man kann insofern von einem rechtlichen Maßstab zur Binnenkontrolle des (Sozial)planinhalts sprechen.

Anders als bei der Entscheidung durch die Betriebsparteien unterliegt bei einer Entscheidung durch die Einigungsstelle auch das Volumen des Sozialplans der Rechtskontrolle.[91] Dies ergibt sich aus § 112 Abs. 5 BetrVG, in dem Richtlinien

[89] BAG, AP Nrn. 89, 45, 21 zu § 112 BetrVG 1972; *Etzel*, Betriebsverfassungsrecht, Rdnr. 1017.; *Fitting/Kaiser/Heither/Engels/Schmidt*, BetrVG, §§ 112, 112 a, Rdnrn. 153 ff.

[90] Vgl. hierzu BAG, AP, Nrn. 45, 11 zu § 112 BetrVG 1972.

[91] BAG, Nr. 41 zu § 112 BetrVG 1972; BAG, AP, Nr. 8 zu § 112 a BetrVG 1972; *Fitting/Kaiser/Heither/Engels/Schmidt*, BetrVG, §§ 112, 112 a, Rdnr. 240; GK-BetrVG (6. Auflage)-*Fabricius*, §§ 112, 112 a, Rdnrn. 297 ff., insbes. Rdnrn. 309 ff.

für die Ermessensausübung der Einigungsstelle bei der Aufstellung von Sozialplänen normiert sind. In § 112 Abs. 5 Satz 2 Nr. 3 heißt es insofern, daß bei der Bemessung des Gesamtbetrages der Sozialplanleistungen darauf zu achten ist, daß der Fortbestand des Unternehmens oder die nach Durchführung der Betriebsänderung verbleibenden Arbeitsplätze nicht gefährdet werden. Auch im Hinblick auf die inhaltliche Gestaltung des Sozialplans sind die maßgeblichen Gesichtspunkte weitaus präziser ausgeformt (§ 112 Abs. 5 Satz 2 Nrn. 2 und 3 BetrVG). Der Grund für die insoweit intensivere Rechtskontrolle des Einigungsstellenspruchs liegt darin, daß die Regelung nicht mehr privatautonom, d.h. durch die Betriebsparteien getroffen wird, sondern der Konflikt durch eine besondere innerbetriebliche Schlichtungs- und Entscheidungsstelle, die ersatzweise die Funktion der Betriebsparteien wahrnimmt, gelöst wird.[92] Die stärkere rechtliche Bindung des Gestaltungsspielraums und damit des Ermessens der Einigungsstelle erklärt sich daraus, daß die Betriebsparteien nicht mehr unmittelbar selbst handeln und insofern die oben dargestellte und unterstellte generelle Richtigkeitsgewähr des Vertragsmechanismus nicht mehr greifen kann.[93]

Der durch die Einigungsstelle aufgestellte Sozialplan rückt damit, da nicht durch die Betroffenen unmittelbar ausgehandelt, im Hinblick auf seine rechtlichen Bindungen in die Nähe öffentlich-rechtlicher Planungen. Diese sind, wie bereits ausgeführt, u.a. dadurch gekennzeichnet, daß die planende Behörde die Rechtsverhältnisse einer mehr oder weniger großen Zahl betroffener Personen im Hinblick auf ein definiertes Planungsziel – gerecht bzw. billig – gestaltet. Da im öffentlichen Planungsrecht der Rückgriff auf die Richtigkeitsgewähr privatautonomer Aushandlungsprozesse nicht möglich ist, erklärt es sich, daß sich eine besonders ausgefeilte und praktisch erprobte Dogmatik der Grenzen planerischer Gestaltungsfreiheit findet, um dessenungeachtet eine angemessene Rechtskontrolle zu gewährleisten. Hinzuweisen ist insoweit auf die Abwägungsfehlerlehre, die sich speziell auf den Prozeß der Entscheidungsfindung und Entscheidung bezieht. Dabei ist es eine Systematik von ermessensleitenden Gesichtspunkten zu beachten, die bei der Abwägung zu berücksichtigen sind. Hervorzuheben sind hier etwa Planungsleitsätze (Ge- und Verbote), die nicht im Wege der Abwägung überwunden werden können und Berücksichtigungsgebote in Form von Planungsleitlinien und Optimierungsgeboten, die im Rahmen der Abwägung gewichtet und vorrangig bzw. nachrangig behandelt werden können.[94]

Der nach alledem zu konstatierende Befund, daß Planung stets mit der Ausübung rechtlich gebundener Gestaltungsfreiheit verbunden ist, bestätigt sich durch einen Blick auf das ArbSchG. § 4 Nr. 4 ArbSchG gibt insoweit die recht-

---

[92] Zur Einigungsstelle als betriebsverfassungsrechtlichem Organ zur innerbetrieblichen Streitschlichtung, vgl. BAG AP, Nr. 7 zu § 111 BetrVG; BAG, AP, Nr. 1 zu § 76 BetrVG 1972; *Fitting/Kaiser/Heither/Engels/Schmidt*, BetrVG, § 76, Rdnrn. 1 ff.

[93] In diesem Sinne auch GK-BetrVG (6. Auflage)-*Fabricius*, §§ 112, 112 a, Rdnr. 77.

[94] Grundlegend hierzu etwa *Stüer*, Handbuch des Bau- und Fachplanungsrechts, Rdnrn. 707 ff.; *Bender/Sparwasser/Engel*, Umweltrecht, S. 115 f.

lich relevanten Leitlinien vor, an denen sich die Planung der „Maßnahmen des Arbeitsschutzes“ nach § 3 Abs. 1 ArbSchG zu orientieren hat.

d) Zwischenergebnis

Die vergleichende Betrachtung von Plänen in verschiedenen Rechtsgebieten hat ergeben, daß es sich regelmäßig um die Entscheidung komplexer Regelungssachverhalte handelt. Planungen fassen eine mehr oder weniger große Zahl von Einzelregelungen zu einer einheitlichen, abgestimmten Entscheidung zusammen.

Pläne lassen sich nicht durch einfache Subsumtion entwickeln. Aus der finalen Programmierung von Planungsvorschriften ergibt sich eine rechtlichen Schranken unterliegende Gestaltungsfreiheit bei der Konkretisierung und Koordinierung der Planungsziele.

Planungen spiegeln eine systematische Vorgehensweise wider, die im Kern aus zwei grundlegenden Verfahrensschritten besteht. Einerseits ist der Regelungssachverhalt zu ermitteln, zu beschreiben und zu bewerten. Die so gewonnenen und zusammengestellten Informationen bilden die Basis für die – rechtlich gebundene – planerische Ermessensentscheidung. Mit der Gefährdungsbeurteilung nach § 5 ArbSchG ist ein arbeitsschutzrechtliches Planungsinstrument normiert, das der UVP im Umweltrecht verwandt ist. Es strukturiert das Planungsverfahren, indem es insbes. die vollständige Ermittlung und Bewertung des Planungssachverhalts systematisiert.

Insgesamt läßt sich damit sagen, daß Verfahrensaspekten durch das Erfordernis der Planung eine verstärkte Bedeutung zukommen muß. Da es in der Sache um die möglichst optimale Verwirklichung und Abstimmung eines ganzen Bündels von Zielen geht, für die es nicht „die richtige Lösung“ gibt, sondern lediglich einen „Korridor“ vertretbarer Alternativen, ist die rechtliche Richtigkeitsgewähr nicht mehr allein auf der Ebene des Ergebnisses zu suchen, sondern durch ein Verfahren sicherzustellen, das eine angemessene Berücksichtigung der betroffenen Interessen und Belange gewährleistet.[95]

2. Ermittlung und Bewertung des planungsrelevanten Sachverhalts mit Hilfe von Gefährdungsbeurteilungen

Wie soeben beschrieben, stehen Planungen für einen Prozeß, der sich prinzipiell in eine den Planungssachverhalt ermittelnde und beschreibende Phase sowie einen gestaltenden Teil gliedern läßt. Im Hinblick auf die Planung der Maßnahmen nach § 3 Abs. 1 Satz 1 ArbSchG wird die erste, entscheidungsvorbereitende Phase des Planungsprozesses maßgeblich durch das Instrument der

[95] Vgl. hierzu für das Umweltrecht, *Hoffmann-Riem*, DVBl. 1994, 605 ff. (610).

Gefährdungsbeurteilung nach § 5 ArbSchG geprägt. Rechtssystematisch erfolgt die Verknüpfung der Grundpflicht des § 3 Abs. 1 Satz 1 ArbSchG mit dem Instrument der Gefährdungsbeurteilung durch das Tatbestandsmerkmal „erforderlich". Auf diese Weise wird unmittelbar auf § 5 ArbSchG verwiesen, der regelt, daß der Arbeitgeber durch eine Beurteilung der für die Beschäftigten mir ihrer Arbeit verbundenen Gefährdungen zu ermitteln hat, welche Maßnahmen des Arbeitsschutzes *erforderlich* sind.[96]

Folgt man dem hier vertretenen verfahrensorientierten Verständnis des § 3 Abs. 1 ArbSchG, kann § 5 ArbSchG nicht als isolierte Pflicht, sondern nur als unverzichtbares Element des Maßnahmentreffens gedeutet werden. Nur wenn die Maßnahmen aufgrund geeigneter Gefährdungsbeurteilungen ermittelt worden sind, ist die prozedurale Richtigkeitsgewähr gegeben, aus der sich die betriebliche Schutzkonzeption ganz wesenlich legitimiert (hierzu ausführlich oben S. 60 ff.). Die insoweit bestehenden Verschränkungen treten im übrigen in der Rahmenrichtlinie 89/391/EWG weitaus deutlicher zutage. Sowohl das Treffen der Maßnahmen (Art. 6 Abs. 1) als auch die Gefährdungsbeurteilung (Art. 6 Abs. 3 lit. a) werden dort unter der Überschrift „Allgemeine Pflichten des Arbeitgebers" in einer Vorschrift geregelt und auf diese Weise in einen einheitlichen rechtssystematischen Zusammenhang gestellt. Der unter der skizzierten verfahrensrechtlichen Perspektive bestehende untrennbare Zusammenhang der §§ 3 Abs. 1, 5 ArbSchG macht es erforderlich, das Instrument der Gefährdungsbeurteilung eingehender zu erörtern.

a) Bedeutung des § 5 ArbSchG für das Arbeitsschutzrecht

§ 5 ArbSchG wird in der Literatur vielfach als bedeutendste Neuerung des ArbSchG eingeschätzt.[97] Bis zum Erlaß des ArbSchG fanden sich vergleichbare Bestimmungen lediglich relativ versteckt in verschiedenen speziellen Rechtsvorschriften, so z.B. in §§ 16 GefStoffV oder 45 Abs. 1 UVV-VBG 1.[98] Durch § 5 ArbSchG wird die Gefährdungsbeurteilung nunmehr an exponierter Stelle des ArbSchG als übergreifendes Instrument anerkannt, das alle Arbeitgeber einzusetzen haben und das für alle Tätigkeiten gilt.[99] § 18 ArbSchG bietet zudem die Mög-

---

[96] *Koll/Janning/Pinter-Koll*, Kommentar zum ArbSchG, § 5, Rdnrn. 5 f.; *Kittner/Pieper*, ArbSchR, § 3 ArbSchG, Rdnr. 2; *Fischer*, BArbBl. 1996 (1), 21 ff. (22 f.); *Kollmer*, WiB 1996, 825 ff. (826); *Wlotzke*, NZA 2000, 19 ff. (20).

[97] Vgl. nur *Bürkert*, AuA 1997, 190 ff. (190); *Wlotzke*, Festschrift für Däubler, S. 655 ff. (661); *Kollmer/Vogl*, Arbeitsschutzgesetz, Rdnr. 91; *Koll/Janning/Pinter-Koll*, Kommentar zum ArbSchG, § 5, Rdnr. 1.

[98] Hierzu nur die Zusammenstellungen bei *Koll/Janning/Pinter-Koll*, Kommentar zum ArbSchG, § 5, Rdnrn. 11 ff.; *Kittner/Pieper*, ArbSchR, § 5 ArbSchG, Rdnrn. 2 f.

[99] Vgl. etwa *Wank*, TAS, § 5 ArbSchG, Rdnr. 1; *Kollmer/Vogl*, Das neue Arbeitsschutzgesetz, Rdnr. 94; *Koll/Janning/Pinter-Koll*, Kommentar zum ArbschG, § 5, Rdnrn. 16 f.; *Prax.-Kommentar-Sehling*, § 5 ArbSchG, Rdnr. 6.

lichkeit, „unter dem Dach des § 5 ArbSchG“, rechtssystematisch abgestimmt, die Anforderungen an die Gefährdungsbeurteilungen für spezielle Gefährdungen zu präzisieren. Als prägnantes Beispiel einer solchen gefährdungsspezifischen Konkretisierung der Grundanforderung des § 5 ArbSchG lassen sich die §§ 5 ff. BiostoffV anführen. In den Vorschriften werden z.B. ergänzende Anforderungen an die Informationsbeschaffung (§ 5 Abs. 1 BiostoffV) und an die Beteiligung an der Gefährdungsbeurteilung (§ 8 BiostoffV) sowie Differenzierungen hinsichtlich der Beurteilungskritierien für gezielte und nicht gezielte Tätigkeiten (§ 5 Abs. 2 BiostoffV i.V. mit §§ 6, 7 BiostoffV) normiert.[100]

In der Literatur ist mit Blick auf § 5 ArbSchG darauf hingewiesen worden, daß auch schon bisher die Festlegung von Arbeitsschutzmaßnahmen zumindest gedanklich eine Abschätzung des Gefährdungspotentials voraussetzte und insbesondere große Betriebe ihre Schutzkonzeption auf entsprechende Ermittlungen gestützt haben.[101] Es sei hier dahingestellt, welche Bedeutung systematische Sicherheitsbetrachtungen in der Vergangenheit gehabt haben.[102] Die volle Tragweite des § 5 ArbSchG ergibt sich unabhängig davon erst daraus, daß die Gefährdungsbeurteilung nach § 6 Abs. 1 ArbSchG zu dokumentieren ist (vgl. hierzu auch unten S. 187 ff.). Es reicht demnach nicht mehr aus, daß das Gefährdungspotential lediglich gedanklich abgeschätzt wird. Mit der Dokumentation ist vielmehr eine schriftliche Planungsunterlage bereitzuhalten, die das systematische Erarbeiten einer Schutzkonzeption unterstützt und anhand der sich die betrieblichen Akteure informieren können.

b) Anforderungen an das Instrument der Gefährdungsbeurteilung

§ 5 ArbSchG schreibt nicht im einzelnen vor, in welcher Weise Gefährdungsbeurteilungen durchzuführen sind. Aus der Vorschrift lassen sich aber

---

100 Vgl. insoweit außerdem z.B. §§ 3 BildscharbV; 2 LasthandhabV.

101 Vgl. *Wlotzke*, Festschrift für Däubler, S. 655 ff. (661); *Koll*, Festschrift für Wlotzke, S. 701 ff. (703).

102 Die bisher vorliegenden empirischen Erkenntnisse über die Implementierung der Gefährdungsbeurteilungen in den betrieblichen Arbeitsschutzalltag stützen eine solche optimistische Sicht der Dinge nicht. Vgl. hierzu den Überblick von *Geray*, AiB 2000, 193 ff.; tendenziell günstiger sehen die Ergebnisse nach einer Schwerpunktaktion der Arbeitsschutzbehörden im Lande Brandenburg aus. Hier erhöhte sich die Zahl kleinerer und mittlerer Betriebe, die über „ausreichend“ dokumentierte Gefährdungsbeurteilungen verfügten durch eine entsprechende Beratung der Behörden von zunächst 32% auf 75%. Defizite wurden insbes. im Hinblick auf die Beteiligung der Betriebsärzte und Beschäftigten festgestellt. Es scheint so zu sein, daß beratende Aufklärung durch die Behörden ein durchaus bedeutender Faktor ist, um zur Durchführung von Gefährdungsbeurteilungen zu motivieren. Nach der Aktion der Arbeitsschutzaufsicht schätzten weit mehr als die Hälfte der befragten Arbeitgeber die Gefährdungsbeurteilung als nützlich ein, insbes. weil „notwendige Maßnahmen aus wirtschaftlicher Sicht besser und langfristiger planbar wurden“. Zu dieser Untersuchung vgl. *Dieckhoff*, s.i.s. 2000, 334 ff.

eine Reihe von Kernanforderungen entnehmen, die eine rechtliche Bewertung des im Einzelfall vom Arbeitgeber gewählten Verfahrens ermöglichen.

aa) Ratio des § 5 ArbSchG

Das Ziel von Gefährdungsbeurteilungen liegt nach § 5 Abs. 1 ArbSchG in der Ermittlung der erforderlichen „Maßnahmen des Arbeitsschutzes". Ihre Durchführung ist „logische Voraussetzung"[103], um Maßnahmen zur Erfüllung der Grundpflicht des § 3 Abs. 1 ArbSchG treffen zu können. Sinn und Zweck von Gefährdungsbeurteilungen ist damit vor allem, eine sachliche Basis für einen zielgerichteten, an den konkreten betrieblichen Problemlagen orientierten Arbeits- und Gesundheitsschutz zu schaffen.

Da die mit der Arbeit verbundene Gefährdung zu ermitteln ist, unterstreicht § 5 ArbSchG einerseits, daß die betrieblichen Verhältnisse Ausgangspunkt aller Pflichten nach dem ArbSchG sind. Die Vorschrift ist vor diesem Hintergrund als Normierung eines Instruments zu verstehen, das der Eigenverantwortung im Arbeits- und Gesundheitsschutz, die durch das ArbSchG ja gestärkt werden soll, Konturen verleiht.[104] Sie operationalisiert m.a.W. das im Gesetzgebungsverfahren betonte Ziel, die Betriebsparteien auf der Basis der Kooperation in die Lage zu versetzen, den Wandel der Arbeitsschutzerfordernisse in einer sich rasch verändernden Arbeitswelt selbst zu gestalten.[105] Darüber hinaus stellt § 5 ArbSchG klar, daß die Rechtspflichten des Arbeitgebers im Vorfeld der Festlegung konkreter – technischer, organisatorischer oder personeller – Maßnahmen des Arbeitsschutzes ansetzen.[106] Hiermit wird implizit noch einmal die Bedeutung der Planung, verstanden als ein der Festlegung der konkreten Maßnahmen vorangehender Prozeß, unterstrichen.

Der Regelung des § 5 ArbSchG liegt die kaum zu bestreitende Vorstellung zugrunde, daß der betriebliche Arbeits- und Gesundheitsschutz nur dann effektiv und erfolgreich sein kann, wenn die Gefährdungen, denen die Beschäftigten bei

---

[103] *Kittner/Pieper*, ArbSchR, § 5 ArbSchG, Rdnr. 1; *Koll/Janning/Pinter-Koll*, Kommentar zum ArbSchG, § 5 ArbSchG, Rdnr. 1; *Bürkert*, AuA 1997, 190 ff. (192), der die Gefährdungsbeurteilung als „selbstverständliche Grundlage eines effektiven Arbeitsschutzes" ansieht; Bekanntmachung des BMA vom 1.9.1997, Gefährdungsbeurteilung nach dem Arbeitsschutzgesetz – Gemeinsame Grundsätze zur Erstellung von Handlungshilfen, BArbBl. 1997, 11, 74 f. (74).

[104] *Kohte*, EAS, B 6100, Arbeitsschutzrahmenrichtlinie, Rdnrn. 43 ff., 62, mit Hinweisen auf Instrumente vergleichbarer Methodik im Umweltrecht; *Prax.-Kommentar-Sehling*, § 5 ArbSchG, Rdnr. 23; *Kollmer/Vogl*, Arbeitsschutzgesetz, Rdnrn. 97 f. Primäre Funktion der Gefährdungsbeurteilung und ihrer Dokumentation nach § 6 ArbSchG ist daher auch nicht die Erleichterung der behördlichen Kontrolle, sondern die Schaffung von Transparenz über die betrieblichen Gefährdungslagen. Vgl. hierzu auch die vorstehend genannten Literaturnachweise.

[105] Vgl. auch BT-Drcks. 13/3540, S. 13; *Fischer*, BArbBl. 1996 (1), 21 ff. (21).

[106] So auch *Wank*, TAS, § 5 ArbSchG, Rdnr. 11.

ihrer Arbeit ausgesetzt sind, möglichst umfassend bekannt sind.[107] Nur auf einer solchen informatorischen Grundlage lassen sich systematisch und problemangemessen die „erforderlichen“ Schutzmaßnahmen zur Abwehr von Gefahren sowie präventive Maßnahmen zur Vermeidung von Gefährdungen planen und treffen. Gefährdungsbeurteilungen dienen vor diesem Hintergrund dazu, arbeitsbedingte Gefahren und Gefährdungen systematisch erkennbar zu machen. Ihnen kommt damit der Charakter einer Bestandsaufnahme des Gefährdungspotentials zu[108]. Dies gilt sowohl für die Beurteilung bestehender Arbeitsplätze, als auch besonders dann, wenn Arbeitsabläufe geändert oder neue Arbeitsmittel bzw. Arbeitsstoffe eingesetzt werden sollen. Insbesondere für die letztere, in besonderem Maße gestaltungsoffene Fallgruppe, bieten sie ein Raster zur Bewertung möglicher Alternativen zur Realisierung eines präventiven Arbeits- und Gesundheitsschutzes.

Darüber hinaus leisten Gefährdungsbeurteilungen einen bedeutenden Beitrag, um den Arbeitsschutz als dauerhafte Aufgabe des Betriebes zu verankern. So können die gewonnenen Erkenntnisse sowohl bei der Wirksamkeitskontrolle der getroffenen Maßnahmen herangezogen werden, als auch Ansatzpunkte für die nach § 3 Abs. 1 Satz 2 ArbSchG anzustrebende, kontinuierliche Verbesserung der betrieblichen Sicherheit und Gesundheit der Beschäftigten liefern. Gefährdungsbeurteilungen haben von daher funktional einen „Doppelcharakter“: Es handelt sich bei ihnen einerseits um ein Dokument, das Informationen über Gefährdungen im Sinne einer Planungsunterlage zusammenfaßt. Andererseits stehen Gefährdungsbeurteilungen – ganz im Sinne einer Stärkung der betrieblichen Eigenverantwortung – für einen fortlaufenden Prozeß der Ermittlung von Risiken und der diesen entgegensteuernden Maßnahmen.[109]

Insbesondere unter dem Aspekt der Akzeptanz in der Praxis ist hervorzuheben, daß Gefährdungsbeurteilungen damit alles andere als bürokratischer Selbstzweck sind. Die vorstehenden Überlegungen belegen, daß sie eine wesentliche Hilfe zur Effektivierung des Arbeits- und Gesundheitsschutzes sein können. Ihrem Sinn entsprechend eingesetzt, helfen sie Schwachstellen des betrieblichen Arbeitsablaufs aufzudecken und u.U. die immer wieder beklagten hohen Kosten für den Arbeitsschutz zu reduzieren, indem sie etwa nachsorgende Maßnahmen (z.B. Nachrüstung von neuen Anlagen) überflüssig machen.[110]

---

[107] *Wank*, TAS, § 5 ArbSchG, Rdnr. 1; *Kollmer/Vogl*, Arbeitsschutzgesetz, Rdnr. 95; *Brock*, Arbeitsschutzgesetz, 26 f.; *Blume*, Arbeitsschutzgesetz, 69 f.; *Prax.-Kommentar-Sehling*, § 5 ArbSchG, Rdnr. 20.

[108] *Kollmer/Vogl*, Arbeitsschutzgesetz, Rdnr. 99; *Kittner/Pieper*, ArbSchR, § 5 ArbSchG, Rdnr. 7; *Koll/Janning/Pinter-Koll*, Kommentar zum ArbSchG, § 5, Rdnr. 4; eine anschauliche Darstellung dieses Prozesses findet sich bei *Jürgen/Blume/Schleicher/Szymanski*, Arbeitsschutz durch Gefährdungsanalyse, S. 97 ff.

[109] Hierzu *Kohte*, EAS B 6100, Arbeitsschutzrahmenrichtlinie, Rdnrn. 43 f.

[110] Hierzu etwa *Koll*, Festschrift Wlotzke, 701 ff. (709 ff.); *Wlotzke*, Festschrift Däubler, 654 ff. (661); *Fischer*, BArbBl. 1996, 1, 21 ff. (23).

bb) Gegenstand der Gefährdungsbeurteilungen

Gegenstand der Gefährdungsbeurteilung ist nach § 5 Abs. 1 ArbSchG die für die Beschäftigten mit ihrer Arbeit verbundene Gefährdung. Die Arbeitstätigkeit bildet danach den Ausgangspunkt der vorzunehmenden Sicherheitsbetrachtungen. Gefährdungsbeurteilungen sind demzufolge nicht als allgemeine Sicherheitschecks von Anlagen und Betriebsstätten auszulegen, sondern an den konkreten Tätigkeiten der Beschäftigten im Zusammenhang mit den ihnen zugewiesenen Aufgaben zu orientieren.

Um das gesamte Gefährdungsspektrum überhaupt erfassen zu können, bedarf es zwingend der Klärung, welche Tätigkeiten die betreffenden Personen vorzunehmen haben. Wichtig ist es, wie in der Literatur zutreffend herausgestellt worden ist, daß nicht nur die normalen Arbeitsvorgänge berücksichtigt werden, sondern insbesondere auch sonstige Tätigkeiten, wie Wartungs- und Instandsetzungarbeiten, Umrüstungen von Anlagen oder Notfallsituationen.[111] Gerade derartige atypische Vorfälle und „Nebenarbeiten" bergen ein besonderes Gefährdungspotential. Das Gesetz schreibt nicht vor, wie der Arbeitgeber in diesem Zusammenhang vorzugehen hat, so daß hier beträchtlicher Spielraum für die Festlegung einer betriebsangepaßten Strategie besteht. Ziel muß es aber sein, das zu erheben, was am Arbeitsplatz tatsächlich geschieht. Es kann deshalb nicht genügen, schlicht auf vorhandene Arbeitsanweisungen zurückzugreifen, da diese zwar beschreiben, was sein sollte, nicht aber notwendigerweise, wie tatsächlich gearbeitet wird. Da die Arbeitstätigkeiten den Anknüpfungspunkt für die eigentliche Gefährdungsbeurteilung bilden, hängt ihre Qualität – auch in rechtlicher Hinsicht – maßgeblich von den entsprechenden Feststellungen ab.

cc) Spektrum der zu beachtenden Aspekte

Zu beurteilen sind die mit der Arbeit verbundenen „Gefährdungen" der Beschäftigten. Der Gesetzgeber hat den Begriff „Gefährdungen" in § 5 ArbSchG bewußt gewählt. Unter einer Gefährdung, ist wie bereits oben ausgeführt, die Möglichkeit eines Schadens oder einer gesundheitlichen Beeinträchtigung zu verstehen, ohne daß bestimmte Anforderungen an das Ausmaß oder die Eintrittswahrscheinlichkeit einer Schädigung zu stellen sind.[112] Gefährdungsbeur-

[111] EU-Kommission, Anleitung zur Risikobewertung am Arbeitsplatz, S. 21; Gefährdungsbeurteilung nach dem Arbeitsschutzgesetz – Gemeinsame Grundsätze für die Erstellung von Handlungshilfen – Bekanntmachung des BMA vom 1.9.1997, BArbBl. 1997 (11), 74 f. (75); *Bürkert*, AuA 1997, 190 ff. (192). Die Bedeutung derartiger „Nebenarbeiten" wird durch die neue EU-Richtlinie über gefährliche Arbeitsstoffe (98/24/EG), die bis zum 5. Mai 2001 in deutsches Recht umzusetzten gewesen wäre (Art. 14 Abs. 1), unterstrichen. Nach Art. 4 Abs. 3 der Richtlinie 98/24/EG sind insbes. Wartungsarbeiten in die Gefährdungsbeurteilung einzubeziehen.

[112] Vgl. nur Gesetzesbegründung, BT-Drcks. 13/3540, S. 16; *Kohte*, EAS, B 6100, Arbeitsschutzrahmenrichtlinie, Rdnr. 47; *Kittner/Pieper*, ArbSchR, § 4 ArbSchG, Rdnr. 2; *Wank*, TAS, § 5 ArbSchG, Rdnr. 2; *Prax.-Kommentar-Sehling*, § 5 ArbSchG, Rdnr. 12.

teilungen zielen damit nicht nur auf die konkrete – klassische – Gefahrenabwehr, sondern setzen bereits im Vorfeld der Gefahr an. Dies ist systematisch folgerichtig im Hinblick auf die weitgefaßten Ziele der Maßnahmen des Arbeitsschutzes i.S. von § 2 Abs. 1 ArbSchG, in die insbesondere Aspekte der menschengerechten Gestaltung zu integrieren sind und unterstreicht das erweiterte Präventionsverständnis des Gesetzes[113] (hierzu auch oben S. 77 ff.).

In § 5 Abs. 3 ArbSchG werden beispielhaft[114] eine Reihe wichtiger *Gefährdungsquellen* aufgelistet. Es finden sich hier in den Nrn. 1 bis 3 einerseits Faktoren, die seit jeher als Auslöser arbeitsbedingter Gesundheitsgefahren bekannt sind wie physikalische, chemische und biologische Einwirkungen, die Gestaltung der Arbeitsstätte oder der Einsatz und Umgang mit Arbeitsmitteln. Ausdruck des erweiterten Arbeitsschutzverständnisses des ArbSchG sind die in § 5 Abs. 3 Nr. 4 ArbSchG erwähnten Aspekte der Arbeitsorganisation (Arbeits- und Fertigungsverfahren, Arbeitsabläufe, Arbeitszeit). Bedeutend ist dabei vor allem, daß das Zusammenwirken der Gefährdungsquellen zu beurteilen ist. Das Gesetz unterstreicht auf diese Weise die Bedeutung von Gefährdungen multifaktorieller Genese und setzt sich deutlich von der, für die präventiven Ziele des ArbSchG ungeeigneten, entschädigungsrechtlichen Sichtweise des Unfallversicherungsrechts ab.[115] Bemerkenswert ist schließlich, daß in § 5 Abs. 3 Nr. 5 ArbSchG beispielhaft auch Mängel der Qualifikation und Unterweisung der Beschäftigten als potentielle Gefährdung erwähnt werden. Die Gefährdungsbeurteilung darf sich deshalb nicht in einer rein technischen Betrachtungsweise erschöpfen, sondern muß Aspekte der innerbetrieblichen Kommunikation und Qualifikation aufgreifen.

Die exemplarische Aufzählung von Gefährdungsquellen in § 5 Abs. 3 ArbSchG soll dem Arbeitgeber als Normadressaten eine Hilfestellung bei den von ihm vorzunehmenden Prüfungen geben.[116] Das gesamte Gefährdungsspektrum erschließt sich jedoch erst durch den Blick auf die Zielsetzungen der „Maßnahmen des Arbeitsschutzes" i.S. von § 2 Abs. 1 ArbSchG, die durch Gefährdungsbeurteilungen ja systematisch entwickelt werden sollen. Zu beach-

---

[113] Vgl. auch *Wlotzke*, NZA 2000, 19 ff. (20); *Kohte*, EAS, B 6100, Arbeitsschutzrahmenrichtlinie, Rdnrn. 46 f.

[114] Nach § 5 Abs. 3 kann sich eine Gefährdung „insbesondere" unter den in Ziffern 1-5 genannten Gesichtspunkten ergeben. Vgl. hierzu nur *Koll/Janning/Pinter-Koll*, Kommentar zum ArbSchG, § 5, Rdnr. 9; *Kittner/Pieper*, ArbSchR, § 5 ArbSchG, Rdnrn. 13 ff.; *Berger-Delhey*, PersV 1996, 518 ff. (519); außerdem Schlussanträge des Generalanwalts in der Rechtssache C 49/00 vom 31. Mai 2001 (Kommission ./. Italien), Nrn. 16 ff, internet: http://www.curia.eu.

[115] Ähnlich auch *Koll/Janning/Pinter-Koll*, Kommentar zum ArbSchG, § 5, Rdnr. 9, der auf die Bedeutung des § 5 Abs. 3 Nr. 4 ArbSchG für die Ableitung von Maßnahmen zur menschengerechten Gestaltung der Arbeit hinweist.

[116] Vgl. nur Gesetzesbegründung, BT-Drcks. 13/3540, S. 17; *Koll/Janning/Pinter-Koll*, Kommentar zum ArbSchG, § 5, Rdnr. 9; *Kittner/Pieper*, ArbSchR, § 5 ArbSchG, Rdnr. 13; *Wank*, TAS, § 5 ArbSchG, Rdnr. 4.

ten ist in diesem Zusammenhang, daß Gefährdungen oftmals erst durch das Fortschreiten des Standes der Arbeitsmedizin und der Sicherheitstechnik sowie der gesicherten arbeitswissenschaftlichen Erkenntnisse erkennbar werden.[117]

dd) Umfang der Gefährdungsbeurteilung

Der Aufwand, der im Zusammenhang mit Gefährdungsbeurteilungen zu erbringen ist, läßt sich nicht schematisch bemessen. Da es sich bei § 5 ArbSchG um eine öffentlich-rechtliche Verpflichtung des Arbeitgebers handelt, ist in diesem Zusammenhang der Grundsatz der Verhältnismäßigkeit zu berücksichtigen. Dabei ist davon auszugehen, daß die Sicherheitsbetrachtungen umso differenzierter sein müssen, je intensiver und komplexer die betriebliche Gefährdungssituation der betroffenen Arbeitnehmer ist.[118] Das Gesetz gibt im Hinblick auf die Anwendung des Verhältnismäßigkeitsgrundsatzes Hilfestellung, indem es in § 5 Abs. 2 ArbSchG klarstellt, daß die Gefährdungsbeurteilungen „je nach Art der Tätigkeiten“, also abgestimmt auf die Situation an den Arbeitsplätzen, vorzunehmen sind.[119]

Eine weitere Erleichterung für den Arbeitgeber sieht § 5 Abs. 2 Satz 2 ArbSchG vor. Danach ist bei gleichartigen Arbeitsbedingungen die Beurteilung eines Arbeitsplatzes oder einer Tätigkeit ausreichend. Der Sinn der Regelung ist die Vermeidung von Doppelprüfungen, die zu keinem originären Erkenntnisgewinn führen.[120]

In der Literatur[121] wird hieraus unter Verweis auf die Gesetzesbegründung[122] hergeleitet, daß Standardbeurteilungen für typische Arbeitsbereiche möglich sind. Dem kann jedoch nur insoweit gefolgt werden, als es sich um Elemente der

---

[117] Hierzu auch Schlussanträge des Generalanwalts in der Rechtssache C 49/00 vom 31. Mai 2001 (Kommission ./. Italien), Nr. 18, internet: http://www.curia.eu, wo zudem darauf hingewiesen wird, daß neuartige Probleme, die nicht notwendigerweise vom Katalog des § 5 Abs. 3 ArbSchG erfaßt werden, durch die Einführung neuer Technologien (z.B. Biotechnologien) entstehen können. Zu den gesundheitlichen Folgen neuer Technologien vgl. auch die instruktive Zusammenfassung von *Bücker*, Von der Gefahrenabwehr zur Risikovorsorge, S. 70 ff.

[118] *Kittner/Pieper*, ArbSchR, § 5 ArbSchG, Rdnr. 12; *Koll/Janning/Pinter-Koll*, Kommentar zum ArbSchG, § 5, Rdnr. 4; *Brock*, Arbeitsschutzgesetz, 27; ähnlich *Prax.-Kommentar-Sehling*, § 5 ArbSchG, Rdnr. 36.; Bekanntmachung des BMA vom 1.9.1997, Gefährdungsbeurteilung nach dem Arbeitsschutzgesetz – Gemeinsame Grundsätze zur Erstellung von Handlungshilfen –, BArbBl. 1997, 11, 74 f. (75).

[119] *Wlotzke*, NZA 2000, 19 ff. (20); *Koll/Janning/Pinter-Koll*, Kommentar zum ArbSchG, § 5, Rdnrn. 4,7.

[120] Hierzu auch BT-Drcks. 13/3540, S. 17; *Kittner/Pieper*, ArbSchR, § 5 ArbSchG, Rdnr. 11; *Heilmann/Aufhauser*, ArbSchG, § 5, Rdnr. 1.

[121] Vgl. nur *Wank*, TAS, § 5 ArbSchG, § 5, Rdnr. 3; *Prax.-Kommentar-Sehling*, § 5 ArbSchG, Rdnr. 37; *Brock*, Arbeitsschutzgesetz, 28; *Blume*, Arbeitsschutzgesetz, 69.

[122] BT-Drcks. 13/3540, S. 17.

Gefährdungsbeurteilung handelt, die tatsächlich verallgemeinerungsfähig sind. Anführen lassen sich in diesem Zusammenhang etwa Gefährdungen durch Arbeitsmittel nach § 5 Abs. 3 Nr. 3 ArbSchG (z.B. Quetschstellen an baugleichen Maschinen) oder Gefährdungen durch die Gestaltung der Arbeitsstätte nach § 5 Abs. 3 Nr. 1 ArbSchG (z.B. Unfallgefahren durch innerbetriebliche Verkehrswege). Insofern kann unproblematisch auf betriebliche Standardbeurteilungen zurückgegriffen werden. Etwas anderes muß jedoch für Gefährdungen gelten, die maßgeblich von den Eigenschaften bzw. der Konstitution der Beschäftigten abhängen, wie z.B. die unzureichende Qualifikation i.S. von § 5 Abs. 3 Nr. 5 ArbSchG oder die Zugehörigkeit zu einer besonders schutzbedürftigen Beschäftigtengruppe (z.B. Jugendliche, Schwangere, Schwerbehinderte, siehe auch § 4 Nr. 6 ArbSchG). Hier bedarf es in jedem Falle besonderer Feststellungen, so daß die Erleichterung des § 5 Abs. 2 Satz 2 ArbSchG nicht greifen kann. Ähnliches gilt für Gefährdungen multifaktorieller Genese, die maßgeblich durch die Bedingungen der Arbeitsumwelt geprägt sind. Das Gesetz selbst macht in § 5 Abs. 3 Nr. 4 ArbSchG deutlich, daß etwa unterschiedliche Gestaltungen der Arbeitszeit gesonderte Beurteilungen erfordern (z.B. Steigerung des Unfallrisikos durch Nachtschichtarbeit).

Es ist nach alledem zumindest mißverständlich, wenn pauschal auf die Möglichkeit von Standardbeurteilungen verwiesen wird. Richtigerweise ist davon auszugehen, daß bestimmte Aspekte der arbeitsbedingten Gefährdungen nur einmal zu beurteilen sind und insoweit die Erfüllung der Pflichten aus § 5 ArbSchG erleichtert wird.[123] Die hier vertretene Auffassung stimmt insoweit im übrigen mit der Gesetzesbegründung überein. Auch dort wird differenziert auf die Möglichkeit von Standardbeurteilungen hingewiesen. Sie sollen solange herangezogen werden können, wie die *Vermutung* eines vergleichbaren Ergebnisses der Gefährdungsbeurteilung berechtigt ist.[124]

ee) Methodisches Vorgehen bei Gefährdungsbeurteilungen

§ 5 ArbSchG schreibt kein bestimmtes Verfahren der Gefährdungsbeurteilung vor. Wegen der äußerst unterschiedlichen Bedingungen an den Arbeitsplätzen wäre ein solches universelles Verfahren wohl auch kaum praktikabel betriebsnah zu normieren (z.B. Bürotätigkeit vs. Produktionstätigkeit).[125] Dessenungeachtet

---

[123] In diesem Sinne wohl auch *Kittner/Pieper*, ArbSchR, § 5 ArbSchG, Rdnr. 11; ebenfalls differenzierend, *Koll/Janning/Pinter-Koll*, Kommentar zum ArbSchG, § 5, Rdnr. 8.

[124] Vgl. auch BT-Drcks. 13/3540, S. 17.

[125] So auch *Prax.-Kommentar-Sehling*, § 5 ArbSchG, Rdnr. 22. Die Auswahl des passenden Beurteilungsverfahrens hat entscheidenden Einfluß auf die betriebliche Schutzkonzeption. Vgl. hierzu etwa den Sachverhalt des Beschlusses des ArbG Braunschweig, NZA-RR 1998, 214 f.; dort sollte in einem Druckereibetrieb mit Nachtschichtarbeit ein Leitfaden zur Gefährdungsbeurteilung eingesetzt werden, der die Arbeitszeitgestaltung nicht mitberücksichtigte. Vgl. hierzu auch *Faber/Richenhagen*, AiB 1998, 317 ff.

dürfte aber Einigkeit darüber bestehen, daß im Gesetz eine grundlegende Methodik angelegt ist. Auf sie ist nunmehr genauer einzugehen, um die Pflichtenstellung des Arbeitgebers näher zu bestimmen.

(1) Der Wortlaut des § 5 Abs. 1 ArbSchG als Ausgangspunkt für methodische Vorgaben

Ziel des § 5 ArbSchG ist die Ermittlung der „erforderlichen Maßnahmen des Arbeitsschutzes". Zu diesem Zwecke sind die arbeitsbedingten Gefährdungen der Beschäftigten zu beurteilen. Einer „Beurteilung" liegt begrifflich eine Bewertung über einen Sachverhalt zugrunde. Voraussetzung ist damit zunächst einmal die Aufklärung des zu beurteilenden Sachverhalts. Für § 5 ArbSchG bedeutet dies, daß zunächst Feststellungen über die *tatsächlichen Gefährdungen* der Beschäftigten durch ihre Arbeit zu treffen sind. Erst auf dieser Basis kann die eigentliche *Beurteilung*, d.h. die explizite Bewertung der Gefährdungen, erfolgen. Die Bewertung selbst ist nicht in das Belieben des Arbeitgebers gestellt, sondern an rechtliche Maßstäbe gebunden, da sie der Ermittlung der erforderlichen Arbeitsschutzmaßnahmen, also der arbeitsschutzrechtlich vom Arbeitgeber zu verlangenden Vorkehrungen, dient. Besteht danach eine Divergenz zwischen den festgestellten tatsächlichen Gefährdungen und den entsprechenden arbeitsschutzrechtlichen Schutzzielen, besteht Handlungsbedarf, der durch die „erforderlichen Maßnahmen des Arbeitsschutzes" zu füllen ist.

Kurz gesagt umfaßt eine Gefährdungsbeurteilung damit einerseits Ermittlungen auf tatsächlicher Ebene und andererseits rechtlich geleitete Bewertungen. Diese beiden Verfahrensschritte decken zentrale Aspekte des beschreibenden bzw. darstellenden Teils des Planungsprozesses ab (vgl. oben S. 91 ff.). Neben der systematischen Aufarbeitung der tatsächlichen Umstände werden durch die vorzunehmenden rechtlichen Bewertungen der Gefährdungen die Entscheidungen vorbereitet, die im gestaltenden Teil der Planung in ihrer Gesamtheit zu treffen sind.

Auch wenn diese Vorgehensweise auf den ersten Blick eine hohe Plausibilität haben mag, ist sie in der betrieblichen Praxis mit erheblichen Problemen belastet. So sind viele Gefährdungen erst mit sicherheitstechnischer, arbeitsmedizinischer oder arbeitswissenschaftlicher Expertise überhaupt erkennbar. Ihre rechtliche Bewertung fällt zudem schwer, weil in aller Regel nicht Juristen, sondern betriebliche Praktiker anderer Professionen die entsprechenden arbeitsschutzrechtlichen Maßstäbe anzulegen haben. Ob angesichts dieser Schwierigkeiten allerdings eine Überforderung vor allem kleinerer Betriebe zu befürchten ist[126], muß bezweifelt werden. Der Gesetzgeber ist schon im Gesetzgebungsverfahren davon ausgegangen, daß die Institutionen des Arbeitsschutzes Beurteilungshilfen für diese zentrale Aufgabe des

[126] So etwa *Wank*, TAS, § 5 ArbSchG, Rdnr. 10.

betrieblichen Arbeits- und Gesundheitsschutzes erarbeiten werden.[127] Mittlerweile liegen in großer Zahl, z.T. auch branchenspezifische Verfahren vor, die eine praktikable und differenzierte Vorgehensweise ermöglichen.[128] Außerdem ist durch Art. 2 des Gesetzes zur Umsetzung der EG-Rahmenrichtlinie Arbeitsschutz und weiterer Arbeitsschutz-Richtlinien das ASiG dahingehend geändert worden, daß die Beurteilung der Arbeitsbedingungen in den Beratungsauftrag der Betriebsärzte und Fachkräfte für Arbeitssicherheit aufgenommen worden ist (§§ 3 Abs. 1 Satz 2 Nr. 1 lit. g; 6 Satz 2 Nr. 1 lit. e ASiG). Der Gesetzgeber hat den Bedarf fachkundiger Unterstützung des Arbeitgebers bzw. der verantwortlichen Personen nach § 13 ArbSchG also durchaus gesehen und die rechtlichen Voraussetzungen für einen obligatorischen Transfer der erforderlichen Expertise in die Betriebe geschaffen.[129]

(2) Anforderungen an die Feststellung der Gefährdungen

Ziel der Gefährdungsfeststellung ist, wie bereits zuvor ausgeführt, die Aufklärung der tatsächlichen Gefährdungssituation der Beschäftigten durch die Arbeit. Zu diesem Zwecke gilt es einerseits, die bereits im Betrieb vorhandenen Informationen über Gefährdungen aufzubereiten und zu nutzen und andererseits die notwendigen Erhebungen durchzuführen.[130] Zurückgegriffen werden

---

[127] BT-Drcks. 13/3540, S. 17; aufgrund der Bekanntmachung des BMA vom 1.9.1997, Gefährdungsbeurteilung nach dem Arbeitsschutzgesetz – Gemeinsame Grundsätze zur Erstellung von Handlungshilfen –, BArbBl. 1997 (11), 74 f. liegen zudem ausdifferenzierte Grundprinzipien für den Inhalt und die Gestaltung von Handlungshilfen vor.

[128] Die Fülle der angebotenen Verfahren und Handlungshilfen ist kaum noch überschaubar. So sind von den Berufsgenossenschaften eine Vielzahl branchenspezifischer Verfahren vorgestellt worden. Daneben gibt es viele Handlungshilfen und Instrumente der Arbeitsschutzverwaltungen, sowie aus dem Bereich der Wissenschaft und von privaten Beratungsinstitutionen. Sie umfassend vorzustellen und zu würdigen, würde den hier vorgegebenen Rahmen bei weitem sprengen. In der Praxis dürften die Probleme daher heute eher darin zu liegen, angesichts der Instrumentenvielfalt das für den jeweiligen Betrieb angemessene Verfahren zu finden. Eine Hilfestellung für die Auswahl des „passenden" Verfahrens bieten die von *Jürgen/Blume/Schleicher/Szymanski*, Arbeitsschutz durch Gefährdungsanalyse, S. 93 ff. entwickelten Bewertungskriterien. In dem genannten Werk finden sich zudem Einschätzungen über eine Reihe verbreiteter Instrumente (S. 111 ff.). In der Praxis scheint es so zu sein, daß die branchenspezifischen Handlungshilfen der Berufsgenossenschaften den weitaus größten Verbreitungsgrad haben, hierzu *Dieckhoff*, s.i.s. 2000, 334 ff. (335). Eine umfassende Zusammenstellung der vielen, von den Berufsgenossenschaften angebotenen Verfahren findet sich bei *Hoffmann*, Die BG 2000, 590 ff.

[129] Hiervon zu trennen ist die Frage, ob diese neue und für einen systematischen und effektiven Arbeits- und Gesundheitsschutz wichtige Aufgabe, nicht auch Auswirkungen auf die Regelungen über die Einsatzzeiten der Betriebsärzte und Fachkräfte für Arbeitssicherheit in den BGV A 6 und BGV A 7 haben muß.

[130] Vgl. hierzu auch EU-Kommission, Anleitung zur Risikobewertung am Arbeitsplatz, S. 28 ff.; *Kollmer/Vogl*, Arbeitsschutzgesetz, Rdnr. 102; wichtige und praxisnahe Hilfestellung geben insofern die angesprochenen zahlreichen Prüf- und Checklisten der Institutionen des Arbeitsschutzes.

kann in diesem Zusammenhang z.B. auf vorhandene Überwachungsdaten (z.B. Meßprotokolle), produktbezogene Sicherheitsinformationen in Form von Sicherheitsdatenblättern, Lärminformationen oder Bedienungsanleitungen, Protokolle von Sicherheitsbegehungen, Managementhandbücher, Unfallanalysen, ggf. verfügbare Gesundheitsberichte oder Verfügungen bzw. Auflagen der Aufsicht. Zudem sind in jedem Falle die Arbeitsplätze in Augenschein zu nehmen, da nur so ein realistisches Bild über die tatsächlichen Bedingungen gewonnen werden kann. Zur Generierung dieser Basisinformationen der Gefährdungsbeurteilung kann es beispielsweise erforderlich sein, die Tätigkeiten an den Arbeitsplätzen eingehend zu beobachten, Messungen vorzunehmen (z.B. Lärm, Gefahrstoffe, Raumklima) oder die Funktionsfähigkeit und Wirksamkeit der bestehenden Schutzvorkehrungen zu kontrollieren. Unverzichtbares Element der Gefährdungsermittlung ist die Nutzung der praktischen Erfahrungen der Mitarbeiter.[131] Die Beteiligung der Beschäftigten ist nicht nur aus Gründen der Praktikabilität und Effizienz, sondern auch rechtlich geboten. So läßt sich die Frage der Gefährdung durch unzureichende Qualifikation i.S. von § 5 Abs. 3 Nr. 5 ArbSchG nicht abstrakt, sondern nur gemeinsam mit den Betroffenen aufklären. Die Beschäftigten sind zudem nach § 16 Abs. 2 ArbSchG verpflichtet, den Arbeitgeber bei der Erfüllung seiner arbeitsschutzrechtlichen Verpflichtungen zu unterstützen.[132] Es gehört zu den Organisationspflichten des Arbeitgebers, durch entsprechende Maßnahmen geeignete Verfahren der Beteiligung bereitzustellen, damit die Beschäftigten ihren Mitwirkungspflichten tatsächlich nachkommen können (§ 3 Abs. 2 Nr. 2 ArbSchG).[133]

Ebenfalls noch auf der Ebene der tatsächlichen Feststellungen ist die Risikoabschätzung anzusiedeln, die üblicherweise im Rahmen der Gefährdungsbeurteilung verlangt wird.[134] Spätestens hier kommen jedoch wegen der mit dem Risikobegriff verbundenen Implikationen wertende Momente hinzu. Während eine Gefährdung die bloße Möglichkeit eines Schadens oder einer gesundheitlichen Beeinträchtigung bezeichnet, beschreibt der Risikobegriff Art und Umfang des aufgrund einer Gefährdung denkbaren Schadens. Das Risiko, ausgedrückt als das Produkt aus Eintrittswahrscheinlichkeit und Ausmaß des Schadens, wird dabei

---

[131] Vgl. auch *Bürkert*, AuA 1997, 190 ff. (191); *Kollmer/Vogl*, Arbeitsschutzgesetz, Rdnrn. 102, 106a; EU-Kommission, Anleitung zur Risikobewertung am Arbeitsplatz, 28; Bekanntmachung des BMA vom 1.9.1997, Gefährdungsbeurteilung nach dem Arbeitsschutzgesetz – Gemeinsame Grundsätze zur Erstellung von Handlungshilfen –, BArbBl. 1997 (11), 74 f. (75).

[132] Die Unterstützungspflichten stellen zugleich arbeitsvertragliche Nebenpflichten der Beschäftigten dar. Zur Transformation des § 16 ArbSchG in die arbeitsvertraglichen Beziehungen vgl. nur *Wlotzke*, Festschrift *Hanau*, 317 ff. (328).

[133] Ähnlich *Bürkert*, AuA 1997, 190 ff. (191).

[134] Hierzu *Prax.-Kommentar-Sehling*, § 5 ArbSchG, Rdnr.33; *Gruber/Mierdel*, Leitfaden zur Gefährdungsbeurteilung, S. 80 ff.

zumeist als Meßgröße für die Gefährdung verstanden.[135] Die Risikoabschätzung setzt Prognosen und damit letztendlich Bewertungen hinsichtlich des Schadensumfangs und der Eintrittswahrscheinlichkeit zwingend voraus. Wichtige Aspekte zur Bestimmung des potentiellen Schadensausmaßes sind etwa die Schwere der Schädigung (z.B. leichte, reversible Schäden, irreversible Gesundheitsbeeinträchtigungen, tödliche Verletzungen) sowie die Anzahl der betroffenen Personen. Als Indikatoren für die Abschätzung der Eintrittswahrscheinlichkeit lassen sich z.B. die Dauer, Häufigkeit und Art der Gefährdungsexposition (etwa Dauer und Art des Kontaktes mit Gefahrstoffen), die Wahrscheinlichkeit des Schadenseintritts im Falle einer Gefährdungsexposition oder die Wirksamkeit der vorhandenen Schutzmaßnahmen nennen.[136] Die durchaus schwierige Aufgabe der Risikoabschätzung besteht darin, die genannten Faktoren zu bestimmen und zu gewichten, wobei nicht selten Wechselwirkungen der verschiedenen Einflußgrößen zu berücksichtigen sein werden (z.B. erhöhte Unfall- und Gesundheitsrisiken bei Schichtarbeit). Hierbei sind die entsprechenden sicherheitstechnischen, arbeitsmedizinischen und arbeitswissenschaftlichen Erkenntnisse heranzuziehen, sofern diese nicht ohnehin Eingang in die angesprochenen Beurteilungshilfen gefunden haben. Hinzuweisen ist schließlich darauf, daß die Risikoabschätzung nicht an normativen, sondern allein an empirischen Maßstäben zu orientieren ist. Es geht ausschließlich um das Treffen von Aussagen über das Schadenspotential und nicht um die anhand eines normativen Bewertungsrasters zu beantwortende „Gretchenfrage" des Sicherheitsrechts, ob das Risiko noch akzeptabel ist.

(3) Rechtliche Bewertung der Gefährdung

Die festgestellten Gefährdungen sind sodann darauf hin zu bewerten, ob der gewährleistete Schutz den rechtlichen Anforderungen genügt. In der Sache geht es darum, die sich aus dem geltenden Arbeitsschutzrecht ergebenden Schutzziele zu

[135] Vgl. z.B. *Kittner/Pieper*, ArbSchR, § 4 ArbSchG, Rdnr. 3; *Prax.-Kommentar-Sehling*, § 5 ArbSchG, Rdnr. 12; unklar *Kollmer/Vogl*, Arbeitsschutzgesetz, Rdnrn. 78 f., die neben der erwähnten Gefährdungsdefinition der Möglichkeit eines Schadenseintritts, eine Gefährdung dann sehen, wenn sie hinsichtlich Eintrittswahrscheinlichkeit und Ausmaß die Schwelle eines akzeptablen Risikos überschreitet. Letzterer Begriff dürfte eher dem klassischen ordnungsrechtlichen Gefahrenbegriff entsprechen.

[136] Vgl. hierzu umfassend auch EU-Kommission, Anleitung zur Risikobewertung am Arbeitsplatz, S. 22; eine hilfreiche Zusammenstellung bedeutender Faktoren für die Risikoabschätzung findet sich zudem in der europäischen Norm DIN-EN 1050 „Leitsätze zur Risikobeurteilung – Sicherheit von Maschinen –, die die entsprechenden Anforderungen für die nach Anhang I der EU-Maschinenrichtlinie vorzunehmende „Gefahrenanalyse" präzisiert. Die genannten Bewertungskriterien finden sich zunehmend auch in neueren Rechtsvorschriften. Vgl. hierzu etwa § 5 BioStoffV; Art. 4 Abs. 1 EU-Gefährliche-Arbeitsstoffrichtlinie (98/24/EG); Art. 4 Abs. 1 EU-Explosionsfähige Atmosphären-Richtlinie (99/927EG).

erkennen und mit der betrieblichen Situation, wie sie sich aufgrund der Ermittlungen ergibt, zu vergleichen („Soll-Ist-Vergleich").[137] Zeigen sich dabei Diskrepanzen zwischen dem Ist- und Soll-Zustand sind Schutzmaßnahmen zu prüfen.

Die rechtlichen Bewertungsmaßstäbe für diesen „Soll-Ist-Vergleich" ergeben sich aus dem ArbSchG (insbes. § 4 ArbSchG) einerseits und den sonstigen Rechtsvorschriften i.S. des § 2 Abs. 4 ArbSchG andererseits.

(a) Berücksichtigung der allg. Grundsätze des § 4 ArbSchG

Maßstab für die Bewertung der festgestellten Gefährdungen sind zunächst die allgemeinen Grundsätze des § 4 ArbSchG, in dem die grundlegenden Ziele und Gestaltungsprinzipien des betrieblichen Arbeits- und Gesundheitsschutzes normiert sind.[138] § 4 ArbSchG nennt als „allgemeine Grundsätze" folgende Prinzipien:

- Vermeidung bzw. Minimierung der verbleibenden Gefährdung (§ 4 Nr. 1 ArbSchG);
- Gefahrenbekämpfung an der Quelle (§ 4 Nr. 2 ArbSchG);
- Berücksichtigung des Standes von Technik, Arbeitsmedizin und Hygiene sowie sonstiger gesicherter arbeitswissenschaftlicher Erkenntnisse (§ 4 Nr. 3 ArbSchG);
- Planung der Maßnahmen mit dem Ziel, Technik, Arbeitsorganisation, sonstige Arbeitsbedingungen, soziale Beziehungen und Einfluß der Umwelt auf den Arbeitsplatz sachgerecht zu verknüpfen (§ 4 Nr. 4 ArbSchG);
- Nachrangigkeit individueller Maßnahmen gegenüber sonstigen Maßnahmen (§ 4 Nr. 5 ArbSchG);
- Berücksichtigung spezieller Gefahren für besonders schutzbedürftige Beschäftigtengruppen (§ 4 Nr. 6 ArbSchG);
- Erteilung geeigneter Anweisungen an die Beschäftigten (§ 4 Nr. 7 ArbSchG);
- Verbot mittelbar oder unmittelbar geschlechtsspezifisch wirkender Regelungen, sofern diese nicht aus biologischen Gründen zwingend geboten sind (§ 4 Nr. 8 ArbSchG).[139]

---

[137] *Kittner/Pieper*, ArbSchR, § 5 ArbSchG, Rdnr. 8; *Kollmer/Vogl*, Arbeitsschutzgesetz, Rdnrn. 108 f.; *Brock*, Arbeitsschutzgesetz, 27; EU-Kommission, Anleitung zur Risikobewertung am Arbeitsplatz, S. 17 f.

[138] Zur Funktion der allgemeinen Grundsätze des § 4 ArbSchG vgl. etwa *Wlotzke*, NZA 1996, 1017 ff. (1021); *Brock*, Arbeitsschutzgesetz, 20; *Koll/Janning/Pinter-Koll*, Kommentar zum ArbSchG, § 4, Rdnrn 4 ff.; *Kittner/Pieper*, ArbSchR, § 4 ArbSchG, Rdnr. 1.

[139] Grundsätzlich zu den allgemeinen Grundsätzen des § 4 ArbSchG, vgl. nur die Kommentierungen zu § 4 ArbSchG bei *Koll/Janning/Pinter-Koll*, Kommentar zum ArbSchG; *Wank*, TAS; *Nöthlichs*, Arbeitsschutz und Arbeitssicherheit.

Im Rahmen dieser Arbeit kann das systematische Verhältnis der Grundsätze des § 4 ArbSchG untereinander nicht erschöpfend behandelt werden. Anmerkungen erfolgen deshalb nur insoweit, wie es für das Verständnis der §§ 3, 5 ArbschG erforderlich ist.

Es ist im Prinzip unbestritten, daß den Grundsätzen des § 4 ArbSchG implizit eine grundlegende Rangfolge der Schutzmaßnahmen zugrundeliegt.[140] Lassen sich Gefährdungen nicht vermeiden (§ 4 Nr. 1 ArbSchG), sind zuächst stets technische Schutzmaßnahmen, die eine Gefahrenbekämpfung an der Quelle ermöglichen, vorrangig zu prüfen (§ 4 Nr. 2 ArbSchG). Danach sind kollektive Schutzmaßnahmen, insbesondere in Gestalt sonstiger technischer, sowie organisatorischer Vorkehrungen in Betracht zu ziehen. Erst an letzter Stelle sind individuelle, personenbezogene Maßnahmen (z.B. persönliche Schutzausrüstungen) in die Überlegungen einzubeziehen (§ 4 Nr. 5 ArbSchG).[141]

Wegen § 4 Nr. 1 ArbSchG ist dementsprechend stets vorrangig zu prüfen, ob die ermittelten Gefährdungen vermieden bzw. minimiert werden können, etwa durch die Verwendung anderer Arbeitsmittel oder Arbeitsstoffe (vgl. hierzu auch § 16 Abs. Abs. 2 GefStoffV).[142] Auch wenn das Gesetz dem Arbeitgeber durch das einschränkende Tatbestandsmerkmal „möglichst" in § 4 Nr. 1 ArbSchG einen Spielraum einräumt, sind in jedem Falle die insoweit bestehenden Optionen zu eruieren. Nur aufgrund solcher Feststellungen läßt sich die in § 4 Nr. 1 ArbSchG vorausgesetzte Ermessensentscheidung sachgerecht und nachvollziehbar begründen.

Da der allgemeine Grundsatz des § 4 Nr. 1 ArbSchG an den Begriff der Gefährdung anknüpft, begründet er arbeitsschutzrechtliche Pflichten des Arbeitgebers bereits im Vorfeld der Gefahr. Er konkretisiert damit den insbes. durch den Begriff der „Maßnahmen des Arbeitsschutzes" deutlich werdenden erweiterten Arbeitsschutzansatz des ArbSchG. Dieser Hinweis ist wichtig, da in der Literatur z.T. die „Gefahr" pauschal als das rechtlich nicht mehr akzeptable Risiko bezeichnet wird.[143] Eine solche Sichtweise droht den von *Kohte*[144] prägnant beschriebenen Schritt vom „Gefahrenschutz zum Gefährdungsschutz", der für das präventive

---

[140] So ausdrücklich etwa *Kittner/Pieper*, ArbSchR, § 4 ArbSchG, Rdnr. 5; *Kollmer/Vogl*, Arbeitsschutzgesetz, Rdnr. 76; *Koll/Janning/Pinter-Koll*, Kommentar zum ArbSchG, § 4, Rdnr. 6; *Wank*, TAS, § 4 ArbSchG, Rdnr. 1.

[141] Zur Hierarchie von technischen, organisatorischen und individuellen Schutzmaßnahmen vgl. etwa *Kohte*, EAS, B 6100, Arbeitsschutzrahmenrichtlinie, Rdnr. 51; *Bücker/Feldhoff/Kohte*, Rdnrn. 252 f.; *Wank*, TAS, § 4 ArbSchG, Rdnr. 11; *Kollmer/Vogl*, Arbeitsschutzgesetz, Rdnr. 109a.

[142] Hierzu auch EuGH, ZUR 2001, 83 ff. (85).

[143] Vgl. *Prax.-Kommentar-Sehling*, § 5 ArbSchG, Rdnr. 13; unklar etwa *Koll/Janning/Pinter-Koll*, Kommentar zum ArbSchG, § 4, Rdnrn. 8 ff.

[144] *Kohte*, Jahrbuch des Arbeitsrechts 2000, 21 ff. (32); ebenfalls dezidiert differenzierend zwischen Gefahren- und Gefährdungsschutz, *Wlotzke*, Festschrift Däubler, 654 ff. (659 ff.).

Leitbild des ArbSchG steht, zu konterkarieren. Der Gefährdungsschutz steht für eine Konzeption, nach der die rechtliche Akzeptanz arbeitsbedingter Risiken eben nicht mehr allein durch den Gefahrbegriff markiert wird.

Gefahrenschutz und Gefährdungsschutz unterscheiden sich vor allem im Hinblick auf ihre jeweiligen Rechtsfolgen. Der klassische ordnungsrechtliche Gefahrenschutz zeichnet sich dadurch aus, daß er strikt und unbedingt ist. Wird die Gefahrenschwelle überschritten, ist das mit der Arbeit verbundene Risiko rechtlich nicht mehr akzeptabel mit der Folge, daß zwingend Schutzmaßnahmen zur Gefahrenabwehr festzulegen sind.[145] Der Arbeitgeber hat also keinerlei Entschließungsermessen hinsichtlich des „ob" von Schutzmaßnahmen. Diskutabel ist allenfalls noch die Entscheidung zwischen verschiedenen Maßnahmen zur Gefahrenabwehr i.S. eines Auswahlermessens, sofern mehrere, gleichermaßen geeignete, Alternativen in Betracht kommen. Maßnahmen zur Gefahrenabwehr sind damit im Kern konditional, d.h. i.S. des „Wenn-dann-Schemas" programmiert.

Wäre der Gefährdungsschutz in gleicher Weise strikt zu verstehen wie der Gefahrenschutz, liefe dies darauf hinaus, daß der Arbeitgeber für absolute Sicherheit bei der Arbeit zu sorgen hätte. Die dahinter stehende Annahme einer völlig gefährdungsfreien und risikolosen Arbeitsgestaltung (z.B. auf Baustellen oder bei der Metallverarbeitung) dürfte indes kaum realistisch sein. Sie liegt dem Gesetz auch ersichtlich nicht zugrunde, denn nach § 4 Nr. 1 ArbSchG sind Gefährdungen lediglich „möglichst" zu vermeiden bzw. zu minimieren.[146] Formuliert wird damit in der Sache ein Optimierungsauftrag mit dem Ziel einer Gefahrenvorsorge[147], der normstrukturell dadurch gekennzeichnet ist, daß er im Gegensatz zum Gefahrenschutz nicht konditional, sondern final programmiert ist. Bei der betrieblichen Konkretisierung und Erfüllung des Schutzziels des § 4 Nr. 1 ArbSchG hat der Arbeitgeber einen Entscheidungsspielraum, der, wie oben gezeigt (S. 60 ff.), ein prägendes Merkmal für final programmierte Normen ist. Da die Gefährdungsvermeidungspflicht nicht strikt ist, sind die Folgen von Optimierungsmaßnahmen im Hinblick auf ihre Vor- und Nachteile auf weitere arbeitsschutzrechtliche Schutzziele (insbes. § 4 Nr. 4 ArbSchG) und die berechtigten Interessen des Arbeitgebers hin abzuklopfen und abzuwägen.

Wenn bei der Diskussion der rechtlichen Bindungen der Gefahrenvorsorge des § 4 Nr. 1 ArbSchG darauf aufmerksam gemacht wird, daß die Grenzen im Einzelfall schwierig zu bestimmen sind und dabei implizit oder explizit auf den

[145] Folgerichtig sind die allgemeinen Grundsätze des § 4 ArbSchG, die an den Gefahrbegriff anknüpfen – im Gegensatz zu § 4 Nr. 1 ArbSchG – auch strikt, d.h. ohne Entscheidungsspielraum hinsichtlich des „ob" formuliert, vgl. § 4 Nrn. 2, 6 ArbSchG.

[146] So z.B. auch *Wank*, TAS, § 4 ArbSchG, Rdnr. 2; *Prax.-Kommentar-Wilhelm*, § 4 ArbSchG, Rdnr. 3; *Wlotzke*, Festschrift Däubler, 654 ff. (659).

[147] Zur arbeitsschutzrechtlichen Gefahrenvorsorge vgl. *MünchArbR-Wlotzke*, § 206, Rdnr. 29 ff.; *Koll/Janning/Pinter-Koll*, Kommentar zum ArbSchG, § 4 Rdnr. 9.

Verhältnismäßigkeitsgrundsatz verwiesen wird[148], ist dem abstrakt sicherlich zuzustimmen. Dies darf allerdings nicht dazu führen, daß die bereits in den allgemeinen Grundsätzen des § 4 ArbSchG angelegten Wertungskriterien nicht gewürdigt werden. In diesem Zusammenhang ist insbesondere auf § 4 Nr. 3 ArbSchG zu verweisen. Die dort verankerte Pflicht zur Berücksichtigung des Standes von Technik, Arbeitsmedizin und Hygiene sowie der sonstigen gesicherten arbeitswissenschaftlichen Erkenntnisse weist Möglichkeiten zur Konkretisierung der Erwägungen zur Verhältnismäßigkeit.[149] So dürfte unstreitig sein, daß es bei der Neugestaltung von Arbeitsplätzen, nach Maßgabe der in § 4 Nr. 3 ArbSchG genannten Standards zumutbar ist, Gefährdungen zu vermeiden bzw. zu minimieren.[150]

Im übrigen greift es wie oben (S. 60 ff.) eingehend dargelegt zu kurz, sich bei der Rechtskontrolle einer final programmierten Norm wie § 4 Nr. 1 ArbSchG auf eine reine Ergebniskontrolle nach Maßgabe des Verhältnismäßigkeitsgrundsatzes zu beschränken. Da es typischerweise einen Korridor rechtlich gleichermaßen vertretbarer Ergebnisse (hier: Optimierungsmaßnahmen) gibt, legitimieren sich die gefällten Entscheidungen ganz wesentlich aus der Rationalität des Verfahrens der Ergebnisfindung. Für § 4 Nr. 1 ArbSchG bedeutet dies, daß die betriebliche Schutzkonzeption rechtlich einerseits daran zu messen ist, daß die vorhandenen Optionen zur Vermeidung bzw. Reduzierung der Gefährdung im Rahmen der Gefährdungsbeurteilung eingehend geprüft worden sind. Andererseits ist nachvollziehbar zu begründen, aus welchen Gründen ggf. Möglichkeiten zur Vermeidung bzw. Minimierung der Gefährdung nicht ausgeschöpft worden sind. Der Verhältnismäßigkeitsgrundsatz, verstanden als Maßstab für die Ergebnisrichtigkeit, gewinnt danach vor allem an den Randzonen des „Entscheidungskorridors" an Bedeutung, namentlich dann, wenn die Grenzen des (planerischen) Gestaltungsermessens überschritten werden.

Der erweiterte Arbeitsschutzansatz des ArbSchG, hier repräsentiert durch den vorrangigen Grundsatz der Vermeidung bzw. Verminderung von Gefährdungen, führt damit letztlich zu einem abgestuften Schutzkonzept, das in dieser Form neu für das deutsche Arbeitsschutzrecht ist.[151] Neben den strikt ausgestalteten Gefahrenschutz tritt mit dem Gefährdungsschutz eine neue arbeitsschutzrechtliche Pflicht, die dem Arbeitgeber einen rechtlich determinierten Gestaltungsspielraum einräumt. Der Gefährdungsschutz ist lediglich insoweit unbe-

---

148 *Wlotzke*, Festschrift Däubler, 654 (661); *Prax.-Kommentar-Wilhelm*, § 4 ArbSchG, Rdnr. 3; *Kollmer/Vogl*, Arbeitsschutzgesetz, Rdnrn. 79 f.; Gesetzesbegründung, Bt.Drcks. 13/3540, S. 16.

149 Ähnlich *Kittner/Pieper*, ArbSchR, § 4 ArbSchG, Rdnr. 5.

150 Hierzu *Nöthlichs*, Arbeitsschutz und Arbeitssicherheit, § 3, Anm. 2.8; *Kollmer/Vogl*, Arbeitsschutzgesetz, Rdnr. 70.

151 So *Kohte*, Jahrbuch des Arbeitsrechts 2000, 21 ff. (32).

dingt, als das Gestaltungsermessen sachgerecht ausgeübt werden muß. Für die hier interessierende Bewertung der im Rahmen der Gefährdungsbeurteilung ermittelten Gefährdungen bedeutet dies, daß es unerläßlich ist, daß aus der Dokumentation nach § 6 ArbSchG hervorgeht, welche Möglichkeiten zur Vermeidung einer Gefährdung eruiert worden sind und es transparent wird, aus welchen Gründen und mit welchem Ergebnis die Optimierungspflicht des § 4 Nr. 1 ArbSchG in die Schutzkonzeption eingegangen ist.

(b) Schutzziele aus speziellen Regelungen und sonstigen Vorschriften des ArbSchG

Neben den allgemeinen Grundsätzen des § 4 ArbSchG sind für die rechtliche Bewertung der ermittelten Gefährdungen, die sich aus den sonstigen Rechtsvorschriften i.S. des § 2 Abs. 4 ArbSchG ergebenden Schutzziele heranzuziehen. Diese werden durch die Verpflichtungen des Arbeitgebers aus dem ArbSchG nicht berührt (§ 1 Abs. 3 ArbSchG).

Zu erwähnen sind in diesem Zusammenhang neben den ausdrücklich in § 2 Abs. 4 ArbSchG erwähnten Unfallverhütungsvorschriften gesetzliche Bestimmungen, wie das ASiG oder das ArbZG, sowie Rechtsverordnungen wie z.B. die ArbStättV oder die auf Grundlage der §§ 18, 19 ArbSchG erlassene BildscharbV, LasthandhabV oder die BetrSichV. Mitzuberücksichtigen sind zudem Rechtsvorschriften, die nicht ausschließlich oder vorrangig dem Arbeitsschutz dienen, aber auf den Arbeitsschutz zielende Gehalte aufweisen, wie sie insbesondere im Umweltschutzrecht nicht selten zu finden sind (z.B. StörfallV; ChemG).[152] Im Zuge der Beurteilung der ermittelten Gefährdungen ist zu prüfen, ob die jeweiligen Rechtsvorschriften auf die konkreten Verhältnisse im Betrieb anwendbar sind und ggf., ob die dort normierten Schutzziele eingehalten werden.

Sinngemäß das Gleiche gilt für die übrigen im 2. Abschnitt des ArbSchG festgelegten Verpflichtungen des Arbeitgebers wie z.B. die in § 8 ArbSchG geregelten Vorkehrungen bei der Zusammenarbeit mit anderen Arbeitgebern oder die sich aus § 10 ArbSchG ergebenden Verpflichtungen über Erste-Hilfe und Notfallmaßnahmen. Auch insoweit ist also ein „Soll-Ist-Vergleich" für die ermittelten Gefährdungen durchzuführen.

(c) Verhältnis des § 4 ArbSchG zu den spezialgesetzlichen Schutzzielen

Da, wie gesehen, neben den allgemeinen Grundsätzen des § 4 ArbSchG auch die Schutzziele aus speziellen Rechtsvorschriften als Maßstäbe für die Beurteilung der Gefährdung heranzuziehen sind, stellt sich die Frage, in welcher Weise zu verfahren ist, wenn sich sowohl aus den allgemeinen Grundsätzen des § 4 ArbSchG

---

[152] Vgl. auch *Nöthlichs*, Arbeitsschutz und Arbeitssicherheit, § 2 ArbSchG, Anm. 5; *Prax.-Kommentar-Kohte*, § 2 ArbSchG, Rdnr. 141.

als auch aus speziellen Rechtsvorschriften Wertungsmaßstäbe ergeben. Zweifelhaft ist insbesondere, ob die Grundsätze des § 4 ArbSchG als allgemeine Regelungen hinter die gefährdungsspezifischen Bestimmungen der sonstigen Rechtsvorschriften wegen des Grundsatzes der Spezialität[153] zurücktreten.

Es bedarf hier keiner weiteren Vertiefung, daß solche Kollisionslagen stets für den konkreten Einzelfall zu klären sind und die allgemeinere Regelung soweit zurücktritt, wie sie inhaltlich von der spezielleren Norm konkretisiert wird bzw. diese über sie hinausgeht.[154] Es sind jedoch an dieser Stelle einige Bemerkungen angebracht, um zu verdeutlichen, daß Fallgestaltungen echter Normenspezialität eher die Ausnahme bilden und das Verhältnis des § 4 ArbSchG zu den übrigen arbeitsschutzrechtlichen Bestimmungen sich am treffendsten als ein Verhältnis „gegenseitiger Ergänzung"[155] charakterisieren läßt. Dies sei hier an einigen Beispielen veranschaulicht:

Die oben näher beschriebene vorrangige Pflicht des § 4 Nr. 1 ArbSchG, Gefährdungen vorrangig zu vermeiden oder zu minimieren, findet sich nur in einigen speziellen Arbeitsschutzvorschriften wie z.B. §§ 16 Abs. 2 GefStoffV, 8 Abs. 5 GenTSV. Da § 4 Nr. 1 ArbSchG unabhängig von der Art der Gefährdung zu beachten ist, muß der Arbeitgeber auch bei der Gestaltung der Arbeitsstätten primär die Vermeidung von Gefährdungen in Betracht ziehen, unabhängig davon, ob sich in der ArbStättV spezielle Vorgaben zur Gestaltung von Arbeitsstätten finden.[156] Die Regelungen der ArbStättV werden insoweit also von § 4 Nr. 1 ArbSchG überlagert. Nur auf diese Weise läßt sich der vom ArbSchG allgemein postulierte erweiterte und vorverlagerte Präventionsansatz auf alle Sachbereiche des betrieblichen Arbeitsschutzes erstrecken.

Der Grundsatz des § 4 Nr. 4 ArbSchG steht in besonderem Maße für den ganzheitlichen Ansatz des ArbSchG.[157] Danach sind Maßnahmen mit dem Ziel einer sachgerechten Verknüpfung von Technik, Arbeitsorganisation, sonstigen Arbeits-

---

[153] Zum Grundsatz der Spezialität vgl. etwa *Prax.-Kommentar-Kollmer*, § 1 ArbSchG, Rdnr. 80; *Koll/Janning/Pinter-Koll*, Kommentar zum ArbSchG, § 1, Rdnr. 13; *Kittner/Pieper*, ArbSchR, § 1 ArbSchG, Rdnr. 22 f.

[154] Als Beispiel läßt sich insoweit die Pflicht des Unternehmers, die Beschäftigten mindestens einmal jährlich zu unterweisen (§ 7 Abs. 2 VBG 1), nennen. Die Unfallverhütungsvorschrift geht insoweit über § 12 ArbSchG hinaus, als dort lediglich von „regelmäßigen" Wiederholungen die Rede ist. Vgl. zu diesem Beispiel auch *Koll/Janning/Pinter-Koll*, Kommentar zum ArbSchG, § 1, Rdnr. 13; *Prax.-Kommentar-Kollmer*, § 1 ArbSchG, Rdnr. 83.

[155] Hierzu ausführlich auch *MünchArbR-Wlotzke*, § 211, Rdnrn. 21 ff., sowie *Kollmer/Vogl*, Arbeitsschutzgesetz, Rdnr. 31; *Kittner/Pieper*, ArbSchR, § 1, Rdnrn. 22 f.

[156] Vgl. hierzu auch *Kittner/Pieper*, ArbSchR, ArbStättV, Rdnrn. 42 ff.

[157] Zum ganzheitlichen Ansatz des ArbSchG vgl. etwa *Prax.-Kommentar-Wilhelm*, § 4, Rdnrn. 22 ff.; *Kittner/Pieper*, ArbSchR, § 4 ArbSchG, Rdnr. 17; *Kohte*, 9. Workshop Psychologie der Arbeitssicherheit, 32 ff.

bedingungen, sozialen Beziehungen und Einfluß der Umwelt auf den Arbeitsplatz zu planen. Es geht also darum, Arbeitsschutzmaßnahmen nicht isoliert zu betrachten, sondern alle Parameter für die Sicherheit und Gesundheit aufeinander abzustimmen.[158] Die Regelung integriert quasi die jeweils isoliert bestehenden Schutzziele in eine einheitliche, d.h. ganzheitliche betriebliche Schutzkonzeption. Wegen § 4 Nr. 4 ArbSchG ist es vor diesem Hintergrund etwa notwendig, die Anforderungen der ArbStättV an die Raumlauft (§ 5) im Zusammenhang mit den Anforderungen an die Raumtemperatur (§ 6), den Schutz gegen Gase, Dämpfe, Nebel, Stäube (§ 14) oder die Raumabmessungen und den Luftraum (§ 23), zu sehen.[159] Sie verdeutlicht zudem, daß die speziellen Anforderungen aus den sonstigen Rechtsvorschriften i.S. des § 2 Abs. 4 ArbSchG stets auch in Zusammenhang mit den übrigen, z.T. nicht speziell normierten Umständen, zu sehen sind, die Sicherheit und Gesundheitsschutz beeinflussen. So ist beispielsweise anerkannt, daß bestimmte Formen der Arbeitsorganisation (z.B. Arbeitszeit, Entlohnungsform – etwa Akkordlohn –, taktbestimmte Arbeit) nachhaltigen Einfluß auf Unfall- und Gesundheitsrisiken haben.[160] Die nach § 4 Nr. 4 ArbSchG zu fordernde ganzheitliche Arbeitsschutzkonzeption hat diese Faktoren zu berücksichtigen und aufeinander abzustimmen.[161] Genügen die vorgefundenen Arbeitsschutzmaßnahmen diesen übergreifenden Anforderungen nicht, sind insoweit Defizite im Rahmen der Gefährdungsbeurteilung zu konstatieren, unabhängig davon, ob sie isoliert betrachtet den jeweiligen speziellen Anforderungen der sonstigen Rechtsvorschriften i.S. des § 2 Abs. 4 ArbSchG genügen.

Die in den Rechtsverordnungen zum ArbSchG erfolgten Konkretisierungen sind zudem für die Auslegung der rahmengesetzlichen Vorgaben des ArbSchG zu nutzen. Ein solcher Rückschluß aus normenkonkretisierenden Rechtsvorschriften auf den Inhalt allgemeiner, rahmengesetzlicher Bestimmungen ist bei der systematischen Auslegung des technischen Sicherheitsrechts methodisch anerkannt.[162] So können etwa die speziellen Bestimmungen der §§ 19 GefStoffV, 10 BiostoffV herangezogen werden, um die in § 4 ArbSchG angelegte Hierarchie der Schutzmaßnahmen zu konkretisieren oder § 9 BetrSichV zur Präzisierung der Pflichten zur Information der Beschäftigten durch Betriebsanweisungen und Unterweisungen.

---

[158] *Prax.-Kommentar-Wilhelm*, § 4 ArbSchG, Rdnr. 22; ähnlich, *MünchArbR-Wlotzke*, § 211, Rdnr. 35. Vgl. außerdem Art. 4 Abs. 1 der EU-Explosionsfähige Atmosphären Richtlinie (99/92/EG), die fordert, daß Explosionsrisiken in ihrer Gesamtheit zu beurteilen sind.

[159] Beispiel nach *Kittner/Pieper*, ArbSchR, ArbStättV, Rdnr. 43.

[160] Hierzu *Prax.-Kommentar-Wilhelm*, § 4, Rdnrn. 22 ff. mit weiteren Beispielen. Insbesondere im skandinavischen Arbeitsschutzrecht werden diese Zusammenhänge weitaus deutlicher herausgestellt. Im norwegischen Gesetz über Arbeitnehmerschutz und Arbeitsumwelt werden etwa Leistungslohnsysteme als Arbeit mit einem Sicherheitsrisiko bezeichnet. Vgl. hierzu *Birk*, Festschrift Wlotzke, 645 ff. (653 f.).

[161] In diesem Sinne auch *Bücker*, Von der Gefahrenabwehr zur Risikovorsorge, S. 231.

[162] Hierzu *Kohte*, ArbuR 1984, 263 ff. (264) m.w.N.

(4) Ermittlung geeigneter Maßnahmen zur Realisierung der Schutzziele

Soweit sich bei der vorstehend beschriebenen Bewertung der Gefährdung Abweichungen zwischen dem rechtlichen Soll-Zustand und dem tatsächlichem Ist-Zustand im Betrieb ergeben haben, sind diese durch Maßnahmen des Arbeitsschutzes zu beseitigen. Als geeignete Maßnahmen i.S. des § 5 Abs. 1 ArbSchG sind danach die Vorkehrungen anzusehen, die notwendig werden, um die im Wege des Soll-Ist-Vergleichs ermittelten Schutzziele zu realisieren.[163] Z.T. werden in den Gesetzen und Verordnungen konkrete Maßnahmen genannt, aus denen sich der rechtliche Mindestschutz ergibt (z.B. Mindestgrößen von Verkehrswegen, Arbeitsräumen und des Luftraums nach §§ 17, 23 ArbStättV; Beschäftigungsverbote und -beschränkungen nach §§ 5 MuSchRiV, 15 a GefStoffV). Überwiegend werden in den Vorschriften aber mehr oder weniger konkrete Schutzziele normiert, die nicht ohne weiteres erkennen lassen, welche Maßnahmen zur Realisierung dieser Ziele angezeigt sind. Es sind deshalb auf dieser Ebene der Gefährdungsbeurteilung Überlegungen darüber anzustellen, welche Mittel notwendig sind, um die in den einschlägigen Rechtsvorschriften formulierten Schutzziele praktisch zu erreichen. Folgt man der geläufigen arbeitswissenschaftlichen Einteilung der Arbeitsschutzmaßnahmen, kommen grundsätzlich technische, organisatorische oder personenbezogene Maßnahmen in Betracht.[164] Auch bei der Ermittlung der Schutzmaßnahmen ist der Blick zudem wiederum auf die in § 4 ArbSchG angelegte Hierarchie der Schutzmaßnahmen[165] zu richten. Funktional kommt § 4 ArbSchG und den spezialgesetzlichen Schutzzielen hier aber eine andere Bedeutung zu. Fungieren sie im Rahmen der Bewertung der Gefährdung als Maßstab für den „Ist-Zustand", bilden sie nunmehr die normative Meßlatte für die ins Auge zu fassenden Schutzmaßnahmen.

Die Bewertung der ermittelten Gefährdungen anhand der arbeitsschutzrechtlichen Schutzziele und die Ermittlung der Schutzmaßnahmen lassen sich vor diesem Hintergrund nur schwer voneinander trennen. Dies ist vor allem darauf zurückzuführen, daß der Arbeitgeber bei der Planung der Maßnahmen einen Gestaltungsspielraum hat, durch den insbes. betriebsangepaßte Lösungen ermöglicht werden sollen. Schon bei der Bewertung der Gefährdungen ist deshalb zumindest gedanklich zu prüfen, ob andere Schutzmaßnahmen besser geeignet sind, die arbeitsschutzrechtlich vorgegebenen Ziele zu realisieren. Blickt man auf die funktionale Einbindung der Gefährdungsbewertung und Maßnahmen-

[163] Vgl. auch *Kittner/Pieper*, ArbSchR, § 5 ArbSchG, Rdnrn. 8 f.; *Kollmer/Vogl*, Arbeitsschutzgesetz, Rdnr. 109; *Brock*, Arbeitsschutzgesetz, 27; *Prax.-Kommentar-Sehling*, § 5 ArbSchG, Rdnr. 24.

[164] Zu diesem TOP-Modell vgl. auch *Luczak*, Arbeitswissenschaft, S. 448 ff.

[165] Hierzu nochmals *Kohte*, EAS, B 6100, Arbeitsschutzrahmenrichtlinie, Rdnr. 51; *Bücker/Feldhoff/Kohte*, Rdnrn. 252 f.; *Wank*, TAS, § 4 ArbSchG, Rdnr. 11; *Kollmer/Vogl*, Arbeitsschutzgesetz, Rdnr. 109a.

ermittlung in den Planungsprozeß, dürfte eine puristische Trennung der beiden Phasen der Gefährdungsbeurteilung auch nicht geboten sein. Beide dienen der Vorbereitung der planerischen Gestaltungsentscheidung und sind damit Elemente des darstellenden bzw. beschreibenden Teils des Planungsprozesses (vgl. hierzu oben S. 91 ff.). Funktion dieser Phase des Planungsprozesses ist neben der möglichst vollständigen Aufklärung der tatsächlichen Gegebenheiten die umfassende Darstellung der Gestaltungsalternativen sowie die Beschreibung ihrer jeweiligen Vor- und Nachteile. Wichtig ist daher primär, daß die bestehenden Optionen in all ihren Facetten entwickelt werden, um so die Basis für eine fundierte planerische Gestaltungsentscheidung zu schaffen.

c) Exkurs: Die Bedeutung der Gefährdungsbeurteilung bei der Beschaffung von Arbeitsmitteln

Der zentrale Stellenwert der Gefährdungsbeurteilung für die Durchführung eines nachhaltig präventiven betrieblichen Arbeits- und Gesundheitsschutzes wird besonders deutlich bei der Beschaffung neuer Arbeitsmittel (insbes. Maschinen). Prävention i.S. des obersten Grundsatzes des § 4 Nr. 1 ArbSchG läßt sich im besonderen Maße realisieren, wenn nur Maschinen beschafft werden, die im Hinblick auf die geplante Verwendung im Betrieb möglichst frei von Gefährdungen für die Beschäftigten sind oder, sofern dieses Ziel nicht realisierbar ist, nur mit einem Minimum an Gefährdungen verbunden sind.[166] Es reicht in diesem Kontext nicht aus, daß lediglich Maschinen beschafft werden, die den geltenden sicherheitstechnischen Anforderungen, insbes. der MaschinenV und des Anhangs I der EU-Maschinenrichtlinie[167] entsprechen (vgl. insoweit auch § 7 BetrSichV). Um dem breiten Präventionsansatz des ArbSchG zu genügen, bedarf es vielmehr zugleich der Einpassung in die konkreten Verhältnisse im Betrieb.[168] So kann es für die Auswahl unter dem Aspekt des Arbeits- und Gesundheitsschutzes von erheblicher Bedeutung sein, wie groß eine Maschine ist, wenn die Aufstellung in einer kleinen Fabrikationsstätte vorgesehen ist.[169] Entsprechendes gilt etwa auch, wenn eine Maschine mit hoher Wärmeabstrahlung in einer ohnehin klimatisch problematischen Arbeitsstätte aufgestellt werden soll.

---

[166] In diesem Sinne wohl auch *Doll*, s.i.s. 1997, 170 ff. (172).

[167] Richtlinie 98/37/EG zur Angleichung der Rechtsvorschriften der Mitgliedstaaten für Maschinen vom 22. Juni 1998 (ABl. Nr. L 207/1).

[168] Vgl. auch *Wlotzke*, NJW 1997, 1469 ff. (1475); *Doll*, s.i.s. 1997, 170 ff. (174 ff.); *Kittner/Pieper*, ArbSchR, § 3 AMBV, Rdnr. 1; *Prax.-Kommentar-Blachnitzky*, AMBV, Rdnr. 24.

[169] Hierzu auch *Doll*, s.i.s. 1997, 170 ff. (171). Nach den Erfahrungen des Verfassers in empirischen Projekten zum betrieblichen Arbeitsschutz wird dieser Aspekt nicht selten nur unzureichend beachtet. Die Folge sind z.T. aufwendige Umgestaltungen (z.B. neue Anordnung der übrigen Anlagen) und, auch für die betrieblichen Akteure, wenig befriedigende Provisorien.

Die Nutzung von Gefährdungsbeurteilungen ermöglicht es vor dem Hintergrund der angerissenen Probleme, ein Leistungs- bzw. Anforderungsprofil für die Auswahl geeigneter Arbeitsmittel zu entwickeln, durch das die Angebote des Beschaffungsmarktes im Hinblick auf die im konkreten Einzelfall bedeutsamen Aspekte der betrieblichen Sicherheit und Gesundheit vergleichbar werden.[170] Dieser Befund wird durch § 4 Absatz 1 BetrSichV bestätigt, der den Arbeitgeber verpflichtet, die erforderlichen Vorkehrungen zu treffen,

> „damit den Beschäftigten nur Arbeitsmittel bereitgestellt werden, die für die am Arbeitsplatz gegebenen Bedingungen geeignet sind und bei deren bestimmungsgemäßer Benutzung Sicherheit und Gesundheitsschutz gewährleistet sind".

Zusammenfassend läßt sich damit festhalten, daß Gefährdungsbeurteilungen bei betrieblichen Innovationsentscheidungen eine „Scharnierfunktion" zwischen betrieblichem und vorgreifendem, d.h. produktbezogenem Arbeitsschutz zukommt.[171] All dies legt es nahe, den Arbeits- und Gesundheitsschutz mit Hilfe der Gefährdungsbeurteilungen in das betriebliche Projektmanagement einzubinden. Auf diese Weise wird es möglich, die produktiven Anforderungen im Zusammenhang mit den Erfordernissen der betrieblichen Sicherheit und Gesundheit zu betrachten. Tatsächliche oder vermeintliche Zielkonflikte lassen sich so bereits im Vorfeld, d.h. zu einem Zeitpunkt, zu dem noch ein weiter Gestaltungsspielraum besteht, erkennen und sachgerecht lösen. Mit Blick auf die nach § 3 Abs. 2 Nr. 2 ArbSchG geforderte Integration des Arbeits- und Gesundheitsschutzes in die Geschäftsprozesse (hierzu unten S. 341 ff.) kann das oben angesprochene Anforderungsprofil zur Optimierung der Vertragsgestaltung bei der Beschaffung beitragen. Nach § 5 BGV A 1 ist bei der Auftragserteilung dem Auftragnehmer ohnehin schriftlich die Beachtung der einschlägigen, produktbezogenen Bestimmungen aufzugeben. Die Spezifizierungen durch ein nach Maßgabe einer Gefährdungsbeurteilung konzipiertes Anforderungsprofil können dabei im Falle von Mängeln die vertragsrechtlichen Optionen des Arbeitgebers – hier in seiner Funktion als Käufer oder Auftraggeber – verbessern.[172]

---

[170] In der Literatur werden diese präventiven Potentiale m.E. nicht mit der gebotenen Deutlichkeit herausgestellt. So wird zwar zu recht auf die Notwendigkeit und Bedeutung der Gefährdungsbeurteilung im Hinblick auf die Festlegung von Schutzmaßnahmen bei der *Benutzung* von Arbeitsmitteln hingewiesen, vgl. nur *Doll*, s.i.s. 1997, 170 ff. (176); *Wlotzke*, NJW 1997, 1469 ff. (1475); *Wank*, TAS, § 3 AMBV, Rdnr. 3. Die Bedeutung der Gefährdungsbeurteilung für die – vorrangig zu treffende – Auswahlentscheidung über mehrere Angebote wird demgegenüber jedenfalls nicht explizit thematisiert.

[171] Zur Abgrenzung und zum Zusammenwirken von betrieblichem und vorgreifendem Arbeitsschutz im Zusammenhang mit Arbeitsmitteln vgl. nur *Bücker/Feldhoff/Kohte*, Rdnrn. 487 ff.; *Kohte/Bücker*, Festschrift Reich, 459 ff.; *Streffer*, Festschrift Wlotzke, 769 ff. (778 ff.).

[172] Zu zivilrechtlichen Aspekten des Maschinenkaufs vgl. auch *Kohte/Bücker*, ZfRSoz 1993, 243 ff. (246 f.). Die Autoren kommen dabei zu dem Befund, daß die bestehenden kaufrechtlichen und deliktsrechtlichen Handlungsspielräume nur unzureichend genutzt werden, was letztlich die Bedeutung des § 3 Abs. 2 Nr. 2 ArbschG nur unterstreicht.

3. *Das Treffen der Maßnahmen als Ergebnis planerischer Abwägung*

Die durch die Gefährdungsbeurteilung ermittelten und aufbereiteten Informationen über die Gefährdungen an den Arbeitsplätzen und die denkbaren Schutzmaßnahmen bilden die Basis für die den Planungsprozeß abschließende Entscheidung, welche „erforderlichen Maßnahmen des Arbeitsschutzes" i.S. von § 3 Abs. 1 Satz 1 ArbSchG zu treffen sind. Bewegten sich die bisherigen Überlegungen strukturell vor allem im Kontext des beschreibenden Teils des Planungsprozesses, geht es nunmehr um die planerische Gestaltungsentscheidung.

a) Die Planungsentscheidung als komplexe Abwägungsentscheidung

Es wurde oben (S. 88 ff.) dargestellt, daß durch Planungsentscheidungen ein Bündel von Maßnahmen getroffen werden, um die sich aus einem vielschichtigen und komplexen Sachverhalt ergebenden vielfältigen Fragen, untereinander abgestimmt und einheitlich zu regeln. Dementsprechend ist bereits im Gesetzgebungsverfahren darauf hingewiesen worden, daß Arbeitsschutzmaßnahmen nicht isoliert getroffen werden dürfen. Sie sind vielmehr unter Berücksichtigung und Abstimmung aller relevanten Einflußgrößen, die sich inbes. aus dem „Arbeitssystem Betrieb" ergeben, festzulegen.[173] Es geht also darum, ein in sich stimmiges Gesamtkonzept für den betrieblichen Arbeits- und Gesundheitsschutz zu entwickeln, das allen relevanten Aspekten der Sicherheit und Gesundheit im Betrieb Rechnung trägt. § 3 Abs. 1 Satz 1 ArbSchG hebt dies dadurch hervor, daß die Maßnahmen unter Berücksichtigung der Umstände zu treffen sind, die Sicherheit und Gesundheit der Beschäftigten beeinflussen. Die „Stellschrauben", die im Rahmen der planerischen Abwägung zu justieren sind, gibt § 4 Nr. 4 ArbSchG dadurch normativ vor, daß eine sachgerechte Verknüpfung von Technik, Arbeitsorganisation, sonstigen Arbeitsbedingungen, sozialen Beziehungen und Einfluß der Umwelt auf den Arbeitsplatz als Ziel der Planungsentscheidung genannt wird.

Der Zweck dieser arbeitsschutzrechtlichen Planungspflicht kommt in der englischen Fassung der Arbeitsschutzrahmenrichtlinie deutlicher zum Ausdruck als im ArbSchG und der deutschen Übersetzung des Richtlinientextes: Dort wird vom Arbeitgeber „developing a coherent overall prevention policy" gefordert (Art. 6 Abs. 2 lit. g Arbeitsschutzrahmenrichtlinie).[174] Vorzulegen ist damit eine umfassende und übergreifende betriebsbezogene Arbeitsschutzpolitik, aus der sich die kurz-, mittel- und langfristigen Ziele des Arbeits- und Gesundheitsschutzes und die erforderlichen Umsetzungsschritte ergeben.

---

[173] Vgl. Gesetzesbegründung, BT-Drcks. 13/3540, S. 16; *Nöthlichs*, Arbeitsschutz und Arbeitssicherheit, § 4 ArbSchG, Anm. 3.4; *Kollmer/Vogl*, Arbeitsschutzgesetz, Rdnr. 85; *Prax.-Kommentar-Wilhelm*, § 4 ArbSchG, der eine „ganzheitliche" Betrachtung verlangt.

[174] Hierzu auch *Kohte*, EAS B 6100, Arbeitsschutzrahmenrichtlinie, Rdnr. 59; *Koll/Janning/Pinter-Koll*, Kommentar zum ArbSchG, § 4 ArbSchG, Rdnr. 26.

Wie bereits oben herausgearbeitet (S. 94 ff.), sind Planungsentscheidungen final programmiert. Sie können daher nicht aufgrund einfacher Sachverhaltssubsumtion getroffen werden, wie dies bei konditionalen Normenprogrammen i.S. des „Wenn-dann-Schemas" der Fall ist. Spezifisch für Planungsentscheidungen ist die Ausübung einer planerischen Gestaltungsfreiheit, die darin besteht, Ziele und Maßnahmen im Rahmen einer Abwägung zu gewichten und abzustimmen.[175] Es ist vor diesem Hintergrund zumindest mißverständlich, wenn z.T. der Eindruck erweckt wird, daß die Schutzmaßnahmen unter Heranziehung der jeweils einschlägigen Spezialvorschriften (z.B. der ArbStättV, GefStoffV oder der Unfallverhütungsvorschriften) schematisch abgeleitet werden könnten bzw. bei geringem Risiko prinzipiell keine Maßnahmen mehr erforderlich sind.[176] Eine solche Sichtweise versperrt den Blick darauf, daß Planungsentscheidungen stets Abwägungsentscheidungen sind.

Es ist zwar zuzugeben, daß spezialgesetzliche Schutzziele auch im Rahmen von Planungsentscheidungen in ihrem Ziel (z.B. Grenzwerte) verbindlich sind und die zugrundeliegenden gesetzgeberischen Entscheidungen im Wege der Abwägung nicht konterkariert werden können. Häufig gibt es aber mehrere Maßnahmen, um diese Schutzziele zu verwirklichen. Es besteht somit ein Auswahlermessen, das dadurch auszuüben ist, daß die gegebenen Optionen im Hinblick auf die Auswirkungen auf das gesamte „Arbeitssystem Betrieb" nach Maßgabe des § 4 Nr. 4 ArbSchG abgewogen werden. Selbst wenn im Einzelfall nur eine geeignete Maßnahme zur Realisierung eines solchen Schutzziels denkbar ist oder eine Maßnahme ausdrücklich vorgeschrieben ist, bleibt abzuwägen, ob weitere Möglichkeiten zur Optimierung des Schutzes angezeigt sind. Insoweit kommt insbes. der allgemeine Grundsatz des § 4 Nr. 1 ArbSchG zum Tragen, wonach Gefährdungen möglichst zu vermeiden bzw. gering zu halten sind. Da das Gesetz wie bereits oben dargestellt (S. 112 ff.) keinen kategorischen Gefährdungsschutz vorsieht, hat der Arbeitgeber sein insoweit bestehendes Entschließungsermessen auszuüben und im Rahmen der Planungsentscheidung die Vor- und Nachteile von weiteren Maßnahmen des Gefährdungsschutzes abzuwägen. Die Einhaltung von Grenz- und Schwellenwerten in speziellen Arbeitsschutzvorschriften besagt insoweit also nicht mehr, als daß das rechtlich in keinem Falle zu akzeptierende Risiko nicht überschritten wird.

b) Rechtliche Bindungen der planerischen Gestaltungsfreiheit

Wenngleich der Arbeitgeber bei der Planung der Maßnahmen des Arbeitsschutzes über einen Gestaltungsspielraum verfügt, ist hieraus nicht zu schließen,

[175] Vgl. BVerwGE 48, 56 ff. (59); BVerwGE 56, 110 ff. (116 ff.; 122 ff.); *Bender/Sparwasser/Engel*, Umweltrecht, S. 112, 116; *Hoppe*, Grundfragen des Planungsrechts, S. 109.

[176] Vgl. etwa *Bürkert*, AuA 1997, 190 ff. (192); *Brock*, Arbeitsschutzgesetz, S. 36 ff.; *Prax.-Kommentar-Sehling*, § 5 ArbSchG, Rdnr. 33

daß die Ausgestaltung eines betrieblichen Sicherheits- und Gesundheitsschutzkonzepts in sein Belieben gestellt wäre. Rechtliche Bindungen sind schon deshalb verfassungsrechtlich geboten, weil das Arbeitsschutzrecht nicht lediglich die Rechtsbeziehungen zwischen dem Staat und dem Arbeitgeber regelt, sondern gerade auf den Schutz von Leben und Gesundheit der Beschäftigten, also nach Art. 2 GG grundrechtlich geschützter Rechtsgüter, zielt.

Auf der anderen Seite ist aber eine planerische Gestaltungsfreiheit nur dann denkbar, wenn die Möglichkeit besteht, zwischen mehreren Entscheidungsalternativen zu wählen. Daraus folgt, daß das *Ergebnis der Planentscheidung* selbst nur einer eingeschränkten Rechtskontrolle unterliegen kann.[177] Im Gegensatz zu konditional programmierten Entscheidungen gibt es nicht nur eine rechtlich richtige Sachentscheidung, sondern ein mehr oder weniger breites Spektrum rechtlich vertretbarer Entscheidungen, das letztendlich den Gestaltungsspielraum ausmacht. Die Rechtskontrolle des Ergebnisses der Planung hat sich daher auf die Prüfung zu beschränken, ob dieser Gestaltungsspielraum überschritten worden ist.

Es wurde oben eingehend dargelegt (S. 60 ff.), daß die rechtliche Richtigkeit einer solchen wertungsoffenen Entscheidung nicht mehr allein durch das Ergebnis verbürgt ist. Jedenfalls sobald Grundrechte betroffen sind, ist zu prüfen, inwieweit die fragliche Entscheidung durch ein angemessenes Verfahren, in dem alle relevanten Belange zum Tragen kommen, vorstrukturiert ist. Neben die klassische Kategorie der Ergebnisrichtigkeit tritt also als weiterer Kontrollmaßstab die *Verfahrensrichtigkeit*. Dies gilt im hier interessierenden Zusammenhang sowohl für die Entscheidungsvorbereitung, die maßgeblich durch das Verfahren der Gefährdungsbeurteilung nach § 5 ArbSchG geprägt ist, als auch für die Abwägungsentscheidung als gestaltenden Teil der Planung.

Auch die Abwägung ist bei näherer Betrachtung keine punktuelle Entscheidung, sondern ein Prozeß. Hilfreich ist es in diesem Zusammenhang, noch einmal einen Blick auf das öffentliche Planungsrecht zu werfen. Dort wird die Abwägung als iterativer Prozeß verstanden, „der in einem Hin und Her zwischen möglichem Ziel und vorhandener Problemkonstellation die jeweils optimale Lösung zu erreichen sucht“[178]. Erst am Ende dieses Prozesses steht das eigentliche *Abwägungsergebnis*. Die rechtliche Bedeutung des *Abwägungsvorganges*[179] liegt in seiner Integrationsleistung. Da Planungen auf die umfassende Entscheidung über einen

---

[177] *Erbguth*, DVBl. 1986, 1230 ff. (1231); *Bender/Sparwasser/Engel*, Umweltrecht, S. 112 f.

[178] *Bender/Sparwasser/Engel*, Umweltrecht, S. 80.

[179] Zur Unterscheidung von Abwägungsvorgang und Abwägungsergebnis vgl. BVerwGE 45, 309 ff. (312 ff.); BVerwGE 48, 56 ff. (64); die Literatur folgt dieser Differenzierung bei unterschiedlichen Akzentsetzungen ganz überwiegend, vgl. z.B. *Sarnighausen*, NJW 1993, 3229 ff. (3230 f.; *Erbguth*, DVBl. 1986, 1230 ff. (1232 ff.); *Ibler*, DVBl. 1988, 469 ff. (471 ff.); kritisch zur Unterscheidung von Vorgangs- und Ergebniskontrolle Koch, DVBl. 1983, 1125 ff. (1126 ff.), der die Überprüfung von Planungsentscheidungen im Kern als Begründungs- und damit Vorgangskontrolle ansieht.

komplexen Regelungssachverhalt zielen, ist durch die Abwägung zu gewährleisten, daß alle Planungsziele Berücksichtigung finden, unabhängig davon, wie sie im einzelnen gewichtet und bewertet werden. An dieser Zielsetzung ist der Abwägungsvorgang rechtlich zu messen. Es handelt sich damit in der Sache um eine Begründungskontrolle, dahingehend, ob alle Facetten des Planungssachverhalts in das Abwägungsergebnis Eingang gefunden haben.[180]

Nach alledem ist davon auszugehen, daß sich rechtliche Bindungen der Planungsentscheidung sowohl im Hinblick auf den Abwägungsvorgang als auch auf das Abwägungsergebnis ergeben. Will man diese genauer fassen, bietet es sich wiederum an, Orientierungspunkte im öffentlichen Planungsrecht zu suchen, da die öffentlich-rechtliche Planungsfehlerlehre[181] die soeben entwickelte Differenzierung von Abwägungsvorgang und Abwägungsergebnis im Kern aufgreift. Vor allem die öffentlich-rechtliche Umweltplanung weist eine Reihe von Berührungspunkten und Parallelen mit der hier interessierenden Planung des betrieblichen Arbeits- und Gesundheitsschutzes auf, die fruchtbar gemacht werden können. Vergleichbar sind zunächst die Schutzziele, die der Planungsentscheidung zugrunde liegen. Sowohl bei der Planung umweltrelevanter industrieller Projekte als auch beim Arbeitsschutz geht es letztlich um die rechtliche Verarbeitung technisch geprägter Risiken. Mit der UVP verfügt die Umweltplanung über ein Planungsinstrument, das methodisch auf einer Linie mit der Gefährdungsbeurteilung nach § 5 ArbSchG liegt. Hier wie dort werden die fachgesetzlich abstrakt beschriebenen Planungsziele also mittels systematischer Sicherheitsbetrachtungen konkretisiert. Schließlich ist die Planung im Umweltrecht, wie auch nach der Philosophie des ArbSchG, integraler Bestandteil einer auf umfassende Prävention oder, in der Terminologie des Umweltrechts, einer auf Vorsorge ausgerichteten Regulierungsstrategie.[182] In beiden Rechtsgebieten werden in diesem Zusammenhang progressive Technikklauseln (Stand der Technik) herangezogen, um dem nach Optimierung strebenden Vorsorgeprinzip rechtliche Konturen zu verleihen.

---

180 Zur Bedeutung einer konsistenten Begründung für die Rationalität wertungsoffener Entscheidungen vgl. auch BVerwGE 75, 214 ff. (239 ff.); *Burmeister*, JUTR 1988, 121 ff. (151 f.).

181 So jedenfalls die Rechtsprechung und überwiegende Auffassung, vgl. dazu etwa BVerwGE 45, 309 (315); BVerwGE 48, 56 ff. (64.); *Ibler*, DVBl. 1988, 469 ff.; *Erbguth*, DVBl. 1986, 1230 ff.; *Sarnighausen*, NJW 1993, 3229 ff. (3230 ff.), der für die Bauleitplanung darauf hinweist, daß in der gerichtlichen Praxis die schematische Differenzierung zwischen den verschiedenen Arten von Abwägungsfehlern weitgehend aufgegeben worden ist (S. 3233); a.A. Koch, DVBl. 1983, 1125 ff., der von einer reinen Begründungskontrolle des Abwägungsvorgangs ausgeht, da eine korrekt begründete Entscheidung stets zugleich auch in ihrem Ergebnis begründbar sei (S. 1128).

182 Zur Bedeutung der Planung für das Vorsorgeprinzip vgl. etwa *Kloepfer*, Umweltrecht, § 4, Rdnr. 8; *Erbguth*, Rechtssystematische Grundfragen des Umweltrechts, 92 ff.; im Hinblick auf das Arbeitsschutzrecht, vgl. *Bücker*, Von der Gefahrenabwehr zur Risikovorsorge, S. 155 f., 243 ff.

aa) Abwägungsvorgang

Im Hinblick auf den Abwägungsvorgang ist hier in Anlehnung an die Terminologie der öffentlich-rechtlichen Abwägungsfehlerlehre vor allem auf den Abwägungsausfall und das Abwägungsdefizit hinzuweisen.

(1) Abwägungsausfall

Ein Abwägungsausfall ist dadurch gekennzeichnet, daß eine (sachgerechte) Abwägung überhaupt nicht stattfindet.[183] Die Grenzen der planerischen Gestaltungsfreiheit sind hier insofern überschritten, als überhaupt keine bewußte Abstimmung und Koordinierung von Planungszielen, Mitteln und sonstigen betroffenen Belangen stattfindet. Es ist deshalb schon fraglich, ob überhaupt noch von einer Abwägung gesprochen werden kann. Für die betriebliche Sicherheits- und Gesundheitsschutzplanung dürfte vor allem der Fall von einigem Gewicht sein, daß die finale Programmierung der Planungsentscheidung verkannt wird. Solche Fallgestaltungen sind durchaus nicht selten zu beobachten, da in der Praxis noch häufig die Einhaltung genau quantifizierbarer Mindestabstände, Grenzwerte oder technischer Auslegungen als alleiniger Beleg für die Einhaltung des betrieblichen Arbeitsschutzrechts gilt.[184] Verkannt wird dabei, daß unabhängig davon abzuwägen ist, ob und inwieweit im konkreten Fall die allgemeinen Grundsätze des § 4 ArbSchG zum Tragen kommen.

(2) Abwägungsdefizit

Ein Abwägungsdefizit ist gegeben, wenn nicht alle Belange und Planungsziele in die Abwägung eingestellt werden, die nach Lage der Dinge zu gewichten, bewerten und abzustimmen sind.[185] In einem solchen Fall wird der rechtliche Rahmen der Planung nicht (vollständig) beachtet. Im Bereich der betrieblichen Sicherheits- und Gesundheitsschutzplanung sind die abwägungserheblichen Planungsziele und die denkbaren Schutzmaßnahmen wie gesehen systematisch, aufgrund von Gefährdungsbeurteilungen nach § 5 ArbSchG zu ermitteln.

Ein Abwägungsdefizit ist vor diesem Hintergrund vor allem unter drei Gesichtspunkten zu prüfen. *Erstens* ist es denkbar, daß die Ergebnisse der Gefährdungsbeurteilung nur selektiv in die Abwägung eingehen, d.h. nicht alle Ge-

---

[183] Vgl. etwa *Stüer*, Handbuch des Bauplanungs- und Fachplanungsrechts, Rdnrn. 794, 797; *Bender/Sparwasser/Engel*, Umweltrecht, S. 117; *Kloepfer*, Umweltrecht, § 10, Rdnr. 41; BVerwGE 56, 110 ff. (122); BVerwGE 48, 56 ff. (63 f.).

[184] Dies ist jedenfalls das Bild, das der Verfasser im Rahmen empirischer Untersuchungen des betrieblichen Arbeits- und Gesundheitsschutzes in einer Reihe von Betrieben gewonnen hat.

[185] *Kloepfer*, Umweltrecht, § 10, Rdnr. 41; *Bender/Sparwasser/Engel*, Umweltrecht, S. 117.

fährdungen, Schutzziele und Maßnahmen eingestellt werden. Vor diesem Hintergrund ist es insbes. zweifelhaft, wenn sich in der Literatur und in Praxisanleitungen bisweilen der apodiktische Hinweis findet, daß bei geringem Risiko kein Handlungsbedarf besteht. Wegen § 4 Nr. 1 ArbSchG ist ein solcher Hinweis rechtlich mehr als fragwürdig. Richtig ist vielmehr, daß der Handlungsbedarf gering ist, was allerdings erst bei der Gewichtung der Planungsziele im Rahmen des Abwägungsvorgangs zum Tragen kommt. Man kann in einem solchen Fall von einem partiellen Abwägungsausfall sprechen, dergestalt, daß die nicht berücksichtigten Ziele und Maßnahmen nicht bewertet und gewichtet wurden und insoweit auch keine Abwägung stattgefunden hat.

Zweitens ist der Fall zu sehen, daß im Rahmen der Planung der Maßnahmen – entgegen § 5 ArbSchG – keine Gefährdungsbeurteilung durchgeführt worden ist. Das Problem liegt hier darin, daß die mit der Planungsentscheidung zu verfolgenden Ziele nicht in der nach § 5 ArbSchG gebotenen systematischen Form ermittelt worden sind. Auch wenn nicht grundsätzlich auszuschließen ist, daß quasi intuitiv die relevanten Aspekte in die Abwägung eingestellt worden sind, ist von einem Abwägungsdefizit auszugehen. Insoweit muß zum Tragen kommen, daß Planungskontrolle wie gesehen zu einem entscheidenden Teil Verfahrens- und Begründungskontrolle ist.

Drittens und eng verbunden mit der vorstehenden Konstellation ist schließlich der Fall, daß das Abwägungsmaterial durch ein ungeeignetes Verfahren der Gefährdungsbeurteilung ermittelt und zusammengestellt worden ist (z.B. Anwendung eines für den Bürobereich konzipierten Beurteilungsverfahrens in der Fertigung). Da das eingesetzte Verfahren der Gefährdungsbeurteilung keine angemessene Problemsensibilität besitzt, ist auch nicht gewährleistet, daß alle abwägungsrelevanten Aspekte Berücksichtigung finden. Da im Rahmen des Abwägungsvorgangs alle relevanten Gefährdungen, Schutziele und Maßnahmen zu verarbeiten sind, ist auch insofern von einem Begründungsmangel in Gestalt eines Abwägungsdefizits auszugehen.

bb) Abwägungsergebnis

Da Planungen einen Gestaltungsspielraum voraussetzen, ist die planerische Entscheidung nur daraufhin zu überprüfen, ob sich das Abwägungsergebnis innerhalb des rechtlich vertretbaren „Entscheidungskorridors" bewegt. Für die Bestimmung der Grenzen dieses Entscheidungskorridors gibt es eine Reihe von Maßstäben, auf die nunmehr einzugehen ist.

(1) Nicht durch die Abwägung überwindbare Schutzziele

Eine erste wichtige Einschränkung planerischen Ermessens stellen, wie auch bereits oben kurz angesprochen, in arbeitsschutzrechtlichen Rechtsvorschriften normierte Mindestanforderungen dar. Derartige Minimalstandards finden sich in großer Zahl in speziellen Regelungen. In diesem Kontext lassen sich beispielhaft eine Reihe Vorschriften der ArbStättV nennen. So darf der Schallpegel in Arbeitsräumen höchstens die in § 15 ArbStättV genauer festgelegten Grenzwerte erreichen, muß der Sicherheitsabstand auf Verkehrswegen für kraftbetriebene oder schienengebundene Verkehrsmittel mindestens 0,50 m betragen (§ 17 Abs. 2 ArbStättV), Laderampen mindestens eine Breite von 0,80 m aufweisen (§ 21 ArbStättV) oder muß in Pausenräumen für jeden Arbeitnehmer eine Grundfläche von mindestens 1,00 m^2 vorhanden sein und die Grundfläche mindestens 6,00 m^2 betragen (§ 29 Abs. 3 ArbStättV).[186] In all diesen Fällen besteht kein Entschließungsermessen und können die genau quantifizierten Vorgaben nicht zur Disposition stehen, da ihre Geltung, ungeachtet der übrigen Bestimmungen des ArbSchG, nach § 1 Abs. 3 ArbSchG unberührt bleibt.[187] Sie bilden damit eine absolute Grenze der planerischen Gestaltungsfreiheit, die auch durch eine Abwägung nicht überschritten werden darf. Raum für eine Abwägungsentscheidung besteht allenfalls dann, wenn es verschiedene Gestaltungsalternativen zur Erreichung der, wie gesehen, zielverbindlichen Mindeststandards gibt, also ein Auswahlermessen besteht.

Nicht grundsätzlich im Wege der Abwägung überwindbar sind auch die Schutzziele der Arbeitgeberpflichten des ArbSchG, sowie die meisten Grundsätze des § 4 ArbSchG. Sie unterscheiden sich von den exemplarisch vorgestellten Regelungen der ArbStättV nur insofern, als sie keine präzise quantifizierten und damit meßbare Ziele normieren, sondern relativ allgemein gehaltene Vorgaben. Beispielhaft verwiesen sei hier einerseits auf den allgemeinen Grundsatz des § 4 Nr. 7 ArbSchG, wonach den Beschäftigten geeignete Anweisungen zu erteilen sind und andererseits auf § 8 ArbSchG, wonach der Arbeitgeber zur Zusammenarbeit mit anderen Arbeitgebern verpflichtet ist, wenn Beschäftigte mehrerer Arbeitgeber an einem Arbeitsplatz tätig werden. Da die genannten Vorschriften unbedingt formuliert sind, besteht auch insoweit weder ein Entschließungsermessen noch Raum für eine Abwägung. Daraus folgt, daß in jedem Fall geeignete Anweisungen zu erteilen sind und, sofern die Voraussetzungen des § 8 Abs. 1 ArbSchG vorliegen, eine Zusammenarbeit mit anderen Arbeitgebern zu gewährleisten ist. Das Auswahlermessen – und damit auch der Raum für eine Abwägungsentscheidung – dürfte demgegenüber im Hinblick auf die

[186] Die genannten Regelungen der ArbStättV stellen jeweils Mindestanforderungen auf. Dies zeigt, daß auch das klassische Arbeitsschutzrecht durchaus auf Optimierung gepolt war, was in der betrieblichen Praxis allerdings nicht immer mit der gebotenen Deutlichkeit gesehen worden ist. Ein wesentlicher Fortschritt der Grundpflichten des § 3 ArbSchG ist darin zu sehen, daß mit der Pflicht zur Anpassung der Maßnahmen nach § 3 Abs. 1 ArbSchG und der Planungspflicht des § 3 Abs. 2 ArbSchG nunmehr ein rechtlicher Rahmen bereitgestellt worden ist, dauerhaft eine Verbesserung der Verhältnisse zu bewirken.

[187] Abweichungen sind jedenfalls nicht eigenverantwortlich, sondern nur aufgrund ausdrücklicher behördlicher Entscheidung zulässig (§ 4 ArbStättV). Vgl. hierzu etwa *Kittner/Pieper*, ArbSchR, ArbStättV, Rdnrn. 60 ff.; *Wank*, TAS, § 4 ArbStättV, Rdnrn. 19 ff.

Maßnahmen zur Realisierung der Schutzziele der §§ 4 Nr. 7, 8 ArbSchG[188] in der Regel weiter sein als bei den genannten speziellen Anforderungen der ArbStättV. Dies ist darauf zurückzuführen, daß die Schutzziele allgemein und offen gehalten sind und sie deshalb einer betrieblichen Konkretisierung bedürfen.

Aus alledem folgt, daß sich der planerische Gestaltungsspielraum in der Regel auf die Auswahl der Maßnahmen zur Erreichung rechtlich determinierter Ziele erstreckt. Nicht im Wege der planerischen Abwägung zu überwinden ist die Zielverbindlichkeit unbedingt formulierter gesetzlicher Schutzziele. Ein solches Entschließungsermessen kommt wie bereits oben (S. 113) eingehend begründet vornehmlich im Bereich des insoweit flexibler ausgestalteten Gefährdungsschutzes des § 4 Nr. 1 ArbSchG zum Tragen.

(2) Abwägungsdisproportionalität

Das Abwägungsergebnis steht am Ende des Abwägungsvorgangs, in dem die Planungsziele und Maßnahmen gewichtet und untereinander abgestimmt worden sind. Die Grenze der Gestaltungsfreiheit ist jedenfalls dann verletzt, wenn diese Abstimmung im Ergebnis nicht sachgerecht ist und infolgedessen die objektive Bedeutung der betroffenen Schutzziele sowohl absolut als auch relativ im Verhältnis zu anderen Schutzzielen verkannt wird. Es ist auch insofern hilfreich einen Blick auf die planungsrechtliche Abwägungsfehlerlehre zu werfen, wo diese Fallgruppe unter dem Oberbegriff Abwägungsdisproportionalität zusammengefaßt wird. Eine Abwägungsdisproportionalität ist danach insbesondere dann zu konstatieren, wenn der planerische Interessenausgleich auf eine Weise erfolgt, durch die das objektive Gewicht der abzuwägenden Belange völlig verfehlt wird.[189] Probleme können dabei vor allem auf zwei Ebenen entstehen.

Erstens kann die durch die Planung erfolgte Prioritätensetzung völlig an den realen, d.h. den tatsächlichen Risiken für Leben und Gesundheit der Beschäftigten vorbeigehen. So dürften die Grenzen des Gestaltungsspielraums erreicht sein, wenn sich die Maßnahmen des Gefährdungsschutzes bei nur einer geringen Reduzierung des Risikos auf einen Arbeitsplatz konzentrieren, während sich mit gleichem Aufwand die Risiken einer großen Beschäftigtengruppe spürbar reduzieren oder vermeiden ließen. Gleiches gilt, wenn die Prioritätensetzung nicht durch Gründe des Arbeits- und Gesundheitsschutzes bestimmt ist (z.B. Grad der Belastungen durch suboptimale Arbeitsmittel), sondern durch sonstige, sachfremde Aspekte erfolgt (Betriebszugehörigkeit, Status im Betrieb).

[188] Z.B. welche Anweisungen sind geeignet, in welcher Form (schriftlich und/oder mündlich) und wie oft sollen sie erteilt werden; wie ist die Zusammenarbeit mit anderen Arbeitgebern zu regeln, welche Fragen der Zusammenarbeit sind zu klären, wer ist intern zuständig?

[189] *Kloepfer*, Umweltrecht, § 10, Rdnr. 41; *Bender/Sparwasser/Engel*, Umweltrecht, S. 117; *Ibler*, DVBl. 1988, 469 ff. (469).

Zweitens ist es denkbar, daß die tatsächlichen Risiken bei der Abwägung zwar zutreffend gesehen werden, aber ihre rechtliche Bewertung und die rechtlichen Bindungen für gegensteuernde Schutzmaßnahmen verkannt werden. Bei der Bewertung der betroffenen Belange ist der Planer zwar im Prinzip frei. Er hat jedoch ggf. vorhandene rechtliche Bewertungen, die die Planung determinieren, wie z.B. die Optimierungsgebote und Gestaltungsgrundsätze des § 4 ArbSchG zu berücksichtigen.[190] Werden z.B. individuelle Schutzmaßnahmen festgelegt, ist dieses Abwägungsergebnis wegen der Gestaltungsgrundsätze des § 4 Nrn. 2, 5 ArbSchG fehlerhaft, wenn gleichermaßen die Bekämpfung der Gefahren an der Quelle oder kollektive (insbes. organisatorische) Schutzmaßnahmen in Betracht kommen.

Als weiteres Beispiel sei an dieser Stelle § 4 Nr. 3 ArbSchG angeführt. Die Vorschrift enthält ein Optimierungsgebot dahingehend, daß bei den Maßnahmen des Arbeitsschutzes der – fortschreitende – „Stand von Technik, Arbeitsmedizin und Hygiene sowie sonstige gesicherte arbeitswissenschaftliche Erkenntnisse zu berücksichtigen" sind. Relativ wenig Schwierigkeiten bereitet die rechtliche Kontrolle dieses allgemeinen Grundsatzes bei der Neuanschaffung von Sicherheitstechnik oder Arbeitsmitteln, so wenn z.B. eine neue Absaugungsanlage für Arbeitplätze mit Gefahrstoffexposition beschafft werden soll. In einem solchen Fall müssen die Neuanschaffungen stets dem Stand der Technik entsprechen[191], unabhängig davon, ob sich die MAK-Werte auch durch eine weniger fortschrittliche Anlage einhalten lassen. § 4 Nr. 3 ArbSchG konkretisiert insoweit die Pflichtenstellung im Hinblick auf den allgemeinen Grundsatz der Gefährdungsvermeidung bzw. -minimierung. Die Probleme liegen hier eher auf der praktischen Ebene, bei der Frage, welche Anlage bzw. welche Arbeitsgestaltung im Einzelfall den Standards des § 4 Nr. 3 ArbSchG entspricht.[192] Weitaus schwieriger und weniger eindeutig ist die rechtliche Bewertung der Anwendung des Optimierungsgebots des § 4 Nr. 3 ArbSchG, wenn über die Ersetzung bzw. Nachrüstung vorhandener Anlagen zu befinden ist. Den hiermit zusammenhängenden Fragen wird an anderer Stelle der Untersuchung, im Rahmen der Anpassungspflicht nach § 3 Abs. 1 Sätze 2 und 3 ArbSchG im einzelnen nachzugehen sein.

---

[190] Zu Optimierungsgeboten und Gestaltungsgrundätzen vgl. *Bender/Sparwasser/Engel*, Umweltrecht, S. 115 f.; *Hoppe/Beckmann/Kauch*, Umweltrecht, § 7, Rdnrn. 10 f.

[191] *Nöthlichs*, Arbeitsschutz und Arbeitssicherheit, § 3 ArbSchG, Anm. 2.8; *Kollmer/Vogl*, Arbeitsschutzgesetz, Rdnr. 70.

[192] Zu diesen Schwierigkeiten am Beispiel des Störfallrechts *Ekardt/Manger/Neuser/Pottschmidt/Roßnagel/Rust*, Rechtliche Risikosteuerung, S. 151 f.; außerdem *Kohte*, Europäisches Recht, Arbeitsgestaltung, Arbeits- und Gesundheitsschutz, 79 ff. (88 f.). Mittelfristig ist wegen des neuen § 18 Abs. 2 Nr. 5 ArbSchG (BGBl. I, 2000, S. 2049) mit Erleichterungen bei der Ermittlung der Standards des § 4 Nr. 3 ArbSchG zu rechnen. Nach der Vorschrift sind Ausschüsse zur Ermittlung der Regeln des § 4 Nr. 3 ArbSchG zu bilden. Die Regelung sieht außerdem die Möglichkeit der amtlichen Bekanntmachung durch das BMA vor.

(3) Begrenzung der Pflichtenstellung durch den Verhältnismäßigkeitsgrundsatz

Die vorstehenden Ausführungen fokussierten die Gestaltungsgrenzen allein im Hinblick auf die Gewichtung und Abstimmung der arbeitsschutzrechtlichen Ziele im Rahmen der planerischen Abwägung. Noch nicht erörtert ist hingegegen die Frage, ob und inwiefern rechtlich geschützte Interessen des Arbeitgebers den planerischen Gestaltungsspielraum determinieren. Zu bedenken ist hier insbesondere, daß Arbeitsschutzmaßnahmen Kosten verursachen, die nach § 3 Abs. 3 ArbSchG vom Arbeitgeber zu tragen sind.

In den Erwägungsgründen der EU-Rahmenrichtlinie-Arbeitsschutz (89/391/EWG) heißt es in diesem Zusammenhang, daß die Verbesserung von Sicherheit, Arbeitshygiene und Gesundheitsschutz am Arbeitsplatz Zielsetzungen darstellen, „die keinen rein wirtschaftlichen Überlegungen untergeordnet werden dürfen". Hieraus kann nicht gefolgert werden, daß die wirtschaftlichen Belange des Arbeitgebers kategorisch außer Betracht zu lassen wären.[193] Unzulässig ist es nach dem Wortlaut der Richtlinie lediglich, die Ziele des Arbeits- und Gesundheitsschutzes unter *rein* wirtschaftliche Belange unterzuordnen. Wirtschaftlichkeitserwägungen sind daher nicht prinzipiell ausgeschlossen, sondern als ein spezifischer Aspekt zu verstehen, der bei der Abwägung von Maßnahmen des Arbeitsschutzes mitzuberücksichtigen ist.[194] Sie genießen allerdings keine besondere Vorzugswürdigkeit und können insbes. nicht herangezogen werden, um die Auswahl der Maßnahmen quasi einseitig zu diktieren[195], wie dies noch die Formel der „Natur des Betriebs" in § 120 a GewO a.F. suggerierte.[196]

Eine schematische Zurückstellung der Belange des Arbeitgebers hinter die Ziele des Arbeitsschutzrechts wäre zudem mit dem hiesigen Verfassungsverständnis nicht vereinbar.[197] Die Pflicht, die erforderlichen Maßnahmen des Arbeitsschutzes zu planen und zu treffen ist öffentlich-rechtlicher Natur. Neben einer möglichen Beeinträchtigung des Art. 14 GG ist sie regelmäßig mit einem Eingriff in die sich insbes. aus Art. 12 Abs. 1 GG ergebende Freiheit des Arbeitgebers, seinen

---

[193] Dies würde auch ersichtlich dem Sinn und Zweck des Arbeitsschutzrechts widersprechen, das das Arbeiten in Betrieben und Unternehmen aufgrund von Arbeitsschutzmaßnahmen nicht wirtschaftlich unmöglich machen will, sondern die Formulierung von Mindestanforderungen für die Sicherheit und den Gesundheitsschutz bei der Arbeit intendiert, vgl. hierzu auch *Bücker*, Von der Gefahrenabwehr zur Risikovorsorge, S. 232.

[194] Vgl. auch *Bücker*, Von der Gefahrenabwehr zur Risikovorsorge, S. 232, der in diesem Zusammenhang beispielhaft auf die Möglichkeit der Berücksichtigung wirtschaftlicher Interessen in einem Kosten-Nutzen Vergleich hinweist; *Wlotzke*, Festschrift Däubler, 654 ff. (660); *Brandes*, System des europäischen Arbeitsschutzrechts, 179.

[195] *Brandes*, System des europäischen Arbeitsschutzrechts, S. 179.

[196] In diesem Sinne wohl auch *Kohte*, EAS, B 6100, Arbeitsschutzrahmenrichtlinie, Rdnr. 16.

[197] So sind wohl auch *Heilmann/Aufhauser*, Kommentar zum ArbSchG, § 4, Rdnr.5, zu verstehen, wenn sie ausführen, daß eine „abstrakt generelle Bestimmung der Berücksichtigungsfähigkeit wirtschaftlicher Aspekte des Arbeitgebers" unmöglich ist.

Betrieb nach eigenen Vorstellungen zu organisieren, verbunden.[198] Ein solcher Eingriff in grundrechtlich geschützte Rechte ist nach allgemeinen öffentlich-rechtlichen Grundsätzen am Grundsatz der Verhältnismäßigkeit zu messen[199]. Auf diese Weise ist ein schonender, an den jeweiligen gesetzlichen Wertungen orientierter Ausgleich zwischen öffentlichem Interesse und den jeweils betroffenen Grundrechtspositionen zu suchen. Da dem Arbeitgeber somit nur verhältnismäßige Maßnahmen rechtlich abverlangt werden können, markiert der Verhältnismäßigkeitsgrundsatz eine weitere Grenze der planerischen Gestaltungsfreiheit.

Bei der Anwendung des Verhältnismäßigkeitsgrundsatzes und seiner Teilelemente, der Eignung, Erforderlichkeit und Angemessenheit sind die Erwägungen im Rahmen der planerischen Ermessensentscheidung eine wertvolle Hilfe. So dürften die Eignung und Erforderlichkeit der geplanten Maßnahmen kaum Probleme bereiten, da diese Fragen in ihrer gesamten Komplexität im Zentrum der planerischen Abwägung der Sicherheits- und Gesundheitsschutzziele stehen. Schwieriger ist hingegen das Merkmal der Angemessenheit, das besagt, daß eine Maßnahme dann nicht mehr verlangt werden kann, wenn das angestrebte Ziel und die hiermit verbundenen Beeinträchtigungen des Arbeitgebers außerhalb jedes vernünftigen Verhältnisses stehen.[200] Es ist dabei insbes. zu berücksichtigen, daß es im Rahmen der Planung der Maßnahmen gilt, ein zukunftsgerichtetes Schutzkonzept zu entwickeln, das insbes. die Berücksichtigung des „Faktors Zeit" ermöglicht. Dies erlaubt es, im Rahmen einer Prioritätensetzung bestimmte Maßnahmen (des Gefährdungsschutzes) vorübergehend zurückzustellen, um sie „geplant" zu einem späteren Zeitpunkt, etwa im Rahmen einer vorgesehenen Umstellung der betrieblichen Abläufe zu realisieren (hierzu eingehend die Ausführungen zur Anpassungspflicht, unten S. 183 ff.).

Bei der Beurteilung der von den Arbeitsschutzmaßnahmen beeinträchtigten rechtlichen Interessen des Arbeitgebers im Rahmen der „Angemessenheit" ist in Rechnung zu stellen, daß mit Arbeitsschutzmaßnahmen durchaus auch betriebswirtschaftlich positive Effekte einhergehen können. So kann es z.B. zu einer Senkung der Fehlzeitenquote und hiermit verbunden zu einer Verringerung der Kosten für die Entgeltfortzahlung kommen. Zu dieser Problematik sind in den letzten Jahren zahlreiche Studien erstellt worden.[201] Es würde von

---

[198] Vgl. zur grundrechtlichen Verankerung des Rechts den Betrieb zu regeln und zu organisieren vgl. BVerfGE 50, 290 ff. (340 ff.); *Ossenbühl*, AöR 1990, 1 ff.

[199] Vgl. hierzu allgemein nur *Sachs-GG-Sachs*, Art. 20, Rdnrn. 145 ff., sowie mit Blick auf § 3 Abs. 1 ArbSchG, *Wank*, TAS, § 3 ArbSchG, Rdnr. 4; *Koll/Janning/Pinter-Koll*, Kommentar zum ArbSchG, § 3, Rdnrn. 5 f.; *Kohte*, Jahrbuch des Arbeitsrechts 2000, 21 ff. (31).

[200] *Kohte*, Jahrbuch des Arbeitsrechts 2000, 21 ff. (31), *Koll/Janning/Pinter-Koll*, Kommentar zum ArbSchG, § 3, Rdnr. 6.

[201] Vgl. hierzu umfassend *Prax.-Kommentar-Kiesau/Pornschlegel*, Wirtschafttlichkeitsbetrachtung von Sicherheit und Gesundheit bei der Arbeit; *Geray*, Moderner Ar-

daher eine unzulässige Verkürzung im Rahmen der Verhältnismäßigkeitsprüfung darstellen, diese Folgen des betrieblichen Arbeits- und Gesundheitsschutzes zu ignorieren und allein auf die Kosten derartiger Investitionen zu blicken. Einen wichtigen Beitrag zur Optimierung der Entscheidungsfindung kann in diesem Zusammenhang die Anreicherung des betrieblichen Controlling um Aspekte des Arbeits- und Gesundheitsschutzes sein.[202]

Auch wenn hier aus Gründen der Verdeutlichung der zu beachtenden rechtlichen Bindungen der Planungsentscheidung Abwägung und Verhältnismäßigkeit der Maßnahmen des Arbeitsschutzes getrennt dargestellt werden, darf dies nicht darüber hinwegtäuschen, daß es sich letztlich um einen einheitlichen Entscheidungsprozeß handelt. Der Grundsatz der Verhältnismäßigkeit erweist sich bei diesem Vorgang als bedeutender Kontrollmaßstab. Finden sich unter dem im Rahmen der planerischen Abwägungsentscheidung in Betracht gezogenen Bündel von Maßnahmen solche, die sich als unverhältnismäßig erweisen, ist die Abwägung so lange neu vorzunehmen, bis schließlich ein kohärentes Sicherheits- und Gesundheitsschutzkonzept vorliegt, das auch auf der Ebene der Einzelmaßnahme den Anforderungen des Übermaßverbotes gerecht wird. Dieses Hin- und Herschwenken zwischen der gestalterischen Planungsentscheidung und dem Verhältnismäßigkeitsgrundsatz belegt nachhaltig das Wesen der Planung als „iterativer Prozeß".[203]

c) Zwischenergebnis

Das Treffen der Maßnahmen i.S. von § 3 Abs. 1 Satz 1 ArbSchG erfolgt mittels der planerischen Abwägungsentscheidung. Nicht zur planerischen Disposition stehen dabei Schutzziele, für die zwingende rechtliche Vorgaben normiert sind und die hier in Anlehnung an die Terminologie des öffentlichen Planungsrechts als Planungsleitsätze bezeichnet werden. Die planerische Gestaltungsfreiheit wird begrenzt durch die Grundsätze der Abwägungsfehlerlehre und den Grundsatz der Verhältnismäßigkeit. Das betriebliche Schutzkonzept ist rechtlich nicht zu beanstanden, wenn es sich innerhalb des so umschriebenen „Entscheidungskorridors" bewegt.

---

beitsschutz und Betriebsökologie, S. 114 ff., jeweils mit zahlreichen Nachweisen über die entsprechenden Forschungen und Beiträge.

[202] Eine solche Erweiterung des betrieblichen Controlling ist zugleich ein Beispiel für die nach § 3 Abs. 2 Nr. 2 ArbSchG geforderte Integration des Arbeitsschutzes in alle Tätigkeitsbereiche. Zu einem Arbeitsschutzcontrolling vgl. auch auch *Prax.-Kommentar-Kiesau/Pornschlegel*, Wirtschafttlichkeitsbetrachtung von Sicherheit und Gesundheit bei der Arbeit, Rdnrn. 64 ff.; 161 ff.

[203] *Bender/Sparwasser/Engel*, Umweltrecht, S. 80.

II. Durchführung der Maßnahmen nach § 3 Abs. 1 Satz 1 ArbSchG

Aus dem einleitenden Satzteil § 3 Abs. 2 ArbSchG ergibt sich, daß die Maßnahmen des Arbeitsschutzes nicht nur zu treffen, sondern auch durchzuführen sind. In der vorliegenden Literatur spielt die Durchführungsverpflichtung lediglich eine untergeordnete Rolle. Dies ist sicherlich nicht zuletzt darauf zurückzuführen, daß die Vorschrift scheinbar Selbstverständliches regelt, daß nämlich Maßnahmen des Arbeitsschutzes nicht nur zu treffen, sondern auch in die Tat umzusetzen sind. Weiter ist zu sehen, daß mit der Frage der Durchführung der Maßnahmen des Arbeitsschutzes im arbeitsteilig funktionierenden „Betrieb" primär organisatorische Aspekte angesprochen werden. Es ist deswegen erklärlich und folgerichtig, daß sich entsprechende Erwägungen vornehmlich im Zusammenhang mit der Diskussion der Organisationspflichten finden.[204] Von diesem systematischen Verständnis soll auch im Rahmen dieser Arbeit nicht grundsätzlich abgewichen werden.

Der Verweis auf die Durchführung der getroffenen Maßnahmen ist aber insoweit an dieser Stelle geboten, da der der Arbeitgeber als Adressat der Pflichten aus § 3 ArbSchG in den seltensten Fällen in der Lage sein wird, die Maßnahmen höchstpersönlich durchzuführen. Es bedarf in aller Regel einer Übertragung der Pflichten auf die betrieblichen Funktionsträger im Hinblick auf jede einzelne Schutzmaßnahme (vgl. insoweit auch § 13 ArbSchG). Erst eine solche Pflichtendelegation bildet das Fundament dafür, daß die getroffenen Maßnahmen auch systematisch durchgeführt werden. Ohne hier bereits auf die rechtlichen Bindungen der Organisationspflicht eingehen zu müssen, läßt sich hieraus folgern, daß mit der Festlegung des Sicherheits- und Gesundheitsschutzprogramms nach § 3 Abs. 1 Satz 1 ArbSchG gleichzeitig auch eine Verteilung der sich hieraus ergebenden Aufgaben zu erfolgen hat und die erforderlichen Mittel bereitzustellen sind, damit die getroffenen Maßnahmen auch tatsächlich realisiert werden können.[205]

---

[204] So findet die Frage der Durchführung etwa bei *Kittner/Pieper*, ArbSchR, § 3 ArbSchG und *Nöthlichs*, Arbeitsschutz und Arbeitssicherheit, § 3 ArbSchG, keine *ausdrückliche* Erwähnung, wohl aber unausgesprochen durch die Darstellung der Ziele und Vorkehrungen der betrieblichen Sicherheits- und Gesundheitsschutzorganisation. *Wank*, TAS, § 3 ArbSchG, Rdnr. 9 und *Kollmer/Vogl*, Arbeitsschutzgesetz, Rdnr. 73, erwähnen den Aspekt der Durchführung im Rahmen einer mehr oder weniger wörtlichen Paraphrase des Gesetzestextes, um sodann die organisationsrechtlichen Anforderungen zu erläutern.

[205] In der Literatur wird insofern von einer unterstützenden Funktion oder Hilfsfunktion der Organisation gesprochen, vgl. *Wank*, TAS, § 3 ArbSchG, Rdnr. 9; *Kollmer/Vogl*, Arbeitsschutzgesetz, Rdnr. 72; *Nöthlichs*, Arbeitsschutz und Arbeitssicherheit, § 3 ArbSchG, Anm. 3.1.1. Auch wenn dem in der Sache zuzustimmen ist, sind die genannten Bezeichnungen m.E. mißverständlich, weil sie Gefahr laufen, die elementare Bedeutung organisatorischer Regeln zu relativieren. Betriebliche Erfahrungen des Autors im Zusammenhang mit empirischen Forschungsprojekten zum betrieblichen Sicherheitsmanagement belegen, daß die organisatorische Einbindung des Sicherheitskonzepts entscheidenden Einfluß auf die Qualität des betrieblichen Arbeits-, Gesundheits- und Umweltschutzes hat. Die ausge-

D. Planung und Durchführung von Wirksamkeitskontrollen (§ 3 Abs. 1 Satz 2 ArbSchG)

Nach § 3 Abs. 1 Satz 2 ArbSchG sind die getroffenen „Maßnahmen des Arbeitsschutzes" auf ihre Wirksamkeit zu überprüfen. Das Gesetz unterstreicht mit dieser Arbeitgeberpflicht, daß der betriebliche Arbeits- und Gesundheitsschutz sich nicht in der einmaligen Festlegung von Schutzmaßnahmen erschöpft. Er ist vielmehr als ständige betriebliche Aufgabe anzulegen.[206] Nur durch die kontinuierliche Beobachtung läßt sich letztlich beurteilen, ob das entwickelte Schutzkonzept tatsächlich tragfähig zur Erreichung der gesteckten Ziele ist und die angestrebte Effizienz permanent erreicht wird.

Wirksamkeitskontrollen nach § 3 Abs. 1 Satz 2 ArbSchG sind zudem im Kontext mit der durch das ArbSchG intendierten Stärkung der Eigenverantwortlichkeit der Betriebe bei der Umsetzung eines zeitgemäßen Arbeitsschutzes zu sehen.[207] Die Vorschrift verpflichtet, Instrumente zur Eigenkontrolle zu schaffen und unterstreicht auf diese Weise die primäre Verantwortlichkeit des Arbeitgebers für die umfassende Gewährleistung von Sicherheit und Gesundheit der Beschäftigten. Hiermit wird die klassische ordnungsbehördliche (Fremd)kontrolle nicht obsolet, sondern lediglich ergänzt, wie sich insbes. aus §§ 21 f. ArbSchG ergibt. Die Bedeutung der Selbstkontrolle wird deutlich, wenn man sich vergegenwärtigt, daß Überlegungen angestellt werden, die Aufsicht über die Betriebe in Richtung einer Systemkontrolle des betrieblichen Sicherheits- und Gesundheitsschutzkonzepts weiterzuentwickeln.[208] Es liegt auf der Hand, daß dabei der Umfang der klassischen Inspektionstätigkeit vor Ort im Betrieb wesentlich von der Qualität der betrieblichen Maßnahmenpläne und ihrer internen Kontrolle abhängen dürfte.[209]

---

feilteste Sicherheitstechnik wird letztlich nur wirksam, wenn sie tatsächlich und sachgerecht genutzt wird.

[206] *Kollmer/Vogl*, Arbeitsschutzgesetz, Rdnr. 71; *Wlotzke*, Festschrift Däubler, 654 ff. (663 ff.); *Vogl*, NJW 1996, 2753 ff. (2755); *Buchholz*, ZTR 1996, 495 ff. (497); *Brandes*, System des europäischen Arbeitsschutzrechts, 177.

[207] *Kollmer/Vogl*, Arbeitsschutzgesetz, Rdnr. 97; *Buchholz*, ZTR 1996, 495 ff. (496); *Fischer*, BArBl. 1996 (1), 21 ff. (21 f.); *Bücker/Feldhoff/Kohte*, Rdnr. 249; *Brandes*, System des europäischen Arbeitsschutzrechts, 177 f.

[208] Vgl. hierzu *Hamacher/Fischer/Lopian*, Arbeitsschutz in NRW – Jahresbericht 1999, S. 8 ff.; eine grundlegende Beschreibung und Begründung dieses Ansatzes, orientiert am Gedanken der „Qualitätssicherung im Arbeitsschutz" findet sich bei *Pröll*, Perspektivstudie Arbeitsschutz 2000, S. 77 ff.

[209] *Dieckhoff*, s.i.s. 2000, 334 ff. (336) weist aus der Sicht der Arbeitsschutzverwaltung in diesem Zusammenhang darauf hin, daß die Überprüfung der Gefährdungsbeurteilung integrierter Bestandteil einer Betriebsbesichtigung sein muß. Interessant in diesem Zusammenhang ist zudem, daß sich bei der von *Dieckhoff* vorgestellten Schwerpunktaktion der Arbeitsschutzaufsicht des Landes Brandenburg die Wirksamkeitskontrollen als der Teil der Dokumentation nach § 6 ArbSchG erwiesen haben, für den die meisten Mängel festgestellt wurden (S. 335).

I. Gegenstand und Arten der Wirksamkeitskontrolle

§ 3 Abs. 1 Satz 2 ArbSchG schreibt nicht vor, auf welche Weise der Arbeitgeber die Wirksamkeit der getroffenen Maßnahmen des Arbeitsschutzes zu überprüfen hat. Ebensowenig werden zeitliche Intervalle für die entsprechenden Kontrollen fixiert. Es ist deshalb davon auszugehen, daß insoweit auf der betrieblichen Ebene ein breiter Gestaltungsspielraum besteht[210], solange die Kontrollen nur rechtzeitig und umfassend erfolgen.[211]

Gegenstand der Wirksamkeitskontrollen ist ein Soll-Ist-Vergleich im Hinblick auf die Frage, ob die getroffenen Arbeitsschutzmaßnahmen die arbeitsschutzrechtlichen Schutzziele zu erreichen vermögen.[212] Dabei kann auf die nach § 6 Abs. 1 ArbSchG vorzuhaltende Dokumentation (hierzu auch unten bei S. 187 ff.) zurückgegriffen werden, in der die Ergebnisse der Gefährdungsbeurteilungen sowie die getroffenen Maßnahmen festgehalten sind. Im Hinblick auf die Art und Weise, wie Wirksamkeitskontrollen durchzuführen sind, wird in der Literatur auf eine Reihe von Maßnahmen hingewiesen.

So werden etwa sicherheitstechnische Überprüfungen vor der Inbetriebnahme von Anlagen[213], Begehungen der Betriebsstätten[214], Kontrollen, ob festgelegte Maßnahmen überhaupt und sachgerecht ausgeführt werden[215], oder die Nutzung betrieblicher Unfall- und Verletzungsstatistiken[216] vorgeschlagen. Zudem finden regelmäßige Kontroll-, Wartungs- und Instandhaltungsarbeiten Erwähnung.[217]

---

210 *Koll/Janning/Pinter-Koll*, Kommentar zum ArbSchG, § 3, Rdnr. 9; *Wank*, TAS, § 3 ArbSchG, Rdnr. 6; *Wlotzke*, Festschrift Däubler, 654 ff. (663).

211 *Wank*, TAS, § 3 ArbSchG, Rdnr. 6.

212 *Kittner/Pieper*, ArbSchG, § 3 ArbSchG, Rdnr. 3; *Koll/Janning/Pinter-Koll*, Kommentar zum ArbSchG, § 3, Rdnr. 9; wohl auch *Prax.-Kommentar-Seeger*, § 3 ArbSchG, Rdnr. 23.

213 *Wank*, TAS, § 3 ArbSchG, Rdnr. 6; *Prax.-Kommentar-Seeger*, § 3 ArbSchG, Rdnr. 23; *Nöthlichs*, Arbeitsschutz und Arbeitssicherheit, § 3 ArbSchG, Anm. 2.5.

214 *Kittner/Pieper*, ArbSchG, § 3, Rdnr. 3; *Koll/Janning/Pinter-Koll*, Kommentar zum ArbSchG, § 3, Rdnr. 9.

215 *Wlotzke*, Festschrift Däubler, 654 ff. (663); *Nöthlichs*, Arbeitsschutz und Arbeitssicherheit, § 3 ArbSchG, Anm. 2.5.

216 *Prax.-Kommentar-Seeger*, § 3 ArbSchG, Rdnr. 23; *Nöthlichs*, Arbeitsschutz und Arbeitssicherheit, § 3 ArbSchG, Anm. 2.5.

217 *Wank*, TAS, § 3 ArbSchG, Rdnr. 6; *Nöthlichs*, Arbeitsschutz- und Arbeitssicherheit, § 3 ArbSchG, Anm. 2.5. M.E. lassen sich Wartungs-, Reparatur- und Instandsetzungsarbeiten nicht ohne weiteres unter den Begriff der Wirksamkeitskontrolle subsumieren. Jedenfalls sofern es um regelmäßig wiederkehrende Tätigkeiten geht, handelt es sich um originäre Maßnahmen des Arbeitsschutzes i.S. von § 2 Abs. 1 ArbSchG, für die im übrigen auch entsprechende Ermittlungen im Rahmen der Gefährdungsbeurteilung durchzuführen sind (vgl. auch *Prax.-Kommentar-Sehling*, 5 ArbSchG, Rdnr. 48, der darauf hinweist, daß besonders gefährliche Arbeiten wie Rüsten, Reinigen Anfahren gesondert zu beurteilen sind – bei Schritt 1: Erfassen der Arbeitsorganisation –); vgl. außerdem Art. 4 Abs. 3 der EU-Gefährliche-Arbeitsstoffe Richtlinie 98/24/EG, wo ausdrücklich die Risikobewertung von Wartungsarbeiten normiert ist. Richtigerweise besteht die Wirksamkeitskontrolle in

Diese Aufzählung beansprucht keine Vollständigkeit. Neben den Beispielen aus der Literatur sei hier nur noch auf die Möglichkeit der Nutzung technischer Kontrollen (z.B. automatische Meßprotokolle) sowie auf die Einbindung der Beschäftigten durch Festlegung von (Mängel)meldewegen und -pflichten hingewiesen. Die Einbindung der Beschäftigten in die Wirkungskontrollen steht im übrigen nicht im freien Ermessen des Arbeitgebers, da er nach § 3 Abs. 2 Nr. 2 ArbSchG – organisatorische – Vorkehrungen zu treffen hat, damit die Beschäftigten ihren Mitwirkungspflichten nachkommen können. Zu den Pflichten der Beschäftigten gehört es u.a., Sicherheitsmängel zu melden (§ 16 ArbSchG).

II. Realisierung der Wirksamkeitskontrollen

Auch die nach § 3 Abs. 1 Satz 2 ArbSchG geforderten Wirksamkeitskontrollen sind zu planen und durchzuführen. Dies ergibt sich daraus, daß § 3 Abs. 2 ArbSchG auf alle Maßnahmen nach § 3 Abs. 1 ArbSchG Bezug nimmt und sich also nicht nur auf das oben dargestellte – erstmalige – Treffen der Maßnahmen des Arbeitsschutzes beschränkt.

1. Planung und Festlegung eines Konzepts von Wirksamkeitskontrollen

Die Kontrolle der Wirksamkeit der betrieblichen Arbeitsschutzkonzeption ist eine anspruchsvollere Aufgabe, als es auf den ersten Blick erscheinen mag. Es handelt sich in aller Regel um Überprüfungen einer Fülle, z.T. komplexer Maßnahmen an einer mehr oder weniger großen Zahl von betrieblichen Arbeitsplätzen. Vor dem Hintergrund nicht unbeschränkter Ressourcen in den Betrieben ergibt sich die Notwendigkeit, die vorhandenen Mittel zielgerichtet und effektiv einzusetzen, was eine für Planungsentscheidungen typische Setzung von Prioritäten voraussetzt. Nur auf diese Weise läßt sich letztlich eine der Gewichtigkeit der verfolgten Sicherheits- und Gesundheitsschutzziele adäquate Strategie der Selbstkontrolle etablieren und realisieren. Es ist vor diesem Hintergrund nur konsequent, daß der Gesetzgeber fordert, daß auch Wirksamkeitskontrollen geplant werden.

Ziel der Planungsentscheidung muß, wie bereits erwähnt, die rechtzeitige und umfassende Überprüfung der getroffenen Maßnahmen des Arbeitsschutzes sein, um die im Rahmen der Gefährdungsbeurteilung ermittelten Schutzziele dauerhaft zu erreichen. Der Dokumentation der Gefährdungsbeurteilung und der getroffenen Maßnahmen des Arbeitsschutzes nach § 3 Abs. 1 Satz 1 ArbSchG kommt in

---

diesem Kontext darin, diese für die Gewährleistung eines hohen Sicherheitsstandards wichtigen Tätigkeiten zu überprüfen, indem etwa entsprechende Arbeitsprotokolle ausgewertet werden und die fachgerechte Ausführung der Arbeiten in Augenschein genommen wird. In diesem Sinne auch *Wlotzke*, Festschrift Däubler, 654 ff. (663).

diesem Zusammenhang die Funktion des beschreibenden Teils der Planungsentscheidung zu (hierzu grundsätzlich oben S. 91 ff.), da sich aus den Unterlagen im Regelfall alle notwendigen Informationen ergeben sollten. Im Hinblick auf den gestaltenden Teil der Planung besteht ein hohes Maß an planerischem Ermessen. Anders als beim Treffen der Maßnahmen des Arbeitsschutzes i.S. von § 3 Abs. 1 Satz 1 ArbSchG normiert das Gesetz insoweit keine, den Bestimmungen des § 4 ArbSchG vergleichbaren, allgemeinen Grundsätze. Auch in den sonstigen Rechtsvorschriften i.S. des § 2 Abs. 4 ArbSchG finden sich nur vereinzelt Regelungen, die geeignet sind, die Gestaltungsfreiheit des Arbeitgebers einzuschränken (vgl. insoweit aber etwa §§ 18, 23 Abs. 5 GefStoffV).

Zwingend vorzusehen sind jedoch die bereits angeführten Vorkehrungen i.S. von § 3 Abs. 2 Nr. 2 ArbSchG) damit die Beschäftigten ihren Pflichten zur Meldung von Mängeln unverzüglich nachkommen können (§ 16 Abs. 1 ArbSchG). Da das Gesetz nicht näher bestimmt, wie solche Meldewege auszusehen haben, verbleibt auch insofern ein weites Auswahlermessen auf der betrieblichen Ebene.

Im übrigen bilden die Gewichtigkeit der Schutzziele und die Besonderheiten der getroffenen Schutzmaßnahmen einschließlich ihrer betriebspraktischen Bewährung, die zentralen Bewertungskriterien für die Erarbeitung einer an den konkreten betrieblichen Bedürfnissen orientierten Konzeption der Wirksamkeitskontrollen. Vor diesem Hintergrund ist es z.B. gerechtfertigt, bewährte Schutzmaßnahmen zur Kontrolle relativ geringer Gefährdungen stichprobenartig zu überprüfen. Auf der anderen Seite kann es geboten sein, wenig erprobte Schutzmaßnahmen zur Kontrolle von Gefährdungen mit hohem Risiko ggf. sogar ständig und mit großem Aufwand zu beobachten.

Neben routinemäßigen Kontrollen ist es geboten, anlaßbezogene Wirksamkeitsüberprüfungen zu regeln. Einen guten Anhaltspunkt für derartige betriebliche Regeln bietet das österreichische ArbeitnehmerInnenschutzgesetz, das in § 4 Abs. 5 beispielhaft Anlässe für Überprüfungen benennt.[218] Danach sind Wirksamkeitskontrollen z.B. nach Unfällen, bei begründetem Verdacht von arbeitsbedingten Erkrankungen oder sonstigen Umständen, die auf eine Gefahr für Sicherheit oder Gesundheit der Arbeitnehmer schließen lassen, durchzuführen. Auch wenn eine von solchen Anlässen geleitete Vorgehensweise der Praxis vieler Betriebe entsprechen dürfte, ist eine abstrakte Festlegung im Rahmen der Planung der Wirksamkeitskontrollen sinnvoll, um etwa Reibungsverlusten bei Uneinigkeit der betrieblichen Akteure vorzubeugen.

Ergebnis der Planungsentscheidung muß ein betriebliches Konzept der Wirksamkeitsüberprüfung sein, das dem betrieblichen Gefährdungs- und Gefahrenspektrum in Gänze Rechnung trägt. Dieses Resultat wird insbesondere dann nicht

[218] Abgedruckt nebst Gesetzesbegründung bei *Feil*, ArbeitnehmerInnenschutzgesetz, S. 41 ff.

erreicht, wenn das Schutzkonzept etwa hinsichtlich vermeintlich geringer Gefährdungen überhaupt nicht auf den Prüfstand gestellt wird. Es ist in diesem Kontext noch einmal darauf hinzuweisen, daß es keine a priori unbedeutenden Gefährdungen gibt, sondern generell Gefährdungen im Rahmen des Möglichen zu vermeiden sind (§ 4 Nr. 1 ArbSchG). Hieraus folgt, daß bei geringem Gefährdungspotential oder bei bekanntermaßen bewährten Schutzmaßnahmen die Intensität der Wirksamkeitskontrollen zwar geringer sein kann, nicht aber daß sie von entsprechenden Überprüfungen gänzlich freigestellt werden könnten.

2. Durchführung der Wirksamkeitskontrollen

Das auf der Grundlage der Planung festgelegte Konzept der Wirksamkeitsüberprüfungen ist schließlich betrieblich umzusetzen, d.h. durchzuführen i.S. von § 3 Abs. 2 ArbSchG. Hierzu bedarf es, wie auch im Hinblick auf die Maßnahmen des Arbeitsschutzes nach § 3 Abs. 1 Satz 1 ArbSchG, geeigneter organisatorischer Festlegungen, durch die insbesondere die Verantwortlichkeiten geklärt werden. Auch wenn die Organisationspflichten erst im 4. Kapitel eingehend dargestellt werden, sei jedoch bereits an dieser Stelle darauf hingewiesen, daß die Überprüfung der Wirksamkeit der Maßnahmen des Arbeitsschutzes zu den wichtigsten Aufgaben der betrieblichen Sicherheits- und Gesundheitsschutzexperten (Betriebsarzt und Fachkraft für Arbeitssicherheit) zählt, worauf in der Literatur zutreffend hingewiesen wird.[219]

E. Planung und Durchführung von Anpassungsmaßnahmen

Nach § 3 Abs. 1 Satz 2 ArbSchG sind die Maßnahmen erforderlichenfalls sich ändernden Gegebenheiten anzupassen. Die Vorschrift vervollständigt den in § 3 Abs. 1 ArbSchG angelegten Zyklus von Verfahrensschritten, indem sie klarstellt, daß die Überprüfung der Wirksamkeit der getroffenen Maßnahmen kein Selbstzweck ist, sondern der Optimierung der betrieblichen Schutzkonzeption dient (§ 3 Abs. 1 Satz 3 ArbSchG). Auch die Anpassungspflicht steht damit für ein prozeßhaftes Verständnis, das den betrieblichen Arbeits- und Gesundheitsschutz als Daueraufgabe anlegt.[220] Anpassungsmaßnahmen bilden nicht nur den Abschluß des Verfahrenszyklus des § 3 Abs. 1 ArbSchG, sondern zugleich den Ausgangs-

---

[219] *Koll/Janning/Pinter-Koll*, Kommentar zum ArbSchG, § 3, Rdnr. 9; *Kittner/Pieper*, ArbSchG, § 3 ArbschG, Rdnr. 3; grundlegend zu den Aufgaben des Betriebsarztes und der Fachkraft für Arbeitssicherheit etwa die Kommentierung zu §§ 3, 6 ASiG von *Anzinger/Bieneck*, Kommentar zum ASiG.

[220] Zum Arbeitsschutz als Daueraufgabe vgl. auch *Kollmer/Vogl*, Arbeitsschutzgesetz, Rdnr. 71; *Wlotzke*, Festschrift Däubler, 654 ff. (663 ff.); *Vogl*, NJW 1996, 2753 ff. (2755); *Buchholz*, ZTR 1996, 495 ff. (497); *Brandes*, System des europäischen Arbeitsschutzrechts, 177.

punkt für einen erneuten Zyklus. Die hierbei durchzuführenden Wirksamkeitskontrollen können – im Sinne eines kontinuierlichen Verbesserungsprozesses – Anlaß für weiterere Optimierungsschritte geben.

Anpassungsmaßnahmen führen notwendigerweise zur Veränderung einer bereits bestehenden betrieblichen Schutzkonzeption. Als Anlaß für eine solche Modifizierung der getroffenen Maßnahmen des Arbeitsschutzes nennt das Gesetz in § 3 Abs. 1 Satz 2 ArbSchG „sich ändernde Gegebenheiten". Nach der Gesetzesbegründung sind hierunter zu verstehen

> „eine geänderte Gefährdungsbeurteilung aufgrund neuer Erkenntnisse, bessere Schutzmöglichkeiten aufgrund neuer Techniken, aber auch eine Änderung in der Belastungsfähigkeit betroffener Arbeitnehmer, insbesondere durch gesundheitliche Beeinträchtigungen".[221]

Die Anpassungspflichten des § 3 Abs. 1 Satz 2 ArbSchG werden nachfolgend bewußt relativ detailliert untersucht. Wie bereits erwähnt wird in der Literatur die Dynamisierung des Arbeitsschutzes als ein wesentliches Element der Regelungsphilosophie des ArbSchG angesehen.[222] Blickt man vor diesem Hintergrund in die Kommentierungen und Stellungnahmen der Literatur zu §§ 3, 4 ArbSchG fällt auf, daß die Auswirkungen dieses dynamischen Verständnisses auf die Grundpflichten des Arbeitgebers bislang allenfalls im Ansatz diskutiert worden sind.[223] Die nachfolgenden Überlegungen verstehen sich als Versuch, die Pflichten des Arbeitgebers bei der Dynamisierung des betrieblichen Arbeits- und Gesundheitsschutzes zu verdeutlichen und zu konturieren. Dabei wird besonderes Augenmerk auf umweltrechtliche Erkenntnisse gelegt werden. Das dort intensiv diskutierte Konzept der dynamischen Grundpflichten, wie es insbes. in § 5 BImSchG normiert ist, weist unübersehbare Parallelen zur Pflichtenstruktur des § 3 Abs. 1 ArbSchG auf.

Zuvor ist allerdings der Anwendungsbereich des § 3 Abs. 1 Satz 2 ArbSchG von zwei weiteren praktisch bedeutsamen Fallgruppen abzugrenzen, die gleichermaßen mit einer Abänderung bereits getroffener „Maßnahmen des Arbeitsschutzes" verbunden sind. Dieser Exkurs ist nicht nur aus rechtssystematischen Gründen geboten, sondern vor allem auch, weil die insoweit zu treffenden Maßnahmen anderen rechtlichen Bindungen unterliegen.

---

[221] Zitat aus der Gesetzesbegündung, BT-Drcks. 13/3540, S. 16. Die Literatur hat die in der Gesetzesbegründung genannten Aspekte ganz überwiegend übernommen, vgl. insoweit etwa *Brock*, Arbeitsschutzgesetz, S. 19; *Nöthlichs*, Arbeitsschutz und Arbeitssicherheit, § 3 ArbSchG, Anm. 2.8; *Kollmer/Vogl*, Arbeitsschutzgesetz, Rdnr. 70.

[222] Vgl. auch *Heilmann/Aufhauser*, ArbSchG, § 1, Rdnr. 2; *Wlotzke*, Festschrift Däubler, 654 ff. (663 ff.).

[223] Vgl. insoweit etwa die knappen Kommentierungen bei *Wank*, TAS, § 3 ArbSchG, Rdnrn. 6 ff.; *Koll/Janning/Pinter-Koll*, Kommentar zum ArbSchG, § 3, Rdnr. 10 oder *Kollmer/Vogl*, Arbeitsschutzgesetz, Rdnrn. 69 ff., die nur wenig Orientierung bieten, nach welchen rechtlichen Regeln der Arbeitgeber seiner Pflicht aus § 3 Abs. 1 Satz 2 ArbSchG nachzukommen hat.

I. Pflichten zur Änderung der Schutzkonzeption außerhalb des Anwendungsbereichs des § 3 Abs. 1 Satz 2 ArbSchG

§ 3 Abs. 1 Satz 2 ArbSchG setzt voraus, daß in der Vergangenheit die „erforderlichen Maßnahmen des Arbeitsschutzes" ordnungsgemäß getroffen worden sind, diese aber nunmehr aufgrund geänderter Gegebenheiten anzupassen sind. Dies unterscheidet die Anpassungspflicht des § 3 Abs. 1 Satz 2 ArbSchG von den beiden hier zu thematisierenden Fallgruppen. Diese sind dadurch gekennzeichnet, daß die erforderlichen Maßnahmen des Arbeitsschutzes i.S. von § 3 Abs. 1 Satz 1 ArbSchG noch nicht in vollem Umfang getroffen worden sind. Es geht also in der Sache darum, daß erstmalig ein geeignetes Schutzkonzept festgelegt und umgesetzt wird.

1. Ineffektive Schutzmaßnahmen

Es dürfte unstreitig sein, daß es nicht ohne Konsequenzen bleiben kann, wenn sich bei den Wirksamkeitskontrollen nach § 3 Abs. 1 Satz 2 ArbSchG Defizite ergeben[224] (z.B. die avisierten Schallpegel werden durch die ausgewählte Lärmminderungstechnik nicht erreicht; Wartungsmaßnahmen werden nicht oder nicht fachgerecht durchgeführt; die vorgesehenen Unterbrechungen der Bildschirmarbeit durch Mischarbeit werden nicht praktiziert). Dies ergibt sich bereits aus dem Sinn und Zweck der Wirksamkeitskontrollen, die nicht lediglich bürokratischer Selbstzweck sind, sondern wesentlich zu einem effektiven Arbeits- und Gesundheitsschutz beitragen sollen. Zudem ist zu sehen, daß unwirksame Schutzmaßnahmen nicht „erforderlich" i.S. von § 3 Abs. 1 Satz 1 ArbSchG sind, da sie ungeeignet sind, die durch die Gefährdungsbeurteilung ermittelten Schutzziele zu realisieren. Richtigerweise ist in diesen Fällen von einer notwendigen Korrektur bzw. Ergänzung der betrieblichen Maßnahmenplanung zu sprechen und nicht von Anpassungsmaßnahmen, durch die eine im Prinzip bewährte Schutzkonzeption optimiert werden soll. Systematisch sind diese Korrekturen deshalb der Pflicht nach § 3 Abs. 1 Satz 1 ArbSchG zuzuordnen.[225]

---

224 Vgl. insoweit *Kittner/Pieper*, ArbSchR, § 3 ArbSchG, Rdnr. 4; *Brock*, Arbeitsschutzgesetz, 17; *Blume*, ArbSchG, 66 f.; *Kollmer/Vogl*, Rdnr. 69 f.

225 A.A. *Kittner/Pieper*, ArbSchR, § 3 ArbSchG, Rdnr. 4; *Blume*, ArbSchG, 66 f., die hierin einen Fall der Anpassungspflicht des § 3 Abs. 1 Satz 2 ArbSchG erblicken. Dies ist jedoch unzutreffend, da die erforderlichen Maßnahmen i.S. des § 3 Abs. 1 Satz 1 ArbSchG erst dann getroffen sind, wenn die im Rahmen der Gefährdungsbeurteilung ermittelten Schutzziele durch Maßnahmen des Arbeitsschutzes tatsächlich realisiert werden. Die Unterscheidung ist durchaus nicht nur akademischer Natur, da die Anpassungspflicht anderen rechtlichen Bindungen unterliegt als die Pflicht nach § 3 Abs. 1 Satz 1 ArbSchG. Insbes. dürfte die Berufung auf einen Bestandsschutz für getätigte Investitionen (z.B. unzureichende Sicherheitstechnik, persönliche Schutzausrüstungen) anders als bei § 3 Abs. 1 Satz 2 ArbSchG kaum möglich sein.

Als informatorische Grundlage für die Korrekturmaßnahmen kann auf die – bereits erstellte – Gefährdungsbeurteilung zurückgegriffen werden. Sie ist dabei allerdings im Hinblick auf die festgestellten Mängel zu verfeinern. Modifizierungen können in diesem Zusammenhang auf allen Ebenen der Gefährdungsbeurteilung notwendig werden.[226] So kann sich aus den Wirksamkeitsüberprüfungen ergeben, daß bestimmte Gefährdungen nicht oder nur unzureichend ermittelt worden sind und von daher die Schutzziele zu korrigieren sind. Es ist darüber hinaus aber auch denkbar, daß – wie in den zuvor beschriebenen Beispielen – die Maßnahmen zur Erreichung der Schutzziele, also die eingesetzten Mittel unzureichend sind, so daß ggf. vor diesem Hintergrund die ermittelten Maßnahmen des Arbeitsschutzes neu zu bewerten sind.

2. Änderungen der Arbeitsplätze

Die festgelegte betriebliche Schutzkonzeption ist ebenfalls zu revidieren, wenn sich die tatsächlichen Arbeitsbedingungen ändern, wie dies typischerweise bei der Neu- und Umgestaltung von Arbeitsplätzen der Fall ist (z.B. Veränderung der Aufstellung von Maschinen und Anlagen aus logistischen Gründen; Umstrukturierung der Arbeitsabäufe, Neubeschaffung einer Produktionsmaschine etc.). In diesen Fällen greifen die ursprünglich getroffenen Schutzmaßnahmen nicht mehr, da die neu hinzugekommenen Umstände, die die Sicherheit und den Gesundheitsschutz beeinflussen, noch nicht berücksichtigt werden konnten. Auch diese Fallgruppe ist deshalb rechtssystematisch entgegen einigen Literaturstimmen[227], die ihn als Fall der Anpassungspflicht nach Satz 2 ansehen, dem § 3 Abs. 1 Satz 1 ArbSchG zuzuordnen. Es handelt sich im Hinblick auf die neuentstandenen Arbeitsaufgaben und -bedingungen um die erstmalige Festlegung der erforderlichen Schutzmaßnahmen nach § 3 Abs. 1 Satz 1 ArbSchG.[228] Die unterschiedliche systematische Zuordnung hat durchaus praktische Konsequenzen, da die Pflichten aus § 3 Abs. 1 Satz 1 bzw. Satz 2 ArbSchG unterschiedlichen rechtlichen Bindungen unterliegen. Während z.B. neue Arbeitsmittel oder neu eingerichtete Arbeitsplätze stets dem neuesten sicherheitstechnischen Stand zu entsprechen haben, sind Anpassungsmaßnahmen nur erforderlichenfalls zu treffen.[229]

---

[226] Die Gefährdungsbeurteilung ist als Daueraufgabe zu verstehen, die kontinuierlicher Fortführung und Aktualisierung bedarf, vgl. dazu *Heilmann/Aufhauser*, Kommentar zum ArbSchG, § 5, Rdnr. 14.

[227] *Kittner/Pieper*, ArbSchR, § 3 ArbSchG, Rdnr. 4; *Blume*, ArbSchG, 66 f.

[228] *Nöthlichs*, Arbeitsschutz und Arbeitssicherheit, § 3 ArbSchG, Anm. 2.8; *Wlotzke*, Festschrift Däubler, 654 ff. (664); *Kollmer/Vogl*, Arbeitsschutzgesetz, Rdnr. 70.

[229] *Nöthlichs*, Arbeitsschutz und Arbeitssicherheit, § 3 ArbSchG, Anm. 2.8; *Wlotzke*, Festschrift Däubler, 654 ff. (664); *Kollmer/Vogl*, Arbeitsschutzgesetz, Rdnr. 70, sowie unten S. 154 ff.

Der abgelehnten Literaturmeinung ist allerdings zuzugeben, daß es Fallgestaltungen gibt, die den Anpassungspflichten des § 3 Abs. 1 Satz 2 ArbSchG wertungsmäßig durchaus nahestehen. Nicht selten besteht die Änderung von Arbeitsplätzen darin, daß vorhandene Maschinen neu angeordnet oder in anderer Weise genutzt werden sollen. Man denke hier nur an den Fall, daß ein kleiner Zulieferbetrieb der Automobilindustrie den Wünschen seines Hauptkunden nachkommt und seine Anlagen, die erst seit relativ kurzer Zeit im Einsatz sind, umgruppiert, etwa wegen eines Modellwechsels. Auch solche Änderungen führen regelmäßig zu einer Änderung der Gefährdungsbeurteilung und der hieraus folgenden „erforderlichen" Schutzmaßnahmen. Entsprechen die betroffenen, möglicherweise noch recht neuen Maschinen nicht mehr dem Stand der Technik, dürften diese nicht mehr genutzt werden. Dies gälte selbst dann, wenn mit ihnen bei unverändertem Einsatz noch gearbeitet werden könnte, weil die einschränkenden Voraussetzungen des § 3 Abs. 1 Satz 2 ArbSchG („erforderlichenfalls") nicht erfüllt sind. Um unbillige, die Organisationsfreiheit und das Eigentumsrecht[230] des Arbeitgebers unangemessen einschränkende Ergebnisse zu vermeiden, bedarf es jedoch nicht des – wie gesehen – rechtssystematisch zweifelhaften Rückgriffs auf § 3 Abs. 1 Satz 2 ArbSchG. Auch die Pflichten nach § 3 Abs. 1 Satz 1 ArbSchG bestehen nur im Rahmen des Verhältnismäßigkeitsgrundsatzes. Zur Verhinderung fragwürdiger Schematisierungen, erscheint es sachgerecht, in diesem Zusammenhang das schützenswerte Vertrauen des Arbeitgebers in die getroffene Investition zu berücksichtigen. Die vorgesehene Veränderung der Arbeitsplätze kann dabei dieses Vertrauen allerdings durchaus schmälern und z.B. dafür sprechen, eine notwendige Investition zur Anpassung an den Stand der Technik vorzuziehen.

Aufmerksam zu machen ist in diesem Kontext noch auf eine weitere, bislang wenig beachtete Fallgestaltung, die in der Praxis wohl weitaus häufiger anzutreffen ist als die Bereitstellung neuer Arbeitsmittel. Gemeint ist die Besetzung eines Arbeitsplatzes mit einem anderen Arbeitnehmer. Auch in diesem Fall sind die erforderlichen Maßnahmen des Arbeitsschutzes erstmalig zu treffen und ist dementsprechend eine Gefährdungsbeurteilung durchzuführen. Dies folgt aus dem umfassenden Arbeitsschutzverständnis des ArbSchG, das den Arbeitsschutz letztlich als Arbeitsumweltschutz[231] begreift und von daher, arbeitswissenschaftlich gesprochen, das gesamte Arbeitssystem, bestehend vor allem aus Technik, Arbeitsumgebung und handelnden, d.h. arbeitenden Personen, fokussiert.[232] Stellen

---

[230] Hierzu der Überblick bei *Ossenbühl* AöR 1990, 1 ff. (18 ff.), zur Abgrenzung von Art. 12 und 14 GG, ebenda S. 25 ff.

[231] Vgl. hierzu bereits *Bücker/Feldhoff/Kohte*, Rdnrn. 224 ff., insbes. Rdnrn. 242 ff.

[232] Zum Begriff des Arbeitssystems, vgl. etwa *Luczak*, Arbeitswissenschaft, S. 27; *Kittner/Pieper*, ArbSchR, § 4 ArbSchG, Rdnr. 13 m.w.N.; in diesem Sinne ebenso, *Heilmann/Aufhauser*, ArbSchG, § 4, Rdnr. 13, sowie ohne den Begriff des „Arbeitssystems" explizit zu nennen, *Prax.-Kommentar-Wilhelm*, § 4 ArbSchG, Rdnrn. 22 ff.

sich vor dem Hintergrund dieses weiten Verständnisses Änderungen auf der personalen Seite ein, indem ein anderer Beschäftigter einen Arbeitsplatz übernimmt, kommt dies einer Änderung einer wesentlichen Determinante des Arbeitssystems gleich, die Anlaß zu einer Überprüfung der getroffenen Schutzmaßnahmen geben muß.[233] Im Gesetz selbst spiegelt sich diese personale Komponente besonders deutlich in § 5 Abs. 3 Nr. 5 ArbSchG wider. Danach können sich Gefährdungen insbesondere aus der unzureichenden Qualifikation und Unterweisung der Beschäftigten ergeben.

Für den Arbeitgeber folgt hieraus im übrigen keine unbotmäßige Belastung. In der Regel wird er dabei auf die Erkenntnisse der ursprünglichen Gefährdungsbeurteilung und auf die Erfahrungen mit den für den Vorgänger getroffenen Schutzmaßnahmen zurückgreifen können. Eine gut geführte Dokumentation nach § 6 Abs. 1 ArbSchG dürfte den Aufwand weiter begrenzen. Dessenungeachtet fordert aber § 5 Abs. 3 Nr. 5 ArbSchG eine Überprüfung der Qualifikation des betreffenden Beschäftigten im Hinblick auf seinen Arbeitsplatz, d.h. die Ermittlung und Beurteilung sich insofern möglicherweise ergebender Gefährdungen. Die Erkenntnisse aus dieser, stark auf die Person des Beschäftigten ausgerichteten Gefährdungsbeurteilung sind bei der Erstunterweisung nach § 12 Abs. 1 ArbSchG zugrundezulegen. Typische Schutzmaßnahmen werden häufig in einer intensiven Anleitung des neuen Beschäftigten in der Einarbeitungsphase liegen. Sie fügen sich damit in Strategien ein, die in der Mehrzahl der Betriebe ohnehin gängig sind. § 3 Abs. 1 Satz 1 ArbSchG verlangt vom Arbeitgeber in diesem Zusammenhang eine systematische und zielgerichtete Vorgehensweise, um eine konsequente Prävention zu gewährleisten.

II. Planung und Festlegung der Anpassungsmaßnahmen i.S. von § 3 Abs. 1 Satz 2 ArbSchG

Die zuvor geschilderten Fallgestaltungen sind dadurch gekennzeichnet, daß die „erforderlichen“ Maßnahmen i.S. von § 3 Abs. 1 Satz 1 ArbSchG noch nicht oder nur unzureichend getroffen worden sind. Im Gegensatz dazu setzen die Anpassungsmaßnahmen nach § 3 Abs. 1 Satz 2 ArbSchG voraus, daß in der Vergangenheit ein tragfähiges Schutzkonzept festgelegt worden ist, durch das die rechtlich erforderlichen Maßnahmen getroffen wurden. Sinn und Zweck der Anpassungspflicht nach § 3 Abs. 1 Satz 2 ArbSchG ist die Weiterentwicklung und Optimierung dieses Schutzkonzepts.

Auch die Anpassung der Schutzmaßnahmen ist wegen § 3 Abs. 2 ArbSchG zu planen. Es ist also wiederum zwischen den sich aus dem Planungsbegriff ergebenden Verfahrensschritten der systematischen Ermittlung des Planungs-

---

233 Die Sicherheit im Arbeitssystem wird durch alle seine Komponenten bestimmt, vgl. hierzu *Luczak*, Arbeitswissenschaft, S. 448.

sachverhalts (beschreibender Teil) und der Abwägungsentscheidung – verstanden als gestaltender Teil der Planung – zu unterscheiden.

1. Systematische Ermittlung der Optimierungspotentiale im Rahmen der Planung

Anlaß für Anpassungsmaßnahmen sind nach § 3 Abs. 1 Satz 2 ArbSchG sich ändernde Gegebenheiten. Im Anschluß an die Gesetzesbegründung[234] lassen sich unter den Begriff der „sich ändernden Gegebenheiten" im Kern zwei Fallgruppen zusammenfassen: *Erstens* Änderungen der Disposition der Beschäftigten und *zweitens* eine geänderte Beurteilung der Gefährdungen bzw. der getroffenen Schutzmaßnahmen aufgrund von Fortschritten der Sicherheitswissenschaften bzw. -technik. Das ArbSchG trifft keine ausdrücklichen Regelungen darüber, wie der Arbeitgeber den Bedarf, die betriebliche Schutzkonzeption weiterzuentwickeln, im Rahmen der Planung zu ermitteln hat. Auszugehen ist davon, daß das ArbSchG auf einen systematischen, kontinuierlich angelegten Arbeits- und Gesundheitsschutz zielt. Bei der Zusammenstellung und Aufbereitung der für die Planungsentscheidung maßgeblichen Informationen ist es vor diesem Hintergrund unverzichtbar, die Dokumentation nach § 6 ArbSchG und Gefährdungsbeurteilungen als Planungsinstrumente zu nutzen. Im Hinblick auf die erwähnten Anlässe für die Anpassungsmaßnahmen sind dabei jeweils spezifische Aspekte besonders zu beachten.

a) Änderung der Disposition der Beschäftigten

Anpassungsmaßnahmen nach § 3 Abs. 1 Satz 2 ArbSchG aufgrund von Veränderungen der Disposition der Beschäftigten dienen der Verwirklichung des erweiterten Arbeitsschutzansatzes des ArbSchG.[235] Nach Art. 6 Abs. 2 lit. d der Rahmenrichtlinie 89/391/EWG ist bei der Gestaltung der Schutzmaßnahmen der „Faktor Mensch" zu berücksichtigen. Ausweislich der Gesetzesbegründung wird diese für den erweiterten Arbeitsschutzansatz zentrale Vorgabe der Rahmenrichtlinie durch die Einbeziehung des (gesundheitsnahen) Bereichs der menschengerechten Arbeitsgestaltung in die Definition des Begriffs der Maßnahmen des Ar-

---

[234] BT-Drcks. 13/3540, S. 16; aus der Literatur vgl. z.B. *Blume*, Arbeitsschutzgesetz, S. 67; *Wank*, TAS, § 3, Rdnr. 7.

[235] Es ist in der Literatur soweit ersichtlich unbestritten, daß Änderungen der Belastungsfähigkeit der Beschäftigten einen Fall des § 3 Abs. 1 Satz 2 ArbSchG bilden. Zur Begründung wird jedoch zumeist lediglich die Gesetzesbegründung (BT-Drcks. 13/3540, S. 16) übernommen bzw. auf sie verwiesen, die diese Konstellation ohne nähere inhaltliche Begründung als Beispiel für § 3 Abs. 1 Satz 2 ArbSchG nennt, vgl. insoweit etwa *Wank*, TAS, § 3 ArbSchG, Rdnr. 7; *Nöthlichs*, Arbeitsschutz und Arbeitssicherheit, § 3 ArbSchG, Anm. 2.8; *Brock*, Arbeitsschutzgesetz, 18 f.

beitsschutzes in § 2 Abs. 1 ArbSchG transformiert.[236] Die im Zusammenhang mit § 3 Abs. 1 Satz 2 ArbSchG bedeutsame Zielrichtung dieser Bestimmung wird deutlicher mit Blick auf die Texte der englischen bzw. französischen Fassungen der Richtlinie, die sich insoweit deutlich von der deutschen Übersetzung unterscheiden.[237] Dort finden sich die Formulierungen „adapting the work to the individual“ bzw. „adapter le travail à l'homme“. Die Berücksichtigung des „Faktors Mensch“ zielt also auf die Anpassung der Arbeit an den Menschen.[238] Hieraus folgt, daß das betriebliche Schutzkonzept der Entwicklung der Disposition der Arbeitnehmer zu folgen hat und ggf. Anpassungen zu veranlassen sind. § 3 Abs. 1 Satz 2 ArbSchG ist insoweit also als ein Instrument zur dauerhaften Verfolgung der Zielsetzungen des erweiterten Arbeitsschutzansatzes des Gesetzes zu deuten.

Veränderungen der Disposition der Beschäftigten können verschiedene Gründe haben. Zu erwähnen ist zunächst der Fall, daß sich die Belastungsfähigkeit der Arbeitnehmer durch Beeinträchtigungen der Gesundheit im Laufe der Zeit verschlechtert hat.[239] Daneben gibt es weitere Änderungen in der Person der Beschäftigten, die im Zusammenhang mit § 3 Abs. 1 Satz 2 ArbSchG bislang nur wenig beachtet worden sind. Eine Veränderung der persönlichen Disposition muß nicht stets in einer – krankhaften – Verschlechterung der Gesundheit bestehen. Ein Beispiel hierfür sind Veränderungen der Belastungsfähigkeit älterer Arbeitnehmer, die im übrigen nicht notwendigerweise ausschließlich negative Folgen für die Leistungsfähigkeit haben muß.[240] Anlaß für eine Anpassung der Maßnahmen können außerdem natürliche und erfreuliche Ereignisse wie z.B. eine Schwangerschaft sein. Für den letzteren Fall gibt es zwar mit §§ 2 ff. MuSchG und der MuSchRiV spezialgesetzliche Regelungen. Dies ändert aber nichts daran – und insofern ist hier auf diesen praktisch relevanten Anlaß einzugehen –, daß der rechtssystematische Ausgangspunkt der speziellen mutterschutzrechtlichen Pflichten in § 3 Abs. 1 Satz 2 ArbSchG liegt. Wegen ihres rahmengesetzlichen Charakters[241] bilden insbesondere die

---

[236] Vgl. Gesetzesbegründung, BT-Drcks. 13/3540, S. 15; aus der Literatur z.B. *F. Merten*, Gesundheitsschutz und Mitbestimmung bei der Bildschirmarbeit, S. 55 ff.; *Wank*, TAS, § 2 ArbSchG, Rdnr. 2; *Brock*, Arbeitsschutzgesetz, S. 15 f.; *Koll/Janning/Pinter-Koll*, Kommentar zum ArbSchG, § 2, Rdnrn. 7 ff.; Kritisch zur Umsetzungstechnik, *Kohte*, EAS, B 6100, Arbeitsschutzrahmenrichtlinie, Rdnr. 58, der mit guten Gründen bemängelt, daß die Pflicht zur Anpassung der Arbeit an den Menschen nicht explizit in die allgemeinen Grundsätze des § 4 ArbSchG aufgenommen worden ist.

[237] Hierauf macht *Prax.-Kommentar-Kohte*, § 2 ArbSchG, Rdnr. 23 aufmerksam.

[238] *Kohte*, EAS B 6100, Arbeitsschutzrahmenrichtlinie, Rdnrn. 56 ff.; *Prax.-Kommentar-Kohte*, § 2 ArbSchG, Rdnrn. 22 ff.; *Brandes*, System des europäischen Arbeitsschutzrechts, 173 ff.; *Bieneck/Rückert*, Z.Arb.wiss. 1994, 1 ff. (2 f.).

[239] Vgl. auch *Wank*, TAS, § 3 ArbSchG, Rdnr. 7; *Brock*, Arbeitsschutzgesetz, 18; *Blume*, ArbSchG, 67; Gesetzesbegründung, BT-Drcks. 13/3540, S. 16.

[240] Vgl. etwa *Bieneck/Rückert*, Z.Arb.wiss. 1994, 1 ff. (2); *Kittner/Pieper*, ArbSchR, § 4 ArbSchG, Rdnr. 19.; *Gussone*, AiB 1996, 339 ff. (339), den Erkenntnisstand zusammenfassend, *Reif/Täubert/König*, AiB 1996, 329 ff.

[241] *Kollmer*, WiB 1996, 825 ff. (826); *Wlotzke*, NZA 2000, 19 ff. (20).

Grundpflichten des § 3 ArbSchG quasi das „Dach“, unter dem die spezialgesetzlichen Vorschriften systemgerecht in ihrer konkretisierenden Funktion Anwendung finden.

Änderungen der Disposition der Beschäftigten werden dem Arbeitgeber häufig bereits ohne besondere Ermittlungen bekannt werden. So sind z.B. Schwangere nach § 5 MuSchG gehalten, dem Arbeitgeber die Schwangerschaft mitzuteilen. Veränderungen des Gesundheitszustandes und der Leistungsfähigkeit der Beschäftigten (z.B. ältere Arbeitnehmer) werden dem Arbeitgeber auch ohne systematische Ermittlungen selten verborgen bleiben, sei es daß der Mitarbeiter selbst darauf hinweist oder aber die Änderungen bei der Arbeit selbst offenkundig werden. Unabhängig davon sind die insofern relevanten personenbezogenen Umstände aber auch systematisch durch den Arbeitgeber zu ermitteln, da die Anpassung der Arbeit an den Menschen wie gesehen ein wichtiges Element des erweiterten Arbeitsschutzansatzes des ArbSchG bildet. Anknüpfungspunkte für ein systematisches Vorgehen sind dabei vor allem die Wirksamkeitskontrollen nach § 3 Abs. 1 Satz 2 ArbSchG sowie die regelmäßige Überprüfung der Gefährdungsbeurteilung.[242]

Es ist in diesem Zusammenhang zu beachten, daß derartige Untersuchungen eine sensible Angelegenheit sind und sie leicht Gefahr laufen, mit den gesetzgeberischen Zielen des ArbSchG in Konflikt zu geraten. So bilden Erkrankungen eine bedeutende Fallgruppe der personenenbedingten Kündigungsgründe nach § 1 KSchG[243], der in der Praxis eine hohe Bedeutung zukommt.[244] Es ist zwar allgemein in Rechtsprechung[245] und Literatur[246] anerkannt, daß betriebliche Ursachen einer Erkrankung zu einer Erhöhung der Anforderungen an die soziale Rechtfertigung einer Kündigung führen. Eine genaue Kenntnis des Arbeitgebers über den Gesundheitszustand des Arbeitnehmers würde aber dessenungeachtet das Prozeßrisiko deutlich zu Lasten des Arbeitnehmers verschieben, da insbesondere der Beweis der negativen Gesundheitsprognose[247] für den Arbeitgeber auf dieser Basis nachhaltig erleichtert würde. Ein solches Ergebnis würde die Ziele des Ar-

---

242 Vgl. hierzu etwa *Kollmer/Vogl*, Arbeitsschutzgesetz, Rdnr. 109 b.

243 Vgl. hierzu nur *Schaub*, Arbeitsrechtshandbuch, § 129, Rdnrn. 14 ff.; *ErfK-Ascheid*, § 1 KSchG, Rdnrn. 188 ff. Einen anderen Ansatz verfolgt *Pflüger*, DB 1995, 1761 ff. (1764 f.), der die hier vornehmlich interessierenden Fälle von Kündigungen aufgrund betrieblich verursachter Erkrankungen dogmatisch als betriebsbedingte Kündigungen einordnet, da der Kündigungsgrund in der Sphäre des Arbeitgebers liege.

244 Vgl. *Bücker/Feldhoff/Kohte*, Rdnr. 354, die auf empirische Studien hinweisen, wonach ca. 30% der Kündigungen aus krankheitsbedingten Gründen ausgesprochen werden.

245 Z.B. BAG, NZA 1994, 309 ff.; BAG, DB 1990, 2274; BAG, NZA 1990, 305 ff.; ArbG Bochum, BB 1981, 2006.

246 Vgl. hierzu etwa *Lepke*, Kündigung bei Krankheit, S. 192 ff.; *Pflüger*, DB 1995, 1761 ff.; *Bücker/Feldhoff/Kohte*, Rdnrn. 354 ff.

247 Vgl. hierzu nur BAG, NZA 1994, 309 ff. (310 f.); BAG NZA 1990, 305 ff. (306); *Schaub*, Arbeitsrechtshandbuch, § 129, Rdnr. 18.

beitsschutzrechts[248], das gerade den Rahmen für ein lebenslanges und möglichst schädigungsfreies Arbeiten schaffen will, geradezu auf den Kopf stellen. Es ist deshalb Sorge zu tragen, damit das ArbSchG nicht zweckentfremdet genutzt werden kann, um Arbeitnehmer, die durch betriebliche Arbeitsbedingungen geschädigt worden sind, aus dem Berufsleben herauszudrängen.[249] Vor diesem Hintergrund sind insbes. organisatorische und verfahrensmäßige Absicherungen zu treffen, die sowohl den Schutz der berechtigten Belange der Beschäftigten garantieren, als auch eine schutzzweckkonforme Anwendung des ArbSchG ermöglichen. Eine wichtige Rolle kann dabei dem Betriebsarzt zukommen. Dieser verfügt einerseits über die notwendige Expertise zur Bewertung der Disposition der Beschäftigten. Andererseits ist er aber nach § 8 Abs. 1 ASiG unabhängig gegenüber dem Arbeitgeber und an die Regeln der ärztlichen Schweigepflicht gebunden.[250] Denkbar ist zudem etwa auch die Einrichtung sog. Gesundheitszirkel, in denen nach festen „Spielregeln" Fragen der betrieblichen Gesundheit erörtert werden können.[251]

Die vorstehenden Überlegungen gelten sinngemäß auch für den praktisch wichtigen Fall der altersbedingten Veränderung der Leistungsfähigkeit. Auch er bildet eine Fallgruppe der personenbedingten Kündigungsgründe nach § 1 KSchG.[252]

---

[248] Es ist in diesem Zusammenhang erstaunlich, daß in der insoweit einschlägigen Rechtsprechung und Literatur so gut wie nicht die Frage des Verstoßes gegen Vorschriften des geltenden Arbeitsschutzrechts thematisiert wird. So werden etwa Schädigungen durch Staub oder Schweißgase nicht selten thematisiert (vgl. z.B. BAG, DB 1990, 2274; ArbG Bochum, BB 1981, 2006; *Lepke*, Kündigung bei Krankheit, S. 193), aber die Möglichkeit eines Verstoßes z.B. gegen §§ 14 ArbStättV, 16-19 GefStoffV, die die individualrechtlichen Pflichten des Arbeitgebers nach § 618 BGB konkretisieren, nicht einmal erwähnt. *Pflüger*, DB 1995, 1761 ff. (1761) führt dies darauf zurück, daß das Arbeitsschutzrecht ungeeignet ist, den Anforderungen an Krankheitsprävention im Arbeitsverhältnis gerecht zu werden. Plaus*ibler* erscheint mir hingegen vor dem Hintergrund der genannten speziellen Vorschriften die Erklärung von *Bücker/Feldhoff/Kohte*, Rdnr. 370, die vor allem dahin geht, daß das Arbeitsschutzsystem für die Gerichtspraxis zu unübersichtlich und zu weit von der betrieblichen Praxis entfernt ist.

[249] Ähnlich auch *Kohte*, AiB 1990, 125 ff. (125, 127 ff.); *Bücker/Feldhoff/Kohte*, Rdnrn. 367 ff.; in diesem Sinne wohl auch *Kittner/Däubler/Zwanziger-KSchR-Kittner*, § 1 KSchG, Rdnr. 119 ff.

[250] Vgl. hierzu im einzelnen *Anzinger/Bieneck*, Kommentar zum ASiG, § 8, Rdnrn. 4 ff.; *Aufhauser/Brunhöber/Igl*, Kommentar zum ASiG, § 8, Rdnrn. 2 f.; *Kliesch/Nöthlichs/Wagner*, Kommentar zum ASiG, § 8, Anm. 4.

[251] Hierzu *Teske/Zinke*, Gesundheitsbericht und Gesundheitszirkel auf dem Prüfstand, s.i.s. 1996, 341 ff. (344 ff.); *Slesina/Broekmann*, Arbeit 1992, 166 ff., zu den dort eingehend beschriebenen „Spielregeln" gehört es, daß an den Auswertungsgesprächen über die Ergebnisse einer Mitarbeiterbefragung über gesundheitliche Beschwerden lediglich der Betriebsarzt, die Arbeiter und der – externe – Moderator des Zirkels teilnimmt (S. 176). Neuere Ergebnisse der Arbeit solcher Gesundheitszirkel finden sich bei *Slesina*, Fehlzeitenreport 2000, 199 ff. (206 ff.).

[252] Vgl. hierzu GK-KR-*Etzel*, § 1 KSchG, Rdnrn. 407 ff.; *Bauer/Lingemann*, NZA 1993, 625 ff. (625); BAG, AP Nr. 1 zu § 1 KSchG 1951 – personenbedingte Kündigung –; BAG, AP Nr. 2 zu § 1 KSchG 1951 – verhaltensbedingte Kündigung –.

Wegen des Normzwecks des ArbSchG bedürfen die ermittelten Daten demnach ebenfalls entsprechenden Schutzes, insbes. durch geeignete organisatorische Maßnahmen.

Mögliche Abhilfemaßnahmen sind entsprechend den allgemeinen Grundsätzen durch Gefährdungsbeurteilungen, unter Beachtung der Gestaltungsprinzipien des § 4 ArbSchG zu ermitteln. Hierbei müssen notwendigerweise die Veränderungen der Disposition der Beschäftigten besonders sorgfältig berücksichigt werden. Für das Mutterschutzrecht werden diese allgemeinen Prinzipien spezialgesetzlich durch das MuSchG und die MuschRiV konkretisiert. Danach ist etwa eine spezifisch auf werdende und stillende Mütter zugeschnittene Gefährdungsbeurteilung durchzuführen (§ 1 MuSchRiV) und sind Arbeitnehmerinnen gesondert über die Ergebnisse dieser Gefährdungsbeurteilung zu informieren (§ 2 MuSchRiV). Zudem finden sich im Mutterschutzrecht – in Ergänzung des § 4 ArbSchG – spezielle Vorschriften über die Gestaltung von Anpassungsmaßnahmen (§§ 3 ff. MuSchRiV, 3 ff. MuSchG).[253] Entsprechend der Funktion des beschreibenden Teils des Planungsprozesses sind die Vor- und Nachteile denkbarer Anpassungsmaßnahmen so aufzubereiten, daß alle relevanten Informationen vorhanden sind, um abwägen zu können, in welcher Weise die betriebliche Schutzkonzeption optimiert werden soll.

b) Fortschreiten der Standards und Erkenntnisse i.S. von § 4 Nr. 3 ArbSchG

In den Gesetzgebungsmaterialien[254] und in der Literatur[255] werden verbesserte Schutzmöglichkeiten aufgrund der Entwicklung neuer Techniken und eine geänderte Gefährdungsbeurteilung als typisches Anwendungsbeispiel der Anpassungspflicht des § 3 Abs. 1 Satz 2 ArbSchG herausgestellt. Im Gegensatz zur vorstehend geschilderten Fallgruppe liegen die sich ändernden Gegebenheiten hier allerdings nicht auf tatsächlicher Ebene. Anlaß der erforderlichen Anpassungsmaßnahmen ist vielmehr eine neue Bewertung der getroffenen Maßnahmen aufgrund neuer Erkenntnisse. Die Funktion des § 3 Abs. 1 Satz 2 ArbSchG ist darin zu sehen, die rechtlichen Anforderungen an den betrieblichen Arbeits- und Gesundheitsschutz mit der fortschreitenden Entwicklung der Sicherheits-, Gesundheits- und Arbeitswissenschaften zu verknüpfen.[256] Ziel ist dabei gemäß § 3 Abs. 1 Satz 3 ArbSchG die Verbesserung des Schutzes der Beschäftigten.

---

[253] Vgl. zum Ganzen etwa *Kollmer/Blachnitzky/Kossens*, Die neuen Arbeitsschutzverordnungen, Rdnrn. 467 ff.; *Sowka*, NZA 1997, 927 f.

[254] Vgl. BT-Drcks. 13/3540, S. 16.

[255] Vgl. nur *Kollmer/Vogl*, Arbeitsschutzgesetz, Rdnr. 70; *Wank*, TAS, § 3 ArbSchG, Rdnr. 7; *Koll/Janning/Pinter-Koll*, Kommentar zum ArbSchG, § 3, Rdnr. 10; *Nöthlichs*, Arbeitsschutz und Arbeitssicherheit, § 3 ArbSchG, Anm. 2.8; *Wlotzke*, NZA 1996, 1017 ff. (1020).

[256] Vgl. hierzu auch *Kohte*, EAS B 6100, Arbeitsschutzrahmenrichtlinie, mit Hinweisen auf das dänische Arbeitsumweltgesetz; *Kittner/Pieper*, ArbSchR, § 3 ArbSchG, Rdnr. 5; *Wlotzke*, Festschrift Däubler, 654 ff. (664).

Die Anpassungspflicht ist deswegen rechtssystematisch in ihrem Zusammenhang mit dem allgemeinen Grundsatz des § 4 Nr. 3 ArbSchG zu sehen, wonach bei den Maßnahmen der Stand von Technik, Arbeitsmedizin und Hygiene sowie sonstige gesicherte arbeitswissenschaftliche Erkenntnisse zu berücksichtigen sind. § 4 Nr. 3 ArbSchG ersetzt übergreifend für den gesamten betrieblichen Arbeits- und Gesundheitsschutz die bis dato vorherrschende Verweisung auf die „anerkannten Regeln der Technik". Durch die Pflicht, den Stand von Technik, Arbeitsmedizin und Hygiene zu berücksichtigen, wird der maßgebliche normative Bewertungsmaßstab

> „an die Front der technischen Entwicklung verlagert.[257] Hiermit verbunden ist eine nachhaltige Dynamisierung des Schutzniveaus, die dazu führt, daß der Arbeitgeber erheblich früher verpflichtet ist, insbes. technische und arbeitsmedizinische Neuerungen in seinem Betrieb zu realisieren."[258]

In der Sache selbst können die sich verändernden Gegebenheiten in Form neuer Erkenntnisse zunächst darin bestehen, daß z.B. aufgrund neuer Sicherheitstechnik ein verbesserter Schutz vor den (mittels der Gefährdungsbeurteilung nach § 5 ArbSchG) erkannten Gefährdungen erreicht werden kann.[259] Die modifizierte Bewertung des Schutzkonzepts knüpft hier also bei den Schutzmaßnahmen an.

Außerdem können neue Erkenntnisse i.S. von § 4 Nr. 3 ArbSchG auch zu einer anderen Bewertung der arbeitsbedingten Gefährdungen führen, sei es dadurch, daß bestimmte Gegebenheiten überhaupt erst als Gefährdung erkannt werden[260] oder dadurch, daß neues Wissen über das Gefährdungspotential gewonnen worden ist.[261]

---

[257] BVerfGE 49, 89 ff. (135 f.).

[258] *Kollmer/Vogl*, Arbeitsschutzgesetz, Rdnr. 84; *Heilmann/Aufhauser*, ArbSchG, § 4, Rdnr. 6.

[259] Gesetzesbegründung, BT-Drcks. 13/3540, S. 16; *Wank*, TAS, § 3 ArbSchG, Rdnr. 7; *Kittner/Pieper*, ArbSchR, § 3 ArbSchG, Rdnr. 4; *Koll/Janning/Pinter-Koll*, Kommentar zum ArbSchG, § 3, Rdnr. 10.

[260] Ein markantes, wenn auch bedrückendes Beispiel hierfür ist das in jüngster Vergangenheit gestiegene Risiko bioterroristischer Anschläge, z.B. durch mit Milzbrandererregern kontaminierte Post. Vor allem Arbeitsplätze in Poststellen von Institutionen, die als mögliche Ziele solcher Anschläge gelten, unterfallen damit der BioStoffV, da ein Auftreten biologischer Arbeitsstoffe nicht auszuschließen ist (§ 2 Abs. 4 BioStoffV). Dies hat zur Folge, daß – aufgrund geänderter Erkenntnisse – Gefährdungsbeurteilungen nach § 5 ff. BioStoffV durchzuführen und Maßnahmen nach §§ 10 ff. zu treffen sind. Informationen und Handlungshilfen zur Thematik finden sich auf der Homepage der Bundesanstalt für Arbeitsschutz und Arbeitsmedizin, http://www.baua.de.

[261] Ein Beispiel ist in diesem Zusammenhang die Asbestproblematik. Über Jahrzehnte war Asbest ein viel- und bedenkenlos genutzter Roh- und Arbeitsstoff. Vor allem seit Mitte der sechziger Jahre sind dann zunehmend die gefährlichen, krebserzeugenden Eigenschaften von Asbest in seinen vielfältigen Anwendungsformen erkannt und mit steigender Intensität thematisiert worden. In diesem Zuge sind nach und nach rechtliche Reglementierungen ergangen, bis schließlich hin zum Verbot und der Regelung von Sanierungspflichten. Instruktiv und informativ hierzu *Linster*, Asbest, insbes. S. 32 ff. zur Medizingeschichte des Asbest, S. 37 ff. zur „Rechtsgeschichte des Asbest", sowie S. 42 f. über die mannigfaltigen Verwendungsformen; außerdem dazu und zu den sich ergebenden strafrechtlichen Fragen,

Die zweite Fallgruppe hat besonderen Stellenwert für Arbeitsplätze im Zusammenhang mit neuen Technologien und neuen Formen der Arbeitsorganisation, für die naturgemäß zum Zeitpunkt ihrer Einführung nur wenige empirische Erkenntnisse über gesundheitliche Belastungen und Beanspruchungen vorhanden sind. Gerade in Zeiten raschen technologischen und organisatorischen Wandels in den Betrieben erweist sich die Anpassungspflicht vor diesem Hintergrund als wichtiges Instrument, die sich hieraus ergebenden Probleme sozial- und gesundheitsverträglich zu bewältigen. § 3 Abs. 1 Satz 2 ArbSchG trägt damit dazu bei, ein zentrales sozialpolitisches Ziel des ArbSchG einzulösen.[262]

Solange die betrieblichen Vorkehrungen den in § 4 Nr. 3 ArbSchG genannten Standards entsprechen, besteht auch kein Anpassungsbedarf. Die Beurteilung der Frage, ob eine Anpassung der Maßnahmen in Betracht zu ziehen ist, setzt deshalb zunächst voraus, daß der Stand von Technik, Arbeitsmedizin und Hygiene sowie die sonstigen gesicherten arbeitswissenschaftlichen Erkenntnisse überhaupt bekannt sind. Die Ermittlung des Anpassungsbedarfs für die hier zu besprechende Fallgruppe besteht demnach zunächst vor allem in der Kenntnisnahme der (Weiter)entwicklung der in § 4 Nr. 3 ArbSchG angeführten Erkenntnisse.[263] Es handelt sich hierbei um eine durchaus anspruchsvolle Aufgabe[264], da ggf. in die Meinungsstreitigkeiten der Sicherheitswissenschaften und -technik einzutreten ist.[265] Es ist zu erwarten, daß durch den neueingefügten § 18 Abs. 2 Nr. 5 ArbSchG[266] die Ermittlung der Erkenntnisse und Standards des § 4 Nr. 3 ArbSchG mittelfristig leichter vorzunehmen sein wird. Danach sollen Ausschüsse gebildet werden, um den Stand der Technik, Arbeitsmedizin und Hygiene und der sonstigen gesi-

---

Kuchenbauer, NJW 1997, 2009 ff. Als weiteres Beispiel sei hier noch auf die Problematik nitrithaltiger Kühlschmierstoffe verwiesen, die, ebenfalls seit langem eingesetzt, ab der zweiten Hälfte der 1970iger Jahre immer stärker im Hinblick auf ihre gefährlichen karzinogenen Wirkungen diskutiert wurden. Auch hier wurden nach und nach schärfere rechtliche Regeln erlassen (insbes. TRGS 552 und 611). Instruktiv hierzu der produkthaftungsrechtliche Fall des LG Itzehoe, AiB 1999, 355 ff.

262 Im Gesetzgebungsverfahren und in der Rezeption des ArbSchG wurde die gesundheitsverträgliche Gestaltung des raschen Wandels der Arbeitswelt als übergreifendes gesetzliches Ziel herausgestellt. Vgl. insoweit die Gesetzesbegründung, BT-Drcks. 13/3540, S. 13; *Fischer*, BArbBl. 1996 (1), 21 ff. (21); *Prax.-Kommentar-Kollmer*, Vor. § 1 ArbSchG, Rdnr. 26.

263 In diesem Sinne auch *Wlotzke*, Festschrift Däubler, 654 ff. (664 f.).

264 Vgl. auch *Wlotzke*, Festschrift Däubler, 654 ff. (664 f.), der darauf hinweist, daß der Arbeitgeber in der Regel fachkundiger Beratung bedürfen wird, sowie mit Blick auf die Schnittstellen des betrieblichen und vorgreifenden (produktbezogenen) Arbeitsschutzes, *Kohte*, Stand der Technik, 88 ff.

265 Vgl. nur BVerfGE 49, 89 ff. (136); *Wank*, TAS, § 4 ArbSchG, Rdnr. 6; *Prax.-Kommentar-Wilhelm*, § 4 ArbSchG, Rdnr. 12.

266 BGBl. I 2000, S. 2049.

cherten arbeitswissenschaftlichen Erkenntnisse zu ermitteln.[267] Dadurch, daß die Möglichkeit der amtlichen Bekanntmachung der Ergebnisse der Arbeit der Ausschüsse vorgesehen ist, dürfte damit in Zukunft für die Betriebe ein erhöhtes Maß an Transparenz entstehen.[268]

Eine gewisse Hilfestellung bei der Erfüllung der Ermittlungspflicht können bereits heute die Beschaffungsmärkte für Arbeitsmittel bieten, da die Hersteller von Arbeitsmitteln ihrerseits bei der Konstruktion und Fertigung an den Stand der Technik gebunden sind.[269] Neben der Aufnahme einer Vertragsklausel, durch die die Einhaltung aller einschlägiger Sicherheitsstandards zugesichert wird (vgl. insoweit auch § 5 BGV A 1), besteht für den Arbeitgeber dabei vor allem auch die Möglichkeit, öffentlich-rechtliche Sicherheitsinformationspflichten der Produzenten bzw. Vertreiber, die sich zunehmend in neueren Rechtsvorschriften finden, zu nutzen. Von Bedeutung für den betrieblichen Arbeits- und Gesundheitsschutz sind in diesem Zusammenhang vor allem das Sicherheitsdatenblatt nach § 14 GefStoffV sowie die Lärminformationen nach § 1 der 3. GSGV (Maschinenlärminformationsverordnung).[270]

Im Gesetz selbst findet sich keine ausdrückliche Verpflichtung, die Entwicklung der Erkenntnisse nach § 4 Nr. 3 ArbSchG zu beobachten. Dies mag erklären, warum im Schrifttum bis dato die Frage der Ermittlung der relevanten Erkenntnisse nur eine geringe Rolle einnimmt, sondern zumeist vorausgesetzt wird.[271] Es ist jedoch hier hervorzuheben, daß die systematische Ermittlung des

[267] § 18 Abs. 2 Nr. 5 ArbSchG ist insbes. vor dem Hintergrund der neueren europarechtlichen Diskussion zu begrüßen, in der darauf hingewiesen worden ist, daß der Inhalt nationaler Umsetzungsvorschriften zum Schutz der Gesundheit der Beschäftigten auch für Arbeitgeber von Klein- und Mittelbetrieben, sowie für Arbeitnehmer und ihre Interessenvertretungen klar und unmißverständlich sein muß. Vgl. hierzu Schlussanträge des Generalanwalts in der Rechtssache C 49/00 vom 31. Mai 2001 (Kommission ./. Italien), Nrn. 21, 57, internet: http://www.curia.eu.

[268] Hiermit wird in der Sache die Kritik von *Kohte*, Stand der Technik, 88 ff. aufgegriffen, der am Beispiel der Beschaffung von Arbeitsmitteln darauf aufmerksam gemacht hat, daß es – nach der alten Rechtslage – an einer Orientierung über den Stand der Technik für den Arbeitgeber etwa in Form einer Bekanntmachung der Bundesanstalt für Arbeitsschutz und Arbeitsmedizin fehlte. Es bleibt aber abzuwarten, in welchem Umfang und wie schnell die entsprechenden Regeln und Erkenntnisse nach § 18 Abs. 2 Nr. 5 ArbSchG amtlich bekannt gemacht werden.

[269] Vgl. hierzu *Kohte*, Stand der Technik, 88 ff.

[270] Hierzu *Basten/Faber*, Psychologie der Arbeitssicherheit, 10. Workshop, 202 ff., für die angedeutete Entwicklung des Ausbaus öffentlich-rechtlich normierter Sicherheitsinformation beim Inverkehrbringen von Gefahrstoffen vgl. zudem die Novellierung der EU-Richtlinie zum Sicherheitsdatenblatt, Richtlinie 2001/58/EG vom 27.07.2001, ABl. EG L, Nr. 212, S. 24 ff. Dort wird in Erwägungsgrund Nr. 8 ausdrücklich auf den Zusammenhang mit den betrieblichen Gefährdungsermittlungspflichten hingewiesen.

[271] Die Ermittlung der aktuellen Erkenntnisse i.S. von § 4 Nr. 3 ArbSchG durch den Arbeitgeber spielt etwa in den Kommentierungen zu § 4 ArbSchG von *Koll/Janning/Pinter-*

Standes von Technik, Arbeitsmedizin, Hygiene und der sonstigen gesicherten arbeitswissenschaftlichen Erkenntnisse sachlogische Voraussetzung ist, um die entsprechenden Anpassungsmaßnahmen zielgerichtet einleiten zu können.[272] Die Pflicht des Arbeitgebers, den Stand der Technik und Sicherheitswissenschaften zu ermitteln, ist weitaus deutlicher in der Arbeitsschutzrahmenrichtlinie (89/391/EWG) formuliert. Dort heißt es in den Erwägungsgründen, daß die Arbeitgeber verpflichtet sind,

> „sich unter Berücksichtigung der in ihrem Unternehmen bestehenden Risiken über den neuesten Stand der Technik und der wissenschaftlichen Erkenntnisse auf dem Gebiet der Gestaltung von Arbeitsplätzen zu informieren“.

Eine deutlichere Akzentuierung der hier interessierenden Ermittlungspflicht findet sich zudem auch an exponierter Stelle im ArbeitnehmerInnenschutzgesetz, dem österreichischen Umsetzungsgesetz zur EU-Rahmenrichtlinie. Hier zählt nach § 3 Abs. 2 die Information über den neuesten Stand der Technik und der Erkenntnisse auf dem Gebiet der Arbeitsgestaltung zu den „Allgemeinen Pflichten der Arbeitgeber“.[273]

Die regelmäßige Überprüfung der Gefährdungsbeurteilung bildet einen möglichen Anlaß, sich über die aktuellen Erkenntnisse nach § 4 Nr. 3 ArbSchG zu informieren. Dies bietet sich deswegen an, da, wie oben gezeigt, die allgemeinen Grundsätze des § 4 ArbSchG einen zentralen Maßstab für die Beurteilung der betrieblichen Gefahren und Gefährdungen bilden. Zwingend ist dies indes nicht, da das ArbSchG keine Vorgaben macht, wie im einzelnen zu verfahren ist. Denkbar ist es etwa auch, die relevanten Entwicklungen kontinuierlich, z.B. durch die Fachkraft für Arbeitssicherheit oder den Betriebsarzt beobachten zu lassen. Anlaß für intensivierte Nachforschungen besteht jedenfalls dann, wenn Arbeitsplätze durch Unfälle oder gehäufte gesundheitliche Beschwerden auffällig werden. Insoweit ist noch einmal auf die Erwägungsgründe der Arbeitsschutzrahmenrichtlinie (89/391/EWG) und das österreichische ArbeitnehmerInnenschutzgesetz zu verweisen, die eine Information über den neuesten Stand der Erkenntnisse verlangen „unter Berücksichtigung der im Unternehmen bestehenden“ Risiken (Rahmenrichtlinie) bzw. Gefahren (ArbeitnehmerInnenschutzgesetz).

Koll, Kommentar zum ArbSchG; *Kittner/Pieper*, ArbSchR oder *Nöthlichs*, Arbeitsschutz und Arbeitssicherheit keine oder allenfalls nur eine sehr untergeordnete Rolle.

[272] So auch *Wlotzke*, Festschrift für Däubler, 654 ff. (664 f.).

[273] Vgl. hierzu mit Wiedergabe der Gesetzesbegründung, *Feil*, ArbeitnehmerInnenschutzgesetz, 37 f.

2. Festlegung der Anpassungsmaßnahmen als Ergebnis planerischer Abwägung

Wegen § 3 Abs. 2 ArbSchG müssen Anpassungsmaßnahmen nach § 3 Abs. 1 Satz 2 ArbSchG das Ergebnis einer planerischen Abwägungsentscheidung sein. Zur Vermeidung von Doppelungen kann insoweit auf die obigen Ausführungen, insbes. zur Abwägung der Sicherheits- und Gesundheitsschutzziele, verwiesen werden.[274] Hierbei ist besonderes Augenmerk auf die allgemeinen Grundsätze des § 4 Nr. 3, 6 und 8 ArbSchG zu legen, da sich aus diesen gerade für Anpassungsmaßnahmen wichtige Abwägungsgesichtspunkte ergeben.

Mit § 3 Abs. 1 Satz 3 ArbSchG trifft das Gesetz zudem eine Regelung über das Ziel der Anpassungsmaßnahmen, die bei der Planungsentscheidung zu berücksichtigen ist. Danach ist eine Verbesserung von Sicherheit und Gesundheitsschutz der Beschäftigten anzustreben.[275] Hieraus folgt, daß Verschlechterungen des Status Quo unzulässig sind und nach Möglichkeiten zur Optimierung der Schutzmaßnahmen zu suchen ist.[276] Das Verbot einer Verschlechterung der betrieblichen Schutzkonzeption ergibt sich insbes. aus der gesetzlichen Schutzzielbestimmung des § 1 Abs. 1 ArbSchG[277], wonach die Sicherheit und der Gesundheitsschutz durch das Gesetz zu sichern und zu verbessern ist. § 1 Abs. 1 ArbSchG begründet zwar keine unmittelbaren Pflichten des Arbeitgebers, ist aber bei der Auslegung der übrigen Vorschriften des ArbSchG heranzuziehen.[278]

a) Begrenzungen der Pflichtenstellung durch den Verhältnismäßigkeitsgrundsatz

Die Anpassungspflicht des § 3 Abs. 1 Satz 2 ArbSchG ist nicht schrankenlos. Wie alle öffentlich-rechtlichen Pflichten unterliegt sie dem Verhältnismäßigkeitsgrundsatz. § 3 Abs. 1 Satz 2 ArbSchG stellt dies ausdrücklich durch die

---

[274] Siehe oben S. 122 ff.

[275] In der Literatur wird § 3 Abs. 1 Satz 3 ArbSchG z.T. auch systematisch im Zusammenhang mit § 3 Abs. 1 Satz 1 ArbSchG gesehen (so z.B. *Koll*, ArbSchG, § 3, Rdnr. 12). M.E. ist dieser Auffassung nicht zu folgen, da es bei § 3 Abs. 1 ArbSchG nicht um die Verbesserung der Schutzkonzeption geht, sondern um das erstmalige Treffen der erforderlichen Schutzmaßnahmen, das sich zudem ohnehin an den Grundsätzen des § 4 ArbSchG (insbes. § 4 Nr. 3 zu orientieren hat. Zutreffend hierzu, *MünchArbR-Wlotzke*, § 211, Rdnr. 29.

[276] In diesem Sinne wohl auch *MünchArbR-Wlotzke*, § 211, Rdnr. 29.

[277] Grundlegend zum Schutzzweck des ArbSchG vgl. nur *Prax.-Kommentar-Kollmer*, § 1 ArbSchG, Rdnrn. 9 ff.; *Koll/Janning/Pinter-Koll*, Kommentar zum ArbSchG, § 1, Rdnrn. 2 ff.; Gesetzesbegründung, BT-Drcks. 13/3540, S. 14.

[278] Zur Funktion der Zweckbestimmung des § 1 Abs. 1 ArbSchG vgl. etwa *Kittner/Pieper*, ArbSchR, § 1 ArbSchG, Rdnr. 3; *Nöthlichs*, Arbeitsschutz und Arbeitssicherheit, § 1 ArbSchG, Anm. 1; *Prax.-Kommentar-Kollmer*, § 1 ArbSchG, Rdnrn. 2 ff. Allgemein zur Funktion gesetzlicher Zweckbestimmungen als Auslegungshilfe, vgl. BVerfGE, 75, 329 ff. (344).

Verwendung des Tatbestandsmerkmals „erforderlichenfalls“ klar. Vor allem die Rechtsgüterabwägung auf der Ebene der Prüfungsstufe der Angemessenheit wirft eine Reihe von typischen Fragen auf, denen im bisherigen Verlauf der Untersuchung, insbes. im Hinblick auf das erstmalige Treffen von Maßnahmen nach § 3 Abs. 1 Satz 1 ArbSchG, noch nicht nachzugehen war.

Die (Optimierungs)maßnahmen nach § 3 Abs. 1 Satz 2 ArbSchG bestehen häufig in der Um- oder Nachrüstung bzw. im Ersatz von Arbeitsmitteln wie Maschinen und Anlagen durch moderne Sicherheitstechnik. Für die betroffenen Arbeitgeber bedeuten solche Anpassungsmaßnahmen, daß Investitionen vorzunehmen sind und die vorhandenen Arbeitsmittel (also getätigte Investitionen) nicht mehr oder nicht mehr in der vorgesehenen Weise genutzt werden können. Vor diesem Hintergrund stellt sich vor allem das Problem, ob und ggf. in welchem Umfang eine Berufung auf den Bestands- bzw. Vertrauensschutz für bereits bestehende Anlagen bzw. im Einsatz befindliche Arbeitsmittel möglich ist.

b) Bedeutung von Bestands- und Vertrauensschutzaspekten für die Beurteilung der Angemessenheit von Anpassungsmaßnahmen

Unter dem Begriff „Bestandsschutz“ wird üblicherweise der rechtlich vermittelte Schutz eines tatsächlich vorhandenen Bestandes von Rechten oder sonstigen schützenswerten Positionen vor Eingriffen aufgrund von Veränderungen der rechtlichen Rahmenbedingungen oder der tatsächlichen Verhältnisse verstanden.[279] Diese allgemein gehaltene Definition macht deutlich, daß die „Bestandsschutzfrage“ erhebliche Bedeutung für die durch das ArbSchG intendierte Dynamisierung des betrieblichen Arbeits- und Gesundheitsschutzes hat.[280] Wenn in der Literatur in diesem Zusammenhang darauf hingewiesen wird, daß die Zeitspanne zwischen einer technischen Neuerung und der Verpflichtung zur Umsetzung im Betrieb verkürzt werden soll[281] und der betriebliche Arbeits- und Gesundheitsschutz rasch auf die sich ändernden Verhältnisse der Arbeitswelt zu reagieren hat[282], hängt die Dynamik der Umsetzung dieser Ziele ganz entscheidend davon ab, inwieweit sich der Arbeitgeber auf sein Bestandsschutzinteresse berufen kann. Es würde den Rahmen dieser Arbeit sprengen, die Dogmatik des Bestandsschut-

---

279 Vgl. nur *Sendler*, HdUR, Band I, Stichwort „Bestandsschutz“, Sp. 268; *Wickel*, Bestandsschutz im Umweltrecht, S. 27.

280 Zur Dynamisierung des Arbeitsschutzes vgl. nur Gesetzesbegründung, BT-Drcks. 13/3540; S. 13; *Fischer*, BArbBl. 1996 (1), 21 ff. (21 f.); *Wlotzke*, Festschrift Däubler, 654 ff. (663 ff.); *Buchholz*, ZTR 1996, 495 ff. (496 f.).

281 *Kollmer/Vogl*, Arbeitsschutzgesetz, Rdnr. 84; allgemein im Hinblick auf die Berücksichtigung des „Standes der Technik“, *Marburger*, Regeln der Technik, S. 160 f.; *F. Merten*, Gesundheitsschutz und Mitbestimmung bei der Bildschirmarbeit, S. 87.

282 Gesetzesbegründung, BT-Drcks. 13/3540, S. 13; *Fischer*, BArBl. 1996 (1); 21 ff. (21); *Prax.-Kommentar-Kollmer*, § 1 ArbSchG, Rdnr.32.

zes erschöpfend zu behandeln.[283] Hier kann es vielmehr nur darum gehen, den rechtlichen Rahmen des Bestandsschutzes abzustecken und auf dieser Basis die spezifischen Aspekte für die Anpassung bereits getroffener Maßnahmen des Arbeitsschutzes i.S. von § 2 Abs. 1 ArbSchG zu skizzieren.

aa) Verfassungsrechtliche Fundierung des Bestandsschutzes

Die rechtliche Begründung des Bestandsschutzes ergibt sich aus einer Wechselwirkung verfassungsrechtlicher und einfachgesetzlicher Wertungen. Diese Gemengelage einfachgesetzlicher und verfassungsrechtlicher Normen ist auf die Besonderheiten der Eigentumsdogmatik des Art. 14 GG zurückzuführen.

Klassische Funktion des Eigentums im Gefüge der Grundrechte ist die Schaffung eines Freiheitsraums im vermögensrechtlichen Bereich, als unabdingbare Voraussetzung für eine eigenverantwortliche Lebensgestaltung.[284] Geschützt ist grundsätzlich die Innehabung, Nutzung und Verfügung über jedes anerkannte, vom Gesetzgeber gewährte, vermögenswerte Recht.[285] Unstreitig in den Schutzbereich von Art. 14 GG fallen damit sowohl die Nutzung von Grund und Boden als auch von Anlagen und Maschinen in einem Wirtschaftsunternehmen.[286]

Der konkrete Inhalt der sich hieraus ergebenden Rechte läßt sich – und eben hier liegen die eingangs angesprochenen Eigentümlichkeiten der Eigentumsdogmatik – allerdings nicht absolut, a priori, bestimmen. Maßgeblich ist vielmehr die Ausgestaltung der aus dem Eigentum resultierenden (Nutzungs)Befugnisse durch das einfache Recht, denn nach Art. 14 Abs. 1 Satz 2 GG ist es dem einfachen Gesetzgeber vorbehalten, den Inhalt und die Schranken des Eigentums durch Gesetz zu bestimmen.[287] Das Eigentum ist daher nicht der Inbegriff vorkonstitutionell

---

[283] Vgl. insoweit etwa die neueren umweltrechtlichen Arbeiten von *Wickel*, Bestandsschutz im Umweltrecht und *Jankowski*, Bestandsschutz für Industrieanlagen.

[284] Vgl. nur BVerfGE 68, 193 ff. (222); BVerfGE 79, 292 ff. (303 f.); BVerfGE 83, 201 ff. (208); *Wickel*, Bestandsschutz im Umweltrecht, S. 30; *Jarass/Pieroth-GG-Jarass*, Art. 14, Rdnr. 1; *Bryde*, in von Münch, GG, Art. 14, Rdnr. 3.

[285] BVerfGE 58, 300 ff. (335 ff.); BVerfGE 83, 201 ff. (208 f.); BVerfGE 88, 366 ff. (377); *Jarass/Pieroth-GG-Jarass*, Art. 14, Rdnrn. 5 f.; *Sachs-GG-Wendt*, Art. 14, Rdnrn. 41 ff. Zweifelhaft ist in diesem Zusammenhang, ob auch öffentlich-rechtliche Gestattungen, wie z.B. die immissionsschutzrechtliche Genehmigung nach § 6 BImSchG, unter den Schutz des Art. 14 GG fällt. Zutreffend dagegen *Wickel*, Bestandsschutz im Umweltrecht, S. 61; *Jarass*, Die Anwendung neuen Umweltrechts, S. 81 f., jeweils mit der Begründung, daß der Genehmigung keine für das Eigentum prägende eigene Leistung des einzelnen gegenübersteht.

[286] BVerfGE 52, 1 ff. (30); BVerfGE 88, 366, (377); *Wickel*, Bestandsschutz im Umweltrecht, S. 30; *Jarass/Pieroth-GG-Jarass*, Art. 14 GG, Rdnr. 19, der in diesem Zusammenhang an die Rechtsfigur des Rechts am (eingerichteten und ausgeübten) Gewerbebetriebs anknüpft.

[287] Das Eigentum als Rechtsinstitut genießt als verfassungsrechtliche Wertentscheidung demgegenüber absoluten Schutz, vgl. hierzu BVerfGE 58, 300 ff. (338 f.); BVerfGE

bestehender und ggf. in einer Zivilrechtsordnung niedergeschriebener Befugnisse, die quasi den unverrückbaren Kern des Eigentums bilden.[288] Maßgebend für die Bestimmung der Rechte des Eigentümers sind vielmehr, im Anschluß an den insoweit wegweisenden *Naßauskiesungsbeschluß* des Bundesverfassungsgerichts, alle zu einem bestimmten Zeitpunkt geltenden (einfach)gesetzlichen Vorschriften, die die Eigentümerstellung regeln. Ergibt sich dabei, daß eine Befugnis nicht besteht, gehört sie nicht zum Eigentumsrecht.[289] Konkret heißt dies, daß entgegenstehende Gesetze i.S. von § 903 BGB nicht das Eigentum beeinträchtigen, sondern inhaltlich ausgestalten. Dies führt zu wenig praktischen Problemen, wenn der einfache Gesetzgeber bestimmte Befugnisse durch Gesetz aus dem Eigentumsbegriff ausschließt, die nicht oder noch nicht ausgeübt werden. Insoweit ist noch kein Eigentum begründet worden, dessen Bestand auch nur berührt sein könnte. Bloße Gewinnchancen oder Nutzungserwartungen fallen seit jeher nicht unter den Schutz des Art. 14 GG.[290]

Anders gestaltet sich aber die Situation, wenn eine gesetzliche Inhalts- und Schrankenbestimmung auf einen Bestand bereits bestehender Rechte stößt[291], wenn also z.B. die Nutzung einer Anlage oder Maschine untersagt oder beschränkt wird. Es ist anerkannt, daß Art. 14 Abs. 1 GG nicht nur die Befugnis des Gesetzgebers regelt, den Inhalt des Eigentums durch Gesetz zu bestimmen. Die Vorschrift garantiert dem Eigentümer zugleich grundrechtlichen Schutz – im Sinne eines klassischen Abwehrrechts – gegen Eingriffe bei der Nutzung seines Eigentums,

---

24, 367 ff. (389); sowie aus der Literatur nur *Sachs-GG-Wendt*, Art. 14, Rdnrn. 10 ff., 60 ff. oder der *Jarass/Pieroth-GG-Jarass*, Art. 14, Rdnr. 3, der allerdings die Institutsgarantie für kaum praktisch relevant hält.

[288] Vgl. nur *Wickel*, Bestandsschutz im Umweltrecht, S. 62. Hierin unterscheidet sich Art. 14 GG, der lediglich die Institutsgarantie einem absoluten Schutz unterstellt, strukturell von den übrigen Grundrechten, denen grundsätzlich ein unverrückbarer, „vorstaatlicher Kern“ zugeschrieben wird (*Jarass/Pieroth-GG-Jarass*, Art. 1, Rdnr. 12 a, in diesem Sinne auch *Dreier-GG-Wieland*, Art. 14, Rdnr. 21).

[289] BVerfGE 58, 300 (336); *Dreier-GG-Wieland*, Art. 14 GG, Rdnr. 30.

[290] Vgl. z.B. BVerfGE 68, 193 ff. (222); BVerfGE 74, 129 ff. (148).

[291] Von solchen Inhalts- und Schrankenbestimmungen sind nach der Rechtsprechung des Bundesverfassungsgerichts strikt die Fälle der vollständigen oder teilweisen Entziehung rechtmäßig erworbener Eigentümerbefugnisse im Wege der Legal- und Administrativenteignung zu unterscheiden. Deren Zulässigkeit bestimmt sich nach anderen, in Art. 14 Abs. 3 GG festgelegten, Voraussetzungen (BVerfGE 58, 300 (331); BVerfG, NJW 1998, 367 ff. (367 f.); zum Begriff der Enteignung vgl. nur *Jarass/Pieroth-GG-Jarass*, Art. 14, Rdnrn. 52 f.). Enteignungen zielen im Gegensatz zu Inhalts- und Schrankenbestimmungen typischerweise nicht auf generell-abstrakte Änderungen der Eigentumsordnung (hierzu auch *Wickel*, Bestandsschutz im Umweltrecht, S. 43 f.), sondern auf den (ausnahmsweisen) durch klar definierte öffentliche Belange gerechtfertigten Rechtsentzug hinsichtlich bestimmter Eigentümer oder fest abgrenzbarer Eigentümergruppen, ohne daß die einfachgesetzlich konstituierte Eigentumsordnung geändert würde (vgl. zum Ganzen anschaulich und instruktiv, *Jankowski*, Bestandsschutz für Industrieanlagen, S. 87 ff.).

d.h. des Bestandes rechtmäßig erworbener Eigentümerbefugnisse.[292] Dahinter steckt die Überlegung, daß der Schutz des Vertrauens in die Beständigkeit der Rechtsordnung unverzichtbare Voraussetzung für eine eigenverantwortliche Lebensgestaltung im vermögensrechtlichen Bereich i.S. von Art. 14 GG ist.[293]

Der Schutz des Vertrauens in den Bestand erworbener Eigentumsrechte ist allerdings nicht unbegrenzt, sondern kann durch eine gesetzliche Schrankenbestimmung nach Maßgabe des Art. 14 Abs. 1 Satz 2 GG eingeschränkt werden. Derartige gesetzliche Eingriffe in das Eigentumsrecht sind Ausprägungen der in Art. 14 Abs. 2 GG angelegten Sozialpflichtigkeit des Eigentums und müssen deshalb von Gründen des Allgemeinwohls bzw. kollidierendem Verfassungsrecht (hier interessierend staatliche Schutzpflichten aus Art. 2 Abs. 2 GG) getragen sein. In der Sache geht es deshalb darum, daß der Gesetzgeber einen ausgewogenen Ausgleich schafft zwischen den dem Eigentumsgrundrecht immanenten und häufig konfligierenden Strukturprinzipien der Privatnützigkeit (Art. 14 Abs. 1 GG) und der Sozialbindung (Art. 14 Abs. 2 GG).[294] Dabei ist ein gesetzgeberischer Gestaltungsspielraum zu respektieren, der es insbes. ermöglicht, spezifische sozialpolitische Orientierungen und Modelle zu berücksichtigen.[295]

Verfassungsrechtlicher Prüfungsmaßstab einer solchen Inhalts- und Schrankenbestimmung i.S. von Art. 14 Abs. 1 Satz 2 GG im Einzelfall ist das Verhältnismäßigkeitsprinzip, wobei allerdings die Einschätzungsprärogative des Gesetzgebers zu respektieren ist.[296] Schwierig ist vor allem die Beurteilung der Angemessenheit des gesetzlichen Eingriffs, d.h. die Frage der Proportionalität der Einschränkungen der Eigentümerbefugnisse zu den mit den jeweiligen Gesetzen verfolgten Zielen des Allgemeinwohls. Es dürfte dabei heute wohl kaum bestritten sein, daß im Grundsatz auch Regelungen, die zu einer vollständigen

---

[292] Vgl. nur BVerfGE 38, 175 ff. (181); BVerfGE 72, 175 ff. (193); *Jankowski*, Bestandsschutz für Industrieanlagen, S. 50 ff.; *Jarass*, Die Anwendung neuen Umweltrechts, S. 81; aus dem Ausgestaltungsrecht des Gesetzgebers auf der einen Seite und dem Abwehrrecht des Eigentümers auf der anderen Seite ergibt sich zudem, daß eine Eigentumsinhaltsbestimmung für die Zukunft zulässig sein kann, im Hinblick auf den Bestandsschutz bereits bestehender Eigentumspositionen aber durchaus verfassungswidrig sein kann. Vgl. hierzu *Wickel*, Bestandsschutz im Umweltrecht, S. 45 m.w.N.; *Friauf*, WiVerw 1989, 141 ff.

[293] BVerfGE 58, 300 ff. (349, 351); BVerfGE 51, 193 ff. (217 f.); *Wickel*, Bestandsschutz im Umweltrecht, S. 44 ff.; *Jankowski*, Bestandsschutz für Industrieanlagen, S. 23.

[294] *Wickel*, Bestandsschutz im Umweltrecht, S. 39; *Dreier-GG-Wieland*, Art. 14, Rdnr. 67; *Sachs-GG-Wendt*, Art. 14, Rdnr. 70; BVerfGE 80, 137 (151); BVerfGE 58, 300 ff. (335); BVerfGE 52, 1 ff. (29).

[295] Vgl. nur BVerfGE 53, 257 ff. (293); BVerfGE 75, 78 ff. (98.); BVerfGE 76, 220 ff. (238 f.); *Jarass/Pieroth-GG-Jarass*, Art. 14, Rdnrn. 30, 33; *Wickel*, Bestandsschutz im Umweltrecht, S. 41; *Jankowski*, Bestandsschutz für Industrieanlagen, S. 51 f.

[296] BVerfGE 92, 262 ff. (272 ff.); BVerfGE 76, 220 ff. (238); BVerfGE 75, 78 ff. (97 f.); *von Münch-GG-Bryde*, Art. 14, Rdnrn. 59 ff.; *Wickel*, Bestandsschutz im Umweltrecht, S. 40 f.

Entziehung von bestimmten Eigentumsbefugnissen führen, die Hürde der Angemessenheit nehmen können, jedenfalls dann, wenn sich entsprechende Übergangsregelungen finden.[297]

Für die hier zu erörternde Frage des Umfangs der Anpassungspflichten nach § 3 Abs. 1 Satz 2 ArbSchG und der Bedeutung des Einwands des Bestandsschutzes folgt aus alledem, daß die Lösung für den konkreten Einzelfall primär im ArbSchG als einfachgesetzlicher Norm zu suchen ist. Der Rekurs auf die verfassungsrechtliche Fundierung des Bestandsschutzes in Art. 14 GG ist jedoch aus drei Gründen von Bedeutung:

Erstens schärft er den Blick für die spezifische Konfliktlage, d.h. das Vertrauen in den Bestand rechtmäßig ausgeübter Eigentümerbefugnisse einerseits und die zumeist widerstreitenden Allgemeinwohlbelange, konkret also den Schutz der Gesundheit der Beschäftigten andererseits. *Zweitens* verdeutlicht er, daß die Ausgestaltung der Eigentümerstellung durch einfaches Gesetzesrecht erfolgt. Die konkreten Befugnisse aus dem Eigentum sind folglich nicht für die Ewigkeit normiert, sondern unterliegen den – sich wandelnden – Wertungen und sozialpolitischen Vorstellungen des Gesetzgebers. Dies ist zu berücksichtigen bei der Bewertung der Schutzwürdigkeit des Vertrauens in den Bestand der Eigentumsbefugnisse, das – wie dargestellt – die wesentliche Begründung für den Bestandsschutz ist. Anders gewendet: Der Betreiber einer industriellen Anlage oder Maschine muß wissen, daß er keine Ewigkeitsgarantie für eine ungehinderte Nutzung seines Eigentums beanspruchen kann.[298] Ergänzend sei in diesem Zusammenhang vermerkt, daß das Bundesverfassungsgericht mit dem Hinweis auf die Möglichkeit von Übergangsregelungen einen Weg gewiesen hat, um unverhältnismäßige Härten abzumildern.[299] *Drittens* schließlich stellen die verfassungsrechtlichen Über-

---

[297] BVerfGE 58, 300 ff. (351); BVerfGE 71, 137 ff. (144); BVerwG 81, 49 ff. (55); *Wickel*, Bestandsschutz im Umweltrecht, S. 45 f.; *Jarass/Pieroth-GG-Jarass*, Art. 14, Rdnrn. 34 f. Instruktiv für die vorstehenden Überlegungen ist die plakative Beschreibung der Regelungskomplexe des Art. 14 Abs. 1 und 2 GG bei *Jankowski*, Bestandsschutz bei Industrieanlagen, S. 49: Danach normiert Art. 14 Abs. 1 Satz 1 GG das Eigentum abstrakt und absolut als Rechtsinstitut, zum anderen aber konkret und relativ als Bestandsgarantie des jeweiligen Grundrechtsträgers. Art. 14 Abs. 1 Satz 2 verpflichtet den Gesetzgeber, die Eigentumsordnung gesetzlich auszugestalten, wobei die gesetzgeberische Gestaltungsfreiheit wiederum einerseits durch die Institutsgarantie absolut und, durch die Abwägung der Bestandsgarantie mit den in der Sozialpflichtigkeitsklausel des Art. 14 Abs. 2 GG genannten öffentlichen Belangen, relativ begrenzt wird.

[298] Ähnlich mit Blick auf die immissionschutzrechtliche Genehmigung nach §§ 4, 6 BImSchG, *Wickel*, Bestandsschutz im Umweltrecht, S. 46. Geht man davon aus, daß aus einem öffentlich-rechtlichen Gestattungsakt ein verstärkter Vertrauensschutz erwächst, muß dies in besonderem Maße für den Einsatz nichtgenehmigungsbedürftiger Anlagen oder Maschinen gelten.

[299] Vgl. BVerfGE 58, 300 ff. (349 ff.); hinzuweisen ist hier allerdings darauf, daß Übergangsregelungen oder auch finanzielle Ausgleichsregelungen insofern nach der

legungen klar, daß ein mehr oder weniger kategorischer Bestandsschutz, wie er sich im überkommenen Gewerberecht noch fand[300], keineswegs durch Art. 14 GG vorgegeben ist. Im Gegenteil: Eine schematische Bevorzugung des Bestandsschutzinteresses verdeckt, daß Art. 14 GG durch das Spannungsfeld zweier Strukturprinzipien in Gestalt der Privatnützigkeit und der Sozialpflichtigkeit des Eigentums geprägt ist. Es ist originäre Aufgabe des Gesetzgebers, dieses Spannungsfeld durch Inhalts- und Schrankenbestimmungen nach Art. 14 Abs. 1 Satz 2 GG zu justieren.[301]

bb) Anpassungspflicht und Bestandsschutz im ArbSchG

Quintessenz der vorstehenden verfassungsrechtlichen Überlegungen ist, daß Art. 14 GG keinen absoluten, grundrechtlich verbürgten Bestandsschutz vorsieht. Entsprechend der vorgestellten eigentumsrechtlichen Dogmatik wird der Bestandsschutz durch die – einfachgesetzlichen – Vorschriften beschrieben, die ihn einschränken.[302] § 3 Abs. 1 Sätze 2 und 3 ArbSchG und die bei der Anwendung der Bestimmung zu berücksichtigenden allgemeinen Grundsätze des § 4 ArbSchG sind vor diesem Hintergrund als Inhalts- und Schrankenbestimmungen i.S. von Art. 14 Abs. 1 Satz 2 GG zu qualifizieren, die insbes. die Nutzungsrechte des Arbeitgebers an seinen Anlagen und Maschinen ausgestalten. Die Bestimmungen stellen klar, daß die betrieblichen Maßnahmen und die in diesem Zusammenhang erfolgten Investitionen[303] unter einem Änderungs-, d.h. wegen § 3 Abs. 1 Satz 3 ArbSchG unter einem Optimierungsvorbehalt stehen. Sie umreißen, unter welchen rechtlichen Voraussetzungen einmal getätigte Investitionen, z.B. in Maschinen, Anlagen oder auch spezielle Sicherheitstechnik, nicht oder nicht mehr in der ursprünglich vorgesehenen Weise nutzbar sind.

Rechtsprechung des Gerichts keine notwendigen Bedingungen sind. Vgl. insoweit BVerfGE 83, 201 ff. (213); BVerfG, NJW 1998, 367 ff. (368).

[300] Vgl. hierzu etwa *Kloepfer*, Umweltrecht, § 2, Rdnr. 31; Wolf, Stand der Technik, S. 94 ff.

[301] Vgl. hierzu auch *Jarass/Pieroth-GG-Jarass*, Art. 14, Rdnr. 26.

[302] Vgl. *Wickel*, Bestandsschutz im Umweltschutz, S. 37, mit Blick auf genehmigte Anlagen.

[303] Auch wenn der rechtliche Anknüpfungspunkt für den Bestandsschutz in eigentumsrechtlich verdichteten Nutzungsbefugnissen an Produktionsmitteln besteht, geht es in der Sache bei wirtschaftlich genutzten technischen Anlagen zumeist um Investitionsschutz. Jedenfalls bei größeren juristischen Personen und ihren wirtschaftlichen Eigentümern (Kapitalgeber, Aktionäre) steht sicherlich nicht mehr der personale Aspekt der Schaffung einer Grundlage für eine eigenverantwortliche, individuelle Existenz im wirtschaftlichen Bereich im Vordergrund. Vgl. hierzu *Jankowski*, Bestandsschutz für Industrieanlagen, S. 63. Diese Diskrepanz zum Leitbild der durch Art. 14 GG vermittelten Sicherung der persönlichen Freiheit ist im übrigen nicht nur „akademischer Natur“. Sie hat auch praktische Konsequenzen für die Beurteilung der Frage der Verhältnismäßigkeit von Eingriffen in das Eigentum von juristischen Personen. Vgl. hierzu nur *Jarass/ Pieroth-GG-Jarass*, Art. 14, Rdnr. 33; *von Münch-GG-Bryde*, Art. 14, Rdnr. 4; BVerfGE 50, 290 ff. (341 ff.).

Das mit diesem Änderungs- und Optimierungsvorbehalt verbundene Verständnis des Bestandsschutzes weicht erheblich von der klassischen arbeitsschutzrechtlichen Bestandsschutzkonzeption ab. Zur Verdeutlichung dieser durchaus gravierenden Änderungen soll zunächst kurz die Rechtslage vor Inkrafttreten des ArbSchG nachgezeichnet werden.

(1) Die überkommene arbeitsschutzrechtliche Bestandsschutzkonzeption unter dem Dach der GewO

Nach § 120 a Abs. 1 GewO a.F. waren die Gewerbeunternehmer verpflichtet,

> „die Arbeitsräume, Betriebsvorrichtungen, Maschinen und Gerätschaften so einzurichten und zu unterhalten und den Betrieb so zu regeln, daß die Arbeitnehmer gegen Gefahren für Leben und Gesundheit soweit geschützt sind, wie es die Natur des Betriebs gestattet".

Schon der Wortlaut der Norm macht klar, daß Bestandsschutzinteressen bei der Anwendung des § 120 a GewO eine erhebliche Bedeutung zukommt. So wurde die Funktion der Begrenzung der Schutzpflichten des Gewerbeunternehmers durch die „Natur des Betriebs" gerade darin gesehen, „maßlosen Ansprüchen" gegenüber dem Arbeitgeber zu begegnen, da in vielen Fällen ein absolut gefahrloser Betrieb nicht erreichbar sei.[304] Eine besondere Regelung über den Bestandsschutz fand sich in § 120 d Abs. 3 GewO a.F. Nach dieser Bestimmung war der Bestandsschutz bei sich ändernden Gegebenheiten der Regelfall. Anordnungen konnten gegenüber Anlagen, die zum Zeitpunkt des Erlasses des Gesetzes bereits bestanden, nur zur Beseitigung von erheblichen Mißständen, die das Leben und die Gesundheit der Arbeitnehmer gefährdeten, getroffen werden oder wenn sie ohne unverhältnismäßige Aufwendungen ausführbar erschienen.[305] Praktisch bedeutete dies, daß insbes. im Hinblick auf einmal beschaffte und installierte Maschinen und Anlagen Verbesserungsmaßnahmen nur unter den genannten engen Ausnahmevoraussetzungen verlangt werden konnten.[306] Anpassungen der Maßnahmen an Fortschritte der Sicherheitstechnik und Sicherheitswissenschaften waren jedenfalls für sich keine Ziele, die das Bestandsschutzinteresse hätten beeinträchtigen können.

Mitte der 1970iger Jahre wurden wichtige Schutzpflichten der Generalklausel des § 120 a GewO durch die ArbStättV konkretisiert.[307] Mit dem 1.5.1976[308], dem Tag des Inkrafttretens der ArbStättV, wurde die Frage des Bestandsschutzes für

---

[304] LAG Düsseldorf, BB 1965, 245 f. (246); *Landmann/Rohmer-Meyer*, § 120 a, Rdnr. 13.

[305] Zu den Verfügungen nach § 120 d Abs. 3 GewO a.F. vgl. *Landmann/Rohmer-Meyer*, § 120 d GewO, Rdnrn. 24 ff.

[306] Hierzu auch *Bücker*, Von der Gefahrenabwehr zur Risikovorsorge, S. 137 f.

[307] Vgl. hierzu *Landmann/Rohmer-Meyer*, § 120 a GewO, Rdnr. 5a; *Wank/Börgmann*, Deutsches und europäisches Arbeitsschutzrecht, 15.

[308] Vgl. § 58 Abs. 1 ArbStättV.

alle Arbeitsstätten virulent, die nicht den über 50 Paragraphen der ArbStättV entsprachen.[309] Der Verordnungsgeber hat vor diesem Hintergrund mit § 56 ArbStättV eine Übergangsregelung getroffen, die den Bestandsschutz für den „Altbestand“ regelt. In der Sache und in ihrer Regelungsstruktur weist § 56 ArbStättV eine deutliche Verwandtschaft zu § 120 d GewO a.F. Danach sind die Bestimmungen der ArbStättV auf „Altarbeitsstätten“ in der Regel nicht anwendbar, es sei denn es bedarf hierzu keiner umfangreichen Änderungen.[310] Bei umfangreichen Änderungen gilt demgegenüber grundsätzlich der Bestandsschutz für „Altarbeitsstätten“.

Ausnahmen von diesem, auch zeitlich nicht begrenzten Bestandsschutz sind nach § 56 Abs. 2 ArbStättV nur aufgrund einer aufsichtsbehördlichen Ermessensentscheidung für den Einzelfall möglich. Eine solche Anordnung hängt in der Sache davon ab, daß die Arbeitsstätte, die Arbeitsabläufe oder Arbeitsverfahren *wesentlich* verändert werden sollen oder die in § 56 Abs. 2 Nr. 3 ArbStättV näher beschriebene besondere Gefahrenlage gegeben ist. Dem Bestandsschutz wurde also auch hier großes Gewicht beigemessen. Eine Anpassung an diejenigen materiellen Vorgaben der ArbStättV, die typischerweise größeren Aufwand erfordern (z.B. Vergrößerung der Raumabmessungen bzw. Reduzierung der Anzahl der Arbeitsplätze in der Arbeitsstätte nach §§ 23 f. ArbStättV oder Schaffung – einer ausreichenden Zahl – von Sichtverbindungen, § 7 ArbStättV[311]) kommt danach lediglich in Betracht, wenn ohnehin wesentliche Veränderungen in Gestalt von Um- und Erweiterungsbauten, sowie wesentliche Umgestaltungen der Arbeitsverfahren oder Arbeitsabläufe geplant sind oder aber eine besondere Gefahrenlage i.S. von § 56 Abs. 2 Nr. 3 ArbStättV gegeben ist.

Wird zugrundegelegt, daß der Anwendungsbereich der Gefahrenklausel des § 56 Abs. 2 Nr. 3 ArbStättV zum Teil sehr eng i.S. des Vorliegens „erheblicher Mißstände“ gedeutet wird[312], läßt sich festhalten, daß der Bestandsschutz nach

---

[309] Instruktiv hierzu etwa der der Entscheidung des OVG Münster, GewArch 1992, 238 ff. zugrundeliegende Sachverhalt, bei dem es um den Ersatz von Schlüsselkästen durch den Einbau von innen, ohne fremde Hilfe zu öffnender Türen im Verlauf von Rettungswegen ging.

[310] Zum Begriff der umfangreichen Änderung vgl. etwa OVG Münster, GewArch 1992, 238 ff. (239); *Kittner/Pieper*, ArbSchR, ArbStättV, Rdnrn. 28 ff.; *Landmann/Rohmer-Meyer*, § 56 ArbStättV, Rdnr. 6; enger Bieback, BlStSozArbR 1977, 305 ff. (306).

[311] In der Literatur zu § 56 ArbStättV ist der Versuch unternommen worden, die Pflichten herauszukristallisieren, die typischerweise nicht mit umfangreichen Änderungen i.S. von § 56 Abs. 1 ArbStättV verbunden sind. Vgl. insoweit etwa *Kittner/Pieper*, ArbSchR, ArbStättV, Rdnr. 29 f.; Opfermann/Streit, ArbStättV, § 56, Rdnr. 11; *Kollmer/Blachnitzky/Kossens*, Die neuen Arbeitsschutzverordnungen, Rdnrn. 270 f.

[312] Hierzu *Landmann/Rohmer-Meyer*, § 56 ArbStättV, Rdnr. 11, der pauschal auf § 120 d Abs. 3 GewO verweist, in dem, anders als in § 56 Abs. 2 Nr. 3 ArbStättV von erheblichen, das Leben, die Gesundheit oder die Sittlichkeit der Arbeitnehmer gefährdenden Umständen die Rede ist.

§ 56 Abs. 1, 2 ArbStättV bis an die Grenze des verfassungsrechtlich zulässigen ausgedehnt ist. Insoweit ist darauf hinzuweisen, daß nach heutiger Grundrechtsdogmatik staatliche Schutzpflichten für die Gesundheit und das Leben der Beschäftigten allgemein anerkannt sind.[313] Diese sind im Rahmen der Prüfung der Verhältnismäßigkeit einer einfachgesetzlichen Bestandsschutzregelung als kollidierende Belange mit in die Abwägung einzubeziehen und markieren das Untermaß der verfassungsrechtlich gebotenen Intervention zum Schutz von Leib und Leben der Arbeitnehmer.[314] Zusammenfassend kann im Hinblick auf § 56 ArbStättV festgehalten werden, daß wegen des von der Vorschrift vermittelten weitreichenden Bestandsschutzes für Altarbeitsstätten nur ein sehr begrenzter rechtlicher Rahmen für eine kontinuierliche Optimierung der betrieblichen Verhältnisse besteht. Eine rechtliche Handhabe ergibt sich vornehmlich dann, wenn ohnehin durchgreifende Änderungen vom Arbeitgeber ins Auge gefaßt werden, also eine Situation besteht, die durchaus Ähnlichkeiten mit der Neueinrichtung einer Arbeitsstätte aufweist. Innovationsmaßnahmen in Richtung eines Gefährdungsschutzes im Sinne des erweiterten Arbeitsschutzansatzes des ArbSchG dürften regelmäßig von den engen Voraussetzungen des § 56 Abs. 2 ArbStättV nicht erfaßt sein.

Die vorstehend skizzierte Konzeption der §§ 56 ArbStättV, 120 d GewO a.F. kann als paradigmatisch für das klassische arbeitsschutzrechtliche Bestandsschutzverständnis gelten. §§ 56 ArbStättV, 120 d GewO a.F. beziehen sich ihrem Wortlaut nach zwar ausdrücklich nur auf Altanlagen, die vor dem Inkrafttreten der der §§ 56 ArbStättV, 120 d GewO a.F. errichtet waren oder mit deren Errichtung begonnen worden war.[315] In der Literatur[316] und der Rechtsprechung[317] ist den genannten Bestandsschutzregelungen für „Altarbeitsstätten" und „Altanlagen" jedoch ein allgemeiner Rechtsgedanke entnommen worden. §§ 56 ArbStättV, 120 d GewO a.F. sollen danach analog anwendbar sein auf alle Anlagen und Arbeitsstätten, die zum Zeitpunkt ihrer Inbetriebnahme den einschlägigen Rechtsvorschriften entsprochen haben. Anpassungsmaßnahmen können daher in der Regel nicht verlangt werden aufgrund von Änderungen des materiellen Rechts bzw. durch neue sicherheitstechnische Regeln oder Erkenntnisse (z.B. Arbeitsstättenrichtlinien, technische Regelwerke), die nach der Einrichtung der Arbeitsstätte

---

[313] Vgl. hierzu grundlegend BVerfGE 39, 1 ff. (41 ff.); sowie BVerfGE 56, 54 ff. (73 ff.); BVerfGE 85, 191 ff. (212); *Jarass/Pieroth-GG-Jarass*, Art. 2, Rdnrn. 50 ff.; speziell mit Blick auf das Arbeitsschutzrecht, *Bücker/Feldhoff/Kohte*, Rdnrn. 91 ff.

[314] Für den betrieblichen Arbeits- und Gesundheitsschutz in diesem Sinne auch *Kohte*, EAS, B 6100, Arbeitsschutzrahmenrichtlinie, Rdnr. 41.

[315] D.h. konkret: 1. Mai 1976 für § 56 ArbStättV und 1. Juni 1891 für § 120 d GewO a.F.

[316] *Landmann/Rohmer-Meyer*, § 120 d GewO, Rdnrn. 24 f. und § 56 ArbStättV, Rdnr. 2; *Sieg/Leifermann/Tettinger*, GewO (5. Auflage), § 120 d, Rdnr. 7; wohl auch *Tettinger/Wank-GewO-Wank* (6. Auflage), in Bezug auf die novellierte Fassung des § 120 d GewO; a.A. *Leinemann-GewO-Lorenz* (Stand 02/98), § 120 d, Rdnr. 23, der lapidar feststellt, daß sich die Vorschrift in der Praxis durch Zeitablauf erledigt hat.

[317] VG Ansbach, GewArch 1986, 233 ff. (234).

oder Inbetriebnahme der Anlage in Kraft getreten bzw. bekanntgemacht worden sind. Eine Durchbrechung des Bestandsschutzes ist danach für solche Anlagen und Arbeitsstätten nur ausnahmsweise vorgesehen, wenn die – analog anzuwendenden – Voraussetzungen der §§ 56 Abs. 2 ArbStättV, 120 d Abs. 3 GewO a.F. vorliegen.[318] Insgesamt kann somit festgehalten werden, daß nach der klassischen arbeitsschutzrechtlichen Bestandsschutzkonzeption der Forderung nach Anpassungsmaßnahmen enge Grenzen gesteckt waren.

Im ArbSchG finden sich keine den §§ 56 Abs. 1, 2 ArbStättV, § 120 d Abs. 3 GewO a.F. vergleichbare Vorschriften über den Bestandsschutz.[319] § 3 Abs. 1 Satz 2 ArbSchG ordnet lediglich an, daß die Maßnahmen des Arbeitsschutzes erforderlichenfalls sich ändernden Gegebenheiten anzupassen sind. Es ist also weder von einer besonderen Gefahrenlage die Rede noch von der Planung wesentlicher Änderungen der Arbeitsstätte, Arbeitsabläufe oder der Betriebseinrichtungen. Es stellt sich vor diesem Hintergrund die Frage, ob und ggf. in welcher Weise vor dem Hintergrund dieser abweichenden Regelungen, Modifizierungen der klassischen Bestandsschutzkonzeption für das ArbSchG angezeigt sind.

Wirft man in diesem Zusammenhang einen Blick auf die durch das Artikelgesetz zur Umsetzung der Rahmenrichtlinie[320] und auf die „Verordnung zur Umsetzung von EG-Einzelrichtlinien zur EG-Rahmenrichtlinie-Arbeitsschutz“[321] vorgenommenen Änderungen der GewO und der ArbStättV, ergibt sich kein einheitliches Bild. So spielt § 120 d GewO für den hier primär interessierenden Zusammenhang keine Rolle mehr, da § 120 a GewO a.F. aufgehoben und die Verweisung auf § 120 a GewO a.F. folgerichtig in § 120 d GewO gestrichen worden ist. Eine andere Situation ergibt sich für das Arbeitsstättenrecht. Zwar ist mit dem neuen § 56 Abs. 3 ArbStättV[322] eine Übergangsregelung für die Arbeitsstätten geschaffen worden ist, auf die bislang die ArbStättV keine Anwendung fand. Sie unterscheidet sich von den § 56 Abs. 1, 2 ArbStättV dadurch, daß den betroffenen Arbeitgebern eine Frist bis zum 1.1.1999 gesetzt worden ist, um ihre Arbeitsstätten an die Anforderungen an Altarbeitsstätten nach der EG-Arbeitsstättenrichtlinie (Anhang II)[323] anzupassen. Der Bestandsschutz ist insoweit also zeitlich limitiert.

---

[318] VG Ansbach, GewArch 1986, 233 ff. (234); *Landmann/Rohmer-Meyer*, § 120 d GewO, Rdnrn. 24 f.

[319] Hierauf weisen auch *Heilmann/Aufhauser*, ArbSchG, § 3, Rdnr. 3, zutreffend hin.

[320] BGBl. I 1996, S. 1246 ff.

[321] Verordnung zur Umsetzung von EG-Einzelrichtlinien zur EG-Rahmenrichtlinie Arbeitsschutz“ vom 4. Dezember 1996, BGBl. I, S. 1841 ff.

[322] Eingefügt durch Artikel 4 der „Verordnung zur Umsetzung von EG-Einzelrichtlinien zur EG-Rahmenrichtlinie Arbeitsschutz“ vom 4. Dezember 1996, BGBl. I, S. 1841 ff.

[323] Richtlinie 89/654/EWG über Mindestvorschriften für Sicherheit und Gesundheitsschutz in Arbeitsstätten (Erste Einzelrichtlinie im Sinne des Art. 16 Absatz 1 der Richtlinie 89/391/EWG) vom 30.11.1989, Abl. EG, Nr. L 393, S. 1, abgedruckt bei *Wank/Börgmann*, S. 178 ff.

Dessenungeachtet gelten aber die Bestimmungen des § 56 Abs. 1, 2 ArbStättV unverändert weiter. Nach Anpassung der Arbeitsstätten an den Anhang II der EG-Arbeitsstättenrichtlinie und nach Ablauf der Frist des 1.1.1999 verbleibt es damit für das Arbeitsstättenrecht bei den oben dargestellten normativen Eckpunkten des Bestandsschutzes des § 56 Abs. 1, 2 ArbStättV.[324]

(2) Die dynamischen Grundpflichten des 3 Abs. 1 Sätze 2 und 3 ArbSchG

Richtet man nunmehr wieder den Blick auf die durch das ArbSchG geschaffene Rechtslage, ist zunächst noch einmal herauszustellen, daß sich die Grundpflichten des Arbeitgebers nicht in der einmaligen Festlegung von „Maßnahmen des Arbeitsschutzes" i.S. von § 3 Abs. 1 Satz 1 ArbSchG erschöpfen.[325] Die Maßnahmen sind vielmehr auf ihre Wirksamkeit zu überprüfen und es sind „erforderlichenfalls" Anpassungsmaßnahmen zu treffen (§ 3 Abs. 1 Satz 2 ArbschG). Die hieraus zu folgernde Grundpflicht, den Arbeits- und Gesundheitsschutz als ständige und dauerhafte betriebliche Aufgabe anzulegen[326], besteht also nicht lediglich darin, den einmal geschaffenen Status Quo, etwa durch regelmäßige Kontrollen, Instandsetzungs- und Wartungsarbeiten oder durch die systematische Information der Beschäftigten, z.B. durch Unterweisungen nach § 12 ArbSchG aufrechtzuerhalten. § 3 Abs. 1 Satz 3 ArbSchG stellt in diesem Zusammenhang vielmehr klar, daß eine Optimierung des betrieblichen Schutzkonzepts anzustreben ist und demzufolge Möglichkeiten, die über das bereits erreichte Schutzniveau hinausgehen, zu suchen sind.

Das Optimierungsgebot des § 3 Abs. 1 Satz 3 ArbSchG ist vor diesem Hintergrund also mehr als nur ein verklausuliertes Verbot, das bereits erreichte Schutzniveau abzusenken[327]. Es ist zugleich, und hierin liegt die eigentliche Bedeutung, normative, d.h. verbindliche Aufforderung, die dynamische Entwicklung der Technik und der wissenschaftlichen Erkenntnisse kontinuierlich in den betrieblichen Arbeits- und Gesundheitsschutz einzuspeisen.[328] Besonders deutlich wird dieser Befund durch den allgemeinen Grundsatz des § 4 Nr. 3 ArbSchG, wonach der Arbeitgeber bei Anpassungsmaßnahmen den Stand

---

[324] Eingehend hierzu etwa *MünchArbR-Wlotzke*, § 212, Rdnrn. 10 ff.; *Prax.-Kommentar-Blachnitzky*, ArbStättV, Rdnrn. 14 ff.

[325] Vgl. hierzu auch bereits oben S. 33 ff.

[326] Allgemeine und unbestrittene Auffassung, vgl. nur *Landmann/Rohmer-Kollmer*, ArbSchG, Rdnr. 10; *Wank*, TAS, § 1 ArbSchG, Rdnr. 3; *Buchholz*, ZTR 1996, 495 ff. (497); *Fischer*, BArBl. 1996 (1), 21 ff. (23); *Wlotzke*, NZA 1996, 1017 ff. (1019).

[327] Hierauf weist *Koll/Janning/Pinter-Koll*, Kommentar zum ArbSchG, § 3, Rdnr. 13, zutreffend hin.

[328] Vgl. *Kollmer/Vogl*, Arbeitsschutzgesetz, Rdnr. 71; *Kittner/Pieper*, ArbSchR, § 3 ArbSchG, Rdnr. 5, § 1 ArbSchG, Rdnr. 5; *Fischer*, BArbBl. 1996 (1), 21 ff. (21); *Prax.-Kommentar-Seeger*, § 3 ArbSchG, Rdnr. 23.

von Technik, Arbeitsmedizin und Hygiene sowie sonstige gesicherte arbeitswissenschaftliche Erkenntnisse zu berücksichtigen hat.[329]

Vergleicht man dieses auf eine kontinuierliche Optimierung angelegte Anpassungskonzept des ArbSchG mit dem zuvor dargestellten klassischen Ansatz der GewO, ergeben sich sehr deutliche Unterschiede durch das neue Recht. Nach dem überkommenen Ansatz sind Änderungen der (technischen) Schutzmaßnahmen wegen der extensiven und analogen Anwendung des Rechtsgedankens der §§ 120 d GewO a.F. und 56 ArbStättV die Ausnahme. Dieses Regel-Ausnahmeverhältnis wurde vermittelt durch ein sehr weitgehendes Verständnis des Bestandsschutzes, den es, jedenfalls sobald umfangreiche Änderungen notwendig wurden, zu durchbrechen galt. Konsequenz hieraus war, daß rechtlich nur ein schmaler Korridor bestand, die Umsetzung grundlegender sicherheitstechnischer Innovationen in die betriebliche Praxis einzufordern. Ein grundlegend anderes Bild ergibt sich aus § 3 Abs. 1 Sätze 2 und 3 ArbSchG Durch die ausdrücklich formulierte Pflicht, Anpassungsmaßnahmen zu treffen und hierbei eine Verbesserung von Sicherheit und Gesundheitsschutz der Beschäftigten anzustreben, werden kontinuierliche Änderungen des Schutzkonzeptes quasi zum Regelfall erhoben.

Erblickt man den wesentlichen Grund für die Zubilligung von Bestandsschutz in Übereinstimmung mit der allgemeinen Meinung im Vertrauen auf die Beständigkeit getroffener Investitionen und Dispositionen[330], muß dies zwangsläufig zu einer anderen Bestandsschutzkonzeption führen. Durch den Anpassungsvorbehalt des § 3 Abs. 1 Sätze 2 und 3 ArbSchG wird dieses Vertrauen zwar nicht beseitigt, wohl aber erschüttert, denn „erforderlichenfalls“[331] besteht die Rechtspflicht, Änderungen der Schutzmaßnahmen vorzunehmen. „Motor“ für Veränderungen ist dabei vor allem § 4 Nr. 3 ArbSchG. Durch die rechtssystematische Verknüpfung der Grundpflichten mit dem Fortschreiten der Erkenntnisse i.S. von § 4 Nr. 3 ArbSchG werden die rechtlichen Maßstäbe der betrieblichen Schutzkonzeption dynamisiert, d.h. einem fortlaufenden Wandel unterworfen, dem „erforderlichenfalls“ durch Anpassungsmaßnahmen Rechnung zu tragen ist.

---

[329] Zur Klarstellung: Hiermit ist lediglich geklärt, daß eine Pflicht besteht, die Entwicklung des technischen Fortschritts oder sonstiger Erkenntnisse über die betrieblichen Gefährdungen zu berücksichtigen. Umfang und Grenzen der Pflichtenstellung, sowie der Modus der Umsetzung, bleiben hierbei noch offen. Vgl. insoweit auch S. 173 ff.

[330] Eingehend hierzu *Friauf*, WiVerw 1989, 121 ff. (126 ff.); BVerfGE 58, 300 ff. (349); BVerfG, NJW 1998, 367 ff. (368).

[331] Eine Begrenzung der Anpassungspflicht ist auch unter verfassungsrechtlichen Gesichtspunkten unverzichtbar, da andernfalls jedes Vertrauen in die Beständigkeit der festgelegten Schutzkonzeption zunichte wäre. Dies wäre sowohl im Hinblick auf Art. 14 GG als auch im Hinblick auf Art. 2 Abs. 1, 12 GG nicht zulässig. Es kann bei der Frage des Umfangs der Anpassungspflicht im übrigen nicht, überspitzt gesagt, um die Ersetzung des Diktats des totalen Vertrauensschutzes durch das Diktat des totalen Arbeits- und Gesundheitsschutzes gehen, sondern nur darum, das Verhältnis der beiden Belange angemessen unter Anerkennung des gesetzgeberischen Gestaltungsspielraums auszutarieren.

Dynamische, d.h. sich im Zeitablauf weiterentwickelnde Pflichtenstellungen, stellen kein Novum für das technische Sicherheitsrecht dar. Es handelt sich vielmehr um eine Problematik, die im betrieblichen Umweltschutzrecht bereits seit Mitte der 1970iger Jahre breit diskutiert worden ist. Es liegt daher nahe, zunächst einen Blick auf den umweltrechtlichen Diskussionsstand zur dort gleichermaßen relevanten Frage des Bestandsschutzes zu werfen.

(3) Exkurs: Dynamische Betreiberpflichten und Bestandsschutz am Beispiel des BImSchG

Dynamische Betreiberpflichten spielen heute praktisch auf allen Feldern des betrieblichen Umweltschutzrechts eine Rolle.[332] Ihre Bedeutung für die Modernisierung von Industrieanlagen ist vor dem Hintergrund der Bestandsschutzinteressen der Anlagenbetreiber besonders für den Bereich des Immissionsschutzrechts intensiv erörtert worden.[333]

(a) Das Konzept der dynamischen Grundpflichten im Immissionsschutzrecht

Nach der Vorgängerregelung der §§ 4 ff. BImSchG, dem § 16 GewO a.F., verlieh die Genehmigung dem Betreiber einer Anlage im Grundsatz das Recht, diese entsprechend den dort fixierten Regelungen, Nebenbestimmungen und Auflagen zu errichten und auf unbestimmte Zeit unbeschränkt zu nutzen.[334] Die nunmehr geltenden Grundpflichten des § 5 BImSchG stellen eine vom Gesetzgeber bewußt vollzogene Abkehr von dieser statischen, allein auf den Zeitpunkt der Errichtung der Anlage orientierten Sichtweise, dar.[335] Nach § 5 Abs. 1 BImSchG sind Anlagen nicht nur in Übereinstimmung mit den Grundpflichten der Ziffern 1-4 des Absatzes 1 zu errichten, sondern auch zu betreiben. Durch die Erweiterung der Pflichtenstellung auf den Betrieb der Anlage[336], haben sich die rechtlichen Bindungen des Anlagenbetreibers zu Dauerpflichten gewandelt[337], die im Prinzip

[332] Vgl. insoweit nur die Ausführungen von *Kloepfer*, Umweltrecht, zum Gentechnikrecht (§ 16, Rdnrn. 19 ff.), zum Atomrecht (§ 15, Rdnrn. 36 ff.) oder zum Wasserrecht (§ 13, Rdnrn. 126 ff.), jeweils m.w.N.

[333] Vgl. aus dem umfangreichen Schrifttum nur *Wickel*, Bestandsschutz im Umweltrecht; *Jankowski*, Bestandsschutz für Industrieanlagen; *Jarass*, DVBl. 1985, 193 ff.; *Friauf*, WiVerw 1989, 121 ff., jeweils m.w.N.

[334] Hierzu nur *Friauf*, WiVerw 1989, 121 ff. (170 f.); *Petersen*, Schutz und Vorsorge, S. 30 f.; *Kloepfer*, Umweltrecht, § 2, Rdnr. 31; *Jarass*, DVBl. 1986, 314 ff. (315).

[335] Hierauf weist *Jarass*, DVBl. 1986, 314 ff. (315); vgl. auch BT-Drcks. 7/1513, S. 4.

[336] Der Genehmigungstatbestand des § 16 GewO a.F. bezog sich allein auf die Errichtung der Anlage.

[337] *Wickel*, Bestandsschutz im Umweltrecht, S. 124 f.; *Friauf*, WiVerw 1989, 121 ff. (172); *Bender/Sparwasser/Engel*, S. 388; *Becker*, Anzeigepflichtige Anlagen, S. 100.

den gesamten Lebenszyklus einer Anlage, von der Errichtung bis hin zu ihrer – umweltverträglichen – Betriebseinstellung umfassen.[338]

Dieser Charakter als Dauerpflicht begründet die den Grundpflichten des § 5 BImSchG zugeschriebene Dynamik: Die Anlage hat ständig den jeweils geltenden materiell-rechtlichen Anforderungen des § 5 Abs. 1 Nrn. 1-4 BImSchG zu genügen, d.h. der konkrete Inhalt der Betriebspflichten steht quasi unter einem ständigen Änderungsvorbehalt, wenn sich z.B. die Bewertung der Gefährlichkeit von schädlichen Immissionen i.S. von § 3 Abs. 1 und 2 BImSchG ändert oder Fortschritte in der Umweltschutztechnik erzielt werden.[339] Dynamische Pflichten bestehen nicht nur für genehmigungspflichtige Anlagen i.S. von §§ 4 ff. BImSchG, auch wenn diese den Schwerpunkt der Diskussion bilden. Entsprechendes gilt auch für nichtgenehmigungsbedürftige Anlagen nach §§ 22 ff. BImSchG. Auch in § 22 BImSchG knüpfen die in den Ziffern 1-3 des Absatzes 1 normierten materiell-rechtlichen Pflichten an die Errichtung und das Betreiben einer Anlage an.[340]

Lösen die dynamischen Grundpflichten somit im Ergebnis einen permanenten Anpassungs- und Innovationsdruck auf den Betreiber einer Anlage aus, stellt sich die Frage, in welcher Weise die – wie dargelegt verfassungsrechtlich fundierten – Bestandsschutzinteressen in diesem Konzept noch zum Tragen kommen können. Hierzu ist zunächst zu bemerken, daß es sich bei den Vorschriften des BImSchG über die Errichtung und den Betrieb von Anlagen um gesetzliche Inhalts- und Schrankenbestimmungen des Eigentums i.S. von Art. 14 Abs. 1 Satz 2 GG handelt.[341] Wie oben dargestellt, kann durch Inhalts- und Schrankenbestimmungen auch in bestehende Eigentumsrechte eingegriffen werden, sofern hierbei der Grundsatz der Verhältnismäßigkeit beachtet wird.[342]

Der Umfang der Bindung an die dynamischen Grundpflichten orientiert sich danach im Einzelfall am Verhältnismäßigkeitsprinzip. In diesem Zusammenhang wirken sich die dynamischen Pflichten der §§ 5, 22 BImSchG nachhaltig auf die Bewertung der Bestandsschutzinteressen des Betreibers aus: Sie stellen den Betrieb der Anlage von vornherein unter den Vorbehalt späterer Modifikationen auf-

[338] Vgl. insoweit auch den neugefaßten einleitenden Satzteil des § 5 Abs. 1 BImSchG im Hinblick auf Errichtung und Betrieb, sowie § 5 Abs. 3 BImSchG, der für Stilllegungen besondere Grundpflichten normiert. Vgl. zum Ganzen auch *Bender/Sparwasser/Engel*, Umweltrecht, S. 395 f.; *Kloepfer*, Umweltrecht, § 14, Rdnr. 66.

[339] *Friauf*, WiVerw 1989, 121 ff. (172); *Wickel*, Bestandsschutz im Umweltrecht, S. 125; *Jarass*, DVBl. 1986, 314 ff. (315); *Sendler*, UPR 1983, 33 ff. (43).

[340] Hierzu *Jarass*, BImSchG, § 22, Rdnrn. 12 f.; *Becker*, Anzeigepflichtige Anlagen, S. 101.

[341] Vgl. hierzu nur *Friauf*, WiVerw 1989, 121 ff. (131 ff.); *Wickel*, Bestandsschutz im Umweltrecht, S. 37 ff.; für die Vorschriften über nichtgenehmigungsbedürftige Anlagen, *Jarass*, BImSchG, § 22, Rdnr. 33.

[342] Vgl. hierzu etwa *Jarass*, Die Anwendung neuen Umweltrechts, S. 83 ff.; *Wickel*, Bestandsschutz im Umweltrecht, S. 40 f., 125, sowie oben S. 156 ff.

grund einer Weiterentwicklung des Inhalts der Grundpflichten, z.B. durch verbesserte Sicherheitstechnik, eine abweichende Beurteilung des Gefährdungspotentials oder neue konkretisierende Rechtsverordnungen nach §§ 7, 22 BImSchG.[343] Anders gewendet kann man sagen, daß die dynamischen Grundpflichten die berechtigten Kontinuitätserwartungen des Betreibers erheblich einschränken, was in der Sache zu einer Abschwächung des Bestandsschutzes führen muß.[344]

Im Immissionsschutzrecht finden sich in den §§ 15-21 BImSchG für genehmigungspflichtige Anlagen[345], denen aufgrund der Genehmigung – vermittelt durch § 6 BImSchG[346] – ein besonderer Vertrauensschutz zukommt, eine Reihe von Vorschriften, die die im Rahmen der Verhältnismäßigkeitsprüfung relevanten Aspekte und Bewertungskriterien verdeutlichen. Sie hier im Detail vorzustellen würde den Rahmen der vorliegenden primär arbeitsschutzrechtlichen Arbeit sprengen.[347] Erwähnt werden sollen aber die sich insbes. aus § 17 Abs. 2 ergebenden Anforderungen an nachträgliche Anordnungen i.S. von § 17 Abs. 1 BImschG. Sinn und Zweck dieser behördlichen Ermächtigungsgrundlage ist es gerade, Änderungen des Inhalts der Grundpflichten durchzusetzen. In die Abwägung einzustellen sind nach § 17 Abs. 2 Satz 1 2. Halbsatz BImSchG „insbesondere Art, Menge und Gefährlichkeit der von der Anlage ausgehenden Emissionen und der von ihr verursachten Immissionen sowie die Nutzungsdauer und technische Besonderheiten der Anlage". Bemerkenswert und festzuhalten für die weiteren Überlegungen ist, daß mit dem Gebot, die Nutzungsdauer der Anlage zu berücksichtigen, der Faktor Zeit in die Verhältnismäßigkeitsprüfung aufgenommen wird.[348]

---

[343] Vgl. nur *Friauf*, WiVerw 1989, 121 ff. (172), der in diesem Zusammenhang vom „Damoklesschwert der rasantem technischem Wandel unterworfenen Grundpflichten" spricht; *Wickel*, Bestandsschutz im Umweltrecht, S. 125, der die Genehmigung durch die Grundpflichten „belastet" sieht; *Petersen*, Schutz und Vorsorge, S. 31; grundlegend *Jarass*, Die Anwendung neuen Umweltrechts, S. 85 f.

[344] *Friauf*, WiVerw 1989, 121 ff. (172, 176); *Jarass*, Die Anwendung neuen Umweltrechts, S. 82 f., der im Rahmen des Anwendungsbereichs der Grundpflichten schon den Schutzbereich des Art. 14 GG nicht tangiert sieht; *Becker*, Anzeigepflichtige Anlagen, S. 100.

[345] Im Hinblick auf die nichtgenehmigungsbedürftigen Anlagen vgl. §§ 23-25 BImschG, sowie allgemein *Jarass*, BImSchG, § 22, Rdnr. 38; *Becker*, Anzeigepflichtige Anlagen, S. 101.

[346] Hierzu *Wickel*, Bestandsschutz im Umweltrecht, S. 125 f.; *Murswiek*, Die staatliche Verantwortung für die Risiken der Technik, S. 392 ff.; *Kloepfer*, Umweltrecht, § 14, Rdnr. 115.

[347] Vgl. hierzu aber umfassend die bereits erwähnten neueren Arbeiten von *Wickel*, Bestandsschutz im Umweltrecht und *Jankowski*, Bestandsschutz für Industrieanlagen, die sich umfassend mit den §§ 15-21 BImSchG zugrundeliegenden Konstellationen auseinandersetzen.

[348] Zur Bedeutung des Faktors Zeit für den Bestandsschutz vgl. grundlegend BVerfGE 58, 300 ff. (351 ff.); außerdem BVerfGE 70, 101 ff. (114 f.), sowie aus der Literatur z.B. *Jankowski*, Bestandsschutz für Industrieanlagen, S. 61 ff.; *Friauf*, Wiverw 1989, 121 ff. (146); *Wickel*, Bestandsschutz und Umweltrecht, S. 44 ff.; *Murswiek*, Die staatliche Verantwortung für die Risiken der Technik, S. 262 ff.; *Schenke*, N+R 1989, 8 ff. (11).

Das Gesetz gibt hiermit einen Modus vor[349], im Rahmen der sonstigen gesetzlichen Wertentscheidungen einen angemessenen Ausgleich zwischen dem Kontinuitätsinteresse des Betreibers am ungestörten Betrieb seiner Anlage und der Förderung des Umweltschutzes in Gestalt einer „weichen Überleitung"[350] zu erreichen. Dem liegt die zutreffende Überlegung zugrunde, daß dem Betreiber die ihm eingeräumten Rechtspositionen nicht für alle Zeit ungeingeschränkt zustehen. Sie können vielmehr wie dargestellt durch Inhalts- und Schrankenbestimmungen des Eigentums verändert oder auch aufgehoben werden.[351] Es ist demnach davon auszugehen, daß mit zunehmender Nutzungsdauer das durch Art. 14 Abs. 1 GG geschützte Bestandsschutzinteresse absinkt, bis die zunächst berechtigten Kontinuitätserwartungen quasi aufgezehrt sind.[352] *Jarass* hat den skizzierten Mechanismus treffend dahingehend beschrieben, daß die verfassungsrechtlichen Bedenken in mittel- und langfristiger Perspektive dahinschmelzen.[353]

Der Vorteil dieses durch den Faktor Zeit vermittelten Anpassungsmodus liegt darin, daß einerseits eine angemessene Berücksichtigung des Kontinuitätsvertrauens in getroffene Investitionen sichergestellt ist, andererseits aber ein rechtsverbindlicher Rahmen für eine geordnete Nachrüstung und Sanierung veralteter Anlagen geschaffen wird. Dies kann z.B. mittels gestreckter Anordnungen geschehen, durch die Einfluß auf den Investitionsplan genommen wird und in denen zugleich Vorbereitungs- und Übergangsregelungen getroffen werden können.[354] In der Folge wird nicht zuletzt der Frage nachzugehen sein, ob und ggf. in welcher Weise der Faktor Zeit, vor dem Hintergrund der Diskussion im Immissionsschutzrecht, auch für das Arbeitsschutzrecht fruchtbar gemacht werden kann.

---

[349] Ein weiterer Modus besteht in der Entschädigung des Betroffenen, vgl. insoweit § 21 Abs. 4 BImschG, sowie § 17 Abs. 2 BImSchG, der auf § 21 Abs. 3-6 BImSchG verweist. Ihm ist hier nicht nachzugehen, da sich im Arbeitsschutzrecht vergleichbare Regelungen nicht nachweisen lassen. Auch im Immissionsschutzrecht dürfte die Bedeutung eines derartigen finanziellen Ausgleichs eher gering sein. Vgl. insoweit auch *Wickel*, Bestandsschutz im Umweltrecht, S. 46.

[350] So *Murswiek*, Die staatliche Verantwortung für die Risiken der Technik, S. 264. Wie weich diese Überleitung im Einzelfall ist, hängt von den Wertungen ab, die der Gesetzgeber aufgrund seiner Gestaltungsfreiheit bei der Bestimmung von Inhalt und Schranken trifft.

[351] BVerfGE 58, 300 ff. (350 f.); BVerfG, NJW 1998, 367 ff. (368); *Murswiek*, Die staatliche Verantwortung für die Risiken der Technik, S. 264 ff.; *Jankowski*, Bestandsschutz für Industrieanlagen, S. 61, sowie bereits oben S. 156 ff.

[352] Vgl. etwa *Schenke*, N+R 1989, 8 ff. (11); *Friauf*, WiVerw 1989, 121 ff. (164); *Jarass*, Die Anwendung neuen Umweltrechts, S. 86; *Wickel*, Bestandsschutz im Umweltrecht, S. 46.

[353] *Jarass*, Die Anwendung neuen Umweltrechts, S. 86.

[354] Vgl. hierzu *Jarass*, BImSchG, § 17, Rdnr. 26.

(b) Übertragbarkeit auf das ArbSchG

Es liegt auf der Hand, daß die immissionsschutzrechtliche Bestandsschutzdogmatik nicht uneingeschränkt auf das ArbSchG übertragen werden kann, da in beiden Rechtsgebieten die Pflicht zur Anpassung der getroffenen Schutzmaßnahmen und, hiermit korrespondierend, der Bestandsschutz einer jeweils anderen (einfach)gesetzlichen Regelung zugeführt worden ist. Auf der anderen Seite spricht dies im Prinzip nicht dagegen, die grundlegenden Strukturen – und nur diese wurden vorstehend vorgestellt – für die Interpretation der arbeitsschutzrechtlichen Anpassungspflichten zu nutzen und vorsichtig zu verallgemeinern, soweit Gemeinsamkeiten im Hinblick auf den Regelungsgegenstand und die jeweils zugrundeliegenden rechtlichen Regelungsstrukturen bestehen.

Sowohl das betriebliche Umweltschutzrecht als auch das Arbeitsschutzrecht haben die Regulierung technischer Risiken zum Gegenstand. Es handelt sich normalerweise um die gleichen Anlagen und Maschinen, deren Nutzung unter dem Blickwinkel der jeweiligen Normzwecke, einerseits dem Schutz der Umwelt und der Nachbarschaft, andererseits dem Schutz der Beschäftigten bei der Arbeit, rechtlich geregelt wird.[355] Im Hinblick auf die hier interessierende Problematik von Optimierungsmaßnahmen findet sich in beiden Rechtsgebieten die bestandsschutztypische Konfliktlage zwischen der Privatnützigkeit und Sozialbindung des Eigentums. Die beiden Rechtsgebiete unterscheiden sich insoweit lediglich im Hinblick auf die die Sozialbindung des Eigentums konkretisierenden öffentlichen Interessen.[356]

Hinzuweisen ist in diesem Zusammenhang weiter darauf, daß die Rechtmäßigkeit der im Wege der betrieblichen Sicherheits- und Gesundheitsschutzplanung getroffenen „Maßnahmen des Arbeitsschutzes" nicht von einem hoheitlichen Gestattungsakt abhängt. Hierin liegt zwar ein Unterschied zum Recht der genehmigungsbedürftigen Anlagen i.S. von § 4 ff. BImSchG, das den Schwerpunkt der immissionschutzrechtlichen Bestandsschutzdiskussion bildet. Durch die Genehmigung nach § 6 BImSchG, die auf einer besonderen behördlichen Prüfung des Vorhabens beruht, wird unabhängig davon, ob man die Genehmigung selbst als eigentumsfähiges Recht i.S. von Art. 14 Abs. 1 Satz 1 GG an-

355 Normativ besonders deutlich wird diese Verzahnung der beiden Rechtsgebiete durch § 24 BImSchG, nach dem Arbeitsschutzmaßnahmen vorrangig gegenüber einer immissionsschutzrechtlichen Anordnung sind, sofern hierdurch die immissionsschutzrechtlichen Ziele in gleicher Weise erreicht werden können. Vgl. hierzu etwa *Jarass*, BImSchG, § 24, Rdnr. 3. Die Notwendigkeit einer Abstimmung arbeitsschutzrechtlicher und umweltrechtlicher Ziele ist darüber hinaus in einer Reihe weiterer Vorschriften ausdrücklich verankert, vgl. insoweit etwa §§ 6 Abs. 1 Nr. 2, 55 Abs. 3 BImSchG, 10 ASiG.

356 Dabei dürften die Gefahren der Gesundheit der Beschäftigten allerdings in vielen Fällen größer sein als für die betroffenen Nachbarn, da diese typischerweise unmittelbar mit den Gefahrenquellen in Berührung kommen.

sieht[357], ein zusätzlicher Vertrauensschutztatbestand zugunsten des Betreibers in die von ihm vorgesehene und beantragte Nutzbarkeit seiner Anlage begründet.[358] Im vorliegenden Zusammenhang ist dies jedoch nur ein gradueller Unterschied, ändert sich doch nichts Grundlegendes an dem aufgezeigten Spannungsfeld zwischen Privatnützigkeit und Sozialbindung des Eigentums. Folgerichtig werden im Immissionsschutzrecht auch bei Einzelfallanordnungen im Zusammenhang mit nichtgenehmigungsbedürftigen Anlagen (§ 24 BImSchG) die Schranken des § 17 Abs. 2 Satz 1 BImSchG entsprechend angewandt.[359] Auch der Betreiber einer nichtgenehmigungsbedürftigen Anlage hat demnach einen Anspruch auf den Schutz der von ihm getroffenen Dispositionen und auf eine angemessene Nutzung seines Eigentums. Er kann sich eben nur nicht zusätzlich auf einen durch eine behördliche Genehmigung priviligierten Vertrauensschutz berufen, was letztlich in der Interessenabwägung im Rahmen der Verhältnismäßigkeit zum Tragen kommt.[360]

Deutliche Parallelen ergeben sich beim Vergleich der Regelungsstruktur und -technik der den Bestandsschutz beschreibenden und begrenzenden Vorschriften. Sowohl § 3 Abs. 1 ArbSchG als auch §§ 5, 22 BImSchG sind, wie ausgeführt, als Dauerpflichten angelegt. Die arbeitsschutzrechtlichen Grundpflichten des § 3 Abs. 1 ArbSchG lassen sich dabei im übrigen durchaus zur Verdeutlichung der umweltrechtlichen Betreiberpflichten nutzen. Die dort beschriebene Vorgehensweise, d.h. Festlegung von Maßnahmen aufgrund einer Gefährdungsbeurteilung, Überprüfung der Wirksamkeit der Maßnahmen und erforderlichenfalls Anpassung an geänderte Umstände mit dem Ziel der Optimierung, bilden die notwendigen Einzelschritte ab, die hinter dem allgemeinen Begriff des „Betreibens" i.S. von §§ 5, 22 BImSchG stecken und damit für eine zielgerichtete Erfüllung der Grundpflichten notwendig sind. Darüber hinaus erfolgt die Dynamisierung der Grundpflichten sowohl im Umwelt- als auch im Arbeitsschutzrecht durch ihre Verknüpfung mit dem fortschreitenden Stand der Technik (§§ 5 Abs. 1 Nr. 2 BImSchG, 4 Nr. 3 ArbSchG) bzw. den übrigen in § 4 Nr. 3 ArbSchG genannten Standards. Auf diese Weise wird in beiden Rechtsgebieten gleichermaßen gewährleistet, daß sich die materiellen Schutzanforderungen im Gleichklang mit den Fortschritten der Sicherheitstechnik und Sicherheitswissenschaften dynamisch weiterentwickeln.

---

[357] Dafür etwa *Wickel*, Bestandsschutz im Umweltrecht, S. 33 ff.; dagegen etwa *Friauf*, WiVerw 1989, 121 ff. (131 ff.), jeweils m.w.N.

[358] Vgl. auch *Schenke*, N+R 1989, 8 ff. (16); *Wickel*, Bestandsschutz im Umweltrecht, S. 35 f.

[359] Vgl. *Jarass*, BImSchG, § 24, Rdnr. 16; *Landmann/Rohmer*, Umweltrecht-Hansmann, § 24, Rdnr. 24.

[360] Im BImSchG wird den insoweit unterschiedlichen Ausgangslagen zudem durch die unterschiedlichen Ermächtigungsgrundlagen für behördliche Maßnahmen gegenüber genehmigungspflichtigen und nichtgenehmigungspflichtigen Anlagen Rechnung getragen.

Sowohl die Vergleichbarkeit der Regelungsgegenstände als aber auch die Parallelen in der Regelungsstruktur und Regelungstechnik legen es deshalb nahe, die Erkenntnisse der umweltrechtlichen Bestandsschutzdogmatik auch für das Arbeitsschutzrecht nutzbar zu machen. Dabei dürfte insbes. die Berücksichtigung des „Faktors Zeit" eine wichtige Rolle spielen, um auch im Arbeitsschutzrecht angemessene und interessengerechte Ergebnisse zu erzielen. Dafür spricht vor allem, daß mit der Pflicht zur Planung der Anpassungsmaßnahmen durch das ArbSchG ein rechtlicher Rahmen vorgegeben wird, um eine verbindliche zeitliche Abfolge festzulegen, in der die Anpassungsmaßnahmen durchzuführen sind.[361] In neueren arbeitsschutzrechtlichen Rechtsverordnungen deutet sich im übrigen in Übereinstimmung mit der hier vertretenen Position eine Annäherung an die umweltrechtliche Bestandsschutzkonzeption an. So wird etwa in §§ 4 Abs. 2 BildScharbV, 7 BetrSichV, 19 Abs. 4 GefStoffV in Abweichung von der klassischen arbeitsschutzrechtlichen Bestandsschutzkonzeption mit Übergangsfristen operiert. Diese Entwicklung eröffnet die Chance zu einer einheitlichen Bestandsschutzdogmatik des technischen Sicherheitsrechts, die sowohl das Arbeitsschutzrecht als auch das Umweltschutzrecht gleichermaßen umfaßt.

cc) Ausbalancierung von Bestandsinteresse und Innovationszielen der Anpassungsmaßnahmen mittels des Verhältnismäßigkeitsgrundsatzes

Als Ergebnis der bisherigen Überlegungen kann festgehalten werden, daß es sich bei § 3 Abs. 1 ArbSchG um eine dynamische, sich kontinuierlich weiterentwickelnde Pflicht handelt. Die einmal getroffenen Schutzmaßnahmen sind deswegen nicht endgültig, sondern stehen unter dem Vorbehalt einer weiteren Optimierung. Für die praktische Umsetzung dieser Prinzipien, d.h. konkret für die Entscheidung über Anpassungsmaßnahmen, ergibt sich aus dem Rekurs auf die verfassungsrechtlichen Grundlagen des Bestandsschutzes, daß insoweit dem Grundsatz der Verhältnismäßigkeit als Bewertungsmaßstab zentrale Bedeutung zukommt. Zu beachten und zu respektieren sind dabei die einschlägigen einfachgesetzlichen Regeln, die als Inhalts- und Schrankenbestimmungen i.S. von Art. 14 Abs. 1 Satz 2 GG die Eigentumsrechte näher ausformen.[362] Mit Blick auf die arbeitsschutzrechtlichen Grundpflichten bedeutet dies vor allem, daß § 3 Abs. 1 Satz 2 ArbSchG Anpassungsmaßnahmen explizit vorsieht und die allgemeinen Grundsätze des § 4 Nr. ArbSchG (insbes. Nr. 3) zu berücksichtigen sind.

---

[361] Hierzu auch *Bücker*, Von der Gefahrenabwehr zur Risikovorsorge, S. 233 f.

[362] Das gilt im übrigen gleichermaßen für die ggf. betroffene Berufsausübungsfreiheit (Art. 12 Abs. 1 GG), die insbes. bei Änderungen der Arbeitsorganisation betroffen sein kann. Auch hier richtet sich die verfassungsrechtliche Rechtfertigung von Eingriffen unter Heranziehung vergleichbarer Schranken nach dem einfachen Recht. Vgl. hierzu etwa BVerfGE 50, 290 ff. (364 ff.); *Friauf*, WiVerw 1989, 121 ff. (147 ff.).

Bei der Anwendung des Verhältnismäßigkeitsgrundsatzes im Einzelfall verbieten sich Schematisierungen. Insbes. im Rahmen der Rechtsgüterabwägung auf der Prüfungsstufe der Angemessenheit ist ein schonender Ausgleich zwischen den Bestandsschutzinteressen des Arbeitgebers und den gesetzlichen Zielen von Anpassungsmaßnahmen, also der Verbesserung des Arbeits- und Gesundheitsschutzes der Arbeitnehmer zu suchen. Bestünde eine kategorische Verpflichtung, jede Änderung der tatsächlichen Verhältnisse (insbes. der Fortschritte der Sicherheitstechnik) ausnahmslos sofort und unverzüglich nachzuvollziehen, käme dem Kontinuitätsinteresse des Arbeitgebers in die von ihm getätigten Investitionen keinerlei Bedeutung mehr zu. Das Gewicht des sich aus Art. 14 Abs. 1 GG ergebenden verfassungsrechtlich geschützten Bestandsschutzinteresses wäre praktisch gleich Null, was nicht mit dem Verhältnismäßigkeitsgrundsatz zu vereinbaren wäre.[363] Würde umgekehrt, ebenso kategorisch, das Bestandsschutzinteresse des Arbeitgebers in jedem Falle überwiegen, wäre dies ebenfalls schwerlich verhältnismäßig, da auf diese Weise der Wille des Gesetzgebers konterkariert würde. Es wurde bereits darauf hingewiesen, daß ein Ziel des ArbSchG darin liegt, die Zeitspanne zwischen einer technischen Neuerung und der Verpflichtung, sie betrieblich umzusetzen[364], zu verkürzen und schnell auf neue Herausforderungen durch neue Technologien oder Erkenntnisse zu reagieren.[365] Dies setzt aber voraus, daß nicht eine jede Innovation unter Berufung auf den Bestands- und Vertrauensschutz auf unabsehbare Zeit blockiert werden kann.

Diese geschilderten Extrempositionen entsprechen auch nicht dem „Standpunkt des Gesetzes“, das in § 3 Abs. 1 Satz 2 ArbSchG fordert, daß die Maßnahmen „erforderlichenfalls“ an sich ändernde Gegebenheiten anzupassen sind. Das Gesetz legt also einen flexiblen Maßstab an, der es in Übereinstimmung mit den vorstehenden Ausführungen zum Bestandsschutz ermöglicht, die Verhältnismäßigkeit der Anpassungsmaßnahme – vor dem Hintergrund der einfachgesetzlichen – Wertungen zu berücksichtigen.[366] Dieser Befund wird bestätigt durch einen Blick auf einige hier bedeutsame allgemeine Grundsätze des § 4 ArbSchG. So sind nach § 4 Nr. 1 ArbSchG Gefährdungen nicht stets, sondern möglichst zu vermeiden oder zu vermindern. Nach § 4 Nr. 3 ArbSchG sind der Stand von Technik,

---

[363] Vgl. insoweit auch mit Blick auf die Spezifika der immissionsschutzrechtlichen Grundpflichten des § 5 BImSchG beim Betreiben genehmigungsbedürftiger Anlagen, *Sendler*, UPR 1990, 41 ff. (42 f.); *Wickel*, Bestandsschutz im Umweltrecht, S. 125.

[364] Dazu nur *F. Merten*, Gesundheitsschutz und Mitbestimmung bei der Bildschirmarbeit, S. 87; *Kollmer/Vogl*, Arbeitsschutzgesetz, Rdnr. 71, 84; *Wlotzke*, Festschrift Däubler, 654 ff. (663 ff.).

[365] Gesetzesbegründung, BT-Drcks. 13/3540, S. 13; *Prax.-Kommentar-Kollmer*, § 1 ArbSchG, Rdnr. 32; *Fischer*, BArbBl. 1996 (1), 21 ff. (21).

[366] *Koll/Janning/Pinter-Koll*, Kommentar zum ArbSchG, § 3, Rdnrn. 10, 5 f.; *Kohte*, Jahrbuch des Arbeitsrechts 2000, 21 ff. (31 ff.); wohl auch *Tettinger/Wank*, GewO, §§ 120, 120 a, Rdnr. 21; *Nöthlichs*, Arbeitsschutz und Arbeitssicherheit, § 3 ArbSchG, Anm. 2.8.

Arbeitsmedizin, Hygiene sowie sonstige gesicherte arbeitswissenschaftliche Erkenntnisse nicht zwingend zugrundezulegen, sondern zu berücksichtigen. Auch diese materiellrechtlichen Ziele belassen also ausreichend Spielraum für Verhältnismäßigkeitserwägungen[367] und damit für den zu leistenden angemessenen Ausgleich von Privatnützigkeit und Sozialbindung des Eigentums.

Im Rahmen der einzelfallbezogenen Güterabwägung kann nach alledem das Bestandsschutzinteresse des Arbeitgebers gegen die alsbaldige Durchführung von Optimierungsmaßnahmen nach § 3 Abs. 1 Sätze 2, 3 ArbSchG sprechen. Es ist allerdings bedenklich, hieraus die Schlußfolgerung zu ziehen, daß insbes. das durch § 4 Nr. 3 ArbSchG bezeichnete Schutzniveau nicht rechtsverbindlich sei. Diese z.T. geäußerte Auffassung[368] verkennt den dynamischen Charakter der Grundpflichten des § 3 Abs. 1 ArbSchG, die nicht zuletzt durch die in § 4 ArbSchG genannten Grundsätze kontinuierlich inhaltlich aufgefüllt werden. Die durch § 4 ArbSchG vorgegebenen Sicherheits- und Gesundheitsschutzziele sind unmittelbar rechtsverbindlich, was sich schon aus dem Wortlaut der Normen ergibt, wonach die Erkenntnisse nach der Nr. 3 zu berücksichtigen *sind* oder die Arbeit so zu gestalten *ist*, daß eine Gefährdung der Beschäftigten möglichst vermieden wird.

Hiervon abzuschichten ist die Frage, unter welchen Voraussetzungen, welche Anpassungsmaßnahmen verhältnismäßig sind, wann also das – in der arbeitsschutzrechtlichen Literatur in diesem Zusammenhang nur selten angesprochene – Bestandsschutzinteresse[369] des Arbeitgebers zurückzutreten hat. Auch hierbei bleiben die Grundsätze des § 4 ArbSchG, insbes. § 4 Nr. 3 ArbSchG, als gesetzliche Schrankenbestimmungen des Eigentums der rechtlich verbindliche Maßstab.[370] Sollte sich im konkreten Fall ergeben, daß eine technisch oder auch organisatorisch mögliche Verbesserung des Schutzkonzepts gegenwärtig unverhältnismäßig ist, so hat der Arbeitgeber insoweit zu diesem Zeitpunkt ein Entschließungsermessen, d.h., er kann sich gegen eine sofortige Modernisierung entscheiden.

Es würde aber den dynamischen Charakter der Grundpflichten des § 3 Abs. 1 ArbSchG verkennen, hieraus zu schließen, daß damit die Frage der Anpassung

---

367 In der Sache ebenso mit Blick auf § 4 Nr. 3 ArbSchG, *Kittner/Pieper*, ArbSchR, § 4 ArbSchG, Rdnr. 7; *Kohte*, EAS B 6100, Arbeitsschutzrahmenrichtlinie, Rdnr. 55; wohl auch *Wlotzke*, Festschrift Däubler, 654 ff. (664 f.). Im Hinblick auf § 4 Nr. 1 ArbSchG etwa Gesetzesbegründung, BT-Drcks. 13/3540, S. 16; *Wank*, TAS, § 4 ArbSchG, Rdnr. 2; *Prax.-Kommentar-Wilhelm*, § 4 ArbSchG, Rdnr. 3.

368 *Wank*, TAS, § 4 ArbSchG, Rdnr. 5; ders. in *Tettinger/Wank*, GewO, §§ 120, 120 a GewO, Rdnr. 28; zumindest mißverständlich auch *Nöthlichs*, Arbeitsschutz und Arbeitssicherheit, § 4 ArbSchG, Anm. 3.3.1; 3.3.4 und 3.3.6.

369 Vgl. insoweit aber *Kohte*, EAS B 6100, Arbeitsschutzrahmenrichtlinie, Rdnrn. 40 f., der auf den – statischen – Vertrauensschutz im Rahmen des § 56 ArbStättV, der vornehmlich durch aufsichtsbehördliche Anordnung zu durchbrechen war, hinweist und vor diesem Hintergrund, die dynamische Konzeption des europäischen Arbeitsschutzrechts entwickelt.

370 So wohl auch *Kittner/Pieper*, ArbSchR, § 4 ArbSchG, Rdnr. 7.

abschließend – negativ – entschieden wäre. Zu klären ist dann, unter welchen Voraussetzungen die Modernisierung der Maßnahmen des Arbeitsschutzes den durch den Verhältnismäßigkeitsgrundsatz gesetzten Schranken entspricht.

Hierbei spielt wie oben gezeigt der „Faktor Zeit“ eine ganz wesentliche Rolle, da mit der Länge der Nutzungsdauer die letztlich im verfassungsrechtlich gebotenen Vertrauensschutz begründeten Bedenken „dahinschmelzen“[371] und sich das Entschließungsermessen des Arbeitgebers auf Null reduziert. Es kann vor diesem Hintergrund nicht ausreichen, insbes. die in § 4 Nr. 3 ArbSchG genannten Erkenntnisse lediglich in die Überlegungen einzubeziehen, wie dies z.T. in der Literatur vertreten wird.[372] Eine solche Sichtweise legt im übrigen auch der Wortlaut des § 4 Nr. 3 ArbSchG keineswegs nahe. Danach ist insbes. der Stand der Technik „zu berücksichtigen“. Hieraus ist zu folgern, daß deutlich werden muß, in welcher Weise sich die sich hieraus ergebenden Anforderungen in der betrieblichen Schutzkonzeption niedergeschlagen haben. Anders gesprochen: Es ist in jedem Falle das Entschließungsermessen im Hinblick auf § 4 Nr. 3 ArbSchG auszuüben.

Aus alledem folgt, daß die Entscheidung über Anpassungsmaßnahmen nicht punktuell für einen bestimmten Zeitpunkt erfolgen kann, sondern ggf. zukunftsgerichtet zu sein hat. Um der in § 3 Abs. 1 ArbSchG angelegten Modernisierungsdynamik Rechnung zu tragen, ist die primäre Frage demnach nicht, ob überhaupt Anpassungsmaßnahmen festgelegt werden, sondern in welchem zeitlichen Rahmen die Maßnahmen erfolgen sollen, damit sie die Anforderungen des Verhältnismäßigkeitsgrundsatzes erfüllen. Mit der Planungspflicht nach § 3 Abs. 2 ArbSchG stellt das ArbSchG ein geeignetes Instrument für ein derartiges „Handeln in der Zeit“ bereit. Als zukunftsgerichtetes Instrument erlaubt es die Planung, Prioritäten zu setzen und eine zeitliche Abfolge, in der Maßnahmen „abzuarbeiten“ sind, zu bestimmen. Es eröffnet sich so die kurz-, mittel- und langfristige Perspektive.[373] Eine umfassende, abgewogene und zeitlich abgestufte betriebliche Planung bietet dem Arbeitgeber in diesem Zusammenhang beträchtliche Vorteile. Sie schafft schützenswertes Vertrauen in die getroffenen Dispositionen und macht damit letztendlich den Bestandsschutz ein gutes Stück berechenbarer und rechtssicherer.[374]

---

[371] *Jarass*, Die Anwendung neuen Umweltrechts, S. 86; *Schenke*, N+R 1989, 8 ff. (11), der darauf hinweist, daß „sich die Zeit als eine offene Flanke des Eigentumsgrundrechts“ erweist.

[372] So aber ausdrücklich *Wank*, TAS, § 4 ArbSchG, Rdnr. 5; *Nöthlichs*, Arbeitsschutz und Arbeitssicherheit, § 4 ArbSchG, Anm. 3.3.1.

[373] Hierzu *Bücker*, Von der Gefahrenabwehr zur Risikovorsorge, S. 233 f.

[374] In diesem Sinne vor dem Hintergrund der dynamischen Grundpflichten des § 5 Abs. 1 Nr. 2 BImSchG, *Feldhaus*, WiVerw 1986, 67 ff. (85).

dd) *Orientierungsmarken für die Verhältnismäßigkeit von Anpassungsmaßnahmen im Einzelfall*

Die Reichweite der Anpassungspflicht des § 3 Abs. 1 Satz 2 ArbSchG hängt wie gesehen entscheidend von ihrer Verhältnismäßigkeit ab, d.h. konkret der Eignung, Erforderlichkeit und Angemessenheit der in Betracht zu ziehenden Maßnahmen. Soweit in der arbeitsschutzrechtlichen Literatur in diesem Kontext überhaupt näher auf den Verhältnismäßigkeitsgrundsatz eingegangen wird, wird darauf verwiesen, daß die Möglichkeit eines Schadensereignisses umso weniger hingenommen werden kann, je größer der mögliche Schaden ist[375] oder im Hinblick auf die Angemessenheit hervorgehoben, daß eine Maßnahme jedenfalls dann nicht mehr verlangt werden kann, wenn sie erkennbar außerhalb jedes vernünftigen Verhältnisses zwischen dem angestrebten Ziel und den nachteilig betroffenen, schützenswerten Interessen des Arbeitgebers steht.[376]

Diesem Ansatz ist im Ausgangspunkt uneingeschränkt zu folgen. Die genannten Formeln geben die zentralen Leitlinien für das Treffen von Einzelfallentscheidungen wieder. Ein Problem dieser Formeln liegt aber darin, daß sie nur ein ausgesprochen grobes Raster bilden. Dies ist mißlich für die betriebliche Umsetzung von Anpassungsmaßnahmen, da, so jedenfalls die Erfahrungen des Verfassers, in der Praxis ein großes Bedürfnis nach Orientierungspunkten besteht, in welcher Weise und vor allem in welchem Tempo die entsprechenden Prozesse zu gestalten sind. Es ist in diesem Zusammenhang zu bedenken, daß im Normalfall gerade nicht spezialisierte Juristen, sondern Ingenieure, Techniker, Kaufleute oder auch mehr oder weniger geschulte Betriebsräte aktiv werden.

Vor diesem Hintergrund sollen nachfolgend einige wichtige Aspekte für die Beurteilung der Verhältnismäßigkeit von Anpassungsmaßnahmen beleuchtet werden. Es wird sich dabei kein Patentrezept ergeben, das sich gleichsam naturgesetzlich auf jede nur denkbare Fallkonstellation anwenden ließe. Es handelt sich lediglich um einige Präzisierungen der obigen Merksätze. „Patentlösungen" wären im übrigen auch nicht im Sinne der übergreifenden gesetzlichen Ziele des ArbSchG, das die Eigenverantwortlichkeit der Betriebe gerade stärken will.[377] Allzu schematische Lösungen würden die im ArbSchG angelegten Gestaltungschancen deutlich schmälern und betriebsangepaßte Präventionskonzepte zumindest erschweren.

---

[375] *Nöthlichs*, Arbeitsschutz und Arbeitssicherheit, § 4 ArbSchG, Anm. 3.3.4; *Kohte*, Stand der Technik, 87; ähnlich *Kollmer/Vogl*, Arbeitsschutzgesetz, Rdnr. 78.

[376] *Koll/Janning/Pinter-Koll*, Kommentar zum ArbSchG, § 3, Rdnrn. 10, 6; *Kohte*, Jahrbuch des Arbeitsrechts 2000, 21 ff. (31).

[377] BT-Drcks. 13/3540, S. 13; *Fischer*, BArbl. 1996 (1), 21 ff. (21).

(1) Bedeutung der Hierarchie der Schutzmaßnahmen i.S. von § 4 ArbSchG

Unterstellt man einmal Eignung, d.h. die prinzipielle Tauglichkeit einer Anpassungsmaßnahme zur Sicherung oder Verbesserung des betrieblichen Arbeits- und Gesundheitsschutzes, stellt sich auf der zweiten Wertungsebene der Verhältnismäßigkeitsprüfung die Frage nach der Erforderlichkeit. Eine Maßnahme ist nach allgemeinen Grundsätzen dann erforderlich, wenn das mit ihr verfolgte Ziel nicht durch ein anderes, gleichermaßen wirksames Mittel erreicht werden kann, das die jeweils betroffenen (Grund)rechte weniger fühlbar einschränkt.[378]

Die Prüfung des mildesten Mittels setzt notwendigerweise einen Vergleich von Alternativen im Hinblick auf ihre Wirksamkeit voraus. Bei dieser Gegenüberstellung von Varianten sind die gesetzlichen Wertungen des § 4 ArbSchG zu beachten. Aus diesen ergibt sich nach allgemeiner Auffassung eine Hierarchisierung von Schutzmaßnahmen verschiedener Stoßrichtung. Danach sind Gefährdungen primär nach Maßgabe des § 4 Nr. 1 ArbSchG zu vermeiden, z.B. durch Einsatz von Maschinen, die mechanische Gefährdungen konstruktiv gar nicht erst entstehen lassen. Des weiteren sind Gefahren primär an der Quelle zu bekämpfen (z.B. Kapselung einer lauten Maschine); ist dies nicht oder nicht vollständig möglich, sind weitere kollektive, d.h. in erster Linie organisatorische oder bauliche Maßnahmen zu treffen. Erst wenn diese keinen ausreichenden Schutz bieten, kommen individuelle Maßnahmen, insbes. in Form der Bereitstellung von persönlicher Schutzausrüstung, in Betracht.[379]

Diese normativ vorgegebene Rangfolge der Schutzmaßnahmen muß in die Bewertung der Erforderlichkeit von Schutzmaßnahmen eingehen. Vorzugswürdig sind deshalb Anpassungsmaßnahmen, die auf der jeweils höchsten in Betracht kommenden Stufe der Schutzmaßnahmenhierarchie angesiedelt sind. Nur wenn sich diese als nicht durchführbar oder als nicht angemessen i.S. des Verhältnismäßigkeitsgrundsatzes erweisen, ist an die Festlegung einer Maßnahme auf einer nachrangigen Hierarchiestufe zu denken.[380] Bei der Bewertung der Alternativen ist außerdem zu berücksichtigen, daß eine rein technikzentrierte Sicht den allgemeinen Grundsätzen des § 4 ArbSchG nicht gerecht wird. Die Anpassung an den Stand der Technik nach § 4 Nr. 3 ArbSchG ist nur ein Merkmal, an das der Arbeitgeber seine Entscheidung ausrichten soll. So sind z.B. die Auswirkungen und Wechselwirkungen neuer Sicherheitstechniken daraufhin zu überprüfen, ob durch

---

[378] Vgl. BVerfGE 68, 193 ff. (219); BVerfGE 67, 157 ff. (173); *Jarass/Pieroth-GG-Jarass*, Art. 20, Rdnr. 60; *Sachs-GG-Sachs*, Art. 20, Rdnrn. 152 f.; speziell mit Blick auf § 3 ArbSchG, *Koll/Janning/Pinter-Koll*, Kommentar zum ArbSchG, § 3, Rdnr. 5.

[379] Vgl. hierzu etwa *Prax.-Kommentar-Wilhelm*, § 4 ArbSchG, Rdnrn. 4 ff.; *Koll/Janning/Pinter-Koll*, Kommentar zum ArbSchG, § 4, Rdnrn. 4 ff.; *Wank*, TAS, § 4 ArbschG, Rdnrn. 4, 11, sowie die Hierarchisierung der Schutzmaßnahmen beim Umgang mit Gefahrstoffen in § 19 GefStoffV als spezialgesetzlicher Konkretisierung des § 4 ArbSchG.

[380] In diesem Sinne auch *Heilmann/Aufhauser*, ArbSchG, § 4, Rdnr. 5; *Koll/Janning/Pinter-Koll*, Kommentar zum ArbSchG, § 4, Rdnr.

ihren Einsatz neue Gefährdungen hervorgerufen werden bzw. vorhandene Belastungen intensiviert werden. Auch insoweit sind also Schematisierungen zu vermeiden.[381] Darüber hinaus sind nach § 4 Nr. 6 ArbSchG spezielle Maßnahmen zum Schutz besonders schutzbedürftiger Personengruppen zu ergreifen. Zu beachten sind in diesem Zusammenhang zudem eine Reihe spezieller Regelungen, die § 4 Nr. 6 ArbSchG weiter konkretisieren (z.B. §§ 2 ff. MuSchG, 3 ff. MuSchRiV, 22 ff. JarbSchG). So finden sich etwa im MuSchG und in der MuSchRiV eine Reihe spezieller technisch-organisatorischer Anforderungen an die Schutzmaßnahmen, die auf die Besonderheiten des Mutterschutzes zugeschnitten sind (z.B. einstweilige Umgestaltung der Arbeitsbedingungen, Arbeitsplatzwechsel, Beschäftigungsbeschränkungen oder -verbote – §§ 3 ff. MuschRiV; Arbeitsplatzgestaltungsprinzipien nach § 2 MuSchG).[382]

(2) Kriterien zur Bewertung der Bedeutung der verfolgten Belange des Arbeits- und Gesundheitsschutzes

Kern der Verhältnismäßigkeitsprüfung ist die Beurteilung der Angemessenheit. Anknüpfend an die oben erwähnten im Arbeitsschutzrecht gebräuchlichen Formeln ist danach eine Maßnahme solange zumutbar, wie sie nicht erkennbar außerhalb jeden vernünftigen Verhältnisses zwischen dem angestrebten Ziel der Maßnahmen und den hierdurch bewirkten Beeinträchtigungen des Arbeitgebers steht.[383] Bis zum Überschreiten dieser Schwelle können also öffentlich-rechtlich Maßnahmen verlangt werden.

Die Beurteilung der Angemessenheit setzt notwendigerweise voraus, daß die durch die jeweilige Maßnahme verfolgten Arbeitsschutzziele und die durch sie betroffenen schützenswerten Rechtspositionen des Arbeitgebers bewertet werden. Mit Blick auf die durch Arbeitsschutzmaßnahmen intendierte Verbesserung des Gesundheitsschutzes der Beschäftigten ist insoweit zunächst zu notieren, daß Leib und Leben nach Art. 2 Abs. 2 GG verfassungsrechtlich geschützte Rechtsgüter höchsten Ranges darstellen, deren Schädigung auch schon bei einer geringen Eintrittswahrscheinlichkeit nicht mehr hingenommen werden kann.[384]

---

[381] Hierzu auch *Bücker*, Von der Gefahrenabwehr zur Risikovorsorge, S. 230 ff.

[382] Vgl. hierzu eingehend etwa *Kollmer/Blachnitzky/Kossens*, Die neuen Arbeitsschutzverordnungen, Rdnrn. 464 ff.

[383] *Kohte*, Jahrbuch des Arbeitsrechts 2000, 21 ff. (31); *Koll/Janning/Pinter-Koll*, Kommentar zum ArbSchG, § 3, Rdnr. 6; sowie allgemein, *Jarass/Pieroth-GG-Jarass*, Art. 20, Rdnr. 61, m.w.N.

[384] Gesetzesbegründung, BT-Drcks. 13/3540, S. 16; *Kollmer/Vogl*, Arbeitsschutzgesetz, Rdnr. 78 f.; *Kittner/Pieper*, ArbSchR, § 4 ArbSchG, Rdnr. 3; *Koll/Janning/Pinter-Koll*, Kommentar zum ArbSchG, § 2, Rdnr. 4.

(a) Gefahrenschutz

Wie bereits dargelegt, ist eine Gefahr immer dann gegeben, wenn bei ungehindertem Ablauf des objektiv zu erwartenden Geschehens ein Schaden, d.h. eine erhebliche Beeinträchtigung rechtlich geschützter Interessen hinreichend wahrscheinlich ist.[385] Aufgrund des herausragenden Stellenwertes von Leben und Gesundheit dulden Maßnahmen zur Gefahrenabwehr keinen Aufschub. Sie sind daher unverzüglich zu treffen. Der Arbeitgeber hat in diesem Fall kein Entschließungsermessen[386], d.h. weder das „ob“ der Maßnahme, noch der Zeitpunkt, zu dem sie ergriffen wird, können im Zweifel stehen. Auch die Auswahl der Schutzmaßnahmen eröffnet allenfalls einen schmalen Ermessensspielraum, da eine geeignete und erforderliche Maßnahme solange zumutbar ist, wie sie nicht erkennbar, d.h. offensichtlich außer Verhältnis zum angestrebten Zweck steht.

Hierbei ist davon auszugehen, daß jedenfalls dann, wenn es um die Abwehr irreversibler oder schwerer gesundheitlicher Schädigungen geht, in jedem Fall die wirksamste Alternative verhältnismäßig ist. Umgekehrt kann die Zumutbarkeit einer sehr aufwendigen Schutzmaßnahme wohl in Zweifel gezogen werden, wenn es um wenig wahrscheinliche kleinere, reversible Gesundheitsschäden geht, die nur wenige Beschäftigte betreffen und ein akzeptabler Schutz durch eine andere, weniger einschneidende Maßnahme erreicht werden kann. In den Fällen, die zwischen diesen extremen Polen liegen, ist in Zweifelsfällen die wirksamere Maßnahme zu ergreifen. Insoweit sind die in der Schutzmaßnahmenhierarchie des § 4 ArbSchG angelegten gesetzlichen Wertungen zu berücksichtigen. Die dort geregelte Rangfolge der Schutzmaßnahmen liefe weitgehend leer, wenn sie durch einfache Kostenerwägungen im Rahmen der Angemessenheit übergangen werden könnte. Der Gefahrenschutz erfordert damit im Regelfall Optimallösungen.

Es kann nach alledem festgehalten werden, daß die Pflicht, Maßnahmen zum Gefahrenschutz zu treffen, sehr strikt ausgestaltet ist und sie insbesondere keinen zeitlichen Aufschub duldet. Sie steht letztlich für den klassischen, ordnungsrechtlich geprägten Ansatz des Arbeitsschutzrechts. Auch nach dem überkommenen Verständnis waren, wenngleich unter den engen Voraussetzungen der §§ 120 d GewO a.F., 56 ArbStättV, Anordnungen der Aufsichtsbehörde gegenüber sich in Betrieb befindlichen Anlagen im Hinblick auf besondere Gefahrenlagen zulässig. Bemerkenswert ist insoweit allerdings, daß nunmehr der Arbeitgeber nach § 3

---

[385] Vgl. nur *Kohte*, Jahrbuch des Arbeitsrechts 2000, 21 ff. (32); *Koll/Janning/Pinter-Koll*, Kommentar zum ArbSchG, § 2, Rdnr. 4; *Landmann/Rohmer-Meyer*, § 120 a GewO, Rdnr. 7; Gesetzesbegründung, BT-Drcks. 13/3540, S. 16. Die Begrenzung des Schadensbegriffs auf erhebliche Beeinträchtigungen ergibt sich aus dem klassischen ordnungsrechtlichen Gebrauch des Gesundheitsbegriffs, hierzu schon oben S. 81 ff.

[386] *Kohte*, Jahrbuch des Arbeitsrechts 2000, 21 ff. (32), ähnlich aus umweltrechtlicher Sicht, *Jarass*, BImSchG, § 17, Rdnr. 36 f.

Abs. 1 Satz 2 ArbSchG die Maßnahmen von sich aus zu treffen hat.[387] Auch wenn in vielen Unternehmen derartige Anpassungen der Schutzkonzeption gängige Praxis sind, verdeutlicht § 3 Abs. 1 Satz 2 ArbSchG für den Rechtsanwender das auf selbstverantwortliches betriebliches Handeln angelegte Leitbild des ArbSchG.[388]

Anpassungsmaßnahmen zur Abwehr von Gesundheits*gefahren* dürften in der betrieblichen Praxis nicht im Mittelpunkt stehen. § 3 Abs. 1 Sätze 2 und 3 ArbSchG setzen ein betriebliches Schutzkonzept voraus, das sich im Normalfall als tauglich zur Gefahrenabwehr erwiesen hat. Relevant können Anpassungsmaßnahmen zum Gefahrenschutz aber werden, wenn neue Erkenntnisse gewonnen werden, die zu einer abweichenden Beurteilung der mit der Arbeit verbundenen Gefahren führen. Dies ist z.B. der Fall, wenn bestimmte Einwirkungen erstmalig als Gesundheitsgefahr erkannt werden.[389]

(b) Gefährdungsschutz

Wie bereits an anderer Stelle ausgeführt[390], stellt der Gefährdungsschutz eine bedeutende, das Schutzniveau intensivierende Ergänzung des traditionell an der Gefahrenabwehr orientierten betrieblichen Arbeitsschutzrechts dar. Im Unterschied zum Gefahrenschutz ist der Gefährdungsschutz weniger strikt ausgestaltet, wie bereits der Wortlaut des § 4 Nr. 1 ArbSchG belegt, wonach eine Gefährdung für Leben und Gesundheit „möglichst" zu vermeiden ist, bzw. die verbleibende Gefährdung „möglichst" gering zu halten ist.[391] Anders als der Gefahrbegriff, der qualitative Anforderungen an die Intensität des Schadens (an der Gesundheit der Beschäftigten) und an seine Eintrittswahrscheinlickeit stellt und auf diese Weise die Schwelle strikter Handlungspflichten beschreibt, kennt der Gefährdungsbegriff derartige Restriktionen nicht. Ausreichend für ihn ist vielmehr die bloße, nicht weiter qualifizierte Möglichkeit eines Schadenseintritts.[392]

---

[387] Die Pflichten aus § 3 Abs. 1 ArbSchG sind allerdings nicht bußgeld- oder strafbewährt. Hierfür ist stets eine vollziehbare Anordnung i.S. von § 22 Abs. 3 ArbSchG Voraussetzung. Hieraus ist indes nicht zu schlußfolgern, daß damit bereits eine kollektiv- bzw. individualrechtliche Rechtsdurchsetzung nicht in Betracht käme, vgl. hierzu unten S. 404 ff.; 459 ff.

[388] Hierauf weisen *Kohte*, EAS B 6100, Arbeitsschutzrahmenrichtlinie, Rdnr. 39 und *Prax.-Kommentar-Seeger*, § 3 ArbSchG, Rdnr. 23, hin.

[389] Vgl. hierzu das Beispiel „Passivrauchen" am Arbeitsplatz bei *Kohte*, Jahrbuch des Arbeitsrechts 2000, 21 ff. (33).

[390] Vgl. hierzu oben S. 112 ff., sowie zu den maßgeblichen Begriffsbestimmungen S. 83.

[391] *Kohte*, Jahrbuch des Arbeitsrechts 2000, 21 ff. (32); *Wlotzke*, Festschrift für Däubler, 654 ff. (660 f.), der in diesem Zusammenhang auf die Schwierigkeiten der Bestimmung des Umfangs des Gefährdungsschutzes im Einzelfall hinweist.

[392] Hierzu nochmals *Kohte*, Jahrbuch des Arbeitsrechts 2000, 21 ff. (32); Gesetzesbegründung, BT-Drcks. 13/3540, S. 16, sowie die Begriffsbestimmungen oben S. 83.

Der Gefährdungsschutz setzt danach bereits im Vorfeld der Gefahr ein. Die im Rahmen des Gefährdungsschutzes verfolgten Ziele zum Schutz der Sicherheit und der Gesundheit der Beschäftigten verlangen daher typischerweise nicht mit der gleichen Dringlichkeit die sofortige Festlegung bestimmter Schutzmaßnahmen, wie dies im Rahmen der Gefahrenabwehr der Fall ist. Hieraus ergibt sich, daß die schützenswerten Belange des Arbeitgebers im Rahmen der Rechtsgüterabwägung eher geeignet sind, die Zurückstellung von Maßnahmen oder ggf. vertretbare suboptimale Lösungen zu rechtfertigen.

Es ist an dieser Stelle noch einmal darauf hinzuweisen, daß die Festlegung von Maßnahmen des Gefährdungsschutzes damit keineswegs rechtlich unverbindlich wird. Wie bereits oben eingehend dargestellt, sind Anpassungsmaßnahmen in ihrem jeweiligen zeitlichen Kontext zu sehen. Es gilt in jedem Fall, daß der Arbeitgeber das insoweit bestehende Entschließungsermessen auszuüben hat. Insbes. durch den Zeitablauf kann sich dieses Entschließungsermessen auf Null reduzieren. Eine Verengung des Entschließungsermessens kann sich im Einzelfall zudem dann ergeben, wenn eine Maßnahme geeignet ist, den Gefährdungsschutz einer großen Anzahl von Beschäftigten zu optimieren. Festzuhalten ist aber dessenungeachtet, daß für Anpassungsmaßnahmen zum Gefährdungsschutz im Gegensatz zum Gefahrenschutz deutlich breitere Gestaltungsspielräume bestehen, sowohl hinsichtlich der Auswahl der Maßnahmen, als auch im Hinblick auf den Zeitpunkt, zu dem die Maßnahmen greifen sollen.

(3) Kriterien zur Bewertung des Bestands-/Vertrauensschutzinteresses

Wie oben eingehend dargestellt, ist vor allem das Bestandsschutzinteresse als Belang zugunsten des Arbeitgebers bei der Prüfung der Angemessenheit zu beachten. Da in diesem Zusammenhang vor allem der „Faktor Zeit" eine herausragende Rolle spielt, stellt sich unter betriebspraktischen Erwägungen die Frage, ob und inwiefern es Orientierungsmarken gibt, nach welcher Dauer das Vertrauen in einmal getroffene Dispositionen[393] so weit durch den Zeitablauf quasi aufgezehrt ist, daß es insbesondere Anpassungsmaßnahmen zur Verbesserung des Gefährdungsschutzes nicht mehr entgegengehalten werden kann. Im ArbSchG selbst finden sich keine konkreten Hilfestellungen, in welcher Weise die schützenswerten Belange des Arbeitgebers in die Abwägung im Rahmen der Angemessenheit einzubeziehen sind.

Es liegt deshalb auch in diesem Kontext nahe, zunächst den Blick auf das betriebliche Umweltrecht zu richten, wo die Sanierung von Altanlagen vor dem

---

[393] Hierbei kann es sich sowohl um das Vertrauen in getätigte Investitionen in Anlagen, Maschinen und Sicherheitstechnik handeln, als auch um das Vertrauen in betriebsorganisatorische Dispositionen, bei denen sich der Arbeitgeber auf den grundrechtlichen Schutz der Art. 12 Abs. 1, 2 Abs. 1 GG berufen kann. In diesem Sinne wohl auch BVerfGE 50, 290 ff. (364 ff.); *Ossenbühl*, AöR 1990, 1 ff. (15 f.).

Hintergrund der Bestandsschutzproblematik bereits seit längerem Gegenstand intensiver Diskussionen ist. Wichtige Bewertungsgesichtspunkte ergeben sich insbesondere aus § 17 BImSchG. Die Vorschrift regelt die hoheitlichen Befugnisse der Aufsichtsbehörde im Hinblick auf nachträgliche Anordnungen gegenüber genehmigungsbedürftigen Anlagen nach §§ 4 ff. BImSchG. Da sich der Arbeitgeber im Arbeitsschutzrecht nicht auf ein durch einen behördlichen Gestattungsakt vermitteltes besonderes Vertrauen berufen kann[394], ist sie zwar nur bedingt auf die Grundpflicht des Arbeitgebers nach § 3 Abs. 1 Sätze 2 und 3 ArbSchG übertragbar. Dies ändert allerdings nichts daran, daß sich insbesondere aus § 17 Abs. 2 BImSchG wichtige Aspekte ergeben, die auch für die Prüfung der Angemessenheit von Anpassungsmaßnahmen nach § 3 Abs. 1 Sätze 2 und 3 ArbSchG fruchtbar gemacht werden können.[395]

(a) Die Nutzungsdauer der getroffenen Dispositionen als Kriterium zur Bestimmung des Bestandsschutzinteresses

§ 17 Abs. 2 BImSchG nennt insbes. die Nutzungsdauer der Anlage beispielhaft als Kriterium für die Bewertung des Bestandsschutzinteresses des Anlagenbetreibers. Bei der rechtlichen Verarbeitung des Spannungsfelds zwischen dem Investitionsschutz des Betreibers und der gesetzlichen Verpflichtung zur Optimierung (§ 5 Abs. 1 Nr. 2 BImSchG) kommt der zeitlichen Dimension in der umweltrechtlichen Diskussion vornehmlich unter zwei Gesichtspunkten Bedeutung zu.

Erstens wird die Nutzungsdauer als Maß dafür genutzt, wie lange ein Betreiber sich überhaupt auf einen Vertrauens- und damit Bestandsschutz berufen kann. Als äußerste Grenze wird dabei die Amortisierung der im Zusammenhang mit der Anlage getroffenen Investitionen genannt.[396] Hat sich eine Anlage wirtschaftlich amortisiert, ist das Kontinuitätsvertrauen des Nutzungsberechtigten erschöpft. Ein Betreiber muß jedenfalls dann stets mit Änderungen seiner Rechtsstellung rechnen, da die aus dem Eigentumsrecht vermittelten Rechte nicht ad infinitum gelten.[397] Daraus folgt für das Arbeitsschutzrecht, daß Anpassungsmaßnahmen jedenfalls nicht ein Bestandsschutzinteresse des Arbeitgebers entgegengehalten werden kann, nachdem sich z.B. bestimmte Maschinen und Anlagen amortisiert

---

[394] Wegen des Fehlens eines behördlichen Gestattungsaktes sind daher nachträgliche Anordnungen gegenüber nichtgenehmigungsbedürftigen Anlagen eher möglich, vgl. *Jarass*, BImSchG, § 17, Rdnr. 38.

[395] Die tragenden Abwägungsgesichtspunkte des § 17 Abs. 2 BImSchG werden im Immissionsschutzrecht auch bei Einzelfallanordnungen gegenüber nichtgenehmigungsbedürftigen Anlagen nach § 24 BImSchG herangezogen, vgl. insofern *Jarass*, BImSchG, § 24, Rdnrn. 14 ff. *Landmann-Rohmer-Umweltrecht-Hansmann*, § 24 BImSchG, Rdnr. 24.

[396] Vgl. hierzu etwa *Schröder*, UPR 1986, 127 ff. (131 f.); *Friauf*, WiVerw 1989, 121 ff. (164); *Kloepfer*, Umweltrecht, § 14, Rdnr. 119.

[397] *Schröder*, UPR 1986, 127 ff. (131 f.); *Jankowski*, Bestandsschutz für Industrieanlagen, S. 60 ff, 64.

haben. Besondere praktische Relevanz erlangt dies vor allem bei Maßnahmen zum Gefährdungsschutz, bei denen der Arbeitgeber, wie gesehen, im Grundsatz ein relativ weites Entschließungs- und Auswahlermessen hat.

Zweitens stellt auch bei Anlagen, die sich noch nicht armortisiert haben, die Nutzungsdauer ein wichtiges Bewertungskriterium dar. Dies folgt daraus, daß der Bestandsschutz nicht absolut ist, sondern relativ. Da das Bestandsschutzinteresse mit zunehmender Nutzungsdauer kontinuierlich abnimmt, sinkt insoweit auch die Schwelle, von der ab Anpassungsmaßnahmen zumutbar sind. Dies kann z.B. zur Folge haben, daß Investitionsmaßnahmen vorzuziehen sind, wenn hierdurch bedeutsame Verbesserungen zu erzielen sind. Umgekehrt spricht eine relativ kurze Nutzungsdauer dagegen, z.B. eine teure Anlage komplett zu ersetzen. In einer solchen Konstellation wirkt sich die noch lange Nutzungszeit der Anlage bis zu ihrer wirtschaftlichen Amortisation allerdings nachhaltig auf die Zumutbarkeit der Nachrüstung mit additiver Sicherheitstechnik aus (z.B. verbesserte Filtertechnik, zusätzliche Installation von Absauganlagen). Die Kosten für eine solche Investition in die betriebliche Sicherheit und Gesundheit können in einem solchen Fall auf einen längeren Zeitraum umgelegt werden und sind daher leichter verkraftbar.[398]

Die Pflicht zur Berücksichtigung des Standes der Technik ist, wie eingehend dargelegt, nicht statisch in dem Sinne zu verstehen ist, daß womöglich täglich die neueste Sicherheitstechnik zu implementieren wäre[399]. Sie ist damit zu einem guten Teil auch betriebswirtschaftlich planbar, etwa indem vorsorglich Rückstellungen vorgenommen werden.[400] Vor diesem Hintergrund ist es naheliegend, entsprechende Maßnahmen und die damit verbundenen Aufwendungen in das betriebswirtschaftliche Kalkül aufzunehmen. Fehlt es an entsprechenden Mitteln, weil keine entsprechende und zumutbare Vorsorge getroffen wurde, muß dies zu Lasten des Arbeitgebers bzw. Betreibers gehen, da der Anpassungsvorbehalt zu den rechtlichen Rahmenbedingungen der unternehmerischen Tätigkeit zählt.[401] Hierzu zählt es insbesondere, sich wie jeder andere Unternehmer auch auf vorhersehbare Belastungen einzustellen. Es zeigt sich im übrigen gerade an diesem Punkt besonders deutlich, daß § 3 Abs. 2 Nr. 2 ArbSchG, der die Integration des Arbeits- und Gesundheitsschutzes bei allen Tätigkeiten verlangt, mehr als ein bloßer Programmsatz ist.

Insgesamt kann festgehalten werden, daß die rechtliche Bewertung des Bestandsschutzinteresses stark durch betriebswirtschaftliche Erwägungen geprägt ist. Das bedeutet allerdings nicht, daß die Entscheidung über Anpassungsmaßnahmen

---

[398] *Jarass*, BImSchG, § 17, Rdnr. 35.

[399] *Sendler*, UPR 1983, 73 ff. (73).

[400] Hierzu *Jankowski*, Bestandsschutz für Industrieanlagen, S. 61 ff., mit ausführlichem Blick auf die betriebswirtschaftliche Planungslehre; *Sendler*, UPR 1983, 73 ff. (73).

[401] In diesem Sinne auch BVerwG, ZUR 1997, 158 ff. (161); *Jankowski*, Bestandsschutz für Industrieanlagen, S. 63.

eine rein oder auch nur überwiegend ökonomische Entscheidung ist. Das rechtlich schützenswerte Vertrauen in den Bestand von Investitionen ist nur eines unter einer ganzen Reihe von Kriterien, das in die umfassende Interessenabwägung im Hinblick auf die Zumutbarkeit der Anpassungsmaßnahmen einzugehen hat. Für das Arbeitsschutzrecht ist dies ausdrücklich in den Erwägungsgründen der Arbeitsschutzrahmenrichtlinie 89/391/EWG hervorgehoben, in denen es heißt, daß die Verbesserung des Arbeits- und Gesundheitsschutzes Zielsetzungen darstellen, die keinen rein wirtschaftlichen Überlegungen untergeordnet werden dürfen.[402]

Auch wenn der konkrete zeitliche Rahmen von Anpassungsmaßnahmen letztlich eine Frage der konkreten Umstände des Einzelfalls ist, lassen sich doch aus dem Arbeitsschutzrecht Anhaltspunkte gewinnen, die zumindest eine grobe Orientierung ermöglichen. Aufmerksam zu machen ist insoweit auf die nach §§ 18, 19 ArbSchG erlassenen bzw. geänderten Rechtsverordnungen zum ArbSchG, namentlich die BildscharbV und die AMBV[403]. In den genannten Vorschriften finden sich jeweils Regelungen über die Anpassung alter Arbeitsmittel bzw. Bildschirmgeräte an die durch die Rechtsverordnungen neu geschaffene Rechtslage. Als Anpassungsfristen werden dort Zeiträume zwischen 15 Monaten (§ 4 Abs. 2 und 3 AMBV) und 3 Jahren (§§ 4 Abs. 1 BildscharbV) genannt. Als Rechtsverordnungen und damit als abstrakt-generelle Rechtssätze typisieren die genannten Bestimmungen zwar zweifellos und stellen auf einen durchschnittlichen Fall ab. Andererseits vermitteln sie aber eine gewisse „durchschnittliche" Orientierung über die Zeitspanne, in denen Anpassungsmaßnahmen verlangt werden können.

Insbesondere die in der BildscharbV genannte Frist von 3 Jahren bietet einen guten Anhaltspunkt für kleine und mittelgroße Anpassungsprojekte, an dem die im Rahmen von § 3 Abs. 1 Satz 2 ArbSchG durchzuführende Einzelfallbetrachtung ansetzen kann. Hiervon ausgehend lassen sich die übrigen, für den konkreten Einzelfall beachtlichen Aspekte würdigen. So kann etwa zu berücksichtigen sein, inwieweit in der Vergangenheit regelmäßig Nachrüstungen und Anpassungsmaßnahmen ergriffen worden sind. Erhöhen sich die Belastungen etwa dadurch, daß mögliche und notwendige Vorkehrungen nicht getroffen worden sind, ist der insoweit entstehende Mehraufwand nicht zugunsten des Arbeitgebers zu berücksichtigen[404] und die Anpassungsfrist entsprechend restriktiv zu bemessen. Dies gilt erst recht, wenn derartige Versäumnisse zu betrieblich verursachten negativen Veränderungen der gesundheitlichen Disposition von Beschäftigten geführt haben.

---

[402] Vgl. dazu eingehend *Bücker*, Von der Gefahrenabwehr zur Risikovorsorge, S. 230 ff.

[403] Die AMBV ist am 3.10.2002 außer Kraft getreten (BGBl. I 2002, 3815). Die materiellen Regelungen sind in in die neue BetrSichV eingegangen (BGBl. I 2002, 3770 ff.). Zur BetrSichV vgl. auch *Wilrich*, DB 2002, 1553 ff.

[404] So für das Umweltrecht BVerwG, ZUR 1997, 158 ff. (161); *Jarass*, BImSchG, § 17, Rdnr. 34; *Wickel*, Bestandsschutz im Umweltrecht, S. 166 f.; *Jankowski*, Bestandsschutz für Industrieanlagen, S. 63.

(b) Berücksichtigung positiver (wirtschaftlicher) Effekte von Anpassungsmaßnahmen

In die Einzelfallprüfung im Rahmen der Angemessenheit von Anpassungsmaßnahmen sind schließlich nicht nur die den Arbeitgeber belastenden Effekte einzubeziehen. Es darf in diesem Zusammenhang nicht übersehen werden, daß Modernisierungsmaßnahmen, und um solche wird es sich in der Sache regelmäßig handeln, auch Vorteile für den Betrieb, bzw. das Unternehmen mit sich bringen können. Im Umweltrecht ist es anerkannt, daß derartige positive Auswirkungen von Modernisierungsmaßnahmen in die Verhältnismäßigkeitsprüfung einzugehen haben. Genannt werden in diesem Zusammenhang etwa Steigerungen der Effizienz und des (Veräußerungs)werts von Anlagen[405] oder die Möglichkeit, staatliche Zuschüsse zu erlangen.[406]

Im Arbeitsschutzrecht ist die Thematik soweit ersichtlich noch nicht unter diesem Blickwinkel diskutiert worden. Wegen der strukturellen Gemeinsamkeiten der Interessenlagen bei Anpassungsmaßnahmen in beiden Rechtsgebieten sind aber keine Gründe ersichtlich, den umweltrechtlichen Ansatz nicht in das Arbeitsschutzrecht zu übertragen. Lassen sich im Einzelfall die genannten Effekte nachweisen, schmälern diese von daher das Interesse des Arbeitgebers, seine Anlagen, Maschinen oder Arbeitsstätten unverändert weiterzubetreiben. Für den Bereich der betrieblichen Sicherheit und Gesundheit kommt hinzu, daß Arbeitsunfälle und arbeitsbedingte Erkrankungen unmittelbar mit Kosten, insbes. in Form der Entgeltfortzahlung und der Bereitstellung einer Personalreserve, verbunden sind. Eine Optimierung des betrieblichen Schutzkonzepts kann insofern mit einer Reduzierung der bestehenden wirtschaftlichen Belastungen verbunden sein[407], was im Rahmen der Prüfung der Verhältnismäßigkeit nicht außer Betracht bleiben kann.

III. Durchführung der Anpassungsmaßnahmen

Nach § 3 Abs. 2 ArbSchG sind Anpassungsmaßnahmen nicht nur zu planen, sondern auch durchzuführen. Wie bereits im Zusammenhang mit den Maßnahmen nach § 3 Abs. 1 Satz 1 ArbSchG festgestellt, zielt die Vorschrift vor allem auf die organisatorische Umsetzung, auf die nachfolgend noch näher einzugehen sein wird (vgl. unten S. 299). Es geht also insbes. darum, betriebsintern festzulegen, wer sich

[405] *Jankowski*, Bestandsschutz für Industrieanlagen, S. 61.

[406] *Jarass*, BImSchG, § 17, Rdnr. 34.

[407] Hierzu gibt es mittlerweile eine Fülle von Untersuchungen, vgl. hierzu nur den Überblick bei *Prax.-Kommentar-Kiesau/Pornschlegel*, Wirtschaftlichkeitsbetrachtung von Sicherheit und Gesundheit am Arbeitsplatz mit einer umfangreichen Bibliographie zur Thematik. Die Berücksichtigung dieser Ergebnisse auch durch die Kaufleute im Betrieb bzw. Unternehmen stellt ein wichtiges Feld der nach § 3 Abs. Nr. 2 ArbSchG geforderten Einbindung des Arbeitsschutzes in alle Tätigkeiten dar (vgl. hierzu auch S. 337 ff.).

für welche Aufgaben im Zusammenhang mit der Erfüllung der Pflichten aus § 3 Abs. 1 Sätze 2, 3 ArbSchG verantwortlich zeichnet. Dabei ist nicht nur die Durchführung der schließlich getroffenen Anpassungsmaßnahmen selbst zu regeln. Es ist zudem sicherzustellen, daß der Bedarf für Anpassungsmaßnahmen systematisch ermittelt und beurteilt wird. Es sind demnach Personen oder auch Arbeitsgruppen zu beauftragen, die die Entwicklung der Erkenntnisse nach § 4 Nr. 3 ArbSchG beobachten und die Ergebnisse der Wirksamkeitskontrollen nach § 3 Abs. 1 Satz 2 ArbSchG auf einen möglichen Anpassungsbedarf hin überprüfen.

F. Dokumentationspflichten

Über die Aktivitäten im Zusammenhang mit der Erfüllung der Pflichten nach § 3 ArbSchG hat der Arbeitgeber eine Dokumentation zu erstellen. Normativer Anknüpfungspunkt hierfür ist § 6 ArbSchG. Nach dieser Vorschrift muß der Arbeitgeber über eine Reihe von Unterlagen, die Informationen über den betrieblichen Arbeits- und Gesundheitsschutz beinhalten, verfügen. Neben der Erfassung der meldepflichtigen Unfälle nach § 193 Abs. 1 SGB VII[408], die durch § 6 Abs. 2 ArbSchG angeordnet wird, handelt es sich dabei um die Dokumentation der Ergebnisse der Gefährdungsbeurteilung, der auf dieser Grundlage getroffenen Maßnahmen, sowie der Ergebnisse der Wirksamkeitskontrollen. § 6 Abs. 1 ArbSchG entwickelt damit die bis dato lediglich partiell bestehenden Dokumentationserfordernisse (§§ 16 Abs. 1 Satz 3, 18 Abs. 3 GefStoffV; 16 DruckluftV; 11 BGV A 4) zu einer umfassenden Pflicht zur Dokumentation der betrieblichen Maßnahmen des Arbeitsschutzes weiter.[409]

I. Sinn und Zweck der Dokumentationspflichten des § 6 ArbSchG

Der Zweck der Dokumentation des § 6 Abs. 1 ArbSchG liegt nach allgemeiner Auffassung darin, Transparenz über die betriebliche Arbeitsschutzsituation zu schaffen.[410] Diesem Transparenzgebot liegt die kaum zu bestreitende Überlegung zugrunde, daß eine auf Dauer angelegte systematische betriebliche Arbeitsschutzpolitik nur sinnhaft möglich ist, wenn die Entscheidungsgrundlagen (Beschreibung und Bewertung der Gefährdungen und Gefahren) und die getroffenen Maßnahmen des Arbeitsschutzes in einer Dokumentation festgehalten sind.[411] § 6 ArbSchG

---

[408] Hierzu nur *MünchArbR-Wlotzke*, § 211, Rdr. 49; *Kollmer/Vogl*, Arbeitsschutzgesetz, Rdnrn. 125 ff.

[409] *Kohte*, EAS, B 6100, Arbeitsschutzrahmenrichtlinie, Rdnr. 62; *Koll/Janning/Pinter-Koll*, ArbSchG, § 6, Rdnr. 16 ff.; *Kittner/Pieper*, ArbSchR, § 6 ArbSchG, Rdnr. 4.

[410] Vgl. nur Gesetzesbegründung, BT-Drcks. 13/3540, S. 17; *Dötsch*, AuA 1996, 329 ff. (330); *Vogl*, NJW 1996, 2753 ff. (2755); *Wank*, DB 1996, 1134 ff, (1135).

[411] Vgl. nur Gesetzesbegründung, BT-Drcks. 13/3540, S. 17; *Wlotzke*, Festschrift Däubler, 654 ff. (662); *Kittner/Pieper*, ArbSchR, § 6 ArbSchG, Rdnr. 1; *Prax.-Kommentar-Sehling*, § 6 ArbSchG, Rdnr. 7.

soll damit dazu beitragen, die Wirksamkeit des Schutzkonzepts systematisch zu evaluieren, Schwachstellen zuverlässig aufzudecken und Verbesserungen rasch und zielgerichtet in die Wege zu leiten.[412]

Eine an diesem Normzweck orientierte Dokumentation ist deswegen keineswegs eine überflüssige Bürokratisierung und Formalisierung des betrieblichen Arbeits- und Gesundheitsschutzes[413], sondern ein unverzichtbares Werkzeug der Selbstkontrolle des Arbeitgebers bei der Erfüllung seiner arbeitsschutzrechtlichen Pflichten.[414] Wird sie zielgerichtet genutzt, trägt sie dazu bei, die innerbetriebliche Sicherheitskommunikation zwischen den besonderen Funktionsträgern des Arbeitsschutzes untereinander und mit dem Arbeitgeber, sowie mit den innerbetrieblichen Verantwortlichen (insbes. nach § 13 ArbSchG) zu versachlichen und zu strukturieren. Die Dokumentation kann außerdem für die Sicherheitskommunikation mit den Beschäftigten nutzbar gemacht werden, etwa indem sie als sachliche Grundlage für Diskussionen im Rahmen der Unterrichtung[415] und Unterweisung herangezogen wird.[416] Die nach § 6 ArbSchG vorzuhaltenden Unterlagen stellen demnach ein bedeutendes Element zur Strukturierung einer lebendigen betrieblichen Sicherheitskommunikation dar. Eine funktionierende Sicherheitskommunikation ist wiederum unabdingbare Voraussetzung dafür, um den Arbeits- und Gesundheitsschutz, wie in der Gesetzesbegründung gefordert, kooperativ zu gestalten.[417]

Neben diesem auf das betriebliche Binnenverhältnis zielenden Zweck hat die Dokumentation eine weitere, nach außen gerichtete Funktion, indem sie die

---

[412] Vgl. nur *Kollmer/Vogl*, Arbeitsschutzgesetz, Rdnr. 116; *Koll*, Festschrift Wlotzke, 701 ff. (710 f.); *Kittner/Pieper*, ArbSchR, § 6 ArbSchG, Rdnr. 1; *Prax.-Kommentar-Sehling*, § 6 ArbSchG, Rdnr. 7.

[413] Diese Kritik hat im Gesetzgebungsverfahren eine wesentliche Rolle gespielt, vgl. hierzu eingehend *Koll/Janning/Pinter-Koll*, Kommentar zum ArbSchG, § 6, Rdnr. 10.

[414] Hierzu etwa *Kohte*, EAS, B 6100, Arbeitsschutzrahmenrichtlinie, Rdnr. 62; *Koll/Janning/Pinter-Koll*, Kommentar zum ArbSchG, § 6, Rdnr. 1; *F. Merten*, Gesundheitsschutz und Mitbestimmung bei der Bildschirmarbeit, S. 81.

[415] Zur Bedeutung der Dokumentation als innerbetriebliche Informationsquelle vgl. auch Schlussanträge des Generalanwalts vom 28. Juni 2001 in der Rechtssache C-5/00 (Kommission ./. Bundesrepublik Deutschland), Rdnr. 51, internet: http://www.curia.eu.

[416] *MünchArbR-Wlotzke*, § 211, Rdnr. 46; *Koll/Janning/Pinter-Koll*, Kommentar zum ArbSchG, § 6, Rdnr. 1; *Kohte*, EAS, B 6100, Arbeitsschutzrahmenrichtlinie, Rdnr. 62. Eine spezielle Pflicht zur Unterrichtung über die Gefährdungsbeurteilung ist in § 2 MuSchRiV geregelt. Als Spezialvorschrift konkretisiert § 2 MuSchRiV die allgemeinen Grundsätze des ArbSchG dahingehend, daß eine Unterrichtungspflicht über die Ergebnisse der Gefährdungsbeurteilung und die zu ergreifenden Maßnahmen gegenüber den Arbeitnehmerinnen und dem Betriebs- bzw. Personalrat besteht, sobald dies möglich ist, vgl. hierzu *Kollmer/Blachnitzky/Kossens*, Die neuen Arbeitsschutzverordnungen, Rdnrn. 474 ff.

[417] BT-Drcks. 13/3540, S. 13; zum Stellenwert der Sicherheitskommunikation für einen effektiven Arbeits- und Gesundheitsschutz aus empirischer Sicht, *Elke/Zimolong*, Management des Arbeits- und Gesundheitsschutzes, 83 ff., insbes. 95 ff.

behördliche Aufsicht effektivieren und erleichtern soll.[418] Die in der Dokumentation zusammengefaßten Informationen (insbes. zur Gefährdungsbeurteilung) liefern wichtige Fingerzeige für eine zielgerichtete Aufsichtstätigkeit. Dabei wird sich eine gut gepflegte Dokumentation nach § 6 ArbSchG, die sowohl die realen Gefährdungen erfaßt und zutreffend bewertet als auch die tatsächlich praktizierten Schutzmaßnahmen umfassend abbildet, als vorteilhaft für den Arbeitgeber erweisen, da sich die Aufsichtstätigkeit auf Schwerpunkte konzentrieren kann. Umgekehrt dürfte eine unzureichende Dokumentation Anlaß für eine verstärkte Überwachung und ggf. für Anordnungen nach § 22 Abs. 3 ArbSchG sein. Es ist insoweit zu erinnern, daß das Arbeitsschutzrecht immer auch eine grundrechtliche Dimension hat. Auch wenn es im Ermessen des Gesetzgebers liegt, die Erfüllung seiner für das Leben und die Gesundheit der Beschäftigten bestehenden Schutzpflichten bis zu einem bestimmten Grad eigenverantwortlich in die Hände des Arbeitgebers zu legen, kann sich der Staat, wie oben eingehend dargelegt (S. 66 ff.), nicht gänzlich seiner Verantwortung entziehen. Kommt der Arbeitgeber seiner Pflicht zur eigenverantwortlichen Gestaltung des Arbeits- und Gesundheitsschutzes nicht angemessen nach, sind zwangsläufig die Maschen des „staatlichen Auffangnetzes“[419] enger zu ziehen.

II. Inhalt und Form der Dokumentation nach § 6 Abs. 1 ArbSchG

Inhaltlich muß die Dokumentation nach § 6 Abs. 1 Satz 1 ArbSchG mindestens Angaben über das Ergebnis der Gefährdungsbeurteilung, die festgelegten Maßnahmen des Arbeitsschutzes und das Ergebnis ihrer Überprüfung enthalten. Das Gesetz greift damit die sich aus § 3 Abs. 1 ArbSchG ergebenden und oben dargestellten Teilpflichten im Zusammenhang mit der Planung und dem Treffen der Maßnahmen des Arbeitsschutzes auf. Welche Angaben im einzelnen zu machen sind, läßt § 6 Abs. 1 Satz 1 ArbSchG offen. Dies wirft Zweifelsfragen auf, vor allem im Hinblick auf die Anforderungen an die Darstellung des Ergebnisses der Gefährdungsbeurteilung und der festgelegten Maßnahmen, da diese – wie gesehen – auf einer Reihe von Bewertungen und Abwägungen beruhen.

Es fragt sich vor diesem Hintergrund, inwieweit die verschiedenen oben im einzelnen beschriebenen Verfahrensschritte in die Dokumentation einzufließen haben. Soweit in der Literatur diese Frage erörtert wird, wird aus der Formulierung, daß der Arbeitgeber über Unterlagen der Ergebnisse der Gefährdungsbe-

[418] Hierzu etwa *Prax.-Kommentar-Sehling*, § 6 ArbSchG, Rdnr. 6; *MünchArbR-Wlotzke*, § 211, Rdnr. 46; *F. Merten*, Gesundheitsschutz und Mitbestimmung bei der Bildschirmarbeit, S. 81; Schlussanträge des Generalanwalts vom 28. Juni 2001 in der Rechtssache C-5/00 (Kommission ./. Bundesrepublik Deutschland), Rdnr. 51, internet: http://www.curia.eu.

[419] Zu diesem von *Hoffman-Riem* geprägten Bild, vgl. *Hoffmann-Riem*, AöR 1994, 590 ff. (609 ff.).

urteilung zu verfügen hat, geschlossen, daß keine Angaben über die Vorgehensweise und die Voraussetzungen der Gefährdungsbeurteilung zu machen sind.[420] Wegen des Sinns und Zwecks der Dokumentation sei es aber erforderlich, daß sich aus den Unterlagen ergebe, daß die Gefährdungsbeurteilung als Grundlage der getroffenen Schutzmaßnahmen alle Umstände berücksichtigt hat, die die Sicherheit und den Gesundheitsschutz der Beschäftigten beeinflussen.[421] Es werden daher überwiegend (kurze) Darlegungen verlangt, die jedenfalls für den Fachmann ohne zusätzliche Unterlagen und umfangreiche Erläuterungen erkennbar machen, welche konkreten Aspekte gesundheitlicher Gefährdungen bei der Arbeit beurteilt wurden.[422] Legt man diese Maßstäbe zugrunde, sind im Kern nicht nur die Endergebnisse der Gefährdungsbeurteilung und die festgelegten Ergebnisse festzuhalten, sondern auch die wesentlichen zugrundeliegenden Bewertungen und Überlegungen.[423]

Im übrigen ist es nicht Normzweck des § 6 Abs. 1 ArbSchG, die Auswahl des Beurteilungsverfahrens nachzuzeichnen und zu bewerten.[424] Es geht allein um die Fixierung des *durch und nach* der Durchführung der Gefährdungsbeurteilung gewonnenen Bildes der betrieblichen Arbeitsschutzsituation und der vor diesem Hintergrund festgelegten Schutzkonzeption.[425] In diesem Zusammenhang wird es allerdings – entgegen einiger Stimmen in der Literatur[426] – unumgänglich sein, in der Dokumentation das eingesetzte Verfahren der Gefährdungsbeurteilung konkret anzugeben. Nur auf diese Weise läßt sich nachvoll-

---

420 *Kollmer/Vogl*, Arbeitsschutzgesetz, Rdnr. 117; *Koll/Janning/Pinter-Koll*, Kommentar zum ArbSchG, § 6, Rdnr. 5; *Tettinger/Wank-Wank*, GewO, §§ 120, 120 a, Rdnr. 36.

421 *Koll/Janning/Pinter-Koll*, Kommentar zum ArbSchG, § 6, Rdnr. 5; ähnlich *Prax.-Kommentar-Sehling*, § 6, Rdnr. 19.

422 *Prax.-Kommentar-Sehling*, ArbSchG, § 6, Rdnr. 10; *Koll/Janning/Pinter-Koll*, Kommentar zum ArbSchG, § 6, Rdnr. 5; *Kollmer/Vogl*, Arbeitsschutzgesetz, Rdnr. 117a, die in diesem Zusammenhang ein Raster von in jedem Fall anzugebenden Aspekten vorstellen; a.A. *Tettinger/Wank-Wank*, GewO, §§ 120, 120 a, Rdnr. 36, der ergänzende Angaben für nicht erforderlich hält.

423 *Prax.-Kommentar-Sehling*, ArbSchG, § 6, Rdnr. 23, empfiehlt in diesem Zusammenhang auch die erwogenen, aber nicht festgelegten Maßnahmen des Arbeitsschutzes zu dokumentieren.

424 Die Auswahl eines für die betrieblichen Verhältnisse angemessenen Verfahrens richtet sich nach anderen Regeln, die eine prozedurale Richtigkeitsgewähr sicherstellen sollen. In Betrieben mit Betriebsräten ist insoweit insbes. das Mitbestimmungsrecht des § 87 Abs. 1 Nr. 7 BetrVG zu nennen; in betriebsratslosen Betrieben die Anhörung der Beschäftigten nach § 81 Abs. 3 BetrVG. Außerdem kann die Aufsichtsbehörde eine Anordnung nach § 22 Abs. 3 ArbSchG erlassen, ein für die betrieblichen Gegebenheiten geeignetes Verfahren einzusetzen. Vgl. hierzu auch unten S. 377; 431 ff., S. 481 ff.

425 Vgl. auch *Prax.-Kommentar-Sehling*, § 6, Rdnr. 19; *Kollmer/Vogl*, Arbeitsschutzgesetz, Rdnr. 117.

426 *Koll/Janning/Pinter-Koll*, Kommentar zum ArbSchG, § 6, Rdnr. 5; *Tettinger/Wank*, GewO, §§ 120, 120 a, Rdnr. 36.

ziehen, welche arbeitsbedingten Gesundheitsgefahren tatsächlich beurteilt wurden. Die Sensibilität der angebotenen Handlungshilfen variiert deutlich im Hinblick auf die Ermittlung und Bewertung der Gefährdungen. Dies ergibt sich daraus, daß es sich zumeist um branchenspezifische Instrumente handelt, deren Stärke gerade darin besteht, besonders sensibel auf die jeweils typischen Gefährdungen zu reagieren.[427] Nur bei Kenntnis und Angabe des eingesetzten Instruments zur Gefährdungsbeurteilung läßt sich deshalb klären, ob tatsächlich alle im Einzelfall relevanten Umstände, die Sicherheit und Gesundheit beeinflussen, Berücksichtigung gefunden haben.[428]

In der Praxis dürfte die Relevanz der geschilderten Zweifelsfragen relativ gering sein, da die meisten Verfahren der Gefährdungsbeurteilung gleichzeitig Handlungshilfen für die Dokumentation bereitstellen. In den „Gemeinsamen Grundsätzen zur Erstellung von Handlungshilfen" für Gefährdungsbeurteilungen des BMA, der obersten Arbeitsschutzbehörden der Länder und der Spitzenverbände der Unfallversicherungsträger wird als Gütekriterium gefordert, daß die Handlungshilfen auf einfache Weise geeignet sein sollen, als Unterlage zur Erfüllung der Dokumentationspflicht genutzt zu werden.[429]

Der Grad der Detaillierung der Dokumentation nach § 6 Abs. 1 ArbSchG hängt im Einzelfall von der Art der Tätigkeiten und der Zahl der Beschäftigten ab. Die Unterlagen müssen daher umso anspruchsvoller und genauer sein, je größer das Gefährdungspotential und die Anzahl der Beschäftigten ist.[430] Eine Erleichterung sieht das Gesetz in § 6 Abs. 1 Satz 2 ArbSchG vor, indem es bei einer gleichartigen Gefährdungssituation zusammengefaßte Angaben zuläßt.

Im Gesetz sind bewußt keine Festlegungen darüber getroffen worden, wie der Arbeitgeber seiner Dokumentationspflicht nachkommt und in welcher Weise sie zu gestalten ist.[431] Die Gliederung und formale Gestaltung liegt damit im Ermessen des Arbeitgebers, solange nur der Normzweck des § 6 Abs. 1 ArbSchG,

---

427 Vgl. hierzu auch die Grundsätze Nr. 6 und 7 der „Gemeinsamen Grundsätze zur Erstellung von Handlungshilfen" zur Gefährdungsbeurteilung, BArbBl. 1997 (11), 74 f. (75).

428 Ein anschauliches Beispiel hierfür bietet der dem Beschluß des ArbG Braunschweig, NZA-RR 1998, 214 f., zugrundeliegende Sachverhalt. Im Streit stand die Eignung eines Beurteilungsverfahrens in einer Druckerei, in der im Schichtbetrieb. gearbeitet wird. Streitig war, ob die gesundheitlichen Belastungen durch die Schichtarbeit vom vorgesehenen Verfahren adäquat erfaßt wurden. Vgl. hierzu auch *Faber/Riechenhagen*, AiB 1998, 317 ff.

429 „Gemeinsame Grundsätze zur Erstellung von Handlungshilfen" zur Gefährdungsbeurteilung, BArbBl. 1997 (11), 74 f. (75), Grundsatz Nr. 18.

430 Hierzu nur *MünchArbR-Wlotzke*, § 211, Rdnr. 47; *Koll/Janning/Pinter-Koll*, Kommentar zum ArbSchG, § 6, Rdnr. 4.

431 Vgl. nur Gesetzesbegründung, Bt.Drcks. 13/3540, S. 17; *MünchArbR-Wlotzke*, § 211, Rdnr. 47; *F. Merten*, Gesundheitsschutz und Mitbestimmung bei der Bildschirmarbeit, S. 81.

Transparenz über die Arbeitsschutzsituation zu schaffen, erreicht wird. Es ist in diesem Zusammenhang insbes. zu regeln, ob (hand)schriftliche Unterlagen erstellt werden sollen oder ob die maßgeblichen Informationen auf elektronischen Datenträgern zu speichern sind. Entscheidend ist insoweit, daß die Dokumentation jederzeit verfügbar ist, d.h. im Falle des Einsatzes von EDV, jederzeit erkennbar gemacht werden kann.[432]

III. Aufbewahrungszeitraum

Die in § 6 ArbSchG vorgesehenen Unterlagen bilden die informatorische Grundlage für eine kontinuierliche und systematische betriebliche Arbeitsschutzpolitik. Vor dem Hintergrund der Daueraufgabe Arbeitsschutz[433] stellt sich die Frage, ob auch solche Aufzeichnungen aufzubewahren sind, die nicht mehr aktuelle Gefährdungsbeurteilungen oder bereits erledigte „Maßnahmen des Arbeitsschutzes" dokumentieren. Das Gesetz selbst trifft insoweit keine Aussagen. In der Gesetzesbegründung heißt es dazu, unter Hinweis auf den Sinn und Zweck der Dokumentationspflichten, daß nur Unterlagen über den jeweils aktuellen Stand aufzubewahren sind und der Altbestand nur solange verfügbar zu halten ist, wie es für das Verständnis der aktuellen Unterlagen notwendig ist.[434] Dieser Position hat sich die Literatur – unter Hinweis auf die Gesetzesbegründung – soweit ersichtlich einhellig angeschlossen.[435] Ihr ist im Grundsatz zuzustimmen. Sie bedarf jedoch einiger Präzisierungen.

Das Gesetz gibt nicht einmal Anhaltspunkte dafür, bis zu welchem Zeitpunkt Unterlagen noch aktuell sind und entsprechend dem Normzweck aufzubewahren sind. Dies dürfte die betriebliche Praxis vor nicht unerhebliche Probleme stellen. Besonders deutlich wird dies mit Blick auf die Pflicht zur Verhütung arbeitsbedingter Gesundheitsgefahren i.S. von § 2 Abs. 1 ArbSchG. Grundlegende Voraussetzung für zielgerichtete Maßnahmen ist hier, daß mögliche Kausalbeziehungen zwischen den Arbeitsbedingungen und Gesundheitsschäden aufgedeckt werden. Die Problematik ist aus dem Berufskrankheitenrecht, wo die Arbeitsbedingungen eine wesentliche Bedingung für eine Erkrankung sein müssen, im Grundsatz gut bekannt.[436] Da das ArbSchG neben der Verhütung von Berufskrankheiten auch die Verhütung von arbeitsbedingten Erkrankungen verlangt, also von gesundheit-

---

432 *MünchArbR-Wlotzke*, § 211, Rdnr. 47; *Kollmer/Vogl*, Arbeitsschutzgesetz, Rdnr. 117.

433 Zur „Daueraufgabe Arbeitsschutz" vgl. auch *Wlotzke*, Festschrift Däubler, 654 ff. (663 ff.); *Kollmer/Vogl*, Arbeitsschutzgesetz, Rdnr. 71, die darauf aufmerksam machen, daß der „Arbeitsschutz im Betrieb eine ständige Aufgabe ist".

434 Gesetzesbegründung, BT-Drcks. 13/3540, S. 17.

435 Vgl. nur *Wank*, TAS, § 6 ArbSchG, Rdnr. 6; *Brock*, Arbeitsschutzgesetz, 40; *Nöthlichs*, Arbeitsschutz und Arbeitssicherheit, § 6 ArbSchG, Anm. 4; *Kollmer/Vogl*, Arbeitsschutzgesetz, Rdnr. 123.

436 Zur Theorie der wesentlichen Bedingung vgl. auch oben S. 72 ff.

lichen Schädigungen, die zumindest teilweise durch die Arbeitsbedingungen hervorgerufen oder durch diese verstärkt werden[437], bedarf es in diesem Zusammenhang verstärkter Anstrengungen, die Belastungen und Gefährdungen der Arbeit zu ermitteln, um ggf. Kausalbeziehungen feststellen zu können.

Vor dem Hintergrund, daß solche Krankheiten oftmals über lange Zeit erworben werden, wird schnell klar, daß ein allzu enges Verständnis der Aktualität der Unterlagen nicht normzweckgerecht ist. Die Betriebsärzte, die den Arbeitgeber bei der Bekämpfung arbeitsbedingter Erkrankungen zu unterstützen haben (§ 3 Abs. 1 Nr. 3 lit. c ASiG[438]), sind bei der Untersuchung der Ursachen arbeitsbedingter Erkrankungen wesentlich auf die dezidierte Kenntnis der Arbeitsbedingungen, auch in der Vergangenheit, angewiesen. Neben diesen rechtlichen Bedenken sprechen im übrigen auch pragmatische Gründe gegen eine besonders „schlanke" Dokumentation. Die Dokumentation spiegelt im Prinzip den betrieblichen Erfahrungsschatz wider, der eine wesentliche Voraussetzung für die Lern- und Entwicklungsfähigkeit der betrieblichen Sicherheitsorganisation ist. Gut strukturierte Unterlagen nach § 6 ArbSchG helfen, zielgerichtet auf bewährte Lösungen zurückgreifen zu können und die Weiterentwicklung der betrieblichen Schutzkonzeption unabhängig von einzelnen Personen zu machen, deren gedankliches Erfahrungswissen verlorengeht, wenn sie z.B. aus dem Betrieb ausscheiden.

Anzumerken ist schließlich, daß die Regelung des § 6 ArbSchG rechtssystematisch nur unzureichend abgestimmt ist mit anderen arbeitsschutzrechtlichen Dokumentationspflichten. Beispielhaft angeführt sei hier § 18 Abs. 3 GefStoffV, der die Aufbewahrung der Meßergebnisse von Gefahrstoffmessungen regelt. Danach sind Meßergebnisse mindestens dreißig Jahre aufzubewahren. Derartige Meßprotokolle sind in der Sache nichts anderes als das Ergebnis der Ermittlung der Gefährdungen durch Gefahrstoffe bzw. der Nachweis der Effizienz der festgelegten Schutzmaßnahmen. Die Regelung des § 18 Abs. 3 GefStoffV ist sachgerecht, da die Prävention von nach heutigem Kenntnisstand noch nicht bekannten gesundheitlichen Schäden maßgeblich von Erkenntnissen darüber abhängt, ob und in welchem Ausmaß ein Geschädigter Gefahrstoffen ausgesetzt war.[439] Es sind in der Sache keine Gründe ersichtlich, die Ergebnisse der meßtechnischen Überwachung im Gefahrstoffbereich anders zu bewerten als die ohnehin bereits ermittelten Daten über andere, gleichermaßen gesundheitsschädlich zu bewertende Faktoren.

---

437 Zum Begriff der arbeitsbedingten Erkrankung vgl. nur *Anzinger/Bieneck*, ASiG, § 1, Rdnr. 18, sowie eingehend oben S. 74 ff.

438 Zu den Aufgaben und zur Vorgehensweise der Betriebsärzte bei der Untersuchung arbeitsbedingter Erkrankungen vgl. auch *Anzinger/Bieneck*, ASiG, § 3, Rdnrn. 108 ff.; allgemein zur Methodik und zu den Problemen bei der Ermittlung der Ursachen arbeitsbedingter Erkrankungsursachen und ihrer Bekämpfung, vgl. *von Ferber*, Arbeit 1994, 40 ff.

439 Hierzu auch *Heilmann*, Gefahrstoffe am Arbeitsplatz, Rdnr. 130.

Auch dies spricht also dafür, die geforderte Aktualtität der nach § 6 Abs. 1 ArbSchG bereitzuhaltenden Unterlagen weit auszulegen und die Regelung über die Aufbewahrungsfristen im Gefahrstoffrecht als Leitlinie heranzuziehen. Anders als bei Unfällen, die auf klar eingrenzbare Ereignisse zurückgeführt werden können, sind die Ursachen von Krankheiten in aller Regel nicht offensichtlich. Um denkbare Kausalitäten zwischen den Arbeitsbedingungen und gesundheitlichen Schädigungen aufklären zu können, bedarf es vor allem möglichst umfassender Informationen, welchen Belastungen die Beschäftigten ausgesetzt sind.[440]

IV. Ausnahmen von der Dokumentationspflicht des § 6 Abs. 1 ArbSchG

Der Vollständigkeit halber sei noch darauf verwiesen, daß § 6 Abs. 1 Satz 3 ArbSchG eine generelle Ausnahme von der Dokumentationspflicht für Betriebe mit zehn oder weniger Beschäftigten vorsieht. Unterlagen sind in diesen Betrieben nur aufgrund besonderer Anordnung der zuständigen Behörden bereitzuhalten. Die Regelung, mit der „bürokratischen Überreglementierungen"[441] entgegengewirkt werden soll, gehört zu den umstrittensten und meistkritisierten Bestimmungen des ArbSchG. Hingewiesen wird zum einen darauf, daß auch in kleinen Betrieben ein Bedürfnis nach Transparenz über den Stand des Arbeitsschutzes besteht und eine Dokumentation auch für diese ein wichtiges Element zur Sicherung und Verbesserung der Schutzkonzeption darstellt.[442]

Neben diesen fachlichen und arbeitsschutzpolitischen Einwänden sind europarechtlich Zweifel an der vollständigen Umsetzung des insoweit maßgeblichen Art. 9 der Arbeitsschutzrahmenrichtlinie 89/391/EWG angemeldet worden. Sie werden damit begründet, daß Art. 9 Abs. 2 der Arbeitsschutzrahmenrichtlinie zwar eine Öffnungsklausel beinhaltet, wonach die Mitgliedsstaaten unter Berücksichtigung der Art der Tätigkeiten und der Größe der Unternehmen die Pflichten der verschiedenen Unternehmenskategorien festlegen können. Daraus ergebe sich aber nicht die Berechtigung, Kleinbetriebe bis zehn Mitarbeiter vollständig von der Dokumentationspflicht zu befreien.[443] Die aufgezeigten Be-

---

[440] Vgl. hierzu eingehend *Lißner*, WSI-Mitteilungen 1995, 77 ff. (78 ff.); *von Ferber*, Arbeit 1994, 40 ff., insbes. 50 ff.

[441] So *Koll/Janning/Pinter-Koll*, Kommentar zum ArbSchG, § 6, Rdnr. 10, mit Hinweisen auf die Gesetzgebungsgeschichte; in der Sache ebenso, *Prax.-Kommentar-Sehling*, § 6 ArbSchG, Rdnr. 20.

[442] Vgl. etwa *Koll*, Festschrift Wlotzke, 701 ff. (709); *Prax.-Kommentar-Sehling*, § 6 ArbSchG, Rdnr. 20; *Kittner/Pieper*, ArbSchR, § 6 ArbSchG, Rdnrn. 9 f.

[443] So *Kohte*, EAS, B 6100, Arbeitsschutzrahmenrichtlinie, Rdnr. 63; a.A. *Koll/Janning/Pinter-Koll*, ArbSchG, § 6, Rdnr. 9; *Prax.-Kommentar-Sehling*, § 6 ArbSchG, Rdnr. 20, die die Regelung des § 6 Abs. 3 Satz 3 ArbSchG für vereinbar mit Art. 9 Abs. 2 Arbeitsschutzrahmenrichtlinie halten.

denken haben sich in einem Vertragsverletzungsverfahren[444] niedergeschlagen und zu und einer Verurteilung der Bundesrepublik Deutschland durch den EuGH geführt.[445] Der EuGH ist zwar im Kern der Argumentation der Bundesregierung gefolgt, wonach die Umsetzung der Dokumentationspflicht des Art. 9 der Rahmenrichtlinie 89/391/EWG in Kleinbetrieben auch durch die Berichte der Betriebsärzte (§ 5 BGV A 7) und Sicherheitsfachkräfte (§ 5 BGV A 6) erfolgen kann, weil insbes. die Beratung bei der Gefährdungsbeurteilung zu ihren Aufgaben zählt. Eine nicht vollständige Umsetzung hat das Gericht allerdings darin gesehen, daß nach § 14 Abs. 2 ASiG die Möglichkeit einer vollständigen Befreiung bestimmter Betriebsarten von den Pflichten des ASiG durch eine Rechtsverordnung des BMA vorgesehen ist. Eine eingehende Auseinandersetzung mit den Folgen dieser Entscheidung, z.B. im Hinblick auf die Bemessung der Regeleinsatzzeiten der Sicherheitsfachkräfte und Betriebsärzte, ist hier entbehrlich, da sie für die weitere Untersuchung ohne nennenswerte Bedeutung ist.

G. Zusammenfassung

§ 3 Abs. 1 ArbSchG normiert Verfahrensregeln für einen dynamischen, auf kontinuierliche Verbesserung zielenden betrieblichen Arbeits- und Gesundheitsschutz: „Maßnahmen des Arbeitsschutzes" sind danach zu treffen, auf ihre Wirksamkeit hin zu überprüfen und erforderlichenfalls zu optimieren. Insbes. im Zusammenhang mit Maßnahmen des Gefährdungsschutzes im Vorfeld der Gefahr hat der Arbeitgeber dabei einen erheblichen Gestaltungsspielraum. Die Ausfüllung dieses Gestaltungsspielraums ist vor allem durch die Planungspflicht des § 3 Abs. 2 ArbSchG rechtlich determiniert. Planungen ermöglichen es, komplexe Regelungssituationen durch die Festlegung eines Bündels von Maßnahmen abgestimmt zu bewältigen. Planen ist als ein Prozeß zu verstehen, der durch die systematische Ermittlung des Planungssachverhalts und seine Gestaltung durch die – abschließende – Planungsentscheidung gekennzeichnet ist.

Wichtigstes Planungsinstrument des ArbSchG sind die in § 5 ArbSchG geregelten Gefährdungsbeurteilungen, deren Funktion in der systematischen Ermittlung von Gefährdungen, Schutzzielen und Maßnahmen liegt. Durch die Gefährdungsbeurteilungen wird zugleich der Bogen zu den im Rahmen von § 3 Abs. 1 ArbSchG zu berücksichtigenden materiellrechtlichen Maßstäben geschlagen, die sich einerseits aus speziellen Rechtsvorschriften und andererseits aus dem ArbSchG selbst (insbes. § 4 ArbSchG) ergeben. Ziel der Planung der Maßnahmen

[444] Vgl. hierzu die Meldung in: Arbeit & Ökologie-Briefe 2000 (5), 5 f.; außerdem die Schlussanträge des Generalanwalts vom 28. Juni 2001 in der Rechtssache C-5/00 (Kommission ./. Bundesrepublik Deutschland), internet: http://www.curia.eu.

[445] Urteil des EuGH in der Rechtssache C-5/00 vom 7. Februar 2002, internet: http://www.curia.eu = NZA 2002, 321 ff.

ist die sachgerechte Verknüpfung von Technik, Arbeitsorganisation, sonstigen Arbeitsbedingungen, sozialen Beziehungen und Einfluß der Umwelt auf den Arbeitsplatz (§ 4 Nr. 4 ArbSchG). „Maßnahmen des Arbeitsschutzes" i.S. von § 3 Abs. 1 ArbSchG müssen deswegen die verschiedenen auf einen Arbeitsplatz bzw. eine Arbeitstätigkeit anwendbaren rechtlichen Schutzziele untereinander abstimmen und einer integrierten Lösung zuführen.

Eine Dynamisierung des betrieblichen Schutzes ergibt sich aus der Anpassungspflicht des § 3 Abs. 1 Sätze 2 und 3 ArbSchG, die den Arbeitgeber – auch ohne Erlaß einer behördlichen Einzelfallanordnung – zu Optimierungsmaßnahmen verpflichtet. Rechtlich gesteuert wird die kontinuierliche Verbesserung vor allem durch § 4 Nr. 3 ArbSchG, wonach der Arbeitgeber bei den Maßnahmen den „Stand von Technik, Arbeitsmedizin und Hygiene sowie sonstige gesicherte arbeitswissenschaftliche Erkenntnisse zu berücksichtigen" hat. Aufgrund der Dynamik der in § 4 Nr. 3 ArbSchG genannten Erkenntnisse erfährt der Bestandsschutz im Arbeitsschutzrecht eine Relativierung. Große Bedeutung hat dabei der „Faktor Zeit", der insbes. durch die Planungspflicht betrieblich zu operationalisieren ist.

Einen hohen Stellenwert für die in § 3 Abs. 1 ArbSchG angelegte systematische und auf kontinuierliche Verbesserung zielende Verfahrensweise hat der Gedanke der Transparenz. Für das Transparenzgebot steht insbes. die Dokumentationspflicht des § 6 ArbSchG, die die Führung von Unterlagen über alle in § 3 Abs. 1 ArbSchG normierten Verfahrensschritte verlangt.

Viertes Kapitel

§ 3 Abs. 2 ArbSchG – Allgemeine und spezielle Organisationspflichten

Durch § 3 Abs. 2 ArbSchG wird der Arbeitgeber verpflichtet, organisatorische Vorkehrungen für den betrieblichen Arbeits- und Gesundheitsschutz zu treffen. Das Gesetz stellt die Gestaltung der Arbeitsschutzorganisation nicht völlig in das Belieben des Arbeitgebers. Mit dem Tatbestandsmerkmal „geeignet" in § 3 Abs. 2 Nr. 1 ArbSchG sowie der Forderung nach einer Integration des Arbeits- und Gesundheitsschutzes in § 3 Abs. 2 Nr. 2 ArbSchG werden rechtliche Bewertungsmaßstäbe formuliert, an denen der Arbeitgeber seine entsprechenden Bemühungen zu orientieren hat. Hiermit sind auf der Ebene der reinen Wortlautauslegung zwar die rechtlichen Bindungen der Grundpflicht zur Organisation nach § 3 Abs. 2 ArbSchG geklärt. Jenseits dieser formalen Beschreibung der Pflichtenstellung bleibt jedoch weitgehend offen, welche konkreten Festlegungen vom Arbeitgeber zu treffen sind, damit die Organisation den Anforderungen des § 3 Abs. 2 ArbSchG genügt.

Der betriebliche Arbeits- und Gesundheitsschutz – und in vergleichbarer Weise im übrigen auch der betriebliche Umweltschutz – wurde in der Vergangenheit häufig als primär technisches Problem gedeutet. Es wurde diskutiert welche Techniken den optimalen oder jedenfalls den rechtlich gebotenen Schutz bieten, welche Grenzwerte anzulegen sind oder welche technischen Ursachen zu einem Unfall oder Störfall geführt haben. Im Rahmen dieses Abschnitts der Arbeit, in dem die Grundpflicht zur Organisation untersucht wird, ist daher zunächst empirisch der Frage nachzugehen, worin der Stellenwert der Organisation bzw. des Organisierens für die bislang primär technikorientiert verstandene Aufgabe der betrieblichen Sicherheit und Gesundheit liegt (hierzu unten A.).

Weiter ist es erforderlich, eine Verständigung über den Begriff der Organisation sowie über das Handeln von Organisationen und in Organisationen zu erzielen. Nur auf diese Weise läßt sich beschreiben, in welcher Weise Rechtsvorschriften, die wie § 3 Abs. 2 ArbSchG auf die Organisation zielen, steuerungswirksam werden (können). Auch wenn Organisationsrecht nicht prinzipiell neu ist[1], handelt es sich bei Organisationen nicht um juristische Konstrukte, sondern

[1] Hingewiesen sei hier nur auf das Unternehmens- und Betriebsverfassungsrecht oder auf das Gesellschaftsrecht.

um reale Phänomene, die eigenen Regeln folgen. Es werden deshalb einige zentrale Erkenntnisse über das „Phänomen Organisation“ vorgestellt, wie sie in verschiedenen, empirisch orientierten Fachdisziplinen (insbes. der Organisationssoziologie, der Organisationspsychologie und der betriebswirtschaftlichen Organisationslehre) gewonnen worden sind (vgl. unten B.).

Auf dieser empirischen Grundlage wird dann den rechtlichen Aspekten der Organisationspflicht des § 3 Abs. 2 ArbSchG nachzugehen sein. Um die verschiedenen Facetten aufzuzeigen, in denen Aspekte der betrieblichen Organisation bis dato rechtlich zum Tragen gekommen sind, wird zunächst eine Bestandsaufnahme über rechtliche Organisationspflichten gegeben (vgl. unten C.). Hierauf aufbauend werden sodann die Organisationspflichten nach dem ArbSchG genauer analysiert (vgl. unten D.).

A. Bedeutung organisatorischer Aspekte für die betriebliche Sicherheit und Gesundheit

Fragen einer effektiven Organisation haben vor allem im Zusammenhang mit Industrieunfällen und Störfällen seit Mitte der 1980iger Jahre zunehmend Beachtung gefunden. Darüber hinaus liegen heute empirische Erkenntnisse darüber vor, daß die betriebliche Organisation selbst als Belastungsfaktor für die Gesundheit der in einem Betrieb bzw. Unternehmen arbeitenden Menschen von Bedeutung ist.

I. Organisatorische Mängel und Unfälle

Wie soeben angedeutet, wird die Sicherheit im Betrieb zumeist vorrangig als technische Aufgabe angesehen. Kommt es in einem Unternehmen zu einem Unfall, ändert sich aber nicht selten der Blickwinkel. Deutlich wird dieser Perspektivenwechsel mit Blick auf die Thematisierung von großen Störfällen, die eine breite öffentliche Aufmerksamkeit gefunden haben. Insbes. in der öffentlichen Diskussion rückt in diesen Fällen oft sehr schnell die Suche nach „den Schuldigen“ ins Zentrum des Interesses.[2] In den Blick geraten dann häufig die

---

[2] Vgl. hierzu auch *Perrow*, Normale Katastrophen, S. 83, *Zimolong*, Arbeitssicherheit und Umweltschutz, Kurseinheit 1: Die Kontrolle der Risiken, S. 60 f., der darauf hinweist, daß das überholte Bild des „Unfällers“ (d.h. Arbeitnehmer die in besonderer Weise für Unfälle besonders prädestiniert sind) weiterhin in den Köpfen vieler betrieblicher Akteure steckt. Siehe außerdem beispielhaft die folgenden Zeitungsmeldungen: taz vom 10.10.1995, „Stinkender Honig als Abendmahl“, wo im Zusammenhang mit einem Chemieunfall auf eine „extrem langsame Reaktion der Bedienungsmannschaft“ bei zwei kurz hintereinanderfolgenden Vorfällen hingewiesen wird; außerdem FAZ vom 14.10.1995, „Störfall bei der Hoechst AG verspätet gemeldet“, wo ein Mitarbeiter vergaß, ein Ventil zu schließen und dieses Fehlverhalten anschließend von den Mitarbeitern vertuscht worden sein soll.

unmittelbar handelnden Personen, deren „menschliches Versagen" das unheilbringende Geschehen in Gang gesetzt hat.

In den Sicherheitswissenschaften allerdings wird eine solche Sicht der Dinge längst als unzureichend und simplifizierend angesehen, um industrielle Unfälle angemessen zu verstehen. Soweit ersichtlich besteht breiter Konsens, daß die unmittelbar schadensverursachenden Handlungen oder Unterlassungen das Ende einer Kette von Ereignissen und das Produkt der Bedingungen sind, unter denen sie begangen worden sind.[3] Diese Bedingungen sind aber nicht nur technischer, sondern auch organisatorischer Natur. Deutlich wird diese, von einer individuellen Verantwortlichkeit abstrahierende Perspektive im Erwägungsgrund Nr. 15 der Seveso II-Richtlinie. Dort heißt es, daß eine „Analyse der in der Gemeinschaft gemeldeten schweren Unfälle zeigt, daß in den meisten Fällen Management- bzw. organisatorische Mängel die Ursache waren".[4]

Nachfolgend ist diesen Ursachen, die hier in Anlehnung an *Reason* als latente Fehler[5] bezeichnet werden sollen, anhand einiger praktischer Beispielsfälle etwas genauer nachzugehen. Die Darstellung orientiert sich dabei an typischen Mängeln, die in Unfallanalysen – ex post – immer wieder zu Tage getreten sind. Dies genügt im Rahmen dieser Arbeit, die Ansatzpunkte für die rechtliche Auffüllung der Organisationspflicht des § 3 Abs. 2 ArbSchG aufzeigen soll. Es soll aber nicht verschwiegen werden, daß diese Vorgehensweise mit dem Nachteil „erkauft" ist, daß die Ereignisketten und die eigentümlichen Verknüpfungen von Ursachen und Wirkungen im Zusammenspiel von Mensch und Technik, die einem jeden Unfall zugrundeliegen, hier nicht vollständig nachgezeichnet werden können. Um den Rahmen der Untersuchung nicht zu sprengen, kann insoweit nur auf die zahlreichen, z.T. außerordentlich eindrucksvollen Schilderungen in der einschlägigen sicherheitswissenschaftlichen Literatur verwiesen werden.[6]

---

[3] Vgl. hierzu z.B. *Perrow*, Normale Katastrophen, S. 107 ff.; *Reason*, Menschliches Versagen, S. 216 ff.; *Wehner/Nowack/Mehl*, in: Sicherheit als Fehlerfreundlichkeit, 36 ff.

[4] Richtlinie 96/82/EG des Rates vom 9. Dezember 1996 zur Beherrschung der Gefahren bei schweren Unfällen mit gefährlichen Stoffen, ABl. EG, Nr. L 10 vom 14.1.1997, S. 13.

[5] *Reason*, Menschliches Versagen, S. 216 f., 233. *Reason* stellt in seiner Untersuchung den Begriff des „latenten Fehlers" neben den Begriff des „aktiven Fehlers", der von den unmittelbar handelnden Operateuren begangen wird.

[6] Vgl. etwa: *Medwedjew*, Das Vermächtnis von Tschernobyl, S. 17 ff.; Kommission über den Reaktorunfall auf Three Mile Island, S. 105 ff. oder die tabellarischen Schilderungen der Ereignisketten diverser großer Unfälle (z.B. Bhopal, Herald of Free Enterprise) im Anhang von *Reason*, Menschliches Versagen, S. 306 ff.

1. Der Betrieb als komplexes soziotechnisches System

Betriebe und Unternehmen können als soziotechnische Systeme, bestehend aus den Subsystemen Mensch, Technik und Organisation, beschrieben werden.[7] Je nach Größe des Betriebes, Art und Gefährlichkeit der genutzten Technik oder den Fähigkeiten der arbeitenden Menschen ist dieses soziotechnische System nebst seinen Subsystemen mehr oder weniger komplex. Hinzu kommt, daß die Subsysteme regelmäßig miteinander verkoppelt sind. Die Interaktionen der Systemelemente können dabei linear, d.h. im wesentlichen gut überschaubar oder komplex, d.h. nicht sichtbar und unüberschaubar sein.[8]

Die angedeuteten Zusammenhänge lassen sich durch das folgende schlichte Beispiel veranschaulichen. Angenommen, ein Schreiner hat die Aufgabe, einen Schrank für einen Kunden nach Plan zu fertigen. Durch einen leichten Flüchtigkeitsfehler bei der Bedienung der Kreissäge versägt er sich mit der Folge, daß das für die Schranktür vorgesehene Holz unbrauchbar wird. Die Folgen dieses Fehlers sind evident. Der Schreiner muß eine neue Holzplatte nehmen, und diese nun plangerecht zuschneiden. Handelt es sich um einen immer wieder vorkommenden leichten Flüchtigkeitsfehler, wird in einem gut organisierten Betrieb ein Vorrat an Platten vorhanden sein, so daß die Folgen wohl ärgerlich, kaum aber einschneidend sind.

Wandelt man das Beispiel nun dahingehend ab, daß in der Schreinerei Schränke arbeitsteilig in Serie in der Weise gefertigt werden, daß unser Schreiner ausschließlich mit dem manuellen Zuschnitt der Türen befaßt ist, werden die Folgen der Interaktion schon komplexer, da seine Aufgabe mit der Arbeit seiner Kollegen verkoppelt ist. In dem Maße wie er Fehler macht, besteht die Gefahr, daß die Mitarbeiter, die z.B. mit der Montage der Türen befaßt sind, kein Material haben, um zu arbeiten. Auch diese Folgen bleiben aber gut überschaubar und sind, z.B. durch entsprechende Pufferbildung, relativ leicht zu organisieren.

Verlegt man nun das Szenario in einem letzten Schritt aus einem mehr oder weniger handwerklichen Umfeld in eine moderne Fabrik der Möbelindustrie, können Handlungsfehler hochkomplexe Interaktionen auslösen. Angenommen unser Mitarbeiter arbeitet an einer modernen, informationstechnikgesteuerten Fertigungsstraße und seine wesentliche Aufgabe besteht gerade nicht darin, eigenhändig zu sägen, sondern Sägeautomaten einzurichten und zu programmieren, können Fehler zu ungeahnten Konsequenzen führen. So kann insbes. ein Programmierfehler oder aber auch ein Fehler in der Software des Steuerungsprogramms zu einem „Absturz" des EDV-Systems führen, mit der Folge, daß die gesamte Pro-

---

[7] Vgl. auch *Zimolong*, Arbeitssicherheit und Umweltschutz, Kurseinheit 1: Die Kontrolle der Risiken, S. 60.

[8] Zu den Begriffen der „linearen" und „komplexen" Interaktion vgl. *Perrow*, Normale Katastrophen, S. 115.

duktionslinie „lahmgelegt" wird, bei einem Zentralrechner möglicherweise der gesamte Betrieb. Hier kann der Automatenbediener, wenn man einmal den Fall der vorsätzlichen Sabotage ausschließt, kaum noch die Folgen voraussehen, die aus dem letztendlich entscheidenden und fatalen Tastendruck erwachsen.

Insbes. die letzte Abwandlung des Beispiels verdeutlicht einen Aspekt, der in der modernen Sicherheitswissenschaft große Beachtung findet. Menschen machen Fehler. Es dürfte heute kaum bestritten sein, daß Menschen niemals völlig fehlerfrei agieren werden, Fehler also eigentlich etwas Normales sind.[9] Wohl nicht zu unrecht werden sie in einer „fehlerfreundlichen Umgebung" durchaus als positiv angesehen, da sie die Grundlage für eine Lernerfahrung bilden.[10] Im Ausgangsbeispiel ist etwa zu vermuten, daß der Schreiner die Lehren aus seinem Fehler ziehen wird und den Arbeitsvorgang jedenfalls nicht mehr in dieser Form vornehmen wird. In komplexen technischen Systemen können eigentlich triviale Fehler aber weitreichende, kaum noch vorhersehbare Konsequenzen haben.[11] Diese „Enttrivialisierungsthese" sei an einem Vorfall veranschaulicht, der im Ergebnis glücklicherweise nicht zur Katastrophe führte: Ein Arbeitnehmer sollte an der Schalttafel eines Blocks eines kalifornischen Kernkraftwerks eine Glühbirne austauschen. Bei dieser Operation fiel ihm die Glühbirne versehentlich aus den Händen, was zur Folge hatte, daß es an einigen Meßfühlern und Schaltungen zu einem Kurzschluß kam. Die Bedienungsmannschaft des Reaktors konnte, wegen dieses vermeintlich trivialen Zwischenfalls, für einige Zeit den Zustand des Kraftwerks nicht mehr feststellen.[12]

Vor dem Hintergrund solcher hochkomplexer Interaktionen wird die Forderung erhoben, daß bei der Planung und Konstruktion von Anlagen und Steuerungssystemen die – vermeintlichen – Schwächen menschlichen Verhaltens von vornherein berücksichtigt werden.[13] Auch die sicherheitstechnische Regulierung hat diese Erkenntnis aufgegriffen, indem sie zunehmend verlangt, den Horizont der Anwender bei der Gestaltung von Maschinen, Anlagen oder aber auch von Software zu berücksichtigen.[14] In der Sache geht es dabei um die Vermeidung

---

[9] Vgl. etwa *Neudörfer*, Konstruieren sicherheitsgerechter Produkte, S. 44.

[10] Hierzu etwa *Reason*, Menschliches Versagen, S. 298 ff.

[11] Es wird in diesem Zusammenhang von der Enttrivialisierung des Fehlers gesprochen. Vgl. hierzu eingehend *Perrow*, Normale Katastrophen, S. 70 ff.; *Wehner/Nowack/Mehl*, in: Sicherheit als Fehlerfreundlichkeit, 36 ff. (38 f.).

[12] Beispiel nach *Perrow*, Normale Katastrophen, S. 72.

[13] Hierzu eingehend aus der Sicht eines Konstrukteurs, *Neudörfer*, Konstruieren sicherheitsgerechter Produkte, S. 38 ff.; *Wehner/Nowack/Mehl*, in: Sicherheit als Fehlerfreundlichkeit, 36 ff. (37) bringen die Problematik treffend auf den Punkt, wenn sie ausführen, daß es sich zeigt, „daß weniger von Fehlhandlungen eine Gefahr ausgeht, als vielmehr von Situationen, in denen keine Fehler mehr auftreten dürfen".

[14] So verlangt Anhang I der EG-Maschinenrichtlinie 89/392/EWG, daß nicht nur der bestimmungsgemäße Gebrauch einer Maschine bei der Konstruktion zu berücksichtigen

bzw. Minimierung der Folgen latenter Fehler, die nicht selten bereits in der Planung und Konstruktion von Maschinen und Anlagen angelegt sind. Hierfür kann noch einmal auf das Beispiel der Fehlprogrammierung bei der industriellen Schrankfertigung zurückgegriffen werden. Wären bei der Programmierung die in Ziffer 21.3 BildscharbV normierten Grundsätze der Softwareergonomie beachtet worden, hätten Vorkehrungen getroffen werden müssen, die jedenfalls einen Systemabsturz bei leichten Fehlbedienungen ausschließen. Daß es sich hierbei nicht nur um einen theoretischen Fall handelt weiß jeder der häufiger mit vergleichsweise einfachen Textverarbeitungsprogrammen zu tun hat.

Ungeachtet der aufgezeigten Möglichkeiten, die Folgen von Fehlern im „Subsystem Technik" bereits in der Phase der Konstruktion zu minimieren, bleibt es aber bei dem Ausgangsbefund, daß es sich bei Betrieben um hochkomplexe Systeme handelt. Das Ausschalten von latenten Fehlern im „Subsystem Technik" mag dazu beitragen, die Gefährdungen durch unvorhersehbare Interaktionen mit den anderen Elementen des soziotechnischen Systems Betrieb zu reduzieren. Dies ändert aber nichts daran, daß die komplexe Interaktion von Mensch, Organisation und Technologie eines effizienten Sicherheitsmanagements bedarf. Ziel eines solchen Sicherheitsmanagements muß es sein, den handelnden Akteuren jederzeit Orientierung zu bieten, da diese gerade in Krisensituationen nur in den seltensten Fällen die Folgen ihres Tuns vollständig überblicken können. Die Bedeutung eines solchen Managements hat sich bei vielen Unfällen gezeigt.

2. Unfälle und Mängel des Managements

Ein großes Problem der Interaktion des Menschen mit hochkomplexen Maschinen und Anlagen besteht wie dargelegt darin, daß vermeintlich triviale Handlungen mitunter katastrophale Auswirkungen haben. Eine bedeutende Aufgabe der Sicherheitsorganisation besteht vor diesem Hintergrund darin, das sicherheitsgerechte Verhalten der betroffenen, unmittelbar agierenden Akteure zu unterstützen. Dies gilt sowohl für den Normalbetrieb, als auch erst recht für den Fall des Auftretens von Störungen. Ein wichtiges Element in diesem Zusammenhang sind Arbeitsanweisungen, die – schriftlich und/oder mündlich – das Vorgehen mehr oder weniger detailliert verbindlich vorschreiben. Fehlt es

---

ist, sondern auch die nach vernünftigem Ermessen zu erwartende – nicht notwendigerweise bestimmungsgemäße – Benutzung. Außerdem sind Belastungen etwa in Gestalt von Streß, sowie Belästigungen und die Ermüdung des Bedienungspersonals – mithin also fehlerbegünstigende Faktoren – schon bei der Entwicklung von Maschinen in Rechnung zu stellen (Ziffer 1.1.2.). Ein ähnliches Bild ergibt ein Blick auf die im Anhang der BildscharbV unter den Ziffern 20 und 21 zusammengefaßten Grundsätze der Softwareergonomie. In Ziffer 21.2 wird die Möglichkeit von Fehlern ausdrücklich vorausgesetzt und gefordert, daß deren Beseitigung mit begrenztem Aufwand zu ermöglichen ist.

an solchen Anweisungen kann dies vor allem in Krisensituationen schlimme Auswirkungen haben, wie der Blick auf einige sehr bekannte Unfälle zeigt.

Hinzuweisen ist hier zunächst auf die Geschehnisse des Atomunfalls in Tschernobyl. So ergibt sich aus der Abschrift der Telefonate unmittelbar vor dem Unfall, daß die diensttuenden Operateure nicht wußten, wie sie sich zu verhalten haben. Zwar gab es eine Art Handbuch, in dem Anweisungen enthalten waren. Das Problem, das sich stellte, lag nun aber darin, daß viele dieser Verfahrensvorschriften durchgestrichen waren und deshalb unklar war, welche Prozeduren gültig und mithin durchzuführen waren.[15] Letztendlich folgte man dann offenbar der durchgestrichenen Vorgehensweise mit den bekannten katastrophalen, nicht einmal bis heute vollständig überschaubaren Folgen.

Daß es sich hierbei nicht um ein spezifisch russisches Problem handelt, ergibt sich aus dem offiziellen Untersuchungsbericht des Störfalls in Harrisburg/USA. Hier wird vermerkt, „daß die spezifischen Betriebsvorschriften, die auf diesen Unfall anzuwenden waren, zumindest sehr verwirrend waren".[16] Ähnliche Unsicherheiten gab es augenscheinlich auch beim Düsseldorfer Flughafenbrand im April 1996 im Hinblick auf die Regelung der Fluchtwege. Hier wurde nach der Entdeckung des Brandes von einem Mitarbeiter zunächst ein Tonband angeschaltet, das die Besucher – richtigerweise – zum Verlassen des Flughafengebäudes aufforderte. Nach einer Zeit lief dann für ca. 2 Minuten ein Band, das einen falschen Fluchtweg wies, bis dann wieder das korrekte Band abgespielt wurde.[17]

Ein anderer wichtiger Managementmangel liegt in der unzureichenden Ermittlung, Verarbeitung und Bewertung der mit dem Betrieb verbundenen Gefahren. So wurde bei einem Störfall in einem Chemiewerk in Frankfurt/Main eine Chemikalie frei, die als Zwischenprodukt eines Schmerzmittels anfällt. Die gesundheitsgefährdenden Eigenschaften dieser Substanz waren jedenfalls zum Unfallzeitpunkt nicht bekannt.[18] Es liegt auf der Hand, daß auf einer solchen

---

[15] Dieser Geschehensablauf ergibt sich aus einem Bericht *Yuri Tregubs*, eines kurz nach dem Unglück verstorbenen Mitglieds der zum Zeitpunkt des Unfalls diensttuenden Schicht, wiedergegeben bei *Medwedjew*, Das Vermächtnis von Tschernobyl, S. 40 f.

[16] Kommission über den Reaktorunfall auf Three Mile Island, S. 28.

[17] Vgl. FAZ vom 15.04.1996, „Durchsage führte ins Verderben"; FR vom 15.04.1996, „Flughafen gibt schwere Fehler zu".

[18] Vgl. FR vom 30.01.1996; „Das ließ sich auch nicht mehr stoppen"; FAZ vom 30.01.1996, „Zwei Chemieunfälle in kurzer Folge setzen Hoechst unter Druck"; rechtlich ist hierzu bemerken, daß, unabhängig von der Frage, ob ein Sicherheitsdatenblatt nach § 14 GefStoffV hätte vorliegen müssen, die Eigenschaften bekannt sein mußten. Nach § 16 Abs. 4 GefStoffV sind beim Umgang mit Gefahrstoffen vor der Beschäftigung von Arbeitnehmern die mit dem Umgang verbundenen Gefahren zu ermitteln und zu beurteilen, nachdem zuvor nach § 16 Abs. 1 GefStoffV ermittelt worden ist, ob es sich um einen Gefahrstoff handelt.

Erkenntnisgrundlage schon die Festlegung effektiver Verfahrensanweisungen und Notfallmaßnahmen kaum möglich ist.

Ein zentrales Element des Sicherheitsmanagements sind klassische organisatorische Fragen, wie die Festlegung von Zuständigkeiten und die innerbetriebliche Sicherheitskommunikation, insbes. das Melde- und Berichtswesen. Die Auswirkungen von Defiziten mögen folgende Beispiele verdeutlichen: Am 6. März 1987 sank in unmittelbarer Nähe des Hafens von Zeebrügge die Passagier- und Frachtfähre „Herald of Free Enterprise", wodurch 150 Passagiere und 38 Besatzungsmitglieder zu Tode kamen. Letztes Glied einer langen Ursachenkette[19] war, daß die äußeren und inneren Bugtüren, über die das Schiff im Hafen beladen wird, zum Unfallzeitpunkt, d.h. unmittelbar nach dem Auslaufen, noch nicht geschlossen waren. Das Schließen dieser Türen war Aufgabe des stellvertretenden Bootsmanns. Nach den Unfalluntersuchungen schlief er zu diesem Zeitpunkt, nachdem er zuvor von Wartungs- und Reinigungsarbeiten befreit worden war. Der (erste) Bootsmann, der das Beladedeck als letzter verließ, wußte hiervon offenbar nichts bzw. war sich dessen nicht bewußt. Er sah zwar, daß die Tür noch geöffnet war, hielt es aber nicht für seine Aufgabe, sie zu schließen. Hinzu kam, daß der erste Offizier, der für die Überwachung des Vorgangs verantwortlich war, auf Geheiß der Betreibergesellschaft nicht im Laderaum, sondern auf der Brücke war. Das Beispiel belegt die Bedeutung klarer Zuständigkeits- und Vertretungsregelungen im Bereich der betrieblichen Sicherheit. Es zeigt aber auch, daß solche Organisationsregeln wohl eine notwendige, nicht aber eine hinreichende Bedingung für ein wirksames Sicherheitsmanagement sind, denn es drängt sich sogleich die Frage auf, warum sich der Bootsmann nicht vergewissert hat, ob die Türen tatsächlich verschlossen wurden.

Es wäre nun aber verfehlt, auf der Basis dieser Überlegung vorschnell zu persönlichen Schuldzuweisungen zu gelangen. So stand die Mannschaft der „Herald of Free Enterprise" zum Zeitpunkt des Unglücks unter starkem Zeitdruck. Im Rahmen der Unfallanalyse fand sich ein Memo des Betriebsmanagers, in dem es hieß: „Übe auf den ersten Offizier Druck aus, wenn du denkst, er bewegt sich nicht schnell genug ... Spät aus Zeebrügge abzulegen ist nicht drin. Bei uns heißt es 15 Minuten früher."[20] Neben klaren formalen Regeln, die häufig in mehr oder weniger großer Perfektion vorliegen, setzt ein wirksames Sicherheitsmanagement danach gleichermaßen eine „Kultur" voraus, die verantwortungsvolles, sicherheitsgerechtes Verhalten fördert oder doch zumindest nicht negativ sanktioniert.[21]

[19] Vgl. hierzu die tabellarische Zusammenstellung des Unfallhergangs bei *Reason*, Menschliches Versagen, S. 313 f., sowie ebenda S. 239.

[20] Zitat nach *Reason*, Menschliches Versagen, S. 313; zum Aspekt des wirtschaftlichen Drucks in der Schifffahrt und den Auswirkungen auf die Sicherheit vgl. auch eingehend *Perrows*, Normale Katastrophen, S. 225 ff.

[21] Hierzu auch *Elke*, Management des Arbeitsschutzes, S. 74.

Hierzu ein weiteres Beispiel, das wiederum einen Chemieunfall zum Gegenstand hat. Im zugrundeliegenden Fall gelangte aus einem überschäumenden Kessel eine gefährliche Chemikalie über die betriebliche Kläranlage, die nicht geeignet war den Schadstoff vollständig zu beseitigen, in den Main. Wären die Techniker der Kläranlage sofort benachrichtigt worden, hätte der Schadensfall ohne weiteres durch das Verschließen der Schieber der Kläranlage verhindert werden können. Statt der gebotenen Meldung erfolgte seitens der Mitarbeiter der fraglichen Nachtschicht lediglich ein Eintrag in das Dienstbuch. Dies hatte zur Folge, daß die zuständigen Vorgesetzten erst eineinhalb Tage später, anläßlich der Durchsicht des Dienstbuchs, Kenntnis von dem Vorfall erlangten.[22] Bei der Aufarbeitung dieses Ereignisses wurde darauf verwiesen, daß das Personal in der fraglichen Nacht eindeutig gegen schriftlich formulierte Anweisungen verstoßen hat. Das Problem bestand also gerade nicht darin, daß die formalen organisatorischen Voraussetzungen nicht vorhanden waren. Es gab einen offiziellen Meldeweg, der aber nicht beschritten wurde, so daß sich wieder die Frage nach der „Sicherheitskultur“ stellt.

Versucht man die Hintergründe dieses ex post kaum nachvollziehbaren Verhaltens zu verstehen, liegt zunächst die Vermutung nahe, daß hier ein Fehlverhalten vertuscht werden sollte. Man kann die Verletzung der Dienstvorschriften wiederum individuell deuten oder aber als Symptom einer wenig offenen Sicherheitskultur und damit als strukturelles Problem. Solche strukturellen Bedingungen können z.B. in Anreizen (Lohn, Beurteilung, Beförderung) bestehen, die dahingehen, daß Vergünstigungen gewährt werden für den Fall, daß eine gewisse Anzahl meldepflichtiger Ereignisse nicht erreicht wird.[23] Solche Anreizsysteme mögen durchaus geeignet sein, sicherheitsgerechtes Verhalten zu motivieren. Sie können aber auch zur Folge haben, daß Situationen bagatellisiert werden, namentlich dann, wenn die in Aussicht gestellten Vergünstigungen verloren zu gehen drohen.[24] Die Schaffung einer angemessenen Sicherheitskultur erweist sich somit als durchaus knifflige und vielschichtige Aufgabe.[25]

Das Beispiel bietet schließlich auch Raum für einen weiteren Erklärungsansatz. Das Schichtpersonal hat im Ergebnis den Vorfall weder übersehen noch völlig vertuscht, denn es erfolgte, wenn auch vorschriftswidrig, ein Eintrag in

---

[22] Hierzu FR vom 30.01.1996, „Das ließ sich auch nicht mehr stoppen“; FAZ vom 01.02.1996, „Wie man Werksangehörige sensibilisiert, ohne sie zu verängstigen, das ist nach wie vor unklar“.

[23] Vgl. hierzu auch FR vom 01.02.1996, „Wir freuen uns, wenn unsere Mitarbeiter Störfälle melden“.

[24] Dies wird m.E., so griffig z.B. „Zielvereinbarungen“ über die Reduzierung von Unfällen und Störfällen oder die Berücksichtigung des Sicherheitsverhaltens bei der Personalbeurteilung sein mögen, bisweilen nicht mit der gebotenen Deutlichkeit gesehen.

[25] Eingehend hierzu FAZ vom 01.02.1996, „Wie man Werksangehörige sensibilisiert, ohne sie zu verängstigen, das ist nach wie vor unklar“.

das Dienstbuch. Es stellt sich vor diesem Hintergrund die Frage nach der Kenntnis der Sicherheitsvorschriften und damit nach der Qualifikation der Operateure für die ihnen übertragenen Aufgaben. Die Ausbildung und fortlaufende Qualifizierung stellen einen wichtigen Faktor für einen sicheren Betrieb komplexer technischer Systeme dar. Besonders deutlich herausgestellt wird dies im offiziellen Untersuchungsbericht der Kemeny-Kommission zum Störfall im Kernkraftwerk Harrisburg, in dem konstatiert wird, daß die unzureichende Qualifikation der Reaktorfahrer und Schichtleiter entscheidend zur Schwere des Störfalls beigetragen hat.[26]

Kritik wird in dem Untersuchungsbericht sowohl im Detail als auch im Grundsätzlichen geübt. So wird bemängelt, daß die Ausbildung der Operateure lückenhaft war und insbes. „Hilfsreaktorfahrer" Aufgaben durchführten, die in keinem formell definierten Ausbildungsprogramm für diese Personengruppe enthalten waren.[27] Darüber hinausgehend wird die grundlegende Konzeption der Ausbildung, vor allem im Hinblick auf das Handeln bei möglichen schweren Unfällen, als verfehlt bewertet.[28] Gravierende Defizite liegen nach Auffassung der „Kemeny-Kommission" vor allem darin, daß das „grundlegende Verständnis des Reaktors" keinen Ausbildungsschwerpunkt bildete. Außerdem sei zu wenig Zeit aufgewandt worden für die Unterweisung über die biologischen Gefahren von Strahlung.[29] Diese Kritik wird verbunden mit der Forderung nach Änderungen in den Ausbildungsinhalten und der Empfehlung, eine regelmäßige Fortbildung zu organisieren und dabei verstärkt auf Simulatoren zurückzugreifen.[30]

Der zuletztgenannte Aspekt des regelmäßigen Sicherheitstrainings weist auf ein Phänomen, das in der sicherheitswissenschaftlichen Literatur als die „Ironie der Automatisierung" bezeichnet wird.[31] Gemeint ist damit, daß sich mit zunehmender Automatisierung – und insofern sind nicht nur gefährliche Großtechnologien wie die Kernkraft oder die Chemie gemeint – die Arbeitsaufgaben immer stärker auf die Überwachung der automatisch arbeitenden Anlagen verlagern. Dieser Trend verstärkt sich, je perfekter und störungsfreier die Systeme arbeiten. In früheren Zeiten war der unmittelbare Eingriff in die Produktionsprozesse und das eigenhändige Steuern wesentlicher Bestandteil der Ar-

---

[26] Kommission über den Reaktorunfall auf Three Mile Island, S. 72.

[27] Kommission über den Reaktorunfall auf Three Mile Island, S. 73.

[28] Kommission über den Reaktorunfall auf Three Mile Island, S. 28.

[29] Kommission über den Reaktorunfall auf Three Mile Island, S. 73; vor dem Hintergrund der oben (S. 200 ff.) dargestellten Spezifka komplexer Systeme und Interaktionen, kommt diesem Grundlagenwissen elementare Bedeutung zu, da es am ehesten angemessene Reaktionen auf die praktisch nicht vorhersehbaren Ursachenketten in Krisenfällen ermöglicht. Zur „Einzigartigkeit" eines jeden Störfalls vgl. auch *Perrow*, Normale Katastrophen, S. 87 f.

[30] Kommission über den Reaktorunfall auf Three Mile Island, S. 95.

[31] Hierzu *Reason*, Menschliches Versagen, S. 224 ff.

beitsaufgabe. Hiermit zwangsläufig verbunden war quasi ein ständiges Üben und Lernen der Eigenschaften des Systems, was sich gerade in atypischen Situation als vorteilhaft erweist. Perfektionierte und automatisierte Anlagen und Schutzsysteme, die ja nicht zuletzt einen störungsfreieren Betrieb gewährleisten sollen, verschütten diese menschliche Sicherheitsressource zunehmend, da keine Übung mehr darin besteht, die Anlagen selbst zu steuern. Vor diesem Hintergrund wird klar, warum gerade für Betriebe mit hohem Autosmatisierungsgrad ein ständiges Sicherheitstraining von fundamentaler Bedeutung ist.

II. Betriebsorganisation und Gesundheit

Die vorstehenden Ausführungen haben gezeigt, daß Aspekte der Organisation und des Managements nicht selten mitursächlich für Unfälle und Störfälle sind, die wiederum zu Schäden der Gesundheit oder auch Umwelt führen. Die Arbeitsorganisation selbst hat aber auch unmittelbaren Einfluß auf die Gesundheit der Beschäftigten. Diese organisatorischen Einflüsse (in Gestalt von Belastungen) und vor allem ihre Auswirkungen (in Gestalt von Beanspruchungen) auf die Gesundheit sind allerdings weitaus weniger evident als die Folgen von Fehlern des Managements im Zusammenhang mit Störfällen.

1. Begriffsklärung: Das Belastungs-/Beanspruchungskonzept

Soeben wurden bereits die Begriffe Belastung und Beanspruchung genannt. Die Begriffswahl erfolgte bewußt, da sie auf ein geläufiges wissenschaftliches Konzept verweist, das den hier interessierenden Zusammenhang von Organisation und Gesundheit theoretisch erklärt.[32] Zum besseren Verständnis soll dieses Belastungs-/Beanspruchungskonzept hier kurz skizziert werden.[33] Aspekte der Arbeitsorganisation, wie z.B. der Grad der Arbeitsverdichtung, Klarheit bzw. Unklarheit von Anweisungen, Störungen des Arbeitsablaufs oder Zeitdruck werden danach als psychische Belastungen verstanden.[34] Solche psychischen Belastungen führen zu psychischen Beanspruchungen, d.h. zu individuellen, zeitlich unmittelbaren und nicht langfristigen Auswirkungen im Menschen.[35]

[32] Dieses Konzept ist im übrigen in die Normung (DIN 33405) eingegangen, vgl. hierzu und zum Stand der Normungsdiskussion auch Nachreiner, in: Psychische Belastung und Beanspruchung unter dem Aspekt des Arbeits- und Gesundheitsschutzes, 17 ff.

[33] Eingehend hierzu Vgl. auch *Zimolong*, Arbeitssicherheit und Umweltschutz, Kurseinheit 1-2 – Die Kontrolle der Risiken, S. 104 ff.

[34] In der DIN 33405 wird psychische Belastung wie folgt definiert: „Psychische Belastung wird verstanden als die Gesamtheit der erfaßbaren Einflüsse, die von außen auf den Menschen zukommen und auf ihn psychisch einwirken“.

[35] Die genaue Definition nach der DIN 33405 lautet: „Psychische Beanspruchung wird verstanden als die individuelle, zeitlich unmittelbare und nicht langfristige Auswir-

Psychische Belastungen beschreiben demzufolge eine Einwirkungsgröße, psychische Beanspruchungen eine Auswirkungsgröße.[36]

Psychische Beanspruchungen müssen nicht notwendigerweise negativ zu bewerten sein (z.B. Aktivierung, Nutzung vorhandener Fähigkeiten).[37] Sie haben allerdings nicht selten negative Auswirkungen, etwa indem der betreffende Mitarbeiter durch die ihm zugewiesenen Aufgaben unter- oder überfordert wird. Derartige Fehlbeanspruchungen sind geeignet, mittel- und langfristig (chronische) Erkrankungen herbeizuführen.[38] Die somit divergierenden Folgen psychischer Beanspruchungen verweisen auf ein großes praktisches Problem für eine gesundheitsgerechte Arbeitsgestaltung: Da die Folgen psychischer Beanspruchungen maßgeblich von den individuellen Voraussetzungen und dem Zustand des jeweils betroffenen Menschen abhängen, lassen sich nur schwer allgemeine Prinzipien herausfiltern. Trotz dieser Schwierigkeiten sind in der Arbeitspsychologie mittlerweile eine Reihe von verallgemeinerungsfähigen Grundsätzen anerkannt. Einen Orientierungsrahmen bieten insofern die „arbeitswissenschaftliche Erkenntnisse"[39], die vor einiger Zeit von der Bundesanstalt für Arbeitsschutz und Arbeitsmedizin veröffentlicht worden sind.

2. Beispiele gesundheitlicher Gefährdungen durch organisationale Bedingungen

Eine wichtige negative Beanspruchungsfolge ist das allgemein bekannte Problem des Stresses.[40] Als sog. Stressoren, d.h. streßbegünstigende Faktoren werden mit Blick auf die Arbeitsorganisation in den erwähnten „arbeitswissenschaftlichen Erkenntnissen" u.a. Zeit- und Termindruck, widersprüchliche Arbeitsanweisungen, oder Arbeitsverdichtung genannt. Hinzu kommen weitere Faktoren, die, wenn sie die Organisation auch nicht direkt betreffen, so aber

---

kung der psychischen Belastung im Menschen in Abhängigkeit von seinen individuellen Voraussetzungen und seinem Zustand".

[36] So anschaulich *Windel*, *Grupp*enarbeit im Büro, S. 40 f.; im Ausgangspunkt beschreibt das Belastungs-/Beanspruchungskonzept einen auch für Juristen, insbes. aus dem Immissionsschutzrecht vertrauten Sachverhalt. Belastungen sind Emissionen, Beanspruchungen schädliche Immissionen (§ 3 Abs. 2, 3 BImSchG).

[37] Vgl. auch *Zimolong*, Arbeitssicherheit und Umweltschutz, Kurseinheit 1-2 – Die Kontrolle der Risiken, S. 113; *Richter*, ArbuR 2001, 46 ff. (47, Fußnote 1).

[38] Hierzu *Windel*, *Grupp*enarbeit im Büro, S. 41 ff. (mit Hinweisen auf die Streßforschung); *Richter*, in Psychische Belastung und Beanspruchung unter dem Aspekt des Arbeits- und Gesundheitsschutzes, 9 ff. (12 ff.); *Neumann*, AuA 2001, 355 ff. (356).

[39] *Richter*, Stress, psychische Ermüdung, Monotonie, psychische Sättigung (Arbeitswissenschaftliche Erkenntnisse Nr. 116, hrsg. von der Bundesanstalt für Arbeitsschutz- und Arbeitsmedizin, Dortmund 2000).

[40] Zur Definition des Begriffs vgl. *Richter*, Stress, psychische Ermüdung, Monotonie, psychische Sättigung, S. 3 f.; zu den psychologischen Streßmodellen siehe auch *Windel*, *Grupp*enarbeit im Büro, S. 44 ff.

doch in engem Zusammenhang mit ihr stehen. Stressoren stellen danach auch die sozialen Beziehungen im Betrieb, die Arbeitsrolle (z.B. als Vorgesetzter) oder die Arbeitsplatzeinbindung (z.B. Einzelarbeitsplatz, Großraumbüro) dar.[41] Die gesundheitlichen Folgen von Streß sind beachtlich. Neben allgemeinen Befindlichkeitsstörungen, wie Kopfschmerzen, Konzentrationsstörungen, Schlafstörungen, gilt ein Zusammenhang mit Magen-/Darmbeschwerden als wahrscheinlich. Außerdem besteht eine Korrelation von Arbeit unter Streßbedingungen und dem Auftreten von Unfällen und Fehlhandlungen, womit im übrigen der Bogen zurück zur betrieblichen Sicherheit geschlagen werden kann.[42]

Eine weitere Folge psychischer Beanspruchung kann in einem sog. Monotoniezustand bestehen. Nach der DIN 33405 wird der Monotoniezustand verstanden

> „als ein langsam entstehender Zustand herabgesetzter Aktivierung, der bei länger dauernden einförmigen Wiederholungstätigkeiten auftreten kann und der hauptsächlich mit Schläfrigkeit, Müdigkeit, Leistungsabnahme und -schwankungen, Verminderung der Umstellungs- und Reaktionsfähigkeit sowie Zunahme der Herzschlagsarhytmie verbunden ist".

Im Zentrum steht hier die konkrete Gestaltung der Arbeitsaufgaben. Insofern belastende Arbeitsgestaltungen sind vor allem dadurch gekennzeichnet ist, daß die Arbeit wenig intellektuelle Anforderungen enthält, kaum Handlungs- und Entscheidungsspielraum besteht und keine Gelegenheit zur Kommunikation und Kooperation ermöglicht wird. Als Folgen solcher durch die Organisation vermittelter Belastungen gelten psychosomatische Beschwerden sowie eine Demotivierung der betroffenen Arbeitnehmer.[43] Da im Zustand der Monotonie die Reaktionsfähigkeit herabgesetzt ist, besteht wiederum ein enger Zusammenhang zum Unfallschutz, da gerade in kritischen Situationen schnelles und zielgerichtetes Handeln gefordert ist. Man denke in diesem Zusammenhang an den Fall eines Leitwartenfahrers in einer Chemieanlage, der nachts alleine, ausschließlich mit eintönigen, reizarmen Überwachungsaufgaben betraut ist.[44]

Ein besonders heikles Thema stellen psychische Belastungen und hierdurch verursachte Fehlbeanspruchungen aufgrund des Führungsstils im Betrieb dar.

---

[41] *Richter*, Stress, psychische Ermüdung, Monotonie, psychische Sättigung, S. 4; außerdem *Oppolzer*, Die BG 1999, 735 ff. (741).

[42] Zum Ganzen vgl. *Richter*, in Psychische Belastung und Beanspruchung unter dem Aspekt des Arbeits- und Gesundheitsschutzes, 9 ff. (15), insbes. die tabellarische Darstellung der Folgen verschiedener Formen von Fehlbeanspruchungen; *Richter*, Stress, psychische Ermüdung, Monotonie, psychische Sättigung, S. 4; *Oppolzer*, Die BG 1999, 735 ff. (741).

[43] *Richter*, Stress, psychische Ermüdung, Monotonie, psychische Sättigung, S. 7.

[44] In diesem Sinne auch *Pröll*, Perspektivstudie Arbeitsschutz 2000, S. 78 f.; allgemein zu den Zusammenhängen von psychischen Belastungen und Unfallschutz *Hoyos*, in: Psychische Belastung und Beanspruchung unter dem Aspekt des Arbeits- und Gesundheitsschutzes, 26 ff.; *Oppolzer*, Die BG 1999, 735 ff. (737, 739 f.).

Nach dem gegenwärtigen Erkenntnisstand gilt ein Zusammenhang zwischen einem nicht akzeptierten Führungsstil und dem Auftreten von Kreislauf-, Magen- und Darm- sowie psychosomatischen Erkrankungen als wahrscheinlich.[45] Es liegt auf der Hand, daß es sich hierbei um eine höchst sensible Problematik handelt, da notwendigerweise das Verhalten ganz bestimmter Personen zu hinterfragen ist. Die hiermit verbundenen praktischen Schwierigkeiten dürfen jedoch nicht darüber hinwegtäuschen, daß gerade psychische Belastungen und gesundheitsschädigende Fehlbeanspruchungen wegen des erweiterten Arbeitsschutzansatzes des ArbSchG zwangsläufig in den Fokus des Arbeitsschutzrechts geraten.[46]

---

[45] *Richter*, in Psychische Belastung und Beanspruchung unter dem Aspekt des Arbeits- und Gesundheitsschutzes, 9 ff. (15).

[46] Ausgehend von diesem Befund müssen die unter dem Oberbegriff „Mobbing" zusammengefaßten Verhaltensweisen (hierzu eingehend *Kerst-Würkner*, ArbuR 2001, 251 ff.) in den Fokus des Arbeitsschutzrechts gelangen (a.A. etwa *MünchArbR-Wlotzke*, § 206, Rdnr. 16, solange nicht Unfallgefahren im Betrieb verursacht bzw. erhöht werden). Mobbinghandlungen führen nicht nur zu Verletzungen des Persönlichkeitsrechts, sondern können auch massive gesundheitliche Schäden zur Folge haben (vgl. auch die Zusammenfassung des Forschungsstandes bei *Kerst-Würkner*, ArbuR 2001, 251 ff.). Da die für diese Schädigungen maßgeblichen Belastungen aus den sozialen Beziehungen bei der Arbeit herrühren (hierzu mit Blick auf die Gefährdungsbeurteilung *Neumann*, AuA 2001, 355 ff. (356)), ist durchaus der gesundheitsnahe Bereich der menschengerechten Arbeitsgestaltung betroffen (in diesem Sinne auch *Ruberg*, ArbuR 2002, 201 ff. (205)). Vor dem Hintergrund des allgemein anerkannten erweiterten Arbeitsschutzansatzes des ArbSchG ist es erstaunlich, daß in der gegenwärtigen recht lebhaften Diskussion der Mobbingproblematik arbeitsschutzrechtliche Überlegungen kaum eine Rolle spielen (vgl. z.B. LAG Thüringen, BB 2001, 1358 ff.; LAG Thüringen, BB 2001, 2061 f.; *Kerst-Würkner*, ArbuR 2001, 251 ff.; Aigner, BB 2001, 1354 ff.). Ein wichtiger Anknüpfungspunkt zur Eindämmung von Mobbing wird mit guten Gründen in der Schaffung von mobbingvermeidenden Organisationsstrukturen gesehen, die insbes. ein entschlossenes Gegensteuern gewährleisten (hierzu *Kerst-Würkner*, ArbuR 2001, 251 ff. (257 f.)). Für die Schaffung derartiger Organisationsstrukturen stellen insbes. die auf Prävention zielenden §§ 3, 4 Nrn. 1, 4 ArbSchG den rechtlich maßgeblichen Handlungsrahmen. Wie wichtig derartige Präventivmaßnahmen sind, wird erst deutlich mit Blick auf die Probleme von Mobbingopfern in arbeitsgerichtlichen Rechtsstreitigkeiten. Um zum Arbeitsgericht zu gelangen, müssen die zugrundeliegenden Konflikte erst einmal als Rechtsfragen wahrgenommen werden. Da Mobbing typischerweise systematische Anfeindungen voraussetzt, steht eine erfolgversprechende Rechtsverfolgung vor der kaum zu unterschätzenden Schwierigkeit, eine Fülle – isoliert betrachtet möglicherweise rechtlich irrelevanter – Konflikte darlegen und ggf. beweisen zu müssen (hierzu aus der Sicht eines Arbeitsrichters der lesenswerte Beitrag von *Ruberg*, ArbuR 2002, 201 ff.). Hinzu kommt schließlich, daß der Individualrechtsschutz, der bislang im Mittelpunkt der gerichtlichen Problemverarbeitung steht, häufig (zu) spät kommt, insbes. dann, wenn das Mobbingopfer bereits gesundheitliche Schäden davongetragen hat (vgl. hierzu den der Entscheidung des BGH, VersR 2003, 67 f., zugrundeliegenden besonders tragischen Sachverhalt des Selbstmordes einer Polizeibeamtin aufgrund fortlaufender schikanöser und diskriminierender Behandlung durch einen Vorgesetzten).

Als letztes Beispiel soll hier noch auf die Arbeitszeitgestaltung als Belastungsfaktor aufmerksam gemacht werden.[47] Gerade in Zeiten zunehmender Flexibilisierung der Arbeit und Arbeitszeit kommt ihr besondere Bedeutung zu.[48] Als besonders belastend und beanspruchend gelten dabei Nacht- und Schichtarbeit.[49] Die Fehlbeanspruchung liegt bei solchen Arbeitszeitsystemen darin, daß es bei der Nachtarbeit zu einer physiologischen Desynchronisation der Körperfunktionen kommt, oder schlichter gesagt, der Körper will schlafen, darf es aber nicht. Hinzu kommt, daß die Beanspruchungsfolgen bis in den Privatbereich reichen, da das „normale" soziale Leben (z.B. Verein, Freundschaften) nur selten problemlos dem Schichtrhythmus folgen wird.[50] Typische gesundheitliche Beschwerden zeigen sich insbes. in Gestalt von Schlafstörungen, chronischer Müdigkeit, Magen-Darm-Erkrankungen oder Nervösität.[51] In der arbeitswissenschaftlichen Literatur wird darauf hingewiesen, daß eine optimierte Schichtplangestaltung zu einem Abbau der Beanspruchungen beitragen kann.[52] Es gilt als gesichert, daß ein Zusammenhang zwischen der Arbeitszeitgestaltung (neben der Schichtarbeit z.B. auch Überstunden) und dem Unfallrisiko besteht.[53]

B. Organisation als Forschungsgegenstand

Die vorstehenden Überlegungen haben gezeigt, daß organisatorische Aspekte erheblichen Einfluß auf den Unfall- und Störfallschutz haben und sie zudem zu Fehlbeanspruchungen und gesundheitlichen Schädigungen führen können. Es kann von daher kaum erstaunen, daß das betriebliche Arbeitsschutz- und Umweltrecht diese Erkenntnisse zunehmend aufgreift[54], indem es Anforderungen an die betriebliche Organisation formuliert. Um die Wirkungsweise und Steuerungswirksamkeit dieser rechtlichen Organisationsvorschriften besser einschätzen und beurteilen zu können, ist es angebracht, einige für die vorliegende Untersuchung relevante organisationswissenschaftliche Erkenntnisse vorzustellen. Zu diesem

---

[47] Vgl. hierzu den allgemeinen Überblick bei *Prax.-Kommentar-Schmidt*, Physiologische u.a. ausgewählte Aspekte des Arbeitsschutzes, Rdnrn. 138 ff.

[48] Vgl. *Beermann*, AuA 1997, 37 ff. (37); *Luczak*, Arbeitswissenschaft, S. 553.

[49] Siehe hierzu auch *Beermann*, AuA 1997, 37 ff. (38 f.), zur Nachtarbeit auch BVerfGE 85, 191 ff. (208).

[50] Vgl. zum Ganzen *Beermann*, AuA 1997, 37 ff. (38 f.); *Prax.-Kommentar-Schmidt*, Physiologische u.a. ausgewählte Aspekte des Arbeitsschutzes, Rdnrn. 150 ff.

[51] *Beermann*, AuA 1997, 37 ff. (38); *Richter*, in Psychische Belastung und Beanspruchung unter dem Aspekt des Arbeits- und Gesundheitsschutzes, 9 ff. (15); *Prax.-Kommentar-Schmidt*, Physiologische u.a. ausgewählte Aspekte des Arbeitsschutzes, Rdnr. 154.

[52] Hierzu auch *Beermann*, AuA 1997, 37 ff. (40).

[53] *Prax.-Kommentar-Schmidt*, Physiologische u.a. ausgewählte Aspekte des Arbeitsschutzes, Rdnrn. 144, 150 ff.

[54] Hierzu eingehend nachfolgend S. 252 ff.

Zwecke werden zunächst aus organisationstheoretischer Perspektive der Begriff und die Aufgaben von Organisationen erörtert. Im Anschluß daran werden Erkenntnisse über das Handeln von Organisationen und vor allem in Organisationen vorgestellt.

I. Begriff und Funktion der Organisation

Blickt man in die organisationswisssenschaftliche Literatur, so fällt zunächst auf, daß es keinen einheitlichen Begriff der Organisation gibt.[55] Dies ist darauf zurückzuführen, daß es eine Fülle von Organisationstheorien gibt, die sich der Problematik der Organisation auf sehr unterschiedliche Weise und mit grundsätzlich anderen Sichtweisen und Erkenntnisinteressen annähern.[56] Der Grund für die Vielfalt von Organisationstheorien liegt darin, daß es sich bei Organisationen regelmäßig um hochkomplexe soziale Gebilde handelt, deren Eigenschaften, Elemente sowie die Beziehungen zwischen den einzelnen Elementen nicht in einer einheitlichen Theorie zusammengefaßt werden können. Organisationstheorien beschäftigen sich vor diesem Hintergrund jeweils mit bestimmten Aspekten des Phänomens „Organisation". Die Theorien schließen sich daher nicht gegenseitig aus[57], sondern sind eher in einem Verhältnis gegenseitiger Ergänzung zu sehen.[58] Im Rahmen dieser Arbeit kann es nicht darum gehen, einen vollständigen Überblick über das gesamte Spektrum der Organisationstheorien zu geben.[59] Auf die entsprechenden Theorien ist vielmehr nur insoweit einzugehen, als es für die hier interessierenden Zusammenhänge relevant ist.

Es lassen sich grob drei Begriffe der Organisation unterscheiden. Nach dem tätigkeitsorientierten Organisationsbegriff ist Organisation eine Tätigkeit bzw. ein Prozeß, der Ordnung entstehen läßt.[60] Der instrumentelle Organisationsbe-

[55] *Bea/Göbel*, Organisation, S. 3; *Kühlmann*, Organisationsstrukturen in Wirtschaft und Verwaltung, S. 1; *Schmidt-Preuß*, DÖV 2001, 45 ff. (45).

[56] Hierzu etwa *Kieser*, in: Kieser (Hrsg.), Organisationstheorien, S. 1; *Bea/Göbel*, Organisation, S. 3.

[57] Vgl. hierzu z.B. *Elke*, Management des Arbeitsschutzes, S. 46 ff.; *Bea/Göbel*, Organisation, S. 203.

[58] *Kieser* veranschaulicht in diesem Zusammenhang die Ausgangslage von Organisationsforschern anhand eines indischen Märchens: „Sechs blinde Männer stoßen auf einen Elefanten. Der eine faßt den Stoßzahn an und meint, die Form des Elefanten müsse die eines Speers sein. Ein anderer ertastet den Elefanten von der Seite und behauptet, er gleiche einer Mauer. Der dritte fühlt ein Bein und verkündet der Elefant habe große Ähnlichkeit mit einem Baum. Der vierte greift den Rüssel und ist der Ansicht, der Elefant gleiche einer Schlange. Der fünfte faßt an das Ohr und vergleicht den Elefanten mit einem Fächer; und der sechste, welcher den Schwanz erwischte, widerspricht und meint, der Elefant sei eher etwas wie ein dickes Seil." Zitat aus *Kieser*, in Kieser (Hrsg.), Organisationstheorie, S. 1.

[59] Vgl. hierzu den gerafften Überblick bei *Bea/Göbel*, S. 22 ff., sowie umfassend *Kieser* (Hrsg.), Organisationstheorien.

[60] *Bea/Göbel*, Organisation, S. 4.

griff, der insbes. in der Betriebswirtschaft häufig zugrundegelegt wird, konzentriert sich auf die Ziele von Organisationen. Organisation wird hier als ein dauerhaftes Regelsystem eines Unternehmens verstanden, das zielorientiert als Führungsinstrument eingesetzt wird.[61] Der institutionelle Organisationsbegriff erblickt in Organisationen schließlich eine bestimmte Art von Institution. Dabei wird unter einer Institution ein System formaler und informaler Regelungen verstanden, das Menschen zur Gestaltung menschlicher Interaktion erschaffen.[62] Als Synthese dieser drei Begriffsbestimmungen lassen sich Organisationen nach *Bea & Göbel* wie folgt definieren:

> „Unter Organisationen verstehen wir eine Institution, in der eine abgrenzbare Gruppe von Personen (die Organisationsmitglieder) ein auf Dauer angelegtes Regelsystem planvoll geschaffen hat, um gemeinsame Ziele zu verfolgen und in der Ordnung auch von selbst entstehen kann."[63]

Es bietet sich an, dieses umfassende Verständnis von Organisation nachfolgend zugrundezulegen, da es die verschiedenen Perspektiven zusammenführt und mögliche Aspekte, an denen organisationsrechtliche Vorschriften ansetzen können, im Fokus bleiben.

Funktion von Organisationen ist danach also regelmäßig die kollektive Realisierung von Zielen. Im Wirtschaftsleben handelt es sich dabei primär um ökonomische Ziele, die durch die „Organisation Unternehmen" bzw. durch das organisierte Zusammenwirken von Unternehmen (z.B. Konzern, Joint Ventures, Zulieferer-Abnehmerbeziehungen) verfolgt werden.[64] Aufgrund der Offenheit des Organisationsbegriffs lassen sich aber auch andere Institutionen, die z.B. ideelle oder gemeinwohlorientierte Ziele zum Gegenstand haben (z.B. Sportverein, „Nonprofit-Organisationen"), ebenso unter den Organisationsbegriff subsumieren wie die hier besonders interessierende Betriebsorganisation, die die Koordination der betrieblichen Abläufe zum Ziel hat.[65]

Die jeweils konkreten Ziele werden durch die Organisationsmitglieder festgelegt. Es handelt sich hierbei allerdings in der Regel nicht um das Ergebnis eines Aushandlungsprozesses gleicher Partner. Maßgeblicher Einfluß kommt vielmehr den wirtschaftlich, gesellschaftlich und innerorganisatorisch vorgegebenen Machtpositionen der Akteure, rechtlichen Vorschriften und der Verfassung der Organisation zu.[66] Die Vorschriften des betrieblichen Arbeitsschutzrechts

---

[61] Handbuch der Angewandten Psychologie-*Kühlmann*, 1; *Bea/Göbel*, Organisation, S. 4; *Schmidt-Preuß*, DÖV 2001, 45 ff. (46).

[62] *Bea/Göbel*, Organisation, S. 5.

[63] *Bea/Göbel*, Organisation, S. 6.

[64] Zur Problematik der Unternehmenskooperationen aus betriebswirtschaftlicher Sicht vgl. etwa *Bea/Göbel*, S. 325 ff.; 364 ff.

[65] Zur Betriebsorganisation vgl. auch *Kieser/Kubicek*, Organisation, S. 20.

[66] Vgl. hierzu *Kieser/Kubicek*, Organisation, S. 5 ff.

orientieren vor diesem Hintergrund den Arbeitgeber bzw. die hinter ihm stehenden Organisationen „Unternehmen" bzw. „Betrieb" auf das Ziel „Gewährleistung und Verbesserung der Sicherheit und Gesundheit der Beschäftigten" (§ 1 Abs. 1 ArbSchG). Dieses Ziel ist nach Maßgabe der einschlägigen rechtlichen Regelungen neben dem originären Unternehmens- bzw. Betriebszweck, also im Bereich der Wirtschaft der Gewinnerzielung, zu realisieren. Wenn § 3 Abs. 2 ArbSchG in diesem Zusammenhang vom Arbeitgeber verlangt, für eine geeignete Organisation zu sorgen, ist dies i.S. des institutionellen Organisationsbegriff als Anordnung zu verstehen, eine auf die Durchführung der Maßnahmen des Arbeitsschutzes gerichtete Organisation (d.h. Institution) zu schaffen, sofern diese nicht ohnehin schon besteht.

II. Das Handeln von Organisationen und das Handeln in Organisationen

Arbeitsteiliges Handeln zur Erreichung von Zielen setzt eine Abstimmung der handelnden Personen voraus. Es bedarf hierfür Regeln, die das Verhalten des Einzelnen im kollektiven Zusammenhang steuern oder jedenfalls beeinflussen. Organisationen sind demnach unter dieser Perspektive als Regelsysteme zu verstehen, die menschliche Interaktionen im Rahmen arbeitsteiligen Handelns steuern. Es ist dabei zu unterscheiden zwischen formalen und informalen Regeln.[67]

1. Die formale Organisationsstruktur

Wichtige Prinzipien zur Gestaltung einer effizienten Arbeitsteilung lassen sich dem strukturtechnischen Ansatz der Organisationstheorie entnehmen.[68] Danach gliedert sich die Strukturierung der Aufgaben in zwei wesentliche Schritte. In einem ersten Schritt ist eine Aufgabenanalyse durchzuführen, durch die die Sachaufgabe der Organisation in Teilaufgaben zerlegt wird.[69] Daran anschließend werden die Teilaufgaben in der sog. Aufgabensynthese zu Stellen, d.h. Aufgabenbündeln, zusammengefaßt. Die Organisationslehre kennt im wesentlichen drei inhaltliche Kriterien für die Aufgabenbündelung (Spezialisierung): Die Spezialisierung nach Verrichtungen (z.B. Entwicklung, Fertigung, Einkauf, Absatz), Objekten (z.B. Produktgruppen, Kunden, Regionen) und nach Rang (Leitungsaufgaben, Durchführungsaufgaben).[70] Durch die Stellenbildung im Rahmen der

[67] Vgl. hierzu *Bea/Göbel*, Organisation, S. 5 f.; *Kieser/Kubicek*, Organisation, S. 16 f., 22 f.

[68] Zum strukturtechnischen Ansatz vgl. auch *Bea/Göbel*, Organisation, S. 78 ff.

[69] Die Analyse erfolgt dabei anhand bestimmter Merkmale, die je nach Situation und Zielsetzung verwendet werden. *Bea/Göbel*, Organisation, S. 80 f., nennen in diesem Zusammenhang Analysen nach der Verrichtung, dem Objekt, dem Rang, der Phase, der Zweckbeziehung und nach den Sachmitteln.

[70] *Bea/Göbel*, Organisation, S. 259 f.; Handbuch der angewandten Psychologie-*Kühlmann*, 2 f.

Aufgabensynthese entsteht ein Regelsystem, das die Art und den Grad der *Spezialisierung* (d.h. Arbeitsteilung) der Organisation wiedergibt. Verrichtungen und Objekte als Merkmale der Spezialisierung stehen dabei für eine Differenzierung, die sich am sachlichen Inhalt der Organisationsaufgaben orientiert.

Mit dem Kriterium des Ranges kommen zudem die Leitungsstrukturen in den Blick. Dadurch, daß zwischen Leitungs- und Ausführungsaufgaben differenziert wird[71], entsteht mit der Stellenbildung zugleich ein System über-, unter- und nebengeordneter Stellen, das sich in seiner Gesamtheit zum *Leitungssystem* der Organisation zusammenfügt.[72] Eng hiermit verbunden ist die Frage der *Delegation*, die ebenfalls als Teil der Organisationsstruktur angesehen wird. Delegation wird in der Organisationslehre als Übertragung von Kompetenzen (hier verstanden als Rechte, Vollmachten) definiert.[73] Übertragen in die juristische Terminologie geht es also um die konkrete Regelung der Aufgaben und Befugnisse, die mit einer Stelle verbunden sind.

Der Zweck des Instruments der Delegation wird in einer Entlastung der Unternehmensspitze gesehen. Die Regelung der Delegation hat erheblichen Einfluß auf das innerorganisatorische Machtgefüge. Werden im Zuge einer Reorganisation viele Kompetenzen an die Mitarbeiter delegiert, läßt dies auf eine flache Hierarchie (Dezentralisation) schließen, die nicht ohne Folgen ist. Hiermit einhergehen kann z.B. ein Macht- und Statusverlust der klassischen hierarchischen Instanzen, was wiederum zu einer Demotivation führen kann (z.B. geringere Bedeutung der Positionen als Meister oder Vorarbeiter bei der Einführung von Gruppenarbeit).[74]

Anknüpfend an die Art der aus einer Stelle folgenden Kompetenzen ist auf eine weitere grundlegende Differenzierung aufmerksam zu machen. Ist eine Stelle mit fachlichen Leitungsbefugnissen, d.h. Entscheidungs- und Weisungsbefugnissen versehen, wird von sog. *Linienfunktionen* gesprochen. Hiervon zu unterscheiden sind sog. *Stabsfunktionen*, die jedenfalls in ihrer reinen Form nicht über solche Kompetenzen verfügen. Aufgabe von Stabsstellen ist die Untersützung der Entscheidungsträger „in der Linie". Sie haben in diesem Zusammenhang etwa Entscheidungsprobleme zu analysieren, die notwendigen Informationen zu beschaf-

[71] Ein Beispiel für eine solche Differenzierung nach dem Rang der Aufgabe ist die Abteilungsbildung, wo mehrere Stellen zu einer größeren organisatorischen Einheit zusammengefaßt werden, die von einem Abteilungsleiter, z.B. einem Meister geleitet wird. Vgl. hierzu auch *Kieser/Kubicek*, Organisation, S. 80 ff.

[72] *Kieser/Kubicek*, Organisation, S. 82; *Bea/Göbel*, Organisation, S. 82.

[73] *Bea/Göbel*, Organisation, S. 260.

[74] Instruktiv hierzu z.B. *Kuhn*, WSI Mitteilungen 1996, 105 ff; *Rosner*, Die BG 1997, 32 ff. (inbes. 34); *Prax.-Kommentar-Schmidt*, Physiologische u.a. ausgewählte Aspekte des Arbeitsschutzes, Rdnr. 185.

fen und Lösungsvorschläge zu unterbreiten. Die Sachentscheidung selbst bleibt dabei in der Verantwortung der zuständigen Linieninstanzen.[75]

Um eine Gesamtaufgabe (z.B. Fertigung von Produkten) arbeitsteilig erledigen zu können, bedarf es notwendigerweise der Abstimmung der beteiligten Stellen. In der Organisationslehre werden die hiermit zusammenhängenden Fragen unter dem Oberbegriff der *Koordination* thematisiert.[76] Es ist hierbei zu diffenzieren zwischen Instrumenten der Fremdkoordination und Instrumenten der Selbstkoordination.[77] Fremdkoordination bedeutet in diesem Zusammenhang, daß die Abstimmung nicht von den betroffenen Mitarbeitern selbst vorgenommen wird, sondern quasi als Ausdruck der hierarchischen Beziehungen der Organisation von außen (vor)bestimmt wird. Als Instrumente der Fremdkoordination sind persönliche Weisungen, Programme (Verfahrensanweisungen) und Pläne (Zielvorgaben) zu unterscheiden.[78]

Instrumente der Selbstkoordination beruhen demgegenüber nicht auf den hierarchischen Beziehungen der Organisation[79], sondern zielen auf die wechselseitige Abstimmung der betroffenen Stellen. In den klassischen Organisationsstrukturen erfolgte die Koordination durch Selbstabstimmung vor allem auf der Ebene der Unternehmensleitung, etwa in Gestalt der gemeinschaftlichen Geschäftsführung durch den Vorstand einer AG (§ 77 AktG). In modernen Konzepten der Unternehmens- bzw. Betriebsorganisation (lean-production, Gruppenarbeit) kommt der Koordination durch Selbstabstimmung auch im Bereich der Produktion eine zunehmende Bedeutung zu. Dies ist verbunden mit der Erwartung schnellerer und kompetenterer Entscheidungen (Flexibilität) und einer Erhöhung der Motivation der Mitarbeiter aufgrund des erweiterten Handlungsspielraums.[80] Selbstabstimmungsprozesse laufen nicht regellos ab. Sie sind in der formalen Organisationsstruktur als Koordinationsinstrumente vorgesehen und normalerweise an bestimmte Verfahrensweisen gebunden, die den Rahmen für die notwendigen Abstimmungen bilden (Einrichtung von „Kommunikationskanälen", Ausschüsse, Zirkel, Abteilungsbesprechungen etc.).[81]

---

[75] Vgl. zum Ganzen *Bea/Göbel*, Organisation, S. 237 ff.; *Kieser/Kubicek*, Organisation, S. 135 ff.

[76] Vgl. hierzu etwa *Kieser/Kubicek*, Organisation, S. 95 ff.; Handbuch der Angewandten Psychologie-*Kühlmann*, 5 ff.

[77] *Bea/Göbel*, Organisation, S. 264.

[78] *Bea/Göbel*, Organisation, S. 260 ff.; Handbuch der Angewandten Psychologie-*Kühlmann*, 5 ff.

[79] Hiermit ist indes nicht gesagt, daß die hierarchischen Strukturen für die Koordination durch Selbstabstimmung bedeutungslos wären. Die hierarchischen Beziehungen geben in diesem Zusammenhang häufig die Rahmenbedingungen für den Umfang und die Art und Weise der Selbstabstimmung vor. Vgl. hierzu *Kieser/Kubicek*, Organisation, S. 106 f.

[80] *Bea/Göbel*, Organisation, S. 272 f.; *Kieser/Kubicek*, Organisation, S. 110.

[81] Vgl. etwa *Kieser/Kubicek*, Organisation, S. 107 ff.; Handbuch der Angewandten Psychologie-*Kühlmann*, 6.

Aus der Gesamtsicht der dargestellten Parameter „Spezialisierung“, „Leitungssystem und Delegation“ sowie der „Koordination“ ergibt sich schließlich die *Aufbauorganisation*, die in vielen Unternehmen in Form eines Organigramms schriftlich festgehalten ist. Die Aufbauorganisation ist als stabile Struktur zu verstehen, in der abstrakt die verschiedenen Aufgaben bestimmten Stellen zugewiesen werden und die notwendigen Koordinationsregeln getroffen werden. Die Stabilität dieser formalen Organisationsstruktur beruht im wesentlichen darauf, daß die Stellenbildung, jedenfalls idealtypisch, aufgaben- und nicht personenbezogen erfolgt. Eine Stelle existiert also unabhängig davon, ob sie im Laufe der Zeit von verschiedenen Personen ausgefüllt wird, etwa weil ein Mitarbeiter aus dem Unternehmen ausgeschieden ist.[82]

Die Aufbauorganisation wird ergänzt durch die *Ablauforganisation*, die sich mit der Umsetzung der allgemein festgelegten Aufgaben in konkrete Arbeitsschritte befaßt. Abstrakt gesprochen bedeutet dies, daß die „Prozeduren für die Willensbildung und Entscheidungsfindung“[83] zu regeln sind. Im Gegensatz zur Aufbauorganisation, die die Festlegung einer stabilen, auf Dauer angelegten Struktur zum Gegenstand hat, geht es hierbei um die Gestaltung von konkreten Prozessen. Gegenstand der Ablauforganisation ist es kurz gesagt, die erforderlichen Arbeitsschritte zur Erledigung der Aufgaben zu analysieren und sie in eine effiziente Abfolge unter sachlichen, räumlichen und zeitlichen Aspekten zu bringen. So sind etwa im Rahmen der arbeitsteiligen industriellen Fertigung die Arbeitsabläufe so zu strukturieren und koordinieren, daß lange Liegezeiten der bearbeiteten Objekte vermieden werden, die Transportwege sicher und kurz sind und die vorhandenen Kapazitäten möglichst umfassend genutzt werden können.[84]

2. *Informale Aspekte von Organisationen*

Die vorstehenden Ausführungen können leicht den Eindruck vermitteln, daß Organisationen wie Maschinen funktionieren. Die durch die Aufbauorganisation abgebildete formale Organisationsstruktur hätte bei einem solchen Verständnis die Funktion eines Bauplans oder einer Blaupause. In der Tat findet sich in einer Reihe – vornehmlich älterer – organisationstheoretischer Ansätze ein derartiges mechanistisches Bild der Organisation.[85] Es hat sich heute aller-

[82] *Bea/Göbel*, Organisation, S. 247; *Kieser/Kubicek*, Organisation, S. 76.

[83] *Schmidt-Preuß*, DÖV 2001, 45 ff. (47).

[84] Zum Ganzen vgl. *Bea/Göbel*, Organisation, S. 286 ff., mit Hinweisen auf den Bedeutungszuwachs der Ablauforganisation in jüngeren prozeßorganisatorischen Organisationskonzepten. Entgegen dem klassischen Verständnis folgt die Ablauforganisation danach nicht aus der Aufbauorganisation, sondern ist vielmehr Grundlage für die Gestaltung der formalen Organisationsstruktur (vgl. S. 232 f.; 308 ff.). Die sog. Prozeßorganisation wird u.a. als Konzept zur Flexibilisierung verstanden, um z.B. der wachsenden Individualisierung der Kundenwünsche und den kürzeren Produktlebenszyklen Rechnung zu tragen.

[85] Vgl. hierzu auch *Kieser* (Hrsg.), Organisationstheorien, S. 2; instruktiv in diesem Zusammenhang sind die Metaphern der Organisation im Zusammenhang mit der Dar-

dings die Erkenntnis durchgesetzt, daß das Bild der Maschine, bei dem sozusagen ein Rädchen nach den Gesetzen der Mechanik in das andere greift, unzureichend ist, um das Phänomen „Organisation“ zu erklären.[86]

Die Maschinenmetapher blendet aus, daß in Organisationen Menschen interagieren, deren Verhalten nicht ohne weiteres durch formale Strukturen punktgenau auf ein gemeinsames (Organisations)ziel ausgerichtet werden kann. Die Organisationsmitglieder verfolgen normalerweise eigene Interessen und Ziele, die nicht notwendigerweise mit denen der Organisation als Institution, also dem Betrieb oder Unternehmen sowie denen anderer Organisationsmitglieder im Einklang stehen.[87] Insbesondere die Vertreter einer interpretativen Organisationstheorie haben aufgezeigt, daß die Divergenzen der eigenen Ziele mit denen der Organisation und der anderen Organisationsmitglieder nicht ohne Auswirkungen auf das Handeln in kollektiven Zusammenhängen bleibt. Für die sich hieraus ergebenden Konsequenzen für das Verhalten von Organisationen und in Organisationen gibt es eine Fülle von Erklärungsansätzen.[88] In diesem Rahmen sollen einige kurz referiert werden, die insbes. Rückschlüsse auf die Wirkungsweise organisationsbezogener Rechtsvorschriften zulassen.

So werden aufgrund der unterschiedlichen Perspektiven und Ziele der Organisationsmitglieder (also z.B. Unternehmer, Führungskraft, Mitarbeiter) Interaktionen in organisatorischen Zusammenhängen als permanente Aushandlungsprozesse gesehen. Bei diesen geht es darum, jeweils situativ einen Konsens zu erzielen, durch den die divergierenden Perspektiven (partiell) harmonisiert werden.[89] Diese Aushandlungsprozesse sind nicht so zu verstehen, daß sich, was auch kaum realistisch wäre, gleichberechtigte Partner mit gleichen Durchsetzungschancen gegenüberstünden.[90] Sie erfolgen nach der Theorie der sozialen Regelsysteme vielmehr im Rahmen von Regeln, die die verschiedenen Akteure quasi positionieren. Als relevante Regelsysteme werden in diesem Zusammenhang etwa das Recht (hier hat naturgemäß die Eigentumsfrage besonderes Gewicht), anerkannte Umgangsformen oder die Unternehmensorganisation ge-

---

stellung der verschiedenen organisationstheoretischen Ansätze bei *Bea/Göbel*, Organisation, sowie die Synopse auf den Seiten 205-207. Zur Entwicklung der Organisationstheorien weg von mechanistischen Deutungen der Organisation vgl. auch *Kohte*, Betrieb und Unternehmen unter dem Leitbild des Organisationsvertrags, S. 81 ff.

[86] Vgl. insoweit dezidiert *Crozier/Friedberg*, Die Zwänge kollektiven Handelns, S. 25 ff.; auch *Bea/Göbel*, Organisation, S. 87.

[87] Vgl. hierzu auch *Crozier/Friedberg*, Die Zwänge kollektiven Handelns, S. 56 ff.; *Wollnik*, Interpretative Ansätze in der Organisationstheorie, 311; *Kieser/Kubicek*, Organisation, S. 5 f.

[88] Hierzu z.B. *Wollnik*, Interpretative Ansätze in der Organisationstheorie, S. 304 ff., *Wollnik* weist in einer Übersicht (S. 305) allein auf 14 Ansätze hin; *Bea/Göbel*, S. 165 ff.

[89] *Wollnik*, Interpretative Ansätze in der Organisationstheorie, 311 f.

[90] *Bea/Göbel*, Organisation, S. 169; *Kohte*, Betrieb und Unternehmen unter dem Leitbild des Organisationsvertrags, S. 89 ff.

nannt.[91] Da die zu beachtenden Regeln stets verschieden interpretierbar und interpretationsbedürftig sind, besteht der Aushandlungsprozeß darin, festzulegen, welche Bedeutung ihnen in einer bestimmten Situation zukommen soll.[92]

Um das Aushandeln von Zielen durch Organisationsmitglieder geht es im Kern auch in einem zweiten Erklärungsansatz, auf den hier kurz eingegangen werden soll. Es handelt sich dabei um die Konzeption von *Crozier & Friedberg*, in der die zuvor angesprochenen Regelsysteme lediglich als eine von mehreren Einflußgrößen zum Tragen kommen. Im Zentrum der Aufmerksamkeit stehen für sie aber die Bedingungen, unter denen die kollektiven Aushandlungsprozesse stattfinden. Ausgangspunkt der Überlegungen ist das Phänomen „Macht". *Crozier & Friedberg* verstehen Macht ganz allgemein als die für bestimmte Individuen bzw. Gruppen verfügbare Möglichkeit, auf andere Individuen oder Gruppen einzuwirken. Macht ist danach in einem positiven, die menschliche Individualität und Autonomie sichernden Sinn, als Möglichkeit und Recht des Akteurs zu sehen, sich anders zu verhalten, als es von ihm erwartet wird.[93] Sie ist kein Attribut eines Menschen, sondern beschreibt eine *Beziehung* zweier oder mehrerer Akteure.[94] Das Verhalten in einem kollektiven Zusammenhang wie einer Organisation ist demzufolge regelmäßig als Handeln innerhalb von Machtbeziehungen zu verstehen. Der Handlungsspielraum des Einzelnen, in dem er seine eigenen Interessen und Ziele im kollektiven Zusammenhang verfolgen kann, wird deshalb ganz wesentlich durch seine Macht beschrieben.

Zur Veranschaulichung der Interaktion wählen *Crozier & Friedberg* die Metapher des Spiels. Das Spiel ist danach als ein von Menschen geschaffenes Instrument zu sehen, um ihre Zusammenarbeit zu regeln und das dabei Freiheit und Zwang vereint. Der Spieler bleibt danach grundsätzlich frei. Er muß aber, um das Spiel zu gewinnen (d.h. um seine Interessen zur Geltung zu bringen) die ihm auferlegten Zwänge (Spielregeln), die sich aus den strukturellen Bedingungen der Organisation ergeben, zumindest zeitweise akzeptieren.[95] Die für die Durchsetzung von Interessen wichtige Macht der Akteure, die zugleich ihre Handlungsfähigkeit umreißt, findet ihre Begründung in der Kontrolle von sog. organisatorischen Ungewißheitszonen.[96]

Solche Ungewißheitszonen, die damit die Quellen von Macht in Organisationen bilden, finden sich im wesentlichen unter vier Aspekten: Spezifischem Sachwissen, aus Beziehungen zur Umwelt der jeweiligen Organisation, aus der Kontrolle oder Teilhabe an Informationen oder Informationskanälen und

---

[91] *Wollnik*, Interpretative Ansätze der Organisationstheorie, S. 314.

[92] Vgl. auch *Wollnik*, Interpretative Ansätze der Organisationstheorie, S. 315; *Bea/Göbel*, Organisation, S. 169.

[93] *Crozier/Friedberg*, Die Zwänge kollektiven Handelns, S. 18.

[94] *Crozier/Friedberg*, Die Zwänge kollektiven Handelns, S. 39.

[95] *Crozier/Friedberg*, Die Zwänge kollektiven Handelns, S. 68 f.

[96] *Crozier/Friedberg*, Die Zwänge kollektiven Handelns, S. 47.

schließlich aus den formalen und informellen Regeln der Organisation.[97] Im Gegensatz zur zuvor beschriebenen Theorie der sozialen Regelsysteme knüpfen *Crozier & Friedberg* also nicht nur an die geschrieben oder ungeschrieben vorgegebenen Regeln der Organisation an, die im Rahmen des Aushandlungsprozesses zwischen den Akteuren auszulegen sind, sondern führen insbes. mit dem Aspekt „Macht" weitere Gesichtspunkte ein, die das Verhalten in Organisationen mitbestimmen.[98]

Die Erkenntnisse interpretativer Organisationstheorien bleiben nicht ohne Auswirkungen auf die Bewertung der Rolle der oben dargestellten formalen Organisationsstrukturen. Zunächst wird klar, daß es nicht hinreichend ist, die Funktionsweise einer Organisation, wie z.B. einem Betrieb, durch die formale Organisationsstruktur zu beschreiben. Die formalisierten Regelungen der Organisation sind insofern nur eine Einflußgröße, die im Zusammenhang mit anderen, nicht formalisierten Aspekten, zu sehen sind.[99] Rechtliche Anforderungen an die Aufbauorganisation sind deswegen z.B. nicht quasi automatisch mit der Realisierung eines bestimmten Erfolges verbunden. Sofern solche Rechtsvorschriften greifen, wirken sie auf das innerorganisatorische Gefüge der Akteure ein und beeinflussen so die Interaktionen bzw. Interaktionsmöglichkeiten der Organisationsmitglieder.

Des weiteren ist ein primär instrumentelles Verständnis der Organisation als Medium zur arbeitsteiligen Realisierung bestimmter vorgegebener Ziele zu relativieren. Versteht man die Interaktionen innerhalb der Organisation mit den interpretativen Ansätzen als Aushandlungsprozesse und damit als Handlungssystem, steht nicht nur die Zielerreichung, sondern stehen auch die Ziele der Organisation zur Disposition der Akteure.[100] Hiermit ist, wie bereits ausgeführt, nicht gesagt, daß bestimmte Akteure – insbesondere diejenigen, die die formalen Organisationsstrukturen prägen können – nicht weitaus größere Möglichkeiten haben, ihre Ziele durchzusetzen.[101] Es ist allerdings Abstand zu nehmen von einer Vorstellung, wonach durch organisierende Maßnahmen eine völlige

---

[97] Vgl. im einzelnen *Crozier/Friedberg*, Die Zwänge kollektiven Handelns, S. 50 ff.

[98] Für *Crozier/Friedberg* sind die „Spielregeln" unter denen die Akteure agieren nicht vorgegeben. Sie werden vielmehr durch das Spiel selbst erzeugt und sind das Ergebnis einer Reihe von Spielen. Man kann also sagen, daß das gegenwärtige und zukünftige Handeln auf den Erfahrungen und den in der Vergangenheit generierten Machtbeziehungen bestimmt wird. Vgl. insofern *Crozier/Friedberg*, Die Zwänge kollektiven Handelns, S. 68 f.

[99] *Bea/Göbel*, Organisation, S. 168 f.; *Wollnik*, Interpretative Ansätze der Organisationstheorie, 314 f.

[100] *Wollnik*, Interpretative Ansätze der Organisationstheorie, 308; *Crozier/Friedberg*, Die Zwänge kollektiven Handelns, S. 57.

[101] *Bea/Göbel*, Organisation, S. 169; *Crozier/Friedberg*, Die Zwänge kollektiven Handelns, S. 49 f.

Determinierung arbeitsteiligen, d.h. kollektiven Handelns, möglich wäre. Treffender ist es von einer *Beeinflussung* der Akteure und Gruppen einer Organisation (Betrieb, Unternehmen) durch formale und informelle Regelungen, bzw. durch die Beherrschung von Machtquellen im vorstehend ausgeführten Sinne zu sprechen. Zu welchem Ergebnis der in diesem Rahmen erfolgende Aushandlungsprozeß führt, m.a.W. wie sich die Organisationsmitglieder und die Organisation als Institution verhalten ist ungewiß (kontingent), da die Interessen der Akteure und die Art und Weise, wie sie, um die Spielmetapher noch einmal aufzugreifen, das Spiel spielen, nicht vorhersehbar sind.[102]

Es ist darauf zu verweisen, daß sich aus dieser, einer jeden Organisation immanenten, Eigendynamik, Schwierigkeiten für die Auslegung von organisationsbezogenen Rechtsnormen ergeben. Da es nur sehr bedingt verallgemeinerbare Regeln über das Verhalten von Organisationen gibt, läßt sich nicht ohne weiteres im Wege einer einfachen Tatbestandssubsumtion beurteilen, ob eine Organisation die an sie formulierten gesetzlichen Schutzziele rechtskonform realisiert.[103]

C. Organisation und technisches Sicherheitsrecht – eine Bestandsaufnahme

Auch wenn die betriebliche Sicherheit und Gesundheit lange Zeit primär als technisches Problem gedeutet wurde, bedeutet dies nicht, daß das Sicherheitsorganisationsrecht „geschichtslos" ist. Rechtliche Anforderungen an die Organisation spielen nicht erst seit heute eine Rolle bei der rechtlichen Bewertung von Gefahren und Schädigungen, die im Zusammenhang mit arbeitsteiligem Handeln stehen. Wichtige Impulse gehen seit langem vom Haftungsrecht aus, wo zuerst organisatorische Aspekte als Elemente der deliktischen Zurechnung herangezogen worden sind.[104] Lange Zeit dominierte dabei das zivile Haftungsrecht. Angestoßen durch die Lederspray-Entscheidung des Bundesgerichtshofs[105], hat die Frage der Schadenszurechnung unter den Bedingungen der Arbeitsteilung seit dem Ende der 1980iger Jahre auch im Bereich des Strafrechts vermehrt Interesse gefunden.[106]

Etwa seit Mitte der 1970er Jahre, nicht zuletzt befördert durch eine Reihe schwerer industrieller Störfälle, sind organisatorische Aspekte der Sicherheit zunehmend auch außerhalb des Haftungsrechts aufgegriffen worden. Für diese

---

[102] Wolnik, Interpretative Ansätze der Organisationstheorie, 308 f.; *Bea/Göbel*, Organisation, S. 168; *Crozier/Friedberg*, Die Zwänge kollektiven Handelns, S. 177, sprechen in diesem Zusammenhang von der „radikalen Unbestimmtheit sozialen Handelns".

[103] Hierzu auch eingehend *Spindler*, in: Privatrecht im „Risikostaat", S. 99 ff. (107 f.).

[104] Hierzu auch, JZ 1995, 643 ff. (644).

[105] BGH, NJW 1990, 2560 ff.

[106] *Kassebohm/Malorny*, BB 1994, 1361 ff.; Salje, BB 1993, 2297 ff. (2298 ff.); *Schünemann*, UTR 26, 137 ff.; speziell zum Arbeits- und Gesundheitsschutz, OLG *Naumburg*, NStZ 1996, 229 ff.; *Benz*, BB 1988, 2237 ff. (2241 f.); ders. BB 1991, 1185 ff.

Entwicklung stehen rechtliche Regelungen über diverse Betriebsbeauftragte für Umweltschutz (z.B. §§ 53 ff. BImSchG; 21 a ff. WHG), die organisatorischen Regelungen des ASiG, Mitteilungspflichten über die Betriebsorganisation, die Herausbildung des Störfallrechts oder das Öko-Audit. Vor allem in der umweltrechtlichen Diskussion ist diese Entwicklung, deren Ende noch nicht absehbar ist, relativ breit diskutiert und intensiv analysiert worden.[107] *Köck* charakterisiert sie plakativ als „Entdeckung der Betriebsorganisation durch das Umweltrecht".[108]

Im Bereich des Arbeitsschutzrechts haben Aspekte der Betriebsorganisation nicht in gleichem Maße Aufmerksamkeit gefunden. Obgleich schon im Zusammenhang mit § 120 a GewO a.F. einzelne organisatorische Aspekte erörtert wurden[109], konzentrierte sich die Diskussion um die Arbeitsschutzorganisation vor allem auf das ASiG und die Sicherheitsbeauftragten (§§ 719 RVO a.F./22 SGB VII). Die dort vorgesehenen Rollen der Betriebsärzte, Fachkräfte für Arbeitssicherheit und Sicherheitsbeauftragten wurden vielfach mehr oder weniger ausschließlich herangezogen, um die rechtlich gebotene Arbeitsschutzorganisation zu beschreiben.[110] Nachdem nunmehr aber § 3 Abs. 2 ArbSchG ausdrücklich eine Organisationspflicht des Arbeitgebers normiert, stellt sich die Frage, ob sich diese tatsächlich darin erschöpft, nach Maßgabe des ASiG Betriebsärzte und Sicherheitsfachkräfte zu bestellen oder einen Arbeitsschutzausschuß einzurichten.

§ 3 Abs. 2 ArbSchG bietet kaum Anhaltspunkte dafür, was unter einer geeigneten Organisation zu verstehen sein soll. Es ist deshalb angebracht, zunächst einen Blick darauf zu werfen, welche konkreten rechtlichen Anforderungen an die (betriebliche) Organisation in der skizzierten haftungs-, umwelt- und arbeitsschutzrechtlichen Diskussion herausgearbeitet worden sind.

I. Haftungsrecht

Die Frage nach den rechtlich gebotenen organisatorischen Vorkehrungen stellt sich im Haftungsrecht, wenn aus einem arbeitsteiligen Zusammenwirken heraus Schäden entstehen. Regelmäßig geht es um die Erfolgs- bzw. Verhaltenszurechnung gegenüber – natürlichen oder jurisitschen – Personen, die zwar

[107] Vgl. hierzu jüngst etwa *Rehbinder*, ZHR 2001, 1 ff.; außerdem den Überblick bei *Renken*, KJ 1994, 218 ff. Der Stellenwert organisatorischer Fragen wird etwa auch deutlich bei der Systematisierung der Instrumente des Umweltrechts im Lehrbuch von *Kloepfer*, der die genannten Regelungen unter dem Begriff der „Instrumente der Betriebsorganisation" systematisch zusammenfaßt. Vgl. insoweit *Kloepfer*, Umweltrecht, § 5, Rdnrn. 318 ff.

[108] So die Überschrift des Beitrages von, ZUR 1995, 1 ff.

[109] Vgl. insoweit etwa *Landmann/Rohmer-Meyer*, § 120 a GewO, Rdnr. 11, der darauf hinweist, daß der Arbeitgeber den ordnungsgemäßen Zustand der Schutzeinrichtungen überwachen muß und Instandsetzungs- und Wartungsarbeiten durchzuführen sind.

[110] Vgl. z.B. *Fitting/Kaiser/Heither/Engels*, BetrVG (18. Auflage), Vor. § 89, Rdnr. 29; weitergehend bereits *MünchArbR-Wlotzke* (1. Auflage), § 201, Rdnrn. 1 ff.

nicht unmittelbar gehandelt haben, denen aber aufgrund ihrer Stellung im Rahmen der (betrieblichen) Arbeitsteilung ein prägender Einfluß auf die Geschehensabläufe zukommt. Dies gilt für das Zivilrecht wie auch für das Strafrecht gleichermaßen. Im Rahmen dieser Untersuchung kann nicht im Detail auf die umfangreichen dogmatischen Diskussionen und die vielfältige Kasuistik haftungsrechtlicher Organisationspflichten eingegangen werden. Es geht allein um einen Überblick, welche konkreten Anforderungen an die Gestaltung der Organisation sich herausgeprägt haben.

1. Zivilrechtliche Organisationspflichten

Organisationspflichten spielen bei einer ganzen Reihe zivilrechtlicher Fragen eine Rolle. Hingewiesen sei insoweit nur auf die Frage der Wissenszurechnung innerhalb einer Organisation (§ 166 BGB) oder das Problem des groben Verschuldens im Transportrecht.[111] Von besonderem Interesse im vorliegenden Zusammenhang ist das Deliktsrecht, in dem die hier relevante Thematik der Steuerung und Kontrolle technischer Risiken im Kontext arbeitsteiligen, d.h. organisierten Zusammenwirkens beachtlichen Raum einnimmt.

a) Aufbauorganisatorische Anforderungen

Legt man die oben beschriebenen formalen Strukturierungskriterien für die Organisation zugrunde, finden sich im zivilen Haftungsrecht sowohl Anforderungen an die Aufbau- als auch an die Ablauforganisation. Aspekte der Aufbauorganisation werden vor allem mit Blick auf § 831 BGB und im Zusammenhang mit der Diskussion einer allgemeinen Organisationspflicht nach § 823 BGB thematisiert.

aa) Auswahl, Überwachung und Anleitung des Verrichtungsgehilfen nach § 831 BGB

§ 831 BGB normiert eine Haftung des Geschäftsherrn für Schäden, die durch von ihm bestellte Verrichtungsgehilfen widerrechtlich herbeigeführt worden sind. Die Vorschrift erweitert die Rechtsstellung des Geschädigten gegenüber arbeitsteilig operierenden Schädigern, da der Geschäftsherr unter den Voraussetzungen des § 831 BGB auch für Schäden einstehen muß, die nicht von ihm selbst, sondern durch die von ihm eingesetzten Personen herbeigeführt worden sind. Die Zurechnung des Verhaltens des Verrichtungsgehilfen erfolgt anders als bei § 278 BGB nicht unbedingt i.S. einer Garantiehaftung für fremdes Verschulden. Haftungsgrund des § 831 BGB ist vielmehr die schuldhafte Verlet-

---

[111] Umfassend zu den privatrechtlichen Organisationspflichten, *Spindler*, Unternehmensorganisationspflichten, S. 599 ff.

zung eigener Verkehrspflichten durch den Geschäftsherrn, namentlich bei der Auswahl, Überwachung und Anleitung des Gehilfen.[112]

Der innere Grund dieser Verkehrspflichten liegt darin, daß der Geschäftsherr ein besonderes Gefahrenpotential dadurch geschaffen hat, daß er andere für sich arbeiten läßt und er aufgrund seiner exponierten Stellung in der Lage ist, dieses Gefahrenpotential insbes. durch organisatorische Regelungen zu kontrollieren.[113] Die praktische Bedeutung des § 831 BGB hängt bekanntlich ganz wesentlich davon ab, inwieweit die Möglichkeit des dezentralisierten Entlastungsbeweises zugelassen wird.[114] Läßt man ihn zu, kann sich der Geschäftsherr im Großbetrieb ohne weiteres exkulpieren, indem er nachweist, bei der Auswahl, Anleitung und Überwachung der ihm hierarchisch unmittelbar unterstellten Führungskräfte die im Verkehr erforderliche Sorgfalt beachtet zu haben. Dem anspruchsstellenden Geschädigten ist auf diese Weise jedenfalls nach Maßgabe des § 831 BGB häufig der Zugriff auf den finanzstarken Unternehmensträger verwehrt. Die hiermit verbundene und in der Sache kaum begründbare Priviligierung von großen gegenüber kleinen Unternehmen wird seit jeher kritisiert.[115]

Im Ergebnis besteht heute weitgehend Einigkeit darüber, daß auch eine Inanspruchnahme des Geschäftsherrn über die engen, durch den dezentralisierten Entlastungsbeweis gesteckten Grenzen hinaus, möglich ist. Dogmatisch geschieht dies entweder dadurch, daß höhere Voraussetzungen an die Führung des Entlastungsbeweises gestellt werden. So soll die Aufsichtspflicht, analog § 831 BGB, bei dezentraler Wahrnehmung von Verkehrspflichten des Geschäftsherrn auch in einer Oberaufsicht über das Personal- und Sicherheitsmanagement des Unternehmens bestehen.[116] Der zweite konstruktive und wohl überwiegend vertretene Ansatz besteht darin, die in § 831 BGB normierten Verkehrspflichten als nicht abschließend anzusehen und unmittelbar aus § 823 Abs. 1 BGB weitergehende Organisationspflichten zu entnehmen, die insbes. die soeben genannte Oberaufsicht beinhalten.[117]

---

[112] Vgl. auch RGZ 78, 107 ff. (108); BGHZ 32, 53 ff. (59); *Staudinger-Belling/Eberl-Borges*, § 831, Rdnrn. 2 f.; *Brüggemeier*, Deliktsrecht, Rdnr. 118; *Kupisch*, JuS 1984, 250 ff. (250 ff.).

[113] *Erman-Schiemann*, § 831, Rdnr. 2; *Staudinger-Belling/Eberl-Borges*, § 831, Rdnr. 2; *MüKo-Stein*, § 831, Rdnr. 3.

[114] Für die Möglichkeit des dezentralisierten Entlastungsbeweises etwa BGHZ 4, 1 ff. (2 ff.); RGZ 78, 107 ff. (109); hiervon abrückend BGH, NJW 1968, 247 ff. (248) – Schubstrebe –; BGH NJW 1973, 1602 ff. (1603) – Feuerwerkskörper –.

[115] Hierzu nur *Kupisch*, JuS 1984, 250 ff. (254 ff.); *MüKo-Stein*, § 831, Rdnr. 66; *Erman-Schiemann*, § 831, Rdnr. 21.

[116] In diesem Sinne *Staudinger-Belling/Eberl-Borges*, § 831, Rdnrn. 10 ff.; *Canaris*, Festschrift Larenz, 27 ff. (82).

[117] *Brüggemeier*, Deliktsrecht, Rdnrn. 508 ff.; *Kleindiek*, Deliktshaftung und juristische Person, S. 295, *Kupisch*, JuS 1984, 250 ff. (256); BGHZ 32, 53 ff. (59); BGH, NJW 1968, 247 ff. (248) – Schubstrebe –; OLG Düsseldorf, VersR 1983, 862; OLG Stuttgart, NJW-RR 2000, 752 ff. (753).

Vor dem Hintergrund der heute im Rahmen der verschuldensabhängigen Produkthaftung anerkannten Beweislastverteilung, die im Ergebnis – wie auch § 831 Abs. 1 BGB – von der Beweislast des Produzenten ausgeht, unterscheiden sich beide Begründungsansätze im Ergebnis häufig nicht.[118]

Es bedarf im vorliegenden Zusammenhang keiner ausdrücklichen Stellungnahme zum vorstehend skizzierten Problemkomplex. Da es vornehmlich um die Untersuchung des inhaltlichen Gehalts von Organisationspflichten geht, spielen die dogmatischen Begründungsansätze keine tragende Rolle. Wenn nachfolgend zunächst die Anforderungen an die Organisation vorgestellt werden, die vor allem im Zusammenhang mit § 831 BGB entwickelt worden sind, geschieht dies also nicht, um eine Auffassung zu präferieren. Erhellend für den vorliegenden Kontext ist, daß die intensiven Bemühungen, die mit dem dezentralisierten Entlastungsbeweis verbundenen unbefriedigenden Ergebnisse zu vermeiden, darauf hinweisen, daß die in § 831 Abs. 1 BGB explizit normierte Pflicht zur sorgfältigen Auswahl und Anleitung von Verrichtungsgehilfen nur eine bestimmte Ebene von Organisationspflichten abdeckt. Die Differenzierung zwischen speziellen Verkehrspflichten des § 831 Abs. 1 BGB und allgemeinen Verkehrspflichten nach § 823 Abs. 1 BGB dient hier vor allem der Verdeutlichung und Systematisierung des gesamten Spektrums der haftungsrechtlichen Organisationspflichten und ihrer unterschiedlichen Anknüpfungspunkte.

(1) Auswahl der Verrichtungsgehilfen

Um den Entlastungsbeweis nach § 831 Abs. 1 Satz 2 BGB führen zu können, bedarf es zunächst der im Verkehr erforderlichen Sorgfalt bei der Auswahl des Gehilfen. Hierzu ist es erforderlich, daß sich der Geschäftsherr von der Eignung, d.h. den fachlichen Fähigkeiten und der Zuverlässigkeit des Gehilfen selbst überzeugt.[119] Zweifel müssen insoweit immer dann bestehen, wenn Arbeitnehmer mit Arbeiten betraut werden, die nicht voll ihrer Berufsausbildung oder ihren im übrigen erkennbaren Fähigkeiten entsprechen.[120] Gleiches gilt, wenn sich ein Beschäftigter trotz formaler Qualifikation nur als bedingt geeignet erweist.[121] Sofern für die Ausführung der betreffenden Verrichtung nicht der Nachweis einer besonderen Qualifikation vorausgesetzt wird, schließen derartige Zweifel eine

[118] Zur Beweislast bei der verschuldensabhängigen Produkthaftung, vgl. nur *Erman-Schiemann*, § 823, Rdnrn. 120 f.; BGHZ 51, 91 ff. (104 ff.) – Hühnerpest –; BGHZ 116, 104 ff. (107 ff.) – Kleinbetrieb –; BGH, NJW 1999, 1028 ff. (1029).

[119] OLG Koblenz, VersR 1983, 886 f. (886) – Lötarbeiten –; *MüKo-Stein*, § 831, Rdnr. 11 ff.

[120] OLG Koblenz, VersR 1983, 886 f. (886) – Lötarbeiten –; OLG Köln, VersR 1988, 44 ff. (45 f.) – Medizinstudent –.

[121] BGH, LM, § 831 BGB, Nr. 5 a (Fa) – Lokführer –; hierzu auch *von Westphalen*, in: Das Recht zur Qualität, 87 ff. (169).

Auswahl des Gehilfen zwar nicht per se aus.[122] Es bedarf dann aber einer besonders intensiven Einweisung, Einarbeitung und Erprobung[123], bis Gewißheit besteht, daß die gestellten Anforderungen an die Eignung tatsächlich erfüllt sind.

Ist eine solche intensive Einweisung des Verrichtungsgehilfen nicht möglich, weil es hierzu spezieller Fachkenntnisse bedarf, über die der Geschäftsherr selbst nicht verfügt, muß dem Gehilfen die Gelegenheit gegeben werden, sich in angemessener Weise fortzubilden, insbes. durch den Besuch entsprechender Schulungen. Außerdem ist die Tätigkeit einer strengeren Überwachung zu unterziehen.[124]

Die Art und das Maß der bei der Auswahl anzulegenden Sorgfalt hängen von den konkreten Umständen des Einzelfalls ab. Ein besonders strenger Maßstab ist immer dann anzulegen, wenn die betreffende Verrichtung mit Gefahren für die Sicherheit und Gesundheit Dritter verbunden ist.[125] Soll ein Verrichtungsgehilfe mit neuen Aufgaben betraut werden, gelten die soeben geschilderten Grundsätze entsprechend. Der Geschäftsherr ist also wiederum gehalten, sich von der Eignung seines Gehilfen zu vergewissern.

(2) Überwachung der Verrichtungsgehilfen

Es reicht nicht aus, daß der Gehilfe zum Zeitpunkt seiner Einstellung geeignet war. Der Geschäftsherr hat vielmehr dafür Sorge zu tragen, daß sein Verrichtungsgehilfe fortlaufend den Anforderungen genügt, die sich aus der ihm übertragenen Aufgabe ergeben. Auch wenn § 831 Abs. 1 BGB hierüber keine ausdrückliche Regelung enthält, besteht Einigkeit, daß Verrichtungsgehilfen planvoll zu überwachen sind.[126] Überwachung kann vor diesem Hintergrund als „Auswahl in der Zeit" verstanden werden.[127]

Art und Umfang der Überwachung richten sich nach den Umständen des Einzelfalles. Neben der Bewährung des Verrichtungsgehilfen werden in diesem Zusammenhang u.a. die berechtigten Erwartungen des Verkehrs sowie die Gefährlichkeit der Verrichtungen als Maßstäbe angelegt.[128] So kann z.B. bei Tätigkeiten

---

[122] Z.B. Fachkundenachweis als Fachkraft für Arbeitssicherheit; Eignungsnachweis für Lichtbogenschweißen; Schulungsnachweis für Gefahrgutbeauftragte, § 2 GefahrgutbeauftragtenV; vgl. auch *von Westphalen*, in: Das Recht zur Qualität, 87 ff. (169).

[123] Hierzu etwa BGH, NJW 1972, 42 f. (42) – Ölheizungsbetankung –.

[124] BGH NJW-RR 1996, 867 f. (868) – Gefahrgutkoordinator –.

[125] BGH NJW-RR 1996, 867 f. (868) – Gefahrgutkoordinator –; OLG Düsseldorf, DB 2001, 140 ff. (141) – Flughafenbrand –.

[126] BGHZ 77, 74 ff. (78); BGH, VersR 1963, 239 ff. (240 f.); BGH, VersR 1977, 84 f. (85); *Kleindiek*, Deliktshaftung und juristische Person, S. 288 f.; *Kupisch*, JuS 1984, 250 ff. (254 f.).

[127] So Staudinger-Belling/Eberl-Borges, § 831, Rdnr. 103.

[128] BGH, NJW-RR 1996, 867 f. (868) – Gefahrgutkoordinator –; *MüKo-Stein*, § 831, Rdnr. 17; *RGRK-Steffen*, § 831, Rdnrn. 41 ff.

mit hohem Schadensrisiko eine systematische Dauerüberwachung angebracht sein.[129] Im übrigen können, je nach Lage des Einzelfalls unregelmäßige und unauffällige Überprüfungen ausreichen.[130] Besondere Probleme entstehen, wenn es um die Überwachung von Verrichtungsgehilfen geht, die mit Aufgaben betraut sind, die eine besondere Expertise erfordern, über die der Geschäftsherr selbst nicht verfügt. Die neuere Rechtsprechung hat zwei Wege aufgezeigt, wie die Überwachung in solchen, auch für den betrieblichen Arbeits- und Gesundheitsschutz nicht untypischen Fällen, sicherzustellen ist. Im Gefahrgutkoordinatorfall hat sie dabei den Geschäftsherrn (und Arbeitgeber) eines Gefahrgutkoordinators für verpflichtet gehalten, sich in qualifizierter Weise berichten zu lassen, in welcher Weise die anfallenden Aufgaben erfüllt werden. Es reicht danach nicht, sich von Zeit zu Zeit über Vorfälle im Bereich der Gefahrguttransporte und über den Ausbildungsstand der Mitarbeiter informieren zu lassen. Zusätzlich bedarf es – anhand von Stichproben – konkreter Erläuterungen, welche Sicherheitsanforderungen für bestimmte Transporte zu beachten waren und welche Vorkehrungen konkret vorgenommen wurden.[131] Überwachung wird hier also dadurch bewirkt, daß Transparenz über die Tätigkeit des Verrichtungsgehilfen eingefordert wird. Die Art und Weise der Aufgabenerledigung wird auf diese Weise zumindest ein Stück weit diskutabel und beurteilbar.

Als nicht erforderlich, wenngleich auch möglich, wurde in dem angesprochenen Urteil die Überwachung des Gefahrgutkoordinators durch einen externen Experten oder Sachverständigen angesehen.[132] Diesen Weg ist das OLG Düsseldorf in seinem Flughafenbrandurteil gegangen. Hier hatte die Bauherrin, die Betreibergesellschaft des Flughafens Düsseldorf, eine Fachfirma mit Schweißarbeiten beauftragt, um Dehnungsfugen abzudichten. Durch die unsachgemäße Ausführung der Arbeiten kam es schließlich zu dem bekannten Brand des Flughafengebäudes. Die Betreibergesellschaft hat sich insbes. damit verteidigt, daß der von ihr mit der Koordination und Beaufsichtigung des Bauvorhabens beauftragte Mitarbeiter – ein Architekt – vor Ort die Gefährlichkeit der Schweißarbeiten nicht habe erkennen können, weil es ihm insoweit an der Sachkunde fehlte. Das Gericht hat diese Art der Vor-Ort-Kontrolle als unzureichend bewertet und verlangt, daß Fachleute hinzugezogen werden (hier die Flughafenfeuerwehr), wenn der Aufsichtsführende nicht selbst zur Beurteilung der Situation imstande ist.[133]

Es ist damit festzuhalten, daß Art und Intensität der Überwachungspflichten am jeweiligen Einzelfall festzumachen sind. Neben Vor-Ort-Kontrollen und

[129] OLG Celle, VersR 1990, 169; BGH, VersR 1955, 746 f. (747).

[130] BGH, VersR1983, 668 (669); BGH, VersR 84, 67; OLG Köln, MDR 1996, 1019 (1020).

[131] BGH, NJW-RR 1996, 867 f. (868) – Gefahrgutkoordinator –.

[132] BGH, NJW-RR 1996, 867 f. (868) – Gefahrgutkoordinator –.

[133] OLG Düsseldorf, DB 2001, 140 ff. (143) – Flughafenbrand –.

regelmäßiger, mehr oder weniger qualifizierter Berichterstattung, kann es in bestimmten Fällen notwendig werden, fachkundige Unterstützung hinzuzuziehen. Bei der Bestimmung der erforderlichen Sorgfalt stellen Unfallverhütungsvorschriften eine wichtige Orientierungsmarke dar. Dies gilt selbst dann, wenn sie aufgrund ihres auf Mitgliedsunternehmen und Versicherte beschränkten Anwendungsbereichs nicht unmittelbar anzuwenden sind.[134]

(3) Anleitung der Verrichtungsgehilfen

Schließlich sind Verrichtungsgehilfen nach Maßgabe der Art der übertragenen Verrichtung sorgfältig anzuleiten.[135] Hierzu zählen konkrete Weisungen, wie die fraglichen Verrichtungen vorzunehmen sind oder, sofern es sich um Tätigkeiten handelt, die sich einer konkreten Anleitung entziehen, Richtlinien und Dienstanweisungen.[136] Ziel und zugleich Maßstab für Inhalt und Intensität der Anleitung sind die Sicherung der Eignung des ausgewählten Gehilfen für die vorgesehenen Tätigkeiten.[137] So ist z.B. durch eindeutige Anweisungen zu regeln, an welche Personen gefährliche Waren abgegeben werden dürfen[138], wie in bestimmten, unklaren und gefahrenträchtigen Situationen zu verfahren ist[139], welche Verhaltensmaßregeln gegenüber Dritten einzuhalten sind[140] oder an welchen Unfallverhütungs- und Bedienungsvorschriften Maschinenbediener ihr Handeln auszurichten haben.[141] Schließlich gehört zur sorgfältigen Anleitung des Gehilfen eine angemessene Information bzw. Unterweisung über die mit der Verrichtung verbundenen Gefahren.[142]

---

[134] OLG Düsseldorf, DB 2001, 140 ff. (141) – Flughafenbrand –; OLG Frankfurt/M VersR 1999, 1379 ff. (1380); *MüKo-Stein*, § 831, Rdnr. 25; entgegen der überwiegenden Auffassung in der Rechtsprechung (z.B. BGH, VersR 1969, 827 f. (828); OLG Stuttgart, NJW-RR 2000, 752 f. (753) wird man Unfallverhütungsvorschriften darüber hinaus für Mitglieder der jeweiligen Berufsgenossenschaft auch als Schutzgesetze i.S. von § 823 Abs. 2 BGB ansehen müssen, da sie für die Mitglieder verbindliches, ggf. ordnungswidrigkeitenrechtlich durchsetzbares Recht darstellen. So zutreffend *Brüggemeier*, Deliktsrecht, Rdnr. 479; offengelassen in BGH VersR 1983, 1141 ff. (1143).

[135] Hierzu etwa *Kleindiek*, Deliktshaftung und juristische Person, S. 286 f.

[136] BGH, LM, § 831 BGB Fc, Nr. 9; BGH; NJW 1972, 42 f. (42) – Betankung einer Ölheizung –; OLG Frankfurt/M, NJW-RR 1989, 794 ff. (796) – Kaufhausdetektiv –; *MüKo-Stein*, § 831, Rdnr. 20.

[137] *Kleindiek*, Deliktshaftung und juristische Person, S. 290; BGH, NJW 1988, 2298 ff. (2300) – Anleitung einer ärztlichen Berufsanfängerin.

[138] OLG Stuttgart, VersR 1984, 1978 f. (1079) – Abgabe von Zündhölzern an Kinder –.

[139] BGH, NJW 1972, 42 f. (42) – Betankung einer Ölheizung –; BGH, NJW 1988, 2298 ff. (2300) – Anleitung einer ärztlichen Berufsanfängerin –; OLG Hamburg, VersR 1983, 1057 f. (1058) – Chemikalientrommeln –.

[140] OLG Frankfurt/M, NJW-RR 1989, 794 ff. (796) – Kaufhausdetektiv –.

[141] BGH, VersR 1964, 241 ff. (243).

[142] BGH, NJW 1972, 42 f. (42) – Betankung einer Ölheizung –; BGH, LM, Nr. 9 zu § 831 BGB Fc; OLG Hamburg, VersR 1983, 1057 f. (1058) – Chemikalientrommeln –.

bb) *Schaffung einer allgemeinen Verhaltensordnung und „Oberaufsicht“ als betriebliche Organisationspflichten*

Die vorstehenden Ausführungen zu § 831 BGB kreisten ausschließlich um das Verhältnis zwischen dem Geschäftsherrn und dem Verrichtungsgehilfen. Der Fokus lag damit auf einer *konkreten bipolaren Beziehung*, die herausgelöst aus ihrem organisatorischen Kontext betrachtet wurde. Hiermit sind jedoch die spezifischen Bedingungen und vor allem auch Gefahren, die das arbeitsteilige Handeln in einem Unternehmen oder Betrieb ausmachen, nur unzureichend abgebildet.[143]

Sofern es sich nicht um einen „Zweimannbetrieb“ handelt, arbeitet eine mehr oder weniger große Anzahl von Arbeitnehmern zusammen, deren Verrichtungen aufeinander abzustimmen sind. Darüber hinaus gibt es ab einer bestimmten Unternehmensgröße zwangsläufig eine oder mehrere Hierarchieebenen unterhalb der Geschäftsführung, die, im Sinne einer vertikalen Arbeitsteilung, entsprechend ihrer Zuständigkeit für die Leitung des Betriebs verantwortlich sind. Es gibt also ein ganzes Netzwerk von Beziehungen, die es durch angemessene organisatorische Regelungen, insbes. zur Aufbau- und Ablauforganisation zu regeln gilt. Geschieht dies nicht oder nur unzureichend, können weitere Gefahren entstehen. Erinnert sei an dieser Stelle noch einmal an die eingangs dieses Teils geschilderten Ursachen großer Unfälle oder Störfälle (oben S. 198 ff.), die nicht zuletzt in unzureichenden Zuständigkeits- und Befugnisabgenzungen, nicht eindeutig geklärten Meldewegen und sonstigen Mängeln der innerorganisatorischen Kommunikation bestanden.

An diesem Punkt setzen die betrieblichen Organisationspflichten des § 823 BGB an. Ausangspunkt ist die in der Sache kaum zu bestreitende grundlegende Verkehrspflicht, daß derjenige, der einen gefährlichen Zustand dadurch herbeiführt, daß er arbeitsteiliges Handeln veranlaßt, durch entsprechende (organisatorische) Maßnahmen dafür zu sorgen hat, daß Dritte durch die hierdurch entstehenden spezifischen Gefahren nicht geschädigt werden.[144] Da die in § 831 BGB speziell geregelten Verkehrspflichten lediglich das bipolare Verhältnis des Geschäftsherrn zu seinem Verrichtungsgehilfen umfassen, nicht aber die Einbettung dieser Beziehung in das Netzwerk der Gesamtorganisation[145], muß es darüberhinausgehende Sorgfaltspflichten geben, die sich auf die Organisation als Ganzes beziehen.[146]

---

[143] In diesem Sinne auch *Kleindiek*, Deliktshaftung und juristische Person, S. 290 ff., der in diesem Zusammenhang vom pointillistischen Konzept des § 831 BGB spricht.

[144] Hierzu auch *Hassold*, JuS 1982, 583 ff. (584 f.); *Kleindiek*, Deliktshaftung und juristische Person, S. 295.

[145] Vgl. auch *Kleindiek*, Deliktshaftung und juristische Person, S. 291.

[146] Die betrieblichen Organisationspflichten sind zu unterscheiden von den körperschaftlichen Organisationspflichten (hierzu etwa *Hassold*, JuS 1982, 583 ff.; *von Bar*, Verkehrspflichten, S. 255 ff.). Das körperschaftliche Organverschulden knüpft an der

Allgemein verlangt die betriebliche Organisationspflicht nach § 823 BGB also, daß der Betrieb in einer Weise geregelt wird, daß Schädigungen, namentlich durch den Arbeitsprozeß, tunlichst vermieden werden.[147] Aus dieser sehr abstrakten Beschreibung des Inhalts der Organisationspflicht folgt im wesentlichen zweierlei: Es ist zunächst, insbes. durch Dienstanweisungen, allgemeine Anordnungen oder Richtlinien, ein Leitungssystem für den gesamten Betrieb zu installieren. Hierzu gehört es z.B. Grundregeln für die Auswahl und Aufsicht des gesamten Personals aufzustellen, ein abgestimmtes und in sich widerspruchsfreies Kompetenz- und Verantwortungsgefüge festzulegen und die Arbeitstätigkeit in einer Weise zu regeln, daß die Schutzvorkehrungen eingehalten werden und Mängel nicht nur registriert, sondern auch abgestellt werden.[148] Darüber hinaus ist die (Ober)aufsicht über das skizzierte Leitungssystem zu regeln und zu führen.[149] Beide Elemente der Organisationspflicht, also sowohl der Erlaß genereller Regelungen über die Leitung und die Beaufsichtigung des Personals als auch die Pflicht zur Oberaufsicht sind als originäre Leitungsaufgaben nicht delegierbar.[150]

Im Unterschied zu den Auswahl-, Überwachungs- und Anleitungspflichten des § 831 Abs. 1 BGB, die auf das konkrete Verhalten der Verrichtungsgehilfen im Einzelfall ausgerichtet sind, geht es bei den betrieblichen Organisationspflichten um die Begründung und Aufrechterhaltung einer grundlegenden Verhaltensordnung des Betriebes.[151] Auch wenn die Abgrenzung beider Pflichtenkreise nicht immer einfach und eindeutig ist[152], ist eine sorgfältige Differenzierung sinnvoll,

---

Pflicht einer juristischen Person an, für alle in ihrem Bereich anfallenden Aufgaben ein zuständiges Organ oder einen verfassungsmäßig berufenen Vertreter i.S. von § 31 BGB zu bestellen (vgl. z.B. BGH, NJW 1971, 1313 ff. (1314 f. – Tiefbauarbeiten –). Hintergrund ist, daß sich z.B. ein körperschaftlich organisiertes Unternehmen nicht dadurch der strikten Haftung nach § 31 BGB entziehen soll, daß es für bestimmte, in der Regel weitgehend selbständig zu erledigende Aufgaben, lediglich einen Verrichtungsgehilfen bestellt, für den sie sich unter den Voraussetzungen des § 831 Abs. 1 Satz 2 BGB exkulpieren kann. Da im Rahmen dieser Arbeit primär die Organisation der betrieblichen Arbeitsteilung von Interesse ist, bedarf es insoweit keiner eingehenderen Betrachtung.

147 *Von Bar*, Verkehrspflichten, S. 96; *Kötz/Wagner*, Deliktsrecht, Rdnr. 292.

148 Vgl. zum Ganzen auch *MüKo-Stein*, § 831, Rdnr. 24; *Hassold*, JuS 1982, 583 ff. (584 f.).

149 Hierzu BGH, NJW 1968, 247 ff. (248 f.) – Schubstrebe –; BGHZ 32, 53 ff. (59); *RGRK-Steffen*, § 831, Rdnrn. 53 ff.; *Soergel-Zeuner*, § 823, Rdnr. 214.

150 Hierzu etwa BGHZ 32, 53 ff. (59); BGH, NJW 1968, 247 ff. (248) – Schubstrebe –; *von Bar*, Verkehrspflichten, S. 270 ff.; *Kleindiek*, Deliktshaftung und juristische Person, S. 308 ff.

151 Hierzu etwa OLG Hamburg, VersR 1983, 1057 f. (1058) – Chemikalientrommeln –, das insoweit von einer generellen Leitungspflicht spricht; *Kleindiek*, Deliktshaftung und juristische Person, S. 295, 304 ff.; *Hassold*, JuS 1982, 583 ff. (585).

152 Dazu auch *Spindler*, Unternehmensorganisationspflichten, S. 702 ff.; *Kleindiek*, Deliktshaftung und juristische Person, S. 307 f.

da sich so die haftungsrechtlichen Anknüpfungspunkte im Zusammenhang mit arbeitsteiligem Handeln systematisieren lassen[153]: § 831 BGB knüpft an ein reales schädigendes Verhalten an und regelt die Frage, unter welchen Voraussetzungen (Sorgfalt bei der Auswahl, Überwachung und Anleitung) dieses Verhalten dem Geschäftsherrn haftungsrechtlich zuzurechnen ist. Für die betrieblichen Organisationspflichten ist dieses Verhalten weitgehend unbedeutend.[154] Es geht allein um die Frage, ob der Veranlasser der Arbeitsteilung bei der Regelung der Aufgaben und des Zusammenwirkens der betrieblichen Akteure die erforderliche Sorgfalt hat walten lassen. Verstöße gegen die betrieblichen Organisationspflichten und gegen die Sorgfaltspflichten nach § 831 BGB hängen damit nicht voneinander ab. Sie können nebeneinander bestehen, möglich ist aber auch die Verletzung nur einer Pflicht aus den beiden Pflichtenkreisen.[155] Um den konkreten inhaltlichen Gehalt und die Eigenständigkeit der betrieblichen Organisationspflichten zu verdeutlichen, sollen nachfolgend einige in der Rechtsprechung und Literatur herausgearbeitete Aspekte vorgestellt werden.

Zur Organisationspflicht gehört es zunächst, wie bereits erwähnt, allgemeine Anweisungen und Richtlinien zu erstellen. Dazu gehören Vorgaben, wie die Arbeiten und Aufgaben (z.B. Abwicklung von Gefahrguttransporten) durchzuführen sind, welche Informationen auszutauschen bzw. zu beschaffen sind oder grundlegende Festlegungen, wie die Arbeiten zu kontrollieren sind.[156] Der Detaillierungsgrad hängt dabei vom Gefährdungspotential ab. Bei besonders gefährlichen Arbeiten kann es notwendig werden, im Detail zu regeln, in welchen Schritten vorzugehen ist, wann und von wem Informationen über Gefahren einzuholen sind und welche Informationen als verläßlich zu bewerten sind.[157] In Ergänzung solcher schriftlicher Verfahrensanweisungen ist zudem die kontinuierliche mündliche Unterweisung der betreffenden Mitarbeiter zu gewährleisten.[158]

---

[153] Ähnlich *Kleindiek*, Deliktshaftung und juristische Person, S. 304 ff.

[154] So z.B. wenn sich nicht aufklären läßt, welches Verhalten, welchen Mitarbeiters unmittelbar schadensverursachend war, aber eindeutig ist, daß die Schädigung aus der betrieblichen Zusammenarbeit heraus herbeigeführt wurde.

[155] Hierzu *Kötz/Wagner*, Deliktsrecht, Rdnr. 293; *RGRK-Steffen*, § 831, Rdnrn. 4 ff.; vgl. auch BGH, NJW-RR 1996, 867 ff. (868) – Gefahrgutkoordinator –, wo eine Verletzung der betrieblichen Organisationspflicht nicht festgestellt werden konnte, wohl aber ein Verstoß gegen § 831 BGB; BGH, NJW 1988, 2298 ff. (2300) – Anleitung einer ärztlichen Berufsanfängerin –, wo der Krankenhausträger sowohl wegen Organisationspflichtverletzung als auch nach § 831 BGB haftete.

[156] BGH, NJW-RR 1996, 867 f. (868) – Gefahrgutkoordinator; BGH, NJW 1988, 2298 ff. (2300) – Anleitung einer ärztlichen Berufanfängerin –; *Kleindiek*, Deliktshaftung und juristische Person, S. 296 f., mit eingehenden Hinweisen auf die einschlägige Rechtsprechung.

[157] BGH, NJW 1971, 1313 ff. (1314 f.) – Tiefbauarbeiten –.

[158] OLG Hamburg, VersR 1983, 1057 f. (1058) – Chemikalientrommel –.

Die Beachtung dieser allgemeinen organisatorischen Regelungen ist im Rahmen der Oberaufsicht durch den Verkehrssicherungspflichtigen zu beobachten und zu kontrollieren. Entscheidend ist es in diesem Zusammenhang darauf zu achten, daß die Organisationsregeln tatsächlich ihrem Zweck entsprechend von den betreffenden betrieblichen Akteuren internalisiert werden und sie nicht lediglich zum Zwecke der – vermeintlichen Haftungsabsicherung formal gehandhabt und verwaltet werden.[159] Abzustimmen und zu klären sind darüber hinaus die Verantwortlichkeiten und Befugnisse sowie die Rechte und Pflichten der betrieblichen Akteure und Abteilungen zueinander und untereinander im Rahmen der Arbeitsteilung.[160] So ist z.B. in einem Krankenhaus die Zusammenarbeit zwischen dem Labor und dem ärztlichen Personal im einzelnen zu regeln und dabei insbes. sicherzustellen, daß die erhobenen Befunde alsbald den behandelnden Ärzten zur Kenntnis kommen.[161]

Die bisher vorgestellten Elemente der betrieblichen Organisationspflicht betrafen Regelungen über die Durchführung der Arbeiten und die Zusammenarbeit der arbeitsteilig handelnden Akteure. Ein zweiter wichtiger Komplex besteht in der Fixierung von Grundsätzen für die Auswahl, Überwachung und Anleitung des Personals. Um noch einmal den Unterschied zu den im Rahmen des § 831 BGB skizzierten Anforderungen zu verdeutlichen: Es geht nicht um den konkreten Personaleinsatz, sondern um die Frage, welche Prinzipen hierbei anzulegen sind, wie also z.B. eine Führungskraft die ihr zugeordneten Mitarbeiter einzuteilen, anzuleiten oder zu überwachen hat. Es sind demzufolge Richtlinien für die Personalauswahl zu treffen, durch die sichergestellt wird, daß für alle Arbeiten nur geeignete Mitarbeiter eingesetzt werden.[162] Solche Richtlinien kommen naturgemäß bei Einstellungen zum Tragen; sie haben aber auch eine Bedeutung für bereits eingestellte Mitarbeiter, sofern sich bei diesen Eignungsmängel, z.B. infolge der Veränderung von Arbeitsaufgaben, einstellen. Für derartige Fälle sind Rahmenregelungen für die systematische Schulung und gezielte und intensive Unterweisung der betreffenden Personen zu schaffen.[163]

Verlangt werden des weiteren generelle Vorgaben im Hinblick auf die Anleitung und Überwachung des Personals, an denen insbes. die verantwortlichen

---

[159] Zutreffend hierzu *MüKo-Stein*, § 831, Rdnr. 20; empirische Untersuchungen, die sich im übrigen mit den betriebspraktischen Erfahrungen des Verfassers decken, belegen, daß gerade der Bereich der Unterweisung und Information, sofern sie überhaupt erfolgen, oft von diesem Bestreben nach formaler Absicherung geprägt sind. Vgl. hierzu für den Bereich der Information nach § 20 GefStoffV, *Deden*, in: Gefahrstoffe in Klein- und Mittelunternehmen, 79 ff.

[160] *MüKo-Stein*. § 831, Rdnr. 24.

[161] BGH, NJW 1988, 2298 ff. (2230) – Anleitung einer ärztlichen Berufsanfängerin –.

[162] BGH, NJW 1968, 247 ff. (248 f.) – Schubstrebe –; BGH, NJW 1995, 1611 ff. (1613) – Hebamme –.

[163] BGH, NJW-RR 1996, 867 f. (868) – Gefahrgutkoordinator –.

Vorgesetzten ihre Vorgehensweise auszurichten haben (z.B. Intensität und Art der Überwachung, Anforderungen an Inhalt und Regelmäßigkeit von Unterweisungen, Vorgehen bei festgestellten Defiziten).[164] Ein praktisch bedeutsamer Fall im Zusammenhang mit der Regelung des Personaleinsatzes sind schließlich Vertretungsregelungen. Für den Fall der Abwesenheit eines Mitarbeiters sind Festlegungen zu treffen, die gewährleisten, daß nur geeignete Mitarbeiter als Vertreter mit den fraglichen Arbeiten betraut werden.[165]

Zum nicht delegierbaren Kern der Organisationspflicht gehört es, wie bereits erwähnt, die tatsächliche Durchführung der beschriebenen Aufsichts- und Dienstanweisungen zu überwachen.[166] Insbesondere in größeren Betrieben besteht diese Oberaufsicht vor allem darin, sich von den jeweils zuständigen Mitarbeitern im einzelnen berichten zu lassen, in welcher Weise die Anweisungen befolgt werden, wie der Ausbildungsstand der Mitarbeiter zu bewerten ist und welche besonderen Vorfälle zu verzeichnen sind.[167] Ob eine solche Berichterstattung stichprobenartige Vor-Ort-Kontrollen gänzlich ersetzen kann, ist m.E. zweifelhaft.[168]

Die betriebliche Organisationspflicht erstreckt sich zudem auch auf bestimmte Aspekte der Arbeitsgestaltung. Diese muß in einer Weise erfolgen, daß Schädigungen Dritter nicht zu besorgen sind. In diesem Zusammenhang ist zu berücksichtigen, daß die soeben angesprochene Gewährleistung des Einsatzes geeigneten Personals und dessen effektiver Überwachung zwar eine notwendige, nicht aber eine hinreichende Voraussetzung für einen effektiven Gefahrenschutz ist. Hinzu kommen muß, daß die Arbeitsaufgabe selbst so gestaltet ist, daß sie für die betreffenden Mitarbeiter ausführbar ist. Zum Tragen gekommen ist diese Frage beispielsweise in einem Fall im Zusammenhang mit Kontrolltätigkeiten: Hier war eine Mitarbeiterin damit befaßt, stündlich ca. 2500 mit farbloser Flüssigkeit gefüllte Mineralwasserflaschen auf ihren Füllstand hin zu kontrollieren. Eine Regelung zur regelmäßigen Ablösung bestand nicht. Das Gericht hat hierin eine Verletzung der Leitungspflicht gesehen, da die Kontrolltätigkeit so ermüdend war, daß in jedem Falle eine regelmäßige Ablösung zum Zwecke der Erholung angebracht gewesen wäre.[169] Ähnliche Fälle sind denk-

---

[164] BGH, NJW 1988, 2298 ff. (2230) – Anleitung einer ärztlichen Berufsanfängerin –.

[165] BGH, NJW 1968, 247 ff. (249) – Schubstrebe –; BGH, NJW 1988, 2298 ff. (2230) – Anleitung einer ärztlichen Berufsanfängerin –.

[166] BGH, NJW 1968, 247 ff. (248) – Schubstrebe –; sowie bereits RGZ 87, 1 ff. (4.).

[167] BGH, NJW-RR 1996, 867 f. (868) – Gefahrgutkoordinator –.

[168] Ähnlich *Spindler*, Unternehmensorganisationspflichten, S. 704 f.

[169] LG *Hanau*, VersR 1956, 785 f. (786) – Mineralwasserflasche –; das Gericht hat diese Überlegungen im Rahmen der Führung des Entlastungsbeweises nach § 831 Abs. 1 Satz 2 BGB angestellt. In der Sache ging es aber von der Notwendigkeit einer allgemeinen Leitungsanordnung des Geschäftsherrn aus, da es eine schriftliche Dienstanweisung als Voraussetzung für eine Exkulpation verlangte.

bar, wenn etwa unter Termindruck zu arbeiten ist, das Arbeitstempo generell zu hoch ist oder Höchstarbeitzeiten nicht eingehalten werden.[170]

Die beschriebenen Anforderungen an die Arbeitsgestaltung stehen in engem Zusammenhang mit der Ablauforganisation. Wenn sie hier im Rahmen der Anforderungen an die Aufbauorganisation dargestellt worden sind, geschah dies, um zu verdeutlichen, daß nicht nur Mitarbeiter für die ihnen übertragenen Aufgaben geeignet sein müssen, sondern auch die Aufgaben selbst so zu gestalten sind, daß sie überhaupt erfüllbar sind. Darüber hinaus sind vor allem in der produkthaftungsrechtlichen Rechtsprechung und Literatur spezielle ablauforganisatorische Pflichten an das sichere Arbeiten im arbeitsteilig operierenden Betrieb entwickelt worden.

b) Spezielle Verkehrspflichten als ablauforganisatorische Anforderungen an den sicheren Betrieb gewerblicher Unternehmen

Die vorstehend beschriebenen Anforderungen an die Aufbauorganisation tragen der Erkenntnis Rechnung, daß komplexe Organisationen eine gefahrenträchtige Eigendynamik entwickeln können.[171] Es wäre allerdings verfehlt zu meinen, daß allein durch die Regelung der Aufbauorganisation Sicherheit vor den Gefahren arbeitsteiligen Handelns zu erreichen wäre. Die Aufbauorganisation besteht nicht ihrer selbst wegen. Sie ist vielmehr funktional ein Instrument, mit dem die Erledigung der für die betriebliche Sicherheit maßgeblichen Aufgaben (der Ablauforganisation) koordiniert und gesteuert wird. Aufbauorganisatorische Anforderungen können daher nicht als primäre Verkehrssicherungspflichten eingeordnet werden. Sie sind letztlich ein organisationsspezifisches Mittel, um die Einhaltung anderer, primärer Verkehrspflichten, sicherzustellen und ihnen akzessorisch zugeordnet.[172]

Insbesondere in der Produkthaftungsrechtsprechung sind zur Konkretisierung der primären Verkehrssicherungspflichten eine Reihe von betrieblichen Aufgaben herausgearbeitet worden, die den Schutz vor technisch bedingten Risiken im arbeitsteiligen Zusammenhang thematisieren.[173] Einige der in diesem Zusam-

---

[170] Hierzu instruktiv die von *Kohte*, Arbeitnehmerhaftung und Arbeitgeberrisiko, S. 91 ff. recherchierten Gerichtsfälle zur Arbeitnehmerhaftung im Zusammenhang mit der Überschreitung der Höchstarbeitszeit, sowie die Zusammenfassung arbeitswissenschaftlicher Erkenntnisse über den Zusammenhang von Unfällen und Arbeitsgestaltung, ebenda S. 155 ff.

[171] *Erman-Schiemann*, § 823, Rdnr. 83.

[172] Hierzu *Spindler*, in: Privatrecht im „Risikostaat", 99 ff. (112); ähnlich *Brüggemeier*, Deliktsrecht, Rdnr. 128; *Kleindiek*, Deliktshaftung und juristische Person, S. 292.

[173] In der Praxis decken sich die Organisationspflichten immer weniger mit den „klassischen" Grenzen des Betriebs oder Unternehmens. Da die Arbeitsteilung zwischen verschiedenen Unternehmen (Hersteller/Zulieferer), insbes. begünstigt durch die Fort-

menhang entwickelten betrieblichen (ablauforganisatorischen) Pflichten sind von einiger Relevanz für die im Rahmen dieser Untersuchung vorrangig interessierende Frage des betrieblichen Arbeits- und Gesundheitsschutzes.

Die allgemeinste Umschreibung der produkthaftungsrechtlichen Verkehrspflichten dürfte in der Formel bestehen, daß der Verkehr vor den Gefahren der Herstellung und des Inverkehrbringens fehlerhafter Produkte zu schützen ist.[174] Konturen bekommt diese abstrakte Wendung einerseits durch die bekannten Teilpflichten des Produzenten, also die sorgfältige Konstruktion, Fertigung, Nutzerinstruktion und Produktbeobachtung.[175] Andererseits ist mit der Beachtung des Standes von Wissenschaft und Technik, der heute zumeist gefordert wird[176], ein Maßstab für das Maß der zu erbringenden Sorgfalt gegeben. Dogmatisch zum Tragen kommen organisatorische Aspekte im Rahmen der verschuldensabhängigen Produzentenhaftung regelmäßig bei der Frage des Verschuldens. Aufgrund der insoweit heute einhellig anerkannten Beweislastumkehr in Produkthaftungsprozessen, ist der Produzent beweispflichtig, da nur er, aufgrund seines Einblicks in die betrieblichen Verhältnisse, darlegen kann, ob und in welcher Weise die genannten Aspekte der Sorgfaltspflicht gebührend beachtet worden sind.[177] Der Nachweis einer geeigneten Organisation ist demnach der – nach Lage der Dinge wohl einzige – Weg, den Verschuldensvorwurf auszuräumen. Auch wenn nachfolgend, in Übereinstimmung mit der überwiegenden Sprachregelung, am Begriff der Organisationspflicht festgehalten wird, handelt es sich im übrigen in der Sache nicht um eine Pflicht, sondern um eine Obliegenheit, d.h. um im eigenen Interesse getroffene Vorkehrungen des verkehrssicherungspflichten Produzenten.[178]

---

schritte der Informations- und Kommunikationstechniken, immer intensiver wird, verschwimmen die Grenzen der Unternehmen in solchen Netzwerken zunehmend. Folge hiervon ist, daß die im Produkthaftungsrecht seit jeher anerkannten Organisationspflichten verstärkt Bedeutung für solche Unternehmensverbünde gewinnen. Zu den hieraus entstehenden Problemen vgl. z.B. *Fuchs*, JZ 1994, 533 ff.

[174] Ähnlich *von Westphalen*, in: Das Recht der Qualität, S. 138.

[175] Im Detail hierzu etwa *Brüggemeier*, Deliktsrecht, Rdnrn. 544 ff.; *von Westphalen*, in: Das Recht der Qualität, S. 142 ff.

[176] Vgl. BGH, NJW 1995, 2162 ff. (2164) – Mineralwasserflasche –; *Kötz/Wagner*, Deliktsrecht, Rdnr. 447; differenzierend *Brüggemeier*, Deliktsrecht, Rdnr. 552, der den Stand der Technik als Regelstandard setzt, aber für gefährliche Produkte den Stand von Wissenschaft und Technik fordert.

[177] Paradigmatisch zur Beweislastumkehr in Produkthaftungsprozessen, BGHZ 51, 91 ff. – Hühnerpest –, sowie für die insoweit vergleichbaren Fälle betrieblich verursachter Umweltschäden, BGHZ 92, 143 ff. – Kupolofen –.

[178] So wohl auch *Brüggemeier*, Deliktsrecht, Rdnrn. 129, 512; dies unterscheidet die „betrieblichen Organisationspflichten" des zivilen Haftungsrechts im übrigen von den nachfolgend beschriebenen öffentlich-rechtlichen Organisationsverpflichtungen. Diesen muß der Arbeitgeber bzw. Betreiber nachkommen, um sich rechtmäßig zu verhalten. Im Zivilrecht lautet demgegenüber die Alternative entweder nach pflichtgemäßer Sorgfalt

Richtet man vor diesem Hintergrund nun den Blick auf die oben genannten vier Pflichtenkreise des Produzenten und den anzulegenden Sorgfaltsmaßstab, so sind hier vor allem die betrieblichen Anforderungen im Bereich der Fertigung und der Nachweis der Beachtung des Standes von Wissenschaft und Technik von Interesse. Zentrale Pflicht im Bereich der Produktion ist naturgemäß die Gewährleistung einer einwandfreien Qualität. Es sind in diesem Zusammenhang alle zumutbaren Vorkehrungen zu treffen, damit, bis auf unvermeidbare Ausreißer[179], nur fehlerfreie Produkte abgegeben werden.[180] Für die betriebliche Ebene bedeutet dies zweierlei:

Erstens ist die Produktion so zu organisieren, daß die konstruktiven Spezifikationen des Produkts und die arbeitsorganisatorischen Vorgaben an den Fertigungsprozeß möglichst vollständig eingehalten werden. Die oben beschriebenen organisatorischen Vorgaben an die Einteilung und Beaufsichtigung qualifizierten Personals, sowie die Abstimmung der verschiedenen Akteure und ihre Anleitung, finden in diesen Prozessen ihren sachlichen Anknüpfungspunkt. Wenn die Rechtsprechung diesen Aspekten besondere Bedeutung zumißt[181], steht dies für das kaum von der Hand zu weisende Verständnis, daß eine gutfunktionierende Organisation Basis für eine störungsfreie Produktion ist und dies wiederum Voraussetzung dafür ist, daß Produktfehler gar nicht erst entstehen. Diese Erkenntnis ist auch nicht ohne Bedeutung für die betriebliche Sicherheit und Gesundheit, da solche Störungen eben nicht nur zu fehlerhaften Produkten, sondern auch zu Unfall- und Gesundheitsgefahren der Beschäftigten führen können.[182] Der Gesetzgeber hat diesen Zusammenhang für den Bereich betrieblicher Umweltschäden im übrigen in § 6 Abs. 2 UmwHG aufgegriffen. Danach kann die Ursachenvermutung bei einem Umweltschaden widerlegt

---

zu organisieren oder das – erhöhte – Risiko von Schadensersatzleistungen einzugehen. Hierzu nochmals *Brüggemeier*, ebenda.

[179] Insofern handelt es sich, trotz aller Weiterungen der Haftungszurechnung, der Sache nach um eine verschuldensabhängige Haftung. Hierzu auch *Brüggemeier*, Deliktsrecht, Rdnr. 533. Eine verschuldensunabhängige Gefährdungshaftung ist aber in § 1 ProdHaftG vorgesehen, sofern ein Haftungsfall in den Anwendungsbereich des ProdHG fällt. So hat etwa der Hersteller eines Endprodukts nach dem ProdHG auch für Ausreißer seiner Zulieferer einzustehen (§ 4 ProdHG). Hierzu auch *Fuchs*, JZ 1994, 533 ff. (536).

[180] Vgl. hierzu auch *Palandt-Thomas*, § 823, Rdnr. 205; zur Ausreißerproblematik etwa BGHZ 129, 353 ff. (358 ff.); BGH, VersR 1956, 410 f. (411); außerdem auch OLG Koblenz, NJW-RR 1999, 1624 ff. – Mineralwasserflasche –, wo das Gericht zwar kein Schmerzensgeld nach §§ 823, 847 a.F. BGB zusprach, wohl aber Schadensersatz nach dem ProdHG.

[181] BGH, NJW 1968, 247 ff. (249) – Schubstrebe –; BGH, NJW 1973, 1602 ff. (1603) – Feuerwerkskörper –; BGH, NJW 1988, 2298 ff. (2230) – Anleitung einer ärztlichen Berufsanfängerin –.

[182] Hierzu z.B. *Beutler/Langhoff*, WSI Mitteilungen 1997, 829 ff. (832 ff.); *Landgraf-Rütten*, Die BG 2001, 352 ff. (355).

werden, wenn die besonderen Betriebspflichten eingehalten worden sind und keine Störung des Betriebs vorgelegen hat.[183]

Zweitens setzt die geforderte Gewährleistung einwandfreier Qualität systematische Qualitätskontrollen voraus. Die Art und der Umfang dieser Kontrollen läßt sich nicht pauschal bestimmen. Maßgeblich sind auch hier wiederum der Stand von Wissenschaft und Technik (insbes. im Hinblick auf automatisierte Kontrollen) und die Zumutbarkeit, wobei insbes. die von einem fehlerhaften Produkt ausgehenden Gefahren zu berücksichtigen sind.[184] So können bei geringem Schädigungspotential einfache Sichtprüfungen reichen, während bei hohem Risiko intensive Mehrfachprüfungen eines jeden Teils ebenso notwendig werden können, wie eine Sicherung der Prüfungsbefunde.[185]

Die Art und Weise der Qualitätssicherung läßt sich nicht abstrakt, losgelöst vom Einzelfall beurteilen. Entscheidend sind insbes. die Art des Produktes und die Besonderheiten der Fertigung. Es ist vor diesem Hintergrund zweifelhaft, ob allein durch die Zertifizierung eines Qualitätsmanagementsystems, etwa nach ISO 9000 ff., die betriebliche Organisation „gerichtsfest" wird. So hängen die Methoden der Qualitätsprüfung vom konkreten Einzelfall, mithin von einer Vorfrage ab, die der Implementierung des Qualitätsmanagementsystems vorangeht. Dagegen spricht vor allem aber auch, daß sich kaum verallgemeinerbare Regeln über das Handeln einer Organisation finden lassen. Aussagen über die Fähigkeit von Organisationen, Risiken zu bewältigen, sind deswegen abstrakt kaum möglich.[186] Hinzu kommt, daß Zertifizierungen stets nur Momentaufnahmen sind, die keine Rückschlüsse zulassen, ob das System tatsächlich zum Zeitpunkt des Schadenseintritts „gelebt" worden ist.[187] Es ist deshalb mit Blick auf die unten (S. 294 ff.) noch zu behandelnden Arbeitsschutzmanagementsysteme darauf hinzuweisen, daß ein zertifiziertes Managementsystem haftungsrechtlich in der Regel nicht ausreichen dürfte, um den Exkulpationsbeweis zu

---

[183] Hierzu auch *Schmidt-Salzer*, Kommentar zum Umwelthaftungsrecht, § 6 UmwHG, Rdnrn. 222 ff.; außerdem ist hier auch auf die Beweislastumkehr für das Verschulden im Rahmen der Umwelthaftung nach § 823 BGB im Kupolofenfall, BGHZ 92, 143 ff. zu verweisen, der letztlich auch die Vorstellung zugrundeliegt, daß ein störungsfreier, gut organisierter Betrieb nicht schadensträchtig ist.

[184] Hierzu auch *Hess/Werk*, Qualitätsmanagement – Risk Management – Produkthaftung, S. 63; instruktiv hierzu auch BGH, JZ 1971, 63 ff. (64) – Druckfehler –, wo das Produkt, ein medizinisches Fachbuch, von relativ geringem Wert war, durch die fehlerhafte Angabe einer Rezeptur einer Patientin aber eine schädliche Injektion verabreicht wurde, wodurch erheblicher Schaden entstand.

[185] BGHZ 104, 323 ff. (334 ff.); BGH, NJW 1995, 2162 ff. (2164); OLG Koblenz, NJW 1999, 1624 ff. (1625 f.), jeweils zur Befundsicherung bei Mineralwasserflaschenbefüllung.

[186] *Spindler*, in: Privatrecht im „Risikostaat", S. 99 ff. (107 f.).

[187] *Spindler*, in: Privatrecht im „Risikostaat", S. 99 ff. (113 f.).

führen.[188] Derartige Instrumente mögen, vor allem wenn sie nicht nur formal gehandhabt werden, eine taugliches Element der Schadensprävention sein.[189] Im Hinblick auf die Frage einer konkreten Schadenszurechnung sind sie jedoch lediglich von indizieller Bedeutung.

Sorgfaltsmaßstab für alle Pflichtenkreise der Produzentenhaftung ist wie bereits erwähnt der Stand von Wissenschaft und Technik. Die sich in diesem Kontext ergebenden organisatorischen Implikationen sind hier von besonderem Interesse, da auch das ArbSchG die Berücksichtigung des Standes von Technik, Arbeitsmedizin und Hygiene und der sonstigen gesicherten arbeitswissenschaftlichen Erkenntnisse verlangt (§ 4 Nr. 3 ArbSchG). Organisatorisch beinhaltet die Orientierung an den Stand von Wissenschaft und Technik zweierlei. Es ist zuvörderst zu ermitteln, was der aktuelle Stand von Wissenschaft und Technik ist. Zu diesem Zweck sind alle zugänglichen Erkenntnisquellen wie z.B. Fachzeitschriften, wissenschaftliche Kongresse und Fachveranstaltungen zu nutzen. Außerdem sind Patentschriften sowie Aus- und Offenlegungsschriften ebenso auszuwerten, wie Erfahrungen von Wettbewerbern, soweit diese zugänglich sind.[190] Da es sich um einen dynamischen Standard handelt, sind die entsprechenden Nachforschungen nicht einmalig, sondern kontinuierlich durchzuführen.[191] Werden die in technischen Regelwerken, insbes. in DIN-Normen formulierten, Anforderungen nicht eingehalten, ist dies ein Indiz dafür, daß der Stand von Wissenschaft und Technik nicht eingehalten wird. Umgekehrt läßt sich aus der Einhaltung von DIN-Normen und sonstigen technischen Regelwerken nicht zwingend auf die Einhaltung des Standes von Wissenschaft und Technik schließen, da diese u.U. veraltet und durch neuere Erkenntnisse überholt sein können.[192]

Organisatorisch zu regeln ist zudem, wer im Betrieb bzw. Unternehmen verantwortlich für die entsprechenden Ermittlungen ist. Des weiteren sind Vorkeh-

---

[188] So auch *Spindler*, in: Privatrecht im „Risikostaat“, S. 99 ff. (112 ff.); *Hess/Werk*, Qualitätsmanagement, Risk Management, Produkthaftung, S. 179 ff.; *von Westphalen*, in: Das Recht der Qualität, S. 142; a.A. offenbar *Kassebohm/Malorny*, BB 1994, 1361 ff. (1365).

[189] So auch *Hess/Werk*, Qualitätsmanagement, Risk Management, Produkthaftung, S. 181.

[190] Hierzu instruktiv auch LG Itzehoe, AiB 1999, 355 ff. (358) – Kühlschmierstoff –, wo ein Hersteller eines Kühlschmierstoffs im Rahmen der Produktbeobachtungspflicht wissenschaftliche Erkenntnisse über die krebserzeugende Wirkung der bei Gebrauch des Mittels freiwerdenden Nitrosamine nicht zur Kenntnis nahm, bzw. keine Schlußfolgerungen daraus zog.

[191] Vgl. *von Westphalen*, in: Das Recht der Qualität, S. 140 f.

[192] BGH, NJW 1994, 3349 ff. (3350) –Atemüberwachungsgerät –; BGH, ZfS 1999, 367 ff. (369) – *Papier*reißwolf –; LG Frankfurt, NJW-RR 1999, 904 ff. (905) – Kinderrutsche –; BGH, NJW 1987, 372 f. (373) – Verzinkungsspray –, wonach auch öffentlich-rechtliche Vorschriften nicht abschließend den Sorgfaltsmaßstab beschreiben; *Palandt-Thomas*, § 823, Rdnr. 208.

rungen zu treffen, damit die maßgeblichen betrieblichen Akteure jederzeit rechtzeitig und umfassend über die entsprechenden Informationen verfügen können. Konkret heißt dies, den kontinuierlichen Informationsfluß zwischen den Mitarbeitern durch die Schaffung organisatorischer Regeln zu strukturieren.[193] Es genügt also nicht, daß die Informationen in die Sphäre des Betriebs bzw. Unternehmens gelangen, um im Zweifelsfalle die Beachtung des Standes von Wissenschaft und Technik nachzuweisen.

2. Strafrecht

Auch im Strafrecht spielen Fragen der (betrieblichen) Organisation eine Rolle. Große Aufmerksamkeit haben Fragen der Unternehmens- und Betriebsorganisation durch das Lederspray-Urteil des BGH[194] gefunden, in dem sich das Gericht ausführlich mit der strafrechtlichen Verantwortung der Geschäftsführung anhand eines Produkthaftungsfalls auseinandergesetzt hat. Im Rahmen dieser primär arbeitsrechtlich ausgelegten Arbeit ist es entbehrlich, alle strafrechtlichen Aspekte der Organisation im einzelnen nachzuzeichnen.[195] Es sind lediglich die Anlässe, bei denen Fragen der Organisation diskutiert werden, zu skizzieren, und die dabei entwickelten Anforderungen an die Gestaltung der Organisation etwas genauer zu beleuchten.

a) Anknüpfungspunkte für organisatorische Aspekte

Die Anknüpfungspunkte, anhand derer im Strafrecht Fragen der Organisation erörtert werden, sind prinzipiell mit den zuvor dargestellten zivilrechtlichen Problemlagen vergleichbar: Hier wie dort geht es um die Zurechnung von Schäden, die eine Person nicht durch ihr unmittelbares Handeln kausal herbeigeführt hat, sondern die durch andere Akteure im Rahmen einer Arbeitsteilung (mit)verursacht wurden.[196] In beiden Rechtsgebieten herrschen auf der Rechtsnormebene recht

[193] Hierzu auch *Spindler*, Unternehmensorganisationspflichten, S. 706 f.

[194] BGH, NJW 1990, 2560 ff. – Lederspray –.

[195] Umfassend hierzu insbes. die Arbeiten von *Ransiek*, Unternehmensstrafrecht; *Heine*, Die strafrechtliche Verantwortung von Unternehmen, *Schünemann*, Unternehmenskriminalität und Strafrecht, sowie die praxisorientierte Abhandlung von *Eidam*, Unternehmen und Strafe.

[196] *Schünemann*, Unternehmenskriminalität und Strafrecht, S. 30 ff.; ders., UTR 26, 137 ff. (153 f.), der darauf hinweist, daß es eben nur um ein „prinzipiell" vergleichbares Problem geht, im übrigen aber die zivilrechtlichen Haftungsfiguren nicht auf das Strafrecht übertragbar sind. Nach wohl überwiegender Auffassung wird eine völlige Parallelisierung von strafrechtlichen Verhaltenspflichten und zivilrechtlichen Verkehrspflichten abgelehnt. (*Schünemann*, UTR 26, 137 ff. (153 f.); *Schönke/Schröder-Cramer*, § 15, Rdnr. 223; *Heine*, Die strafrechtliche Verantwortung von Unternehmen, S. 122 ff.; offengelassen im „Lederspray-Urteil", BGH, NJW 1990, 2560 ff. (2562 f.); a.A. z.B. *Kassebohm/Malorny*, BB 1994, 1361 ff. (1365). Es sprechen m.E. gute Gründe für die

naturalistische Vorstellungen einer unmittelbaren, eigenhändigen Schadensverursachung vor, auf die durch arbeitsteilig organisiertes Handeln hervorgerufene Rechtsgutverletzungen nicht recht passen wollen. *Schünemann* beschreibt das Problem prägnant dahingehend, daß das Geschehen im Unternehmen durch die betriebliche Organisationsstruktur bestimmt ist, während

> „das moderne Strafrecht an den Lebensformen der *sozialen Außenseiter*, der outlaws und Geächteten, ihrer anarchischen, individuellen und desorganisierten, von der Spontaneität des Augenblicks bestimmten Lebensweise herausgebildet worden"

ist.[197] Im Zivilrecht hat dies dazu geführt, daß sich neben der – naturalistischen – legislativen Konzeption des § 823 BGB eine judizielle Konzeption herausgeprägt hat, für die insbes. die Verkehrspflichten als Verhaltenspflichten stehen.[198]

Als Zurechnungsproblem wirken Aspekte der Arbeitsteilung in eine Reihe von dogmatischen Fragen des „Allgemeinen Teils" in unterschiedlicher Form hinein. Eine Pflicht zu organisieren kann sich zunächst aus einer Garantenstellung ergeben, mit der Folge, daß pflichtwidriges Unterlassen der gehörigen organisatorischen Maßnahmen positivem Tun nach § 13 StGB gleichgestellt wird.[199] Wie bei den zivilrechtlichen Verkehrssicherungspflichten liegt der innere Grund für die Garantenstellung dabei in dem Grundsatz, daß derjenige, der tatsächlich und rechtlich die Sachherrschaft über eine gefährliche Sache innehat, dafür sorgen muß, daß keine der von dieser Sache ausgehenden Gefahren nach außen dringt.[200] Handelt es sich um einen Betrieb, bedeutet dies eben, daß nicht nur die Anlagen so beschaffen sein müssen, daß keine Schäden entstehen, sondern daß gleichermaßen die Arbeitsteilung so zu organisieren ist, daß keine – zusätzlichen – Gefahren entstehen, bzw. diese wirksam abgewehrt werden.[201]

---

h.M., da es in der Tat einen Unterschied macht, ob es um die Zurechnung zum Zwecke des Schadensausgleichs oder um die Begründung eines straf- oder ordnungswidrigkeitenrechtlichen Schuldvorwurfs geht. Bei letzterem müssen subjektive Elemente stärker zum Tragen kommen.

[197] *Schünemann*, UTR 26, 137 ff. (139); ähnlich auch *Hecker*, GewArch 1999, 320 ff. (322).

[198] Vgl. hierzu *MüKo-Mertens*, § 823, Rdnrn. 2 ff.

[199] Hierzu *Heine*, Die strafrechtliche Verantwortung von Unternehmen, S. 108 ff. (mit rechtsvergleichenden Hinweisen auf die Schweiz); *Schutzbach*, Die strafrechtliche Verantwortung für Betriebsunfälle, S. 120 ff.; *Schmidt-Salzer*, NJW 1994, 1305 ff. (1309 f.); RGSt 58, 130 ff. (133), sowie jüngst BGH, NStZ 2002, 421 ff. – Wuppertaler Schwebebahn –.

[200] Hierzu ausführlich *Ransiek*, Unternehmensstrafrecht, S. 34 ff.; *Heine*, Die strafrechtliche Verantwortung von Unternehmen, S. 120 f.; *Eidam*, Unternehmen und Strafe, S. 170 f.; *Rudolphi*, Festschrift Lackner, 863 ff. (873 f.), sowie bereits RGSt 58, 130 ff. (133 f.).

[201] Hierzu auch *Ransiek*, Unternehmensstrafrecht, S. 35; ein anschauliches Beispiel für solche organisationsbedingten Gefahren im Bereich des Arbeits- und Gesundheitsschutzes bietet der Sachverhalt, der dem Urteil des OLG Naumburg, NStZ-RR 1996, 229 ff. – Gasmonteure – zugrundeliegt. Hier gab es in einem Betrieb mehrere Reparatur-

Zur näheren Konkretisierung dieser Organisationspflicht orientiert sich die Praxis weitgehend an den Maßstäben des § 130 OWiG[202], auf die nachfolgend noch näher einzugehen sein wird.

Einen deutlich anderen Akzent bekommt der Topos der Organisation in Zusammenhang mit der Tatzurechnung als Täter bzw. Teilnehmer. Basiert der strafrechtliche Vorwurf im Rahmen der Unterlassensstrafbarkeit darauf, daß keine oder nur unzureichende Organisationsmaßnahmen vorgenommen werden, kreist die Diskussion hier um die Frage, welche Konsequenzen sich ergeben, wenn aus einer funktionierenden Organisation heraus Straftaten begangen werden. Angesprochen ist damit die facettenreiche Frage[203] der strafrechtlichen Verantwortung des „Täters hinter dem Täter". Da im organisierten Zusammenhang solche Taten nicht selten unmittelbar von Organisationsmitgliedern der unteren Hierarchieebenen volldeliktisch ausgeführt werden, ergibt sich das strafrechtliche Problem, ob in einem solchen Fall auch demjenigen, der die Organisation tatsächlich steuert (also z.B. die Unternehmensleitung), das Delikt täterschaftlich als mittelbarer Täter zugerechnet werden kann oder ob nur eine Teilnahme als Gehilfe oder Anstifter in Betracht kommt. Es ist für solche Konstellationen die Lehre von der Tatherrschaft kraft Organisationsherrschaft entwickelt worden, nach deren Maßgabe der „Schreibtischtäter" ggf. als mittelbarer Täter zur Verantwortung zu ziehen ist.[204] Dieser, insbes. im Hinblick auf ihre Anwendbarkeit auf Wirtschaftsunternehmen[205] umstrittenen Lehre, braucht hier nicht weiter nachgegangen zu werden. Es geht im vorliegenden Kontext allein um die Gewinnung von Anhaltspunkten, wie eine Organisation zu gestalten ist, um die ihr imma-

---

trupps. Für besonders gefährliche Arbeiten stand nur ein Satz persönlicher Schutzausrüstungen zur Verfügung. Es gab dessenungeachtet keine klaren organisatorischen Regelungen für den Fall, daß zwei Trupps gleichzeitig mit Arbeiten betraut waren, bei denen nach den einschlägigen Unfallverhütungsvorschriften die Benutzung von Schutzausrüstungen obligatorisch war. Da zum Tatzeitpunkt einem Reparaturtrupp bei einem solchen Einsatz keine persönliche Schutzausrüstung zur Verfügung stand, kamen zwei Beschäftigte durch eine Gasvergiftung zu Tode. Daraufhin wurde der Betriebsinhaber wegen fahrlässiger Tötung in zwei Fällen verurteilt.

[202] Hierzu *Schutzbach*, Die strafrechtliche Verantwortung für Betriebsunfälle, S. 129.

[203] Gemeint sind hiermit eine Reihe durchaus sehr unterschiedlicher Sachverhalte. In der jüngeren Zeit zu nennen sind Verfahren gegen die politisch Verantwortlichen der ehemaligen DDR, insbes. wegen Tötungsdelikten an der vormaligen innerdeutschen Grenze, oder ein Fall von Sterbehilfe im Rahmen der Pflege- und Betreuung in einem Pflegeheim, durch Anweisung des Pflegepersonals, eine sterbenskranke Patientin nur noch mit Tee zu ernähren. Vgl. ausführlich zum Ganzen *Rotsch*, ZStW 2000, 518 ff.

[204] Zur Tatherrschaft kraft Organisationsherrschaft vgl. jüngst *Rotsch*, ZStW 2000, 518 ff., der die jüngere Rechtsprechung des BGH insbes. vor dem Hintergrund der Mauerschützenprozesse kritisch analysiert.

[205] In der Sache geht es dabei um die Frage, ob die Lehre von der Organisationsherrschaft nur auf „rechtsgelöste" Organisationen anzuwenden ist. Zum Streitstand etwa *Rotsch*, ZStW 2000, 518 ff. (533 ff.).

nenten typischen Risiken zu beherrschen, nicht aber um die Frage des zielgerichteten Mißbrauchs organisatorischer Macht.

Anforderungen an das Verhalten des Einzelnen bei Kollegialentscheidungen werden im Lederspray-Urteil des BGH formuliert. Dogmatisch geht es um die Frage, ob und inwieweit die Mitglieder eines Kollegialorgans für eine schadensstiftende Kollegialentscheidung strafrechtlich als Mittäter zur Verantwortung zu ziehen sind. Dies wird in dem Moment zum Problem, wenn auch ein abweichendes Stimmverhalten wegen der bestehenden Mehrheitsverhältnisse die inkriminierte Entscheidung nicht zu verhindern vermag. Der BGH hat diese Frage dahingehend entschieden, daß jedes Mitglied des Kollegialorgans, insbes. auch durch sein Abstimmungsverhalten, das ihm mögliche und zumutbare zu tun hat, um die pflichtwidrige Entscheidung zu verhindern.[206]

Fragen der Betriebs- und Unternehmensorganisation spielen des weiteren eine Schlüsselrolle im Zusammenhang mit Sonderdelikten. Juristische Personen und rechtsfähige Personenvereinigungen – und damit die meisten Unternehmensträger – sind bekanntlich nach deutschem Strafrecht[207] nicht deliktsfähig, da eine Bestrafung von einem persönlichen Verschuldensvorwurf abhängt.[208] Dies führt zu Problemen bei Sonderdelikten, die an besondere persönliche Merkmale anknüpfen. Liegen diese (z.B. die Betreibereigenschaft nach §§ 327, 329 StGB) nur beim Unternehmensträger vor, liefen diese Tatbestände regelmäßig leer, wenn die entsprechenden Merkmale nicht bestimmten natürlichen Personen zugerechnet werden könnten.[209] Die straf- und ordnungswidrigkeitenrechtliche Zurechnung erfolgt in solchen Konstellationen nach §§ 14 StGB, 9 OWiG. Maßgeblich ist dabei die Stellung der betreffenden Personen in der Betriebs- bzw. Unternehmensorganisation. Unbeschränkt einzustehen haben danach kraft ihrer Stellung vertretungsberechtigte Organe bzw. ihre einzelnen Mitglieder und gesetzliche Vertreter (§§ 14 Abs. 1 StGB; 9 Abs. 1 OWiG). Daneben können Sonderdelikte gewillkürten Vertretern, die aufgrund einer besonderen Beauftragung für die vertretene Gesellschaft handeln, zugerechnet werden (§§ 14 Abs. 2 StGB, 9 Abs. 2 OWiG). Maßgeblich sind in diesem Zusammenhang die jeweils innerorganisatorisch übertragenen Verantwortlichkeiten und Befugnisse.[210]

---

[206] BGH, NJW 1990, 2560 ff. (2566 f.).

[207] Im angloamerikanischen Raum ist dies anders. Vgl. hierzu und zur hiesigen Diskussion, eine Bestrafung der juristischen Person im Sinne einer Verbandsstrafe einzuführen, Volk, JZ 1993, 429 ff.; *Schünemann*, UTR 26, 137 ff. (175 ff.).

[208] Vgl. statt aller nur *Eidam*, Unternehmen und Strafe, S. 90.

[209] Hierzu auch *Göhler*, OWiG, § 9, Rdnr. 2; *Schönke/Schröder-Lenckner*, StGB, § 14, Rdnr. 1.

[210] Hierzu auch *Tiedemann*, NJW 1986, 1842 ff. (1842 f.), der unter rechtsvergleichender Perspektive kritisiert, daß §§ 14 Abs. 2 Nr. 2, 9 Abs. 2 Nr. 2 OWiG eine *ausdrückliche* Beauftragung des Vertreters voraussetzt. Hierdurch entstehen seiner Auffas-

Die von §§ 14 StGB, 9 OWiG erfaßten Personen bilden den Täterkreis für den praktisch bedeutenden Ordnungswidrigkeitentatbestand des § 130 OWiG[211], der pures Organisationsrecht beinhaltet. Die als echtes Unterlassungsdelikt[212] konstruierte Vorschrift normiert einen Bußgeldtatbestand, der an die vorsätzliche oder fahrlässige Verletzung von Aufsichtspflichten in Unternehmen und Betrieben anknüpft. Danach handeln der Inhaber bzw. Vertreter und Beauftragte nach § 9 OWiG, ordnungswidrig, wenn sie Aufsichtsmaßnahmen schuldhaft unterlassen und es im Betrieb oder Unternehmen zu Zuwiderhandlungen gegen straf- oder bußgeldbewehrte Pflichten[213] kommt, die den Inhaber als solchen treffen und diese Zuwiderhandlungen durch eine gehörige Aufsicht verhindert oder wesentlich erschwert worden wären. Das Gesetz stellt in § 130 Abs. 1 Satz 2 OWiG klar, daß sich die Aufsichtspflichten über die gesamte Linienorganisation erstrecken, indem es hervorhebt, daß zu den erforderlichen Aufsichtsmaßnahmen auch die Bestellung, sorgfältige Auswahl und Überwachung von Aufsichtspersonen zählt.[214]

Die Vorschrift führt zu einer Haftungserweiterung des in § 9 OWiG genannten Personenkreises in den Fällen, in denen die Aufsichtspflichtverletzung strenger bestraft wird als die Zuwiderhandlung, an die § 130 Abs. 1 OWiG als objektive Ahndungsbedingung anknüpft. Dies ist namentlich dann der Fall, wenn die betreffende Zuwiderhandlung nur bei Vorsatz oder grober Fahrlässigkeit sanktionierbar ist.[215] Beschränkt man mit der überwiegenden Auffassung die Zuwiderhandlungen i.S. des § 130 Abs. 1 OWiG nicht nur auf Sonderdelikte, sondern grundsätzlich auf alle betriebsbezogenen Pflichten, wozu dann auch alle Allgemeindelikte zählen, die

sung nach insbes. auf der mittleren und unteren Leitungsebene nicht gerechtfertigte Lücken im Sanktionssystem.

[211] Zum Täterkreis des § 130 OWiG vgl. nur OLG Düsseldorf, wistra 1999, 115 f. (116) – Strahlenschutzverantwortlicher –; *Sanden*, wistra 1995, 283 ff. (285); *Göhler*, OWiG, § 130, Rdnrn. 4 ff.; *Hecker*, GewArch 1999, 320 ff. (320 f.).

[212] Vgl. nur *Hermanns/Kleier*, Grenzen der Aufsichtspflicht, S. 9; *Hecker*, GewArch 1999, 320 ff. (321); *Göhler*, OWiG, § 130, Rdnr. 9.

[213] Bei dieser Zuwiderhandlung gegen eine straf- oder bußgeldbewehrte Inhaberpflicht handelt es sich um eine objektive Ahndungsvoraussetzung, auf die sich das Verschulden nicht zu beziehen braucht, vgl. hierzu auch *KK-OWiG-Rogall*, § 130, Rdnr. 18; *Többens*, NStZ 1999, 1 ff. (4); *Göhler*, OWiG, § 130, Rdnrn. 9, 17; BGH, wistra 1982, 34 f. (35).

[214] *Hermanns/Kleier*, Grenzen der Aufsichtspflicht, S. 41 f.; *KK-OWiG-Rogall*, § 130, Rdnr. 66.

[215] So die ganz überwiegende Meinung, vgl. z.B. *Göhler*, OWiG, § 130, Rdnr. 1; *Ransiek*, Unternehmensstrafrecht, S. 99 f.; *Hermanns/Kleier*, Grenzen der Aufsichtspflicht, S. 15 f.; a.A. *Schünemann*, Unternehmenskriminalität und Strafrecht, S. 219 f., der hierin einen unzulässigen Verdachtstatbestand i.S. eines Verstoßes gegen das Schuldprinzip sieht und deswegen verfassungsrechtliche Bedenken gegen die Vorschrift anmeldet.

den Wirkungskreis des Betriebes betreffen[216], ergibt sich eine zusätzliche Haftungserweiterung. Diese liegt allerdings weniger in der Verhängung einer Sanktion gegenüber den Verantwortlichen i.S. von §§ 9 OWiG, 14 StGB, da diese oftmals bereits im Wege der Garantenhaftung verantwortlich sein werden. Da es sich bei § 130 OWiG um ein Sonderdelikt handelt, das nur von den in § 9 OWiG genannten Personen begangen werden kann, eröffnet sich nach § 30 OWiG[217] die Möglichkeit, auch bei Allgemeindelikten, die aus dem betrieblichen Kontext heraus begangen werden, eine Verbandsbuße gegen das Unternehmen zu verhängen.[218]

Wohl nicht zuletzt aufgrund ihrer gesellschaftsrechtlichen Pflichten und der Zurechnungsnormen der §§ 9 OWiG, 14 StGB haben sich Rechtsprechung und Literatur relativ eingehend mit der Stellung der Geschäftsführung auseinandergesetzt. Aufgabe und Pflicht der Geschäftsführung ist es danach, die Pflichten im Zusammenhang mit dem Betrieb bzw. Unternehmen zu erfüllen und, sofern dies nicht persönlich geschieht, die organisatorischen Voraussetzungen dafür zu schaffen, damit sie tatsächlich realisiert werden.[219] Werden in diesem Rahmen Aufgaben delegiert, ist es insbes. erforderlich, daß die betreffenden Personen durch die übertragenen Pflichten nicht kapazitätsmäßig überlastet werden[220]; außerdem besteht eine Pflicht zum Eingreifen des Aufsichtführenden, sobald Verstöße erkennbar werden.[221] Der letztere Aspekt verdeutlicht noch einmal, daß durch die Delegation die Pflicht zur Oberaufsicht (der geschäftsführenden Organe) nicht entfällt.[222]

Der Hinweis ist an dieser Stelle insofern von Bedeutung, als z.T. in der Literatur darauf aufmerksam gemacht wird, daß in modernen Organisationskonzepten die

---

[216] So etwa *Göhler*, OWiG, § 130, Rdnr. 18; *Többens*, NStZ 1999, 1 ff. (5); *Eidam*, Unternehmen und Strafe, S. 197 f.; a.A. etwa *Ransiek*, Unternehmensstrafrecht, S. 103 ff.; *Hermanns/Kleier*, Grenzen der Aufsichtspflicht, S. 76 ff.

[217] Auch bei der Bemessung von Verbandsbußen kann der sorgfältigen Organisation des Betriebs bzw. Unternehmens ein wichtige Rolle zukommen. Vgl. hierzu *Wegner*, wistra 2000, 361 ff., mit instruktiven Hinweisen auf die Rechtslage in den USA, wo der Aspekt der unternehmerischen Vorsorge durch Organisations- und Managementmaßnahmen besonders akzentuiert wird.

[218] Vgl. hierzu BGH, NStZ 1986, 79; *Hecker*, GewArch 1999, 320 ff. (321); *Schünemann*, UTR 26, 137 ff. (156); *Eidam*, Unternehmen und Strafe, S. 206; *Többens*, NStZ 1999, 1 ff. (5, 8), der in diesem Zusammenhang den § 130 OWiG plastisch als „Transmissionsriemen" für eine Sanktion gegen den Verband beschreibt.

[219] OLG Hamm, wistra 1989, 358 f. – Güternahverkehr –; BGH, NJW 1990, 2560 ff. (2562) – Lederspray –; *Schönke-Schröder-Cramer*, § 15, Rdnr. 223; *Kassebohm/Malorny*, BB 1994, 1361 ff. (1365); *Franzheim*, in: Umwelthaftung und Umweltmanagement, 77 ff. (82).

[220] *Schünemann*, UTR 26, 137 ff. (154); OLG Düsseldorf, wistra 1991, 38 f. (39).

[221] OLG Düsseldorf, wistra 1991, 38 f. (39); *Göhler*, OWiG, § 9, Rdnr. 38; §130, Rdnr. 11; *Schünemann*, UTR 26, 137 ff. (152).

[222] Vgl. auch *Göhler*, OWiG, § 9, Rdnr. 39, § 130, Rdnrn 11, 15; *SK-StGB-Rudolphi*, § 13, Rdnr. 28; *Bode*, Strafrechtliche Produkthaftung, 515 ff. (527); *Strate/Wohlers*, Handbuch Umweltaudit, M, Rdnr. 28.

eigenverantwortliche Wahrnehmung von Aufgaben durch die Mitarbeiter eine zunehmende Rolle spielt.[223] Hieraus wird im Anschluß an die entsprechenden betriebswirtschaftlichen Organisationslehren gefolgert, daß auch die Verantwortung – ohne eine Restverantwortung – auf die beauftragten Personen übergehen müsse, da die entsprechenden Konzepte das Direktionsrecht einschränkten und von daher kein Recht zur Aufsicht bestehen könne.[224] Dem ist allerdings entgegenzuhalten, daß betriebsbezogene Rechtspflichten nicht betriebswirtschaftlichen Modeerscheinungen folgen.[225] Zwar ist es wohl kaum zu bestreiten, daß in solchen Situationen die Anforderungen an eine gehörige Aufsicht an die neue Situation angepaßt werden müssen. Diese Aufgabe ist im übrigen in der Praxis längst angegangen worden.[226] Nicht möglich ist es aber, aufgrund von neuen Organisationskonzepten den originären Pflichtenkreis der Geschäftsführung zu ignorieren. Dieser besteht darin, die Gefahren einzudämmen, die aus der Veranlassung und Führung eines arbeitsteilig organisierten Betriebes resultieren.[227] Im übrigen besteht gerade dann, wenn die betrieblichen Akteure relativ unverbunden und eigenständig mit u.U. gefährlichen Arbeiten betraut sind, ein erhöhter Abstimmungsbedarf.

b) Anforderungen an die Organisation im Straf- und Ordnungswidrigkeitenrecht

Die vorstehenden Ausführungen dürften Beleg genug dafür sein, daß Fragen der Unternehmens- und Betriebsorganisation eng mit einer Reihe grundlegender dogmatischer Fragen des allgemeinen Teiles des StGB und des Ordnungswidrigkeitenrechts verwoben sind. Im Gegensatz zu den zivilrechtlichen Pflichtenstellungen, bei denen insbes. im Hinblick auf die Verkehrspflichten ein objektiver, an den berechtigten Erwartungen des Verkehrs orientierter Verhal-

---

[223] *Hermanns/Kleier*, Grenzen der Aufsichtspflicht, S. 60 f., nennen in diesem Zusammenhang etwa die Stichworte Führung durch Ergebnisüberwachung bzw. Zielsetzung oder selbststeuernde (autonome) Arbeitsgruppen; vgl. im übrigen anschaulich zur Problematik auch *Reuter*, DB 1993, 1605 ff., sowie *Franzheim*, in: Umwelthaftung und Umweltmanagement, 77 ff. (78 ff.).

[224] So *Hermanns/Kleier*, Grenzen der Aufsichtspflicht, S. 62 ff.

[225] In diesem Sinne auch *Schliephacke*, Führungswissen Arbeitssicherheit, S. 108 f.; eingehend zur Problematik im übrigen *Schmidt-Salzer*, BB 1992, 1866 ff., der in diesem Zusammenhang zudem darlegt, daß Entscheidungen im Zusammenhang mit solchen Reorganisationsmaßnahmen durch die Beachtung haftungsrechtlicher Grundprinzipien auch versachlicht werden können.

[226] Instruktiv hierzu *Kassebohm/Malorny*, BB 1994, 1361 ff. (1367 ff.).

[227] Hierzu etwa BGH, NJW 1990, 2560 ff. (2562) – Lederspray –; *Franzheim*, in: Umwelthaftung und Umweltmanagement, 77 ff. (80 ff.); *Ransiek*, Unternehmensstrafrecht, S. 33 ff.; *Rudolphi*, Festschrift Lackner, 863 ff. (874); vgl. im übrigen auch OLG Hamm, NStZ-RR 1997, 21 – Strohfrau –, wo das Gericht klarstellt, daß der Verzicht auf die Ausübung des Direktionsrechts den Inhaber nicht von seinen originären Aufsichtspflichten entbindet.

tensmaßstab anzulegen ist[228], geht es strafrechtlich primär um die Zurechnung eines persönlich vorwerfbaren Verhaltens. Dies erklärt, warum im Strafrecht weitaus intensiver als im Zivilrecht der Aspekt der individuellen Verhaltensanforderungen bei der arbeitsteiligen Zusammenarbeit in Organisationen reflektiert wird. Für die hier primär interessierende arbeitsschutzrechtliche Organisationspflicht ist diese spezifische individuelle Verhaltensorientierung insofern von Belang, als sich Anhaltspunkte dafür ergeben, welches Verhalten von den betrieblichen Akteuren berechtigterweise erwartet werden kann und muß. Darüber hinaus ergeben sich Orientierungsmarken dafür, wie die organisatorischen Rahmenbedingungen zu gestalten sind, damit dieses individuell abzuverlangende Verhalten wirksam unterstützt bzw. eingefordert werden kann.

Normative Anknüpfungspunkte betrieblicher Organisationspflichten sind vor allem die allgemeine Aufsichtspflicht des § 130 OWiG sowie die oben angesprochenen, weitgehend gleichlaufenden Garantenpflichten nach § 13 StGB, die sich aus der Beherrschung des Gefahrenbereichs Betrieb ergeben.[229] Wirft man einen Blick auf die in der Rechtsprechung und Literatur herausgearbeiteten Anforderungen an die Betriebs- bzw. Unternehmensorganisation, scheinen auf den ersten Blick relativ breite Übereinstimmungen mit den oben für das zivile Deliktsrecht herausgearbeiteten Grundprinzipien zu bestehen. Betont werden vor allem die Notwendigkeit einer sorgfältigen Auswahl, Instruktion und Überwachung des Personals, sowie das Erfordernis einer klaren und lückenlosen Verteilung der Aufgaben und Verantwortlichkeiten im Rahmen der Arbeitsteilung.[230] Darüber hinaus ist anerkannt, daß der Betriebsinhaber auch bei der Delegation von Aufgaben die Oberaufsicht behält, er seine Pflichten also nicht schlicht wegdelegieren kann.[231]

Die Eigenständigkeit des Straf- und Ordnungswidrigkeitenrechts wird erst deutlicher, wenn man den materiellen Gehalt einiger organisatorischer Pflichten genauer unter die Lupe nimmt. Dabei treten, wie bereits angedeutet, Aspekte der innerbetrieblichen Kooperation, Kommunikation und Interaktion, also des Umgangs der Akteure miteinander, weitaus deutlicher als im Zivilrecht in Erschei-

---

[228] Vgl. hierzu nur BGHZ 106, 323 ff. (329 f.); BGHZ 113, 297 ff. (303 f.); *Erman-Battes*, § 276, Rdnrn. 78 ff.; *MüKo-Hanau*, § 276, Rdnrn. 78 ff.

[229] Zu diesem Zusammenhang auch *Ransiek*, Unternehmensstrafrecht, S. 106 f.; *Schutzbach*, Die strafrechtliche Verantwortung für Betriebsunfälle, S. 129.

[230] OLG Düsseldorf, wistra 1999, 115 f. (116) – Strahlenschutzverantwortlicher –; OLG Düsseldorf, wistra 1991, 38 f. (39) – Absturzsicherung –; *Göhler*, OWiG, § 130, Rdnrn. 11 f., 14; *Hermanns/Kleier*, Grenzen der Aufsichtspflicht, S. 38 ff.; *Schünemann*, UTR 26, 137 ff. (152); *Többens*, NStZ 1999, 1 ff. (4).

[231] BGHSt 25, 158 ff. (162 f.); *Rebmann/Roth/Herrmann*, OwiG, § 130, Rdnrn. 18 ff.; *Kassebohm/Malorny*, BB 1994, 1361 ff. (1365); *SK-StGB-Rudolphi*, § 13, Rdnr. 28; *Strate/Wohlers*, Handbuch Umweltaudit, M, Rdnr. 28; *Franzheim*, in: Umwelthaftung und Umweltmanagement, 77 ff. (82).

nung.[232] Als Orientierungspunkte für die individuelle Verhaltensorientierung sind vor allem zwei Prinzipien von Bedeutung, die hier schlagwortartig mit den Begriffen der „Vorbildfunktion der Leitungs- bzw. Führungskräfte" und des „Grundsatzes gegenseitigen Vertrauens" charakterisiert werden sollen.

aa) Grundsatz gegenseitigen Vertrauens

Der Grundsatz des gegenseitigen Vertrauens kommt vor allem bei der Beurteilung der Zumutbarkeit von Aufsichtsmaßnahmen zum Tragen.[233] Er besagt zunächst, daß im Prinzip nicht damit gerechnet werden muß, daß sich die Betriebs- bzw. Unternehmensangehörigen pflichtwidrig verhalten. So bestimmt sich zwar die Intensität der gehörigen Aufsichtsmaßnahmen maßgeblich am Ausmaß der betrieblichen Gefahren, der Komplexität der Aufgaben und den Fähigkeiten der jeweils zu beaufsichtigenden Personen.[234] Vor diesem Hintergrund werden in der Regel beispielsweise lückenlose Kontrollen der Mitarbeiter und nachgeordneten Aufsichtspersonen für unangemessen und unzumutbar gehalten. Als ausreichend werden systematische Stichproben erachtet, wobei es aber nicht genügen soll, daß der Aufsichtspflichtige lediglich von Zeit zu Zeit nach dem Rechten sieht.[235] Nur in Ausnahmefällen, insbes. dann, wenn es im Betrieb zu Zuwiderhandlungen gekommen ist, werden intensivere Aufsichtsmaßnahmen gefordert. Hierzu zählen aber nicht nur verstärkte Kontrollen bis hin zur permanenten Überwachung, sondern insbes. auch die dezidierte und wiederholte Instruktion und Information der betreffenden Personen.[236]

Grenzen der Zumutbarkeit der Aufsicht ergeben sich vor allem aus zwei Begründungssträngen. *Erstens* werden die Folgen von Aufsichts- und insbes. Kon-

---

[232] Zur Klarstellung: Hiermit soll nicht gesagt werden, daß diese Aspekte im Rahmen der zivilrechtlichen betrieblichen Organisationspflichten gar keine Rolle spielen. Wegen des spezifischen strafrechtlichen Zugangs, der letztlich immer auf die Frage eines persönlichen Verschuldensvorwurfs hinausläuft, findet aber zwangsläufig eine eingehendere Auseinandersetzung mit den konkreten Handlungs- und Interaktionsmöglichkeiten einzelner Personen statt.

[233] *KK OwiG-Rogall*, § 130, Rdnr. 49, der in diesem Zusammenhang von einem bei der Arbeitsteilung geltenden Vertrauensgrundsatz spricht, *Schönke/Schröder-Cramer*, § 15, Rdrn. 151 ff., 223; *Rudolphi*, Festschrift Lackner, 863 ff. (872); LG Kleve, NStZ 1981, 266 f. (267) – Glycerinwasser –.

[234] *Hermanns/Kleier*, Grenzen der Aufsichtspflicht, S. 44, 70; *Többens*, NStZ 1999, 1 ff. (4); *KK OWiG-Rogall*, § 130, Rdnrn. 49 f.; 64 f.; OLG Düsseldorf, wistra 1991, 38 f. (39) – Absturzsicherung –; OLG Düsseldorf, wistra 1999, 115 f. (116) – Strahlenschutzverantwortlicher –; BGH, NStZ 2002, 421 ff. (423) – Wuppertaler Schwebebahn –.

[235] BGHSt 9, 319 ff. (323); BGHSt 25, 158 ff. (163); *Hermans/Kleier*, Grenzen der Aufsichtspflicht, S. 40; *Göhler*, OWiG, § 130, Rdnr. 12.

[236] *Rebmann/Roth/Herrmann*, OWiG, § 130, Rdnr. 16; *Hermanns/Kleier*, Grenzen der Aufsichtspflicht, S. 39 f.; *Schutzbach*, Die strafrechtliche Verantwortung für Betriebsunfälle, S. 130 ff., mit Hinweisen auf die staatsanwaltschaftliche und gerichtliche Praxis.

trollmaßnahmen als Maßstab für die Zumutbarkeit herangezogen. Einzustellen in die im Einzelfall vorzunehmende Abwägung sind einerseits die Folgen auf der individuellen Ebene. In diesem Zusammenhang wird auf die Beeinträchtigung des Persönlichkeitsrechts und der Würde der Beaufsichtigten verwiesen, wie sie etwa durch ständige Beobachtung oder „Schnüffelei" entstehen können. Auf der kollektiven, d.h. betrieblichen Ebene, wird in diesem Zusammenhang andererseits auf Belastungen des Betriebsfriedens und des Vertrauensverhältnisses von Arbeitgeber und Arbeitnehmer verwiesen, wie sie z.B. durch die Belohnung von Denunziationen hervorgerufen werden können.[237]

Diese Grenzen gelten ganz überwiegend nur für die Überwachung der Beschäftigten. Die Überwachung stellt jedoch nur eines unter mehreren Instrumenten der gehörigen Aufsicht dar. Wegen der beschriebenen Grenzen des Instruments „Kontrolle" müssen dann zwangsläufig andere, mildere Formen der Aufsicht in den Vordergrund rücken.[238] Als mildere Mittel sind hierbei die sorgfältige Instruktion, Information und Schulung des Personals von elementarer Bedeutung. Nur wenn den betreffenden Mitarbeitern die Bedeutung ihrer Arbeit und die damit verbundenen Gefahren bekannt sind, können diese sich bewußt und souverän sorgfaltsgemäß verhalten. Man kann also insofern von einem Vorrang der Sicherheitskommunikation gegenüber – repressiven – Maßnahmen der Verhaltenskontrolle sprechen, die allerdings, das sei hier ausdrücklich betont, damit nicht etwa entbehrlich wird.

Zweitens ist bei der Bestimmung der Zumutbarkeit der Aufsicht die Eigenverantwortung der Beaufsichtigten in Rechnung zu stellen.[239] Diese allgemein geteilte Einschätzung unterstreicht nicht nur die Bedeutung des soeben angesprochenen Aspekts der Anleitung und Unterweisung, die Voraussetzungen eigenverantwortlichen Handelns sind. Sie verdeutlicht zugleich, daß das straf- und ordnungwidrigkeitenrechtliche Verständnis der Organisation wenig gemein hat mit den oben (S. 217) beschriebenen Ansätzen einer eher mechanistischen Organisationstheorie. Die betrieblichen Akteure sind danach nicht bloße „Befehlsempfänger" oder „Rädchen im Getriebe", sondern eigenverantwortlich handelnde Subjekte. Dies bedarf allerdings der Präzisierung. Gemeint ist damit nicht eine Allzuständigkeit eines jeden Mitarbeiters. Dies würde nicht nur den Prinzipien der Arbeitsteilung der Organisationen Betrieb bzw. Unternehmen widersprechen[240], sondern zu-

---

[237] Zum Ganzen vgl. etwa BGH, wistra 1986, 222 ff. (223); *KK OWiG-Rogall*, § 130, Rdnr. 49; *Többens*, NStZ 1999, 1 ff. (4); *Hermanns/Kleier*, Grenzen der Aufsichtspflicht, S. 44.

[238] Insofern zutreffend *Hermanns/Kleier*, Grenzen der Aufsichtspflicht, S. 70.

[239] BGH, wistra 1986, 222 ff. (223); *Göhler*, OWiG, § 130, Rdnr. 12; *KK OWiG-Rogall*, § 130, Rdnr. 49.

[240] In diesem Sinne wohl auch *Rudolphi*, Festschrift Lackner, 863 ff. (868).

gleich auch die faktischen Machtverhältnisse in den regelmäßig (mehr oder weniger) hierarchischen Organisationsstrukturen verkennen.

Bei der Bestimmung des Umfangs der berechtigterweise zu erwartenden und zu verlangenden Eigenverantwortung, kann das Eingebundensein in die Organisationsstrukturen nicht unberücksichtigt bleiben.[241] Es wird deswegen auf den Pflichtenkreis der im Betrieb bzw. Unternehmen handelnden Akteure abgestellt. Dieser wird im wesentlichen durch die Aufgaben, Verantwortlichkeiten, Pflichten und Befugnisse determiniert, die den jeweiligen Personen gesellschafts- und arbeits-

---

[241] Diese Einbindung in die durch die Organisation gesteuerte Arbeitsteilung hat der BGH m.E. jüngst in seinem Urteil zum Unfall der Wuppertaler Schwebebahn nicht angemessen berücksichtigt (BGH, NStZ 2002, 421 ff.). Verursacht wurde der folgenschwere Unfall durch eine fehlerhaft abgebaute Montagebaustelle. Mit dem Abbau, der nachts und unter Zeitdruck erfolgte, waren zwei Arbeitnehmer beauftragt. Im Verlaufe der Arbeiten kamen zwei weitere Kollegen hinzu, um bei der zügigen Demontage sog. Stahlkrallen zu helfen. Aus nicht näher geklärten Umständen verblieb eine Stahlkralle, die von den hinzugekommenen Kollegen abgebaut werden sollte, an der Tragekonstruktion der Schwebebahn, wodurch es zum Unfall kam. Nach Auffassung des BGH kommt für alle vier Arbeitnehmer eine Strafbarkeit wegen fahrlässiger Tötung bzw. fahrlässiger Körperverletzung in Betracht, da sie mit der Übernahme der Arbeiten eine Garantenstellung zur Abwendung der Gefahren übernommen hätten. Hieran ändere sich auch durch die Neuverteilung der Aufgaben im Verlaufe der Arbeiten nichts, weil es sich um die Beseitigung einer einheitlichen Gefahrenquelle gehandelt habe. Die vier angeklagten Arbeitnehmer durften nach Auffassung des BGH insbes. nicht darauf vertrauen, daß ihre Kollegen sorgfaltsgemäß vorgehen. Da es sich um eine leicht überschaubare Baustelle gehandelt habe, sei es allen zumutbar gewesen, sich davon zu überzeugen, daß sämtliche Krallen ordnungsgemäß entfernt worden sind. Bedenklich ist m.E. schon, daß es der BGH offensichtlich für ohne weiteres möglich hält, daß die in einem übergreifenden Sicherheitskonzept geplanten Demontagearbeiten ohne weiteres im Kollegenkreis neu verteilt werden können. Sollte das Sicherheitskonzept eine solche Vorgehensweise tatsächlich ohne weiteres zulassen, müssen m.E. angesichts der Gefährlichkeit der Arbeiten erhebliche Zweifel an der Tragfähigkeit des Sicherheitskonzepts selbst bestehen. In seiner Entscheidung geht der BGH aber offensichtlich ohne weiteres von der Angemessenheit des vorgelegten Sicherheitskonzepts aus. Selbst wenn man diesen Ausgangspunkt des BGH teilt, ist weiter zu bedenken, daß es sich bei den angeklagten Arbeitnehmern um hierarchisch gleichgestellte Mitarbeiter handelt. Die Argumentation des BGH läuft auf die Pflicht zur gegenseitigen Kontrolle der Arbeiten hierarchisch gleichgestellter Kollegen hinaus, was aber zumindest in einem Spannungsverhältnis zu den Prinzipien der Arbeitsteilung in hierarchisch gegliederten Organisationen steht. Eine gegenseitige Kontrolle mag gerade bei überschaubaren Gefahrenquellen zwar durchaus naheliegend sein, hierin eine strafrechtlich sanktionierte Verpflichtung zu sehen, geht m.E. aber zu weit. Zu beachten ist zudem, daß die Demontagearbeiten in ein Sicherheitskonzept eingebettet waren, das intensive Kontrollmaßnahmen der Arbeiten vorsah (zum Ganzen auch Freund, NStZ 2002, 424 f. (425)). Insgesamt drei weitere Personen waren danach verpflichtet und versäumten es, die Kollisionsfreiheit der Strecke zu überprüfen. Auch diese dreifache Kontrolle hätte im übrigen Anlaß bieten können, die Tragfähigkeit des Sicherheitskonzepts selbst zu problematisieren. Nicht zuletzt angesichts des Zeitdrucks ist nicht auszuschließen, daß sich jeder Kontrolleur letztlich auf die anderen verlassen hat; in diesem Sinne auch Freund, NStZ 2002, 424 f. (424).

rechtlich zugewiesen sind.[242] So ist z.B. ein Maschinenbediener verpflichtet, entsprechend der Unterweisung und den Unfallverhütungsvorschriften zu arbeiten, und, sofern ihm entsprechendes Ermessen eingeräumt ist, bei Defekten in diesem Rahmen eigenständig Sicherungsmaßnahmen oder kleinere Reparaturen vorzunehmen. Hierauf können ggf. gefährdete Kollegen, aber auch im Grundsatz die betrieblichen Vorgesetzten vertrauen. Wird er jedoch von seinem betrieblichen Vorgesetzten angewiesen weiterzuarbeiten und kommt es hierdurch zu einer Gewässerverschmutzung durch auslaufendes Öl, fällt dies jedenfalls solange nicht in seinen Pflichtenkreis, wie dieses Ergebnis nicht offenkundig ist. Betroffen ist vielmehr, entsprechend der betrieblichen Verantwortungs- und Informationsverteilung, der Pflichtenkreis des Vorgesetzten.[243] Insoweit kann also der nachgeordnete Mitarbeiter in der Regel auf die Vertretbarkeit der Weisung vertrauen.

Hinzuweisen ist in diesem Zusammenhang darauf, daß bei der Bestimmung der Pflichtenkreise eine exponierte Stellung im Betrieb oder Unternehmen nicht zwingend auf Entscheidungsbefugnisse schließen läßt. Dies gilt insbes. für Stabsstellen, deren Pflichtenkreis durch Beratungsaufgaben geprägt ist. Der eigenverantwortliche Pflichtenkreis besteht hier in der umfassenden und fachkundigen Information der betrieblichen Entscheidungsträger. Vor diesem Hintergrund konsequent ist in der Lederspray-Entscheidung des Bundesgerichtshofs der Chefchemiker des Unternehmens, der lediglich beratende Aufgaben hatte, nicht bestraft worden.[244]

bb) Vorbildfunktion

Es dürfte kaum zu bestreiten sein, daß eine betriebliche (Sicherheits)organisation Schaden nehmen muß, wenn die zentralen und bestimmenden Personen selbst Vorschriften des Gefahrenschutzes außer acht lassen. Vor diesem Hintergrund konsequent werden Aufsichtsmaßnahmen dann als nicht geeignet angesehen, wenn der Aufsichtsführende sich selbst nicht an die Pflichten hält, deren Ein-

[242] Zu diesem Pflichtenkreismodell vgl. *Ransiek*, Unternehmensstrafrecht, S. 53 ff., sowie zusammenfassend S. 88; jedenfalls im Ausgangspunkt, der Determinierung der Pflichtenstellung durch die innerorganisatorischen Zuständigkeiten, ähnlich *Rudolphi*, Festschrift Lackner, 863 ff. (868).

[243] Vgl. hierzu auch *Ransiek*, Unternehmensstrafrecht, S. 53 f.; ähnlich *Franzheim*, in: Umwelthaftung und Umweltmanagement, 77 ff. (79); ebenso LG Kleve, NStZ 1981, 266 f. (267) – Glycerinwasser –; BGH, NStE Nr. 5 zu § 223 – Mandelbienenstich –.

[244] BGH, NJW 1990, 2560 ff. (2568 f.) – Lederspray –; ähnlich für einen Gewässerschutzbeauftragten nach § 21 a WHG, OLG Frankfurt, NJW 1987, 2753 ff. (2756) – Abwassereinleitung –; *Ransiek*, Unternehmensstrafrecht, S. 54, Fn. 208; *Strate/Wohler*, Handbuch Umweltaudit, M, Rdnrn. 29 ff.; *Rudolphi*, Festschrift Lackner, 863 ff. (875) im Hinblick auf Stabsfunktionen im Allgemeinen, wobei *Rudolphi* aber speziell im Hinblick auf den Gewässerschutzbeauftragten von einer Garantenstellung zur Verhinderung von Gewässerschäden „in begrenztem Umfang“ ausgeht (ebenda, S. 879).

haltung er durchsetzen soll.[245] Gerade mit Blick auf moderne Organisationskonzepte wird in diesem Kontext auf die Schlüsselrolle des Managements als Vorbild hingewiesen. Besonders deutlich ist dieser Zusammenhang für das Produkthaftungsrisiko herausgestellt worden, wo davon ausgegangen wird, daß zwischen 80% und 90% aller Mängel und Schäden letztlich auf Defizite des Managements zurückzuführen sind.[246] Die Vorbildfunktion reduziert sich jedoch nicht auf die Einhaltung formaler Rechtsvorschriften. Die in der Rechtsprechung zu Tage tretenden Erwartungen sind umfassender.[247] Hier sollen mit dem Verantwortungsbewußtsein und der Zivilcourage des Leitungspersonals nur zwei wichtige Aspekte herausgegriffen werden.[248]

Unter dem Begriff des Verantwortungsbewußtseins wird dabei die nach außen erkennbare Bereitschaft verstanden, die eigenen, wirtschaftlich geprägten Unternehmensinteressen zum Schutze anderer, höherwertiger Rechtsgüter zurückzustellen.[249] Verlangt wird m.a.W., das unternehmerische Interesse ggf. zurückzustellen. Zu diesem Zwecke, und damit kommt der Gesichtspunkt der Zivilcourage ins Spiel, müssen die betreffenden Personen notfalls auch ihre persönlichen Interessen hintanstellen, also z.B. in einem kollegialen Entscheidungsgremium alles ihnen mögliche tun, um eine schadensstiftende Maßnahme zu verhindern.[250]

Schwenkt man vor diesem Hintergrund noch einmal den Blick zurück zu den Überlegungen zum Grundsatz des gegenseitigen Vertrauens wird klar, daß das Vorbild des Managements unverzichtbare Voraussetzung für einen vertrauensvollen Umgang und eigenverantwortliches Handeln ist. Die aus der strafrechtlichen Literatur und Rechtsprechung herausgefilterte Vorbildfunktion der Geschäftsleitung bzw. des Managements, deckt sich mit dem empirischen Erkenntnisstand in den Sicherheitswissenschaften. Dort ist anerkannt, daß das Management entscheidenden Einfluß auf die „gelebte" Sicherheitskultur im Betrieb bzw.

---

[245] *Göhler*, OWiG, § 130, Rdnr. 12; § 9, Rdnr. 41; *Kassebohm/Malorny*, BB 1994, 1361 ff. (1363); BGH, WuWEBGH, 2394 ff. (2396).

[246] Zum Ganzen vgl. *Kassebohm/Malorny*, BB 1994, 1361 ff. (1363, 1368 ff.).

[247] Instruktiv hierzu die Analyse *Eidams* über das Persönlichkeitsbild der Führungskraft in der Rechtsprechung. Vgl. *Eidam*, in: Die Organisation des betrieblichen Umweltschutzes, 177 ff.

[248] Die Terminologie entspricht der von *Eidam*, in: Die Organisation des betrieblichen Umweltschutzes, 177 ff., der daneben die Aspekte der „Einsicht", „Fairneß" und „Seriösität" herausarbeitet, auf die hier nicht näher eingegangen werden soll.

[249] *Eidam*, in: Die Organisation des betrieblichen Umweltschutzes, 177 ff. (182 ff.); BGH, NJW 1990, 2560 ff. (2564) – Lederspray –; LG Aachen, JZ 1971, 507 ff. (519) – Contergan –.

[250] *Eidam*, in: Die Organisation des betrieblichen Umweltschutzes, 177 ff. (186 ff.); BGH, NJW 1990, 2560 ff. (2565) – Lederspray –; LG Aachen, JZ 1971, 507 ff. (519) – Contergan –; StA Mannheim, NJW 1976, 585 ff. (586) – Mannheimer Stinkkanal –.

Unternehmen hat.[251] Nur in einem betrieblichen Umfeld, in dem couragiertes Handeln und Offenheit nicht nur geduldet, sondern aktiv gefördert und vorgelebt wird, können die zu recht als unangemessen empfundenen Instrumente einer umfassenden Kontrolle zurückgenommen werden. Hierin liegt eine zentrale Aufgabe der Geschäftsführung und der Führungskräfte. Wird sie nicht wahrgenommen, wird die heute immer wieder hervorgehobene Eigenverantwortlichkeit der Mitarbeiter zur bloßen Hülse und es droht ein Klima der organisierten Unverantwortlichkeit.[252]

II. Mitteilungspflichten zur Betriebsorganisation

Bei den sog. Anzeige- und Mitteilungspflichten zur Betriebsorganisation handelt es sich um ein verwaltungsrechtliches Instrument, das im Jahre 1990 erstmals durch § 52 a BImSchG normiert worden ist.[253] Die Vorschrift verpflichtet den Betreiber einer genehmigungspflichtigen Anlage dazu, gegenüber der Aufsichtsbehörde bestimmte Angaben über die interne Organisation offenzulegen. Eine inhaltsgleiche Regelung findet sich heute in § 53 KrW-/AbfG, so daß Mitteilungspflichten gegenüber den zuständigen Behörden gleichermaßen im Abfallrecht relevant sind.[254] Inhaltlich zielen die Mitteilungspflichten auf zwei Elemente der betrieblichen Umweltschutzorganisation.

§§ 52 a Abs. 1 BImSchG, 53 Abs. 1 KrW-/AbfG betreffen speziell die Verhältnisse von Gesellschaften mit mehrköpfigen Vertretungsorganen, bzw. von Personengesellschaften mit mehreren vertretungsberechtigten Gesellschaftern. Die in dieser Form gesellschaftsrechtlich organisierten Betreiber bzw. Besitzer von Abfällen i.S. von § 26 KrW-/AbfG haben die zuständige Behörde in Form einer Anzeige zu informieren, wer aufgrund der internen Regelungen über die Geschäftsführungsbefugnis die umweltrechtlichen Pflichten der Gesellschaft wahrnimmt. Es sind m.a.W. partiell die interne Geschäftsverteilung bei mehrköpfiger Vertretung bzw. einem mehrköpfigen Vertretungsorgan offenzulegen.[255]

Ist eine solche Ressortbildung innerhalb der Geschäftsführung noch nicht vorgenommen worden, ergibt sich aus §§ 52 a Abs. 1 BImSchG, 53 Abs. 1

---

[251] Vgl. hierzu *Zimolong* (Hrsg.), Management des Arbeits- und Gesundheitsschutzes, S. 195 ff.; 265. Diese Erkenntnis liegt auch den Strukturen der Managementsysteme zugrunde, auf die in der Folge noch einzugehen sein wird (unten S. 267 ff.; 293 ff.). Wenn dort die Formulierung einer präventiven „Politik“ gefordert wird, ist dies nichts anderes als das glaubhafte Bekenntnis der Unternehmensleitung für die Ziele der betrieblichen Sicherheit.

[252] So *Schünemann*, Unternehmenskriminalität, S. 34 ff.

[253] Zur Gesetzgebungsgeschichte vgl. eingehend *Renken*, KJ 1994, 218 ff. (227 ff.), mit Hinweisen zu den Verbindungslinien zum organisationsrechtlichen Instrument der Umweltbeauftragten.

[254] Es gibt außerdem eine Reihe weiterer Mitteilungspflichten, deren Untersuchung den Rahmen dieser Arbeit aber sprengen würde. Vgl. insoweit etwa §§ 21 GenTG; 29 StrSchV.

[255] *GK-BImSchG-Lechelt*, § 52 a, Rdnr. 8.

KrW-/AbfG die Pflicht, eine Organisationsentscheidung zu treffen. Es sind dann intern entsprechende Regelungen zu treffen und eine Person zu benennen.[256] Ein wesentliches Ziel der Regelung besteht darin, der Aufsicht Kenntnis über einen kompetenten Ansprechpartner auf höchster, sprich Geschäftsführungsebene, zu verschaffen.[257] Die Gesamtverantwortung aller Organmitglieder oder Gesellschafter bleibt hiervon unberührt, wie §§ 52 a Abs. 1 Satz 2 BImSchG, 53 KrW-/AbfG ausdrücklich klarstellen.[258]

Das zweite, hier besonders interessierende Element der Anzeige, besteht in der Mitteilung, auf welche Weise sichergestellt ist, daß die Vorschriften an einen sicheren Betrieb beachtet werden (§§ 52 a Abs. 2 BImSchG, 53 Abs. 2 KrW-/AbfG). Die Regelungen haben einen weiteren Anwendungsbereich als die Anzeigepflichten des Absatzes 1, da sie für alle Betreiber genehmigungspflichtiger Anlagen gleichermaßen gelten.[259] In der Sache zielen §§ 52 a Abs. 2 BImSchG, 53 Abs. 2 KrW-/AbfG auf die Beschreibung und Erläuterung der betrieblichen Umweltschutzorganisation. Die Behörden sind darüber zu informieren, welche Vorkehrungen und Maßnahmen organisatorischer Natur getroffen worden sind, um einen sicheren, rechtskonformen Betrieb zu gewährleisten.[260] Es ist in diesem Rahmen beispielsweise darzulegen, wie sichergestellt wird, daß die notwendigen Instandhaltungs- und Wartungsarbeiten tatsächlich ausgeführt werden oder daß nur adäquat ausgebildetes Personal an den betreffenden Anlagen arbeitet. Zur Verdeutlichung sind insoweit insbes. Angaben zur Ablauf- und Aufbauorganisation (Organigramm) zu machen. Aus den Unterlagen muß sich insbes. ergeben, wie die organisatorische Einbindung der Umweltschutzbeauftragten erfolgt, in welcher Weise die betrieblichen Meldewege geregelt sind, welche Regelungen für Betriebsstörungen vorgesehen sind oder wie die Unterrichtung und Schulung des Personals erfolgt.[261]

---

[256] *Bartsch*, Umweltschutz und Unternehmensorganisation, S. 91 ff., mit Hinweisen darauf, wie eine solche Ressortbildung aussehen kann. Im Ergebnis ebenso *Feldhaus*, NVwZ 1991, 927 ff. (929), der mit guten Gründen eine entsprechende Pflicht zur Ressortbildung aus § 5 BImSchG ableitet.

[257] *Bartsch*, Umweltschutz und Unternehmensorganisation, S. 93; *Ule/Laubinger-BImSchG-Fluck*, § 52 a, Anm. C 1.

[258] Hierzu auch *Bartsch*, Umweltschutz und Unternehmensorganisation, S. 91.

[259] *Bartsch*, Umweltschutz und Unternehmensorganisation, S. 94; *Knopp/Striegl*, BB 1992, 2009 ff. (2010).

[260] *Jarass*, BImSchG, § 52 a, Rdnrn. 7, 10; *Ule/Laubinger-BImSchG-Fluck*, § 52 a, Anm. D 7.

[261] Zum Inhalt der Mitteilung nach § 52 a BImSchG und dem „Stand der Betriebsorganisation" ausführlich *Feldhaus*, in: Umwelthaftung und Umweltmanagement, 9 ff. (27 ff.); *Rehbinder*, UTR 26, 29 ff. (57); vgl. hierzu im übrigen etwa auch *Manssen*, GewArch 1993, 280 ff. (283), sowie den Gemeinsamen Runderlaß vom 16.07.1993 für die Aufsichtsbehörden in Nordrhein-Westfalen, Ziffer 25.2., MBl. NW 1993, 1472 ff. (1499).

Dogmatisch betrachtet begründen §§ 52 a Abs. 2 BImSchG, 53 Abs. 2 KrW-/AbfG keine Organisationspflichten. Angesichts des klaren Wortlauts der Normen ist davon auszugehen, daß §§ 52 a Abs. 2 BImschG, 53 Abs. 2 KrW-/AbfG an bestehende Organisationspflichten anknüpft, die sich insbes. aus den Grundpflichten des Betreibers bzw. Abfallbesitzers ergeben. Die Mitteilung an die Behörde ist danach lediglich deklaratorischer Natur, d.h. sie gibt wieder, was eigentlich bereits festgelegt ist oder jedenfalls festgelegt sein sollte.[262] Sind allerdings noch keine entsprechenden Organisationsmaßnahmen ergriffen worden, ist dies im Zuge der Erfüllung der Mitteilungspflicht nach § 52 a Abs. 2 BImSchG nachzuholen.[263] Der mit dieser Verpflichtung verbundene Eingriff in die vor allem durch Art. 12, 14 GG geschützte Organisationsfreiheit ist nur marginal, da sich aus den Betriebspflichten nicht die Pflicht zum Aufbau einer bestimmten Organisationsform ergibt.[264]

Der Zweck der Mitteilungspflichten zur Betriebsorganisation wird zum einen in einer Erleichterung und Effektivierung des Verwaltungsvollzugs gesehen.[265] Darüber hinaus, und dies ist in diesem Zusammenhang wichtiger, werden sie als ein Instrument gesehen, das nach innen, d.h. in die betriebliche Organisation hinein, wirkt. Sie sollen dazu beitragen, die innerbetrieblichen Organisationsstrukturen und Verantwortlichkeiten transparent zu machen. Hiermit verbunden ist die Erwartung einer Verstärkung der Selbstkontrolle, die insbes. dazu motivieren soll, ggf. bestehende organisatorische Defizite zu beseitigen.[266] Dies gilt umso mehr, als es sich bei beiden Mitteilungen um Dauerpflichten handelt, die zu aktualisieren sind, wenn sich Änderungen im Bereich der Geschäftsführung oder der sicherheitsrelevanten Abläufe ergeben.[267]

In diesem Zusammenhang sei abschließend auf einen nicht unbedeutenden „Nebeneffekt" der Mitteilungspflichten verwiesen, der sich aus den Schnittstellen des öffentlichen Umweltrechts mit dem Haftungsrecht ergibt. Durch die Offenle-

---

[262] Vgl. auch *Feldhaus*, NVwZ 1991, 927 ff. (928 f.); *Jarass*, BImSchG, § 52 a, Rdnr. 7; *GK-BImSchG-Lechelt*, § 52 a, Rdnrn. 20, 30.

[263] *Knopp/Striegl*, BB 1992, 2009 ff. (2010).

[264] *Feldhaus*, in: Umwelthaftung und Umweltmanagement, 9 ff. (26); JZ 1995, 643 ff. (645); grundsätzlich kritisch gegen solche Überlagerungen des Gesellschaftsrechts durch das öffentliche Recht, *Schneider*, DB 1993, 1909 ff., insbes. S. 1914 f., der hierin einen „wachsenden Verlust an individueller Freiheit und Selbstverantwortung" erblickt.

[265] Z.B. *Bartsch*, Umweltschutz und Unternehmensorganisation, S. 96; *Kloepfer*, Umweltrecht, § 5, Rdnrn. 332 f.; *GK-BImSchG-Lechelt*, § 52 a, Rdnr. 1.

[266] Hierzu etwa *Kloepfer*, Umweltrecht, § 5, Rdnr. 333; *Manssen*, GewArch 1993, 280 ff. (281 f.), der darauf hinweist, daß die insbes. § 52 a Abs. 1 BImSchG dazu geführt hat, daß es in der Praxis zu Umorganisationen in der Geschäftsführung gekommen ist; insbes. den Aspekt der Eigenkontrolle akzentuierend, *Feldhaus*, NVwZ 1991, 927 ff. (929, 933); *Lübbe-Wolff*, ZUR 1996, 173 ff. (175); *Dienes*, NWVBL 1990, 404 ff. (408).

[267] Vgl. auch *Kloepfer*, Umweltrecht, § 5, Rdnr. 337; *Bartsch*, Umweltschutz und Unternehmensorganisation, S. 98.

gung der betrieblichen Organisationsregelungen können sich die Risiken einer haftungsrechtlichen Inanspruchnahme verändern. Dies gilt besonders für die Strafverfolgung, da durch die Mitteilung die Verantwortlichkeiten transparent werden, die ansonsten erst durch mühsame Ermittlungen festgestellt werden müßten.[268] Jedenfalls vordergründig könnte dies Vermeidungsstrategien im Hinblick auf §§ 52 a BImSchG, 53 KrW-/AbfG nahelegen. Zwingend ist ein solcher Schluß indes nicht. Die Motivation zur Verbesserung des betrieblichen Umweltschutzes muß nicht notwendig altruistisch sein, sondern kann durchaus auch dem „Selbstschutz“ dienen. Dadurch, daß Organisationsmängel letztendlich zu Lasten der obersten Leitungsebene gehen, dürfte durchaus ein Anreiz bestehen, die umweltschutzsichernde Betriebsorganisation zur „Chefsache“ zu machen.[269] Nur wenn klare Regelungen bestehen, können (Straf)Haftungsrisiken wirksam begrenzt werden, was im übrigen vor Einführung des § 52 a BImSchG, 53 KrW-/AbfG nicht anders war. Für die Akteure der nachgeordneten Ebenen verdeutlichen die Mitteilungen zur Betriebsorganisation die eigene Verantwortung. Unsicherheiten über die eigenen Aufgaben und Verantwortlichkeiten können auch für sie mit schwer ausrechenbaren Haftungsrisiken verbunden sein.[270]

---

[268] Vgl. hierzu z.B. *Knopp/Striegl*, BB 1992, 2009 ff. (2011); *Reuter*, DB 1993, 1605 ff. (1606); *Manssen*, GewArch 1993, 280 ff. (283). Insbes. Dokumente, die im Rahmen der freiwilligen oder obligatorischen Eigenkontrolle gefertigt worden sind (z.B. Meßprotokolle), können sich als Problem im straf- oder ordnungswidrigkeitenrechtlichen Verfahren erweisen. Zu bedenken ist insoweit, daß das Unternehmen hier Informationen preisgibt bzw. preisgeben muß, die in diesem Zusammenhang „gegen sie verwendet werden können“ (hierzu *Knopp/Striegl*, BB 1992, 2009 ff. (2011); *Sanden*, wistra 1995, 283 ff. (287 ff.). *Michalke*, NJW 1990, 417 ff. (419 ff.) sieht in den Fällen obligatorischer Dokumentationen ein Verwertungsverbot für die Verfolgungsbehörden, da sich die Unternehmensverantwortlichen andernfalls selbst belasten müßten. In Fällen freiwilliger Dokumentationen (z.B. Öko-Audit) plädiert sie für eine Aus*schöpf*ung der Möglichkeiten des Opportunitätsprinzips (§§ 47 OWiG, 153 ff. StPO), da andernfalls die aus Gründen der Umweltprävention wünschenswerte Selbstkontrolle mit nicht zu rechtfertigenden Risiken belastet würde. Andererseits wird jedoch auch darauf verwiesen, daß ein dokumentiertes und gelebtes Managementsystem wichtiger Bestandteil einer Verteidigungsstrategie zur Begrenzung der Ermittlungen sein kann (hierzu *Sanden*, wistra 1995, 283 ff. (287)). Zur Situation und zu den Erfahrungen in den USA vor dem Hintergrund von Betriebs- bzw. Unternehmensaudits vgl. auch eingehend *Bartsch*, ZUR 1995, 14 ff. (16 ff.). Ob die genannte Argumentation auch auf Dokumente, die die Organisationsstrukturen abbilden, anwendbar sind, ist m.E. fraglich. Aufgrund ihrer grundlegenden Verantwortung ist die Geschäftsführung nur dann entlastet, wenn die Ermittlungen ergeben, daß die sicherheitrechtlichen Pflichten klar und eindeutig übertragen worden sind.

[269] So auch *Knopp/Striegl*, BB 1992, 2009 ff. (2011).

[270] Hierzu etwa für das Zivilrecht BGH; NJW 1968, 247 ff. (248 f.) – Schubstrebe –; für das Ordnungswidrigkeitenrecht OLG Düsseldorf, wistra 1999, 115 f. (116) – Strahlenschutzverantwortlicher –.

III. Betriebsbeauftragte

Ein integraler Bestandteil der betrieblichen Sicherheits- und Gesundheitsschutzorganisation sind die rechtlichen Regelungen über die Betriebsbeauftragten. Betriebsbeauftragte sind sowohl im Umweltrecht als auch im Arbeitsschutzrecht vorgesehen. Die Regelungen des ASiG über die Fachkräfte für Arbeitssicherheit und Betriebsärzte weisen konzeptionell zahlreiche Parallelen mit den Bestimmungen über die umweltrechtlichen Betriebsbeauftragten auf.[271] Da die Akteure und Institutionen des ASiG im weiteren Fortgang der Arbeit noch näher zu betrachten sein werden (vgl. unten S. 313 ff.), wird an dieser Stelle der Fokus primär auf die maßgeblichen umweltrechtlichen Regelungen gelegt.

Man kann rechtlich nicht von *dem* Umweltschutzbeauftragten mit einer allumfassenden Zuständigkeit für alle Fragen des betrieblichen Umweltschutzes reden.[272] Es sind vielmehr eine Reihe von Betriebsbeauftragten zu unterscheiden, deren Aufgabe darin besteht, bestimmte fachgesetzlich umrissene Aspekte des Umweltschutzes zu betreuen. Um nur einige wichtige Beauftragte zu benennen, seien hier der Immissionsschutzbeauftragte (§§ 53 ff. BImSchG), der Gewässerschutzbeauftragte (§§ 21 a ff. WHG) oder Abfallbeauftragte (§§ 54 ff. KrW-/AbfG) erwähnt.

Die Differenzierung zwischen den genannten Beauftragten bedeutet nicht, daß eine Person nicht mehrere Beauftragtenfunktionen wahrnehmen könnte.[273] Es liegt insoweit im Organisationsermessen des Betreibers, die für ihn zweckmäßigste Lösung zu wählen, solange nur alle Beauftragungen normzweckgerecht erfüllt werden können. In der Praxis spielen betriebliche Umweltschutzbeauftragte vor allem in größeren Betrieben eine Rolle. Dies hängt damit zusammen, daß die Bestellungspflicht in der Regel – vorbehaltlich einer behördlichen Einzelfallanordnung – vom Erreichen eines bestimmten (relativ hohen) Gefährdungspotentials abhängt[274], das von kleineren Betrieben überwiegend nicht erreicht wird.[275]

---

[271] So auch *Nisipeanu*, N+R 1990, 439 ff. (440); oder *Becker/Kniep*, NZA 1999, 243 f. (243).

[272] Hierzu auch *Kaster*, GewArch 1998, 129 ff. (129); *Bartsch*, Umweltschutz und Unternehmensorganisation, S. 58 ff.; *Renken*, KJ 1994, 218 ff. (218).

[273] Vgl. z.B. *Bährle*, UPR 1995, 93 ff. (95); *Nisipeanu*, N+R 1990, 439 ff. (448).

[274] Siehe §§ 53 BImSchG, 21 a WHG, 54 KrW-/AbfG.

[275] Aufgrunddessen ist die Zahl der Umweltschutzbeauftragten im Rechtssinne, im Verhältnis zur Anzahl der Betriebe, verhältnismäßig gering. Im Forschungsprojekt IKARUS, in dem der betriebliche Arbeits-, Gesundheits- und Umweltschutz von 20 Metallbetrieben zwischen 20 und 200 Mitarbeitern untersucht wurde, ist nur in zwei Fällen von der Bestellung eines Umweltbeauftragten im Rechtssinne berichtet worden. Ungeachtet dessen finden sich aber auch in vielen kleinen und mittleren Betrieben „Umweltkümmerer", die speziell mit den Aufgaben des betrieblichen Umweltschutzes betraut sind. Vgl. zum Ganzen IKARUS-Abschlußbericht, S. 102 ff. Ein Überblick über den Stand der empirischen Erkenntnisse über die gesetzlichen Umweltschutzbeauftragten findet sich bei *Bartsch*, Umweltschutz und Unternehmensorganisation, S. 70 ff.

Die konkreten gesetzlichen Aufgaben der betrieblichen Umweltschutzbeauftragten sind in den einzelnen Fachgesetzen relativ detailliert geregelt (vgl. insoweit die Aufgabenkataloge in den §§ 54 BImSchG, 21 b WHG, 55 KrW-/AbfG). Ungeachtet der aus den jeweiligen Schutzzwecken der verschiedenen Umweltgesetze resultierenden Unterschiede, folgen die Aufgabenkataloge einer einheitlichen Pflichtenstruktur.[276] Sie läßt sich schlagwortartig mit den Oberbegriffen *Kontrollfunktion* (Überwachung der Einhaltung der Vorschriften an den sicheren Betrieb), *Innovations- bzw. Inititiativfunktion* (insbes. Hinwirken und Mitwirken bei der Einführung umweltschonender Verfahren) und *Informationsfunktion* (insbes. Unterrichtung der Beschäftigten und des Betreibers) zusammenfassen.[277] In der Praxis hat sich zudem häufig eine *Repräsentationsfunktion* gegenüber den Behörden herausgebildet. Sie ist rechtlich nicht in den Aufgabenkatalogen der Umwelschutzbeauftragten geregelt. Gewisse normative Anknüpfungspunkte für sie ergeben sich aus den Regelungen über die Überwachungsbefugnisse der Behörden, mithin also aus einem anderen rechtssystematischen Kontext heraus.[278]

Die Bedeutung der Umweltschutzbeauftragten in der Betriebs- bzw. Unternehmensorganisation ist allein durch ihre Aufgaben nicht hinreichend beschrieben. Ihre Einbindung in die Organisation bzw. ihr Aktionsradius wird erst durch ihre Handlungsmöglichkeiten deutlich. Wichtig ist in diesem Zusammenhang, daß die Einbindung der verschiedenen umweltrechtlichen Beauftragten in die (betriebliche) Organisation weitgehend deckungsgleich ist.[279] Hierdurch wird es möglich, ein übergreifendes Leitbild der betrieblichen Umweltschutzbeauftragten zu entwickeln. Im Ergebnis läßt sich dieses Leitbild als das eines fachkundigen Beraters und Unterstützers des Betreibers charakterisieren.

Prägend ist insofern zunächst, daß Umweltbeauftragte qua Gesetz keine Entscheidungsbefugnisse haben.[280] Ihre Aufgabe ist es, die betrieblichen Akteure, ins-

---

[276] Vgl. auch *Reinhardt*, AöR 1993, 617 ff. (636); *Renken*, KJ 1994, 218 ff., inbes. die Gegenüberstellung auf S. 221.

[277] Die Pflichtenstruktur wird in der Literatur begrifflich und auch im Detail nicht völlig einheitlich systematisiert. Vgl. insoweit etwa die in dieser Arbeit zugrundegelegte Einteilung von *Rehbinder*, ZGR 1989, 305 ff. (316 ff.) oder beispielhaft für partiell andere Akzentsetzungen *Reinhardt*, AöR 1993, 617 ff. oder *Kaster* GewArch 1998, 129 ff. (135 ff.). In der Sache dürften sich hieraus keine Unterschiede ergeben.

[278] Vgl. §§ 52 Abs. 2 Satz 3 BImSchG, 21 Abs. 1 Satz 4 WHG. Zur Repräsentationsfunktion vgl. im übrigen *Rehbinder*, ZGR 1989, 305 ff. (317 f.); *Renken*, KJ 1994, 218 ff. (223); kritisch hierzu *Fischer*, Der Betriebsbeauftragte im Umweltschutzrecht, S. 30, der die Repräsentationsfunktion nicht vereinbar hält mit der Rolle als Binnenorgan zur Selbstkontrolle.

[279] *Rehbinder*, ZHR 2001, 1 ff. (9).

[280] Eine Ausnahme von dieser Regel stellt der Störfallbeauftragte dar. Nach § 58 c Abs. 3 BImSchG liegt es im Ermessen des Betreibers, ihm für den Fall des Eintritts eines Störfalls – in dem schnelles Handeln unverzichtbar ist – Entscheidungsbefugnisse zu übertragen. Vor

bes. die umweltrechtlich Verantwortlichen, zu informieren und auf sie einzuwirken. Sie sollen auf der Grundlage ihrer bei der Bestellung nachzuweisenden besonderen Expertise[281] Anstöße geben und praktische Vorschläge zur Verbesserung des Umweltschutzes bzw. zur Einhaltung der umweltrechtlichen Mindeststandards machen.[282] Der Gesetzgeber hat sie bewußt nicht mit sachlichen Entscheidungsbefugnissen ausgestattet, damit sie ihre Rolle als „betriebliches Umweltgewissen“[283] möglichst unvoreingenommen und nicht überwiegend bestimmt von den sonstigen, vornehmlich ökonomisch determinierten Interessen des Betriebs bzw. Unternehmens ausfüllen können.[284] Hieraus ergibt sich zugleich, daß sie jedenfalls kraft ihrer gesetzlichen Aufgaben nicht als Linienfunktion, sondern als Stabsfunktion in die formale Organisationsstruktur einzubetten sind.[285]

Die Beratungs- und Unterstützungsaufgabe wird durch eine Reihe besonderer Vorschriften abgesichert, die die Handlungsmöglichkeiten der Umweltschutzbeauftragten innerhalb des betrieblichen Organisationsgefüges regeln und abstützen.[286] Auf eine intensive Beteiligung an umweltschutzrelevanten Entscheidungen zielt vor diesem Hintergrund die Pflicht des Betreibers, vor Investiti-

---

diesem Hintergund zum Störfallbeauftragten vgl. auch *Bartsch*, Umweltschutz und Unternehmensorganisation, S. 78 ff.; *Rehbinder*, ZHR 2001, 1 ff. (11 ff.), jeweils mit Hinweisen auf den Strahlenschutzbeauftragten nach §§ 29 ff. StrlSV, dem abweichend von den übrigen hier vorgestellten Betriebsbeauftragten, Entscheidungsbefugnisse einzuräumen sind.

[281] Betriebliche Umweltschutzbeauftragte müssen durchweg über die für die Erfüllung ihrer Aufgaben erforderliche Fachkunde verfügen (vgl. §§ 55 Abs. 2 BImSchG; 7 ff. 5. BImSchV; 55 Abs. 3 KrW-/AbfG; 21 c Abs. 2 WHG). Zu den Anforderungen an die Fachkunde vgl. allgemein, *Kaster*, GewArch 1998, 129 ff. (133 f.); im Hinblick auf die 5. BImSchV vgl. *Kotulla*, GewArch 1994, 177 ff. (181 ff.); zum Gewässerschutzbeauftragten, *Nisipeanu*, N+R 1990, 439 ff. (445 f.).

[282] *Rehborn/Rehborn*, ZfW 1999, 363 ff. (366, 372).

[283] Hierzu eingehend *Kaster*, GewArch 1998, 129 ff. (134); außerdem der Literaturbericht von *Renken*, KJ 1994, 218 ff. (224 f.).

[284] Ähnlich auch *Nisipeanu*, N+R 1990, 439 ff. (448); *Kaster*, GewArch 1998, 129 ff. (134); *Feldhaus*, in: Umwelthaftung und Umweltmanagement, 9 ff. (33), sieht darin, daß die Umweltschutzbeauftragten frei von Linienverantwortlichkeit sind, gerade eine ihrer Stärken, da die insoweit bestehende Weisungsfreiheit ihnen z.B. bei der Durchführung betriebsinterner Prüfungen, etwa im Rahmen eines Öko-Audit, die erforderliche Unabhängigkeit vermittelt.

[285] Vgl. auch *Becker/Kniep*, NZA 1999, 243 f. (244); dessenungeachtet belegen empirische Erkenntnisse, daß die Umweltschutzbeauftragten im Regelfall zusätzlich mit Entscheidungsbefugnissen ausgestattet sind. Vgl. hierzu *Bartsch*, Umweltschutz und Unternehmensorganisation, S. 74.

[286] Die rechtliche Durchsetzung dieser Vorschriften durch die Umweltschutzbeauftragten ist allerdings umstritten. Vgl. insoweit die Darstellung des Streitstandes bei *Bartsch*, Umweltschutz und Unternehmensorganisation, S. 65 ff.; dessenungeachtet stellt es aus der Sicht des Betreibers eine Verletzung seiner allgemeinen Organisationspflicht nach § 5 BImSchG dar, wenn er seinem Umweltschutzbeauftragten die Wahrnehmung seiner gesetzlichen Handlungsmöglichkeiten im Betrieb nicht oder nicht vollständig ermöglicht. Hierzu *Feldhaus*, NVwZ 1991, 927 ff. (930 f.).

onsentscheidungen eine Stellungnahme des betrieblichen Umweltschutzbeauftragten einzuholen (§ 56 BImSchG).[287] Die Bedeutung der Vorschrift liegt vor allem in der frühzeitigen Information der Betriebsbeauftragten, die Voraussetzung dafür ist, sich aktiv in die Entscheidungsfindung einzumischen.[288]

Besonderes Gewicht bekommen Vorschläge der Umweltschutzbeauftragten durch ein besonderes Vortragsrecht gegenüber der Geschäftsleitung. Der Umweltschutzbeauftragte kann sich immer dann auf dieses Recht berufen, wenn sich Vorschläge durch Verhandlungen mit dem zuständigen Betriebsleiter nicht durchsetzen lassen. Es gehört zu den Organisationspflichten des Betreibers, entsprechende Vorkehrungen zu treffen, damit das Vortragsrecht ausgeübt werden kann. Die Geschäftsleitung muß sich zwar nicht die Vorstellungen des Umweltschutzbeauftragten zu eigen machen. Für den Fall, daß eine Einigung nicht möglich ist, ist sie aber gehalten, ihre Ablehnung umfassend gegenüber dem Beauftragten zu begründen.[289] Vor allem mit Blick auf die Überwachungs- und Kontrollaufgaben stärkt das Vortragsrecht die innerbetriebliche Position des Umweltschutzbeauftragten nachhaltig. Werden Verletzungen der Anforderungen an einen sicheren Betrieb gerügt, kann sich die Geschäftsleitung kaum noch darauf berufen, von diesen keine Kenntnis gehabt zu haben. Dies kann mit erheblichen haftungsrechtlichen Konsequenzen für die umweltrechtlich verantwortlichen Personen verbunden sein.[290]

Der Stärkung der innerorganisatorischen Stellung dienen zudem die in § 55 Abs. 4 BImSchG normierten Unterstützungspflichten des Betreibers, zu denen insbes. die Bereitstellung von Hilfspersonal, Räumen, Geräten und sonstigen Sachmitteln, sowie die Ermöglichung der Teilnahme an Schulungen zählen. Es gehört also zu den Organisationspflichten, die Voraussetzungen dafür zu schaf-

[287] Vgl. hierzu z.B. GK-BImSchG-Böhm, § 56, Rdnr. 1; *Kaster*, GewArch 1998, 129 ff. (137); *Nisipeanu*, N+R 1990, 439 ff. (453 f.).

[288] *Jarass*, BImSchG, § 56, Rdnr. 1; *Nisipeanu*, N+R 1990, 439 ff. (453); *Fischer*, Der Betriebsbeauftragte im Umweltschutzrecht, S. 26 f.

[289] Grundsätzlich zum Vortragsrecht vgl. etwa *Fischer*, Der Betriebsbeauftragte im Umweltschutzrecht, S. 33 ff., sowie die Kommentierungen von *Landmann/Rohmer*, Umweltrecht-Hansmann, § 57 BImSchG; GK-BImSchG-Böhm, § 57.

[290] Auch wenn die Umweltbeauftragten primär als nach innen wirkende Instanzen angesehen werden, wird ihnen jedenfalls insoweit eine (faktische) Wirkung für das Außenverhältnis beigemessen. Da sie durch die Erfüllung ihrer Aufgaben Mißstände quasi aktenkundig machen, werden sie betriebsöffentlich und die Betreiber, Gewässerbenutzer oder Abfallbesitzer quasi „bösgläubig"; hierzu etwa *Reinhard*, AöR 1993, 617 ff. (636); *Nisipeanu*, N + R 1990, 439 ff. (451 f.), mit eingehenden Hinweisen auf die vom Umweltschutzbeauftragten zu erbringenden Berichte. Diese haftungsrechtliche Bedeutung der Umweltschutzbeauftragten mag eine Erklärung dafür sein, daß die Initiativfunktion (im Hinblick auf Innovationen) in der Praxis neben der Überwachungsfunktion nur ein „Schattendasein" fristet. Hierzu auch *Bartsch*, Umweltschutz und Umweltorganisation, S. 75; *Feldhaus*, NVwZ 1991, 927 ff. (931).

fen, damit die gesetzlichen Aufgaben fachlich angemessen erfüllt werden können. Wichtig in diesem Zusammenhang ist es, daß die Ressourcen der Umweltschutzbeauftragten, wenn sie entsprechend genutzt werden, auch Einfluß auf die interne Durchsetzungsfähigkeit haben können. Die oben (S. 217 ff.) vorgestellten organisationstheoretischen Erkenntnisse haben aufgezeigt, daß die Kontrolle über Informationen und Ressourcen einen wichtigen Faktor im innerbetrieblichen Machtgefüge darstellen. Wie gewichtig dieser Faktor im Einzelfall ist, hängt sicherlich davon ab, wie kritisch und wichtig diese Ressourcen und Informationsquellen sind.[291]

Die innerorganisatorische Stellung der Umweltbeauftragten wird schließlich noch durch ein Benachteiligungsverbot rechtlich abgesichert (§ 58 Abs. 1 BImSchG). Hiermit wird dem Umstand Rechnung getragen, daß die Tätigkeit des Umweltschutzbeauftragten in einem Spannungsverhältnis zu den in erster Linie wirtschaftlichen Interessen des Unternehmens steht, was zu Konflikten bei der Verfolgung des im öffentlichen Interesse stehenden Umweltschutzes führen kann.[292] Das Benachteiligungsverbot bezieht sich allein auf das Bestellungsverhältnis zwischen Beauftragtem und dem Betreiber, Abfallbesitzer oder Gewässerbenutzer.[293] Es wird flankiert für Umweltschutzbeauftragte, die Arbeitnehmer des jeweiligen Betriebes sind, durch einen besonderen Kündigungsschutz (§ 58 Abs. 2 BImSchG).[294] Im Kontext mit dem Benachteiligungsverbot zu sehen sind schließlich die Regelungen des §§ 55 Abs. 1 a BImSchG, 21 c Abs. 1 a WHG, die eine Unterrichtung des Betriebs- bzw. Personalrats nicht nur bei der Berufung, sondern auch bei Veränderungen der Aufgaben und bei der Abberufung vorsehen. Hiermit ist ergänzend ein gewisser prozeduraler Schutz gegen willkürliche Benachteiligungen in Gestalt von gezielten Änderungen des Aufgabenbereichs und Abberufungen gewährleistet. Es ist jedenfalls bei Beachtung der genannten Organisationsregeln nicht möglich, „unbequeme" Umweltschutzbeauftragte quasi „im Stillen kaltzustellen".[295]

---

[291] Hierzu, wenngleich kritisch im Hinblick auf das Problemfeld Umweltschutz im Allgemeinen, *Rehbinder*, JbRSozRTh 1988, 109 ff. (123). Es dürfte in diesem Zusammenhang durchaus einen großen Unterschied ausmachen, ob ein Unternehmen z.B. aufgrund von Störfällen unter starkem öffentlichen Druck steht oder nicht; insofern wohl auch in diese Richtung argumentierend auch *Rehbinder*, ebenda.

[292] *Jarass*, BImSchG, § 58, Rdnr. 1; *Renken*, KJ 1994, 218 ff. (222).

[293] Zur Unterscheidung zwischen Bestellungsverhältnis und dem dahinter stehenden Grundverhältnis, das regelmäßig vertraglicher Natur ist vgl. etwa *Rehborn/Rehborn*, ZfW 1999, 363 ff. (368); *Bährle*, UPR 1995, 93 ff. (93 ff.).

[294] Einzelheiten hierzu etwa bei *Bährle*, UPR 1995, 93 ff. 95 f.; *Becker/Kniep*, NZA 1999, 243 f., jeweils auch mit Hinweisen auf die kollektivrechtlichen Zusammenhänge.

[295] Zum Abberufungsschutz von Betriebsbeauftragten unter besonderer Berücksichtigung der Sicherheitsbeauftragten nach § 22 SGB VII, *Kohte*, Festschrift Wlotzke, 563 ff. (587 ff.).

Die vorstehenden Ausführungen können zu dem Schluß verleiten, daß die Umweltschutzbeauftragten ihre Tätigkeit ungeachtet der Belange des Unternehmens bzw. des Betriebs, in dem sie agieren, auszuüben haben. Es ist aber heute unstreitig, daß der Umweltbeauftragte weder als verlängerter Arm der Behörde noch in anderer Form ausschließlich das öffentliche Interesse des Umweltschutzes repräsentiert.[296] Es handelt sich bei ihm vielmehr um ein Innenorgan des Betriebs bzw. Unternehmens. Als „Mann des Betriebes"[297] ist er gleichermaßen den Interessen des Unternehmens, an das er vertraglich als Arbeitnehmer oder externer Freiberufler gebunden ist, als auch seinen gesetzlichen Pflichten als Umweltbeauftragter verpflichtet. Wenn er nicht durch die Einräumung von Entscheidungsbefugnissen in die Verantwortung gezogen wird, erfolgt dies vor allem mit dem Ziel, ihm Freiraum zu geben, die Belange des Umweltschutzes möglichst umfassend in seine Überlegungen einzubeziehen. Das Gesetz versucht diesen in der Person des Umweltbeauftragten angelegten „Intra-Rollen-Konflikt" bewußt zu nutzen und verspricht sich auf diese Weise eine Art innerbetriebliche Vermittlung von Ökologie und Ökonomie.[298]

Ob diese Vermittlung immer zu durchsetzungsfähigen Vorschlägen führt, wird in der Literatur eher skeptisch beurteilt, da sich der betriebliche Umweltschutz oftmals als unproduktive und deswegen wenig konfliktfähige Investition erweise.[299] Es ist hier nicht der Platz zu klären, ob die z.T. geforderte Einräumung von Entscheidungsbefugnissen[300], tatsächlich zu einer weiteren Stärkung der im übrigen überwiegend positiv[301] bewerteten Institution des Umweltschutzbeauftragten führen würde.[302] Hingewiesen sei hier nur noch darauf, daß im Arbeitsschutzrecht ein vergleichbares Durchsetzungsdefizit im Hinblick auf die Fachkraft für Arbeitssicherheit beobachtet worden ist.[303] Hier ist eine Lösung gewählt worden, die das dem Umweltschutzbeauftragten vergleichbare Leitbild der Fachkraft für Sicherheit nicht grundsätzlich antastet.

---

[296] Vgl. nur *Kaster*, GewArch 1998, 129 ff. (134); *Reinhardt*, AöR 1993, 615 ff. (636).

[297] So z.B. *Kaster*, GewArch 1998, 129 ff. (134); *Rehborn/Rehborn*, ZfW 1999, 363 ff. (367); außerdem die Zusammenfassung des Meinungsstandes bei *Renken*, KJ 1994, 218 ff. (222 ff.).

[298] Vgl. *Rehbinder*, JbRSozRTh 1988, 109 ff. (122 f.); *Renken*, KJ 1994, 218 (225) mit eingehenden Hinweisen auf den Diskussionsstand.

[299] *Rehbinder*, ZGR 1989, 305 ff. (365 f.), der sich vor diesem Hintergrund dafür ausspricht, die Erwartungen an den Umweltbeauftragten nicht zu hoch zu hängen.

[300] Zusammenfassend hierzu *Renken*, KJ 1994, 218 ff. (224 ff.); *Bartsch*, Umweltschutz und Unternehmensorganisation, S. 80 ff.

[301] Siehe z.B. *Kloepfer*, Umweltrecht, § 5, Rdnr. 328; *Rehbinder*, ZHR 2001, 1 ff. (27 f.); *Renken*, KJ 1994, 218 ff. (231 f.), jeweils m.w.N.

[302] Skeptisch etwa *Kloepfer*, Umweltrecht, 5, Rdnr. 329; für einen vorsichtigen Ausbau der Entscheidungsbefugnisse etwa *Bartsch*, Umweltschutz und Unternehmensorganisation, S. 86.

[303] *Bieneck/Knospe*, BArbBl. 1998 (3), 5 ff. (7 f.).

Ansatzpunkt ist dabei die Ausbildung zum Erwerb der Fachkunde nach § 7 ASiG, die von einer deutlich techniklastigen hin zu einer verstärkt umsetzungsorientierten Konzeption geändert worden ist.[304] Letztlich wird damit dem Umstand Rechnung getragen, daß allein sicherheitstechnische Fachkunde nicht genügt, um zu überzeugen und in Organisationen wirksam Entscheidungen zu beeinflussen. Der hiermit verbundene Paradigmenwechsel ist in der Literatur griffig als Wandlung vom „Experten für das Kleingedruckte" zum „Arbeitsschutzmanager" charakterisiert worden.[305] Es bleibt abzuwarten, in welcher Weise sich dieses seit dem 1. Januar 2001 geltende Konzept in der Praxis bewähren wird und ob es ggf. als Vorbild für die betrieblichen Umweltschutzbeauftragten fruchtbar gemacht werden kann. Auch die Anforderungen an die Fachkunde der Umweltbeauftragten orientieren sich bis dato in erster Linie an der technisch-naturwissenschaftliche Expertise und weniger an der Fähigkeit, Vorschläge und Initiativen innerhalb der Organisation Betrieb durchzusetzen.[306]

Faßt man die vorstehenden Überlegungen zusammen, kann festgehalten werden, daß mit den Regelungen über die betrieblichen Umweltschutzbeauftragten rechtlich in die betriebliche Entscheidungsfindung eingegriffen wird. Es sollen m.a.W. betriebliche Interaktionen und Prozesse innerhalb der „Organisation Betrieb" stimuliert werden, ohne daß damit bestimmte konkrete Entscheidungen abschließend determiniert würden. Der Erfolg des Rechtsinstituts steht und fällt damit, inwieweit es den Umweltschutzbeauftragten gelingt, Anstöße zu geben und damit die intendierte Selbstkontrolle und Selbstveranwortung[307] im Bereich des Umweltschutzes tatsächliche Impulse bekommt.

IV. Regelung der Sicherheitskommunikation und -kooperation

Im Rahmen der Bilanzierung organisationsrechtlicher Pflichten ist weiter auf eine Reihe von öffentlich-rechtlichen Rechtsvorschriften einzugehen, die Bestimmungen treffen über die Kommunikation und Kooperation der betrieblichen Akteure. Soweit ersichtlich ist bis dato eine Betrachtung rechtlicher Regelungen zur Betriebsorganisation unter diesem systematisierenden Aspekt nur

---

[304] Hierzu grundlegend *Bieneck/Knospe*, BArbBl. 1998 (3), 5 ff.; das neue Ausbildungskonzept ist nebst weiteren Materialien abgedruckt in HVBG/BauA (Hrsg.), BGZ-Report 5/99 – Umsetzung der Neukonzeption der Ausbildung zur Fachkraft für Arbeitssicherheit.

[305] *Bieneck/Knospe*, BArbBl. 1998 (3), 5 ff.

[306] Vgl. insoweit die in §§ 7 ff. und Anhang II der 5. BImSchV normierten Anforderungen an die Fachkunde der Immissionsschutz- und Störfallbeauftragten. Zu den erwähnten Regelungen der 5. BImSchV vgl. auch *Kotulla*, GewArch 1994, 177 ff. (181 ff.); Ehrich, DB 1993, 1772 ff. (1777 f.).

[307] Zur Einordnung der Betriebsbeauftragten als Instrumente zur Stärkung der betrieblichen Selbstkontrolle vgl. nur *Reinhardt*, AöR 1993, 617 ff. (635 ff.); *Kloepfer*, DB 1993, 1125 ff. (1126).

ansatzweise vorgenommen worden.[308] Sie ist aber hier aus zwei Gründen sinnvoll und notwendig, um einen wesentlichen Ausschnitt organisationsrechtlicher Intervention zu fokussieren.

Erstens wird die betriebliche Sicherheitskommunikation und -kooperation mit guten Gründen als wichtiges Element eines Leitbildes des ArbSchG eingestuft.[309] Eine Systematisierung der einschlägigen Normen vor diesem Hintergrund verleiht dem Leitbild Konturen, indem es Elemente für eine leitbildgerechte Realisierung der betrieblichen Sicherheitskommunikation und -kooperation aufzeigt. *Zweitens* wird durch die Möglichkeit zur Kommunikation und zum mehr oder weniger intensiven Informationsaustausch nicht unwesentlich der Aktionsradius der betrieblichen Akteure geprägt.[310] So hängt es z.B. vom Zugang bzw. vom Ausschluß von bestimmten Informationen ab, ob ein Entscheidungsproblem überhaupt wahrgenommen wird oder ob es „im Stillen“ gelöst wird. Rechtliche Regelungen über die innerbetriebliche Kommunikation sind von daher geeignet, interne Entscheidungsprozesse zu beeinflussen. Speziell für den Arbeits- und Gesundheitsschutz ist anerkannt und durch empirische Arbeiten belegt, daß eine gut ausgeprägte Sicherheitskommunikation und -kooperation wichtige Größen für eine erfolgreiche betriebliche Schutzkonzeption bilden.[311]

Mit rechtlichen Regelungen zur betrieblichen *Sicherheitskommunikation* sind nachfolgend Vorschriften gemeint, die den Austausch, also das Kommunizieren von Informationen über Fragen der betrieblichen Sicherheit und Gesundheit, zum Gegenstand haben. Es lassen sich dabei einerseits Fälle obligatorischer Sicherheitskommunikation (Kommunikationspflichten) und andererseits Fälle freiwilliger Sicherheitskommunikation (Kommunikationsoptionen[312]) unterscheiden.

---

[308] Vgl. insoweit aber *Feldhaus*, NVwZ 1991, 927 ff. (934); unter dem Blickwinkel strafrechtlicher Zurechnung, *Schünemann*, Unternehmenskriminalität und Strafrecht, S. 36 ff.

[309] Hierzu *Bücker/Feldhoff/Kohte*, Rdnrn. 247 ff.; *Kohte*, EAS B 6100, Arbeitsschutzrahmenrichtlinie, Rdnrn. 60 f.; ähnlich *Fischer*, BArbBl. 1996 (1), 21 ff. (23); Gesetzesbegründung, BT-Drcks. 13/3540, S. 13; mit Blick auf das Störfallrecht vgl. *Kohte*, WSI Mitteilungen 2000, 567 ff. (569 f.).

[310] Vgl. hierzu *Berger/Bernhard-Mehlich*, Die verhaltenswissenschaftliche Entscheidungstheorie, 123 ff. (134); *Crozier/Friedberg*, Die Zwänge kollektiven Handelns, S. 52. Zum sog. „Informations- und Kommunikationsmanagement“ und seiner Bedeutung für das „organisationale Lernen“, speziell mit Blick auf den Arbeits- und Gesundheitsschutz, siehe auch *Elke*, Management des Arbeitsschutzes, S. 87 ff.

[311] Hierzu *Elke*, Merkmale eines erfolgreichen Informationsmanagements des betrieblichen Arbeits- und Gesundheitsschutzes, 53 ff. (57).

[312] Der Begriff der Kommunikationsoption ist hier bewußt gewählt worden, da mit den Kommunikationspflichten in vielen Fällen Kommunikationsrechte der Kommunikationspartner korrespondieren. Als Beispiele hierfür seien insofern nur das Unterweisungsrecht aus § 12 ArbSchG oder das Anhörungsrecht zu allen Maßnahmen, die Auswirkungen auf die Sicherheit und Gesundheit haben, erwähnt (vgl. zu diesen Rechten auch *Kohte*, EAS B 6100, Arbeitsschutzrahmenrichtlinie, Rdnrn. 88 ff.). Die Wahl des

Zu den Kommunikationspflichten in diesem Sinne zählen z.B. die Unterweisungen, die in einer ganzen Reihe von Vorschriften vorgesehen sind (vgl. etwa §§ 12 ArbSchG, 20 GefStoffV, 7 BGV A 1). Sie dienen nicht nur der Belehrung und Information, sondern sind ihrem Sinn und Zweck nach zugleich Foren der Diskussion und Schulung zu Fragen der Sicherheit und Gesundheit.[313] Weiter zu nennen sind in diesem Zusammenhang die Pflichten des Arbeitgebers bzw. Betreibers, den Betriebsrat zu allen Fragen des betrieblichen Arbeits- und Gesundheitsschutzes hinzuzuziehen (§ 89 Abs. 2 BetrVG) und ihn über die Bestellung, Abberufung oder Änderung des Aufgabenbereichs der Umweltschutzbeauftragten zu unterrichten (§ 55 Abs. 1 a BImSchG). Um eine Kommunikationspflicht handelt es sich in der Sache auch bei den bereits erwähnten Stellungnahmen des Umweltschutzbeauftragten vor Investitionsentscheidungen (§ 56 BImSchG). Auch wenn der Betreiber nicht an das Votum des Umweltbeauftragten gebunden ist, steht es nicht in seinem Ermessen, ob er sich mit der Sichtweise des Umweltbeauftragten auseinandersetzen möchte oder nicht.

Nicht nur den Arbeitgeber oder den Betreiber treffen Kommunikationspflichten. So erfüllen die Umweltschutzbeauftragten nur dann ihren gesetzlichen Auftrag, wenn sie mit dem Betreiber kommunizieren, indem sie ihn beraten und ggf. Vorschläge machen. Außerdem sind sie gehalten, die Betriebsangehörigen über den betrieblichen Umweltschutz und das umweltgerechte Verhalten zu informieren (§§ 54 BImSchG, 21 b WHG, 55 KrW-/AbfG). Ähnliches gilt im übrigen für die Fachkraft für Arbeitssicherheit (§ 6 ASiG), die darüber hinaus den Betriebsrat über wichtige Fragen des Arbeitsschutzes zu unterrichten hat (§ 9 ASiG). Kommunikationspflichten treffen schließlich auch die Beschäftigten, die nach § 16 ArbSchG den Arbeitgeber und den zuständigen Vorgesetzten sowie die Fachkraft für Arbeitssicherheit und die Sicherheitsbeauftragten, über erhebliche Gefahren und Sicherheitsmängel in Kenntnis zu setzen haben. Die beispielhaft vorgestellten Regelungen belegen, daß rechtlich ein durchaus engmaschiges Netz der Sicherheitskommunikation obligatorisch ist.

Über Kommunikationsoptionen verfügen vor allem die Betriebsbeauftragten, die Beschäftigten und der Betriebsrat. Erwähnt seien hier z.B. nur das Beschwerde- und Vorschlagsrecht der Beschäftigten (§§ 17 ArbSchG, 82, 84 BetrVG) oder die Vortragsrechte der Umweltschutzbeauftragten, Betriebsärzte und Sicherheitsfachkräfte (§§ 57 BImSchG, 21 e WHG, 8 ASiG). Ausgeprägt sind in diesem Zusammenhang auch die Handlungsmöglichkeiten des Betriebsrats. Hingewiesen sei in diesem Zusammenhang nur auf das Informationsrecht des § 80 Abs. 2 BetrVG, auf die regelmäßigen Besprechungen mit dem Arbeit-

---

Begriffs Kommunikationsoption soll verdeutlichen, daß hier keine Pflicht des Arbeitgebers oder Betreibers besteht, von sich aus initiativ zu werden.

[313] Vgl. hierzu TRGS 555; *Schneider*, Unterweisung, S. 11 f., 26 ff.; *Kittner/Pieper*, ArbSchR, § 12 ArbSchG, Rdnr. 3.

geber (§ 74 Abs. 1 BetrVG) oder auf das Initiativrecht nach § 87 Abs. 1 Nr. 7 BetrVG, das nicht nur eine Kommunikationsoption bietet, sondern zugleich ein Mitregelungsrecht (hierzu im einzelnen unten S. 468 ff.).

Unter Regelungen zur *Sicherheitskooperation* sollen hier Vorschriften verstanden werden, die von ihrer Zielsetzung her überwiegend das Zusammenwirken und die Zusammenarbeit der betrieblichen Akteure koordinieren. Eine klare Abgrenzung dieser Bestimmungen zu den Regelungen der Sicherheitskommunikation ist nicht immer möglich, da Zusammenarbeit stets Kommunikation voraussetzt. Erwähnung verdienen zunächst Zusammenarbeitsgebote. So ist sowohl in den einschlägigen umweltrechtlichen Vorschriften als auch im Arbeitsschutzrecht die Zusammenarbeit der betrieblichen Umweltschutzbeauftragten mit den Beauftragten im Bereich des Arbeitsschutzes (Fachkraft für Arbeitssicherheit, Betriebsarzt, Sicherheitsbeauftragte nach § 22 SGB VII) vorgesehen (§§ 55 Abs. 3 BImSchG, 10 ASiG). § 55 Abs. 3 BImschG verlangt zudem ausdrücklich, daß der Betreiber sein Organisationsermessen ausübt, um die hierfür notwendigen Voraussetzungen zu schaffen.[314] Fachkräfte für Arbeitssicherheit und Betriebsärzte haben außerdem mit dem Betriebsrat zusammenzuarbeiten (§ 10 ASiG). Um den besonderen Gefahren, die sich aus der Zusammenarbeit von Beschäftigten mehrerer Arbeitgeber an einem Arbeitsplatz ergeben zu begegnen, normiert § 6 BGV A 1 (heute außerdem § 8 ArbSchG) ein Zusammenarbeitsgebot der betroffenen Arbeitgeber.[315]

Daneben bilden Rechtsvorschriften über betriebliche Gremien einen wichtigen Bestandteil der Regelungen zur Sicherheitskooperation. Sie bilden Foren des Austausches über Fragen der Sicherheit, in denen die unterschiedlichen Sichtweisen im Betrieb zum Ausdruck gebracht werden können. Gleichzeitig institutionalisieren sie die betriebliche Zusammenarbeit.[316] Wichtig in diesem Zusammenhang sind der Arbeitsschutzausschuß nach § 11 ASiG und der Umweltausschuß, der in § 55 Abs. 3 BImschG als eine Gestaltungsform zur Koordinierung genannt wird, wenn mehrere Umweltschutzbeauftragte bestellt worden sind. Es liegt nahe, die genannten Gremien zu nutzen, um der rechtlich gebotenen Zusammenarbeit der Funktionsträger des betrieblichen Arbeits-, Gesundheits- und Umweltschutzes (§§ 55 Abs. 3 BImSchG; 10 ASiG) einen organisatorischen Rahmen zu geben.

---

[314] Hierzu auch *Kaster*, GewArch 1998, 129 ff. (137).

[315] Besonders eindringlich klar wird die Notwendigkeit einer effektiven und klaren Sicherheitskommunikation und -kooperation mit Blick auf den Brand auf dem Flughafen Düsseldorf im Jahre 1996. Die wesentliche Ursache war hier die mangelhafte Abstimmung und Koordination mit einem Subunternehmen, das mit Schweißarbeiten beauftragt war und keine Kenntnisse über die mit den Arbeiten verbundenen Brandgefahren hatte. Vgl. hierzu auch oben S. 204.

[316] Vgl. insofern für den Arbeitsschutzausschuß *MünchArbR-Wlotzke*, § 208, Rdnr. 44; *Schliephacke*, Führungswissen Arbeitssicherheit, S. 131 f.

Der vorstehende kurze Überblick über rechtliche Regeln zur betrieblichen Sicherheitskommunikation und -kooperation beansprucht keine Vollständigkeit und ist exemplarisch zu verstehen. Er dürfte in jedem Falle verdeutlichen, daß die betriebliche Sicherheitskooperation und -kommunikation durch ein relativ dichtes Netz von Kommunikationskanälen und Kooperationsforen rechtlich vorstrukturiert ist. Werden die Pflichten und „Angebote" zur Kommunikation genutzt, sind sie geeignet, für ein hohes Maß an Transparenz in Fragen der betrieblichen Sicherheit und Gesundheit zu sorgen. Es würde nicht nur eine wesentliche Forderung der EU-Rahmenrichtlinie-Arbeitsschutz[317] in die Praxis umgesetzt, sondern wie bereits erwähnt eine wichtige Voraussetzung für einen leistungsfähigen Arbeits- und Gesundheitsschutz realisiert.

Abschließend ist darauf hinzuweisen, daß rechtlich nicht nur Kommunikationskanäle eröffnet werden. Zum Schutz schützenswerter Belange wird die Möglichkeit zur Kommunikation und Kooperation bisweilen auch rechtlich unterbunden bzw. beschränkt. Ein praktisch besonders wichtiges Beispiel ist der Umgang mit sensiblen Krankendaten. Insbes. aus betriebsepidemologischen Daten ergeben sich zwar unbestritten wichtige Erkenntnisse, etwa im Zusammenhang mit der Untersuchung der Ursachen von arbeitsbedingten Erkrankungen durch den Betriebsarzt (§ 3 Abs. 1 Nr. 3 lit. c ASiG). Transparenz darf in diesem Zusammenhang aber nicht dahingehend mißverstanden werden, daß solche sensiblen Befunde frei kommunizierbar wären. Andernfalls würde die Gefahr heraufgeschworen, daß die ärztlichen Daten, etwa in Kündigungsschutzprozessen zu Lasten des Arbeitnehmers zum Tragen kämen. Dies würde aber ersichtlich dem – präventiven – Schutzzweck des Arbeitsschutzrechts widersprechen. Schon aus § 3 Abs. 1 Nr. 3 lit. c ASiG ergibt sich vor diesem Hintergrund, daß es Aufgabe des Betriebsarztes ist, Gestaltungsvorschläge zu machen, nicht aber ärztliche Befunde offenbaren. § 8 Abs. 1 ASiG versperrt solche Kommunikationskanäle zudem dadurch, daß er klarstellend auf die ärztliche Schweigepflicht hinweist. Außerhalb des ärztlichen Bereichs steht im übrigen das allgemeine Persönlichkeitsrecht des Art. 2 GG gegen eine unbeschränkte und unreflektierte Nutzung von sensiblen persönlichen Daten.[318]

---

[317] Zur Bedeutung von Transparenz in der EU-Rahmenrichtlinie-Arbeitsschutz vgl. *Bücker/Feldhoff/Kohte*, Rdnrn. 254, 265.

[318] Dies wird in den Arbeitswissenschaften bisweilen nicht mit der gebotenen Deutlichkeit gesehen. Jedenfalls ohne dezidierte organisatorische Schutzvorkehrungen bedenklich weit insoweit das Beispiel bei *Elke*, Management des Arbeitsschutzes, S. 88 f., über Konzepte zur „Verbesserung der Gesundheitsquote" durch systematische Datensammlungen bei sog. „Fehlzeitengesprächen". Die Problematik ist praktisch im übrigen durchaus relevant. So ist dem Verfasser ein Beispiel bekannt, in dem Unfalldaten unter voller Namensnennung der Mitarbeiter in ein unternehmensinternes Computernetzwerk gestellt wurden.

V. Managementsysteme

Ausgehend von den Erfahrungen mit den in der Praxis weit verbreiteten Qualitätsmanagementsystemen nach der Normenreihe ISO 9000, die im wesentlichen ein vielseitig verwendbares „Grundgerüst eines unternehmensinternen Organisationssystems“[319] normieren, haben in den letzten Jahren Managementsysteme auch im Bereich des Umwelt-[320] und Arbeitsschutzes eine beachtliche Aufmerksamkeit gefunden.[321] Bis zum Jahre 1993 handelte es sich bei dem aus dem angelsächsischen Sprachraum stammenden Begriff des Managementsystems nicht um einen Rechtsbegriff. Mit der EG-UmwAuditVO vom 29. Juni 1993[322] hat er, in Gestalt des „Umweltmanagementsystems“, soweit ersichtlich erstmals als Rechtsbegriff in das deutsche Recht Eingang gefunden. In der novellierten StörfallV vom 26.04.2000[323] findet er sich nunmehr auch in der Variante des „Sicherheitsmanagementsystems“ (Anhang III der StörfallV).

Unter Managementsystemen sind formalisierte und institutionalisierte Führungssysteme zu verstehen, die von der Unternehmensleitung in allen Hierarchie- und Organisationsebenen eingeführt werden und die bei allen Tätigkeiten, insbes. zur Optimierung von Betriebs- und Verfahrensabläufen, genutzt werden können.[324] Da Managementsysteme somit an der Organisation ansetzen, sind sie für diese Untersuchung von besonderem Interesse.

1. Das Umweltmanagementsystem nach der EU-EMASV

Unter einem Öko-Audit ist ein Instrument zu verstehen, mit dem systematisch die betrieblichen Stoffkreisläufe, das Risikopotential und die Aufbau- und Ablauforganisation erfaßt und auf Schwachstellen hin untersucht wird (insbes. im Hinblick auf die Erreichung selbstgesteckter Ziele). Es dient mithin als Entscheidungsgrundlage im Unternehmen in Fragen des betrieblichen Umweltschutzes.[325] Neben dem

[319] So *Theuer*, Handbuch Umweltaudit, B, Das Umweltmanagementsystem und dessen Bestandteile, Rdnr. 83.

[320] Zu den Zusammenhängen von Umweltaudit und den Qualitätsmanagementsystemen nach ISO 9000 ff. vgl. auch *Theuer*, Handbuch Umweltaudit, B, Das Umweltmanagementsystem und dessen Bestandteile, Rdnrn.80 ff.; zu Arbeitsschutzmanagementsystemen vgl. auch unten S. 293 ff.

[321] Grundsätzlich zum Thema Umweltmanagement vgl. etwa *Falk*, Die EG-Umwelt-Audit-Verordnung, DVBl. 1994, 27 ff.

[322] Verordnung (EWG) Nr. 1836/93 des Rates vom 29. Juni 1993 über die freiwillige Beteiligung gewerblicher Unternehmen an einem Gemeinschaftssystem für das Umweltmanagement und die Umweltbetriebsprüfung, ABl. EG 1993, Nr. L 168, S. 1 ff.

[323] Verordnung zur Umsetzung EG-rechtlicher Vorschriften betreffend die Beherrschung der Gefahren bei schweren Unfällen mit gefährlichen Stoffen, BGBl. I 2000, 603 ff.

[324] *Poppendick/Brückner/Rötzer/Waldeck/Brock/Zwingmann*, BArbBl. 1999 (2), 11 ff. (12).

[325] Vgl. DVBl 1994, 27 ff. (31 f.).

europarechtlichen Umwelt-Audit (EMAS[326]) gibt es insbesondere im Bereich der Normung mit der Normenreihe ISO 14000[327] weitere Umweltmanagementsysteme. Die Überlegungen konzentrieren sich hier auf das europarechtliche EMAS, da es als unmittelbar geltende Norm rechtlich maßstabsbildend ist.

Mit der EU-EMASV vom 19. März 2001 „über die freiwillige Beteiligung von Organisationen an einem Gemeinschaftssystem für das Umweltmanagement und die Umweltbetriebsprüfung (EMAS)"[328] sind die europarechtlichen Grundlagen des Öko-Audit novelliert worden.[329] Durch die novellierte EU-EMASV werden u.a. der Anwendungsbereich der Verordnung über den Bereich gewerblicher Unternehmen hinaus auf Organisationen jeglicher Art ausgedehnt.[330] Es sind zudem Teile der ISO 14001 Norm zum Umweltmanagement in den Anhang I der neuen EU-EMASV inkorporiert worden, um nach dieser privaten Norm zertifizierten Unternehmen den Einstieg in EMAS zu erleichtern.[331] Darüber hinaus werden einige Elemente des Managementsystems, wie z.B. die Mitarbeiterbeteiligung[332] deutlicher akzentuiert.[333]

---

[326] Eco Management and Audit Scheme.

[327] Zu den Unterschieden zwischen dem Umweltmanagementsystem der abgelösten EG-UmwAuditVO und der ISO 14000 vgl. *Feldhaus*, UPR 1998, 41 ff.; *Mittelstaedt*, Handbuch Umweltaudit, K, Stand der Anerkennung von Normen für das Umweltmanagement, Rdnrn. 41 ff.; grundsätzlich zur Normung von Umweltschutzmanagementsystemen vgl. auch *Peglau*, ZUR 1995, 19 ff.

[328] Verordnung (EG) Nr. 761/2001 des europäischen Parlaments und des Rates vom 19. März 2001 über die freiwillige Beteiligung von Organisationen an einem Gemeinschaftssystem für das Umweltmanagement und die Umweltbetriebsprüfung (EMAS), ABl. EG 2001 vom 24.4.2001, Nr. L 114, 1 ff.; durch die Verordnung wurde die ursprüngliche Verordnung aus dem Jahre 1993 aufgehoben.

[329] Da die Grundsätze des eigentlichen Managementsystems der Organisationen im Kern nicht verändert worden sind, dürften sich die Erkenntnisse der bisherigen Literatur zumeist, wenn auch vorsichtig, für das neue Recht nutzbar machen lassen.

[330] Hierzu, sowie allgemein zur Novellierung *Knopp*, NVwZ 2001, 1098 ff.; *Schmidt-Räntsch*, N+R 2002, 197 ff. (200); *Langerfeldt*, NVwZ 2001, 538 ff.; zu den Hintergründen und zum Weg von EMAS I zu EMAS II vgl. auch *Bier*, Aktuelle Entwicklungen beim Öko-Audit.

[331] Hierzu *Schmidt-Räntsch*, N+R 2002, 197 ff. (200); *Langerfeldt*; NVwZ 2001, 538 ff. (539); *Bier*, Aktuelle Entwicklungen beim Öko-Audit, S. 50. Es ist angebracht, von einem „erleichterten Einstieg" in EMAS zu sprechen, da die EU-EMASV weitergehende Anforderungen als die ISO 14001 stellt. So fehlen der ISO 14001 insbes. die außenwirksamen Elemente von EMAS, da sie weder eine Information der Öffentlichkeit durch eine Umwelterklärung noch die externe Überprüfung der intern gesetzten Ziele nach Implementierung des Managementsystems vorsieht. Vgl. hierzu und weiteren Unterschieden *Bier*, ebenda, S. 23 ff.

[332] Zwar gehörte die Beteiligung der Mitarbeiter schon nach der abgelösten EG-UmwAuditVO zum Umweltmanagementsystem. In der Praxis der Validierung durch den Umweltgutachter wurden Defizite bei der Qualifizierung und Partizipation der Mitarbeiter allerdings offensichtlich eher großzügig gehandhabt. Vgl. hierzu *Bier*, Aktuelle Entwicklungen beim Öko-Audit, S. 40; *Knopp/Ebermann-Finken*, EWS 2000, 329 ff. (336).

a) Das EMAS-System im Überblick

Die Teilnahme am „Gemeinschaftssystem für das Umweltmanagement und die Umweltbetriebsprüfung" ist nach Art. 1 Abs. 1 EU-EMASV freiwillig und stellt damit eine Option für alle Organisationen[334] (insbes. Unternehmen, Betriebe) dar. Ziel von EMAS ist die Förderung der kontinuierlichen Verbesserung der Umweltleistung von Organisationen (Art. 1 Abs. 2 EU-EMASV). Die Verordnung will einen rechtlichen Rahmen schaffen für ein umweltschutzorientiertes Management und die Etablierung einer eigenverantwortlichen Selbstkontrolle jenseits des traditionellen Ordnungsrechts.[335] Als Anreize für die freiwillige Teilnahme an EMAS werden vor allem die Reduzierung von Kosten, die Optimierung der Organisationsstrukturen, die Risikominimierung und Wettbewerbsvorteile genannt.[336] Die Wettbewerbswirksamkeit einer Teilnahme an EMAS wird rechtlich dadurch unterstützt, daß validierte Organisationen berechtigt sind, das Teilnahmelogo[337] zu führen (Art. 8 i.V. mit Anhang IV EU-EMASV). Außerdem erfolgt eine Eintragung in eine öffentlich zugängliche Liste (Art. 6 f. EU-EMASV).

---

[333] Der Wille, die Anforderungen und Ziele von EMAS griffiger zu machen werden, werden auch durch zwei neuere Rechtsakte der Kommission deutlich, vgl. insoweit die „Empfehlung der Kommission (2001/680/EG) vom 7. September 2001 über Leitlinien für die Anwendung der Verordnung (EG) 761/2001 des Europäischen Parlaments und des Rates über die freiwillige Teilnahme von Organisationen an einem Gemeinschaftssystem für das Umweltmanagement und die Umweltbetriebsprüfung (EMAS)", ABl. EG 1993, Nr. L 247, S. 1 ff.; sowie die „Entscheidung (2001/681/EG) der Kommission vom 7. September 2001 über Leitlinien für die Anwendung der Verordnung (EG) Nr. 761/2001 des Europäischen Parlaments und des Rates über die freiwillige Beteiligung von Organisationen an einem Gemeinschaftssystem für das Umweltmanagement und die Umweltbetriebsprüfung (EMAS)", ABl. EG 2001, Nr. L 247, S. 24 ff.

[334] Der Begriff der Organisation ist in Art. 2 lit. s EU-EMASV legaldefiniert. Danach bezeichnet der Begriff Organisation „eine Gesellschaft, eine Körperschaft, eine Behörde oder eine Einrichtung bzw. einen Teil oder eine Kombination hiervon, mit oder ohne Rechtspersönlichkeit, öffentlich oder privat, mit eigenen Funktionen und eigener Verwaltung".

[335] Umfassend hierzu *Falk*, Die EG-Umwelt-Audit-Verordnung und das deutsche Haftungsrecht, S. 16 ff. mit Hinweisen auf die Einordnung in die europäische Umweltpolitik; außerdem etwa *Koenig*, NVwZ 1994, 937 ff. (940 ff.); *Falk*e, ZUR 1995, 4 ff. (5).

[336] Zu den Anreizen, ein Umweltmanagement nach der EG-UmwAudit einzuführen, vgl. auch *Bier*, Aktuelle Entwicklungen beim Öko-Audit, S. 25 ff.; *Feldhaus*, in: Umwelthaftung und Umweltmanagement, 9 ff. (30 f.); JZ 1995, 646, sowie zweifelnd im Hinblick darauf, ob die genannten Anreize tatsächlich geeignet sind, zur Teilnahme zu motivieren, ebenda, 650; kritisch vor dem Hintergrund der ersten Erfahrungen, *Knopp*, NVwZ 2000, 1121 ff. (1122); skeptisch im Hinblick auf den Anreiz von Wettbewerbsvorteilen auch *Rehbinder/Heuvels*, DVBl. 1998, 1245 ff. (1253), die im übrigen aber eine eher positive Bilanz der ersten empirischen Erfahrungen mit dem Umweltmanagementsystem ziehen.

[337] Nach Art. 8 EU-EMASV darf das Logo, da sich EMAS nur auf das Management der Organisation bezieht, nicht auf Produkten bzw. ihrer Verpackung verwendet werden. Gegenüber der abgelösten EG-UmweltAuditVO ist das Einsatzspektrum des Zeichens dessenungeachtet ausgedehnt worden, vgl. hierzu *Bier*, Aktuelle Entwicklungen beim Öko-Audit, S. 42; *Knopp/Ebermann-Finken*, EWS 2000, 329 ff. (336).

Im Zusammenhang mit der aufgehobenen EG-UmwAuditVO ist intensiv diskutiert worden, einen zusätzlichen Anreiz zur Teilnahme an EMAS durch Lockerungen des behördlichen Vollzugs des Umweltrechts zu schaffen. Begründet wurden entsprechende Forderungen damit, daß durch das Umweltmanagementsystem eine stärkere Selbstkontrolle bewirkt wird.[338] Diese Diskussion hat sich mittlerweile normativ in einer Reihe von fachgesetzlichen Verordnungsermächtigungen[339] und einem Beschluß des Bundeskabinetts über eine EMASPrivilegV[340] niedergeschlagen, die eine Reihe von Vollzugserleichterungen vorsehen.[341] Vollzugserleichterungen kommen danach in Betracht, wenn die durch EMAS bewirkte Eigenüberwachung gleichwertig mit der behördlichen Fremdkontrolle ist, bzw. die umweltrechtlichen Anforderungen (z.B. Mitteilungspflichten) durch EMAS gleichwertig erfüllt werden.[342]

---

[338] Die insoweit bestehenden Forderungen und Erwartungen haben sich jedenfalls bis zur Novellierung des Öko-Audit-Rechts kaum erfüllt, vgl. insoweit die Ergebnisse der empirischen Erhebung von *Wagner/Budde*, ZUR 1997, 254 ff. (257), die im übrigen einen interessanten Einblick in die Teilnahmemotive und die Erfüllung der Erwartungen der Teilnehmer gibt. Die Forderung nach Vollzugslockerung hat sich im Bundesland Bayern im „Umweltpakt Bayern – Miteinander die Umwelt schützen" niedergeschlagen, der Erleichterungen bzw. eine Substitution behördlicher Überwachung (Berichts- und Dokumentationswesen, Kontrolle und Überwachung sowie im Bereich des Genehmigungsverfahrens) durch die Eigenkontrolle im Rahmen der EG-UmwAuditVO vorsieht (hierzu eingehend *Böhm-Amtmann*, GewArch 1997, 335 ff.; dieselbe, ZUR 1997, 178 ff.). Kritisch dazu etwa *Feldhaus*, UPR 1997, 341 ff. (342 ff.); *Lübbe-Wolff*, ZUR 1996, 173 ff. (174 ff.).

[339] Insbes. §§ 58 e BImSchG, 55 a KrW-/AbfG, 21 h WHG, jeweils eingefügt durch das „Gesetz zur Umsetzung der UVP-Änderungsrichtlnie, der IVU-Richtlinie und weiterer EG-Richtlinien zum Umweltschutz" vom 27. Juli 2001, BGBl. I, 2001, S. 1950 ff. Art. 10 Abs. 2 EU-EMASV sieht ausdrücklich vor, daß die Mitgliedsstaaten Vollzugserleichterungen prüfen sollen, damit „doppelter Arbeitsaufwand" vermieden wird.

[340] Beschluß des Bundeskabinetts vom 19.09.2001 über eine Verordnung über immissionsschutz- und abfallrechtliche Überwachungserleichterungen für nach der Verordnung (EG) Nr. 661/2001 registrierte Standorte und Organisationen (EMAS-PrivilegierungsVerordnung – EMASPrivilegV), herunterzuladen über die Homepage des Bundesumweltministeriums, http://www.bmu.de.

[341] Z.B. im Hinblick auf die Mitteilungspflichten zur Betriebsorganisation, die Umweltbeauftragten oder Messungen. Zum Ganzen vgl. auch *Knopp*, NVwZ 2001, 1098 ff. (1100 ff.).

[342] Der Normgeber knüpft damit an den Diskussionsstand in der Literatur zu EMAS I an. Dort wurde sog. funktionale Äquivalenz von Eigen- und Fremdüberwachung ganz überwiegend als Voraussetzung für Vollzugserleichterungen angenommen, vgl. nur *Feldhaus*, UPR 1997, 341 ff. (342 f.); *Knopp*, NVwZ 2001, 1098 ff. (1100). Trotz dieser Einigkeit im Ausgangspunkt ist auch durch die Aktivitäten des Normgebers nicht geklärt, wann „Gleichwertigkeit" anzunehmen ist. So geht *Knopp*, NVwZ 2001, 1098 ff. (1100) davon aus, daß EMAS weit über die Anforderungen von §§ 52 a BImSchG, 53 KrW-/AbfG hinausgeht, während *Lübbe-Wolff*, ZUR 1996, 173 ff. (175) vor dem Hintergrund der bisherigen Erfahrungen über die Qualität der Umwelterklärungen Skepsis äußert. Es ist deshalb zu befürchten, daß auch nach den skizzierten Neuregelungen keine hinreichende Klarheit über die Voraussetzungen von Vollzugserleichterungen bestehen wird. Zu bedenken ist schließ-

Um in den Genuß der angedeuteten Vollzugserleichterungen zu kommen bzw. um das EMAS-Logo führen zu dürfen, haben die betreffenden Organisationen eine Reihe von Verfahrensschritten zu durchlaufen. Sie lassen sich überblicksartig wie folgt zusammenfassen[343]:

Es ist zunächst eine sog. Umweltpolitik für die teilnehmende Organisation festzulegen. Diese Umweltpolitik bildet die grundlegende Orientierung für das gesamte Umweltmanagementsystem. Es ist sodann eine sog. Umweltprüfung[344] durchzuführen. Dabei handelt es sich um ein erstes Audit, durch das der Umweltstatus des Standortes festgestellt wird.[345] Auf der Basis der Erkenntnisse der Umweltprüfung ist ein sog. Umweltprogramm zu erarbeiten, in dem sog. Umweltzielsetzungen und diese weiter konkretisierende Umwelteinzelziele zusammengefaßt werden.[346] Gleichzeitig ist das Umweltmanagementsystem zu implementieren. Nach der Legaldefinition des Art. 2 lit. k EU-EMASV ist dies der

> „Teil des gesamten Managementsystems, der die Organisationsstruktur, Planungstätigkeiten, Verantwortlichkeiten, Verhaltensweisen, Vorgehensweisen, Verfahren und Mittel für die Festlegung, Durchführung, Verwirklichung, Überprüfung und Fortführung der Umweltpolitik betrifft."

---

lich, daß eine völlige Substitution des behördlichen Vollzuges wegen der Verletzung grundrechtlicher Schutzpflichten verfassungsrechtlich nicht haltbar ist, so auch *Koch/Laskowski*, ZUR 1997, 182 ff. (186), *Koenig*, NVwZ 1994, 937 ff. (939 ff.). Auch insoweit bleibt zu klären, wann diese verfassungsrechtlichen Grenzen berührt werden, so daß im Ergebnis davon auszugehen ist, daß die Substitutionsdiskussion nicht beendet ist.

343 Zu den nach dem Öko-Audit System notwendigen Schritten vgl. im einzelnen auch *Falk*, Die EG-Umwelt-Auditverordnung und das deutsche Umwelthaftungsrecht, S. 39 ff.; *Scherer*, NVwZ 1993, 11 ff. (12 ff.); *Sellner/Schnutenhaus*, NVwZ 1993, 928 ff. (930 f.); einen instruktiven Überblick über die Einführung und die betriebliche Anwendung von E-MAS ergibt sich aus den beiden Fallstudien bei *Heinelt/Töller*, ZfRSoz 1999, 82 ff. (86 ff.).

344 Nach der Legaldefinition des Art. 2 lit. e EU-EMASV handelt es sich bei der Umweltprüfung um „eine erste umfassende Untersuchung der Umweltfragen, der Umweltauswirkungen und der Umweltleistung im Zusammenhang mit den Tätigkeiten einer Organisation".

345 Diese Audits sind dann in Form von sog. Umweltbetriebsprüfungen regelmäßig zu wiederholen. Zum Begriff des „Audits", der seinen Ursprung in der klassischen Betriebsprüfung hat, vgl. auch *Lechelt*, Handbuch Umweltaudit, A., System des Umweltaudits, Entstehungsgeschichte, Rdnr.64; *Scherer*, NVwZ 1993, 11 ff. (11 f.). Im Hinblick auf die Ziele solcher Audits kann zwischen drei Formen des Audits differenziert werden: „Compliance-Audits", mit deren Hilfe die Beachtung von Rechtsvorschriften überprüft wird; „Management-Audits", die die Leistungsfähigkeit des Managementsystems zum Gegenstand haben und „Performance-Audits", durch die die Einhaltung der – selbst – formulierten Ziele des Managements eruiert wird. Vgl. hierzu etwa *Bartsch*, ZUR 1995, 14 ff. (14 f.);„JZ 1995, 643 ff. (643 f.). Die Umweltprüfung bzw. Umweltbetriebsprüfung nach der EG-UmwAuditVO sind vor diesem Hintergrund weitreichend, da in ihnen die drei genannten Formen enthalten sind. Hierzu auch *Bartram*, Handbuch Umweltaudit, C, Ablauf, Kriterien und Tiefe der internen Umweltbetriebsprüfung, Rdnr. 14;, JZ 1995, 643 ff. (646).

346 Zu den Begriffen „Umweltprogramm", „Umweltzielsetzung" und „Umwelteinzelzielsetzung" vgl. auch die Legaldefinitionen in Art. 2 lit. h, i, j EU-EMASV.

Umweltpolitik, Umweltprogramm, Umweltmanagementsystem und das Ergebnis der Umweltprüfung bilden den Kern der sog. Umwelterklärung, die nicht nur internen Zwecken dient, sondern auch für die Öffentlichkeit bestimmt ist (vgl. im einzelnen Art. 3 Abs. 2 lit. c i.V. mit Anhang III EU-EMASV). Die skizzierten Verfahrensschritte sind prinzipiell Sache der Organisation (Betrieb/Unternehmen), in deren Ermessen es liegt, sich erforderlichenfalls externer Unterstützung und Beratung zu bedienen.

Zur Eintragung des Standortes in das Verzeichnis nach Art. 7 EU-EMASV bedarf es außerdem der Einschaltung eines externen, unabhängigen Umweltgutachters (Art. 3 Abs. 2 lit. d EU-EMASV).[347] Seine Aufgabe besteht darin, zu überprüfen, ob die dargestellten Verfahrensschritte durchgeführt worden sind und sie den Anforderungen der Verordnung entsprechen.[348] Hierzu zählt es insbes., die Beachtung des einschlägigen Umweltrechts zu kontrollieren (Anhang V. Nr. 5.4.3. EU-EMASV).[349] Sind insoweit die Anforderungen der Verordnung erfüllt, erklärt der Umweltgutachter die Umwelterklärung für gültig (sog. Validierung). Die validierte Umwelterklärung kann dann an die Industrie- und Handelskammer bzw. die Handwerkskammer geschickt werden. Diese führen nach § 32 UAG die Verzeichnisse der eingetragenen Organisationen und haben, sofern die sonstigen Voraussetzungen für die Eintragung nach Art. 6 EU-EMASV vorliegen, für die Eintragung in die Liste zu sorgen.

---

[347] Die Rechtsstellung und die Anforderungen an den Umweltgutachter sind im wesentlichen in Art. 4 EU-EMASV, §§ 4 ff. UAG geregelt. Zum Ganzen vgl. auch *Lübbe-Wolff*, N+R 1996, 217 ff. (218 ff.); *Höland*, ZEuP 1998, 30 ff. (33 ff.) mit einer eingehenden Erörterung der Haftungsfragen die sich aus der Tätigkeit der Umweltgutachter ergeben.

[348] Vgl. dazu auch Anhang V EU-EMASV. In der bisherigen Praxis s*cheine*n in diesem Rahmen z.T. recht tiefgehende, stichprobenartige Prüfungen vorgenommen worden zu sein, die über eine reine Systemprüfung hinausgehen, und insbes. auch die Übereinstimmung mit dem Umweltrecht umfassen. *Rehbinder/Heuvels*, DVBl. 1998, 1245 ff. (1252 f.) halten sie für „angemessen", verweisen aber darauf, daß sich durch die offenkundig verschärfte Konkurrenz der Umweltgutachter(organisationen) die Gefahr eines ruinösen Preisdumping mit der Folge von Qualititätsverlusten bei der Begutachtung abzeichnet, vgl. wie vorstehend, S. 1255. In diese Richtung auch die Einschätzung von Storm, NVwZ 1998, 341 ff. (343), der von „Tendenzen unterschiedlicher Qualität und Genauigkeit der Umweltgutachter" spricht und deshalb vorschlägt, die Vorgaben für die Prüfung inhaltlich zu präzisieren.

[349] Hierzu etwa *Schmidt-Räntsch*, N+R 2002, 197 ff. (200 f.). Für die alte EG-UmwAuditVO war umstritten, ob der Umweltgutachter einen Standort auch dann validieren durfte, wenn er nicht Übereinstimmung mit allen Rechtsvorschriften festgestellt hatte. Z.T. wurde dies nicht für erforderlich gehalten, da es sich um eine reine Systemprüfung handele, so z.B. *Pohl*, BB 1998, 381 ff. (384). Die Gegenmeinung verlangte demgegenüber die Feststellung der „compliance" mit dem geltenden Umweltrecht, so z.B. *Feldhaus*, UPR 1997, 341 ff. (344); *Waskow*, Festschrift Feldhaus, 365 ff. (373 f.). Zu den in diesem Zusammenhang bestehenden Haftungsrisiken der Umweltgutachter vgl. auch *Höland*, ZEuP 1998, 30 ff. 43 ff.

Um nicht aus dem Verzeichnis gestrichen zu werden, ist der zuständigen Eintragungsstelle im Regelfall jährlich eine vom Umweltgutachter aktualisierte Umwelterklärung zuzuleiten (Art. 3 Abs. 3 lit. b; Art. 6 Ziffer 3 EU-EMASV). Außerdem ist längstenfalls innerhalb eines Zeitraums von 36 Monaten eine sog. Umweltbetriebsprüfung i.S. von Art. 2 lit. l EU-EMASV vollständig durchzuführen und vom Umweltgutachter zu validieren. Die Umweltbetriebsprüfung erstreckt sich inhaltlich auf die Funktionsfähigkeit des Umweltmanagementsystems, den zugrundegelegten Umweltstatus, sowie die Überstimmung mit der formulierten Umweltpolitik. Ziel der Umweltbetriebsprüfung ist es, kontinuierlich Defizite zu beseitigen und Optimierungspotentiale auszuschöpfen.[350]

Für die hier im Vordergrund stehende Frage, in welcher Weise Rechtsvorschriften Einfluß auf die Gestaltung der Betriebsorganisation nehmen, sind die (außenwirksamen) Vorschriften zur Validierung durch den externen Umweltgutachter relativ unergiebig. Eine eingehendere Betrachtung verdienen jedoch die intern vorzunehmenden Verfahrensschritte von der Umweltpolitik über die Umweltprüfung bzw. Umweltbetriebsprüfung bis hin zu den Umweltprogrammen.

b) Ausgewählte, im Binnenbereich der Organisation wirkende Elemente von EMAS

Geht man von der oben wiedergegebenen Legaldefinition des Umweltmanagementsystems des Art. 2 lit. k EU-EMASV aus, wird zunächst deutlich, daß das Umweltmanagementsystem nicht seiner selbst willen aufzubauen ist, sondern als ein Mittel zu begreifen ist, um bestimmte Zwecke zu erreichen. Es handelt sich damit also letztlich um ein Instrument.[351] Nach der Legaldefinition besteht der Zweck, zu dem das Instrument Umweltmanagementsystem einzusetzen ist, in der Festlegung, Durchführung, Verwirklichung, Überprüfung und Fortführung der Umweltpolitik.

aa) Umweltpolitik

Unter der Umweltpolitik sind „die umweltbezogenen Gesamtziele und Handlungsgrundsätze einer Organisation“ (Art. 2 lit. a EU-EMASV) zu verstehen. Die Funktion einer Umweltpolitik besteht darin, ein betriebliches Wertesystem, also eine Art Umweltverfassung, zu schaffen.[352] Der Inhalt der Umweltpolitik muß

---

[350] Zur Umweltbetriebsprüfung vgl. insbes. auch Anhang II der EU-EMASV.

[351] Hierzu *Theuer*, Handbuch Umweltaudit, B, Das Umweltmanagementsystem und dessen Bestandteile, Rdnr. 92; *Feldhaus*, in: Umwelthaftung und Umweltmanagement, 9 ff. (23).

[352] Hierzu auch Anhang I (I-A.2. lit. d) EU-EMASV. Vgl. im übrigen auch *Theuer*, Handbuch Umweltaudit, B, Das Umweltmanagementsystem und dessen Bestandteile, Rdnr. 3; erste empirische Erfahrungen mit der EG-UmwAuditV belegen die wichtige Rolle der Unternehmensleitung, damit das Umweltmanagementsystem auch gelebt wird. Hierzu *Rehbinder/Heuvels*, DVBl. 1998, 1245 ff. (1254).

bestimmten Mindestanforderungen genügen, die sich im wesentlichen aus Anhang I (A. 2 und B.) der EU-EMASV ergeben. Hierzu zählen insbes. die (Selbst)verpflichtung den Umweltschutz der Organisation (insbes. des Betriebs oder Unternehmens) kontinuierlich zu verbessern sowie – nach Anhang I-B. Nr. 4 EU-EMASV – Festlegungen über die Beteiligung der Arbeitnehmer.[353] Außerdem muß in der Umweltpolitik die Verpflichtung enthalten sein, die einschlägigen Umweltschutzvorschriften einzuhalten (Anhang I-A.2. lit. c).[354] Das Bekenntnis zu diesen Selbstverpflichtungen muß mit einer eindeutigen, wörtlichen Erklärung in der Umweltpolitik zum Ausdruck gebracht werden.[355]

Zuständig für den Erlaß der Umweltpolitik ist die höchste Managementebene (Anhang I-A.2. EU-EMASV), d.h. Geschäftsführung oder Vorstand. Durch die Umweltpolitik bindet sich das Top-Management in rechtlicher und tatsächlicher Hinsicht auf die dort festgelegten Inhalte. Auch wenn die Umweltpolitik im Kern nur grundlegende Festlegungen enthält, die insbes. durch Umweltprogramme zu konkretisieren sind, handelt es sich nicht um ein allgemeines und folgenloses Bekenntnis zum Umweltschutz. Nach Anhang I-A.2. EU-EMASV muß die oberste Leitung sicherstellen, daß die Umweltpolitik implementiert und aufrechterhalten wird. Zudem ist sie den Mitarbeitern gegenüber bekannt zu machen. Funktional umreißt die Umweltpolitik den Zuständigkeitsbereich im (betrieblichen) Umweltschutz, der originär und nur durch das Top-Management auszufüllen ist. Da es der Geschäftsführung im Rahmen der Arbeitsteilung nicht möglich ist, alle Umweltschutzziele höchstpersönlich zu realisieren, muß sie mit Hilfe der Umweltpolitik einen verbindlichen Rahmen schaffen, der gewährleistet, daß alle Aufgaben im Umweltschutz – mit Hilfe des Instruments „Umweltmanagementsystem" – planvoll identifiziert und erfüllt werden.

Die Selbstbindung der obersten Leitung auf die kontinuierliche Verbesserung der Umweltleistung und die Einhaltung des Umweltrechts markiert zugleich eine wesentliche, nach innen wirkende Funktion der Umweltpolitik. Ohne ein

---

[353] Die aktive Einbindung der Arbeitnehmer war auch in der abgelösten EG-UmwAuditVO, insbes. als „Gute Managementpraxis" (vgl. dazu *Antes/Clausen/Fichter*, DB 1995, 685 ff.), vorgesehen. In der Validierungspraxis zu EMAS I sind, wie bereits erwähnt, Defizite bei der Integration der Arbeitnehmer aber offensichtlich „nicht selten mit Nachsicht kontrolliert und durchgeführt" worden (*Knopp*, NVwZ 2000, 1121 ff. (1124)). Insbes. vor diesem Hintergrund ist in EMAS II der Beteiligungsaspekt weitaus deutlicher herausgestellt, vgl. hierzu auch *Bier*, Aktuelle Entwicklungen beim Öko-Audit, S. 40.

[354] Zum Maß der Konkretisierung dieser Punkte in der Umweltpolitik vgl. auch *Theuer*, Handbuch Umweltaudit, B, Das Umweltmanagementsystem und dessen Bestandteile, Rdnrn. 8 ff. Nach Anhang I-B Nr.1 EU-EMASV bedeutet dies die (Selbst)Verpflichtung, den Nachweis zu führen, daß alle relevanten Umweltvorschriften ermittelt werden, für ihre Einhaltung Sorge zu tragen und Verfahren zu schaffen, die es ermöglichen, die umweltrechtlichen Anforderungen dauerhaft zu erfüllen.

[355] *Theuer*, Handbuch Umweltaudit, B, Das Umweltmanagementsystem und dessen Bestandteile, Rdnr. 7.

verbindliches Bekenntnis der Leitungspersonen wäre die eingangs erwähnte Konstituierung eines Wertesystems für den betrieblichen Umweltschutz wenig glaubhaft.[356] Bei der Festlegung der Umweltpolitik ist es im übrigen unverzichtbar, die Mitarbeiter zu beteiligen. Auch wenn die Festlegung der Umweltpolitik originäre Aufgabe der Geschäftsführung bzw. des Vorstandes ist, ist eine breite Diskussion zwischen den Mitgliedern der Organisation notwendig, um eine möglichst große Akzeptanz für das in der Umweltpolitik niedergelegte Wertesystem zu erreichen. In der Empefehlung der EU-Kommission über Leitlinien für die Anwendung der EU-EMASV ist vor diesem Hintergrund die Beteiligung der Beschäftigten auf allen Ebenen, insbes. auch bei der Festlegung der Umweltpolitik vorgesehen.[357]

bb) Umweltprogramm und Umweltbetriebsprüfung

Durch die Umweltpolitik orientiert die oberste Leitungsebene die betreffende Organisation in allgemeiner Form auf die Ziele des Umweltschutzes. Ein solches prinzipielles Bekenntnis bleibt ein Muster ohne praktischen Wert, wenn es nicht verknüpft wird mit konkreten Vorkehrungen zum Schutz der Umwelt und zur Reduzierung von Umweltbelastungen. Das somit erforderliche „Herunterbrechen" der Umweltpolitik auf die konkrete Handlungsebene erfolgt im Rahmen von EMAS über die Festlegung von sog. Umweltprogrammen (vgl. auch Anhang I-A.3.4 EU-EMASV).[358]

Nach der Legaldefinition des Art. 2 lit. h EU-EMASV ist ein Umweltprogramm

> „eine Beschreibung der zur Erreichung der Umweltzielsetzungen und -einzelziele getroffenen oder geplanten Maßnahmen (Verantwortlichkeiten und Mittel) und der zur Erreichung der Umweltzielsetzungen und -einzelziele festgelegten Fristen".[359]

Schon die Begriffsbestimmung deutet an, daß der Festlegung eines Umweltprogramms verschiedene Verfahrensschritte voranzugehen haben, denn es sind

---

[356] Hierzu auch *Kniep*, GewArch 1993, 193 ff. (194); Die Verordnung greift damit in der Sache die „Vorbildfunktion" der Unternehmensleitung und Führungskräfte auf, die bereits bei der Untersuchung der Rolle der Organisation im Straf- und Ordnungswidrigkeitenrecht beobachtet werden konnte.

[357] „Empfehlung der Kommission (2001/680/EG) vom 7. September 2001 über Leitlinien für die Anwendung der Verordnung (EG) 761/2001 des Europäischen Parlaments und des Rates über die freiwillige Teilnahme von Organisationen an einem Gemeinschaftssystem für das Umweltmanagement und die Umweltbetriebsprüfung (EMAS)", ABl. EG 1993, Nr. L 247, S. 1 ff., Anhang II, insbes. Nr. 2.3.

[358] Hierzu auch *Lübbe-Wolff*, DVBl. 1994, 361 ff. (364); *Theuer*, Handbuch Umweltaudit, B, Das Umweltmanagementsystem und dessen Bestandteile, Rdnr. 40.

[359] Die Terminologie im Richtlinientext stimmt insofern nicht mit der Terminologie des in Anhang I inkorporierten Teils der ISO 14001 überein. Dort ist von Umweltmanagementprogrammen die Rede. Kritisch zu diesen Abstimmungsmängeln, *Langerfeldt*, NVwZ 2001, 538 ff. (539).

Maßnahmen zu treffen bzw. zu planen zur Erreichung der Umweltzielsetzungen und -einzelziele.[360] Das setzt aber notwendigerweise voraus, daß überhaupt derartige Umweltzielsetzungen und -einzelziele vorhanden sind.

Die Art und Weise der Festlegung der genannten Ziele liegt nicht im Belieben der fraglichen Organisation (Betrieb/Unternehmen). Der Zielfestlegung hat vielmehr eine systematische Ermittlung aller Umweltaspekte[361] der Tätigkeiten der Organisation voranzugehen. Die ermittelten Umweltaspekte sind zudem auf ihre Wesentlichkeit hin zu bewerten (Anhänge I-3.1, VI EU-EMASV). Es handelt sich dabei in der Sache um eine Risikoanalyse der Umweltaspekte[362], mit deren Hilfe systematisch eine informatorische Grundlage für die Festlegung der Umweltziele und des Umweltprogramms geschaffen wird.[363]

Bei der Formulierung von Umweltzielsetzungen und diese weiter konkretisierende Umwelteinzelzielen sind insbes. die Anforderungen aus Anhang I-A.3.3. EU-EMASV zu beachten. Danach sind *erstens* für jede relevante Funktion und Ebene innerhalb der Organisationsstruktur dokumentierte, umweltbezogene Zielsetzungen und Einzelziele festzuhalten und aufrechtzuerhalten. *Zweitens* sind die umweltrechtlichen Rechtsvorschriften im Hinblick auf alle Umweltaspekte einzuhalten (vgl. auch Anhang I-B.1.). Wohl nicht ohne Berechtigung wird in diesem Zusammenhang darauf hingewiesen, daß mit dieser Verpflichtung – angesichts bekannter Mängel bei der Umsetzung des betrieblichen Umweltschutzrechts – die Meßlatte durchaus hochliegt.[364] *Drittens* müs-

---

[360] Zu den Begriffen „Umweltzielsetzung" und „Umwelteinzelziel" vgl. die Legaldefinitionen in Art. 2 lit. i und j EU-EMASV.

[361] Zu berücksichtigen sind direkte und indirekte Umweltaspekte. Unter indirekten Umweltaspekten sind dabei Tätigkeiten mit Umweltauswirkungen zu verstehen, die die Organisation nicht in vollem Umfang kontrollieren kann (z.B. Umweltverhalten von Auftragnehmern). Vgl. dazu Anhang VI, 6.3 EU-EMASV und den Leitfaden in Anhang III der „Empfehlung der Kommission (2001/680/EG) vom 7. September 2001 über Leitlinien für die Anwendung der Verordnung (EG) 761/2001 des Europäischen Parlaments und des Rates über die freiwillige Teilnahme von Organisationen an einem Gemeinschaftssystem für das Umweltmanagement und die Umweltbetriebsprüfung (EMAS)", ABl. EG 1993, Nr. L 247, S. 1 ff., sowie *Knopp/Ebermann-Finken*, EWS 2000, 329 ff. (335).

[362] Vgl. hierzu, allerdings vor dem Hintergrund der abgelösten EG-UmwAuditVG, auch *Theuer*, Handbuch Umweltaudit, B, Das Umweltmanagementsystem und dessen Bestandteile, Rdnr. 55.

[363] Nach Anhang I-A.3.1 EU-EMASV muß die betreffende Organisation sicherstellen, daß die Umweltaspekte, die bedeutende Auswirkungen auf die Umwelt haben, bei der Festlegung der umweltbezogenen Zielsetzungen berücksichtigt werden.

[364] Hierzu *Lübbe-Wolff*, DVBl. 1994, 361 ff. (363 f.); *Pohl*, BB 1998, 381 ff. (381 f.); *Kloepfer*/Bröcker, UPR 2000, 335 ff. (336). Empirische Erkenntnisse belegen diesen Befund. Insbes. in kleinen und mittleren Unternehmen hat die erste Umweltbetriebsprüfung erstmalig zu einer systematischen Bestandsaufnahme des Rechtsstatus, zur Identifizierung von Rechtsverstößen und im Gefolge zu Abhilfemaßnahmen geführt. *Rehbinder/Heuvels*,

sen die vorgesehenen Ziele in Einklang mit der Umweltpolitik stehen. Hieraus ergibt sich insbes. die Verpflichtung, die Umweltziele so festzulegen, daß eine kontinuierliche Verbesserung des Umweltschutzes gewährleistet wird.

Funktion des Umweltprogramms ist es, die in der beschriebenen Weise formulierten Umweltzielsetzungen und -einzelziele operationalisierbar zu machen. D.h. praktisch: Es sind konkrete, umsetzungsfähige Maßnahmen zu treffen, die geeignet sind, die avisierten und nach Möglichkeit quantifizierten Ziele zu realisieren. Dies beinhaltet zum einen die Festlegung der für die Zielerreichung notwendigen Mittel und die Regelung der Verantwortlichkeiten für die Realisierung der vorgesehenen Maßnahmen. Zum anderen sind konkrete Fristen für die Maßnahmen und die Zielerreichung zu fixieren.[365]

Ein wesentliches Merkmal von EMAS ist, daß es sich um ein sich selbst reflektierendes, dynamisches System handelt. „Motor" der Selbstreflexion ist die Umweltbetriebsprüfung.[366] Umweltbetriebsprüfungen dienen zunächst der Kontrolle des Umweltprogramms im Hinblick auf das Erreichen der selbstgesteckten Umweltzielsetzungen und -einzelziele. Im Rahmen eines solchen Audits ist ein systematischer Soll-Ist-Vergleich vorzunehmen, der eine Bewertung der zurückliegenden Bemühungen und damit der Umweltleistung der Organisation ermöglicht.[367] Darüber hinaus ist die Umweltbetriebsprüfung aber auch zukunftsgerichtet. Die im schriftlichen Betriebsprüfungsbericht zusammengefaßten Erkenntnisse und Bewertungen bilden den Ausgangspunkt für die Weiterentwicklung der Umweltpolitik und die Anpassung der Umweltziele und des Umweltprogramms mit dem übergeordneten Ziel einer kontinuierlichen Verbesserung des Umweltschutzes. Außerdem ist das Umweltmanagementsystem als Steuerungsinstrument der Organisation ggf. zu optimieren. Die Umweltbetriebsprüfung markiert damit das Ende eines Regelkreislaufes[368], bestehend aus der systematischen, auf einer Risikoanalyse basierenden Festlegung von Zielen und Maßnahmen, sowie ihrer Durchführung und Bewertung im Sinne einer Erfolgskontrolle. Sie bildet zugleich den Ausgangspunkt für einen neuen Zyklus des Regelkreislaufes, in den bisher gewonnene Erkenntnisse z.B. in Gestalt von Korrekturmaßnahmen oder neuen, anspruchsvolleren Zielen systematisch einfließen. Dies verdeutlicht den dynamischen Charakter des öko-audit, das den rechtlichen Rahmen für eine

DVBl. 1998, 1245 ff. (1252) attestieren dem Umweltmanagementsystem vor diesem Hintergrund praktische Wirksamkeit.

[365] Vgl. insoweit auch Anhang I-A.3.4 EU-EMASV. Eingehend zu Umweltprogrammen etwa auch *Theuer*, Handbuch Umweltaudit, B, Das Umweltmanagementsystem und dessen Bestandteile, Rdnrn. 58 ff.

[366] Zu den Einzelheiten der Umweltbetriebsprüfung vgl. Anhang II der EU-EMASV.

[367] *Lübbe-Wolff*, DVBl. 1994, 361 ff. (365); *Pohl*, DB 1998, 381 ff. (383).

[368] Die Umweltbetriebsprüfung ist in regelmäßigen Abständen, die nicht mehr als 3 Jahre betragen dürfen, zu wiederholen. Hierzu, sowie zu den Kriterien für die konkrete Bemessung der Prüfungsintervalle vgl. Anhang II Nr. 2.9 EU-EMASV.

selbstlernende, auf ständige Verbesserung des Umweltschutzes zielende Organisation bildet.[369]

cc) Umweltmanagementsystem

Wie bereits erwähnt ist das Umweltmanagementsystem als ein Instrument zu verstehen. Es ist zu dem Zweck einzusetzen, die soeben skizzierten Verpflichtungen im Zusammenhang mit der Umweltpolitik und den Umweltprogrammen einschließlich der Betriebsprüfungen zu erfüllen. In der Sache handelt es sich beim Umweltmanagementsystem um eine (Organisations)Struktur. Sie ist im Kern dadurch gekennzeichnet, daß sie die Umsetzung der sich aus EMAS ergebenden Aufgaben steuert und koordiniert. Die wichtigsten Anforderungen an dieses Leitungssystem finden sich im Anhang I-A.4. bis 6. EU-EMASV. Ohne Anspruch auf Vollständigkeit sollen hier kurz einige Kernelemente vorgestellt werden.[370]

An der Spitze der insoweit relevanten Pflichten steht die klare Festlegung der Aufgaben, Verantwortlichkeiten und Befugnisse (Anhang I-A.4.1. EU-EMASV). Hierzu zählt es auch, für alle umweltbedeutsamen Tätigkeiten Verfahrensanweisungen zu erstellen, um jederzeit ein Verhalten im Sinne der Umweltpolitik und des Umweltprogramms zu gewährleisten (Anhang I-A.4.6 EU-EMASV). Dies gilt sowohl für den Normalbetrieb als auch für Stör- und Notfälle (Anhang I-A.4.7. EU-EMASV). Außerdem ist ein verantwortlicher Managementvertreter für die Anwendung und Aufrechterhaltung des Managementsystems zu bestellen. Nach Anhang I-A.4.1. EU-EMASV sind die getroffenen Regelungen zu dokumentieren und bekanntzumachen.

Der letztgenannte Aspekt deutet bereits auf die Bedeutung einer weitgehenden Transparenz über die Ausgestaltung des Umweltmanagements hin. Dieses Transparenzgebot wird durch eine Reihe weiterer Bestimmungen unterstrichen. Diese betreffen einmal die bereits erwähnten Dokumentationspflichten. So sind nicht nur die Verantwortlichkeiten und Befugnisse schriftlich oder in elektronischer Form zusammenzustellen, sondern alle wesentlichen Elemente des Managementsystems einschließlich ihrer Wechselwirkungen. Dazu zählt es zumindest, daß die Umweltpolitik, die Umweltprogramme und die Umweltbetriebsprüfungen so dokumentiert werden, daß sie jederzeit aufzufinden sind (Anhang I-A.4.4. EU-EMASV). Außerdem ist für eine angemessene Lenkung der Dokumente innerhalb der Organisation zu sorgen, die vor allem gewährleistet, daß für alle Tätigkeiten

---

[369] Zur selbstlernenden Organisation vgl. auch *Theuer*, Handbuch Umweltaudit, B, Das Umweltmanagementsystem und dessen Bestandteile, Rdnrn. 142 ff.

[370] Einzelheiten etwa bei *Falk*, Die EG-Umwelt-Audit-Verordnung und das deutsche Umwelthaftungsrecht, S. 60 ff.; *Waskow*, Betriebliches Umweltmanagement, S. 41 ff., bezogen auf die insoweit im wesentlichen übertragbare abgelöste EG-UmwAuditVO. Die dort unter Anhang I B. zusammengestellten Kriterien sind weitaus differenzierter als in der durch Anhang I-A EUMASV nunmehr inkorporierten ISO 14001.

die jeweils aktuellen Dokumente verfügbar sind und daß ungültige Dokumente, die aus rechtlichen Gründen und/oder zur Erhaltung des Wissensstandes aufbewahrt werden, eindeutig gekennzeichnet sind (Anhang I-A.4.5. EU-EMASV). Ebenfalls im Kontext der Transparenz des Managementsystems sind die Anforderungen an die (betriebliche) Kommunikation zu sehen. Nach Anhang I-A.4.3. EU-EMASV sind insbes. Verfahren einzuführen und aufrechtzuerhalten, die die interne Kommunikation zwischen den verschiedenen Ebenen und Funktionen der Organisation sicherstellen.

Hoher Stellenwert kommt der Qualifizierung des Personals und dem Einsatz kompetenter Mitarbeiter zu. So müssen Beschäftigte mit umweltrelevanten Aufgaben kompetent sein aufgrund entsprechender Ausbildung, Schulung und/oder Erfahrung. Zu diesem Zweck muß der Schulungsbedarf ermittelt werden. Es ist sodann sicherzustellen, daß die erforderlichen Schulungen tatsächlich durchgeführt werden (Anhang I-A.4.2. EU-EMASV).

Bemerkenswert ist die große Bedeutung, die der Organisationskultur als „weichem Faktor“ beigemessen wird. Das Umweltmanagementsystem muß Verfahren einführen und aufrechterhalten, um den Mitarbeitern aller Hierarchieebenen die Umweltrelevanz ihrer Tätigkeiten bewußt zu machen. Dies ist nur möglich, wenn Gelegenheiten geschaffen werden, um intensiv über den (betrieblichen) Umweltschutz zu informieren und zu kommunizieren.

EMAS erschöpft sich nicht in der Festlegung von Umweltprogrammen im Rahmen der formulierten Umweltpolitik. Wie bereits angesprochen sind die Maßnahmen zur Erreichung der selbstgesteckten Ziele und zur Einhaltung der einschlägigen Rechtsvorschriften regelmäßig zu kontrollieren und auf ihre Wirksamkeit hin zu bewerten. Anhang A-I.5. und A-I.6 EU-EMASV verdeutlicht, daß diese Überprüfungen grundsätzlich auf zwei Ebenen erfolgen müssen. Einerseits sind die festgelegten Maßnahmen regelmäßig auf ihre Eignung zur Realisierung der Umweltzielsetzungen und -einzelziele hin zu kontrollieren (Performance-Audit) und es sind die Verantwortlichkeiten zu klären, damit ggf. Korrekturmaßnahmen getroffen werden können. Darüber hinaus sind insbes. auf der Grundlage der erwähnten Umweltbetriebsprüfungen auch die Angemessenheit der Umweltpolitik und der Umweltziele sowie die Effizienz des Umweltmanagementsystems selbst auf den Prüfstand zu stellen (System-Audit) und zu optimieren. Nach Anhang A-I.6. EU-EMASV ist die Durchführung dieser Änderungen, die das Managementsystem und die mit ihm verfolgten Ziele insgesamt betreffen, originäre Aufgabe der obersten Leitung der Organisation.

2. Sicherheitsmanagement nach der StörfallV

Das Umweltmanagementsystem nach der EU-EMASV will einen Anreiz für einen wirksamen Umweltschutz und eine kontinuierliche Verringerung der Umweltbelastung bieten. Prägend ist, daß die Teilnahme an EMAS freiwillig ist. Mit der novellierten StörfallV vom 26.4.2000[371] findet sich nunmehr erstmals im deutschen technischen Sicherheitsrecht eine Rechtspflicht zum Aufbau und zur Implementierung eines Managementsystems.[372] Die entsprechenden Vorgaben der StörfallV finden sich in §§ 8 f. sowie im Anhang III, in dem die Anforderungen an das Sicherheitsmanagementsystem spezifiziert werden. Wirft man einen Blick auf die im Anhang III der StörfallV niedergelegten Elemente des Sicherheitsmanagementsystems, sind Ähnlichkeiten mit dem Umweltmanagementsystem nach EMAS unübersehbar.[373] Auf diese Parallelen, die dem für die deutsche Rechtssprache noch neuen Begriff des Managementsystems deutlichere Konturen geben, ist hier kurz einzugehen.

Durch das Sicherheitsmanagementsystem nach der StörfallV sollen Störfälle verhindert werden. Wie das Umweltmanagementsystem ist also auch das Sicherheitsmanagementsystem funktional als ein Instrument einzuordnen, das auf die Reduzierung und Beherrschung von Risiken zielt. Im Störfallrecht sind diese Ziele im „Konzept zur Verhinderung von Störfällen" nach § 8 StörfallV schriftlich zusammenzufassen. Das Konzept beinhaltet nach Anhang III Nr. 1 StörfallV die Gesamtziele und allgemeinen Grundsätze des Vorgehens des Betreibers zur Begrenzung der Gefahren von Störfällen. Der Begriff Gesamtziele und der Hinweis auf allgemeine Grundsätze des Vorgehens in Anhang III Nr. 1 StörfallV deutet an, daß die Zielbildung wie auch in der EG-UmwAuditVO gestuft zu erfolgen hat.[374] Die Vorgaben der StörfallV sind insgesamt weniger ausdifferenziert als die zur Umweltpolitik und zum Umweltprogramm nach der EU-EMASV. Es ist in diesem Zusammenhang zu berücksichtigen, daß das Sicherheitsmanagementsystem ausschließlich dem Gesetzesvollzug dient. Eine gesonderte Verpflichtung auf die Einhaltung der einschlägigen Rechtsvorschriften der StörfallV ist von daher wenn nicht sinnwidrig, so doch jedenfalls überflüssig, da die Implementierung des Managementsystems selbst Teil einer gesetzlichen Pflicht ist.[375] Maßstabsbil-

---

[371] BGBl. I, 2000, S. 603 ff.; zur neuen StörfallV vgl. auch *Feldhaus*, UPR 2000, 121 ff.; *Kohte*, WSI Mitteilungen 2000, 567 ff.; *Müggenborg*, NVwZ 2000, 1096 ff.; *Büge*, DB 2000, 1501 ff.; *Spindler*, UPR 2001, 81 ff.; *Heinze*, UPR 2002, S. 53 ff.

[372] Impulse für ein allgemeines Risikomanagement im Unternehmen haben sich zudem im Jahre 1998 durch das Artikelgesetz zur Kontrolle und Transparenz im Unternehmensbereich (KonTraG) ergeben. Nach § 91 Abs. 2 AktG (= Art. 14 KonTraG) hat der Vorstand geeignete Maßnahmen zu treffen, insbes. durch die Implementierung eines Überwachungssystems, damit den Fortbestand der Gesellschaft gefährdende Risiken früh erkannt werden. Vgl. hierzu, sowie zur denkbaren Bedeutung des Umweltmanagements für den Risikobereich „Umweltschutz", *Bier*, Aktuelle Entwicklungen beim Öko-Audit, S. 52 ff.

[373] Hierzu auch *Heinze*, UPR 2002, 53 ff. (55); *Müggenborg*, NVwZ 2000, 1096 ff. (1100 f.); *Rebentisch*, NVwZ 1997, 6 ff. (9); *Waskow*, Festschrift Wlotzke, 365 ff. (382).

[374] In diesem Sinne auch *Feldhaus*, Umwelthaftung und Umweltmanagement, 9 ff. (29), der in der Sicherheitsanalyse nach § 7 StörfallV a.F. und in der Darlegung der Beachtung der Sicherheitsanforderungen der §§ 3-6 StörfallV eine Entsprechung zur Umweltpolitik und zum Umweltprogramm der EG-UmwAuditVO sieht.

[375] Sinnwidrig wäre es im übrigen, den Betreiber gesetzlich zu einer freiwilligen Verbesserung des Störfallschutzes zu verpflichten. Daraus kann indes nicht geschlossen wer-

dend[376] für die Festlegung der konkreten Ziele des Sicherheitsmanagements sind vorrangig die normierten Schutzziele und -grundsätze der §§ 3-8 StörfallV.[377]

Informatorische Grundlage für die Ermittlung von Zielen und Umsetzungsmaßnahmen ist wie beim Öko-Audit eine systematische Untersuchung und Bewertung des (Störfall)Status des Betriebsbereichs (Anhang III Nr. 3 lit. b StörfallV).[378] Maßnahmen, oder, um die Terminologie der EG-UmwAuditVO aufzugreifen, Programme sind festzulegen im Hinblick auf den sicheren Betrieb, die Planung von Änderungen der Anlagen sowie für Notfälle (Anhang III Nr. 3 lit. c, d, e StörfallV).[379] Entsprechend dem oben entwickelten Regelkreismodell sind die Programme im Hinblick auf die Erreichung der gesteckten Ziele systematisch zu überwachen und ggf. zu korrigieren.

---

den, daß die kontinuierliche Verbesserung der Störfallvorsorge nicht Gegenstand des Sicherheitsmanagements wäre. Nach § 3 Abs. 4 StörfallV muß die Beschaffenheit und der Betrieb der Anlagen des Betriebsbereichs dem „Stand der Sicherheitstechnik“ entsprechen. Es handelt sich also um eine dynamische Grundpflicht, aus der sich die durch den Stand der Sicherheitstechnik rechtlich moderierte Pflicht zum Treffen von Anpassungsmaßnahmen ergibt. Vgl. hierzu auch *Feldhaus*, in: Umwelthaftung und Umweltmanagement, 9 ff. (20).

[376] *Feldhaus*, UPR 2000, 121 ff. (124) hält die in Anhang III der StörfallV formulierten Anforderungen für inhaltlich unbestimmt. Zu bemängeln sei insbesondere, daß es sich um reine Verfahrensvorschriften handele und es völlig an materiellen Sicherheitsvorgaben fehle. M.E. überzeugt diese Kritik nicht. Das Sicherheitsmanagement ist kein Selbstzweck, sondern Instrument, um die materiellen Anforderungen der §§ 3 ff. StörfallV effektiv in die betriebliche Praxis umzusetzen. Es greift daher zu kurz, die Anforderungen des Anhangs III der StörfallV isoliert zu betrachten. Es ist jedoch zuzugeben, daß es regelungstechnisch aus Gründen der Klarheit sinnvoll gewesen wäre, die materiellrechtlichen Anforderungen, die es zu managen gilt, genauer zu umschreiben. Positiver auch *Heinze*, UPR 2002, 53 ff. (55), die aufgrund der offenen Regelungstechnik die Möglichkeit sieht, branchen- und anlagenspezifische Sicherheitsmanagementsysteme zu entwickeln.

[377] Für besonders gefährliche Betriebsbereiche, gelten zusätzlich die sog. erweiterten Pflichten der §§ 9-12 StörfallV. Dort sind ergänzend z.B. die Erstellung eines Sicherheitsberichts und von Alarm- und Gefahrenabwehrplänen sowie weitere informationspolitische Maßnahmen vorgesehen vgl. hierzu etwa *Müggenborg*, NVwZ 2000, 1096 ff. (1101 f.); *Posser/Müller*, N+R 2001, 321 ff. (324 f.); *Feldhaus*, UPR 2000, 121 ff. (124 ff.).

[378] Ergänzende Anforderungen an diese Risikoanalyse ergeben sich für Betriebsbereiche, die den erweiterten Pflichten nach §§ 9 ff. StörfallV unterliegen und für die ein Sicherheitsbericht zu erstellen ist (vgl. Anhang II Ziffer II StörfallV).

[379] Insbesondere im Hinblick auf die Planung von Notfällen geht das Sicherheitsmanagement, das speziell auch auf die Begrenzung der Auswirkungen von Störfällen ausgerichtet ist, über das Umweltmanagementsystem hinaus (vgl. insoweit insbes. auch die erweiterten Pflichten über Alarm –und Gefahrenabwehrpläne sowie die Informationspflichten über Sicherheitsmaßnahmen (§§ 10, 11, Anhänge IV und V StörfallV). Ähnlich wohl auch *Müggenborg*, NVwZ 2000, 1096 ff. (1101). Bemerkenswert ist in diesem Zusammenhang zudem, daß durch § 10 Abs. 3 StörfallV ein neuer intensiver „Kommunikationskanal“ zu den Beschäftigten bei der Aufstellung der Alarm- und Gefahrenabwehrpläne geöffnet worden ist. Hiermit verbunden ist die Erwartung einer intensivierten Sicherheitskommunikation, die einerseits zu praxisnäheren Plänen führt und andererseits die Akzeptanz und Motivation der Beschäftigten erhöht. Vgl. hierzu *Kohte*, WSI Mitteilungen 2000, 567 ff. (573); *Müggenborg*, NVwZ 2000, 1096 ff. (1101 f.).

Die insoweit zu installierenden Kontroll- und Korrekturmechanismen bewegen sich wie auch bei EMAS auf zwei Ebenen. Ständig zu überwachen sind nach Anhang III Nr. 3 lit. f StörfallV die sich aus den Programmen ergebenden Maßnahmen im Hinblick auf das Erreichen der dort festgelegten Ziele (Performance-Audit). Es ist also z.B. zu kontrollieren, ob Wartungs- und Reparaturarbeiten in der in Verfahrensanweisungen festgelegten Art und Weise nach dem Stand der Technik durchgeführt werden oder ob die Bedienungs- und Sicherheitsanweisungen nach § 6 Abs. 1 Nrn. 2 und 4 StörfallV geeignet sind, das sicherheitsgerechte Verhalten der Mitarbeiter wie vorgesehen zu unterstützen. Außerdem ist in regelmäßigen Abständen das Konzept zur Verhinderung von Störfällen gemäß § 5 StörfallV sowie die Wirksamkeit und Angemessenheit des Sicherheitsmanagementsystems insgesamt (System-Audit) zu überprüfen, zu bewerten und zu aktualisieren (Anhang III Nr. 3 lit. g StörfallV).[380] Wie bei EMAS ist es eine originäre Aufgabe der Leitung des Betriebsbereichs, Konsequenzen aus solchen System-Audits zu ziehen und das Sicherheitsmanagementsystem ggf. zu aktualisieren.

Auch mit Blick auf das Managementsystem als Steuerungs- und Koordinationsintrument finden sich zahlreiche Parallelen zu EMAS. Trotz abweichender Akzentuierungen und unterschiedlichem Detaillierungsgrad weisen die insoweit maßgeblichen Regelungen insbes. des Anhangs III der StörfallV in die gleiche Richtung. Es geht vor allem um klare Verantwortlichkeitszuweisungen und -abgrenzungen auf allen Organisationsebenen, die Einrichtung von Kommunikationswegen (internes und betriebsüberschreitendes Meldewesen), die systematische Ermittlung des Schulungsbedarfs und die Festlegung eines Schulungsplans. Gesondert erwähnt wird zudem die Einbeziehung der Beschäftigten und ggf. von Subunternehmen.

Rechtssystematisch weisen sowohl das Umweltmanagementsystem nach der EU-EMASV als auch das Sicherheitsmanagement nach der StörfallV eine Besonderheit auf, die im Zusammenhang mit den hier interessierenden Organisationspflichten von Bedeutung ist. Anders als im klassischen deutschen Sicherheitsrecht knüpfen die Rechtspflichten nicht an den Betrieb einer – einzelnen – Anlage an.[381] Maßgeblich ist im novellierten Störfallrecht stattdessen der in § 3 Abs. 5 a BImSchG legaldefinierte Begriff des „Betriebsbereichs". Zweck dieser aufgrund der europarechtlichen Vorgaben der Seveso II-Richtlinie notwendig gewordenen neuen Sichtweise[382] ist es vor allem, sich gegenseitig beeinflussende Gefahrenpotentiale

---

[380] Vgl. zum Ganzen auch *Müggenborg*, NVwZ 2000, 1096 ff. (1100); *Heinze*, UPR 2002, 53 ff. (57), mit einer instruktiven tabellarischen Übersicht über die „Elemente eines Sicherheitsmanagementsystems" (S. 56 f.).

[381] Hierzu und zu den Problemen dieser neuen, von der einzelnen Anlage abstrahierenden Sichtweise, vgl. etwa *Spindler*, UPR 2001, 81 ff. (82 ff.); *Feldhaus*, UPR 2000, 121 ff. (121 ff.).

[382] Hierzu *Posser/Müller*, N+R 2001, 321 ff. (321 f.).

mehrerer Anlagen zu berücksichtigen.[383] Während die Anwendbarkeit der StörfallV nach altem Recht davon abhing, daß in einer einzelnen – genehmigungsbedürftigen – Anlage Mengenschwellen bestimmter Stoffe überschritten wurden, sind nunmehr die Mengen an gefährlichen Stoffen im gesamten Betriebsbereich zu addieren. Es ist also das reale Gefahrenpotential sämtlicher Anlagen des Betriebsbereichs (z.B. eines Stahl- oder Chemiewerks) einzubeziehen.[384]

Nicht alle Anlagen, deren Gefahrenpotentiale sich aufgrund ihres räumlichen Zusammenhangs im Störfalle wechselseitig beeinflussen, fallen unter den Begriff des Betriebsbereichs i.S. von § 3 Abs. 5 a BImSchG. Neben dem tatsächlichen räumlichen Zusammenhang der Anlagen ist nach § 3 Abs. 5 a BImSchG entscheidend, daß der Betriebsbereich unter der „Aufsicht eines Betreibers" steht.[385] Maßgebliches Kriterium für die Begründung von Pflichten nach der StörfallV ist also die durch eine einheitliche Organisation vermittelte Verbindung mehrerer Anlagen unter der Aufsicht eines Betreibers.[386] Hiermit verbunden ist eine neue Perspektive, die in der Literatur plakativ als „Paradigmenwechsel im Umweltrecht von der anlagen- zur betriebsbereich- und managementbezogenen Sichtweise"[387] bezeichnet worden ist. Anders als bei der klassi-

---

[383] Vgl. hierzu etwa *Spindler*, UPR 2001, 81 ff. (82 ff.); *Posser/Müller*, N+R 2001, 321 ff. (322); *Schmidt*, NVwZ 1999, 507 ff. (508).

[384] Instruktiv hierzu das Beispiel von *Büge*, DB 2000, 1501 ff. (1502).

[385] Mit dem Betriebsbereich als Zurechnungsmerkmal störfallrechtlicher Pflichten ist allerdings das Problem sich wechselseitig beeinflussender gefährlicher Anlagen nicht abschließend gelöst. Leitbild der Regelung des § 3 Abs. 5 a BImSchG ist offensichtlich das Werksgelände, auf dem von einem Unternehmen eine mehr oder wenige große Anzahl von Anlagen betrieben wird. Dieses Leitbild entspricht aber zunehmend nicht mehr der wirtschaftlichen Realität, die durch eine Tendenz zur Aufspaltung von Unternehmen gekennzeichnet ist. Dies kann dazu führen, daß auf einem Areal, das einst von einem einzigen Unternehmensträger genutzt wurde, nunmehr eine mehr oder weniger große Zahl eigenständiger Unternehmen die Anlagen jeweils als Betreiber in einem „Industriepark" nutzen. Es bestehen dann, sofern die Mengenschwellen eines Betriebsbereichs überhaupt noch erreicht werden und der sog. Domino-Effekt i.S. von § 15 StörfallV durch die Behörden festgestellt worden ist, besondere Abstimmungspflichten der Betreiber (§ 6 Abs. 3 StörfallV). Vor dem Hintergrund eines effektiven Beschäftigten-, Nachbarschafts- und Umweltschutzes vermag diese Rechtslage kaum zu befriedigen. Vgl. hierzu, sowie zur Problematik der Industrieparks etwa *Spindler*, UPR 2001, 81 ff. (86); *Müggenborg*, NVwZ 2000, 1096 ff. (1097); *Posser/Müller*, N+R 2001, 321 ff. (322). Einen nicht nur auf die störfallrechtlichen Fragen beschränkten Überblick über umwelt- und sicherheitsrechtliche Fragen von Industrieparks findet sich bei *Müggenborg*, DVBl. 2001, 417 ff.

[386] Hierzu *Spindler*, UPR 2001, 81 ff. (83); *Feldhaus*, UPR 2000, 121 ff. (122); *Posser/Müller*, N+R 2001, 321 ff. (322), die den Begriff funktional als personen- und flächenbezogen bezeichnen.

[387] So *Spindler*, UPR 2001, 81 ff. (81); ähnlich auch *Müggenborg*, NVwZ 2000, 1096 ff. (1097); dagegen *Feldhaus*, UPR 2000, 121 ff. (122), der darauf hinweist, daß weiterhin Stoffe in Anlagen vorhanden sein müßten, durch den Begriff des Betriebsbereichs nunmehr aber nicht mehr nur genehmigungsbedürftige Anlagen, sondern Anlagen jedweder Art erfaßt seien.

schen anlagenbezogenen Sichtweise ist die Organisation danach nicht mehr nur ein Annex, um die sicherheitstechnischen Schutzziele zu realisieren, sondern unverzichtbare Vorbedingung für die Zurechnung sicherheitsrechtlicher Pflichten. Notwendige Voraussetzung dieses Konzepts ist die Annahme, daß die über die Organisation vermittelte Herrschaft über Gefahrenbereiche der Schlüssel ist, um die Risiken gefährlicher Tätigkeiten (z.B. durch den Betrieb von Anlagen) zu kontrollieren. Sicherheitstechnische Schutzziele sind in diesem Zusammenhang nur ein, wenn auch sehr wichtiges Element, das der aufsichtsführende Betreiber zu managen hat. Hierin ist in der Tat ein Abgehen von einer primär technikzentrierten Sicherheitsphilosophie zu sehen.

Strukturell nicht anders ist der Ansatz der EU-EMASV. Dort ist die Organisation i.S. von Art. 2 lit. s EU-EMASV bzw. nach altem Recht der „Standort" i.S. der abgelösten EG-UmwAuditVO Anknüpfungspunkt der aus EMAS folgenden umweltrechtlichen Pflichten. Im Gegensatz zur StörfallV ist der organisatorisch vermittelte Anwendungsbereich noch weiter. Während im Störfallrecht der Betriebsbereich auf Anlagen mit gefährlichen Stoffen beschränkt ist, werden von der EU-EMASV alle umweltrelevanten Tätigkeiten der teilnehmenden Organisation erfaßt.[388]

VI. Zwischenergebnis

Der vorstehende Überblick hat gezeigt, daß Organisationspflichten im Zusammenhang mit der Sicherheit und Gesundheit im Betrieb bzw. Unternehmen verschiedene Funktionen haben. Im Haftungsrecht hat die Organisation vor allem eine Zurechnungsfunktion. Die Organisation wird als rechtlicher Bewertungsmaßstab genutzt, um die Verantwortung für Schäden und Rechtsverstöße bestimmten Personen oder Rechtsträgern unter den Bedingungen der Arbeitsteilung haftungsrechtlich zuzurechnen.[389] Prägend ist dabei, daß die Anforderungen an eine ordnungsgemäße Organisation ex post für eine bestimmte schadensverursachende Handlung (Tun oder Unterlassen) festgestellt werden. Durch dieses Anknüpfen an eine konkrete Schädigungshandlung bleiben die Feststellungen zur Betriebs- bzw. Unternehmensorganisation notwendigerweise punktuell, so daß ein Schluß auf ein umfassendes Modell einer „gerichtsfesten" Organisation nicht möglich ist.[390]

Auf der anderen Seite bieten die im Haftungsrecht entwickelten Anforderungen aber Eckpunkte, die – sozusagen als Erfahrungsschatz – für die Entwicklung eines übergreifenden Konzepts einer Sicherheitsorganisation genutzt

---

[388] Vgl. hierzu mit Blick auf den Standortbegriff der alten EG-UmwAuditVO, *Spindler*, UPR 2001, 81 ff. (83 f.).

[389] Siehe z.B., JZ 1995, 643 ff. (644); *Franzheim*, in: Umwelthaftung und Umweltmanagement, 77 ff. (77 f.).

[390] In diesem Sinne wohl auch *Hermanns/Kleier*, Grenzen der Aufsichtspflicht, S. 37 f.

werden können. Zivilrechtliche Organisationspflichten erweisen sich in diesem Kontext im Hinblick auf die Ausprägung optimierter Strukturen und Sicherungsmaßnahmen als besonders ergiebig. Aufgrund der exponierten Rolle der persönlichen Vorwerfbarkeit liefern die straf- und ordnungswidrigkeitenrechtlichen Anforderungen demgegenüber vor allem Erkenntnisse darüber, in welcher Weise im organisierten Zusammenhang zu interagieren, kooperieren und kommunizieren ist. Beide Aspekte können bei der Frage nach einem übergreifenden Konzept der „geeigneten Organisation" i.S. von § 3 Abs. 2 ArbSchG nicht außer acht bleiben. Auch wenn die betriebliche Arbeitsschutzorganisation primär das Ziel verfolgt, arbeitsbedingte Gefahren und Gefährdungen zu vermeiden bzw. zu kontrollieren, wäre es wenig befriedigend, wenn eine solche Organisation nicht mit einer Minimierung der Haftungsrisiken der betrieblichen Akteure einherginge.

Eine andere Funktion haben die vorgestellten öffentlich-rechtlichen Organisationspflichten. Zwar begründen auch sie für den Normadressaten (Betreiber, Arbeitgeber) eine rechtliche Verantwortlichkeit dahingehend, daß er für die Umsetzung der jeweiligen Organisationspflichten (z.B. Mitteilungspflichten nach § 52 a BImSchG, Bestellung von Betriebsbeauftragten) zu sorgen hat. Ihr eigentlicher Sinn und Zweck liegt aber darin, auf das Verhalten innerhalb der Organisation „Betrieb" einzuwirken. Auf diese Weise soll Einfluß genommen werden auf die (präventive) Gestaltung der betrieblichen Sicherheit. So sollen durch die Mitteilungspflichten des § 52 a Abs. 2 BImSchG eben nicht nur der behördliche Vollzug des Immissionsschutzrechts erleichtert werden, sondern auch ein Anstoß gegeben werden, damit der Betreiber sein Schutzkonzept i.S. einer Selbstkontrolle reflektiert.[391] Sinn und Zweck der Regelungen über die betrieblichen Umweltbeauftragten ist es nicht, die umweltrechtliche Verantwortlichkeit des Betreibers abzulösen oder auch nur abzumildern. Die wesentliche Funktion und Aufgabe der Umweltbeauftragten ist vielmehr, auf die Belange des betrieblichen Umweltschutzes aufmerksam zu machen und auf die Berücksichtigung der Belange des Umweltschutzes bei der internen Entscheidungsfindung hinzuwirken.[392]

Eine rechtlich vermittelte Einflußnahme auf die innerbetrieblichen Entscheidungsprozeduren stellen auch die dargestellten Regelungen zur Sicherheitskommunikation und -kooperation dar. Sie bilden letztlich einen rechtlichen Rahmen, um Aspekte der betrieblichen Sicherheit und Gesundheit im Rahmen vorhandener betrieblicher Prozesse einzubringen, wiederum verbunden mit der Erwartung auf diese Weise eine Selbstreflektion zu initiieren. Die vorgestellten Managementsysteme stellen vor diesem Hintergrund einen weiteren Schritt zur Verrechtlichung der Sicherheitsorganisation dar.

---

[391] Vgl. hierzu etwa *Dienes*, NWVBL 1990, 404 ff. (408); *Müller*, VR 1998, 149 ff. (150); *GK-BImSchG-Lechelt*, § 52 a, Rdnr. 31.

[392] Vgl. etwa *Rehbinder*, ZHR 2001, 1 ff. (8 f.); *Lübbe-Wolff*, NVwZ 2001, 481 ff. (490 f.).

Das Umweltmanagementsystem nach der EU-EMASV und das Sicherheitsmanagementsystem nach der StörfallV sind dadurch geprägt, daß sie die Beachtung einer systematischen Verfahrensweise im Betrieb bzw. Unternehmen verlangen. D.h. konkret: Es ist eine Betriebs-/Unternehmenspolitik festzulegen und es sind Ziele und Maßnahmen auf der Grundlage einer systematischen Ermittlung des Umwelt- bzw. Sicherheitsstatus zu fixieren. Die auf diese Weise selbstgesteckten Ziele sind auf ihre Wirksamkeit zu überprüfen und Schwachstellen der Konzeption ggf. zu optimieren. Außerdem sind geeignete aufbauorganisatorische Strukturen[393] zu schaffen, damit die Durchführung dieser Verfahrensweise gewährleistet ist. Managementsysteme regulieren also die Verfahrensweisen, die eine Organisation in Fragen der Sicherheit und des Umweltschutzes zu beachten hat. Sie steuern damit das Verhalten im Hinblick auf die Erreichung materieller Schutzziele lediglich indirekt, da die genannten Prozeduren selbst keinen originären materiellrechtlichen Gehalt haben. Dies bedeutet allerdings nicht, daß die für das deutsche Sicherheitsrecht seit jeher bedeutenden materiellrechtlichen Schutzanforderungen an Bedeutung verlieren.[394] Die erörterten Managementsysteme ergänzen und unterstützen die Umsetzung des materiellen Rechts, denn durch die Festlegungen von Zielen und Maßnahmen in Managementprogrammen können zwingende Vorgaben des materiellen Rechts nicht einfach außer kraft gesetzt werden.

Wie dargestellt ist der Einsatz von „Instrumenten der Betriebsorganisation“[395] im Kern mit der Erwartung verbunden, die betriebliche Eigenveranwortung zu stärken. Es soll ein rechtlicher Rahmen bereitgestellt werden, damit das Verhalten des Betriebes in Fragen der Sicherheit intern selbstkritisch hinterfragt wird. Diese Zielsetzung kommt auch deutlich in der Begründung des ArbSchG zum Ausdruck. Dort wird hervorgehoben, daß „Arbeitgeber und Beschäftigte verstärkt und kooperativ den Wandel der Arbeitsschutzerfordernisse selbst gestalten“[396] sollen.

---

[393] Diese Aufbauorganisation markiert das Managementsystem im engeren Sinne, verstanden als (Führungs)Instrument.

[394] Diese Befürchtung klingt bei *Feldhaus*, UPR 2000, 121 ff. (124) für das Sicherheitsmannagement nach der StörfallV an. In der Literatur wird der verfahrensorientierte, aus dem angelsächsischen Raum stammende Ansatz des Öko-Audit bisweilen als nicht kompatibel mit dem deutschen Rechtsverständnis angesehen. Dieser sei durch konkrete Leistungsanforderungen des materiellen Umweltrechts geprägt, wobei die Umsetzung im Kern in das Belieben der Unternehmen gestellt sei, vgl. hierzu *Schottelius*, Festschrift Feldhaus, 407 ff. (427 ff.). M.E. sind die damit verbundenen Befürchtungen einer Überregulierung überzeichnet. Die Verfahrensanforderungen von EMAS oder auch nach der StörfallV bieten breiten Gestaltungsspielraum und sind zudem eher basaler Natur. Sie stellen im Ergebnis die Verfahrensschritte zusammen, die ohnehin notwendig sind, um zielgerichtet und systematisch die Anforderungen des technischen Sicherheitsrechts zu erfüllen.

[395] Allgemein zum Begriff der „Instrumente der Betriebsorganisation“ und zu seiner rechtssystematischen Einordnung, vgl. *Kloepfer*, Umweltrecht, § 5, Rdnrn. 318 ff.

[396] BT-Drcks. 13/3540, S. 13.

Bei den öffentlich-rechtlichen Instrumenten der Betriebsorganisation handelt es sich rechtstheoretisch um reflexive Rechtsnormen. Zur weiteren Verdeutlichung der Funktion und Wirkungsweise von Organisationspflichten ist es hilfreich, in einem kurzen Exkurs einige Verbindungslinien zur der Theorie des reflexiven Rechts aufzuzeigen.

VII. Exkurs: Organisationspflichten als reflexives Recht

Organisationspflichten greifen in die Willensbildung und Entscheidungsfindung von Betrieben und Unternehmen ein. Dies geschieht nicht aus Selbstzweck, sondern mit dem Ziel, das Verhalten der „Organisation Betrieb/Unternehmen" im Hinblick auf die Erreichung bestimmter öffentlicher Interessen hin zu beeinflussen (hier: Umweltschutz, Arbeitsschutz). Sie befinden sich rechtssystematisch in einer eigentümlichen Gemengelage zwischen Unternehmensverfassungsrecht und Unternehmensverhaltensrecht.[397] Sie sind einerseits Unternehmensverfassungsrecht, weil sie die interne Willensbildung regulieren. Andererseits sind sie Teil des Unternehmensverhaltensrechts, da sie gleichzeitig auf das Verhalten des Betriebs/Unternehmens einwirken wollen. Die rechtlichen Steuerungsmodi dieser beiden Facetten der Organisationspflichten sind unterschiedlich.

Der Eingriff in die Prozeduren der internen Willensbildung erfolgt im Wege direkter Steuerung. Bestellt der Betreiber einer Anlage nicht von sich aus einen Umweltschutzbeauftragten, kann die Aufsichtsbehörde seine Bestellung durch einen entsprechenden Verwaltungsakt anordnen. Insoweit bewegen sich rechtliche Organisationspflichten auf klassischem ordnungrechtlichem Terrain.[398]

Ein anderes Bild ergibt sich für die unternehmensverhaltensrechtliche Komponente der Instrumente der Betriebsorganisation. Um beim Beispiel der Umweltbeauftragten zu bleiben: Auch wenn die Entwicklung umweltfreundlicher Verfahren und Erzeugnisse zu den gesetzlichen Aufgaben der Umweltbeauftragten zählt (z.B. § 54 Abs. 1 Nr. 1 BImSchG), ergeben sich hieraus keinerlei Befugnisse für die Aufsicht, ihre Einführung mittels einer behördlichen Anordnung anzuordnen. Sie kann lediglich verlangen, daß entsprechende Vorstellungen

---

[397] Zu den Begriffen Unternehmensverfassungsrecht und Unternehmensverhaltensrecht, sowie ihrer Abgrenzung vgl. *Rehbinder*, ZGR 1989, 305 ff. (342). Zum Ganzen auch instruktiv *Damm*, in: Privatrecht im „Risikostaat", 13 ff. (33 f.).

[398] Dieses ganz und gar klassische ordnungsrechtliche Element wird im Rahmen der Diskussion um die Instrumente der Betriebsorganisation bisweilen vernachlässigt. Bei allen Spielräumen bei der Umsetzung von Organisationspflichten kann die Aufsicht durch Verwaltungsakt die Implementierung der gesetzlich vorgesehenen Prozeduren der Willensbildung und Entscheidungsfindung anordnen. So kann sie z.B. die in § 10 Abs. 3 StörfallV vorgesehene Unterrichtung und Anhörung der Beschäftigten zu den internen Alarm- und Gefahrenabwehrplänen anordnen. Instruktiv hierzu mit eingehender Darlegung der daraus resultierenden verwaltungs- und betriebsverfassungsrechtlichen Implikationen *Kohte*, Festschrift Heilmann, 73 ff. (80 ff.).

des Immissionsschutzbeauftragten etwa im Rahmen einer Stellungnahme nach § 56 BImSchG in die Entscheidungsfindung eingehen, nicht aber auf den Inhalt der Entscheidung Einfluß nehmen. Organisationsrecht ist insoweit also nicht direkt verhaltenssteuernd. Bei der Beschreibung, Erklärung und Begründung dieser demnach indirekten Steuerung setzt die Theorie des reflexiven Rechts[399] an.

Ohne in diesem Rahmen ins Detail gehen zu können, ist Ausgangspunkt die Annahme, daß das klassische interventionistische Recht, das auf eine unmittelbare Verhaltenssteuerung von gesellschaftlichen Teilsystemen wie z.B. Betrieben oder Unternehmen abzielt, ungeeignet ist, die jeweils rechtlich gewünschten Zielvorgaben zu erreichen.[400] Begründet wird dieses „Versagen des interventionistischen Rechts"[401] vor allem mit zwei Argumenten. *Erstens* seien die gesellschaftlichen Teilsysteme wie z.B. Betriebe zu komplex, um mit präzisen Verhaltensanforderungen gesteuert zu werden.[402] *Zweitens* seien aber auch die Regulierungsziele selbst so vielschichtig, daß eine punktgenaue Verhaltenssteuerung für jedes Teilsystem (d.h. hier jeden Betrieb) als unmöglich angesehen wird.[403] Das im Rahmen dieser Untersuchung im Mittelpunkt stehende technische Sicherheitsrecht im Allgemeinen und das Arbeitsschutzrecht im Besonderen eignen sich gut zur Verdeutlichung dieser Thesen.

Wie oben (S. 200 ff.) eingehend auch anhand praktischer Beispiele dargelegt worden ist, vollzieht sich ein wirksamer Arbeits- und Gesundheitsschutz innerhalb eines komplexen soziotechnischen Systems, dem Betrieb. In jedem Betrieb wirken die verschiedenen Elemente und Subsysteme dieses soziotechnischen Systems in jeweils anderer Weise zusammen. Es lassen sich vor diesem Hintergrund schwerlich – konditional programmierte – Rechtsnormen vorstellen, unter die sich für jeden Betrieb für jede Problemlage eindeutige Verhaltensanforderungen subsumieren ließen. So kann, um nur ein Beispiel anzuführen, in dem einen Betrieb die Installation einer Belüftungsanlage ein probates Mittel sein kann, um unzuträglichen klimatischen Bedingungen zu begegnen. In einer anderen Arbeitsstätte ist dies möglicherweise geradezu kontraindiziert, etwa weil die ohnehin kritische Lärmbelastung durch die Lüftergeräusche weiter gesteigert

---

[399] Grundlegend zur Theorie des reflexiven Rechts ist insbes. der Beitrag von *Teubner/Willke*, ZfRSoz 1984, 4 ff.

[400] Vgl. hierzu auch *Rehbinder*, JbRSozRTh 1988, 109 ff. (110); *Teubner/Willke*, ZfRSoz 1984, 4 ff. (11 ff.); kritisch hierzu *Schmidt-Preuß*, VVDStRL 1997 (569), 160 ff. (169), der diesen Befund als nicht empirisch abgesichert sieht und die hier interessierende Regelungsstrategie als Zeichen der staatlichen Handlungsfähigkeit deutet. Es handele sich um eine „Steuerungsstrategie, die private Effizienzvorteile nutzt und knappe staatliche Ressourcen schont".

[401] *Rehbinder*, JbRSozRTh 1988, 109 ff. (110).

[402] Hierzu im einzelnen *Teubner/Willke*, ZfRSoz 1984 4 ff. (7 ff.).

[403] Vgl. hierzu etwa *Heinelt/Töller*, ZfRSoz 1999, 82 ff. (83 ff.); *Lange*, VerwArch 1991, 1 ff. (2 ff.); *Ladeur*, JUTR 1988, 305 ff. (317 ff.).

wird oder die aus Gründen des Unfallschutzes unabdingbare mündliche Kommunikation erschwert wird. Hinzu kommt, daß es häufig nicht „die richtige Lösung" geben wird, sondern ein Gestaltungsspielraum durch die Abwägung der Vor- und Nachteile verschiedener Alternativen zu füllen ist.

Der Ausweg aus dem angedeuteten regulatorischen Versagen klassischer Rechtskonzepte wird von den Vertretern des reflexiven Rechts darin gesehen, das Recht dazu zu nutzen, die Rahmbedingungen für Prozesse der Selbstreflektion in den gesellschaftlichen Teilsystemen (z.B. im Betrieb) zu schaffen[404] (etwa im Hinblick auf den Arbeits- oder Umweltschutz). An die Stelle einer zielsicheren hoheitlichen Verhaltensdeterminierung soll eine „regulierte Autonomie" treten, die sich selbstregulierende, „lernende" Organisationen fördert. Dies ist zugleich mit der Erwartung verbunden, daß so negative Effekte durch das jeweilige gesellschaftliche Teilsystem vermieden werden.[405]

Zentraler Ansatzpunkt des reflexiven Rechts ist vor diesem Hintergrund, so auf die Entscheidungsstrukturen des betreffenden Teilsystems einzuwirken, daß rechtlich mißbilligte Folgen der Tätigkeit des Teilsystems (hier: Betrieb, Unternehmen) internalisiert werden. Dies soll etwa durch die Vertretung öffentlicher Interessen in Unternehmensorganen, durch Regelungen über interne Entscheidungsprozesse (z.B. Methodologie, Abstimmungsverfahren) oder durch die Schaffung von Publizität über die Auswirkungen der Unternehmenstätigkeit geschehen.[406]

Als wichtige Elemente eines reflexiv gedeuteten Organisationsrechts erweisen sich von daher nicht zuletzt besondere betriebliche Funktionsträger. Ein Beispiel hierfür ist die Institutionalisierung der (öffentlichen und damit externen) Belange des Umweltschutzes im Betrieb durch Umweltschutzbeauftragte. Als reflexives Recht erweisen sich vor diesem Hintergrund auch die Regelungen über die besonderen Akteure des betrieblichen Arbeits- und Gesundheitsschutzes, namentlich die Sicherheitsfachkräfte, die Betriebsärzte, die Sicherheitsbeauftragten und der Betriebsrat. Die genannten Akteure repräsentieren zwar anders als die Umweltbeauftragten primär – interne – Interessen der Beschäftigten. Die genannten Akteure verfügen aber, rechtlich abgesichert, über mannigfaltige Handlungsmöglichkeiten, um auf Entscheidungen zum betrieblichen Arbeits- und Gesundheitsschutz Einfluß zu nehmen. Eine reflexive Stoßrichtung der entsprechenden Vorschriften ist daher kaum in Zweifel zu ziehen.

Die Steuerungswirksamkeit reflexiver Instrumente hängt augenscheinlich davon ab, inwieweit sie mit dem „Faktor Macht" im Unternehmen bzw. Betrieb unterfüttert sind. So fällt die empirische Bilanz *Rehbinders* zum Umweltbeauftragten „eher

---

404 *Teubner/Willke*, ZfRSoz 1984, 4 ff. (29).

405 *Teubner/Willke*, ZfRSoz 1984, 4 ff. (24).

406 *Rehbinder*, JbRSozRTh 1988, 109 ff. (111); *Teubner/Willke*, ZfRSoz 1984, 4 ff. (14).

ernüchternd“ aus. Er führt dabei die von ihm konstatierte Schwäche darauf zurück, daß der Umweltschutz keine besonders kritische Ressource des Unternehmens sei und sie im Gegensatz zu Kapital und Arbeit über keine personale Machtbasis im Unternehmen verfüge.[407] In eine ähnliche Richtung weist der Hinweis in der Literatur, wonach die Wirksamkeit von Hinweisen des Umweltbeauftragten nicht unwesentlich davon abhängt, ob sie von einer funktionierenden behördlichen Regelüberwachung flankiert werden.[408] Diese Erkenntnisse, die sich im übrigen mit den oben (S. 217 ff.) angestellten organisationstheoretischen Überlegungen decken, sprechen nachhaltig dafür, daß ein wirksamer Einsatz reflexiver Instrumente einer Verzahnung mit dem klassischen Instrumentarium des Ordnungsrechts bedarf.[409]

Dabei ist zu beachten, daß reflexives Recht nur dann wirksam werden kann, wenn Gestaltungsspielräume bestehen. Selbstreflektion und Selbstregulierung machen nur dann Sinn, wenn das (materielle) Recht das Verhalten nicht bis ins Detail regelt und es also nicht lediglich um die Erfüllung eindeutiger, schematisch zu befolgender Gesetzesbefehle im Sinne des „Wenn-Dann-Schemas“ geht. Hiermit wird der Bogen geschlagen zu den grundlegenden Überlegungen eingangs dieser Untersuchung. Bereits dort wurde herausgearbeitet, daß die Schutzziele des ArbSchG so offen gehalten sind, daß es in der Regel einen Gestaltungsspielraum gleichermaßen vertretbarer Maßnahmen gibt. Dabei wurde von einem primär materiellrechtlichen Ausgangspunkt die eigenständige Bedeutung von Verfahrensvorschriften als Richtigkeitsreserve[410] bei der Konkretisierung wertungsoffener Schutzziele entwickelt.

---

[407] *Rehbinder*, JbRSozRTh 1988, 109 ff. (123).

[408] *Lübbe-Wolff*, NVwZ 2001, 481 ff. (491), m.w.N.

[409] *Lübbe-Wolff*, NVwZ 2001, 481 ff. (491); *Heinelt/Töller*, ZfRSoz 1999, 82 ff. (84). Die Bedeutung materiellrechtlicher Anforderungen ist im „reflexiven Lager“ umstritten. Im Grundlagenbeitrag von *Teubner/Willke*, ZfRSoz 1984, 4 ff. bleibt die Frage letztlich offen, wobei die Autoren aber offensichtlich dahin tendieren, gänzlich auf materiellrechtliche Zielvorgaben zu verzichten. Gegen eine solche Totalprozeduralisierung spricht nicht nur die bereits angedeutete „Machtlosigkeit“ bestimmter öffentlicher Interessen und damit das Argument der Steuerungswirksamkeit. Ein reines Verfahrensrecht sieht sich m.E. noch mindestens einem weiteren gravierenden Einwand ausgesetzt. Ein völliger Verzicht auf materielle Normen dürfte verfassungsrechtlich kaum vertretbar sein, jedenfalls dann, wenn es um die Gewährleistung eines Mindestschutzes für Rechtsgüter höchsten Ranges (Leben, Gesundheit) geht. Im übrigen deutet *Teubner* (ZGR 1983, 34 ff., 50 ff.) selbst in einem weitereren Beitrag an, daß es nicht um einen gänzlichen Verzicht gehen kann, wenn er die Bedeutung der Frage hervorhebt, welche gesellschaftlichen Interessen in den gesellschaftsrechtlichen Strukturen verankert werden solllen. Bereits diese Auswahl stellt letztlich eine durchaus materielle Entscheidung dar (z.B. soll der Umweltschutz oder der Tierschutz oder sollen beide gesellschaftlichen Interessen verankert werden). Wenn zudem noch von der Notwendigkeit profitbedrohender Strategien gesprochen wird, dürfte dies kaum ohne materielles Zielsystem möglich sein. Vgl. dazu zutreffend *Rehbinder*, JbRSozRTh 1988, 109 ff. (123), mit Hinweisen auf den Stand der rechtstheoretischen Diskussion.

[410] Hierzu nochmals *Hoffmann-Riem*, AöR 1994, 590 ff. (591); außerdem *von Danwitz*, DVBl. 1993, 422 ff. (425 f.).

Durch die Rückführung betrieblicher Organisationspflichten auf die Theorie des reflexiven Rechts läßt sich dieser Befund nunmehr ergänzend von einem primär verfahrensrechtlichen Blickwinkel aus argumentativ abstützen. Die durch das reflexive Recht intendierte interne Kommunikation und selbstkritische Auseinandersetzung mit bestimmten Fragen wie dem Umwelt- oder Arbeitsschutz, kann nur wirksam werden, wenn die rechtlich normierten Verfahrensregeln nicht lediglich als materiellrechtlicher Annex gedeutet werden. Sie sind unverzichtbare Voraussetzungen für eine adäquate, normzweckgerechte Problemverarbeitung durch das „gesellschaftliche Teilsystem Betrieb“.[411] Die Regelungsphilosophie des ArbSchG wird nach alledem verkannt, wenn z.B. ein prozedural zu verstehendes Instrument wie die Gefährdungsbeurteilung lediglich als eine dem sachlichen Arbeitsschutz vorgelagerte – und in ihrer Wertigkeit untergeordnete Pflicht – erachtet wird, wie dies bisweilen geschieht.[412]

D. Anforderungen an die Organisationspflicht nach § 3 Abs. 2 ArbSchG

Schwenkt man nunmehr wieder den Blick auf § 3 Abs. 2 ArbSchG, kann zunächst einmal allgemein festgehalten werden, daß mit der Organisation des Arbeits- und Gesundheitsschutzes ein Verantwortungsbereich des Arbeitgebers als Normadressaten begründet wird. Diese allgemeine Feststellung ist unproblematisch, da sie unmittelbar aus dem Gesetz folgt. Schwieriger liegen die Dinge, wenn man versucht diesen Verantwortungsbereich inhaltlich mit Leben zu erfüllen.

I. Regelung der Aufbau- *und* der Ablauforganisation

Blickt man in die Abhandlungen und Kommentierungen zu § 3 Abs. 2 ArbSchG fällt auf, daß zumeist die Delegation von Aufgaben an Führungskräfte und die Bestellung von besonderen Funktionsträgern thematisiert wird.[413] Die Organisationspflicht scheint also, organisationstheoretisch gesehen, vor allem mit der Regelung einer geeigneten Aufbauorganisation für den Arbeits- und Gesundheitsschutz in Verbindung gebracht zu werden. Welche Aufgaben

---

[411] Grundlegend hierzu *Eder*, ZfRSoz 1987, 193 ff. (199)), der in der Prozeduralisierung „die dem reflexiven Recht wahlverwandte Strategie der Legitimierung“ erblickt.

[412] So etwa *Merten/Klein*, DB 1998, 673 ff. (675); *Löwisch/Neumann*, SAE 1997, 85 ff. (87).

[413] So z.B. *Koll/Janning/Pinter-Koll*, Kommentar zum ArbSchG, § 3, Rdnr. 17; *Wank*, TAS, § 3 ArbSchG, Rdnr. 10 („weitgehend durch die Vorschriften des ASiG konkretisiert“); *Spinnarke/Schork*, ASiR, § 3 ArbSchG, Rdnrn. 6 f.

der Ablauforganisation aufbauorganisatorisch zu steuern sind, bleibt, sofern sie überhaupt Erwähnung finden, diffus.[414]

Eine solche, primär auf die Aufbauorganisation fixierte Sichtweise bildet die Organisationspflichten des Arbeitgebers nur unzureichend und unvollständig ab. Es ist zwar nicht zu bestreiten, daß die eindeutige Delegation von Pflichten und die Einbindung der besonderen Akteure des Arbeits- und Gesundheitsschutzes wichtige und unverzichtbare Elemente der Organisationspflicht nach § 3 Abs. 2 ArbSchG darstellen. Ein solcher Deutungsansatz ist im übrigen aber zu stark in der Denkwelt des Haftungsrechts verhaftet.[415] Wie die vorstehend skizzierte Entwicklung der (öffentlich-rechtlichen) Organisationspflichten ergeben hat, werden rechtliche Regelungen zur Organisation zunehmend mit dem Ziel normiert, die innerbetriebliche Kommunikation und Prozesse der Selbstreflektion zu stimulieren. Durch die Festlegung von intern einzuhaltenden Verfahrensweisen, die Ausstattung der Akteure mit Rechten und Pflichten und durch die Organisation von Beteiligung soll die Grundlage geschaffen werden, für eine eigenverantwortliche, präventive Gestaltung der Sicherheit.

Begreift man die Grundpflichten des § 3 ArbSchG wie hier vorgeschlagen und oben eingehend begründet als reflexives, verfahrensorientiertes (Organisations)recht, muß eine „geeignete Organisation" i.S. von § 3 Abs. 2 Nr. 1 ArbSchG mehr sein, als die Summe der in einem Betrieb vorhandenen aufbauorganisatorischen Regelungen über den Arbeits- und Gesundheitsschutz. Bestandteil der Organisationspflichten sind insbes. auch die für das reflexive Recht typischen methodologischen Vorgaben und Verfahrensvorschriften, für die neben aufbauorganisatorischen vor allem auch ablauforganisatorische Festlegungen zu treffen sind. Für den Inhalt der Arbeitgeberverantwortung nach § 3 Abs. 2 ArbSchG folgt daraus zweierlei:

Erstens hat der Arbeitgeber dafür zu sorgen, daß die oben (3. Kapitel) in Zusammenhang mit § 3 Abs. 1 ArbSchG ausführlich beschriebenen Verfahrensweisen durch geeignete ablauf- und aufbauorganisatorische Bestimmungen geregelt werden. Den Arbeitgeber trifft insoweit eine Verfahrensverantwortung, die so im deutschen Arbeitsschutzrecht bis zum Inkrafttreten des ArbSchG im Jah-

---

414 Offenbar weitergehend *Kittner/Pieper*, ArbSchR, § 3 ArbSchG, Rdnr. 6; *Nöthlichs*, Arbeitsschutz und Arbeitssicherheit, § 3, Anm. 3.1.1, die jeweils von der Aufbau- und Ablauforganisation reden, aber offenlassen, welche Aspekte der Ablauforganisation gemeint sind und wie die systematische Verbindung des Abs. 1 und 2 des § 3 ArbSchG beschaffen ist.

415 Es greift im übrigen aber auch haftungsrechtlich zu kurz, lediglich abstrakt die Anforderungen an die Pflichtendelegation und die gehörige Aufsicht über delegierte Pflichten zu referieren. Im Haftungsfall sind die entsprechenden Maßstäbe konkret auf die jeweils schadensverursachende Pflichtverletzung anzuwenden. Ist diese (ablauforganisatorisch) nicht hinreichend deutlich bestimmt worden, geht dies zu Lasten des Delegierenden.

re 1996 nicht vorgesehen war. Im Gesetz kommt die notwendige Verklammerung der verfahrensrechtlichen Normierung mit der Organisationspflicht deutlich zum Ausdruck, wenn in § 3 Abs. 2 ArbSchG angeordnet wird, für eine geeignete Organisation zur „Planung und Durchführung" der Maßnahmen nach § 3 Abs. 1 ArbSchG zu sorgen. Es handelt sich dabei nicht um einen reinen Programmsatz, sondern um eine „harte Rechtspflicht". Die Organisation der arbeitsschutzrechtlich vorgesehenen Verfahrensweisen ist dabei nicht nur Voraussetzung für eine – z.B. durch Gefährdungsbeurteilungen rechtlich vorstrukturierte – schrittweise Reflektion des betrieblichen Arbeitsschutzstatus.[416] Mit Blick auf die Konkretisierung der offenen Schutzziele des ArbSchG geht es zugleich um die Aktivierung der prozeduralen Richtigkeitsreserve, die das betriebliche Schutzkonzept auch in der Sache legitimiert.

Zweitens trägt der Arbeitgeber wie bisher die Verantwortung für die organisatorische Umsetzung der – aufgrund eines ordnungsgemäßen Verfahrens – getroffenen Schutzmaßnahmen.[417] Die Organisationspflicht zielt insofern – klassisch – auf die Wahrung des materiellen Arbeitsschutzrechts. Anders als bei der Verfahrensverantwortung, die sich vor allem auf die übersichtlich strukturierten Pflichten der §§ 3 Abs. 1, 5, 6 ArbSchG zurückführen läßt, ist es insoweit nicht möglich, vom Einzelfall abstrahierend zu benennen, welche materiellrechtlichen Pflichten aufbau- und ablauforganisatorisch zu regeln sind. Während die Verfahrenspflichten stets zu beachten sind, hängt es vom Einzelfall ab, welche allgemeinen und speziellen Schutzziele zu realisieren sind. Einfacher gesprochen: Eine Gefährdungsbeurteilung ist stets vor dem Treffen der Maßnahmen durchzuführen. Die materiellrechtlichen Schutzziele für einen Büroarbeitsplatz sind demgegenüber kaum mit einem Produktionsarbeitsplatz im Stahlwerk zu vergleichen. Insoweit ist zu bedenken, daß das ArbSchG wenig an der Vielgestaltigkeit des speziellen Arbeitsschutzrechts geändert hat. Mit Blick auf diese, dem materiellen Arbeitsschutzrecht akzessorisch zugeordneten Elemente der Organisationspflicht ist es deswegen in der Tat kaum möglich, mehr als aufbauorganisatorische Anforderungen zu benennen.

II. Managementsysteme und Organisationspflicht nach § 3 Abs. 2 ArbSchG

Das Umweltmanagementsystem nach der EU-EMASV und das Sicherheitsmanagementsystem nach der StörfallV haben sich im Rahmen der Bestandsaufnahme der Organisationspflichten als elaborierteste Spielart organisationsrechtlicher Normen erwiesen. Konzeptionell sind die genannten Managementsysteme

416 In diesem Sinne mit Blick auf die Gefährdungsbeurteilung auch *Kohte*, EAS, B 6100, Arbeitsschutzrahmenrichtlinie, Rdnr. 44.

417 In diesem Sinne auch *Lang/Vorath*, AiB 2001, 426 ff. (427).

durch die explizite Verknüpfung verfahrensrechtlicher und methodologischer Vorgaben mit der Pflicht zur Organisation gekennzeichnet.[418] Blickt man vor diesem Hintergrund auf die Regelung des § 3 ArbSchG, ist kaum zu bestreiten, daß die arbeitsschutzrechtlichen Grundpflichten einer in vielerlei Hinsicht verwandten Philosophie folgen.

1. Pflicht zum Aufbau eines Arbeitsschutzmanagementsystems?

Die in § 3 Abs. 1 ArbSchG angelegten Verfahrensschritte spiegeln weitgehend eine Vorgehensweise wieder, die bereits bei der Betrachtung des Umwelt- bzw. Sicherheitsmanagementsystems beobachtet werden konnte[419]: Ziele und Maßnahmen sind aufgrund einer systematischen Ermittlung des Gefährdungspotentials festzulegen. Die festgelegten Maßnahmen sind auf ihre Wirksamkeit hin zu überprüfen. Auch nach dem ArbSchG ist von Zeit zu Zeit die Schutzkonzeption insgesamt auf den Prüfstand zu stellen, wobei eine Optimierung anzustreben ist. Wie bei der EU-EMASV und der StörfallV sind nach § 6 ArbSchG die wesentlichen Verfahrensschritte zu dokumentieren. Auch in § 3 ArbSchG findet sich die explizite Verknüpfung dieser Verfahrensregeln mit der Pflicht zur Organisation, die zudem gleichermaßen dahingehend präzisiert wird, daß Vorkehrungen zu treffen sind, um die Maßnahmen auf allen Hierarchieebenen und bei allen Tätigkeiten einzubinden. Wie auch beim Umwelt- bzw. Sicherheitsmanagementsystem ist die Beteiligung der Beschäftigten zu organisieren. All dies sind Aspekte, die sich oben als prägend für ein Managementsystem erwiesen haben. Es liegt deswegen die Frage nahe, ob die Grundpflichten nicht quasi eine „Blaupause" für ein rechtlich verpflichtendes „Arbeitsschutzmanagementsystem" sind.

Hierzu ist zunächst einmal festzustellen, daß im ArbSchG im Gegensatz zur EU-EMASV und zur StörfallV an keiner Stelle die Termini Management oder Managementsystem als Rechtsbegriffe verwendet werden.[420] Dies könnte darauf hindeuten, daß die Grundpflichten des § 3 ArbSchG eben doch auf etwas anderes als ein formalisiertes Führungssystem i.S. eines Managementsystems zielen. Löst man sich von dieser terminologischen Frage, ist jedoch zu konstatieren, daß die einzelnen in § 3 ArbSchG normierten Anforderungen mehr als deutlich auf die zentralen Elemente eines Managementsystems verweisen und sich ihr Sinngehalt erst vollständig durch managementbezogenes Denken erschließt. Die soeben zusammengestellten Parallelen belegen diesen Befund nachhaltig.

---

418 Zu diesen Zusammenhängen vgl. auch *Langhoff/Brandt*, WSI Mitteilungen 1996, 661 ff. (663 f.).

419 Parallelen ergeben sich zudem im Hinblick auf die Formulierung einer Arbeitsschutzpolitik, vgl. hierzu auch unten S. 302 ff.

420 Das Gleiche gilt im übrigen auch für die Rahmenrichtlinie 89/391/EWG als dem europarechtlichen Vorbild des ArbSchG.

Zur Verdeutlichung dieser in der Sache begründeten Verbindungslinien spricht daher m.E. nichts dagegen, die arbeitsschutzrechtlichen Grundpflichten als Pflicht zur Einrichtung eines Managementsystems für den Arbeits- und Gesundheitsschutz zu bezeichnen. Von einem formal-begrifflichen Standpunkt ist allerdings korrekterweise und weniger modernistisch von einer „geeigneten Organisation" i.S. von § 3 Abs. 2 ArbSchG zu reden.[421]

Vor diesem Hintergrund läßt sich im übrigen die arbeitsschutz(rechtliche) Diskussion um Arbeitsschutzmanagementsysteme, die gegenwärtig „Konjunktur" hat, bewerten.[422] Es liegen mittlerweile eine ganze Reihe von Vorschlägen vor, wie ein solches Instrument aussehen könnte.[423] Nach der hier vertretenen Auffassung kann die Bedeutung dieser Diskussion kaum darin liegen, Anreize zu bieten, für ein freiwilliges Arbeitsschutzmanagement, das insbes. über die gesetzlichen Verpflichtungen des § 3 ArbSchG hinausgeht.[424] Da der Aufbau von Managementstrukturen gerade zum Pflichtenprogramm der arbeitsschutzrechtlichen Grundpflichten zählt, liegt der Wert der vorliegenden Vorschläge darin, zu veranschaulichen, in welcher Weise der beachtliche Gestaltungsspielraum bei der betrieblichen Umsetzung genutzt werden kann.[425]

---

[421] Ähnlich *Kohstall*, Die BG 1996, 371 ff. (373).

[422] Vgl. z.B. *Kohstall*, Die BG 1996, 371 ff.; *Langhoff/Brandt*, WSI Mitteilungen 1996, 661 ff.; *Prax.-Kommentar-Seeger*, § 3 ArbSchG, Rdnrn. 54 ff.; *Kittner/Pieper*, ArbSchR, § 3 ArbSchG, Rdnr. 11.

[423] Hierzu die Zusammenstellung bei *Lang/Vorath*, AiB 2001, 426 ff. (429 ff.); *Ritter/Langhoff*, Arbeitsschutzmanagementsysteme; *Elke*, Management des Arbeitsschutzes, die eingehend das in einer Feldstudie empirisch untersuchte Arbeitsschutzmanagementsystem „GAMAGS" (Ganzheitliches Management des Arbeits- und Gesundheitsschutzes) darstellt, das sich insbes. mit Fragen der Personalführung und der innerorganisatorischen Information und Kommunikation auseinandersetzt (S. 50 ff.).

[424] Ein über das gesetzliche Maß hinausgehendes Managementsystem müßte z.B. über den gesetzlich ohnehin vorgesehenen Dynamisierungsmechanismus hinausgehen, sich also z.B. statt am „Stand der Technik" am „Stand von Wissenschaft und Technik" orientieren oder stets alle Möglichkeiten zur Gefährdungsvermeidung aus*schöpf*en.

[425] Zumindest mißverständlich ist insofern der jüngst vom Bundesministerium für Wirtschaft und Arbeit veröffentlichte „Leitfaden für Arbeitsschutzmanagementsysteme", vgl. BArBl. 2003 (1), 101 ff.; wenn dort in der Einleitung darauf verwiesen wird, daß die Anwendung des nationalen Leitfadens freiwillig ist, trifft dies zweifellos zu. Dies darf allerdings nicht darüber hinwegtäuschen, daß zentrale Elemente des Leitfadens – in welcher konkreten Form auch immer – zwingend und unabhängig von einem bestimmten Managementsystemmodell zu beachten sind. Wenn z.B. unter Ziffer 2.5. des Leitfadens Verfahren zur Beteiligung und Mitwirkung der Beschäftigten genannt werden, muß dies im Zusammenhang mit der rechtlich verbindlichen Organisationspflicht des § 3 Abs. 2 Nr. 2 ArbSchG gesehen werden. Danach hat der Arbeitgeber Vorkehrungen zu treffen, damit die Beschäftigten ihren Mitwirkungspflichten nachkommen können. Sinngemäß das Gleiche gilt, um ein weiteres Beispiel zu geben, für die unter Ziffer 2.12. geregelte Ableitung von Maßnahmen aufgrund von Gefährdungsbeurteilungen. Wie eingehend dargelegt, handelt es sich hierbei um zwingende Rechtspflichten nach §§ 3, 5 ArbSchG. Der Leitfaden bleibt insoweit sogar hinter der eindeutigen Rechtslage nach dem ArbSchG zurück, da lediglich davon die Rede ist, daß Gefährdungsbeurteilungen durchgeführt werden „sollten".

Neben Fragen der konkreten Ausgestaltung des Managementsystems werden vor allem auch Fragen der Normung und Zertifizierung von Arbeitsschutzmanagementsystemen thematisiert. In der Bundesrepublik Deutschland hat sich insoweit ein relativ breiter Konsens der Sozialpartner und der mit dem Arbeitsschutz befaßten öffentlichen Institutionen gebildet, nach dem jedenfalls gegenwärtig ein einheitliches Managementsystem abgelehnt wird.[426] Stattdessen hat man sich auf gemeinsame Eckpunkte verständigt, die die Bewertung der offerierten Verfahren transparent machen und erleichtern sollen.[427] Nach der hier vertretenen Auffassung weist diese Entscheidung in die richtige Richtung. Der Sinn einer solchen Normung ist rechtlich zweifelhaft.

Da es ohnehin zu den Grundpflichten zählt, in der Arbeitsschutzorganisation Managementstrukturen vorzusehen, würde ein entsprechendes Zertifikat bescheinigen müssen, daß die Anforderungen des § 3 ArbSchG eingehalten sind. Zu berücksichtigen ist dabei, daß die gleichen Kontrollen und Feststellungen auch von den staatlichen Aufsichtsbehörden zu treffen wären. Es käme letztlich zu einer nicht unbedingt effektiven Doppelkontrolle, die auch aus betrieblicher Sicht kaum zu befriedigen vermag. Eine Zertifizierung macht daher allenfalls dann Sinn, wenn das Verhältnis zwischen Zertifizierern und der Aufsicht eindeutig abgegrenzt würde. Hierzu bedürfte es einer klaren gesetzlichen Regelung, in der u.a. eine „Qualitätssicherung" der Zertifizierer vorgesehen ist. Es ergeben sich insoweit die Fragen, die bereits mit Blick auf mögliche Vollzugserleichterungen durch die Teilnahme an EMAS angerissen wurden (vgl. oben S. 269 ff.). Es wäre also zu berücksichtigen, daß eine Substitution behördlicher Kontrollen nur bei funktionaler Äquivalenz überhaupt möglich ist und ein vollständiger Rückzug der Aufsicht schon aus verfassungsrechtlichen Gründen nicht vertretbar ist. Ob eine solche letztlich rechtspolitische Weichenstellung tatsächlich wünschenswert ist, muß schon wegen der ohnehin bestehenden Zweispurigkeit der berufsgenossenschaftlichen und staatlichen Aufsicht bezweifelt werden.[428]

---

[426] Hierzu Gemeinsamer Standpunkt des BMA, der obersten Arbeitsschutzbehörden der Bundesländer, der Träger der gesetzlichen Unfallversicherung und der Sozialpartner, Bek. des BMA vom Juni 1997 – IIIb2 – 36004 –, BArbBl. 1997 (9), 85 f. (*Anm. des Verfassers: Der Gemeinsame Standpunkt ist nicht mit einer vollständigen Datumsangabe versehen*).

[427] Vgl. Eckpunkte des BMA, der obersten Arbeitsschutzbehörden der Bundesländer, der Träger der gesetzlichen Unfallversicherung und der Sozialpartner zur Entwicklung und Bewertung von Konzepten für Arbeitsschutzmanagementsysteme, Bek. des BMA vom 1. Februar 1999 – IIIb2-36004 –, BArbBl. 1999 (2), 43 ff.; *Poppendick/Brückner/Rötzer/Waldeck/Brock/Zwingmann*, BArbBl. 1999 (2), 11 ff.

[428] Vgl. hierzu auch *Langhoff/Brandt*, WSI Mitteilungen 1996, 661 ff. (666).

2. Qualitäts-, Umwelt- und Sicherheitsmanagement und ihr Verhältnis zur Organisationspflicht des § 3 Abs. 2 ArbSchG

Managementsysteme haben im Wirtschaftsleben in den letzten Jahren eine erhebliche Verbreitung gefunden. Weitaus häufiger als die oben dargestellten Umwelt- und Sicherheitsmanagementsystem kommen dabei Qualitätsmanagementsysteme, vor allem nach der Normenreihe der ISO 9000 ff., zum Einsatz.[429] Auch sie basieren auf der skizzierten expliziten Verknüpfung von Verfahrensregeln mit organisatorischen Vorgaben, allerdings bezogen auf das Ziel der Qualitätssicherung.[430] Praktisch bedeutsamer als die Frage, ob sich aus den Grundpflichten eine Pflicht zum Aufbau eines Arbeitsschutzmanagementsystems ergibt, dürfte daher die Klärung des Verhältnisses dieser Managementsysteme zu den arbeitsschutzrechtlichen Anforderungen sein.

Die Anforderungen an die Organisation werden in § 3 Abs. 2 ArbSchG mit dem Merkmal der Eignung umschrieben. Mit Blick auf die hier angesprochene Thematik ergibt sich das Problem, ob noch von einer geeigneten, d.h. vor allem auch effektiven Organisation gesprochen werden kann, wenn die nach § 3 ArbSchG erforderlichen Managementstrukturen nicht eng mit den entsprechenden Festlegungen, z.B. zum Qualitätsmanagementsystem verzahnt werden. Konkreter gefaßt bedeutet dies: Kann von einer geeigneten Organisation gesprochen werden, wenn bei einer Störung, die sowohl für die Produktqualität als auch für den Arbeitsschutz von Bedeutung ist, nebeneinander die Arbeitsanweisungen aus dem Qualitätsmanagement und aus dem Arbeitsschutzmanagement heranzuziehen sind.[431] Solange nicht schnelles Handeln gefragt ist, mag dies noch hinnehmbar sein. Nicht mehr akzeptabel ist eine solche Koexistenz separierter Managementsysteme allerdings, wenn sich aus den entsprechenden Arbeitsanweisungen und Handbüchern divergierende Handlungserfordernisse ergeben. In einem solchen Fall ist eine Abstimmung zwingend erforderlich[432], wobei auf der Hand liegt, daß

---

[429] Zur Bedeutung von Qualitätsmanagementsystemen vgl. etwa *Beutler/Langhoff*, WSI Mitteilungen 1997, 829 ff.; *Hess/Werk*, Qualitätsmanagement – Risk Management – Produkthaftung, S. 153 f.; *Schmidt/Dobberahn*, NZA 1995, 1017 ff. (1017 f.).

[430] Zu den Anforderungen an Qualitätsmanagementsysteme vgl. etwa *Hess/Werk*, Qualitätsmanagement – Risk Management – Produkthaftung, S. 153 ff.; außerdem *Lachenmann*, RdA 1998, 105 ff.; *Wagner*, AiB 1994, 600 ff., jeweils mit eingehender Erörterung der kontrovers diskutierten Mitbestimmungsrechte des Betriebsrats. Zur Revision der ISO 9000 ff. siehe auch den kurzen Überblick von *Grässle/Mohr/Neumann*, AiB 2001, 460 ff.

[431] Gegen eine Parallelorganisation des Arbeitsschutzes zur sonstigen Betriebsorganisation bereits *Rehhahn*, ArbSch 1977, 243 ff. (249).

[432] Zu einem solchen integrierten Management vgl. auch Adams, Integriertes Management für Sicherheit und Umweltschutz, insbes. S. 78 ff.; *Beutler/Langhoff*, WSI Mitteilungen 1997, 829 ff. (832 ff.); sowie der Überblick über die gegenwärtig diskutierten und angewendeten Arbeitsschutzmanagementsysteme von *Lang/Vorath*, AiB 2001, 426 ff. (429 ff.), in denen sich jeweils Hinweise zur Möglichkeit der Verzahnung mit Qualitäts- und Umweltmanagementsystemen finden.

der Zielkonflikt zwischen einer optimalen Qualitätssicherung und einem effektiven Arbeitsschutz nicht zu Lasten der Gesundheit der Beschäftigten ausgehen darf.

Werden im Betrieb oder Unternehmen Managementsysteme eingesetzt, die Einfluß auf die Sicherheit und Gesundheit haben, ist es somit rechtlich geboten, eine Abstimmung mit den Zielsetzungen des Arbeitsschutzes vorzunehmen. Bestätigt wird dieses Ergebnis durch § 3 Abs. 2 Nr. 2 ArbSchG, wonach die Maßnahmen nicht nur eingebunden in die betrieblichen Führungsstrukturen, sondern bei allen Tätigkeiten zu beachten sind. Die Problematik zeigt im übrigen deutlich, daß die Pflicht zur horizontalen Integration des Arbeits- und Gesundheitsschutzes mehr ist als ein bloßer Programmsatz.[433]

III. Allgemeine Organisationspflicht nach § 3 Abs. 2 Nr. 1 ArbSchG

Nach § 3 Abs. 2 Nr. 1 ArbSchG muß der Arbeitgeber unter Berücksichtigung der Art der Tätigkeiten und der Zahl der Beschäftigten für eine geeignete Organisation sorgen und die erforderlichen Mittel bereitstellen. Die Vorschrift stellt zunächst klar, daß die Organisationspflicht mehr beinhaltet als die Verteilung und Koordinierung der betrieblichen Aufgaben des Arbeits- und Gesundheitsschutzes. Um die vorgesehenen Maßnahmen planen und durchführen zu können bedarf es vielmehr angemessener Sach- und Geldmittel[434] (z.B. technische und persönliche Schutzausrüstungen, Meßgeräte, Finanzmittel für ggf. notwendige Qualifizierungsmaßnahmen).

Ziel der allgemeinen Organisationspflicht ist die *grundlegende* Ordnung der Zusammenarbeit und des Zusammenwirkens im Bereich des betrieblichen Arbeits- und Gesundheitsschutzes.[435] Es geht also nicht um die Übertragung von konkreten Aufgaben an die Beschäftigten für den Einzelfall. Das Gesetz trifft insoweit mit § 7 ArbSchG eine eigenständige Regelung.[436] Bezogen auf das Beispiel der Aufgabenübertragung bedeutet dies, daß im Rahmen von § 3 Abs. 2 Nr. 1 ArbSchG etwa zu regeln ist, wer sich für die Aufgabenübertragung

---

[433] Diesen Schluß legen die größtenteils recht knappen Kommentierungen und Stellungnahmen in der sonstigen Literatur bisweilen nahe. Vgl. dazu *Koll/Janning/Pinter-Koll*, Kommentar zum ArbSchG, § 3, Rdnr. 21; oder *Wank*, TAS, § 3, Rdnr. 12; *Brock*, Arbeitsschutzgesetz, S. 19, bei denen insoweit Erläuterungen zum Gesetzestext ganz fehlen.

[434] Vgl. hierzu nur *Koll/Janning/Pinter-Koll*, Kommentar zum ArbSchG, § 3, Rdnr. 19; *MünchArbR-Wlotzke*, § 210, Rdnr. 39.

[435] Vgl. etwa *Kittner/Pieper*, ArbSchR, § 3 ArbSchG, Rdnrn. 6 ff.; *MünchArbR-Wlotzke*, § 210, Rdnrn. 31 ff.; *Nöthlichs*, Arbeitsschutz und Arbeitssicherheit, § 3 ArbSchG, Anm. 3.1.1; instruktiv im Hinblick auf das Zusammenwirken der Akteure des betrieblichen Arbeits- und Gesundheitsschutzes, OLG Düsseldorf, wistra 1999, 115 f. (116).

[436] Aus haftungsrechtlicher Sicht entspricht § 3 Abs. 2 Nr. 1 ArbSchG damit der betrieblichen Organisationspflicht nach § 823 BGB. § 7 ArbSchG findet demgegenüber seine Entsprechung in § 831 BGB.

zuständig zeichnet, welche Richtlinien gelten sollen und wie die Übertragung der Aufgaben beaufsichtigt werden soll. Der Vollzug dieser grundlegenden Verhaltensordnung betrifft § 3 Abs. 2 Nr. 1 ArbSchG insoweit, als die Beachtung der getroffenen Regelungen zu beaufsichtigen ist.

1. Regelung der Ablauforganisation

§ 3 Abs. 2 ArbSchG begrenzt die Organisationspflicht auf die Planung und Durchführung der Maßnahmen nach Absatz 1 der Vorschrift.[437] Die mit § 3 Abs. 1 ArbSchG verbundenen Verfahrensschritte und Anforderungen sind bereits eingehend im 0 beschrieben worden. Durch die Regelung der Ablauforganisation ist insbes. festzulegen, welche konkreten Instrumente, in welcher Abfolge in welchem zeitlichen Rahmen einzusetzen sind. Dabei liegt es auf der Hand, daß das Gesetz in § 3 Abs. 1 ArbSchG eine feste Reihenfolge vorgibt, die durch die ablauforganisatorischen Regelungen zu wahren ist. So wäre es etwa sinnwidrig, bereits vor der Durchführung von Gefährdungsbeurteilungen Schutzmaßnahmen zu treffen.

Wichtige ablauforganisatorische Regelungen im hier interessierenden Zusammenhang sind z.B. Festlegungen über die Abfolge der Gefährdungsbeurteilungen an den verschiedenen Arbeitsplätzen des Betriebes und über die Notwendigkeit ihrer Wiederholung bzw. Modifizierung. Zu denken ist weiter an Regelungen über die Art und Häufigkeit von Kontrollen der getroffenen Schutzmaßnahmen oder das Prozedere bei der kontinuierlichen Beobachtung des Standes der Technik. Insbes. in großen Betrieben oder bei der Regelung komplexerer Aufgaben ist es sinnvoll, die jeweiligen Anforderungen zu dokumentieren (z.B. Verfahrensanweisungen für die Gefährdungsbeurteilung, Wartungs- und Kontrollpläne). Zu beachten ist, daß diese Dokumentationen nicht nur sinnvoll sind, sondern größtenteils in Erfüllung einer Rechtspflicht erfolgen müssen. Dies ergibt sich aus § 6 Abs. 1 ArbSchG, wonach der Arbeitgeber das Ergebnis der Gefährdungsbeurteilung, die von ihm festgelegten „Maßnahmen des Arbeitsschutzes" und das Ergebnis ihrer Überprüfung zu dokumentieren hat.

2. Regelung der Aufbauorganisation

Bei der Regelung der Aufbauorganisation sind vorab zwei Dinge zu beachten. *Erstens* erschöpft sich die geeignete Organisation nicht auf die im ArbSchG genannten Akteure, namentlich den Arbeitgeber, die verantwortlichen Personen nach § 13 ArbSchG und die Beschäftigten.[438] Da die sonstigen Arbeitsschutz-

---

[437] Siehe auch *Koll/Janning/Pinter-Koll*, Kommentar zum ArbSchG, § 3, Rdnr. 16.

[438] Hinzu kommen noch die nach § 10 Abs. 2 ArbSchG zu benennenden Personen, auf die im Rahmen dieser Arbeit aber nicht näher eingegangen werden soll. Gleichwohl sind auch sie im Rahmen der Aufbauorganisation zu berücksichtigen.

vorschriften nach § 1 Abs. 3 ArbSchG unberührt bleiben, sind auch die in anderen Rechtsvorschriften vorgesehenen sonstigen Funktionsträger und Institutionen des betrieblichen Arbeits- und Gesundheitsschutzes bei der Gestaltung der Aufbauorganisation zu berücksichtigen (Sicherheitsbeauftragte, Sicherheitsfachkräfte, Betriebsärzte, Betriebsrat, Arbeitsschutzausschuß).

Zweitens ist zu bedenken, daß es erklärtermaßen Ziel des ArbSchG ist, die Voraussetzungen für einen kooperativen, primär eigenverantwortlich zu gestaltenden Arbeits- und Gesundheitsschutz zu schaffen.[439] Vor allem die Überlegungen zur Wirkungsweise des reflexiven Rechts haben gezeigt, daß organisationsrechtliche Vorschriften darauf abzielen, den internen Entscheidungsstrukturen und -verfahren einen rechtlichen Rahmen zu geben, um auf diese Weise eine möglichst umfassende Problemverarbeitung zu erreichen. Gerade der Aufbauorganisation kommt in diesem Rahmen eine große Bedeutung zu, positioniert sie doch die betrieblichen Akteure, indem sie sie mit Zuständigkeiten und Befugnissen ausstattet. Sie bildet den Rahmen, der erst ihr normzweckgerechtes Agieren im Betrieb ermöglicht.

Die Darstellung der verschiedenen Protagonisten folgt vor diesem Hintergrund einem einheitlichen Duktus: Es wird zunächst die Rolle des jeweiligen Akteurs skizziert, danach folgen Überlegungen, welche typischen organisatorischen Maßnahmen zur praktischen Realisierung bzw. Absicherung dieser Rolle zu ergreifen sind.

a) Arbeitgeber

Dem Arbeitgeber kommt im betrieblichen Arbeits- und Gesundheitsschutz eine exponierte Rolle zu. Dies wird bereits dadurch deutlich, daß nicht nur die Grundpflichten des § 3 ArbSchG, sondern sämtliche Vorschriften des zweiten Abschnitts des Gesetzes an ihn adressiert sind.

aa) Rollenbild

Prägend für die Rolle des Arbeitgebers ist, daß er als Adressat der zentralen Normen des ArbSchG für die Sicherheit und Gesundheit der Beschäftigten in seinem Betrieb verantwortlich ist.[440] Dies gilt nicht nur verwaltungsrechtlich, sondern auch zivil-, straf- und ordnungswidrigkeitenrechtlich.[441] Die Rolle des Arbeitgebers läßt sich insofern als die eines „Garanten" für die Sicherheit und

---

[439] BT-Drcks. 13/3540, S. 13.

[440] Vgl. statt aller etwa *Münch-ArbR-Wlotzke*, § 208, Rdnr. 1; *Wank*, TAS, § 3, Rdnr. 2.

[441] Dies ist nicht neu und entspricht den Grundprinzipien, die bereits oben für das Haftungsrecht oder mit Blick auf die Betreiberverantwortung herausgearbeitet worden sind. Zu den verschiedenen Ebenen der Verantwortung für den Arbeits- und Gesundheitsschutz vgl. auch ausführlich *MünchArbR-Wlotzke*, § 208, Rdnrn. 1 ff.

Gesundheit der Beschäftigten beschreiben. Die oben (S. 46 ff.) eingehend kritisierte Umsetzung des Art. 5 Abs. 1 der europäischen Arbeitsschutzrahmenrichtlinie durch § 3 ArbSchG erweist sich in diesem Zusammenhang als besonders mißlich. Dort wird, anders als in der deutschen Transformationsnorm, klar getrennt zwischen dem Arbeits- und Gesundheitsschutz als gegenständlicher Umschreibung einer unbedingt zu gewährleistenden Schutzverpflichtung des Arbeitgebers und der instrumentellen Ebene. Letztere wird vor allem durch Art. 6 Rahmenrichtlinie geregelt, in dem sich insbes. Vorgaben für das Treffen konkreter Maßnahmen und zur Organisation finden.

Aus den oben angestellten europarechtlichen Überlegungen hat sich ergeben, daß die Festlegung von Schutzmaßnahmen und die Bereitstellung einer geeigneten Organisation zwar notwendige, nicht aber hinreichende Voraussetzungen sind, um „für die Sicherheit und den Gesundheitsschutz der Arbeitnehmer" i.S. von Art. 5 Abs. 1 Rahmenrichtlinie zu sorgen. Hinzu kommen muß, daß der Arbeitgeber den Arbeitsschutz als gewichtigen und relevanten Faktor für seine betrieblichen Strategien anerkennt. Anders gewendet: Es genügt nicht, lediglich formal die Instrumente des ArbSchG anzuwenden, den Arbeits- und Gesundheitsschutz im übrigen aber im Alltagsgeschäft als nachrangig gegenüber anderen Zielen zu behandeln.

Das Bild des „Garanten" für die Sicherheit und Gesundheit der Beschäftigten bedarf im arbeitsteilig operierenden Betrieb der Präzisierung. Da der Arbeitgeber häufig nicht in der Lage sein wird, sämtliche arbeitsschutzrechtlichen Verpflichtungen selbst zu erfüllen, muß er sich weiterer Personen bedienen, indem er die Erledigung der Aufgaben organisiert. Mit Blick auf die dessenungeachtet bestehende umfassende Verantwortung[442] des Arbeitgebers ergibt sich hieraus die Pflicht, für eine entsprechende, d.h. geeignete Organisation (§ 3 Abs. 2 Nr. 1 ArbSchG) zu sorgen.[443] Diese Pflicht ist nicht delegierbar, denn nur auf diese Weise ist sichergestellt, daß der Arbeitgeber „immer die Fäden in seiner Hand"[444] hält und er seiner beschriebenen Rolle als „Garant" gerecht wird. Auf dieser Basis läßt sich die Rolle des Arbeitgebers nunmehr dahingehend präzisieren, daß er als „Organisierer" und „Durchsetzer" des Arbeits- und Gesundheitsschutzes fungiert.

---

[442] Die grundlegende Verantwortung des Arbeitgebers wird auch durch die Delegation einzelner Pflichten nicht berührt. Vgl. dazu etwa *Nöthlichs*, Arbeitsschutz und Arbeitssicherheit, § 3 ArbSchG, Anm. 1; *Brock*, Arbeitsschutzgesetz, S. 51; *Prax.-Kommentar-Lorenz*, § 13 ArbSchG, Rdnr. 63.

[443] Zur Pflicht des Arbeitgebers zur Organisation durch Aufgabendelegation vgl. etwa *Prax.-Kommentar-Lorenz*, § 13, Rdnr. 72; *Gerhard*, AuA 1998, 236 ff. (236); OLG Stuttgart, NJW-RR 2000, 752 ff. (753); OLG Düsseldorf, VersR 1983, 862, das eine Aufgabenübertragung in Großunternehmen i.d.R. für erforderlich hält.

[444] So anschaulich und zutreffend *Schliephacke*, Führungswissen Arbeitssicherheit, S. 38. Zur nicht delegierbaren Organisationsverantwortung vgl. auch aus haftungsrechtlicher Perspektive BGH, NJW 1968, 247 ff. (248) – Schubstrebe –.

Letzteres ergibt sich daraus, daß es nicht genügt, lediglich – formal – die arbeitsschutzrechtlichen Pflichten im Rahmen der Arbeitsteilung zu verteilen. Um der Pflicht zur Gewährleistung der Sicherheit und des Gesundheitsschutzes nachzukommen, ist es unverzichtbar insbes. durch eine angemessene Aufsicht sicherzustellen, daß die übertragenen Aufgaben auch tatsächlich ordnungsgemäß wahrgenommen werden.

bb) Organisatorische Vorkehrungen

Um seine – eigene – soeben skizzierte Rolle im betrieblichen Arbeits- und Gesundheitsschutz wahrnehmen zu können, muß der Arbeitgeber eine Reihe, primär organisatorischer Regelungen treffen. Sie festzulegen liegt in seinem eigenen Interesse, da er sich bei der Verletzung der ihn treffenden Arbeitsschutzpflichten verwaltungs-, straf- und ordnungswidrigkeitenrechtlichen Haftungsrisiken ausgesetzt sieht.[445] Im Kern betreffen diese Regelungen drei Fragenkreise: Die Arbeitsschutzpolitik, die Entscheidung über die Verteilung und Beaufsichtigung der von Dritten wahrzunehmenden Aufgaben und schließlich die wirksame Übertragung der Pflichten aus dem ArbSchG an verantwortliche Personen.

(1) Arbeitsschutzpolitik

Originäre und nur durch die oberste Leitung des Betriebes zu erfüllende Aufgabe ist es, einen prinzipiellen Orientierungsrahmen zu schaffen, an dem die betrieblichen Akteure ihr Arbeitsschutzhandeln ausrichten können.[446] Inhaltlich ist in einer solchen Erklärung vor allem auf den Stellenwert des Arbeitsschutzes im Kontext der übrigen Wertschöpfungsprozesse einzugehen. Es ist insbes. unmißverständlich klarzustellen, daß es sich beim Arbeits- und Gesundheitsschutz um Zielsetzungen handelt, die keinen rein wirtschaftlichen Überlegungen untergeordnet werden dürfen, wie dies bereits in den Erwä-

[445] Wegen des unfallversicherungsrechtlichen Haftungsausschlusses (§§ 104 ff. SGB VII) ist das Risiko einer zivilrechtlichen Inanspruchnahme auf grob fahrlässige und vorsätzliche Handlungen sowie Sachschäden der Beschäftigten begrenzt. Die verbleibenden Haftungsrisiken sind deswegen eher gering. Eine reizvolle Frage im Zusammenhang mit den Haftungsrisiken ist, in welcher Weise diese bzw. die Haftungserwartung sich auf das Rollenverhalten des Arbeitgebers auswirkt. Ihr kann aber im Rahmen dieser Arbeit nicht weiter nachgegangen werden, da es insoweit einer eigenständigen empirischen Untersuchung bedürfte.

[446] Prägnant insoweit *Grässle/Mohr/Neumann*, AiB 2001, 460 ff. (461), allerdings mit Blick auf die acht Grundsätze des Qualitätsmanagements nach der novellierten ISO 9004. Danach ist es Aufgabe des Managements, „Zielsetzung und Ausrichtung des Unternehmens in Übereinstimmung zu bringen. Es soll eine Unternehmenskultur geschaffen werden, in der alle Mitarbeiter/innen ihr Leistungspotential entfalten können." Vgl. außerdem mit Blick auf den Arbeitsschutz bereits *Rehhahn*, Arbsch 1977, 243 ff. (245, 257), der in diesem Zusammenhang auf das britische „Health and Safety at Work Act" von 1974 verweist.

gungsgründen der Rahmenrichtlinie Arbeitsschutz 89/391/EWG hervorgehoben wird.[447] Darüber hinaus ist zu verdeutlichen, in welcher Weise die arbeitsschutzrechtlichen Instrumente und Verfahrensweisen (§§ 3-5 ArbSchG) dazu beitragen, die grundsätzlichen Zielvorstellungen über die betriebliche Sicherheit und Gesundheit, insbes. auch im Hinblick auf die nach § 3 Abs. 1 Satz 3 ArbSchG anzustrebende Verbesserung, zu realisieren.

Es ist zuzugeben, daß sich allein aus dem Wortlaut des ArbSchG nur schwer die Notwendigkeit zur Formulierung einer solchen Arbeitsschutzpolitik herauslesen läßt. Hintergrund dafür ist die bereits im Zusammenhang mit dem Rollenbild des Arbeitgebers konstatierte mißglückte Umsetzung des Art. 5 Abs. 1 der Rahmenrichtlinie-Arbeitsschutz. Die dort beschriebenen Probleme finden auf der instrumentellen Ebene sozusagen ihre Fortsetzung. Es kommt wiederum zum Tragen, daß sich die grundlegende Verantwortung des Arbeitgebers nicht in den ausdrücklich in § 3 ArbSchG genannten Maßnahmen und Vorkehrungen erschöpft.[448]

Bestätigt wird die hier vertretene Auffassung durch die eingangs der Untersuchung (S. 50) angelegte rechtsvergleichende Sichtweise. Sie hatte ergeben, daß in den Umsetzungsgesetzen in Großbritannien und den Niederlanden jeweils im Zusammenhang mit Art. 5 Abs. 1 Rahmenrichtlinie die Forderung nach der Formulierung einer Politik erhoben wird. Hinzu kommt, daß auch die oben vorgestellten Managementsysteme die Einbindung von Zielen und Maßnahmen in eine übergreifende Politik vorsehen. Da sich diese Managmentsysteme in vielerlei Hinsicht als verwandt mit den Verfahrensregeln des ArbSchG erwiesen haben, bedürfte es zumindest einer besonderen Begründung, warum für den Arbeitsschutz ein um eine Arbeitsschutzpolitik amputiertes Managementsystem ausreichen soll. Dagegen spricht schon der europarechtliche Hintergrund, der genau auf das Gegenteil weist.

Aus einer unzureichenden Umweltpolitik dürften sich im Regelfall keine unmittelbaren haftungsrechtlichen Konsequenzen ergeben. Anknüpfungspunkt des Haftungsrechts sind insbes. die in §§ 3 ff. ArbSchG und in den speziellen Arbeitsschutzvorschriften geregelten Pflichten. Die Formulierung und Bekanntmachung einer Arbeitsschutzpolitik ist aber dennoch mehr als allgemeines und folgenloses Bekenntnis der obersten Leitung. Vor allem durch die Notwendigkeit, sich zu dem hohen Stellenwert der Ziele des Arbeitsschutzes zu bekennen, bindet sich die oberste Leitung des Betriebs selbst. Im Arbeitsschutzalltag kann sich dieses Bekenntnis als eine mehr oder weniger starke „Trumpfkarte" der übrigen betrieblichen Akteure erweisen, um Belange des Arbeits- und Gesundheitsschutzes zu verfolgen.[449]

---

[447] Instruktiv hierzu *Veigel*, Das niederländische Arbeitsschutzrecht, S. 36, 58, mit Hinweisen auf die Rechtslage und Diskussion in den Niederlanden.

[448] Vgl. insoweit noch einmal die eingehenden Ausführungen oben, S. 46 ff.

[449] Hierzu mit Blick auf die Diskussion in den Niederlanden, *Veigel*, Das niederländische Arbeitsschutzrecht, S. 36.

(2) Verteilung und Beaufsichtigung der Aufgaben

Ziel der organisatorischen Vorkehrungen des Arbeitgebers muß es sein, die Erfüllung aller arbeitsschutzrechtlichen Pflichten auch unter den Bedingungen der Arbeitsteilung lückenlos und vollständig sicherzustellen. Nur so kann er seine Rolle, als „Garant" für die Sicherheit und Gesundheit der Beschäftigten zu sorgen, erfüllen. Es geht demnach um die Schaffung einer Zuständigkeitsordnung, in der alle arbeitsschutzrechtlichen Pflichten, die vom Arbeitgeber nicht höchstpersönlich wahrgenommen werden sollen oder können, einer geeigneten Person zur verantwortlichen Durchführung zugewiesen werden.[450]

Eine solche Zuständigkeitsordnung erfordert zunächst, daß die Verantwortungsbereiche klar und widerspruchsfrei gegeneinander abgegrenzt werden und die Abstimmung der betreffenden Akteure untereinander geregelt wird.[451] Geschieht dies nicht, liegt bereits darin ein Organisationsmangel. Es besteht dann entweder die Gefahr, daß sich niemand in der Verantwortung sieht oder aber daß sich Kompetenzstreitigkeiten ergeben. Klärungsbedürftig sind des weiteren die Befugnisse und Mittel, die für die Erfüllung der jeweiligen Pflichten notwendig sind. Eine präzise Regelung ist zwingend erforderlich, da eine effektive Ausführung von Aufgaben andernfalls nicht möglich ist.[452] Bei einer Übertragung von Überwachungsaufgaben ist demnach dafür zu sorgen, daß die betreffende Person jederzeit auf die erforderlichen Meßgeräte zurückgreifen kann. Außerdem ist sie mit Weisungsbefugnissen auszustatten, damit sie die erforderlichen Maßnahmen ggf. auch innerbetrieblich gegenüber den anderen Betriebsangehörigen durchsetzen kann.[453]

Organisatorisch zu regeln bleibt schließlich die Aufsicht über die in der beschriebenen Weise verteilten Aufgaben. Auch hier kommt wiederum die skizzierte Rolle des Arbeitgebers als „Garant", nunmehr aber nicht mehr in der Funktion als „Organisierer", sondern als „Durchsetzer", zum Tragen. Allein durch die Verteilung der Pflichten auf die Schultern anderer Akteure ist nicht quasi automatisch sichergestellt, daß diese ihre Aufgaben auch tatsächlich in der vorgesehenen Weise und Effizienz ausführen. Es ist deswegen notwendig, daß sich der Arbeitgeber vergewissert, daß die Arbeiten in der vorgesehenen Weise erle-

---

450 *Prax.-Kommentar-Lorenz*, § 13 ArbSchG, Rdnr. 75.

451 Siehe auch *Prax.-Kommentar-Lorenz*, § 13 ArbSchG, Rdnr. 75.

452 Anschaulich hierzu OLG Stuttgart, VersR 2000, 1108 ff., wo es der Träger einer Klinik unterließ, organisatorisch sicherzustellen, daß den Operationsteams jederzeit ein Schlüssel zur Verfügung stand, um unverzüglich Zugang zum Operationssaal zu bekommen.

453 *Münch-ArbR-Wlotzke*, § 208, Rdnr. 6; *Prax.-Kommentar-Lorenz*, § 13 ArbSchG, Rdnr. 75; vgl. im übrigen auch § 13 Abs. 1 Nr. 4, 5 ArbSchG, wonach die (verwaltungsrechtliche) Verantwortlichkeit jeweils im Rahmen der übertragenen Aufgaben und Befugnisse besteht.

digt werden. Werden dabei Mängel festgestellt, muß er diese entsprechend seiner Funktion als „Durchsetzer" beheben.[454]

Ziel der Regelungen muß danach die Sicherstellung einer kontinuierlichen und systematischen Aufsicht der jeweiligen verantwortlich handelnden Akteure sein. Es muß gewährleistet sein, daß Organisationsmängel (z.B. unzureichende Ausstattung mit Mitteln und Weisungsbefugnissen) oder Pflichtverletzungen zuverlässig festgestellt werden können. Art und Umfang der Vorkehrungen lassen sich nicht abstrakt festlegen, sondern hängen von den Umständen des Einzelfalls ab, wobei insbes. die Größe des Betriebs, das Ausmaß der Gefährdung oder die Bewährung der betreffenden Personen maßstabsbildend herangezogen werden können.[455] Praktisch können derartige Regelungen der Aufsicht z.B. in der Planung und Durchführung regelmäßiger stichprobenartiger Überprüfungen oder in gezielten Nachfragen bestehen. Weitere Instrumente sind etwa Berichtspflichten oder die Einrichtung von Meldewegen, durch die der Informationsfluß über alle betrieblichen Hierarchieebenen strukturiert wird.[456]

Die Führung der obersten Aufsicht ist nicht delegierbar.[457] Da der Arbeitgeber die Sicherheit und den Gesundheitsschutz zu gewährleisten hat, muß er, um das Bild *Schliephacke*s noch einmal aufzugreifen, immer alle Fäden in der Hand halten.[458] Für große Betriebe mit mehreren Hierarchieebenen, in denen auch die unmittelbare Aufsicht über alle übertragenen Aufgaben des Arbeitsschutzes nicht möglich ist, folgt daraus, daß zwar partiell auch Kontrollaufgaben delegiert werden können. Es ist dann aber eine „Kontrolle der Kontrolleure" im Sinne einer Oberaufsicht zu organisieren. Neben einer eingehenden Berichterstattung dürften dabei stichprobenartige Vor-Ort-Kontrollen auf allen Hierarchieebenen unverzichtbar sein.[459]

---

[454] *Prax.-Kommentar-Lorenz*, § 13 ArbSchG, Rdnr. 79, mit Hinweisen auf die Literatur zu § 130 OWiG.

[455] Hierzu *Prax.-Kommentar-Lorenz*, § 13 ArbSchG, Rdnrn. 77 f.; Hinweise ergeben sich in diesem Zusammenhang auch aus § 130 OWiG, der die ordnungswidrigkeitenrechtliche Zurechnung für Verletzungen der Aufsichtspflicht im Unternehmen regelt. So auch *Lorenz*, ebenda; *Schliephacke*, Führungswissen Arbeitssicherheit, S. 67. Weitere Orientierungspunkte bietet die Rechtsprechung zu §§ 823, 831 BGB, vgl. insoweit etwa OLG Celle, VersR 1990, 169; BGH, VersR 1955, 746 f. (747); BGH, VesR1983, 668 (669).

[456] Vgl. auch *Schliephacke*, Führungswissen Arbeitssicherheit, S. 37, 89 f.; *Prax.-Kommentar-Lorenz*, § 13 ArbSchG, Rdnr. 78; *Schmidt-Salzer*, BB 1992, 1866 ff. (1872).

[457] *Brandes*, System des europäischen Arbeitsschutzrechts, S. 186; *Benz*, BB 1988, 2237 ff. (2238).; *Gerhard*, AuA 1998, 236 ff. (239).

[458] *Schliephacke*, Führungswissen Arbeitssicherheit, S. 38.

[459] *Nöthlichs*, Arbeitsschutz und Arbeitssicherheit, § 3 ArbSchG, Anm. 3.1.5; *Prax.-Kommentar-Lorenz*, § 13 ArbSchG, Rdnr. 78.

(3) Organisation der Aufgabenübertragung

Die vorstehenden Ausführungen betrafen die Problematik, welche Anforderungen an die Organisationsstruktur des Arbeits- und Gesundheitsschutzes zu stellen sind. Dabei ist offengeblieben, welche Voraussetzungen für eine Verantwortungsübernahme im Bereich der betrieblichen Sicherheit und Gesundheit vorliegen müssen. Dies ist hier aber insofern von Belang, als die Realisierung der in der Organisationsstruktur festgelegten Zuständigkeitsordnung nur dann möglich ist, wenn die betreffenden betrieblichen Akteure die vorgesehenen Aufgaben tatsächlich wirksam verantwortlich übernehmen.

(a) Auswahl geeigneter verantwortlicher Personen

Die Frage der verwaltungsrechtlichen Verantwortung für die Durchführung der Pflichten nach dem ArbSchG ist in § 13 geregelt. Verwaltungsrechtlich verantwortlich kraft ihrer Position als oberste Leitung sind zunächst einmal die gesetzlichen Vertreter des Arbeitgebers (vertretungsberechtigte Gesellschafter, Vorstände, Geschäftsführer; § 13 Abs. 1 Nrn. 1-3 ArbSchG).[460] Wichtiger in unserem Zusammenhang, da der obersten Leitungsebene hierarchisch nachgeordnet, ist der von § 13 Abs. 1 Nrn. 4, 5 ArbSchG erfaßte Personenkreis, also Betriebsleiter und sonstige mit der Wahrnehmung arbeitsschutzrechtlicher Aufgaben beauftragte Personen.

Aufschluß über die rechtlichen Anforderungen an eine wirksame Delegation von Arbeitsschutzaufgaben gibt § 13 Abs. 2 ArbSchG, der die Beauftragung von „sonstigen Personen" zur eigenverantwortlichen Wahrnehmung von Arbeitgeberaufgaben regelt. Das Gesetz gibt insoweit mit den Merkmalen „zuverlässig" und „fachkundig" Kriterien vor, an denen der Arbeitgeber seine Auswahlentscheidung zu orientieren hat.[461] Insbes. aus dem Tatbestandsmerkmal der Fachkunde, das auf die fachliche Befähigung zur Erfüllung der vorgesehenen Arbeitsschutzaufgaben abstellt, ergibt sich für den organisierenden Arbeitgeber die Notwendigkeit, sich gezielt Klarheit darüber zu verschaffen, welche qualifikatorischen Anforderungen für die Erfüllung der jeweiligen arbeitsschutzrechtlichen Pflichten gegeben sein müssen. Um ggf. dem Vorwurf einer ungeeigneten, d.h. fehlerhaften Organisation zu begegnen, ist es vor diesem Hintergrund unverzichtbar, daß die Auswahlentscheidung in jedem einzelnen Fall an der Sache orientiert begründet werden kann. Ein wichtiges Hilfsmittel sind in diesem Zusammenhang die Gefährdungsbeurteilungen und die Doku-

[460] Hierzu eingehend *Prax.-Kommentar-Lorenz*, § 13 ArbSchG, Rdnrn. 19 ff.; *Koll/Janning/Pinter-Koll*, Kommentar zum ArbSchG, § 13, Rdnrn. 5 ff.

[461] Zu den Anforderungen an die Zuverlässigkeit und Fachkunde der beauftragten Personen vgl. nur *Kittner/Pieper*, ArbSchR, § 13 ArbSchG, Rdnr. 8 f.; *Prax.-Kommentar-Lorenz*, § 13, Rdnrn. 53 f.; *Nöthlichs*, Arbeitsschutz und Arbeitssicherheit, § 13 ArbSchG, Anm. 2.6.2.

mentation nach §§ 5, 6 ArbSchG, die Auskunft über die betriebliche Gefährdungslage und die durchzuführenden Maßnahmen geben.[462]

Verantwortlich kraft ihrer – exponierten – Stellung in der Organisation sind nach § 13 Abs. 1 Nr. 4 ArbSchG Personen, die mit der Leitung des Unternehmens oder eines Betriebes[463] beauftragt sind.[464] Entstehungsgrund der Verantwortung für den Arbeitsschutz ist bei ihnen die Übertragung hochrangiger Leitungsaufgaben. Im Gegensatz zu den vorstehend angesprochenen Fällen einer ausdrücklichen Beauftragung „sonstiger Personen" wird die Gewährleistung von Sicherheit und Gesundheit im Betrieb dabei als untrennbarer Annex der übertragenen Führungsaufgabe gesehen.[465] Daraus ist nicht zu schließen, daß nicht auch Betriebs- bzw. Unternehmensleiter fachkundig und zuverlässig sein müßten. Aus seiner Rolle als „Garant" für die Gewährleistung der Sicherheit und Gesundheit der Beschäftigten folgt, daß der Arbeitgeber bereits bei der Besetzung der im Gesetz genannten Leitungspositionen die entsprechende Fachkunde und Zuverlässigkeit als Auswahlkriterien für die Stellenbesetzung anlegen muß.

Als weiterer Entstehungsgrund für die Verantwortung von Führungskräften im betrieblichen Arbeits- und Gesundheitsschutz[466] wird seit jeher der Arbeitsvertrag angesehen. Wie auch bei den soeben angeführten Leitungspersonen nach § 13 Abs. 1 Nr. 4 ArbSchG wird dies im Kern damit begründet, daß die Verantwortungsübernahme untrennbarer Annex der Führungsposition ist.[467] Dem ist nicht

---

[462] Hierauf weist *Koll/Janning/Pinter-Koll*, Kommentar zum ArbSchG, § 13, Rdnr. 20 zutreffend hin.

[463] Zum Begriff des Betriebs- bzw. Unternehmensleiter und zur Abgrenzung zu den sonstigen Führungskräften vgl. nur *MünchArbR-Wlotzke*, § 208, Rdnr. 16; *Prax.-Kommentar-Lorenz*, § 13, Rdnrn. 40 ff.

[464] Da die Verantwortung auf der Beauftragung der betreffenden Person mit der Betriebs- bzw. Unternehmensleitung beruht, handelt es sich – wie auch bei den Fällen des § 13 Abs. 1 Nr. 5 ArbschG – um einen Fall gewillkürter Vertretung des Arbeitgebers. Im Gegensatz zu den Fällen des § 13 Abs. 1 Nrn. 1-3 ArbSchG richtet sich der Umfang der Vertretung dabei stets nach den übertragenen Aufgaben und Befugnissen. Hierzu, sowie zur Systematik des § 13 ArbSchG, *Prax.-Kommentar-Lorenz*, Rdnrn. 17 f.

[465] *Schliephacke* Führungswissen Arbeitssicherheit, S. 65; ähnlich, *Nöthlichs*, Arbeitsschutz und Arbeitssicherheit, § 13, Anm. 2.5.1; *Kittner/Pieper*, ArbSchR, § 13 ArbSchG, Rdnrn. 4 ff., die darauf hinweisen, daß es einer ausdrücklichen Übertragung von (Arbeitsschutz)aufgaben nicht bedarf.

[466] Gemeint ist die zivil-, ordnungswidrigkeiten- und strafrechtliche Verantwortung. Mit Recht wird mit Blick auf § 13 ArbSchG darauf hingewiesen, daß eine originäre Verantwortung von Führungskräften danach nur für Betriebs- und Unternehmensleiter nach § 13 Abs. 1 Nr. 4 ArbSchG besteht. Nachgeordnete Führungskräfte (z.B. Meister) übernehmen nach der klaren gesetzlichen Regelung erst kraft ausdrücklicher Beauftragung (§ 13 Abs. 2 ArbSchG) als sonstige Personen i.S. von § 13 Abs. 2 ArbSchG Verantwortung. Vgl. dazu auch *Koll/Janning/Pinter-Koll*, Kommentar zum ArbSchG, § 13, Rdnr. 8; *MünchArbR-Wlotzke*, § 208, Rdnr. 4.

[467] Hierzu auch *Benz*, BB 1988, 2237 ff. (2237); *MünchArbR-Wlotzke*, § 210, Rdnr. 34; *Schliephacke*, Führungswissen Arbeitssicherheit, S. 54 f.

zuletzt auch wegen des in § 3 Abs. 2 Nr. 2 ArbSchG angelegten Grundsatzes der vertikalen Integration des Arbeits- und Gesundheitsschutzes in der Sache uneingeschränkt zuzustimmen. Bedenklich ist es hingegen, die Führungsverantwortung für den Arbeitsschutz als so selbstverständlich anzusehen, daß sie nicht schriftlich zu fixieren wäre. Es ist insoweit auf § 2 Abs. 1 NachwG zu verweisen, der seit 1995 verlangt, daß der Arbeitgeber die wesentlichen Vertragsbedingungen schriftlich niederlegt. In diesem Zusammenhang muß insbes. eine kurze Charakterisierung oder Beschreibung der vom Arbeitnehmer zu leistenden Tätigkeiten erfolgen (§ 2 Abs. 1 Nr. 5 NachwG).[468] Da sich aus der Verantwortung einer Führungskraft insbes. strafrechtliche Haftungsrisiken ergeben, dürfte es unverzichtbar sein, daß der Arbeitgeber in dem entsprechenden Dokument transparent macht, was er insoweit von seiner Führungskraft konkret erwartet.

(b) Unterweisung der verantwortlichen Personen und Klärung ihrer Befugnisse und Pflichten

Damit die vom Arbeitgeber nach den beschriebenen Kriterien ausgewählten geeigneten Personen ihre Aufgaben im Arbeitsschutz wahrnehmen können, müssen sie mit den erforderlichen Befugnissen ausgestattet werden, um die Pflichten ggf. im Betrieb durchsetzen zu können. Dazu gehört vor allem die genaue Information über das Verhältnis der betreffenden verantwortlichen Person zu den übrigen Funktionsträgern. Zu verdeutlichen sind in diesem Zusammenhang insbes. Umfang und Grenzen der Anordnungsbefugnisse gegenüber den sonstigen betrieblichen Akteuren (z.B. Sicherheitsfachkräfte, Sicherheitsbeauftragte) und die Voraussetzungen, unter denen im Zweifelsfalle der Arbeitgeber oder eine hierarchisch vorgesetzte Instanz zu Rate zu ziehen sind.

---

[468] Der EuGH hat in diesem Zusammenhang darauf hingewiesen, daß eine bloße Bezeichnung einer Tätigkeit jedenfalls nicht in allen Fällen als kurze Charakterisierung der zu leistenden Arbeit angesehen werden kann, vgl. EuGH, BB 1998, 272 ff. (274, Nr. 44). Zu bedenken ist in diesem Zusammenhang, daß sich durch moderne Organisationskonzepte die klassischen Berufsbilder („Schlosser", „Industriemeister" etc.) durchaus gewandelt haben. Unter den Bedingungen der *Gruppen*arbeit hat sich z.B. die klassische Rolle von Meistern, Vorarbeitern etc. auch im Hinblick auf den Arbeits- und Gesundheitsschutz geändert (hierzu z.B. *Rosner*, Die BG 1997, 32 ff.). Selbst wenn man, wie hier vertreten, die Übernahme von Haftungsrisiken nicht für sich schon als wesentliche Vertragsbedingung ansieht, wird man vor dem beschriebenen Hintergrund in vielen Fällen nicht in einer schlichten Berufsbezeichnung eine angemessene Charakterisierung der Tätigkeit sehen können. In diesem Sinne auch *Höland*, ArbuR 1996, 87 ff. (91), der in diesem Zusammenhang auf die Unschärfe der Bezeichnung von Angestelltentätigkeiten verweist, a.A. etwa *Schwarze*, ZfA 1997, 43 ff. (49), der die Nennung eines Berufsbildes ausreichen läßt. Gegen die Verknüpfung bestimmter Berufsbilder mit arbeitsschutzrechtlichen Pflichten im übrigen bereits *Schutzbach*, Die strafrechtliche Verantwortung für Betriebsunfälle, S. 137 ff. In der genannten Untersuchung wird überzeugend am Beispiel des Berufsbildes des „Poliers" gegen eine Garantenstellung nach § 13 StGB kraft Übernahme einer betrieblichen Position argumentiert.

Einen geeigneten Rahmen für die Information der verantwortlichen Personen bieten die zu Beginn der Tätigkeit und danach regelmäßig zu wiederholenden Unterweisungen. Bei ihnen muß es darum gehen, die mit der Übernahme von Verantwortung verbundenen Aufgaben so präzise wie möglich zu beschreiben. Nur wenn genau bekannt ist, welche Verpflichtungen mit der Verantwortungsübernahme verbunden sind, ist eine effektive Durchführung des Arbeitsschutzes „vor Ort“ tatsächlich gewährleistet.[469] Ein wichtiges Element zur Schaffung von Transparenz über die zu erfüllenden Pflichten ist dabei die nach § 13 Abs. 2 ArbSchG zu erstellende schriftliche Unterlage.[470]

Bei der Gestaltung der schriftlichen Pflichtenübertragung nach § 13 Abs. 2 ArbSchG ist zu bedenken, daß wegen §§ 5, 6 ArbSchG eine detaillierte Beschreibung der Aufgaben unproblematisch möglich ist. Da die Dokumentation nach § 6 ArbSchG nicht zuletzt eine Zusammenfassung der getroffenen „Maßnahmen des Arbeitsschutzes“ enthalten muß, läßt sich ohne weiteres angeben, welche konkreten Pflichten mit der Verantwortungsübernahme verbunden sind. Vor dem Hintergrund dieser ohnehin bereitzuhaltenden Unterlagen dürfte eine relativ allgemein gehaltene Pflichtenübertragung, wie sie z.B. in Anhang 1 der BGV A 1 vorgesehen ist, nicht unbedenklich sein. Die Thematik verdeutlicht im übrigen nachhaltig, daß in der Gefährdungsbeurteilung und ihrer Dokumentation zu recht ein Kernelement des ArbSchG gesehen wird. Sie sorgt für Transparenz[471] und unterstützt so ein zielgerichtetes Vorgehen im betrieblichen Arbeits- und Gesundheitsschutz.

b) Verantwortliche Personen für den Arbeits- und Gesundheitsschutz

Wie soeben eingehend dargestellt, muß der Arbeitgeber unter den Bedingungen der Arbeitsteilung den Arbeits- und Gesundheitsschutz organisieren und hierzu weitere, verantwortliche Personen heranziehen, damit die an ihn adressierten arbeitsschutzrechtlichen Pflichten tatsächlich erfüllt werden. Um seiner umfas-

---

[469] *Prax.-Kommentar-Lorenz*, § 13, Rdnr. 68; *Koll/Janning/Pinter-Koll*, Kommentar zum ArbSchG, § 13, Rdnr. 22; *Rehhahn*, ArbSchR 1977, 243 ff. (250), der zudem für die Führung eines Verzeichnisses plädiert, in dem die Aufgaben und Befugnisse der Personen, die Verantwortung für den Arbeitsschutz tragen, zusammengestellt sind (S. 257 f.).

[470] Vgl. z.B. *Koll/Janning/Pinter-Koll*, Kommentar zum ArbSchG, § 13, Rdnr. 22; *Prax.-Kommentar-Lorenz*, § 13 ArbSchG, Rdnrn. 55, 58 f.; in die gleiche Richtung zielt auch die Gesetzesbegründung, in der darauf verwiesen wird, daß die in § 13 Abs. 2 ArbSchG vorgesehene Schriftform der Absicherung des Arbeitgebers und der beauftragten Person gilt und regelmäßig dabei die Befugnisse und Kompetenzen festgelegt werden, vgl. BT-Drcks. 13/3540, S. 19. Vgl. zudem für das Unfallversicherungsrecht § 12 BGV A 1 und den Mustervordruck im Anhang 1 der BGV A 1.

[471] Transparenz bedeutet in diesem Zusammenhang auch, daß die übertragenen Aufgaben und Befugnisse den übrigen betrieblichen Akteuren (Beschäftigten, Sicherheitsbeauftragten, Sicherheitsfachkräften) bekanntgemacht werden. Nur dann können sie ihr Verhalten entsprechend den getroffenen Organisationsentscheidungen einrichten. Vgl. hierzu *Rehhahn*, ArbSch 1977, 243 ff. (254).

senden Verantwortung gerecht zu werden, ist das Verhältnis zwischen Arbeitgeber und den verantwortlichen Personen im Hinblick auf die Durchführung des Arbeitsschutzrechts als Linienverhältnis auszugestalten.[472] Nur durch die Möglichkeit einzuschreiten und ggf. durch Weisungen auf das Verhalten der verantwortlichen Personen unmittelbar einzuwirken, kann er seiner auch nach der Pflichtendelegation verbleibenden Pflicht zur Oberaufsicht gerecht werden.[473] Anders ausgedrückt: Gegenstand der Delegation ist die Durchführungsverantwortung, nicht aber die Pflicht die Wahrnehmung der delegierten Aufgaben zu beaufsichtigen und ggf. durchzusetzen.

aa) Rollenbild

Das Rollenbild der verantwortlichen Personen ergibt sich im wesentlichen aus der von ihnen übernommenen Verantwortung und ihrem Verhältnis zum Arbeitgeber. Wie der Arbeitgeber tragen auch sie Verantwortung für die Erfüllung arbeitsschutzrechtlicher Pflichten. Es handelt sich allerdings nicht um eine umfassende, sondern um eine partielle Verantwortung, deren Grenzen sich aus den konkret übertragenen Aufgaben und den in diesem Zusammenhang verliehenen Befugnissen ergeben. Die durch die Pflichtenübertragung gezogenen Grenzen sind nicht nur gegenständlich, in dem Sinne, daß nur für einen bestimmten festgelegten Kreis von Aufgaben eine Verantwortlichkeit besteht. Aus dem Umstand, daß es sich um eine aus der umfassenden Gewährleistungsverpflichtung des Arbeitgebers abgeleitete Verantwortlichkeit handelt, folgt auch ein anderes Rollenbild.

Wurde die Funktion des Arbeitgebers oben mit dem Bild des „Organisierers" und „Durchsetzers" charakterisiert, läßt sich die Rolle der verantwortlichen Personen mit dem Bild des „Umsetzers" beschreiben.[474] Sie haben die ihnen

---

[472] Hier ergeben sich bei der Praktizierung neuer Arbeitsformen, wie z.B. der *Grupp*enarbeit, die die klassischen Linienorganisationen verlassen, durchaus Probleme. Klar ist dabei, daß sich der Arbeitgeber nicht durch die Wahl einer auf mehr Eigenverantwortlichkeit der Mitarbeiter zielenden Organisationsform seiner grundlegenden Verantwortung für die Sicherheit und Gesundheit seiner Mitarbeiter entziehen kann (hierzu nur *Schliephacke*, Führungswissen Arbeitssicherheit, S. 108 f.). Die gezielte Übertragung von Arbeitsschutzpflichten auf bestimmte Personen, wie sie insbes. § 13 Abs. 2 ArbSchG vorsieht, kann hier ein wichtiges Instrument sein, die grundlegende Gewährleistungsverantwortung des Arbeitgebers unter veränderten Bedingungen zu erfüllen. In diesem Sinne auch *Kittner/Pieper*, ArbSchR, § 13 ArbSchG, Rdnr. 12; zu den Möglichkeiten, den Arbeitsschutz im Rahmen der *Grupp*enarbeit zu organisieren vgl. z.B. *Meisenbach*, Die BG 1995, 710 ff.; *Schliephacke*, Führungswissen Arbeitssicherheit, S. 107 ff.

[473] *Prax.-Kommentar-Lorenz*, § 13 ArbSchG, Rdnrn. 76 ff; *Nöthlichs*, Arbeitsschutz und Arbeitssicherheit, § 3, Anm. 3.1.5; *Benz*, BB 1988, 2237, 2238.

[474] Wenn den betreffenden Personen die Befugnis übertragen worden ist, ihrerseits Pflichten weiterzudelegieren, agieren sie im Rahmen ihrer Befugnisse partiell ebenfalls als „Organisierer" und „Durchsetzer". Die grundsätzliche Verantwortung des Arbeitgebers bleibt hiervon unberührt, er muß insoweit auch im Rahmen seiner Oberaufsicht insbes. kontrollieren, daß die betreffende verantwortliche Person ordnungsgemäß die Auf-

übertragenen Aufgaben, die der Arbeitgeber nicht selbst wahrnehmen kann oder will, im Rahmen der ihnen gemachten Vorgaben tatsächlich durchzuführen. Bei entsprechender Aufgabenübernahme bedeutet dies praktisch, daß sie z.B. die Unterweisungen nach § 12 ArbSchG vornehmen, die Beachtung der getroffenen Schutzmaßnahmen kontrollieren oder die Aufgaben nach Maßgabe des § 7 ArbSchG an die Beschäftigten zuweisen.

bb) Organisatorische Vorkehrungen

Im Rahmen seiner allgemeinen Organisationspflicht nach § 3 Abs. 2 Nr. 1 ArbSchG muß der Arbeitgeber dafür Sorge tragen, daß die verantwortlichen Personen ihre soeben skizzierte Rolle als Umsetzer effektiv wahrnehmen können. Wesentlich Aspekte wurden bereits oben näher angesprochen. So sind die verantwortlichen Personen mit angemessenen Anweisungsbefugnissen auszustatten und ist im Rahmen der allgemeinen Aufsicht darauf zu achten, daß Kompetenzüberschreitungen der verschiedenen verantwortlichen Personen untereinander verhindert werden. Zu erwähnen sind hier auch allgemeine Richtlinien, an denen die Verantwortlichen ihr Handeln ausrichten können (z.B. Häufigkeit, Ziele und Struktur von Unterweisungen). Darüber hinaus ist für eine adäquate Ausstattung mit sächlichen Mitteln zu sorgen. Dies bedeutet etwa, daß bei Aufgaben im Bereich der Gefahrstoffüberwachung Meßgeräte zur Verfügung zu stellen sind oder für die Veranlassung bzw. Durchführung von Wartungsarbeiten geeignete Werkzeuge vorhanden sein müssen.

Ein wichtiger organisatorisch zu gewährleistender Aspekt besteht darin, daß ausreichend Zeit vorgesehen wird, damit die betreffenden Personen ihren Aufgaben bei der Durchführung des Arbeits- und Gesundheitsschutzes effektiv nachkommen können. Konkret bedeutet dies, daß z.B. bei der Zuteilung der sonstigen betrieblichen Aufgaben berücksichtigt wird, daß, je nach Umfang der übernommenen Aufgaben, ausreichend Zeit verbleibt, um z.B. Kontrollen der Schutzmaßnahmen oder Unterweisungen durchzuführen.

Als letzter Aspekt soll hier die kontinuierliche Qualifizierung der verantwortlichen Personen hervorgehoben werden. Um die in § 13 Abs. 2 ArbSchG geforderte Fachkunde sicherzustellen, sind in jedem Falle entsprechende Schu-

---

sicht über die von ihr übertragenen Pflichten führt; hierzu auch *Gerhard*, AuA 1998, 236 ff. (238). Unklar sind die Voraussetzungen, unter denen eine verantwortliche Person befugt ist, Aufgaben weiterzudelegieren. Z.T. wird vertreten, daß dies immer möglich sein soll, solange es nicht ausdrücklich untersagt ist (*Schliephacke*, Führungswissen Arbeitssicherheit, S. 39). Andere (*Rehhan*, ArbSch 1977, 243 ff. (256); *Prax.-Kommentar-Lorenz*, § 13 ArbSchG, Rdnr. 69) verlangen eine Zustimmung des Arbeitgebers bzw. zuständigen Vorgesetzten, soweit es sich nicht um Betriebs- und Unternehmensleiter handelt. M.E. ist es in jedem Falle unverzichtbar, daß solche Delegationen zwingend an den Arbeitgeber gemeldet werden und dieser, möglicherweise auch nur konkludent, zustimmt. Nur so ist er tatsächlich in der Lage, sachgerecht die nicht delegierbare Oberaufsicht wahrzunehmen.

lungen und Unterweisungen durchzuführen, wenn die Arbeitsverfahren geändert werden, weil etwa neue Maschinen und Anlagen beschafft worden sind. Zu bedenken ist in diesem Zusammenhang weiter, daß die Fachkunde nicht nur bei der erstmaligen Aufgabenübertragung, sondern fortlaufend gegeben sein muß. Dies ist im Rahmen der allgemeinen Aufsicht des Arbeitgebers zu beachten.[475] Jedenfalls dann, wenn sich insoweit Defizite ergeben, sind durch entsprechende Schulungsmaßnahmen die Kenntnisse aufzufrischen.

c) Besondere Akteure des Arbeits- und Gesundheitsschutzes

Die Rollen des Arbeitgebers und der verantwortlichen Personen sind dadurch geprägt, daß sie für die Einhaltung der verfahrens- und materiellrechtlichen Pflichten des ArbSchG zuständig sind. Um ihrer Gewährleistungsverpflichtung für die Sicherheit und Gesundheit gerecht werden zu können, müssen sie zumindest die Option haben, Weisungen zu erteilen. Dies gilt sowohl gegenüber nicht in der Verantwortung stehenden Mitarbeitern als auch im Verhältnis zwischen dem Arbeitgeber und den – hierarchisch – nachgeordneten verantwortlichen Personen. Wie gesehen folgt daraus, daß die Organisation damit jedenfalls in ihrem Kern als Linienorganisation auszugestalten ist.

Neben dem Arbeitgeber und den verantwortlichen Personen kennt das Arbeitsschutzrecht weitere Akteure mit besonderen Aufgaben im betrieblichen Arbeits- und Gesundheitsschutz. Im Gegensatz zum Arbeitgeber und den verantwortlichen Personen tragen sie kraft ihrer gesetzlich geregelten Rechtsstellung keine Verantwortung für die Einhaltung der an den Arbeitgeber gerichteten Pflichten. Ihre Funktion besteht allgemein gesprochen darin, Einfluß auf die Gestaltung und Durchführung des betrieblichen Arbeits- und Gesundheitsschutzes zu nehmen. Bereits diese kurze Funktionsbeschreibung verdeutlicht, daß eine Einbindung in die Linienorganisation ausscheiden muß. Da die Aufgaben der genannten Akteursgruppe vornehmlich darin bestehen, auf die Entscheidungsfindung einzuwirken, sind sie als Stabsfunktion in die Organisationsstrukturen einzubinden.

Für den vorliegenden Zusammenhang, in dem die Eckpunkte der allgemeinen Organisationspflicht nach § 3 Abs. 2 ArbSchG besonders interessieren, dürfte den Betriebsärzten, den Fachkräften für Arbeitssicherheit und den Sicherheitsbeauftragten die größte Bedeutung zukommen. Auf sie soll daher nachfolgend näher eingegangen werden.[476]

---

[475] Hierzu auch *Gerhard*, AuA 1998, 236 ff. (239); *Prax.-Kommentar-Lorenz*, § 13 ArbSchG, Rdnr. 78; BGH, NJW-RR 1996, 867 f. (867); BGH, NJW 1988, 2298 ff. (2300); außerdem bereits RGZ 87, 1 ff. (4); RGZ 78, 107 ff. (110).

[476] Daneben gibt es zahlreiche weitere Akteure, die ggf. in die Organisation einzubinden sind. Zu nennen sind in diesem Zusammenhang etwa Betriebssanitäter (§ 9 BGV A 5), Ersthelfer (§§ 10 Abs. 2 ArbSchG, 6 BGV A 5) Brandbekämpfer (§ 10 Abs. 2

aa) Fachkräfte für Arbeitssicherheit und Betriebsärzte

Die Bestellung von Fachkräften für Arbeitssicherheit und Betriebsärzten zählte schon vor dem Erlaß des ArbSchG unbestritten zu den zentralen organisatorischen Pflichten des Arbeitgebers.[477] Eine „geeignete Organisation" i.S. von § 3 Abs. 2 Nr. 1 ArbSchG muß sicherstellen, daß die Sicherheitsfachkräfte und Betriebsärzte ihre Aufgaben bei der Planung und Durchführung der Maßnahmen des Arbeitsschutzes im Einklang mit den gesetzlichen Zielen des ASiG erfüllen können.

(1) Rollenbild

Es wurde bereits an anderer Stelle (S. 256) darauf hingewiesen, daß die rechtliche Ausgestaltung der Position des Betriebsarztes und der Fachkraft für Arbeitssicherheit strukturell vergleichbar mit der der Rechtsstellung der betrieblichen Umweltschutzbeauftragten ist. Ihre Rolle läßt sich demgemäß als die von fachlichen Beratern des Arbeitgebers bzw. der verantwortlichen Personen zusammenfassen.[478] Unterschiede ergeben sich im Hinblick auf die Gegenstände der fachlichen Beratung. Während das Hauptgewicht bei den betrieblichen Umweltschutzbeauftragten naturgemäß im Bereich des Umweltschutzes angesiedelt ist, liegt der Schwerpunkt bei den Fachkräften für Arbeitssicherheit und Betriebsärzten im Arbeits- und Gesundheitsschutz.

Die rechtliche Verantwortung der Fachkräfte für Arbeitssicherheit und Betriebsärzte bezieht sich allein auf die sorgfältige Erfüllung ihrer Pflicht zur fachkundigen Beratung und Unterstützung.[479] Ihre Aufgabe besteht demnach darin, Impulse zu setzen. Dies kann z.B. dadurch geschehen, daß sie Hinweise zur Optimierung der Schutzmaßnahmen geben, auf Defizite aufmerksam machen oder sie Vorhaben und Planungen sicherheitstechnisch bzw. arbeitsmedizinisch bewerten. Kraft ihrer gesetzlichen Stellung sind sie damit nicht für die Einhaltung der materiellrechtlichen Arbeitsschutzpflichten verantwortlich. Wie bereits erwähnt verbleibt die Verantwortung ungeachtet dessen beim Arbeitgeber bzw. den sonstigen betrieblichen Verantwortlichen.[480]

ArbSchG) oder Störfallbeauftragte (§§ 58 a ff. BImSchG), deren Tätigkeit neben dem dem Umwelt- und Nachbarschaftsschutz auch dem Arbeitsschutz dient.

[477] *Kittner/Pieper*, ArbSchR, § 3 ArbSchG, Rdnrn. 6 ff.; *MünchArbR-Wlotzke*, § 210, Rdnr. 20 f.; *Wank*, TAS, § 3 ArbSchG, Rdnr. 10, wonach die Organisation des Arbeitsschutzes durch die Regelungen des ASiG konkretisiert wird.

[478] Siehe hierzu auch *MünchArbR-Wlotzke*, § 208, Rdnr. 22; *Aufhauser/Brunhöber/Igl*, ASiG, Einführung, Rdnr. 26; *Bieneck*, Festschrift Wlotzke, 465 ff. (467).

[479] *Aufhauser/Brunhöber/Igl*, ASiG, Einführung, Rdnr. 26; *MünchArbR-Wlotzke*, § 210, Rdnr. 58; zu den aus der Beratungstätigkeit resultierenden Haftungsrisiken vgl. etwa *Anzinger/Bieneck*, ASiG, § 3, Rdnrn. 128 ff., § 6, Rdnrn. 40 ff.; *Benz*, BB 1991, 1185 ff.

[480] *Bieneck*, Festschrift Wlotzke, 465 ff. (467); *MünchArbR-Wlotzke*, § 210, Rdnr. 58.

Auch wenn der Arbeitgeber nicht verpflichtet ist, auf die Anregungen des Betriebsarztes bzw. der Sicherheitsfachkraft einzugehen, sollte die Steuerungswirksamkeit der fachkundigen Beratung nicht unterschätzt werden. „Reflexivrechtlich gedacht" werden durch die entsprechenden Aktivitäten Anstöße gegeben, den Status Quo des betrieblichen Arbeitsschutzes zu überprüfen und überdenken. Selbst wenn die Überzeugungskraft des Expertenrats nicht ausreicht, um Verhaltensänderungen herbeizuführen, ist zu bedenken, daß die Interaktion mit der Sicherheitsfachkraft bzw. mit dem Betriebsarzt nicht ohne Folgen für die Position des Arbeitgebers ist. Werden etwa Sicherheitsmängel nicht oder nur unzureichend abgestellt, führen entsprechende beratende Hinweise der Sicherheitsfachkraft dazu, daß der Arbeitgeber bzw. die verantwortlichen Personen „bösgläubig" werden, was zu einer Erhöhung der zivil- und vor allem strafrechtlichen Haftungsrisiken führt.[481] Aufgrund der im ASiG (§§ 9, 10) vorgesehenen Zusammenarbeitspflichten können zudem andere Akteure, insbes. der Betriebsrat mobilisert werden.

Der Inhalt der Beratungs- und Unterstützungsaufgaben wird in den §§ 3, 6 ASiG relativ genau umrissen. Die Aufgabenkataloge in den beiden Vorschriften weisen eine im Großen und Ganzen vergleichbare Struktur auf, wobei natürlich einerseits für den Betriebsarzt der Aspekt der Arbeitsmedizin (§ 3 ASiG) und andererseits für die Fachkraft für Arbeitssicherheit die Sicherheitstechnik (§ 6 ASiG) im Zentrum stehen. Es ist in diesem Zusammenhang entbehrlich, auf die Aufgaben der Betriebsärzte und Fachkräfte für Arbeitssicherheit im Detail einzugehen. Um die grundlegende Stoßrichtung ihrer Pflichten zu veranschaulichen genügt ein kurzer Blick auf die Struktur der in §§ 3, 6 ASiG zusammengefaßten Elemente der Beratungsaufgabe. Danach lassen sich im wesentlichen drei Aufgabenkomplexe unterscheiden[482]:

An der Spitze beider Aufgabenkataloge finden sich *erstens* Aspekte, die für einen präventiv ausgerichteten Arbeits- und Gesundheitsschutz stehen. So ist der Arbeitgeber beispielsweise bei der Planung von Betriebsanlagen, der Beschaffung von Arbeitsstoffen und technischen Arbeitsmitteln oder bei der ergonomischen Gestaltung der Arbeitsplätze zu beraten (§§ 3 Abs. 1 Nr. 1; 6 Nnr. 1, 2 ASiG). *Zweitens* ist der Status Quo des betrieblichen Arbeits- und Gesundheitsschutzes zu beobachten und zu bewerten und es sind ggf. Vorschläge zur Optimierung zu machen (§§ 3 Abs. 1 Nrn. 2, 3; 6 Nrn. 2, 3 ASiG). *Drittens* ist auf das Verhalten der Beschäftigten einzuwirken. In Ergänzung zur Unterwei-

---

[481] Hierzu mit Blick auf die Umweltbeauftragten, *Reinhard*, AöR 1993, 617 ff. (636); *Nisipeanu*, N + R 1990, 439 ff. (451 f.).

[482] Aufgrund des Urteils des EuGH vom 7. Februar 2002 in der Rechtssache C-5/00 (Kommission ./. Bundesrepublik Deutschland zählt in Betrieben bis 10 Mitarbeitern auch die Erstellung der Dokumentation nach Art. 9 Rahmenrichtlinie 89/391/EWG zu den Aufgaben der Sicherheitsfachkraft. Vgl. NZA 2002, 321 ff.; Internet: http://www.curia.eu.

sungspflicht des Arbeitgebers nach § 12 ArbSchG sind die Arbeitnehmer über die mit der Arbeit verbunden Gefahren und die einzuhaltenden betrieblichen Schutzbestimmungen zu informieren (§§ 3 Abs. 1 Nr. 4; 6 Nr. 4 ASiG).[483]

Auf der Grundlage dieser knappen Konturierung der Rollen der Betriebsärzte und Fachkräfte für Arbeitssicherheit als „fachkundige Berater“, ist nunmehr die organisatorische Umsetzung des nachgezeichneten Rollenbildes zu untersuchen.

(2) Organisatorische Vorkehrungen

Beurteilungsmaßstab für die Eignung der Organisation gemäß § 3 Abs. 2 Nr. 1 ArbSchG ist es mit Blick auf die Betriebsärzte und Sicherheitsfachkräfte, daß diese ihre Aufgaben entsprechend den Vorgaben des ASiG sinn- und zweckgemäß erfüllen können. Hierzu ist zunächst einmal sicherzustellen, daß ihnen die Zeit gegeben wird, um ihren Pflichten nachkommen zu können.[484] Virulent wird diese Problematik häufig im Zusammenhang mit sog. „internen Teilzeit-Sicherheitsfachkräften“. Diese sind dadurch gekennzeichnet, daß sie neben ihren gesetzlichen Pflichten nach dem ASiG auch mit weiteren betrieblichen Aufgaben betraut sind (hierzu sogleich auch unten S. 317 ff.). Dies ist in der Regel darauf zurückzuführen, daß die Mindesteinsatzzeit nach der BGV A 6 aufgrund der Betriebsgröße nicht für eine Vollzeitstelle reicht. In diesem, vor allem in kleinen und mittleren Betrieben häufig vorzufindenden Fall, gehört es zu einer „geeigneten Organisation“, wirksame Regelungen zur Abgrenzung beider Tätigkeitsbereiche zu schaffen. Es muß auf diese Weise gewährleistet werden, daß die Erfüllung der Aufgaben nach dem ASiG nicht im Tagesgeschäft untergeht. Flankierend ist zudem die Beachtung der insoweit getroffenen Regelungen regelmäßig zu überprüfen. Dies ergibt sich nicht nur aus der Pflicht des Arbeitgebers, die „Oberaufsicht“ über den betrieblichen Arbeits- und Gesundheitsschutz zu führen, sondern auch unmittelbar aus §§ 2 Abs. 2, 5 Abs. 2 ASiG, wonach der Arbeitgeber dafür zu sorgen hat, daß die Betriebsärzte und Sicherheitsfachkräfte ihre gesetzlichen Aufgaben erfüllen.[485]

Das organisatorische Ermessen des Arbeitgebers bei der Einbindung der Fachkräfte für Arbeitssicherheit und der Betriebsärzte in die betriebliche Sicherheitsorganisation ist durch die Regelungen des ASiG eingeschränkt. Das

---

[483] Zu den Einzelheiten der Aufgaben der Betriebsärzte und Fachkräfte für Arbeitssicherheit vgl. nur die eingehenden Kommentierungen zu §§ 3, 6 ASiG bei *Anzinger/Bieneck*, ASiG oder *Kittner/Pieper*, ArbSchR, Arbeitssicherheitsgesetz, Rdnrn. 62 ff.

[484] Der zeitliche Rahmen, der im Regelfall berechtigterweise erwartet und verlangt werden kann, orientiert sich in der Praxis an den Mindesteinsatzzeiten, die sich aus den BGV A 6 und BGV A 7 ergeben. Auch wenn es sich dabei nicht um fixe Werte handelt, werden sie in der Praxis zumeist so behandelt.

[485] Vgl. hierzu auch *Wank*, TAS, § 5 ASiG, Rdnrn. 11 f.; *Anzinger/Bieneck*, ASiG, § 2, Rdnr. 52 ff.; *MünchArbR-Wlotzke*, § 210, Rdnr. 70.

Gesetz enthält eine Reihe von Vorgaben, die darauf abzielen, die beschriebenen Rollen als fachkundige Berater rechtlich abzusichern. Sie konkretisieren insofern die Pflichten des Arbeitgebers aus § 3 Abs. 2 Nr. 1 ArbSchG. Gegenstand einer geeigneten Organisation sind deswegen z.B. Regelungen zur konkreten Ausgestaltung der im ASiG normierten Unterstützungspflichten[486] des Arbeitgebers. Dazu zählt es, Regelungen über die Bereitstellung von Hilfspersonen zu treffen und für die zur Erledigung der Aufgaben nach dem ASiG benötigten Arbeitsmittel und Geräte zu sorgen (§§ 2 Abs. 2, 5 Abs. 2 ASiG).

In diesem Zusammenhang zu erwähnen sind weiter grundlegende organisatorische Regelungen über die Fortbildung der Betriebsärzte und Sicherheitsfachkräfte. Auszugehen ist dabei davon, daß der Arbeitgeber nach §§ 2 Abs. 3, 5 Abs. 3 ASiG verpflichtet ist, die zur Erfüllung der Aufgaben nach dem ASiG erforderlichen Fortbildungen unter Berücksichtigung der betrieblichen Belange zu ermöglichen. Zu klären ist insbes., unter welchen Voraussetzungen Fortbildungen erforderlich sind (z.B. Häufigkeit), in welcher Weise die Abstimmung über die Schulungsinhalte erfolgen soll und wie die betrieblichen Belange dabei zu berücksichtigen sind. Die in diesem Kontext gefundenen Regelungen können z.B. in einem Fortbildungsplan transparent zusammengefaßt werden.

Durch geeignete organisatorische Vorkehrungen sicherzustellen ist des weiteren die durch § 8 ASiG besonders geschützte Unabhängigkeit der Betriebsärzte und Sicherheitsfachkräfte. Es sind deswegen insbes. allgemeine Anweisungen für die betrieblichen Vorgesetzen zu erlassen. Sie müssen klarstellen, daß die Ausübung der arbeitsmedizinischen bzw. sicherheitstechnischen Fachkunde weisungsfrei zu erfolgen hat und den Sicherheitsfachkräften und Betriebsärzten aus ihrer Tätigkeit keine Nachteile erwachsen dürfen (§ 8 Abs. 1 ASiG).[487] In solchen allgemeinen Anweisungen kann etwa niedergelegt sein, daß die Fachkraft für Arbeitssicherheit jederzeit Zugang zu den Anlagen bekommt, um Überprüfungen, Messungen, Analysen etc. vorzunehmen. Mit Blick auf den Betriebsarzt sollte zudem klargestellt werden, daß es nicht zu seinen Aufgaben gehört, Krankmeldungen der Arbeitnehmer auf ihre Berechtigung zu überprüfen (§ 3 Abs. 3 ASiG).

Betriebsärzten und Fachkräften für Arbeitssicherheit sind zudem bestimmte Kommunikationsrechte einzuräumen. Organisatorisch abzusichern ist insofern der direkte Zugang zur Betriebsleitung und zur Geschäftsführung im Rahmen des Vorschlags- und Vortragsrechts nach § 8 Abs. 3 ASiG.[488] Grundsätzlich zu organisieren ist des weiteren die Zusammenarbeit mit den übrigen Akteuren des

---

[486] Zu den Unterstützungspflichten im einzelnen vgl. nur die Kommentierungen zu §§ 2, 5 ASiG bei *Anzinger/Bieneck*, ASiG oder *MünchArbR-Wlotzke*, § 210, Rdnrn. 71 ff.

[487] Zur Unabhängigkeit der Betriebsärzte und Fachkräfte für Arbeitssicherheit vgl. wiederum *Anzinger/Bieneck*, ASiG, § 8, Rdnrn. 4 ff.; *MünchArbR-Wlotzke*, § 210, Rdnr. 66.

[488] Allgemein hierzu *Anzinger/Bieneck*, ASiG, § 8, Rdnrn. 43 ff.; *MünchArbR-Wlotzke*, § 210, Rdnrn. 67 f.

Arbeits- und Gesundheitsschutzes. Zu verweisen ist insoweit auf das Zusammenarbeitsgebot mit dem Betriebsrat (§ 9 ASiG). Durch entsprechende Anweisungen ist insofern zu regeln, daß der Betriebsrat über wichtige Angelegenheiten zu unterrichten und auf ein entsprechendes Verlangen hin auch fachkundig zu beraten ist. Darüber hinaus ist durch entsprechende Regelungen zu gewährleisten, daß Sicherheitsfachkräfte, Betriebsärzte und die übrigen im Bereich der technischen Sicherheit, des Gesundheits- und Umweltschutzes Beauftragten ungehindert zusammenarbeiten können. Hierzu zählt es insbes., gemeinsame Betriebsbesichtigungen zu ermöglichen (§ 10 ASiG).

Ein letzter hier zu behandelnder Aspekt betrifft die Stellung der Betriebsärzte und Sicherheitsfachkräfte in der betrieblichen Hierarchie. § 8 Abs. 2 ASiG trifft hier eine klare Regelung dahingehend, daß sie unmittelbar der Betriebsleitung unterstehen, ihnen also eine exponierte Stellung eingeräumt werden muß. Aus alledem ergibt sich ein relativ dichtes Netz von organisatorischen Regelungen des ASiG, die bei der Gestaltung einer geeigneten Organisation i.S. des § 3 Abs. 2 ArbSchG zu berücksichtigen sind.

(3) Exkurs: Störungen des Rollenbilds der Fachkraft für Arbeitssicherheit in der Praxis

Der Umfang des Einsatzes von Fachkräften für Arbeitssicherheit ergibt sich aus dem betrieblichen Gefährdungspotential (§ 5 Abs. 1 ASiG[489]). In der Praxis erfolgt die Bemessung des Umfangs der sicherheitstechnischen Betreuung zumeist durch die Mindesteinsatzzeiten nach § 2 BGV A 6.[490] Wie bereits kurz erwähnt, erreicht vor allem in kleinen und mittleren Unternehmen die Mindesteinsatzzeit der Fachkraft für Arbeitssicherheit nach § 2 BGV A 6 normalerweise nicht die volle Arbeitszeit eines Arbeitnehmers. Der Arbeitgeber steht hier regelmäßig vor der Alternative, von der Möglichkeit Gebrauch zu machen, eine externe Lösung zu wählen (freiberufliche Fachkraft für Arbeitssicherheit, über-

[489] Als Einflußgrößen werden in § 5 Abs. 1 ASiG die mit der Betriebsart verbundenen Unfall- und Gesundheitsgefahren, die Zahl und Zusammensetzung der Arbeitnehmer, Spezifika der Betriebsorganisation sowie die Kenntnisse des Arbeitgebers genannt.

[490] Die BGV A 6 konkretisiert die Anforderungen des § 5 Abs. 1 ASiG, indem sie Betriebe typischen Gefährdungspotentials zugrundelegt. Vgl. hierzu Durchführungsanweisung zu § 2 BGV A 6. Ob dieser Anspruch nach der Novellierung des § 5 Abs. 1 ASiG durch das Artikelgesetz zur Einführung des ArbSchG noch gerechtfertigt ist, ist zu bezweifeln. Mit den Kenntnissen des Arbeitgebers (§ 5 Abs. 1 Nr. 4 ASiG) ist 1996 ein weiteres Merkmal hinzugefügt worden, das nicht vom Berechnungsmodus der bisher geltenden BGV A 6 erfaßt ist. Ob dieses Merkmal nur für Kleinbetriebe, für die das sog. Unternehmermodell in Betracht kommt, relevant ist, ist fraglich (so z.B. *MünchArbR-Wlotzke*, § 210, Rdnrn. 45, 48; *Anzinger/Bieneck*, ASiG, § 5, Rdnrn. 30 ff., mit eingehenden Hinweisen auf das „Unternehmermodell"). Jedenfalls im Wortlaut der Norm ist eine solche Beschränkung nicht angelegt.

betrieblicher Dienst) oder aber einen fachkundigen Arbeitnehmer neben seiner „normalen" Arbeit mit den Aufgaben nach § 6 ASiG zu betrauen.[491]

Entscheidet er sich für die interne Lösung, können leicht Friktionen mit dem Rollenbild der Sicherheitsfachkraft als fachkundigem Berater der betrieblich Verantwortlichen entstehen. Handelt es sich bei der betreffenden Person um eine Führungskraft, was zumeist der Fall sein wird, stellt sich unmittelbar das Problem eines Rollenkonflikts. Zugespitzt stellt sich die Frage, ob eine Person, die aufgrund ihrer Position als Führungskraft Verantwortung für die Umsetzung und Erfüllung arbeitsschutzrechtlicher Pflichten trägt, in der Lage sein kann, den Arbeitgeber – und sich selbst – unabhängig zu beraten und zu unterstützen. Eine durchaus vergleichbare Situation ergibt sich im übrigen auch in größeren Betrieben, wenn die Mindesteinsatzzeit auf mehrere „Teilzeitsicherheitsfachkräfte" verteilt wird.[492] Es handelt sich also keineswegs um ein marginales Problem, das nur einen bestimmten, wenngleich auch zahlenmäßig besonders großen Kreis von Betrieben[493] betrifft, sondern um einen grundsätzlichen Aspekt des betrieblichen Wirkens der Sicherheitsfachkräfte.

Soweit in der Literatur auf die Problematik eingegangen wird, überwiegt die Auffassung, daß Fachkräfte für Arbeitssicherheit Arbeitsschutzpflichten des Arbeitgebers wahrnehmen können, wenn durch entsprechende Regelungen Interessenkonflikte zu Lasten des Arbeitsschutzes vermieden werden.[494] Will man insbes. kleineren Betrieben nicht die Möglichkeit nehmen, von den Vorteilen einer internen, ständig vor Ort greifbaren Sicherheitsfachkraft zu profitieren[495],

---

491 Zu den im ASiG vorgesehenen Betreuungsmodellen vgl. etwa *Anzinger/Bieneck*, ASiG, § 5, Rdnrn. 12 ff.; *Kittner/Pieper*, ArbSchR, Arbeitssicherheitsgesetz, Rdnrn. 33 ff. Die Entscheidung über die Auswahl des Betreuungsmodells unterliegt im übrigen der erzwingbaren Mitbestimmung des Betriebsrats nach § 87 Abs. 1 Nr. 7 BetrVG, vgl. hierzu BAG, AP Nr. 1 zu § 87 BetrVG 1972 – Arbeitssicherheit –; *Wank*, TAS, § 9 ASiG, Rdnr. 5 m.w.N.

492 Zu diesem „Splitting" vgl. *Anzinger/Bieneck*, ASiG, § 6 Rdnr. 36; gegen eine solche Aufteilung werden zu recht Bedenken angemeldet, wenn die Möglichkeit besteht, aufgrund der Einsatzzeit eine oder mehrere Vollzeitsicherheitsfachkräfte zu bestellen. Hierzu *Kliesch/Nöthlichs/Wagner*, ASiG, § 6, Anm. 8.2; *Anzinger/Bieneck*, ASiG, § 6, Rdnr. 36.

493 Ausweislich der im Unfallverhütungsbericht der Bundesregierung 2000 mitgeteilten Daten, gab es im Bereich der gewerblichen Wirtschaft im Jahre 1999 insgesamt 3.013.006 Unternehmen. Lediglich 15.592 (ca. 0,5%) der Unternehmen hatten dabei mehr als 199 Vollarbeiter. Vgl. auch BT-Drcks. 14/5058, S. 82.

494 *Anzinger/Bieneck*, ASiG, § 6, Rdnr. 33; *MünchArbR-Wlotzke*, § 210, Rdnr. 59; *Gerhard*, AuA 1998, 236 ff. (237); *Schliephacke*, Führungswissen Arbeitssicherheit, S. 125; ähnlich *Nöthlichs*, Arbeitsschutz und Arbeitssicherheit, § 13 ArbSchG, Anm. 2.6.1; weitergehend wohl *Benz*, BB 1991, 1185 ff. (1187 f.); a.A., also gegen die Möglichkeit der Übertragung weiterer Aufgaben zur verantwortlichen Wahrnehmung, *Kittner/Pieper*, ArbSchR, Arbeitssicherheitsgesetz, Rdnr. 5.

495 Ähnlich wohl *Anzinger/Bieneck*, ASiG, § 6, Rdnr. 39, wonach die Betreuung durch externe Fachkräfte „aus Sicht des Arbeitsschutzes nicht in jedem Fall wünschenswert" ist. Es ist zudem fraglich, ob nicht vor dem Hintergrund des Art. 7 Rahmenrichtlinie-

sind in der Tat die hiermit verbundenen Störungen des im ASiG angelegten Rollenbildes unvermeidbar. Durch das einschränkende Kriterium des Interessenkonflikts, dem vor allem mit Hilfe von organisatorischen Regelungen Rechnung zu tragen ist, weist die überwiegende Meinung zutreffend den Weg für eine am Rollenbild der Sicherheitsfachkraft orientierte Beurteilung derartiger Fallgestaltungen. Hiermit ist indes aber erst ein erster Schritt getan. Um die organisatorischen Vorkehrungen zur Flankierung der Rolle als Sicherheitsfachkraft im Einzelfall beurteilen zu können, bedarf es einer genaueren Betrachtung der möglichen Interessenkonflikte.

Relativ einfach, da nach formalen Kriterien zu entscheiden, ist die Aufteilung der Arbeitszeit einer „Teilzeit-Sicherheitsfachkraft“. Es wurde bereits oben darauf hingewiesen, daß der Arbeitgeber dafür sorgen muß, daß die im Regelfall durch § 2 BGV A 6 determinierten Mindesteinsatzzeiten für die Tätigkeit nach dem ASiG zu reservieren sind. Es dürfte unstreitig sein, daß eine strikte Trennung von den übrigen Aufgaben organisatorisch sicherzustellen ist. Keinesfalls dürfen Arbeitsschutzaufgaben, die im Zusammenhang mit der Position als Führungskraft stehen, auf die festgelegten Einsatzzeiten angerechnet werden.[496]

Soll die Sicherheitsfachkraft etwa mit der Durchführung von Gefährdungsbeurteilungen nach § 5 ArbSchG betraut werden, so darf dies nicht zu Lasten der Einsatzzeiten als Sicherheitsfachkraft gehen. § 6 Nr. 1 lit. e ASiG sieht insoweit nur eine Beratung des Arbeitgebers und der verantwortlichen Personen[497] vor (also z.B. Auswahl des Beurteilungsverfahrens, Art und Weise der Durchführung). Im Rahmen seiner durch § 5 Abs. 2 ASiG präzisierten Organisationspflicht[498] hat der Arbeitgeber demzufolge Regelungen zu treffen, damit es nicht zu Schmälerungen der Einsatzzeit als Fachkraft für Arbeitssicherheit kommt. Diese können z.B. darin bestehen, daß feste Zeiten festgelegt werden, wann die Tätigkeiten nach dem ASiG durchgeführt werden sollen. Denkbar ist es auch, die ohnehin bestehende Berichtspflicht nach § 5 BGV A 6 dahingehend zu präzisieren, daß Zeitpunkt und Dauer für die verschiedenen Aktivitäten als Sicherheitsfachkraft genau nachzuweisen sind.

Arbeitsschutz (89/391/EWG) euoparechtlich grundsätzlich von einem Vorrang interner Lösungen auszugehen ist. Diesen Standpunkt hat jüngst der Generalanwalt in seinen Schlußanträgen vom 16.1.2003 in der Rechtssache C 441/01 (EG-Kommission ./. Königreich der Niederlande) vertreten (internet: http://www.curia.eu). Sollte sich der EuGH der Auffassung des Generalanwalts anschließen, dürfte eine kritische Überprüfung der entsprechenden Regelungen des ASiG unvermeidbar sein.

[496] Vgl. z.B. *Gerhard*, AuA 1998, 236 ff. (237); *Anzinger/Bieneck*, ASiG, § 6, Rdnr. 32; *Kliesch/Nöthlichs/Wagner*, ASiG, § 6, Anm. 5.1.

[497] Hierzu etwa *Kittner/Pieper*, ArbSchR, Arbeitssicherheitsgesetz, Rdnr. 68.

[498] Zum Charakter des § 5 Abs. 2 ASiG als Organisationspflicht vgl. auch zutreffend *Wank*, TAS, § 5 ASiG, Rdnr. 11.

Die Problematik des Interessenkonflikts erschöpft sich nicht in dem eher formalen Aspekt der Einhaltung der Mindesteinsatzzeiten. Auch bei einem gesicherten Zeitbudget für die Aufgaben nach § 6 ASiG können sich aus der gleichzeitigen Tätigkeit als Sicherheitsfachkraft und als verantwortlicher Vorgesetzter Interessenkonflikte ergeben. Sie entstehen immer dann, wenn eine Sicherheitsfachkraft im ihr als Führungskraft unterstellten Verantwortungsbereich tätig wird.[499]

Die gesetzliche Konzeption des ASiG beruht auf dem Leitbild, daß dem Arbeitgeber bzw. den verantwortlichen Personen ein unabhängiger fachlicher Berater unterstützend zur Seite gestellt wird. Die beratende Tätigkeit ist dadurch gekennzeichnet, daß sie gerade unbelastet von Durchführungsverantwortung und den damit verbundenen Zwängen erfolgen soll. Wenn man, wie hier vertreten, davon ausgeht, daß in besonderen Fällen Sicherheitsfachkräfte in ihrer weiteren Funktion als Vorgesetzte auch Arbeitsschutzpflichten verantwortlich wahrnehmen dürfen, stellt sich von daher nicht die Frage nach einem Interessenkonflikt, sondern das Problem, unter welchen Voraussetzungen solche Brüche des Rollenbildes rechtlich – noch – hingenommen werden können. Es ist insoweit eine differenzierende Betrachtung geboten.

Zunächst ist zu fragen, ob die betreffende Person als „Einzelkämpfer“ den gesamten Betrieb sicherheitstechnisch zu betreuen hat. Ist dies nicht der Fall, wie etwa in größeren Betrieben, in denen mehrere Sicherheitsfachkräfte zu bestellen sind (z.B. die Mindesteinsatzzeit ergibt das Arbeitsvolumen einer Vollzeit- und einer Teilzeitkraft), ist die Ausfüllung der Funktion als Sicherheitsfachkraft in einem Bereich, in dem die betreffende Person gleichzeitig als Führungskraft agiert, rechtlich unzulässig.[500] Der hiermit notwendigerweise verbundene Interessenkonflikt ist unnötig und läßt sich leicht durch eine entsprechende Arbeitsteilung der Fachkräfte für Arbeitssicherheit vermeiden, indem die Betreuung eines anderen Betriebsbereichs geregelt wird. Störungen des Rollenbildes können also durch schlichte Geschäftsverteilungsregelungen verhindert werden.

Anders liegen die Dinge allerdings in kleinen Betrieben, wo eine Führungskraft quasi im Nebenamt den gesamten Betrieb als Sicherheitsfachkraft zu betreuen hat. Hier ist der Interessenkonflikt und damit der Bruch im Rollenbild unvermeidlich, will man auch diesen Betrieben die oben erwähnten Vorteile einer internen Fachkraft für Arbeitssicherheit belassen.[501] Bei der Beurteilung

---

[499] So wohl auch *MünchArbR-Wlotzke*, § 210, Rdnr. 59; a.A. *Kliesch/Nöthlichs/Wagner*, ASiG, § 6, Anm. 5.2, die hierin eine Zersplitterung der Arbeitsschutzaufgabe nach dem ASiG sehen, durch die, entgegen dem Zweck des ASiG, der wirkungsvolle Einsatz der Sicherheitsfachkraft beeinträchtigt würde.

[500] Vgl. auch *MünchArbR-Wlotzke*, § 210, Rdnr. 59.

[501] Insoweit anders, *MünchArbR-Wlotzke*, § 210, Rdnr. 59, der sich grundsätzlich gegen die Verquickung von Vorgesetztenfunktion und Sicherheitsfachkraftfunktion in gleichen Betriebsabteilungen ausspricht.

der Frage, inwieweit Interessenkonflikte in einer solchen Situation noch hinnehmbar sind, ist es geboten, zwischen den oben vorgestellten drei gesetzlich geregelten Aufgabenkomplexen zu differenzieren.

Mit Blick auf die Beratungsaufgaben im Präventionsbereich (§ 6 Nr. 1 ASiG) dürften die Friktionen mit dem Rollenbild in der Regel wohl hinnehmbar sein, da in Betrieben dieser Größe alle wesentlichen Entscheidungen zumeist bei der Geschäftsführung konzentriert sind. Die Sicherheitsfachkraft wird sie von daher in der Regel auch nicht zu verantworten haben.[502] Gleiches gilt für die Aufgabe der Information und Einwirkung auf die Beschäftigten. Zwar mag den Hinweisen einer Person, die ausschließlich als Arbeitsschutzexperte in Erscheinung tritt, besonderes Gewicht zukommen. Diese Abstriche dürften aber hinnehmbar sein, sofern sich die betreffende Person in ihrem sonstigen Führungsverhalten nicht in erkennbaren Widerspruch zu ihren Ratschlägen als Fachkraft für Arbeitssicherheit stellt. Es ist allerdings Sache des Arbeitgebers, im Rahmen seiner Verpflichtungen aus § 5 Abs. 2 ASiG dafür Sorge zu tragen, daß seine Sicherheitsfachkraft diesen Anforderungen genügt und sie in entsprechender Weise agieren kann.

Größte Bedenken bestehen allerdings im Hinblick auf die Kompatibilität der Aufgaben im Bereich der Beobachtung und Kontrolle mit der Vorgesetztenfunktion. Hierbei geht es nicht zuletzt darum, die Praxis des Arbeitsschutzes auf Mängel zu untersuchen, etwa im Hinblick auf sicherheitswidrige Praktiken, die sich im Alltag eingeschlichen haben, um z.B. den (produktiven) Leistungsanforderungen gerecht zu werden oder um Leistungsvorgaben, z.B. für den Akkordlohn, erfüllen zu können.[503] Eine unabhängige, an rein fachlichen Kriterien orientierte Beobachtung und Kontrolle ist in diesem Zusammenhang mehr als fraglich. Sie basiert gerade auf dem „4-Augen-Prinzip", d.h. es sollen zusätzliche Erkenntnisse zu Tage gebracht werden, um insbes. den Gefahren einer wohl nie zu vermeidenden „Betriebsblindheit" entgegenzuwirken. Zu bedenken ist weiter, daß die betreffende Sicherheitsfachkraft, soweit es um den ihr als Führungskraft unterstellten Bereich geht, ggf. Feststellungen melden muß, die zu ihren eigenen Lasten gehen. Nicht zuletzt, um die betreffende Sicherheitsfachkraft vor solchen, in der eigenen Person angelegten, Interessenkonflikten zu schützen, ist deshalb insoweit regelmäßig im Hinblick auf die Beobachtungs- und Kontrollaufgabe von einer strukturellen Unzuverlässigkeit[504] auszu-

---

[502] Vgl. insoweit auch *Kliesch/Nöthlichs/Wagner*, ASiG, § 6, Anm. 5.2, die allerdings m.E. unhaltbar pauschal und undifferenziert auf die Letztentscheidung der Betriebsleitung oder des Arbeitgebers verweisen.

[503] Hierzu etwa *Anzinger/Bieneck*, ASiG, § 6, Rdnrn. 26 f.; *Kittner/Pieper*, ArbSchR, Arbeitssicherheitsgesetz, Rdnrn. 70 ff.; *Kliesch/Nöthlichs/Wagner*, § 6 ASiG, Anm. 6 (Zu 3).

[504] Zur strukturellen Unzuverlässigkeit vgl. *Kohte*, Festschrift Wlotzke, 563 ff. (577 f.); *von Hoyningen-Huene*, SAE 1995, 159 ff. (161 f.). Eine ähnliche Argumentation findet sich auch bei Minoggio, VersR 2002, 1200 ff. (1201 f.) im Hinblick auf den

gehen. Sie schließt in dem dargestellten Umfang die gleichzeitige Wahrnehmung von Aufgaben als Sicherheitsfachkraft und verantwortliche Führungskraft aus.

Die hier vertretene Auffassung findet ihre Bestätigung in der Rechtsprechung zu einem anderen betrieblichen Beauftragten. Im Datenschutzrecht ist anerkannt, daß sich die Übernahme von Leitungsaufgaben bei gleichzeitiger Tätigkeit als Datenschutzbeauftragter im gleichen Bereich wegen struktureller Unzuverlässigkeit ausschließen.[505] Jedenfalls für diesen Bereich ist der Arbeitgeber demnach darauf angewiesen, auf eine weitere, ggf. externe Person mit entsprechender Fachkunde zurückzugreifen. Eine solche bedarfsangemessene Inanspruchnahme ist gerade im Bereich der kleinen Betriebe durchaus denkbar und nicht unüblich. Das hier seit einigen Jahren praktizierte Unternehmermodell basiert gerade auf einer solchen Verzahnung internen und externen sicherheitstechnischen Sachverstands.[506] Der Arbeitgeber hat bei einer solchen Fallgestaltung durch geeignete organisatorische Regelungen für die Abstimmung der internen und externen sicherheitstechnischen Betreuung zu sorgen.

bb) Sicherheitsbeauftragte nach § 22 SGB VII

Mit den Sicherheitsbeauftragten nach § 22 SGB VII ist hier auf eine weitere Personengruppe einzugehen, die auf eine lange, bis in die Zeit der Weimarer Republik reichende Entwicklung zurückblicken kann.[507] Rein quantitativ stellen sie eine beachtlich große Akteursgruppe dar. Ausweislich des Unfallverhütungsberichts der Bundesregierung 2000 bekleideten im Jahre 1999 insgesamt 520.536 Personen das Amt eines Sicherheitsbeauftragten.[508]

(1) Rollenbild

Nach § 22 Abs. 2 SGB VII ist es die Aufgabe der Sicherheitsbeauftragten, den Unternehmer bei der Durchführung des betrieblichen Arbeits- und Gesundheitsschutzes zu unterstützen. Sie haben sich in diesem Zusammenhang vom Vorhandensein und der ordnungsgemäßen Benutzung der festgelegten Schutzeinrichtungen und persönlichen Schutzausrüstungen zu überzeugen; außerdem gehört es zu ihren gesetzlichen Pflichten, den Unternehmer auf festgestellte Unfall- und Gesundheitsgefahren aufmerksam zu machen.

Sicherheitskoordinator nach der BaustellV und die sog. Schadensmanager, die offensichtlich in der Praxis eine nicht unerhebliche Bedeutung haben.

[505] BAG, DB 1994, 1678 ff. (1679 f.).

[506] Zum Unternehmermodell vgl. etwa *Anzinger/Bieneck*, § 5 ASiG, Rdnrn. 37 ff.; *Kittner/Pieper*, ArbSchR, Arbeitssicherheitsgesetz, Rdnrn. 40 ff.

[507] Vgl. hierzu eingehend *Simons/Wattendorff*, Sicherheitsbeauftragte im Betrieb, S. 25 ff., mit Hinweisen auf die Unfallvertrauensmänner als „Vorgänger" der heutigen Sicherheitsbeauftragten; *Diekershoff*, Sicherheitsbeauftragte im Betrieb, S. 1 ff.

[508] BT-Drcks. 14/5058, S. 87.

Anders als die Fachkraft für Arbeitssicherheit müssen Sicherheitsbeauftragte nicht über eine ausgewiesene sicherheitstechnische Expertise verfügen. Es handelt sich regelmäßig um „normale“ Arbeitnehmer, die sich – freiwillig[509] – neben ihrer regulären Arbeit während der Arbeitszeit um den Arbeits- und Gesundheitsschutz kümmern.[510] Hierin liegt ein wesentlicher und vom Gesetzgeber auch so gewollter Unterschied zu den vorstehend thematisierten Sicherheitsfachkräften.[511] Als fachkundigem Berater des Arbeitgebers kommt der Fachkraft für Arbeitssicherheit die Aufgabe zu, sicherheitstechnisches Fachwissen in den Betrieb zu transportieren (vgl. auch § 1 ASiG).[512] Die Funktion der Sicherheitsbeauftragten liegt demgegenüber ganz wesentlich darin, das Erfahrungswissen der Beschäftigten in den betrieblichen Arbeits- und Gesundheitsschutz einzuspeisen.[513] Ihre Rolle läßt sich insofern als die eines „betriebspraktischen Beraters“ des Arbeitgebers beschreiben.

Es ist verfehlt, den Sicherheitsbeauftragten als eine Art Spielart der Sicherheitsfachkraft einzuordnen, wie dies z.T. in der Literatur geschieht.[514] Zweifellos verfolgen Sicherheitsfachkräfte und Sicherheitsbeauftragte mit dem Arbeits- und Gesundheitsschutz das gleiche Ziel. Die Rolle des Sicherheitsbeauftragten grenzt sich aber gerade dadurch ab, daß der Arbeitsschutz durch unmittelbar vor Ort gewonnenes, praktisches Erfahrungswissen befruchtet werden soll und nicht durch besondere fachliche Expertise, wie es bei den Beauftragten nach dem ASiG der Fall ist.[515] Man kann insoweit zusammenfassend feststellen, daß das Arbeitsschutzhandeln des Arbeitgebers bzw. der verantwortlichen Personen durch zwei, sich ergänzende Sichtweisen unterstützt wird.[516]

---

[509] Hierzu BSGE 37, 262 ff. (264 ff.). Das Gericht weist in diesem Zusammenhang darauf hin, daß eine Bestellung aufgrund einseitigen Aktes des Unternehmers nicht möglich ist. Finde sich kein Arbeitnehmer, müsse der Unternehmen Anreize zur Übernahme des Sicherheitsbeauftragtenamtes schaffen.

[510] Vgl. hierzu § 9 Abs. 2 BGV A 1 nebst Durchführungsanweisung, sowie *MünchArbR-Wlotzke*, § 210, Rdnr. 76; *Anzinger/Bieneck*, ASiG, § 1, Rdnr. 72; *Aufhauser/Brunhöber/Igl*, ASiG, Einführung, Rdnr. 14.

[511] Hierzu mit Hinweisen auf die Gesetzgebungsgeschichte *Kohte*, Festschrift Wlotzke, 563 ff. (569 f.).

[512] Vgl. insoweit auch *Aufhauser/Brunhöber/Igl*, ASiG, § 1, Rdnrn. 2 f.; *MünchArbR-Wlotzke*, § 208, Rdnr. 22.

[513] Hierzu auch *MünchArbR-Wlotzke*, § 208, Rdnr. 25; *Kohte*, Festschrift Wlotzke, 563 ff. (570); *Brandes*, System des europäischen Arbeitsschutzrechts, S. 189.

[514] So *Herzberg*, Die Verantwortung für Arbeitsschutz und Unfallverhütung im Betrieb, S. 28; zutreffend dagegen *Kohte*, Festschrift Wlotzke, 563 ff. (569 f.).

[515] So zutreffend *Kohte*, Festschrift Wlotzke, 563 ff. (570); *Münch-ArbR-Wlotzke*, § 210, Rdnr. 77.

[516] Hierzu auch *MünchArbR-Wlotzke*, § 210, Rdnrn. 59, 77, der in diesem Zusammenhang zutreffend darauf hinweist, daß die Bekleidung des Amtes der Sicherheitsfachkraft die gleichzeitige Übernahme der Position des Sicherheitsbeauftragten nach § 22 SGB VII ausschließt.

Mit dem Bild des „betriebspraktischen“ Beraters ist die Rolle der Sicherheitsbeauftragten noch nicht vollständig beschrieben. Notwendiger Bestandteil ihrer Tätigkeit ist es, mit den übrigen Beschäftigten in Interaktion zu treten und mit ihnen Fragen des betrieblichen Arbeitsschutzes zu erörtern. In diesem Rahmen gehört es zu den Aufgaben der Sicherheitsbeauftragten, die übrigen Arbeitskollegen zu beraten und ihnen Hinweise und Ratschläge zu geben.[517] Das Rollenbild entspricht insofern also auch dem eines „kollegialen Beraters“ der Beschäftigten.[518] Ausdruck dieses kollegialen Verhältnisses ist es, daß den Sicherheitsbeauftragten nach allgemeiner Auffassung keine Anweisungs- und Entscheidungsbefugnisse zukommen.[519]

Insgesamt kommt den Sicherheitsbeauftragten damit eine Scharnierfunktion zwischen dem Arbeitgeber bzw. Arbeitsschutzverantwortlichen und der Belegschaft zu. Sie spiegelt sich in den beiden herausgearbeiteten Elementen des Rollenbildes wider. Einerseits haben sie den Arbeitgeber zu unterstützen, indem sie ihm als „betriebspraktische Berater“ die Sichtweise vor Ort nahebringen. Andererseits agieren sie als kollegiale Berater der Beschäftigten und haben in diesem Rahmen Einfluß auf den Arbeitsschutz vor Ort zu nehmen.[520]

(2) Organisatorische Vorkehrungen

Das Gesetz formuliert in § 22 SGB VII keine ausdrücklichen Anforderungen an die Person des Sicherheitsbeauftragten. Vorrangig zu klärende Frage ist daher, an welchen Gesichtspunkten sich die Auswahl der Sicherheitsbeauftragten orientieren soll. Denkbar sind die unterschiedlichsten Kriterien. Genannt seien hier nur die Berücksichtigung von Beschäftigtengruppen (z.B. Männer/Frauen, Deutsche/Ausländer, Angestellte/gewerblich Beschäftigte), ein besonders ausgeprägtes Bewußtsein für den Arbeitsschutz, die Dauer der Betriebsangehörigkeit oder ein guter Kontakt zu den Kollegen.[521] Ziel muß es dabei sein, eine allgemeine Verfahrensregelung zu finden, die eine an rationalen und problemangemessenen

---

[517] BVerwG, AP, Nr. 1 zu § 719 RVO; *Aufhauser/Brunhöber/Igl*, ASiG, Einführung, Rdnr. 14; *Anzinger/Bieneck*, ASiG, § 1, Rdnr. 70; *Brandes*, System des europäischen Arbeitsschutzrechts, S. 189.

[518] Vgl. auch *Kohte*, Festschrift Wlotzke, 563 ff. (573); ähnlich *Anzinger/Bieneck*, ASiG, § 1, Rdnr. 70; *Kittner/Pieper*, ArbSchR, Sozialgesetzbuch VII, Rdnr. 31.

[519] BSGE 37, 262 ff. (265); *Anzinger/Bieneck*, ASiG, § 1, Rdnr. 69; *Kittner/Pieper*, ArbSchR, Sozialgesetzbuch VII, Rdnr. 31; *Wank/Börgmann*, S. 61; vgl. außerdem die Durchführungsanweisung zu § 9 Abs. 1 BGV A 1.

[520] In diesem Sinne auch *Kohte*, Festschrift Wlotzke, 563 ff. (573). In dem Beitrag finden sich im übrigen aufschlußreiche Überlegungen zu weiteren Rollenbildern.

[521] Vgl. hierzu auch *Kohte*, Festschrift Wlotzke, 563 ff. (586); außerdem *Diekershoff*, Sicherheitsbeauftragte im Betrieb, S. 33 ff.

Kriterien[522] orientierte Auswahl ermöglicht.[523] Wegen § 22 Abs. 1 SGB VII ist in diesem Zuge zudem zu regeln, in welcher Weise der Betriebs- bzw. Personalrat an der konkreten Auswahlentscheidung mitwirken soll.

Sicherheitsbeauftragte können ihrer Funktion nur gerecht werden, wenn sie über die nötige Zeit verfügen, um ihre Aufgaben zu erledigen (vgl. hierzu auch die Durchführungsanweisung zu § 9 Abs. 2 BGV A 1). In Erfüllung der allgemeinen Organisationspflicht des § 3 Abs. 2 ArbSchG bedarf es deswegen einer grundlegenden Regelung, wie die Tätigkeit als Sicherheitsbeauftragter während der Arbeitszeit erfolgen soll.[524] Die betreffenden Personen sind außerdem anzuleiten, worin genau ihre Aufgabe besteht. Hierzu zählt es insbes., daß der durch den jeweiligen Sicherheitsbeauftragten zu betreuende Betriebsbereich präzise bestimmt und die Zusammenarbeit mit den ggf. vorhandenen weiteren Sicherheitsbeauftragten geregelt wird.

Die insoweit getroffenen und z.B. in einer Verfahrensanweisung zusammengefaßten Regelungen müssen betriebsöffentlich gemacht werden. Dies ist zum einen notwendig, damit den Beschäftigten klar ist, wer sich für ihren Arbeitsbereich als Sicherheitsbeauftragter zuständig zeichnet. Von besonderer Bedeutung ist es zum anderen, daß den betrieblichen Vorgesetzten Art und Umfang des Tätigwerdens der Sicherheitsbeauftragten deutlich gemacht wird. Zur Vermeidung unnötiger Konflikte ist in diesem Zusammenhang verbindlich festzustellen, daß die Aufgaben während der Arbeitszeit zu erfüllen sind und die Sicherheitsbeauftragten im Zusammenhang mit ihrer Arbeit weder behindert noch benachteiligt werden dürfen (§ 22 Abs. 3 SGB VII).

---

[522] In der Praxis bestehen gerade hier gravierende Defizite. In der empirischen Untersuchung *Diekershoffs* konnte in mehr als 50% der Fälle nicht angegeben werden, von welchen Kriterien die Auswahl der Sicherheitsbeauftragten geleitet war, vgl. *Diekershoff*, Sicherheitsbeauftragte im Betrieb, S. 35.

[523] Die Festlegung dieser Kriterien ist mitbestimmungspflichtig nach § 87 Abs. 1 Nr. 7 BetrVG. Zu beachten ist insofern, daß der Betriebsrat an der konkreten Auswahlentscheidung zwar lediglich zu beteiligen ist (§ 22 Abs. 1 SGB VII). Als vorgelagerte, grundlegende Regelungsfragen unterliegen die Festlegung von Auswahlkriterien sowie Bestimmungen zur zeitlichen und tätigkeitsorientierten Ausgestaltung des Amtes des Sicherheitsbeauftragten demgegenüber der erzwingbaren Mitbestimmung des Betriebsrats nach § 87 Abs. 1 Nr. 7 BetrVG; vgl. z.B. *Kohte*, Festschrift Wlotzke, 563 ff. (584 f.); *Denck*, ZfA 1976, 447 ff., (460). Es ist insoweit also ein prozeduraler Schutzmechanismus gegeben, der z.B. der Festlegung sachfremder oder willkürlicher Auswahlkriterien einen Riegel vorschiebt.

[524] Solche Regelungen sind Voraussetzung für eine systematische Wahrnehmung des Amtes. In der Praxis sind in diesem Zusammenhang häufig Defizite festzustellen, sei es daß überhaupt keine oder nur unzureichende (d.h. vor allem im Alltag nicht durchsetzbare) Regeln getroffen werden. Vgl. hierzu die empirischen Erkenntnisse von *Diekershoff*, Sicherheitsbeauftragte im Betrieb, S. 57 ff., 171 ff.

Einer grundlegenden organisatorischen Regelung bedarf schließlich die Weiterbildung der Sicherheitsbeauftragten (§ 23 SGB VII). Sinnvoll dürfte es sein, ein auf alle Sicherheitsbeauftragen abgestimmtes Ausbildungsprogramm zu verabschieden, das eine fachlich gezielte und kontinuierliche Schulung sicherstellt.

d) Betriebsrat

Ein Überblick über die Eckpunkte der betrieblichen Organisation des Arbeits- und Gesundheitsschutzes bliebe unvollständig, wenn die Rolle des Betriebsrats nicht berücksichtigt würde. Insbes. das BetrVG weist ihm eine Fülle von Aufgaben, Rechten und Pflichten in diesem Bereich zu (§§ 80, 87-91 BetrVG). Es kann hier nicht darum gehen, diese im Detail vorzustellen. Es ist lediglich zu umreißen, welche Funktion dem Betriebsrat zukommt und welche – organisatorischen – Konsequenzen sich aus dem hieraus folgenden Rollenbild im Hinblick auf § 3 Abs. 2 Nr. 1 ArbSchG ergeben. Ausgewählte Aspekte der Durchsetzung der Betriebsratsrechte werden zudem noch in 0. der Arbeit zu untersuchen sein.

aa) Rollenbild

Die Rolle des Betriebsrats ist naturgemäß grundsätzlich durch seine Funktion als gesetzliches Repräsentationsorgan der Beschäftigten geprägt.[525] Sie unterscheidet sich schon von daher deutlich von den bisher vorgestellten Rollenbildern. Der Aspekt der Interessenvertretung und der Partizipation ist daher immer „mitzudenken“. Dies gilt in besonderem Maße für den Arbeits- und Gesundheitsschutz, der elementare Rechte der durch den Betriebsrat repräsentierten Beschäftigten unmittelbar betrifft. Die spezifische Rolle des Betriebsrats im Arbeits- und Gesundheitsschutz ergibt sich im Kern aus dem BetrVG.[526] Sie ist grob durch drei Elemente geprägt:

Erstens agiert der Betriebsrat insbes. nach Maßgabe des § 80 Abs. 1 Nr. 1 BetrVG als Akteur der innerbetrieblichen Selbstkontrolle.[527] Die genannte Vorschrift stellt die Überwachung der zugunsten der Arbeitnehmer geltenden Gesetze, Verordnungen, Unfallverhütungsvorschriften, Tarifverträge und Be-

---

[525] Zu empirischen Erkenntnissen über die Rolle des Betriebsrats im Arbeitsschutz vgl. anschaulich *Meißner*, ArbuR 1989, 248 ff. (249 ff.), außerdem die zusammenfassende Literaturstudie von *Höland*, Sozialwissenschaftliche Erkenntnisse zum Betriebsverfassungsrecht, S. 43 ff.

[526] Daneben finden sich im Arbeitsschutzrecht im engeren Sinne eine Reihe weiterer Betriebsratsrechte, vgl. z.B. §§ 9 ASiG, 22 SGB VII, 21 GefStoffV, 8 BioStoffV. Hierzu auch *MünchArbR-Wlotzke*, § 208, Rdnrn. 38 f.

[527] Es geht dabei darum, Mängel und Defizite i.S. einer Rechtskontrolle gegenüber dem Arbeitgeber zu beanstanden. Der Betriebsrat hat insbes. nicht die Aufgabe, als ein dem Arbeitgeber übergeordnetes Kontrollorgan zu agieren; siehe auch BAG, AP, Nr. 1 zu § 80 BetrVG 1972; *Däubler/Kittner/Klebe-BetrVG-Buschmann*, § 80, Rdnr. 17.

triebsvereinbarungen an die Spitze der allgemeinen Aufgaben des Betriebsrats. Hiervon unstreitig erfaßt sind alle Rechtsvorschriften des betrieblichen Arbeits- und Gesundheitsschutzes.[528] Speziell für den Arbeitsschutz wird diese Verpflichtung durch § 89 Abs. 1 BetrVG verdeutlicht. Danach muß sich der Betriebsrat für die Durchführung des betrieblichen Arbeitsschutzrechts einsetzen. Hieraus folgt das Recht, aber auch die Pflicht, sich vom Stand des betrieblichen Arbeitsschutzes insbes. durch Besichtigungen der Verhältnisse vor Ort zu überzeugen.[529]

Zweitens kommt dem Betriebsrat als Repräsentanten der Belegschaft die Rolle eines Verhandlungsführers zu. Gemeint ist hiermit die obligatorische Teilnahme an allen Beratungen, die den Arbeits- und Gesundheitsschutz zum Gegenstand haben. Derartige Beratungsrechte finden sich in verschiedenen Regelungen (vgl. insbes. in §§ 89 Abs. 2, 3; 90 Abs. 2 BetrVG). Im Ergebnis konstituieren diese Vorschriften einen rechtlichen Rahmen, der es ermöglicht, daß der Standpunkt des Betriebsrats bei allen Fragen des Arbeitsschutzes in den Entscheidungsprozeß einfließen kann.[530]

Drittens schließlich hat der Betriebsrat die Rolle eines „Mitreglers". Dieses Rollenbild ergibt sich daraus, daß ihm durch § 87 Abs. 1 Nr. 7 BetrVG ein Mitentscheidungsrecht bei der Gestaltung des Arbeits- und Gesundheitsschutzes zukommt. Danach hat der Betriebsrat bei „Regelungen über die Verhütung von Arbeitsunfällen und Berufskrankheiten sowie über den Gesundheitsschutz im Rahmen der gesetzlichen Vorschriften oder der Unfallverhütungsvorschriften" mitzubestimmen. Ungeachtet der umstrittenen Reichweite des Mitbestimmungsrechts, auf die in der Folge noch einzugehen sein wird (vgl. unten S. 469 ff.), ist festzuhalten, daß der Arbeitgeber innerhalb des Anwendungsbereichs des § 87 Abs. 1 Nr. 7 BetrVG auf eine Einigung mit dem Betriebsrat angewiesen ist.

---

528 Vgl. statt aller nur *Fitting/Kaiser/Heither/Engels/Schmidt*, BetrVG, § 80, Rdnr. 8; *Schaub*, Arbeitsrechtshandbuch, § 233, Rdnr. 2.

529 Vgl. auch *Fitting/Kaiser/Heither/Engels/Schmidt*, BetrVG, § 89, Rdnrn. 11 ff.; *GK-BetrVG-Wiese*, § 89, Rdnr. 7.

530 Hierzu auch *Däubler/Kittner/Klebe-BetrVG-Buschmann*, § 89, Rdnrn. 16 ff.; LAG Hamburg, NZA-RR 1996, 213 ff. (213 f.); enger *GK-BetrVG-Wiese*, § 89, Rdnr. 66, der die Hinzuziehung des Betriebsrats nur bei der Erörterung konkreter Fragen des Arbeitsschutzes für obligatorisch hält. Die in diesem Zusammenhang als Beleg herangezogene Entscheidung des LAG Düsseldorf, NZA 1989, 733 f. zeigt in besonderem Maße, daß die vorgeschlagene Beschränkung der Beteiligung des Betriebsrats auf konkrete Fragen der Arbeitssicherheit keineswegs unproblematisch zu handhaben ist. Der Betriebsrat rügte in dem der Entscheidung des LAG zugrundeliegenden Fall, bei einer Begehung der Sicherheitsfachkraft nicht hinzugezogen worden zu sein, die dazu diente, einen Arbeitsplan für die Durchführung sicherheitstechnischer Aufgaben zu entwickeln. Da die Festlegung des Aufgabenbereichs der Sicherheitsfachkraft zu den erzwingbaren Mitbestimmungsrechten nach § 87 Abs. 1 Nr. 7 BetrVG zählt (z.B. *Fitting/Kaiser/Heither/Engels/Schmidt*, BetrVG, § 87, Rdnr. 321, m.w.N. des Diskussionsstandes), ist es wenig überzeugend, wenn der Betriebsrat nicht von vornherein gleichberechtigt in den Entscheidungsprozeß einbezogen wird.

Die Rolle des Betriebsrats beschränkt sich in diesem Kontext auf die eines „Mitreglers“, d.h. er hat gleichberechtigt über die fragliche betriebliche Regelung mitzuentscheiden. Die Durchführung der Betriebsvereinbarung ist nach nach § 77 Abs. 1 BetrVG Aufgabe des Arbeitgebers. Auch durch eine Regelung nach § 87 Abs. 1 Nr. 7 BetrVG wird die umfassende Verantwortlichkeit des Arbeitgebers für den Arbeits- und Gesundheitsschutz nicht tangiert.[531] Hält er beispielsweise den Inhalt einer Betriebsvereinbarung für bedenklich, muß er in Wahrnehmung seiner Verantwortung eine Klärung herbeiführen, sei es daß er die Behörde zu Rate zieht, sei es daß er ein Beschlußverfahren vor dem Arbeitsgericht anstrengt.

bb) Organisatorische Vorkehrungen

Vor dem Hintergrund dieser fragmentarischen und damit notwendigerweise lükkenhaften Beschreibung der Rolle des Betriebsrats sind die organisatorischen Vorkehrungen zu sehen, die der Arbeitgeber nach § 3 Abs. 2 Nr. 1 ArbSchG zu treffen hat. Die Einbindung des Betriebsrats in die Arbeitsschutzorganisation muß sich vornehmlich an zwei Maßstäben messen lassen. Einerseits ist die ungehinderte Erfüllung seiner gesetzlichen Pflichten insbes. im Bereich der Kontrolle des Arbeitsschutzes zu ermöglichen. Andererseits muß der Betriebsrat in die Lage versetzt werden, sachgerecht über die Wahrnehmung seiner Rechte zu entscheiden. Mit Blick auf den Inhalt der zu treffenden organisatorischen Regelungen bedeutet dies vor allem, daß Festlegungen über die Integration des Betriebsrats in die betrieblichen Informationsflüsse und über die – rechtzeitige – Beteiligung an betrieblichen Entscheidungsprozessen gefunden werden müssen. Insbes. im BetrVG finden sich Regelungen, die den Ermessensspielraum verengen bzw. anders herum gewendet, die Pflichtenstellung des § 3 Abs. 2 ArbSchG konkretisieren.

So ist allgemein festzulegen, auf welche Weise die in § 80 Abs. 2 BetrVG verlangte rechtzeitige und umfassende Information des Betriebsrats gewährleistet werden soll. Außerdem sind in diesem Zusammenhang die speziellen Informationspflichten organisatorisch in das betriebliche Informationssystem zu integrieren. Es müssen demzufolge allgemeine Anweisungen getroffen werden, damit die Unterrichtung über behördliche Auflagen und Anordnungen gemäß § 89 Abs. 2 BetrVG erfolgt und Niederschriften nach § 89 Abs. 4 BetrVG dem Betriebsrat zugeleitet werden. Außerdem ist eine Regelung zu schaffen, daß Kopien über abgelehnte Vorschläge der Fachkraft für Arbeitssicherheit dem Betriebsrat ebenso zur Verfügung gestellt werden wie Durchschriften von Unfallanzeigen (§§ 8 Abs. 3 ASiG, 89 Abs. 5 BetrVG).

---

[531] Vgl. *Schutzbach*, Die strafrechtliche Verantwortung für Betriebsunfälle, S. 126; *Fitting/Kaiser/Heither/Engels/Schmidt*, BetrVG, § 87, Rdnr. 257; *Richardi-BetrVG-Richardi*, § 87, Rdnr. 535; *Ehmann*, Arbeitsschutz und Mitbestimmung bei neuen Technologien, S. 81.

Schließlich sind allgemeine Richtlinien zu verabschieden, die die Beteiligung des Betriebsrats an Besprechungen, Begehungen und sonstigen Zusammenkünften regeln. Das BetrVG macht insbes. durch die §§ 89 Abs. 2, 3; 90 Abs. 2 BetrVG konkrete Vorgaben, zu welchen Anlässen eine Beteiligung des Betriebsrats unverzichtbar ist. Es ist also konkret zu klären, wer den Betriebsrat, wann und auf welche Weise hinzuzuziehen hat. Zu beachten ist in diesem Zusammenhang, daß der Betriebsrat im Arbeitsschutz nicht vor vollendete Tatsachen gestellt werden darf. § 90 Abs. 2 BetrVG, aber auch die arbeitsschutzrechtliche Planungspflicht nach § 3 ArbSchG stellen insoweit klar, daß ein zeitgemäßer Arbeitsschutz bereits in der Phase der Planung betrieblicher Vorhaben beginnt.

e) Beschäftigte

Die bisherigen Überlegungen konzentrierten sich auf die Akteure, die kraft ihrer Position im Betrieb mit Aufgaben im Arbeits- und Gesundheitsschutz betraut sind. Unerörtert geblieben ist bis jetzt die Rolle der Beschäftigten, also jener Personengruppe, deren Schutz Gegenstand und Ziel des betrieblichen Arbeitsschutzrechts ist. Durch das ArbSchG ist das Rollenbild der Beschäftigten, beeinflußt durch die europäischen Vorgaben der Rahmenrichtlinie-Arbeitsschutz, verdeutlicht und weiterentwickelt worden.

aa) Rollenbild

Die Rechtsstellung der Beschäftigten im Arbeits- und Gesundheitsschutz ist im 3. Abschnitt des ArbSchG (§§ 15-17) unter der Überschrift „Pflichten und Rechte der Beschäftigten" grundsätzlich geregelt. Ergänzt werden die Grundvorschriften des 3. Abschnitts durch eine Reihe spezieller Bestimmungen, die sich in rechtssystematisch anderem Zusammenhang, bei den Arbeitgeberpflichten, finden.[532] Versucht man aus den genannten Vorschriften ein Rollenbild herauszufiltern, ist zunächst festzuhalten, daß die Beschäftigten nicht lediglich passive Schutzobjekte des Arbeitsschutzrechts sind. Indem das ArbSchG ihre Rechte und Pflichten formuliert, konstituiert es das Rollenbild eines aktiv an der Arbeitsschutzaufgabe mitwirkenden Beschäftigten.[533] Dem liegt die kaum

---

[532] Vgl. § 9 Abs. 2 ArbSchG: Entfernungsrecht bei besonderer Gefahr; § 11 ArbSchG: Recht auf arbeitsmedizinische Untersuchung. Zu verweisen ist in diesem Zusammenhang weiter auf einige spezialgesetzliche Vorschriften (z.B. § 21 GefStoffV), §§ 81 ff. BetrVG und arbeitsvertragliche Optionen (hierzu eingehend unten S. 410 ff.).

[533] Vgl. hierzu auch *Kohte*, EAS, B 6100, Arbeitsschutzrahmenrichtlinie, Rdnrn. 84 ff.; *Brüggemann*, in: Strukturwandel des Arbeitsschutzes, 43 ff. (54 ff.); *Wlotzke*, Festschrift *Hanau*, 317 ff. (322); *Geray*, Moderner Arbeitsschutz und Betriebsökologie, S. 60. Vgl. außerdem die Erwägungsgründe der Rahmenrichtlinie 89/391/EWG, wo darauf hingewiesen wird, daß die angemessene Mitwirkung der Arbeitnehmer unerläßlich ist, um einen besseren Arbeits- und Gesundheitsschutz zu gewährleisten.

zu bestreitende Erkenntnis zugrunde, daß ein wirksamer Arbeits- und Gesundheitsschutz gegen oder ohne Beteiligung der Beschäftigten nicht denkbar ist. Die besten Schutzvorkehrungen nutzen wenig, wenn sie keine Akzeptanz finden und deshalb nicht beachtet werden.[534]

Eine solche auf aktive Mitwirkung und Beteiligung der Arbeitnehmer zielende Sicht ist für das deutsche Arbeitsschutzrecht nicht grundsätzlich neu. So gab es auch vor dem Inkrafttreten des ArbSchG im Unfallversicherungsrecht Mitwirkungsregelungen (§§ 14 ff. BGV A 1). Nach §§ 81 ff. BetrVG waren die Arbeitnehmer nicht nur über den betrieblichen Arbeitsschutz zu unterrichten. Sie hatten bereits ein Erörterungs- und Beschwerderecht, das auch für Fragen des Arbeits- und Gesundheitsschutzes nutzbar gemacht werden konnte. Die Bedeutung der §§ 15 ff. ArbSchG ist vor diesem Hintergrund darin zu sehen, daß sie die Rechtsstellung der Beschäftigten erstmals für das staatliche Arbeitsschutzrecht zusammenhängend regeln und verdeutlichen.[535]

Bereits die Unterscheidung zwischen Rechten und Pflichten im 3. Abschnitt des ArbSchG deutet an, daß die konstatierte aktive Rolle der Beschäftigten mehrere Facetten aufweist. Durch die Formulierung von Pflichten in den §§ 15, 16 ArbSchG fordert das Gesetz ein aktives Verhalten der Beschäftigten ein. Wird ein Beschäftigter seiner durch die genannten Vorschriften begründeten Veranwortung nicht gerecht, kann dies unmittelbar mit rechtlichen Konsequenzen verbunden sein, sei es daß die Behörde Maßnahmen nach §§ 22 Abs. 3 Nr. 1, 25 Abs. 1 Nr. 2 lit. b ArbSchG ergreift, sei es daß der Arbeitgeber arbeitsvertragliche Ansprüche geltend macht.[536] Blickt man auf die verschiedenen Pflichten der §§ 15, 16 ArbSchG[537] ergeben sich weitere Differenzierungen, wie die aktive Rolle der Beschäftigten zu verstehen ist.

Die Pflichten zur Eigen- und Fremdsorge (§ 15 Abs. 1 ArbSchG) sowie zur bestimmungsgemäßen Benutzung von Arbeitsmitteln und Schutzvorrichtungen (§ 15 Abs. 2 ArbSchG) zielen darauf, daß die Beschäftigten ihren Beitrag dazu leisten, damit die nach § 3 Abs. 1 ArbSchG getroffenen Schutzmaßnahmen in der vorgesehenen Weise durchgeführt werden. Die aktive Rolle der Beschäftigten erschöpft sich dabei im wesentlichen darin, die getroffenen betrieblichen

---

[534] BT-Drcks. 13/3540, S. 20; *Wlotzke*, Festschrift *Hanau*, 317 ff. (322); *Prax.-Kommentar-Oppenauer*, § 17, Rdnr. 20; *Vogel*, Rechtsbindung der Arbeitnehmer an Unfallverhütungsvorschriften, S. 70.

[535] Ähnlich *Prax.-Kommentar-Oppenauer*, § 17, Rdnr. 21, der insoweit von einer „Erweiterung der Rechtslage“ spricht.

[536] Zur Transformation der Beschäftigtenpflichten in das Arbeitsvertragsrecht vgl. eingehend *Vogel*, Rechtsbindung der Arbeitnehmer an Unfallverhütungsvorschriften, S. 66 ff.; *Wlotzke*, Festschrift *Hanau*, 317 ff. (326 ff.).

[537] Vgl. hierzu allgemein *Kollmer/Vogl*, Arbeitsschutzgesetz, Rdnrn. 209 ff.; *Wlotzke*, Festschrift *Hanau*, 317 ff. (321 ff.).

Verhaltensregeln zu beachten.[538] Ähnliches gilt für die Pflicht, Mängel an den Schutzsystemen unverzüglich zu melden (§ 16 Abs. 1 ArbSchG). Auch hier geht es vor allem um den Vollzug einer an und für sich selbstverständlichen Regel, die durch § 16 Abs. 1 ArbSchG noch einmal ausdrücklich hervorgehoben wird.

Hinter den genannten Pflichten steht ein Konzept, in dem die Beschäftigten vor allem Objekte hoheitlichen Schutzes sind. Die geforderte Aktivität besteht darin, sie zur Befolgung von Regeln zu verpflichten, die – anderweitig – zu ihrem eigenen Schutz erlassen sind. Die Notwendigkeit einer so verstandenen aktiven Rolle der Beschäftigten soll hier nicht in Zweifel gezogen werden. Bei der Zusammenarbeit an einer gefährlichen Anlage ist es schlicht unverzichtbar, daß die Sicherheitsregeln eingehalten werden. Es ist insofern sachgerecht, daß §§ 15, 16 Abs. 1 ArbSchG diesen Aspekt deutlich betonen und die „Mitverantwortlichkeit"[539] der Beschäftigten herausstellen. Verfehlt wäre es allerdings, die aktive Rolle der Beschäftigten auf die Beachtung anderweitig getroffener Verhaltensregeln zu verengen.

Ein anderes Verständnis der aktiven Rolle der Beschäftigten deutet sich mit Blick auf die allgemeine Unterstützungspflicht des § 16 Abs. 2 Satz 1 ArbSchG an. Das Gesetz läßt hier offen, wie die Beschäftigten den Arbeitgeber unterstützen. Es geht also nicht mehr um den schlichten Vollzug von Regeln; die betreffenden Beschäftigten haben in diesem Zusammenhang zu überlegen, in welcher Weise sie dazu beitragen können, daß Sicherheit und Gesundheitsschutz gewährleistet und verbessert werden. Als Beispiele werden in der Literatur etwa Verbesserungsvorschläge, die Beseitigung von (kleineren) Mängeln entsprechend § 16 BGV A 1 oder die Bereitschaft zur Übernahme besonderer Aufgaben im Arbeitsschutz (z.B. Ersthelfer, Brandbekämpfer) genannt.[540] Entscheidend für den vorliegenden Zusammenhang ist dabei, daß es kan den Beschäftigten liegt, selbst auszuwählen, wie ihr Unterstützungsbeitrag aussehen soll. Im Konzept des § 16 Abs. 2 Satz 1 ArbSchG sind die Beschäftigten also nicht mehr lediglich Schutzobjekt rechlich geleiteter Fürsorge, sondern aktiv handelnde Subjekte.[541]

Weitaus prägnanter wird diese aktive, auf die Beeinflussung der betrieblichen Regeln zielende Rolle durch die Rechte der Beschäftigten. Im Gegensatz zur soeben angesprochenen allgemeinen Unterstützungspflicht, liegt es allein in der Hand und im Ermessen der Beschäftigten, ob sie z.B. von ihrem Beschwerderecht nach § 17 Abs. 2 ArbSchG oder vom Entfernungsrecht des § 9 Abs. 3 ArbSchG Gebrauch machen wollen. In der Sache werden den Beschäftigten

---

[538] Hierzu auch *Geray*, Moderner Arbeitsschutz und Betriebsökologie, S. 60.

[539] So zutreffend *Kollmer/Vogl*, Arbeitsschutzgesetz, Rdnrn. 208.

[540] Vgl. etwa *Prax.-Kommentar-Oppenauer*, § 16, Rdnrn. 15; *Wlotzke*, Festschrift *Hanau*, 317 ff. (325).

[541] Hierzu *Bücker/Feldhoff/Kohte*, Rdnr. 263; *Brüggemann*, in: Strukturwandel des Arbeitsschutzes, 43 ff. (54 f.); *Brandes*, System des europäischen Arbeitsschutzes, S. 180 ff.; *Pieper*, Das Arbeitsschutzrecht in der deutschen und europäischen Sozialordnung, S. 304.

damit Optionen eingeräumt, um ihren eigenen Interessen im Arbeits- und Gesundheitsschutz Nachdruck zu verleihen. Hiermit ist zwar nicht das Recht verbunden, z.B. über die Festlegung für notwendig erachteter Schutzmaßnahmen unmittelbar mitzuentscheiden.[542] Der Arbeitgeber wird aber z.B. mit in seine Überlegungen einbeziehen, ob die Beschäftigten von der Möglichkeit der Ausübung des Beschwerde- oder Entfernungsrechts Gebrauch machen. Legt man die Theorie des reflexiven Rechts zugrunde, ist eben dies intendiert.

bb) Organisatorische Vorkehrungen

Der Gesetzgeber hat die Notwendigkeit, die Mitwirkungspflichten der Beschäftigten durch organisatorische Maßnahmen abzusichern, in § 3 Abs. 2 Nr. 2 ArbSchG ausdrücklich hervorgehoben. Dies ist sachgerecht, da die Erfüllung der Mitwirkungspflichten nur möglich ist, wenn die hierfür erforderlichen Voraussetzungen durch den Arbeitgeber geschaffen worden sind.[543] Mit Blick auf die Mitwirkungspflichten des § 15 ArbSchG bedeutet dies, daß zum einen die entsprechenden Mittel (technische und persönliche Schutzausrüstungen, Sicherheitskennzeichnungen, Betriebsanweisungen) bereitgestellt werden.[544] Zum anderen ist sicherzustellen, daß die Beschäftigten über ihre Verhaltenspflichten durch angemessene Unterweisungen[545] und Anweisungen im einzelnen informiert werden. Nach § 15 Abs. 1 ArbSchG sind die insoweit erteilten Informationen Maßstab für die berechtigterweise von den Beschäftigten zu erwartende Eigen- und Fremdsorge.[546]

---

[542] Vgl. insoweit aber § 81 Abs. 3 BetrVG, der in betriebsratslosen Betrieben eine unmittelbare Entscheidungsbeteiligung in Form der Anhörung der Arbeitnehmer vorsieht. Zu § 81 Abs. 3 BetrVG vgl. etwa *Fitting/Kaiser/Heither/Engels/Schmidt*, BetrVG, § 81, Rdnrn.20 ff.

[543] *MünchArbR-Wlotzke*, § 210, Rdnr. 37; *Koll/Janning/Pinter-Koll*, Kommentar zum ArbSchG, § 3, Rdnr. 23; *Nöthlichs*, Arbeitsschutz und Arbeitssicherheit, § 3 ArbSchG, Anm. 3.4.

[544] *Prax.-Kommentar-Oppenauer*, § 15, Rdnr. 27; *Nöthlichs*, Arbeitsschutz und Arbeitssicherheit, § 3 ArbSchG, Anm. 3.4; *Wlotzke*, Festschrift *Hanau*, 317 ff. (322).

[545] Durch die Untwerweisung nach § 12 ArbSchG sollen die betroffenen Arbeitnehmer arbeitsplatz- und aufgabenbezogen über die mit der Arbeit verbundenen Gefahren, die festgelegten Schutzmaßnahmen und die von ihnen zu beachtenden Verhaltensregeln informiert werden. Sinn und Zweck der Unterweisung liegt demnach in der Stärkung der Handlungskompetenz und der Eigenverantwortung der Beschäftigten. Vgl. hierzu etwa LAG Hamm, AiB 1998, 596; *Kittner/Pieper*, ArbSchR, § 12, Rdnr. 3; *Nöthlichs*, Arbeitsschutz und Arbeitssicherheit, § 12 ArbSchG, Anm. 4.2; *Kollmer/Vogl*, Arbeitsschutzgesetz, Rdrn. 138; *Opfermann/Rückert*, AuA 1997, 187 ff. (188 f.). Unterweisungen sind demnach mehr als bloße „Belehrungen" der Beschäftigten. Zu den kündigungsrechtlichen Folgen einer fehlenden Unterweisung nach § 12 ArbSchG vgl. LAG Hamm, AiB 1998, 596 f. mit Anm. *Müller-Wenner*.

[546] *Wlotzke*, Festschrift *Hanau*, S. 317 ff. (323); *Koll/Janning/Pinter-Pinter/Koll*, Kommentar zum ArbschG, § 15, Rdnrn. 4 ff.; *Kollmer/Vogl*, Arbeitsschutzgesetz, Rdnrn. 210 f., die allerdings m.E. die diesbezüglichen Pflichten des Arbeitgebers relativieren, indem sie von einer „gewisse(n) Pflicht des Arbeitgebers" sprechen.

Zur organisatorischen Gewährleistung der Pflicht zur Meldung von Defekten muß der Arbeitgeber dafür sorgen, daß entsprechende Meldewege festgelegt und bekannt gemacht werden. Da Defekte nach § 16 Abs. 1 ArbSchG unverzüglich zu melden sind, ist dabei zu verlangen, daß ein kompetenter und weisungsbefugter Ansprechpartner stets vor Ort greifbar sein muß. Dies ist insbes. dann zu beachten, wenn im Mehrschichtbetrieb gearbeitet wird.[547]

Auch wenn § 3 Abs. 2 Nr. 2 ArbSchG nur die organisatorische Regelung der Mitwirkungspflichten verlangt, heißt dies nicht, daß im Hinblick auf die Rechte der Beschäftigten keine adäquaten Festlegungen zu treffen wären. Entscheidende Anhaltspunkte ergeben sich aus dem Gesetz. So sieht § 17 Abs. 2 ArbSchG einen innerbetrieblichen Beschwerdeweg vor, der im Gesetz als Voraussetzung für die Zulässigkeit einer Beschwerde an die zuständige Behörde genannt wird.[548] Ähnliches gilt für das Entfernungsrecht des § 9 Abs. 3 ArbSchG. Dort wird der Arbeitgeber ausdrücklich verpflichtet, Maßnahmen zu treffen, die es ermöglichen, sich durch sofortiges Verlassen des Arbeitsplatzes in Sicherheit zu bringen.[549]

f) Foren der Sicherheitskommunikation und -kooperation

Wie bereits oben beschrieben (S. 215 ff.), setzt organisiertes Handeln ein Mindestmaß an Kommunikation und Abstimmung der arbeitsteilig handelnden Akteure voraus. Neben formlosen Absprachen und dem informellen Meinungsaustausch spielen in Betrieben und Unternehmen mit zunehmender Größe Gremien eine wichtige Rolle. Da der Begriff des „Rollenbildes" auf Menschen zugeschnitten ist und Gremien so gesehen keine Rollen spielen können, wird nachfolgend, abweichend vom bisherigen Sprachgebrauch, von der „Funktion" derartiger Foren der Kommunikation gesprochen.

aa) Funktion

Die Notwendigkeit der innerbetrieblichen Kommunikation und Abstimmung über Fragen des Arbeits- und Gesundheitsschutzes wird nicht erst seit heute gesehen. Die Regelungen über die Besprechungen der Sicherheitsbeauftragten und den Arbeitsschutzausschuß gehören seit längerer Zeit zum festen Bestand des Arbeitsschutzrechts. Mit dem Umweltschutzausschuß gibt es eine weitere Plattform, auf der Fragen thematisiert werden können, die auch Auswirkungen auf den

---

547 Vgl. hierzu noch einmal das praktische Beispiel oben (S. 205), wo ein Defekt gerade deswegen gefährlich wurde, weil nachts kein kompetenter, weisungsbefugter Ansprechpartner vorhanden war, der die notwendigen Maßnahmen anordnen konnte.

548 Zum Beschwerderecht vgl. etwa *Koll/Janning/Pinter-Pinter/Koll*, Kommentar zum ArbSchG, § 17, Rdnrn. 7 ff.; *Kittner/Pieper*, ArbSchR, § 17 ArbSchG, Rdnrn. 4 ff.

549 Grundsätzlich zum Entfernungsrecht *Prax.-Kommentar-Kohte*, § 9 ArbSchG, Rdnrn. 55 ff.; *Kittner/Pieper*, ArbSchR, § 9 ArbSchG, Rdnrn. 9 ff.

Arbeits- und Gesundheitsschutz haben. Das betriebliche Sicherheitsrecht im Allgemeinen und das Arbeitsschutzrecht im Besonderen erweisen sich auch insofern also nicht nur als technisches Recht, sondern auch als Organisationsrecht.

Die erste wichtige Funktion solcher Ausschüsse oder Besprechungen ergibt sich bereits aus den vorstehenden Ausführungen. Sie stellen sicher, daß ein Mindestmaß an Kommunikation über die betriebliche Sicherheit und Gesundheit durch den Austausch und die Beratung von Informationen stattfindet (vgl. z.B. § 11 ASiG).[550] Das heißt nicht, daß nicht auch anderweitig, z.B. im Rahmen der Wahrnehmung von Führungsaufgaben, über Fragen der betrieblichen Sicherheit zu kommunizieren wäre. Nicht zuletzt die Überlegungen zu den verschiedenen Managementsystemen haben ergeben, daß ein reibungsloser Informationsfluß Voraussetzung für eine effektive arbeitsteilige Zusammenarbeit ist. Entscheidend für die hier interessierenden Foren der Sicherheitskommunikation ist der Aspekt der Formalisierung. Da rechtlich bestimmte Regeln zu beachten sind (Zusammensetzung, Tagungsrhythmus, ggf. Geschäftsordnung), kommt es zu einer Institutionalisierung der Sicherheitskommunikation, die insbes. die Kontinuität des Informationsaustauschs gewährleistet.[551]

Ausschüsse, Besprechungen und sonstige Gremien sind zugleich Ausdruck der betrieblichen Kooperation in Fragen des Arbeitsschutzes. Aufgrund ihrer „gemischten“ Zusammensetzung bringen sie die verschiedenen Sichtweisen im Betrieb quasi an einem Tisch zusammen.[552] Der Aspekt der Kooperation hat durch das ArbSchG an Bedeutung gewonnen. Nach den Vorstellungen des Gesetzgebers sollen die betrieblichen Akteure die Herausforderungen an einen effektiven Arbeitsschutz, die sich aus einer rasch wandelnden Arbeitswelt ergeben, kooperativ bewältigen.[553] Auch insoweit gilt wieder, daß Sicherheitskooperation auch außerhalb des durch die Pflicht zur Gremienbildung gesteckten Rahmens möglich und erforderlich ist. So setzt die Erfüllung der Beratungsaufgabe der Sicherheitsfachkraft gegenüber dem Arbeitgeber und Betriebsrat (§ 9 Abs. 2 ASiG) notwendigerweise ein Mindestmaß an Kooperation voraus. We-

[550] Vgl. hierzu auch LAG Hessen, NZA 1997, 14; *Bücker/Feldhoff/Kohte*, Rdnrn. 50 f.; *MünchArbR-Wlotzke*, § 208, Rdnr. 44; *Kittner/Pieper*, ArbSchR, Arbeitssicherheitsgesetz, Rdnr. 136, die dem Arbeitsschutzausschuß die Funktion einer betrieblichen „Beratungs- und Informationsdrehscheibe“ zuschreiben.

[551] Vgl. auch *Anzinger/Bieneck*, ASiG, Rdnr. 5; *MünchArbR-Wlotzke*, § 208, Rdnr. 44; *Kittner/Pieper*, ArbSchR, Arbeitssicherheitsgesetz, Rdnr. 129.

[552] *Aufhauser/Braunhöber/Igl*, ASiG, § 11, Rdnr. 1; *MünchArbR-Wlotzke*, § 208, Rdnr. 44; *Anzinger/Bieneck*, ASiG, § 11, Rdnrn. 5, 35.

[553] Vgl. die Gesetzesbegründung, BT-Drcks. 13/3540, S. 13; außerdem die Erwägungsgründe der EG-Rahmenrichtlinie-Arbeitsschutz (89/391/EWG), wo ausgeführt wird, daß es erforderlich ist, „die Unterrichtung, den Dialog und die ausgewogene Zusammenarbeit im Bereich der Sicherheit und des Gesundheitsschutzes am Arbeitsplatz zwischen den Arbeitgebern und den Arbeitnehmern bzw. ihren Vertretern durch geeignete Verfahren und Instrumente entsprechend den nationalen Rechtsvorschriften bzw. Praktiken auszuweiten.“

sentlich für das Verständnis der Funktion der Foren der Sicherheitskooperation ist wiederum der Aspekt der Verstetigung durch Institutionalisierung.

Gegen die Effektivität solcher, von außen rechtlich aufgestülpter Foren der Sicherheitskommunikation und -kooperation liegt der Einwand nahe, daß es sich um „Alibiveranstaltungen" handelt, die lediglich durchgeführt werden, um formal den rechtlichen Anforderungen gerecht zu werden. Richtig daran ist zweifellos, daß ein spürbarer Einfluß auf den Arbeits- und Gesundheitsschutz nur dann zu erwarten ist, wenn allen Beteiligten der Sinn ihres Tuns klar ist. Empirische Erkenntnisse deuten in diesem Zusammenhang aber an, daß die beschriebene Institutionalisierung der innerbetrieblichen Beziehungen durchaus geeignet ist, um die rechtlich gewünschten Kommunikations- und Kooperationserwartungen zu erfüllen. So hat sich im Zusammenhang mit betrieblichen Umweltausschüssen gezeigt, daß ihre Einrichtung eine gewisse Eigendynamik ausgelöst hat: Wenn es ein solches Gremium schon gibt, muß es auch unter Beweis stellen, daß es für etwas gut ist.[554]

bb) Erscheinungsformen

An erster Stelle ist hier der *Arbeitsschutzausschuß* nach § 11 ASiG zu nennen, der in allen Betrieben mit mehr als 20 Beschäftigten einzurichten ist. Als Normadressat ist der Arbeitgeber verpflichtet, den Arbeitsschutzausschuß zu bilden und seine Tätigkeit zu organisieren.[555] Der Ausschuß muß mindestens vierteljährlich zusammentreten und besteht nach § 11 Satz 2 ASiG aus dem Arbeitgeber, zwei Betriebsratsmitgliedern, Betriebsärzten, Fachkräften für Arbeitssicherheit und Sicherheitsbeauftragten nach § 22 SGB VII. Das Tableau der Beteiligten ist nicht abschließend und kann ergänzt werden (z.B. durch Umweltschutzbeauftragte, Vertreter der Schwerbehinderten).[556] Der Arbeitsschutzausschuß hat nach § 11 ASiG die Aufgabe, die Anliegen des Arbeits- und Gesundheitsschutzes zu beraten. Aufgrund seiner Zusammensetzung, in dem einerseits die Betriebsparteien und andererseits der betriebliche Sachverstand zusammengefaßt wird, bietet er die Möglichkeit, die unterschiedlichen Interessen und Sichtweisen im Betrieb quasi am „runden Tisch" transparent zu machen und zu erörtern.[557]

---

[554] Vgl. hierzu *Heinelt/Töller*, ZfRSoz 1999, 82 ff. (101), die hierin einen Indikator für die Tragfähigkeit reflexiven Rechts sehen. In die gleiche Richtung weisen die Ergebnisse des empirischen Forschungsprojekts IKARUS zum Arbeitsschutzausschuß, vgl. Abschlußbericht S. 114 ff.

[555] Hierzu nur *Wank*, TAS, § 11 ASiG, Rdnr. 5; *MünchArbR-Wlotzke*, § 208, Rdnr. 44.

[556] Vgl. etwa *Anzinger/Bieneck*, Kommentar zum ASiG, § 11, Rdnr. 18; *Wank*, TAS, § 11 ASiG, Rdnr. 6; *Bücker/Feldhoff/Kohte*, Rdnr. 51.

[557] *Anzinger/Bieneck*, Kommentar zum ASiG, § 11, Rdnr. 23; *MünchArbR-Wlotzke*, § 208, Rdnr. 44; *Aufhauser/Braunhöber/Igl*, ASiG, § 11, Rdnr. 1; kritisch gegen den Arbeitsschutzausschuß als Element einer sicherheitlichen Parallelorganisation, in dem der Arbeitsschutz kein integrales Unternehmensziel sei, *Rehhahn*, ArbSch 1977, 243 ff. (256).

Als weiteres Forum innerbetrieblicher Kooperation speziell im Bereich der betrieblichen Sicherheit und Gesundheit verdienen die gemeinsamen *Besprechungen des Arbeitgebers mit den Sicherheitsbeauftragten nach § 22 SGB VII* Erwähnung. Das Erfordernis derartiger Besprechungen ergibt sich aus der in § 22 Abs. 2 SGB VII geregelten Rolle der Sicherheitsbeauftragten als „betriebspraktische Berater" des Arbeitgebers. Eine solche beratende Funktion setzt einen regelmäßigen Austausch mit dem Arbeitgeber notwendigerweise voraus.[558] Ausdrückliche Erwähnung finden die Besprechungen nur – noch[559] – in § 89 Abs. 4 BetrVG, der anordnet, daß Mitglieder des Betriebsrats teilzunehmen haben.

In Betrieben, in denen mehrere Umweltschutzbeauftragte zu bestellen sind, ist schließlich ein *Umweltausschuß* zu bilden (§ 55 Abs. 3 BImSchG). Auch in diesem Gremium können Fragen des betrieblichen Arbeits- und Gesundheitsschutzes zu erörtern sein. Dies gilt z.B. im Hinblick auf die Anlagensicherheit, die regelmäßig Schnittstellen zwischen dem Arbeits- und Umweltschutz aufweist. Möglich und sinnvoll ist es dabei, die Beauftragten im Bereich des Arbeitsschutzes (Fachkräfte für Arbeitssicherheit, Betriebsärzte, Sicherheitsbeauftragte) in den Ausschuß zu integrieren. Auf diese Weise läßt sich die sowohl in § 55 Abs. 3 BImSchG als auch in § 10 ASiG rechtlich geforderte Zusammenarbeit der Funktionsträger im Arbeitsschutz und Umweltschutz institutionalisieren und eine Abstimmung der ohnehin vielfältig verwobenen Fragen des betrieblichen Arbeits- und Umweltschutzes erreichen.[560] Zutreffend wird in der Literatur darauf hingewiesen, daß eine Verknüpfung mit anderen betrieblichen Gremien (z.B. Arbeitsschutzausschuß) möglich ist.[561]

Die bisher vorgestellten Gremien betrafen die verschiedenen Funktionsträger des betrieblichen Arbeits- und Gesundheitsschutzes. Forum der Sicherheitskommunikation und -kooperation mit den Beschäftigten sind vor allem Unterweisungen, die durch § 12 ArbSchG nunmehr auch nach staatlichem Recht für alle Beschäftigten durchzuführen sind.[562] Unterweisungen sind mehr als bloße Arbeitsschutzbelehrungen. So sind nach der TRGS 555 bei der Durchführung etwa lernpsychologische und arbeitspädagogische Erkenntnisse zu berücksichtigen und es ist zu überlegen, inwieweit praktische Übungen durchgeführt werden können. Dies belegt, daß Unterweisungen nicht in einer „Einbahnstraßenkommu-

[558] Vgl. auch Däubler/Kittner/Klebe-BetrVG-Buschmann, § 89, Rdnr. 43; GK-BetrVG-Wiese, § 89, Rdnr. 82.

[559] Die Regelung des § 22 SGB VII weicht insofern von der Vorgängerregelung des § 719 Abs. 4 RVO a.F. ab, der mindestens monatlich einen Erfahrungsaustausch der Sicherheitsbeauftragten mit dem Arbeitgeber vorsah.

[560] Vgl. hierzu auch eingehend *Bücker/Feldhoff/Kohte*, Rdnrn. 55 ff.; außerdem etwa *Jarass*, BImschG, § 55, Rdnrn. 20 f.

[561] Hierzu etwa *Jarass*, BImschG, § 55, Rdnr. 20; *Kaster*, GewArch 1998, 129 ff. (137).

[562] Auch vor dem Inkrafttreten des ArbSchG bestand unfallversicherungsrechtlich die allgemeine Pflicht zur Unterweisung, vgl. § 7 Abs. 2 BGV A 1. Im staatlichen Recht waren Unterweisungen etwa beim Umgang mit Gefahrstoffen vorgesehen (§ 20 Abs. 2 GefStoffV).

nikation" bestehen dürfen, sondern den Beschäftigten Raum gegeben werden muß, sich selbst aktiv einzuschalten. Sie erweisen sich vor diesem Hintergrund insbes. auch als Forum, um der allgemeinen Unterstützungspflicht der Beschäftigten nach § 16 Abs. 2 ArbSchG einen organisatorischen Rahmen zu geben.

cc) Organisatorische Vorkehrungen

Der Arbeitgeber hat im Rahmen seiner Organisationspflicht nach § 3 Abs. 2 Nr. 1 ArbSchG dafür zu sorgen, daß die vorgestellten Kommunikations- und Kooperationsforen funktionsgerecht arbeiten können. Durch allgemeine organisatorische Regelungen ist insbes. die Besetzung von Ausschüssen und Gremien festzulegen. Wie dargestellt, ist insoweit rechtlich ein Ermessensspielraum gegeben, den es auszufüllen gilt. Außerdem sind Bestimmungen über den Tagungsrhythmus und über die Modalitäten der Einberufung der entsprechenden Sitzungen (Einladungsverteiler) zu treffen. Schließlich sind zumindest für den Arbeitsschutz- und Umweltschutzausschuß Geschäftsordnungen zu erlassen, um eine effektive und funktionsgerechte Arbeitsweise zu gewährleisten.

Zu beachten ist in diesem Zusammenhang, daß diese – der praktischen Arbeit vorgelagerten – Fragen der Mitbestimmung des Betriebsrats nach § 87 Abs. 1 Nr. 7 BetrVG unterliegen.[563] Der Arbeitgeber ist deswegen gehalten, zur Regelung der genannten Fragen eine Einigung mit dem Betriebsrat zu suchen.

IV. Spezielle Organisationspflichten (§ 3 Abs. 2 Nr. 2 ArbSchG)

Die allgemeine Organisationspflicht des § 3 Abs. 2 Nr. 1 ArbSchG wird ergänzt durch die in § 3 Abs. 2 Nr. 2 ArbSchG normierten Pflichten zur horizontalen und vertikalen Integration des Arbeitsschutzes.[564] Im Hinblick auf die ebenfalls in § 3 Abs. 2 Nr. 2 ArbSchG geregelte spezielle Verpflichtung, Vorkehrungen zu treffen, damit die Beschäftigten ihren Mitwirkungspflichten nachkommen können, ist zur Vermeidung von Wiederholungen auf die Überlegungen zur Rolle der Beschäftigten zu verweisen (vgl. oben S. 332).

1. Vertikale Integration

§ 3 Abs. 2 Nr. 2 ArbSchG legt fest, daß zur Planung und Durchführung der „Maßnahmen des Arbeitsschutzes" Vorkehrungen zu treffen sind, damit die Maßnahmen erforderlichenfalls eingebunden in die betrieblichen Führungsstrukturen beachtet werden.

---

[563] *Fitting/Kaiser/Heither/Engels/Schmidt*, BetrVG, § 87, Rdnr. 328; *Richardi-BetrVG-Richardi*, § 87, Rdnrn. 597 f.; *Wank*, TAS, § 11 ASiG, Rdnr. 5.

[564] Zu Sinn und Zweck einer Integration des Arbeits- und Gesundheitsschutzes in die betrieblichen Prozesse und Strukturen bereits eingehend *Rehhahn*, ArbSch 1977, 243 ff.

a) Zweck der vertikalen Integration des Arbeits- und Gesundheitsschutzes

Die Verwendung des Begriffs „Führungsstrukturen“ weist darauf hin, daß die Vorschrift auf die Einbindung des Arbeits- und Gesundheitsschutzes in die Hierarchieebenen der Organisation zielt. Bestätigt und verdeutlicht wird dieser Befund durch Art. 6 Abs. 3 lit. a der EG-Rahmenrichtlinie-Arbeitsschutz, dessen Umsetzung § 3 Abs. 2 Nr. 2 ArbSchG bezweckt. Dort ist von „allen Führungsebenen“ die Rede, was verdeutlicht, daß es um die Integration in die Führungshierarchie gehen muß.

Mit dieser in § 3 Abs. 2 ArbSchG angelegten vertikalen Integration wird ein organisatorisches Gestaltungsprinzip normiert. Es besagt im Kern, daß der Arbeits- und Gesundheitsschutz als Aufgabe der gesamten Linienorganisation auszuformen ist und im Umkehrschluß eine rein stabsmäßige, expertenorientierte Organisation nicht den Anforderungen des Gesetzes genügt.[565] Hiermit wird zugleich die Bedeutung des Arbeitsschutzes als auf allen Hierarchieebenen zu beachtende Führungsaufgabe betont.[566]

Zentrale Aspekte zur Realisierung des Grundsatzes der vertikalen Integration sind bereits oben (S. 300 ff.) im Zusammenhang mit den Rollen des Arbeitgebers und der verantwortlichen Personen behandelt worden. Wie oben dargestellt, tragen die betrieblichen Vorgesetzten im Regelfall durch die Übernahme ihrer Position Führungsverantwortung für den Arbeits- und Gesundheitsschutz in dem ihnen unterstellten Bereich. § 3 Abs. 2 ArbSchG macht in diesem Zusammenhang klar, daß die dort gefundenen Ergebnisse einem grundlegenden organisatorischen Gestaltungsprinzip, der vertikalen Integration des Arbeits- und Gesundheitsschutzes, zuzuordnen sind. Gleiches gilt für die oben konstatierte Pflicht des Arbeitgebers, die Aufgaben des Arbeits- und Gesundheitsschutzes, die er nicht selbst erledigen kann, zu organisieren. Wie dargestellt, muß er die Erledigung der von ihm übertragenen Aufgaben nicht nur beaufsichtigen, sondern sie ggf. auch, prägend für die Linienorganisation, durch die Erteilung von Weisungen durchsetzen. Vertikale Integration als Gestaltungsprinzip präzisiert in diesem Zusammenhang die Rolle des Arbeitgebers. Es verdeutlicht, daß alle Führungsebenen von den notwendigen organisatorischen Vorkehrungen erfaßt werden müssen.[567] Finden sich mehr als zwei Hierarchieebenen, reicht es also nicht aus, lediglich die unterste Führungsebene mit Aufgaben des Arbeitsschutzes zu betrauen.

---

[565] Hierzu auch *Kohte*, EAS, B 6100, Arbeitsschutzrahmenrichtlinie, Rdnr. 65.

[566] Vgl. auch die amtliche Begründung des ArbSchG, BT-Drcks. 13/3540, S. 16; *Koll/Janning/Pinter-Koll*, Kommentar zum ArbSchG, § 3, Rdnr. 22; *Blume*, Das neue Arbeitsschutzgesetz, S. 67.

[567] Auch insoweit ist die europarechtliche Vorgabe deutlicher als die deutsche Umsetzungsregelung, da dort, anders als in § 3 Abs. 2 Nr. 2 ArbSchG nicht allgemein von Führungsstrukturen sondern von „allen Führungsebenen“ die Rede ist.

b) Richtlinienkonforme Auslegung

§ 3 Abs. 2 Nr. 2 ArbSchG begrenzt die Integrationsverpflichtung auf die „betrieblichen“ Führungsstrukturen. Dies scheint dafür zu sprechen, daß die Unternehmensorganisation, in die die betriebliche Organisation eingebettet ist, nicht in den Anwendungsbereich der vertikalen Integration fällt. Folge hiervon wäre, daß sich die Führungsaufgabe Arbeitsschutz auf den räumlich abgegrenzten Bereich des Betriebes[568] beschränken würde. Weichenstellende Entscheidungen für den Arbeitsschutz, wie z.B. die umfassende Umgestaltung der Betriebsstätten oder die Planung teurer Produktionsanlagen, die üblicherweise auf Unternehmensebene getroffen werden, blieben dann konsequenterweise im Rahmen von § 3 Abs. 2 Nr. 2 ArbSchG außer Betracht.

Das Gesetz weicht an diesem Punkt deutlich von den Vorgaben des Art. 6 Abs. 3 lit. a der EG-Rahmenrichtlinie-Arbeitsschutz ab. Dort findet sich im Zusammenhang mit der Regelung über die vertikale Integration gerade *keine* ausdrückliche Einschränkung der zu beachtenden Führungsstrukturen, es sind schlicht „alle Führungsebenen“ zu berücksichtigen. Eine explizite Einschränkung findet sich lediglich im Zusammenhang mit der Pflicht, den Arbeitsschutz in alle Tätigkeiten (horizontale Integration, vgl. hierzu nachfolgend S. 341 ff.) einzubeziehen. Begrenzendes Merkmal ist hier allerdings nicht allein der Betrieb. Die Vorschrift nennt außerdem den Begriff des Unternehmens. Das hinter Art. 6 Abs. 3 lit. a Rahmenrichtlinie stehende Verständnis wird klarer, wenn man die Regelung vor dem Hintergrund der gemeinschaftsrechtlichen Regulierungsprinzipien sieht, die bereits oben im Zusammenhang mit den Ausführungen zum Umweltmanagement und zum Störfallrecht angesprochen wurden.

Das traditionelle deutsche Recht entwickelt sein Schutzpflichtenprogramm überwiegend vom Begriff der Anlage oder der Arbeitsstätte her, also den – räumlichen – Orten, an denen sich Gefährdungen für die Umwelt oder die Gesundheit realisieren. Ausgangspunkt der – europäischen – Regulierung des Umwelt- und Sicherheitsmanagements ist demgegenüber die Fähigkeit, Gefährdungen für die Gesundheit und Umwelt zu kontrollieren und zu steuern. Entstehen Gefährdungen aus arbeitsteiligen Zusammenhängen heraus, wird zwangsläufig die Organisation, die diese Arbeitsteilung regelt, zum Anknüpfungspunkt der sicherheitsrechtlichen Pflichten. Die Organisation steuert, ob und in welcher Weise risikobehaftete Tätigkeiten in ihrem Einflußbereich durchgeführt werden. Im Stör-

---

568 Überwiegend erfolgt die Abgrenzung des Betriebs vom Unternehmen über den Zweck der organisatorischen Einheiten. Während der Betriebsbegriff durch die Verfolgung arbeitstechnischer Zwecke gekennzeichnet sein soll (deswegen Ort der Realisierung von Gefährdungen), soll das Unternehmen einen übergreifenden, i.d.R. wirtschaftlichen Zweck, verfolgen. Allgemein zur Abgrenzung der Begriffe Betrieb und Unternehmen *Zöllner/Loritz*, S. 491 f. m.w.N. Diese Abgrenzung wird auch zumeist mit Blick auf das ArbSchG zugrundegelegt, vgl. etwa *Nöthlichs*, Arbeitsschutz und Arbeitssicherheit, § 13, Anm. 2.5.1.

fallrecht steht für diesen „Paradigmenwechsel"[569] der Begriff des Betriebsbereichs; im novellierten Umweltauditrecht wird der Begriff der Organisation nicht nur zum Schlüsselbegriff für die Teilnahme am Umweltbetriebsprüfungssystem. Auch die Pflichten werden in der EU-EMASV ausgehend vom Begriff der Organisation entwickelt.

Überträgt man diese Überlegungen auf Art. 6 Abs. 3 lit. a der Arbeitsschutzrahmenrichtlinie, umschreiben die Begriffe „Betrieb" und „Unternehmen" die für die Rahmenrichtlinie maßgebliche, arbeitsbedingte Gefährdungen steuernde und kontrollierende Organisation. Die Erstreckung der Integrationsverpflichtung über den Betrieb hinaus auf das Unternehmen ist auch rechtssystematisch wegen des weiten Präventionsverständnisses des europäischen Arbeitsumweltrechts geboten. Vor allem die Realisierung des – obersten – materiellrechtlichen Grundsatzes der Vermeidung von Risiken (Art. 6 Abs. 2 lit. a Rahmenrichtlinie) hängt in vielen Fällen von Entscheidungen auf Unternehmensebene ab (z.B. Arbeitsschutzpolitik, Berücksichtigung des Arbeits- und Gesundheitsschutzes bei Investitionen).[570] Eine Ausklammerung des Unternehmens würde dazu führen, daß etwa bei größeren Investitionen für die Arbeitsplätze im Betrieb „vollendete Tatsachen" geschaffen würden, mit der Folge, daß entgegen dem Primat der Risikovermeidung nur noch reaktive Schutzmaßnahmen ergriffen werden könnten.[571]

Es spricht einiges dafür, den Betrieb und das Unternehmen auch als begrenzende Merkmale der Pflicht zur vertikalen Integration heranzuziehen, obgleich der Wortlaut des Art. 6 Abs. 3 lit. a Rahmenrichtlinie dies nicht zwingend verlangt. Anzuführen ist dabei vor allem das rechtssystematische Argument eines einheitlichen Anwendungsbereichs beider Facetten der Integrationspflicht. Es sind keinerlei Sachgründe dafür ersichtlich, daß die vertikale und die horizontale Integration des Arbeits- und Gesundheitsschutzes einen unterschiedlichen Gegenstandsbereich haben sollen.

Unabhängig davon ergibt sich für die Ausgangsfrage, daß der Wortlaut der Regelung des § 3 Abs. 2 Nr. 2 ArbSchG zur vertikalen Integration hinter den europarechtlichen Vorgaben zurückbleibt.[572] Nach der Rechtsprechung des europäischen Ge-

---

[569] So *Spindler*, UPR 2001, 81 ff. (81), sowie eingehend zu den Hintergründen und rechtlichen Grenzen einer solchen organisatorischen Sichtweise, ebenda, 82 ff.; vgl. speziell mit Blick auf die Rahmenrichtlinie Arbeitsschutz auch *Brandes*, System des europäischen Arbeitsschutzrechts, S. 185.

[570] Vgl. hierzu auch nachfolgend die Beispiele im Zusammenhang mit dem Grundsatz der „horizontalen Integration".

[571] Ähnlich *Kittner/Pieper*, ArbSchR, § 3 ArbSchG, Rdnr. 8 ff.; *MünchArbR-Wlotzke*, § 210, Rdnr. 36; wohl auch *Koll/Janning/Pinter-Koll*, Kommentar zum ArbSchG, § 3, Rdnr. 21.

[572] Kritisch zur Umsetzung des Art. 6 Abs. 3 lit a der Rahmenrichtlinie 89/391/EWG etwa *Kohte*, EAS, B 6100, Arbeitsschutzrahmenrichtlinie, Rdnr. 68; *Kittner/Pieper*, ArbSchR, ArbSchG, § 3, Rdnr. 8; *MünchArbR-Wlotzke*, § 210, Rdnr. 36.

richtshofs ist in einem solchen Fall die betreffende nationale Norm richtlinienkonform so auszulegen, daß die Vorgaben des Gemeinschaftsrechts soweit als möglich zur Geltung kommen.[573] Einen Ausweg bietet insoweit eine Auslegung des Merkmals der „betrieblichen Führungsstrukturen" dahingehend, daß auch diejenigen Elemente der Unternehmensorganisation einzubeziehen sind, die für die Verwirklichung der Ziele des ArbSchG im Betrieb von Belang sind. Eine solche funktionale Auslegung bietet sich an, da sie auf erprobte Argumentationsmuster zurückgreifen kann. Hinzuweisen ist in diesem Kontext auf die Rechtsprechung zur Bestimmung des Status als leitender Angestellter und die vor diesem Hintergrund erfolgte Novellierung des § 5 Abs. 3 BetrVG.[574] Ausgehend davon, daß unternehmerische Entscheidungen sich auf den Bestand und die Entwicklung des Betriebes auswirken, wurde von der Rechtsprechung des BAG auf das Unternehmen als Bestimmungspunkt für die Einordnung als leitender Angestellter abgestellt.[575]

§ 3 Abs. 2 Nr. 2 ArbSchG ist somit funktional und richtlinienkonform dahingehend auszulegen, daß die Integrationspflicht des Arbeitgebers sich auch auf das Unternehmen erstreckt. Ungeachtet dessen bleibt festzuhalten, daß die Umsetzung von Art. 6 Abs. 3 lit. a Rahmenrichtlinie durch § 3 Abs. 2 Nr. 2 ArbSchG defizitär ist. Eine Klarstellung des Gesetzgebers, durch die die Integrationsverpflichtung auch explizit auf das Unternehmen ausgedehnt wird, erscheint von daher als geboten.

2. Horizontale Integration

§ 3 Abs. 2 Nr. 2 ArbSchG sieht außerdem vor, daß der Arbeitgeber Vorkehrungen trifft, daß die Maßnahmen des Arbeitsschutzes erforderlichenfalls bei allen Tätigkeiten beachtet werden. Der Arbeits- und Gesundheitsschutz ist danach also nicht nur im Sinne des Grundsatzes der vertikalen Integration umfassend auf allen Hierarchieebenen der Linienorganisation zu verankern. Er ist darüber hinaus auch tätigkeitsbezogen, d.h. horizontal, in die verschiedenen Funktionsbereiche des Betriebs bzw. Unternehmens zu integrieren.

a) Zweck der horizontalen Integration des Arbeits- und Gesundheitsschutzes

Die Pflicht zur horizontalen Integration ist nach dem Wortlaut des Gesetzes weitgefaßt. Anders als bei der vertikalen Integration findet sich im Normtext

---

[573] Vgl. BAG, AP, Nr. 5 zu § 87 BetrVG – Gesundheitsschutz –; EuGHE 1984, 1891 ff. (1909); EuGHE 1990, 4156 ff. (4159); EuGHE 1994, 3347 ff. (3357); sowie eingehend *Bücker/Feldhoff/Kohte*, Rdnrn. 202.

[574] *Fitting/Kaiser/Heither/Engels/Schmidt*, BetrVG, § 5, Rdnrn. 356 ff.; *Däubler/Kittner/Klebe*-Trümner, § 5, Rdnrn. 214 ff., mit eingehenden Hinweisen auf die Übernahme der Rechtsprechung durch die Novellierung des § 5 BetrVG im Jahre 1988.

[575] Hierzu BAG, AP, Nrn. 22, 32 zu § 5 BetrVG 1972.

des ArbSchG keine tatbestandliche Eingrenzung der zu berücksichtigenden Tätigkeiten. Das deutsche Umsetzungsgesetz weicht auch an diesem Punkt deutlich von den europäischen Vorgaben der Rahmenrichtlinie 89/391/EWG ab, wo die horizontale Integration explizit auf „alle Tätigkeiten des Unternehmens bzw. des Betriebes" beschränkt wird (Art. 6 Abs. 3 lit. a Rahmenrichtlinie). Im Ergebnis sprechen der insoweit offene Wortlaut des § 3 Abs. 2 Nr. 2 ArbSchG und die europäischen Vorgaben wohl unproblematisch dafür, daß sich die Pflicht zur horizontalen Integration auf den Betrieb und das Unternehmen beziehen.[576] Bei der Beurteilung der Erforderlichkeit von Maßnahmen zur horizontalen Integration sind im Prinzip die funktionsorientierten Wertungsgesichtspunkte maßgeblich, die schon im Zusammenhang mit der vertikalen Integration herausgearbeitet worden sind. Soweit eine Tätigkeit im Betrieb oder Unternehmen Einfluß haben kann auf die betriebliche Sicherheit und Gesundheit, sind Vorkehrungen zur horizontalen Integration des Arbeits- und Gesundheitsschutzes ins Auge zu fassen.

Auch insoweit zeigt sich wieder die organisatorische Sichtweise, die im europarechtlich geprägten Sicherheitsrecht angelegt wird. Zwar ist der Betrieb im klassisch verstandenen Sinne der Ort, an dem sich Gefahren realisieren. Er ist allerdings nicht der alleinige Ort, von dem aus sich diese Gefahren steuern lassen. Die Schutzpflichten orientieren sich deswegen an den realen Möglichkeiten, Einfluß auf die Gefahrensituation bei der Arbeit zu nehmen. Die nachstehenden Beispiele zur horizontalen Integration werden zeigen, daß gerade auf Unternehmensebene erhebliche Reserven liegen für einen präventiven, d.h. auf die Vermeidung von Gefährdungen zielenden Arbeits- und Gesundheitsschutz.

Durch das Prinzip der horizontalen Integration wird der betriebliche Arbeits- und Gesundheitsschutz als betriebliche Querschnittsaufgabe definiert, die nicht nur partiell, sondern integrativ, d.h. bei allen Tätigkeiten zu beachten ist.[577] Dies bedeutet, daß alle Funktionsbereiche im Betrieb bzw. Unternehmen[578] auf ihren möglichen Beitrag zum Arbeits- und Gesundheitsschutz hin zu überprüfen sind. Sicherheit und Gesundheit werden damit zu einer permanenten Aufgabe aller Mitglieder des Betriebs bzw. Unternehmens. Der Grundsatz zur horizontalen Inte-

---

[576] Eine andere Frage ist, ob der deutsche Gesetzgeber mit seiner offenen Formulierung der Pflicht zur horizontalen Integration über die europäischen Vorgaben hinausgegangen ist, mit der Folge, daß u.U. die Verhältnisse in Konzernen mitzuberücksichtigen wären. Eine eingehende Erörterung dieses spezifischen Aspekts würde allerdings den Rahmen dieser Arbeit sprengen.

[577] Vgl. *Kollmer/Vogl*, Arbeitsschutzgesetz, Rdnr. 73, die davon sprechen, daß der Arbeitsschutz als Gesamtaufgabe in die vorhandene betriebliche Struktur einzubetten ist; zum ganzheitlichen und integrativen Ansatz des ArbSchG vgl. auch *Kittner/Pieper*, ArbSchR, § 3 ArbSchG, Rdnrn. 8 ff.

[578] Neben dem Bereich der Fertigung als dem klassischen Ansatzpunkt für den Arbeits- und Gesundheitsschutz sind in diesem Zusammenhang etwa die Fertigungsvorbereitung, die Beschaffung, Entwicklungs- und Planungsabteilungen oder das betriebliche Personalwesen exemplarisch zu nennen.

gration ist dabei nicht starr zu verstehen. Da die Ziele des Arbeits- und Gesundheitsschutzes nur erforderlichenfalls zu beachten sind, bedarf es keiner besonderen Vorkehrungen, wenn sich eine Tätigkeit insofern als irrelevant erweist.[579]

b) Beispiele für die horizontale Integration des Arbeits- und Gesundheitsschutzes

Mit dem Grundsatz der horizontalen Integration werden präventive Ansätze zur Ablösung eines primär reaktiven, technikorientierten Arbeitsschutzverständnisses aufgegriffen, wie sie sich z.B. schon seit längerer Zeit im Gefahrstoffrecht finden. Dort wird dieses präventive Verständnis vor allem an § 16 Abs. 2 GefStoffV sichtbar. Nach dieser Regelung muß der Arbeitgeber vor dem Einsatz von gefährlichen Chemikalien prüfen, ob Stoffe, Zubereitungen, Erzeugnisse oder Verfahren verfügbar sind, deren Einsatz mit einem geringeren bzw. keinem gesundheitlichen Risiko verbunden ist. Diese Ersatzstoffprüfungspflicht[580] betrifft nicht nur die – gefährdungsnahen – Stellen, die mit den jeweiligen Chemikalien umzugehen haben, sondern typischerweise auch den Einkauf, der mit der konkreten Beschaffung von Arbeitsmitteln und Arbeitsstoffen betraut ist.

§ 16 Abs. 2 GefStoffV integriert somit bei näherer Betrachtung die Belange des Arbeits- und Gesundheitsschutzes in das im übrigen typischerweise kaufmännisch geprägte Geschäft des Einkaufs. Die Pflicht zur Ersatzstoffprüfung verdeutlicht den hohen Stellenwert dieses nichttechnischen Funktionsbereichs für einen der Prävention verpflichteten Arbeits- und Gesundheitsschutz. Im Idealfall lassen sich durch eine gezielte Einkaufspolitik Gefährdungen ganz vermeiden, mit der Folge, daß – nachgeschaltete – technische, organisatorische oder verhaltensbezogene Schutzmaßnahmen am Arbeitsplatz von vornherein überflüssig werden.

Die Integration von Aspekten des Gesundheitsschutzes in das Beschaffungswesen ist eine wichtige Strategie, um die Ersatzstoffprüfungspflicht des § 16 Abs. 2 GefStoffV praktisch umzusetzen. Durch die Pflicht zur horizontalen Integration des Arbeitsschutzes nach § 3 Abs. 2 Nr. 2 ArbSchG wird diese Strategie explizit zu einem übergreifenden Gestaltungsrinzip der Arbeitsschutzorganisation ausgebaut, das für alle Gefährdungen bei der Arbeit Geltung beansprucht. Dieses Gestaltungsprinzip ist systematisch in engem Zusammenhang mit dem obersten Grundsatz des § 4 ArbSchG zu sehen. Die dort geregelte

---

579 Das Tatbestandsmerkmal hat lediglich klarstellenden Charakter. Daß arbeitsschutzrechtlich keine Vorkehrungen verlangt werden können, die einen „Null-Effekt“ für die Sicherheit und den Gesundheitsschutz der Beschäftigten haben, ergibt sich bereits aus dem Grundsatz der Verhältnismäßigkeit. Sie sind dann „ungeeignet“ und damit unverhältnismäßig.

580 Hierzu etwa *Heilmann*, Gefahrstoffe am Arbeitsplatz, Rdnrn. 102 ff.; *Wank*, TAS, § 16 GefStoffV, Rdnrn. 4 f.; *MünchArbR-Wlotzke*, § 214, Rdnr. 45.

Pflicht, Gefährdungen möglichst zu vermeiden bzw. verbleibende Gefährdungen möglichst gering zu halten verallgemeinert[581] den in § 16 Abs. 2 GefStoffV speziell für das Gefahrstoffrecht formulierten Präventionsansatz.

Welche Vorkehrungen i.S. des § 3 Abs. 2 Nr. 2 ArbSchG zur horizontalen Integration zu treffen sind, ist im Gesetz nicht näher geregelt. Insoweit hat der Arbeitgeber einen weiten Spielraum für Regelungen, die an die spezifischen Gegebenheiten in seinem Betrieb angepaßt sind. Unverzichtbar dürfte es aber sein, daß die klassischen Arbeitsschutzexperten intensiv mit Vertretern anderer Professionen und anderer betrieblicher Funktionsbereiche kooperieren. Um beim Beispiel der Beschaffung von Stoffen zu bleiben: Ergebnis einer solchen Kooperation könnten etwa Beschaffungsrichtlinien sein, die den Einkäufern eine Orientierung für die Beschaffung gesundheitsverträglicher Arbeitsstoffe bieten. Hilfreich ist insoweit ein Blick auf das Umweltmanagement, in dem eine ökologische Beschaffungspolitik eine nicht zu unterschätzende Rolle spielt.[582]

Die Möglichkeiten der horizontalen Integration des Arbeits- und Gesundheitsschutzes i.S. von § 3 Abs. 2 Nr. 2 ArbSchG beschränken sich nicht auf den Einkauf bzw. das Beschaffungswesen. Sie sind vielfältig und können hier nur exemplarisch verdeutlicht werden. Zahlreiche Anknüpfungspunkte zur Integration des Arbeits- und Gesundheitsschutzes ergeben sich beispielsweise – noch relativ naheliegend – im Rahmen der Planung von neuen Produktionsanlagen und Arbeitsverfahren. So lassen sich bei solchen Planungsprozessen Aspekte des Arbeitsschutzes nicht nur dadurch berücksichtigen, daß – was meistens der Fall sein wird – Wert gelegt wird auf die Einhaltung der sicherheitsrechtlichen Beschaffenheitsanforderungen an Anlagen bzw. Maschinen, indem etwa nur Maschinen mit GS-Zeichen gekauft werden.[583] Integration des Arbeitsschutzes in Planungsprozesse heißt vor allem, daß die konkreten betrieblichen Bedingungen, unter denen Maschinen oder Anlagen eingesetzt werden sollen, in Rechnung gestellt werden.[584] Zu berücksichtigen sein können in diesem Zusammenhang etwa die räumlichen Verhältnisse der Arbeitsstätte (insbes. Abmes-

---

[581] Z.B. für die Beschaffung von Arbeitsmitteln, Maschinen und Anlagen.

[582] Vgl. Anhang VI-6.3 EU-EMASV; Empfehlung der Kommission (2001/680/EG) vom 7. September 2001 über „Leitlinien für die Anwendung der Verordnung (EG) 761/2001 des Europäischen Parlaments und des Rates über die freiwillige Teilnahme von Organisationen an einem Gemeinschaftssystem für das Umweltmanagement und die Umweltbetriebsprüfung (EMAS)", ABl. EG 1993, Nr. L 247, S. 1 ff. (17 f.).

[583] Zu beachten sind insofern die Regelungen des vorgreifenden Arbeitsschutzes, die sich insbesondere aus dem GSG und den aufgrund der §§ 4, 11 GSG erlassenen Rechtsverordnungen zur Maschinensicherheit (insbes. der Maschinenverordnung) und zu den überwachungsbedürftigen Anlagen ergeben.

[584] So auch *Schottelius/Küpper-Djindjic*, BB 1994, 2214 ff. (2218), die in diesem Zusammenhang zutreffend darauf aufmerksam machen, daß eine wesentliche Integrationsleistung darin besteht, die Belange des Arbeits- und Umweltschutzes, die in vielen Betrieben organisatorisch getrennt sind, zusammenzuführen.

sungen) oder, bei lärmemittierenden Anlagen, ggf. vorhandener Umgebungslärm durch andere Maschinen, der in der Addition zu Problemen führen kann.

Die horizontale Integration des Arbeits- und Gesundheitsschutzes ist auch hier als organisatorisches Gestaltungsprinzip zur Operationalisierung präventiver Schutzziele zu sehen. Hinzuweisen ist insofern vor allem auf § 4 Abs. 1 BetrSichV, der verlangt, daß nur solche Arbeitsmittel bereitgestellt werden, die für die am Arbeitsplatz gegebenen Bedingungen geeignet sind. Als ein wichtiges Instrument der Anlagenplanung erweist sich dabei wiederum die Gefährdungsbeurteilung, mit deren Hilfe systematisch die Bedingungen der Arbeitsumgebung im Vorfeld analysiert werden können.[585] Arbeitsschützer können auf diese Weise ihren Beitrag dazu leisten, ein umfassendes, problemangemessenes Anforderungsprofil des Planungsprojekts zu erstellen.

Auch wenn eine solche Integration in betriebliche Planungsprozesse auf den ersten Blick möglicherweise selbstverständlich anmutet, haben empirische Untersuchungen ein anderes Bild ergeben. So werden die Fachkräfte für Arbeitssicherheit, die den Arbeitgeber nach § 6 Satz 1 Nr. 1 a ASiG bei der Planung fachkundig unterstützen sollen, häufig gar nicht oder erst in einer späten Planungsphase hinzugezogen[586]. Folgen einer fehlenden Integration des Arbeits- und Gesundheitsschutzes können in solchen Fällen ggf. aufwendige Nachrüstungsarbeiten an den Anlagen oder bauliche Veränderungen – etwa zum Zwecke des Lärmschutzes – sein. Solche ihrem Charakter nach reparativen Maßnahmen können zu beträchtlichen betriebswirtschaftlichen Kosten führen.[587] Darüber hinaus stehen sie in einem nachhaltigen Spannungsverhältnis zu dem in § 4 Nr. 1 ArbSchG formulierten allgemeinen Grundsatz, wonach Gefährdungen möglichst zu vermeiden bzw. zu minimieren sind. Gerade die Integration des Arbeits- und Gesundheitsschutzes in die betriebliche Planung eröffnet die Chance, Gefährdungen für die Beschäftigten von vornherein auszuschließen und damit zu einer wirksamen Gefahrenvorsorge beizutragen.[588] Horizontale Integration bedeutet in diesem Zusammenhang also, daß nicht nur die „Maßnahmen des Arbeitsschutzes" nach § 3 Abs. 2 ArbSchG zu planen sind,

---

[585] Zur Bedeutung der Gefährdungsbeurteilung im Zusammenhang mit der Bereitstellung von Arbeitsmitteln vgl. *Kittner/Pieper*, ArbSchR, § 3 AMBV, Rdnrn. 5 ff.; *MünchArbR-Wlotzke*, § 213, Rdnr. 64.

[586] Vgl. *Pröll/Sczesny*, Fachkräfte für Arbeitssicherheit in der betrieblichen Zusammenarbeit, S. 41 ff.

[587] Die betriebliche Praxis bringt in diesem Zusammenhang bisweilen die unglaublichsten Dinge zu Tage. So werden im Überschwang auf Messen teure Maschinen bestellt, deren Abmessungen so überproportioniert sind, daß in der Arbeitshalle kein Platz mehr zum Arbeiten verbleibt oder es werden aufwendige Planungen von hochkomplexen Produktionsanlagen realisiert, die kein Beschäftigter sicher bedienen kann.

[588] Vgl. hierzu etwa *Nöthlichs*, Kommentar zum ArbSchG, § 4, Anm. 3.1; *Kittner/Pieper*, ArbSchR, § 4 ArbSchG, Rdnr. 5.

sondern daß sich der Arbeits- und Gesundheitsschutz in die übrigen betrieblichen Planungsprozesse einklinkt.

Ein weiteres – nicht mehr ganz naheliegendes – Beispiel ist die Integration des betrieblichen Arbeits- und Gesundheitsschutzes in die Aufgaben des Vertriebs bzw. Marketings. Der Vertrieb bzw. das Marketing haben die Funktion, die im Betrieb gefertigten Produkte am Markt abzusetzen bzw. Aufträge hereinzuholen. Vordergründig kommt ihnen somit keine besondere Rolle für die Sicherheit und Gesundheit der Beschäftigten zu. Es handelt sich vornehmlich um kaufmännische Tätigkeiten, die zudem noch stark abhängig sind von den Wünschen der Kunden bzw. den Bedingungen des Marktes. Ein differenzierteres Bild ergibt sich jedoch, wenn man sich vergegenwärtigt, daß die Vorgaben des Vertriebes maßgeblich bestimmen, welche Produkte mit welchen Spezifikationen im Betrieb zu fertigen sind.

Je nachdem welche qualitativen Anforderungen an die zu fertigenden Produkte gestellt werden, können sich gravierende Unterschiede für den Arbeits- und Gesundheitsschutz der Beschäftigten ergeben. Besonders deutlich wird dies dann, wenn Gefahrstoffe eingesetzt bzw. verarbeitet werden sollen. Sind etwa im Rahmen der Fertigung Farbstoffe zu verarbeiten, besteht in der Regel eine Auswahlmöglichkeit zwischen gefährlichen und weniger gefährlichen Farben (z.B. lösemittelhaltige oder wasserlösliche Erzeugnisse). Horizontale Integration in den Vertrieb bzw. das Marketing bedeutet in diesem Zusammenhang, daß darauf hingewirkt wird, daß die weniger gesundheitsgefährdende Variante gewählt wird. Dies kann bei Massenprodukten durch entsprechende Marketingstrategien geschehen. Bei Unternehmen mit Bestellfertigung muß es darum gehen, die Kunden von den Möglichkeiten und Vorteilen anderer Produktspezifikationen zu überzeugen.[589]

Die realen Einwirkungsmöglichkeiten hängen dabei natürlich von den Rahmenbedingungen des Absatzmarktes ab (Stärke im Wettbewerb, vorgesehene Verwendung des Produktes etc.). Der Handlungsspielraum dürfte in diesem Zusammenhang vor allem für kleine Unternehmen, die über keine starke Stellung am Absatzmarkt verfügen, relativ begrenzt sein. Ungeachtet dessen verdeutlicht das Beispiel aber die große Bedeutung der horizontalen Integration für einen präventiven Arbeits- und Gesundheitsschutz. Es belegt nochmals, daß der Gestaltungsspielraum für „Maßnahmen des Arbeitsschutzes“ durch vermeintlich kaufmännische Entscheidungen in großem Umfang eingeengt werden kann. So läuft, um das

[589] Solche Marktstrategien sind auch im Umweltmanagement nach der EU-EMASV als sog. indirekte Umweltaspekte von Bedeutung. Vgl. dazu Empfehlung der Kommission (2001/680/EG) vom 7. September 2001 über „Leitlinien für die Anwendung der Verordnung (EG) 761/2001 des Europäischen Parlaments und des Rates über die freiwillige Teilnahme von Organisationen an einem Gemeinschaftssystem für das Umweltmanagement und die Umweltbetriebsprüfung (EMAS)“, ABl. EG 1993, Nr. L 247, S. 1 ff. (18 f.).

vorstehende Beispiel der Auswahl von Farbstoffen noch einmal aufzugreifen, die Ersatzstoffprüfungspflicht des Arbeitgebers nach § 16 Abs. 2 GefStoffV praktisch leer, wenn bereits bei der Auftragsannahme eine Festlegung auf die gefährlichere Farbvariante erfolgt. Ein zentrales Anliegen der horizontalen Integration in den Vertrieb bzw. das Marketing muß es deshalb sein, möglichst offene Vertragsbedingungen auszuhandeln, die insbesondere dem in § 4 Nr. 1 ArbSchG formulierten Vorrang der Vermeidung von Gefährdungen noch Raum belassen.

Als letztes Beispiel für die mannigfaltigen Möglichkeiten einer horizontalen Integration des Arbeits- und Gesundheitsschutzes soll hier das Personalwesen angeführt werden. Das ArbSchG hebt die Bedeutung des Einsatzes von geeignetem und adäquat qualifiziertem Personal an verschiedenen Stellen besonders hervor. So kann sich nach § 5 Abs. 3 Nr. 5 ArbSchG eine Gefährdung insbesondere aus der unzureichenden Qualifikation und Unterweisung der Beschäftigten ergeben. Nach § 7 ArbSchG hat der Arbeitgeber bei der Übertragung von Aufgaben zu berücksichtigen, ob die Beschäftigten befähigt sind, sich sicherheitsgerecht zu verhalten.

Eine wesentliche Aufgabe des Personalmanagements liegt in diesem Zusammenhang zunächst in der Durchführung von Weiterbildungsprogrammen, mit Hilfe derer die im Rahmen der Gefährdungsbeurteilung festgestellten Qualifikationsdefizite bereinigt werden können. Darüber hinaus kann daran gedacht werden, die Personalauswahl durch Auswahlrichtlinien und Anforderungsprofile, die die Erfordernisse des Arbeitsschutzes einbeziehen, zu steuern. Eine Integration des Arbeitsschutzes in das Personalwesen kann zudem darin bestehen, überdurchschnittliches Engagement im Arbeitsschutz bei der Personalbeurteilung oder bei Beförderungen besonders zu würdigen. Auch hier ist wiederum eine intensive Kooperation der entsprechenden Stellen mit den klassischen Sicherheitsfunktionären sicherzustellen. Ziel einer solchen Kooperation wäre es z.B., sachgerechte Kriterien dafür zu finden, wie die „Sicherheits- und Gesundheitsschutzleistung“ in die Personalbeurteilung einfließen kann.[590] Mit einzubeziehen ist hierbei der Betriebsrat, dem in diesem Zusammenhang Informations-, Beteiligungs- und Mitbestimmungsrechte zustehen.

Die vorstehenden Überlegungen verdeutlichen, daß der Pflicht zur horizontalen Integration des Arbeits- und Gesundheitsschutzes nach § 3 Abs. 2 Nr. 2 ArbSchG eine durchaus als zentral zu bewertende Bedeutung für das Präventionskonzept des ArbSchG zukommt. Als organisatorischer Gestaltungsgrundsatz ist sie ein unverzichtbares Element, um dem in § 4 Nr. 1 ArbSchG niedergelegten Primat der Gefährdungsvermeidung bzw. Gefährdungsminimierung praktisch zu genügen. Zudem verleiht die Forderung nach der horizontalen

[590] Zur Bedeutung und zu den Möglichkeiten des Personalwesens aus empirischer Perspektive vgl. *Elke*, Management des Arbeitsschutzes, S. 73 ff.

Integration dem etwas nebulösen Begriff des ganzheitlichen Arbeitsschutzes, der hinter der Konzeption des ArbSchG gesehen wird, deutlichere Konturen. Es geht darum, die gesamte Organisation (Betrieb bzw. Unternehmen) auf das Ziel des Arbeitsschutzes auszurichten. Hier liegt der entscheidende Fortschritt zum traditionellen Arbeitsschutzverständnis, das sich stark auf den Betrieb als Ort, an dem sich arbeitsbedingte Gefährdungen realisieren, konzentrierte.

V. Umfang und Grenzen der Organisationspflichten

Grenzen der Organisationspflichten nach § 3 Abs. 2 ArbSchG ergeben sich aus allgemeinen verwaltungsrechtlichen Grundsätzen und speziellen Rechtsvorschriften.

1. Verhältnismäßigkeitsgrundsatz

Nachdem nunmehr der materielle Gehalt der Organisationspflichten des § 3 Abs. 2 ArbSchG geklärt ist, verbleibt die Frage nach den rechtlichen Grenzen der Organisationspflichten. Da es sich bei § 3 Abs. 2 ArbSchG in der Sache um eine öffentlich-rechtliche, freiheitsbeschränkende Norm handelt, die ein Handlungsgebot ausspricht[591], ergeben sich die Grenzen dieses Gebotes für den Einzelfall entsprechend allgemeiner verwaltungsrechtlicher Grundsätze aus dem Verhältnismäßigkeitsprinzip.[592] Es können dem Arbeitgeber also nur solche organisatorischen Vorkehrungen abverlangt werden, die geeignet, erforderlich und angemessen zur Erreichung der in § 1 Abs. 1 ArbSchG genannten Ziele sind.

Aussagen über die Eignung und Erforderlichkeit[593] von Organisationsmaßnahmen lassen sich abstrakt nicht sinnvoll treffen, weil hierzu zwingend genauere Erkenntnisse über die organisatorisch zu bewältigenden Problemlagen notwendig sind. Dies gilt zwar im Prinzip auch für die im Rahmen der Angemessenheitsprüfung durchzuführende Abwägung der beeinträchtigten schutzwürdigen Belange des Arbeitgebers mit den durch Organisationsmaßnahmen verfolgten Zielen des Arbeits- und Gesundheitsschutzes. Auch und gerade hier geht es um eine Einzelfallentscheidung, die den im konkreten Fall konfligierenden Interessen Rechnung zu tragen hat.

---

[591] Hierzu auch *di Fabio*, VVDStRL 1997 (56), 235 ff. (258 ff.), der darauf hinweist, daß die Grundrechte auch vor „hoheitlich auferlegter ‚Eigenverantwortung'" schützen.

[592] So auch *Koll/Janning/Pinter-Koll*, Kommentar zum ArbSchG, § 3, Rdnrn. 14, 5 f.; wohl auch *Wank*, TAS, § 3 ArbSchG, Rdnrn. 11, 4.

[593] Zu den Problemen einer normativen Bewertung von Organisationen vgl. auch eingehend *Spindler*, Unternehmensorganisationspflichten, S. 425 ff. Da es insoweit an Maßstäben fehlt, an denen konkrete Organisationsgestaltungen eindeutig gemessen werden könnten, ist auch insoweit wiederum das der Gestaltungsentscheidung vorangehende Prozedere und die Begründungskontrolle von besonderer Bedeutung.

Für die im Rahmen der Abwägungsentscheidung vorzunehmende Bewertung der Interessen gibt es aber einige verallgemeinerungsfähige Gesichtspunkte. Das Gesetz gibt insofern wichtige Hilfestellung, als es in § 3 Abs. 2 ArbSchG – wie auch bei anderen Pflichten – die Berücksichtigung der Art der Tätigkeiten und der Zahl der Beschäftigten verlangt. Hiermit werden die basalen Kriterien genannt, um die Angemessenheit einer mehr oder weniger intensiven Sicherheits- und Gesundheitsschutzorganisation abschätzen zu können.

Mit der Art der Tätigkeiten verweist das Gesetz auf die Gefährlichkeit der Arbeit.[594] Als Indikatoren für die Gefährlichkeit eines Betriebes für die Sicherheit und Gesundheit wird in der Literatur z.B. auf die Zuordnung eines Betriebes zu einer Gefahrenklasse des Gefahrtarifs der zuständigen Berufsgenossenschaft (§ 157 SGB VII) oder auf Erfahrungswerte im Vergleich zu anderen Betriebsarten und Betrieben der gleichen Betriebsart hingewiesen.[595] Dem ist zuzustimmen, solange man diese Indikatoren als Orientierungswerte nutzt und sie nicht schematisch verwendet werden. Die Zuordnung zu einer Gefahrenklasse knüpft an die abstrakte, durchschnittliche Gefährlichkeit einer Betriebsart, ausgedrückt durch das Verhältnis der gezahlten Entschädigungsleistungen zu den gezahlten Arbeitsentgelten (§ 157 Abs. 3), an.[596] Entscheidend müssen aber die konkreten Gegebenheiten im Betrieb sein, die auch innerhalb einer Betriebsart erheblich variieren können.

Um dies zu verdeutlichen ist es hilfreich, auf die oben genauer beschriebenen Zusammenhänge der betrieblichen Sicherheit und Gesundheit mit der Betriebsorganisation zurückzukommen (vgl. oben S. 207 ff.). So hängt beispielsweise die betriebliche Sicherheit ganz wesentlich vom Ausbildungsstand der Beschäftigten ab. Bestehen hier, z.B. bedingt durch Reorganisationsmaßnahmen oder den Einsatz neuer Arbeitsverfahren, Defizite, ist kaum zu bezweifeln, daß es einer Intensivierung der Instrumente der betrieblichen Selbstkontrolle solange bedarf, bis sich alle betrieblichen Akteure auf die neue Situation eingestellt haben. Als zweites Beispiel kann auf die Auswirkungen unterschiedlicher

---

[594] *Prax.-Kommentar-Seeger*, § 3, Rdnr. 48; *Münch-ArbR-Wlotzke*, § 210, Rdnr. 32; ähnlich *Kollmer/Vogl*, Arbeitsschutzgesetz, Rdnr. 73.

[595] *Nöthlichs*, Arbeitsschutz und Arbeitssicherheit, § 3 ArbSchG, Anm. 3.1.2; *Münch-ArbR-Wlotzke*, § 210, Rdnr. 32; *Nöthlichs* ebenda, schlägt zudem vor, Zu- bzw. Abschläge zu den Unfallversicherungsumlagen zu berücksichtigen. M.E. führt dieses Kriterium hier nicht weiter. Nach § 162 Abs. 1 SGB VII hängt die Höhe der Zuschläge bzw. Nachlässe von der Zahl, der Schwere oder den Aufwendungen für Versicherungsfälle ab. Honoriert bzw. sanktioniert soll also der Erfolg – die „Resultate" – des betrieblichen Arbeits- und Berufskrankheitenschutz werden. Hierbei bleibt aber unberücksichtigt, worauf z.B. besondere Erfolge bei der Unfallverhütung zurückzuführen sind. Beruhen diese gerade auf einer sorgfältigen Organisation, wäre es sinnwidrig, von einem Nachlaß der Mitgliedsbeiträge auf eine Lockerung der Organisationspflicht nach § 3 Abs. 2 ArbSchG zu schlußfolgern.

[596] Einzelheiten hierzu bei *LPK-SGB VII-Molkentin*, § 157, Rdnrn. 8 ff.

Arbeitszeitgestaltungen verwiesen werden. Vor allem in Krisensituationen hat sich die Wichtigkeit eines funktionierenden Meldewesens und die Verfügbarkeit kompetenter „Krisenmanager“ als äußerst wichtig erwiesen. Probleme entstehen dabei immer wieder in Betrieben mit Schichtbetrieb, weil es insbes. in der Nachtschicht nicht selten an solchen Ansprechpartnern fehlt. Im Zusammenhang mit einem der oben beschriebenen Chemieunfälle haben solche Mängel des Meldewesens z.B. dazu geführt, daß ein rund um die Uhr ansprechbarer sog. Sicherheitsmanager nebst Vertreter bestellt wurde.[597]

Die Berücksichtigung dieser einzelbetrieblichen Spezifika stößt im übrigen nicht auf unüberwindbare Probleme. Liegen im Betrieb sorgfältig erstellte Gefährdungsbeurteilungen nach § 5 ArbSchG vor, lassen sich ohne weiteres die beispielhaft genannten Problembereiche feststellen. Auf dieser Basis kann die gebotene Intensität der organisatorischen Vorkehrungen sachgerecht und betriebsbezogen diskutiert werden. Deutlich wird im übrigen auch an dieser Stelle wieder, daß der Gefährdungsbeurteilung eine Schlüsselrolle für die praktische Umsetzung der materiellrechtlichen Schutzziele des Arbeitsschutzrechts zukommt.

Das Gesetz nennt als weiteren Gesichtspunkt für die Angemessenheit der organisatorischen Vorkehrungen die Zahl der Beschäftigten. Dem liegt die zutreffende Überlegung zugrunde, daß sich mit zunehmender Betriebsgröße zwangsläufig die Aufgaben auf mehr Schultern verteilen und sich deshalb ein erhöhter organisatorischer Aufwand für die Koordination der Aktivitäten ergibt.[598] Es ist auch im Hinblick auf diesen Wertungsgesichtspunkt vor schematischen Einordnungen zu warnen, denn die Zahl der Beschäftigten ist im Zusammenhang mit der übergreifenden Betriebs- bzw. Arbeitsorganisation zu sehen. Es macht einen Unterschied, ob in einem Betrieb im Rahmen eines klassischen, hierarchischen Liniensystems gearbeitet wird, oder ob, mehr oder weniger ausgeprägt, Gruppenarbeit praktiziert wird. In letzterem Fall sind die Verantwortlichkeiten im Regelfall auf sehr viel mehr Personen verteilt, was z.B. eine intensivere Überwachung i.S. einer Oberaufsicht notwendig machen wird.

2. *Spezialgesetzliche Regelungen*

Nach § 1 Abs. 3 ArbSchG bleiben spezielle Arbeitsschutzvorschriften durch das ArbSchG unberührt. Daraus folgt, daß insbes. die berufsgenossenschaftlichen Vorschriften, die den Umfang und die Intensität der Sicherheitsorganisation regeln, zu beachten sind. Relevant sind im hier interessierenden Zusammenhang vor allem die Regelungen über die Einsatzzeiten der Fachkraft für Arbeitssicherheit

---

[597] Vgl. auch FR vom 01.02.1996, „Wir freuen uns, wenn unsere Mitarbeiter die Störfälle melden“.

[598] Hierzu auch *Münch-ArbR-Wlotzke*, § 210, Rdnr. 32; *Prax.-Kommentar-Seeger*, § 3, Rdnr. 48.

(§ 2 BGV A 6) und Betriebsärzte (§ 2 BGV A 7) sowie die Bestimmungen über die Anzahl der Sicherheitsbeauftragten nach § 22 SGB VII (§ 9 i.V. mit Anlage 1 BGV A 1). Außerdem ist auf § 11 ASiG zu verweisen, der die Einrichtung eines Arbeitsschutzausschusses in Betrieben mit mehr als 20 Beschäftigten anordnet.

Diese Vorschriften sind verbindlich und können durch die Ausübung des Organisationsermessens nach § 3 Abs. 2 ArbSchG nicht umgangen werden.[599] Konkret bedeutet dies, daß die normierten Werte nicht eigenmächtig unterschritten werden dürfen. Sollte im Unternehmen die Auffassung vorherrschen, daß aufgrund der guten Sicherheitsarbeit z.B. die Einsatzzeit der Sicherheitsfachkraft zu hoch ist, besteht lediglich die Möglichkeit, eine behördliche Einzelfallentscheidung anzustrengen[600], die dann nach Maßgabe des § 12 ASiG zu treffen wäre.[601] Umgekehrt ist es natürlich möglich, eine Aufstockung der Einsatzzeiten auf freiwilliger Basis vorzunehmen, So kann der Betriebsrat diesbezüglich eine freiwillige Betriebsvereinbarung (§ 88 BetrVG) anstreben, ein erzwingbares Mitbestimmungsrecht nach § 87 Abs. 1 Nr. 7 BetrVG scheitert aber schon daran, daß sich eine Betriebsvereinbarung nicht mehr „im Rahmen" der gesetzlichen Anforderungen bewegen würde. Hält der Betriebsrat etwa die Einsatzzeiten der Fachkraft für Arbeitssicherheit angesichts des betrieblichen Gefährdungspotentials für unangemessen gering, bleibt ihm allerdings der Weg, eine Überprüfung der Einsatzzeiten durch die Aufsichtsbehörde anzuregen[602], was ggf. zu einer Einzelfallanordnung nach § 12 ASiG führen kann.

E. Ergebnis 4. Kapitel

Mit § 3 Abs. 2 ArbSchG wird dem Umstand Rechnung getragen, daß sicheres und gesundes Arbeiten maßgeblich von einer effektiven Organisation abhängt, die die betrieblichen Prozesse steuert. Wichtige Anhaltspunkte über die Anforderungen bei der Verteilung Arbeitsschutzaufgaben ergeben sich aus den haftungsrechtlichen Organisationspflichten. Es bietet sich an, die dort – ex post aus Schadensereignissen – entwickelten Prinzipien an die Delegation und Aufsicht auch für die Gestaltung der Organisation nach § 3 Abs. 2 ArbSchG zu nutzen. Dabei ist allerdings stets im Auge zu behalten, daß der Organisations-

---

[599] Vgl. auch *Koll/Janning/Pinter-Koll*, Kommentar zum ArbSchG, § 3, Rdnr. 18; *MünchArbR-Wlotzke*, § 210, Rdnr. 31.

[600] Zu einem solchen – im konkret zugrundeliegenden Fall nach § 2 Abs. 2 BGV A 7 an die Berufsgenossenschaft gerichteten – Antrag zur Herabsetzung der Einsatzzeit des Betriebsarztes vgl. BSGE 59, 55 ff.

[601] In diesem Rahmen ist insbes. der Betriebsrat zu hören und der zuständigen Berufsgenossenschaft Gelegenheit zur Stellungnahme zu geben (§ 12 Abs. 2, 4 ASiG).

[602] Zum Recht des Betriebsrats, Überprüfungen durch die zuständigen Stellen anzuregen vgl. nur *Fitting/Kaiser/Heither/Engels/Schmidt*, BetrVG, § 89, Rdnr. 18; *Richardi-BetrVG-Annuß*, § 89, Rdnr. 19; *Brill*, ArbuR 1981, 202 ff. (203).

pflicht des § 3 Abs. 2 ArbschG eine grundlegend andere Bedeutung zukommt als im Haftungsrecht.

Während organisatorische Anforderungen im Haftungsrecht als Kriterien für die Schadenszurechnung fungieren, ist die Organisation im ArbSchG ein Instrument präventiver Sicherheits- und Gesundheitsschutzgestaltung. Dieser Funktionswandel wird deutlich, wenn man die arbeitsschutzrechtlichen Grundpflichten als reflexives Recht begreift. So verstanden zielt § 3 ArbSchG darauf, innerbetriebliche Gestaltungsprozesse und die Selbstreflektion anzustoßen und zu strukturieren. Es ist in diesem Zusammenhang Aufgabe des Arbeitgebers, für eine Organisationsstruktur zu sorgen, die den betrieblichen Akteuren einen Rahmen bietet, entsprechend ihren jeweiligen gesetzlichen Aufgaben zu agieren. Außerdem gilt es die in § 3 Abs. 1 ArbSchG normierten Verfahrensschritte ablauforganisatorisch zu regeln und mit der Aufbauorganisation zu verknüpfen. Ziel muß es dabei sein, einen kontinuierlichen Verbesserungsprozeß zu implementieren und aufrechtzuerhalten.

Im ArbSchG findet sich an keiner Stelle der Begriff des Arbeitsschutzmanagements. Dessenungeachtet spricht die durch § 3 Abs. 2 ArbSchG ausdrücklich hergestellte Verbindung der Organisationspflicht mit der Pflicht, die Verfahrensschritte des Absatzes 1 zu planen und durchzuführen, dafür, die Grundpflichten als Auftrag zum Aufbau von Arbeitsschutzanagementstrukturen zu begreifen.[603] Die im Zusammenhang mit dem Rechtsbegriff des Managementsystems anhand des Umweltmanagementsystems und des Sicherheitsmanagementsystems herausgearbeiteten Kernelemente belegen diese These nachhaltig.

Die in § 3 Abs. 2 Nr. 2 ArbSchG normierten Integrationspflichten konstituieren den Arbeitsschutz als ganzheitliche Aufgabe, die auf allen Hierarchieebenen und bei allen Tätigkeiten zu beachten ist. § 3 Abs. 2 Nr. 2 ArbSchG bleibt dabei hinter den europarechtlichen Vorgaben des Art. 6 Abs. 3 lit. a Rahmenrichtlinie-Arbeitsschutz zurück. Richtlinienkonform ist die Vorschrift dahingehend auszulegen, daß sich die Integrationspflichten über den Betrieb hinaus auf das Unternehmen erstrecken.

---

[603] In diesem Sinne auch *Beutler/Langhoff*, WSI Mitteilungen 19967, 829 ff. (832 ff.).

Fünftes Kapitel

Rechtliche Instrumente zur Durchsetzung der Grundpflichten des § 3 ArbSchG

Aus den vorherigen Teilen der Untersuchung ergibt sich, daß das ArbSchG durch eine spezifische Regelungstechnik gekennzeichnet ist. Sie besteht darin, daß vornehmlich allgemeine Schutzziele und Vorgaben gemacht werden, die eigenverantwortlich durch die betrieblichen Akteure zu konkretisieren sind. Zwar konnten die Schutzziele des Gesetzes und seine sonstigen Anforderungen weiter präzisiert werden und ein Stück weit auf die betriebliche Ebene „heruntergebrochen" werden. Als hilfreich haben sich dabei die Verbindungslinien zur Philosophie der Managementsysteme erwiesen, die im technischen Sicherheitsrecht in den letzten Jahren an Bedeutung gewonnen haben. Vor allem die in § 3 Abs. 2 ArbSchG vorgesehene Verknüpfung der Organisationspflicht mit den Verfahrensregelungen des § 3 Abs. 1 ArbSchG steht für ein solches managementorientiertes Verständnis der Grundpflichten.

Ungeachtet dieser Präzisierungen verbleibt aber ein breiter Bereich, der durch die betrieblichen Akteure in eigener Verantwortung zu regeln ist. Ein solcher Gestaltungsspielraum ist auch notwendig, denn selbstverantwortliches Handeln ist ohne die Möglichkeit zwischen Gestaltungsalternativen wählen zu können, nicht denkbar. So schreibt das ArbSchG nicht bis ins Detail vor, wie Maßnahmen des Arbeitsschutzes zu planen, zu treffen, durchzuführen und anzupassen sind und welche konkreten Instrumente (z.B. welches Verfahren der Gefährdungsbeurteilung, welche Art der Dokumentation) hierbei einzusetzen sind. Das Gesetz formuliert zwar mit § 3 Abs. 2 ArbSchG deutlicher als bisher Vorgaben für die Organisation des betrieblichen Arbeits- und Gesundheitsschutzes. Ein Blick auf die Integrationspflichten des § 3 Abs. 2 Nr. 2 ArbSchG zeigt aber, daß lediglich allgemeine organisatorische Gestaltungsprinzipien normiert werden. Um praktisch wirksam zu werden bedürfen sie einer betriebsspezifischen Konkretisierung. Bildhaft gesprochen gibt das Gesetz letztlich einige Mosaiksteinchen vor, die zwingend Teil der betrieblichen Organisation werden müssen. Die konkrete Anordnung dieser Mosaiksteinchen und ihre Einpassung in die übergreifenden Organisationsstrukturen ist demgegenüber die Aufgabe der Betriebe.

Vor diesem Hintergrund bleibt es aber auch bei der ebenfalls eingangs dieser Untersuchung getroffenen Feststellung, daß für die klassischen Formen der Rechtsdurchsetzung (insbes. dem behördlichen Vollzug) Probleme entstehen müssen. Zu klären ist etwa, wie Anordnungen zur betrieblichen Sicherheitsorganisation auszusehen haben, damit der bewußt durch das Gesetz eingeräumte betriebliche Gestaltungsspielraum gewahrt bleibt. Das klassische verwaltungsrechtliche Paradigma, wonach die Aufsichtsbehörde durch die Konkretisierung unbestimmter Rechtsbegriffe mittels eines Verwaltungsakts abschließend das rechtlich geforderte Verhalten konkretisiert, stößt im Kontext betrieblicher Eigenverantwortung und Gestaltungsfreiheit ersichtlich an seine Grenzen.

Den hiermit zusammenhängenden Fragen, die für das betriebliche Wirksamwerden des ArbSchG von kaum zu unterschätzender Bedeutung sind, soll abschließend nachgegangen werden. Besonderes Augenmerk wird dabei auf das Zusammenwirken verschiedener Ebenen der Rechtsdurchsetzung gelegt.

A. Eingrenzungen

Die Grundpflichten bilden einen normativen Rahmen für die Gestaltung eines präventiven Arbeits- und Gesundheitsschutzes. Die nachfolgenden Überlegungen werden sich allein auf Aspekte der Rechtsdurchsetzung konzentrieren, die *unmittelbar* auf die Beachtung dieser präventiven öffentlich-rechtlichen Pflichten zielen. Mit diesem so formulierten Untersuchungsprogramm ist allerdings nur ein – wenn auch wichtiger – Ausschnitt der Durchsetzung des materiellen Arbeitsschutzrechts nach dem ArbSchG abgedeckt. Daneben gibt es eine Reihe weiterer Mechanismen der Rechtsdurchsetzung, die zwar nicht unmittelbar, wohl aber mittelbar zur Umsetzung der Pflichten des ArbSchG beitragen können.

Zu nennen ist hier zunächst das Haftungsrecht, bei dem wie oben (S. 222 ff.) ausgeführt gerade auch Fragen der Organisation eine wichtige Rolle im Rahmen der Schadenszurechnung spielen. Die entsprechenden zivil-, straf- und ordnungswidrigkeitenrechtlichen Tatbestände sind primär auf den Ausgleich und die Sanktionierung von Schädigungen bzw. Rechtsverstößen ausgerichtet. Es ist aber anerkannt, daß ihnen gleichermaßen – mittelbar – auch eine präventive Funktion zukommen soll.[1] Bei einer eingehenden Untersuchung des Haftungsrechts gerieten zwangsläufig weitere Akteure in den Fokus. Zu nennen sind einerseits private Haftpflicht- und Rechtsschutzversicherer, die ggf. entsprechende Risiken abdecken. Andererseits ist auf die Träger der Sozialversicherung hinzuweisen. Neben den Berufsgenossenschaften als gesetzliche Unfallversicherer verdienen die Träger der gesetzlichen Krankenversicherung Erwähnung. Auch wenn es in der Praxis wohl eher den Ausnahmefall bildet, verfügen sie rechtlich nach § 116 SGB X über die Möglichkeit, von ihnen erbrachte Leistungen für arbeitsbedingte Erkrankungen insbes. gegenüber dem

[1] So z.B. für das zivile Haftungsrecht etwa *Wagner*, VersR 1999, 1441 ff. (1441 ff.); für das Strafrecht nur Schönke/*Schröder, StGB-Stree*, Vor. § 38, Rdnrn. 2 ff.

Arbeitgeber geltend zu machen.[2] Da die genannten Leistungserbringer regelmäßig, mehr oder weniger ausgeprägt, Vorkehrungen zur Minimierung der Haftungsrisiken vorsehen, wäre weiter zu fragen, in welcher Weise sie so zur Verwirklichung des Pflichtenprogramms des § 3 ArbSchG beitragen.[3]

Eine andere Ebene der Rechtsdurchsetzung, die in diesem Kontext zu beleuchten wäre, ist das Wettbewerbsrecht. Es ist anerkannt, daß Verstöße gegen Arbeitsschutzbestimmungen jedenfalls dann einen Unterlassungsanspruch nach § 1 UWG tragen können, wenn sie wettbewerbsbezogen sind.[4] Zu klären wäre demzufolge, ob und ggf. unter welchen Voraussetzungen den primär betriebsbezogenen Regelungen des § 3 ArbSchG ein Wettbewerbsbezug attestiert werden kann.[5]

Als letztes Beispiel für eine weitere Ebene der Rechtsdurchsetzung sei hier auf die Beziehungen des Arbeitgebers zu Lieferanten und Herstellern (von Arbeitsstoffen, Maschinen und Anlagen) verwiesen. Praktisch deutlich wird die Problematik an dem Fall, daß dem Arbeitgeber die Pflichterfüllung dadurch erschwert wird, daß ihm wesentliche Informationen für die Gestaltung einer betrieblichen Sicherheitskonzeption vorenthalten werden. Dies kann etwa der Fall sein, wenn ein Hersteller oder Lieferant von Arbeitsstoffen oder Arbeitsmitteln entsprechende Auskünfte nicht erteilt, obgleich sie nach neuerem Recht hierzu öffentlich-rechtlich verpflichtet sind (§ 16 GefStoffV, Gefahrstoffinformationen; Anhang I Maschinenrichtlinie, Bedienungsanleitung). Es ergeben sich dabei eine Fülle zivilrechtlicher (Gewährleistungsrecht, Deliktshaftung)[6] und öffentlich-rechtlicher Aspekte (Einschaltung der Aufsicht), die letztlich mittelbar wieder auf die Erfüllung des § 3 ArbSchG abzielen.

Es liegt auf der Hand, daß eine sorgfältige Aufarbeitung all dieser Aspekte genug Stoff für eine eigenständige Untersuchung abgeben würde. Der Fokus wird deshalb auf eine Skizzierung der Möglichkeiten der unmittelbaren Durchsetzung der Grundpflichten vor dem Hintergrund der bewußt eingeräumten Handlungskorridore auf der betrieblichen Ebene gelegt. Neben der für ein öffentlich-rechtliches Gesetz – wie es das ArbSchG ist – typischen Durchsetzung durch behördlichen Vollzug werden die Handlungsmöglichkeiten der einzelnen Beschäftigten und ihrer Interessenvertretung untersucht.

---

[2] In der Praxis werden diese Regreßmöglichkeiten von den Trägern der Sozialversicherung wohl eher selten genutzt, vgl. hierzu *Wagner*, VersR 1999, 1441 ff. (1447 f.).

[3] Zu nennen wären hier etwa die berufsgenossenschaftlichen Vorschriften (BGV) oder die Versicherungsbedingungen der Haftpflichtversicherer, zu Letzterem vgl. etwa *Wagner*, VersR 1999, 1441 ff. (1444 ff.).

[4] Zur Problematik vgl. etwa *Sack*, Festschrift Wiese, S. 439 ff.; *Kohte*, ArbuR 1989, 241 ff.

[5] Einen solchen Wettbewerbsbezug hat der BGH, ZUR 2001, 31 ff., allerdings jüngst im Umweltrecht für betriebsinterne Vorgänge (Überschreitung von Grenzwerten nach dem BImSchG) verneint.

[6] Hierzu das Beispiel des Maschinenkaufs bei *Kohte/Bücker*, ZfRSoz 1993, 243 ff. (246 f.).

B. Die Durchsetzung der Grundpflichten durch die zuständigen Arbeitsschutzbehörden

Die Aufgaben und Befugnisse der zuständigen Aufsichtsbehörden sind im fünften Abschnitt des ArbSchG geregelt. § 21 Abs. 1 ArbSchG stellt zunächst klar, daß die Überwachung des Arbeitsschutzes nach dem ArbSchG staatliche Aufgabe ist. Die für die öffentlich-rechtliche Durchsetzung der Normen des ArbSchG erforderlichen Eingriffsbefugnisse finden sich in § 22 ArbSchG.[7] Die Vorschrift normiert in den Absätzen 1 und 2 Auskunftspflichten des Arbeitgebers, sowie Betretungs-, Besichtigungs- und Kontrollrechte vor Ort. Sie weist insoweit Ähnlichkeiten mit den Aufsichtsregelungen anderer Fachgesetzes des technischen Sicherheitsrechts auf.[8]

I. Einzelfallanordnungen nach § 22 Abs. 3 Satz 1 Nrn. 1 und 2 ArbSchG

Mit Blick auf die öffentlich-rechtliche Durchsetzung der Grundpflichten des § 3 ArbSchG ist die Bestimmung des § 22 Abs. 3 ArbSchG von Bedeutung. Sie ermächtigt die Aufsichtsbehörden, Einzelfallanordnungen für den betrieblichen Arbeits- und Gesundheitsschutz zu erlassen. Es stellt sich insofern die Frage, ob solche Verwaltungsakte auch zur Durchsetzung der Grundpflichten erlassen

[7] Allgemein hierzu etwa die entsprechenden Kommentierungen bei *Wank*, TAS, § 22 ArbSchG, Rdnrn. 2 ff.; *Prax.-Kommentar-Kunz*, § 22 ArbSchG, Rdnrn. 1 ff.; *Nöthlichs*, Arbeitsschutz und Arbeitssicherheit, § 22 ArbSchG, Anm. 1 ff. Vgl. außerdem die dem Wortlaut nach weitgehend ähnlich formulierte unfallversicherungsrechtliche Eingriffsermächtigung des § 17 SGB VII (hierzu etwa die Kommentierungen zu § 17 SGB VII bei *LPK-Molkentin* oder *Kater/Leube*, SGB VII). § 17 SGB VII ermächtigt allein zur Durchsetzung des autonomen Unfallversicherungsrechts. Die Zusammenarbeit der staatlichen und berufsgenossenschaftlichen Überwachung ist in § 21 Abs. 3 ArbSchG geregelt. § 21 Abs. 4 ArbSchG ermöglicht neuerdings Vereinbarungen der obersten arbeitsschutzrechtlichen Landesbehörden mit den Berufsgenossenschaften mit dem Ziel, diesen auch die Überwachung näher zu bestimmender Teile des staatlichen Arbeitsschutzrechts zu ermöglichen. Die Regelung des § 21 Abs. 4 ArbSchG wird vor allem damit begründet, daß so eine Bündelung der Überwachungsaktivitäten in eine Hand erreicht werden kann und die staatliche Überwachung auf diese Weise entlastet wird sowie Einsparungen möglich werden. Vgl. dazu nur *Wlotzke*, NZA 1996, 1017 ff. (1023) oder *Wank*, TAS, § 21 ArbSchG, Rdnr. 5. In der Literatur überwiegen die Bedenken gegen diese Regelung. Geäußert wird vor allem die Befürchtung eines (Teil)rückzugs der staatlichen Stellen aus der Kontrolle des Arbeitsschutzes (*Angermaier*, AiB 1996, 522 ff., 528; im Ergebnis wohl auch *Wank*, TAS, § 21 ArbSchG, Rdnr. 5). Außerdem werden verfassungsrechtliche Bedenken geäußert, namentlich die Gefahr der unzulässigen Mischverwaltung und die Verletzung staatlicher Schutzpflichten zum Schutz von Leben und Gesundheit der Beschäftigten (*Kollmer/Vogl*, Das Arbeitsschutzgesetz, Rdnr. 262; *Prax.-Kommentar-Getsberger*, § 21 ArbSchG, Rdnrn. 18 ff.; *Egger*, NZS 1994, 352 ff., 355; aus der Sicht der Berufsgenossenschaften, *Coenen/Waldeck*, Die BG 1996, 574 ff., 579 f.).

[8] Vgl. etwa §§ 52 BImSchG; 40 KrW-/AbfG; 21 WHG; 25 GenTG; 21 ChemG, sowie für den Vollzug des Unfallversicherungsrechts, dem „zweiten Standbein" des öffentlich-rechtlichen Arbeitsschutzes, §§ 17, 19 SGB VII.

werden können (Tatbestandsseite) und ggf. welche Anforderungen an den Inhalt solcher Anordnungen zu stellen sind (Rechtsfolgenseite).

1. Tatbestandliche Voraussetzungen behördlicher Anordnungen nach § 22 Abs. 3 ArbSchG

Nach § 22 Abs. 3 Satz 1 ArbSchG kann die zuständige Behörde unter den in den Ziffern 1 und 2 genannten Voraussetzungen Einzelfallanordnungen treffen. Satz 2 der Vorschrift präzisiert die bei Einzelfallanordnungen zu beachtenden Modalitäten dahingehend, daß eine angemessene Frist für die Durchführung der Anordnungen zu setzen ist, sofern nicht Gefahr im Verzug ist. Eine Regelung über weitergehende Befugnisse nach dem Erlaß einer Anordnung nach Satz 1 enthält § 22 Abs. 3 Satz 3 ArbSchG. Danach kann die von einer Anordnung betroffene Arbeit oder die Verwendung bzw. der Betrieb der von ihr betroffenen Arbeitsmittel untersagt werden, wenn die Anordnung nicht innerhalb der gesetzten Frist durchgeführt wird. Gleiches gilt für den Fall, daß eine für sofort vollziehbar erklärte Anordnung nicht sofort aus ausgeführt wird.[9] § 22 Abs. 3 Satz 4 ArbSchG trifft schließlich Sonderregelungen für den Bereich des öffentlichen Dienstes.

Von besonderer Relevanz im Zusammenhang dieser Untersuchung sind die Grundtatbestände des § 22 Abs. 3 Satz 1 ArbSchG, die die grundlegenden Eingriffsvoraussetzungen für den Erlaß von Verwaltungsakten regeln. Danach können nach Ziffer 1 Einzelfallanordnungen darüber ergehen, welche Maßnahmen der Arbeitgeber, die verantwortlichen Personen nach § 13 ArbSchG oder die Beschäftigten zu treffen haben, um ihre Pflichten aus dem ArbSchG und den Rechtsverordnungen nach §§ 18, 19 ArbSchG zu erfüllen.[10] Außerdem eröffnet § 22 Abs. 3 Satz 1

---

[9] In der Literatur wird z.T. vertreten, daß Untersagungsverfügungen zur Durchsetzung der Organisationspflichten des § 3 Abs. 2 ArbSchG oder der Dokumentationspflicht ausscheiden, da es insoweit an einer Gefahr fehle (*Prax.-Kommentar-Kunz*, § 22 ArbSchG, Rdnr. 100; *Nöthlichs*, Arbeitsschutz und Arbeitssicherheit, § 22, Anm. 9). Dem ist jedenfalls in dieser Pauschalität zu widersprechen. Der Erlaß einer Untersagungsverfügung ist bei Vorliegen der Voraussetzungen des § 22 Abs. 3 Satz 3 ArbSchG davon abhängig, daß die Behörde ihr Ermessen fehlerfrei betätigt und die Untersagung dem Grundsatz der Verhältnismäßigkeit entspricht (so zutreffend auch *Koll/Janning/Pinter-Koll*, Kommentar zum ArbSchG, § 22 ArbSchG, Rdnrn. 44 f.; *Kollmer/Vogl*, Arbeitsschutzgesetz, Rdnr. 290). Es handelt sich also um eine Entscheidung, die von den jeweiligen Gegebenheiten des Einzelfalls (z.B. Schwere der Pflichtverletzungen des Arbeitgebers) abhängt. Mit Blick auf § 3 Abs. 2 ArbSchG ist zudem zu bedenken, daß organisatorische Defizite sehr wohl zu Gefahren führen können, wenn z.B. die Zuständigkeiten und Verfahrensweisen für den Normalbetrieb und für Betriebsstörungen nicht klar geregelt sind (vgl. hierzu eingehend die Beispiele oben S. 198 ff.).

[10] Hierzu auch *Münch-ArbR-Wlotzke*, § 208, Rdnr. 66; *Kollmer/Vogl*, Arbeitsschutzgesetz, Rdnr. 287, die in diesem Zusammenhang nicht nur auf die Pflichten der Beschäftigten nach §§ 15, 16 ArbSchG hinweisen, sondern auch die in § 17 ArbSchG normierten Rechte nennen. Letzteres ist abzulehnen, da es sinnwidrig wäre, die Beschäftigten zu verpflichten, ihre Rechte nach § 17 ArbSchG geltend zu machen. Die Rechte der Beschäftigten würden

Nr. 2 ArbSchG der Aufsicht die Möglichkeit zu verfügen, welche Maßnahmen der Arbeitgeber und die verantwortlichen Personen zur Abwendung einer besonderen Gefahr für Leben und Gesundheit zu treffen haben.[11] Anknüpfend an die sich in der Literatur herausgebildete Terminologie wird nachfolgend die Ermächtigungsgrundlage des § 22 Abs. 3 Satz 1 Nr. 1 ArbSchG als „Generalbefugnis" und § 22 Abs. 3 Satz 1 Nr. 2 ArbSchG als „Gefahrenanordnung" bezeichnet.[12]

Die Normstruktur des § 22 Abs. 3 Satz 1 ArbSchG weicht auf der Ebene der Eingriffsvoraussetzungen (Tatbestandsseite) von der Vorgängerregelung des § 120 d GewO deutlich ab. Die in § 22 Abs. 3 ArbSchG angelegte Differenzierung zwischen Gefahrenanordnungen und der Generalbefugnis fand sich im abgelösten Recht nicht. Eingriffsvoraussetzung war entsprechend § 120 d Abs. 1 GewO a.F. i.V. mit § 120 a GewO a.F. eine Gefahr für Leben und Gesundheit der Arbeitnehmer, also eine Sachlage, die bei ungehindertem Ablauf des objektiv zu erwartenden Geschehens mit hinreichender, empirisch belegter Wahrscheinlichkeit zu einem Schaden führt.[13] Vor diesem Hintergrund stellt sich die Frage, ob das ArbSchG zu veränderten Eingriffsmöglichkeiten für die Aufsichtsbehörden führt. In der bisherigen Diskussion ist dieser Frage noch nicht vertieft nachgegangen worden. Es wird mit Blick auf § 22 Abs. 3 ArbSchG zumeist auf vergleichbare Vorschriften, wie §§ 12 ASiG, 23 ChemG, 12 GSG, 120 d GewO verwiesen.[14]

a) Generalbefugnis nach § 22 Abs. 3 Satz 1 Nr. 1 ArbSchG

Die Generalbefugnis eröffnet den zuständigen Behörden die Möglichkeit, die Pflichten aus dem ArbSchG und aus den aufgrund des ArbSchG erlassenen Rechtsverordnungen für den Einzelfall verbindlich zu konkretisieren. Sie ist also ein Instrument zur Durchsetzung des gesamten geltenden Rechts unter dem „Dach" des ArbSchG.[15] Strukturell vergleichbar ist die Generalbefugnis mit einer Reihe weiterer, teilweise wortgleicher behördlicher Ermächtigungsgrundla-

auf diese Weise zu Pflichten umdeklariert und die systematische Differenzierung des 3. Abschnitts zwischen Pflichten und Rechten der Beschäftigten konterkariert.

[11] Anders als bei § 22 Abs. 3 Satz 1 Nr. 1 ArbSchG sind Anordnungen zur Abwehr besonderer Gefahren nach § 22 Abs. 1 Satz Nr. 2 ArbSchG gegenüber den Beschäftigten nicht zulässig. Vgl. hierzu nur *Koll/Janning/Pinter-Koll*, Kommentar zum ArbSchG, § 22, Rdnr. 41.

[12] Vgl. auch *Kollmer/Vogl*, Arbeitsschutzgesetz, Rdnrn. 285, 287; *Prax.-Kommentar-Kunz*, § 22 ArbSchG, Rdnrn. 57, 74. Eine etwas andere Terminologie findet sich bei *Münch-ArbR-Wlotzke*, § 208, Rdnr. 66, der insoweit von der „allgemeinen Eingriffsbefugnis" und der „speziellen Eingriffsbefugnis" spricht.

[13] Hierzu *Landmann/Rohmer-Meyer*, § 120 a GewO (Stand April 1991), Rdnr. 7; *Kollmer/Vogl*, Arbeitsschutzgesetz, Rdnr. 286.

[14] *Wank*, TAS, § 22, Rdnr. 10; *Prax.-Kommentar-Kunz*, § 22, Rdnr. 53; außerdem die Gesetzesbegründung, BT-Drcks. 13/3540, S. 21.

[15] *Kollmer/Vogl*, Arbeitsschutzgesetz, Rdnr. 287; *Prax.-Kommentar-Kunz*, § 22 ArbSchG, Rdnr. 76.

gen (§§ 12 Abs. 1 ASiG; 12 Abs. 1 Satz 1 GSG; 23 Abs. 1 ChemG; 17 Abs. 1 Satz 2 Nr. 1 SGB VII). Gleiches gilt im Grundsatz auch für den abgelösten § 120 d GewO a.F., dessen Zweck ebenfalls darin liegt, für den Einzelfall Maßnahmen zur Konkretisierung des aus § 120 a GewO a.F. folgenden arbeitsschutzrechtlichen Pflichtenprogramms anzuordnen.[16] Es kann demnach festgehalten werden, daß sich § 22 Abs. 3 Satz 1 Nr. 1 ArbSchG in die Reihe weiterer sicherheitsrechtlicher Ermächtigungsgrundlagen einfügt und insbes. strukturell an die bekannte Anordnungsbefugnis des § 120 d Abs. 1 GewO a.F. anknüpft.

Ungeachtet dieser strukturellen Parallelen ist aber nicht zu übersehen, daß die Generalbefugnis den Handlungsrahmen der Behörden erweitert. Dies folgt daraus, daß die sachliche Reichweite der Ermächtigungsgrundlage aus dem zu vollziehenden materiellen Recht folgt. Wie oben (S. 112 ff.) eingehend beschrieben, liegt dem ArbSchG materiell ein gestuftes Präventionskonzept zugrunde. Dieses verlangt – kurz gesagt – kategorisch einen umfassenden Schutz vor Gefahren durch die Arbeit. Darüber hinaus sind – weniger strikt und elastischer – Maßnahmen zum Schutz vor Gefährdungen i.S. einer Gefahrenvorsorge (Gefährdungsschutz) zu treffen.[17] Hiermit ist nicht nur der von §§ 120 d, 120 a GewO a.F. umfaßte Bereich der Gefahrenabwehr durch § 22 Abs. 3 Satz 1 Nr. 1 ArbSchG voll abgedeckt, sondern zusätzlich die dem erweiterten Arbeitsschutzansatz des ArbSchG[18] geschuldeten Maßnahmen im Vorfeld der Gefahr.

In der Literatur besteht soweit ersichtlich Einigkeit darüber, daß alle Pflichten des 2. Abschnitts des ArbSchG durch behördliche Einzelfallanordnungen konkretisiert werden können. Als typische Anwendungsfälle des § 22 Abs. 3 Satz 1 Nr. 1 ArbSchG werden etwa Anordnungen über die Durchführung von Gefährdungsbeurteilungen (§ 5 ArbSchG), die Erstellung der Dokumentation nach § 6 ArbSchG, die Zusammenarbeit mit anderen Arbeitgebern (§ 8 ArbSchG) oder über die Anforderungen an angemessene Unterweisungen gemäß § 12 ArbSchG genannt.[19] Zu erwähnen sind zudem die im Rahmen dieser Untersuchung im Zentrum stehenden Organisations- und Verfahrenspflichten des § 3 ArbSchG.

Es kann damit festgehalten werden, daß auf der Grundlage der Generalbefugnis Anordnungen getroffen werden können, unabhängig davon, ob eine konkrete Gefahrenlage für die Sicherheit und Gesundheit der Beschäftigten gegeben ist.

---

[16] Mit den Tatbestandsmerkmalen der Erforderlichkeit und Ausführbarkeit finden sich in § 120 d GewO a.F. allerdings anders als in § 22 Abs. 3 Satz 1 Nr. 1 ArbSchG weitere ausdrückliche Einschränkungen der Eingriffsbefugnisse. Sie verweisen aber letztlich vor allem normativ auf den ohnehin zu beachtenden Verhältnismäßigkeitsgrundsatz.

[17] Vgl. hierzu nochmals *Kohte*, Jahrbuch des Arbeitsrechts 2000, 21 ff. (32).

[18] Zum erweiterten Arbeitsschutzansatz des ArbSchG vgl. nur *Wlotzke*, NZA 1996, 1017 ff. (1019); *Dötsch*, AuA 1996, 329 ff. (330).

[19] Vgl. z.B. *Kollmer/Vogl*, Arbeitsschutzgesetz, Rdnr. 287; *Münch-ArbR-Wlotzke*, § 208, Rdnr. 66; *Prax.-Kommentar-Kunz*, § 22 ArbSchG, Rdnr. 77.

Ungeachtet von § 120 d GewO a.F. ist die Möglichkeit zum Erlaß solcher gefahrenunabhängiger Verwaltungsakte im betrieblichen Arbeitsschutzrecht nicht neu. Hinzuweisen ist insoweit auf die Rechtsprechung zur Durchführung der organisatorischen Vorgaben nach dem ASiG.[20]

b) Gefahrenanordnung

Nach § 22 Abs. 1 Satz 1 Nr. 2 ArbSchG kann die Behörde im Einzelfall anordnen, welche Maßnahmen der Arbeitgeber und die verantwortlichen Personen zur Abwendung einer besonderen Gefahr für Leben und Gesundheit der Beschäftigten zu treffen haben. Auf den ersten Blick könnte der Umstand, daß Gefahrenanordnungen das Bestehen „einer besonderen Gefahr" voraussetzen, für eine Einschränkung der behördlichen Befugnisse im Vergleich zur abgelösten Regelung des § 120 d GewO a.F. sprechen. Eine solche Auslegung hält einer genaueren Überprüfung allerdings nicht stand.

Sieht man, wie hier vertreten, mit der einhelligen Auffassung in der Literatur den Zweck des § 22 Abs. 1 Satz 1 Nr. 1 ArbSchG darin, den Vollzug des ArbSchG und der Rechtsverordnungen zum ArbSchG bei wie auch immer gearteten Pflichtverstößen zu gewährleisten[21], bedarf es keiner besonderen Ermächtigungsgrundlage, wenn diese Verstöße gleichzeitig zu besonderen Gefahren für die Beschäftigten führen. Jeder Gefahrenlage im Verantwortungsbereich des Arbeitgebers ist mit geeigneten Maßnahmen des Arbeitsschutzes zu begegnen. Man kann deswegen m.E. in der Gefahrenanordnung des § 22 Abs. 3 Nr. 2 ArbSchG auch schwerlich eine spezialgesetzliche Regelung zur Generalbefugnis der Ziffer 1 sehen.[22] Durch eine solche Deutung werden die Eingriffsvoraussetzungen weder klargestellt noch konkretisiert, sondern eher verwischt.

Nach allgemeinen verwaltungsrechtlichen Grundsätzen ist es eine bare Selbstverständlichkeit, daß bei einer besonderen, intensiven Gefahr die Eingriffsschwelle sinkt und sich bei Ermessensvorschriften das Ermessen ggf. bis auf Null reduziert.[23] Es macht daher wenig Sinn, in der Gefahrenanordnung

---

[20] Vgl. etwa BSGE 50, 107 ff.; BSGE 50, 171; BSGE 65, 5 ff., jeweils zur Pflicht Betriebsärzte und Sicherheitsfachkräfte zu bestellen; BSG, SGb 2000, 274 ff., zum Anschlußzwang an einen arbeitsmedizinischen und sicherheitstechnischen Dienst einer Berufsgenossenschaft; VG Ansbach, GewArch 1995, 419 ff., zu den Anforderungen an die Fachkunde einer Sicherheitsfachkraft; VG Hannover, GewArch 1996, 28 f., zur Einrichtung eines Arbeitsschutzausschusses.

[21] *Wank*, TAS, § 22 ArbSchG, Rdnr. 10; *Prax.-Kommentar-Kunz*, § 22 ArbSchG, Rdnr. 73; *Kollmer/Vogl*, Arbeitsschutzgesetz, Rdnr. 286.

[22] So aber *Kollmer/Vogl*, Arbeitsschutzgesetz, Rdnr. 284, die § 22 Abs. 3 Nr. 2 ArbSchG generell als Ermächtigungsgrundlage für Maßnahmen der Gefahrenabwehr ansehen. Unklar bleibt dabei, welchen Sinn dann das Attribut der „besonderen" Gefahren macht.

[23] BVerwGE 11, 95 ff. (97); *Handbuch des Polizeirechts-Rachor*, F, Rdnr. 65 ff.; *Drews/Wacke/Vogel/Martens*, Gefahrenabwehr, S. 396 ff.

eine spezialgesetzliche Verdeutlichung der Generalbefugnis zu sehen, die etwa in Zweifelsfällen die Anordnungsbefugnis der Aufsicht verdeutlicht. Eine solche Präzisierung könnte man nur dann annehmen, wenn in § 22 Abs. 3 Satz 1 Nr. 2 ArbSchG – abweichend von § 22 Abs. 3 Satz 1 Nr. 1 ArbSchG – zugleich das Entschließungsermessen spezifiziert würde (statt einer „Kann-Vorschrift“ eine „Soll-Vorschrift“ bzw. eine Einschreitpflicht) und/oder auf der Rechtsfolgenseite nähere Regelungen über das Auswahlermessen getroffen würden (z.B. Hervorhebung bestimmter Anordnungsinhalte). Dies ist aber ersichtlich nicht der Fall. Es hätte im übrigen insoweit näher gelegen, die behördlichen Befugnisse bei Anordnungen zum Gefährdungsschutz zu präzisieren, deren Grenzen schwieriger zu bestimmen sind, als bei den ohnehin wegen Art. 2 Abs. 2 GG strikt zu treffenden Anordnungen zur Gefahrenabwehr.

Aus dem gleichen Grunde kann die Gefahrenanordnung auch nicht als besondere Ausformung der Vollzugsbefugnisse im Hinblick auf § 9 ArbSchG angesehen werden, der die amtliche Überschrift „Besondere Gefahren“ trägt. Die Vorschrift regelt eine Reihe organisatorischer Aspekte im Hinblick auf verschiedene qualifizierte Gefahren, die in der Überschrift unter dem Begriff „Besondere Gefahren“ zusammengefaßt sind.[24] Da es sich dabei vor allem um organisatorische Rechtspflichten des Arbeitgebers bzw. der verantwortlichen Personen nach § 13 ArbSchG handelt, die insbes. die Pflichten aus § 3 Abs. 2 ArbSchG präzisieren[25], ist auch insofern die Generalbefugnis als behördliche Ermächtigungsgrundlage für Einzelfallanordnungen maßgeblich.

Ist § 22 Abs. 3 Satz 1 Nr. 2 ArbSchG somit nicht lex specialis zur Generalbefugnis, bleibt die Frage, welche Fälle dann von der Gefahrenanordnung erfaßt werden. Eine bruchlose Zuordnung der beiden Ermächtigungsgrundlagen ist möglich, wenn man vom unstreitigen Ausgangspunkt ausgeht, daß § 22 Abs. 3 Satz 1 Nr. 2 ArbSchG im Gegensatz zur Ziffer 1 keinen Verstoß gegen Pflichten nach dem ArbSchG bzw. entsprechender Rechtsverordnungen voraussetzt.[26] Es muß sich also um Gefahrenlagen handeln, denen die Beschäftigten unabhängig davon ausgesetzt sind, daß die Vorschriften „unter dem Dach“ des ArbSchG beachtet worden sind. Eine solche Auslegung wird unterstützt mit Blick auf die Ermächtigungsgrundlagen des § 41 Abs. 6 GefStoffV und des § 17 Abs. 1 Satz 2 Nr. 2 SGB VII, in denen ebenfalls von besonderen Gefahren die Rede ist.

Nach § 41 Abs. 6 GefStoffV kann die Behörde Maßnahmen anordnen, die der Arbeitgeber zur Erfüllung der Arbeitsschutzvorschriften der GefStoffV zu treffen hat. Sie kann dabei insbes. die zur Abwendung besonderer Gefahren

---

[24] Zu den besonderen Gefahren des § 9 ArbSchG vgl. umfassend *Prax.-Kommentar-Kohte*, § 9 ArbSchG, Rdnrn. 10 ff., mit umfangreichen Hinweisen auf die Vorgaben der Arbeitsschutzrahmenrichtlinie und ihrer Umsetzung in an deren EU-Mitgliedsstaaten.

[25] Vgl. hierzu im einzelnen *Prax.-Kommentar-Kohte*, § 9 ArbSchG, Rdnr. 19.

[26] Siehe z.B. *Wank*, TAS, § 22 ArbSchG, Rdnr. 10; *Kollmer/Vogl*, Rdnr. 286.

erforderlichen Maßnahmen treffen, unabhängig von einer bestehenden Rechtsverordnung nach § 19 ChemG (§ 41 Abs. Satz 2 Nr. 1 GefStoffV). Das Tatbestandsmerkmal der „besonderen Gefahren“ dient hier also ggf. dem Schließen von Schutzlücken, die sich ungeachtet der besonderen chemikalien- und gefahrstoffrechtlichen Regulierung ergeben.[27] Normstrukturell vergleichbar mit § 22 Abs. 3 Satz 1 ArbSchG ist § 17 Abs. 1 Satz 2 SGB VII. Auch hier wird der Begriff der „besonderen Unfall- und Gesundheitsgefahren“ als Instrument zum Schließen von Schutzlücken gedeutet. Der Erlaß von Gefahrenanordnungen nach § 17 Abs. 1 Satz 2 Nr. 2 SGB VII ist danach immer dann in Betracht zu ziehen, wenn für bestimmte Gefahrenlagen (noch) keine speziellen Unfallverhütungsvorschriften vorhanden sind.[28]

Überträgt man diese Grundsätze auf § 22 Abs. 3 Satz 1 Nr. 2 ArbSchG stellt sich die Frage, welche Schutzlücken sich aus § 3 ArbSchG und den übrigen Vorschriften des zweiten Abschnitts des Gesetzes ergeben können. Die Grenzziehung ist dabei anders als im Unfallversicherungsrecht. Es ist zu berücksichtigen, daß § 3 ArbSchG wie oben eingehend begründet (S. 46 ff.) richtlinienkonform dahingehend auszulegen ist, daß der Arbeitgeber die Sicherheit und den Gesundheitsschutz der Beschäftigten in bezug auf alle Aspekte, die die Arbeit betreffen, zu garantieren hat. Aufgrund seines rahmengesetzlichen Charakters und des umfassenden Präventionsansatzes zielt das Gesetz insbes. darauf, Schutzlücken zu schließen, die sich in der Vergangenheit insbes. immer dann ergaben, wenn – noch – keine speziellen Schutzvorschriften erlassen worden

---

[27] Hierzu *Münch-ArbR-Wlotzke*, § 214, Rdnr. 83; im übrigen weicht § 41 Abs. 6 GefStoffV normstrukturell deutlich von § 22 Abs. 3 Satz 1 ArbSchG ab, wo die Gefahrenanordnung alternativ neben der Generalbefugnis als Ermächtigungsgrundlage normiert ist. In § 41 Abs. 6 GefStoffV macht das Tatbestandsmerkmal „insbesondere“ deutlich, daß es sich um einen speziellen Fall des Grundtatbestandes des § 41 Abs. 6 Satz 1 GefStoffV handelt. Die Regelung ist konsequent, da sich das Normenprogramm des Gefahrstoffrechts nach § 1 GefStoffV ausgehend vom Begriff der „arbeitsbedingten und sonstigen Gesundheitsgefahren“ entfaltet. Die „besonderen Gefahren“ des § 41 Abs. 6 Satz 2 Nr. 1 GefStoffV bilden von daher einen Ausschnitt der Gefahren i.S. von § 1 GefStoffV ab. Für das ArbSchG kommt eine solche Regelungsstruktur nicht in Betracht, da es nach § 1 Abs. 1 ArbSchG Zweck des Gesetzes ist, Sicherheit und Gesundheitsschutz der Beschäftigten zu sichern und zu verbessern. Die Regelungen des ArbSchG knüpfen damit im Gegensatz zum Gefahrstoffrecht nicht vorrangig am Gefahrbegriff an. Er ist auch somit nicht – allein – geeignet, die Grenzen der Anordnungsbefugnisse zu umschreiben.

[28] *Leube*, Die BG 1999, 66 ff. (68); LPK-SGB VII-Molketin, § 17, Rdnr. 7; *Leichsenring*, Die BG 1997, 82 f. (83); *Sokoll*, NZS 1993, 9 ff. (11). In der Sache dient § 17 Abs. 1 Satz 2 Nr. 2 SGB VII auch der Durchsetzung staatlichen Rechts, da dieses zur Füllung der Lücken der Unfallverhütungsvorschriften herangezogen werden soll. Rechtssystematisch handelt es sich dessenungeachtet um den Vollzug des weit gespannten Präventionsauftrags des § 14 SGB VII. Vgl. hierzu *Sokoll*, NZS 1993, 9 ff. (11).

waren (z.B. beim Einsatz neuer Technologien).[29] Vor allem die allgemeinen Grundsätze des § 4 ArbSchG, die den Arbeitgeber als unmittelbar geltendes Recht binden, begründen insofern einen umfassenden Schutz der Beschäftigten, selbst wenn (noch) keine spezialgesetzlichen Arbeitsschutzvorschriften erlassen worden sind. Da es sich damit um den Vollzug der Pflichten aus dem ArbSchG handelt, ist die Ermächtigungsgrundlage für entsprechende Anordnungen die Generalbefugnis des § 22 Abs. 3 Satz 1 Nr. 1 ArbSchG. Praktisch bedeutet dies, daß die behördlichen Befugnisse insoweit nicht durch das Merkmal einer besonderen Gefahrenlage eingeschränkt werden.

Der Anwendungsbereich der besonderen Gefahren i.S. des § 22 Abs. 1 Satz 1 Nr. 2 ArbSchG wird erst mit Blick auf die gegenständlichen Grenzen der Gewährleistungsverpflichtung des Arbeitgebers deutlich. Diese werden im Kern durch das Recht des Arbeitgebers markiert, den Betrieb zu leiten und die Arbeitsteilung zu organisieren. Nur insoweit hat er die Möglichkeit, unabhängig und in eigener Verantwortung die Arbeitsbedingungen im Betrieb zu prägen und zu bestimmen. Anders liegen die Dinge, wenn die Sicherheit und der Gesundheitsschutz der Beschäftigten von Faktoren betroffen werden, die der Arbeitgeber nicht oder nicht vollständig beherrschen kann. Gemeint sind vor allem Fallgestaltungen, aus den sich Gefahren aus den Wechselwirkungen mit der betrieblichen Umwelt ergeben. Denkbar sind im wesentlichen zwei Fallgruppen:

Einerseits können hier Gefahren zum Tragen kommen, die durch fahrlässiges und vor allem vorsätzliches Handeln Dritter hervorgerufen werden. Denkbar sind derartige Einzelfallanordnungen bei Betrieben mit hohem Risikopotential (gefährliche Chemieanlagen, Atomkraftwerke) zum Schutz vor Sabotage oder Einwirkungen durch Dritte.[30] Schutzlücken bestehen insoweit für alle

---

[29] Hierzu z.B. *Kohte*, Jahrbuch des Arbeitsrechts 2000, 21 ff. (32 f.); *Koll/Janning/Pinter-Koll*, Kommentar zum ArbSchG, Ordnungsbuchstabe B, Rdnr. 54; *Kollmer/Vogl*, Arbeitsschutzgesetz, Rdnrn. 25 ff. Ein gutes Beispiel in diesem Zusammenhang ist die Problematik der Bildschirmarbeitsplätze. Die Arbeit an Bildschirmgeräten hat seit Beginn der 1980-iger Jahre die gesamte Arbeits- und Lebenswelt nahezu flächendeckend verändert. Bis zum Erlaß des ArbSchG mußte die Arbeit an diesen Arbeitsplätzen praktisch als arbeitsschutzrechtliches Niemandsland angesehen werden, vgl. hierzu instruktiv die umstrittene Entscheidung BAG, AP, Nr. 7 zu § 87 BetrVG – Überwachung –. Erst durch das ArbSchG sowie durch die auf der Grundlage der §§ 18, 19 ArbSchG erlassene BildscharbV gibt es gesicherte Rechtsgrundlagen zum Schutz der Gesundheit für die insoweit betroffenen Beschäftigten. Die BildscharbV verdeutlicht und konkretisiert die insofern bestehenden Grundanforderungen des ArbSchG. Als Rechtsverordnung zum ArbSchG kann sie schon aus verfassungsrechtlichen Gründen wegen Art. 80 GG nicht über den Ermächtigungsrahmen der §§ 18, 19 ArbSchG und damit über das materiellrechtliche Schutzprogramm des ArbSchG hinausgehen.

[30] Instruktiv insofern der atomrechtliche Fall in BVerwGE 81, 185 ff., wo die Aufsichtsbehörde zur Gewährleistung des sicheren Betriebs eines Atomkraftwerks die Einrichtung eines mit Faustfeuerwaffen ausgestatteten Sicherheitsdienstes zum Schutz vor Sabotageakten und Terroranschlägen anordnete.

Betriebe bzw. Betriebsbereiche, die nicht der StörfallV unterliegen und für die insoweit nicht § 4 Nr. 4 StörfallV Anwendung findet.[31] Außerdem ist bei § 22 Abs. 3 Nr. 2 ArbSchG an Fälle zu denken, bei denen bestimmte Gefahren für die Beschäftigten nicht aus dem eigenen Betrieb herrühren, sondern aus der Nachbarschaft drohen (z.B. benachbarte Chemieanlage, Industriepark). Diese Gefahren kann der Arbeitgeber (z.B. eines Architektenbüros) nicht selbst beherrschen, da er nicht Betreiber der benachbarten, gefährlichen Betriebsstätte ist.[32] Es ist in einer solchen Situation sachgerecht, ihn durch behördliche Anordnung zu verpflichten, sich z.B. mit dem Betreiber des Nachbarbetriebs abzustimmen und für seine Beschäftigten allgemeine Regeln für das Verhalten bei gefährlichen Betriebsstörungen des benachbarten Betriebs aufzustellen.[33]

---

[31] Zur Klarstellung sei an dieser Stelle darauf hingewiesen, daß sich aus der Gewährleistungspflicht des Arbeitgebers für die Sicherheit und Gesundheit der Beschäftigten auch unmittelbare Rechtspflichten zu Maßnahmen zum Schutz vor terroristischen Anschlägen ergeben können. Dies ist immer dann der Fall, wenn der begründete Verdacht besteht, daß der Arbeitsablauf unmittelbar durch derartige Anschläge betroffen sein kann. In bedrückender Weise ist die Problematik des Bioterrorismus durch Milzbranderreger jüngst in zahlreichen Poststellen virulent geworden. Jedenfalls in Institutionen, die als potentielle Ziele solcher Terrorattacken zu gelten haben, gehört der Umgang mit der Post aufgrunddessen zu den Arbeitstätigkeiten, bei denen das Auftreten biologischer Arbeitsstoffe nicht auszuschließen ist (§ 2 Abs. 4 BioStoffV). Sie unterliegen deshalb nach § 1 BioStoffV dem speziellen Schutzregime der BiostoffV, mit der Folge, daß eine angemessene Gefährdungsbeurteilung durchzuführen und geeignete Schutzmaßnahmen festzulegen sind. Vgl. hierzu auch die „Empfehlung der Bundesanstalt für Arbeitsschutz und Arbeitsmedizin und des Robert Koch-Institutes über Maßnahmen zum Schutz vor gefährlichen Erregern in Poststellen und beim Umgang mit Poststücken bei Gefahr vor bioterroristischen Anschlägen vom 23.10.2001“, herunterzuladen über die Homepage der BAuA, http://www.baua.de.

[32] In eine ähnliche Richtung argumentiert auch die Gesetzesbegründung, die im Hinblick auf die Ziffer 2 darauf abhebt, daß es sich um Anordnungen handelt, „mit denen besondere Gefahren, die nicht unbedingt ihre Ursache in der Nichterfüllung von Arbeitsschutzpflichten haben, von den Beschäftigten (Absatz 2 Nr. 2) abgewendet werden sollen“. Vgl. BT-Drcks. 13/3540, S. 21. In diesem Sinne mit Blick auf § 17 Abs. 1 SGB VII vgl. auch *Leube*, Die BG 1999, 66 ff. (68).

[33] Auf der Grundlage dieser Auslegung ist allerdings der Begriff der besonderen Gefahr i.S. von § 22 Abs. 3 Satz 1 Nr. 2 ArbSchG inhaltlich anders zu füllen als in § 9 ArbSchG. Das Attribut „besondere“ steht hier für eine Differenzierung zwischen Gefahren, die vom Arbeitgeber, kraft seiner Leitungsfunktion beherrscht werden können und Gefahren, bei denen dies nicht, oder jedenfalls nicht vollständig möglich ist. Dies ist rechtssystematisch nicht unbedingt befriedigend, aber wohl vertretbar. Im Normtext des § 9 ArbSchG findet sich der Begriff der besonderen Gefahr nicht explizit, sondern lediglich in der Überschrift als Oberbegriff für verschiedene Gefahrensituationen (besonders gefährlicher Arbeitsbereich, Abs. 1; unmittelbare erhebliche Gefahr, Abs. 2 und 3). Der Sachzusammenhang ergibt hier eindeutig, daß die Qualifzierung der Gefahr erfolgt, um ein besonders hohes Schädigungspotential und eine hohe Eintrittswahrscheinlich zu beschreiben, vgl. hierzu auch *Prax.-Kommentar-Kohte*, § 9 ArbSchG, Rdnrn. 11 ff.

c) Zwischenergebnis

Zusammenfassend läßt sich damit für die Tatbestandsseite des § 22 Abs. 3 ArbSchG festhalten, daß die Möglichkeiten zum Erlaß von Anordnungen durch die Aufsicht gegenüber der Vorgängerregelung des § 120 d GewO a.F. in zweifacher Weise ausgedehnt worden sind. Einerseits ermöglicht § 22 Abs. 3 Satz 1 Nr. 1 ArbSchG Verwaltungsakte zur Durchsetzung sämtlicher Pflichten des ArbSchG und der aufgrund des ArbSchG erlassenen Rechtsverordnungen. Auf diese Weise werden im Gegensatz zur früheren Rechtslage Verfügungen im Vorfeld der Gefahr möglich. Andererseits sind durch die Gefahrenanordnung nach § 22 Abs. 3 Satz 1 Nr. 2 ArbSchG Einzelfallverfügungen möglich, die nicht an eine Verletzung arbeitsschutzrechtlicher Pflichten anknüpfen. Erfaßt sind damit (besondere) Gefahrenlagen, die der Arbeitgeber nicht oder nicht allein beherrschen kann. Der Gesetzgeber trägt damit auf der Tatbestandsseite dem durch die Arbeitsschutzrahmenrichtlinie vorgegebenen erweiterten Arbeitsschutzverständnis i.S. eines Arbeitsumweltschutzes sachgerecht Rechnung.

2. Anforderungen an den Inhalt von Anordnungen nach § 22 Abs. 3 ArbSchG

Ungeachtet dieser Weiterungen auf der Ebene der Eingriffsvoraussetzungen ergeben sich auf der Rechtsfolgenseite keine Änderungen zum überkommenen Recht. Wie auch schon in § 120 d GewO a.F. kann die Aufsicht im Einzelfall anordnen, welche (konkreten) Maßnahmen zur Einhaltung des Arbeitsschutzrechts bzw. zur Abwendung besonderer Gefahren zu treffen sind. Dies wirft die Frage auf, inwieweit die Handlungsform des Verwaltungsaktes geeignet ist, die durch das ArbSchG intendierte Gestaltungsfreiheit der Betriebe angemessen zu berücksichtigen.

a) Anordnungen nach § 22 Abs. 3 ArbSchG und die Lehre vom Verwaltungsakt

Verwaltungsakte bedürfen schon aus rechtsstaatlichen Gründen[34] eines Mindestmaßes an Bestimmtheit (§ 37 Abs. 1 VwVfG). Nach allgemeiner Auffassung ist eine behördliche Anordnung inhaltlich hinreichend bestimmt i.S. von § 37 Abs. 1 VwVfG, wenn ihr Adressat in der Lage ist zu erkennen, was von ihm gefordert wird und sie eine geeignete Grundlage zu ihrer zwangsweisen Durchsetzung im Rahmen der Verwaltungsvollstreckung bietet.[35] Neben der eindeutigen Identifizierbarkeit des Adressaten bzw. des Adressatenkreises[36], die bei Anordnungen

---

[34] *Kopp/Ramsauer*, VwVfG, § 37, Rdnr. 2; *Stelkens/Bonk/Sachs-Stelkens*, VwVfG, § 37, Rdnr. 10; *Kamphausen/Kampmann*, BauR 1986, 403 ff. (403).

[35] BVerwGE 84, 335 ff. (338); *Schmitz*, DVP 1991, 39 ff. (39).

[36] Vgl. hierzu allgemein *Stelkens/Bonk/Sachs-Stelkens*, VwVfG, § 37, Rdnrn. 15 ff.; *Kopp/Ramsauer*, VwVfG, § 37, Rdnrn. 10 ff.

nach § 22 Abs. 3 ArbSchG normalerweise relativ wenig Schwierigkeiten bereiten dürfte, setzt § 37 Abs. 1 VwVfG jedenfalls idealtypisch voraus, daß der Inhalt der Anordnung[37] hinsichtlich ihres Ziels und der einzusetzenden Mittel eindeutig ist. Beide Elemente, d.h. Eindeutigkeit des Mittels und Eindeutigkeit des Ziels, sind bei Einzelfallanordnungen nach § 22 Abs. 3 ArbSchG nicht unproblematisch.

aa) Bestimmtheit des Mittels und betriebliche Eigenverantwortung

Betriebliche Gestaltungsfreiheit und Eigenverantwortung sind ohne die Möglichkeit zwischen Alternativen wählen zu können, undenkbar. Legt man dieses in der Gesetzesbegründung[38] formulierte Anliegen des ArbSchG zugrunde, sind behördliche Anordnungen, die den Arbeitgeber bzw. die verantwortlichen Personen auf eine bestimmte Maßnahme festlegen, schwerlich mit den Motiven des Gesetzgebers vereinbar.[39] Von einer Wahlfreiheit auf der betrieblichen Ebene kann in einem solchen Fall nicht mehr die Rede sein. Es fragt sich daher, ob und inwieweit Lockerungen der Bestimmtheitsanforderungen im Hinblick auf die Angabe der zur Umsetzung einer Anordnung einzusetzenden Mittel mit allgemeinen verwaltungsrechtlichen Grundsätzen vereinbar sind.

§ 37 Abs. 1 VwVfG verlangt, daß ein Verwaltungsakt „hinreichend bestimmt" sein muß. Das Gesetz relativiert damit die Anforderungen an die Bestimmtheit i.S. einer Bestimmbarkeit des Inhalts der Verfügung.[40] Maßstab für das Ausmaß der zu verlangenden Konkretisierung sind nach allgemeiner Auffassung die Umstände des Einzelfalls (Zweck und Art der Anordnung, Umstände des Erlasses) sowie das jeweils zu berücksichtigende Fachrecht.[41]

Umstritten ist, ob und ggf. in welchem Umfang es vor diesem Hintergrund prinzipiell möglich ist, auf die Festlegung eines Mittels zur Erreichung des mit dem Verwaltungsakt verfolgten Regelungsziels zu verzichten. Dies gilt insbes. für Verwaltungsakte, die in ihrem verfügenden Teil ein Verhaltensgebot regeln.[42]

---

[37] Grundsätzlich hierzu *Stelkens/Bonk/Sachs-Stelkens*, VwVfG, § 37, Rdnr. 20 ff.; *Kopp/Ramsauer*, VwVfG, § 37, Rdnrn. 12 ff.; *Kunig*, Jura 1990, 495 ff. (497).

[38] BT-Drcks. 13/3540, S. 13.

[39] Z.B. Anordnung eines ganz bestimmten Verfahrens der Gefährdungsbeurteilung zur Ermittlung der erforderlichen Maßnahmen nach § 3 Abs. 1 Satz 1 ArbSchG; Festlegung, wie oft und auf welche Weise Wirksamkeitskontrollen durchzuführen und zu dokumentieren sind.

[40] *Stelkens/Bonk/Sachs-Stelkens*, VwVfG, § 37, Rdnr. 12; *Knack-Henneke*, VwVfG, § 37, Anm. 1.1.

[41] BVerwGE 84, 335 ff. (338); OVG Münster, NVwZ 1993, 1000 f. (1000); *Schmitz*, DVP 1991, 39 ff. (40); *Stelkens/Bonk/Sachs-Stelkens*, VwVfG, § 37, Rdnr. 12.

[42] Bei Anordnungen mit Verbotscharakter wird dies soweit ersichtlich in der Regel für möglich gehalten, vgl. etwa BVerwGE 31, 15 ff. (17 f.); BVerwGE 38, 209 ff. (211); *Schmitz*, DVP 1991, 39 ff. (42); *Stelkens/Bonk/Sachs-Stelkens*, VwVfG, § 37, Rdnr. 27. Die Abgrenzung von Geboten und Verboten ist allerdings bisweilen schwierig, wie der

Z.T. wird die Angabe eines Mittels zur Konkretisierung von Anordnungen jedenfalls so lange für entbehrlich gehalten, wie dies nicht ausdrücklich gesetzlich vorgeschrieben ist.[43] In der Sache begründet wird diese Auffassung vor allem damit, daß es für die Behörden besonders im Hinblick auf komplexe Anlagen in Betrieben unmöglich sei, vollständigen Einblick in die Betriebsabläufe zu bekommen, was aber Voraussetzung für die Bezeichnung eines Mittels zur Erfüllung der Ziele eines Verwaltungsaktes sei.[44] Eine eingehende Auseinandersetzung mit dieser Position ist hier entbehrlich, da es sich beim Vollzug des ArbSchG in der Sache um Ordnungsrecht handelt. Jedenfalls in der überwiegenden Zahl der Bundesländer ist den Behörden durch die Ordnungsbehördengesetze[45] beim Erlaß von Ordnungsverfügungen aufgegeben, ein bestimmtes Mittel anzugeben. Es bestehen also ausdrückliche fachrechtliche Vorschriften, aufgrund derer auch nach der angesprochenen Literaturmeinung ein Mittel anzugeben ist.

Hiermit ist allerdings noch nicht abschließend geklärt, welche Anforderungen an die Bestimmtheit des Mittels bei Anordnungen zur Durchsetzung der in § 3 ArbSchG formulierten Gebote zu stellen sind. Das vorstehend erwähnte Sachargument des fehlenden Einblicks in die betrieblichen Gegebenheiten und die gesetzgeberische Zielsetzung des ArbSchG, einen Gestaltungsspielraum auf der betrieblichen Ebene zu schaffen, stehen dessenungeachtet in einem deutlichen Spannungsverhältnis zu den klassischen ordnungsrechtlichen Vorstellungen über die Bestimmtheit von Anordnungen.

In der verwaltungsrechtlichen Rechtsprechung und Literatur werden unterschiedliche Maßstäbe für die Beurteilung der hinreichenden Bestimmtheit des Mittels vorgeschlagen. So sollen die Anforderungen an die Konkretisierung des Mittels geringer sein, wenn das Ziel der Anordnung unmißverständlich und klar angegeben wird. Nach der Rechtsprechung des Bundesverwaltungsgerichts bedarf es z.B. keines genau ausformulierten Meßprogramms bei einer Verfügung nach § 26 BImSchG, wenn dem mit der Messung beauftragten Sachverständigen durch die Anordnung das Ziel der Messung klar wird (d.h. über welche Einzelfragen soll das Meßgutachten Aufschluß geben).[46] Keiner näheren

---

Fall des VGH Kassel, NVwZ 1995, 922 f. zeigt: Hier deutete das Gericht die Verfügung, es sofort einzustellen, Wohnungen zu gewerblichen Zwecken für einen Bordellbetrieb zu vermieten, nicht als Verbot, sondern als Gebot, sofort aktiv zu werden. Es hielt den Verwaltungsakt für nicht hinreichend bestimmt, weil kein Mittel angegeben wurde, wie das Gebot zu erfüllen ist.

[43] *Stumpp*, DVBl. 1968, 330 ff. (333), unter Rückgriff auf die entsprechende Rechtsprechung des PrOVG vor Inkrafttreten des PrPVG im Jahre 1931.

[44] *Stumpp*, DVBl. 1968, 330 ff. (330 f.); ähnlich für das Umwelt- und Gewerberecht auch *Obermayer-Janßen*, VwVfG, § 37, Rdnr. 8.

[45] Vgl. z.B. §§ 21 OBGNW; 6 SOGLS; 6 HSOG; 20 OBGBG; 6 SOGLSA.

[46] BVerwG, NVwZ 1984, 724 ff. (725); ebenso die Vorinstanz, VGH Baden-Württemberg, GewArch 1980, 393 ff. (394); dieser Rechtsprechung folgend etwa *Kopp/Ramsauer*, VwVfG, § 37, Rdnr. 14; *Kunig*, Jura 1990, 495 ff. (498).

Präzisierung des Mittels soll es zudem bedürfen, wenn die Behörde dem Adressaten die Einhaltung bestimmter Grenzwerte aufgibt.[47]

Nach einer anderen Auffassung soll es nicht notwendig sein, daß dem Anordnungsadressaten eine bestimmte Maßnahme aufgegeben wird. Ist der mit einer Ordnungsverfügung angestrebte Erfolg klar und unmißverständlich bekanntgegeben worden, soll es genügen, wenn dem Adressaten verschiedene Maßnahmen aufgezeigt werden und ihm im übrigen die Wahl des ihm am günstigsten erscheinenden Mittels überlassen bleibt.[48] Andere Entscheidungen und Literaturmeinungen verlangen zwar nicht, daß ein Spektrum alternativer Mittel genannt wird. In jedem Falle sei in dem Verwaltungsakt aber ein bestimmtes Mittel zur Realisierung des angestrebten Ziels anzugeben.[49] Dies wird damit begründet, daß dem Betroffenen nicht das Risiko der Auswahl eines ungeeigneten Maßnahme aufgebürdet werden dürfe.[50] Außerdem wird darauf verwiesen, daß es der Behörde (nach den meisten Ordnungsbehördengesetzen ausdrücklich geregelt) obliegt, mindestens ein Mittel zu bestimmen, wenn mehrere Maßnahmen zur Erreichung des angestrebten Erfolges geeignet sind. Dem Störer stehe es dann nach allgemeinen ordnungsrechtlichen Grundsätzen selbstverständlich frei, ein gleichermaßen wirksames Austauschmittel[51] anzubieten.[52]

---

[47] BVerwGE 31, 15 ff. (17 f.); BVerwGE 38, 209 ff. (211), in beiden Entscheidungen legte das Gericht die als Gebot formulierten Verfügungen als Verbot eines durch den Verwaltungsakt beschriebenen Verhaltens aus; BVerwG, GewArch 1983, 339 f. (340), wo die Behörde einem Möbelhändler, gestützt auf die ArbstättV aufgab, durch „geeignete Maßnahmen sicherzustellen, daß die Raumtemperatur den Wert von 26° C nicht überschreitet". Hieraus wird in der arbeitsschutzrechtlichen Literatur geschlossen, daß es einer Angabe des Mittels nicht zwingend bedarf. Vgl. *Nöthlichs*, Arbeitsschutz und Arbeitssicherheit, § 22 ArbSchG, Anm. 3.3.2; *Prax.-Kommentar-Kunz*, § 22 ArbSchG, Rdnr. 64; sehr weitgehend für das Umwelt- und Gewerberecht, *Obermayer-Janßen*, VwVfG, § 37, Rdnr. 8, nach dessen Auffassung vom Betreiber einer technisch komplizierten Anlage erwartet werden kann, daß er ggf. mit Hilfe eines Sachverständigen selbst feststellt, welche Mittel den von der Behörde verlangten Zustand bewirken.

[48] OVG Münster, NVwZ 1985, 355 ff. (356); VGH Kassel, NVwZ 1992, 1101 ff. (1103); *Breuer*, JuS 1986, 359 ff. (361); *Knack-Henneke*, VwVfG, § 37, Anm. 3.2.6.

[49] VGH Kassel, NVwZ 1995, 922 f. (923); OVG Münster, NVwZ 1993, 1000 f. (1001); *Stelkens/Bonk/Sachs-Stelkens*, VwVfG, § 37, Rdnrn. 27 ff.; *Kamphausen/Kampmann*, BauR 1986, 403 ff. (407).

[50] *Stelkens/Bonk/Sachs-Stelkens*, VwVfG, § 37, Rdnr. 29; *Papier*, Anmerkung zu OVG Berlin, DVBl. 1979, 159 ff. (163 f.).

[51] Hierzu z.B. *Drews/Wacke/Vogel/Martens*, Gefahrenabwehr, S. 428 ff.; umfassend zum Angebot eines anderen Mittels durch den Adressaten einer (Ordnungs)verfügung *Grupp*, VerwArch 1978, 125 ff., der hierin mit guten Gründen ein auch außerhalb des Polizei- und Ordnungsrechts gültiges Prinzip sieht, das sich aus dem Verhältnismäßigkeitsgrundsatz (Wahl des mildesten Mittels) ergibt, ebenda S. 142 ff.

[52] VGH Kassel, NVwZ 1995, 922 f. (923); OVG Münster, NVwZ 1993, 1000 f. (1001); *Stelkens/Bonk/Sachs-Stelkens*, VwVfG, § 37, Rdnr. 29.

Wendet man den skizzierten Meinungsstand nun auf die hier interessierenden Einzelfallanordnungen nach § 22 Abs. 3 ArbSchG zur Durchsetzung der Grundpflichten des § 3 ArbSchG und der hiermit in engem Zusammenhang stehenden Pflichten nach §§ 4-6 ArbSchG an, ist zunächst festzuhalten, daß die letztgenannte Auffassung – wonach mindestens ein Mittel anzugeben ist – zwar die ordnungsrechtliche Dogmatik am konsequentesten durchhält. Andererseits ist aber nicht zu verkennen, daß sie zugleich am nachhaltigsten die Brüche des traditionellen Ordnungsrechts mit dem – neuen – Regulierungsansatz des ArbSchG repräsentiert. Wenn in einer Anordnung nach § 22 Abs. 3 ArbSchG stets eine konkrete Maßnahme verfügt werden muß, ist beispielsweise die Freiheit, Maßnahmen des Arbeitsschutzes eigenständig zu treffen, zu überprüfen und anzupassen (§ 3 Abs. 1 ArbSchG) durchaus stark eingeschränkt. In nicht wenigen Fällen dürfte die Gestaltungsfreiheit der Betriebe durch die behördliche Entscheidung faktisch ersetzt sein.[53] Zwar kann der Betroffene, wie stets im Polizei- und Ordnungsrecht, ein Austauschmittel anbieten, doch ändert dies nichts daran, daß es eines Antrages und eines weiteren Aktes der Behörde bedarf[54], der die Realisierung eigener Vorstellungen explizit gestattet. Ungeachtet der durch das ArbSchG intendierten stärkeren Eigenverantwortung stünden die Betriebe kaum anders da als beim Vollzug klassischer ordnungsrechtlicher Normen; von einer Stärkung der Gestaltungsfreiheit durch das ArbSchG könnte keine Rede sein.

Dieses Ergebnis läßt sich vermeiden, wenn man vom unbestrittenen Ausgangspunkt ausgeht, daß die Anforderungen an die Bestimmtheit eines Verwaltungsaktes durch das jeweils einschlägige Fachrecht determiniert werden. Zielt das ArbSchG vorrangig darauf ab, daß die Betriebe eigenständig, wenngleich auch rechtlich gebunden (insbes. §§ 3-6 ArbSchG), tätig werden, spricht dies für die Möglichkeit einer Lockerung der Notwendigkeit, ein bestimmtes Mittel für die Erfüllung eines Gebots zu verfügen. Als Vorbild hierfür läßt sich die

[53] Dies gilt erst recht, wenn man, wie dies in der arbeitsschutzrechtlichen Literatur bisweilen geschieht (*Prax.-Kommentar-Kunz*, § 22 ArbSchG, Rdnr. 62 f.) lediglich die Angabe eines Mittels ohne weitere Angabe des Anordnungsziels für die hinreichende Bestimmtheit ausreichen läßt. Hiermit wird dem Arbeitgeber bzw. den Betriebsparteien (durch Regelungen nach § 87 Abs. 1 Nr. 7 BetrVG) die Möglichkeit genommen, eine gleichermaße effektive Austauschmaßnahme anzubieten (zu den betriebsverfassungsrechtlichen Implikationen von Verwaltungsakten, die mitbestimmte Angelegenheiten betreffen vgl. eingehend *Dörner/Wildschütz*, AiB 1995, 257 ff. (271 ff.)). Die Möglichkeit über solche Alternativen nachzudenken setzt die Kenntnis des Anordnungsziels, also des Sinns der Maßnahme zwingend voraus. Zweck des Handelns der Aufsicht ist die Verfolgung des Gemeinwohls (hier Sicherheit und Gesundheit der Beschäftigten), nicht die Freiheitsbeschränkung (hierzu zutreffend auch *Grupp*, VerwArch 1978, 125 ff. (143 f.)). Dieser unverzichtbare Zusammenhang droht verloren zu gehen, wenn auf eine nähere Bestimmung des Zieles der Anordnung verzichtet wird.

[54] Zweifelhaft ist dabei, ob dies konsensual, durch einen öffentlich-rechtlichen Vertrag oder nur durch einen weiteren gestattenden Verwaltungsakt geschehen kann, hierzu eingehend *Grupp*, VerwArch 1978, 125 ff. (130 ff.).

Rechtsprechung des Bundesverwaltungsgerichts zu Baugeboten (§ 176 BauGB) heranziehen.[55]

Baugebote verfolgen das Ziel, die aus städtebaulichen Gründen erforderliche Bebauung eines Grundstücks sicherzustellen. Auch wenn mit Baugeboten die bauliche Nutzung verbindlich vorgeschrieben wird, haben sie gleichzeitig die Freiheit des Eigentümers zu wahren, innerhalb des baurechtlich abgesteckten Rahmen selbst zu entscheiden, in welcher Weise das Grundstück konkret bebaut und genutzt werden soll.[56] Die Situation ist strukturell durchaus vergleichbar mit Anordnungen nach § 22 Abs. 3 ArbSchG. In beiden Fällen geht es letztlich darum, einerseits durch ein Gebot bestimmte öffentliche Interessen zu verfolgen und dabei andererseits einen rechtlich determinierten Entscheidungsspielraum des Anordnungsadressaten zu respektieren. In der erwähnten Entscheidung des Bundesverwaltungsgerichts löst das Gericht das Spannungsverhältnis zwischen der Bestimmtheit des Gebots und der Entscheidungsfreiheit des Eigentümers dahingehend, daß es die Anforderungen an die Bestimmtheit eines Baugebots gering hält.[57] Allein zulässig ist es danach, den Eigentümer durch ein Baugebot zu verpflichten, alsbald Maßnahmen zur baulichen Nutzung innerhalb des planungsrechtlich abgesteckten Rahmens einzuleiten. Die Verengung des Entscheidungsspielraums durch Festlegung eines bestimmten Bauvorhabens wird demgegenüber als nicht vereinbar mit dem Sinn und Zweck des Baugebots erachtet.[58]

Werden diese Maßstäbe an § 22 Abs. 3 ArbSchG angelegt, müssen in Einzelfallanordnungen vor allem der Zweck und der vorhandene Entscheidungsspielraum des Arbeitgebers präzise umrissen werden. Soll beispielsweise eine Anordnung über die Festlegung von Schutzmaßnahmen bei der Bildschirmarbeit getroffen werden, wäre es in der Regel rechtswidrig, unter Berufung auf § 3 ArbSchG i.V. mit § 5 BildscharbV regelmäßige Arbeitspausen vorzuschreiben. Die Ordnungsverfügung muß sich vielmehr darauf beschränken, das Treffen von Maßnahmen, insbes. organisatorischer Natur anzuordnen, um die spezifischen Belastungen und Beanspruchungen der Bildschirmarbeit zu vermeiden bzw. zu vermindern.[59] Es ist dann Sache des Betriebsparteien zu entscheiden, ob dies durch Arbeitspausen oder Formen der Mischarbeit geschieht.[60] M.E. ist es auch unzureichend, im Sinne der oben beschriebenen vermittelnden Auffas-

---

55 BVerwGE 84, 335 ff.

56 Vgl. BVerwGE 84, 335 ff. (338 f.).

57 BVerwGE 84, 335 ff. (339).

58 BVerwGE 84, 335 ff. (339 ff.).

59 Zu den Belastungen und Beanspruchungen der Bildschirmarbeit und den durch § 5 ArbSchG geforderten organisatorischen Maßnahmen vgl. nur *Kittner/Pieper*, ArbSchR, § 3 BildscharbV, Rdnrn. 7 ff.

60 Ein anschauliches Beispiel für eine solche Regelung der Betriebsparteien über Arbeitsunterbrechungen bei der Bildschirmarbeit bietet die Entscheidung BVerwG, NZA 2001, 570 ff.

sung, mehrere Mittel in der Verfügung zu benennen und dem Arbeitgeber die Auswahl einer konkreten Maßnahme zu überlassen. Auch hier würde der Entscheidungskorridor entgegen den Zielen des ArbSchG verengt, da die Behörde kaum vollständigen Einblick in die betrieblichen Abläufe und die denkbaren Lösungsmöglichkeiten haben dürfte. Eben solche betriebsangepaßten Lösungen, die allein die betrieblichen Akteure aufgrund ihrer unmittelbaren Kenntnisse der Abläufe erkennen können, sollen durch das ArbSchG aber ermöglicht werden.

Es kann damit festgehalten werden, daß bei Anordnungen nach § 22 Abs. 3 ArbSchG zur Durchsetzung der in den Grundpflichten des § 3 ArbSchG enthaltenen Handlungsgebote die Angabe eines *konkreten* Mittels nicht nur entbehrlich ist, sondern dem Zweck des ArbSchG zuwiderläuft. Erforderlich und hinreichend für die Bestimmung des Mittels ist es, generell den Spielraum zu verdeutlichen, den der Arbeitgeber bzw. Betrieb bei der Festlegung konkreter Maßnahmen hat. Das bedeutet nun aber nicht, daß die Aufsichtsbehörde gehindert wäre, klarstellende Hinweise für die Umsetzung der verfügten Gebote zu geben.[61] Es ist insoweit darauf zu verweisen, daß die Überschreitung der rechtlichen Grenzen der betrieblichen Gestaltungs- und Entscheidungsfreiheit für den Arbeitgeber mit erheblichen Risiken verbunden sein kann. Zu denken ist insoweit an die Festlegung und Durchführung kostenintensiver Maßnahmen und Programme, die sich im nachhinein als rechtlich unzureichend erweisen.[62]

Den Rahmen für derartige Präzisierungen können Revisionsschreiben der Aufsichtsbehörde bieten.[63] Die Zusammenfassung der Ergebnisse einer Betriebsinspektion in einem Revisionsschreiben dürfte im Regelfall nicht nur ein Entgegenkommen der Behörde sein[64], sondern auch rechtlich zur Wahrung des Verhältnismäßigkeitsgrundsatzes als milderes Mittel vor Erlaß einer Ordnungsverfügung geboten sein.[65] Ein Anspruch des Arbeitgebers auf klarstellende Informationen

---

[61] So auch das BVerwG in seiner Entscheidung zum Baugebot, BVerwGE 84, 335 ff. (342).

[62] Hierzu nochmals *Stelkens/Bonk/Sachs-Stelkens*, VwVfG, § 37, Rdnr. 29; *Papier*, Anmerkung zu OVG Berlin, DVBl. 1979, 159 ff. (163 f.); an diesem Befund ändert sich auch nichts dadurch, daß man in der Tat vom Betreiber einer Anlage erwarten kann, daß er ggf. unter Zuhilfenahme sachverständiger Hilfe Schutzmaßnahmen entwickelt (*Obermayer-Janßen*, VwVfG, § 37, Rdnr. 8), was im übrigen das Gesetz mit § 13 ArbSchG auch ausdrücklich vorsieht. Dies schließt aber nicht schlechthin die Möglichkeit aus, daß das gefundene Schutzkonzept auf einer fehlerhaften rechtlichen Bewertung beruht.

[63] Zum Revisionsschreiben vgl. auch eingehend unten S. 399 ff.

[64] So aber BAU (Hrsg.), Arbeitsschutzsystem, S. 411; *Prax.-Kommentar-Getsberger*, § 21 ArbSchG, Rdnr. 4.

[65] Dies gilt jedenfalls so lange, wie sich keine Anhaltspunkte dafür ergeben, daß der Arbeitgeber die festgestellten Mängel nicht abstellen wird und keine unmittelbaren Gefahren bestehen, vgl. *MünchArbR-Wlotzke*, § 208, Rdnr. 64; ähnlich auch *Prax.-Kommentar-Kunz*, § 22 ArbSchG, die die entsprechenden Überlegungen im Rahmen der Prüfung der ordnungsgemäßen Ermessensbetätigung anstellt.

der Behörde ergibt sich zudem aus den Aufgaben der Arbeitsschutzaufsicht, wie sie in § 21 Abs. 1 ArbSchG normiert sind. Danach zählt zu den Pflichten der Arbeitsschutzbehörden nicht nur die Überwachung des Arbeitgebers, sondern auch seine Beratung bei der Erfüllung der Pflichten nach dem ArbSchG.[66]

Dieser Befund fügt sich in die hier vertretene Position ein. Das ArbSchG zielt keineswegs darauf, die Arbeitsschutzbehörden mehr oder weniger aus dem betrieblichen Arbeitsschutz herauszudrängen, indem es die Möglichkeiten maßnahmenorientierter Anordnungen – auf der Rechtsfolgenseite – fachgesetzlich begründet beschneidet.[67] Wohl aber geht es um eine Ergänzung des klassischen, ordnungsrechtlich geprägten Rollenbilds der Aufsicht. Das ArbSchG gebietet es, den Vorrang eigenverantwortlich entwickelter Konzepte, insbes. im Hinblick auf die Festlegung von Verfahren und Strukturen der betrieblichen Sicherheits- und Gesundheisschutzorganisation zu respektieren. Um der somit bestehenden betrieblichen Autonomie Rechnung zu tragen, ist es erforderlich, daß sich die Arbeitsschutzbehörden verstärkt als Berater und Dienstleister positionieren, sie sich m.a.W. also anderer Handlungsformen als der Anordnung bedienen.[68] Zu recht werden in der Literatur[69] Situationen, in denen Gestaltungsfragen zu klären sind, als typische Felder des Beratungsauftrags herausgestellt (z.B. Neubaumaßnahmen, neue Fertigungsverfahren, Produktionsumstellungen).

Festzuhalten ist danach, daß in Anordnungen nach § 22 Abs. 3 ArbSchG zur Durchsetzung der Grundpflichten nach § 3 ArbSchG kein bestimmtes Mittel festzulegen ist. Die Behörde ist aber verpflichtet, z.B. durch die Abfassung eines Revisionsschreibens oder in Erfüllung ihres Beratungsauftrags Hinweise zu geben, in welcher Weise die mit der Anordnung verfolgten Ziele realisiert werden können.

---

[66] Zu den Anforderungen an die behördliche Beratung vgl. eingehend unten S. 390 ff.

[67] Solche maßnahmenorientierten Anordnungen sind, dies sei hier – um Mißverständnissen vorzubeugen – herausgestellt, selbstverständlich noch möglich; so z.B., wenn in einer speziellen Arbeitsschutzvorschrift präzise eine Maßnahme vorgeschrieben wird (vgl. z.B. § 21 Abs. 1 ArbStättV, wonach Laderampen mindestens 0,80 m breit sein müssen). Aus den Grundpflichten des § 3 ArbSchG und den mit ihnen rechtssystematisch eng verbundenen Vorschriften der §§ 4-6 ArbschG ergeben sich solche präzisen Vorgaben für Maßnahmen aber eben nicht.

[68] Vgl. auch *Kollmer/Vogl*, Arbeitsschutzgesetz, Rdnr. 298; *Scheel*, DB 1999, 1654 ff. (1659); Ausdruck der Beratungspflicht kann es z.B. auch sein, daß die Behörde im Rahmen von Einigungsstellenverhandlungen der Betriebsparteien hinzugezogen werden, hierzu *Kohte*, Festschrift Heilmann, 73 ff. (83).

[69] Vgl. *Prax.-Kommentar-Getsberger*, § 21 ArbSchG, Rdnr. 6.

bb) Anforderungen an die Bestimmtheit des Anordnungszwecks

Da wie soeben dargelegt in Anordnungen zur Durchsetzung der Grundpflichten nach § 3 ArbSchG kein konkretes Mittel anzugeben ist, stellt sich die Frage, welchen Beitrag die Regelung des Anordnungsziels für die hinreichende Bestimmtheit eines Verwaltungsaktes leisten kann. Nur dieses zweite Element der hinreichenden Bestimmtheit i.S. von § 37 Abs. 1 VwVfG verbleibt, um dem Adressaten einer Anordnung klarzumachen, welches Verhalten von ihm erwartet wird. Es ist von daher konsequent, daß alle Auffassungen, die die Anforderungen an die Konkretisierung des Mittels großzügig handhaben oder – wie hier vertreten – ganz auf die Regelung eines Mittels verzichten, verlangen, daß der Zweck der Anordnung unmißverständlich und klar ist.[70] Nicht ausreichend ist es, lediglich auf den einschlägigen Gesetzestext Bezug zu nehmen oder ihn wörtlich wiederzugeben, denn Aufgabe der erlassenden Behörde ist es, die gesetzlichen Anforderungen der Ermächtigungsgrundlage für den Einzelfall zu konkretisieren (vgl. auch § 35 VwVfG).[71] Auch insofern erweist sich das ArbSchG vor dem Hintergrund klassischer ordnungs- und verwaltungsrechtlicher Kategorien als sperrig.

Es ist anerkannt, daß der Zweck bzw. das Ziel einer Einzelfallanordnung hinreichend bestimmt ist i.S. von § 37 Abs. 1 VwVfG, wenn dem Betroffenen die Beachtung eines bestimmten Richtwertes aufgegeben wird, der sich insbes. auch aus allgemein zugänglichen technischen Regelwerken ergeben kann.[72] Die Festlegung von Grenzwerten, gestützt auf spezialgesetzliche Vorschriften, bildet einen durchaus typischen Gegenstand von Anordnungen im technischen Sicherheitsrecht.[73] Nimmt man die hier vornehmlich interessierenden Grundpflichten nach § 3 ArbSchG ins Visier, zeigt sich jedoch, daß eine Fixierung des Anordnungsziels mittels präziser Richtwerte oder sonstiger Standards kaum in Frage kommen kann.

---

[70] BVerwG, NVwZ 1984, 724 ff. (725); OVG Münster, NVwZ 1985, 355 ff. (356); VGH Baden-Württemberg, GewArch 1980, 393 ff. (394); VGH Kassel, NVwZ 1992, 1101 ff. (1103); *Breuer*, JuS 1986, 359 ff. (361); *Knack-Henneke*, VwVfG, § 37, Anm. 3.2.6.

[71] BVerwGE 94, 341 ff. (350 f.); VGH Kassel, NVwZ 1992, 1101 ff. (1103); BayVGH, NJW 1982, 2570 ff. (2571 f.); *Schmitz*, DVP 1991, 39 ff. (40); *Stelkens/Bonk/Sachs-Stelkens*, VwVfG, § 37, Rdnrn. 20, 23.

[72] BVerwG, NVwZ-RR 1997, 278 f. (279); BVerwGE 31, 15 (18); BVerwGE 38, 209 ff. (211); BayVGH, BayVBl. 1985, 149 ff. (152); *Kopp/Ramsauer*, VwVfG, § 37, Rdnr. 7; *Knack-VwVfG-Henneke*, § 37, Anm. 3.1.

[73] Vgl. insoweit für das betriebliche Arbeitsschutzrecht etwa BVerwG, GewArch 1983, 339 f. (Höchsttemperatur in einem Möbelhaus); OVG Bremen, NZA 1995, 945 ff. (Mindesttemperatur in einem *Blumen*geschäft); VG Saarland, GewArch 1984, 292 f. (Mindesttemperatur in einer Metzgerei); BVerwG, NZA 1997, 482 ff. (Mindestsichtfläche nach außen in einem Juweliergeschäft).

So dürfte es schwerlich möglich sein, die Verpflichtung für eine geeignete Organisation zu sorgen, sinnvoll durch einen Richtwert zu konkretisieren. Zwar ist immerhin denkbar, in diesem Kontext auf die Grundsätze zurückzugreifen, die sich im Zusammenhang mit „Guten Managementpraktiken", Qualitätsmanagementsystemen, dem Arbeitsschutzmanagement, Umweltmanagement und dem Sicherheitsmanagement nach der StörfallV herausgebildet haben. Es ist kaum zu bestreiten, daß sich in den entsprechenden Regelwerken[74] viele Erfolgsfaktoren für eine gute und effektive Sicherheits- und Gesundheitsschutzorganisation finden. Wirklich weiter führt dies jedoch nicht. Sieht man einmal davon ab, daß es immerhin zweifelhaft ist, ob die betreffenden Regelwerke und Normungen in vollem Umfang den insbes. verfassungsrechtlichen Vorgaben an die Normsetzung durch unabhängige bzw. nichtstaatliche Stellen[75] genügen, fällt auf, daß sich ihre Vorgaben auf einem nach wie vor hohen Abstraktionsniveau bewegen, das wenig mit der Präzision klassischer Grenzwerte gemein hat.

Wenn z.B. in Anhang III Nr. 3 der StörfallV die Klärung von Aufgaben- und Verantwortungsbereichen, die Einbeziehung der Beschäftigten, die Ermittlung des Ausbildungsbedarfs und die Durchführung der erforderlichen Ausbildungs- und Schulungsmaßnahmen verlangt wird, sind dies in der Tat zentrale Aspekte. Nur Von einer hinreichenden Bestimmtheit nach klassischem Verständnis wäre eine Anordnung solchen Inhalts noch weit entfernt.[76] Hinzu kommt, daß es – und dies ist noch gravierender – an geeigneten Kriterien fehlt, die Rechtmäßigkeit einer solchen Anordnung zu überprüfen. Organisationen (also auch Betriebe) sind wie oben (S. 217 ff.) eingehend dargelegt nie gleich. Es handelt sich quasi um „Unikate", die vor allem durch die in ihnen agierenden Akteure und die Beziehungen der Organisation zu ihrer Umwelt geprägt sind. Es gibt deswegen nicht eine verallgemeinerungsfähige geeignete Organisation, sondern lediglich die für einen ganz bestimmten Betrieb geeignete Organisation.[77]

Die vorgetragenen Schwierigkeiten bei der konkreten Bestimmbarkeit des Zwecks von Anordnungen nach § 22 Abs. 3 ArbSchG beschränken sich nicht auf die Organisationspflichten nach § 3 Abs. 2 ArbSchG. Soll beispielsweise verfügt werden, daß der Arbeitgeber die erforderlichen Maßnahmen i.S. von § 3 Abs. 1 Satz 1 ArbSchG trifft, stellt sich die Frage, in welcher Weise die Aufsicht dem Arbeitgeber hinreichend bestimmt vor Augen führen kann, was

---

[74] Vgl. insbes. Anhang I der abgelösten EG-UmwAuditVO, Anhang III StörfallV, sowie die Ausführungen oben, S. 273 ff.; zu den Qualitätsmanagementsystemen eingehend *Spindler*, Unternehmensorganisationspflichten, S. 296 ff.

[75] Vgl. hierzu umfassend *Denninger*, Verfassungsrechtliche Grenzen an die Normsetzung im Umwelt- und Technikrecht.

[76] Hierzu auch die kritischen Anmerkungen bei *Feldhaus*, UPR 2000, 121 ff. (124).

[77] So dezidiert und zutreffend *Spindler*, Unternehmensorganisationspflichten, S. 425 ff.; 561 f.

von ihm konkret rechtlich erwartet wird. Eine gewisse Hilfe bei der Umschreibung konkreter Ziele können für die Behörde die allgemeinen Grundsätze des § 4 ArbSchG sein. Die in der Vorschrift formulierten Gestaltungsprinzipien bieten Anhaltspunkte, um die vom Arbeitgeber zu verfolgenden materiellrechtlichen Ziele zu verdeutlichen.

Da sich – wie bereits ausgeführt – eine Ordnungsverfügung nicht darauf beschränken kann, den Wortlaut der anzuwendenden Rechtsvorschriften wiederzugeben, entsteht abermals das verwaltungsakttypische Problem der Konkretisierung, d.h. der Regelung für den Einzelfall. Wie kann, um nur das augenscheinlichste Beispiel zu nennen, die sachgerechte Verknüpfung von Technik, Arbeitsorganisation, sonstigen Arbeitsbedingungen, sozialen Beziehungen und Einfluß der Umwelt auf den Arbeitsplatz (§ 4 Nr. 4 ArbSchG) angeordnet werden, ohne detaillierte „Insiderkenntnisse“ des Betriebes und seiner „Kultur“? Hinzu kommt auch hier wieder, daß ein zu hohes Maß an Konkretion leicht in Konflikt mit den Zielsetzungen des ArbSchG gerät.

Nach der Philosophie des ArbSchG ist es Sache des Arbeitgebers, in Kooperation mit den Beschäftigten eigene, „maßgeschneiderte“ betriebliche Lösungen zu schaffen, um so insbes. Veränderungen durch den permanenten Wandel von Technik und Arbeitswelt selbst zu gestalten.[78] Praktisch bedeutet dies, daß die Betriebsparteien aufgefordert sind,

> „die konkreten Arbeitsverhältnisse, aber auch anstehende Veränderungen unter Arbeitsschutzgesichtspunkten zu reflektieren, eine Gefährdung zu erkennen und zu benennen, so daß wirksame Schutzmaßnahmen ergriffen werden können“[79].

Es ist also vorrangig Sache der Betriebsparteien und nicht der Behörden, die Ziele des betrieblichen Arbeitsschutzes herauszuarbeiten.[80] Spätestens an diesem Punkt finden die Möglichkeiten der Behörden, die Ziele von Einzelfallanordnungen zu konkretisieren ihre durch die Regelungsphilosophie des ArbSchG gesetzten Grenzen.

Es dürfte hinlänglich deutlich geworden sein, daß sich das Konzept des ArbSchG nur schwer in die Dogmatik der klassischen Ordnungsverfügung im technischen Arbeitsschutzrecht einfügt. Wie eingehend begründet, liefern die in der ordnungsrechtlichen Dogmatik entwickelten Grundsätze über die Konkretisierung von Mittel und Ziel keine tragfähigen Antworten auf die Frage, unter welchen Voraussetzungen Einzelfallanordnungen nach § 22 Abs. 3 ArbSchG hinreichend bestimmt i.S. von § 37 Abs. 1 VwVfG sind.

---

[78] BT-Drcks. 13/3540, S. 12 f.; *Fischer*, BArbBl. 1996 (1), 21 ff. (21); *Wlotzke*, NZA 1996, 1017 ff. (1019).

[79] Zitat aus der Gesetzesbegründung, BT-Drcks. 13/3540, S. 13.

[80] In der Literatur wird insoweit zutreffend von einer Ergänzung der klassischen, aufsichtsrechtlichen Sicht gesprochen, vgl. *Fischer*, BArbBl. 1996 (1), 21 ff. (21).

Hieraus ist indes nicht zu schließen, daß Verfügungen nach § 22 Abs. 3 ArbSchG zur Durchsetzung der Grundpflichten mangels hinreichender Bestimmtbarkeit des Verfügungsinhalts i.S. von § 37 Abs. 1 VwVfG ausscheiden müßten. Es wurde bereits darauf hingewiesen, daß die Anforderungen an die Bestimmtheit eines Verwaltungsakts sich nach allgemeiner Auffassung aus dem anzuwendenden Fachrecht ergeben. Die Antworten sind demnach unmittelbar im ArbSchG zu suchen.

b) Anordnungen nach § 22 Abs. 3 ArbSchG zur Durchsetzung der Verfahrensregeln des § 3 Abs. 1 ArbSchG

Mit Blick auf Einzelfallanordnungen zu § 3 Abs. 1 ArbSchG ist es angezeigt, noch einmal auf eine Überlegung zurückzukommen, die eingangs der Arbeit angestellt worden ist (siehe auch oben S. 55 ff.). Das überkommene Arbeitsschutzrecht, maßgeblich geprägt durch die Generalklausel des § 120 a GewO a.F., dachte quasi vom Ergebnis her. Zum Zwecke der Gefahrenabwehr wurden strikt und klar formulierte Schutzziele und/oder konkrete Maßnahmen angeordnet, die es schlicht einzuhalten bzw. bei Zuwiderhandlungen durchzusetzen galt. Die Interaktionen und Prozeduren innerhalb des Betriebes spielten dabei eine untergeordnete Rolle, jedenfalls solange die inhaltlich durch Grenzwerte oder konkrete Maßnahmen bestimmten Anordnungen im Ergebnis erfüllt wurden.[81] Diese Sicht ist sinnvoll und unerläßlich, um ein Mindestmaß an Schutz zu gewährleisten. Sie ist auch durch das ArbSchG nicht obsolet geworden. Es steht außer Frage, daß Behörden dann hart einschreiten können und wegen der Schutzpflichten aus Art. 2 Abs. 2 GG auch einschreiten müssen, wenn betriebliche Eigenverantwortung und Selbstregulierung versagt und Gefahren für Gesundheit und Leben der Beschäftigten nicht entschieden bekämpft werden. In der Regel werden den Behörden bei solchen Gefahrenlagen zudem spezielle Rechtsvorschriften das Eingreifen erleichtern.

Andererseits ist aber zu sehen, daß die Grundpflichten des § 3 Abs. 1 ArbSchG das klassische Verständnis des § 120 a GewO a.F. ergänzen, indem sie den Arbeitgeber zur Durchführung einer Reihe aufeinanderbezogener Verfahrensregeln verpflichten. Wie oben eingehend dargestellt (S. 293 ff.) bilden diese prozeduralen Regelungen im Kern die systematische Vorgehensweise eines Arbeitsschutzmanagementsystems ab. Es ist deswegen heute nicht mehr ausreichend, den Arbeitsschutz ausschließlich vom Ergebnis her zu bewerten. Dies kommt insbesondere bei den neuen, auf eine Gefahrenvorsorge zugeschnittenen Elementen des erweiterten Arbeitsschutzansatzes (z.B. arbeitsbedingte Erkrankungen, erweiterter Gesundheitsbegriff) zum Tragen, ist aber auch für die klassischen Felder der Arbeitssicherheit nicht ohne Belang. Steht nunmehr aber auch die Art und Wei-

[81] Hierzu auch *Bieback/Oppolzer*, Strukturwandel im Arbeitsschutz, 7 ff. (10).

se des Managements des Arbeits- und Gesundheitsschutzes im Fokus des Interesses, kann dies für die behördliche Rechtsdurchsetzung nicht ohne Folgen bleiben. Ein gut organisierter, rechtskonformer Arbeitsschutz legitimiert sich nicht mehr allein über das Ergebnis, sondern auch und gerade durch die normzweckgemäße Anwendung dieser prozeduralen Rechtsanforderungen.[82]

Diesem konzeptionellen Ansatz des ArbSchG folgend, muß die behördliche Aufsicht und Rechtsdurchsetzung verstärktes Augenmerk auf die dem Arbeitsschutz zugrundeliegenden betrieblichen Prozesse und Abläufe legen. Soll durch eine Anordnung nach § 22 Abs. 3 ArbSchG etwa verfügt werden, daß die erforderlichen Maßnahmen des Arbeitsschutzes unter Berücksichtigung der Umstände, die Sicherheit und Gesundheit der Beschäftigten bei der Arbeit beeinflussen getroffen werden (§ 3 Abs. 1 Satz 1 ArbSchG), geht es vorrangig darum, dem Arbeitgeber zu verdeutlichen, welche Verfahrensschritte in diesem Zusammenhang zu beachten sind.[83] Es ist dementsprechend aufzugeben, daß die Maßnahmen geplant werden und im Rahmen dieser Planung Gefährdungsbeurteilungen – verstanden als Prozeß der Ermittlung von Gefährdungen und gegensteuernden Schutzmaßnahmen[84] – genutzt werden.[85] Solche Verfahrensanforderungen lassen sich durchaus hinreichend bestimmt i.S. von § 37 Abs. 1 VwVfG anordnen, ohne daß die Gestaltungsfreiheit der Betriebe entgegen dem Normzweck des ArbSchG über Gebühr eingeschränkt würde. Dabei beschränken sich die Möglichkeiten nicht nur darauf anzuordnen, daß die in § 3 ArbSchG sowie in den §§ 4-6 ArbSchG vorgesehenen Verfahrensschritte überhaupt eingehalten werden.[86]

---

[82] Zur Legitimation komplexer, wertungsoffener Entscheidungen durch Verfahrensrecht vgl. z.B. *von Danwitz*, DVBl. 1993, 422 ff. (425 ff.); BVerfGE 53, 31 ff. (62 ff., sowie insbes. das abweichende Votum der Richter *Simon* und *Heußner*, 71 ff.).

[83] In diesem Sinne auch *Kohte*, Festschrift Heilmann, 73 ff. (78 f.).

[84] Zum prozeßhaften Charakter der Gefährdungsbeurteilung und vergleichbarer Verfahren vgl. etwa *Kohte*, EAS, B 6100, Arbeitsschutzrahmenrichtlinie, Rdnr. 43 f.; *Landmann/Rohmer-Umweltrecht-Hansmann*, § 7 StörfallV (a.F.), Rdnr. 7.

[85] Zum Ganzen im Detail, vgl. oben S. 99 ff.

[86] Schon bei diesem formalen Anknüpfungspunkt liegt in der behördlichen Praxis ein breites Feld für Anordnungen nach § 22 Abs. 3 Nr. 1 ArbSchG. Nach einer Erhebung der nordrhein-westfälischen Arbeitsschutzverwaltung aus der 2. Jahreshälfte 1999 in ca. 400 Betrieben verfügten nur etwa 5% der Betriebe über vollständige und dokumentierte Gefährdungsbeurteilungen. Diese sind aber Voraussetzung dafür, daß überhaupt die erforderlichen Maßnahmen i.S. des § 3 Abs. 1 ArbSchG in der gesetzlich vorgesehenen Systematik getroffen werden können; vgl. hierzu *Hamacher/Fischer/Lopian*, Jahresbericht Arbeitsschutz in Nordrhein-Westfalen 1999, 8 ff. (11 f.). Ein in der Praxis weit verbreiteter und im Wege der Einzelfallanordnung aufgreifbarer Mangel dürfte zudem darin liegen, daß selbst dann, wenn Gefährdungsbeurteilungen durchgeführt worden sind, die Ergebnisse häufig nicht systematisch für die Planung von Schutzmaßnahmen genutzt werden. Vgl. hierzu *Romahn*, AiB 2001, 418 ff. (418); außerdem die detaillierten Daten bei *Hamacher/Fischer/Lopian*, wie vorstehend, S. 12.

Nimmt man das Beispiel der Gefährdungsbeurteilung, ist eine weitere Präzisierung dessen, was die Behörde rechtlich erwartet – über die bloße Wiederholung des Normtextes hinaus – ohne weiteres möglich. In der Regel dürfte sich ohne weiteres konkretisieren lassen, welche Mindestanforderungen an die *Leistungsfähigkeit* des Verfahrens der Gefährdungsbeurteilung zu stellen sind. Hiermit verbunden ist nicht die Festlegung auf eine bestimmte Methode, wohl aber eine Klarstellung dahingehend, was mit der Gefährdungsbeurteilung erreicht werden soll. Wird beispielsweise in einer Druckerei im Wechselschichtbetrieb mit Nachtschicht gearbeitet, ist ein Verfahren der Gefährdungsbeurteilung ungeeignet, das die hieraus resultierenden besonderen gesundheitlichen Belastungen der Beschäftigten außer acht läßt.[87]

Prozedurale Aspekte bieten auch gewichtige Anhaltspunkte, um die getroffenen Schutzmaßnahmen in ihrem materiellen Ergebnis zu kontrollieren und ggf. Anordnungen zu erlassen. Hält etwa, um das vorstehende Beispiel wieder aufzugreifen, die Behörde die Maßnahmen zur Verminderung der besonderen Belastungen durch Nachtschichtarbeit für unzureichend, ist es zwar kaum möglich, die wertungsoffenen allgemeinen Grundsätze des § 4 ArbSchG anzuwenden, ohne daß die Behörde die eigenen Gestaltungsvorstellungen apodiktisch vor die betriebliche Schutzkonzeption stellt. Die hier vor allem einschlägigen allgemeinen Grundsätze des § 4 Nr. 1 (Vermeidung bzw. Verminderung der Gefährdung) und Nr. 4 (kohärente Verknüpfung aller maßgeblichen Einflußfaktoren bei der Maßnahmenplanung), sind so offen, daß allenfalls in Evidenzfällen eindeutig festzustellen sein wird, daß der eingeräumte Gestaltungsspielraum überschritten worden ist.

Da die „erforderlichen Maßnahmen des Arbeitsschutzes" i.S. von § 3 Abs. 1 Satz 1 ArbSchG zu planen sind, besteht aber die Möglichkeit, stattdessen der Planungsprozeß unter die Lupe zu nehmen, der der Festlegung der Maßnahmen voranzugehen hat. Als orientierender Maßstab kann dabei die oben (S. 123 ff.) dargestellte Planungsfehlerlehre genutzt werden. Die fragliche Schutzkonzeption ist also daraufhin zu überprüfen, ob im Rahmen der Planung überhaupt eine Abwägung der maßgeblichen Belange stattgefunden hat (Abwägungsausfall) und ob alle relevanten Aspekte in die Abwägung eingeflossen sind (Abwägungsdefizit). Erst im letzten Schritt kann es um eine materiellrechtliche Bewertung gehen, dann nämlich, wenn die objektive Bedeutung der entscheidenden Einflußgrößen ersichtlich verkannt worden ist (Abwägungsfehlgewichtung).

Wird im Zusammenhang mit Einzelfallanordnungen nach § 22 Abs. 3 ArbSchG in der beschriebenen Weise die Abwägungsfehlerlehre herangezogen, ist es ohne weiteres möglich, die rechtlichen Grenzen der betrieblichen Gestal-

---

[87] Hierzu instruktiv der dem Beschluß des ArbG Braunschweigs, NZA-RR 1998, 214 f. zugrundeliegende Sachverhalt, dem das obige Beispiel nachgebildet ist.

tungsspieläume zu konkretisieren. Primäres Ziel eines Verwaltungsaktes zur Durchsetzung der Grundpflichten des § 3 Abs. 1 ArbschG muß es nach alledem sein, den Arbeitgeber anzuhalten, sein Ermessen bei der Planung des betrieblichen Arbeitsschutzes ordnungsgemäß auszuüben. In einer Anordnung kann demnach etwa aufgegeben werden, daß die Vor- und Nachteile vorhandener Alternativlösungen abgewogen werden oder daß der durch Gefährdungsbeurteilungen ermittelte planungsrelevante Sachverhalt vollständig berücksichtigt wird. Eine solche Konzentration auf die Struktur des betrieblichen Planungsprozesses bereitet damit den Weg zum Erlaß von behördlichen Einzelfallanordnungen, die die Gestaltungsfreiheit der Betriebsparteien bei der Umsetzung der Grundpflichten wahren.

Bei Erlaß einer solchen behördlichen Verfügung ist weiter zu beachten, daß die betriebliche Umsetzung der Verfahrensregeln des § 3 Abs. 1 ArbSchG mit der Beachtung spezifischer Beteiligungsregeln verknüpft ist. Von Bedeutung sind insoweit in Betrieben mit Betriebsräten die Beteiligungsrechte nach §§ 89, 87 Abs. 1 Nr. 7 BetrVG und in betriebsratslosen Betrieben das Anhörungsrecht nach § 81 Abs. 3 BetrVG.[88] Die genannten Vorschriften haben im Rahmen der durch das ArbSchG vorgesehenen Kooperation der Betriebsparteien[89] die Funktion, die verschieden Sichtweisen der Betriebsparteien in den Entscheidungsprozeß und die schließlich zu treffende Entscheidung zu integrieren.[90] Auch wenn Anordnungen zu § 3 Abs. 1 ArbSchG an den Arbeitgeber bzw. die verantwortlichen Personen nach § 13 ArbSchG zu adressieren sind, ist es daher geboten, vor Erlaß einer Anordnung die Sichtweise des Betriebsrats bzw. in betriebsratslosen Betrieben die Sichtweise der Beschäftigten zu ermitteln.[91] Als Vorbild für eine solche Anhörungspflicht läßt sich auf § 12 Abs. 2 ASiG[92] verweisen, in dem mit Blick auf Ver-

---

[88] § 81 Abs. 3 BetrVG dient der Umsetzung von Art. 11 Abs. 1 der Rahmenrichtlinie 89/391/EWG, der die Beteiligung der Arbeitnehmer bei allen Fragen betreffend die Sicherheit und die Gesundheit am Arbeitsplatz regelt. Da zum Zeitpunkt des Erlasses des Umsetzungsgesetzes keine Mitbestimmungs- und Mitwirkungsrechte für einzelne Beschäftigte normiert waren, bestand die Notwendigkeit den nunmehr geltenden Abs. 3 in § 81 BetrVG einzufügen. Zum Ganzen vgl. auch *Fitting/Kaiser/Heither/Engels/Schmidt*, § 81, Rdnrn. 20 ff.

[89] Hierzu nur *Koll/Janning/Pinter-Koll*, Kommentar zum ArbSchG, Ordnungsbuchstabe B, Rdnr. 52; *Wlotzke*, Festschrift Kehrmann, 141 ff. (165).

[90] Hier bestehen in der Praxis insbes. im Hinblick auf die Beteiligung der einzelnen Beschäftigten noch erhebliche Defizite. Vgl. dazu, speziell mit Blick auf die Gefährdungsbeurteilung nach § 5 ArbSchG, *Hamacher/Fischer/Lopian*, Jahresbericht Arbeitsschutz in Nordrhein-Westfalen 1999, 8 ff. (12), wonach auf der Basis von 416 aufgesuchten Betrieben lediglich in 5% der Fälle eine systematische Einbeziehung der Mitarbeiter erfolgte. Ähnliche Defizite haben wie bereits oben dargelegt zu einer Intensivierung der Mitarbeiterbeteiligung in der novellierten EU-EMASV geführt, vgl. auch *Bier*, Aktuelle Entwicklungen beim Öko-Audit, S. 40.

[91] Vgl. hierzu auch *Kohte*, Festschrift Heilmann, 73 ff. (83).

[92] Hierzu nur *Anzinger/Bieneck*, ASiG, § 12, Rdnrn. 17 ff. Darüber hinaus ist der Betriebsrat nach § 12 Abs. 4 ArbSchG über eine gegenüber dem Arbeitgeber erlassene Anordnung schriftlich in Kenntnis zu setzen.

fügungen zur Durchsetzung der Organisations- und Verfahrensregeln des ASiG die Anhörung des Betriebsrats ausdrücklich angeordnet ist. Auch wenn eine gesetzliche Klarstellung dieser verwaltungsverfahrensrechtlichen Pflicht wünschenswert wäre, bedarf es zur Begründung der hier vertretenen Auffassung keiner Analogie zu § 12 Abs. 2 ASiG. Dies ergibt sich aus der Bedeutung der Beteiligung der Betriebsparteien, ohne die die betrieblichen Entscheidungen zu § 3 Abs. 1 ArbSchG wie eingehend begründet nicht – als verfahrensrichtig – zu legitimieren sind. Es wäre deswegen in der Regel ermessensfehlerhaft[93], den Betriebsrat bzw. in betriebsratslosen Betrieben die Beschäftigten nicht zu beteiligen (§ 13 Abs. 2 VwVfG) und sie nicht nach § 28 VwVfG[94] anzuhören.[95]

---

[93] Wie hier *Kohte*, Festschrift Heilmann, 73 ff. (82); im Ergebnis ebenso *Dörner/Wildschütz*, AiB 1995, 257 ff. (268), die zwar grundsätzlich eine Anhörung und damit Beteiligung des Betriebsrats vor dem Erlaß von Verwaltungsakten, die Mitbestimmungsrechte einzuschränken geeignet sind, ablehnen. Für den Arbeitsschutz erblicken sie aber eine Ausnahme von dieser Regel, da § 89 BetrVG dem Betriebsrat Befugnisse gegenüber der Behörde einräumt. A.A. *Nöthlichs*, Arbeitsschutz und Arbeitssicherheit, § 22 ArbSchG, Anm. 4.4; *Prax.-Kommentar-Kunz*, § 22, Rdnr. 150, wonach ein Verpflichtung den Betriebsrat anzuhören nur besteht, wenn dies ausdrücklich – wie in § 12 Abs. 2 ASiG – vorgesehen ist. Darüber hinaus dürfte es im Rahmen der Amtsermittlung in der Regel geboten sein, daß sich die Behörde über die Einschätzung der Sicherheitsfachkraft informiert, hierzu *Kohte*, wie vorstehend, S. 83.

[94] Ein Abweichen vom Regelfall der Anhörung – auch des Arbeitgebers – dürfte in erster Linie bei Gefahr im Verzuge in Betracht kommen (§ 28 Abs. 2 Nr. 1 VwVfG).

[95] Eng hiermit verbunden ist ein weiteres verwaltungsverfahrens- bzw. verwaltungsprozeßrechtliches Problem, das im Rahmen dieser Arbeit nur angedeutet werden kann. Auch wenn der Betriebsrat bzw. die Beschäftigten einen Anspruch auf Anhörung vor Erlaß einer Anordnung haben, bleibt die Frage, ob und ggf. welche Rechte bestehen, um gegen den Inhalt einer solchen Anordnung vorgehen zu können (umfassend zur Thematik *Dörner/Wildschütz*, AiB 1995, 257 ff., 264 ff.). Zu bedenken ist insoweit, daß ein entsprechender Verwaltungsakt insbes. für die Mitbestimmungsrechte des Betriebsrats nach § 87 Abs. 1 Nr. 7 BetrVG nicht ohne Folgen bleibt. Zwar hat das Bundesverwaltungsgericht (BVerwGE 90, 304 ff.) im Hinblick auf den Betriebsrat entschieden, daß dieser rechtlich nicht i.S. von § 42 Abs. 2 VwGO betroffen ist von einer behördlichen Anordnung, die einen mitbestimmungspflichtigen Bereich betrifft (dort: Ordnung des Betriebs nach § 87 Abs. 1 Nr. 1 BetrVG; dieser Entscheidung folgt die arbeitsschutzrechtliche Literatur, soweit die Frage überhaupt thematisiert wird, vgl. *Nöthlichs*, Arbeitsschutz und Arbeitssicherheit, § 22, Anm. 4.4; *Prax.-Kommentar*-Kunz, § 22 ArbSchG, Rdnr. 150). Andererseits hat das Gericht in derselben Entscheidung klargestellt, daß der Betriebsrat zumindest beteiligungsfähig i.S. von § 61 Nr. 2 VwGO ist. In dem Judikat, das hier nicht im einzelnen analysiert werden kann, ging das Gericht davon aus, daß der Entscheidungsspielraum des Arbeitgebers auf der betrieblichen Ebene durch die einseitige behördliche Anordnung einer *bestimmten* Maßnahme (Ausstattung eines Wachdienstes mit Reizstoffsprühgeräten) zulässig begrenzt worden ist, so daß mitbestimmte Regelungen nicht mehr getroffen werden könnten. Ob dies auch für das ArbSchG gilt, das auf eigenständige, von den Betriebsparteien entwickelte betriebliche Lösungen zielt, rechtlich determiniert durch die Beachtung bestimmter betrieblicher Entscheidungsprozeduren, ist mindestens fraglich. Hinzuweisen ist in diesem Zusammenhang zudem darauf, daß durch die neuere Rechtsprechung zum Ladenschlußrecht Arbeitnehmer als Drittbetroffene und damit als neue Akteure arbeitsschutzrechtlicher Verwaltungsstreitverfahren anerkannt worden sind (BVerwG, GewArch 1999,

c) Anordnungen zur Durchsetzung der Organisationspflicht nach § 3 Abs. 2 ArbSchG

Einzelfallanordnungen nach § 22 Abs. 3 ArbSchG zur Durchsetzung der Organisationspflichten des § 3 Abs. 2 ArbSchG sehen sich zunächst einem grundlegenden Problem ausgesetzt, das bereits an anderer Stelle thematisiert worden ist. Da Organisationen ihren jeweils eigenen Gesetzlichkeiten folgen, fehlt es an einem Maßstab, um die Eignung und Effektivität einer Intervention in die Organisation verläßlich bewerten zu können.[96] Es läßt sich eben nicht allgemeingültig sagen, welche Kriterien geeignet für die Bildung der Zuständigkeitsbereiche von Brandschützern oder Ersthelfern sind oder wie die Verantwortlichkeiten der betrieblichen Akteure in der Linie optimal verteilt werden. Was im Einzelfall geeignet und sinnvoll ist, hängt von einer ganzen Reihe von Faktoren ab, wie z.B. den sonstigen betrieblichen Organisationsstrukturen, dem Gegenstand der Produktion, den Beziehungen zur Umwelt (z.B. Stellung am Markt) und nicht zuletzt den betrieblichen Akteuren selbst, ihren individuellen Fähigkeiten, ihrer Stellung im Betrieb bzw. Unternehmen und ihren Interessen (siehe hierzu auch oben S. 217 ff.). Anordnungen über die Organisation stellen vor diesem Hintergrund ein fundamentales verwaltungsrechtliches Problem dar. Läßt sich nicht einmal die Wirksamkeit eines Verwaltungsakts empirisch mit hinreichender Wahrscheinlichkeit nachweisen, scheitert eine Anordnung bereits an der ersten „Hürde" des Übermaßverbots, der Eignung der Maßnahme zur Erreichung des vorgegebenen Ziels.

Es wäre aber in der Sache zu kurz gegriffen, aus diesem Befund zu schließen, daß schlechthin sämtliche Anordnungen mit organisatorischem Gehalt ungeeignet und damit rechtswidrig sind. Wie bereits oben (S. 212 ff.) dargelegt, können Organisationen unter verschiedenen Blickwinkeln betrachtet werden. Grundlegend ist dabei die Differenzierung zwischen Aufbau- und Ablauforganisation. Auch wenn eine klare Trennung beider Aspekte nicht immer möglich ist, steht die Aufbauorganisation für die Organisationsstruktur (Kompetenzen, Entscheidungsbefugnisse, Zusammenarbeit der Funktionsträger) und die Ab-

---

168 ff.; OVG Bremen, GewArch 1998, 485 ff.; VG Leipzig, GewArch 1999, 491 ff.; vgl. zum Ganzen auch *Strobach*, AiB 2000, 275 ff.). Diese neueren Tendenzen und die Verfahrensorientierung des ArbSchG lassen Zweifel daran aufkommen, ob die bis dato vorherrschende Sichtweise des rein bipolaren Verwaltungsrechtsverhältnisses zwischen Aufsicht und Arbeitgeber auf Dauer zu halten ist (in diesem Sinne auch *Strobach*, AiB 2000, 275 ff. (281), die mittelfristig weiteren Diskussionsbedarf sieht; außerdem bereits *Däubler*, AiB 1986, 173 ff. (174 f.).

[96] Hierzu nochmals *Spindler*, Unternehmensorganisationspflichten, S. 425 ff.; ebenfalls in diese Richtung argumentierend *Rehbinder*, UTR 26, 29 ff. 64 f.), sowie *Feldhaus*, in: Umweltmanagement und Umwelthaftung, 9 ff. (25 f.), der die Eignung der Organisation als Instrument zur Sicherstellung der Grundpflichten in Zweifel zieht und darauf hinweist, daß die Organisation auch im Ordnungsrecht primär als innerbetriebliches Führungs- und Kontrollinstrument anzusehen ist, dessen Gestaltung Sache der Unternehmen sei.

lauforganisation für die Verfahrensweise, mit der die Aufgaben der Organisation (im Bereich der Fertigung aber auch im Arbeits- und Umweltschutz) erledigt werden.[97] Legt man diese Differenzierung zugrunde, zielen die bereits diskutierten Anordnungen zur Durchsetzung der Pflichten aus § 3 Abs. 1 ArbSchG letztlich auf Regelungen der Ablauforganisation.

Auch vor dem Hintergrund der vorgetragenen prinzipiellen Bedenken bedarf das zu § 3 Abs. 1 ArbSchG gefundene Ergebnis keiner Korrektur. Die dort normierten Aufgaben und Verfahrensweisen beruhen auf einer ausdrücklichen gesetzgeberischen Entscheidung und sind für einen präventiven Arbeits- und Gesundheitsschutz sachlich geboten. Es kann nicht zweifelhaft sein, daß die Festlegung und Durchführung von Schutzmaßnahmen, ihre Wirksamkeitskontrolle und Anpassung tauglich und damit geeignet sind, um die Sicherheit und den Gesundheitsschutz bei der Arbeit zu sichern und zu verbessern (§ 1 Abs. 1 ArbSchG). Auch unter Beachtung der dem Arbeitgeber eingeräumten Gestaltungsfreiheit, läßt sich ohne weiteres feststellen, ob das gebotene Prozedere überhaupt ablauforganisatorisch in geeigneter Form geregelt ist (z.B. geeignete schriftliche oder mündliche Arbeits- und Verfahrensanweisungen; Bereitstellung der erforderlichen Mittel). In Übereinstimmung mit der hier vertretenen Position wird in der Literatur – soweit die Frage überhaupt thematisiert wird – eine rechtliche Kontrolle und damit letztlich verbunden die hoheitliche Durchsetzung organisatorischer Pflichten entlang der Ablauforganisation befürwortet.[98]

Der Einwand, daß sich der Erfolg organisationsbezogener Anordnungen nicht verläßlich abschätzen läßt, behält allerdings seine Berechtigung für die Aufbauorganisation, durch die die Verantwortung und die Zusammenarbeit der betrieblichen Akteure geregelt wird. Welche Konfiguration hier sinnvoll ist, hängt in der Tat maßgeblich von den Umständen des Einzelfalls ab (insbes. Fähigkeiten und Interessen der Akteure, Art der Produktion, Umwelt des Betriebs). Ein rechtlich allgemeingültiges Organisationsmodell, etwa dergestalt, daß die Überprüfung der getroffenen Schutzmaßnahmen stets in den Zuständigkeitsbereich der unteren Führungskräfte fällt, wäre vor diesem Hintergrund unangemessen und würde zudem, stellt man diese Bedenken zurück, sehr tief in die durch Art. 12, 14 GG geschützte Organisationsfreiheit eingreifen.[99]

Kann dem Arbeitgeber danach keine bestimmte Form der Organisation aufgegeben werden, muß dies nun nicht bedeuten, daß die Behörde jede Organisationsentscheidung hinzunehmen hätte. Auch ohne daß es des Bildes einer „idealen

---

[97] Vgl. *Rehbinder*, UTR 26, 29 ff. (33); *Bea/Göbel*, Organisation, S. 82 f.

[98] *Spindler*, Unternehmensorganisationspflichten, S. 565 f.; *Waskow*, Festschrift Feldhaus, 365 ff. (368), der darauf hinweist, daß im Rahmen der Ablauforganisation die Einhaltung der Umwelt-/Immissionsstandards überwacht wird.

[99] Hierauf weist *Rehbinder*, UTR 26, 29 ff. (33 f.), zutreffend hin.

Aufbauorganisation" bedürfte, gibt es eine Reihe von aufbauorganisatorischen Grundsätzen, die als fundamentale und notwendige Voraussetzungen für eine wirksame betriebliche Sicherheitsarbeit anerkannt sind.[100] Es handelt sich dabei um Anforderungen, die jede Aufbauorganisation – in welcher Weise auch immer – zu verwirklichen hat, um effektiv zu sein. So ist es unverzichtbar, um nur ein Beispiel zu geben, daß die Verantwortungen und Kompetenzen klar geregelt sind. Ist an einer Anlage bei Betriebsstörungen über ihre Abschaltung zu entscheiden, genügt es nicht, daß ablauforganisatorisch Richtlinien erstellt sind, nach welchen Kriterien und Verfahrensweisen diese Entscheidung zu erfolgen hat. Es muß vielmehr auch geregelt sein, welche Person im konkreten Fall befugt und verpflichtet ist, die erforderlichen Schritte vorzunehmen bzw. entsprechende Weisungen auszusprechen.[101]

Als allgemeine Richtschnur für solche Kernanforderungen kann im Hinblick auf die *allgemeine* Aufbauorganisation des betrieblichen Arbeitsschutzes auf die vor allem im Zusammenhang mit den Mitteilungspflichten nach § 52 a BImSchG diskutierten Kriterien verwiesen werden. Neben den bereits im vorstehenden Beispiel angeklungenen Aspekten der eindeutigen und widerspruchsfreien Verteilung von Aufgaben, Verantwortlichkeiten und Entscheidungsbefugnissen setzt eine „geeignete Organisation" i.S. von § 3 Abs. 2 ArbSchG danach vor allem klare Regelungen über die Kommunikation und Kooperation (Einrichtung von Melde- und Berichtswegen) sowie eine adäquate Qualifikation bzw. Fortbildung der Mitarbeiter für die ihnen obliegenden arbeitsschutzrechtlichen Pflichten voraus.[102]

---

[100] So auch *Feldhaus*, Umwelthaftung und Umweltmanagement, 9 ff. (27); ähnlich *Spindler*, Unternehmensorganisationspflichten, S. 566 f., der in diesem Zusammenhang auf das Erfordernis empirisch gewonnener Erfahrungen verweist. Mir erscheint der Hinweis *Spindler*s, daß die Eignung von Anforderungen an die Aufbauorganisation empirisch verifizierbar sein muß, wesentlich zu sein. So werden etwa gute Managementpraktiken, die Regeln guter umweltorientierter Unternehmenspraxis oder auch die Kerngedanken von Qualitätssicherungssystemen als Bewertungsmaßstäbe diskutiert. Ohne Frage lassen sich hier viele Anregungen für die Optimierung der Organisationsgestaltung gewinnen. Sie als Vorbild für die Gewinnung rechtlicher Mindestanforderungen zu nehmen ist aber fragwürdig, da es sich um in sich schlüssige Konzepte handelt, die angesichts der vielfältigen Möglichkeiten organisatorischer Gestaltung nicht für jeden Betrieb (z.B. Kleinbetriebe) tatsächlich von Nutzen sein müssen. Skeptisch auch *Rehbinder*, UTR 26, 29 ff. 64 f.); strikt und pointiert dagegen, *Spindler*, Unternehmensorganisationspflichten, S. 566 f.

[101] Vgl. hierzu auch das Beispiel des Chemieunfalls, oben S. 205, bei dem in der konkreten Krisensituation die verantwortlichen Personen nicht greifbar waren. Instruktiv ist im übrigen auch das Beispiel *Spindler*s, Unternehmensorganisationspflichten, S. 566, betreffend die Anordnung, einen zweiten Schichtführer einzusetzen, um eine Vertretung für den Fall des Ausfalls des ersten Schichtführers sicherzustellen.

[102] Vgl. hierzu den Gemeinsamen Runderlaß des Landes NW zur Durchführung des BImSchG vom 16.7.1993, MBl. NW 1993, S. 1472 ff., Ziffer 25.2.2; *Feldhaus*, Umwelthaftung und Umweltmanagement, 9 ff. (27); *Jarass*, BImSchG, § 52 a, Rdnrn. 7 ff.

Ein behördliches Einschreiten kommt danach insbes. in zwei Konstellationen in Betracht. Sind entsprechende Regelungen nicht getroffen worden (z.B. keine ausdrückliche Festlegung von Zuständigkeiten, Veranwortlichkeiten und Befugnissen in Krisensituationen), kann die Behörde nach § 22 Abs. 3 Nr. 1 ArbSchG die Schaffung geeigneter aufbauorganisatorischer Vorkehrungen anordnen. Hat der Arbeitgeber hingegen eine aufbauorganisatorische Entscheidung getroffen, ist diese in der Regel zu respektieren, mag man die Lösung auch für nicht optimal halten. Etwas anderes muß aber dann gelten, wenn die getroffenen Regelungen evident ungeeignet sind (z.B. ein aufgrund seiner fachlichen Qualifikation und praktischen Erfahrung offensichtlich völlig überforderter Mitarbeiter wird mit der Kontrolle der Sicherheitseinrichtungen einer komplexen Chemieanlage verantwortlich betraut[103]). Treten etwa im Rahmen einer Betriebsrevision solche Mängel zu Tage, ist die Behörde nicht nur berechtigt, sondern verpflichtet, dies bei der Abfassung des Revisionsschreibens[104] zu berücksichtigten und die Organisation zu beanstanden. Trifft der Arbeitgeber daraufhin keine geeigneten Maßnahmen, gilt für beide hier geschilderten Konstellationen, daß in der behördlichen Einzelfallanordnung nur das Ziel der geforderten Organisationsmaßnahmen, nicht aber eine konkrete Maßnahme vorgeschrieben werden kann.

Diese Beschränkung der behördlichen Regelungsmacht ist wie bereits dargestellt notwendig, um die Organisations- und Gestaltungsfreiheit des Arbeitgebers nicht über Gebühr einzuschränken.[105] Hinzu kommt auch hier wiederum die Verfahrens- und Beteiligungsorientierung des modernen Arbeitsschutzrechts, für die das ArbSchG – wie eingehend beschrieben – in besonderem Maße steht. Auch die Gestaltung der Sicherheitsorganisation ist rechtlich an die Beachtung prozeduraler Regeln gebunden. Zu verweisen ist insoweit mit Blick auf den Betriebsrat insbes. auf §§ 87 Abs. 1 Nr. 7, 89 BetrVG sowie auf die Pflicht zur Anhörung der Beschäftigten nach § 81 Abs. 3 BetrVG in betriebsratslosen Be-

---

[103] Zu einer solchen Anordnung im Hinblick auf die fehlende Fachkunde einer Sicherheitsfachkraft vgl. VG Ansbach, GewArch 1995, 419 ff. Praktische Orientierungspunkte bieten im übrigen die im Haftungsrecht diskutierten und entschiedenen Fallgestaltungen, vgl. dazu oben S. 223 ff.

[104] Zur Bedeutung des Revisionsschreibens vgl. auch unten S. 399 ff.

[105] Gemeinsamer Runderlaß des Landes NW zur Durchführung des BImSchG vom 16.7.1993, MBl. NW 1993, 1472 ff., Ziffer 25.2.3; *Feldhaus*, Umwelthaftung und Umweltmanagement, 9 ff. (26); einen anderen Weg geht *Spindler*, Unternehmensorganisationspflichten, S. 565, der die Verletzung aufbauorganisatorischer Mindestsstandards als Element der Zuverlässigkeit des Betreibers (bzw. Arbeitgebers) deutet und eine Negativprüfung im Rahmen der Prüfung der Zuverlässigkeit des Betreibers vorschlägt. M.E. schließen sich beide Wege (einerseits Anordnung zur Durchsetzung der Grundpflichten, andererseits Zuverlässigkeit) nicht aus, wobei es m.E. unverhältnismäßig wäre, jede Nichtbeachtung von aufbauorganisatorischen Mindeststandards mit dem Verdikt der Unzuverlässigkeit zu versehen. Wie hier auch *Feldhaus*, Umwelthaftung und Umweltmanagement, 9 ff. (26).

trieben.[106] Die genannten Regelungen bilden die Basis für die – prozedurale – Richtigkeitsgewähr der organisatorischen Gestaltungsentscheidungen. Die prozedurale Richtigkeitsgewähr ist von besonderer Bedeutung, da es wie eingehend ausgeführt keinen allgemeingültigen, idealen Maßstab für die Ergebnisrichtigkeit der jeweiligen organisatorische Gestaltungsentscheidung gibt. Zwar kann die Behörde die Durchführung der in den genannten betriebsverfassungsrechtlichen Regelungen vorgesehenen Beteiligungsverfahren nicht anordnen.[107] Da der Betriebsrat bzw. in betriebsratslosen Betrieben die Beschäftigten von einer Einzelfallanordnung rechtlich betroffen sind, sind sie aber an einem entsprechenden Verwaltungsverfahren zu beteiligen und vor Erlaß einer Einzelfallanordnung nach § 28 VwVfG anzuhören.[108]

Neben diesen allgemeinen aufbauorganisatorischen Pflichten sind im ArbSchG noch weitere, spezielle Anforderungen formuliert. Zu verweisen ist in diesem Zusammenhang auf die in § 10 Abs. 2 ArbSchG vorgesehenen Ersthelfer, Brandbekämpfer und die Beschäftigten, die mit Aufgaben der Evakuierung betraut sind. Da der Arbeitgeber insoweit kein Entschließungsermessen hat, kann in Anordnungen nach § 22 Abs. 3 Nr. 1 ArbSchG verfügt werden, daß die Funktionsträger nach § 10 Abs. 2 ArbSchG überhaupt benannt werden. Sind entsprechende Personen benannt worden, ist diese Gestaltungsentscheidung im Grundsatz von der Behörde zu akzeptieren. Anordnungen kommen entsprechend den oben dargestellten Grundsätzen in Betracht, wenn die betrieblichen Regelungen evident ungeeignet sind, also z.B. ein Mitarbeiter ohne Kenntnisse in Erster Hilfe zum Ersthelfer ernannt worden ist. Darüber hinaus ist zu beachten, daß der Arbeitgeber nach § 10 Abs. 2 Satz 3 ArbSchG vor der Benennung den Betriebs- oder Personalrat zu hören hat. Das Gesetz knüpft die konkrete Auswahlentscheidung also an die Beachtung einer Verfahrensregel. Die Durchsetzung dieser verfahrensrechtlichen Vorgabe kann ebenfalls Gegenstand einer Einzelfallanordnung sein[109], da der Arbeitgeber im Hinblick auf die Anhörung über kein Entschließungsermessen verfügt. Es liegt insofern in der Hand der Behörde, dafür zu sorgen, daß die gesetzlichen Anforderungen an die prozedurale Richtigkeitsgewähr der Entscheidung beachtet werden. Wie bereits im Zusammenhang mit § 3 Abs. 1 ArbSchG konsta-

---

106 Zur Beteiligung des Betriebsrats vgl. eingehend nachfolgend S. 459; zu § 81 Abs. 3 BetrVG nachfolgend S. 432 ff.

107 Kritisch hierzu mit Blick auf § 81 Abs. 3 BetrVG, *Kohte*, EAS, B 6100, Arbeitsschutzrahmenrichtlinie, Rdnrn. 89 f. Nicht ausgeschlossen ist es im übrigen, daß die Behörde in einem Revisionsschreiben auf das Erfordernis der Beteiligung des Betriebsrats hinweist oder im Rahmen des Beratungsauftrags z.B. in Informationsmaterialien entsprechende Informationen gibt. Hierzu auch *Kohte*, Festschrift Heilmann, 73 ff. (82).

108 Hierzu auch oben, S. 379.

109 In diesem Sinne mit Blick auf Anordnungen zur Durchsetzung der störfallrechlichen Pflicht zur Anhörung der Beschäftigten eines Betriebsbereichs vor Erstellung von Alarm und Gefahrenabwehrplänen nach § 10 Abs. 3 StörfallV, *Kohte*, Festschrift Heilmann, 73 ff. (79).

tiert, ist also auch bei § 10 Abs. 2 ArbSchG die geringere materiellrechtliche Kontrolldichte mit erweiterten Möglichkeiten, innerbetriebliche Verfahrensfragen im Wege der Anordnung zu thematisieren verbunden.

Von Bedeutung für die Aufbauorganisation sind schließlich die Vorschriften des ASiG, die die allgemeinen Organisationsanforderungen des § 3 Abs. 2 ArbSchG konkretisieren. Besonderes Augenmerk verdienen insoweit die im ASiG geregelten Institutionen des betrieblichen Arbeitsschutzes[110], namentlich der Betriebsarzt, die Fachkraft für Arbeitssicherheit und der Arbeitsschutzausschuß. Behördliche Anordnungen zur Durchsetzung der diesbezüglichen Verpflichtungen sind allerdings nicht auf § 22 Abs. 3 ArbSchG zu stützen. Maßgeblich ist vielmehr die speziellere Anordnungsbefugnis des § 12 ASiG. Dort ist im übrigen nicht nur ausdrücklich die Anhörung des Betriebsrats vor Erlaß einer Anordnung angeordnet, sondern auch seine schriftliche Unterrichtung über den Inhalt, nachdem eine entsprechende Verfügung getroffen worden ist.

Auf der Grundlage der ausdrücklichen gesetzgeberischen Entscheidungen des ASiG kann die Behörde jedenfalls tendenziell stärker in die unternehmerische Organisationsfreiheit eingreifen, als dies bei der allgemein gehaltenen Organisationspflicht des § 3 Abs. 2 ArbSchG der Fall ist.[111] So kann und muß sie nach Maßgabe des § 11 ASiG die Einrichtung eines mindestens vierteljährlich tagenden Arbeitsschutzausschusses in Betrieben mit mehr als zwanzig Beschäftigten anordnen, wenn der Arbeitgeber dies nicht von sich aus tut oder sich trotz einer entsprechenden Beanstandung verweigert.[112] Der Arbeitgeber

[110] Die Pflicht, Sicherheitsbeauftragte zu bestellen, kann von der staatlichen Aufsicht nicht durchgesetzt werden, da es sich bei den insoweit maßgeblichen Bestimmungen der §§ 22 SGB VII, 9 BGV A 1 um unfallversicherungsrechtliche Vorschriften handelt, deren Durchsetzung nicht zu den Aufgaben der staatlichen Aufsicht zählt. Zuständig und befugt zum Erlaß entsprechender Anordnungen sind die Unfallversicherungsträger nach Maßgabe des § 17 SGB VII.

[111] Die prinzipielle Tragfähigkeit des Ansatzes des ASiG, den Arbeits- und Gesundheitsschutz durch organisatorische Maßnahmen zu verbessern, dürfte heute – ungeachtet einer Reihe von Kritikpunkten – unzweifelhaft sein, vgl. hierzu umfassend *Bieneck*, Festschrift Wlotzke, 465 ff. Die verfassungsrechtliche Rechtfertigung der Eingriffe in die unternehmerische Organisationsfreiheit durch das ASiG steht daher außer Frage.

[112] Zur Anordnung einen Arbeitsschutzausschuß einzurichten, siehe auch VG Hannover, GewArch 1996, 28f. Die Relevanz des Arbeitsschutzausschusses als institutionalisiertes Element der Sicherheitskommunikation und –kooperation ist seit der Änderung des § 11 ASiG im Jahre 1996 erheblich gestiegen, da nunmehr in allen Betrieben mit mehr als 20 Beschäftigten Arbeitsschutzausschüsse zu bilden sind. Weil insoweit noch erhebliche Defizite bestehen (vgl. hierzu auch IKARUS-Abschlußbericht, S. 113 ff.), kommt behördlichen Anordnungen in diesem Zusammenhang besondere Bedeutung zu. Zu bedenken ist dabei, daß es in kleinen Betrieben oftmals keinen Betriebsrat gibt und insoweit die Umsetzung der neuen Rechtslage nicht über § 87 Abs. 1 Nr. 7 BetrVG herbeigeführt werden kann. Vgl. hierzu auch *Kohte*, AuA 1996, 399, mit Blick auf die vorstehend genannte Entscheidung des VG Hannover.

kann dem nicht entgegenhalten, daß es seiner Auffassung nach zweckmäßigere Formen der Sicherheitskommunikation und -kooperation gibt.

Gleiches gilt für die Bestellung von Sicherheitsfachkräften und Betriebsärzten. Liegen die im Gesetz bzw. Unfallverhütungsvorschriften normierten Voraussetzungen für ihre Bestellung vor, läßt sich ohne weiteres eine Anordnung zur Durchsetzung der Organisationspflicht treffen, unabhängig davon, ob der Arbeitgeber eine sicherheitstechnische und arbeitsmedizinische Beratung für effektiv hält.[113] Ebenso kann die organisatorische Anbindung der Sicherheitsfachkraft unmittelbar bei der Betriebsleitung angeordnet werden oder die ausdrückliche Regelung eines Rechts der Betriebsärzte und Sicherheitsfachkräfte, Vorschläge dem Arbeitgeber unmittelbar zu unterbreiten (§ 8 ASiG). Andererseits ist aber zu sehen, daß auch das ASiG Spielräume beläßt, z.B. hinsichtlich der Schwerpunktbildung bei der Erfüllung der gesetzlichen Aufgaben der Fachkraft für Arbeitssicherheit. Auch hier gilt, daß im Grundsatz die Organisationsfreiheit des Arbeitgebers bzw. in diesem Zusammenhang getroffene Regelungen der Betriebsparteien (§ 87 Abs. 1 Nr. 7 BetrVG) Vorrang genießen vor den Vorstellungen der Behörde.

d) Zwischenergebnis

Ein zentrales Ziel des ArbSchG liegt darin, einen rechtlichen Rahmen zu schaffen, damit die betrieblichen Akteure den Arbeits- und Gesundheitsschutz vorrangig selbständig gestalten. Ungeachtet der damit verbundenen Abkehr von einem primär aufsichtsrechtlich verstandenen Arbeitsschutzrecht entspricht § 22 Abs. 3 ArbSchG auf der Rechtsfolgenseite weitgehend der abgelösten Rechtslage. Wie in der Vorgängervorschrift des § 120 d GewO a.F. wird die Behörde ermächtigt anzuordnen, welche Maßnahmen zur Erfüllung der jeweils fraglichen Rechtspflichten treffen sind. Die vorstehenden Überlegungen haben gezeigt, daß das Festhalten an der überkommenen Regelungsstruktur der aufsichtsrechtlichen Ermächtigungsgrundlage alles andere als unproblematisch ist.

Schwierigkeiten ergeben sich insbes. im Hinblick auf die hinreichende Bestimmtheit von Einzelfallanordnungen nach § 22 Abs. 3 ArbSchG im Bereich des Gefährdungsschutzes, der als neues Element Eingang in das staatliche Arbeitsschutzrecht gefunden hat. Wie oben eingehend begründet, helfen die im Rahmen der Dogmatik des § 37 Abs. 1 VwVfG entwickelten Anforderungen hier kaum weiter. So scheidet die Festlegung eines bestimmten Mittels bzw. die detaillierte

[113] Zu solchen Anordnungen vgl. etwa BSGE 50, 107 ff.; BSGE 50, 171 ff.; BSGE 65, 5 ff.; streitig war in den genannten Fällen allein die Frage, ob als Beurteilungsmaßstab für die Bestellungspflicht die Anzahl der Mitarbeiter im Unternehmen oder – wie es das BSG in den zitierten Entscheidungen annimmt – die Zahl der Mitarbeiter in den Einzelbetrieben des Unternehmens ist. Zur Anordnung des Anschlußzwangs an den arbeitsmedizinischen und sicherheitstechnischen Dienst einer Berufsgenossenschaft vgl. BSG, SGb 2000, 274 ff.

Konkretisierung des Zwecks einer Verfügung nach § 22 Abs. 3 ArbSchG zur Durchsetzung der Grundpflichten nach § 3 ArbSchG aus, weil damit die Auffassung der Aufsicht einseitig an die Stelle der Bewertungen des Arbeitgebers bzw. der Betriebsparteien gesetzt würde. Dies gilt eingeschränkt auch für den Bereich der Gefahrenabwehr. Auch insoweit ist es vorrangig Sache der Betriebe, die Gefahren insbes. mit Hilfe von Gefährdungsbeurteilungen nach § 5 ArbSchG zu erkennen und die geeigneten Maßnahmen zu treffen.[114] Trifft der Arbeitgeber allerdings nicht von sich aus die erforderlichen Maßnahmen zur Gefahrenabwehr, ist die Behörde nicht nur berechtigt sondern wegen Art. 2 Abs. 2 GG auch verpflichtet, dem Arbeitgeber kategorisch die wirksame Bekämpfung dieser Gefahren aufzugeben.[115]

Die Möglichkeiten zum Erlaß von Einzelfallanordnungen im Hinblick auf § 3 Abs. 1 ArbSchG konzentrieren sich vor allem auf die – lückenlose – Durchführung der dort geregelten Verfahrensschritte. Anknüpfungspunkt von Einzelfallanordnungen ist dabei die Überschreitung des betrieblichen Gestaltungsermessens, sei es daß die Verfahren nach § 3 Abs. 1 ArbSchG gar nicht geregelt sind, sei es, daß offensichtlich ungeeignete Verfahren eingesetzt werden. Um den Anforderungen an die Bestimmtheit nach § 37 Abs. 1 VwVfG gerecht zu werden, ist insbes. die Leistungsfähigkeit der einzusetzenden Verfahren und Instrumente und ihre Verknüpfung (Gefährdungsbeurteilung, Wirksamkeitskontrollen, Optimierung) hinreichend zu verdeutlichen. In der Sache bedeutet dies, daß die Rechtskontrolle von einer primären Ergebniskontrolle hin zu einer Verfahrenskontrolle zu orientieren ist.[116] Diese vorrangige Verfahrenskontrolle kann auch nutzbar gemacht werden im Hinblick auf Anordnungen, die die – materiellrechtliche – Erforderlichkeit bestimmter Maßnahmen i.S. von § 3 Abs. 1 ArbSchG zum Gegenstand haben. Insbes. die Abwägungsfehlerlehre ermöglicht unter einem prozeduralen Blickwinkel die Feststellung, ob die – materiellrechtlichen – Grenzen der betrieblichen Gestaltungsfreiheit (insbes. § 4 ArbSchG) überschritten sind.

Noch enger sind die Grenzen der Behörde bei Anordnungen zur Durchsetzung der Organisationspflicht nach § 3 Abs. 2 ArbSchG gesetzt. Verfügungen kommen hier nur in Betracht, wenn allgemein akzeptierte und aufgrund empirischer Erkenntnisse gewonnene Mindestanforderungen an eine wirksame Sicherheits- und Gesundheitsschutzorganisation nicht beachtet werden. Auch hier verbietet sich aus den beschriebenen Gründen die Anordnung einer bestimmten organisatori-

---

[114] Vgl. auch *Leichsenring*, Die BG 1997, 82 f. (83).

[115] Insoweit liegt die Stärke der klassischen hoheitlichen Handlungsform des Verwaltungsaktes bei der Gefahrenabwehr, da rasch und wirksam gegensteuernde Maßnahmen durchgesetzt werden können, vgl. hierzu auch *Hill*, DVBl. 1989, 321 ff. (326). Zu den gestuften Anforderungen zwischen dem klassischen Gefahrenschutz und dem Gefährdungsschutz nach dem ArbSchG vgl. nochmals *Kohte*, Jahrbuch des Arbeitsrechts 2000, 21 ff. (32).

[116] Vgl. zu den Alternativen der Ergebniskontrolle und der Verfahrenskontrolle *Rehbinder*, UTR 26, 29 ff. (59); *Grimm*, NVwZ 1985, 865 ff. (866 f.); *Schoch*, DV 1992, 21 ff. (27 ff.).

schen Gestaltung. Mit Blick auf die Bestimmtheit der Anordnung ist wiederum zu verdeutlichen, welche Leistungsanforderungen die mit der Anordnung intendierte organisatorische Regelung erfüllen muß (z.B. Gewährleistung, daß bei Betriebsstörungen jederzeit eine fachkundige, weisungsbefugte Person zugegen ist).

e) Grenzen der Rechtsdurchsetzung durch einseitige behördliche Anordnung

Der organisations- und verfahrensbezogene Ansatz des ArbSchG basiert implizit auf der Annahme, daß im Betrieb erarbeitete Konzepte des Arbeits- und Gesundheitsschutzes zu besseren, problemadäquateren Lösungen führen, als von außen übergestülpte Vorgaben, die allenfalls bedingt betriebliche Spezifika berücksichtigen können. Um der Gefahr einer Beliebigkeit auf der betrieblichen Ebene entgegenzuwirken, die sich angesichts der herausragenden Bedeutung der in Rede stehenden Schutzgüter des Lebens und der Gesundheit der Beschäftigten verbietet, normiert das Gesetz die eingehend beschriebenen Verfahrensregeln, materiellen Schutzziele und die allgemeine Organisationspflicht. Sie bilden den unerläßlichen rechtlichen Rahmen für angemessene, systematische Aktivitäten auf der betrieblichen Ebene. Wie gesehen ist die hoheitliche Durchsetzung dieser Pflichten nur unter den dargestellten Einschränkungen möglich.

Begreift man die Grundpflichten nicht als Bündel isolierter Verfahrens- und Organisationspflichten, sondern, was die oben angestellten Überlegungen zu den Managementsystemen nahelegen, als systemisch im Sinne eines Regelkreises aufeinanderbezogenes Pflichtengefüge, scheinen weitere Grenzen klassischen hoheitlichen Tätigwerdens auf.[117] Um wirklich effektiv zu werden ist es notwendig, daß die im ArbSchG normierten Managementinstrumente tatsächlich sinn- und zweckgemäß eingesetzt werden und die durch die Organisationsstruktur vorgezeichnete Rollenverteilung tatsächlich angenommen und gelebt wird.

Selbst wenn die betrieblichen Akteure, also neben dem Arbeitgeber insbes. die verantwortlichen Führungskräfte, die Fachkräfte für Arbeitssicherheit, die Sicherheitsbeauftragten, die Beschäftigten und der Betriebsrat durch formale Organisationsregeln „auf dem Papier" in die Lage versetzt worden sind, die ihnen zugedachte Rolle bei der Gestaltung der Prozesse des Arbeits- und Gesundheitsschutzes wahrzunehmen, bedeutet dies noch lange nicht, daß sie ihre Optionen tatsächlich ausüben. Ebensowenig läßt sich die sinnhafte Nutzung der verfahrensorientierten Grundpflichten quasi verordnen. Halten die betrieblichen Beteiligten die nach § 3 Abs. 1 ArbSchG verlangte kontinuierliche Verbesserung des Arbeits- und Gesundheitsschutzes für überzogen, werden sie kaum mit Engagement die Ergebnisse der Wirksamkeitskontrollen auswerten, sondern sich be-

---

[117] Zur einseitigen Entscheidung als klassische Handlungsform des öffentlichen Rechts vgl. *Brohm*, DVBl. 1994, 133 ff. (138); *Hill*, DVBl. 1989, 321 ff. (321 f.); *Benz*, DV 1990, 83 ff. (85).

stenfalls formal absichern, um evtl. einer behördlichen Anordnung vorzubeugen. Gleiches gilt für die Gefährdungsbeurteilung nach § 5 ArbSchG, mit deren Hilfe die „erforderlichen" Maßnahmen des Arbeitsschutzes im Rahmen der betrieblichen Planung zu ermitteln sind. Herrscht die Auffassung vor, daß es sich bei ihnen um eine bloße Bürokratisierung des Arbeitsschutzes handelt, mag man sich widerwillig dem gesetzlichen Zwang beugen. Mögliche positive Gestaltungsoptionen dürften bei einem solchen mehr oder weniger erzwungenen Einsatz der betrieblichen Planungsinstrumente bestenfalls ansatzweise ausgeschöpft werden.[118]

Die Beispiele ließen sich fortsetzen. Anordnungen sind zwar geeignet die Grundpflichten des § 3 ArbSchG formal und punktuell durchzusetzen.[119] Ihre Überzeugungskraft im Hinblick auf die Sinnhaftigkeit der Grundpflichten dürfte aber zumeist eher begrenzt sein. Geht man davon aus, daß die Leistungsfähigkeit des betrieblichen Arbeitsschutzes maßgeblich von der Qualität abhängt, mit der die in § 3 i.V. mit §§ 4-6 ArbSchG vorgesehenen Verfahrensweisen angewendet werden, vermag dieses Ergebnis im Hinblick auf eine effektive Durchsetzung der Grundpflichten kaum zu befriedigen. Es stellt sich deshalb die Frage nach weiteren Einwirkungsmöglichkeiten der Arbeitsschutzaufsicht, die das traditionelle – maßgeblich durch den Verwaltungsakt geprägte – behördliche Handlungsinstrumentarium ergänzen.

II. Behördliche Beratung als Instrument zur Durchsetzung des ArbSchG

Eine solche andere, nicht auf die einseitige Regelung eines Sachverhalts abzielende Handlungsform ist die Beratung[120] des Arbeitgebers durch die Aufsicht. Die ausdrückliche gesetzliche Normierung eines Beratungsauftrags[121] durch § 21 Abs. 1 Satz 2 ArbSchG ist eine Novum für das staatliche Arbeits-

---

[118] Vgl. hierzu auch *Gusy*, ZUR 2001, 1 ff. (3); *Murswiek*, ZUR 2001, 7 ff. (11).

[119] In der umweltrechtlichen Literatur wird in diesem Zusammenhang zutreffend darauf aufmerksam gemacht, daß die klassischen Handlungsformen lediglich „punktuell-augenblicksverhafteteten Charakter haben und sie die prozedurale Dimension der Rechtsbeziehung zwischen Staat und Bürger nicht zu erfassen vermögen", vgl. *Henneke*, N+R 1991, 267 ff. (274); *Hill*, DVBl. 1989, 321 ff. (325). Gleiches dürfte für die Erfassung der prozeduralen Dimension der Interaktion der betrieblichen Akteure im betrieblichen Arbeitsschutz gelten. Vgl. dazu bereits *Rehhahn*, ArbSch 1977, 243 ff. (245).

[120] In der Literatur wird darauf verwiesen, daß die Verwaltung gerne zum Instrument der Beratung greift, „wenn hoheitliche Mittel nicht zu Gebote stehen oder ihr Einsatz keinen Erfolg verspricht", vgl. *Oebbecke*, DVBl. 1994, 147 ff. (147 f.); kritisch gegenüber behördlicher Beratung *Lübbe-Wolff*, N+R 1989, 295 ff. (299; 302), die in der eingehenden rechtlichen Beratung eine starke Bindung der ohnehin knappen Ressourcen der Verwaltung sieht, die für einen wirksamen Vollzug eher hinderlich ist.

[121] Die Aufnahme des Beratungsauftrags diente zugleich der gesetzlichen Umsetzung von Art. 3 des ILO-Übereinkommens über die Arbeitsaufsicht für Handel und Gewerbe. Vgl. hierzu, sowie zur abgelösten Rechtslage etwa *Kittner/Pieper*, ArbSchR, § 21 ArbSchG, Rdnr. 7 f.; *Kollmer/Vogl*, Arbeitsschutzgesetz, Rdnr. 298.

schutzrecht in der Bundesrepublik. Zwar zählte die Beratung des Arbeitgebers und der Betriebs- und Personalräte aufgrund von Dienstanweisungen schon vor dem Inkrafttreten des ArbschG zur Praxis der Aufsichtsbehörden.[122] Da mit § 21 Abs. 1 Satz 1 ArbSchG ein Recht des Arbeitgebers auf Beratung durch die Behörde korrespondiert[123], wird der Beratungsaspekt aber weitaus deutlicher herausgestellt als in der Vergangenheit.[124]

1. Begriff der behördlichen Beratung

Im Gegensatz zum Verwaltungsakt, der nach § 35 VwVfG auf einen unmittelbaren rechtlichen Erfolg zielt, handelt es sich bei der behördlichen Beratung um eine Form informationellen (schlichten) Verwaltungshandelns, mit der auf einen tatsächlichen Erfolg im Sinne einer Verhaltensbeeinflussung hingewirkt werden soll.[125] Wohl nicht zuletzt weil Beratung gerade nicht eine einseitige, hoheitliche Regelung, sondern die Vermittlung von Informationen intendiert, wird der behördlichen Beratung ein kooperativer Charakter zugeschrieben.[126] Es kann hier offen bleiben, ob hinter diesem kooperativen Element ein allgemeines Rechtsprinzip der Kooperation im Arbeitsschutzrecht steht, wie dies im Umweltrecht diskutiert und von der Rechtsprechung des Bundesverfassungsgerichts mittlerweile vertreten wird.[127] Angebracht ist es aber, die Voraussetzungen und rechtlichen Grenzen der

---

[122] Empirische Erkenntnisse über den Anteil der Beratungstätigkeit an der Gesamtarbeitszeit der Beamten der staatlichen Arbeitsschutzaufsicht ergeben sich aus der Studie des Arbeitsschutzsystems der Bundesrepublik Deutschland Ende der 1970iger Jahre. Danach lag der Beratungsanteil im Jahre 1978 bei 29,2%, vgl. BAU (Hrsg.), Arbeitsschutzsystem, S. 581.

[123] Vgl. hierzu z.B. *Prax.-Kommentar-Getsberger*, § 21 ArbSchG, Rdnr. 2; *Wank*, TAS, § 21 ArbSchG, Rdnr. 1. Die Beratungspflicht der Behörde besteht zudem gegenüber den verantwortlichen Personen nach § 13 ArbSchG und wegen § 89 Abs. 2 BetrVG gegenüber dem Betriebsrat. Vgl. hierzu auch *Prax.-Kommentar-Getsberger*, wie vorstehend.

[124] Mit der Beratungsaufgabe notwendigerweise verbunden ist allerdings das Risiko von Amtshaftungsansprüchen wegen fehlerhafter Beratung, vgl. hierzu BGH, NJW 1985, 1338 f. (1338), für den Fall einer unrichtigen Auskunft des Leiters eines Planungs- und Vermessungsamtes; BGH, VersR 2001, 1287 f., für den Fall der Erstellung eines fehlerhaften Wertgutachtens im Rahmen der öffentlich-rechtlichen Aufgabe der Beratung von Mitgliedsunternehmen durch eine Handwerkskammer; außerdem *Nöthlichs*, Arbeitsschutz und Arbeitssicherheit, § 21 ArbSchG, Anm. 3. In Gesprächen des Verfassers mit Vertretern der Arbeitsschutzbehörden sind vor diesem Hintergrund bisweilen Vorbehalte gegen eine zu starke Akzentuierung der Beratungsaufgabe angemeldet worden.

[125] Hierzu *Oebbecke*, DVBl. 1994, 147 ff. (149), *Kothe*, DÖV 1998, 577 ff. (578) jeweils mit Hinweisen zur Abgrenzung der Beratung zu anderen Formen des informationellen Verwaltungshandelns; zur Umweltberatung *Mohr*, N+R 1989, 101 ff. (101).

[126] Vgl. etwa BVerfGE 98, 83 ff. (99); *Oebbecke*, DVBl. 1994, 147 ff. (148).

[127] Dafür insbes. BVerfGE 98, 83 ff.; BVerfGE 98, 106 ff.; *di Fabio*, NVwZ 1999, 1153 ff.; dagegen etwa *Murswiek*, ZUR 2001, 7 ff.

Kooperation durch Beratung zu präzisieren, um ihren Beitrag für die Durchsetzung der Pflichten nach dem ArbSchG genauer fassen zu können.[128]

Obwohl die Beratung zumeist als Ausprägung kooperativen Verhaltens von Staat und Bürger genannt wird und der Gesetzgeber zunehmend Informations- und Beratungsaufträge formuliert[129], hat sie bislang in der Literatur im Vergleich zu anderen kooperativen Instrumenten[130] wenig Beachtung gefunden. Beratung ist zu verstehen als eine Form asymmetrischer Kommunikation, in der ein Berater einer anderen Person Informationen gibt.[131] Anders als im üblichen Verwaltungsverfahren agiert die Behörde also nicht als Empfänger von Informationen, sondern als ihr „Sender".[132] Von anderen Formen informationellen Verwaltungshandelns, wie z.B. der Aufklärung, Auskünften, Warnungen oder Empfehlungen, unterscheidet sich die Beratung vor allem dadurch, daß ihr Gegenstand nicht im Detail a priori feststeht. Die Beratungsinhalte werden vielmehr maßgeblich vom Beratungsbedarf des Beratenen bestimmt. Im Gegensatz zur Auskunft ist der Inhalt der Information nicht durch die Anfrage abschließend bestimmt. Beratung ist vielmehr offen für (Nach)fragen und Äußerungen des Beratenen, so daß ihr ein prozeßhafter Charakter zu attestieren ist.[133]

2. Rechtliche Bindungen behördlicher Beratung

Behördliche Beratung als Form der Kooperation (hier mit Subjekten des Wirtschaftslebens) bedeutet nicht Zusammenarbeit zweier gleicher Partner. Dies folgt allerdings nicht aus der angedeuteten Asymmetrie der Kommunikation von Berater und Beratenem, sondern aus dem Wesen der Kooperation. Da eine Kooperation mit sich selbst ausgeschlossen ist, bedarf es mindestens zweier Partner, die zusammenarbeiten, um einen bestimmten Kooperationszweck zu verfolgen. Di-

---

[128] *Oebbecke*, DVBl. 1994, 147 ff. (148) sieht in diesem Zusammenhang aus der Sicht der Behörden juristischen Klärungsbedarf über den inhaltlichen und organisatorischen Handlungsrahmen der Beratung; vgl. außerdem *Kothe*, DÖV 1998, 577 ff. (578).

[129] Vgl. z.B. §§ 17 SGB VII; 38 KrW-/AbfG; § 2 9. BImSchV; 13 Abs. 1 Nr. 5 Schornsteinfegergesetz (BGBl. I 1969, S. 1634 ff. (1637); sowie *Kothe*, DÖV 1998, 577 ff. (580 ff.); *Oebbecke*, DVBl. 1994 147 ff. (149 f.).

[130] Im Zentrum des Interesses stehen hier (Vor)verhandlungen, Verträge oder (normersetzende) Absprachen (hierzu etwa *Bulling*, DÖV 1989, 277 ff.; *Scherer*, DÖV 1991, 1 ff.); auch im Bereich informationellen Verwaltungshandelns stehen andere Instrumente, wie vor allem Produktwarnungen und – empfehlungen im Mittelpunkt (vgl. z.B. *Lübbe-Wolff*, NJW 1987, 2705 ff.; *Heintzen*, N+R 1991, 301 ff.).

[131] *Oebbecke*, DVBl. 1994, 147 ff. (148, 149 f.).

[132] Hierin unterscheidet sich die Beratung substanziell von anderen kommunikativen Akten im Verhältnis Staat Bürger, namentlich zur Anhörung nach § 28 VwVfG; hierzu auch *Hufen*, Fehler im Verwaltungsverfahren (1. Auflage), S. 157.

[133] Vgl. hierzu *Kothe*, DÖV 1998, 577 ff. (578); *Oebbecke*, DVBl. 1994, 147 ff. (149 f.), mit weiteren Hinweisen zur Abgrenzung zu anderen Formen informationellen Verwaltungshandelns.

stanz oder Trennung ist demnach ein konstituierendes Element einer jeden Kooperation.[134] Die Anerkennung dieser Distanz im Rahmen behördlicher Beratung heißt vor allem, sich die Verschiedenartigkeit der Interessenlagen von Berater und Beratenem klarzumachen.[135] In der Literatur wird in diesem Zusammenhang zutreffend ein Gebot der Interessentransparenz postuliert, wonach dem Beratenen die mit der Beratung verfolgten Ziele der Behörde klarzumachen sind.[136]

Der Zweck der behördlichen Beratung im hier interessierenden Kontext ist durch § 21 Abs. 1 Satz 2 ArbSchG dahingehend festgelegt, daß es um die Einhaltung der Pflichten aus dem ArbSchG und der aufgrund des ArbSchG erlassenen Rechtsverordnungen geht. Im Sinne des Gebots der Interessentransparenz ist es erforderlich, daß die beratende Behörde klarstellt, daß sie ungeachtet ihrer Beraterfunktion weiterhin für die hoheitliche Aufsicht und Durchsetzung zuständig sind. Dies hat durchaus gravierende Auswirkungen auf das „Klima" der Interaktion, namentlich dann, wenn während der Beratung Verstöße gegen das Arbeitsschutzrecht offenbar werden. Die Behörde hat dann weitere – hoheitliche – Maßnahmen in jedem Falle zu erwägen.[137]

Eine gewisse Entspannung der Situation ergibt sich allerdings dadurch, daß die in einem solchen Fall zu prüfenden Anordnungen nach § 22 Abs. 3 Nr. 1 ArbSchG in das pflichtgemäßes Ermessen der Behörde gestellt sind. Ein unmittelbares Einschreiten ist also vornehmlich bei groben Verstößen zu befürchten. Dies ändert allerdings nichts an dem grundlegenden Dilemma aus der Sicht des beratenen Betriebes, daß Kooperation durch Beratung mit der unangenehmen Folge verbunden sein kann, daß im Anschluß – ganz und gar nicht mehr kooperativ – vermehrt die klassische, hoheitlich agierende Aufsicht im Hause ist. Behördliche Beratung nach § 21 Abs. 1 Satz 2 ArbSchG bewegt sich von daher stets auf einem schmalen Grat, den alle Beteiligten beachten müssen.

---

[134] Vgl. etwa *di Fabio*, NVwZ 1999, 1153 ff. (1157); *Gusy*, ZUR 2001, 1 ff. (2 f.).

[135] Dazu *Gusy*, ZUR 2001, 1 ff. (2 f.), der zutreffend darauf hinweist, daß sich mit zunehmender Abstraktion häufig zwar gemeinsame Ziele (im hier interessierenden Zusammenhang „Sicherung und Verbesserung des Arbeitsschutzes") finden lassen werden, spätestens aber durch konkretere Definitionen des Ziels die Unterschiedlichkeiten der Interessenlagen aufs*cheine*n. Die Bereitschaft zur Kooperation hängt dann maßgeblich von den „Kooperationsprämien" ab. Während für die Behörde die Durchsetzung des Allgemeinwohls, hier interessierend der Vollzug des Arbeitsschutzrechts, im Zentrum stehen muß, ist dies für den Arbeitgeber zunächst ein mehr oder weniger motivierendes moralisches Ziel. Sein legitimes Interesse besteht aber auch darin, betriebswirtschaftlich möglichst effizient und ohne Reibungsverluste durch Auseinandersetzungen mit den Aufsichtsbehörden zu arbeiten. „Kooperationsprämien" wären danach z.B. die Reduzierung von Fehlzeiten durch Unfälle und Krankheit sowie Erleichterungen beim behördlichen Vollzug.

[136] *Oebbecke*, DVBl. 1994, 147 ff. (153).

[137] Hierzu auch *Oebbecke*, DVBl. 1994 (153 f.); auch in der Beratungssituation ist die Behörde insofern also nicht nur Sender von Informationen, sondern auch Empfänger.

Der Abschluß einer Beratung mit einer Entscheidung widerspricht wie bereits angedeutet ihrem Wesen als schlichtem Verwaltungshandeln. Dies ist bei der Ausgestaltung der Beratung durch die Behörde zu beachten. Es geht also darum, aufzuklären, zu motivieren und zu überzeugen, nicht aber bestimmte Maßnahmen „durchzudrücken“.[138] Die Erhaltung der Entscheidungsfreiheit des Beratenen muß demzufolge Maßstab des kommunikativen Austauschs zwischen Behörde und Betrieb sein.[139]

Ist die beratende Instanz wie in § 21 Abs. 1 Satz 2 ArbSchG zugleich mit dem Rechtsvollzug betraut, ergeben sich weitere rechtliche Grenzen der Beratung, die aus der (Doppel)rolle des Beraters herrühren. Dadurch, daß die Behörde darüber informiert, wie den Pflichten aus dem ArbSchG und den Rechtsverordnungen zum ArbSchG nachgekommen werden kann, läuft sie Gefahr, sich für den eigentlichen Gesetzesvollzug zu binden.[140] Die Beratung ginge dann über in eine Art Vorabsprache.[141] Das ist nicht unproblematisch, da der behördliche Vollzug idealerweise eine umfassende Sachaufklärung voraussetzt (§ 24 VwVfG).[142] Diese Voraussetzung ist in der Beratungssituation aber gerade nicht gegeben. Der Kenntnisstand der Behörde hängt hier wesentlich davon ab, inwieweit seitens des Betriebes „die Karten aufgedeckt werden“. Angesichts der soeben beschriebenen Risiken kann insoweit nicht in jedem Fall von einer völligen Offenheit der Betriebe ausgegangen werden. Die Problematik findet sich im übrigen in ähnlicher Weise bei anderen Formen der Kooperation, wie insbes. (informalen) Vorverhandlungen und Vorabsprachen.[143]

Solche Bindungswirkungen mögen aus Sicht der Betriebe einen Anreiz im Hinblick auf die Erreichung von Planungssicherheit bieten. Mit dem Sinn und Zweck behördlicher Beratung ist eine solche Selbstbindung der Behörde aber

---

[138] Hierzu auch *Oebbecke*, DVBl. 1994, 147 ff. (152).

[139] *Oebbecke*, DVBl. 1994, 147 ff. (153).

[140] Vgl. hierzu auch BVerwGE 75, 214 ff. (231); zu den Drucksituationen, denen sich Vertreter der Aufsicht in einer solchen Situation ausgesetzt sehen können, anschaulich *Lübbe-Wolff*, N+R 1989, 295 ff. (297); a.A. *Bulling*, DÖV 1989, 277 ff. (278 f.), der hierin offenbar kein praktisches Problem für das sich anschließende „formale“ Verwaltungsverfahren sieht, sofern nur geklärt ist, daß keine rechtlichen Verbindlichkeiten entstehen sollen; zu Recht kritisch hierzu, *Schoch*, DV 1992, 21 ff. (52, Fn. 173).

[141] Solche Vorabklärungen sind durchaus nicht selten, wenn den Behörden Entscheidungsspielräume zukommen. Den Vorabsprachen folgt dann das formal vorgesehene Verwaltungsverfahren. Vgl. hierzu *Brohm*, DVBl. 1994, 133 ff. (133, 138); *Beyerlin*, NJW 1987, 2713 ff. (2713), mit empirischen Hinweisen zur Verwaltungspraxis.

[142] Ähnlich für das Raumordnungsverfahren, *Jäde*, BayVBl. 1988, 264 ff. (266 f.). Zum Amtsermittlungsgrundsatz vgl. etwa die Kommentierung zu § 24 VwVfG bei *Kopp/Ramsauer*, VwVfG; *Hufen*, Fehler im Verwaltungsverfahren, Rdnrn. 117 ff.

[143] Vgl. hierzu zusammenfassend *Henneke*, N+R 1991, 267 ff. (272 ff.); insgesamt kritisch z.B. *Lübbe-Wolff*, N+R 1989, 295 ff. (297 ff.); grundsätzlich positiv, *Bulling*, DÖV 1989, 277 ff.

kaum zu vereinbaren.[144] Für die Konzeption von Beratung nach § 21 Abs. 1 Satz 1 ArbSchG folgt hieraus, daß es in erster Linie darum gehen muß, in allgemeiner Form über die arbeitsschutzrechtlichen Pflichten und ggf. die Rechtspositionen der Aufsicht zu informieren. Nur in evidenten Fällen dürften konkrete, einzelfallbezogene Informationen zulässig sein[145] (z.B. Einrichtung eines Arbeitsschutzausschusses, Bestellung von Fachkräften für Arbeitssicherheit, jeweils als Elemente der „geeigneten Organisation" i.S. von § 3 Abs. 2 ArbSchG).

Die mögliche Selbstbindung der Behörde führt schließlich zu einem letzten Aspekt, der bei der Gestaltung behördlicher Beratung zu berücksichtigen ist. Zu beraten ist nach § 21 Abs. 1 Satz 2 ArbSchG der Arbeitgeber. Dies ist insoweit konsequent, als der Arbeitgeber auch Adressat der zentralen Pflichten des 2. Abschnitts des ArbSchG ist.[146] Auf der anderen Seite hat der bisherige Gang der Untersuchung aber ergeben, daß der betriebliche Arbeitsschutz nicht allein eine Angelegenheit des Arbeitgebers ist, sondern Sache aller betrieblichen Akteure. Neben den verantwortlichen Personen nach § 13 ArbSchG sind es namentlich die Fachkraft für Arbeitssicherheit, der Betriebsarzt, die Sicherheitsbeauftragten nach § 22 SGB VII, die Beschäftigten und der Betriebsrat, die mit besonderen Rechten und Pflichten an der Gestaltung kooperativ mitzuwirken haben. Wird der Arbeitgeber „exklusiv" durch die Behörde beraten, besteht die Gefahr, daß diese Akteure an wesentlichen Weichenstellungen nicht partizipieren können.[147]

Auch hierbei handelt es sich wieder um ein typisches Problem kooperativer Instrumente wie Vorverhandlungen und Vorabklärungen. Um dem Ruch des „Kungelns" und kollusiven Zusammenwirkens, sowie der einseitigen Bevorzugung bestimmter Interessen vorzubeugen[148], ist insbes. im Umweltrecht mit guten Gründen vorgeschlagen worden, alle Betroffenen so früh wie möglich an

[144] Mit dem Sinn und Zweck des ArbSchG ist eine solche Form der dann informalen Absicherung im übrigen auch kaum zu vereinbaren. Das Gesetz will Problemlösungen auf der betrieblichen Ebene stimulieren, keine „Arrangements" mit der Aufsicht.

[145] Ähnlich *Jäde*, BayVBl. 1988, 264 ff. (266).

[146] Es fällt allerdings auf, daß die entsprechende unfallversicherungsrechtliche Regelung des § 17 Abs. 1 SGB VII neben dem Unternehmer auch die Versicherten in den Kreis der zu beratenen Personen einbezieht. Dies ist folgerichtig, da nicht nur Unternehmer Pflichten im Arbeitsschutz haben, sondern auch die Versicherten (vgl. z.B. §§ 14 ff. BGV A 1). Da die Beschäftigten gemäß §§ 15, 16 ArbSchG auch Träger von Pflichten sind, ist nicht recht nachvollziehbar, wieso sie im Gegensatz zum SGB VII kein Recht auf Beratung durch die staatlichen Aufsichtsbehörden haben sollen.

[147] Zur Problematik außenstehender Dritter im Umweltrecht, vgl. etwa *Beyerlin*, NJW 1987, 2713 ff.

[148] Vgl. hierzu insbes. für das Umweltrecht etwa *Lübbe-Wolff*, N+R 1989, 295 ff. (296 ff.), mit einer Reihe instruktiver Beispiele aus der behördlichen Praxis; *Benz*, DV 1990, 83 ff. (90 ff.); *Beyerlin*, NJW 1987, 2713 ff. (2721).

solchen Prozessen zu beteiligen.[149] Einen guten organisatorischen Rahmen hierfür bietet der Arbeitsschutzausschuß, in dem alle relevanten Akteure des betrieblichen Arbeitsschutzes an einem Tisch sitzen. Um die Akzeptanz aber auch ihre Neutralität in den Augen der übrigen betrieblichen Akteure zu sichern, sollte die Behörde daher darauf dringen, nicht allein den Arbeitgeber und ggf. den Betriebsrat, der nach § 89 Abs. 2 BetrVG an allen Fragen des Arbeitsschutzes zu beteiligen ist, zu beraten. Umgekehrt gehört es aber auch zu den Aufgaben der Behörden, keinen Zweifel daran zu lassen, daß der Arbeitsschutz eine Pflicht des Arbeitgebers ist, die nicht schlicht wegdelegiert werden kann, wie es in der Praxis nicht selten zu beobachten ist. Schickt der Arbeitgeber etwa nur die Sicherheitsfachkraft vor, ist es angezeigt darauf zu bestehen, daß der Arbeitgeber teilnimmt.

3. Exkurs: Praxis des Beratungsauftrags des § 21 Abs. 1 Satz 2 ArbSchG

Vor dem Hintergrund des Beratungsauftrags des ArbSchG aber auch begrenzter personeller und sachlicher Ressourcen der Arbeitsschutzverwaltung ist bundesweit eine Neuorientierung der Aufsichtstätigkeit zu beobachten. Von besonderer Bedeutung ist in diesem Zusammenhang ein im November 1996 gefaßter Beschluß der 73. Arbeits- und Sozialministerkonferenz. Danach soll die Arbeitsweise der staatlichen Arbeitsschutzaufsicht nicht mehr länger durch Einzelfallüberwachungen bestimmt werden, die als ineffizient eingeschätzt werden. Stattdessen soll eine Ausrichtung auf die Systemüberwachung, d.h. die Kontrolle des Arbeitsschutzmanagementsystems erfolgen, wobei die Beratung und Kooperation sowie die Initiierung beteiligungsorientierter Prozesse vor der Sanktion stehen sollen.[150] Der Beschluß der Arbeits- und Sozialminister ist im vorliegenden Zusammenhang unter zwei Aspekten von Bedeutung: *Erstens* unterstreicht er die Notwendigkeit, die Voraussetzungen, Möglichkeiten und Grenzen der behördlichen Durchsetzung der Grundpflichten zu untersuchen. Zentrale Vorschrift, an der sich die Systemkontrolle normativ zu orientieren hat, ist wie oben eingehend begründet § 3 ArbSchG, in dem sich die Kernelemente der rechtlichen Regelungen über das Arbeitsschutzmanagement finden.

Zweitens steht der Beschluß für ein gewandeltes Rollenbild der staatlichen Arbeitsschutzaufsicht, in dem eine beratende und moderierende Rolle der Behörde spürbar an Bedeutung gewinnt. In den Bundesländern haben sich die Vorgaben der Arbeits- und Sozialministerkonferenz in mannigfaltiger Form niedergeschlagen. So werden in allen Bundesländern heute Schwerpunktaktionen durchgeführt,

---

[149] So z.B. *Brohm*, DVBl. 1994, 133 ff. 138 f., der plakativ darauf hinweist, daß ohne angemessene Partizipation aller Beteiligten die Gefahr besteht, daß „einem Rechts- und Sozialdarwinismus“ Vorschub geleistet wird; *Hoffmann-Riem*, AöR 1994, 590 ff. (620 ff.); a.A. offenbar *Bulling*, DÖV 1989, 277 ff. (289); differenzierend *Henneke* N+R 1991, 267 ff. (275); *Beyerlin*, NJW 1987, 2713 ff. (2720).

[150] Hierzu *Wallrath*, Strategien der Staatlichen Arbeitsschutzbehörden, S. 5 f.

mit denen spezifische Probleme des Arbeitsschutzes exemplarisch herausgegriffen und die Betriebe gezielt angesprochen bzw. informiert werden (z.B. Informationsmaterialien, Internetangebote).[151] Darüber hinaus findet sich ein breites Spektrum verschiedenster Strategien in den einzelnen Bundesländern.

So hat sich das Land Nordrhein-Westfalen ausdrücklich vom Gedanken einer flächendeckenden Kontrolle verabschiedet. Stattdessen ist eine themenorientierte Programmarbeit etabliert worden. Sie wird allem durch eine „Statusanalyse" des Arbeitsschutzes gesteuert, mit deren Hilfe Problemschwerpunkte identifiziert werden sollen. Ziele der Programmarbeit sind neben der klassischen Aufgabe der Herbeiführung eines rechtskonformen Zustandes u.a. im Sinne der Beratungsaufgabe die Erprobung und Erarbeitung von Musterlösungen oder die Hilfe zur Selbsthilfe (für Arbeitgeber, Arbeitnehmer, Verbände, Innungen etc.).[152] Die Beratungstätigkeit bildet in diesem Konzept den Kern der Beziehungen zu den Unternehmen.

Eine andere Schwerpunktsetzung formuliert demgegenüber die Arbeitsschutzverwaltung des Landes Sachsen-Anhalt. Auch dort bildet die Bereitstellung von Angeboten zur Einzel- und Gruppenberatung zur Verbesserung der betrieblichen Prävention – vermittelt über traditionelle und moderne Medien – ein ausdrücklich genanntes Element, um den Wirkungsgrad der Arbeitsschutzverwaltung zu verbessern. Diese Beratungsangebote haben jedoch im Gesamtgefüge der Aufsichtstätigkeit einen anderen Stellenwert. Grundelement der Überwachung und Beratung sind nach wie vor die regelmäßigen Revisionen der Unternehmen in angemessenen Zeitabständen.[153] Die dabei systematisch gewonnenen Erkenntnisse über die Situation des Arbeitsschutzes bilden die Grundlage für fachlich tiefgehende Schwerpunktaktionen, insbes. dann wenn die Instrumente der Grundrevision nicht ausreichen, um Risiken zu erkennen und zu beseitigen.[154]

---

[151] Instruktiv hierzu die Arbeit von *Wallrath*, Strategien der Staatlichen Arbeitsschutzbehörden, insbes. S. 6 ff. Reichhaltiges Beispielsmaterial insbes. auch zu den Schwerpunktprogrammen oder -aktionen findet sich in den Jahresberichten der Arbeitsschutzverwaltungen der Bundesländer.

[152] Vgl. hierzu *Leßwing*, Jahresbericht der staatlichen Arbeitsschutzverwaltung des Landes Nordrhein Westfalen 1996, S. 9 ff.; vgl. außerdem grundlegend bereits *Pröll*, Perspektivstudie Arbeitsschutz 2000, insbes. S. 75 ff.

[153] Die unterschiedlichen Aufsichtsstrategien zeigen sich besonders deutlich an der Häufigkeit, mit der Betriebe (alle Betriebsgrößen) von der Arbeitsschutzaufsicht aufgesucht werden. Während in Nordrhein-Westfalen im Jahre 1999 gut 2% aller Betriebe aufgesucht worden sind, beläuft sich die Quote in Sachsen-Anhalt im gleichen Jahr auf knapp 18,5% (Quellen Jahresberichte der Arbeitsschutzverwaltungen Nordrhein-Westfalen und Sachsen Anhalt 1999). Vgl. außerdem die tabellarische Zusammenstellung der Werte von 11 Bundesländern für das Jahr 1998 (speziell mit Blick auf Kleinstbetriebe) bei *Wallrath*, Strategien der Staatlichen Arbeitsschutzbehörden, Anlage 2.

[154] *Melchior*, Jahresbericht 1999 der Gewerbeaufsicht Sachsen-Anhalt, 8 ff. (10).

4. *Möglichkeiten und Grenzen behördlicher Beratung*

Die Beratung durch die Behörden stellt eine wichtige, am Gedanken der Kooperation ausgerichtete Ergänzung der klassischen hoheitlichen Handlungsformen dar. Im Gegensatz zum Verwaltungsakt[155], der vor allem formal und punktuell geeignet ist, das ArbSchG durchzusetzen, bietet die Beratung eher die Möglichkeit, die „Philosophie des ArbSchG“[156] in die Betriebe zu transportieren.[157] Als eine auf die Veränderung der Einstellung und Motivation des Beratenen[158] zielende Form schlichten Verwaltungshandelns ist sie im Grundsatz besser geeignet als Anordnungen, eine sinnhafte Erfüllung der Grundpflichten zu erreichen.

Der Wirkungsgrad behördlicher Beratung wird allerdings begrenzt durch die oben eingehend beschriebenen rechtlichen Bindungen, denen die Behörde auch im Rahmen ihrer Beratungstätigkeit unterliegt. Aus der Sicht der Betriebe ist dabei vor allem von Gewicht, daß die Behörde ungeachtet ihrer beratenden Funktion weiterhin staatliche Aufsicht bleibt. Der wünschenswerten Offenheit der Beratungssituation sind dadurch zweifellos Grenzen setzt, die umso enger werden, je intensiver die spezifischen betrieblichen Gegebenheiten Gegenstand der Beratung werden.

---

[155] Zur Durchsetzung der Grundpflichten des § 3 ArbSchG, um die es hier vorrangig geht, dürften andere, konsensuale Formen kooperativen Verwaltungshandelns, wie insbes. der öffentlich-rechtliche Vertrag oder (informale) Arrangements kaum mehr bringen als die Verhaltensbeeinflussung durch Beratung oder der Vollzug in der klassischen hoheitlichen Form des Verwaltungsaktes. Auch insoweit gilt, daß es letztlich in den Händen der betrieblichen Akteure liegt, in welcher Weise sie die formal durchsetzbare Arbeitsschutzorganisation und die durch § 3 Abs. 1 ArbSchG vorgegebene systematische Vorgehensweise für ihre Zwecke nutzen. Demnach stoßen diese konsensualen Handlungsformen im hier interessierenden Zusmammenhang im Ergebnis an dieselben faktischen Grenzen. Selbstverständlich ist insbes. der öffentlich-rechtliche Vertrag eine zulässige und in vielen Fällen sinnvolle Option. Dies gilt vor allem, wenn es um komplexe und vielschichtige Problemlagen geht, vgl. hierzu die Beispiele bei *Bulling*, DÖV 1989, 277 ff. (282 ff.). Als Anwendungsbereich kooperativen und konsensualen Verwaltungshandelns werden im Umweltrecht vor allem die Umsetzung der Anforderungen an die „Vorsorge“ gesehen (*Henneke*, N+R 1991, 267 ff. (271)), was dafür spricht insbes. bei den neuen präventiven Gehalten des ArbSchG diese Handlungsformen in Erwägung zu ziehen, weil hier die notwendigen Gestaltungsspielräume bestehen. Rechtlich sind diese konsensualen Formen der Kooperation mit einer ganzen Reihe von Zweifelsfragen verbunden, die manche Ausprägung der Kooperation aus guten Gründen als fragwürdig ers*cheinen* lassen, vgl. hierzu instruktiv *Lübbe-Wolff*, N+R 1991, 295 ff. (296 ff.); a.A. *Bulling*, DÖV 1989, 277 ff., der m.E. die rechtsstaatlichen Grenzen recht großzügig zieht. Diesen Fragen hier im einzelnen nachzugehen und die rechtlichen Möglichkeiten der Kooperation von Staat und Wirtschaft für den Arbeits- und Gesundheitsschutz auszuloten würde den Rahmen dieser Arbeit sprengen.

[156] Zur „Philosophie des ArbSchG“ vgl. BT-Drcks. 13/3540, S. 13.

[157] Ähnlich *Scheel*, DB 1999, 1654 ff. (1659, 1658), der sich vor dem Hintergrund einer vermehrten Verantwortung der Regelunterworfenen für eine verstärkte Zuwendung der Institutionen der Aufsicht zu ihren Beratungsaufträgen (§§ 21 Abs. 1 ArbSchG, 17 SGB VII) ausspricht.

[158] Hierzu nochmals *Oebbecke*, DVBl. 1994, 147 ff. (152).

Vor allem mit Blick auf die Lösung konkreter praktischer Probleme und Mißstände dürfte deshalb das Konzept der fachlichen Beratung durch die Sicherheitsfachkraft, den Betriebsarzt oder auch durch Umweltschutzbeauftragte der behördlichen Beratung überlegen sein. Wohl nicht zu unrecht wird die Stärke dieses zweiten Modells der Beratung im technischen Sicherheitsrecht darin gesehen, daß es sich bei ihnen um Männer bzw. Frauen des Betriebs handelt, die nicht quasi als Staatskommissare agieren.[159]

Der Hinweis auf die rechtlichen und faktischen Grenzen behördlicher Beratung soll ihre Bedeutung keineswegs schmälern, sondern nur ihre Einordnung verdeutlichen. Erfolgsversprechend dürfte sie insbes. dann sein, wenn sie auf die grundsätzliche Sensibilisierung für bestimmte Probleme des Arbeitsschutzes und des Arbeitsschutzrechts zielt. Zu denken ist hier etwa an Informationen und Informationsmaterialien, die zum Aufbau von Strukturen des Arbeitsschutzmanagements motivieren, indem sie die Vorteile einer systematischen Sicherheitsarbeit verdeutlichen oder vorbildhafte und erprobte Modelle bekanntmachen. Immer dann wenn der konkrete Einzelfall in den Vordergrund rückt, stellt sich bei Rechtsverstößen aber das Problem, daß die Behörde in ihrer Funktion als Aufsicht das Ziel zu verfolgen hat, bestimmte, rechtskonforme Lösungen herbeiführen zu müssen. Sie kann dann nicht mehr gewährleisten, daß die Entscheidungsfreiheit des Beratenen tatsächlich respektiert wird, wie dies in der Beratungssituation jedenfalls idealtypisch vorausgesetzt ist. Dies bedeutet allerdings nicht, daß nunmehr zwangsläufig nur noch die Möglichkeit bestünde, mit dem Erlaß einer einseitigen hoheitlichen Einzelfallanordnung zu reagieren.

III. Revisionsschreiben als Handlungsform zwischen behördlicher Beratung und einseitigem hoheitlichen Tätigwerden durch Verwaltungsakt

Eine seit langem erprobte Handlungsform der Arbeitsschutzaufsicht sind Revisionsschreiben. In Revisionsschreiben werden die anläßlich von Betriebsbesichtigungen festgestellten Mängel zusammengefaßt und dem Unternehmen Fristen gesetzt, um Abhilfe zu schaffen. Es handelt sich also um eine Art Mängelbericht, der die Funktion hat, einen rechtskonformen Zustand ohne Erlaß einer förmlichen Ordnungsverfügung herbeizuführen.[160] Entgegen Stimmen in der Literatur, die die Abfassung von Revisionsschreiben als rechtlich nicht zwingend ansehen[161],

---

[159] Hierzu nur *Rehbinder* ZHR 2001, 1 ff. (8 ff.).

[160] Allgemein zum Instrument des Revisionsschreibens, BAU (Hrsg.), Arbeitsschutzsystem, S. 411 f; *Nöthlichs*, Arbeitsschutz und Arbeitssicherheit, § 21 ArbSchG, Anm. 2; *MünchArbR-Wlotzke*, § 208, Rdnr. 65.

[161] *Prax.-Kommentar-Getsberger*, § 21 ArbSchG, Rdnr. 4; in diesem Sinne auch BAU (Hrsg.), Arbeitsschutzsystem, S. 411, wo insoweit von einem „Entgegenkommen seitens der Gewerbeaufsicht“ die Rede ist.

dürfte in den meisten Fällen die Erstellung rechtlich geboten sein. Solange nicht z.B. Anhaltspunkte dafür gegeben sind, daß der Arbeitgeber auf die im Revisionsschreiben zusammengefaßten Mängel und Hinweise nicht reagieren wird und keine unmittelbare Gefahr besteht, dürfte der sofortige Erlaß einer Ordnungsverfügung in der Regel ermessensfehlerhaft sein.[162] Außerdem wäre in einer solchen Situation der Erlaß einer Einzelfallanordnung nicht erforderlich und damit unverhältnismäßig, da mit dem Instrument des Revisionsschreibens ein milderes Mittel zur Verfügung steht. In der Praxis der behördlichen Aufsicht haben Revisionsschreiben erhebliche Bedeutung, was sich schon daran zeigt, daß die Aufsicht das Instrument weitaus häufiger einsetzt als förmliche Anordnungen.[163]

Das Revisionsschreiben erweist sich damit als eine behördliche Strategie, die zwischen den Polen der im Gesetz vorgesehen Handlungsformen der einseitigen hoheitlichen Anordnung und der Beratung liegt. Es weist einerseits Beratungselemente auf, da die Behörde insoweit als Sender von Informationen in Erscheinung tritt und keine rechtlich verbindliche Reglementierung im Hinblick auf den jeweiligen Sachverhalt erfolgt. Andererseits ist der Einfluß des Unternehmens auf den Inhalt einer so verstandenen Beratung gering. Aufgrund der Erkenntnisse der Betriebsinspektion gibt die Aufsicht mit dem Revisionsschreiben den so verstandenen Beratungsgegenstand einseitig vor. Hinzu kommt, daß das Revisionsschreiben letztlich die Vorstufe zum Erlaß einer möglichen förmlichen Anordnung ist, mit der zu rechnen ist, wenn die festgestellten Mängel nicht fristgerecht behoben werden.[164] Auch wenn sich die Behörde noch nicht abschließend festgelegt hat, kann also schwerlich von der für die Beratungssituation typischen Ergebnisoffenheit die Rede sein.

Es bedarf im Rahmen dieser Untersuchung keiner ausdrücklichen Stellungnahme, ob die im Zusammenhang mit Betriebsbesichtigungen erstellten Revisionsschreiben rechtssystematisch als Teil der Beratungsaufgabe einzuordnen ist, wie dies in der Praxis z.T. passiert.[165] Wichtiger im vorliegenden Zusammen-

---

[162] Vgl. auch *Prax.-Kommentar-Kunz*, § 22 ArbSchG, Rdnr. 84; *MünchArbR-Wlotzke*, § 208, Rdnr.

[163] So wurden ausweislich der Jahresberichte 1999 der Arbeitsschutzverwaltungen in Sachsen-Anhalt 29.387 Besichtigungsschreiben abgefaßt, aber nur 585 Anordnungen erlassen (Jahresbericht 1999, S. 95). Die Werte in Nordrhein-Westfalen belaufen sich für den gleichen Zeitraum auf 18.233 Revisionsschreiben und 712 Anordnungen (Jahresbericht 1999, S. 163). Dies entspricht im Kern den empirischen Ergebnissen der breitangelegten Studie des deutschen Arbeitsschutzsystem Ende der 1970iger Jahre, die insoweit auch heute noch gültig sein dürften, vgl. BAU (Hrsg.), Arbeitsschutzsystem, S. 595 ff.

[164] Vgl. *Nöthlichs*, Arbeitsschutz und Arbeitssicherheit, § 21, Anm. 2; BAU (Hrsg.), Arbeitsschutzsystem, S. 411.

[165] Die Verwendung des Beratungsbegriffs in der Arbeitsschutzpraxis ist uneinheitlich. Z.T. wird der Begriff strikt von den Tätigkeiten im Rahmen der Revisionen getrennt. Nach anderem Verständnis werden z.B. Empfehlungen im Zusammenhang mit Betriebsrevisionen als Beratungstätigkeit schon als Element der Beratungstätigkeit ge-

hang ist die Frage nach dem Beitrag, den die Praxis der Revisionsschreiben für die öffentlich-rechtliche Durchsetzung der Grundpflichten nach § 3 ArbSchG leisten kann. Als wichtig erscheinen dabei vor allem zwei Aspekte:

Erstens kann ein Revisionsschreiben, in dem z.B. das Fehlen bestimmter organisatorischer Regeln oder die – gemessen an § 3 Abs. 1 ArbSchG – mangelhafte Systematik der betrieblichen Sicherheitsarbeit beanstandet werden, Ausgangspunkt für einen kommunikativen Prozeß zwischen Aufsicht und Unternehmen sein.[166] So können von der betrieblichen Seite in dieser Phase in Übereinstimmung mit den Intentionen des ArbSchG selbstentwickelte Lösungsvorschläge unterbreitet werden, die von der Behörde vor dem Hintergrund des Revisionsschreibens rechtlich zu bewerten sind. Anders als in der im vorstehenden Abschnitt beschriebenen Beratungssituation sind solche „Stellungnahmen" der Aufsicht möglich, da es um die Entscheidung eines konkreten Falles geht, deren Sachverhalt im Rahmen der Überwachung nach Maßgabe der Befugnisse des § 22 Abs. 1 und 2 ArbSchG ausermittelt worden ist. Da die Zahl der von den Behörden abgefaßten Revisionsschreiben deutlich höher liegt als die Zahl der förmlichen Anordnungen, spricht einiges dafür, daß es sich bei den Revisionsschreiben um eine durchaus effektive Strategie der Rechtsdurchsetzung handelt. Wegen § 89 Abs. 2 BetrVG und der dargestellten Bedeutung prozeduraler Elemente im ArbSchG ist es unverzichtbar, daß die Behörde den Betriebsrat in diesen Kommunikationsprozeß einbindet.[167]

Die Bedeutung des Revisionsschreibens für die behördliche Durchsetzung der Grundpflichten liegt *zweitens* darin, daß es dazu genutzt werden kann, die eingehend beschriebenen Probleme im Hinblick auf die Bestimmtheit von Einzelfallanordnungen (§ 22 Abs. 3 ArbSchG) abzumildern. Es wurde bereits erwähnt, daß Revisionsschreiben eine Art Vorstufe für den Erlaß von Ordnungsverfügungen sind, für den Fall, daß der Arbeitgeber die gerügten Mängel nicht in der von der Behörde erwarteten bzw. geforderten Weise abstellt. Hält die Aufsicht etwa das bei der Ermittlung der erforderlichen Maßnahmen nach § 3 Abs. 1 ArbSchG angewendete Verfahren der Gefährdungsbeurteilung für unzureichend, lassen sich die Zielrichtung einer solchen Verfügung und die Grenzen der betrieblichen Gestaltungsfreiheit durch das Revisionsschreiben sachlich konkretisieren.[168]

---

deutet. In letzterem Falle wären Revisionsschreiben Teil der Beratungsaufgabe. Vgl. hierzu BAU (Hrsg.), Arbeitsschutzsystem, S. 580 f.

[166] Dazu auch *Kohte*, Festschrift Heilmann, 73 ff. (83 f.); in diesem Sinne dürfte auch der Hinweis *Spindler*s, Unternehmensorganisationspflichten, S. 567 zu verstehen sein, der darauf hinweist, daß beanstandete Organisationsmängel häufig Ausgangspunkt für „informale" Verhandlungen zwischen Behörden und Unternehmen sein werden.

[167] Vgl. hierzu mit Blick auf das Störfallrecht, *Kohte*, Festschrift Heilmann, 73 ff. (83).

[168] Es ist anerkannt, daß für die Beurteilung der hinreichenden Bestimmtheit einer Anordnung nicht nur der Inhalt der Verfügung selbst und die einschlägigen Normen maßgeblich sind, sondern auch der im Vorfeld gewechselte Schriftverkehr. Vgl. hierzu speziell für einen organisationsbezogenen Verwaltungsakt (Anschluß an einen arbeits-

Anhand der im Zusammenhang mit Betriebsbesichtigungen festgestellten und dokumentierten Mängel, läßt sich konkret am Einzelfall aufzeigen, welche Gefährdungen nicht angemessen ermittelt worden sind und welche Kernanforderungen durch das Verfahren der Gefährdungsbeurteilung abzudecken sind. Gleiches gilt sinngemäß für die übrigen Verfahrens- und Organisationspflichten des § 3 ArbSchG (z.B. Konkretisierung von verfahrensmäßigen oder organisatorischen Defiziten der betrieblichen Selbstkontrollmechanismen anhand von Mißständen, die im Rahmen der Betriebsrevision festgestellt worden sind).

Zusammenfassend läßt sich nach alledem festhalten, daß der seit langem erprobten Praxis, die Ergebnisse von Betriebsbesichtigungen in Revisionsschreiben zu dokumentieren, eine nicht zu unterschätzende Bedeutung für den behördlichen Vollzug der gestaltungsoffenen Grundpflichten des § 3 ArbSchG zukommt. Dies gilt nicht nur für die Verhaltenssteuerung ohne hoheitliche Verfügung als dem traditionellem Anwendungsfeld des Revisionsschreibens, sondern auch erforderlichenfalls für den Erlaß von Einzelfallanordnungen nach § 22 Abs. 3 Nr. 1 ArbSchG. In der Literatur zum ArbSchG hat diese Doppelfunktion des Revisionsschreibens bislang nur wenig Beachtung gefunden. Es spricht aber einiges dafür, daß sich dies in absehbarer Zeit ändern könnte.

Zu verweisen ist insoweit auf die aufgrund europäischer Vorgaben novellierte StörfallV, die sowohl für den betrieblichen Umwelt- als auch für den Arbeitsschutz von Bedeutung ist. Aus § 16 StörfallV ergibt sich nicht nur die Pflicht zum Aufbau eines behördlichen Überwachungssystems, das die planmäßige Prüfung der technischen, organisatorischen und managementspezifischen Systeme des Betriebsbereichs sicherstellt. Notwendiger Teil dieses Überwachungssystems sind Berichte über jede vorgenommene Inspektion, die ggf. die Basis für Folgemaßnahmen sind, die die Behörde gemeinsam mit der Leitung des Betriebsbereichs zu überprüfen hat.[169] Das Instrument des Revisionsschreibens, das bislang im Arbeitsschutzrecht noch nicht ausdrücklich normiert ist, wird hier erstmals gesetzlich als behördliches Steuerungsinstrument – begrenzt auf den Bereich des Störfallschutzes – festgeschrieben. Dies erscheint sachgerecht, speziell mit Blick auf die aufgezeigten Probleme des öffentlich-rechtlichen Vollzuges von Verfahrens- und Organisationspflichten durch die klassische Handlungsform des Verwaltungsaktes.

IV. Bilanz: Öffentlich-rechtliche Rechtsdurchsetzung

Die vorstehenden Überlegungen haben gezeigt, daß die Verfahrens- und Organisationsorientierung des § 3 ArbSchG die klassische ordnungsrechtliche

---

medizinischen und sicherheitstechnischen Dienst einer Berufsgenossenschaft), BSG, SGb 2000, 274 ff. (276).

[169] Zur Regelung des § 16 StörfallV und den Auswirkungen auf die Sicherheitskommunikation mit den Aufsichtsbehörden vgl. auch *Kohte*, Festschrift Heilmann, 73 ff. (83 f.).

Rechtsdurchsetzung auf der Grundlage des Erlasses von Verwaltungsakten vor beträchtliche Schwierigkeiten stellt. Die bewußt offengehaltenen Schutzziele und Anforderungen des ArbSchG bereiten vor allem Probleme, eine Einzelfallanordnung hinreichend bestimmt i.S. von § 37 Abs. 1 VwVfG zu fassen. Verfügungen nach § 22 Abs. 3 Satz 1 ArbSchG kommen insbes. in Betracht zur Durchsetzung der verschiedenen durch § 3 Abs. 1 ArbSchG i.V. mit § 5 ArbSchG normierten Verfahrensschritte und der notwendigen Kernanforderungen an die geeignete Organisation. Die Behörde ist dabei allerdings in der Regeln gehindert, konkrete Verfahrensinstrumente (insbes. zur Gefährdungsbeurteilung) und organisatorische Gestaltungen anzuordnen, da andernfalls die betriebliche Gestaltungsfreiheit verletzt würde.

Das Instrument der Einzelfallanordnung ermöglicht eine punktuelle Beschreibung der Grenzen der Gestaltungsfreiheit der Betriebsparteien. Die Grundpflichten sind wie oben (S. 293 ff.) eingehend begründet als ein System aufeinander bezogener Verfahrensschritte zu verstehen, das durch eine geeignete Organisation i.S. eines Managementsystems koordiniert und gesteuert wird. Die sinnhafte und systemische Nutzung dieser Verfahrensregeln läßt sich aufgrund der punktuellen Intervention mittels Verwaltungsaktes kaum „hoheitlich verordnen". Insoweit sind der Rechtsdurchsetzung durch hoheitliche Verfügung instrumentenspezifische Grenzen gesetzt.

Der Gesetzgeber hat diesen Grenzen klassischer öffentlich-rechtlicher Rechtsdurchsetzung nur bedingt Rechnung getragen. Zu verweisen ist insoweit auf den Beratungsauftrag nach § 21 Abs. 1 Satz 2 ArbSchG. Die Beratung ist eine Handlungsform, die auf einen tatsächlichen Erfolg im Sinne einer Verhaltensbeeinflussung hinwirken will. Sie ist im Grundsatz besser geeignet als ein Verwaltungsakt, um die betriebliche Gestaltungsphilosophie und damit Sinn und Zweck der Verfahrens- und Organisationspflichten des § 3 ArbSchG auf die betriebliche Ebene zu transportieren.

Kritisch zu anzumerken ist, daß die Ermächtigungsgrundlage des § 22 Abs. 3 Satz 1 ArbSchG der Verfahrens- und Organisationsorientierung nicht Rechnung trägt. Wie oben dargelegt, sind zwar bei pflichtgemäßer Ausübung des Ermessens im Rahmen der Amtsermittlung in der Regel insbes. der Betriebsrat und in betriebsratslosen Betrieben die Beschäftigten vor Erlaß einer Einzelfallanordnung als Beteiligte anzuhören. Eine Klarstellung nach dem Vorbild des § 12 Abs. 2 ASiG wäre in diesem Zusammenhang aber wünschenswert gewesen. Durch die Einbeziehung der wesentlichen – an den Verfahrensschritten nach § 3 ArbSchG zu beteiligenden Akteure – bietet sich im Hinblick auf eine effektive Rechtsdurchsetzung die Chance, die durch das ArbSchG intendierte innerbetriebliche Gestaltungsdynamik anzustoßen.

Als wichtiges Element für eine Effektivierung der öffentlich-rechtlichen Rechtsdurchsetzung hat sich das Revisionsschreiben erwiesen. Es stellt einerseits ein Instrument dar, durch das ein Kommunikationsprozeß zwischen Betrieb und Behörde initiiert wird, der zu einer Verbesserung des betrieblichen Arbeitsschutzmanagements führen kann. Andererseits können die im Revisionsschreiben zusammengefaßten und dokumentierten Beanstandungen dazu beitragen, die Probleme bei der Abfassung einer i.S. von § 37 Abs. 1 VwVfG hinreichend bestimmten Einzelfallanordnung abzumildern.

C. Möglichkeiten individualrechtlicher Rechtsdurchsetzung durch Beschäftigte

Das ArbSchG dient dem Schutz der Sicherheit und der Gesundheit der Beschäftigten. Nachdem vorstehend die Möglichkeiten der Durchsetzung der Grundpflichten des § 3 ArbSchG durch die Aufsicht untersucht wurden, soll nun der Frage nachgegangen werden, ob und ggf. welche rechtlichen Möglichkeiten die einzelnen Beschäftigten als unmittelbar Betroffene haben, um die betriebliche Umsetzung der zu ihrem Schutz erlassenen Arbeitsschutzvorschriften durchzusetzen. Um nur einige Beispiele mit Blick auf die im Rahmen dieser Untersuchung besonders interessierenden Grundpflichten zu nennen: Können sie geltend machen, daß die Schutzmaßnahmen am Arbeitsplatz unzureichend sind, daß ihre Belange im Rahmen der betrieblichen Arbeitsschutzplanung nicht berücksichtigt worden sind oder daß die betriebliche Arbeitsschutzorganisation nicht geeignet i.S. von § 3 Abs. 2 ArbSchG ist?

I. Funktion und Stellenwert der individualrechtlichen Rechtsdurchsetzung

Im Grundsatz wird der Arbeits- und Gesundheitsschutz heute als ein vorwiegend durch das öffentliche Recht geprägtes Rechtsgebiet eingeschätzt. Die Durchsetzung des Arbeitsschutzrechts wird dementsprechend vor allem als öffentlich-rechtliches Problem der Arbeitsschutzaufsicht und ergänzend als Aufgabe des Betriebsverfassungsrechts angesehen.[170] Daneben ist aber seit langem anerkannt, daß, anknüpfend an § 618 BGB, auch einzelne Beschäftigte arbeitsvertragliche Handlungsmöglichkeiten haben, um gegen arbeitsschutzrechtswidrige Arbeitsbedingungen anzugehen.[171] Den individualrechtlichen Optionen der Beschäftigten wird bisher insgesamt aber lediglich eine flankierende Funktion für die Überwachung und den Vollzug des Arbeitsschutzrechts durch die Aufsicht bzw. die Instrumente der Betriebsverfassung beigemessen.[172] Hiermit dürfte sicherlich die Vorstellung zu-

---

[170] *RGRK-Schick*, § 618, Rdnrn. 7 ff.; *Staudinger-Oetker* (2002), § 618, Rdnr. 18; *ArbR BGB-Friedrich*, § 618, Rdnr. 7; sowie bereits *Nipperdey*, RG-Prax., Bd. 4, 203 ff. (204).

[171] Grundlegend hierzu der Beitrag aus dem Jahre 1929 von *Nipperdey*, RG-Prax., Bd. 4, 203 ff.; außerdem z.B. *Wlotzke*, Festschrift Hilger/Stumpf, 723 ff.; *Herschel*, RdA 1978, 69 ff. (71 ff.).

[172] *Münch-ArbR-Wlotzke*, § 209, Rdnr. 19; *Staudinger-Oetker* (2002), § 618, Rdnr. 18.

sammenhängen, daß der Vollzug des Arbeitsschutzrechts durch die staatliche Aufsicht und die Berufsgenossenschaft effektiver ist und zudem durch das Betriebsverfassungsrecht auf kollektivrechtlicher Ebene ein weiterer Durchsetzungsmechanismus zur Verfügung steht, der auch die angemessene Berücksichtigung der Interessen und Sichtweisen der Beschäftigten ermöglicht.

Die relativ geringe Bedeutung von Individualrechten im betrieblichen Arbeits- und Gesundheitsschutz in der Vergangenheit dürfte zudem darauf zurückzuführen sein, daß ihre Geltendmachung in tatsächlicher Hinsicht mit einer Belastung des Arbeitsverhältnisses verbunden ist. Wohl nicht ohne Berechtigung ist in der Literatur vor diesem Hintergrund im Hinblick auf die Möglichkeit einer Arbeitsverweigerung darauf hingewiesen worden, daß in der betrieblichen Praxis weniger rechtliche Folgenabschätzungen als vielmehr die äußeren Umstände entscheidend dafür sind, ob sich ein Arbeitnehmer „sein Recht nimmt“.[173] Als wesentliche Voraussetzungen zu nennen sind in diesem Zusammenhang eine starke Stellung des betreffenden Arbeitnehmers im Betrieb, eine starke und selbstbewußte Arbeitnehmerschaft und die Sensibilisierung der Belegschaft sowie der Öffentlichkeit für eine bestimmte Gefahr.[174] Der individuelle Konflikt wird so gleichsam zu einem öffentlichen, was die individuellen Risiken zwar nicht beseitigt[175], wohl aber begrenzt.

1. Bedeutungszuwachs von Individualrechten durch die Gesetzeskonzeption des ArbSchG

Individualrechtliche Rechtsbehelfe im betrieblichen Arbeits- und Gesundheitsschutz haben in jüngerer Vergangenheit verstärkte Aufmerksamkeit gefunden. Neben einer ganzen Reihe von Entscheidungen zum Nichtraucherschutz[176] sind in diesem Zusammenhang vor allem Fälle von Arbeitsverweigerungen wegen Gefahrstoffexposition am Arbeitsplatz[177] zu nennen. Von besonderer Bedeutung war in den genannten Arbeitsverweigerungsfällen die Bestimmung des § 21 Abs. 6 GefStoffV, die ein Recht auf Arbeitsverweigerung für Fälle einer un-

---

[173] *N. Fabricius*, Einstellung der Arbeitsleistung, S. 21.

[174] *N. Fabricius*, Einstellung der Arbeitsleistung, S. 21 ff., der die genannten Voraussetzungen anschaulich an Praxisbeispielen demonstriert.

[175] Hinzu kommen zudem arbeitsrechtliche Risiken, wie insbes. das Beispiel der Arbeitsverweigerung zeigt. So muß der einzelne Beschäftigten mit dem Verlust des Lohnanspruchs sowie arbeitsrechtlichen Maßnahmen des Arbeitgebers wie z.B. Abmahnung und ggf. Kündigung rechnen, sollte sich seine Arbeitsverweigerung im Nachhinein als nicht gerechtfertigt erweisen.

[176] Vgl. z.B. BAG, AP, Nrn. 26, 20 zu § 618 BGB; LAG München, LAGE, Nr. 5 zu § 618 BGB; LAG Hamm, LAGE, Nr. 3 zu § 618 BGB.

[177] Hierzu etwa die Entscheidungen BAG, AP, Nr. 4 zu § 273 BGB; BAG, AP, Nr. 24 zu § 618 BGB, jeweils zur Asbestproblematik; BAG, AP, Nr. 23 zu § 618 BGB (Gefahrstoffbelastung im Büro).

mittelbaren Gefahr für Leben und Gesundheit normiert. Bis zum Inkrafttreten des § 21 Abs. 6 GefStoffV im Jahre 1986 war ein solches Recht nicht in dieser Deutlichkeit ausdrücklich in einer arbeitsschutzrechtlichen Vorschrift geregelt.[178] Die Vorschrift ist hier von besonderem Interesse, da das Gefahrstoffrecht wie auch das ArbSchG stark durch das europäische Arbeitsumweltrecht geprägt sind.[179] Indem sie den Beschäftigten Rechte einräumt verdeutlicht sie ein Strukturprinzip des europäischen Rechts, das darin besteht, eine aktive Rolle der Arbeitnehmer in Fragen des Arbeits- und Gesundheitsschutzes zu fördern.[180]

Die europarechtlich intendierte aktive Rolle der Beschäftigten wird in den Erwägungsgründen der Rahmenrichtlinie-Arbeitsschutz prägnant beschrieben. Danach ist es

> „unerläßlich, daß sie in die Lage versetzt werden, durch eine angemessene Mitwirkung entsprechend den nationalen Rechtsvorschriften bzw. Praktiken zu überprüfen und zu gewährleisten, daß die erforderlichen Schutzmaßnahmen getroffen werden".

Vor dem Hintergrund dieser Zielsetzung erschließen sich der Sinn und Zweck der in der Richtlinie normierten Rechte der Arbeitnehmer (insbes. Art. 10, 11, 8 Abs. 3, 4, 14) und der vorgesehenen Informationsmaßnahmen (insbes. Art. 10 Abs. 1, 12), die die Grundlage für eine sachgerechte Rechtsausübung sind. Es handelt sich um Instrumente zur Absicherung der aktiven Rolle der Beschäftigten.[181] Zugleich wird die gestiegene Relevanz arbeitsvertraglicher Handlungsoptionen klar.[182] Da die Mitwirkung auf die Gewährleistung der erforderlichen Schutzmaßnahmen zielt, müssen auch die insoweit in der deutschen Rechtspraxis anerkannten Rechtsschutz- und Durchsetzungsmöglichkeiten an Bedeutung gewinnen.

Gestützt wird dieser auf die Förderung der individuellen Interessenwahrnehmung hinweisende Ansatz durch die gesetzgeberische Konzeption des ArbSchG. Wie bereits an anderen Stellen dieser Untersuchung eingehend dargestellt setzt das ArbSchG auf eine Stärkung der Eigenverantwortung der Betriebe und der

---

[178] Vgl. hierzu *Möx*, Arbeitnehmerrechte in der Gefahrstoffverordnung, S. 23 f., der darauf aufmerksam macht, daß bereits in Anhang II der ArbStoffV ein Recht der Arbeitnehmer, die Weiterbeschäftigung abzulehnen normiert war, das „allerdings noch unübersichtlicher ausgestaltet als das der GefStoffVO" war. Aufgrund der komplizierten, kaum zu überschauenden Voraussetzungen hat es nach *Möx* allerdings kaum Bedeutung gefunden.

[179] Zur Entstehungsgeschichte der GefStoffV und ihrem europäischen Hintergrund vgl. eingehend *Börgmann*, Die Gefahrstoffverordnung im Spannungsfeld zwischen Verfassungs- und EG-Recht, S. 31 ff.

[180] *Bücker/Feldhoff/Kohte*, Rdnrn. 262 ff.; *Koll/Janning/Pinter-Koll*, Kommentar zum ArbSchG, Ordnungsbuchstabe B, Rdnrn. 31, 52; *Brüggemann*, Das neue Arbeitsschutzgesetz, in: Strukturwandel des Arbeitsschutzes, 43 ff. (54).

[181] In der Gesetzesbegründung des ArbSchG wird insoweit zutreffend darauf hingewiesen, daß die Mitarbeiter nach dem ArbSchG „nicht nur die klassischen Pflichten wie ordnungsgemäße Bedienung von Geräten und Befolgung von Weisungen ihrer Vorgesetzten" haben, sondern an der Umsetzung mitwirken sollen, vgl. BT-Drcks. 13/3540, S. 12.

[182] Zum Ganzen auch *Bieback/Oppolzer*, Strukturwandel im Arbeitsschutz, 7 ff. (21).

in ihnen handelnden Akteure. Wie gezeigt wurde, läßt sich insoweit von einer „regulierten Privatverantwortung mit staatlichem Auffangnetz“ sprechen. Diese führt, wie die Ausführungen zur Rechtsdurchsetzung mit dem Instrumentarium des Ordnungsrechts ergeben haben, zu einer Beschneidung der Möglichkeiten der Aufsicht, das materielle Recht mit Hilfe der klassischen Handlungsform des Verwaltungsakts durchzusetzen. Dies gilt vor allem für den Bereich des der Gefahrenabwehr vorgelagerten Gefährdungsschutzes. Aufgrund der betrieblichen Gestaltungsspielräume, die die offengehalten Regelungen des ArbSchG belassen, läßt sich in der Regel nicht die im Ergebnis richtige materiellrechtliche Arbeitsschutzmaßnahme anordnen. Der zentrale Gesichtspunkt für die Bewertung der betrieblichen Schutzkonzeption ist stattdessen, daß die in §§ 3-6 ArbSchG vorgesehenen Verfahrensregeln und Schutzziele ihrem Sinn und Zweck gemäß eingesetzt werden und die betrieblichen Beteiligten ihre Aufgaben, d.h. Rechte und Pflichten angemessen wahrnehmen.

Durch die Nutzung der individualrechtlichen Möglichkeiten werden die verringerten hoheitlichen Einflußmöglichkeiten in gewisser Weise kompensiert. Eben in dieser Lückenschließung liegt nach der hier vertretenen Auffassung die wichtige Funktion des Individualrechtsschutzes. Er ist ein notwendiges Element, das die mit dem ArbSchG intendierte eigenverantwortliche Gestaltung der betrieblichen Sicherheit und Gesundheit rechtlich ergänzt. Ist die Aufsichtstätigkeit wie hier vertreten insbes. im Bereich des Gefährdungsschutzes primär als „staatliches Auffangnetz“ zu verstehen, das wirksam wird, wenn die Mechanismen der rechtlich konturierten Eigenverantwortung versagen, reicht es nicht, individualrechtlichen Instrumenten lediglich flankierende Bedeutung beizumessen, wie dies zumeist geschieht.[183] Die Existenz und die Nutzung dieser Instrumente ist vielmehr notwendige Bedingung dafür, daß verfahrensrichtige Gestaltungsentscheidungen getroffen werden. Völlig zu recht hat *Hoffmann-Riem* in diesem Zusammenhang darauf hingewiesen, daß regulierte Privatverantwortung auch heißt, die wechselseitigen Ergänzungswirkungen der verschiedenen betroffenen Ordnungen (hier öffentliches Recht, Betriebsverfassungsrecht, Individualarbeitsrecht) wahrzunehmen und produktiv zu nutzen, um ggf. bestehende Defizite in den jeweiligen Ordnungs- und Verantwortungssystemen aufzufangen.[184]

---

[183] Hierzu auch *Bieback/Oppolzer*, Strukturwandel im Arbeitsschutz, 7 ff. (25), die in diesem Zusammenhang zu recht auf die Notwendigkeit der Ergänzung arbeitsvertraglicher Gestaltungsoptionen durch externe staatliche Kontrolle und interne kollektivrechtliche Kontroll- und Mitwirkungsmechanismen hinweisen. Sie kommen vor diesem Hintergrund mit beachtlichen Gründen zu dem Ergebnis, daß es dem ArbSchG in der Praxis bislang noch an einer adäquaten Implementationsstruktur fehlt.

[184] *Hoffmann-Riem*, AöR 1994, 590 ff. (619); allgemein zum Nebeneinander von Privatrecht und öffentlichem Recht bei der Risikosteuerung vgl. auch *Damm*, in: Privatrecht im „Risikostaat“, 13 ff. (39 ff.).

2. Ausdrücklich durch das ArbSchG geregelte Individualrechte

Entsprechend der skizzierten Bedeutung individueller Arbeitnehmerrechte normiert das ArbSchG selbst eine Reihe von Rechten zur Ausgestaltung der aktiven Rolle der Beschäftigten. So hat der Arbeitgeber den Beschäftigten auf Wunsch nach Maßgabe des § 11 ArbSchG die Durchführung einer arbeitsmedizinischen Untersuchung zu ermöglichen. Sie dient insbes. der Klärung der Frage, ob die Arbeit für die betreffende Person gesundheitsgefährdend ist.[185] Die in diesem Zusammenhang gewonnenen Erkenntnisse können insbes. helfen, weitere individualrechtliche Optionen des ArbSchG sachlich zu untermauern. Neben dem Vorschlagsrecht des § 17 Abs. 1 ArbSchG ist insoweit auf das Beschwerderecht des § 17 Abs. 2 ArbSchG zu verweisen.

Letzteres bietet zum einen den rechtlichen Rahmen, um Defizite der betrieblichen Sicherheits- und Gesundheitsschutzkonzeption innerbetrieblich zu thematisieren und Änderungen anzustoßen.[186] Zum anderen eröffnet es – nach erfolgloser innerbetrieblicher Beschwerde[187] – die Möglichkeit, sich unmittel-

---

[185] Zu den gesetzlichen Voraussetzungen und Zielen des Rechts auf arbeitsmedizinische Untersuchung nach § 11 ArbSchG vgl. etwa die Kommentierungen von *Wank*, TAS, § 11 ArbSchG; *Kittner/Pieper*, ArbSchR, § 11 ArbSchG, sowie *Kollmer/Vogl*, Arbeitsschutzgesetz, Rdnrn. 243 ff.

[186] § 17 Abs. 2 ArbSchG verdeutlicht und verstärkt die auch vor dem Inkrafttreten des ArbSchG bestehenden Beschwerderechte nach §§ 84 ff. BetrVG. Von einer Verdeutlichung läßt sich insoweit sprechen als § 17 Abs. 2 ArbSchG explizit die Möglichkeit von Beschwerden zu Arbeitsschutzfragen hervorhebt. Wichtiger im vorliegenden Zusammenhang ist, daß sich aus § 17 Abs. 2 ArbSchG Organisationspflichten des Arbeitgebers ergeben, die von der Aufsichtsbehörde zu überwachen und ggf. durchzusetzen sind. Dies ergibt sich daraus, daß die Vorschrift die Installierung innerbetrieblicher Beschwerdewege durch entsprechende organisatorische Maßnahmen voraussetzt. Eine solche Möglichkeit besteht für das Beschwerderecht nach §§ 84 ff. BetrVG nicht. Insoweit führt § 17 Abs. 2 ArbSchG also zu einer Stärkung der Beschwerderechte.

[187] Das Beschwerderecht dient der Umsetzung von Art. 11 Abs. 6 Rahmenrichtlinie Arbeitsschutz. Mit Blick auf das außerbetriebliche Beschwerderecht wollte der Gesetzgeber an die bestehende Rechtslage vor Erlaß des ArbSchG anknüpfen (vgl. BT-Drcks. 13/3540, S. 20). Auch wenn in der Rahmenrichtlinie nicht von der Aus*schöpf*ung des innerbetrieblichen Beschwerdewegs die Rede ist, ist die Regelung des § 17 Abs. 2 ArbGchG europarechtlich im Grundsatz nicht zu beanstanden. Dies ergibt sich daraus, daß das Beschwerderecht gemäß den nationalen Rechtsvorschriften bzw. Praktiken auszugestalten ist. Anzumerken ist allerdings, daß die Notwendigkeit einer vorgeschalteten und erfolglosen innerbetrieblichen Beschwerde im überkommenen Arbeitsschutzrecht nicht so unbestritten war, wie es die Gesetzesbegründung zu glauben nahelegt. Vgl. hierzu eingehend *Kohte*, EAS B 6100, Arbeitsschutzrahmenrichtlinie, Rdnr. 97, mit Nachweisen des damaligen Streitstandes. Im übrigen ist in der Literatur anerkannt, daß die Vorschaltung eines innerbetrieblichen Beschwerdeverfahrens nicht formalistisch zu handhaben ist. Namentlich wenn sich aus den Umständen ergibt, daß die Beschwerde beim Arbeitgeber keinen Erfolg verspricht oder in einer Gefahrenlage nicht unverzüglich Abhilfe geschaffen wird, kann danach von der vorherigen Beschwerde beim Arbeitgeber abgesehen werden. Vgl. hierzu *Kittner/Pieper*, ArbSchR, § 17 ArbSchG, Rdnr. 7; *Kollmer/Vogl*, Arbeitsschutzgesetz, Rdnrn. 240 f.

bar an die zuständige Behörde zu wenden. Das Recht zur außerbetrieblichen Beschwerde ist hier von besonderem Interesse, da es verdeutlicht, daß die verschiedenen Ebenen der Rechtsdurchsetzung nicht zusammenhanglos nebeneinander stehen. Indem sich der Beschäftigte unter den Voraussetzungen des § 17 Abs. 2 ArbSchG an die Behörde wendet, kann er quasi die oben eingehend beschriebenen Instrumente der öffentlich-rechtlichen Rechtsdurchsetzung aktivieren. Dies bestätigt die soeben getroffene Feststellung, wonach im Rahmen regulierter Privatverantwortung die wechselseitigen Ergänzungswirkungen verschiedener (Durchsetzungs)ordnungen produktiv zu nutzen sind. § 17 Abs. 2 ArbSchG ist demzufolge als ein Instrument zu deuten, daß dieses grundsätzliche Ziel operationalisiert.

Der Vollständigkeit halber sei an dieser Stelle noch auf ein weiteres im ArbSchG verankertes Recht der Beschäftigten hingewiesen. Nach § 9 Abs. 3 ArbSchG ist der Arbeitgeber verpflichtet Maßnahmen zu treffen, die es den Beschäftigten ermöglichen, sich bei unmittelbarer erheblicher Gefahr durch sofortiges Verlassen der Arbeitsplätze in Sicherheit zu bringen. Auch wenn die Vorschrift als (spezielle) Organisationspflicht des Arbeitgebers formuliert ist, besteht Einigkeit, daß mit ihr ein Entfernungsrecht nach Maßgabe der in § 9 Abs. 3 ArbSchG umschriebenen Voraussetzungen korrespondiert.[188] Eine eingehende Betrachtung des Entfernungsrechts ist im vorliegenden Kontext entbehrlich, da es tatbestandlich an die in § 9 Abs. 3 ArbSchG normierte spezielle Gefahrenlage anknüpft und kein Pflichtenverstoß vorausgesetzt wird.[189] Für die hier vorrangig interessierende Frage der individualrechtlichen Durchsetzung des Pflichtenprogramms der Grundpflichten des § 3 ArbSchG ist sie von daher relativ unergiebig. Sie unterstreicht allerdings die aktive Rolle der Beschäftigten im Leitbild des ArbSchG.

---

[188] Hierzu nur *MünchArbR-Wlotzke*, § 209, Rdnr. 33; *Prax.-Kommentar-Kohte*, § 9 ArbSchG, Rdnr. 81, der Bedenken anmeldet, ob die Regelung des § 9 Abs. 3 ArbSchG den europarechtlichen Anforderungen an eine ordnungsgemäße Umsetzung der Vorgaben der Rahmenrichtlinie entspricht.

[189] Das Entfernungsrecht des § 9 Abs. 3 ArbSchG ist von daher insbes. keine spezielle Ausprägung des Zurückbehaltungsrechts nach § 273 BGB, wie dies bisweilen in der Literatur und einer inzwischen aufgegebenen Rechtsprechung des BAG angenommen wurde (vgl. z.B. *RGRK-Schick*, § 618, Rdnrn. 177 f.; *Erman (9. Auflage)-Hanau*, § 618, Rdnr. 15; BAG, AP Nr. 4 zu § 273 BGB). Während das Zurückbehaltungsrecht nach § 273 BGB eine Reaktion auf eine Pflichtverletzung des Arbeitgebers darstellt, liegt der rechtliche Grund für das Recht zur Arbeitseinstellung nach den besonderen Regeln der §§ 21 Abs. 6 GefStoffV, 9 Abs. 3 ArbSchG in der Unzumutbarkeit der Arbeitsleistung wegen einer besonders qualifizierten Gefahrenlage. Es bedarf also gerade keiner Pflichtverletzung, mag eine solche auch oftmals mit der besonderen Gefahrenlage einhergehen. Richtigerweise sind §§ 21 Abs. 6 GefStoffV, 9 Abs. 3 ArbSchG daher systematisch als speziell normierte Fallgruppe der Einrede der Unzumutbarkeit nach § 242 BGB einzuordnen. Vgl. insoweit *Prax.-Kommentar-Kohte*, § 9 ArbSchG, Rdnrn. 68 ff.; *Wank*, TAS, § 21 GefStoffV, Rdnr. 14; *Wlotzke*, Anm. zu BAG, AP, Nr. 23 zu § 618 BGB; *Staudinger/Oetker* (2002), § 618, Rdnrn. 267 ff.; außerdem die Entscheidungen BAG, AP Nrn. 23, 24 zu § 618 BGB, durch die die oben zitierte Rechtsprechung abgelöst worden ist.

Auch wenn § 9 Abs. 3 ArbSchG danach allenfalls eine untergeordnete für die Durchsetzung der Grundpflichten spielt, bedeutet dies nicht, daß die Einstellung bzw. Verweigerung der Arbeit nicht als individualrechtliche Option in Betracht käme. Grundlage hierfür können Verstöße gegen arbeitsvertragliche Pflichten sein, auf die nunmehr genauer einzugehen ist.

II. Grundpflichten des § 3 ArbSchG und Arbeitsvertrag

Die Nutzung des Arbeitsvertragsrechts zur Durchsetzung der arbeitsschutzrechtlichen Grundpflichten setzt voraus, daß § 3 ArbSchG auch im arbeitsvertraglichen Verhältnis von Arbeitgeber und Arbeitnehmer wirksam wird. In einem ersten Schritt wird vor diesem Hintergrund nachfolgend zunächst geprüft, ob und unter welchen Voraussetzungen § 3 ArbSchG Bedeutung im Individualarbeitsverhältnis zukommt. Auf dieser Grundlage werden anschließend die wichtigsten individualarbeitsrechtlichen Instrumente zur Durchsetzung der Grundpflichten untersucht (unten S. 437 ff.).

1. Transformation des öffentlich-rechtlichen Arbeitsschutzrechts in das arbeitsvertragliche Pflichtengefüge durch § 618 BGB

Als öffentlich-rechtliches Gesetz hat das ArbSchG keine unmittelbare Gestaltungswirkung auf den Inhalt des Arbeitsvertrages. Es begründet deswegen keine unmittelbaren Rechte und Pflichten im Individualarbeitsverhältnis.[190] Dessenungeachtet ist aber unbestritten, daß das öffentlich-rechtliche Arbeitsschutzrecht – mittelbar – Bedeutung für das Arbeitsvertragsrecht gewinnen kann. Rechtliche Wirkung im Arbeitsverhältnis entfaltet es erst dadurch, daß es über § 618 Abs. 1 BGB in den Arbeitsvertrag transformiert wird.[191]

§ 618 BGB ist Ausdruck einer gesteigerten, nicht abdingbaren (§ 619 BGB) Interessenwahrnehmungspflicht[192] des Dienstberechtigten, die daran anknüpft, daß

---

[190] Vgl. z.B. *Münch-ArbR-Wlotzke*, § 209, Rdnr. 15; *Staudinger-Oetker* (2002), § 618, Rdnr. 16; a.A. *Herschel*, RdA 1964, 7 ff. (11 f.; 44 f.).

[191] Hierzu ausführlich *Wlotzke*, Festschrift Hilger/Stumpf, 723 ff. (738 ff.); sowie auch noch heute grundlegend *Nipperdey*, RG-Prax., Bd. 4, 203 ff. (216 f.); a.A. *Herschel*, RdA 1964, 7 ff. (11 f.; 44 f.). Die Kontroverse ist vornehmlich von dogmatischem Interesse. Im praktischen Ergebnis ist nach beiden Ansätzen davon auszugehen, daß die vertragserheblichen Bestimmungen des Arbeitsschutzrechts unabdingbar (§ 619 BGB) zum Inhalt des Arbeitsvertrages werden, vgl. insoweit auch *RGRK-Schick*, § 618, Rdnr. 38.

[192] So *Staudinger-Oetker* (2002), § 618, Rdnrn. 11 ff.; *Münch-ArbR-Wlotzke*, § 209, Rdnr. 15; a.A. die wohl noch überwiegende Auffassung, die § 618 Abs. 1 BGB zwar auch als Nebenpflicht deutet, ihn systematisch aber als Ausdruck der Fürsorgepflicht des Arbeitgebers einordnet, vgl. insoweit nur *MüKo-Lorenz*, § 618, Rdnr. 6; *Börgmann*, RdA 1993, 275 ff. (282); unklar *Soergel-Kraft*, § 618, Rdnr. 7, der sowohl von der Interessenwahrnehmungspflicht als auch von der Fürsorgepflicht aus § 618 BGB spricht.

der Dienstverpflichtete seine Dienstleistung im Herrschaftsbereich des Dienstberechtigten zu erbringen hat. Als Dienstberechtigter ist der Arbeitgeber vorrangig in der Lage, die im Zusammenhang mit der Dienstleistung entstehenden Gefahren zu beherrschen, indem er die Arbeit gestaltet und organisiert. Ihn trifft deshalb eine besondere Sorgfaltspflicht für das Leben und die Gesundheit der Arbeitnehmer als Dienstverpflichtete.[193] Das öffentlich-rechtliche Arbeitsschutzrecht ist in diesem Zusammenhang das wichtigste Element zur Konkretisierung dieser – originär zivilrechtlichen – gesteigerten Interessenwahrnehmungspflicht.[194] Soweit solche Vorschriften auf das konkrete Arbeitsverhältnis Anwendung finden, legen sie für den Regelfall zugleich das Mindest- und das Höchstmaß an vertraglich geschuldetem Schutz durch den Arbeitgeber fest.[195] Man kann § 618 BGB vor diesem Hintergrund bildhaft als „Einfallstor" des öffentlich-rechtlichen Arbeitsschutzrechts in das Arbeitsvertragsrecht bezeichnen.[196] Die Grenzen der Verpflichtungen des Dienstberechtigtigen werden in § 618 BGB mit dem Begriff der „Natur der Dienstleistung" umschrieben, worunter in der neueren Rechtsprechung Inhalt und Art der unternehmerischen Betätigung, also die Produkte oder Dienstleistungen, mit denen das Unternehmen im Wettbewerb konkurriert, verstanden werden.[197]

Nicht alle Vorschriften des öffentlich-rechtlichen Arbeitsschutzrechts sind geeignet, den Pflichtenkreis des § 618 Abs. 1 BGB zu konkretisieren. Eine Transformation in das Arbeitsvertragsverhältnis kommt vielmehr nur dann in Betracht, wenn es sich um Regelungen handelt, die geeignet sind, den Gegen-

---

[193] Vgl. auch *RGRK-Schick*, § 618, Rdnr. 1; *Zöllner/Loritz*, Arbeitsrecht, S. 202 f.

[194] BAG, AP Nr. 17 zu § 618 BGB; LAG Köln, LAGE, Nr. 6 zu § 618 BGB; *Börgmann*, RdA 1993, 275 ff. (282); *RGRK-Schick*, § 618, Rdnr. 27; *MüKo-Lorenz*, § 618, Rdnr. 6; *Kort*, NZA 1996, 854 ff. (854).

[195] *ArbR BGB-Friedrich*, § 618, Rdnr. 19; *Leßmann*, Rauchverbote am Arbeitsplatz, S. 241 f.; *Nipperdey*, RG-Prax., Bd. 4, 203 ff. (217); *Staudinger-Oetker* (2002), § 618, Rdnr. 146; bisher nicht abschließend geklärt ist die Frage, ob nach § 618 BGB über das öffentlich-rechtliche Schutzniveau hinausgehend Vorkehrungen verlangt werden können, so etwa wenn ein Arbeitnehmer aufgrund seiner gesundheitlichen Disposition besonders schutzbedürftig ist (hierzu einerseits z.B. *MüKo-Lorenz*, § 618, Rdnr. 49; *Löwisch*, DB 1979, Beilage 1/1979, 1 ff. (13 f.); BAG, AP, Nr. 26 zu § 618 BGB andererseits z.B. *Kort*, NZA 1996, 854 ff. (854), sowie bereits *Nipperdey*, *Nipperdey*, RG-Prax., Bd. 4, 203 ff. (217). Der Problematik dürfte durch das ArbSchG weitgehend der *Bode*n genommen sein, da das Gesetz verlangt, spezielle Gefahren für besondere Beschäftigtengruppen zu berücksichtigen (§ 4 Nr. 6 ArbSchG) und folgerichtig Änderungen der Disposition der Beschäftigten Anlaß für eine erneute Gefährdungsbeurteilung zur Ermittlung der erforderlichen Schutzmaßnahmen sind, vgl. hierzu auch oben S. 145 ff. sowie *Münch-ArbR-Wlotzke*, § 209, Rdnr. 17.

[196] So die treffende Charakterisierung bei *Münch-ArbR-Wlotzke*, § 209, Rdnr. 15; *Staudinger-Oetker* (2002), § 618, Rdnr. 15, spricht in diesem Zusammenhang vom „Medium, durch das das öffentlich-rechtliche Arbeitsschutzrecht im Zivilrecht seine Rechtswirkungen entfaltet".

[197] Hierzu der bekannte Flugbegleiterinnenfall, BAG, AP Nr. 20 zu § 618 BGB, sowie die Vorinstanz, LAG Frankfurt, LAGE Nr. 7 zu § 618 BGB; *Leßmann*, ArbuR 1995, 241 ff. (244 f.).

stand einer arbeitsvertraglichen Vereinbarung zu bilden.[198] Liegen die Voraussetzungen für eine Transformation in § 618 Abs. 1 BGB vor, entfaltet die fragliche öffentlich-rechtliche Schutzvorschrift eine Doppelwirkung.[199] Sie ist zugleich rechtlich Maßstab für die Bestimmung der vertraglichen Pflichten des Arbeitgebers aus § 618 Abs. 1 BGB. Ausgehend von diesem soweit ersichtlich unbestrittenen Ausgangspunkt ist nunmehr der Frage nachzugehen, ob und inwieweit die Grundpflichten des § 3 ArbSchG durch Transformation nach Maßgabe des § 618 BGB Gegenstand des Arbeitsvertragsverhältnisses werden.

2. Einwirkung der Organisationspflicht des § 3 Abs. 2 ArbSchG auf das arbeitsvertragliche Pflichtengefüge

Wendet man die soeben skizzierten Grundsätze konkret auf § 3 Abs. 2 ArbSchG an, ist also zu fragen, ob die dort formulierten Organisationspflichten des Arbeitgebers einen geeigneten Gegenstand einer arbeitsvertraglichen Vereinbarung darstellen. Blickt man in die einschlägige Rechtsprechung und Literatur, scheint die Antwort eindeutig zu sein. Seit jeher[200] werden Organisations- und Ordnungsvorschriften[201] neben arbeitsschutzrechtlichen Solidarnormen[202] als typische Beispiele für Rechtsvorschriften genannt, die nicht über das „Einfallstor" des § 618 BGB in das Individualarbeitsverhältnis Eingang finden sollen. Sofern eine Thematisierung überhaupt erfolgt, wird diese Auffassung auch nach Erlaß des ArbSchG und der expliziten Formulierung einer Organisationspflicht in § 3 Abs. 2 ArbSchG soweit ersichtlich nicht in Frage gestellt.[203]

Dies ist nach den bisherigen Ergebnissen der Untersuchung nicht unbedenklich. Wie oben eingehend dargelegt weist das ArbSchG den Beschäftigten eine aktive Rolle zu. Zutreffend ist in der Gesetzesbegründung in diesem Zusammenhang darauf hingewiesen worden, daß sich der Beitrag der Beschäftigten nicht darin erschöpfen soll, weitgehend passiv die „klassischen" Verhaltenspflichten zu befolgen.[204] Dies muß zwar nicht heißen, daß sich hiermit zwangsläufig die arbeitsvertragsrechtlichen Optionen verbreitern müßten. Wie zuvor beschrieben bieten auch die im ArbSchG ausdrücklich geregelten Optionen wie das Vor-

---

[198] Vgl. nur BAG, AP Nr. 17 zu § 618 BGB; *RGRK-Schick*, § 618, Rdnr. 40; *Löwisch*, DB 1979, Beilage 1, 1 ff. (12); *Nipperdey*, RG-Prax., Bd. 4, 203 ff. (219 ff.).

[199] Zur Lehre von der Doppelwirkung vgl. nur *RGRK-Schick*, § 618, Rdnrn. 37 ff.; *MünchArbR-Blomeyer*, § 96, Rdnrn. 6 ff.

[200] Hierzu bereits, *Nipperdey*, RG-Prax., Bd. 4, 203 ff. (219 f.).

[201] Siehe z.B. *Soergel-Kraft*, § 618, Rdnr. 10; *Erman-Belling*, § 618, Rdnr. 4; *Leßmann*, Rauchverbote am Arbeitsplatz, S. 241.

[202] Vgl. insoweit etwa *RGRK-Schick*, § 618, Rdnr. 40; *MüKo-Lorenz*, § 618, Rdnr. 7; *Nipperdey*, RG-Prax., Bd. 4, 203 ff. (220); zum Begriff der (arbeitsschutzrechtlichen) Solidarnormen vgl. näher *Hueck/Fikentscher*, ArbSch 1957, 63 ff. (65 f.).

[203] *Cosack*, DB 1999, 1450 ff. (1452 f.); *MüKo-Lorenz*, § 618, Rdnr. 37.

[204] Vgl. BT-Drcks. 13/3540, S. 12.

schlags- und Beschwerderecht des § 17 ArbSchG rechtliche Anknüpfungspunkte für ein aktives Handeln im betrieblichen Arbeits- und Gesundheitsschutz. Auf der anderen Seite haben aber insbes. die Überlegungen des 4. Kapitels gezeigt, daß der Organisation heute in den Sicherheitswissenschaften und in neueren sicherheitsrechtlichen Normen (StörfallV[205], EU-EMASV) eine Schlüsselrolle für die Gewährleistung von Sicherheit und Gesundheit bei der Arbeit zugewiesen wird. Es ist deswegen nicht unbedingt plausibel, wieso der einzelne Arbeitnehmer keinerlei vertragliche Ansprüche im Hinblick auf den Aufbau einer Sicherheitsorganisation haben soll, die nach heutigem Erkenntnisstand prinzipielle Voraussetzung für einen angemessenen und effektiven Schutz ist.

Hinzu kommt, daß die Geltendmachung individualrechtlicher Ansprüche aufgrund von Verletzungen von Organisationspflichten durchaus nicht ungewöhnlich ist. Zur Vermeidung von Wiederholungen genügt es, insoweit auf die im Rahmen der Darstellung der haftungsrechtlichen Organisationspflichten nachgewiesene Rechtsprechung und Literatur zu verweisen.[206] Wenn die Geltendmachung solcher Ansprüche im Arbeitsschutz eher die Ausnahme bildet, ist dies nicht darauf zurückzuführen, daß die tatbestandlichen Voraussetzungen entsprechender Ansprüche nicht vorliegen, sondern daß sie in der Regel am unfallversicherungsrechtlichen Haftungsausschluß der §§ 104 ff. SGB VII scheitern.[207] Vor dem Hintergrund dieses Befundes ist es angebracht, die skizzierte, allgemein konsentierte Auffassung zu überprüfen.

a) Organsationspflichten grundsätzlich kein tauglicher Gegenstand einer arbeitsvertraglichen Vereinbarung?

Die Einhelligkeit, mit der die Transformation von Organisations-, Ordnungs- und Solidarnormen in das Arbeitsverhältnis abgelehnt wird, ist auf den ersten Blick durchaus überraschend. Wenn beispielsweise Mitteilungspflichten des Arbeitgebers an die zuständige Behörde (vgl. z.B. §§ 23 Abs. 1 ArbSchG, 19 MuSchG) als bloße Ordnungsvorschriften und damit als nicht transformationsfähig angesehen werden[208], ist dies im Ergebnis zwar kaum zu bestreiten. Fraglich ist allerdings, ob die Qualifizierung der genannten Informationspflichten als Ordnungsvorschriften

---

[205] Erinnert sei hier noch einmal an die Erwägungsgründe der Seveso II-Richtlinie (96/82/EG), in denen darauf hingewiesen wird, daß nach einer Analyse der in der Gemeinschaft gemeldeten schweren Unfälle in den meisten Fällen organisatorische Mängel und Fehler des Managements die Unfallursache waren.

[206] Vgl. oben S. 222 ff.

[207] Hierzu allgemein *Bücker/Feldhoff/Kohte*, Rdnrn. 29 ff., die zutreffend darauf hinweisen, daß der Haftungsausschluß limitiert auf Arbeitsunfälle und Berufskrankheiten i.S. von §§ 7 ff. SGB VII ist und Ansprüche wegen arbeitsbedingter Erkrankungen, die nicht nach dem SGB VII entschädigt werden, damit nicht gesperrt sind.

[208] *Wlotzke*, Festschrift Hilger/Stumpf, 723 ff. (742); *Erman-Belling*, § 618, Rdnr. 4; *Soergel-Kraft*, § 618, Rdnr. 10.

dieses Ergebnis trägt. Der innere Grund für diese Grenzziehung dürfte kaum allein hinreichend damit zu erklären sein, daß eine solche Information der Behörden nicht theoretisch Gegenstand einer Individualabrede zwischen Arbeitgeber und Arbeitnehmer sein kann. Vereinbart werden kann alles, solange die Grenzen privatautonomer Gestaltungsfreiheit gewahrt bleiben. Blickt man auf die öffentlich-rechtlichen Vorschriften, für die eine Doppelwirkung angenommen wird, zeigt sich, daß die Zuordnung keineswegs so klar ist, wie es der lapidare Verweis auf Organisations- und Ordnungsvorschriften zunächst vermuten läßt.

So formuliert § 12 ArbSchG mit der Pflicht zur Unterweisung eine organisationsbezogene Verpflichtung des Arbeitgebers dahingehend, daß er dafür zu sorgen hat, daß die Beschäftigten ausreichend und angemessen über die Sicherheit und den Gesundheitsschutz unterrichtet werden. Obgleich die Vorschrift damit eine spezielle organisatorische Verpflichtung begründet, dürfte es unstreitig sein, daß § 12 ArbSchG über § 618 BGB in das arbeitsvertragliche Pflichtengefüge eingeht und die Beschäftigten hiermit korrespondierend einen Anspruch auf ausreichende und angemessene Information haben.[209] Fraglich ist damit, worin sich die beiden hier beispielhaft genannten Informationspflichten des Arbeitgebers so evident unterscheiden.

Der innere Grund für die Eignung öffentlich-rechtlicher Arbeitsschutzvorschriften zur Transformation in das Arbeitsverhältnis wird in der Literatur und Rechtsprechung nur selten näher erörtert. Soweit eine Problematisierung erfolgt, wird in diesem Zusammenhang darauf hingewiesen, daß nur solche Normen relevant für § 618 BGB sein können, die „unmittelbar" den Schutz des Arbeitnehmers bezwecken.[210] Dies ist konsequent vor dem Hintergrund des Zwecks der Transformation öffentlich-rechtlicher Normen durch das „Einfallstor" des § 618 BGB. Der einzelne Arbeitnehmer soll das verlangen können, wozu der Arbeitgeber ihm gegenüber nach öffentlichem Recht (ohnehin) verpflichtet ist. Die Konkretisierung der hinter § 618 BGB stehenden gesteigerten Interessenwahrnehmungspflicht des Dienstberechtigten[211] kann deshalb nur durch solche Normen erfolgen, die Pflichten des Arbeitgebers speziell auch gegenüber dem einzelnen Arbeitnehmer begründen. Würde auf das Kriterium der Unmittelbarkeit verzichtet, liefe es darauf hinaus, daß der Arbeitnehmer gewissermaßen treuhän-

---

[209] Vgl. z.B. *Fitting/Kaiser/Heither/Engels/Schmidt*, BetrVG, § 81, Rdnrn. 28, 10 ff.; *Prax.-Kommentar-Oppenauer*, § 17, Rdnrn. 38 f.; *MüKo-Lorenz*, § 618, Rdnr. 37.

[210] ArbG Siegen, BB 1999, 267 f. (268); *MüKo-Lorenz*, § 618, Rdnr. 7; *MünchArbR-Wlotzke*, § 209, Rdnr. 19; *Nipperdey*, RG-Prax., Bd. 4, 203 ff. (219) spricht insoweit von Normen, die „im engsten Zusammenhang mit der Erfüllung arbeitsvertraglicher Pflichten stehen".

[211] Hierzu nochmals *Staudinger-Oetker* (2002), § 618, Rdnr. 11; *MünchArbR-Wlotzke*, § 209, Rdnr. 15.

derisch die objektive Rechtsordnung durchsetzen könnte.[212] Dies ist aber nicht der Sinn des Individualarbeitsrechts, das die Rechte und Pflichten der Arbeitsvertragsparteien regelt.

Vor dem Hintergrund dieser grundsätzlichen Überlegungen läßt sich anhand der beiden genannten Normengruppen der Begriff der Unmittelbarkeit inhaltlich schärfer fassen. So können arbeitsschutzrechtliche Solidarnormen nicht in die arbeitsvertraglichen Rechtsbeziehungen transformiert werden, weil sie den einzelnen nur als Mitglied der Belegschaft oder einer Gruppe von Arbeitnehmern betreffen.[213] Die sog. Organisations- und Ordnungsvorschriften scheiden zur Präzisierung der Pflichten nach § 618 Abs. 1 BGB dann aus, wenn sie – und dies ist entscheidend – zur Vorlage an die Aufsicht oder Berufsgenossenschaft bestimmt sind.[214] Maßgeblicher Aspekt für die Abgrenzung ist danach in beiden Fällen, wer Gläubiger der in Rede stehenden Verpflichtungen ist. Da dies in beiden Fällen nicht der einzelne Arbeitnehmer ist, kommt eine Transformation in den Arbeitsvertrag auch nicht in Betracht. Umgekehrt bedeutet dies aber, daß alle öffentlich-rechtlichen Arbeitsschutzvorschriften, die ausschließlich oder zumindest auch das Individualinteresse zu schützen bezwecken, als möglicher Gegenstand einer arbeitsvertraglichen Vereinbarung in Betracht zu ziehen sind.

Hieraus folgt zugleich, daß es im Grundsatz keine Rolle spielen kann, welchen materiellen Inhalt öffentlich-rechtliche Arbeitsschutzvorschriften haben, um über § 618 Abs. 1 BGB in das Individualarbeitsverhältnis transformiert zu werden. Dieser Hinweis ist insofern angebracht, als in der Literatur dieser Zusammenhang nicht immer mit der gebotenen Deutlichkeit gesehen wird. So versperrt es den Blick auf die eigentliche Problematik, wenn immer wieder undifferenziert die Gruppe der Organisations- und Ordnungsvorschriften als Fallgruppe nicht transformationsfähiger Verpflichtungen genannt wird.[215] Entscheidend ist stets, ob die fragliche Norm zumindest auch das Individualinteresse des einzelnen Arbeitnehmers zu schützen bezweckt. Dies wird man unproblematisch verneinen können bei Mitteilungspflichten, die allein der Aufsichtsbehörde geschuldet sind (z.B. §§ 23 Abs. 1 ArbSchG; 50 JArbSchG; 19 MuSchG). Weniger eindeutig ist die Situation hingegen bei den Vorschriften über aushangpflichtige Gesetze, die häu-

[212] In diesem Sinne ist wohl auch *Prax.-Kommetar-Oppenauer*, § 17, Rdnr. 5, wenn er von einer „Betroffenheit" des jeweiligen Beschäftigten von der fraglichen Arbeitsschutzvorschrift spricht.

[213] *Nipperdey*, RG-Prax., Bd. 4, 203 ff. (220); *MünchArbR-Wlotzke*, § 209, Rdnr. 20, der die Einrichtung von Pausen-, Sanitär- und Sanitätsräumen nennt, insbes. wenn die Pflicht zur Einrichtung von der Anzahl der Beschäftigten abhängt.

[214] *RGRK-Schick*, § 618, Rdnr. 40; *Hueck/Fikentscher*, ArbSch 1957, 63 ff. (66); *MünchArbR-Wlotzke*, § 209, Rdnr. 19.

[215] Vgl. z.B. *Cosack*, DB 1999, 1450 ff.; *Leßmann*, Rauchverbote am Arbeitsplatz, S. 241; *Soergel-Kraft*, § 618, Rdnr. 10; *Erman-Belling*, § 618, Rdnr. 4.

fig als Beispiele nicht transformationsfähiger Arbeitsschutzvorschriften genannt werden (z.B. §§ 16 Abs. 1 ArbZG, 18 Abs. 1 MuSchG, 47, 48 JArbSchG).

Hier wird man kaum davon ausgehen können, daß diese allein oder auch nur vorrangig eine Verpflichtung gegenüber der Aufsicht begründen.[216] Ausgehängte Rechtsvorschriften erleichtern in keiner Weise den behördlichen Vollzug und liefern insbes. keinerlei Informationen über das betriebliche Geschehen. Man kann deshalb schwerlich davon ausgehen, daß diese Pflichten gerade gegenüber der Behörde bestehen, die hieraus keinen Nutzen für ihre Arbeit zu ziehen vermag. Eher ließe sich noch argumentieren, daß es sich um arbeitsschutzrechtliche Solidarnormen handelt, die die Belegschaft als Ganzes oder Teile von ihr (Frauen, § 18 MuSchG; Jugendliche, §§ 47, 48 JArbSchG) betreffen. Dagegen spricht allerdings der Sinn des Aushängens oder Auslegens von Rechtsvorschriften. Dieser liegt eben darin, die Beschäftigten über ihre Rechte und Pflichten zu informieren.[217] Für die Transformation der genannten Regelungen spricht zudem ihr Wortlaut, der regelmäßig die Aushängung bzw. Auslegung zum Zwecke der Einsichtnahme vorschreibt. Daß hiermit die individuelle Information des Arbeitnehmers und nicht die kollektive Einsichtnahme durch die gesamte Belegschaft oder von Arbeitnehmergruppen gemeint ist, dürfte kaum zu bezweifeln sein.

Aus dem Vorstehenden ergibt sich, daß in jedem Falle sorgfältig der Normzweck der fraglichen Arbeitsschutzvorschriften zu ermitteln ist.[218] Es wäre verfehlt, allein auf den Wortlaut der Norm abzustellen. Insbes. arbeitsschutzrechtliche Solidarnormen (z.B. §§ 5, 14 ArbStättV) zielen ihrem Sinn und Zweck nach häufig zugleich auch auf den Schutz des einzelnen Arbeitnehmers.[219] So ist anerkannt, daß § 5 ArbStättV, wonach ausreichend gesundheitlich zuträgliche Luft am Arbeitsplatz vorhanden sein muß, primär den unmittelbaren Schutz des Einzelnen bezweckt, auch wenn der Wortlaut dies so nicht ausdrücklich formuliert.[220] Die entscheidende Kontrollfrage bei der Auslegung der öffentlich-rechtlichen Normen ist dabei in jedem Fall, ob sie unmittelbar den Schutz der einzelnen Arbeitnehmers bezwecken. Ist diese Frage zu bejahen, gehen sie, unabhängig von ihrem materiellen Gehalt, über § 618 BGB in das Individualarbeitsverhältnis über.

Die Beurteilung, ob eine Vorschrift des Arbeitsschutzrechts unmittelbar dem Schutz des einzelnen Arbeitnehmers dient und sie über § 618 BGB in das einzelne Arbeitsverhältnis eingeht, ist im Einzelfall durchaus schwierig. So dürfte kaum zu

---

[216] So aber offensichtlich *RGRK-Schick*, Rdnr. 40; *MünchArbR-Wlotzke*, § 209, Rdnr. 19.

[217] Zu §§ 47, 48 JArbSchG vgl. etwa *Zmarzlik/Anzinger*, § 47, Rdnr. 2; zu § 16 ArbZG vgl. etwa *Baeck*, ArbZG, § 16, Rdnr. 2; zu § 18 MuSchG, vgl. etwa *Meisel/Sowka*, MuSchG, § 18, Rdnrn. 10 f.

[218] *Münch-ArbR-Wlotzke*, § 209, Rdnr. 19 f.; *Hueck/Fikentscher*, ArbSch 1957, 63 ff. (66).

[219] *Münch-ArbR-Wlotzke*, § 209, Rdnr. 20; *Nipperdey*, RG-Prax., Bd. 4, 203 ff. (220); *RGRK-Schick*, § 618, Rdnr. 40; *Löwisch*, DB 1979, Beilage 1, 1 ff. (12).

[220] Beispiel nach *MünchArbR-Wlotzke*, § 209, Rdnr. 20.

bestreiten sein, daß alle Normen des ArbSchG – und damit auch die Organisations- und Ordnungsvorschriften – letztlich auf den Schutz der Gesundheit der Beschäftigten zielen. Eine schroffe und eindeutige Trennung von Normen, die dem Individual- oder aber dem Gemeinschaftsinteresse dienen, ist also nicht möglich. Zu berücksichtigen ist in diesem Zusammenhang, daß Gesetze im demokratischen Rechtsstaat nicht zum Selbstzweck erlassen werden, sondern sie zu ihrer Legitimation auf den Schutz bestimmter Personen bzw. Personengruppen zielen müssen.[221] Dies verdeutlicht den Stellenwert einer am Normzweck und dem systematischen Regelungszusammenhang orientierten Auslegung der betreffenden öffentlich-rechtlichen Arbeitsschutzbestimmung. Sofern sich aus dem Gesetz nicht ausdrücklich ergibt, daß der jeweilige Normbefehl auf den Schutz des Individualinteresses abzielt[222], ist zu fragen, ob er unmittelbar Voraussetzung für die Gewährleistung von Sicherheit und Gesundheit der Beschäftigten bei der Arbeit ist. In den Fokus geraten damit alle Vorschriften, die die Bedingungen (Gefährdungen, Gefahren) bei der Arbeit regulieren bzw. das Verhalten i.S. der Eigen- und Fremdsorge beeinflussen.

Im Ergebnis entsprechen die vorstehenden Abgrenzungskriterien den Anforderungen, die an den persönlichen Schutzbereich[223] eines Schutzgesetzes i.S. von § 823 Abs. 2 BGB gestellt werden. Zur Gewinnung von Anhaltspunkten für den Einzelfall liegt es deswegen nahe, sich an den im Zusammenhang mit § 823 Abs. 2 BGB gewonnenen Wertungsgesichtspunkten zu orientieren.[224] Damit ist indes nicht gesagt, daß als transformationsfähige Vorschriften des öffentlich-rechtlichen Arbeitsschutzes lediglich Schutzgesetze i.S. von § 823 Abs. 2 BGB in Betracht kommen. Schutzgesetze nach § 823 Abs. 2 BGB setzen in ihrem sachlichen Schutzbereich voraus, daß im Falle von Rechtsverstößen nach dem Sinn und Zweck sowie der Stellung der fraglichen Norm im Deliktssystem ein individueller Schadensersatzanspruch begründet werden soll.[225]

Eines in dieser Weise qualifizierten sachlichen Schutzbereichs bedarf es zur Transformation arbeitsschutzrechtlicher Bestimmungen nach § 618 BGB nicht. Die im Arbeitsvertragsrecht vorgesehenen Rechtsfolgen im Falle von Vertragsverletzungen sind differenziert und beschränken sich nicht auf die Möglichkeit, – nachträglich – Schadensersatzansprüche geltend zu machen. Gerade mit Blick auf den durch das ArbSchG intendierten Schutz der Gesundheit erweisen sich präventiv

---

[221] So mit Blick auf die vergleichbare Problematik der Schutzgesetze i.S. von § 823 Abs. 2 BGB, BGHZ 66, 388 ff. (389 f.); *Kohte*, Jura 1988, 125 ff. (126 f.).

[222] Vgl. insoweit § 81 Abs. 4 SGB IX.

[223] Zur Differenzierung zwischen persönlichem und sachlichem Schutzbereich eines Schutzgesetzes i.S. von § 823 Abs. 2 BGB, vgl. *Kötz/Wagner*, Deliktsrecht, Rdnrn. 176 ff.

[224] Hierzu grundlegend *Honsell*, JA 1983, 101 ff. (102 ff.); *Kohte*, Jura 1988, 125 ff. (126 ff.); sowie die umfangreiche Kasuistik bei *Palandt-Thomas*, § 823, Rdnrn. 145 ff.

[225] *Kötz/Wagner*, Deliktsrecht, Rdnrn. 176, 183 ff.; *Palandt-Thomas*, § 823, Rdnr. 141; BGHZ 66, 388 ff. (390 f.); BGH, DB 1976, 1665.

wirkende Reaktionsmöglichkeiten wie die Geltendmachung von Leistungsverweigerungsrechten, Unterlassungs- und Erfüllungsansprüchen als weitaus effektiver (zum Ganzen unten S. 437 ff.). Dies spricht dafür, die prinzipielle Frage der Transformationsfähigkeit einer Arbeitsschutznorm in das Arbeitsverhältnis nach Maßgabe von § 618 BGB deutlicher von der Frage der Rechtsfolgen einer Verletzung derselben zu unterscheiden. Es ist also jeweils für den konkreten Fall die Frage zu stellen, ob die begehrte Rechtsfolge von der in Rede stehenden Norm entsprechend ihrem Sinn und Zweck und dem Regelungszusammenhang getragen wird.

Vor diesem Hintergrund handelt es sich bei den oben angesprochenen Rechtspflichten des Arbeitgebers zur Auslegung bestimmter Arbeitsschutzgesetze nicht um Schutzgesetze i.S. von § 823 Abs. 2 BGB.[226] Dies ist aber nicht darauf zurückzuführen, daß es sich lediglich um Ordnungsvorschriften handelt. Entscheidend ist, daß die genannten Auslegungs- und Aushangvorschriften nicht auf die Begründung von Schadensersatzansprüchen abzielen.[227] Da der Zweck der genannten Aushangvorschriften andererseits unstreitig in der Information des einzelnen Arbeitnehmers über seine arbeitsschutzrechtlichen Rechte und Pflichten liegt, ist von einer Konkretisierung der Pflichten des § 618 Abs. 1 BGB und damit von einem vertraglichen Anspruch auf Auslage der betreffenden Vorschriften auszugehen. Die einzelnen Arbeitnehmer können von daher insbes. den Erfüllungsanspruch geltend machen.[228]

Es kann damit festgehalten werden, daß sich der Kreis der für § 618 Abs. 1 BGB relevanten öffentlich-rechtlichen Arbeitsschutznormen nicht mit den Schutzgesetzen i.S. des § 823 Abs. 2 BGB deckt, sondern weiter ist. Mit Blick auf den hier interessierenden § 3 Abs. 2 ArbSchG ist zu fragen, ob die dort formulierten Organisationspflichten den einzelnen Beschäftigten unmittelbar und direkt schützen sollen. Allein aus dem Umstand, daß § 3 Abs. 2 ArbSchG Pflichten über die Art und Weise der Organisation des betrieblichen Arbeitsschutzes normiert, läßt sich nicht apodiktisch schließen, daß eine Transformation in das Einzelarbeitsverhältnis nach Maßgabe des § 618 Abs. 1 BGB ausscheidet. Bestätigt wird dieses Ergebnis im übrigen durch § 81 Abs. 4 Nr. 4

---

[226] *Zmarzlik/Anzinger*, JArbSchG, § 47, Rdnr. 12; *Baeck*, ArbZG, § 16, Rdnr.38; *Meisel/Sowka*, MuSchG, § 18, Rdnr. 13.

[227] Ebenso mit Blick auf die Auslagepflicht nach § 8 TVG, *Wiedemann-TVG-Oetker*, § 8, Rdnr. 16; gegen die Einordnung von § 8 TVG als Ordnungsvorschrift auch *Fenski*, BB 1987, 2293 ff. (2296).

[228] Eine auf § 273 BGB gestützte Arbeitsverweigerung wird zumeist als unverhältnismäßige Reaktion wegen § 242 BGB ausscheiden (zu den durch § 242 BGB markierten Grenzen des Zurückbehaltungsrechts nach § 273 BGB vgl. etwa *MünchArbR-Wlotzke*, § 209, Rdnr. 27; *Bücker/Feldhoff/Kohte*, Rdnr. 33). Das Beispiel verdeutlicht im übrigen, daß das Arbeitsvertragsrecht ein gestuftes Instrumentarium zur Rechtsdurchsetzung bereitstellt, das flexible, problemangemessene Reaktionen zuläßt. Zur vergleichbaren Frage der Information durch gefahrstoffrechtliche Kennzeichnungspflichten vgl. *Degen*, AiB 1991, 309 ff. (311).

SGB IX. Die Vorschrift formuliert ausdrücklich einen Individualanspruch schwerbehinderter Menschen gegenüber ihrem Arbeitgeber, insbes. durch arbeitsorganisatorische Vorkehrungen für einen behindertengerechten Arbeitsplatz zu sorgen.[229] Sie verdeutlicht, daß es durchaus nicht ausgeschlossen und unüblich ist, bestimmte organisatorische Regelungen mit Hilfe von individualrechtlichen Ansprüchen zu verfolgen.[230]

b) Aufbauorganisatorische Anforderungen

Wie oben (S. 312 ff.; 333 ff.) eingehend beschrieben, ist die betriebliche Aufbauorganisation rechtlich maßgeblich durch das ASiG, das BetrVG und § 22 SGB VII vorgezeichnet. Die betreffenden Vorschriften normieren die Voraussetzungen, unter denen die besonderen Akteure des betrieblichen Arbeits- und Gesundheitsschutzes zu bestellen sind, ihre Rechte und Pflichten sowie die Regeln, nach denen sie zu interagieren haben. Zweck der genannten Gesetze ist es, den Arbeitsschutz durch die systematische Einbeziehung verschiedener Sichtweisen (Fachkunde, Erfahrungswissen) zu befruchten. Sie regeln abstrakt die Aufgaben sowie die rechtliche Gestaltung des Verhältnisses zum Arbeitgeber und untereinander. Ihr Sinn und Zweck ist demnach nicht, die Sicherheit und den Gesundheitsschutz der einzelnen Beschäftigten am Arbeitsplatz unmittelbar zu beeinflussen.

Auch wenn die genannten Vorschriften – was für alle Arbeitsschutznormen gilt – letztlich den Schutz der einzelnen Arbeitnehmer effektivieren sollen, spricht ihre Positionierung im Gesamtsystem des Arbeitsschutzrechts dagegen, daß durch sie vertragliche Rechte der Beschäftigten begründet werden sollen. So sind die betreffenden Akteure (Sicherheitsfachkräfte, Betriebsärzte, Sicherheitsbeauftragte) vorrangig selbst gehalten, sich gegen Verletzungen ihrer gesetzlichen Rechte zur Wehr zu setzen. Es bedarf insoweit also keiner Flankierung durch Individualansprüche. Hinzu kommt, daß sich die Beschäftigten zudem unter den Voraussetzungen des § 17 Abs. 2 ArbSchG an die zuständige Behörde bzw. Berufsgenossenschaft wenden können. Eine Transformation nach § 618 BGB der genannten primär aufbauorganisatorischen Pflichten des Arbeitgebers ist demnach auch aufgrund des Regelungszusammenhangs der genannten Organisationsvorschriften nicht geboten.[231]

Praktisch bedeutet dies, daß z.B. ein Beschäftigter keine arbeitsvertraglichen Handlungsoptionen hat, um z.B. die Bestellung einer Sicherheitsfachkraft oder

---

[229] Vgl. dazu *Düwell*, HK-SGB IX, § 81, Rdnrn. 26, 31 ff.

[230] Vgl. außerdem im Hinblick auf einen Erfüllungsanspruch, gerichtet auf die Organisation des täglichen Arbeitsablaufs an einem Bildschirmarbeitsplatz nach Maßgabe von § 5 BildscharbV, ArbG Siegen, BB 1999, 267 f. (268).

[231] Zur Bedeutung des Regelungszusammenhangs bei der Bestimmung einer individualinteressenschützenden Norm mit Blick auf § 823 Abs. 2 BGB vgl. z.B. BGHZ 66, 388 ff. (390 f.); *Honsell*, JA 1983, 101 ff. (104 ff.).

eines Betriebsarztes gegenüber dem Arbeitgeber durchzusetzen. Gleiches gilt für den Arbeitsschutzausschuß nach § 11 ASiG. Da das Gremium lediglich beratende Funktion hat, wirkt sich seine Tätigkeit nicht unmittelbar auf die konkreten Bedingungen aus, die Sicherheit und Gesundheit am Arbeitsplatz beeinflussen.[232]

Aus den vorstehenden Erwägungen ist nicht zu schließen, daß aufbauorganisatorische Pflichten schematisch als irrelevant für § 618 BGB einzuordnen wären. Beispielhaft verdeutlicht sei dies an zwei primär aufbauorganisatorischen Pflichten des ArbSchG. Die Beschäftigten sind nach § 16 Abs. 1 ArbSchG verpflichtet, Defekte an den Schutzsystemen unverzüglich zu melden. Gemäß § 3 Abs. 2 Nr. 2 ArbSchG hat der Arbeitgeber Vorkehrungen zu treffen, damit die Beschäftigten ihren Mitwirkungspflichten nachkommen können. Mit Blick auf § 16 Abs. 1 ArbSchG bedeutet dies, daß der Arbeitgeber in seiner Aufbauorganisation geeignete Meldewege vorsehen muß. Die Regelung einer Anlaufstelle für die in § 16 Abs. 1 ArbSchG genannten Situationen hat unmittelbare Auswirkungen auf die Sicherheit bei der Arbeit. Bei Defekten der Schutzeinrichtungen ist es erforderlich, daß sofort Entscheidungen getroffen werden, in welcher Weise die Sicherheit und Gesundheit der Beschäftigten zu gewährleisten ist. Die Bereitstellung eines geeigneten Ansprechpartners, der unverzüglich die notwendigen Schritte anordnen kann, ist damit untrennbar mit der Sicherheit der Arbeitsbedingungen verbunden. Die insoweit zu treffenden – aufbauorganisatorischen – Vorkehrungen nach § 3 Abs. 2 Nr. 2 ArbSchG zielen also unmittelbar auf den Schutz der Beschäftigten. Die Einrichtung des in § 16 Abs. 1 ArbSchG vorausgesetzten Meldeweges ist demzufolge nach § 618 Abs. 1 BGB gegenüber dem einzelnen Arbeitnehmer geschuldet.

Sinngemäß das Gleiche gilt für die in § 10 ArbSchG geregelten Anforderungen an die Erste Hilfe- und Notfallorganisation. Die Vorschrift regelt neben ablauforganisatorischen Pflichten in § 10 Abs. 1 ArbSchG in ihrem Absatz 2 aufbauorganisatorische Fragen, indem sie den Arbeitgeber verpflichtet, Beschäftigte zu benennen, die Aufgaben der Ersten Hilfe, Brandbekämpfung und Evakuierung übernehmen. Die genannten Funktionsträger haben die Aufgabe, in den in § 10 ArbSchG umschriebenen Notfallsituationen direkt Einfluß auf das Geschehen zu nehmen. Ihre Benennung dient also unmittelbar dem Schutz der Beschäftigten bei der Arbeit, so daß auch insoweit die Verpflichtungen nach § 10 Abs. 2 ArbSchG über § 618 Abs. 1 BGB Eingang in das Individualarbeitsverhältnis finden müssen.

c) Pflicht zur Integration des Arbeits- und Gesundheitsschutzes

Durch die in § 3 Abs. 2 Nr. 2 ArbSchG angeordnete Pflicht des Arbeitgebers zur vertikalen und horizontalen Integration (vgl. eingehend oben S. 337 ff.)

---

[232] So im Ergebnis z.B. auch *MünchArbR-Wlotzke*, § 209, Rdnr. 19; *RGRK-Schick*, § 618, Rdnr. 110.

wird der Arbeits- und Gesundheitsschutz als Aufgabe des gesamten Betriebes bzw. Unternehmens definiert. Die hieraus resultierenden organisatorischen Vorkehrungen haben lediglich mittelbar Relevanz für die konkreten Arbeitsbedingungen der Beschäftigten. Unmittelbare Bedeutung gewinnen sie erst, wenn sich die entsprechenden Aktivitäten konkret auf die Sicherheit und den Gesundheitsschutz bei der Arbeit auswirken (z.B. Verwendung von Arbeitsstoffen und Arbeitsmitteln). Ist ein Beschäftigter etwa der Ansicht, daß er vermeidbaren Gesundheitsgefährdungen durch den Einsatz eines Arbeitsstoffes (z.B. Kühlschmierstoff) ausgesetzt ist, lassen sich vertragliche Ansprüche und Rechte nicht auf eine Verletzung von § 3 Abs. 2 Nr. 2 ArbSchG stützen, indem etwa geltend macht wird, daß Aspekte des Gesundheitsschutzes nicht bei der Beschaffungsentscheidung berücksichtigt worden sind.

Damit ist indes nicht gesagt, daß sich Defizite bei der Integration des Arbeits- und Gesundheitsschutzes nicht mittelbar nachteilig für den Arbeitgeber auswirken können. So kann der einzelne Arbeitnehmer dessenungeachtet den Einsatz eines konkret verwendeten Arbeitsstoffes rügen, insbes. indem er unter Berufung auf § 16 Abs. 2 GefStoffV geltend macht, daß ungefährliche oder weniger gefährliche Stoffe auf dem Beschaffungsmarkt verfügbar sind. Das Risiko des Arbeitgebers, sich insoweit berechtigten individualrechtlichen Ansprüchen seiner Beschäftigten ausgesetzt zu sehen, läßt sich z.B. dadurch minimieren, daß der Einkauf, der für die Beschaffung von Arbeitsstoffen in der Regel zuständig sein wird, durch die Bereitstellung geeigneter Beschaffungsrichtlinien in den Arbeits- und Gesundheitsschutz integriert wird.

d) Ablauforganisatorische Verpflichtungen

Mit der sich aus den Grundpflichten ergebenden Pflicht zur Planung und Durchführung von „Maßnahmen des Arbeitsschutzes" und den übrigen Regelungen des zweiten und dritten Abschnitts des ArbSchG formuliert das Gesetz Aufgaben, die auf der betrieblichen Ebene zum Schutz der Gesundheit der Beschäftigten zu erfüllen sind. Gegenstand der Ablauforganisation ist kurz gesagt die Umsetzung dieser Aufgaben in konkrete Arbeitsschritte.[233] Die Ablauforganisation ist demnach stets im Zusammenhang mit diesen konkreten Aufgaben zu sehen. Sie ist mit Blick auf den betrieblichen Arbeitsschutz m.aW. ein Instrument, um die Erledigung der betrieblichen Arbeitsschutzpflichten zu strukturieren und zu regeln. Für die hier interessierende Problematik der Transformation ablauforganisatorischer Regelungen in das Einzelarbeitsverhältnis nach § 618 BGB folgt aus dieser Verknüpfung zweierlei:

Erstens können ablauforganisatorische Regeln im Rahmen von § 618 BGB überhaupt nur relevant werden, soweit es um Rechtsvorschriften geht, die unmit-

233 Allgemein zur Ablauforganisation vgl. *Bea/Göbel*, Organisation, S. 286 ff.

telbar den Schutz der Beschäftigten bezwecken. *Zweitens* sind ablauforganisatorische Regelungen im Rahmen der Arbeitsteilung notwendige Voraussetzung für eine effektive Erledigung der jeweiligen Aufgaben. Jede betriebsbezogene Pflicht hat eine ablauforganisatorische Seite, ohne die eine systematische Erfüllung nicht möglich ist. Soweit es sich um Regelungen zur betrieblichen Umsetzung transformationsfähiger materieller Arbeitsschutzvorschriften handelt, muß der Arbeitnehmer insofern nach § 618 Abs. 1 BGB i.V. mit § 3 Abs. 2 Nr. 1 ArbSchG einen Anspruch auf geeignete ablauforganisatorische Regelungen haben. Sie dienen unmittelbar der Sicherheit und dem Gesundheitsschutz bei der Arbeit, da ohne eine geeignete Ablauforganisation eine systematische und effektive betriebliche Realisierung der Vorkehrungen zum Schutz der Beschäftigten nicht denkbar ist. Im Gesetz kommt dieser Umsetzungsaspekt der Organisation dadurch besonders zum Ausdruck, daß § 3 Abs. 2 ArbSchG die Organisationspflicht ausdrücklich auf die „Durchführung" der Maßnahmen bezieht.

Es kann damit festgehalten werden, daß die Pflicht des Arbeitgebers, für eine geeignete Ablauforganisation zu sorgen, Gegenstand des Arbeitsvertrages wird, soweit es um die Organisation der Durchführung von Maßnahmen geht, die auf transformationsfähigen Schutzbestimmungen i.S. von § 618 Abs. 1 BGB beruhen. Die hier vorrangig interessierende Frage der Möglichkeiten der Durchsetzung der Grundpflichten mit den Instrumenten des Individualarbeitsrechts hängt damit maßgeblich davon ab, ob und inwieweit die Pflichten aus § 3 Abs. 1 ArbSchG über das „Einfallstor" des § 618 Abs. 1 BGB in die arbeitsvertraglichen Beziehungen eingehen.

3. Maßnahmen nach § 3 Abs. 1 ArbSchG

Wie oben eingehend dargestellt regelt § 3 Abs. 1 ArbSchG drei aufeinanderbezogene Pflichten im Zusammenhang mit den „Maßnahmen des Arbeitsschutzes" i.S. von § 2 Abs. 1 ArbSchG. Die nachfolgende Darstellung wird sich an diesen Teilpflichten orientieren.

a) Treffen der erforderlichen Maßnahmen des Arbeitsschutzes (§ 3 Abs. 1 Satz 1 ArbSchG)

Die Transformation der Pflicht des § 3 Abs. 1 Satz 1 ArbSchG in das arbeitsvertragliche Pflichtengefüge ist unter zwei Gesichtspunkten problematisch. Einerseits ist – wie bereits im Zusammenhang mit der Organisationspflicht – zu fragen, ob der Normbefehl des § 3 Abs. 1 Satz 1 ArbSchG, die „erforderlichen Maßnahmen des Arbeitsschutzes unter Berücksichtigung der Umstände zu treffen, die Sicherheit und Gesundheit der Beschäftigten beeinflussen" dem unmittelbaren Schutz des einzelnen Arbeitnehmers dient. Andererseits ist zu beachten, daß dem Begriff der „Maßnahmen des Arbeitsschutzes" der erweiterte Arbeitsschutzansatz des ArbSchG zugrundeliegt (hierzu oben S. 77 ff.). Zu untersuchen ist insoweit, ob die hiermit verbundene Erhöhung des Schutzniveaus Auswirkungen hat auf die Transformation von Arbeitsschutzvorschriften nach Maßgabe von § 618 Abs. 1 BGB.

aa) Organisations- und Ordnungsvorschrift oder unmittelbar arbeitnehmerschützende Norm?

Die arbeitsvertragliche Relevanz des § 3 Abs. 1 ArbSchG ist bislang kaum diskutiert worden und wird – soweit eine Thematisierung erfolgt – unterschiedlich beurteilt.[234] Einige Stimmen in der Literatur lehnen eine Konkretisierung der arbeitsvertraglichen Pflichten nach § 618 Abs. 1 BGB mit dem nicht näher begründeten Hinweis ab, daß es sich lediglich um eine Organisations- und Ordnungsvorschrift handele.[235] Für diese Auffassung läßt sich anführen, daß § 3 Abs. 1 ArbSchG – wie eingehend dargelegt – eine Abfolge von Verfahrensschritten abbildet, die bei der Durchführung des betrieblichen Arbeitsschutzes zu beachten ist. Im Ergebnis vermag sie dessenungeachtet nicht zu überzeugen, da sie den Regelungsgehalt des § 3 Abs. 1 ArbSchG verkürzt.

Dies ergibt sich bereits aus dem insoweit eindeutigen Wortlaut der Vorschrift. Der Normbefehl geht nicht nur dahin, daß bestimmte Prozeduren eingehalten werden. Er verlangt auch, daß die „erforderlichen Maßnahmen des Arbeitsschutzes“ getroffen werden, die vorgeschriebenen Prozeduren also zu Ergebnissen führen. Daß die insoweit zu treffenden Maßnahmen den unmittelbaren Schutz der Beschäftigten bezwecken ergibt sich bereits aus der Legaldefinition des § 2 Abs. 1 ArbSchG, wonach „Maßnahmen des Arbeitsschutzes“ die „Verhütung von Unfällen bei der Arbeit und arbeitsbedingten Gesundheitsgefahren einschließlich Maßnahmen der menschengerechten Gestaltung der Arbeit“ umfassen. Ziel der Maßnahmen ist also gerade der Schutz der Gesundheit der Beschäftigten.[236]

Gegen eine Konkretisierung der Pflichten nach § 618 Abs. 1 BGB durch § 3 Abs. 1 Satz 1 ArbSchG könnte dessenungeachtet eingewendet werden, daß in der Vorschrift keine konkreten Schutzziele normiert werden und es insoweit an einem Bewertungsmaßstab für den rechtlichen gebotenen Schutz fehlt. Dieses in der Literatur[237] anklingende Argument hält einer näheren Überprüfung nicht stand. § 3 Abs. 1 Satz 1 ArbSchG ordnet an, daß der Arbeitgeber die „erforderlichen“ Maßnahmen trifft. Hiermit ist ein rechtlicher Maßstab gegeben, der

---

[234] Gegen eine Transformation *MüKo-Lorenz*, § 618, Rdnr. 37; *Cosack*, DB 1999, 1450 ff. (1453); *AR-Blattei-Ahrens*, SD 1310, Rauchverbot, Rdnr. 90; dafür *Staudinger-Oetker* (2002), § 618, Rdnr. 69; *ArbR BGB-Friedrich*, § 618, Rdnr. 32; *Prax.-Kommentar-Oppenauer*, § 17 ArbSchG, Rdnr. 8.

[235] *MüKo-Lorenz*, § 618, Rdnr. 37; *Cosack*, DB 1999, 1450 ff. (1453).

[236] Hierzu zutreffend *Staudinger-Oetker* (2002), § 618, Rdnr. 69.

[237] Vgl. *Cosack*, DB 1999, 1450 ff. (1453).

präziser ist, als es vordergründig erscheint. Welche Maßnahmen erforderlich i.S. von § 3 Abs. 1 Satz 1 ArbSchG sind, ergibt sich aus den durch die Gefährdungsbeurteilung ermittelten Schutzzielen. Die materiellrechtlichen Schutzziele ergeben sich dabei einerseits aus dem ArbSchG selbst – insbes. aus den allgemeinen Grundsätzen des 4 ArbSchG – und andererseits aus spezialgesetzlichen Regelungen (z.B. ArbStättV, BiostoffV, BetrSichV).[238]

Mit dem Tatbestandsmerkmal „erforderlich" ist damit sozusagen ein Scharnier gegeben, das die prinzipiellen Zielsetzungen des ArbSchG als „Grundgesetz des betrieblichen Arbeitsschutzes"[239] mit den speziellen, bestimmte Problembereiche aufgreifenden Schutzzielen der Rechtsverordnungen zum ArbSchG verbindet. Diese Verbindung von Allgemeinem und Speziellem ist notwendig, da z.B. die BetrSichV, die BildscharbV, die LasthandhabV oder die ArbStättV die Vorgaben des ArbSchG nicht abschließend konkretisieren und die – allgemeinen – Regeln des ArbSchG vollständig zurücktreten lassen. Wie bereits an anderer Stelle (S. 116 ff.) ausgeführt stehen das ArbSchG und die Rechtsverordnungen zum ArbSchG in einem Verhältnis wechselseitiger Ergänzung.[240] Über das Tatbestandsmerkmal „erforderliche" werden diese Verschränkungen quasi moderiert.

Die vorstehenden Überlegungen verdeutlichen zugleich, daß § 3 Abs. 1 ArbSchG der rechtliche Ausgangspunkt für alle Arbeitsschutzmaßnahmen nach dem ArbSchG und den zu seiner Konkretisierung erlassenen Rechtsvorschriften nach § 18 ArbSchG sein muß. Nur durch die dogmatische Klammer des § 3 Abs. 1 Satz 1 ArbSchG lassen sich die im Einzelfall aus den einschlägigen allgemeinen und speziellen Rechtsvorschriften ergebenden Schutzziele aufeinander abstimmen. Im Gesetz selbst kommt diese Forderung zudem dadurch zum Ausdruck, daß die Maßnahmen unter Berücksichtigung aller Umstände zu treffen sind, die Sicherheit und Gesundheit bei der Arbeit beeinflussen.[241]

---

[238] In diesem Sinne ist wohl auch *Hanau*, AuA 1999, 37 f. zu verstehen, der mit Blick auf einen Anspruch auf einen tabakrauchfreien Arbeitsplatz zutreffend darauf hinweist, daß neben § 5 ArbStättV auch § 4 ArbSchG als Maßstab zu berücksichtigen ist. Er sieht allerdings im Ergebnis keinen Unterschied zu dem durch §§ 618 BGB, 5 ArbStättV gewährten Schutz, da auch in § 4 ArbSchG eine (konkrete) Gesundheitsgefährdung vorausgesetzt werde. Letzteres ist nach der hier vertretenen Auffassung aber zu bezweifeln.

[239] Vgl. z.B. *ArbR BGB-Friedrich*, § 618, Rdnr. 30; *Vogl*, NJW 1996, 2753 ff. (2754).

[240] Hierzu etwa *Kittner/Pieper*, ArbSchR, § 1 ArbSchG, Rdnrn. 22 f.; *Kollmer/Vogl*, Arbeitsschutzgesetz, Rdnr. 31. Dies übersieht im übrigen *Börgmann* in seiner Anmerkung zu BAG, AP Nr. 26 zu § 618 BGB, S. 4R, 5, wenn er, ohne auf das ArbSchG überhaupt einzugehen, feststellt, daß auch nach Aufhebung des § 120 a GewO in § 5 ArbSchG eine konkrete Gefahr vorausgesetzt wird. Vgl. hierzu anschaulich und zutreffend für die Bedeutung der Weiterungen des Gesundheitsbegriffs auf die Auslegung der ArbStättV die Entscheidung des BVerwG, NZA 1997, 482 ff.

[241] Hierzu z.B. *Koll/Janning/Pinter-Koll*, Kommentar zum ArbSchG, § 3, Rdnr. 7; *Prax.-Kommentar-Seeger*, § 3 ArbSchG, Rdnr. 22; *Nöthlichs*, Arbeitsschutz und Arbeitssicherheit, § 3 ArbSchG, Anm. 2.4.

Der Hinweis auf die rechtssystematische Einordnung des § 3 Abs. 1 Satz 1 ArbSchG ist hier insoweit von Belang, als auch nach der hier abgelehnten Auffassung individualrechtliche Ansprüche auf das Treffen von konkreten Arbeitsschutzmaßnahmen nach § 618 Abs. 1 BGB anerkannt sind. Begründet werden die entsprechenden individualrechtlichen Ansprüche mit den im Einzelfall anwendbaren speziellen öffentlich-rechtlichen Arbeitsschutzvorschriften, die die Pflichten des Arbeitgebers nach § 618 Abs. 1 BGB konkretisieren sollen.[242] So wurden, um ein eingehend diskutiertes Beispiel zu nennen, individualrechtliche Ansprüche im Zusammenhang mit dem Nichtraucherschutz bis zum Inkrafttreten des neuen § 3 a ArbStättV[243] anhand der §§ 5, 32 ArbStättV geprüft, die als Konkretisierungen der Pflichten des § 618 Abs. 1 BGB zu qualifizieren seien.[244] Auch nach der Gegenmeinung können dem einzelnen Arbeitnehmer also vertragliche Ansprüche und Rechte im Hinblick auf die Festlegung konkreter Maßnahmen zukommen.

Angesichts des engmaschigen Netzes spezieller Regelungen insbes. zum Gefahrenschutz dürften sich in vielen Fällen trotz der unterschiedlichen dogmatischen Begründungsansätze im Ergebnis kaum Unterschiede ergeben. In einem nicht ganz schmalen Bereich ist dies jedoch anders. Anschaulich ist auch hier wieder das Beispiel des Nichtraucherschutzes. Jedenfalls bis vor kurzem konnte es noch als nicht abschließend geklärt gelten, daß Passivrauchen in jedem Falle eine gesundheitliche Gefahr darstellt.[245] Ansprüche gestützt auf § 618 BGB i.V. mit § 5 ArbStättV scheiterten von daher an der fehlenden Möglichkeit, den Nachweis einer Gefahr für die Gesundheit zu führen. Wenn die entsprechenden Klagen auf Nichtraucherschutzmaßnahmen dennoch in nicht wenigen Fällen Erfolg hatten, lag dies an der besonderen gesundheitlichen Konstitution der Kläger. Die Gerichte berücksichtigten diese im Rahmen der Prüfung des § 618 BGB dadurch, daß sie bei vorbelasteten Arbeitnehmern in Rechnung stellten, daß sich die Regelungen des öffentlich-rechtlichen Arbeitsschutzrechts auf Be-

---

242 *MüKo-Lorenz*, § 618, Rdnr. 28, der eine Konkretisierung von § 618 BGB durch § 3 ArbSchG ausdrücklich ablehnt, nennt in diesem Zusammenhang neben der ArbStättV etwa §§ 2 MuSchG, 3 DruckgasV, 3 AcetylenV, 57 f. StrahlenschutzV.

243 BGBl. I 2002, 3777 ff. Zum Nichtraucherschutz nach Inkrafttreten des § 3 a ArbStättV am 3.10.2002 vgl. etwa *Buchner*, BB 2002, 2382 ff.

244 BAG, AP, Nr. 26 zu § 618 BGB; *Cosack*, DB 1999, 1450 ff. (1453); *MüKo-Lorenz*, § 618, Rdnr. 44; *AR-Blattei-Ahrens*, SD 1310, Rauchverbot, Rdnr. 88 f.

245 Vgl. insoweit nur aus der Literatur Anfang der 90er Jahre *Börgmann*, RdA 1993, 275 ff. (278 ff.); *Leßmann*, Rauchverbote am Arbeitsplatz, S. 164 ff. Ob dieser Befund auch heute noch so haltbar ist, braucht hier nicht abschließend geklärt zu werden. Hinzuweisen ist jedoch darauf, daß das Passivrauchen mittlerweile in die Liste der krebserzeugenden Stoffe aufgenommen worden ist (vgl. TRGS 905, 2.2). Vgl. hierzu *Börgmann*, Anmerkung zu BAG, AP Nr. 26 zu § 618 BGB, der vor diesem Hintergrund seine Einschätzung im vorstehend genannten Beitrag aus dem Jahre 1993 geändert hat; zweifelnd *AR-Blattei-Ahrens*, SD 1310, Rauchverbot, Rdnrn. 6 f.

schäftigte normaler gesundheitlicher Konstitution bezögen[246], § 618 aber insoweit individualrechtlich die Verpflichtung zu einem intensiveren Schutz begründen könne.[247] Arbeitnehmern ohne besondere gesundheitliche Beschwerden war damit im Kern die Möglichkeit genommen, Nichtraucherschutzmaßnahmen gleich welcher Art inidividualrechtlich durchzusetzen.[248]

Sieht man in §§ 3, 4 ArbSchG[249] lediglich Ordnungs- und Organisationsvorschriften, würde sich durch das ArbSchG im Prinzip nichts an der geschilderten Situation ändern, da es an einer öffentlich-rechtlichen Norm fehlte, die § 618 BGB konkretisiert. Wird der Blick hingegen richtigerweise auf die Frage gerichtet, ob und ggf. inwieweit sich die speziellen Schutzziele des § 5 ArbStättV und die grundlegenden Schutzziele des § 4 ArbSchG wechselseitig ergänzen, ergibt sich ein anderes Ergebnis. § 4 Nr. 1 ArbSchG legt als obersten Grundsatz fest, daß Gefährdungen möglichst vermieden oder jedenfalls gering gehalten werden. Wie eingehend dargelegt, verlangt der Begriff der Gefährdung lediglich die Möglichkeit eines Schadens, ohne bestimmte Anforderungen an die Wahrscheinlichkeit des Schadenseintritts oder -ausmaßes zu stellen.[250] Daß aber Tabakrauch grundsätzlich schädigende Auswirkung haben kann, dürfte seit längerer Zeit nicht

---

[246] Vgl. insoweit exemplarisch die Legaldefinitionen der MAK- und BAT-Werte in § 3 Abs. 5, 6 GefStoffV, die jeweils verlangen, daß bei Einhaltung der entsprechenden Grenzwerte „im allgemeinen die Gesundheit der Arbeitnehmer nicht beeinträchtigt wird".

[247] So zuletzt BAG, AP Nr. 26 zu § 618 BGB; außerdem etwa BAG, AP Nr. 23 zu § 618 BGB; LAG München, LAGE, Nr. 4 zu § 618 BGB. Wegen § 4 Nr. 6 ArbSchG besteht nunmehr auch eine öffentlich-rechtliche Pflicht, die individuelle Belastungsfähigkeit besonders schutzbedürftiger Personengruppen zu berücksichtigen. Es bedarf insoweit heute in der Regel nicht mehr des Rückgriffs auf vertragliche Schutzpflichten nach § 618 BGB, die über das öffentlich-rechtlich geforderte Schutzniveau hinausgehen, vgl. hierzu auch *Wlotzke*, Anm. zu BAG, AP, Nr. 23 zu § 618 BGB. Hinzuweisen ist hier zudem auf den neuen § 3 a ArbStättV. Nach der neuen Rechtslage ist im Regelfall von der Gesundheitsschädlichkeit des Passivrauchens auszugehen. Im Prozeß wäre es Sache des Arbeitgebers darzulegen, daß dies ausnahmsweise nicht der Fall ist, vgl. hierzu auch *Buchner*, BB 2002, 2382 ff. (2383).

[248] Vgl. insoweit aber die beamtenrechtliche Entscheidung des BayVGH, BB 1992, 1854 f. (1855), in der das Gericht, unabhängig von der gesundheitlichen Disposition des klagenden Bundesbahnbeamten, einen Anspruch auf Verhängung eines Rauchverbotes aufgrund des Gewichts der seinerzeit vorliegenden wissenschaftlichen Erkenntnisse als von der beamtenrechtlichen Fürsorgepflichtpflicht gedeckt ansah.

[249] Mit Blick auf § 4 ArbSchG bedürfte die Einordnung als Organisations- und Ordnungsvorschrift zudem einer gesonderten Begründung. Bei den dort geregelten allgemeinen Grundsätzen handelt es sich um die zentralen materiellrechtlichen Grundsätze des durch das ArbSchG neu geordneten staatlichen Arbeitsschutzrechts. Dies verkennt *Cosack*, DB 1999, 1450 ff. (1452 f.) ebenso wie den Umstand, daß das Gesetz bewußt offengehaltene Schutzziele normiert, die vorrangig von den betrieblichen Akteuren betriebsbezogen konkretisiert werden sollen, vgl. dazu BT-Drcks. 13/3540, S. 13; *Kollmer/Vogl*, Arbeitsschutzgesetz, Rdnr. 23 ff.

[250] Gesetzesbegründung, BT-Drcks. 13/3540, S. 16; *Kohte*, Jahrbuch des Arbeitsrechts 2000, 21 ff. (32).

mehr ernsthaft bestritten werden. Auch der „normal disponierte Arbeitnehmer" hat demnach wegen § 4 Nr. 1 ArbSchG im Grundsatz einen Anspruch auf Nichtraucherschutz.[251]

Eine ganz andere Frage ist es, ob er auch tatsächlich im Einzelfall einen Anspruch auf konkrete Maßnahmen hat. Insoweit ist zu berücksichtigen, daß Gefährdungen lediglich „möglichst" zu vermeiden bzw. zu minimieren sind. In jedem Fall vermittelt § 3 Abs. 1 Satz 1 ArbSchG i.V. mit § 4 Nr. 1 ArbSchG aber einen Anspruch, daß der Nichtraucherschutz bei der betrieblichen Maßnahmenplanung angemessen berücksichtigt wird.[252] In den meisten Fällen dürfte es zudem ermessensfehlerhaft sein, die Problematik zur Kenntnis zu nehmen und nichts zu tun. In aller Regel bieten schon relativ schlichte organisatorische Maßnahmen einen angemessenen Schutz (z.B. Einrichtung von Raucherbüros oder speziellen Raucherzimmern).[253]

Die hier am Beispiel des Nichtraucherschutzes illustrierte Problematik läßt sich ohne weiteres auf weitere Problembereiche übertragen. Hervorgehoben seien hier alle Sachgebiete des Arbeitsschutzes, in denen mit Grenzwerten operiert wird (insbes. Gefahrstoffrecht, Lärm). So ergibt sich die Möglichkeit einer Schädigung durch Gefahrstoffe bereits aus der Einstufung als Gefahrstoff (§ 4 a GefStoffV). Wenn in den TRGS 900 ff. bestimmte Grenzwerte festgelegt werden, wird damit dieser Gefährlichkeit Rechnung getragen, indem eine Regelung darüber getroffen wird, in welchem Umfang eine Gefahrstoffexposition im Allgemeinen noch vertretbar ist. Daraus kann nicht geschlossen werden, daß diese Stoffe bei Einhaltung der Grenzwerte gänzlich ungefährlich wären. Auch insofern kommt also die Frage nach der Möglichkeit der Minimierung der Gefährdung stets zum Tragen. Das Gefahrstoffrecht ist insofern ein anschauliches Beispiel für die hier vertretene Position. Mit der Verpflichtung des 16 Abs. 2 GefStoffV zur Ersatzstoffprüfung wird für den Gefahrstoffschutz spezialgesetzlich präzisiert, an welchen Maßstäben sich die Pflicht zur Gefährdungsvermeidung bzw. -minimierung zu orientieren hat.

---

[251] Diese wechselseitige Ergänzung und Konkretisierung der allgemeinen Vorschriften des ArbSchG und der speziellen Rechtsvorschriften „unter dem Dach" des ArbSchG wird bei der Begründung von BAG, AP Nr. 24 zu § 618 BGB verkannt. Vgl. zum Ganzen auch *Kohte*, Jahrbuch des Arbeitsrechts 2000, 21 ff. (32 f.).

[252] In diesem Sinne mit Blick auf § 4 Nr. 1 ArbSchG auch *Prax.-Kommentar-Oppenauer*, § 17, Rdnr. 91. Die neue Regelung des § 3 a ArbStättV konkretisiert nunmehr diese sich bereits aus den allgemeinen Grundsätzen des § 4 ArbSchG ergebende Verpflichtung.

[253] Hierzu auch *Prax.-Kommentar-Oppenauer*, § 17, Rdnrn. 91 f. An dem insoweit breiten Regelungsspielraum ändert sich auch nichts durch § 3 a ArbStättV, der verlangt, daß die „erforderlichen Maßnahmen" getroffen werden. Mit Blick auf § 3 a ArbStättV vgl. auch *Buchner*, BB 2002, 2382 ff. (2384 f.).

Zusammenfassend kann damit festgehalten werden, daß § 3 Abs. 1 Satz 1 ArbSchG dem unmittelbaren Schutz der Arbeitnehmer dient. Es spricht im Grundsatz nichts dagegen, in der Vorschrift eine Konkretisierung der Pflichten des Arbeitgebers nach § 618 Abs. 1 BGB zu erblicken. Zu prüfen bleibt allerdings, ob auch die Elemente des erweiterten Arbeitsschutzansatzes des ArbSchG im Rahmen von § 618 Abs. 1 BGB zum Tragen kommen. Dies gilt vor allem für den Gefährdungsschutz, der im Mittelpunkt der vorstehenden Überlegungen gestanden hat. Zu bedenken ist in diesem Zusammenhang, daß § 618 Abs. 1 BGB im Zuge der Neuordnung des öffentlich-rechtlichen Arbeitsschutzes durch das ArbSchG nicht geändert worden ist.

bb) Erweiterter Arbeitsschutzansatz und § 618 Abs. 1 BGB

Gegen die Möglichkeit einer Konkretisierung der Pflichten aus § 618 Abs. 1 BGB durch die sich aus dem erweiterten Arbeitsschutzansatz des ArbSchG ergebenden Anforderungen spricht auf den ersten Blick, daß § 618 Abs. 1 BGB den Schutz des Dienstverpflichteten gegen Gefahren für Leben und Gesundheit verlangt, soweit es die Natur der Dienstleistung gestattet. Ein bereits im Vorfeld der Gefahr greifender Gefährdungsschutz, wie er insbes. in § 4 ArbSchG angelegt ist, wird in der Vorschrift nicht ausdrücklich erwähnt.

In der Vergangenheit wurde die Anwendbarkeit des § 618 BGB von der Voraussetzung abhängig gemacht, daß eine (konkrete) Gefahr für den Arbeitnehmer bestand.[254] Nach den oben beschriebenen Grundsätzen der Transformation öffentlich-rechtlicher Vorschriften des Arbeitsschutzes war dies konsequent, denn für die abgelöste arbeitsschutzrechtliche Generalklausel des § 120 a GewO a.F. wurde grundsätzlich das Vorliegen einer (konkreten) Gefahr verlangt, die es durch geeignete Arbeitsschutzmaßnahmen abzuwehren galt.[255] Gesetzliche, d.h. ordnungsrechtliche Maßnahmen der Gefahrenabwehr nach § 120 a GewO a.F. ließen sich so relativ deutlich von – autonomen – Maßnahmen zur Humanisierung der Arbeit unterscheiden.[256] Hinzu kam, daß schon vom Wortlaut her ein weitgehender Gleichklang zwischen der abgelösten Generalklausel des § 120 a GewO a.F. und der nach wie vor gültigen Fassung des § 618 BGB bestand.[257]

---

[254] BAG, AP Nr. 7 zu § 87 BetrVG 1972 – Überwachung –, C II. der Gründe; *RGRK-Schick*, § 618, Rdnr. 21; *MüKo-Lorenz*, § 618, Rdnrn. 10 ff.; *Cosack*, DB 1999, 1450 ff. (1452).

[255] *Landmann/Rohmer-Meyer*, GewO, § 120 a, Rdnr. 7; § 120 d, Rdnr. 15; *Börgmann*, Anm. zu AP Nr. 26 zu § 618 BGB, S. 4R, 5.

[256] Vgl. insoweit die Differenzierungen in BAG, AP Nr. 7 zu § 87 BetrVG – Überwachung –, C.II. der Gründe; *MüKo-Lorenz*, § 618, Rdrn. 10 ff.

[257] Auf die Vergleichbarkeit der beiden Normen weist das Bundesarbeitsgericht in BAG, AP Nr. 7 zu § 87 BetrVG – Überwachung –, C.II.2. der Gründe, hin.

Dieser Gleichklang des Wortlauts des § 618 BGB mit der arbeitsschutzrechtlichen Generalkausel ist durch § 3 Abs. 1 ArbSchG nicht mehr gegeben. In der neueren – nach Inkrafttreten des ArbSchG erschienenen – Literatur werden aus diesem Umstand unterschiedliche Schlußfolgerungen gezogen. Z.T. wird an der bisherigen, am Tatbestand des aufgehobenen § 120 a GewO a.F. orientierten Auslegung des § 618 BGB festgehalten.[258] Soweit diese Position näher begründet wird, geschieht dies mit dem Hinweis, daß Maßnahmen unterhalb der Schwelle der Gefahr für Leben und Gesundheit dem autonomen Arbeitsschutz zuzurechnen seien, der eine humanitäre Aufgabe der autonomen Kräfte des Arbeitslebens (Tarifpartner, Betriebsverfassungsorgane, Selbstverwaltung auf allen Ebenen) sei.[259]

Gegen diese Argumentation spricht bereits, daß jedenfalls seit Inkrafttreten des ArbSchG eine strikte Trennung zwischen dem gesetzlichen Arbeitsschutz und dem autonomen Arbeitsschutz, der die Humanisierung des Arbeitslebens zum Gegenstand hat, nicht mehr möglich ist.[260] Wie oben eingehend beschrieben ergibt sich insbes. aus § 2 Abs. 1 ArbSchG, daß zwar nicht das gesamte Feld der menschengerechten Arbeitsgestaltung, wohl aber der „gesundheitsnahe Bereich" dem gesetzlichen Arbeitsschutz systematisch zuzuordnen ist.[261] In der Literatur ist in diesem Zusammenhang zutreffend darauf hingewiesen worden, daß die finale Ausrichtung der jeweils in Frage stehenden Vorschriften auf den Schutz von Leben und Gesundheit der Beschäftigten maßgebliches Kriterium für die Transformation des öffentlich-rechtlichen Arbeitsschutzrechts ist.[262] Diese Finalität ergibt sich bereits aus dem Wortlaut der Legaldefinition des § 2 Abs. 1 ArbSchG. Durch den Gebrauch des Wortes „einschließlich" werden die für den erweiterten Arbeitsschutzansatz des ArbSchG in besonderem Maße

---

[258] *AR-Blattei-Ahrens*, SD 1310, Rauchverbot, Rdnr. 90, der sich ausdrücklich gegen die Transformation der §§ 3, 4 ArbSchG ausspricht und eine konkrete Gefahr verlangt; *MüKo-Lorenz*, § 618, Rdnr. 11 f., der unter Berücksichtigung des Standes der Medizin vom „harten Kern" der objektiv feststellbaren Schäden spricht; *Cosack*, DB 1999, 1450 ff. (1452), der eine ernstliche, auf objektive Tatsachen begründete Besorgnis des Eintritts nachteiliger Folgen verlangt; *Börgmann*, Anm. zu AP Nr. 26 zu § 618 BGB, S. 4R, 5. Rechtsprechung zu dieser Frage liegt soweit ersichtlich noch nicht vor. Das Bundesarbeitsgericht hat die Problematik in BAG, AP Nr. 26 zu § 618 BGB dadurch umgangen, daß es auf die spezielle gesundheitliche Disposition der Klägerin abstellte, die im Rahmen von § 618 BGB zu besonderen Schutzmaßnahmen verpflichte.

[259] *MüKo-Lorenz*, § 618, Rdnr. 12; *Wank/Börgmann*, S. 14 f.

[260] Kritisch insoweit auch *Staudinger-Oetker* (2002), § 618, Rdnr. 27, der die Differenzierung zwischen gesetzlichem und autonomen Arbeitsschutz für eine sinnvolle Systematik des Arbeitsschutzrechts wegen des „schillernden Autonomiebegriffs" für ungeeignet hält.

[261] Vgl. nur *Prax.-Kommentar-Kohte*, § 2 ArbSchG, Rdnr. 27; *Wlotzke*, Festschrift Däubler, 654 ff. (658); *Koll/Janning/Pinter-Koll*, Kommentar zum ArbSchG, § 2, Rdnr. 11, sowie eingehend oben S. 77 ff.

[262] *Staudinger-Oetker* (2002), § 618, Rdnr. 27; *Erman-Belling*, § 618, Rdnr. 9.

stehenden Maßnahmen der menschengerechten Gestaltung der Arbeit ausdrücklich auf das Ziel des Unfall- und Gesundheitsschutzes ausgerichtet.[263]

Die skizzierte restriktive Auslegung des § 618 Abs. 1 BGB ist zudem Bedenken im Hinblick auf den Normzweck der Vorschrift ausgesetzt. Durch die Transformation des öffentlich-rechtlichen Arbeitsschutzrechts soll ein Gleichklang zwischen den öffentlich-rechtlichen und arbeitsvertraglichen Schutzpflichten der Dienstberechtigten bewirkt werden.[264] Der Arbeitgeber soll m.a.W. gehindert sein, seinen Beschäftigten arbeitsvertraglich den Schutz zu verweigern, den er ohnehin öffentlich-rechtlich zu gewährleisten hat[265], was im übrigen auch ohne die Existenz des § 618 BGB wegen § 242 BGB mehr als fragwürdig wäre.[266] Ergänzend ist in diesem Zusammenhang auf die Gesetzgebungsgeschichte zu verweisen, aus der sich ergibt, daß mit § 618 Abs. 1 BGB die im Jahre 1900 geltende arbeitsschutzrechtliche Generalklausel des § 120 a GewO a.F. bewußt auf das Zivilrecht übertragen werden sollte.[267] Ziel war also eine Harmonisierung von öffentlich-rechtlichem und zivilrechtlichem Arbeitsschutz und gerade nicht die Zementierung des im Jahre 1900 als angemessen erachteten Schutzniveaus.[268]

Es widerspräche nach alledem dem Normzweck des § 618 Abs. 1 BGB, von einem starren Schutzniveau auszugehen. Der materielle Gehalt der Vorschrift ist vielmehr vor dem Hintergrund sich ändernder Verhältnisse und der fortschreitenden Entwicklung des Arbeitsschutzrechts zu deuten. Demzufolge konkretisieren auch Maßnahmen nach § 3 Abs. 1 Satz 1 ArbSchG, die sich auf den erweiterten Arbeitsschutzansatz des ArbSchG beziehen, die vertraglichen Schutzpflichten des Arbeitgebers nach § 618 Abs. 1 BGB. Erfaßt sind damit insbes. Maßnahmen der menschengerechten Arbeitsgestaltung, die auf den Schutz von Leben und Gesundheit der Beschäftigten zielen.[269]

---

[263] *Staudinger-Oetker* (2002), § 618, Rdnrn. 27, 69, der von einer finalen Ausrichtung der Generalklausel des § 3 Abs. 1 ArbSchG auf die Sicherheit und Gesundheit der Beschäftigten spricht; ähnlich *Erman-Belling*, § 618, Rdnr. 9.

[264] In diesem Sinne wohl auch *Wlotzke*, Anm. zu BAG, AP, Nr. 23 zu § 618 BGB, der insbes. darauf hinweist, daß die Relativitätsklausel des § 618 BGB („Natur der Dienstleistung") durch das jeweils geltende öffentlich-rechtliche Arbeitsschutzrecht konkretisiert wird.

[265] *Leßmann*, Rauchverbote am Arbeitsplatz, S. 246; *Kort*, NZA 1996, 854 ff. (854); *Soergel-Kraft*, § 618, Rdnr. 10; sowie bereits *Nipperdey*, RG-Prax., Bd. 4, 203 ff. (217).

[266] Hierauf weist *MünchArbR-Wlotzke*, § 209, Rdnr. 15 zutreffend hin.

[267] *Staudinger-Oetker* (2002), § 618, Rdnr. 1; *RGRK-Schick*, § 618, Rdnr. 2.

[268] In diesem Sinne auch *Staudinger-Oetker* (2002), § 618, Rdnr. 26.

[269] So im Ergebnis auch z.B. *Staudinger-Oetker* (2002), § 618, Rdnr. 69; *Erman-Belling*, § 618, Rdnr. 9; *Soergel-Kraft*, § 618, Rdnr. 10; *Prax.-Kommentar-Oppenauer*, § 17 ArbSchG, Rdnrn. 7 ff., sowie bereits allgemein *Zöllner*, RdA 1973, 212 ff. (215) im Hinblick auf die menschengerechte Gestaltung der Arbeit.

cc) *Arbeitsvertraglich geschuldete Pflicht zur Ermittlung und Planung der Maßnahmen nach § 3 Abs. 1 Satz 1 ArbSchG auf der Grundlage von Gefährdungsbeurteilungen?*

Es wurde an anderer Stelle der Untersuchung eingehend ausgeführt und begründet, daß den in § 5 ArbSchG geregelten Gefährdungsbeurteilungen zentrale Bedeutung für die Planung und Ermittlung der nach § 3 Abs. 1 Satz 1 ArbSchG zu treffenden „erforderlichen Maßnahmen des Arbeitsschutzes" zukommt. Dies legt die Frage nahe, ob eine arbeitsvertragliche Verpflichtung des Arbeitgebers zur Anwendung dieses wichtigen Instruments des Arbeitsschutzrechts nach § 618 Abs. 1 BGB besteht. Nach einer Literaturmeinung sollen die einzelnen Beschäftigten einen arbeitsvertraglichen Anspruch auf vollständige Duchführung von Gefährdungsbeurteilungen haben. Verwiesen wird in diesem Zusammenhang auf die Bedeutung der Gefährdungsbeurteilung als logische Voraussetzung für wirksame und zielgenaue Arbeitsschutzmaßnahmen.[270] Dem ist sicherlich im Hinblick auf die Einschätzung der Bedeutung des § 5 ArbSchG, der zu recht als „Herzstück" des ArbSchG angesehen wird, zuzustimmen.[271]

Allein hieraus läßt sich jedoch nicht ohne weiteres auf die individualrechtliche Einordnung der Vorschrift schließen. Entscheidend ist wie oben eingehend begründet, daß eine Norm ihrem Sinn und Zweck nach unmittelbar dem Schutz des Beschäftigten dienen soll. Davon kann aber bei der Gefährdungsbeurteilung nicht ausgegangen werden. Ihr Sinn und Zweck liegt primär darin, ein systematisches Vorgehen der Entscheidungsträger des betrieblichen Arbeitsschutzes zu unterstützen (vor allem Arbeitgeber, Betriebsrat, Sicherheitsfachkraft, Betriebsarzt, Arbeitsschutzausschuß). Gefährdungsbeurteilungen dienen also der Vorbereitung von Entscheidungen über „Maßnahmen des Arbeitsschutzes" und sorgen für Transparenz bei der betrieblichen Planung.[272] Allein durch die Ermittlung der Schutzziele und Maßnahmen ändert sich aber für die konkreten Verhältnisse am Arbeitsplatz noch nichts. Erst wenn eine Entscheidung über die Durchführung der Maßnahmen getroffen worden ist, kann von einem direkten Einfluß auf die Sicherheit und Gesundheit die Rede sein. Sachlicher Gegenstand der Maßnahmen ist es gerade, die Bedingungen am Arbeitsplatz im Hinblick auf die Sicherheit und Gesundheit konkret zu gestalten.[273] Eine Transformation des § 5 ArbSchG in das Individualarbeitsverhältnis nach § 618 BGB

---

[270] Prax.-Kommentar-Oppenauer, § 17, Rdnr. 53.

[271] Insoweit zutreffend, *Prax.-Kommentar-Oppenauer*, § 17, Rdnr. 53.

[272] In diesem Sinne auch *P. Merten/Klein*, DB 1998, 673 ff. (675), allerdings mit zweifelhaften Schlußfolgerungen für die Mitbestimmung des Betriebsrats nach § 87 Abs. 1 Nr. 7 BetrVG, hierzu eingehend unten S. 481 ff.

[273] Dies heißt indes nicht, daß Versäumnisse im Zusammenhang mit der Gefährdungsbeurteilung individualrechtlich folgenlos bleiben, wenn z.B. ein Arbeitnehmer geltend macht, daß an seinem Arbeitsplatz nicht die „erforderlichen Maßnahmen des Arbeitsschutzes" nach § 3 Abs. 1 ArbSchG getroffen worden sind, vgl. hierzu auch unten S. 451 ff.

scheidet demnach aus. Sinngemäß das Gleiche gilt im übrigen für die Planungspflicht. Der Prozeß der Planung ist den „Maßnahmen des Arbeitsschutzes", die dem unmittelbaren Schutz des einzelnen Beschäftigten dienen, zeitlich vorgelagert. Der Individualschutz beginnt also dort, wo mit der planerischen Entscheidung über Schutzmaßnahmen der Planungsprozeß endet.

dd) Arbeitsvertraglicher Anspruch auf Beteiligung beim Treffen der Maßnahmen nach § 3 Abs. 1 Satz 1 ArbSchG?

Nach Art. 1 Abs. 1, 2 der Arbeitsschutzrahmenrichtlinie 89/391/EWG gehört es zu den Zielen der Richtlinie, die Sicherheit und den Gesundheitsschutz der Arbeitnehmer zu sichern und zu verbessern, insbesondere durch Regelungen über die Information, Anhörung und die ausgewogene Beteiligung der Arbeitnehmer bzw. ihrer Vertreter. Normativer Anknüpfungspunkt des nationalen Rechts für die Beteiligung der Beschäftigten sind die Regelungen des 3. Abschnitts des ArbSchG (§§ 15 ff.), deren besondere Bedeutung für die Durchführung von Gefährdungsbeurteilungen und die Planung der „Maßnahmen des Arbeitsschutzes" anerkannt ist.[274] Allein hieraus läßt sich jedoch keine nach § 618 Abs. 1 BGB geschuldete arbeitsvertragliche Pflicht auf individuelle Beteiligung beim Planen und Treffen der Schutzmaßnahmen herleiten.[275] Es gelten auch hier die soeben angestellten Erwägungen. Die Beteiligung der Beschäftigten dient der Vorbereitung von Maßnahmen, die erst unmittelbar auf den Schutz des einzelnen Arbeitnehmers zielen. Die genannten Bestimmungen des 3. Abschnitts des ArbSchG regeln die Verfahrensbeteiligung, nicht aber Entscheidungsbeteiligung der Beschäftigten. Erst in letztgenanntem Fall kann aber eine unmittelbare Schutzwirkung und damit eine Transformation über § 618 Abs. 1 BGB überhaupt in Betracht gezogen werden.

Hieraus läßt sich jedoch nicht zwangsläufig schließen, daß die Nichtbeachtung der Beteiligungsregeln der §§ 15 f. ArbSchG folgenlos bleibt. Zweck der Beteiligung der Beschäftigten an der Planung und Festlegung von Schutzmaßnahmen ist es, ihre spezifischen Kenntnisse zu nutzen, die sich insbes. aus ihren konkreten Erfahrungen am Arbeitsplatz ergeben.[276] Insoweit bestehende Defizite wirken sich vor allem bei der rechtlichen Überprüfung von Ermessensentscheidungen über „Maßnahmen des Arbeitsschutzes" aus. Fließt das Erfahrungswissen der Beschäftigten nicht ein, ist nicht mehr sichergestellt, daß der der jeweiligen Ent-

---

[274] *Spinnarke/Schork*, ASiR, § 5, Rdnr. 5 e; *Kollmer/Vogl*, Arbeitsschutzgesetz, Rdnr. 102; *Prax.-Kommentar-Sehling*, § 5 ArbSchG, Rdnr. 23.

[275] Dessenungeachtet haben die Beschäftigten wie dargelegt einen einklagbaren Anspruch auf organisatorische Vorkehrungen, damit sie ihren Mitwirkungspflichten nachkommen können (§ 3 Abs. 2 Nr. 2 ArbSchG). Selbst wenn die entsprechenden organisatorischen Vorkehrungen geregelt sind, bedeutet dies nicht zwangsläufig, daß der Arbeitgeber die gebotene Beteiligung „abruft".

[276] Hierzu auch *Spinnarke/Schork*, ASiR, § 5, Rdnr. 5 e.

scheidung zugrundeliegende tatsächliche Sachverhalt vollständig aufgeklärt ist und daß alle erheblichen Aspekte im Rahmen der Abwägung Beachtung finden.

Im Hinblick auf die Rechtsfolgen derartiger Defizite der Ermessensentscheidung erscheint eine differenzierende Lösung sach- und interessengerecht. Geht man am Beispiel der zentralen Pflicht zur Gefährdungsbeurteilung vom Extremfall aus, daß kein Beschäftigter eines Arbeitsbereichs beteiligt worden ist[277], wird eine fehlerhafte Ermessensausübung zu unterstellen sein, deren Widerlegung für den Arbeitgeber in der Regel äußerst schwierig sein dürfte. Das originäre Erfahrungswissen der unmittelbar betroffenen Arbeitnehmer, das den betrieblichen Arbeitsschutz befruchten soll, bleibt in dieser Konstellation gänzlich ungenutzt. Es kann auch nicht durch die vermeintliche Expertise des Arbeitgebers oder der Fachkraft für Arbeitssicherheit, die über Fachkunde, nicht aber über das durch die tägliche Arbeit vor Ort gespeiste Erfahrungswissen der Beschäftigten verfügt, substituiert werden. Eine andere Wertung dürfte hingegen geboten sein, wenn z.B. in einer Abteilung mit 20 gleichartigen Arbeitsplätzen lediglich 5 Mitarbeiter in einer Arbeitsgruppe in die Gefährdungsbeurteilung integriert werden. In einer solchen Vorgehensweise liegt zwar ein Verfahrensfehler wegen der Nichtbeteiligung der übrigen 15 Mitarbeiter.[278] Eine Auswirkung dieses Fehlers auf den Bestand der Ermessensentscheidung dürfte allerdings erst dann sachgerecht sein, wenn weitere Umstände hinzukommen, z.B. wenn die durch den Sachvortrag eines klagenden Arbeitnehmers vorgetragenen und gerügten Aspekte gerade nicht in die Ermessensentscheidung eingeflossen sind.

Die vorstehend entwickelten Grundsätze bedürfen einer sich aus § 81 Abs. 3 BetrVG ergebenden praktisch bedeutsamen Ergänzung für die Beschäftigten betriebsratsloser Betriebe. Die Vorschrift, die Art. 11 Abs. 1, 2 Arbeitsschutzrahmenrichtlinie 89/391/EWG in deutsches Recht transformiert, verpflichtet den Arbeitgeber in Betrieben ohne Betriebsrat zwingend zur Anhörung der Arbeitnehmer zu allen Maßnahmen, die Auswirkungen auf Sicherheit und Gesundheit der Arbeitnehmer haben können. Der Sinn und Zweck dieses Anhörungsrechts besteht darin, einen Ausgleich für die in betriebsratslosen Betrieben nicht zum Tragen kommenden kollektiven Beteiligungsrechte des Betriebsrats zu bieten und die europarechtliche Forderung nach einer ausgewogenen Entscheidungs-

---

[277] Nach den in empirischen Forschungsprojekten gewonnenen Erfahrungen des Verfassers ist dieser Fall durchaus nicht unrealistisch. So kann es vorkommen, daß eine Fachkraft für Arbeitssicherheit beauftragt wird, für einen Betrieb mit einer Belegschaft von mehr als 500 Mitarbeitern „vom Schreibtisch aus“ Gefährdungsbeurteilungen zu erstellen.

[278] Ein solcher ist ungeachtet der in § 5 Abs. 2 ArbSchG vorgesehenen Erleichterungen der Pflicht zur Gefährdungsbeurteilung bei gleichartigen Arbeitsbedingungen gegeben. Schon aus der beispielhaften Aufzählung des § 5 Abs. 3 ArbSchG ergibt sich, daß es Gefährdungen gibt, die nicht völlig standardisierbar zu ermitteln und beurteilen sind. So lassen sich die unzureichende Qualifikation und Unterweisung der Beschäftigten (§ 5 Abs. 3 Nr. 5 ArbSchG) nur unter Beteiligung der einzelnen Beschäftigten beurteilen.

beteiligung in deutsches Recht umzusetzen.[279] Das Anhörungsrecht des § 81 Abs. 3 BetrVG unterscheidet sich von den zuvor beispielhaft beschriebenen Mitwirkungspflichten demnach dadurch, daß es nicht um die Vorbereitung von Entscheidungen (über Maßnahmen) geht, sondern es sich direkt auf die Entscheidung als Endpunkt dieses Prozesses bezieht. § 81 Abs. 3 BetrVG ist deshalb neben den Mitwirkungspflichten nach §§ 15, 16 ArbSchG anwendbar.

§ 81 Abs. 3 BetrVG begründet für den Arbeitgeber eine – gesetzliche – Verhaltenspflicht, die von den betroffenen Beschäftigten ggf. auch im Klagewege unmittelbar geltend gemacht werden kann. Angesichts der klaren tatbestandlichen Voraussetzungen ist zudem eine effektive Rechtsverfolgung durch die Geltendmachung des Zurückbehaltungsrechts an der Arbeitsleistung nach § 273 BGB möglich.[280]

Hiervon zu unterscheiden ist die Frage, welche Rechtsfolgen sich ergeben, wenn der Arbeitgeber Maßnahmen nach § 3 Abs. 1 ArbSchG trifft, ohne die Beschäftigten nach § 81 Abs. 3 BetrVG zu hören. Insofern ist noch einmal daran zu erinnern, daß mit § 81 Abs. 3 BetrVG ein Ausgleich geschaffen werden soll für die nicht zur Anwendung kommenden kollektiven Beteiligungsrechte des Betriebsrats nach § 87 Abs. 1 Nr. 7 BetrVG. Schon diese funktionale Nähe zur kollektiven Mitbestimmung, die sich letztlich nur in der Intensität der Einflußnahme unterscheidet, läßt es als naheliegend erscheinen, die kollektivrechtlich erprobten Rechtsfolgen entsprechend anzuwenden. Diese sehen nach der Theorie der Wirksamkeitsvoraussetzung[281] die Unwirksamkeit von Regelungen vor, die unter Mißachtung des Mitbestimmungsrechts getroffen werden.[282]

Hinzu kommt, daß § 81 Abs. 3 BetrVG beansprucht, Art. 11 Abs. 1, 2 Rahmenrichtlinie-Arbeitsschutz in deutsches Recht zu transformieren. Nach europarechtlichen Grundsätzen müssen nationale Umsetzungsakte den Richtlinieninhalt insbes. effektiv, transparent und kontrollierbar transformieren.[283] Es ist

---

[279] Hierzu *Fitting/Kaiser/Heither/Engels/Schmidt*, BetrVG, § 81, Rdnr. 21; *Richardi-BetrVG-Richardi/Thüsing*, § 81, Rdnr. 18; *Stege/Weinspach*, BetrVG, § 81, Rdnr. 10; *Kohte*, Die Stärkung der Partizipation der Beschäftigten im betrieblichen Arbeitsschutz, S. 10.

[280] Vgl. nur *Fitting/Kaiser/Heither/Engels/Schmidt*, BetrVG, § 81, Rdnr. 28; *Richardi-BetrVG-Richardi/Thüsing*, § 81, Rdnr. 25, der § 81 BetrVG als Vorschrift charakterisiert, die materiell nicht dem Betriebsverfassungsrecht, sondern dem Arbeitsvertragsrecht zuzuordnen ist.

[281] Vgl. hierzu nur *Fitting/Kaiser/Heither/Engels/Schmidt*, BetrVG, § 87, Rdnrn. 595 ff., m.w.N.

[282] Bestätigt wird dieses Ergebnis mit Blick auf das Personalvertretungsrecht, wo in Rechtsprechung und Literatur anerkannt ist, daß nicht nur die Verletzung von Mitbestimmungsrechten, sondern auch von sonstigen Mitwirkungsrechten zur Unwirksamkeit der jeweiligen Maßnahme führt; vgl. hierzu etwa BAG, AP, Nr. 1 zu § 61 PersVG; *Dietz/Richardi*, BPersVG, § 72, Rdnr. 52; *Altvater/Bacher/Hörter/Peiseler/Sabottig/Schneider/Vohs*, BPersVG, § 72, Rdnrn. 2 a ff.

[283] Hierzu im Detail *Bücker/Feldhoff/Kohte*, Rdnrn. 171 ff.

durchaus zweifelhaft, ob § 81 Abs. 3 BetrVG diesen Anforderungen in vollem Umfang genügt. Bedenken ergeben sich vor allem daraus, daß das Anhörungsrecht nicht als öffentlich-rechtliche Pflicht normiert ist, so daß eine Kontrolle und Sanktionierung von Verstößen durch die Aufsicht möglich ist.[284] Die Kontrolle der Anhörungspflicht beschränkt sich insofern also ausschließlich auf individualrechtliche Verfahren. Es ist deshalb sachgerecht und im Sinne einer europarechtskonformen Auslegung auch notwendig, im Regelfall von der Unwirksamkeit von Entscheidungen auszugehen, die unter Mißachtung des Anhörungsrechts des § 81 Abs. 3 BetrVG getroffen worden sind. Eine Ausnahme von diesem Prozedere ist lediglich dann zuzugestehen, wenn Maßnahmen unverzüglich zur Abwehr konkreter und erheblicher Gefahren festzulegen sind. Auch dies entspricht im übrigen den im Rahmen des § 87 Abs. 1 Nr. 7 BetrVG entwickelten Ausnahmen von der Theorie der Wirksamkeitsvoraussetzung.[285]

b) Durchführung von Wirksamkeitskontrollen

Nach § 3 Abs. 1 Satz 2 ArbSchG hat der Arbeitgeber die getroffenen Maßnahmen auf ihre Wirksamkeit zu überprüfen. Funktional dienen Wirksamkeitskontrollen der Überprüfung, ob sich die getroffenen Maßnahmen des Arbeitsschutzes praktisch bewährt haben und ob im Hinblick auf § 3 Abs. 1 Satz 3 ArbSchG Möglichkeiten zur Optimierung des Schutzkonzepts bestehen. Es handelt sich also um eine Evaluierung der Leistungsfähigkeit der getroffenen und durchgeführten betrieblichen Maßnahmen. Es geht in diesem Zusammenhang einerseits um den Grad der Realisierung der im Rahmen der betrieblichen Planung gesteckten Schutzziele durch die getroffenen und durchgeführten „Maßnahmen des Arbeitsschutzes". Andererseits ist zu prüfen, inwieweit neue Erkenntnisse (insbes. nach § 4 Nr. 3 ArbSchG) die Formulierung neuer Schutzziele und Maßnahmen erforderlich erscheinen lassen. Wirksamkeitsüberprüfungen sind demnach in ihrer Funktion vergleichbar mit den z.B. in der EU-EMASV vorgesehenen „Audits", durch die die Leistungsfähigkeit des Managementsystems sowie seine Implementierung und Aufrechterhaltung regelmäßig im Sinne einer Systemkontrolle auf den Prüfstand zu stellen sind.[286]

Von unmittelbarer Bedeutung sind die Wirksamkeitsüberprüfungen nach § 3 Abs. 1 Satz 2 ArbSchG primär für diejenigen betrieblichen Akteure, die in die Beratung und Entscheidung über die Festlegung von Schutzmaßnahmen eingebunden sind (neben dem Arbeitgeber, in erster Linie der Betriebsrat, die Fachkraft für Arbeitssicherheit und der Arbeitsschutzausschuß). Die insoweit getroffenen Feststellungen bilden die (informatorische) Grundlage für Änderungen des be-

---

[284] Kritisch auch *Kohte*, EAS, B 6100, Arbeitsschutzrahmenrichtlinie, Rdnrn. 89 f.

[285] Hierzu nur *MünchArbR-Wlotzke*, § 209, Rdnr. 22; *MüKo-Lorenz*, § 618, Rdnr. 63.

[286] Vgl. Anhang I-A.5.4. EU-EMASV.

trieblichen Schutzkonzepts. Auf die Sicherheit und den Gesundheitsschutz der einzelnen Beschäftigten haben Wirksamkeitsüberprüfungen lediglich mittelbare, nicht aber unmittelbare Relevanz. Dies ergibt sich daraus, daß sich allein durch die Evaluierung der Schutzziele und der Leistungsfähigkeit der getroffenen und durchgeführten Maßnahmen die konkreten Bedingungen, unter denen die vertraglich geschuldete Arbeitsleistung zu erbringen ist, nicht ändern. Eine Transformation der Pflicht, Wirksamkeitsüberprüfungen vorzunehmen, in das Arbeitsvertragsverhältnis nach § 618 Abs. 1 BGB kommt danach nicht in Betracht.

Zur Klarstellung sei an dieser Stelle darauf hingewiesen, daß die vorstehend entwickelte Position keinesfalls bedeutet, daß individualrechtliche Ansprüche und Rechte im Hinblick auf betriebliche Überwachungsmaßnahmen und Sicherheitskontrollen grundsätzlich ausscheiden würden. Gemeint sind allein die in § 3 Abs. 1 Satz 2 ArbSchG geregelten Systemkontrollen, durch die das betriebliche Schutzkonzept selbst zu reflektieren ist. Daneben sind im Rahmen der allgemeinen Aufsicht Vorkehrungen zu treffen, die sicherstellen, daß die vorgesehenen und festgelegten „Maßnahmen des Arbeitsschutzes" tatsächlich in der betrieblichen Praxis beachtet werden und die – technischen – Schutzeinrichtungen jederzeit voll funktionsfähig sind. So sind z.B. technische Sicherheitsvorkehrungen regelmäßig auf ihre Funktionsfähigkeit hin zu überprüfen und zu warten bzw. instandzusetzen.[287] Solche Kontrollmaßnahmen fallen nicht unter den Anwendungsbereich des § 3 Abs. 1 Satz 2 ArbSchG, da sie auf die praktische Umsetzung der getroffenen Maßnahmen zielen. Rechtssystematisch sind sie daher der Pflicht zur Durchführung der „Maßnahmen des Arbeitsschutzes" zuzuordnen (§ 3 Abs. 2 ArbSchG, einleitender Satzteil). Daß Wartung und Instandhaltung von technischen Schutzeinrichtungen und Arbeitsmitteln unmittelbar dem Schutz der Beschäftigten dienen, dürfte kaum zu bestreiten sein. Die entsprechenden Pflichten des Arbeitgebers konkretisieren damit die Pflichten des Arbeitgebers nach § 618 Abs. 1 BGB, so daß insoweit auch vertragliche Rechte und Ansprüche der Arbeitnehmer bestehen.

c) Festlegung und Durchführung von Anpassungs- und Optimierungsmaßnahmen

Wirksamkeitsüberprüfungen des betrieblichen Schutzkonzepts werden nicht als Selbstzweck durchgeführt. Ihre Funktion liegt wie dargelegt darin, eine Grundlage zu schaffen, um systematisch über die Festlegung und Durchführung von Anpassungs- und Optimierungsmaßnahmen entscheiden zu können. Diese Maßnahmen haben direkten Einfluß auf die Bedingungen, unter denen die Beschäftigten ihre Arbeit zu verrichten haben. Sie zielen damit unmittelbar auf den

---

[287] Vgl. insoweit etwa für den Bereich der Arbeitsmittel § 4 Abs. 4 AMBV; hierzu auch *Prax.-Kommentar-Blachnitzky*, AMBV, Rdnr. 32.

Schutz der Gesundheit der Beschäftigten und konkretisieren demzufolge die sich aus § 618 Abs. 1 BGB ergebenden Verpflichtungen des Arbeitgebers. Es gilt insofern also nichts anderes als für § 3 Abs. 1 Satz 1 ArbSchG. Hier wie dort geht es um die Festlegung von Maßnahmen, deren alleiniges Ziel darin liegt, sichere und gesundheitsverträgliche Arbeitsbedingungen rechtskonform herzustellen.

Da Anpassungsmaßnahmen häufig der Optimierung einer eingespielten Schutzkonzeption dienen, werden sich mögliche Ansprüche häufig im Bereich des Gefährdungsschutzes bewegen. Der Arbeitgeber hat hier einen relativ großen Ermessensspielraum, was bei der Geltendmachung von Ansprüchen und Rechten zu beachten ist. In jedem Fall hat der Arbeitnehmer aber einen arbeitsvertraglichen Anspruch auf eine ermessensfehlerfreie Entscheidung des Arbeitgebers. Mit Blick auf die hier vorrangig interessierende Frage der individualrechtlichen Durchsetzung der Grundpflichten des § 3 ArbSchG kann so also zumindest erreicht werden, daß Wirksamkeitsüberprüfungen nicht gänzlich folgenlos bleiben. In der Sache selbst lassen sich Rechte erst mit dann Erfolg geltend machen, wenn dieser Ermessensspielraum überschritten wird (z.B. Ermessensreduzierung auf Null). Anders gestaltet sich allerdings die Situation, wenn im Rahmen der betrieblichen Arbeitsschutzplanung z.B. ein Lärmminderungsprogramm festgelegt worden ist, um den Lärmschutz im Betrieb schrittweise zu verbessern. Werden am Arbeitsplatz eines Beschäftigten die insoweit vorgesehenen Maßnahmen nicht getroffen, begründet dies entsprechende Ansprüche des Betroffenen nach § 618 Abs. 1 BGB.[288]

III. Rechtsfolgen von Verstößen gegen § 618 Abs. 1 BGB

Die vorstehenden Überlegungen haben gezeigt, daß vor allem die Elemente der Grundpflichten als Konkretisierungen des § 618 Abs. 1 BGB in Betracht kommen, die das Treffen und die Durchführung von Maßnahmen regeln, die direkt auf die Arbeitsbedingungen Einfluß nehmen. Mit Blick auf die hier interessierende Problematik der rechtlichen Durchsetzung des § 3 ArbSchG stellt sich die Frage, auf welche konkreten arbeitsvertraglichen Optionen einzelne Arbeitnehmer zurückgreifen können, um die in § 618 Abs. 1 BGB transformierten Elemente des § 3 ArbSchG gegenüber dem Arbeitgeber geltend machen zu können.

1. Optionen des Beschäftigten bei Verstößen gegen § 618 BGB

Will sich ein einzelner Beschäftigter gegen Verletzungen von Vorschriften, die auf seinen unmittelbaren Schutz zielen, wehren, ist er nicht allein auf das Recht zur Beschwerde (§§ 17 Abs. 2 ArbSchG, 84 ff. BetrVG) sowie das unter den engen Voraussetzungen des § 9 Abs. 3 ArbSchG bestehende Entfernungs-

[288] Instruktiv hierzu BAG, AP, Nr. 24 zu § 618 BGB, für den Fall des Sanierungsplanes für ein durch Asbest belastetes Bürogebäude.

recht des § 9 Abs. 3 ArbSchG beschränkt. Das Schuldrecht räumt ihm darüber hinaus verschiedene Reaktionsmöglichkeiten ein, die eine differenzierte Vorgehensweise bei Verstößen gegen § 618 Abs. 1 BGB ermöglichen.

a) Erfüllungsansprüche auf Herstellung arbeitsschutzrechtskonformer Arbeitsbedingungen

§ 618 BGB stellt ein gesetzliches Beispiel klagbarer Verhaltenspflichten dar.[289] Für den einzelnen Beschäftigten kommt insofern zunächst die Geltendmachung des Erfüllungsanspruchs in Betracht.[290] Der Inhalt des Erfüllungsanspruchs hängt maßgeblich davon ab, zu welchen Vorkehrungen und Maßnahmen die in Rede stehende Arbeitsschutznorm den Arbeitgeber verpflichtet.[291] Relativ unproblematisch sind in diesem Zusammenhang Erfüllungsansprüche, die auf Arbeitsschutznormen gestützt werden, die den Arbeitgeber zu konkret bezeichneten Maßnahmen und damit zu einem bestimmten Verhalten verpflichten. Zu nennen sind z.B. Ansprüche auf Information durch Unterweisung nach § 12 ArbSchG oder zur Bereitstellung von Schutzkleidung entsprechend den Unfallverhütungsvorschriften sowie von Sehhilfen bei der Bildschirmarbeit, sofern die Voraussetzungen des § 6 Abs. 2 BildscharbV gegeben sind.[292] Ebenfalls in diesen Kontext fallen viele Schutznormen zum Gefahrenschutz, die das Mindestmaß des gesetzlichen Schutzes normieren. So müssen, um nur ein Beispiel zu geben, Schiebetüren und -tore gegen Ausheben und Herausfallen und Türen und Tore, die nach oben öffnen, gegen Herabfallen gesichert sein (§ 10 Abs. 6 ArbStättV).

Blickt man vor diesem Hintergrund auf die Grundpflichten des § 3 ArbSchG ist eine differenzierte Betrachtung angebracht. Ohne weiteres übertragen lassen sich die vorstehenden Grundsätze auf die Fälle, in denen ein Arbeitnehmer geltend machen will, daß die nach Maßgabe des § 3 Abs. 1 ArbSchG zu seinem Schutz *getroffenen Maßnahmen tatsächlich durchgeführt* werden. Insoweit läßt sich ohne weiteres das vom Arbeitgeber verlangte Verhalten, dessen Erfüllung begehrt wird, formulieren.

Schwieriger liegen die Dinge, wenn der Beschäftigte geltend macht, daß die betriebliche Schutzkonzeption selbst unzureichend ist, sei es, daß die Maßnah-

---

289 Vgl. hierzu *Medicus*, Bürgerliches Recht, Rdnr. 208; *ArbR BGB-Friedrich*, § 618, Rdnr. 3; *Bücker/Feldhoff/Kohte*, Rdnr. 34; *RGRK-Schick*, § 618, Rdnr. 170.

290 Ein solcher ist heute jedenfalls im Grundsatz als akzessorischer Bestandteil des Beschäftigungsanspruchs anerkannt. Vgl. eingehend hierzu z.B. *Münch-ArbR-Wlotzke*, § 209, Rdnr. 21; *Staudinger-Oetker* (2002), § 618, Rdnrn. 248 ff.; *Löwisch*, DB 1979, Beilage 1, 1 ff. (12); *Degen*, AiB 1991, 309 ff. (310 ff.); LAG München, LAGE, Nr. 4 zu § 618 BGB; ArbG Siegen, BB 1999, 267 f.; einschränkend *Zöllner/Loritz*, Arbeitsrecht, S. 343.

291 *MünchArbR-Wlotzke*, § 209, Rdnr. 22; *MüKo-Lorenz*, § 618, Rdnrn. 63 f.

292 Zum Ganzen *Bücker/Feldhoff/Kohte*, Rdnrn. 34 f.; sowie z.B. BAG, AP, Nrn. 18, 19 zu § 618 BGB.

men nicht erforderlich i.S. von § 3 Abs. 1 Satz 1 ArbSchG sind, sei es daß er rügt, mit Blick auf bestimmte Gefahren und Gefährdungen seien gar keine Maßnahmen getroffen worden. Zu bedenken ist insoweit, daß das ArbSchG dem Arbeitgeber bewußt einen Ermessensspielraum einräumt bei der Gestaltung der Maßnahmen und der wie oben gezeigt nach § 618 BGB geschuldeteten ablauforganisatorischen Regelungen.

Die Kontrolle derartiger – einseitiger – Ermessensentscheidungen in vertraglichen Beziehungen erfolgt im Regelfall über § 315 BGB. Gegen die Anwendung der Vorschrift auf Ermessensentscheidungen nach dem ArbSchG bestehen jedoch durchgreifende Bedenken. Zum einen ist schon zweifelhaft, ob die Ermessensentscheidung nach billigem Ermessen zu erfolgen hat. Dagegen spricht bereits, daß das Ermessen des Arbeitgebers bei der Konkretisierung der Grundpflichten des § 3 ArbSchG mannigfaltigen Bindungen unterliegt, die sich aber nicht allgemein an der Billigkeit orientieren, sondern am Sinn und Zweck des ArbSchG. Soweit § 3 ArbSchG Ermessensspielräume eröffnet, sind diese durch Regelungen zu füllen. Dieser Hinweis ist hier insofern von Belang, als der Regelungsbegriff verdeutlicht, daß die entsprechenden Entscheidungen des Arbeitgebers einen kollektiven Bezug haben. Es geht nicht allein darum, Maßnahmen für einzelne Arbeitsplätze bzw. Beschäftigte zu entwickeln, sondern um ein kohärentes Konzept für den gesamten Betrieb (vgl. auch § 4 Nr. 4 ArbSchG). Die Stimmigkeit dieses Gesamtkonzepts wäre zumindest in Frage gestellt, wenn die Ermessensentscheidung über einen individualrechtlichen Erfüllungsanspruch allein und isoliert auf den Arbeitsplatz des anspruchstellenden Arbeitnehmers konzentriert würde. Es kommt hinzu, daß im Falle der gerichtlichen Geltendmachung eines Erfüllungsanspruchs nach § 315 Abs. 3 BGB die Bestimmung durch Gestaltungsurteil des Arbeitsgerichts erfolgen würde. Dies widerspricht ersichtlich den Zielen des Gesetzes, das gerade die Sachnähe der betrieblichen Akteure und Betriebsparteien nutzbar machen will. Berücksichtigt werden muß in diesem Zusammenhang, daß – wie noch darzustellen sein wird – in beträchtlichem Umfang Mitbestimmungsrechte des Betriebsrats bestehen. Ein angemessener Ausgleich der Interessen der Betriebsparteien soll insoweit durch den Abschluß entsprechender Betriebsvereinbarungen und nicht durch das Gericht herbeigeführt werden.

Es wird vor diesem Hintergrund vertreten, daß sich der Erfüllungsanspruch in solchen Fallgestaltungen auf die fehlerfreie Ausübung des Ermessens durch den Arbeitgeber richten soll.[293] Ausgehend von der Feststellung, daß die Erfüllung des

[293] LAG Hamm, LAGE, Nr. 3 zu § 618 BGB; *ErfK-Wank*, § 618 BGB, Rdnr. 29 f.; *MünchArbR-Blomeyer*, § 96, Rdnrn. 27 f.; anders offenbar die Entscheidung BAG NZA 1999, 107 ff. (109), wo das Gericht eine Leistungsklage auf Festlegung einer Mindestruhezeit für Flugpersonal als unzulässig angesehen hat, weil durch den Klageanspruch die Ruhezeiten nicht hinreichend bestimmt würden. Stattdessen hielt das Gericht eine Feststellungsklage für zulässig, hierzu auch unten S. 443.

Anspruchs für den Arbeitgeber rechtlich möglich sein muß, wird der angedeuteten Konfliktlage mit betriebsverfassungsrechtlichen Mitbestimmungsrechten dabei dadurch Rechnung getragen[294], daß der Anspruch in solchen Fällen darin bestehen soll, daß der Arbeitgeber die Initiative zur Einleitung des Mitbestimmungsverfahrens ergreift. Lediglich bei konkreten Gefahren sollen die mittels § 618 BGB in die Vertragsbeziehungen transformierten öffentlich-rechtlichen Regelungen den betriebsverfassungsrechtlichen Entscheidungsmodus verdrängen. Vorbehaltlich einer Korrektur durch eine Regelung im Mitbestimmungsverfahren, ist der Arbeitgeber in dieser konkreten Gefahrenlage verpflichtet, unverzüglich Vorkehrungen zur Erfüllung seiner Pflichten aus § 618 BGB zu treffen.[295]

Mit Blick auf Erfüllungsansprüche zur Erfüllung der Grundpflichten helfen diese Grundsätze dann weiter, wenn es um die Ermessensentscheidungen geht, die sich auf Maßnahmen zur Realisierung zwingender, rechtlich präzise bestimmbarer Schutzziele beziehen. Das rechtlich verbindliche Schutzziel ist insofern Maßstab, um das mit dem Erfüllungsanspruch begehrte Verhalten zu beschreiben. Relevant ist dies vor allem für die strikt zu beachtenden Schutzziele des Gefahrenschutzes, die auch im Rahmen der Planung der Maßnahmen nach § 3 Abs. 1 ArbSchG keinesfalls zur Disposition des Arbeitgebers stehen. Besteht im Hinblick auf die Realisierung dieser Schutzziele durch konkrete Maßnahmen eine Auswahl zwischen mehreren, gleichermaßen wirksamen Alternativen, besteht insoweit ein individualrechtlicher Anspruch auf fehlerfreie Ermessensausübung.[296] Sinngemäß das Gleiche gilt für ablauforganisatorische

---

[294] Nach der Theorie der Wirksamkeitsvoraussetzung können wirksame Regelungen nur gemeinsam von Arbeitgeber und Betriebsrat getroffen werden, hierzu *Fitting/Kaiser/Heither/Engels/Schmidt*, BetrVG, § 87, Rdnr. 595 ff. Vgl. im übrigen speziell mit Blick auf den Arbeits- und Gesundheitsschutz BAG, AP, Nr. 7 zu § 87 BetrVG 1972 – Gesundheitsschutz –, wo das Gericht die nichtmitbestimmt getroffene Regelung nicht nur für unwirksam hielt, sondern auch einen Beseitigungsanspruch für bereits eingetretene Beeinträchtigungen anerkannte (Herausnahme von Arbeitsanweisungen aus einem Betriebshandbuch).

[295] Hierzu eingehend *Wlotzke*, Festschrift Hilger/Stumpf, 723 ff. (745 f.); *FittingKaiser/Heither/Engels/Schmidt*, BetrVG, § 87, Rdnr. 289, *ErfK-Wank*, § 618 BGB, Rdnr. 29, jeweils m.w.N. Individualrechtliche Ansprüche sind insofern also nicht nur geeignet, den ordnungsbehördlichen Vollzug zu unterstützen; sie können zudem dazu beitragen, die betriebsverfassungsrechtliche Umsetzung des Arbeitsschutzrechts zu fördern. *Staudinger-Oetker* (2002), § 618, Rdnr. 18, spricht insoweit anschaulich von einer Flankierung des öffentlich-rechtlichen *und* betriebsverfassungsrechtlichen Instrumentariums.

[296] Das Gleiche gilt, wenn das Gesetz bei Vorliegen bestimmter tatbestandlicher Voraussetzungen bestimmte Maßnahmen des Gefährdungsschutzes vorschreibt und insoweit also kein Entschließungsermessen besteht. Ein Beispiel hierfür ist die Regelung des täglichen Arbeitsablaufs an Bildschirmarbeitsplätzen nach § 5 BildscharbV. Die dort vorgesehenen organisatorischen Maßnahmen müssen vom Arbeitgeber getroffen werden, wenn Beschäftigte unter die Begriffsbestimmung des § 2 Abs. 3 BildscharbV fallen. Zu einem solchen Erfüllungsanspruch vgl. den Vorlagebeschluß des ArbG Siegen, BB 1999, 267 f. Hinzuweisen ist weiter auf § 81 Abs. 4 Nrn. 4, 5 SGB IX. Die genannten Regelungen des SGB IX begründen explizit formulierte Ansprüche schwerbehinderter Menschen gegen-

Regelungen über die Durchführung der getroffenen „Maßnahmen des Arbeitsschutzes“. Die betrieblich festgelegten Maßnahmen bilden hier die Orientierungsmarke für das mit dem Erfüllungsanspruch begehrte Verhalten des Arbeitgebers. Um einen solchen Anspruch mit Erfolg zu verfolgen, muß sich der Vortrag eines klagenden Arbeitnehmers darauf konzentrieren, daß die Entscheidung des Arbeitgebers – bzw. im Falle des § 87 Abs. 1 Nr. 7 BetrVG der Betriebsparteien – die Grenzen einer ordnungsgemäßen Ermessensausübung verletzt hat.

Weitaus schwieriger gestalten sich die Dinge allerdings mit Blick auf den durch das ArbSchG erstmalig umfassend geforderten Gefährdungsschutz. Anders als beim Gefahrenschutz, der kategorisch Schutzmaßnahmen verlangt, besteht insoweit ein Entschließungsermessen. Es ist also vorrangig Sache des Arbeitgebers bzw. der Betriebsparteien insbes. unter Berücksichtigung von § 4 Nr. 4 ArbSchG Schwerpunkte zu setzen und konkrete Schutzziele des Gefährdungsschutzes zu formulieren. Es handelt sich hierbei um eine Regelungsentscheidung, die sich wie bereits erwähnt nicht nur auf einzelne Arbeitsplätze und Arbeitnehmer bezieht, sondern auf den Betrieb und die Arbeitsumwelt als Ganzes. Es bestehen insoweit also schon Zweifel, ob die Ausübung des Entschließungsermessens unmittelbar den Schutz des einzelnen Beschäftigten i.S. von § 618 BGB bezweckt. Hinzu kommt, daß sich die mit einem Erfüllungsanspruch zum Gefährdungsschutz verfolgten Verhaltenspflichten in der Regel nur äußerst schwer hinreichend bestimmt i.S. von § 253 ZPO formulieren und schlüssig vortragen lassen dürften, wenn nicht einmal klar ist, welche (verbindlichen) Schutzziele gelten.

Hiermit ist indes nicht abschließend geklärt, daß individualrechtliche Optionen im Hinblick auf die Durchführung des Gefährdungsschutzes generell ausscheiden. Es kann lediglich notiert werden, daß ein Erfüllungsanspruch in der Regel großen Bedenken ausgesetzt ist, soweit die Ausübung des Entschließungsermessens im Rahmen des Gefährdungsschutzes im Streit steht.

b) Unterlassungsansprüche

Eine weitere Option der Beschäftigten im Falle von Verletzungen der Schutzpflichten des § 618 Abs. 1 BGB besteht in der Geltendmachung von Unterlassungsansprüchen, die in Judikatur und Literatur zunehmend Beachtung finden.[297] In Betracht kommen sowohl vertragliche als auch quasinegatorische deliktische Ansprüche nach § 1004 i.V. mit § 823 BGB. Solche – präventiven – Ansprüche sind vom

über ihrem Arbeitgeber, insbes. im Hinblick auf die behindertengerechte Einrichtung und Unterhaltung der Arbeitsstätte, die Gestaltung der Arbeitsorganisation und Arbeitszeit und die Ausstattung des Arbeitsplatzes mit technischen Arbeitshilfen.

[297] Vgl. BAG, NZA 1999, 107 ff.; BAG, AP, Nr. 20 zu § 618 BGB, B.I.3. der Gründe; *Kollmer*, NJW 1997, 2015 ff. (2019); *MünchArbR-Blomeyer*, § 96, Rdnr. 27; *MünchArbR-Wlotzke*, § 206, Rdnr. 23; *Bücker/Feldhoff/Kohte*, Rdnr. 31.

unfallversicherungsrechtlichen Haftungsausschluß der §§ 104 ff. SGB VII nicht gesperrt.[298]

Vertragliche Unterlassungsansprüche kommen zum Tragen, wenn sich aus einer Arbeitsschutznorm das Verbot ergibt, bestimmte Arbeiten überhaupt bzw. unter den in der Norm genannten Bedingungen ausführen zu lassen. Es handelt sich damit genau genommen um einen Erfüllungsanspruch, dessen Inhalt darin besteht, ein bestimmtes Verhalten zu unterlassen. Unproblematisch liegen die Voraussetzungen eines solchen Anspruchs etwa vor, wenn im Gesetz Beschäftigungsverbote oder -beschränkungen normiert sind (z.B. §§ 15 ff. GefStoffV; 3 f. MuSchG). Praktisch wirksamer als diese vertraglichen Ansprüche sind allerdings deliktische Unterlassungsansprüche nach § 1004 i.V. mit § 823 BGB, die den Rechtsschutz vorverlagern und nicht selten eine effektive Klärung ermöglichen, bevor eine verbotene Arbeit zugewiesen wird. Denkbar sind insoweit etwa Fälle, in denen der Arbeitgeber zu erkennen gibt, daß er verbotene Arbeitsstoffe verwenden will.[299]

Auch für die Durchsetzung der Grundpflichten des § 3 ArbSchG erweisen sich Unterlassungsansprüche als durchaus produktiv. Dies gilt insbes. für die vorstehend skizzierte Problematik des Gefährdungsschutzes. Ein auf eine positive Verhaltenspflicht des Arbeitgebers zielender Erfüllungsanspruch scheiterte hier, solange nicht eine individualrechtlich nicht geltend zu machende Regelung über die Ziele des Gefährdungsschutzes getroffen worden ist.

Dieser Befund ändert aber nichts daran, daß dem einzelnen Beschäftigten auch konkrete Maßnahmen des Gefährdungsschutzes geschuldet sind und diese Maßnahmen aus den betrieblich zu regelnden Zielen des Gefährdungsschutzes abzuleiten sind. Auch wenn sich nicht hinreichend klar i.S. von § 253 ZPO fassen läßt, worin die konkreten Maßnahmen des Arbeitgebers liegen sollen, läßt sich also sehr wohl sagen, was nicht erlaubt ist: Um den Schutz der Beschäftigten zu gewährleisten, dürfen keine Arbeiten zugewiesen werden, ohne daß zuvor die Maßnahmen des Gefährdungsschutzes – und im übrigen auch des Gefahrenschutzes – ermittelt und getroffen worden sind. Zwar hat das Bundesarbeitsgericht in einem arbeitszeitrechtlichen Urteil hervorgehoben, daß ein Unterlassungsanspruch nur zulässig ist, wenn dem Arbeitgeber ein bestimmtes Verhalten untersagt werden soll. Dies soll nach Auffassung des Gerichts nicht der Fall sein, wenn sich der Unterlassungsanspruch auch als ein Handlungsgebot gleichen Inhalts formulieren läßt.[300]

---

[298] *Bücker/Feldhoff/Kohte*, Rdnr. 31; ArbR BGB-Friedrich, § 618, Rdnr. 222.

[299] Vgl. auch *Münch-ArbR-Wlotzke*, § 209, Rdnr. 23.

[300] BAG, NZA 1999, 107 ff. (108 f.). In dem der Entscheidung zugrundeliegenden Fall beantragte der klagende Arbeitnehmer, daß dem Arbeitgeber ein Handeln untersagt werden sollte, das dazu führt, daß ihm keine 10 Stunden Ruhezeit zur Verfügung stehen. In dieser doppelten Verneinung sah das Gericht das Verhaltensgebot des Arbeitgebers, dem Kläger 10 Stunden Ruhezeit zu gewähren.

Für die hier vorrangig interessierende Fallgestaltung, daß der Arbeitgeber keine spezifischen Schutzziele des Gefährdungsschutzes ermittelt und er demzufolge sein Entschließungsermessen nicht ausübt, können diese Grundsätze allerdings nicht gelten. In der angesprochenen Entscheidung waren die Schutzziele durch die anzuwendenden luftverkehrsrechtlichen Bestimmungen klar vorgegeben. Die Frage eines Entschließungsermessens im Hinblick auf die Notwendigkeit der Festlegung der Ruhezeiten des klagenden Flugkapitäns stellte sich also von vornherein nicht. Es ging also in der Tat nur noch darum, die Erfüllung eines Verhaltens entsprechend den anzuwendenden luftverkehrsrechtlichen Geboten zu verlangen.

Der Inhalt eines solchen Unterlassungsanspruchs läßt sich ohne weiteres hinreichend bestimmt fassen: Eine Beschäftigung ist so lange zu untersagen, wie der Arbeitgeber nicht die Schutzziele und -maßnahmen des Gefährdungsschutzes in der gesetzlich vorgesehenen Form, d.h. auf der Grundlage einer Gefährdungsbeurteilung regelt. Auch wenn sich das hinter diesem Begehren stehende Verbot der Beschäftigung ohne vorherige Festlegung von Schutzzielen und -maßnahmen nicht ausdrücklich aus § 3 ArbSchG ergibt, folgt dies doch aus dem Sinn und Zweck des Gesetzes, das präventiv Verletzungen und Schädigungen der Beschäftigten verhüten will. Bestätigt wird dieses Ergebnis durch eine Reihe spezieller Regelungen. So muß der Arbeitgeber eine Gefährdungsbeurteilung durchführen und die erforderlichen Schutzmaßnahmen treffen, bevor er Arbeitnehmer beim Umgang mit Gefahrstoffen oder biologischen Arbeitsstoffen beschäftigt (§§ 16 Abs. 4 GefStoffV; 8 BiostoffV). Gleiches gilt für die Beschäftigung werdender oder stillender Mütter, für die § 1 MuSchRiV anordnet, daß rechtzeitig eine Gefährdungsbeurteilung durchgeführt wird. Unterlassungsansprüche sind nach alledem im besonderen Maße als Reaktion geeignet, wenn der Arbeitgeber entgegen §§ 3, 5 ArbSchG untätig bleibt.

c) Feststellungsklage

In der angesprochenen Entscheidung zum Arbeitszeitrecht des Flugpersonals hat das Bundesarbeitsgericht Feststellungsklagen nach § 256 ZPO eine kaum zu unterschätzende Bedeutung eingeräumt.[301] Ein solcher Antrag kann sich z.B. auf die Feststellung richten, daß der Arbeitgeber im Einzelfall seine Pflichten

[301] BAG, NZA 1999, 107 ff. (109); außerdem hierzu *RGRK-Schick*, § 618, Rdnr. 178, der auf die Bedeutung der Feststellungsklage für die Begrenzung des Risikos des Arbeitnehmers hinweist, etwa im Hinblick auf eine unberechtigte Arbeitseinstellung. Einen Impuls zur Erhebung von Feststellungsklagen im Hinblick auf die arbeitszeitrechtliche Einordnung des ärztlichen Bereitschaftsdienstes hat in jüngster Zeit die Simap-Entscheidung des EuGH (RdA 2001, 339 ff., mit Anm. *Hergenröder*) gegeben. Vgl. dazu außerdem ArbG Kiel, NZA 2002, 150 ff.; *Trägner*, NZA 2002, 126 ff., mit einem entsprechenden Überblick über individualrechtliche und kollektivrechtliche Rechtsstreitigkeiten zu den ärztlichen Bereitschaftsdiensten.

nach § 618 Abs. 1 BGB gegenüber dem Arbeitnehmer nicht erfüllt hat oder er verpflichtet ist, die erforderlichen Maßnahmen zu treffen.[302] Im Hinblick auf das in diesem Zusammenhang vor allem problematische Feststellungsinteresse ist es nach dem angesprochenen Urteil erforderlich, daß die gerichtliche Entscheidung geeignet ist, den Streit der Parteien über das bestehende Rechtsverhältnis zu klären.[303] Die Feststellungsklage kommt insbes. dann in Betracht, wenn die Möglichkeit einer Leistungsklage auf Erfüllung entfällt, weil ein entsprechender Anspruch nicht hinreichend bestimmt zu fassen ist.[304]

Angesichts der beschriebenen Schwierigkeiten, den Erfüllungsanspruch hinreichend bestimmt zu formulieren, sind Feststellungsklagen also durchaus ein adäquates Mittel, Pflichtverletzungen des Arbeitgebers im Zusammenhang mit den Grundpflichten des § 3 ArbSchG geltend zu machen. Leistet der Arbeitgeber einem Feststellungsurteil nicht oder nur unzureichend Folge, ist zudem aus der Sicht des klagenden Arbeitnehmers das Risiko weiterer individualrechtlicher Optionen – insbes. das nachfolgend zu erörternde Recht auf Arbeitsverweigerung – erheblich präziser abschätzbar.

d) Arbeitsverweigerung

Weiter besteht bei Verstößen gegen § 618 BGB die Möglichkeit, die Arbeit zu verweigern.[305] Dieses Recht ist im Ergebnis unbestritten, unklar ist lediglich seine dogmatische Begründung. Die überwiegende Auffassung sieht in den Pflichten aus § 618 BGB grundsätzlich vertragliche Nebenpflichten, bei deren Nichtbeachtung durch den Arbeitgeber der Arbeitnehmer das Zurückbehaltungsrecht nach § 273 BGB geltend machen kann.[306] § 273 BGB setzt einen fälligen Gegenanspruch des Arbeitnehmers voraus, den er dem Anspruch des Arbeitgebers auf Arbeitsleistung entgegenhalten kann.[307] Außerdem hat der Arbeitneh-

---

[302] Hierzu etwa *Staudinger-Oetker* (2002), § 618, Rdnr. 249; *Münch-ArbR-Wlotzke*, § 209, Rdnr. 21; vgl. außerdem LAG Hamm, LAGE Nr. 3 zu § 618 BGB.

[303] Vgl. außerdem ArbG Kiel, NZA 2002, 150 ff. (151), wo das Gericht zudem auf mögliche Haftungsrisiken des klagenden Beschäftigten hinweist, da sich der Verschuldensmaßstab bei Verstößen gegen das Arbeitszeitrecht eventuell zu seinen Lasten verändere. Dies dürfte nicht nur wie vorliegend für die Arbeitszeit der Ärzte gelten, da arbeitsorganisatorische Faktoren wie oben (S. 207 ff.) ausgeführt großen Einfluß auf Fehlhandlungen haben.

[304] BAG, NZA 1999, 107 ff. (109).

[305] Grundlegend zur Thematik etwa *N. Fabricius*, Einstellung der Arbeitsleistung; *Molkentin*, NZA 1997, 849 ff.

[306] So etwa *Molkentin*, NZA 1997, 849 ff. (852); *Soergel-Kraft*, § 618, Rdnr. 22; *Erman-Belling*, § 618, Rdnr. 22; *Staudinger-Oetker* (2002), § 618, Rdnr. 263; *RGRK-Schick*, § 618, Rdnr. 176.

[307] Es ist in diesem Zusammenhang durchaus nicht selten fraglich – namentlich wenn eine konkrete Gefahr besteht –, ob eine Leistungspflicht des Arbeitnehmers überhaupt entstanden ist. In vielen Fällen wird dann ein Verstoß gegen ein Verbotsgesetz i.S. von § 134 BGB gegeben sein, vgl. hierzu *N. Fabricius*, Einstellung der Arbeitsleistung,

mer den Arbeitgeber von der Geltendmachung des Zurückbehaltungsrechts in Kenntnis zu setzen und bei der Ausübung § 242 BGB zu beachten, d.h. es sind die Grenzen des Übermaßverbots zu wahren.[308]

Eine andere Auffassung begründet das Recht zur Arbeitseinstellung mit der Einrede des nichterfüllten Vertrages gemäß § 320 BGB, was voraussetzt, daß § 618 BGB im Synallagma steht.[309] Eine neuere, im Vordringen befindliche Meinung schließlich differenziert zwischen Pflichten nach § 618 BGB, die das Arbeitssubstrat betreffen, was der Fall sein soll, wenn es sich um Pflichten handelt, die fundamentale Sicherheitsinteressen des Arbeitnehmers berühren und deshalb evident nach dem Parteiwillen Voraussetzung und Zweck der Arbeitsleistung sind. In diesem Falle seien sie Teil des Synallagmas, mit der Folge, daß § 320 BGB Anwendung findet. Die übrigen, nicht fundamentalen Pflichten sind danach als Nebenpflichten einzustufen, mit der Folge, daß § 273 BGB die rechtliche Grundlage für eine Arbeitsverweigerung bildet.[310]

Im Rahmen dieser Arbeit können die skizzierten Zweifelsfragen, die u.a. zu praktisch wichtigen Unterschieden bei der Stellung des Arbeitnehmers im Prozeß führen[311], nicht weiter vertieft werden. Gleiches gilt für die verschiedenen besonders normierten Rechte zur Arbeitsverweigerung (§§ 9 Abs. 3 ArbSchG, 21 Abs. 6 GefstoffV).[312] Ihre Bedeutung im vorliegenden Zusammenhang, in dem es primär um die individualrechtliche Durchsetzung des materiellen Arbeitsschutzrechts geht, ist auch eher nachrangig. Der innere Grund der speziellen Arbeitsverweigerungsrechte liegt im Gedanken der Unzumutbarkeit der Arbeitsleistung und nicht, was hier vorrangig interessiert, in der Durchsetzung vertragstreuen Verhaltens.[313]

Festzuhalten ist, daß ein Verstoß gegen § 618 BGB dem Arbeitnehmer die prinzipielle Möglichkeit eröffnet, die Arbeit zu verweigern. Mit Recht wird die Verweigerung der Arbeitsleistung als besonders effektives Instrument der Rechtsdurchsetzung angesehen.[314] Dem ist auch mit Blick auf die Grundpflichten des

S. 139, 106 ff., der darauf hinweist, daß bei konsequenter Anwendung des § 134 BGB der Anwendungsbereich des § 273 BGB relativ gering ist.

308 *Wlotzke*, Anm. zu BAG, AP, Nr. 23 zu § 618 BGB, *MünchArbR-Wlotzke*, § 209, Rdnr. 27; *Bücker/Feldhoff/Kohte*, Rdnr. 33; *MüKo-Lorenz*, § 618, Rdnr.67.

309 *MüKo-Emmerich* (4. Auflage), § 320, Rdnr. 13; *RGRK-Denecke* (11. Auflage), § 618, Anm. 8.

310 *N. Fabricius*, Einstellung der Arbeitsleistung, S. 131 ff., 189; ihm folgend *MünchArbR-Wlotzke*, § 209, Rdnr. 25.

311 Hierzu ausführlich *N. Fabricius*, Einstellung der Arbeitsleistung, S. 137, 175 ff.

312 Vgl. hierzu *N. Fabricius*, Einstellung der Arbeitsleistung, S. 155 ff.; *Staudinger-Oetker* (2002), § 618, Rdnrn. 267 ff., mit Hinweisen zur Abgrenzung zu den vertraglichen Arbeitsverweigerungsrechten.

313 *Fabricius*, Einstellung der Arbeitsleistung, 189 f.; *MünchArbR-Wlotzke*, § 209, Rdnr. 29; *ErfK-Wank*, § 618 BGB, Rdnr. 35.

314 *MünchArbR-Blomeyer*, § 96, Rdnr. 29; *RGRK-Schick*, § 618, Rdnr. 176; *Soergel-Kraft*, § 618, Rdnr. 21.

§ 3 ArbSchG zuzustimmen. Da das Leistungsverweigerungsrecht ohne vorherige gerichtliche Entscheidungen geltend gemacht werden kann, bietet es die Möglichkeit zu einer schnellen und unverzüglichen Reaktion. Andererseits darf aber nicht übersehen sehen werden, daß es im Hinblick auf den Entgeltanspruch des Arbeitnehmers und sonstige arbeitsvertragliche Konsequenzen (Abmahnung, Kündigung) beträchtliche Risiken birgt, wenn sich im nachhinein erweist, daß es nicht rechtmäßig ausgeübt worden ist.[315]

e) Schadensersatzansprüche

Kommt es zu Schädigungen eines Arbeitnehmers, sind neben deliktischen Schadensersatzansprüchen insbes. auch solche aus positiver Vertragsverletzung in Betracht zu ziehen, wenn diese auf einer Verletzung von § 618 BGB beruhen. Die Bedeutung dieser Ansprüche war in der Vergangenheit wegen des Haftungsausschlusses nach § 104 SGB VII eher gering.[316] Bei konsequenter Ausschöpfung der bestehenden Möglichkeiten kann sich dies in Zukunft durchaus ändern, da das ArbSchG auch die Pflichten im Hinblick auf die Verhütung arbeitsbedingter Erkrankungen öffentlich-rechtlich konkretisiert. Da diese Schäden nicht vom unfallversicherungsrechtlichen Haftungsausschluß erfaßt sind, kommen insoweit direkte Ansprüche gegen den Arbeitgeber in Betracht.[317] Für eine präventive Durchsetzung der Pflichten aus dem ArbSchG helfen Schadensersatzansprüche allerdings wenig weiter, da sie lediglich eine Reaktion auf eine eingetretene Schädigung ermöglichen.

2. Probleme der Darlegungs- und Beweislast bei der Rechtsverfolgung im Prozeß

Um das Potential individualrechtlicher Handlungsoptionen für die Durchsetzung der arbeitsschutzrechtlichen Grundpflichten des Arbeitgebers rechtlich abschätzen zu können, stellt sich weitergehend die Frage, welche Erfolgsaussichten Beschäftigte im Falle einer gerichtlichen Auseinandersetzung um die Verpflichtungen des Arbeitgebers nach § 618 Abs. 1 BGB haben. Die vorstehend skizzierten Ansprüche und Rechte wären ein stumpfes Schwert, wenn sie sich in einem (arbeitsgerichtlichen) Prozeß nicht auch realistisch durchsetzen ließen. Problema-

---

[315] Hierzu auch *Degen*, AiB 1991, 309 ff. (310).

[316] Vgl. hierzu ausführlich etwa *Staudinger-Oetker* (2002), § 618, Rdnrn. 286 ff,; *MünchArbR-Wlotzke*, § 209, Rdnrn. 36 ff.

[317] Vgl. hierzu *Bücker/Feldhoff/Kohte*, Rdnr. 29; *MünchArbR-Wlotzke*, § 209, Rdnr. 38, sowie den Fall ArbG Hamburg, BB 1989, 1199 ff. Nach der grundlegenden Reform des Schadensersatzrechts im Jahre 2002 (BGBl. I, 2002, 2674 ff.) können Verletzungen der vertraglichen Pflichten nach § 618 BGB nunmehr auch Schmerzensgeldansprüche begründen, vgl. etwa *Palandt-Heinrichs*, § 253, Rdnr. 8, sowie den Überblick über die Neuregelungen von *Müller*, VersR 2003, 1 ff. (insbes. 3 ff).

tisch sind in diesem Zusammenhang vor allem die Anforderungen an die Darlegungs- und Beweislast. Der Arbeitgeber hat wie eingehend begründet bei der Erfüllung der Grundpflichten ein Auswahl- und im Falle des Gefährdungsschutzes auch ein Entschließungsermessen. Ohne eingehende Kenntnis der ermessensleitenden Erwägungen ist ein substantiierter Vortrag im Hinblick auf die Behauptung einer Überschreitung der Ermessensgrenzen kaum vorstellbar.

a) Grundsätze

Nach allgemeinen Grundsätzen trägt im Prozeß grundsätzlich diejenige Partei die Beweislast für das Vorhandensein der tatsächlichen Voraussetzungen derjenigen Normen, die für die Durchsetzung ihres Begehrens günstig sind.[318] Dies hat zur Folge, daß sich die Frage der Beweislast für die Voraussetzungen des § 618 Abs. 1 BGB in den verschiedenen denkbaren Prozeßsituationen in jeweils unterschiedlicher Weise stellt. Will der einzelne Arbeitnehmer z.B. den Erfüllungsanspruch geltend machen oder den infolge einer Arbeitsverweigerung nicht gezahlten Lohn einklagen, trägt er grundsätzlich die Beweislast der Voraussetzungen des für ihn günstigen § 618 Abs. 1 BGB. Anders gestaltet sich die Situation, wenn der Arbeitgeber den Beschäftigten wegen einer Arbeitsverweigerung abmahnt oder kündigt. Da der Arbeitgeber in dieser Konstellation die „materielle Angreiferstellung" hat, ist es an ihm zu beweisen, daß er seine Pflichten aus § 618 BGB erfüllt hat.[319]

Im vorliegenden Zusammenhang sind vor allem die Prozeßsituationen von Interesse, in denen der Arbeitnehmer die „materielle Angreiferstellung" hat. Seine Erfolgsaussichten und damit auch die Effektivität individualrechtlicher Handlungsoptionen für die Durchsetzung der Grundpflichten hängen wesentlich davon ab, welche Anforderungen an die Darlegungs- und Beweislast seines Vortrags zu stellen sind.

Es ist anerkannt, daß dem Arbeitnehmer, der Rechte und Ansprüche wegen einer Verletzung der Pflichten nach § 618 Abs. 1 BGB geltend macht, Beweiserleichterungen zukommen. Hauptsächlich thematisiert worden ist die Problematik bisher in Zusammenhang mit Schadensersatzansprüchen des Arbeitnehmers. Danach hat der Arbeitnehmer den Beweis zu führen, daß eine objektive Verletzung von Pflichten aus § 618 Abs. 1 BGB vorliegt, die zur Herbeifüh-

---

[318] BGHZ 121, 357 ff. (364); BGHZ 113, 222 ff. (224 f.); *Stein/Jonas-Leipold*, § 286, Rdnr. 38; *Anders/Gehle*, Rdnr. 365; *N. Fabricius*, Einstellung der Arbeitsleistung, S. 175 f.; vgl. auch die grundsätzlichen Ausführungen des Bundesverfassungsgerichts, BVerfG, JZ 1979, 596 ff. (598 ff.), unter besonderer Berücksichtigung des Arzthaftungsrechts.

[319] Einzelheiten hierzu bei *N. Fabricius*, Einstellung der Arbeitsleistung, S. 177 ff.; anschaulich der Fall einer fristlosen Kündigung aufgrund einer Arbeitsverweigerung wegen der Belastung durch Schadstoffe bei der Arbeit, ArbG Wiesbaden NZA 1990, 275 f.

rung des geltend gemachten Schadens geeignet sind.[320] Gelingt ihm dies, ist es nach §§ 280, 286 Abs. 4 BGB[321] Sache des Arbeitgebers, sein Nichtverschulden darzulegen und zu beweisen.[322] Einigkeit besteht zudem im Grundsatz über die Notwendigkeit weiterer Erleichterungen der Beweisführung des Arbeitnehmers im Hinblick auf die Kausalität der Pflichtverletzung für den Schaden. Streitig ist insofern nur, ob zugunsten des Beschäftigten ein Anscheinsbeweis[323] gelten soll oder aber eine Beweislastumkehr.[324]

Für die hier vornehmlich interessierenden Fälle einer präventiven individualrechtlichen Durchsetzung der Grundpflichten sind die vorstehend zusammengefaßten Modifizierungen der Beweislastverteilung relativ unergiebig. Mit Ausnahme von Evidenzfällen, d.h. völlig unvertretbaren Fällen, dürfte es für den einzelnen Arbeitnehmer vor allem mit erheblichen Schwierigkeiten verbunden sein, eine objektive Pflichtverletzung des Arbeitgebers bei der Konkretisierung der offen gehaltenen Schutzziele des ArbSchG darzulegen und zu beweisen. Wie soll z.B. dargelegt und bewiesen werden, daß die Prioritätensetzung auf einen bestimmten Betriebsbereich bei der Reduzierung von Lärm ermessensfehlerhaft ist? Wie kann der Beschäftigte substantiiert vortragen, daß streßfördernde Faktoren der Arbeit, die zu gesundheitlichen Beeinträchtigungen und zu einer Erhöhung des Unfallrisikos führen, bei der Planung und Festlegung der Maßnahmen nicht berücksichtigt worden sind? Wie soll dargelegt und bewiesen werden, daß bei der Beschaffung von Software dem Aspekt der Benutzerfreundlichkeit (Ziffer 21, Anhang BildscharbV) nicht angemessen Rechnung getragen worden ist, wenn nicht einmal bekannt ist, ob und ggf. welche Alternativen geprüft und erwogen worden sind?

b) Möglichkeiten weiterer Beweiserleichterungen im Hinblick auf die objektive Verletzung von Pflichten nach § 618 BGB

Sofern im Betrieb nicht in hohem Maße Transparenz bis hin zum einzelnen Beschäftigten über die Grundlagen und Inhalte der betrieblichen Arbeitsschutzplanung besteht, stellt sich die Frage nach weiteren Beweiserleichterungen. Nur wenn sich insofern Anknüpfungspunkte und Möglichkeiten ergeben, ist in den beschriebenen Konstellationen eine erfolgversprechende Rechtsverfolgung und

[320] BAG, AP Nr. 16 zu § 618 BGB; BAG, AP Nr. 24 zu § 618 BGB; LAG Hamm, LAGE Nr. 3 zu § 618 BGB; *Baumgärtel*, Handbuch der Beweislast, § 618 BGB, Rdnr. 1; *Staudinger-Oetker* (2002), § 618, Rdnr. 308.

[321] §§ 282, 285 BGB a.F.

[322] BAG, AP, Nrn. 1, 16, 23 zu § 618 BGB; *Schaub*, Arbeitsrechtshandbuch, § 108, Rdnr. 25; *Münch-ArbR-Blomeyer*, § 96, Rdnr. 34.

[323] So *Staudinger-Oetker* (2002), § 618, Rdnr. 311 ff.; *Erman-Belling*, § 618, Rdnr. 29.

[324] So z.B. *Soergel-Kraft*, § 618, Rdnrn. 29 f.; *Baumgärtel*, Handbuch der Beweislast, § 618 BGB, Rdnr. 2.

individualrechtliche Durchsetzung der Grundpflichten überhaupt möglich. Es ist deshalb zu untersuchen, ob nach allgemeinen zivilprozessualen Grundsätzen weitere Modifizierungen der Beweislastverteilung zur Anwendung kommen können, um der nicht selten bestehenden Beweisnot im Hinblick auf die objektive Pflichtverletzung zu begegnen.[325]

aa) Anscheinsbeweis

Zu denken ist zunächst an die Anwendung der Regeln über den Anscheinsbeweis. Der „prima-facie-Beweis“ ist kein besonderes Beweismittel, sondern im Kern die Berücksichtigung der allgemeinen Lebenserfahrung im Rahmen der freien Beweiswürdigung[326]: Aufgrund eines feststehenden (d.h. bewiesenen oder unbestrittenen) Sachverhalts kann mittels „hinreichend“ tragfähiger Erfahrungssätze[327] auf einen typischen Geschehensablauf geschlossen werden. Ist ein Anscheinsbeweis geführt worden, so wirkt sich dies nicht auf die Beweislastverteilung aus; die an und für sich nicht beweisbelastete Partei muß dann aber einen Gegenbeweis führen, durch den das Gericht die Überzeugung gewinnt, daß im konkreten Fall die Möglichkeit eines abweichenden und damit untypischen Geschehensablaufs besteht.[328]

Mit Blick auf die Verweigerung der Arbeitsleistung ist eine Beweiserleichterung des Arbeitnehmers im Hinblick auf den Nachweis einer Pflichtverletzung des Arbeitgebers durch das Institut des Anscheinsbeweises vorgeschlagen worden. Sie soll im wesentlichen unter zwei Gesichtspunkten greifen: Einerseits soll von typischerweise auftretenden Beschwerden und Krankheitsbildern auf bestimmte unzulässige Belastungen insbes. durch Gefahrstoffe geschlossen werden können. Andererseits sollen umgekehrt bestimmte Arten von Gefahr-

---

[325] A.A. BAG, AP Nr. 23 zu § 618 BGB; das Gericht lehnte in dem Urteil, dem ein Rechtsstreit im Zusammenhang mit der Ausübung eines Zurückbehaltungsrechts nach § 273 BGB zugrundeliegt, weitere Beweiserleichterungen ab. Zwar ergibt sich in Fällen der Beweisnot in der Tat nicht die zwingende Folge von Beweiserleichterungen. Allerdings ist vor dem Hintergrund des Einzelfalls und der tatsächlichen Situation der Prozeßparteien zu prüfen, ob Modifizierungen des Beweismaßes bzw. der Beweislast geboten sind. *N. Fabricius*, Einstellung der Arbeitsleistung, S. 185 weist mit Blick auf die genannte Entscheidung in diesem Zusammenhang zutreffend kritisch darauf hin, daß das Gericht eine Begründung dafür schuldig bleibt, daß weitere Beweiserleichterungen nicht notwendig sind.

[326] *MüKo-ZPO-Prütting*, § 286, Rdnr. 47; *Stein/Jonas-Leipold*, § 286, Rdnrn. 87 ff.; *Rosenberg/Schwab/Gottwald*, Zivilprozeßrecht, S. 663.

[327] Hierzu eingehend *MüKo-ZPO-Prütting*, § 286, Rdnrn. 47, 55 ff.; *Stein/Jonas-Leipold*, § 286, Rdnr. 90; *Zöller-Greger*, Vor. § 284, Rdnr. 29; BGH, NJW 1996, 1405 ff. (1406); BGH, NJW 1991, 230 f. (231).

[328] *Stein/Jonas-Leipold*, § 286, Rdnr. 97 f.; *Baumbach/Lauterbach*, ZPO, Anh. § 286, Rdnr. 15; *Rosenberg/Schwab/Gottwald*, Zivilprozeßrecht, S. 664; BGH, NJW 1978, 2032 f. (2033); OLG Köln, VersR 1991, 1194 f. (1195).

stoffen bzw. die Art ihrer Verwendung den Schluß auf eine unzulässige Belastung der Arbeitnehmer zulassen.[329]

Dies überzeugt für Fälle der Gefahrenabwehr, da für den Gefahrbegriff wie auch für den Anscheinsbeweis die Anwendung solcher Erfahrungssätze Voraussetzung ist. Sind, um nur ein Beispiel zu geben, an bestimmten vergleichbaren Arbeitsplätzen eine auffällig große Anzahl von Beschäftigten von Rückenleiden betroffen, kann dies „prima facie" dafür sprechen, daß ergonomische Gestaltungsgrundsätze nicht angemessen berücksichtigt worden sind (§ 4 Nr. 4 ArbSchG) oder, sofern Lasten zu bewegen sind, die Anforderungen der LasthandhabV nicht ordnungsgemäß beachtet worden sind. Sinngemäß das Gleiche gilt etwa auch, wenn es bei bestimmten Beschäftigungen besonders häufig zu vergleichbaren Unfällen kommt. Argumentativ weiter unterfüttern läßt sich ein solcher Vortrag insbes. mit den öffentlich zugänglichen Statistiken der Unfall- und Krankenversicherungsträger sowie – sofern ein solcher erstellt worden ist – mit den Daten des betrieblichen Gesundheitsberichtes einer Krankenkasse.[330]

Nicht anwendbar sind Regeln über den Anscheinsbeweis demgegenüber, wenn solche signifikanten Auffälligkeiten im Betrieb (noch) nicht gegeben sind oder wenn die Zusammenhänge zwischen bestimmten gesundheitlichen Beeinträchtigungen mit bestimmten Arbeitsbedingungen empirisch (noch!) nicht geklärt sind. Betroffen sind von letzterem vor allem die Ziele und Maßnahmen des Gefährdungsschutzes, für die es typischerweise (noch!) an entsprechenden Erfahrungssätzen fehlt. Ein Beispiel hierfür ist die an anderer Stelle bereits beschriebene Problematik des Nichtraucherschutzes, bei der bis vor kurzem ein Zusammenhang mit Gesundheitsgefahren angezweifelt wurde.[331]

bb) Beweislastumkehr nach produkthaftungsrechtlichen Gesichtspunkten?

Ebenfalls im Zusammenhang mit einer Arbeitsverweigerung hat das LAG Köln vorgeschlagen, eine Beweislastumkehr entsprechend produkthaftungsrechtlichen Grundsätzen vorzunehmen.[332] Das Gericht begründet seine Auffas-

---

[329] So *N. Fabricius*, Die Einstellung der Arbeitsleistung, S. 185, mit anschaulichen Beispielen.

[330] Zu verweisen ist insoweit etwa auf die jährlich ers*cheine*nde „Krankheitsarten Statistik" des Bundesverbandes der Betriebskrankenkassen, die Jahresberichte der Berufsgenossenschaften sowie spezielle Publikationen zum Erkrankungsgeschehen, wie z.B. *Badura/Litsch/Vetter* (Hrsg): Fehlzeiten-Report 2000, Zukünftige Arbeitswelten: Gesundheitsschutz und Gesundheitsmanagement – Zahlen, Daten, Analysen aus allen Branchen der Wirtschaft.

[331] Durch die Aufnahme des Passivrauchens in die TRGS 905 dürfte diese Position allerdings heute nicht mehr haltbar sein.

[332] LAG Köln, LAGE, Nr. 6 zu § 618 BGB (S. 8), mit zustimmender Anmerkung *Rotter*, insbes. S. 12 f.

sung im Kern damit, daß es zum Beweis der Pflichtverletzung regelmäßig des Einblicks in die Sphäre des Arbeitgebers bedürfe, den der Arbeitnehmer aber nicht habe. Weder habe er die wirtschaftlichen Ressourcen aufwendige Messungen und Prüfungen anzustellen, noch könnten autonom entsprechende Prüfungen angestellt werden.[333]

Gegen diesen Standpunkt spricht, daß die Gründe für die Beweislastverteilung in Produkthaftungsprozessen nicht unreflektiert auf § 618 Abs. 1 BGB übertragen werden können. Tragender Grund für die Beweislastumkehr im Produkthaftungsrecht ist, daß der Geschädigte regelmäßig keinen Einblick in die betrieblichen Geschehnisse hat, so daß insoweit der Verschuldensnachweis praktisch nicht zu führen ist.[334] Dies kann aber im Falle eines klagenden Beschäftigten nicht pauschal angenommen werden. Er hat aufgrund seiner Tätigkeit sehr wohl Einblick in die tatsächlichen betrieblichen Verhältnisse. Da es sich regelmäßig um Probleme an seinem Arbeitsplatz handelt, ist der Arbeitnehmer sogar in vielen Fällen näher an den Problemen als der Arbeitgeber.[335] Es stellt ihn deswegen vielfach keineswegs vor nennenswerte Probleme substantiiert darzulegen, inwiefern er die Bedingungen an seinem Arbeitsplatz für unzureichend hält.

Zuzugeben ist allerdings, daß der Einblick des Arbeitnehmers in der Regel keineswegs vollständig ist. Deutlich wird dies gerade an den oben dargestellten Beispielen zu den arbeitgeberseitigen Ermessensentscheidungen, für die in der Tat ein Bedürfnis nach Beweiserleichterungen nicht von der Hand zu weisen ist. Allein hiermit läßt sich indes nicht eine pauschale Beweislastumkehr nach produkthaftungsrechtlichen Grundsätzen rechtfertigen. Schematische Lösungen würden die Möglichkeit versperren, einen am Einzelfall orientierten Interessenausgleich im Prozeß herbeizuführen.[336]

cc) Auskunftsanspruch und Beweiserleichterung nach den Grundsätzen der Beweisvereitelung

Nach § 5 ArbSchG ist der Arbeitgeber bei der Planung des betrieblichen Arbeitsschutzes verpflichtet, die erforderlichen „Maßnahmen des Arbeitsschutzes" mit Hilfe von Gefährdungsbeurteilungen zu ermitteln. Nach §§ 6 Abs. 1 ArbSchG, 5 BGV A 6, 5 BGV A 7[337] muß er zudem über eine Dokumentation verfügen, aus der

[333] LAG Köln, LAGE, Nr. 6 zu § 618 BGB S. 8.

[334] BGH, NJW 1969, 269 ff. (274 f.) – Hühnerpest –; BGHZ 116, 104 ff. (107 ff.) – Hochzeitsessen –.

[335] So auch zutreffend *N. Fabricius*, Einstellung der Arbeitsleistung, S. 182.

[336] Vgl. auch *N. Fabricius*, Einstellung der Arbeitsleistung, S. 185 f., der im übrigen auch auf die Unterschiedlichkeit deliktischer (Produkthaftung) und vertraglicher (§ 618 BGB) Ansprüche hinweist (S. 183).

[337] Nach dem Urteil des EuGH (NZA 2002, 321 ff.) in der Rechtssache C-5/00 vom 7. Februar 2002 (Kommission ./. Bundesrepublik Deutschland) ist davon auszugehen,

sich neben dem Ergebnis der Gefährdungsbeurteilung die getroffenen Maßnahmen des Arbeitsschutzes sowie das Ergebnis ihrer Überprüfung ergibt. Der Arbeitgeber ist damit gesetzlich verpflichtet, über Unterlagen zu verfügen, die einem klagenden Arbeitnehmer, vor dem Hintergrund der beschriebenen Beweisnot bei der Rüge von Ermessensentscheidungen im Rahmen von § 3 ArbSchG, in vielen Fällen eine wirksame Rechtsverfolgung erst ermöglichen werden.

Um sich Kenntnis von den Erwägungen des Arbeitgebers zu verschaffen, kommt für den Beschäftigten die Geltendmachung eines Auskunftsanspruchs über den Inhalt der Dokumentation nach § 6 ArbSchG bzw. §§ 5 BGV A 6, 5 BGV A 7 in Betracht. Zu berücksichtigen ist dabei, daß ein solches Begehren keineswegs „ins Blaue hinein" erfolgt, sondern der Arbeitgeber verpflichtet ist, über die entsprechenden Unterlagen zu verfügen. Zwar kennt das BGB keinen allgemeinen Auskunftsanspruch, jedoch besteht Einigkeit darüber, daß sich ein solcher aus § 242 BGB ergeben kann. Er setzt voraus, daß besondere rechtliche Beziehungen zwischen den Parteien bestehen, die es mit sich bringen, daß der Anspruchsteller in entschuldbarer Weise über das Bestehen und den Umfang seines Rechts im Ungewissen ist, der Anspruchsgegner aber in der Lage ist, eine solche Auskunft zu geben.[338] Mit Blick auf die Verpflichtungen aus § 618 Abs. 1 BGB ist ein solcher Anspruch auf Auskunft in der Regel begründet. Es besteht durch das Arbeitsverhältnis eine rechtliche Sonderverbindung zwischen den Parteien. Sofern die Dokumentation nicht allgemein im Betrieb zugänglich ist, kann davon ausgegangen werden, daß der Arbeitnehmer keine Kenntnis über ihren Inhalt hat, da sie sich üblicherweise in der Sphäre des Arbeitgebers bzw. der betrieblichen Akteure des Arbeitsschutzes befindet. Seine Unkenntnis ist also auch entschuldbar. Der Arbeitgeber kann schließlich die Auskunft unschwer geben, da er nach § 6 ArbSchG bzw. §§ 5 BGV A 6, 5 BGV A 7 über die entsprechenden Unterlagen verfügen muß.[339]

Kommt der Arbeitgeber dem Auskunftsbegehren nicht nach, weil er z.B. entgegen § 6 ArbSchG bzw. §§ 5 BGV A 6, 5 BGV A 7 keine Dokumentation erstellt hat, können dem klagenden Arbeitnehmer im Prozeß weitere Beweiser-

---

daß in kleinen Betrieben bis zu 10 Mitarbeitern die in Art. 9 Rahmenrichtlinie 89/391/EWG geforderte Dokumentation auch durch die regelmäßigen Berichte der Sicherheitsfachkraft bzw. des Betriebsarztes nach §§ 5 BGV A 6, 5 BGV A 7 erfolgen kann. Der Arbeitgeber muß demnach in diesen Fällen über die genannten Berichte verfügen, die das Ergebnis der Gefährdungsbeurteilung, die festgelegten Maßnahmen und die Ergebnisse der Überprüfungen zu beinhalten haben.

[338] Vgl. etwa BGH, NJW 1995, 386 ff. (387); BGH, NJW-RR 1992, 1072 ff. (1073 f.); BGH, NJW 1990, 1358 f. (1358). *Baumgärtel*, Beweislastpraxis, Rdnrn. 200 ff.; *Anders/Gehle*, Rdnr. 529; *Palandt-Heinrichs*, § 261, Rdnrn. 8 ff.

[339] Instruktiv zum Sinn von Dokumentationspflichten BGH, NJW 1986, 59 ff. (61). Danach werden Dokumentationspflichten demjenigen auferlegt, „der Belange eines anderen wahrzunehmen hat und dabei Maßnahmen oder Feststellungen trifft, die dieser nicht selbst erkennen oder beurteilen kann".

leichterungen nach den Grundsätzen der Beweisvereitelung zugute kommen.[340] Eine Beweisvereitelung ist dadurch gekennzeichnet, daß der Gegner einer beweisbelasteten Partei die an sich mögliche Beweisführung schuldhaft verhindert.[341] Hiervon ist insbes. dann auszugehen, wenn objektiv durch ein Tun oder Unterlassen des an und für sich nicht beweisbelasteten Gegners die Klärung des fraglichen Sachverhalts unmöglich oder wesentlich erschwert wird.[342] Subjektiv ist ein Verschulden (Vorsatz oder Fahrlässigkeit) des Gegners erforderlich, das sich sowohl auf die Verletzungshandlung als auch auf die Erkennbarkeit der Nutzbarkeit des Beweismittels in einem zukünftigen Prozeß beziehen muß.[343] Ist der Arbeitgeber seinen Verpflichtungen aus § 6 ArbSchG bzw. §§ 5 BGV A 6, 5 BGV A 7 nicht oder nicht vollständig nachgekommen, erschwert bzw. verhindert dies nicht nur objektiv die Beweisführung des Arbeitnehmers. Aufgrund des Verstoßes gegen die kaum Interpretationen offenlassende Vorschrift des § 6 ArbSchG ist sein Verschulden hinsichtlich der Pflichtverletzung in der Regel auch evident. Dies gilt auch für die Erkennbarkeit als mögliches Beweismittel in einem zukünftigen Prozeß, da rechtlich gebotene Dokumentationen geradezu auf die Verwendung im Rechtsverkehr angelegt sind.[344]

Nach der Rechtsprechung bestehen die Rechtsfolgen einer Beweisvereitelung für die beweisbelastete Partei in Beweislasterleichterungen (insbes. hinsichtlich des Beweismaßes) bis hin zu einer Beweislastumkehr.[345] Diese nicht unbestrittene[346] Auffassung des Bundesgerichtshofs führt aufgrund ihrer Flexibilität[347] im Einzelfall zu interessengerechten Ergebnissen. Legt man diese Grundsätze an,

---

[340] In diese Richtung mit Blick auf § 618 BGB argumentierend, *Erman-Belling*, § 618, Rdnr. 21; *Rotter*, Anm. zu LAG Köln, LAGE Nr. 6 zu § 618, S. 12 f.

[341] BGH, NJW 1986, 59 ff. (60); OLG Köln, VersR 1992, 355 ff. (356); *Rosenberg/Schwab/Gottwald*, Zivilprozeßrecht, S. 674; *Baumbach/Lauterbach*, ZPO, Anh. § 286, Rdnr. 27; *MüKo-ZPO-Prütting*, § 286, Rdnr. 75.

[342] BGH, NJW 1983, 2935 ff. (2936 f.); *Baumgärtel*, Beweislastpraxis, Rdnr. 121; *MüKo-ZPO-Prütting*, § 286, Rdnr. 77.

[343] BGH, VersR 1975, 952 ff. (954); BGH, NJW 1986, 59 ff. (60 f.); *Baumgärtel*, Beweislastpraxis, Rdnr. 122; *MüKo-ZPO-Prütting*, § 286, Rdnr. 78.

[344] BGH, NJW 1983, 2935 ff. (2937) unterstellt mit Blick auf die Untersuchungspflicht nach § 3 TrinkwasserV die rechtliche Bedeutung für den Rechtsverkehr und zukünftige Prozesse. Nicht anders ist die Situation im Hinblick auf § 6 ArbSchG zu bewerten. Vgl. außerdem für den Fall des Unterlassens der Erstellung eines Bestandsverzeichnisses bei einer Beschlagnahme, BGH, NJW 1986, 59 ff. (60 f.); außerdem BGHZ 99, 391 ff. (396 f.).

[345] BGH, NJW 1996, 315 ff. (317); BGHZ 99, 391 ff. (398 f.); BGH, NJW 1986, 59 ff. (61).

[346] Kritisch z.B. *Baumgärtel*, Beweislastpraxis, Rdnr. 126; *MüKo-ZPO-Prütting*, § 286, Rdnr. 83.

[347] Es ist allerdings *Baumgärtel*, Beweislastpraxis, Rdnr. 129, zuzustimmen, daß es Aufgabe der Rechtsprechung und Literatur ist, im Sinne der Rechtssicherheit typische Fallgruppen herauszuarbeiten.

wird man für den Extremfall, daß überhaupt keine Dokumentation vorgelegt (werden kann), von einer Beweislastumkehr ausgehen müssen.[348] Ist die Dokumentation nach § 6 ArbSchG bzw. §§ 5 BGV A 6, 5 BGV A 7 mit Mängeln behaftet, ist das Beweismaß zu reduzieren, wobei neben der Schwere der Mängel auch ihre Bedeutung für den Prozeßgegenstand zu berücksichtigten ist.

dd) Berufung auf technische Regeln und arbeitswissenschaftliche Erkenntnisse (§ 18 Abs. 2 Nr. 5 ArbSchG)

Zu einer Verdeutlichung der Pflichten des Arbeitgebers aus § 618 BGB dürfte mittelfristig der kürzlich neu in das ArbSchG eingefügte § 18 Abs. 2 Nr. 5 ArbSchG beitragen.[349] Die Vorschrift enthält eine Ermächtigungsgrundlage zum Erlaß von Rechtsverordnungen für die Bildung von Ausschüssen,

> „denen die Aufgabe übertragen wird, die Bundesregierung oder das zuständige Bundesministerium zur Anwendung der Rechtsverordnungen zu beraten, dem Stand der Technik, Arbeitsmedizin und Hygiene entsprechende Regeln und sonstige arbeitswissenschaftliche Erkenntnisse zu ermitteln sowie Regeln zu ermitteln, wie die in den Rechtsverordnungen gestellten Anforderungen erfüllt werden können. Das Bundesministerium für Arbeit und Sozialordnung kann die Regeln und Erkenntnisse amtlich bekannt machen".

Die Regelung verallgemeinert eine sich bereits durch die Schaffung des Ausschusses für biologische Arbeitsstoffe nach § 17 BioStoffV abzeichnende Entwicklung, die Erarbeitung von Vorschlägen für die Konkretisierung der grundlegenden Schutzziele unter dem Dach des ArbSchG auf Ausschüsse zu übertragen. Sie knüpft zudem an eine seit längerer Zeit auch im Arbeitsschutz erprobte Verfahrensweise an, den Stand und das Fortschreiten der Sicherheitstechnik durch die Bildung von Ausschüssen unter Beteiligung der betroffenen Kreise[350] zu verdeutlichen. „Prominentestes Beispiel" mit Blick auf den be-

---

[348] In diesem Sinne wohl auch *Baumgärtel*, Beweislastpraxis, Rdnr. 129, der als Beispiel den Fall anführt, daß die Schaffung und Bewahrung des Beweismittels allein in den Händen der nicht beweisbelasteten Partei liegt, ohne daß der Gegner einen Einfluß hierauf ausüben kann. Ähnlich auch BGH, NJW 1996, 1589 ff. (1590), wo das Gericht darauf abstellt, warum die grundsätzlich beweisbelastete Partei in Beweisnot geraten ist und inwieweit die Billigkeit insoweit Erleichterungen der Beweisführung erfordert.

[349] Art. 3 Ziffer 6 des Gesetzes zur Änderung des Gerätesicherheitsgesetzes und des Chemikaliengesetzes vom 27.12.2000, BGBl. I, 2000, S. 2048 f. (2049).

[350] Die Regelung des § 18 Abs. 2 Nr. 5 ArbSchG ist insofern, dies sei in diesem Zusammenhang nur am Rande erwähnt, verfassungsrechtlich nicht unproblematisch. Sie umreißt zwar die Aufgaben der Ausschüsse hinreichend bestimmt, enthält sich aber jeglicher Aussage über die personelle Zusammensetzung und Verfahrensordnung. Solche Festlegungen sind aber notwendig, da sich die Legitimation der von solchen Ausschüssen ermittelten Regeln ganz wesentlich durch die Beteiligung der betroffenen Kreise und die Beachtung der Regeln eines „fairen" Verfahrens legitimieren, vgl. zum Ganzen im Detail, *Denninger*, Verfassungsrechtliche Anforderungen an die Normsetzung im Umwelt- und Technikrecht, insbes. S. 173. Auch hier findet sich die im Rah-

trieblichen Arbeitsschutz dürfte der Ausschuß für Gefahrstoffe nach § 52 GefStoffV sein, der mit der Erarbeitung der für das Gefahrstoffrecht wichtigen Technischen Regeln für Gefahrstoffe (TRGS) betraut ist.[351]

Liegen entsprechende Regeln oder arbeitswissenschaftliche Erkenntnisse vor und werden diese vom Arbeitgeber nicht eingehalten, erleichtert sich die prozessuale Geltendmachung von Verstößen gegen § 618 Abs. 1 BGB erheblich. Zwar ist der Arbeitgeber nicht verpflichtet, seine Schutzmaßnahmen entsprechend den einschlägigen Regelwerken zu treffen, da in ihnen nur ein Weg aufgezeigt wird, in welcher Weise die normativen Schutzziele des technischen Sicherheitsrechts umgesetzt werden können.[352] Weicht er jedoch von den Vorgaben ab, ist es an ihm nachzuweisen, daß die von ihm getroffenen Maßnahmen ebenso wirksam sind.[353]

Diese vor allem prozessual wichtige Rechtsfolge ist im ArbSchG entgegen den Regelungen in anderen Rechtsvorschriften (§§ 44 Abs. 2 GefStoffV; 4 Abs. 2 ArbStättV, 3 Abs. 1 Satz 3 GSG) nicht ausdrücklich geregelt. Auch wenn eine vergleichbare ausdrückliche Bestimmung aus Gründen der Rechtsklarheit auch für das ArbSchG wünschenswert gewesen wäre, ist der beschriebene Mechanismus und die aus ihm folgende Beweislastverteilung auch auf die in Zukunft zu erwartenden Regeln und Erkenntnisse anwendbar. Es widerspräche dem gesetzgeberischen Ziel des ArbSchG, durch die Festlegung offen gehaltener Schutzziele (Standards) den Betrieben Freiräume zu eröffnen für die Entwicklung eigener Vorstellungen und andererseits durch technische Regelwerke abschließend festzulegen, welche Verhaltensweisen – d.h. Maßnahmen – allein zulässig sind.[354] Darüber hinaus sprechen die bisherige Praxis und die diese bestätigenden normativen Festlegungen in den genannten Regelungen dafür, daß es sich um ein übergreifendes Prinzip bei der Verwendung normenkonkretisierender Rechtsvorschriften handelt.

---

men dieser Arbeit eingehend behandelte Problematik wieder, daß die Richtigkeit von Entscheidungen sich primär über das Verfahren und nicht über das Ergebnis legitimiert. Zum Problem der technischen Normung vor dem Hintergrund des europäischen Arbeitsumweltrechts vgl. eingehend *Bücker*, Von der Gefahrenabwehr zu Risikovorsorge und Risikomanagement, S. 218 ff.

[351] Zu den Aufgaben und zur Arbeitsweise des Ausschusses für Gefahrstoffe vgl. *Meyer*, in: *Heilmann* (Hrsg.), Gefahrstoffe am Arbeitsplatz, S. 234 ff.

[352] Hierzu auch *Marburger*, Regeln der Technik im Recht, S. 398 ff.

[353] Hierzu *Bücker*, Von der Gefahrenabwehr zu Risikovorsorge und Risikomanagement, S. 130; *MünchArbR-Wlotzke*, § 210, Rdnrn. 19 f.; *ArbR BGB-Friedrich*, § 618, Rdnr. 148.

[354] In diesem Sinne allgemein auch *Marburger*, Regeln der Technik im Recht, S. 399, der zutreffend einen Widerspruch darin sieht, einerseits durch Standards wie Technikklauseln die gewünschten Verhaltensweisen offen zu umschreiben und andererseits in einem technischen Regelwerk eine bestimmte Verhaltensweise als allein standardgemäß zu bezeichnen.

Es kann danach festgehalten werden, daß bei der Geltendmachung von Rechten aus § 618 Abs. 1 BGB, auf die die Regeln und Erkenntnisse des § 18 Abs. 2 Nr. 5 ArbSchG Anwendung finden, der Arbeitgeber beweisbelastet ist, wenn er von diesen abweicht. Er hat dann darzulegen und zu beweisen, daß sein Schutzkonzept in gleicher Weise wirksam ist.[355] Umgekehrt wirkt sich der beschriebene Mechanismus zugunsten des Arbeitgebers aus, wenn er sich auf die Einhaltung technischer Regeln oder gesicherter arbeitswissenschaftlicher Erkenntnisse berufen kann. Es ist dann Sache des Arbeitnehmers darzulegen und zu beweisen, daß trotz Einhaltung der Regeln und Erkenntnisse die gesetzlichen Schutzziele nicht erfüllt werden. Dies ist z.B. denkbar, wenn eine vom Regelfall abweichende Situation gegeben ist oder weil das entsprechende Regelwerk veraltet ist.[356]

IV. Bilanz: Individualrechtliche Rechtsdurchsetzung

Nach dem Leitbild des ArbSchG sollen die Beschäftigten eine aktive Rolle bei der Gestaltung und Durchführung des betrieblichen Arbeitsschutzes spielen. Im ArbSchG selbst finden sich zur rechtlichen Konturierung dieser Rolle eine Reihe von Rechten, die die Beschäftigten bei der Verfolgung ihres letztlich ureigenen Interesses an ihrer körperlichen Unversehrtheit unterstützen. Zu nennen sind insofern die Vorschlags- und Beschwerderechte des § 17 ArbSchG sowie das etwas verklausuliert formulierte Entfernungsrecht bei besonderen Gefahrenlagen in § 9 Abs. 3 ArbSchG. Daneben bestehen speziell im Hinblick auf die Durchsetzung der Grundpflichten des § 3 ArbSchG auf der Grundlage von § 618 Abs. 1 BGB arbeitsvertragliche Rechte und Ansprüche.

Die vorstehende Untersuchung hat ergeben, daß es sowohl verfehlt ist, in den Grundpflichten pauschal eine Konkretisierung der Arbeitgeberpflichten nach § 618 Abs. 1 BGB zu erblicken als auch das gegenteilige Ergebnis ebenso pauschal mit der Begründung zu vertreten, § 3 ArbSchG sei eine bloße Ordnungs- und Verfahrensvorschrift. Die Frage der Transformation des § 3 ArbSchG in das Arbeitsverhältnis nach § 618 BGB bedarf vielmehr einer zwischen den verschiedenen Teilregelungen der Norm differenzierenden Beurteilung, die sich daran zu orientieren hat, ob die jeweilige Regelung unmittelbar auf den Schutz des einzelnen Arbeitnehmers zielt.

---

[355] So mit Blick auf § 4 Abs. 2 ArbStättV und die Arbeitsstättenrichtlinien *Leßmann*, Rauchverbote am Arbeitsplatz, S. 246, der zur Begründung zutreffend darauf hinweist, daß die beschriebene Beweislastverteilung nicht nur im öffentlich-rechtlichen Verhältnis zur Behörde greift, da der Arbeitsschutz zugunsten der Arbeitnehmer zu betreiben ist und erst sekundär gegenüber der Arbeitsschutzaufsicht.

[356] Hierzu BGH, NJW 1987, 372 ff. (373); BGH, NJW 1994, 3349 ff. (3350 f.); *Spindler*, Unternehmensorganisationspflichten, S. 810 f.; zur Eigenständigkeit zivilrechtlicher (Sicherheits)standards auch *Damm*, in: Privatrecht im „Risikostaat", 13 ff. (29 f.).

Danach konkretisieren insbes. die Pflichten, die die Festlegung von konkreten Schutzvorkehrungen zum Gegenstand haben, namentlich die Pflichten zum Treffen der „erforderlichen Maßnahmen des Arbeitsschutzes“ (§ 3 Abs. 1 Satz 1 ArbSchG) und von Anpassungsmaßnahmen (§ 3 Abs. 1 Sätze 2, 3 ArbSchG) die Pflichtenstellung des Arbeitgebers nach § 618 Abs. 1 BGB. Zu den vertraglich geschuldeten Schutzpflichten gehört des weiteren die Regelung der Ablauforganisation der unmittelbar arbeitnehmerschützenden betrieblichen Arbeitsschutzvorschriften. Ablauforganisatorische Regelungen sind notwendige Voraussetzung, um die Durchführung der Maßnahmen nach § 3 Abs. 1 ArbSchG zu gewährleisten. Eine differenziertes Bild ergibt sich für die Regelung der Aufbauorganisation (§ 3 Abs. 2 ArbSchG). Dem unmittelbaren Schutz der einzelnen Beschäftigten dienen die in § 10 ArbSchG vorgesehenen Funktionsträger für Notfallsituationen. Auf ihre Bestellung haben die Beschäftigten über § 618 Abs. 1 BGB einen vertraglichen Anspruch. Nicht unmittelbar auf den Schutz des einzelnen Arbeitnehmer zielend sind die Bestimmungen des ASiG und SGB VII über die Unterstützungsorganisation des Arbeitgebers und der verantwortlichen Personen. Die Aufgaben der Sicherheitsfachkräfte, Betriebsärzte und Sicherheitsbeauftragten zielen primär darauf, durch Beratung Anstöße für die konkrete Gestaltung des Arbeits- und Gesundheitsschutzes zu geben. Ebenfalls nicht unmittelbar auf den Schutz der Beschäftigten zielen die in § 3 Abs. 1 Satz 2 ArbSchG vorgesehenen Wirksamkeitskontrollen. Sie dienen lediglich der Vorbereitung von Entscheidungen über Maßnahmen und haben keinen direkten Einfluß auf die Arbeitsbedingungen der Beschäftigten.

Soweit die Grundpflichten über das „Einfallstor“ des § 618 Abs. 1 BGB in das arbeitsvertragliche Pflichtengefüge eingegangen sind, bietet das Schuldrecht den Beschäftigten ein durchaus breit gefächertes Arsenal von Reaktionsmöglichkeiten, um gegen Pflichtverletzungen des Arbeitgebers vorzugehen. Zu nennen sind insoweit Erfüllungs- und Unterlassungsansprüche und das Zurückbehaltungsrecht an der Arbeitsleistung gemäß § 273 BGB. Darüber kommen die Erhebung einer Feststellungsklage und – im Schadensfalle – die Geltendmachung von Schadensersatzansprüchen in Betracht. Die vor allem bei der Überprüfung von Ermessensentscheidungen des Arbeitgebers häufig bestehende Beweisnot des klagenden Arbeitnehmers wird durch eine Reihe von Beweiserleichterungen gemildert. Sie rechtfertigen sich im Kern dadurch, daß der Arbeitgeber nach § 6 ArbSchG bzw. §§ 5 BGV A 6, 5 BGV A 7 verpflichtet ist, die Grundlagen des betrieblichen Arbeits- und Gesundheitsschutzes zu dokumentieren und der Arbeitnehmer häufig keine Kenntnis über diese, für eine effektive Rechtsverfolgung wichtigen, Informationen hat.

In der Literatur werden vor allem die Beschwerderechte des Arbeitnehmers und das Recht auf Leistungsverweigerung als praktisch bedeutsame und effektive individualrechtliche Optionen genannt.[357] Leistungsklagen auf Erfüllung, Unterlassungsklagen und die Möglichkeit der Feststellungsklage werden demgegenüber für die Praxis nur eine geringe Bedeutung zugemessen. Eine solche Fokussierung auf die Beschwerde und das Leistungsverweigerungsrecht versperrt den Blick auf die – jedenfalls potentielle – Leistungsfähigkeit des schuldrechtlichen Instrumentariums für eine effektive Durchsetzung des Pflichtenprogramms des ArbSchG.

Zu bedenken ist in diesem Zusammenhang, daß die rechtliche Geltendmachung von Verletzungen des § 618 Abs. 1 BGB normalerweise mit einer Belastung des Arbeitsverhältnisses verbunden ist. Für den betreffenden Arbeitnehmer dürfte sich regelmäßig die Frage stellen, wieviel ihm die Sache im Einzelfall wert ist, d.h. welche Belastungen des Arbeitsverhältnisses er bereit ist inkaufzunehmen, um gegen seiner Meinung nach arbeitsschutzrechtswidrige Zustände vorzugehen. Das Recht, die Arbeit einzustellen, das in der Literatur präferiert wird, ist für ihn regelmäßig mit erheblichen Risiken verbunden. Dies gilt besonders dann, wenn ein sich anschließender Rechtsstreit mit einem für ihn ungünstigen Ergebnis endet. Neben dem Verlust der Vergütung[358] sind hier sonstige arbeitsrechtliche Konsequenzen wie Abmahnung und Kündigung zu nennen. Hinzu kommt, daß das ArbSchG anders als das abgelöste Recht mit dem Gefährdungsschutz auch Schutzpflichten im Vorfeld der Gefahr begründet. Während bei einer Arbeitseinstellung in einer rechtswidrigen Gefahrensituation die Geltendmachung des Zurückbehaltungsrechts in der Regel kaum rechtlich zu beanstanden sein wird, können im Bereich des Gefährdungsschutzes wegen § 242 BGB in Abhängigkeit von den Umständen des Einzelfalls Zweifel an der Verhältnismäßigkeit angebracht sein.[359]

Fühlt sich z.B. ein Sachbearbeiter in einer Verwaltung durch Umgebungslärm, der innerhalb der Grenzwerte des § 15 ArbStättV liegt, „gestreßt", dürfte eine Arbeitsverweigerung rechtlich durchaus zweifelhaft sein, wenn nicht besondere Umstände hinzukommen. Darüber hinaus ist zu beachten, daß die Schutzziele des

---

[357] *Erman-Belling*, § 618, Rdnr. 8; *RGRK-Schick*, § 618, Rdnr. 169; *MüKo-Lorenz*, § 618, Rdnr. 66; *ErfK-Wank*, § 618 BGB, Rdnr. 27.

[358] Zu diesem Risiko anschaulich BAG, AP Nr. 23 zu § 618 BGB, wo ein Arbeitnehmer nach einer Arbeitsverweigerung vergeblich die Vergütung für 16 Monate einklagte. Der Beschäftigte hatte sich wegen von ihm behaupteter Belastungen seines Arbeitszimmers durch Gefahrstoffe auf sein Zurückbehaltungsrecht berufen. Das Gericht sah im Rahmen der sich anschließenden Zahlungsklage die Voraussetzungen zur Geltendmachung des Zurückbehaltungsrechts als nicht gegeben an.

[359] § 242 BGB gebietet insbes., daß die Ausübung des Zurückbehaltungsrechts verhältnismäßig im Hinblick auf die Pflichtverletzung des Arbeitgebers sein muß. Hierzu z.B. *MünchArbR-Blomeyer*, § 96, Rdnr. 29; *Kort*, NZA 1996, 854 ff. (855); *Soergel-Kraft*, § 618, Rdnr. 22.

ArbSchG[360] offen gehalten sind. Es läßt sich eben nicht treffsicher sagen, welches Verhalten des Arbeitgebers rechts- und damit vertragswidrig ist.

Vor dem Hintergrund des erweiterten Arbeitsschutzansatzes des ArbSchG besteht nach alledem ein Bedürfnis nach flexiblen Reaktionsmöglichkeiten in individualrechtlichen Verfahren. Die im Kern unstreitigen individualrechtlichen Ansprüche und Rechte sind deswegen als ein gestuftes System von Handlungsoptionen zu sehen. Es zeichnet sich dadurch aus, daß es dem Beschäftigten für den konkreten Einzelfall eine problem- und risikoangemessene Reaktion ermöglicht. Als ersten Schritt in diese Richtung lassen sich vor diesem Hintergrund etwa die im Zusammenhang mit dem Nichtraucherschutz geltend gemachten Erfüllungsansprüche deuten.[361]

Hinzuweisen ist schließlich darauf, daß die individualrechtlichen Reaktionsmöglichkeiten in zwei Richtungen gestuft sind. Neben den beschriebenen flexiblen Möglichkeiten, unmittelbar gegen den Arbeitgeber als Pflichtigen nach § 618 Abs. 1 BGB vorzugehen, räumen die Beschwerderechte ergänzend die Option ein, andere Durchsetzungsmechanismen zu aktivieren, namentlich die öffentlich-rechtliche Durchsetzung durch die Aufsicht und das betriebsverfassungsrechtliche Instrumentarium. Aufgrund dieser Verzahnung erweist sich das Individualrecht also auch als geeignet, Impulse zur Effektivierung der anderen Ebenen der Rechtsdurchsetzung zu geben.

D. Kollektivrechtliche Rechtsdurchsetzung im Wege der betrieblichen Mitbestimmung

Als letzte „Durchsetzungsordnung" des ArbSchG ist schließlich näher auf das Betriebsverfassungsrecht einzugehen. Die hier vornehmlich interessierende Rolle des Betriebsrats wurde bereits an anderer Stelle beschrieben (vgl. oben S. 326 ff.). Dabei haben sich mit den Funktionen des Akteurs der innerbetrieblichen Selbstkontrolle, des Verhandlungsführers der Belegschaft sowie des Mitreglers bei Fragen des betrieblichen Arbeits- und Gesundheitsschutzes im Kern drei Elemente als rollenprägend erwiesen. Die nachfolgenden Ausführungen knüpfen an diese prinzipiellen Überlegungen an. Es geht an dieser Stelle darum, die sich aus dem Betriebsverfassungsrecht ergebenden Rollenbeschreibungen unter dem speziellen Gesichtspunkt der Rechtsdurchsetzung zu beleuchten und zu untersuchen, ob und inwieweit das ArbSchG und das BetrVG ineinandergreifen, miteinander harmonieren und sich ggf. wechselseitig ergänzen.

---

[360] Im Beispielsfall insbes. § 4 Nrn. 1, 4 ArbSchG.

[361] Vgl. nur aus der Rechtsprechung des BAG, AP Nrn. 20, 26 zu § 618 BGB.

I. Betriebsverfassungsrecht als Teil eines betrieblichen Arbeitsschutzverfahrensrechts

Die Untersuchung der Grundpflichten nach § 3 ArbSchG hat gezeigt, daß zukünftig Verfahrensfragen im betrieblichen Arbeits- und Gesundheitsschutz eine verstärkte Bedeutung zukommen muß. Die Pflicht, die Maßnahmen des Arbeitsschutzes zu planen und die prozeduralen Regeln des § 3 Abs. 1 ArbSchG stehen in besonderem Maße für diesen verfahrensorientierten Ansatz. So weist der Planungsbegriff auf einen Prozeß, in dem systematisch Schutzziele zu ermitteln und bewerten sind[362] und aufgrund einer Abwägung eine sämtliche Aspekte einbeziehende und abstimmende Entscheidung zu treffen ist. Diese Prozeßhaftigkeit des Arbeitsschutzes setzt sich fort mit Blick auf die Teilpflichten des § 3 Abs. 1 ArbSchG. Die im Wege der Planung erarbeiteten und aufeinander abgestimmten Maßnahmen sind nicht nur durchzuführen, sondern auch auf ihre Wirksamkeit hin zu überprüfen. Die hierbei gewonnenen Erkenntnisse sind erforderlichenfalls in weitere Planungen einzuspeisen mit dem Ziel der Optimierung der Verhältnisse. Das Arbeitsschutzrecht knüpft durch diese Verfahrensorientierung an Entwicklungen an, die im öffentlichen Recht, insbes. im Umweltschutz- und Planungsrecht schon seit längerer Zeit beobachtet werden konnten.

Wie an anderer Stelle (oben S. 60 ff.) eingehend beschrieben, hat das Verfahren im ArbSchG nicht mehr lediglich eine unselbständige, dienende Funktion in dem Sinne, daß es lediglich die einzig richtige Entscheidung (über Schutzmaßnahmen) vorbereitet. Die sorgfältige Beachtung des Verfahrens ist vielmehr ein zentraler Aspekt für die rechtliche „Richtigkeit" der Auswahl zwischen verschiedenen – im Ergebnis gleichermaßen vertretbaren – Maßnahmen zur Gestaltung der betrieblichen Schutzkonzeption.[363] Das ArbSchG stellt mit seinem § 3 und den unmittelbar damit zusammenhängenden §§ 4-6 vor allem ein Methodeninventar zur Verfügung.

Die prozedurale Richtigkeitsgewähr als Gegenmodell zur Ergebnisrichtigkeit setzt allerdings mehr voraus als die Beachtung bestimmter Methoden, durch die Entscheidungen systematisiert und vorstrukturiert werden. Das „richtige" Verfahren verlangt zudem, daß die verschiedenen Sichtweisen der Betroffenen und die hinter ihnen stehenden Interessen gebührend Berücksichtigung finden.[364] Die Orientierung auf Aspekte des Verfahrens verlangt demnach auch Beteiligungsregeln, die den Betroffenen die Chance einräumen, ihre Belange in den Entschei-

---

[362] Rechtlich vorstrukturiert vor allem durch das Instrument der Gefährdungsbeurteilung, hierzu auch *Däubler*, Der Betriebsrat 1998, 31 ff. (32); zur Prozesshaftigkeit von Gefährdungsbeurteilungen vgl. auch *Kohte*, EAS, B 6100 – Arbeitsschutzrahmenrichtlinie –, Rdnrn. 43 f.

[363] Hierzu nochmals *Grimm*, NVwZ 1985, 865 ff. (867).

[364] *Grimm*, NVwZ 1985, 865 ff. (867); *Hoffmann-Riem*, AöR 1994, 590 ff. (599 ff.).

dungsprozeß und in die Entscheidung selbst einzubringen. Dies muß in besonderem Maße für den Arbeits- und Gesundheitsschutz gelten, der nach der Philosophie des ArbSchG vorrangig selbstverantwortlich auf der betrieblichen Ebene gestaltet werden soll. Anders als etwa in umweltrechtlichen Genehmigungsverfahren ist auf der betrieblichen Ebene keine Behörde vorhanden, die das Verfahren mit ihrer (neutralen) Entscheidung abschließt. Fehlt es danach an einer moderierenden, neutralen Instanz, bedarf es erst recht dezidierter Regelungen, die die Teilhabe der Betroffenen, d.h. hier der Arbeitnehmer, sicherstellen.

Dieses Ergebnis findet seine europarechtliche Bestätigung durch einen Blick auf die Rahmenrichtlinie-Arbeitsschutz 89/391 EWG, für die die Stärkung der Mitwirkung der Arbeitnehmer ein zentrales Anliegen ist.[365] Art. 11 der Rahmenrichtlinie, in dem die Anhörung und Beteiligung der Arbeitnehmer geregelt ist, sieht in seinem Absatz 1 für alle Fragen der Sicherheit und des Gesundheitsschutzes bei der Arbeit als Beteiligungsformen das *Recht auf Anhörung*, das *Vorschlagsrecht* und *„die ausgewogene Beteiligung nach den nationalen Rechtsvorschriften bzw. Praktiken"* vor.[366] Entsprechende Umsetzungsvorschriften finden sich im ArbSchG nur partiell. Zu nennen ist insoweit § 17 Abs. 1 ArbSchG, der das in Art. 11 Abs. 1 Rahmenrichtlinie vorgesehene Vorschlagsrecht der Beschäftigten in deutsches Recht transformiert. Darüberhinaus kann auf § 14 ArbSchG verwiesen werden, der eine Sonderregelung über die Unterrichtung und Anhörung der Beschäftigten des öffentlichen Dienstes enthält.[367] Weitergehende Bestimmungen für die nicht dem öffentlichen Dienst angehörigen Beschäftigten und über die kollektive Beteiligung der Arbeitnehmervertretungen finden sich im ArbSchG demgegenüber nicht.

Der Grund hierfür liegt darin, daß der Gesetzgeber besondere Regelungen im ArbSchG für nicht geboten hielt, weil er die in Art. 11 Abs. 1 Rahmenrichtlinie normierten Unterrichtungs- und Beteiligungspflichten im deutschen Recht bereits als weitgehend durch das BetrVG geregelt ansah. Modifizierungen sind lediglich in § 81 BetrVG vorgenommen worden, wobei im Hinblick auf die hier interessierende Beteiligung an der präventiven Gestaltung des Arbeitsschutzes vor allem auf den bereits oben thematisierten (S. 432 ff.) § 81 Abs. 3 BetrVG

---

[365] Hierzu Hernichel, Industrielle Beziehungen 1995, 274 ff. (278 ff.); *Bücker/Feldhoff/Kohte*, Rdnrn. 267 ff.

[366] Einzelheiten hierzu bei *O. Hinrichs*, Die Mitbestimmung des Betriebsrats nach § 87 Abs. 1 Nr. 7 BetrVG, S. 32 ff. mit Hinweisen auf die Entstehungsgeschichte; Hernichel, Industrielle Beziehungen 1995, 274 ff. (278 ff.); *Kohte*, Die Stärkung der Partizipation der Beschäftigten im betrieblichen Arbeitsschutz, S. 9 ff., mit einer Darstellung der Umsetzungregelungen in Großbritannien, Spanien, Italien, den Niederlanden, Schweden, Frankreich und Österreich.

[367] Grund der Regelung ist nach der Gesetzesbegründung, daß sich in den Personalvertretungsgesetzen keine dem § 81 BetrVG vergleichbare Regelung findet und deshalb eine Regelung durch das ArbSchG erforderlich war, vgl. BT-Drcks. 13/3540, S. 19 f.

zu verweisen ist[368], der die Beteiligung in betriebsratslosen Betrieben in Form einer Anhörungspflicht regelt.[369] Die Beteiligungsrechte des Betriebsrats sind durch das Artikelgesetz nicht geändert worden. In den Gesetzesmaterialien wird insoweit davon ausgegangen, daß die europarechtlich geforderten Unterrichtungs- und Beteiligungspflichten durch die Regelungen des BetrVG abgedeckt sind (§§ 80, 81, 87, 90, 87 Abs. 1 Nr. 7 BetrVG).[370] Sind die genannten Vorschriften des BetrVG danach als Vorschriften zur Umsetzung des Art. 11 Abs. 1 Rahmenrichtlinie zu qualifizieren[371], kann dies nicht ohne Konsequenzen bleiben für das Verständnis und die Einordnung der arbeitsschutzrelevanten Bestimmungen des BetrVG.

Grundsätzlich anzumerken ist zunächst, daß die gewählte Umsetzung des Art. 11 Abs. 1 Rahmenrichtlinie – so plausibel sie nach der Systematik des deutschen Arbeitsschutzrechts ist – einen großen Vertrauensvorschuß in die Betriebsparteien setzt. Zu bedenken ist insoweit, daß die Regelungen des BetrVG nicht der staatlichen Aufsicht unterliegen und deswegen auch nicht mit den Instrumenten des öffentlichen Rechts vollziehbar sind. Dies ist im Hinblick auf die europarechtlich geforderte effektive Umsetzung[372] von Art. 11 Abs. 1 Rahmenrichtlinie zumindest nicht völlig unproblematisch. In jedem Fall ist aber die Auslegung der maßgeblichen Bestimmungen an Sinn und Zweck der Beteiligungsregeln der Rahmenrichtlinie auszurichten. Da die Beteiligungs- und Unterrichtungspflichten bei allen Fragen betreffend die Sicherheit und die Gesundheit am Arbeitsplatz greifen, wird im Zweifel eine beteiligungsfreundliche Auslegung geboten sein.[373]

---

[368] Außerdem ist, in Umsetzung von Art. 10 Abs. 1 lit. b Rahmenrichtlinie, § 81 Abs. 1 BetrVG dahingehend ergänzt worden, daß die Beschäftigten über Notfallmaßnahmen und deren Organisation (§ 10 Abs. 2 ArbSchG) zu belehren sind.

[369] Im übrigen sah der Gesetzgeber keinen Bedarf, weitere Mitwirkungs- und Beteiligungsrechte für Arbeitnehmer betriebsratsloser Betriebe zu normieren, die über das im übrigen bestehende Recht hinausgehen, vgl. BT-Drcks. 13/3540, S. 22. Unproblematisch ist die Umsetzungsregelung nicht. Da die Regelung nicht im ArbSchG angesiedelt ist, besteht nicht die Möglichkeit, sie ggf. durch behördliche Anordnung nach § 22 Abs. 3 Nr. 1 BetrVG durchzusetzen, was im übrigen wegen § 14 ArbSchG im öffentlichen Dienst durchaus möglich ist, kritisch hierzu *Kohte*, EAS, B 6100, Arbeitsschutzrahmenrichtlinie, Rdnr. 89. Ob die oben aufgezeigten Möglichkeiten einer individualrechtlichen Durchsetzung des § 81 Abs. 3 BetrVG dieses Durchsetzungsdefizit aufzufangen vermögen, ist zu bezweifeln.

[370] Vgl. auch Gesetzesbegründung, BT-Drcks. 13/3540, S. 22, sowie bereits *Wlotzke*, RdA 1992, 85 ff. (95).

[371] Hierzu auch *Wlotzke*, RdA 1992, 85 ff. (95).

[372] Hierzu *Bücker/Feldhoff/Kohte*, Rdnrn. 171 ff.; Geiger, EUV/EGV, Art. 249 EUV, Rdnrn. 9 f.; EuGHE 1997, 1653 ff. (1679 f.).

[373] Nach einem Beschluß des LAG Düsseldorf, NZA 1989, 733 f., soll der Betriebsrat nicht hinzuzuziehen sein bei der Erstellung von Arbeitsplänen der Sicherheitsfachkraft und den zu diesem Zwecke erfolgenden Betriebsbesichtigungen. Diese Rechtsprechung war

Wichtiger für den vorliegenden Zusammenhang ist ein weiterer Aspekt. Art. 11 Abs. 1 Rahmenrichtlinie macht klar, daß europarechtlich nicht nur die Beachtung bestimmter Verfahrensweisen gefordert ist, sondern auch Regeln über die Beteiligung der Arbeitnehmer und ihrer Vertretungen an diesen Verfahrensweisen bestehen. Dieser Zusammenhang ist im deutschen Recht nicht ohne weiteres erkennbar, da die Beteiligungsregeln nicht umfassend im Kerngesetz, dem ArbSchG, geregelt sind. Dessenungeachtet handelt es sich quasi um zwei Seiten derselben Medaille. Die Beachtung der Beteiligungspflichten ist notwendiges Element für die rechtskonforme Anwendung der in den Grundpflichten niedergelegten Prozeduren und damit Voraussetzung dafür, damit die Planung und Durchführung der „Maßnahmen des Arbeitsschutzes“ als „verfahrensrichtig“ legitimiert angesehen werden können.[374] Das Betriebsverfassungsrecht kann nach alledem also als integraler und notwendiger Bestandteil eines betrieblichen „Arbeitsschutzverfahrensrechts“ charakterisiert werden.

II. Betriebsverfassungsrecht als rechtliche Rahmenordnung zur eigenverantwortlichen und kooperativen Gestaltung und Durchführung des betrieblichen Arbeits- und Gesundheitsschutzes

Betrachtet man vor diesem Hintergrund das Arbeitsschutzverfahrensrecht des BetrVG im Hinblick auf die hier besonders interessierende kollektive Beteiligung durch den Betriebsrat, lassen sich im wesentlichen drei Kernelemente herausfiltern.

1. Gebot der Transparenz

Zu nennen ist zunächst ein weitreichendes Gebot der Transparenz und Offenheit über alle Fragen des Arbeits- und Gesundheitsschutzes. Neben der allgemeinen Informationspflicht des § 80 Abs. 2 BetrVG ist in diesem Zusammenhang vor allem auf die speziellen Rechte des Betriebsrats nach § 89 Abs. 2, 4-6 BetrVG zu verweisen. Danach ist er z.B. nicht nur zu allen Besichtigungen, Besprechungen und Untersuchungen im Betrieb hinzuzuziehen, sondern auch unverzüglich über Auflagen und Anordnungen der Arbeitsschutzbehörden und Berufsgenossenschaften in Kenntnis zu setzen. Zweck dieser Transparenzregeln ist es, den Betriebsrat in die Lage zu versetzen, selbst zu entscheiden, ob

---

schon vor dem Hintergrund der alten Rechtslage wenig überzeugend, weil die Setzung von Schwerpunkten der sicherheitstechnischen Betreuung nach § 87 Abs. 1 Nr. 7 BetrVG mitbestimmungspflichtig ist; vgl. hierzu nur *Fitting/Kaiser/Heither/Engels/Schmidt*, BetrVG, § 87, Rdnr. 319. Vor dem Hintergrund der skizzierten europäischen Vorgaben dürfte sie gänzlich unhaltbar geworden sein.

[374] Ebenfalls in diese Richtung mit Blick auf § 87 Abs. 1 Nr. 7 BetrVG argumentierend, *N. Fabricius*, BB 1997, 1254 ff. (1258), der in dem genannten Mitbestimmungstatbestand eine Verfahrensgarantie und keine Ergebnisgarantie sieht.

und inwiefern sich für ihn Aufgaben und Handlungsnotwendigkeiten ergeben.[375] Es geht damit also um die Schaffung elementarer Voraussetzungen für eine faire Beteiligung und vertrauensvolle Zusammenarbeit i.S. von § 2 Abs. 1 BetrVG[376] durch den Abbau notwendigerweise vorhandener informatorischer Asymmetrien der Betriebsparteien.

Gegenständlich räumt das BetrVG dem Betriebsrat Beteiligungsrechte auf zwei voneinander zu unterscheidenden Ebenen ein: Zum einen knüpfen die Bestimmungen an die *Entscheidungen* über Fragen des betrieblichen Arbeits- und Gesundheitsschutzes an. Zum anderen finden sich im BetrVG Bestimmungen, durch die die Beteiligung des Betriebsrats bei der praktischen *Durchführung* des Arbeitsschutzrechts und der – getroffenen – betrieblichen Maßnahmen und Regelungen des Arbeitsschutzes geregelt wird.

2. Beteiligung an Entscheidungen über Fragen des betrieblichen Arbeits- und Gesundheitsschutzes

Mit Blick auf die Beteiligung des Betriebsrats an Entscheidungen – verstanden als reale Einflußmöglichkeit auf den Entscheidungsinhalt – sieht das BetrVG im Arbeits- und Gesundheitsschutz ein gestuftes System von Mitwirkungsrechten des Betriebsrats vor.[377] Zu nennen ist in diesem Zusammenhang zunächst § 90 Abs. 2 BetrVG. Danach ist der Arbeitgeber verpflichtet, mit dem Betriebsrat Planungen nach § 90 Abs. 1 BetrVG (z.B. Planung von neuen Anlagen, Arbeitsverfahren, Arbeitsplätzen, bauliche Maßnahmen) und ihre Auswirkungen auf die Arbeitnehmer insbes. unter Berücksichtigung der gesicherten arbeitswissenschaftlichen Erkenntnisse über die menschengerechte Gestaltung der Arbeit zu beraten. Die besondere Bedeutung des Beratungsrechts für den Arbeits- und Gesundheitsschutz liegt darin, daß es dem Betriebsrat in einer frühen Phase die Möglichkeit bietet, Einfluß auf die Entscheidungen des Arbeitgebers zu nehmen.[378]

§ 90 Abs. 2 BetrVG schreibt insoweit vor, daß die Beratung so rechtzeitig erfolgen muß, daß die Vorschläge und Bedenken des Betriebsrats bei der Planung noch berücksichtigt werden können.[379] Verspätet wäre die Beratung jedenfalls

---

[375] BAG, AP, Nr. 56 zu § 80 BetrVG 1972; BAG, AP Nr. 37 zu § 80 BetrVG 1972; BAG, AP Nr. 33 zu § 80 BetrVG 1972; *Fitting/Kaiser/Heither/Engels/Schmidt*, BetrVG, § 80, Rdnr. 48; *Däubler/Kittner/Klebe-BetrVG-Buschmann*, § 87, Rdnr. 33.

[376] Zur Bedeutung des Gebots der vertrauensvollen Zusammenarbeit bei der Information des Betriebsrats, *Fitting/Kaiser/Heither/Engels/Schmidt*, BetrVG, § 80, Rdnr. 48.

[377] Allgemein zu den verschiedenen Formen der Mitwirkungsrechte des Betriebsrats vgl. etwa *Zöllner/Loritz*, Arbeitsrecht, S. 530 ff.

[378] Hierzu bereits *Zöllner*, RdA 1973, 212 ff. (215 f.).

[379] Hierzu BAG, DB 1992, 1732 ff. (1733 f.); BAG, AP, Nr. 29 zu § 80 BetrVG; LAG Hamburg, DB 1985, 2308; *Hess/Schlochauer/Glaubitz-Schlochauer*, BetrVG, § 90,

dann, wenn die Planungsphase beendet ist. Die rechtliche Bedeutung des § 90 Abs. 2 BetrVG hat sich durch den erweiterten Arbeitsschutzansatz des ArbSchG deutlich erhöht.[380] Insbes. die Pflichten, Gefährdungen möglichst zu vermeiden bzw. soweit als möglich zu minimieren (§ 4 Nr. 1 ArbSchG) sowie den Stand der Technik und die gesicherten arbeitswissenschaftlichen Erkenntnisse zu berücksichtigen (§ 4 Nr. 3 ArbSchG) wirken unmittelbar in den Planungsprozeß ein.

Beratungen nach § 90 Abs. 2 BetrVG werden daher nicht selten in engem Zusammenhang mit der Ausübung des stärksten Beteiligungsrecht des Betriebsrats, dem § 87 Abs. 1 Nr. 7 BetrVG stehen. Diese Vorschrift, auf die nachfolgend noch im Detail einzugehen sein wird, räumt dem Betriebsrat unter den dort näher beschriebenen Voraussetzungen ein erzwingbares Mitbestimmungsrecht bei „Regelungen" über den betrieblichen Arbeits- und Gesundheitsschutz ein. § 87 Abs. 1 Nr. 7 BetrVG unterstreicht nachhaltig den Charakter des BetrVG als betriebliches Arbeitsschutzverfahrensrecht: Sie postuliert für mitbestimmungspflichtige Angelegenheiten nicht nur einen Einigungszwang für die Betriebsparteien, sondern sie verweist zugleich mit der Einigungsstelle auf ein innerbetriebliches Konfliktlösungsverfahren, das nach § 76 Abs. 5 BetrVG auf einen angemessenen Interessenausgleich zwischen den Belangen des Betriebs und den schützenswerten Belangen der Arbeitnehmer zielt.[381]

Die Stufungen der Beteiligungsrechte an Entscheidungen werden wiederum deutlich, wenn man sich im Vorgriff auf die späteren Ausführungen eine Grenze des Mitbestimmungsrechts vor Augen führt. § 87 Abs. 1 Nr. 7 BetrVG bezieht sich ausschließlich auf „Regelungen"[382] des Arbeitsschutzes, nicht aber auf konkrete Maßnahmen. Maßnahmen, die Regelungen des Arbeitsschutzes im Einzelfall häufig praktisch umsetzen und vollziehen, sind im Grundsatz mitbestimmungsfrei. Eine Ausnahme ergibt sich insofern allerdings durch § 91 BetrVG, nach dem der Betriebsrat „Maßnahmen" zur Abwendung, Milderung oder zum Ausgleich verlangen kann, wenn Arbeitnehmer durch Änderungen des Arbeitsplatzes, des Arbeitsablaufs oder der Arbeitsumgebung in besonderer Weise belastet werden und offensichtlich gegen gesicherte arbeitswissenschaftliche Erkenntnisse verstoßen wird.

Rdnr. 10; *GK-BetrVG-Wiese*, § 90, Rdnrn. 4 ff.; *Fitting/Kaiser/Heither/Engels/Schmidt*, BetrVG, § 90, Rdnrn. 34 ff.

[380] Vgl. auch *Fitting/Kaiser/Heither/Engels/Schmidt*, BetrVG, § 90, Rdnr. 4; *Kittner/Pieper*, ArbSchR, Betriebsverfassungsgesetz, Rdnr. 7.

[381] Hierzu auch *N. Fabricius*, BB 1997, 1254 ff. (1258); *O. Hinrichs*, Die Mitbestimmung des Betriebsrats nach § 87 Abs. 1 Nr. 7 BetrVG, S. 30.

[382] Zum Begriff der Regelung vgl. *Richardi-BetrVG-Richardi*, § 87, Rdnr. 559; *Siemes*, NZA 1998, 232 ff. (232); *Wank*, TAS, § 3 ArbSchG, Rdnr.18 f.

3. *Beteiligung an der Umsetzung der betrieblichen Maßnahmen*

Aufmerksam zu machen ist im Rahmen dieses Überblicks schließlich auf ein letztes Verfahrenselement, durch das der Betriebsrat in den Stand versetzt wird, Einfluß auf die tatsächliche Umsetzung der Maßnahmen des Arbeitsschutzes zu nehmen. Nach § 80 Abs. 1 Nr. 1 BetrVG hat der Betriebsrat darüber zu wachen, daß die zugunsten der Arbeitnehmer geltenden staatlichen Rechtsvorschriften, Unfallverhütungsvorschriften und Betriebsvereinbarungen eingehalten werden. Speziell für den Arbeitsschutz verstärkt wird diese Verpflichtung durch § 89 Abs. 1 BetrVG, wonach sich der Betriebsrat für die Durchführung der Vorschriften über den Arbeitsschutz und die Unfallverhütung einzusetzen hat.[383] Zu diesem eigenständigen Überwachungsrecht gehört es, alle erforderlich erscheinenden Schritte zu ergreifen, also z.B. allgemeine Betriebsbesichtigungen oder unangemeldete stichprobenartige Überprüfungen vorzunehmen.[384]

Das Betriebsverfassungsrecht flankiert damit die Instrumente der betrieblichen Selbstüberwachung, namentlich in Gestalt der Fachkraft für Arbeitssicherheit, des Betriebsarztes und der Sicherheitsbeauftragten nach § 22 SGB VII. Es formt also auch insofern die durch das ArbSchG intendierte Eigenverantwortlichkeit der Betriebe rechtlich aus. Durch die genannten Regelungen wird ein Sicherungsmechanismus installiert, der die Selbsteuerungsfähigkeit des Betriebs im Hinblick auf die Implementierung und Realisierung der allgemein gehaltenen Schutzziele des Gesetzes unterstützt. Das BetrVG erweist sich somit nicht nur als wesentlicher Teil eines Arbeitsschutzverfahrensrechts, sondern in der Sache auch als reflexives Recht (hierzu oben S. 287 ff.). Es reguliert die Interaktionen der betrieblichen Beteiligten sowohl durch Entscheidungsregeln als auch durch Instrumente der Selbstkontrolle, um auf diese Weise eine angemessene Problemverarbeitung innerhalb des Teilsystems Betrieb zu unterstützen.[385]

4. *Gesamtschau*

Versucht man die vorstehenden Überlegungen zu einem übergreifenden Leitgedanken zusammenzufassen, sind die Beteiligungvorschriften des BetrVG aufgrund des in § 2 Abs. 1 BetrVG fixierten grundlegenden Gebots zur vertrauensvollen Zusammenarbeit zunächst als rechtliche Regeln über eine betriebliche Kooperation zu deuten. Dies deckt sich mit den Vorstellungen des Gesetzgebers und mit der von ihm in den Materialien als Philosophie des Gesetzes beschriebenen Kooperation aller betrieblichen Akteure.[386] Daß diese Kooperation nicht ohne rechtliche Regeln denkbar ist, ergibt sich bereits aus der Relevanz des Arbeitsschutz-

[383] Dazu etwa *Fitting/Kaiser/Heither/Engels/Schmidt*, BetrVG, § 89, Rdnr. 11.
[384] Hierzu LAG Frankfurt, DB 1972, 2214; *GK-BetrVG-Wiese*, § 89, Rdnrn. 10 f.
[385] Hierzu auch *Rehbinder*, ZHR 2001, 1 ff. (3 ff.).
[386] BT-Drcks. 13/3540, S. 13.

rechts für den Schutz der Grundrechte der Beschäftigten aus Art. 2 GG. Die spezifische Bedeutung der Regelungen über die kollektive Beteiligung im BetrVG – und auch der Bestimmungen über die individuelle Beteiligung im BetrVG und ArbSchG – liegt darin, die fundamental aus den Grundrechten folgenden Forderungen nach einer Beteiligung der Betroffenen rechtlich zu präzisieren und zu operationalisieren. Dieser Hinweis ist hier angebracht, weil der Begriff der Beteiligung oder Partizipation in der arbeitswissenschaftlichen Diskussion nicht einheitlich verwendet wird und durchaus schillernd ist.[387] Rechtlich liegen insbes. mit den Vorschriften des BetrVG klare Maßstäbe vor, anhand derer der Einzelfall zu beurteilen ist.

Als reflexives Recht ist das BetrVG in besonderem Maße geeignet, den ebenfalls in der Gesetzesbegründung hervorgehobenen Aspekt der Selbstverantwortung[388] bei der Gestaltung des Arbeits- und Gesundheitsschutzes rechtlich mit Leben zu erfüllen. All dies unterstreicht auf einer eher prinzipiellen Ebene nachhaltig, daß das BetrVG die Anforderungen an das Verfahren nach dem ArbSchG im Hinblick auf die notwendige Beteiligung der Betroffenen komplettiert.

Mit diesen prinzipiellen Überlegungen ist allerdings noch nicht geklärt, wie die Beteiligung des Betriebsrats in der Praxis auszusehen hat. Zweifel bestehen

---

[387] So wird bei *Zimolong* (Hrsg.), Management des Arbeits- und Gesundheitsschutzes, S. 78 f., Partizipation mit der Einbindung der Mitarbeiter gleichgesetzt. Erfolgreiche Unternehmen sollen sich dadurch auszeichnen, daß die Mitarbeiter als Partner angesehen werden, deren Expertenwissen in die Problemlösungen miteinfließt. Sieht man davon ab, daß es rechtlich zumindest zweifelhaft ist, ob Einbindung der Beschäftigten und Beteiligung das Gleiche meinen, spricht der Gedanke der Sicherheitspartnerschaft dafür, daß eine Übereinstimmung mit der durch das ArbSchG intendierten Kooperation der betrieblichen Akteure besteht. Im Dunkeln bleibt aber, nach welchen „Spielregeln" diese Partnerschaft erfolgen soll. Kaum mit den rechtlichen Anforderungen an die Beteiligung in Einklang zu bringen ist die Deutung von Partizipation bei *Elke*, Management des Arbeitsschutzes, S. 83 ff. Im Mittelpunkt steht dabei die Erzielung von „commitment" mit den Unternehmenszielen zum Zwecke „organisationaler Steuerung". Es ist zuzugeben, daß es zweifellos ein wichtiger „Erfolgsfaktor" ist, wenn die Unternehmensziele im Arbeits- und Gesundheitsschutz von den Beschäftigten geteilt werden. Rechtlich geht es bei der Beteiligung aber nicht um die „Steuerung" der Beschäftigten, sondern darum, daß die Beschäftigten oder auch die Betriebsräte nach Maßgabe der in ihrer Intensität gestuften Beteiligungsrechte nach dem ArbSchG und BetrVG als handelnde Subjekte „mitsteuern". Man mag diese Diskrepanzen mit den jeweiligen Forschungsinteressen der Arbeitswissenschaften (vorstehend der Organisationspsychologie) erklären. Aus juristischer Perspektive folgt hieraus jedenfalls, daß sorgfältig die originär rechtlichen Maßstäbe heranzuziehen sind, wenn z.B. der Aspekt der Beteiligung in einem Arbeitsschutzmanagementsystem zu beurteilen ist. Als weiterer Beleg für die Schwierigkeiten, Beteiligung auf der praktischen Ebene umzusetzen, kann auf die Historie des Öko-Audits verwiesen werden. Nicht zuletzt gravierende Defizite bei der auch im Rahmen von EMAS intendierten Beteiligung der Mitarbeiter haben dazu geführt, die Frage der Partizipation in der novellierten EU-EMASV weitaus stärker zu betonen und rechtlich vorzustrukturieren, vgl. hierzu etwa *Knopp*, NVwZ 2000, 1121 ff. (1124).

[388] Nochmals, BT-Drcks. 13/3540, S. 13.

insoweit vor allem im Hinblick auf das Herzstück der Beteiligung, der gleichberechtigten und erzwingbaren Entscheidungsbeteiligung im Rahmen der Mitbestimmung nach § 87 Abs. 1 Nr. 7 BetrVG, die nachfolgend exemplarisch näher untersucht werden soll.

III. Gleichberechtigte Mitgestaltung bei Regelungen des betrieblichen Arbeits- und Gesundheitsschutzes nach § 87 Abs. 1 Nr. 7 BetrVG am Beispiel der Grundpflichten des § 3 ArbSchG

Nach § 87 Abs. 1 Nr. 7 BetrVG hat der Betriebsrat, soweit eine gesetzliche oder tarifliche Regelung nicht besteht, mitzubestimmen bei Regelungen über die Verhütung von Arbeitsunfällen und Berufskrankheiten sowie über den Gesundheitsschutz im Rahmen der gesetzlichen Vorschriften oder der Unfallverhütungsvorschriften. Gegenstand und Ziel der zwingenden Mitbestimmung nach § 87 Abs. 1 Nr. 7 BetrVG sind die gleichberechtigte Mitentscheidung durch den Betriebsrat, soweit der Anwendungsbereich des Mitbestimmungstatbestands betroffen ist.[389] Hieraus folgt nach der Theorie der Wirksamkeitsvoraussetzung, daß wirksame Regelungen nur getroffen werden können, wenn sie von beiden Betriebsparteien getragen werden.[390] Weitgehend unbestritten ist, daß dem Betriebsrat ein Initiativrecht[391] zusteht, das es ihm ermöglicht, von sich aus das Mitbestimmungsverfahren einzuleiten, insbes. dann, wenn der Arbeitgeber untätig bleibt. Letzteres unterstreicht die soeben vorgenommene Charakterisierung der Beteiligungsregeln des BetrVG als reflexives Recht. Das Initiativrecht wirkt auf die Selbstreflektionsfähigkeit und Selbstorganisation des Subsystems Betrieb ein, indem es dem Betriebsrat als Vertretung der Beschäftigten die Rechtsmacht einräumt, die von § 87 Abs. 1 Nr. 7 BetrVG umfaßten Fragen zu thematisieren und zu regeln. Es trägt auf diese Weise dazu bei, den gesetzlichen Arbeitsschutz möglichst effizient umzusetzen und die wohl unbestrittenen Lücken im behördlichen Vollzug, wenn nicht gänzlich zu schließen, so doch zu verkleinern.[392]

---

[389] BAG, AP Nr. 7 zu § 87 BetrVG 1972 – Gesundheitsschutz –; *MünchArbR-Wlotzke*, § 208, Rdnr. 33.

[390] Vgl. hierzu nur *Fitting/Kaiser/Heither/Engels/Schmidt*, BetrVG, § 87, Rdnrn. 595 ff., m.w.N.; *Löwisch/Neumann*, SAE 1997, 85 ff. (86), die in diesem Zusammenhang zutreffend darauf hinweisen, daß ohne entsprechende Einigung die Arbeit nicht wirksam angeordnet werden kann und den Arbeitnehmern insoweit ein Leistungsverweigerungsrecht zusteht; für die Gegenmeinung etwa *Richardi-BetrVG-Richardi*, § 87, Rdnr. 566.

[391] Hierzu etwa *Richardi-BetrVG-Richardi*, § 87, Rdnr. 560; *Egger*, BB 1992, 629 ff. (633); *Löwisch/Neumann*, SAE 1997, 85 ff. (86).

[392] *N. Fabricius*, BB 1997, 1254 ff. (1254); *Kohte*, ArbuR 1984, 263 ff. (272), sowie jüngst BAG, DB 2002, 2278 f. (2279).

1. Voraussetzungen des Mitbestimmungsrechts des § 87 Abs. 1 Nr. 7 BetrVG

Nimmt man die Häufigkeit gerichtlicher Auseinandersetzungen als groben Indikator für die Bedeutung des § 87 Abs. 1 Nr. 7 BetrVG bei der tatsächlichen Durchsetzung des ArbSchG, fällt auf, daß dem Mitbestimmungsrecht bis dato in der Praxis eine weitaus größere Bedeutung zukommt als den zuvor dargestellten öffentlich-rechtlichen und individualrechtlichen Durchsetzungsordnungen. Rechtsstreitigkeiten über die Rechte und Pflichten aus dem ArbSchG sind, jedenfalls was das veröffentlichte Fallmaterial angeht, primär im Zusammenhang mit § 87 Abs. 1 Nr. 7 BetrVG geführt worden.[393] Ob und inwieweit die Vorschrift unmittelbar zur Durchsetzung des ArbSchG und insbes. des § 3 ArbSchG beitragen kann, hängt letztlich von den Anwendungsvoraussetzungen des Mitbestimmungsrechts ab, auf die nachfolgend näher einzugehen ist.

a) Grundlagen

Das Mitbestimmungsrecht des § 87 Abs. 1 Nr. 7 BetrVG ist im Grundsatz durch drei Voraussetzungen geprägt. *Erstens* ist es erforderlich, daß bei der Anwendung gesetzlicher Vorschriften oder von Unfallverhütungsvorschriften ein Entscheidungsspielraum besteht. Regeln gesetzliche oder tarifliche Vorschriften die Angelegenheit so vollständig und genau, daß die betriebliche Umsetzung ohne weitere Festlegungen auf der betrieblichen Ebene möglich ist, wird das Mitbestimmungsrecht aufgrund des Gesetz- und Tarifvorbehalts des Eingangssatzes des § 87 Abs. 1 BetrVG gesperrt.[394] Begrenzt wird der gemeinsam von Arbeitgeber und Betriebsrat zu füllende Entscheidungsspielraum *zweitens* dadurch, daß die Mitbestimmung „im Rahmen der gesetzlichen Vorschriften oder Unfallverhütungsvorschriften" zu erfolgen hat. § 87 Abs. 1 Nr. 7 BetrVG stellt damit klar, daß sich das Mitbestimmungsrecht allein auf das den jeweiligen „Rahmenvorschriften" zu entnehmende rechtlich verbindliche Schutzniveau erstreckt.[395] Darüber hinausgehende Regelungen sind freiwillig und können ggf. Gegenstand einer nicht erzwingbaren Betriebsvereinbarung nach § 88 BetrVG sein. *Drittens* ist § 87 Abs. 1 Nr. 7 BetrVG auf die Vereinbarung von „Regelungen" zur betrieblichen Konkretisierung von Arbeitsschutzvorschriften beschränkt. Mitbestimmungs-

---

[393] Hierzu etwa die Rechtsprechungsübersicht bei *Wagner*, DB 1998, 2366 f.

[394] Hierzu *MünchArbR-Wlotzke*, § 208, Rdnr. 33; *N. Fabricius*, BB 1997, 1254 ff. (1254); *P. Merten/Klein*, DB 1998, 673 ff. (673); *Siemes*, NZA 1998, 232 ff. (232). Vgl. außerdem jüngst BAG, DB 2002, 2278 f. (2279), wonach das Mitbestimmungsrecht einsetzt, „wenn eine gesetzliche Handlungspflicht objektiv besteht und wegen Fehlens einer zwingenden Vorgabe betriebliche Regelungen verlangt, um das vom Gesetz vorgegebene Ziel des Arbeits- und Gesundheitsschutzes zu erreichen".

[395] BAG, AP Nr. 7 zu § 87 BetrVG – Überwachung –; *Fitting/Kaiser/Heither/Engels/Schmidt*, BetrVG, § 87, Rdnr. 280; *Richardi-BetrVG-Richardi*, § 87, Rdnr. 550; *Löwisch/Kaiser*, BetrVG, § 87, Rdnr. 115; *Rottmann*, BB 1989, 1115 ff. (1116 f.).

pflichtig sind daher allein kollektive Tatbestände, nicht aber konkrete Maßnahmen, wie z.B. die Durchführung einer einzelnen Unterweisung nach § 12 ArbSchG oder die konkrete Gefährdungsbeurteilung im Einzelfall.[396]

In dieser Allgemeinheit dürfte weitgehend Einigkeit über die tatbestandlichen Voraussetzungen des § 87 Abs. 1 Nr. 7 BetrVG bestehen. Lebhaft umstritten ist hingegen die weitere Präzisierung der skizzierten Eckpunkte. Nachdem eine erste Welle intensiver Diskussion über die Bedeutung und Reichweite des § 87 Abs. 1 Nr. 7 BetrVG[397] mit der ersten Bildschirmarbeitsentscheidung des Bundesarbeitsgerichts vom 6.12.1983[398] abflaute, sind die Kontroversen in jüngerer Vergangenheit wieder neu entbrannt.

Auslöser war wiederum eine Entscheidung des Bundesarbeitsgerichts zur Bildschirmarbeit. In seinem Beschluß vom 2.4.1996[399] revidierte das Gericht seinen restriktiven Standpunkt zur Mitbestimmung bei der Gestaltung von Bildschirmarbeitsplätzen und räumte dem beteiligten Gesamtbetriebsrat weitgehende Mitbestimmungsrechte ein. Das Gericht begründete seine Entscheidung vor allem mit einer europarechtskonformen Auslegung des § 120 a GewO a.F., eben jener Vorschrift im übrigen, die im Jahre 1983 als wesentliches Argument gegen ein Mitbestimmungsrecht des Betriebsrats angeführt worden war. Diese im Kern mit dem europäischen Arbeitsumweltrecht begründete Änderung der Rechtsprechung ist im vorliegenden Zusammenhang von besonderem Interesse. Mit Blick auf die betriebsverfassungsrechtlichen Möglichkeiten zur Durchsetzung der arbeitsschutzrechtlichen Grundpflichten ist vor diesem Hintergrund zu fragen, ob das ArbSchG, das ja europäisches Arbeitsumweltrecht in deutsches Recht transformiert, zu einer Ausdehnung des Anwendungsbereichs des Mitbestimmungsrechts nach § 87 Abs. 1 Nr. 7 BetrVG führt. Dies ist hier insofern von Belang, als Rückschlüsse auf die Leistungsfähigkeit des Betriebsverfassungrechts als „Durchsetzungsordnung“ des § 3 ArbSchG möglich werden.

---

[396] Zum Begriff der Regelung vgl. etwa *GK-BetrVG-Wiese*, § 87, Rdnrn. 607 f.; *P. Merten/Klein*, DB 1998, 673 ff. (674); *Siemes*, NZA 1998, 232 ff. (232); a.A. offenbar *Löwisch/Kaiser*, BetrVG, § 87, Rdnrn. 114, 120, die den Anwendungsbereich des Mitbestimmungsrechts bei „Maßnahmen“ des Arbeits- und Gesundheitsschutzes sehen, was aber dem Wortlaut des § 87 Abs. 1 Nr. 7 BetrVG ersichtlich widerspricht.

[397] Vgl. z.B. LAG Niedersachsen, BB 1982, 1609 ff.; LAG Berlin, ArbuR 1982, 324 ff.; *Denck*, RdA 1982, 279 ff.; *Glaubitz*, BB 1977, 1403 ff.; *Kohte*, ArbuR 1984, 263 ff.

[398] BAG, AP Nr. 7 zu § 87 BetrVG 1972 – Überwachung –.

[399] BAG, AP Nr. 5 zu § 87 BetrVG 1972 – Gesundheitsschutz –.

b) Streitfragen

Die zweite Bildschirmarbeitsentscheidung des Bundesarbeitsgerichts sowie weitere höchstrichterliche und untergerichtliche Judikate[400] haben, wie bereits ausgeführt, die Diskussion um § 87 Abs. 1 Nr. 7 BetrVG neu belebt.[401] Im vorliegenden Zusammenhang reicht es, primär auf die neuere Diskussion einzugehen, da diese für das ArbSchG und insbes. die Grundpflichten des § 3 ArbSchG relevant ist. Die Streitfragen kreisen im wesentlichen um zwei Themenkomplexe: Zum einen geht es um die prinzipiellen Anforderungen an die Eignung einer Norm als Rahmenvorschrift i.S. von § 87 Abs. 1 Nr. 7 BetrVG. Zum anderen geht es um die Frage, welche Voraussetzungen an den Entscheidungsspielraum zu stellen sind, der von den Betriebsparteien durch Regelungen auszufüllen ist.

aa) Grundsätzliche Anforderungen an Rahmenvorschriften i.S. von § 87 Abs. 1 Nr. 7 BetrVG

Die prinzipiellen Voraussetzungen einer Rahmenvorschrift i.S. von § 87 Abs. 1 Nr. 7 BetrVG werden gegenwärtig vor allem unter drei Gesichtspunkten diskutiert, die wiederum vielfach an „alte" Kontroversen anknüpfen.

(1) Mitbestimmung nach § 87 Abs. 1 ArbSchG und erweiterter Arbeitsschutzansatz des ArbSchG

Streit besteht zunächst darüber, welche mitbestimmungsrechtlichen Auswirkungen der erweiterte Arbeitsschutzansatz, wie er insbes. in der Legaldefinition des § 2 Abs. 1 ArbSchG zum Ausdruck kommt, hat. „Maßnahmen des Arbeitsschutzes" umfassen danach, wie oben eingehend (S. 77 ff.) dargelegt, auch den „gesundheitsnahen Bereich" der menschengerechten Gestaltung der Arbeit.

(a) Beschränkung des Anwendungsbereichs des § 87 Abs. 1 Nr. 7 BetrVG auf Vorschriften zur Gefahrenabwehr?

Es ist vor diesem Hintergrund zweifelhaft, wie sich diese Ausdehnung des gesetzlichen Arbeits- und Gesundheitsschutzansatzes in das System der Beteiligungsrechte des BetrVG einfügt. Dort wird unterschieden zwischen der gleichberechtigten Mitbestimmung im gesetzesgebundenen Arbeitsschutz nach § 87

---

[400] Vgl. z.B. BAG, DB 2002, 2278 f.; BAG, AP Nr. 7 zu § 87 BetrVG 1972 – Gesundheitsschutz –; BAG, AP, Nr. 74 zu § 87 BetrVG 1972 – Arbeitszeit –; ArbG Hamburg, AuA 1999, 36 f.; ArbG Hamburg, ArbuR 1999, 115 ff.; ArbG Braunschweig, NZA-RR 1998, 214 f.

[401] Vgl. z.B. *Feldhoff*, AuA 1997, 72 ff.; *Siemes*, NZA 1998, *N. Fabricius*, BB 1997, 1254 ff.; *P. Merten/Klein*, DB 1998, 673 ff.; *Ehmann*, Festschrift Arbeitsgerichtsbarkeit Rheinland-Pfalz, 19 ff.; *F. Merten*, Gesundheitsschutz und Mitbestimmung bei der Bildschirmarbeit.

Abs. 1 Nr. 7 BetrVG und den weniger intensiven Mitwirkungsrechten im Zusammenhang mit der menschengerechten Arbeitsgestaltung in Gestalt des Beratungsrechts des § 90 Abs. 2 BetrVG und dem korrigierenden Mitbestimmungsrecht nach § 91 BetrVG.

Einige Stimmen in der Literatur halten die Weiterungen des Arbeitsschutzansatzes durch § 2 Abs. 1 ArbSchG mitbestimmungsrechtlich für unbeachtlich.[402] Begründet wird dies zunächst damit, daß die Beteiligungsregeln des BetrVG weder durch das europäische Recht noch durch das ArbSchG als Umsetzungsgesetz geändert worden seien.[403] Es bleibe daher bei der in §§ 87 Abs. 1 Nr. 7, 91 BetrVG angelegten gegenständlichen Abgrenzung der Mitbestimmungstatbestände. Soweit in Regelungen Aspekte der menschengerechten Arbeitsgestaltung einfließen, soll sich die Mitbestimmung des Betriebsrats nicht nach § 87 Abs. 1 Nr. 7 BetrVG, sondern nach § 91 BetrVG richten.[404]

Daran ist unbestreitbar richtig, daß die Vorschriften des BetrVG über die Beteiligung des Betriebsrats im Arbeit- und Gesundheitsschutz sowie bei der menschengerechten Arbeitsgestaltung durch das Artikelgesetz zur Einführung des ArbSchG nicht geändert worden sind.[405] Die daraus gezogene Schlußfolgerung, wonach sich deswegen die sachliche Reichweite des § 87 Abs. 1 Nr. 7 BetrVG auch nicht geändert hat, ist allerdings keineswegs zwingend. Sie sieht sich wegen des Wortlauts und Zwecks des § 87 Abs. 1 Nr. 7 BetrVG sowie aus rechtssystematischen Gründen durchgreifenden Bedenken ausgesetzt.

Prämisse der skizzierten Literaturmeinung ist letztlich, daß sich das Schutzniveau der durch das Mitbestimmungsrecht zu regelnden Angelegenheiten unmittelbar, d.h. immanent aus § 87 Abs. 1 Nr. 7 BetrVG ergibt.[406] Umschrieben wird dieses – vorgegebene – mitbestimmungspflichtige Schutzniveau mit unterschiedlichen Begrifflichkeiten. Ihnen kommt aber in der Sache letztlich die gleiche Funktion zu, nämlich die Grenzen der mitbestimmungspflichtigen Angelegenheiten aus dem Tatbestand des § 87 Abs. 1 Nr. 7 BetrVG selbst heraus zu umschreiben. So soll § 87 Abs. 1 Nr. 7 BetrVG tatbestandlich etwa eine objektive Gefahr[407], eine konkrete

---

[402] Vgl. *Ehmann*, Festschrift Arbeitsgerichtsbarkeit Rheinland-Pfalz, 19 ff. (29 ff.); *P. Merten/Klein*, DB 1998, 673 ff. (674); *GK-BetrVG-Wiese*, § 87, Rdnr. 584.

[403] *Ehmann*, Festschrift Arbeitsgerichtsbarkeit Rheinland-Pfalz, 19 ff. (22, 32).

[404] *GK-BetrVG-Wiese*, § 87, Rdnr. 584; *Richardi-BetrVG-Richardi*, § 87, Rdnr. 555; *P. Merten/Klein*, DB 1998, 673 ff. (674); *Ehmann*, Festschrift Arbeitsgerichtsbarkeit Rheinland-Pfalz, 19 ff. (31 f.).

[405] Wie bereits erwähnt sah der Gesetzgeber die europarechtlich geforderte ausgewogene Beteiligung der Arbeitnehmervertretungen durch die bestehenden Regelungen des BetrVG und durch § 9 Abs. 3 ASiG als abgedeckt an, vgl. nochmals BT-Drcks. 13/3540, S. 22.

[406] Ausführlich zu dieser Grenzziehung, auch im Hinblick auf die Abgrenzung zu § 91 BetrVG, *Ehmann*, Festschrift Arbeitsgerichtsbarkeit Rheinland-Pfalz, 19 ff. (20 ff.).

[407] BAG, AP Nr. 7 zu § 87 BetrVG – Gesundheitsschutz –.

Gefahr[408], eine objektive konkrete Gefahr,[409] eine unmittelbare, konkrete Gefahr oder unmittelbaren, konkreten Gesundheitschutz[410] voraussetzen. Potentielle Rahmenvorschriften wären danach folgerichtig anhand dieser Maßstäbe zu beurteilen.

Versucht man die genannten einschränkenden Merkmale im Gesetz selbst festzumachen, fällt auf, daß der Wortlaut des § 87 Abs. 1 Nr. 7 BetrVG keines der genannten einschränkenden Merkmale enthält. Es ist dort weder von einer Gefahr die Rede, noch finden sich die Begriffe „unmittelbar" und „konkret". In der Norm ist schlicht von „Regelungen über die Verhütung von Arbeitsunfällen und Berufskrankheiten sowie über den Gesundheitsschutz" die Rede.[411] Dies legt nun allerdings eine andere Grenzziehung des Anwendungsbereichs des § 87 Abs. 1 Nr. 7 BetrVG nahe. Die Tatsache, daß sich aus dem Normtext kein Tatbestandsmerkmal findet, daß auf ein bestimmtes arbeitsschutzrechtliches Schutzniveau verweist, spricht gerade dafür, daß die Eignung einer Rechtsnorm als Rahmenvorschrift an anderen Kriterien festgemacht werden soll. Der Gesetzgeber hätte andernfalls eine wie auch immer qualifizierte Gefahr oder ein sonstiges den Schutzstandard der Rahmenvorschriften begrenzendes Tatbestandsmerkmal ausdrücklich normiert.

Orientiert man sich eng am Wortlaut des § 87 Abs. 1 Nr. 7 BetrVG wird schnell klar, daß ein anderer Gesichtspunkt für die Qualifizierung als Rahmenvorschrift maßgeblich sein muß. Das Gesetz nennt mit der „Verhütung von Arbeitsunfällen und Berufskrankheiten" sowie mit dem „Gesundheitsschutz" drei Sachbereiche, über die zulässigerweise Regelungen nach § 87 Abs. 1 Nr. 7 BetrVG getroffen werden können. Verbindendes Element dieser drei Kategorien von Maßnahmen ist, daß sie die Stoßrichtung, also die Ziele der mitbestimmungspflichtigen Regelungen umreißen. Entscheidend ist damit also die finale Ausrichtung der jeweils zu prüfenden Arbeitsschutzvorschrift, nicht aber ihr (materielles) Schutzniveau, zu dem sich

---

408 Richardi-BetrVG-Richardi, § 87, Rdnr. 555.

409 *GK-BetrVG-Wiese*, § 87, Rdnr. 584; *P. Merten/Klein*, DB 1998, 673 ff. (673).

410 Zu den beiden letztgenannten Einschränkungen *Ehmann*, Festschrift Arbeitsgerichtsbarkeit Rheinland-Pfalz, 19 ff. (29).

411 Die Überraschung über diesen Befund vertieft sich, wenn sich einige Autoren ausdrücklich auf den Wortlaut des § 87 Abs. 1 Nr. 7 BetrVG berufen. Vgl. dazu anschaulich *Ehmann*, Festschrift Arbeitsgerichtsbarkeit Rheinland-Pfalz, 19 ff. (21 f.), der den Wortlaut der Norm wiedergibt und folgert, daß es sich nicht um Regelungen zur Konkretisierung des vorgelagerten Arbeitsschutzes handeln darf, sondern nur um Regelungen, die dem unmittelbaren, konkreten Gesundheitsschutz dienen. Man mag diesen Standpunkt in der Sache vertreten können, methodisch verfehlt ist es aber, sie mit dem Wortlaut der Norm zu begründen, der hierfür gerade nichts hergibt. Sinngemäß das Gleiche gilt für die Behauptung von *P. Merten/Klein*, DB 1998, 673 ff. (673), wonach § 87 Abs. 1 Nr. 7 BetrVG nur Sachvorschriften betrifft, die die Arbeit selbst i.S. der Verhütung von Arbeitsunfällen gestalten und *N. Fabricius* (ebenda, Fn. 5) vorhalten, dieses Tatbestandsmerkmal ignorieren zu wollen. In § 87 Abs. 1 Nr. 7 BetrVG wird weder der Begriff Sachvorschriften erwähnt, noch ist davon die Rede, daß die Rahmenvorschriften (die wohl gemeint sind) die Arbeit selbst gestalten müssen.

§ 87 Abs. 1 Nr. 7 BetrVG – wie gesehen – gerade nicht verhält.[412] Wendet man den Maßstab der Finalität der Rahmenvorschrift an, ist die grundsätzliche Eignung des § 3 ArbSchG als Rahmenvorschrift i.S. von § 87 Abs. 1 Nr. 7 BetrVG kaum zu bezweifeln. Nochmals zu verweisen ist insofern auf die Legaldefinition des § 2 Abs. 1 ArbSchG. „Maßnahmen des Arbeitsschutzes" dienen danach der Verhütung von Unfällen und arbeitsbedingten Gesundheitsgefahren. Dies gilt auch für die Maßnahmen zur menschengerechten Gestaltung der Arbeit. Durch die Verwendung des Merkmals „einschließlich" in § 2 Abs. 1 ArbSchG werden sie final auf den Gesundheitsschutz ausgerichtet.[413] Ergänzend hinzuweisen ist auf die Zweckbestimmung des § 1 Abs. 1 ArbSchG, wonach das Gesetz dazu dient, Sicherheit und Gesundheitsschutz der Beschäftigten bei der Arbeit durch Maßnahmen des Arbeitsschutzes zu sichern und zu verbessern.[414] Die hier vetretene Abgrenzung entspricht auch dem Sinn und Zweck des Mitbestimmungsrechts des § 87 Abs. 1 Nr. 7 BetrVG: Durch die erzwingbare und notwendige Mitbestimmung des Betriebsrats soll der Vollzug des für den Arbeitgeber ohnehin verbindlichen materiellen Arbeitsschutzrechts unter Mobilisierung des Betriebsrats effektiviert werden.[415]

Aus dem so zu beschreibenden Normzweck des § 87 Abs. 1 Nr. 7 BetrVG ergeben sich zudem weitere Argumente für die hier vertretene Auffassung. Da es um die flankierende Unterstützung der betrieblichen Umsetzung zwingender Arbeitsschutz- und Unfallverhütungsvorschriften durch konkretisierende betriebliche Regelungen geht, können sich die Grenzen des Mitbestimmungsrechts im Hinblick auf das umzusetzende Schutzniveau auch nur aus diesen Vorschriften ergeben. Das Mitbestimmungsrecht des Betriebsrats ist insofern also akzessorisch dem (materiellen) Arbeitsschutzrecht zugeordnet. Dies ergibt sich im übrigen bereits auch wiederum aus dem Wortlaut des § 87 Abs. 1 Nr. 7 BetrVG, der insoweit anordnet, daß die Regelungen „im Rahmen der gesetzlichen Vorschriften oder der Unfallverhütungsvorschriften" zu treffen sind. Bis zum Wirksamwerden der neuen, im europäischen Recht fußenden gesetzlichen Bestimmungen war dies im Prinzip auch nicht streitig. Die wie gesehen auch heute noch vertretenen Beschränkungen des Mitbestimmungsrechts durch das Erfordernis einer (wie auch immer qualifizierten) Gefahr sind im Zusammenhang mit der abgelösten Generalklausel des § 120 a GewO

---

[412] So auch BAG, AP Nr. 74 zu § 87 BetrVG 1972 – Arbeitszeit –; BAG, AP Nr. 5 zu § 87 BetrVG – Gesundheitsschutz –; *Kittner*, Festschrift Däubler, 690 ff. (695); *Kohte*, Jahrbuch des Arbeitsrechts 2000, 21 ff. (38).

[413] Es geht allein um den „gesundheitsnahen Bereich" der menschengerechten Arbeitsgestaltung, vgl. hierzu eingehend oben S. 77 ff.

[414] Das Bundesarbeitsgericht prüft in seiner neueren Rechtsprechung den Zweck von Rahmenvorschriften i.S. von § 87 Abs. 1 Nr. 7 BetrVG anhand der jeweiligen Zweckbestimmung des Gesetzes, vgl. insoweit BAG, AP Nr. 74 zu § 87 BetrVG 1972 – Arbeitszeit –; BAG, AP Nr. 5 zu § 87 BetrVG – Gesundheitsschutz –.

[415] Hierzu *Kohte*, ArbuR 1984, 263 ff. (272); *N. Fabricius*, BB 1997, 1254 ff. (1254); in diesem Sinne wohl auch *Richardi-BetrVG-Richardi*, § 87, Rdnr. 535; *GK-BetrVG-Wiese*, § 87, Rdnr. 601. Vgl. außerdem jetzt BAG, DB 2002, 2278 f. (2279).

a.F. entwickelt worden.[416] Sie hatten für das vormalige Recht im Grundsatz auch durchaus ihre Berechtigung und ließen sich ohne weiteres aus dem hier vertretenen rechtssystematischen Verständnis des § 87 Abs. 1 Nr. 7 BetrVG gewinnen. § 120 a GewO a.F. markierte das gesetzlich zu gewährleistende Schutzniveau mit dem Begriff der „Gefahren für Leben und Gesundheit". Wenn also die Grenzen des Mitbestimmungsrechts am Gefahrbegriff festgemacht wurden, geschah dies nicht immanent aus § 87 Abs. 1 Nr. 7 BetrVG, sondern, rechtssystematisch zutreffend, aus der Generalklausel des § 120 a GewO a.F.[417]

§ 2 Abs. 1 ArbSchG verzichtet bei der Umschreibung der Ziele und des Schutzniveaus der Maßnahmen des Arbeitsschutzes auf den Gefahrbegriff und bezieht im Gegensatz zu § 120 a GewO a.F. den gesundheitssnahen Bereich der menschengerechten Gestaltung der Arbeit in den Arbeitsschutzbegriff mit ein. Diese – durch das europäische Recht inspirierte – Entscheidung des Gesetzgebers ist bei der Auslegung des § 87 Abs. 1 Nr. 7 BetrVG zu respektieren. Aufgrund des neuen, erweiterten Arbeitsschutzansatzes ist die Begrenzung des Anwendungsbereichs des § 87 Abs. 1 Nr. 7 BetrVG durch den Gefahrbegriff nicht nur rechtssystematisch nicht mehr zu halten.[418] Wie die vorstehenden Überlegungen ergeben haben, schließen auch der Wortlaut und der Normzweck des Mitbestimmungsrechts ein Festhalten an den tradierten Vorstellungen des abgelösten Rechts aus. Hiermit verbunden ist eine deutliche Ausweitung des Mitbestimmungsrechts[419], das sich jedenfalls im Grundsatz, vorbehaltlich weiterer tatbestandlicher Restriktionen des § 87 Abs. 1 Nr. 7 BetrVG, wegen des Gesetzeszwecks des § 1 Abs. 1 ArbSchG auf sämtliche Vorschriften des Gesetzes bezieht.

(b) Verschwimmen der Grenzen zu §§ 88, 91 BetrVG?

Gegen die hier vertretene Anwendbarkeit des § 87 Abs. 1 Nr. 7 BetrVG auf Rahmenvorschriften, die Schutzpflichten im Vorfeld der Gefahr begründen, sind

---

416 Vgl. z.B. BAG, AP Nr. 7 zu § 87 BetrVG – Überwachung –; *GK-BetrVG-Wiese* (5. Auflage), § 87, Rdnr. 514.

417 Zweifelhaft war allerdings auch schon nach altem Recht, ob die erwähnten Qualifizierungen der Gefahr sachgerecht waren oder ob nicht eine abstrakte Gefahr ausreichen sollte. Hierzu z.B. *Denck*, RdA 1982, 279 ff. (285 ff.); *O. Hinrichs*, Die Mitbestimmung des Betriebsrats nach § 87 Abs. 1 Nr. 7 BetrVG, S. 19 ff., mit eingehenden Hinweisen auf den damaliges Streitstand und die mannigfaltigen Qualifizierungen des Gefahrbegriffs.

418 Ebenfalls für die Aufgabe des begrenzenden Merkmals der Gefahr, *Siemes*, NZA 1998, 232 ff. (233); *F. Merten*, Gesundheitsschutz und Mitbestimmung bei der Bildschirmarbeit, S. 140 ff.

419 *Kittner*, Festschrift Däubler, 690 ff. (692) weist in diesem Zusammenhang darauf hin, daß das europäische Recht dazu beitragen kann, daß die Vorschrift des § 87 Abs. 1 Nr. 7 BetrVG „mit Leben erfüllt" wird. Nimmt man die vergleichsweise spärliche Rechtsprechung als Maßstab, spricht in der Tat einiges dafür, daß die gleichberechtigte betriebliche Mitbestimmung im Arbeitsschutz bis dato in der Praxis nur eine geringe Rolle gespielt hat.

Befürchtungen angemeldet worden, daß durch eine solche Auslegung die Grenzen zu den „benachbarten“ Beteiligungsrechten, namentlich den §§ 88, 91 BetrVG, derogiert würden.[420] Nicht zu bestreiten ist, daß sich durch die Rahmenvorschriften des ArbSchG der Anwendungsbereich der §§ 88, 91 BetrVG verengt.

Dies ist aber im Hinblick auf § 88 BetrVG notwendige Folge einer jeder Anhebung des gesetzlich unmittelbar verpflichtenden Schutzniveaus: In dem Moment, in dem neue gesetzliche Pflichten formuliert werden, reduziert sich der Spielraum für freiwillige Betriebsvereinbarungen nach § 88 BetrVG, da aus vormals freiwilligen Maßnahmen (und betrieblichen Regelungen) echte Rechtspflichten werden. Auch wenn der durch § 2 Abs. 1 ArbSchG grundsätzlich umrissene Pflichtenkreis des Arbeitgebers zweifellos weitreichend ist und nach §§ 1 Abs. 1, 3 Abs. 1 Satz 3 ArbSchG sogar eine kontinuierliche Optimierung der Verhältnisse gefordert ist, führt dies nicht zur Bedeutungslosigkeit des § 88 BetrVG. Rechtssystematisch folgt das bereits aus den gegenständlich unterschiedlichen Anwendungsbereichen der §§ 87 Abs. 1 Nr. 7, 88 BetrVG. Während § 87 Abs. 1 Nr. 7 BetrVG allein Betriebsvereinbarungen über „Regelungen“ zuläßt, bezieht sich § 88 BetrVG auf „Maßnahmen.“

Wichtiger in diesem Zusammenhang ist indes ein weiterer Gesichtspunkt. Auch die Pflichten aus § 3 ArbSchG sind nicht schrankenlos, sondern, wie bereits oben dargelegt, materiell nach allgemeinen verwaltungsrechtlichen Grundsätzen durch das Verhältnismäßigkeitsprinzip begrenzt. Nichts hindert die Betriebsparteien, überobligationsmäßig zusätzliche Maßnahmen nach § 88 BetrVG zu vereinbaren.[421] Dies ist mehr als nur eine theoretische Möglichkeit. So kann z.B. eine zum gegenwärtigen Zeitpunkt – noch – unverhältnismäßige Nachrüstung einer Maschine vorgezogen werden, kann vereinbart werden, daß im Einzelfall nicht der Stand der Technik, sondern der Stand von Wissenschaft und Technik berücksichtigt werden soll oder daß zur Optimierung der „geeigneten Organisation“ i.S. von § 3 Abs. 2 ArbSchG die Einsatzzeiten der Fachkräfte für Arbeitssicherheit erhöht werden und zusätzliche Sicherheitsbeauftragte bestellt werden.

Im Grundsatz die gleiche Argumentation gilt für § 91 BetrVG. Auch hier erfolgt eine Begrenzung des Anwendungsbereichs unbestreitbar dadurch, daß nach § 2 Abs. 1 ArbSchG der gesundheitsnahe Bereich der menschengerechten Arbeitsgestaltung von den „Maßnahmen des Arbeitsschutzes“ erfaßt und damit der gleichberechtigten Mitbestimmung nach § 87 Abs. 1 Nr. 7 BetrVG unterstellt wird. Damit

[420] Dies klingt etwa an bei *Richardi-BetrVG-Richardi*, § 87, Rdnr. 555; *Ehmann*, Festschrift Arbeitsgerichtsbarkeit Rheinland-Pfalz, 19 ff. (24 f.); *GK-BetrVG-Wiese*, § 87, Rdnr. 584; *P. Merten/Klein*, DB 1998, 673 ff. (674).

[421] In diesem Sinne auch *Fitting/Kaiser/Heither/Engels/Schmidt*, BetrVG, § 88, Rdnr. 15; BAG, AP Nr. 5 zu § 87 BetrVG – Gesundheitsschutz –, mit Blick auf die durch Aufhebung des § 120 a GewO a.F. obsolet gewordene Begrenzung der Pflichtenstellung durch die „Natur des Betriebs“.

wird das korrigierende Mitbestimmungsrecht des § 91 BetrVG aber keineswegs bedeutungs- oder funktionslos. Menschengerechte Arbeitsgestaltung ist mehr als nur die Schaffung von gesundheitlich schädigungs- und beeinträchtigungsfreien Arbeitsbedingungen. Sie zielt gleichermaßen auch auf den Schutz der Würde des arbeitenden Menschen und auf die freie Entfaltung seiner Persönlichkeit. In der Sache geht es also letztendlich um die Realisierung der durch Art. 1 GG und durch die übrigen Grundrechte vorgezeichneten objektiven Wertordnung im Arbeitsverhältnis.[422] Dieser an der Menschenwürde und der Persönlichkeitsentfaltung orientierte Bereich fällt nach wie vor in den Anwendungsbereich des § 91 BetrVG.[423] Dieser Befund ändert sich selbst dann nicht, wenn spezielle gesetzliche Vorschriften zum Schutz der Menschenwürde erlassen werden, wie dies etwa mit dem Beschäftigtenschutzgesetz im Hinblick auf sexuelle Belästigungen am Arbeitsplatz geschehen ist.[424] Da Rahmenvorschriften wie gesehen final auf den Gesundheitsschutz ausgerichtet sein müssen, scheidet insoweit das Mitbestimmungsrecht des § 87 Abs. 1 Nr. 7 BetrVG aus. In derartigen Fällen bietet § 91 BetrVG für den Betriebsrat eine Option, um ggf. Abhilfemaßnahmen zu erreichen.[425] Im übrigen gilt auch für § 91 BetrVG wiederum, daß sich der Mitbestimmungstatbestand auf „Maßnahmen“ bezieht. Im Gegensatz zu § 87 Abs. 1 Nr. 7 BetrVG, auf dessen Basis die grundlegenden Weichenstellungen in Form von Regelungen getroffen werden sollen, zielt § 91 BetrVG darauf, durch konkrete, auf den Arbeitsplatz bezogene Maßnahmen, Abhilfe bei besonderen Belastungen zu schaffen.

Als Ergebnis kann damit festgehalten werden, daß der erweiterte Arbeitsschutzansatz des ArbSchG zwar dazu führt, daß sich die Grenzlinien der arbeitsschutzrechtlich relevanten Mitbestimmungstatbestände der §§ 87 Abs. 1 Nr. 7, 88, 91 BetrVG verschieben. Unbegründet sind jedoch Befürchtungen, daß durch die erweiterten Möglichkeiten zur Mitbestimmung nach § 87 Abs. 1 Nr. 7 BetrVG die Grenzen zu den übrigen Mitbestimmungstatbeständen derogieren könnten. Wie bisher auch, grenzt der Begriff der Regelung § 87 Abs. 1 Nr. 7 BetrVG von den „benachbarten“ Mitbestimmungsrechten der §§ 88, 91 BetrVG ab. Ebensowenig kann davon die Rede sein, daß die materiellen Grenzen zwischen den verschiedenen Tatbeständen verwischt bzw. aufgehoben würden. Nach wie vor besteht die Möglichkeit, daß die Betriebsparteien freiwillig über die durch das ArbSchG gezogenen Grenzen des gesetzlichen

---

[422] Hierzu eingehend und instruktiv *Zöllner*, RdA 1973, 212 ff. (213 ff.); außerdem etwa: *Fitting/Kaiser/Heither/Engels/Schmidt*, BetrVG, § 90, Rdnrn. 38 f.; *Ehmann*, Festschrift Arbeitsgerichtsbarkeit Rheinland-Pfalz, 19 ff. (24).

[423] So auch z.B. *Fitting/Kaiser/Heither/Engels/Schmidt*, § 87, Rdnr. 293; *MünchArbR-Wlotzke*, § 208, Rdnr. 33; *Kohte*, Jahrbuch des Arbeitsrechts 2000, 21 ff. (37).

[424] Dazu etwa *Schlachter*, NZA 2001, 121 ff.; *Schaub*, Arbeitsrechtshandbuch, § 166, Rdnrn. 35 ff., jeweils m.w.N.

[425] Im übrigen kann aber das Mitbestimmungsrecht des § 87 Abs. 1 Nr. 1 ArbSchG greifen, wie sich insbes. aus § 4 Abs. 1 Nr. 1 Beschäftigtenschutzgesetz ergibt.

Schutzniveaus hinausgehen. § 91 BetrVG bleibt maßgeblich, soweit es um den Schutz und die Förderung der Persönlichkeit der Arbeitnehmer durch Maßnahmen der menschengerechten Gestaltung der Arbeit geht.

(2) Die Grundpflichten des § 3 ArbSchG: „Programmsatz" oder unmittelbar pflichtenbegründende Norm?

Ein weiteres Argument, das insbes. gegen die Eignung des § 3 ArbSchG als Rahmenvorschrift i.S. von § 87 Abs. 1 Nr. 7 BetrVG ins Feld geführt worden ist, liegt in der Einordnung der Norm als „Programmsatz". Tatsächliche Verpflichtungen sollen erst entstehen, wenn die Grundpflichten durch konkretisierende Einzelvorschriften ausgefüllt werden.[426] Mit diesem Einwand wird im Prinzip die seit langem geführte Debatte um die Eignung von Generalklauseln als Rahmenvorschriften wieder aufgenommen. Ihr liegt im Kern die Befürchtung zugrunde, daß Generalklauseln wegen ihrer Unbestimmtheit zum „Einfallstor für Rechtspolitik des Betriebsrats" im Wege der Mitbestimmung nach § 87 Abs. 1 Nr. 7 BetrVG werden könnten.[427] Das Bundesarbeitsgericht hat sich in seiner zweiten Bildschirmarbeitsentscheidung grundsätzlich für die Eignung von Generalklauseln als Rahmenvorschriften i.S. von § 87 Abs. 1 Nr. 7 BetrVG ausgesprochen.[428]

Dieser Rechtsprechung ist im Ergebnis zuzustimmen. Das Gericht hat seine Entscheidung vor allem damit begründet, daß die Reichweite des Mitbestimmungsrechts dadurch hinreichend bestimmt sei, daß § 120 a GewO a.F. eine konkrete Gefahr erfordere. Dem ist im Prinzip im Hinblick auf § 120 a GewO a.F. zuzustimmen, mag man auch Zweifel an der Qualifizierung der Gefahr haben. Wie bereits zuvor eingehend dargelegt, ist das Merkmal der Gefahr aber nicht geeignet, die sachliche Reichweite der Mitbestimmungsrechte nach § 87 Abs. 1 Nr. 7 BetrVG zu klären.[429] Die das Schutzniveau begrenzenden Merkmale sind vielmehr aus der Rahmenvorschrift selbst zu gewinnen.[430] Zur Vermeidung von Wiederholungen kann insoweit auf die obigen Ausführungen verwiesen werden.

---

[426] *P. Merten*, Anmerkung zu BAG, AP Nr. 7 zu § 87 BetrVG – Gesundheitsschutz –, S. 5R, 6.

[427] So plakativ *GK-BetrVG-Wiese*, § 87, Rdnr. 604; ähnlich *Ehmann*, Arbeitsschutz und Mitbestimmung bei neuen Technologien, S. 77, 90.

[428] BAG, AP Nr. 5 zu § 87 BetrVG – Gesundheitsschutz –, zustimmend etwa *Richardi-BetrVG-Richardi*, § 87, Rdnr. 555; *GK-BetrVG-Wiese*, § 87, Rdnr. 604.

[429] So aber jetzt BAG, AP Nr. 7 zu § 87 BetrVG 1972 – Gesundheitsschutz –, allerdings mit Blick auf § 2 BGV A 1, indem es eine „objektive Gefahr" verlangt. Das Gericht hat in dieser Entscheidung die Eignung des § 3 ArbSchG als Rahmenvorschrift ausdrücklich offengelassen.

[430] Vgl. auch BAG, AP Nr. 7 zu § 87 BetrVG – Überwachung –; BAG, AP Nr. 2 zu BetrVG 1972 Arbeitssicherheit, mit Hinweisen auf die Abgrenzung zum Mitbestimmungstatbestand des § 87 Abs. 1 Nr. 1 BetrVG; *Feldhoff*, AuA 1997, 72 ff. (76); *Siemes*, NZA 1998, 232 ff. (232 f.); *Kittner*, Festschrift Däubler, 690 ff. (94).

Es ist allerdings zuzugeben, daß damit der prinzipiell zutreffende Einwand, daß § 87 Abs. 1 Nr. 7 BetrVG nicht über Generalklauseln zu einem Feld der betrieblichen Rechtspolitik wird, im Hinblick auf § 3 ArbSchG noch nicht ausgeräumt ist. Er träfe letztlich dann zu, wenn sich insbes. aus § 3 Abs. 1 ArbSchG nicht entnehmen ließe, welche Regelungsfragen anhand welcher Maßstäbe von den Betriebsparteien zu lösen sind. In diesem Sinne dürfte auch die eingangs dieses Abschnitts erwähnte Einordnung des § 3 ArbSchG als „Programmsatz" zu verstehen sein. Sie ist allerdings bei einer eingehenden Betrachtung des § 3 ArbSchG nicht haltbar.

Gegen einen bloßen Programmsatz spricht schon die rechtssystematische Stellung des § 3 im ArbSchG. Die Vorschrift steht an der Spitze des 2. Abschnitts des Gesetzes, in dem ausweislich der amtlichen Überschrift die Pflichten des Arbeitgebers geregelt sind. § 3 ArbSchG selbst trägt die Überschrift „Grundpflichten des Arbeitgebers". Die Tatsache, daß im Gesetz von Pflichten die Rede ist, spricht bereits dagegen, daß es sich lediglich um einen „weichen" Programmsatz handelt. Hinzu kommt, daß die grundlegende programmatische Orientierung des ArbSchG systematisch an anderer Stelle des Gesetzes geregelt ist. Zu verweisen ist insoweit auf § 1 Abs. 1 ArbSchG, wo unter der Überschrift „Zielsetzung und Anwendungsbereich" festgelegt ist, daß das Gesetz dazu dient, „Sicherheit und Gesundheitsschutz der Beschäftigten bei der Arbeit durch Maßnahmen des Arbeitsschutzes zu sichern und zu verbessern". Hierbei handelt es sich in der Tat um eine Vorschrift, die keine unmittelbaren Pflichten des Arbeitgebers begründet.[431]

Unabhängig von diesem rechtssystematischen Argument ergibt sich aber auch durch die Auslegung der Norm hinreichend deutlich, welche Fragen, nach welchen rechtlichen Maßstäben von den Betriebsparteien auf der Grundlage von § 87 Abs. 1 Nr. 7 BetrVG betrieblich geregelt werden sollen. Im Prinzip kann insoweit auf die eingehenden Untersuchungen der Kapitel 2 bis 4 dieser Arbeit verwiesen werden. Zur Verdeutlichung sei hier aber noch einmal kurz auf § 3 Abs. 1 Satz 1 ArbSchG eingegangen.

Der „Schlüssel" zur präzisen Bestimmung des Regelungsrahmens des § 3 Abs. 1 ArbSchG liegt im dort verwendeten Begriff „erforderlich". Er konturiert den Regelungsrahmen deutlich in zwei Richtungen: *Erstens* weist er den Weg dahin, *welche* „Maßnahmen des Arbeitsschutzes" zu treffen sind. Dies geschieht weitaus präziser als in § 120 a GewO a.F., denn erforderlich sind Maßnahmen dann, wenn sie den spezialgesetzlichen Schutzzielen (z.B. ArbStättV, BildscharbV) und den allgemeinen Grundsätzen des § 4 ArbSchG entsprechen.

---

[431] Hierzu nur *Nöthlichs*, Arbeitsschutz und Arbeitssicherheit, § 1 ArbSchG, Anm. 1; *Prax.-Kommentar-Kollmer*, § 1 ArbSchG, Rdnr. 2; *Kittner/Pieper*, ArbSchR, § 1 ArbSchG, Rdnr. 3.

Diese stehen, wie oben (S. 116 ff.) eingehend dargestellt, in einem Verhältnis wechselseitiger Ergänzung. Dieser Hinweis ist hier insofern von Belang, weil er ein typisches Regelungsproblem im Rahmen von § 87 Abs. 1 Nr. 7 BetrVG erhellt. Das Arbeitsschutzrecht ist keineswegs so kohärent, als daß sich nicht insbes. bei der Anwendung der entsprechenden speziellen Regelungen Spannungsverhältnisse zwischen den verschiedenen speziellen Schutzzielen und -maßnahmen ergeben könnten. Dies sei noch einmal anhand des praktisch durchaus relevanten Beispiels der Kühlung einer Arbeitsstätte durch ein lautes Belüftungssystem verdeutlicht: Diese Maßnahme kann dazu führen, daß nach der Installation zwar die Anforderungen an die Raumtemperaturen nach § 6 ArbStättV eingehalten werden, andererseits nunmehr aber nicht mehr die Anforderungen an den Lärmschutz (§ 15 ArbStättV) erreicht werden. Das Treffen der „erforderlichen" Maßnahmen i.S. von § 3 Abs. 1 ArbSchG setzt voraus, daß dieses Spannungsfeld durch betriebliche Regelungen nach § 87 Abs. 1 Nr. 7 BetrVG aufgelöst wird. § 4 Nr. 4 ArbSchG liefert insofern den materiellrechtlichen Maßstab.[432] Das Beispiel verdeutlicht, daß das Treffen der „erforderlichen" Maßnahmen mehr ist als schlichte Subsumtion und Vollzug spezieller und allgemeiner (§ 4 ArbschG) gesetzlicher Schutzziele, sondern typischerweise Regelungen zu treffen sind.

Darüber hinaus weist das Merkmal „erforderlich" *zweitens* wie bereits angedeutet noch in eine zweite Richtung: Welche Maßnahmen „erforderlich" sind, ist nach § 5 ArbSchG durch Gefährdungsbeurteilungen zu ermitteln. Damit schlägt die Norm die Brücke zu den wie eingehend beschrieben wichtigen Aspekten des Verfahrens. § 3 Abs. 1 ArbSchG steckt damit also auch einen Rahmen ab für die Frage, *wie* Maßnahmen zu treffen sind.

Nach alledem kann also notiert werden, daß § 3 ArbSchG nicht lediglich Programmsatz ist, sondern sich als Generalklausel erweist, die echte, „harte" und bestimmbare Rechtspflichten begründet und so einen klar umrissenen gesetzlichen Rahmen i.S. von § 87 Abs. 1 Nr. 7 BetrVG formt.[433]

---

[432] Diese integrierende Funktion des § 3 Abs. 1 Satz 1 ArbSchG verkennt *P. Merten*, Anm. zu BAG, AP Nr. 7 zu § 87 BetrVG 1972 – Gesundheitsschutz –, S. 5R, 6, wenn er sagt, daß sich konkrete Verpflichtungen erst aus dem durchregulierten öffentlichen Arbeitsschutzrecht ergeben. Es ist vielmehr davon auszugehen, daß die Anwendung der speziellen Schutzvorschriften über § 3 Abs. 1 Satz 1 ArbSchG gewissermaßen moderiert wird.

[433] So auch zutreffend *Kohte*, Jahrbuch des Arbeitsrechts 2000, 21 ff. (38 f.), im Hinblick auf die Einstufung als Programmsatz.

(3) Sachvorschriften: Das Beispiel der Gefährdungsbeurteilung nach § 5 ArbSchG

Der Vollständigkeit halber sei hier noch kurz auf eine weitere Streitfrage im Zusammenhang mit der Qualifizierung von Normen des ArbSchG als Rahmenvorschriften aufmerksam gemacht. Sie ist bereits mit den vorstehenden Überlegungen angerissen worden. In der Sache geht es um die Frage der Tauglichkeit von Verfahrensregeln als Rahmenvorschriften i.S. von § 87 Abs. 1 Nr. 7 BetrVG. Betroffen ist insofern also nicht nur § 3 ArbSchG, sondern vor allem auch das Instrument der Gefährdungsbeurteilung nach § 5 ArbSchG.[434] Wie eingehend beschrieben und begründet, legitimieren sich „Maßnahmen des Arbeitsschutzes" nicht nur durch ihr Ergebnis, sondern vor allem auch durch die sorgfältige Beachtung von Verfahrensregeln. Unmittelbar berührt durch die Kontroverse ist zudem § 3 Abs. 1 Satz 2 ArbSchG, der den Arbeitgeber verpflichtet, Wirksamkeitskontrollen mit dem Ziel durchzuführen, erforderlichenfalls Anpassungsmaßnahmen festzulegen.

Der Rahmencharakter dieser Verfahrensvorschriften wird von einigen Stimmen in der Literatur[435] und von einer soweit ersichtlich allein gebliebenen arbeitsgerichtlichen Entscheidung[436] bestritten. Begründet wird diese Auffassung damit, daß als rahmengebende Vorschriften i.S. von § 87 Abs. 1 Nr. 7 BetrVG nur Sachvorschriften des Gesundheitsschutzes in Betracht kommen, die die Arbeit unmittelbar gestalten[437] und daß nicht ersichtlich sei, daß der Gesetzgeber mit § 5 ArbSchG das Mitbestimmungsrecht zeitlich vorverlegen wollte.[438]

Diese Meinung wird zu Recht in Rechtsprechung[439] und Literatur[440] ganz überwiegend abgelehnt. Wesentlich sind auch hier wieder die bereits oben im Zusam-

---

[434] Die Problematik gilt im übrigen gleichermaßen für die Dokumentationspflicht nach § 6 ArbSchG, der eine zentrale Funktion für einen transparenten und systematischen Arbeitsschutz zukommt. Hierzu auch oben S. 187 ff.

[435] *Löwisch/Kaiser*, BetrVG, § 87, Rdnr. 120; *Löwisch/Neumann*, SAE 1997, 85 ff. (87); *P. Merten/Klein*, DB 1998, 673 ff. (673, 675); *Diezemann/Mühlhausen*, AuA 1999, 15 ff. (16); *Wank*, TAS, § 5 ArbSchG, Rdnr. 11.

[436] ArbG Braunschweig, NZA-RR 1998, 214 f. (215).

[437] *Löwisch/Neumann*, SAE 1997, 85 ff. (87); *P. Merten/Klein*, DB 1998, 673 ff. (673, 675); *Löwisch/Kaiser*, BetrVG, § 87, Rdnr. 120, die von „eigentliche(n) Maßnahmen der Unfallverhütung und des Gesundheitsschutzes" sprechen, womit aber in der Sache wohl das Gleiche gemeint ist.

[438] So ArbG Braunschweig, NZA-RR 1998, 214 f. (215); *Wank*, TAS, § 5 ArbSchG, Rdnr. 11.

[439] Vgl. etwa LAG Hamburg, LAGE, Nr. 1 zu § 87 BetrVG – Gesundheitsschutz –; ArbG Hamburg, ArbuR 1999, 115 ff. (116); ArbG Hamburg, AuA 1999, 36 f.; sowie die Rechtsprechungsübersicht bei *Wagner*, DB 1998, 2366 f.

[440] So z.B. *Siemes*, NZA 1998, 232 ff. (235); *N. Fabricius*, BB 1997, 1254 ff. (1257); *Feldhoff*, AuA 1997, 72 ff. (75); *Kittner*, Festschrift Däubler, 690 ff. (695); *Däubler*, Der Betriebsrat 1998, 31 ff. (32); *Bieler*, BuW 1998, 276 ff. (279); *Wagner*, DB 1998, 2366 (2367); *Habich*, AiB 2000, 631.

menhang mit dem erweiterten Arbeitsschutzansatz angestellten Überlegungen zu § 87 Abs. 1 Nr. 7 BetrVG. Im Normtext des § 87 Abs. 1 ArbSchG ist an keiner Stelle von Sachvorschriften die Rede. Die Vorschrift macht, wie eingehend begründet, die Eignung einer gesetzlichen Vorschrift als „Rahmen" allein von ihrem Normzweck abhängig. Da aber § 5 ArbSchG – wie im übrigen auch § 6 ArbSchG – wegen § 1 Abs. 1 ArbSchG final auf den Gesundheitsschutz ausgerichtet sind, müssen sie auch prinzipiell als taugliche Rahmenvorschriften gelten. Wegen dieser finalen Ausrichtung kann es auch keinen Unterschied machen, ob durch sie die Arbeit selbst gestaltet wird oder nicht, d.h. ob sie unmittelbar oder mittelbar dem Gesundheitsschutz dienen.[441]

Die Dinge liegen insofern im übrigen grundlegend anders als bei § 618 BGB, wo die Grenzlinie zwischen transformationsfähigen und nichttransformationsfähigen Rechtsvorschriften gerade am Merkmal der Unmittelbarkeit festzumachen ist (hierzu oben S. 413 ff.). Innerer Grund dieser Abgrenzung ist, daß die Beschäftigten im *Ergebnis* Anspruch auf einen Arbeitsplatz haben sollen, an dem die konkreten Schutzvorkehrungen den sich aus dem materiellen Recht ergebenden Anforderungen entsprechen. Dies ist aber bei Ordnungsvorschriften nicht der Fall, da diese kollektivrechtliche Vorgaben zum Gegenstand haben, die gerade nicht mit individualrechtlichen Ansprüchen verfolgt werden können. Diese aus der Natur individualrechtlicher Ansprüche folgende Restriktion greift aber bei § 87 Abs. 1 Nr. 7 BetrVG gerade nicht. Es ist insofern konsequent, daß § 87 Abs. 1 Nr. 7 BetrVG auch nur Vereinbarungen über Regelungen erlaubt, nicht aber über die Maßnahmen zur Umsetzung dieser Regelungen.

Gerade Gefährdungsbeurteilungen sind ein anschauliches Beispiel dafür, daß es den Normzweck des § 87 Abs. 1 Nr. 7 BetrVG verfehlen würde, das Mitbestimmungsrecht auf sog. Sachmaßnahmen zu reduzieren. Die vom BetrVG wie auch vom ArbSchG angestrebte Effektivierung des Arbeits- und Gesundheitsschutzes durch betriebsnahe Lösungen ist gerade darauf angewiesen, daß das Erfahrungswissen der Beschäftigtenvertretung in die betriebliche Regelgebung einfließt.[442] Dies gilt in besonderem Maße für Gefährdungsbeurteilungen, die nach der Philosophie des ArbSchG die Basis für sämtliche Schutzmaßnahmen bilden. Es ist insoweit zudem zu berücksichtigen, daß in der Praxis die Probleme häufig gerade darin bestehen, Gefährdungen und Gefahren überhaupt erst einmal zu ermitteln. Ist ein Handlungsbedarf erst einmal erkannt, ist die Auswahl geeigneter und erforderlicher Schutzmaßnahmen nicht selten weitaus weniger problembehaftet.

---

441 So auch ausdrücklich und zutreffend BAG, AP Nr. 74 zu § 87 BetrVG – Arbeitszeit –, B.II.2.b der Gründe; zustimmend *Kittner*, Festschrift Däubler, 690 ff. (695); außerdem jüngst BAG, DB 2002, 2278 f. (2279).

442 Hierzu auch *GK-BetrVG-Wiese*, § 87, Rdnr. 586; *ArbR BGB-Friedrich*, § 618, Rdnr. 166; *Ehmann*, Arbeitsschutz und Mitbestimmung bei neuen Technologien, S. 81; *Denck*, ZfA 1976, 447 ff. (451 f.).

Bestätigt wird dieses Ergebnis schließlich mit Blick auf Art. 11 Abs. 1 Rahmenrichtlinie-Arbeitsschutz, an dem, wie oben dargelegt, die Auslegung des § 87 Abs. 1 Nr. 7 BetrVG zu orientieren ist. Sicherzustellen ist danach eine „ausgewogene Beteiligung" des Betriebsrats. Auch wenn eine solche „ausgewogene Beteiligung" nicht zwingend ein gleichberechtigtes Mitbestimmungsrecht fordert, reicht aber hierfür in jedem Falle nicht die in § 89 BetrVG vorgesehene Konsultation mit dem Betriebsrat. Mangels sonstiger gesetzlicher Regelungen kann die Beteiligung demnach nur über § 87 Abs. 1 Nr. 7 BetrVG erfolgen.[443] Die europarechtliche Auslegung bestätigt somit die hier bereits aus Wortlaut sowie Sinn und Zweck des § 87 Abs. 1 Nr. 7 BetrVG entwickelte Position.[444]

bb) Betrieblicher Entscheidungsspielraum

Abschließend ist auf eine letzte Kontroverse im Zusammenhang mit § 87 Abs. 1 Nr. 7 BetrVG einzugehen, die für die Reichweite der Mitbestimmung im Rahmen des § 3 ArbSchG von elementarer Bedeutung ist und deswegen hier nicht ausgespart werden kann. Es besteht zwar im Grundsatz Einigkeit darüber, daß das Mitbestimmungsrecht nur dann greift, wenn die fragliche Rahmenvorschrift eine Wahlmöglichkeit zwischen verschiedenen denkbaren Regelungen beläßt.[445] Die Voraussetzungen, wann eine solche Wahlmöglichkeit anzunehmen ist, sind allerdings umstritten. Es ist hier nicht erforderlich, die gesamte Diskussion im Detail nachzuzeichnen.[446] Es geht vielmehr nur darum aufzuzeigen, daß das ArbSchG in diesem Zusammenhang einige neue Akzente setzt und, was wichtiger im Hinblick auf die hier primär interessierende Frage der Rechtsdurchsetzung des § 3 ArbSchG durch das BetrVG ist, wie die Grenzlinien des Mitbestimmungsrechts zu ziehen sind.

---

[443] Zutreffend dazu *Kohte*, Anmerkung zu LAG Hamburg, LAGE, Nr. 1 zu § 87 BetrVG 1972 – Gesundheitsschutz –.

[444] Auch das BAG geht in seiner Entscheidung vom 15.01.2002 – 1 ABR 13/01 –, DB 2002, 2278 f. (2279) davon aus, daß Gefährdungsbeurteilungen grundsätzlich der Mitbestimmung nach § 87 Abs. 1 Nr. 7 BetrVG unterliegen. Das BAG macht im genannten Beschluß auf einen wichtigen prozessualen Aspekt nachdrücklich aufmerksam. Hinreichend bestimmte Anträge i.S. von § 253 ZPO verlangen eine Konkretisierung des Antrags dahingehend, welche Regelungen zur betrieblichen Umsetzung der gesetzlichen Handlungspflicht des § 5 ArbSchG (Gefährdungsbeurteilung) mitbestimmt getroffen werden sollen. Es genügt also nicht, sich abstrakt auf ein gesetzliches Ziel des Arbeits- und Gesundheitsschutzes zu berufen. Da es das LAG nach Auffassung des BAG versäumt hat, in diesem Sinne auf eine sachdienliche Antragstellung hinzuwirken, ist das Verfahren an das LAG zurückverwiesen worden.

[445] Vgl. z.B. BAG, AP Nr. 7 zu § 87 BetrVG – Überwachung –; BAG, AP Nr. 7 zu § 87 BetrVG 1972 – Gesundheitsschutz –; *Richardi-BetrVG-Richardi*, § 87, Rdnr. 551; *GK-BetrVG-Wiese*, § 87, Rdnr. 596; *Siemes*, NZA 1998, 232 ff. (233).

[446] Hierzu ausführlich *Hinrichs*, Die Mitbestimmung des Betriebsrats nach § 87 Abs. 1 Nr. 7 BetrVG, S. 21 ff.; *F. Merten*, Gesundheitsschutz und Mitbestimmung bei der Bildschirmarbeit, S. 156.

Eine beachtliche Strömung in der Diskussion[447] sieht eine solche Wahlmöglichkeit nur, wenn dem Arbeitgeber durch die fragliche Norm ein Ermessensspielraum dergestalt eingeräumt wird, daß die Vorschrift ausdrücklich verschiedene Regelungen zuläßt. Bei unbestimmten Rechtsbegriffen sei dies nicht der Fall; dem Arbeitgeber stehe insoweit allenfalls ein Beurteilungsspielraum zu. In der Sache handele es sich um eine reine Rechtsfrage, für die es nur eine richtige Lösung gebe. Sie zu entscheiden sei Sache des Arbeitgebers, der für die Beachtung des Arbeitsschutzrechts auch verantwortlich sei. Dem Betriebsrat stünde demgegenüber die Möglichkeit offen, sich ggf. nach § 89 Abs. 1 BetrVG an die Aufsicht oder Berufsgenossenschaft zu wenden.[448]

Die wohl überwiegend vertretene Position räumt demgegenüber mit guten Gründen dem Betriebsrat ein Mitbeurteilungsrecht auch bei der Auslegung unbestimmter Rechtsbegriffe ein.[449] Begründet wird diese Auffassung u.a. damit, daß eine präventive Richtigkeitskontrolle der arbeitgeberseitigen Auslegung der fraglichen Norm notwendig sei, um, entsprechend dem Normzweck des § 87 Abs. 1 Nr. 7 BetrVG, Defizite beim Vollzug arbeitsschutzrechtlicher Vorschriften zu vermindern.[450] Außerdem sei die Mitbeurteilung bei Rechtsfragen durchaus nicht untypisch, was z.B. im Zusammenhang mit §§ 87 Abs. 1 Nr. 11, 94, 95 BetrVG anerkannt sei.[451] Entscheidend ist danach letztlich, daß ein wie auch immer gearteter Entscheidungsspielraum besteht.

Die restriktive, das Mitbestimmungsrecht auf echte „Ermessensentscheidungen"[452] beschränkende Position ist schon bisher mit guten Gründen kritisiert worden. Die ihr zugrundeliegende Annahme der einzig richtigen Entscheidung über den Inhalt eines unbestimmten Rechtsbegriffs basiert schlicht auf einer Fiktion, denn regelmäßig beruht die Auslegung auf Abwägungen und Bewertungen.[453]

---

[447] Z.B. LAG Baden-Württemberg, NZA 1988, 515 ff. (515); *Glaubitz*, BB 1977, 1403 ff. (1405); *Ehmann*, Festschrift Arbeitsgerichtsbarkeit Rheinland-Pfalz, 19 ff. (34 f.).

[448] So etwa *Diezemann/Mühlhausen*, AuA 1999, 15 ff. (16); *Wank*, TAS, § 3 ArbSchG, Rdnr. 20; in diesem Sinne wohl auch *Ehmann*, Arbeitsschutz und Mitbestimmung bei neuen Technologien, S. 78.

[449] Vgl. z.B. *Feldhoff*, AuA 1997, 72 ff. (75); *Fitting/Kaiser/Heither/Engels/Schmidt*, BetrVG, § 87, Rdnrn. 272 f.; *Fabricius*, BB 1997, 1254 ff. (1255); *Günther*, BlStSozArbR 1981, 244 ff. (245).

[450] *Kohte*, ArbuR 1984, 263 ff. (272); in diesem Sinne wohl auch *Rottmann*, BB 1989, 1115 ff. (1117 f).

[451] *Kohte*, ArbuR 1984, 263 ff. (269 f.); *Däubler/Kittner/Klebe-Klebe*, BetrVG, § 87, Rdnr. 184.

[452] Mit Recht kritisch gegenüber dieser unkritischen Übernahme verwaltungsrechtlicher Kategorien etwa *Rottmann*, BB 1989, 1115 ff. (1117 f.); *F. Merten*, Gesundheitsschutz und Mitbestimmung bei der Bildschirmarbeit, S. 162; *Diezemann/Mühlhausen*, AuA 1999, 15 ff. (15).

[453] In diesem Sinne wohl auch *Kohte*, ArbuR 1984, 263 ff. (269 f.); zutreffend auch *F. Merten*, Gesundheitsschutz und Mitbestimmung bei der Bildschirmarbeit, S. 163, der darauf hinweist, daß es lediglich der „Idee" nach nur eine „richtige" Lösung

Diese Bedenken werden vertieft durch die Philosophie und Regelungstechnik des ArbSchG. Der Gesetzgeber hat bewußt überwiegend offen gehaltene Schutzziele und Vorgaben formuliert. Es sollen so Gestaltungsspielräume für betriebsangepaßte Lösungen eröffnet werden, die von den Betriebsparteien kooperativ auszufüllen sind.[454] Gestaltung ist aber ohne Bewertungen nicht denkbar; die Idee der objektiv richtigen Lösung erweist sich somit als gedankliches juristisches Konstrukt, das jedenfalls der Gesetzgeber des ArbSchG so nicht vor Augen hatte.

Eng hiermit verbunden ist ein weiterer Aspekt, der jedenfalls mit Blick auf das ArbSchG für ein Mitbeurteilungsrecht des Betriebsrats spricht. Wie oben eingehend begründet soll mit dem Gesetz die Eigenverantwortung der Betriebe gestärkt werden. Zu diesem Zweck werden die soeben angesprochenen Gestaltungsspielräume gewährt. Gestaltung setzt die Ausschöpfung von Entscheidungsspielräumen voraus und ist auf eine wie auch immer stark systematisierte Planung angewiesen. Wie die Ausführungen zum öffentlich-rechtlichen Vollzug des Gesetzes durch die Behörden ergeben haben (vgl. oben S. 365 ff.), sind diese Spielräume von der Aufsicht zu respektieren. Im Grundsatz ist ein Einschreiten nur möglich, wenn die gesetzlich markierten Grenzen der Gestaltungsfreiheit eindeutig überschritten werden. Dies stellt in der Sache eine Lockerung des behördlichen Vollzugs dar. Da es um den Schutz elementarer Grundrechte geht, ist eine solche Vollzugslockerung verfassungsrechtlich nur dann vertretbar ist, wenn der Grundrechtsschutz prozedural verstärkt wird.[455]

Gegen eine solche prozedurale Verstärkung des Grundrechtsschutzes durch das Mitbestimmungsrecht des § 87 Abs. 1 Nr. 7 BetrVG ist wie bereits angedeutet eingewendet worden, daß der Arbeitgeber letztlich die Verantwortung für den Arbeits- und Gesundheitsschutz trägt.[456] Dies ist zwar zweifellos zutreffend, allerdings kein Argument dafür, Beurteilungsspielräume mitbestimmungsfrei zu stellen. Dies sei an einem Beispiel, das für die restriktive Auffassung angeführt wird, verdeutlicht.

Explodiert infolge ungeeigneter Schutzmaßnahmen ein Kessel und kommen dabei Arbeitnehmer zu Tode oder zu Schaden, steht es außer Frage, daß der Arbeitgeber hierfür vorrangig rechtliche Verantwortung trägt. Ebenso ist es zutreffend, daß der Arbeitgeber in einem solchen Fall nicht argumentieren kann, „der

---

bei der Auslegung unbestimmter Rechtsbegriffe gibt, dessenungeachtet dann aber diese „Idee" weiterverfolgt. Vgl. außerdem aus der öffentlich-rechtlichen Literatur *Hoffmann-Riem*, AöR 1994, 590 ff. (595 f.), sowie die ebenso harsche wie treffende Kritik bei *Meyer*, NVwZ 1986, 513 ff. (521), der die Annahme einer einzig richtigen Lösung als „fromme Lüge der Verwaltungsgerichtsbarkeit" brandmarkt.

[454] BT-Drcks. 13/3540, S. 12 f.

[455] So schon für das überkommene Recht *Kohte*, ArbuR 1984, 263 ff. (271).

[456] *Diezemann/Mühlhausen*, AuA 1999, 15 ff. (16); *Ehmann*, Festschrift Arbeitsgerichtsbarkeit Rheinland-Pfalz, 19 ff. (35).

Betriebsrat wollte nicht, wie er gern wollte".[457] So unbestreitbar diese Überlegungen zur Arbeitgeberverantwortung sind, wird doch übersehen, daß die Frage der Verantwortlichkeit für die Durchführung des Arbeits- und Gesundheitsschutzes nicht Gegenstand des Mitbestimmungsrechts des § 87 Abs. 1 Nr. 7 BetrVG ist. Der Sinn und Zweck einer gemeinsamen Entscheidung von Betriebsrat und Arbeitgeber über die Regelungsfragen i.S. von § 87 Abs. 1 Nr. 7 BetrVG liegt darin, daß alle Sichtweisen berücksichtigt werden sollen und das gesamte betriebliche Wissen moblilisiert wird. Nur dies wird dem überragenden Stellenwert des Art. 2 Abs. 2 GG gerecht, um den es in der Sache geht. Es geht also eben nicht primär um die Verantwortung des Arbeitgebers, sondern um den – präventiven – Grundrechtsschutz der Arbeitnehmer. Mit Blick auf das ArbSchG ist hinzuzufügen, daß es um den Grundrechtsschutz unter der Voraussetzung eines bewußt zurückgenommenen öffentlich-rechtlichen Vollzuges geht, was die Bedeutung prozeduraler Regelungen der Beteiligung noch unterstreicht.

Hinzu kommt ein weiteres Argument. Die restriktive, das Mitbeurteilungsrecht des Betriebsrats negierende Auffassung, weist darauf hin, daß sich der Betriebsrat gemäß § 89 Abs. 1 BetrVG an die Aufsicht wenden kann, wenn er der Ansicht ist, daß der Arbeitgeber unbestimmte Rechtsbegriffe nicht „richtig" auslegt.[458] Hiergegen ist zu recht eingewendet worden, daß eine solche Vorgehensweise einer vertrauensvollen Zusammenarbeit der Betriebsparteien nicht unbedingt zuträglich ist.[459] Durchschlagend ist aber m.E. ein anderer Gesichtspunkt. Die Einschaltung der Behörde hilft dem Betriebsrat in den meisten Fällen kaum weiter. Wie eingehend dargelegt (oben S. 365 ff.) sind die Möglichkeiten des klassischen öffentlich-rechtlichen Vollzugsinstrumentariums entsprechend dem Sinn und Zweck des ArbSchG aus guten Gründen eingeschränkt. Nur in groben und offensichtlichen Fällen der Überschreitung des betrieblichen Gestaltungsspielraums im Arbeits- und Gesundheitsschutz kommen Anordnungen nach § 22 Abs. 3 ArbSchG in Betracht. Im Grundsatz gilt aber, daß die Behörde ihre Rechtsauffassung nicht an die Stelle der betrieblichen Entscheidungen stellen soll. Sie ist deswegen in den meisten Fällen rechtlich gehindert, den Streit der Betriebsparteien zu entscheiden.

Gesteht man dem Betriebsrat vor dem Hintergrund dieser gesetzgeberischen Konzeption kein Mitbeurteilungsrecht über unbestimmte Rechtsbegriffe ein, gerät das Mitbestimmungsrecht des § 87 Abs. 1 Nr. 7 BetrVG zur Karikatur. Der Arbeitgeber könnte aufgrund seines alleinigen Beurteilungsspielraums entscheiden, ob ein Fall der Mitbestimmung gegeben ist oder nicht, ob also z.B.

---

457 Vgl. hierzu *Ehmann*, Festschrift Arbeitsgerichtsbarkeit Rheinland-Pfalz, 19 ff. (35); dem Beitrag ist im übrigen das angeführte Beispiel entnommen.

458 *F. Merten*, Gesundheitsschutz und Mitbestimmung bei der Bildschirmarbeit, S. 169; *Diezemann/Mühlhausen*, AuA 1999, 15 ff. (16); *Wank*, TAS, § 3 ArbSchG, Rdnr. 20.

459 In diesem Sinne ist wohl auch *Günther*, BlStSozArbR 1981, 244 ff. (245) zu verstehen.

mehrere gleichermaßen geeignete Regelungen gegeben sind. Da im ArbSchG bewußt offen gehaltene Normen formuliert worden sind, wäre damit der Bestand des gesetzlichen und erzwingbaren Mitbestimmungrechts nach § 87 Abs. 1 Nr. 7 BetrVG in das Gutdünken des Arbeitgebers gelegt.[460] Eine solche Deutung des § 87 Abs. 1 Nr. 7 BetrVG wäre nicht nur unter dem Blickwinkel staatlicher Schutzpflichten für das Leben und Gesundheit mehr als fragwürdig. Die Vorschrift würde so auch zu einem verkappten Tatbestand der freiwilligen Mitbestimmung, was sie aber ersichtlich nicht ist.

Dem Problem angemessen ist ein anderer Weg, der die neue Rolle der Behörden und ihre rechtlichen Handlungsmöglichkeiten berücksichtigt. Auszugehen ist davon, daß die zahlreichen unbestimmten Rechtsbegriffe des ArbSchG gemeinsam von den Betriebsparteien auszulegen sind, m.a.W. also ein Mitbeurteilungsrecht des Betriebsrats besteht. Ist im Einzelfall zwischen den Betriebsparteien streitig, ob ausnahmsweise nur eine bestimmte Regelung zur Erfüllung der gesetzlichen Pflichten möglich ist oder die Grenzen des Ermessens überschritten sind, besteht für beide Parteien gleichermaßen die Möglichkeit, sich an die Aufsicht zu wenden. Es stehen dann regelmäßig die Grenzen des betrieblichen Gestaltungsspielraums im Streit, die genau den Bereich markieren, in dem die Behörde auch weiterhin klassisch regelnd tätig werden kann. Alternativ steht nach diesem Konzept natürlich auch der Weg offen, eine arbeitsgerichtliche Entscheidung herbeizuführen.

Letztere Überlegung entzieht im übrigen dem tragenden Argument des Unfallbeispiels, daß der Arbeitgeber letztlich die Verantwortung für die körperliche Unversehrtheit der Beschäftigten trägt, vollends den Boden. Neben der von der Gegenmeinung behaupteten einseitigen Ausübung des Beurteilungsspielraums bestehen wie dargestellt durchaus andere wirksame Möglichkeiten, im Falle eines Konflikts mit dem Betriebsrat Verantwortung für die Sicherheit und Gesundheit der Beschäftigten wahrzunehmen und eine Klärung des Streits herbeizuführen. Nach einer solchen Klärung durch die Behörde oder das Arbeitsgericht ist es kaum vorstellbar, daß der Arbeitgeber allein wegen der Regelung nach § 87 Abs. 1 Nr. 7 BetrVG zur Rechenschaft gezogen wird. Etwas anderes gilt allerdings, wenn eine entsprechende Betriebsvereinbarung mangelhaft durchgeführt wird. Da der Arbeitgeber insoweit nach § 77 Abs. 1 BetrVG für die Durchführung zuständig ist, trägt er auch die Verantwortung für hierbei entstehende Schädigungen. Der Vollständigkeit halber sei im übrigen darauf hingewiesen, daß es anerkannt ist, daß der Arbeitgeber in Notfällen berechtigt ist, sofortige und vorläufige Regelungen zur unmittelbaren Gefahrenabwehr zu treffen, unbeschadet einer späteren Korrektur durch eine mitbestimmte Regelung.[461] Auch insoweit

---

[460] Hierzu auch *Günther*, BlStSozArbR 1981, 244 ff. (245).

[461] Hierzu nur *MünchArbR-Wlotzke*, § 209, Rdnr. 22; *Fitting/Kaiser/Heither/Engels/Schmidt*, BetrVG, § 87, Rdnr. 289.

greift also der Einwand nicht durch, daß der Arbeitgeber durch den Einigungszwang mit dem Betriebsrat unzulässigerweise Verantwortung für Pflichten trägt, die er selbst nicht ausreichend steuern kann.

Zusammenfassend läßt sich damit festhalten, daß dem Betriebsrat ein Mitbeurteilungsrecht bei der Auslegung der unbestimmten Rechtsbegriffe des ArbSchG zusteht. Maßgeblich für das Mitbestimmungsrecht nach § 87 Abs. 1 Nr. 7 BetrVG ist, daß Entscheidungen gleich welcher Art über Regelungen zu treffen sind (z.B. betriebsspezifische Konkretisierungen der Anforderungen an die „geeignete" Organisation i.S. von § 3 Abs. 2 ArbSchG). Nur wenn sich aus dem Gesetz (ausnahmsweise) nur eine Regelung als rechtmäßig erweist, kann das Mitbestimmungsrecht nicht zum Tragen kommen. Die hinter dem ArbSchG stehende gesetzliche Konzeption bietet damit weitere Argumente für die auch bisher schon überwiegende, ein Mitbeurteilungsrecht bejahende Auffassung.

2. Bedeutung des § 87 Abs. 1 Nr. 7 BetrVG für die Durchsetzung der Pflichten aus dem ArbSchG

Die bisherigen Überlegungen haben gezeigt, daß das ArbSchG und insbes. die Grundpflichten nach § 3 ArbSchG ein weites Feld für die Mitbestimmung nach § 87 Abs. 1 Nr. 7 BetrVG eröffnen. Dies gilt gleichermaßen für die verfahrensorientierten Regelungen des Absatzes 1 wie auch für die Organisationspflichten in Absatz 2.[462] Neben dem bereits angesprochenen Fall der Gefährdungsbeurteilung[463] kommen Mitbestimmungsrechte z.B. in Betracht bei betrieblichen Regelungen über die arbeitsschutzrelevante Ablauforganisation (insbes. Arbeitsanweisungen[464]), die Gestaltung der Arbeitszeit, insbes. im Hinblick auf die schädlichen Auswirkungen von Nachtarbeit[465], die Unterbrechung der Arbeit an Bildschirmgeräten durch Arbeitspausen bzw. Mischarbeit[466] oder über die Verhängung von Rauchverboten zum Nichtraucherschutz.[467] Außer diesen schon heute in die Ge-

[462] Wie hier mit Blick auf § 3 ArbSchG etwa *ErfK-Hanau-Kania*, § 87 BetrVG, Rdnr. 66; *Fitting/Kaiser/Heither/Engels/Schmidt*, BetrVG, § 87, Rdnrn. 295 ff.; *MünchArbR-Wlotzke*, § 208, Rdnr. 35; ähnlich LAG Hamburg, LAGE, Nr. 1 zu § 87 BetrVG 1972 – Gesundheitsschutz –.

[463] Hierzu aus der mittlerweile recht umfangreichen Rechtsprechung Vgl. z.B. BAG, DB 2002, 2278 f. (2279); LAG Hamburg, LAGE, Nr. 1 zu § 87 BetrVG 1972 – Gesundheitsschutz –; ArbG Hamburg, ArbuR 1999, 115 ff. (116); ArbG Hamburg, AuA 1999, 36 f.; LAG Schleswig-Holstein, AiB 2000, 630; LAG Hamburg, LAGE, Nr. 30 zu § 98 ArbGG 1979, außerdem für das Personalvertretungsrecht, VG Göttingen, PersR 2002, 35 ff.

[464] BAG, AP, Nr. 7 zu § 87 BetrVG 1972 – Gesundheitsschutz –.

[465] BAG, AP, Nr. 7 zu § 87 BetrVG 1972 – Arbeitszeit –.

[466] BAG, AP, Nr. 5 zu § 87 BetrVG 1972 – Gesundheitsschutz –.

[467] BAG, AP, Nr. 28 zu § 87 BetrVG 1972 – Ordnung des Betriebes –. Das Gericht hat das Mitbestimmungsrecht des Betriebsrats in diesem Falle dem § 87 Abs. 1 Nr. 1 BetrVG zugeordnet. Es wird in der Entscheidung verkannt, daß sich, wie oben eingehend begründet, bereits aus dem materiellen Arbeitsschutzrecht (§ 3 Abs. 1 ArbSchG i.V. mit § 4 Nr. 1

richtspraxis eingegangenen Fällen bestehen eine Fülle weiterer Regelungsfragen im Zusammenhang mit § 3 ArbSchG. So ist z.B. zu entscheiden, in welchen Abständen die Wirksamkeit der getroffenen Maßnahmen zu überprüfen ist (§ 3 Abs. 1 Satz 2 ArbSchG) oder welche Personen anhand welcher Quellen die jeweils aktuellen Erkenntnisse i.S. von § 4 Nr. 3 Nr. 3 ArbSchG ermitteln sollen. Angesichts der Unterschiedlichkeit der betrieblichen Verhältnisse würde es den Rahmen dieser Arbeit sprengen, die möglichen Regelungsfragen auch nur annähernd vollständig zu untersuchen. Es kann zudem auf die Literatur verwiesen werden, die weiteres Anschauungsmaterial liefert.[468]

Wichtiger als die Klärung dieser Detailfragen ist es im vorliegenden Zusammenhang, auf einer eher grundsätzlichen Ebene zu eruieren, worin der originäre Beitrag des Betriebsverfassungsrechts für die sinn- und zweckgerechte Umsetzung der Grundpflichten nach § 3 ArbSchG liegt. Um die Bedeutung der Mitbestimmung für die Verwirklichung des Arbeitsschutzrechts nach dem ArbSchG zu verstehen, ist sinnvoll sich zunächst noch einmal die oben gefundenen Ergebnisse zur hoheitlichen und individualrechtlichen Rechtsdurchsetzung in Erinnerung zu rufen. Für beide Durchsetzungsordnungen konnte gleichermaßen notiert werden, daß sie vor allem dann wirksam werden, wenn der Arbeitgeber den ihm durch das ArbSchG eingeräumten Gestaltungsspielraum auf der betrieblichen Ebene überschritten hat. Solange diese Voraussetzungen nicht erfüllt sind, ist die Entscheidungsfreiheit des Arbeitgebers im Grundsatz zu respektieren und greifen die spezifischen Instrumente der Rechtsdurchsetzung nicht.

Vor diesem Hintergrund ist die Ausgangslage bei der Mitbestimmung nach § 87 Abs. 1 Nr. 7 BetrVG eine grundlegend andere. § 87 Abs. 1 Nr. 7 BetrVG setzt tatbestandlich einen durch das Arbeitsschutzrecht umrissenen Entscheidungsspielraum voraus, der durch betriebliche Regelungen auszufüllen und auszugestalten ist. Die betriebliche Mitbestimmung setzt also gerade an dem Punkte ein, an dem hoheitliche und individualrechtliche Instrumente der Rechtsdurchsetzung in der Regel ihre Grenzen finden. Mit dem Mitbestimmungsverfahren des § 87 Abs. 1 Nr. 7 BetrVG unterstellt das Betriebsverfassungsrecht diese im übrigen inhaltlich nur sehr begrenzt überprüfbare Gestaltungsentscheidung einem Verfahren der prozeduralen Richtigkeitsgewähr.[469] Indem das Gesetz die Betriebspartei-

---

ArbSchG) eine Pflicht ergibt, Regelungen zum Nichtraucherschutz vorzusehen. Da es sich damit in der Sache um eine Regelung über den Gesundheitsschutz handelt, richtet sich die Mitbestimmung insofern vorrangig nach dem speziellen Mitbestimmungsrecht des § 87 Abs. 1 Nr. 7 BetrVG. In diesem Sinne auch *ArbR BGB-Friedrich*, § 618, Rdnr. 171.

[468] Besonders ertragreich ist in diesem Zusammenhang die Arbeit von *Hinrich*, Die Mitbestimmung nach § 87 Abs. 1 Nr. 7 BetrVG, S. 54 ff., in der, gegliedert nach Regelungskomplexen, eine Fülle praktischer Beispiele gegeben werden. Zahlreiche Regelungsfragen werden außerdem bei *N. Fabricius*, BB 1997, 1254 ff. (1255 ff.) erörtert.

[469] Hierzu auch *N. Fabricius*, BB 1997, 1254 ff. (1258), der zutreffend darauf hinweist, daß § 87 Abs. 1 Nr. 7 BetrVG eine Verfahrens-, nicht aber eine Ergebnisgarantie normiert.

en unter Einigungszwang setzt, wird nicht nur sichergestellt, daß die Sachentscheidung mit dem betrieblichen Erfahrungswissen der Beschäftigten angereichert wird. Es wird zugleich auf kollektivrechtlicher Ebene gewährleistet, daß die unmittelbar Betroffenen ihre berechtigten und durch Art. 2 Abs. 2 GG geschützten Interessen in die Entscheidung einbringen können.[470]

Letzteres kommt vor allem dann zum Tragen, wenn zwischen den Betriebsparteien keine Einigkeit über den Inhalt der zu treffenden Regelung besteht. Zweck der erzwingbaren Mitbestimmung ist es gerade in diesen Fällen – im Rahmen des geltenden Arbeitsschutzrechts – einen Ausgleich der Interessen der Betriebsparteien herbeizuführen.[471] Dies ist der Grund, warum § 87 Abs. 1 Nr. 7 BetrVG die Betriebsparteien unter Einigungszwang stellt.[472] Es soll eine einseitige Deutung der Interessenlage durch den Arbeitgeber dadurch vermieden werden, daß der Betriebsrat gleichberechtigt über die durch das Gesetz offengelassenen Regelungsfragen mitentscheidet.[473] Mit dem Einigungsstellenverfahren verfügt das BetrVG zudem über ein weiteres prozedurales Instrument, daß in solchen Konfliktsituationen für eine betriebsnahe Vermittlung zwischen den unterschiedlichen Interessenlagen sorgen kann. Da sich der Spruch der Einigungsstelle an den Maßstäben des § 76 Abs. 5 BetrVG zu orientieren hat, gilt es einen Kompromiß zu finden, der sowohl den berechtigten Schutzinteressen der Beschäftigten als auch den wirtschaftlichen Belangen des Betriebs gerecht wird.[474]

Der spezifische Beitrag des Mitbestimmungsrechts des § 87 Abs. 1 Nr. 7 BetrVG an der betrieblichen Umsetzung des ArbSchG liegt nach alledem darin, daß es eine inhaltliche Einflußnahme auf die gerade bei der Erfüllung der arbeitsschutzrechtlichen Grundpflichten zu treffenden Gestaltungsentscheidungen ermöglicht. Der Betriebsrat hat insofern ein gleichberechtigtes Mitgestaltungsrecht. Ermöglicht wird durch § 87 Abs. 1 Nr. 7 BetrVG eine prozedurale Richtigkeitskontrolle. Die Vorschrift ist deswegen in besonderem Maße geeignet, der kooperativen und verfahrensorientierten Philosophie des ArbSchG einen

---

[470] Ähnlich LAG Hamburg, LAGE, Nr. 1 zu § 87 BetrVG 1972 – Gesundheitsschutz –.

[471] *Diezemann/Mühlhausen*, AuA 1999, 15 ff. (16) halten es offenbar für möglich, daß der Arbeitgeber diesen Interessenausgleich gleichsam in seiner Person austragen kann, wenn sie anführen, daß es eine „Unterstellung" sei, daß der Arbeitgeber in diesem Zusammenhang die Interessen seiner Arbeitnehmer ausblendet. Hierbei wird verkannt, daß es nicht um die „Unterstellung" des Bildes eines böswilligen und uneinsichtigen Arbeitgebers geht. Es geht darum, daß im Betrieb, wie auch in anderen Organisationen, Akteure verschiedene, rechtlich gleichermaßen schützenswerte Interessen verfolgen. Dem trägt § 87 Abs. 1 Nr. 7 BetrVG, wie im übrigen das sonstige Betriebsverfassungsrecht auch, auf kollektiver Ebene Rechnung.

[472] In diesem Sinne müssen wohl auch die Überlegungen des Bundesarbeitsgerichts zum Sinn und Zweck des § 87 Abs. 1 Nr. 7 BetrVG verstanden werden, vgl. BAG, AP, Nr. 7 zu § 87 BetrVG – Gesundheitsschutz –, B.I.3. der Gründe.

[473] LAG Hamburg, LAGE, Nr. 1 zu § 87 BetrVG 1972 – Gesundheitsschutz –.

[474] Hierzu auch *Däubler*, Der Betriebsrat 1998, 31 ff. (33).

rechtlichen Bezugsrahmen zu verleihen. Angesichts des überragenden Stellenwerts der Gesundheit und körperlichen Unversehrtheit der Beschäftigten ist ein solches Instrument der prozeduralen Richtigkeitsgewähr auch vor dem Hintergrund der sich aus dem Grundrecht des Art. 2 Abs. 2 GG ergebenden verfassungsrechtlichen Wertungen sachgerecht. Dies auch deswegen, weil die Instrumente hoheitlicher und individualrechtlicher Rechtsdurchsetzung eben an dieser Stelle eine nur bescheidene Wirkung entfalten.

IV. Durchsetzung der Grundpflichten mittels nicht arbeitsschutzspezifischer Beteiligungsrechte des Betriebsrats

Im Mittelpunkt der kollektivrechtlichen Durchsetzung des Arbeitsschutzrechts stehen bis dato Regelungsfragen, deren Zusammenhang mit dem Arbeits- und Gesundheitsschutz mehr oder weniger deutlich auf der Hand liegt. Erwähnt seien hier noch einmal die Gestaltung von Arbeitsanweisungen für das sicherheitsgerechte Verhalten, Schutzmaßnahmen bei der Bildschirmarbeit oder die Auswahl von Instrumenten der Gefährdungsbeurteilung zur Ermittlung der erforderlichen Maßnahmen nach § 3 Abs. 1 ArbSchG. Es ist aber nicht zu verkennen, daß in der neueren sicherheits- und arbeitswissenschaftlichen Diskussion zunehmend Themen in den Vordergrund rücken, die weit über die klassischen Handlungsfelder des Arbeitsschutzes hinausgehen. Beispielhaft genannt seien insoweit Zusammenhänge zwischen der betrieblichen Qualitätssicherung[475] und dem Arbeitsschutz oder die Bedeutung von Marketing und Beschaffung für die Sicherheit und den Gesundheitsschutz bei der Arbeit.[476] Dies wirft die Frage auf, ob das Betriebsverfassungsrecht auch für die Durchsetzung dieser neuen Elemente des Arbeitsschutzes mobilisiert werden kann.

1. Integrativer Arbeits- und Gesundheitsschutz und Betriebsverfassung

Rollt man die Problematik zunächst von der materiellrechtlichen Seite auf, ist festzustellen, daß sich für eine solche, die klassischen Handlungsfelder des Arbeitsschutzes überschreitende Perspektive im ArbSchG durchaus Anknüpfungspunkte ergeben. Gerade die Grundpflichten legen eine solche Sichtweise nahe, sind doch nach § 3 Abs. 2 Nr. 2 ArbSchG „Vorkehrungen zu treffen, daß die Maßnahmen erforderlichenfalls bei allen Tätigkeiten und eingebunden in die betrieblichen Führungsstrukturen beachtet werden“. Damit wird der Arbeits- und Gesundheitsschutz zu einer Aufgabe aller Akteure im Betrieb und Unternehmen. Ist ein solcher erweiterter Ansatz damit aber Teil des gesetzli-

---

[475] Dazu z.B. *Beutler/Langhoff*, WSI Mitteilungen 1997, 829 ff.

[476] Instruktiv zu diesen Fragen etwa die umfangreiche Studie „Sicherheit und Gesundheitsschutz bei der Arbeit in Marketing und Beschaffung“, hrsg. von der Europäischen Agentur für Sicherheit und Gesundheitsschutz bei der Arbeit.

chen Programms, stellt sich in gleicher Weise die zuvor erörterte Frage der Ergänzung der Regeln des ArbSchG durch das „Arbeitsschutzverfahrensrecht" des BetrVG. Es geht einerseits darum, in welcher Weise die Kernrechte des Betriebsrats im Arbeits- und Gesundheitsschutz – und dabei vor allem das Mitbestimmungsrecht des § 87 Abs. 1 Nr. 7 BetrVG – betroffen sind.

Andererseits berühren die „neuen Themen" des Arbeitsschutzes aber auch andere Sachbereiche, für die der Betriebsrat spezifische Beteiligungs- und Mitbestimmungsrechte beanspruchen kann. Die hiermit verbundenen Implikationen im Detail zu untersuchen wäre eine reizvolles Thema, um die Forderung nach horizontaler und vertikaler Integration rechtlich klarer zu fassen, als dies im Rahmen dieser Arbeit geschehen konnte. Da diese Fragen Stoff für eine eigenständige Untersuchung bieten, können hier nur einige Aspekte und Mechanismen angedeutet werden, in welcher Weise die Querschnittsaufgabe Arbeits- und Gesundheitsschutz[477] auf andere Felder des Betriebsverfassungsrechts ausstrahlt.

Als Referenzgebiete für die nachfolgenden eher fragmentarischen Überlegungen sollen nachfolgend exemplarisch die personellen Angelegenheiten und die Berufsbildung herangezogen werden. Schon diese Auswahl ist letztlich willkürlich. Es gibt eine Fülle anderer, gleichermaßen interessanter Sachgebiete, die ebenfalls Berücksichtigung verdienten.[478] Zumindest erwähnt seien an dieser Stelle Beteiligungsrechte im Bereich der wirtschaftlichen Angelegenheiten, etwa in Zusammenhang mit der Einführung von Arbeitsschutz-, Umwelt-, Sicherheit oder Qualitätsmanagementsystemen[479], die betriebliche Lohngestaltung, die durchaus meßbaren Einfluß auf die Sicherheit und Gesundheit bei der Arbeit hat[480], Fragen der betrieblichen Ordnung nach § 87 Abs. 1 Nr. 1 BetrVG,[481] Regelungen über die Arbeitszeitgestaltung[482] oder das betriebliche Vorschlags-

[477] Hierzu etwa aus arbeitswissenschaftlicher Sicht *Elke*, Management des Arbeitsschutzes, S. 98 ff.; für die juristische Perspektive, *Kohte*, EAS, B 6100, Arbeitsschutzrahmenrichtlinie, Rdnrn. 65 ff.

[478] Vgl. dazu auch die Überlegungen bei *Bücker/Feldhoff/Kohte*, Rdnr. 77, sowie bereits *Kohte*, BB 1981, 1277 ff. (1281 ff.), mit Blick auf den Arbeitsschutz durch das Störfallrecht.

[479] Hierzu im Hinblick auf das Sicherheitsmanagementsystem nach der StörfallV, *Kohte*, WSI-Mitteilungen 2000, 567 ff. (573 ff.); zu Qualitätsmanagementsystemen: etwa *Wagner*, AiB 1994, 600 ff., zu Umweltmanagementsystemen: *Wagner*, AiB 1996, 453 ff.

[480] Hierzu etwa *Kohte*, BB 1981, 1277 ff. (1283); im norwegischen Recht werden Leistungslohnsysteme als Arbeit mit einem Sicherheitsrisiko bezeichnet, vgl. hierzu *Birk*; Festschrift Wlotzke, 645 ff. (654).

[481] BAG, AP Nr. 2 zu § 87 BetrVG 1972 – Arbeitssicherheit – (Sicherheitswettbewerb); BAG, AP Nr. 28 zu § 87 BetrVG 1972 – Ordnung des Betriebes – (betriebliches Rauchverbot); BAG, AP Nr. 24 zu § 87 BetrVG 1972 – Ordnung des Betriebes – („Krankengespräche").

[482] Hierzu als Beispiele BAG, AP, Nr. 3 zu § 87 BetrVG 1972 – Arbeitssicherheit – (Lärmpausen); BAG, AP Nr. 74 zu § 87 BetrVG 1972 – Arbeitszeit – (Ausgleich für Nachtarbeit).

wesen als denkbarer „Motor“ zur Steigerung der Motivation in Sicherheits- und Gesundheitsfragen.

2. Personelle Angelegenheiten und Berufsbildung

Die arbeitsschutzrechtliche Relevanz des betrieblichen Personalwesens oder, modernistisch gesprochen, des Personalmanagements ergibt sich nicht nur aus dem bereits erwähnten Grundsatz der (horizontalen) Integration des § 3 Abs. 2 Nr. 2 ArbSchG. An verschiedenen anderen Stellen des Gesetzes finden sich Hinweise zur weiteren Konkretisierung des hinter § 3 Abs. 2 Nr. 2 ArbSchG stehenden übergreifenden Prinzips. So kann sich nach § 5 Abs. 3 Nr. 5 ArbSchG eine Gefährdung insbes. aus der unzureichenden Qualifikation und Unterweisung der Beschäftigten ergeben. § 7 ArbSchG berührt Fragen der Personalauswahl und Personaleinsatzplanung, wenn dort verlangt wird, daß je nach Art der Tätigkeiten zu berücksichtigen ist, „ob die Beschäftigten befähigt sind, die für die Sicherheit und den Gesundheitsschutz bei der Aufgabenerfüllung zu beachtenden Bestimmungen einzuhalten“. Eine weitere Festlegung zur Personalauswahl findet sich in § 13 Abs. 2 ArbSchG, der fordert, daß nur zuverlässige und fachkundige Personen mit der verantwortlichen Wahrnehmung von Pflichten nach dem ArbSchG beauftragt werden dürfen.

Wie diese Auswahl zeigt, ergeben sich unmittelbar aus dem Gesetz eine ganze Reihe von Ansatzpunkten. Sie illustrieren vor allem eines, daß nämlich der Arbeits- und Gesundheitsschutz nicht nur direkt am Arbeitsplatz eine Rolle spielen soll, wo sich die arbeitsbedingten Gefahren und Gefährdungen letztlich unmittelbar realisieren. Empirische Untersuchungen haben gezeigt, daß dieser Zusammenhang in der Praxis auch durchaus bereits erkannt worden ist und daß das Personalmanagement zur Verbesserung des Arbeits- und Gesundheitsschutzes zunehmend genutzt wird.[483]

a) Möglichkeiten und Grenzen der Mitbestimmung nach § 87 Abs. 1 Nr. 7 BetrVG im Zusammenhang mit arbeitsschutzrelevanten Personalfragen

Mitbestimmungsrechte des Betriebsrats kommen zunächst in Betracht bei der Auswahl und Gestaltung des Verfahrens der Gefährdungsbeurteilung nach § 5 ArbSchG. Regelungsbedürftig ist im hier interessierenden Zusammenhang vor allem § 5 Abs. 3 Nr. 5 ArbSchG, der die „unzureichende Qualifikation und Unterweisung der Beschäftigten“ ausdrücklich als Gefährdungsquelle erwähnt. Allgemeine Festlegungen zu treffen sind zumindest über zwei Aspekte. *Erstens*

[483] Hierzu etwa *Zimolong* (Hrsg.), Management des Arbeits- und Gesundheitsschutzes, S. 49 ff.; *Beckmann*, 9. Workshop Psychologie der Arbeitssicherheit, S. 83 ff.

gilt es die arbeitsschutzbezogenen Qualifikationsanforderungen für die jeweils zu beurteilenden Arbeitsplätze zu bestimmen. Es ist m.a.W. ein Maßstab zu entwickeln, an dem sich die Beurteilung, ob die Qualifikation ausreichend oder unzureichend i.S. von § 5 Abs. 3 Nr. 3 ArbSchG ist, orientieren kann. *Zweitens* ist eine Regelung zu finden, in welcher Weise, anhand welcher Kriterien ermittelt werden soll, ob die Beschäftigten den an sie gestellten qualifikatorischen Anforderungen im Bereich des Arbeitsschutzes genügen.

Da Gefährdungsbeurteilungen final auf das Treffen von „Maßnahmen des Arbeitsschutzes" i.S. von § 3 Abs. 1 Satz 1 ArbSchG gerichtet sind, ist Defiziten in der Qualifikation und der Unterweisung der Beschäftigten entgegenzuwirken. Konkret heißt dies, daß es sich bei den „Maßnahmen des Arbeitsschutzes" in diesen Fällen in der Sache regelmäßig um Personal(entwicklungsmaßnahmen) handeln wird, da klassische Instrumente, wie technische Schutzmaßnahmen oder die Bereitstellung von Schutzausrüstungen an diesem Punkte kaum weiterhelfen. In Betracht kommen dabei eine Fülle von Maßnahmen, über die Regelungen zu treffen sind.

Verfügen z.B. die Beschäftigten in einem Betrieb auf breiter Front über unzureichende Kenntnisse über die Gesundheits-, Unfall- und Störfallrisiken einer neuen Produktionsanlage oder neuer Arbeitsstoffe, ist z.B. über die Aufstellung eines Qualifizierungsprogramms für den Arbeits- und Gesundheitsschutz nachzudenken. Bestehen die Defizite nur punktuell, kann es reichen, gezielte Maßnahmen für bestimmte Beschäftigte vorzusehen. Dabei kann bei einfachen Fallgestaltungen eine entsprechende Schwerpunktsetzung und Intensivierung der Unterweisung nach § 12 ArbSchG ausreichen. Sind die Gefahrenlagen besonders komplex, z.B. im Hinblick auf Fehlbedienungen von Chemieanlagen[484], ist zu überlegen, bestimmte Beschäftigte als „Multiplikatoren" zu speziellen Fortbildungsveranstaltungen zu entsenden, ein entsprechendes Angebot bei einem externen Fortbildungsanbieter zu buchen oder mit eigenen Kräften selbst ein passendes Seminar zu „stricken".

Um den Verpflichtungen des § 7 ArbSchG bei der Übertragung von Aufgaben an die Beschäftigten zu genügen, kann es schon aus Transparenzgründen sinnvoll sein, festzulegen, welche Fähigkeiten an den verschiedenen Arbeitsplätzen zu verlangen sind, damit dort sicher gearbeitet werden kann.[485] Solche Festlegungen sind nicht nur für die Personalabteilung z.B. bei Einstellungen von Interesse. Sie schaffen zugleich auch Klarheit für die betrieblichen Vorgesetzten, die typischerweise Aufgaben an die Beschäftigten übertragen. Eine

[484] In § 6 Abs. 1 StörfallV ist die Schulung des Personals ausdrücklich vorgesehen.

[485] Dies fällt, da die meisten Betriebe heute über Qualitätsmanagementsysteme verfügen, nicht schwer, wenn die Arbeitsanweisungen in den Handbüchern um den Aspekt des Arbeitsschutzes ergänzt werden.

solche Transparenz ist zudem wichtig, um Haftungsrisiken des Leitungspersonals zu minimieren. Kommt es z.B. zu einem Arbeitsunfall, weil eine Arbeit an einen hierfür ungeeigneten Arbeitnehmer übertragen worden ist, kann die fehlerhafte Auswahl des Personals sowohl nach straf- als auch zivilrechtlichen Grundsätzen haftungsrechtliche Folgen haben.[486] Haftungsrecht und präventives Arbeitsschutzrecht greifen insoweit also ineinander.

Die praktische Umsetzung der nach § 87 Abs. 1 Nr. 7 BetrVG getroffenen Regelungen ist grundsätzlich Sache des Arbeitgebers, der nach § 77 Abs. 1 BetrVG zur Durchführung einer entsprechenden Betriebsvereinbarung verpflichtet ist. Er hat also sicherzustellen, daß die aus den Regelungen folgenden einzelnen Maßnahmen tatsächlich realisiert werden. Es handelt sich dabei nicht mehr um eine Angelegenheit i.S. von § 87 Abs. 1 Nr. 7 BetrVG. Die Rolle des Betriebsrats besteht in diesem Zusammenhang in der Regel darin, diesen Realisierungsprozeß kritisch zu begleiten. Er ist wegen §§ 80 Abs. 1 Nr. 1, 89 Abs. 1 BetrVG nicht nur berechtigt, sondern auch verpflichtet, die Einhaltung der Vereinbarungen nach § 87 Abs. 1 Nr. 7 BetrVG zu überwachen.[487] An dieser Stelle kommen bei der betrieblichen Umsetzung der arbeitsschutzrechtlichen Anforderungen an das Personalwesen die speziellen Beteiligungs- und Mitbestimmungsrechte des Betriebsrats zum Tragen. Anders als bei den klassischen Ansatzpunkten des betrieblichen Arbeitsschutzes trifft das BetrVG hier weitere Regelungen, die für eine weitere Effektivierung der Rechtsdurchsetzung des ArbSchG im Allgemeinen und der Grundpflichten nach § 3 ArbSchG im Speziellen nutzbar gemacht werden können.

b) Verzahnung mit den Beteiligungsrechten in personellen Angelegenheiten und bei der Berufsbildung

Es wurde soeben herausgearbeitet, daß sich aus § 5 Abs. 3 Nr. 5 ArbSchG die Notwendigkeit ergibt, die qualifikatorischen Anforderungen an einen Arbeitsplatz aus der Perspektive des Arbeits- und Gesundheitsschutzes zu ermitteln. Dieser Vorgabe kann z.B. dadurch genügt werden, daß für jede einzelne Gefährdungsbeurteilung, aber auch für jede Aufgabenübertragung nach § 7 ArbSchG erneut entsprechende Ermittlungen angestellt werden. Für die betriebliche Praxis, die in der Regel schnelles und flexibles Handeln erfordert, dürfte eine solche Strategie oftmals zu schwerfällig sein. Es besteht deswegen ein

---

[486] Zivilrechtlich ist das Haftungsrisiko allerdings wegen §§ 104 ff. SGB VII auf Sachschäden und bei Personenschäden auf Fälle von grober Fahrlässigkeit und Vorsatz beschränkt. Zur fehlerhaften Personalauswahl als Haftungsrisiko vgl. auch oben S. 223 ff.

[487] Diese Überwachung ist nicht in das Gutdünken des Betriebsrats gestellt. Es handelt sich um eine Rechtspflicht, hierzu auch LAG Frankfurt/M, DB 1972, 2214; *Fitting/Kaiser/Heither/Engels/Schmidt*, BetrVG, § 89, Rdnr. 11; *Richardi-BetrVG-Annuß*, § 89, Rdnrn. 11 f.; *ErfK-Hanau/Kania*, § 89 BetrVG, Rdnrn. 2 f.

berechtigtes Bedürfnis nach Standardisierung. Das ArbSchG selbst trägt diesem Bedürfnis dadurch Rechnung, daß es mit Blick auf die Gefährdungsbeurteilung Standardbeurteilungen für gleichartige Arbeitsbedingungen zuläßt.[488] Ein wirksames Instrument des Personalmanagements können in diesem Zusammenhang spezielle, auf die Bedürfnisse des Arbeits- und Gesundheitsschutzes zugeschnittene Anforderungsprofile sein.

Mitbestimmungsrechtlich werden solche Anforderungsprofile seit geraumer Zeit vor dem Hintergrund der Rechte des Betriebsrats bei der Aufstellung von Auswahlrichtlinien nach § 95 Abs. 1, 2 BetrVG kontrovers diskutiert. Während ein Teil der Literatur von der Anwendbarkeit des § 95 BetrVG ausgeht[489], hat sich das Bundesarbeitsgericht[490] und ihm folgend ein Teil der Literatur[491] gegen ein Mitbestimmungsrecht des Betriebsrats ausgesprochen. Im Hinblick auf Anforderungsprofile, die Aspekte des Arbeits- und Gesundheitsschutzes betreffen, ist die Rechtsprechung des Bundesarbeitsgerichts zumindest überprüfungsbedürftig. Tragendes Argument der angesprochenen Judikatur ist, daß es eine freie Unternehmerentscheidung sei[492], welche Anforderungen für eine Stelle gelten sollen.

Die vorausgesetzte unternehmerische Entscheidungsfreiheit besteht aber nicht mehr, wenn sich der Arbeitgeber durch eine Betriebsvereinbarung nach § 87 Abs. 1 Nr. 7 BetrVG gebunden hat, die aus der Sicht des Arbeitsschutzes erforderlichen qualifikatorischen Anforderungen zu ermitteln. Hinzu kommt, daß die mit der Regelung nach § 87 Abs. 1 Nr. 7 BetrVG eingegegangene Verpflichtung auf eine gesetzliche Pflicht zurückzuführen ist. In der Sache handelt es sich bei einer solchen Betriebsvereinbarung um nichts anderes als um eine Subsumtion der gestaltungsoffenen Rechtsnormen des ArbSchG.

Hieraus ergeben sich mitbestimmungsrechtlich zwei Konsequenzen: *Erstens* ist auch die Umsetzung einer solchen betrieblichen Regelung nach § 87 Abs. 1 Nr. 7 BetrVG wegen § 95 BetrVG mitbestimmungspflichtig, weil aus den beschriebenen Gründen die Berufung auf die unternehmerische Freiheit, die Anforderungen an Arbeitsplätze selbst festzulegen, nicht mehr greift. *Zweitens* ist auch Betriebsräten von Betrieben unter 1000 Arbeitnehmern entgegen § 95 Abs. 2 BetrVG ein Initiativrecht zur effektiven Wahrnehmung ihres Mitbestimmungsrechts einzuräumen. Der Arbeitgeber ist aufgrund der Regelung nach

---

488 Hierzu nur *Wank*, TAS, § 5 ArbSchG, Rdnr. 3; *Kollmer/Vogl*, Arbeitsschutzgesetz, Rdnr. 110.

489 Vgl. etwa *Fitting/Kaiser/Heither/Engels/Schmidt*, BetrVG, § 95, Rdnr. 19; *Däubler/Kittner/Klebe-Klebe*, BetrVG, § 95, Rdnrn. 5 f., jeweils m.w.N.

490 BAG, AP Nr. 2 zu § 95 BetrVG 1972; BAG, AP Nr. 3 zu § 95 BetrVG 1972.

491 Z.B. GK-BetrVG-Kraft, § 95, Rdnr.30 f.; *Hess/Schlochauer/Glaubitz*, BetrVG, § 95, Rdnr.12 f., *Richardi-BetrVG-Richardi/Thüsing*, § 95, Rdnrn. 19 f. jeweils m.w.N.

492 BAG, AP Nr. 2 zu § 95 BetrVG 1972; BAG, AP Nr. 3 zu § 95 BetrVG 1972.

§ 87 Abs. 1 Nr. 7 BetrVG verpflichtet tätig zu werden, so daß auch insoweit die Berufung auf die unternehmerische Entscheidungsfreiheit nicht möglich ist.[493]

Bedeutung können zudem die Beteiligungsrechte des Betriebsrats im Zusammenhang mit der Personalbeurteilung (§ 94 Abs. 2 BetrVG) gewinnen. In vielen Betrieben fließen schon heute Aspekte des Arbeits- und Gesundheitsschutzes in die Personalbeurteilung ein, mit dem Ziel auf diese Weise die Motivation zu sicherheits- und gesundheitsgerechtem Verhalten zu erhöhen.[494] Entscheidet sich der Arbeitgeber von sich aus, den Arbeitsschutz in die formalisierte Personalbeurteilung eingehen zu lassen, dürfte wohl unzweifelhaft § 94 Abs. 2 BetrVG greifen und der Betriebsrat mitzubestimmen haben. Darüber hinaus kann die Aufstellung von Personalbeurteilungsgrundsätzen zum Arbeits- und Gesundheitsschutz Gegenstand einer Betriebsvereinbarung nach § 87 Abs. 1 Nr. 7 BetrVG sein. Als Rahmenvorschrift dürfte vor allem das Optimierungsgebot des § 3 Abs. 1 Sätze 2 und 3 BetrVG in Betracht kommen, da ein solches Instrument in besonderem Maße geeignet ist, die Sicherheits- und Gesundheitsschutzkultur im Betrieb zu fördern. Ist eine Betriebsvereinbarung nach § 87 Abs. 1 Nr. 7 BetrVG abgeschlossen, müssen die oben bei den Anforderungsprofilen dargelegten Grundsätze gelten. Der Betriebsrat hat demnach zur effektiven Wahrnehmung seiner Beteiligungsrechte ein Initiativrecht und kann so maßgeblich die Umsetzung und Durchführung der grundlegenden Regelungen nach § 87 Abs. 1 Nr. 7 BetrVG mitgestalten.

Bei der Durchführung von im Rahmen von § 87 Abs. 1 Nr. 7 BetrVG vereinbarten Qualifizierungsmaßnahmen kommt vor allem das Mitbestimmungsrecht des Betriebsrats nach 98 BetrVG in Betracht. Bei solchen Maßnahmen handelt es sich nicht um eine – mitbestimmungsfreie – Unterrichtung der Beschäftigten nach § 81 Abs. 1 BetrVG. Da es darum geht, systematisch und zielgerichtet die Kenntnisse der Beschäftigten zu vertiefen und z.B. durch entsprechende Sicherheitstrainings zu festigen, handelt sich um Berufsbildungsmaßnahmen i.S. von § 98 BetrVG.[495] Ganz überwiegend wird der Anwendungsbereich des Mitbestimmungsrechts des Betriebsrats als auf die Frage der Durchführung von Berufsbildungsmaßnahmen beschränkt eingeschätzt. Die Frage, ob

---

[493] Auswahlrichtlinien nach § 95 BetrVG haben zudem, dies sei hier nur am Rande erwähnt, auch Auswirkungen auf die Beteiligungsrechte des Betriebsrats bei personellen Einzelmaßnahmen (insbes. §§ 99, 102 BetrVG). Auch insoweit kann das BetrVG Impulse geben, um die Durchsetzung des Arbeitsschutzrechts zu effektivieren, vgl. hierzu bereits *Kohte*, BB 1981, 1277 ff. (1283 f.).

[494] Hierzu aus empirischer Sicht *Zimolong* (Hrsg.), Management des Arbeits- und Gesundheitsschutzes, S. 59 ff.

[495] BAG, AP Nr. 2 zu § 98 BetrVG 1972; BAG, AP Nr. 5 zu § 98 BetrVG 1972; *Kohte*, WSI-Mitteilungen 2000, 567 ff. (575); kritisch zur „künstlichen Dichotomie" zwischen mitbestimmungsfreier Einweisung und Berufsbildung *Hamm*, ArbuR 1992, 326 ff. (332 ff.).

Maßnahmen nach § 98 BetrVG durchgeführt werden, ist danach allein Sache des Arbeitgebers.[496] Auch hier müssen m.E. die oben zu den Auswahlrichtlinien angestellten Überlegungen gelten. Sind in einer Betriebsvereinbarung nach § 87 Abs. 1 Nr. 7 BetrVG im Vollzug des § 3 Abs. 1 ArbSchG Qualifizierungsmaßnahmen festgelegt worden, hat der Arbeitgeber keine freie Auswahl mehr hinsichtlich des „ob" der Maßnahmen nach § 98 BetrVG, denn er ist verpflichtet sie durchzuführen. Dem Betriebsrat muß dann aber auch die Möglichkeit zugestanden werden, falls der Arbeitgeber nicht von sich aus tätig wird, selbst initiativ zu werden.[497] Ihn auf ein Beschlußverfahren im Hinblick auf die ordnungsgemäße Durchführung der zugrundeliegenden Betriebsvereinbarung nach 87 Abs. 1 Nr. 7 BetrVG zu verweisen, steht einer effektiven Wahrnehmung der Beteiligungsrechte entgegen und würde zudem nur zu zusätzlichen Streitigkeiten führen, die dem Gebot der vertrauensvollen Zusammenarbeit nach § 2 Abs. 1 BetrVG nur abträglich wären.

V. Zwischenergebnis „kollektivrechte Rechtsdurchsetzung"

Die kollektivrechtliche Durchsetzung der Grundpflichten des § 3 ArbSchG hat sich als im besonderem Maße geeignetes Instrumentarium erwiesen, den Auftrag zur kooperativen Gestaltung des Arbeits- und Gesundheitsschutzes zu unterstützen. Zentrales Instrument ist dabei das erzwingbare Mitbestimmungsrecht des § 87 Abs. 1 Nr. 7 BetrVG. Die Vorschrift eröffnet die Möglichkeit, die zahlreichen Gestaltungsspielräume des ArbSchG im Geiste einer rechtlich strukturierten Kooperation der Betriebsparteien auszufüllen. Auch bei der konkreten Umsetzung der aufgrund von § 87 Abs. 1 Nr. 7 BetrVG vereinbarten betrieblichen Schutzkonzeption kann der Betriebsrat bedeutende Impulse setzen. Sie beschränken sich nicht auf die Überwachung des Arbeits- und Gesundheitsschutzes nach §§ 80 Abs. 1 Nr. 1, 89 BetrVG. Der Betriebsrat kann die Umsetzung des betrieblichen Sicherheits- und Gesundheitsschutzkonzepts auch durch die Inanspruchnahme seiner übrigen Beteiligungsrechte nachhaltig fördern, wie die vorgestellten Beispiele aus dem Bereich der Berufsbildung und der personellen Angelegenheiten gezeigt haben.

---

[496] Vgl. z.B. *Fitting/Kaiser/Heither/Engels/Schmidt*, BetrVG, § 98, Rdnr. 2; GK-BetrVG-Kraft, § 98, Rdnr. 9; *Hess/Schlochauer/Glaubitz-Glaubitz*, BetrVG, § 98, Rdnr.7; im Grundsatz auch *Hamm*, ArbuR 1992, 326 ff. (332 ff.), der mit beachtlichen Gründen davon ausgeht, daß viele Einweisungen zugleich als Berufsbildungsmaßnahmen einzuordnen sind und in diesem Zusammenhang zutreffend darauf aufmerksam macht, daß § 81 BetrVG systematisch dazu dient, Individualansprüche des Arbeitnehmers gegen den Arbeitgeber zu formulieren, während §§ 96 ff. BetrVG kollektives Recht regelt (*Hamm*, ebenda, S. 334).

[497] So für die ähnliche Problematik im Störfallrecht *Kohte*, WSI Mitteilungen 2000, 567 ff. (575).

E. Bilanzierung: Grundpflichten und Rechtsdurchsetzung

Nimmt man eine Gesamtschau der drei hier vorgestellten Durchsetzungsordnungen vor, ergibt sich ein differenziertes System, das unter den verschiedensten Ansatzpunkten und Perspektiven eine recht umfassende Rechtskontrolle und -durchsetzung der Grundpflichten ermöglicht. Mit Blick auf die konkrete inhaltliche Ausgestaltung des betrieblichen Arbeits- und Gesundheitsschutzes steht das Betriebsverfassungsrecht im Zentrum. Vor allem das erzwingbare Mitbestimmungsrecht des § 87 Abs. 1 Nr. 7 BetrVG bietet den Betriebsparteien das rechtliche Gerüst, um die gestaltungsoffenen Schutzziele und Verfahrensregeln des ArbSchG kooperativ und betriebsbezogen zu konkretisieren. Es erweist sich damit als zentrales Element einer prozeduralen Richtigkeitsgewähr. Eine solche ist angesichts der durch das ArbSchG bewußt eingeräumten Gestaltungsspielräume notwendig, um die nach Maßgabe des § 3 ArbSchG zu entwickelnde Schutzkonzeption zu legitimieren und dem gemeinschaftsrechtlichen Postulat einer „ausgewogenen Beteiligung“ zu genügen.

Die Gestaltungsfreiheit der Betriebsparteien bildet eine wesentliche Grenze sowohl der klassischen hoheitlichen als auch der individualrechtlichen Rechtsdurchsetzung. Es ist insoweit zu respektieren, daß der Gesetzgeber vorrangig den Betriebsparteien die Aufgabe zugewiesen hat, in gemeinsamer Verantwortung den Arbeits- und Gesundheitsschutz angepaßt an die spezifischen Bedingungen des Betriebs zu regeln. Ansatzpunkte, um gegen das betriebliche Schutzkonzept vorzugehen, ergeben sich deswegen primär dann, wenn die Betriebsparteien die Grenzen des ihnen durch das ArbSchG eingeräumten Gestaltungsspielraums überschritten haben. Für den hoheitlichen Vollzug des § 3 ArbSchG durch die Arbeitsschutzaufsicht bedeutet dies, daß konkrete, auf die Durchführung bestimmter Maßnahmen zielende Einzelfallanordnungen vor allem im Bereich des Gefährdungsschutzes, durch den das Schutzniveau ins Vorfeld der Gefahr verlagert worden ist, in der Regel ausscheiden. Größere Bedeutung für den öffentlich-rechtlichen Vollzug müssen in Zukunft Anordnungen bekommen, die auf die Einhaltung der im ArbSchG vorgesehen Verfahrensregeln zielen. Zu beachten ist in diesem Zusammenhang, daß z.B. die Pflichten, Wirksamkeitskontrollen durchzuführen, Gefährdungsbeurteilungen einzusetzen oder eine Dokumentation nach § 6 ArbSchG bzw. §§ 5 BGV A 6, 5 BGV A 7 zu führen, nicht lediglich „Angebote“ an den Arbeitgeber formulieren, sondern es sich um echte Rechtspflichten handelt. Die behördlichen Möglichkeiten müssen also zukünftig auch und gerade dazu genutzt werden, die Voraussetzungen dafür zu schaffen, damit verfahrensrichtige Entscheidungen und Regelungen auf der betrieblichen Ebene getroffen werden.

Eine unmittelbare Durchsetzung dieser Verfahrensregeln ist mit den Instrumenten des Individualrechts nicht möglich. Ansprüche und Rechte kommen vor allem dann in Betracht, wenn es um die Festlegung von Maßnahmen geht, die direkt auf den Schutz der Beschäftigten zielen, indem sie die Bedingungen, unter denen die Arbeitsleistung zu erbringen ist, regeln. Dessenungeachtet sind vor allem die Transparenzregeln des modernen Arbeitsschutzrechts (Gefährdungsbeurteilung, Dokumentation) für den Arbeitnehmer bei der Geltendmachung individualrechtlicher Ansprüche durchaus von Belang. Da der Arbeitgeber rechtlich verpflichtet ist, über Unterlagen zu verfügen, die entscheidend für die Beweisführung eines klagenden Arbeitnehmers sind, ergeben sich für ihn eine Reihe von Beweiserleichterungen im Prozeß. Die wachsende Bedeutung individueller Rechte und Ansprüche der Beschäftigten ist in der Diskussion mit Recht betont worden. Für die Umsetzung dieser Forderung dürfte es von nicht zu unterschätzender Bedeutung sein, zu verdeutlichen, daß das Schuldrecht ein differenziertes und gestuftes Instrumentarium zur Verfügung stellt. Die Stärke dieses Instrumentariums liegt darin, daß es eine für den jeweiligen Einzelfall angemessene Reaktion ermöglicht. Es ist deswegen wichtig klarzumachen, daß neben dem zweifellos effektiven, aber auch riskanten Mittel der Arbeitsverweigerung andere erfolgversprechende Instrumente zur Verfügung stehen, wie z.B. Unterlassungsansprüche oder Feststellungsklagen.

Der Erfolg des skizzierten Systems der Rechtsdurchsetzung wird letztlich davon abhängen, inwieweit sich die Akteure des Arbeitsschutzes ihrer Möglichkeiten bewußt sind und sie bereit sind, sie ggf. auch zu nutzen. Das – wohlverstandene – Drohpotential der beschriebenen Durchsetzungsordnungen kann dann bei einer optimistischen Sicht präventiv dazu beitragen, daß der betriebliche Arbeits- und Gesundheitsschutz zu einem „Selbstläufer“ wird. Hiermit würde dem Sinn und Zweck des ArbSchG ersichtlich am besten Rechnung getragen.

Sechstes Kapitel

Zusammenfassung der wesentlichen Ergebnisse der Untersuchung

Durch die Grundpflichten des § 3 ArbSchG ist die alte arbeitsschutzrechtliche Generalklausel des § 120 a GewO a.F. abgelöst worden. § 3 ArbSchG normiert die grundlegende Verantwortung des Arbeitgebers für die Sicherheit und den Gesundheitsschutz im Betrieb. Darüber hinaus regelt die Vorschrift auf instrumenteller Ebene die zentralen Verfahrens- und Organisationsanforderungen sowie die materiellrechtlichen Maßstäbe des betrieblichen Arbeits- und Gesundheitsschutzes.

A. Garantiepflicht des Arbeitgebers für die Sicherheit und den Gesundheitsschutz der Beschäftigten

Die grundlegende Verantwortung des Arbeitgebers ist im Sinne einer Garantiepflicht für einen Zuständigkeitsbereich – die Sicherheit und den Gesundheitsschutz der Arbeitnehmer – zu verstehen. Dieser Hinweis ist wichtig, da das ArbSchG an diesem Punkt – ungeachtet des Anspruchs einer 1 : 1 Umsetzung – deutlich von den gemeinschaftsrechtlichen Vorgaben abweicht. In der Rahmenrichtlinie 89/391/EWG wird systematisch klar zwischen der grundlegenden Verpflichtung für die Sicherheit und den Gesundheitsschutz in bezug auf alle Aspekte, die die Arbeit betreffen zu sorgen in Art. 5 Abs. 1 und den dabei zu beachtenden Verfahrensweisen und Maßstäben – vornehmlich des Art. 6 – unterschieden. Die vor diesem Hintergrund durchaus fragwürdige deutsche Umsetzungsregelung versperrt den Blick darauf, daß die grundlegende Verantwortung des Arbeitgebers sich nicht darin erschöpft, die in § 3 ArbSchG normierten Verfahrensweisen durchzuführen und organisatorische Regelungen zu treffen.

Vor allem der Blick auf die Umsetzungsvorschriften anderer Staaten hat gezeigt, daß Art. 5 Abs. 1 Rahmenrichtlinie 89/391/EWG mehr vom Arbeitgeber verlangt. Zu seinen originären Aufgaben gehört es insbes. für eine grundlegende Orientierung des Betriebs bzw. Unternehmens auf die Ziele des Arbeits- und Gesundheitsschutzes zu sorgen. Dies kann z.B. durch die Formulierung einer Unternehmenspolitik geschehen, in der die Sicherheit und der Gesundheitsschutz der Beschäftigten als Unternehmensziele anerkannt werden. Der europäische Normgeber greift damit einen Aspekt auf, der sich in den verschiedensten Arten von Managementsystemen (Qualitäts-, Umwelt-, Sicherheitsmanagement) als integraler Bestandteil wiederfindet.

B. Verfahrensorientierung der Grundpflichten

Die Grundpflichten des § 3 ArbSchG regeln ein ganzes Bündel von Verfahrenspflichten, die rechtlich eine systematische Vorgehensweise vorstrukturieren, anhand derer Fragen des Arbeits- und Gesundheitsschutzes im Betrieb anzugehen sind. Diese prozedurale Orientierung unterscheidet § 3 ArbSchG deutlich von der abgelösten Generalklausel des § 120 a GewO a.F., die Verfahrensfragen aussparte und allein rechtliche Vorgaben für das materiellrechtlich zu erreichende Ergebnis (Gefahrenschutz) machte.

Mit Blick auf die Verfahrensregeln des § 3 ArbSchG ist zunächst auf die in § 3 Abs. 2 ArbSchG verankerte Planungspflicht zu verweisen. Die Verwendung des Planungsbegriffs verdeutlicht, daß das Gesetz an den Arbeitgeber bzw. die Betriebsparteien einen Gestaltungsauftrag richtet. Planungen stehen für eine vorausschauende Handlungsstrategie, bei der – u.U. konfligierende – Planungsziele und Maßnahmen zur Erreichung dieser Ziele abgestimmt und zu einem Gesamtkonzept, dem Plan, zusammengefaßt werden. Planungen sind damit in besonderem Maße zur Regelung komplexer Sachverhalte geeignet. Im Rahmen der planerischen Abwägung können nicht nur Prioritäten durch die Gewichtung der Planungsziele gesetzt werden.[1] Möglich wird auch ein „Handeln in der Zeit", durch das eine schrittweise Verwirklichung von Schutzzielen unter angemessener Berücksichtigung der betrieblichen Spezifika realisierbar wird.

Zentrales Instrument der betrieblichen Arbeitsschutzplanung ist die Gefährdungsbeurteilung nach § 5 ArbSchG. Gefährdungsbeurteilungen dienen der systematischen und umfassenden Aufbereitung des planungsrelevanten Sachverhalts sowie der Vorbereitung der Planungsentscheidungen. Zu diesem Zwecke ist in einem ersten Schritt die tatsächliche betriebliche Situation im Hinblick auf Gefahren und Gefährdungen für die Beschäftigten zu ermitteln. In einem zweiten Schritt sind die festgestellten Gefährdungen einer rechtlichen Bewertung zu unterziehen. Konkret bedeutet dies, daß der vorgefundene „Ist-Zustand" mit dem „Soll-Zustand" zu vergleichen ist, wie er sich aus den Schutzzielen des ArbSchG und den speziellen Rechtsverordnungen nach dem ArbSchG ergibt. Sorgfältig durchgeführte und gezielt auf das betriebliche Geschehen zugeschnittene Gefähr-

[1] Dies gilt, solange die Schutzziele nicht absolut und im Rahmen der planerischen Abwägung überwindbar sind. Nicht im Rahmen der planerischen Abwägung überwindbar sind die Schutzziele des Gefahrenschutzes, die kategorisch zu beachten sind. Hierzu auch *Kohte*, Jahrbuch des Arbeitsrechts 2000, 21 ff. (32). Eine Umgehung des durch den Gefahrbegriff des § 120 a GewO a.F. markierten bisher geltenden Mindestschutzes ist damit ausgeschlossen.

dungsbeurteilungen sind von entscheidender Bedeutung für die Qualität der betrieblichen Sicherheitsarbeit. Nur wenn die Gefährdungen und die rechtlich anzulegenden Schutzziele vollständig und systematisch ermittelt worden sind, ist gewährleistet, daß tatsächlich alle relevanten Aspekte in der Planungsentscheidung berücksichtigt werden und schließlich in ein auf die konkreten betrieblichen Verhältnisse zugeschnittenes Schutzkonzept einfließen.

Gegenständlich beziehen sich die Planungspflichten des Arbeitgebers auf die in § 3 Abs. 1 ArbSchG normierten Verfahrensschritte. Neben der Pflicht des § 3 Abs. 1 ArbSchG „Maßnahmen des Arbeitsschutzes" zu treffen, sind danach Überprüfungen der Wirksamkeit der getroffenen Maßnahmen und erforderlichenfalls Anpassungsmaßnahmen mit dem Ziel einer Optimierung des Schutzes zu planen. Vor allem die durch § 3 Abs. 1 Satz 2 ArbSchG angeordneten Wirksamkeitsüberprüfungen und Anpassungsmaßnahmen machen in diesem Zusammenhang klar, daß das ArbSchG den betrieblichen Arbeitsschutz als dynamische, sich ständig weiterentwickelnde Aufgabe definiert. Betrachtet man die in § 3 ArbSchG geregelten Verfahrensschritte im Zusammenhang, ist eine Verwandtschaft mit dem aus verschiedenen Managementsystemen bekannten PDCA-Zirkel-Prinzip[2] unverkennbar. Dadurch, daß die erforderlichenfalls festzulegenden Anpassungsmaßnahmen nach § 3 Abs. 1 Satz 3 ArbSchG auf eine Verbesserung des Schutzes zu zielen haben, wird ein rechtliches Fundament dafür gelegt, den betrieblichen Arbeits- und Gesundheitsschutz als kontinuierlichen Verbesserungsprozeß anzulegen. Auch dieser Aspekt zeugt für die konzeptionelle Nähe des ArbSchG zu den in der heutigen betrieblichen Praxis weitverbreiteten Managementsystemen.

C. Materiellrechtliche Anforderungen

Neben den genannten und für das deutsche Arbeitsschutzrecht neuen Verfahrensregeln ergeben sich aus den Grundpflichten auch materiellrechtliche Anforderungen. Normativer Anknüpfungspunkt sind insoweit die Tatbestandsmerkmale „erforderlich" in § 3 Abs. 1 Satz 1 und „erforderlichenfalls" in § 3 Abs. 1 Satz 2 ArbSchG für den Fall der Festlegung von Anpassungsmaßnahmen. Auch wenn sich allein aus dem Begriff „erforderlich" – anders als aus dem Gefahrbegriff des § 120 a GewO a.F. – noch nicht unmittelbar auf ein Schutzniveau schließen läßt, ergeben sich die zu beachtenden materiellrechtlichen Anforderungen hinreichend deutlich durch die systematische Verbindung mit § 5 ArbSchG. Nach § 5 ArbSchG ist es gerade Ziel der Gefährdungsbeurteilung zu ermitteln, welche „Maßnahmen des Arbeitsschutzes" erforderlich sind. Da sich diese Beurteilung an den einschlägigen arbeitsschutzrechtlichen

---

[2] PDCA steht dabei für Plan-Do-Check-Act, hierzu nochmals *Scheel*, DB 1999, 1654 ff. (1654); *Beutler/Langhoff*, WSI-Mitteilungen 1997, 829 ff. (832).

Schutzzielen zu orientieren hat, kann das Tatbestandsmerkmal „erforderlich“ nur so gedeutet werden, daß „Maßnahmen des Arbeitsschutzes“ i.S. von § 3 Abs. 1 Satz 1 ArbSchG allen einschlägigen rechtlichen Schutzzielen zu genügen haben. Hervorzuheben ist dabei, daß Gefährdungsbeurteilungen nach § 5 Abs. 2 ArbSchG tätigkeitsbezogen vorzunehmen sind. Erforderliche „Maßnahmen des Arbeitsschutzes“ i.S. von § 3 Abs. 1 ArbSchG müssen deswegen die verschiedenen rechtlichen Schutzziele, die auf eine Arbeitstätigkeit anzuwenden sind, berücksichtigen und abstimmen (z.B. Lärmschutz, Raumtemperaturen, Beleuchtung, sichere Bedienung von Arbeitsmitteln, Arbeitszeitregelung, Kommunikationserfordernisse). Dies unterstreicht im übrigen noch einmal die erwähnte Bedeutung des Planungsaspekts.

Die bei der Planung der Maßnahmen zu beachtenden Schutzziele ergeben sich aus den speziellen Rechtsverordnungen nach §§ 18 f. ArbSchG (z.B. BetrSichV, ArbStättV) und aus dem ArbSchG selbst. Von besonderer Bedeutung sind in diesem Kontext die allgemeinen Grundsätze des § 4 ArbSchG, die einen Katalog von Gestaltungsprinzipien wiedergeben, der bei der Festlegung von Schutzmaßnahmen zu berücksichtigen ist. Die Abstimmung der verschiedenen auf einen Tätigkeitsbereich anzuwendenden arbeitsschutzrechtlichen Schutzziele wird vor allem durch § 4 Nr. 4 ArbSchG gesteuert. Danach sind Maßnahmen „mit dem Ziel zu planen, Technik, Arbeitsorganisation, sonstige Arbeitsbedingungen, soziale Beziehungen und Einfluß der Umwelt auf den Arbeitsplatz sachgerecht zu verknüpfen“.

Im Vergleich zu den materiellrechtlichen Anforderungen der abgelösten Generalklausel des § 120 a GewO a.F. ergeben sich Änderungen vornehmlich unter zwei Gesichtspunkten. *Erstens* liegt dem ArbSchG ein erweiterter Arbeitsschutzansatz zugrunde. Deutlich wird dieses neue Verständnis des Arbeits- und Gesundheitsschutzes bereits durch die Legaldefinition der „Maßnahmen des Arbeitsschutzes“ in § 2 Abs. 1 ArbSchG. Neben Maßnahmen zur Abwehr von Unfall- und Gesundheitsgefahren sind nunmehr auch Maßnahmen der menschengerechten Gestaltung der Arbeit erfaßt, soweit diese Einfluß auf die Sicherheit und den Gesundheitsschutz der Beschäftigten haben. Der durch das ArbSchG vermittelte Schutz setzt damit bereits im Vorfeld der klassischen ordnungsrechtlichen Gefahr an. Ziel dieses gefahrenunabhängigen Gefährdungsschutzes ist die Reduzierung der (physischen, psychischen, organisatorischen) Belastungsfaktoren bei der Arbeit. Operationalisiert wird der Gefährdungsschutz vor allem durch den obersten Grundsatz des § 4 ArbSchG, wonach die Arbeit so zu gestalten ist, daß Gefährdungen möglichst vermieden bzw. möglichst gering gehalten werden.

§ 3 ArbSchG führt *zweitens* im Vergleich zur überkommenen Rechtslage zu einer Dynamisierung des Schutzes. Auch die Pflicht zur Festlegung von Anpassungsmaßnahmen aufgrund sich ändernder Gegebenheiten nach § 3 Abs. 1 Satz

2 ArbSchG ist nicht lediglich eine Verfahrensvorschrift. Sie hat vielmehr auch einen materiellen Gehalt. Dies wird bereits dadurch deutlich, daß nach § 3 Abs. 1 Satz 3 ArbSchG eine Verbesserung des Schutzes anzustreben ist.

„Katalysator" für Optimierungsmaßnahmen sind insbes. die in § 4 Nr. 3 ArbSchG genannten Erkenntnisse. Namentlich der zu berücksichtigende „Stand von Technik, Arbeitsmedizin und Hygiene" beschreibt ein fortschrittliches Schutzniveau, das die „Front der technischen Entwicklung" markiert.[3] Der rechtlich geforderte Schutz ist damit höher angesetzt als bei den „allgemein anerkannten Regeln der Technik", die bis zum Inkrafttreten des ArbSchG maßstabsbildend waren. Nach § 3 Abs. 1 Satz 2 ArbSchG ist die Festlegung von Anpassungsmaßnahmen eine Verpflichtung, die der Arbeitgeber vorrangig in Eigenverantwortung zu erfüllen hat. Insbes. bedarf es hierzu keiner behördlichen Anordnungen. Maßnahmen zur Anpassung der Schutzmaßnahmen an den fortgeschrittenen „Stand der Technik" müssen nicht schematisch getroffen werden. Durch das Tatbestandsmerkmal „erforderlichenfalls" in § 3 Abs. 1 Satz 2 ArbSchG und den Umstand, daß die Erkenntnisse des § 4 Nr. 3 ArbSchG lediglich zu berücksichtigen sind, wird dem Arbeitgeber insoweit ein Entscheidungsspielraum eingeräumt. Begrenzt wird die Anpassungspflicht durch den Grundsatz der Verhältnismäßigkeit. Anknüpfend an die vergleichbare umweltrechtliche Diskussion kommt dabei dem „Faktor Zeit" eine zentrale Rolle zu. Es ist insoweit zu berücksichtigen, daß die berechtigten, verfassungsrechtlich geschützten Bestandsschutzinteressen des Arbeitgebers in mittel- bzw. langfristiger Perspektive quasi „dahinschmelzen".[4] Auch dies unterstreicht wiederum die Bedeutung der Planung, die ein „Handeln in der Zeit" erlaubt, etwa durch die Schaffung von Übergangsregelungen.

D. Organisationspflicht

Organisationspflichten sind für das deutsche Arbeitsschutzrecht nicht neu. Bereits aus der abgelösten Generalklausel des § 120 a GewO a.F. wurde die Pflicht hergeleitet, den Betrieb durch organisatorische Maßnahmen so zu regeln, daß die praktische Durchführung des betrieblichen Arbeitsschutzes sichergestellt ist. Die Bedeutung organisatorischer Aspekte des Arbeits- und Gesundheitsschutzes wird durch § 3 Abs. 2 ArbSchG weitaus deutlicher als in der Vergangenheit betont, da nunmehr – anders als noch in § 120 a GewO a.F. – die Organisationspflicht ausdrücklich im Gesetz normiert wird. Dies ist sachgerecht, da der Gesetzgeber so dem Stand der sicherheitswissenschaftlichen Erkenntnisse Rechnung trägt, der besagt, daß eine leistungsfähige Organisation von zentraler Bedeutung für einen wirkungsvollen Arbeits- und Gesundheitsschutz ist. Die Notwendigkeit

[3] BVerfGE 49, 89 ff. (135 f.).

[4] *Jarass*, Die Anwendung neuen Umweltrechts auf bestehende Anlagen, S. 86.

einer Ergänzung des häufig vor allem als technisches Problem verstandenen Arbeitsschutzes um eine organisatorische Komponente wird offenkundig, wenn man sich folgendes vergegenwärtigt: Die modernste Sicherheitstechnik kann nur dann erfolgreich eingesetzt werden, wenn sie von adäquat ausgebildetem Personal bedient wird, regelmäßige qualifizierte Wartungsarbeiten erfolgen und eindeutig geklärt ist, welche Aufgaben und Befugnisse die betrieblichen Akteure vor allem in Notfallsituationen haben.

Um das allgemein gehaltene Schutzziel einer geeigneten Organisation i.S. von § 3 Abs. 2 Nr. 1 ArbSchG zu konkretisieren ist es hilfreich auf die Erkenntnisse zurückzugreifen, die in anderen Rechtsgebieten im Zusammenhang mit der Organisationsgestaltung gewonnen worden sind. So bietet z.B. das Haftungsrecht reichhaltiges Beispielsmaterial dafür, welche Anforderungen an die Übertragung von arbeitsschutzrechtlichen Pflichten zur verantwortlichen Wahrnehmung z.B. durch Führungskräfte zu stellen sind und wie sich eine solche Pflichtendelegation auf die Verantwortung des Arbeitgebers als primären Normadressaten auswirkt. In der Sache verlangt § 3 Abs. 2 ArbSchG sowohl Regelungen zur Aufbau- als auch zur Ablauforganisation.

Im Rahmen der Aufbauorganisation ist zunächst die Arbeitsteilung im Hinblick auf die Erfüllung der arbeitsschutzrechtlichen Pflichten zu klären. Des weiteren gilt es die rechtlich geforderte Beratungs- und Unterstützungsorganisation aufzubauen. Es sind also Sicherheitsfachkräfte, Betriebsärzte oder Sicherheitsbeauftragte zu bestellen und entsprechend ihren gesetzlichen Aufgaben in die Sicherheitsorganisation zu integrieren. Darüber hinaus sind die Strukturen für eine effektive betriebliche Sicherheitskommunikation zu schaffen. Neben der Einrichtung eines Arbeitsschutzausschusses (§ 11 ASiG) sind in diesem Zusammenhang Meldewege zu installieren und Vorkehrungen zu schaffen, die eine Abstimmung der betrieblichen Akteure ermöglichen.

Ablauforganisatorische Pflichten ergeben sich vornehmlich unter zwei Aspekten. *Erstens* ist im einzelnen zu regeln, in welcher Weise und Abfolge die in den Grundpflichten angelegten Verfahrensschritte (PDCA-Zirkel) durchgeführt werden sollen. *Zweitens* ist durch entsprechende Festlegungen zur Ablauforganisation zu gewährleisten, daß die getroffenen Schutzmaßnahmen tatsächlich im Betrieb umgesetzt werden können. Hierzu ist es notwendig, Verfahrensanweisungen zu erstellen und bekannt zu machen, Wartungs- und Instandhaltungspläne zu erarbeiten oder zu klären, wann und mit welchen Zielsetzungen die nach § 12 ArbSchG erforderlichen Unterweisungen durchzuführen sind.

Ein Novum für das deutsche Arbeitsschutzrecht und eine Intensivierung der Organisationspflichten stellt § 3 Abs. 2 Nr. 2 ArbSchG dar, der eine vertikale und horizontale Integration des Arbeits- und Gesundheitsschutzes in die Betriebs- bzw. Unternehmensstrukturen verlangt. Der Zweck der Regelung liegt darin, die betriebliche Sicherheit und Gesundheit zu einer Aufgabe des gesamten Betriebs bzw. Unternehmens zu machen. Noch relativ vertraut für das deutsche Recht ist dabei die vertikale Integration, die die Einbindung der Maßnahmen in die Führungsstrukturen verlangt. Es wird hiermit der nicht erst seit heute erhobenen und im Wege der Aufgabendelegation auch praktizierten Forderung nachgekommen, den Arbeitsschutz als Führungsaufgabe zu definieren.[5]

Eine grundsätzliche neue rechtliche Anforderung an die betriebliche Organisation des Arbeits- und Gesundheitsschutzes bildet das organisatorische Gestaltungsprinzip der horizontalen Integration, wonach der Arbeitsschutz bei allen Tätigkeiten zu beachten ist. Gerade mit Blick auf den erweiterten Arbeitsschutzansatz des ArbSchG muß der Stellenwert dieses neuartigen Elements rechtlich gesteuerter Organisationsgestaltung hoch eingeschätzt werden. So lassen sich z.B. durch die gezielte Berücksichtigung von Aspekten des Arbeitsschutzes bei Beschaffungsentscheidungen die Ziele des obersten Grundsatzes des § 4 ArbSchG besonders effektiv verfolgen: Durch die Auswahl möglichst ungefährlicher Arbeitsmittel oder Arbeitsstoffe können Gefährdungen bereits im Vorfeld vermieden bzw. minimiert und nachgeschaltete Schutzmaßnahmen überflüssig werden.

§ 3 Abs. 2 ArbSchG richtet die Organisationspflichten auf die Planung und Durchführung der Maßnahmen nach § 3 Abs. 1 ArbSchG aus. Diese markante Verknüpfung von Organisations- und Verfahrenspflichten verdient insofern Erwähnung, als es sich um einen weiteren Beleg dafür handelt, daß die Grundpflichten in der Sache auf den Aufbau von Managementsystemstrukturen im Arbeitsschutz abzielen, auch wenn sich der Begriff selbst an keiner Stelle des Gesetzes findet. Die Untersuchung des Sicherheitsmanagementsystems nach der StörfallV und des Umweltmanagementsystems nach der EU-EMASV hat deutlich gemacht, daß sich diese durch die Formulierung systematischer, rechtlich vorstrukturierter Verfahrensregeln auszeichnen, deren praktische Durchführung dadurch gewährleistet werden soll, daß eine gezielte Verzahnung mit bestimmten organisatorischen Vorkehrungen erfolgt. Wie auch in § 3 ArbSchG geschieht dies regelungstechnisch durch die explizite Verknüpfung von Verfahrens- und Organisationsregeln. Die Ähnlichkeit mit den Managementsystemen nach der EU-EMASV und der StörfallV legt es nahe, bei der Auslegung des § 3 ArbSchG den umweltrechtlichen Diskussionsstand verstärkt zu berücksichtigen.

E. Die Grundpflichten als regulierte Privatverantwortung mit staatlichem Auffangnetz

Der Hintergrund für die Akzentuierung von Verfahrens- und Organisationsanforderungen durch das ArbSchG im Allgemeinen und durch die Grundpflichten des § 3 ArbSchG im Besonderen erschließt sich mit einem Blick auf die grundlegenden Ziele des Gesetzgebers. Durch das ArbSchG soll die Eigenverantwortung

[5] Vgl. z.B. *Schliephacke*, Arbeitssicherheitsmanagement, Bd. I, S. 37 ff.

des Arbeitgebers und der mit ihm zusammenarbeitenden betrieblichen Akteure (insbes. Mitarbeiter, Betriebsrat, Sicherheitsfachkraft, Betriebsarzt, Sicherheitsbeauftragte) für alle Fragen der Sicherheit und des Gesundheitsschutzes gestärkt werden. Hiermit verbunden ist die Vorstellung, daß die betrieblichen Akteure aufgrund ihrer Sachnähe zu den konkreten Fragen des Arbeits- und Gesundheitsschutzes dazu prädestiniert sind, speziell auf die betrieblichen Besonderheiten zugeschnittene Lösungen zu entwickeln. Hinzu kommt, daß vor allem der Gesundheitsschutz durch den schnellen Wandel der Arbeitswelt ständig vor neue Probleme gestellt wird, denen kaum durch den Erlaß immer neuer Spezialvorschriften zeitnah begegnet werden kann. Dies ist auch der Grund dafür, daß das Gesetz vornehmlich offen gehaltene und verallgemeinerungsfähige Schutzziele normiert (vgl. insbes. § 4 ArbSchG), die es auf der betrieblichen Ebene mit Blick auf die realen betrieblichen Problemlagen zu konkretisieren gilt.[6]

Bei der Anwendung der offenen Schutzziele des ArbSchG besteht regelmäßig ein Gestaltungsspielraum. Es gibt deswegen nicht eine einzige im Ergebnis richtige Konkretisierungsentscheidung, sondern ein Spektrum rechtlich vertretbarer Entscheidungen. Dies hat zur Folge, daß sich die rechtliche Beurteilung solcher betrieblichen (Planungs)entscheidungen nicht mehr vorrangig an der Richtigkeit des Ergebnisses zu orientieren hat. Als Legitimationsreserve[7] ist vielmehr auf das der Entscheidung vorangehende Verfahren zurückzugreifen. Anders als bei gebundenen Entscheidungen, wo Verfahrensregeln – jedenfalls in der Theorie – lediglich eine dienende Funktion im Hinblick auf die Sachverhaltsermittlung zukommt, hat die Beachtung von Verfahrensregeln bei der Konkretisierung gestaltungsoffener Schutzziele eine entscheidungslegitimierende Funktion.

Es ist deswegen konsequent und sachgerecht, daß im ArbSchG Regelungen über das Verfahren und zur Steuerung desselben durch die Organisation eine exponierte Rolle zukommt. Ein besseres Verständnis der Wirkungsweise dieses Regulierungsansatzes läßt sich erreichen, wenn das ArbSchG vor dem Hintergrund der Theorie des reflexiven Rechts gedeutet wird. Durch die Formulierung rechtlicher Anforderungen an das – betriebliche – Verfahren und die Organisation soll Einfluß auf die innerbetrieblichen Entscheidungsstrukturen genommen werden, um so eine bessere und problemadäquate Verarbeitung von Fragen der betrieblichen Sicherheit und Gesundheit zu bewirken.

Der im ArbSchG angelegte Primat des Vorrangs der betrieblichen Eigenverantwortung im betrieblichen Arbeits- und Gesundheitsschutz führt zu einer Verschiebung der Verantwortungssphären von Staat und Betrieb. Während der klassische ordnungsrechtliche Ansatz idealtypisch mit einer weitgehenden Fremdsteuerung der Betriebe durch detaillierte Verhaltensanforderungen ge-

[6] Vgl. insoweit auch die Begründung des Gesetzes, BT-Drcks. 13/3540, S. 12 f.
[7] Vgl. auch *Hoffmann-Riem*, AöR 1994, 590 ff. (591).

kennzeichnet ist, will das ArbSchG einen rechtlichen Rahmen für Selbststeuerungsprozesse setzen. In Anlehnung an *Hoffmann-Riem* läßt sich das Ordnungsverständnis des Gesetzes als „(staatlich) regulierte Privatverantwortung mit (staatlichem) Auffangnetz“[8] charakterisieren. Das Auslegen eines geeigneten staatlichen Auffangnetzes ist dabei auf ein verfassungsrechtliches Postulat zurückzuführen. Da es mit dem Leben und der Gesundheit der Beschäftigten um den Schutz von Rechtsgütern höchsten Ranges geht, ist eine völlige Verlagerung des Rechtsvollzuges in den gesellschaftlichen Bereich schon wegen Art. 2 Abs. 2 GG nicht möglich. Vor allem jenseits der klassischen Aufgaben des Gefahrenschutzes, d.h. im Rahmen des Gefährdungsschutzes, ist es notwendig, ein neues Rollenbild der staatlichen Arbeitsschutzaufsicht zu entwerfen. Vor dem Hintergrund regulierter Privatverantwortung muß sich die aufsichtliche Einflußnahme vor allem darauf konzentrieren, im Sinne einer Globalsteuerung die Voraussetzungen dafür zu schaffen, daß die im ArbSchG vorgesehen Instrumente betrieblicher Selbststeuerung wirksam werden.[9]

F. Die rechtliche Durchsetzung der Grundpflichten

Die soeben konstatierte gewandelte Rolle der Aufsicht bleibt nicht ohne Folgen für den hoheitlichen Vollzug der Grundpflichten. Dies gilt vor allem für den Erlaß von Ordnungsverfügungen zur Durchsetzung des erweiterterten, bereits im Vorfeld der Gefahr ansetzenden Arbeitsschutzansatzes des ArbSchG. Für solche Maßnahmen des Gefährdungsschutzes besteht in der Regel sowohl ein Entscheidungsspielraum hinsichtlich des „ob“ (Entschließungsermessen) als auch hinsichtlich des „wie“ (Auswahlermessen) von Schutzmaßnahmen. Probleme ergeben sich insbes. aus der beschriebenen Verschiebung der Verantwortungssphären von Staat und Betrieb: Es ist insoweit vorrangig Sache der betrieblichen Akteure im Rahmen der Arbeitsschutzplanung ausgehend von den konkreten betrieblichen Gegebenheiten sachgerechte Prioritäten und Maßnahmen vorzusehen.

Da die insoweit bestehende Einschätzungsprärogative der Betriebsparteien auch von den Aufsichtsbehörden zu respektieren ist, ergeben sich zwangsläufig Einschränkungen der Befugnis zum Erlaß von Einzelfallanordnungen nach § 22 Abs. 3 ArbSchG. Ordnungsverfügungen kommen vornehmlich dann in Betracht, wenn der durch das ArbSchG abgesteckte Gestaltungsspielraum überschritten wird oder aber überhaupt keine Maßnahmen des Gefährdungsschutzes getroffen werden. Darüber hinaus ergeben sich aus der Offenheit der Anforderungen des ArbSchG Probleme, einen Bescheid unter Beachtung des Primats der betrieblichen Eigenverantwortung hinreichend bestimmt i.S. von § 37 Abs. 1 VwVfG zu fassen.

---

[8] *Hoffmann-Riem*, AöR 1994, 590 ff. (609).

[9] Als Beispiel für solche Überlegungen vgl. *Leßwing*, Jahresbericht der staatlichen Arbeitsschutzverwaltung des Landes Nordrhein Westfalen 1996, S. 9 ff.

Weitaus stärker als in der Vergangenheit müssen die betrieblichen Verfahrensweisen, die Sicherheit im Betrieb herstellen[10], in den Fokus der Arbeitsschutzaufsicht geraten. Da sich die rechtliche Richtigkeit der betrieblichen Maßnahmen des Gefährdungsschutzes ganz wesentlich aus der sinn- und zweckgemäßen Anwendung der Verfahrensregeln des ArbSchG (und des BetrVG) ergibt, muß sich die Rechtskontrolle der Aufsicht gerade auf diese Aspekte konzentrieren. Prozedurale Instrumente wie Gefährdungsbeurteilungen nach § 5 ArbSchG oder Wirksamkeitskontrollen nach § 3 Abs. 1 Satz 2 ArbSchG sind in diesem Zusammenhang als zentrale Gegenstände von Einzelfallanordnungen nach § 22 Abs. 3 ArbSchG hervorzuheben. Zugleich gewinnen bewährte, „weichere" Formen ordnungsbehördlicher Intervention wie insbes. die behördliche Beratung und Revisionsschreiben weiter an Bedeutung. Durch den Erlaß von Verwaltungsakten läßt sich die Einhaltung der prozeduralen Regeln des ArbSchG zwar formal durchsetzen. Um die Philosophie des ArbSchG in die Betriebe zu transportieren, dürften die genannten Handlungsformen jenseits der hoheitlichen Anordnung aber zumeist besser geeignet sein.

Klarstellend hervorzuheben ist, daß sich diese Besonderheiten primär auf die Pflichten beziehen, die für den erweiterten Arbeitsschutzansatz stehen. Im Bereich der – klassischen – Gefahrenabwehr sind wie in der Vergangenheit Einzelfallanordnungen ohne weiteres möglich und in der Regel zur Beseitigung sicherheitswidriger Zustände auch verfassungsrechtlich wegen Art. 2 Abs. 2 GG geboten. Das Entschließungsermessen ist in diesen Konstellationen regelmäßig auf Null reduziert. Von der Behörde zu respektierende Ermessensspielräume kommen lediglich dann zum Tragen, wenn mehrere gleichermaßen wirksame Mittel zur Verfügung stehen und spezialgesetzlich keine bestimmte Maßnahme rechtlich vorgezeichnet ist.

Deutet man das ArbSchG wie hier vertreten als ein Gesetz, daß Privatverantwortung – d.h. konkret: betriebliche Eigenverantwortung – rechtlich reguliert, bedarf es rechtlicher Instrumente, um Konflikte zwischen den beteiligten Akteuren effektiv lösen zu können. Ein Element sind in diesem Zusammenhang die individualrechtlichen Handlungsoptionen der Beschäftigten als unmittelbar Betroffene. Im ArbSchG selbst wird diesem Umstand dadurch Rechnung getragen, daß den Beschäftigten rechtliche „Trumpfkarten" zugeteilt worden sind, die eine aktive Rolle im betrieblichen Arbeitsschutz unterstützen. Ausdruck dieser aktiven Rolle ist es, daß das Gesetz die Beschäftigten ausdrücklich mit einer Reihe von Rechten ausstattet (§§ 17, 9 Abs. 3, 11 ArbSchG). Zu nennen sind aber auch die Pflichten der Beschäftigten nach § 15 f. ArbSchG, die ein aktives Verhalten rechtlich einfordern.

---

[10] *Bieback/Oppolzer*, Strukturwandel im Arbeitsschutz, 7 ff. (10).

Mit Blick auf die betriebliche Umsetzung der Grundpflichten des § 3 ArbSchG kommt der Geltendmachung arbeitsvertraglicher Rechte und Ansprüche aus § 618 Abs. 1 BGB besondere Bedeutung zu. Sie bieten im Grundsatz effektive Optionen, um insbes. gegen ermessensfehlerhafte Maßnahmen und Fälle des Untätigbleibens vorzugehen. Dies gilt sowohl für den – klassischen – Gefahrenschutz als auch für die Elemente des erweiterten Arbeitsschutzansatzes des ArbSchG.

Der – mögliche – Beitrag des Arbeitsvertragsrechts zur Durchsetzung der Grundpflichten wird erst klar, wenn es als gestuftes Instrumentarium verstanden wird, das einzelfallbezogen angemessene Reaktionsmöglichkeiten eröffnet. Es ist von daher wenig hilfreich, primär das Instrument der Leistungsverweigerung in den Mittelpunkt zu stellen. Dies gilt vor allem im Bereich des Gefährdungsschutzes, wo die Geltendmachung eines Zurückbehaltungsrechts nach § 273 BGB wegen § 242 BGB nicht selten zumindest problematisch sein dürfte. Mildere Reaktionen wie Unterlassungs- und Erfüllungsansprüche oder die Erhebung einer Feststellungsklage werden deswegen oft weniger riskant und einer konstruktiven Konfliktlösung eher zuträglich sein. Für die praktische Bedeutung arbeitsvertraglicher Instrumente zur Durchsetzung der Grundpflichten dürfte es entscheidend sein, daß die gesamte Bandbreite der Reaktionsmöglichkeiten erkannt und ausgeschöpft wird. Bei der prozessualen Geltendmachung individualrechtlicher Ansprüche kommen den Beschäftigten eine Reihe von Beweiserleichterungen zugute. Sie rühren vor allem daher, daß der klagende Arbeitnehmer häufig keinen Einblick in die rechtlich obligatorische Dokumentation des Arbeitgebers nach §§ 6 ArbSchG, 5 BGV A 6, 5 BGV A 7[11] haben wird.

Eine Schlüsselrolle für die praktische Umsetzung des § 3 ArbSchG kommt dem Betriebsverfassungsrecht als „Durchsetzungsordnung" zu. Von besonderer Bedeutung ist dabei das erzwingbare Mitbestimmungsrecht des Betriebsrats nach § 87 Abs. 1 Nr. 7 BetrVG. Die Vorschrift setzt die europarechtlich durch Art. 11 Abs. 1 der Rahmenrichtlinie geforderte „ausgewogene Beteiligung" der Arbeitnehmervertretung bei allen Fragen des Arbeits- und Gesundheitsschutzes in deutsches Recht um. Sie ist von daher als notwendiger Bestandteil des durch das ArbSchG vorgezeichneten betrieblichen „Arbeitsschutzverfahrensrechts" zu verstehen. Anders als der hoheitliche Vollzug und die Instrumente des Arbeitsvertragsrechts setzt § 87 Abs. 1 Nr. 7 BetrVG nicht erst quasi nachvollziehend an den Gestaltungsentscheidungen zur betrieblichen Konkretisierung der Grundpflichten an. Gegenstand des Mitbestimmungsrechts ist vielmehr die gleichberechtigte Mitgestaltung bei der Konkretisierung der offenen Schutzziele

[11] Nach dem Urteil des EuGH vom 7. Februar 2002 (Rechtssache C-5/00, Kommission ./. Bundesrepublik Deutschland) kann der Dokumentationspflicht nach Art. 9 der Rahmenrichtlinie-Arbeitsschutz in Kleinbetrieben bis 10 Mitarbeitern auch durch die regelmäßigen Berichte der Sicherheitsfachkraft und des Betriebsarztes genügt werden. Internet: http://www.curia.eu = NZA 2002, 321 ff.

und Verfahrensvorgaben des ArbSchG. Es bietet damit einen rechtlichen Rahmen, um auf die Inhalte der betrieblichen Regelungen des Arbeits- und Gesundheitsschutzes Einfluß zu nehmen.

§ 87 Abs. 1 Nr. 7 BetrVG setzt ausfüllungsbedürftige Rahmenvorschriften voraus, die gemeinsam von den Betriebsparteien durch betriebliche Regelungen zu konkretisieren sind. § 3 ArbSchG stellt eine solche Rahmenvorschrift dar, die unter verschiedensten Gesichtspunkten konkretisierungsbedürftig ist. Dies gilt für die Maßnahmen und Wirksamkeitskontrollen des § 3 Abs. 1 ArbSchG einschließlich ihrer Ermittlung ebenso wie für die Organisationspflichten des § 3 Abs. 2 ArbSchG. Angesichts ihrer Offenheit wird § 3 ArbSchG zu recht als Prototyp einer Rahmenvorschrift bezeichnet.[12] Die gleichberechtigte Mitbestimmung ist nicht nur nach der Theorie der Wirksamkeitsvoraussetzung Voraussetzung für die Schaffung rechtswirksamer Regelungen zur Ausfüllung des durch § 3 ArbSchG gesteckten Rahmens. Als Teil des europarechtlich geforderten Arbeitsschutzverfahrensrechts ist die Beachtung der Mitbestimmungsregeln auch notwendige Voraussetzung für die geforderte prozedurale Richtigkeitsgewähr bei der betrieblichen Konkretisierung der allgemein gehaltenen Vorgaben des § 3 ArbSchG.

Insgesamt kann nach alledem festgehalten, daß das deutsche Arbeitsschutzrecht durch das ArbSchG durchaus nachhaltige Änderungen erfahren hat. Möglicherweise bedeutender als die Anhebung des allgemeinen Schutzniveaus durch den erweiterten Arbeitsschutzansatz ist die Stärkung des Aspekts der betrieblichen Selbstverantwortung und damit einhergehend die Prozeduralisierung des Arbeitsschutzrechts. Ob aus dem ArbSchG eine „Erfolgsgeschichte" wird, läßt sich heute noch nicht beurteilen. Entscheidend wird aber sein, daß alle Akteure – innerbetrieblich und außerbetrieblich – ihre in der Konzeption des ArbSchG angelegten Rollen annehmen. Nur in dem Maße, wie eigenverantwortliche Selbststeuerung tatsächlich praktiziert wird, läßt sich die nicht selten als bevormundend und unangemessen einschränkend empfundene ordnungsrechtliche Verhaltenssteuerung zurückfahren.

---

[12] *Fitting/Kaiser/Heither/Engels/Schmidt*, BetrVG, § 87, Rdnr. 295.

Literaturverzeichnis

Ahrens, Martin: Rauchverbot, in: Oehmann, Werner / Dieterich, Thomas (Hrsg.): Arbeitsrechts-Blattei – Systematische Darstellungen (AR-Blattei SD), Heidelberg, Loseblattsammlung, Ordnungsnummer SD 1310

Aigner, Tatjana: Rechtsschutz gegen Mobbing verstärkt – Eine Auswertung des Urteils des LAG Thüringen vom 10. April 2001, BB 2001, S. 1354 ff.

Altvater, Lothar / *Bacher*, Eberhard / *Hörter*, Georg / *Peiseler*, Manfred / *Sabottig*, Giovanni / *Schneider*, Wolfgang, *Vohs*, Gerd: BPersVG: Bundespersonalvertretungsgesetz mit Wahlordnung und ergänzenden Vorschriften – Kommentar für die Praxis, 4. Auflage, Köln 1996

Anders, Monika / *Gehle*, Burkhard: Das Assessorexamen im Zivilrecht, 6. Auflage, Düsseldorf 1999

Angermaier, Max: Das neue Arbeitsschutzgesetz – Eine erste Einschätzung, AiB 1996, 522 ff.

– Die neue Verordnung zur Umsetzung von EG-Arbeitsschutzrichtlinien, AiB 1997, S. 76 ff.

Antes, Ralf / *Clausen*, Jens / *Fichter*, Klaus: Die guten Managementpraktiken in der EU-Audit-Verordnung, DB 1995, S. 685 ff.

Anzinger, Rudolf / *Bieneck*, Hans-Jürgen: Kommentar zum Arbeitssicherheitsgesetz, Heidelberg 1998

Aufhauser, Rudolf / *Brunhöber*, Hannelore / *Igl*, Peter: Arbeitssicherheitsgesetz – Kommentar, 2. Auflage, Baden-Baden 1997

Badura, Bernhard / *Litsch*, Martin / *Vetter*, Christian (Hrsg): Fehlzeiten-Report 2000, Zukünftige Arbeitswelten: Gesundheitsschutz und Gesundheitsmanagement – Zahlen, Daten, Analysen aus allen Branchen der Wirtschaft –, Berlin, Heidelberg, New York, Barcelona, Hongkong, London, Mailand, Paris, Singapur, Tokio 2001

Baeck, Ulrich / *Deutsch*, Markus: Arbeitszeitgesetz – Kommentar, München 1999

Bährle, Jürgen: Die arbeitsrechtliche Stellung der Umweltschutzbeauftragten, UPR 1995, S. 93 ff.

von *Bar*, Christian: Verkehrspflichten – Richterliche Gefahrsteuerungsgebote im deutschen Deliktsrecht, Köln, Berlin, Bonn, München 1980

Bartsch, Torsten: Erfahrungen mit Umwelt-/Öko-Audits in den USA – Schutzschild vor Haftung oder gefährliches Schwert?, ZUR 1995, S. 14 ff.

– Umweltschutz und Unternehmensorganisation – Rechtliche Probleme der Einwirkung des Umweltrechts auf die Aufbauorganisation von Unternehmen im Rechtsvergleich zwischen Deutschland und den USA, Düsseldorf 1997

Bauer, Carl-Otto / *von Westphalen*, Friedrich Graf: Das Recht zur Qualität – Die Rechtsgrundlagen der Qualitätsorganisation, Berlin, Heidelberg, New York,

Barcelona, Budapest, Hongkong, London, Mailand, Paris, Santa Clara, Singapur, Tokio 1996

Bauer, Jobst-Hubertus / *Lingemann*, Stefan: Personalabbau und Altersstruktur, NZA 1993, S. 625 ff.

Baumbach, Adolf / *Lauterbach*, Wolfgang / *Albers*, Jan / *Hartmann*, Peter: Zivilprozeßordnung, mit Gerichtsverfassungsgesetz und anderen Nebengesetzen, 61 Auflage, München 2003

Baumgärtel, Gottfried: Beweislastpraxis im Privatrecht – die Schwierigkeiten der Beweislastverteilung und die Möglichkeiten ihrer Überwindung, Köln, Berlin, Bonn, München 1996

– Handbuch der Beweislast im Privatrecht, Bd. 1 – Allgemeiner Teil und Schuldrecht BGB mit VOB, HOAI, KSchG und ProdhaftG, 2. Auflage, Köln, Berlin, Bonn, München 1991

Bea, Franz Xaver / *Göbel*, Elisabeth: Organisation, Stuttgart 1999

Becker, Friedrich / *Hillebrecht*, Wilfried (Hrsg.): Gemeinschaftskommentar zum Kündigungsschutzgesetz und zu sonstigen kündigungsschutzrechtlichen Vorschriften, 6. Auflage, Neuwied, Kriftel 2002

Becker, Jochen / *Kniep*, Klaus: Die Beauftragten im betrieblichen Umweltschutz – arbeitsrechtliche Aspekte, NZA 1999, S. 243 ff.

Becker, Uta: Rechtsprobleme der anzeigepflichtigen Anlagen des Immissionsschutzrechts, Bochum 1994

Beckmann, Jörg: Erfolgreicher Arbeits- und Gesundheitsschutz durch Verwirklichung eines optimierten Personalmanagements, in: Von Benda, Helmut / Bratge, Dietmar (Hrsg.): Psychologie der Arbeitssicherheit – 9. Workshop 1997, Heidelberg 1998

Beermann, Beate: Nacht- und Schichtarbeit – alltägliche Normalität, AuA 1997, S. 37 ff.

Bender, Bernd / Sparwasser, Reinhard / Engel, Rüdiger: Umweltrecht, 4. Auflage, Heidelberg 2000

Benz, Arthur: Verhandlungen, Verträge und Absprachen in der öffentlichen Verwaltung – wissenschaftliche Fachtagungen in Heidelberg, Speyer und Loccum, DV 1990, S. 83 ff.

Benz, Manfred: Die Haftung der betrieblichen Vorgesetzten im Bereich der Arbeitssicherheit und des Umweltschutzes, BB 1988, S. 2237 ff.

– Sicherheitsmängel im Betrieb – Die strafrechtliche Verantwortung von Sicherheitsfachkräften, Betriebsärzten, Sicherheitsbeauftragten und Technischen Aufsichtsbeamten, BB 1991, S. 1185 ff.

Berger, Ulrike / *Bernhard-Mehlich*, Isolde: Die verhaltenswissenschaftliche Entscheidungstheorie, in: Kieser, Alfred (Hrsg.): Organisationstheorien, 2. Auflage, Stuttgart, Berlin, Köln 1995, S. 123 ff.

Berger-Delhey, Ulf: Das neue Arbeitsschutzrecht, PersV 1996, S. 518 ff.

Beutler, Kai / *Langhoff*, Thomas: Qualitätsmanagement und Arbeitsschutz, WSI Mitteilungen 1997, S. 829 ff.

Beyerlin, Ulrich: Schutzpflichten der Verwaltung gegenüber dem Bürger außerhalb des formellen Verwaltungsverfahrens? – Überlegungen zu Problemen der heutigen Umweltschutzpraxis, NJW 1987, S. 2713 ff.

Bieback, Karl-Jürgen: Die Arbeitsstättenverordnung und die Mitbestimmung des Betriebsrats beim technischen Arbeitsschutz, BlStSozArbR 1977, 305 ff.

Bieback, Karl-Jürgen / *Oppolzer*, Alfred: Strukturwandel im Arbeitsschutz, in: Bieback, Karl-Jürgen / Oppolzer, Alfred (Hrsg.): Strukturwandel des Arbeitsschutzes, Opladen 1999, S. 7 ff.

Bieler, Frank: Mitbestimmung des Betriebsrats beim Arbeitsschutz, BuW 1998, S. 276 ff.

Bieneck, Hans-Jürgen: Das Arbeitssicherheitsgesetz – Grundlage für den betrieblichen Arbeitsschutz, in: Anzinger, Rudolf / Wank, Rolf: Entwicklungen im Arbeitsrecht und Arbeitsschutzrecht – Festschrift für Otfried Wlotzke zum 70. Geburtstag, München 1996, S. 465 ff.

Bieneck, Hans-Jürgen / *Knospe*, Ulrike: Arbeitssicherheit – Fachkräfteausbildung modernisiert, BArbBl. 1998 (3), S. 5 ff.

Bieneck, Hans-Jürgen / *Rückert*, Anette: Neue Herausforderungen für die Arbeitswissenschaft – Konsequenzen aus den EG-Richtlinien, Z.Arb.wiss 1994, S. 1 ff.

Bier, Sascha: Aktuelle Entwicklungen beim Öko-Audit, Brandenburgische Technische Universität – Aktuelle Reihe, 3/2001.

Birk, Rolf: Die Rahmenrichtlinie über die Sicherheit und den Gesundheitsschutz am Arbeitsplatz – Umorientierung des Arbeitsschutzes und bisherige Umsetzung in den Mitgliedsstaaten der Europäischen Union, in: Anzinger, Rudolf / Wank, Rolf: Entwicklungen im Arbeitsrecht und Arbeitsschutzrecht – Festschrift für Otfried Wlotzke zum 70. Geburtstag, München 1996, S. 645 ff.

Blume, Hannes-Christian: Das neue Arbeitsschutzgesetz – Gesetzestext, Erläuterungen und Checklisten zur Gefährdungsbeurteilung, Augsburg 1996

Bode, Bernd-Dieter: Zur strafrechtlichen Produkthaftung, in: Geiß, Karlmann / Nehm, Kay / Brandner, Hans Erich / Hagen, Horst (Hrsg.): Festschrift aus Anlaß des fünfzigjährigen Bestehens von Bundesgerichtshof, Bundesanwaltschaft und Rechtsanwaltschaft beim Bundesgerichtshof, Köln, Berlin, Bonn, München, 2000, S. 515 ff.

Böhm-Amtmann, Edeltraud: „Umweltpakt Bayern. Miteinander die Umwelt schützen." EG-Öko-Audit-Verordnung und Substitution von Ordnungsrecht, ZUR 1997, S. 178 ff.

– EMAS – ISO – Substitution von Ordnungsrecht: Steuerung privater Selbststeuerung nach der Anerkennungsentscheidung der EG-Kommission vom 16. April 1997, dargestellt am Modell des „Umweltpakts Bayern", GewArch 1997, S. 353 ff.

Börgmann, Udo: Anmerkung zum Urteil des Bundesarbeitsgerichts vom 17.02.1998 – 9 AZR 84/97 –, AP Nr. 26 zu § 618 BGB

– Arbeitsrechtliche Aspekte des Rauchens im Betrieb, RdA 1993, S. 275 ff.

– Die Gefahrstoffverordnung im Spannungsfeld zwischen Verfassungs- und EG-Recht, Frankfurt/Main, Berlin, Bern, New York, Paris, Wien 1996

Bork, Reinhard: Der Insolvenzplan, ZZP 1996, S. 473 ff.

Brandes, Heike: System des Arbeitsschutzrechts, Frankfurt/Main, Bern, Brüssel, New York, Wien 1999

Breuer, Rüdiger: „Altlasten" als Bewährungsprobe der polizeilichen Gefahrenabwehr und des Umweltschutzes – OVG Münster NVwZ 1985, 355, JuS 1986, S. 359 ff.

Brill, Werner: Die Zusammenarbeit des Betriebsrats mit außerbetrieblichen Stellen, ArbuR 1981, S. 202 ff.

Brock, Gabriele: Arbeitsschutzgesetz – ArbSchG, Textausgabe mit einer systematischen Darstellung und einer Übersicht zum Stand der Umsetzung weiterer Einzelrichtlinien der EU, Neuwied, Kriftel, Berlin 1997

Brohm, Winfried: Rechtsstaatliche Vorgaben für informelles Verwaltungshandeln, DVBl. 1994, S. 133 ff.

Brüggemann, Marion: Das neue Arbeitsschutzgesetz – Die Umsetzung der europäischen Arbeitsschutz-Rahmenrichtlinie 89/391/EWG in nationales deutsches Recht unter dem Gesichtspunkt der Beschäftigtenbeteiligung, in: Bieback, Karl-Jürgen / Oppolzer, Alfred (Hrsg.): Strukturwandel des Arbeitsschutzes, Opladen 1999, S. 43 ff.

Brüggemeier, Gert: Deliktsrecht – Ein Hand- und Lehrbuch, Baden-Baden 1986

Buchholz, Dietmar: Gesetz zur Umsetzung der EG-Rahmenrichtlinie Arbeitsschutz und weiterer Arbeitsschutz-Richtlinien, ZTR 1996, 495 ff.

Buchner, Benedikt: Nichtraucherschutz am Arbeitsplatz – Die neue Schutzregelung des § 3 a Arbeitsstättenverordnung, BB 2002, S. 2382 ff.

Bücker, Andreas: Von der Gefahrenabwehr zu Risikovorsorge und Risikomanagement im Arbeitsschutzrecht – Eine Untersuchung am Beispiel der rechtlichen Regulierung der Sicherheit von Maschinen unter dem Einfluß der Europäischen Rechtsangleichung, Berlin 1997

Bücker, Andreas / *Feldhoff*, Kerstin / *Kohte*, Wolfhard: Vom Arbeitsschutz zur Arbeitsumwelt – Europäische Herausforderungen für das deutsche Arbeitsrecht, Neuwied, Kriftel, Berlin 1994

Büge, Dirk: Die neue Störfallverordnung und ihre Bedeutung für die Praxis, DB 2000, S. 1501 ff.

Bulling, Manfred: Kooperatives Verwaltungshandeln (Vorverhandlungen, Arrangements, Agreements und Verträge) in der Verwaltungspraxis, DÖV 1989, S. 277 ff.

Bundesanstalt für Arbeitsschutz und Unfallforschung (Hrsg.): Arbeitsschutzsystem – Untersuchung in der Bundesrepublik Deutschland (5 Bände), Dortmund 1980

Burger, Anton / *Schellberg*, Bernhard: Der Insolvenzplan im neuen Insolvenzrecht, DB 1994, S. 1833 ff.

Bürkert, Ulrich: Beurteilung von Gefährdungen und Belastungen, AuA 1997, S. 190 ff.

Burmeister, Joachim: Grundgesetzliche Verfahrensstrukturierungsgebote komplexer Verwaltungsentscheidungen, JUTR 1988, S. 121 ff.

Canaris, Claus-Wilhelm: Schutzgesetze – Verkehrspflichten – Schutzpflichten, in: Canaris, Claus-Wilhelm / Diederichsen, Uwe (Hrsg.): Festschrift für Karl Larenz zum 80. Geburtstag, München 1983, S. 27 ff.

Coenen, Wilfried / *Waldeck*, Dieter: Die neue Arbeitsschutzgesetzgebung aus Sicht der gewerblichen Berufsgenossenschaften, Die BG 1996, S. 574 ff.

Cosack, Tilman: Verpflichtung des Arbeitgebers bzw. Dienstherrn zum Erlaß eines generellen Rauchverbots am Arbeitsplatz?, DB 1999, S. 1450 ff.

Crozier, Michel / *Friedberg*, Erhard: Die Zwänge kollektiven Handelns – Über Macht und Organisation, Neuausgabe, Frankfurt/Main 1993

Damm, Reinhard: Risikosteuerung im Privatrecht – Rechtsgüterschutz und Regelungsinstrumente, in: Hart, Dieter (Hrsg.): Privatrecht im „Risikostaat", Baden-Baden 1997, S. 13 ff.

von Danwitz, Thomas: Zum Anspruch auf Durchführung des „richtigen" Verwaltungsverfahrens, DVBl. 1993, S. 422 ff.

Däubler, Wolfgang: Das neue Mitbestimmungsrecht des Betriebsrats im Arbeitsschutz, Der Betriebsrat 1998, S. 31 ff.

– Staatliche Eingriffe in Mitbestimmungsrechte – am Beispiel der Nukleartechnologie, AiB 1986, S. 173 ff.

Däubler, Wolfgang / *Kittner*, Michael / *Klebe*, Thomas: Betriebsverfassungsgesetz (BetrVG) – Kommentar für die Praxis, 8. Auflage, Frankfurt/Main 2002

Deden, H.: Vollzug der Gefahrstoffverordnung durch die Länder, in: Bundesanstalt für Arbeitsschutz und Arbeitsmedizin (Hrsg.): Gefahrstoffe in Klein- und Mittelunternehmen, Dortmund, Berlin 1997, S. 79 ff.

Degen, Barbara: Arbeitsschutz, Individualrechte, AiB 1991, S. 309 ff.

Dehmer, Hans: Umwandlungsgesetz, Umwandlungssteuergesetz, 2. Auflage, München 1996

– Arbeitsschutz und Mitbestimmung des Betriebsrats, ZfA 1976, S. 447 ff.

– Bildschirmarbeitsplätze und Mitbestimmung des Betriebsrats, RdA 1982, S. 279 ff.

Denninger, Erhard: Verfassungsrechtliche Anforderungen an die Normsetzung im Umwelt- und Technikrecht (unter Mitarbeit von Karl-Heinz Hohm), Baden-Baden 1990

– Vom Elend des Gesetzgebers zwischen Übermaßverbot und Untermaßverbot, in: Däubler-Gmelin, Herta / Kinkel, Klaus / Meyer, Hans / Simon, Helmut (Hrsg.): Gegenrede – Aufklärung – Kritik – Öffentlichkeit: Festschrift für Ernst Gottfried Mahrenholz, Baden-Baden 1994, S. 561 ff.

Di Fabio, Udo: Das Kooperationsprinzip – ein allgemeiner Rechtsgrundsatz des Umweltrechts, NVwZ 1999, S. 1153 ff.

– Verwaltung und Verwaltungsrecht zwischen gesellschaftlicher Selbstregulierung und staatlicher Steuerung, VVDStRL 1997 (56), S. 235 ff.

Dieckhoff: Klein- und Mittelbetriebe: Gefährdungsbeurteilung und Dokumentation, s.i.s. 2000, S. 334 ff.

Diekershoff, Karl Heinz: Sicherheitsbeauftragte im Betrieb – Funktionalität und Wirksamkeit, in: Bundesanstalt für Arbeitsschutz und Unfallforschung (Hrsg.): Forschungsbericht Nr. 202, Dortmund 1979

Dienes, Karsten: Die 3. Novelle zum Bundes-Immissionsschutzgesetz, NWVBL 1990, S. 404 ff.

Dietz, Rolf / *Richardi*, Reinhard: Bundespersonalvertretungsgesetz – Kommentar, 2. Auflage, München 1978

Diezemann, Klemens / *Mühlhausen*, Peter: Wenig Raum für Mitbestimmung in puncto Bildschirmarbeit, AuA 1999, S. 15 ff.

Doll, Wolfgang: Sicherheit und Gesundheitsschutz bei der Benutzung von Arbeitsmitteln bei der Arbeit, s.i.s. 1997, S. 170 ff.

Dörner, Klemens / *Wildschütz*, Martin: Bestehen nur eingeschränkte Mitbestimmungsrechte in öffentlich geförderten privaten Betrieben?, AiB 1995, S. 257 ff.

Dötsch, Jochen: Die europäische Rahmenrichtlinie Arbeitsschutz und ihre Umsetzung in deutsches Recht, AuA 1996, S. 329 ff.

Drews, Bill / *Wacke*, Gerhard / *Vogel*, Klaus / *Martens*, Wolfgang: Gefahrenabwehr – Allgemeines Polizeirecht (Ordnungsrecht) des Bundes und der Länder, 9. Auflage, Köln, Berlin, Bonn, München 1986

Düwell, Franz-Josef: Handkommentar zum Sozialgesetzbuch IX, Baden-Baden 2002

Eder, Klaus: Die Autorität des Rechts – Eine soziale Kritik prozeduraler Rationalität, ZfRSoz 1987, S. 193 ff.

Egger, Hartmut: Die Rechte der Arbeitnehmer und des Betriebsrats auf dem Gebiet des Arbeitsschutzes – Bestandsaufnahme und Reformüberlegungen, BB 1992, S. 629 ff.

– Rechtliche Probleme einer engeren Zusammenarbeit zwischen Unfallversicherungsträgern und staatlichen Aufsichtsbehörden, NZS 1994, S. 352 ff.

Ehmann, Horst: Europäischer Gesundheitsschutz kraft deutscher Mitbestimmung?, in: Schmidt, Klaus (Hrsg.): Arbeitsrecht und Arbeitsgerichtsbakeit: Bilanz und Perspektiven an der Schwelle zum Jahr 2000 – Festschrift zum 50-jährigen Bestehen der Arbeitsgerichtsbarkeit Rheinland-Pfalz, Neuwied, Kriftel 1999, S. 19 ff.

– Arbeitsschutz und Mitbestimmung bei neuen Technologien – Eine Darstellung der Mitbestimmungsrechte des Betriebsrats am Beispiel der Einrichtung von Arbeitsplätzen mit Bildschirmterminals, Berlin 1981

Ehrich, Christian: Die neue Verordnung über Immissionsschutz- und Störfallbeauftragte, DB 1993, S. 1772 ff.

Eidam, Gerd: Das Persönlichkeitsbild der Führungskraft im Spiegel der Rechtsprechung, in: Adams, Heinz W. / Eidam, Gerd (Hrsg.): Die Organisation des betrieblichen Umweltschutzes, Frankfurt/Main 1991, S. 177 ff.

– Unternehmen und Strafe – Vorsorge- und Krisenmanagement, 2. Auflage, Köln, Berlin, Bonn, München, 2001

Ekardt, Hanns-Peter / *Manger*, Daniela / *Neuser*, Uwe / *Pottschmidt*, Axel / *Roßnagel*, Alexander / *Rust*, Ina: Rechtliche Risikosteuerung – Sicherheitsgewährleistung in der Entstehung von Infrastrukturanlagen, Baden-Baden 2000

Elke, Gabriele: Management des Arbeitsschutzes, Wiesbaden 2000

– Merkmale eines erfolgreichen Informationsmanagements des betrieblichen Arbeits- und Gesundheitsschutzes, in: von Benda, Helmut / Bratge, Dietmar (Hrsg.): Psychologie der Arbeitssicherheit – 9. Workshop 1997, Heidelberg 1998, S. 53 ff.

Erbguth, Wilfried: Neue Aspekte zur planerischen Abwägungsfehlerlehre?, DVBl. 1986, S. 1230 ff.

– Rechtssystematische Grundfragen des Umweltrechts, Berlin 1987

Erbguth, Wilfried / *Schink*, Alexander: Gesetz über die Umweltverträglichkeitsprüfung, 2. Auflage, München 1996

Erfurter Kommentar zum Arbeitsrecht: Hrsg. von Thomas Dieterich / Peter Hanau / Günter Schaub, 3. Auflage, München 2003

Erman, Bürgerliches Gesetzbuch – Handkommentar, hrsg. von Westermann, Harm P., 10. Auflage, Münster 2000

Etzel, Gerhard: Betriebsverfassungsrecht – Eine systematische Darstellung, 6. Auflage, Neuwied, Kriftel, Berlin 1998

EU-Kommission (Hrsg.): Anleitung zur Risikobewertung am Arbeitsplatz, Luxemburg 1996

Europäische Agentur für Sicherheit und Gesundheitsschutz am Arbeitsplatz (Hrsg.): Sicherheit und Gesundheitsschutz bei der Arbeit in Marketing und Beschaffung, Luxemburg 2001 (Amt für amtliche Veröffentlichungen der Europäischen Gemeinschaften)

Ewer, Wolfgang / *Lechelt*, Rainer / *Theuer*, Andreas: Handbuch Umweltaudit, München 1998

Faber, Ulrich: Das betriebliche Arbeits- und Gesundheitsschutzrecht der Bundesrepublik nach der Umsetzung der europäischen Richtlinien, Arbeit 1998, S. 203 ff.

– Management des Arbeits- und Gesundheitsschutzes nach dem neuen Arbeitsschutzgesetz, in: von Benda, Helmut / Bratge, Dietmar (Hrsg.): Psychologie der Arbeitssicherheit – 9. Workshop 1997, Heidelberg 1998, S. 78 ff.

Faber, Ulrich / *Richenhagen*, Gottfried: Die Mitbestimmung des Betriebsrats bei Gefährdungsanalysen, AiB 1998, S. 317 ff.

Fabricius, Nicolai: Die Mitbestimmung des Betriebsrats bei der Umsetzung des neuen Arbeitsschutzrechts, BB 1997, 1254 ff.

– Einstellung der Arbeitsleistung bei gefährlichen und normwidrigen Täigkeiten, Heidelberg 1997

Falk, Heiko: Die EG-Umwelt-Audit-Verordnung und das deutsche Umwelthaftungsrecht, Heidelberg 1998

Falke, Josef: „Umwelt-Audit"-Verordnung – Grundsätze und Kritikpunkte, ZUR 1995, S. 4 ff.

Feil, Erich: ArbeitnehmerInnenschutzgesetz (ASchG), Wien 1994

Feldhaus, Gerhard: Bestandsschutz immissionsschutzrechtlich genehmigter Anlagen im Wandel, WiVerw 1986, S. 67 ff.

– Einführung in die neue Störfall-Verordnung, UPR 2000, S. 121 ff.

– Umwelt-Audit und Betriebsorganisation im Umweltrecht, in: Kormann, Joachim (Hrsg.): Umwelthaftung und Umweltmanagement, München 1994, S. 9 ff.

– Umwelt-Audit und Entlastungschancen im Vollzug des Immissionsschutzrechts, UPR 1997, S. 341 ff.

– Umweltschutzsichernde Betriebsorganisation, NVwZ 1991, S. 927 ff.

– Wettbewerb zwischen EMAS und ISO 14001, UPR 1998, S. 41 ff.

Feldhaus, Gerhard / *Vallendar*, Willi: Bundesimmissionsschutzrecht – Kommentar –, Wiesbaden, Loseblattsammlung

Feldhoff, Kerstin: Mitbestimmung des Betriebsrats – Zugleich eine Anmerkung zum Beschluß des BAG vom 2. April 1996 – 1 ABR 47/95, AuA 1997, S. 72 ff.

Fenski, Martin: Die Pflicht des Arbeitgebers zum Hinweis auf tarifvertragliche Ausschlußfristen, BB 1987, S. 2293 ff.

von Ferber, Christian: Fehlzeiten und Krankenstand – Forschungsansätze und offene Probleme, Arbeit 1994, S. 40 ff.

Fischer, Cornelia: Arbeitsschutz-Artikelgesetz – Starke Präventionsimpulse, BArbBl. 1996 (1), S. 21 ff.

Fischer, Frank: Der Betriebsbeauftragte im Umweltschutzrecht – Stellung eines Funktionsträgers aus arbeitsrechtlicher Sicht, Baden-Baden 1996

Fischer, Ulrich / *Schierbaum*, Bruno: Das Arbeitsschutzgesetz – ein Überblick, PersR 1996, S. 423 ff.

Fitting, Karl / *Kaiser*, Heinrich / *Heither*, Friedrich / *Engels*, Gerd / *Schmidt*, Ingrid: Betriebsverfassungsrecht – Handkommentar, 21. Auflage, München 2002

Franzheim, Horst: Moderne Organisationsformen – ein Risikofaktor im Umweltstrafrecht, in: Kormann, Joachim (Hrsg.): Umwelthaftung und Umweltmanagement, München 1994, S. 77 ff.

Freund, Georg: Anmerkung zu BGH, Urteil vom 31.1.2002 – 4 StR 289/01 –, NStZ 2002, S. 424 f.

Friauf, Karl Heinrich: Bestandsschutz zwischen Investitionssicherheit und Anpassungsdruck, WiVerw 1989, S. 121 ff.

Fuchs, Maximilian: Arbeitsteilung und Haftung, JZ 1994, S. 533 ff.

Geiger, Rudolf: EUV/EGV – Vertrag über die Europäische Union und Vertrag zur Gründung der Europäischen Gemeinschaft, Kommentar, 3. Auflage, München 2000

Geray, Max: Defizite in der Umsetzung des Arbeitsschutzgesetzes – Handlungsmöglichkeiten von Betriebsräten, AiB 2000, S. 193 ff.

– Moderner Arbeitsschutz und Betriebsökologie – aktuelle Herausforderungen für Unternehmen und Interessenvertretungen, Frankfurt/Main, Berlin, Bern, New York, Paris, Wien, 1998

Gerhard, Joachim: Arbeitsschutzpflichten delegieren – ein Kann oder ein Muß?, AuA 1998, S. 236 ff.

GK-BetrVG, Betriebsverfassungsgesetz – Gemeinschaftskommentar: Hrsg. von Fritz Fabricius / Alfons Kraft / Günther Wiese / Peter Kreutz, 7. Auflage, Neuwied, Kriftel, Berlin 2002

GK-BImSchG – Gemeinschaftskommentar zum BImSchG: Hrsg. von Hans-Joachim Koch / Dieter Scheuing, Düsseldorf, Loseblattsammlung

Glaubitz, Werner: Mitbestimmung des Betriebsrats gemäß § 87 Abs. 1 Nr. 7 BetrVG bei Regelungen über den Arbeitsschutz, DB 1977, S. 1403 ff.

Göhler, Erich: Gesetz über Ordnungswidrigkeiten, 13. Auflage, München 2002

Goutier, Klaus / *Knopf*, Rüdiger / *Tulloch*, Anthony: Kommentar zum Umwandlungsrecht, Umwandlungsgesetz – Umwandlungssteuergesetz, Heidelberg 1996

Grässle, Claudia / *Mohr*, Karin / *Neumann*, Andreas: Die neue ISO 9000 ff. – Wichtige Änderungen und Konsequenzen für die Betriebsratsarbeit, AiB 2001, S. 460 ff.

Grimm, Dieter: Verfahrensfehler als Grundrechtsverstöße, NVwZ 1985, S. 865 ff.

Grupp, Klaus: Das Angebot des anderen Mittels, VerwArch 1978, S. 125 ff.

Günther, Uwe: Probleme der Interpretation und der praktischen Umsetzung von § 87 Abs. 1 Ziff. 7 aus BetrVG, BlStSozArbR 1981, S. 244 ff.

Gussone, Max: Altersadäquate Arbeitsprozeßgestaltung, AiB 1996, S. 339 ff.

Gusy, Christoph: Kooperation als staatlicher Steuerungsmodus, ZUR 2001, S. 1 ff.

Habich, Anke: Anmerkung zu LAG Schleswig-Holstein, Beschluß vom 17.12.1999 – 5 TaBV 27/99 –, AiB 2000, S. 631

Halbach, Günter / *Paland*, Norbert / *Schwedes*, Rolf / *Wlotzke*, Otfried: Übersicht über das Arbeitsrecht, 8. Auflage, Bonn 2000

Hamacher, Werner / *Fischer*, Günther / *Lopian*, Gaby: „Die Umsetzung der Gefährdungsbeurteilung" – oder „Von der Herausforderung, die Theorie in die Praxis umzusetzen", in: Ministerium für Arbeit und Soziales, Qualifikation und Technologie des Landes Nordrhein-Westfalen (Hrsg.), Arbeitsschutz in Nordrhein-Westfalen, Jahresbericht 1999, Düsseldorf 2000, S. 8 ff.

Hamm, Ingo: Mitbestimmung und Berufsbildung, ArbuR 1992, S. 326 ff.

Hanau, Peter: Anspruch auf tabakrauchfreien Arbeitsplatz, Entscheidungskommentar zum Urteil des Bundesarbeitsgerichts vom 17. Februar 1998 – 9 AZR 84/97, AuA 1999, S. 37 f.

Hassold, Gerhard: Die Lehre vom Organisationsverschulden, JuS 1982, S. 583 ff.

Hauptverband der gewerblichen Berufsgenossenschaften & Bundesanstalt für Arbeitsschutz und Arbeitsmedizin (Hrsg.): Fachkraft für Arbeitssicherheit – Umsetzung der Neukonzeption der Ausbildung der Fachkraft für Arbeitssicherheit, BGZ-Report 5/99

Hecker, Jan: Aufsichtspflichtverletzungen bei Zuwiderhandlungen Unternehmensfremder – Zur verfassungskonformen Auslegung von § 130 OWiG, GewArch 1999, S. 320 ff.

Heilmann, Joachim (Hrsg.): Gefahrstoffe am Arbeitsplatz – Basiskommentar Gefahrstoffverordnung, 2. Auflage, Köln 1995

Heilmann, Joachim / *Aufhauser*, Rudolf: Arbeitsschutzgesetz – Kommentar –, Baden-Baden 1999

Heine, Günter: Die strafrechtliche Verantwortung von Unternehmen – Von individuellem Fehlverhalten zu kollektiven Fehlentwicklungen, insbesondere bei Großrisiken, Baden-Baden 1995

Heinelt, Hubert / *Töller*, Annette Elisabeth: Vom Fremdzwang zum Selbstzwang – Zur Praxis von Öko-Audits in Deutschland, ZfRSoz 1999, S. 82 ff.

Heintzen, Markus: Behördliches Informationshandeln bei ungewissem Sachverhalt – Zugleich zur Frage der Übertragbarkeit zivilrechtlicher Grundsätze auf behördliches Informationshandeln, N+R 1991, S. 301 ff.

Heinze, Anke: Sicherheitskonzept und Sicherheitsmanagementsystem nach der neuen Störfall-Verordnung, UPR 2002, S. 53 ff.

Henneke, Hans-Günter: Informelles Verwaltungshandeln im Wirtschaftsverwaltungs- und Umweltrecht – Zwischenbilanz zur Erfassung eines seit zehn Jahren bekannten Phänomens –, N+R 1991, S. 267 ff.

Hergenröder, Wolfgang: Anmerkung zum Urteil des EuGH vom 3.10.2000 – Rs. C-303/98 –, RdA 2001, S. 346 ff.

Hermanns, Ferdinand / *Kleier*, Ulrich F.: Grenzen der Aufsichtspflicht in Betrieben und Unternehmen – Zur Bedeutung des § 130 OWiG in der Praxis, Köln, Berlin, Bonn, München 1987

Hernichel, Erhard: Die Auswirkungen des Gemeinschaftsrechts auf die Mitwirkung der Arbeitnehmer im Arbeits- und Gesundheitsschutz, Industrielle Beziehungen 1995, S. 274 ff.

Herschel, Wilhelm: Die rechtliche Bedeutung schutzgesetzlicher Vorschriften im Arbeitsrecht, RdA 1964, S. 7 ff. (1.Teil), 44 ff. (2.Teil)

– Zur Dogmatik des Arbeitsschutzrechts, RdA 1978, S. 69 ff.

Herzberg, Rolf Dietrich: Die Verantwortung für Arbeitsschutz und Unfallverhütung im Betrieb, Köln, Berlin, Bonn, München 1984

Hess, Hans-Joachim / *Werk*, Hasso: Qualitätsmanagement, Risk Management, Produkthaftung – ISO 9000 ff. – Risiken der Haftung im internationalen Wirtschaftsverkehr, Leitfaden für Techniker und Juristen, Neuwied, Kriftel, Berlin 1995

Hess, Harald / *Schlochauer*, Ursula / *Glaubitz*, Werner: BetrVG – Kommentar zum Betriebsverfassungsgesetz, 5. Auflage, Neuwied, Kriftel, Berlin 1997

Heuchert, Gerd / *Horst*, Andreas / *Kuhn*, Karl: Arbeitsbedingte Erkrankungen – Probleme und Handlungsfelder, BArbBl. 2001 (2), S. 24 ff.

Hill, Hermann: Das hoheitliche Moment im Verwaltungsrecht der Gegenwart, DVBl. 1989, S. 321 ff.

– Umweltrecht als Motor und Modell einer Weiterentwicklung des Staats- und Verwaltungsrechts, JUTR 1994, S. 91 ff.

Hinrichs, Oda: Die Mitbestimmung des Betriebsrates nach 87 Abs. 1 Nr. 7 BetrVG und die Entwicklung des europäischen Arbeitsumweltrechts – Eine Untersuchung im Auftrag der Hans-Böckler Stiftung, Düsseldorf 1994

Hinrichs, Werner: Vergütungspflichten im Gesundheitsschutz, AiB 1997, S. 217 ff.

Hoffmann, Burkhard: Unterstützung der Betriebe bei der Gefährdungsbeurteilung, Die BG 2000, S. 590 ff.

Hoffmann-Riem, Wolfgang: Ökologisch orientiertes Verwaltungsverfahrensrecht – Vorklärungen, AöR 1994, S. 590 ff.

– Von der Antragsbindung zum konsentierten Optionenermessen – Überlegungen zum immissionsschutzrechtlichen Genehmigungsverfahren mit UVP –, DVBl. 1994, 605 ff.

Höland, Armin: Das neue Nachweisgesetz – Arbeits- und zivilrechtliche Fragen, ArbuR 1996, S. 87 ff.

– Das Umweltauditverfahren unter haftungsrechtlichen Gesichtspunkten, ZEuP 1998, S. 30 ff.

– Sozialwissenschaftliche Erkenntnisse zum Betriebsverfassungsrecht, eine Literaturstudie – Gutachten im Auftrag der Hans-Böckler-Stiftung, Düsseldorf 1994

Honsell, Thomas: Der Verstoß gegen Schutzgesetze im Sinne des § 823 Abs. 2 BGB, JA 1983, S. 101 ff.

Hoppe, Werner: Grundfragen des Planungsrechts – Ausgewählte Veröffentlichungen, Münster 1998

von Hoyningen-Huene, Gerrick: Mitbestimmung bei Versetzung eines Datenschutzbeauftragten, Anmerkung zum Beschluß des Bundesarbeitsgerichts vom 22.03.1994 – 1 ABR 51/93 –, SAE 1995, S. 159 ff.

Hoyos, Carl Graf: Psychische Belastung und Arbeitssicherheit, in: Bundesanstalt für Arbeitsschutz und Arbeitsmedizin (Hrsg.): Psychische Belastung und Beanspruchung unter dem Aspekt des Arbeits- und Gesundheitsschutzes (Tagungsbericht Nr. 86), Dortmund, Berlin 1998, S. 26 ff.

Hueck, Alfred / *Fikentscher*, Wolfgang: Die Einwirkung von Arbeitsschutznormen auf das Arbeitsverhältnis, ArbSch 1957, S. 63 ff.

Hufen, Friedhelm: Fehler im Verwaltungsverfahren, 3. Auflage, Baden-Baden 1998

Ibler, Martin: Die Differenzierung zwischen Vorgangs- und Ergebniskontrolle bei planerischen Abwägungsentscheidungen, DVBl. 1988, S. 469 ff.

Internationale Arbeitsorganisation (Hrsg.): Bericht der dreigliedrigen Untersuchungskommission über die Wirksamkeit der Arbeitsaufsicht in der Bundesrepublik Deutschland, Genf 1984

Jäde, Henning: Befangenheitsschranken behördlicher Beratungspflicht, BayVBl. 1988, S. 264 ff.

Jankowski, Klaus: Bestandsschutz für Industrieanlagen – Fortentwicklung des Immissionsschutzrechts zwischen EG-rechtlichen Vorgaben und deutschem Verfassungsrecht, Baden-Baden 1999

Jarass, Hans D.: Bundesimmissionsschutzgesetz (BImSchG) – Kommentar, 5. Auflage, München 2002

– Die Anwendung neuen Umweltrechts auf bestehende Anlagen – Die Altanlagenproblematik im deutschen Recht, im Recht anderer europäischer Staaten und im EG-Recht, Baden-Baden 1987

– Effektivierung des Umweltschutzes gegenüber bestehenden Anlagen – Nachträgliche Maßnahmen, Drittklagen, Absprachen und Kompensation –, DVBl. 1985, S. 193 ff.

– Reichweite des Bestandsschutzes industrieller Anlagen gegenüber umweltrechtlichen Maßnahmen – Anforderungen an bestehende Anlagen und ihre Durchsetzung mittels formaler und informaler Instrumente, DVBl. 1986, S. 314 ff.

Jarass, Hans D. / *Pieroth*, Bodo: Grundgesetz für die Bundesrepublik Deutschland – Kommentar, 6. Auflage, München 2002

Jürgen, Karin / *Blume*, Andreas / *Schleicher*, Robert / *Szymanski*, Hans: Arbeitsschutz durch Gefährdungsanalyse – Eine Orientierungshilfe zur Umsetzung eines zeitgemäßen Arbeitsumweltschutzes, Berlin 1997

Kallrath, Simone: Gerichtliche Kontrolle von Betriebsvereinbarungen, Lohmar, Köln 1997

Kamphausen, Peter / *Kampmann*, Bernd: Bestimmtheit und Begründung von Verwaltungsakten, insbesondere der Bauverwaltung, BauR 1986, S. 403 ff.

Karlsruher Kommentar zum Gesetz über Ordnungswidrigkeiten: hrsg. von Karlheinz Boujong, 2. Auflage, München 2000

Kassebohm, Kristian / *Malorny*, Christian: Die strafrechtliche Verantwortung des Managements – Produktverantwortlichkeit und deren Einfluß auf qualitätsorientierte Unternehmensführung, BB 1994, S. 1361 ff.

Kaster, Georg: Die Rechtsstellung der Betriebsbeauftragten für Umweltschutz, GewArch 1998, S. 129 ff.

Kater, Horst / *Leube*, Konrad: Gesetzliche Unfallversicherung: SGB VII – Kommentar, München 1997

Kerst-Würkner, Brigitte: Das schleichende Gift „Mobbing" und die Gegenarznei, ArbuR 2001, S. 251 ff.

Kieser, Alfred (Hrsg.): Organisationstheorien, 2. Auflage, Stuttgart, Berlin, Köln 1995

Kieser, Alfred / *Kubicek*, Herbert: Organisation, 3. Auflage, Berlin, New York 1992

Kimminich, Otto / *von Lersner*, Heinrich / *Storm*, Peter-Christoph (Hrsg.): Handwörterbuch des Umweltrechts – HDUR –, Berlin 1986

Kittner, Michael: Die Mitbestimmung des Betriebsrats beim Arbeitsschutz – zur Reichweite des § 87 Abs. 1 Nr. 7 BetrVG, in: Klebe, Thomas / Wedde, Peter / Wolmerath, Martin (Hrsg.): Recht und soziale Arbeitswelt – Festschrift für Wolfgang Däubler, Frankfurt/M 1999, S. 690 ff.

Kittner, Michael / *Däubler*, Wolfgang / *Zwanziger*, Bertram: KSchR – Kündigungsschutzrecht, 5. Auflage, Frankfurt/Main 2001

Kittner, Michael / *Pieper*, Ralf: Arbeitsschutzrecht – Kommentar für die Praxis zum Arbeitsschutzgesetz, Arbeitssicherheitsgesetz und zu den anderen Arbeitsschutzvorschriften, 2. Auflage, Frankfurt/Main 2002

– Arbeitsschutzgesetz – Basiskommentar, Köln 1997

Kleindiek, Detlef: Deliktshaftung und juristische Person – Zugleich zur Eigenhaftung von Unternehmensleitern, Tübingen 1997

Kliesch, Georg / *Nöthlichs*, Matthias / *Wagner*, Rolff: Arbeitssicherheitsgesetz – Gesetz über Betriebsärzte, Sicherheitsingenieure und andere Fachkräfte für Arbeitssicherheit – Kommentar, Berlin 1978

Kloepfer, Michael: Betrieblicher Umweltschutz als Rechsproblem, DB 1993, S. 1125 ff.

– Umweltrecht, 2. Auflage, München 1998

Kloepfer, Michael / *Bröcker*, Klaus T.: Umweltaudit und Rechtskonformität, UPR 2000, S. 335 ff.

Kloepfer, Michael / *Veit*, Günther: Grundstrukturen des technischen Arbeitsschutzrechts, NZA 1990, S. 121 ff.

Knack, Hans-Joachim: Verwaltungsverfahrensgesetz (VwVfG) – Kommentar, 7. Auflage, Köln, Berlin, Bonn, München 2000

Kniep, Klaus: Umwelt-Audit – ein betriebliches Führungsinstrument?, GewArch 1993, S. 193 ff.

Knopp, Lothar: EMAS II – Überleben durch „Deregulierung" und „Substitution", NVwZ 2001, S. 1098 ff.

– Umwelt-Audit: Quo vadis? – Erfahrungen und Novellierungsbestrebungen, NVwZ 2000, S. 1121 ff.

Knopp, Lothar / *Ebermann-Finken*, Rebecca: Novellierung der EG-Umwelt-Audit-Verordnung (EMAS II), EWS 2000, S. 329 ff.

Knopp, Lothar / *Striegl*, Stefanie: Umweltschutzorientierte Betriebsorganisation zur Risikominimierung, BB 1992, S. 2009 ff.

Koch, Hans-Joachim: Das Abwägungsgebot im Planungsrecht – Einige Bemerkungen zur Intensität verwaltungsgerichtlicher Kontrolldichte, veranlaßt durch BVerwG, Urteil vom 21.8.1981 –, DVBl. 1983, S. 1125 ff.

Koch, Hans-Joachim / *Laskowski*, Silke Ruth: Verfassungsrechtliche Grenzen einer Privatisierung der Anlagenüberwachung, ZUR 1997, S. 182 ff.

Köck, Wolfgang: Perspektiven integrierter Umweltplanung aus rechtlicher Sicht, UPR 2002, S. 321 ff.

– Die Entdeckung der Organisation durch das Umweltrecht – Reflexionen zur „Öko-Audit"-VO der EG, ZUR 1995, S. 1 ff.

– Indirekte Steuerung im Umweltrecht: Abgabenerhebung, Umweltschutzbeauftragte und „Öko-Auditing" – Anmerkungen zum „Professoren-Entwurf" eines Umweltgesetzbuches – Allgemeiner Teil (UGB-AT) –/DVBl. 1994, S. 27 ff.

– Umweltschutzsichernde Betriebsorganisation als Gegenstand des Umweltrechts: Die EG-„Öko-Audit"-Verordnung, JZ 1995, S. 643 ff.

Koenig, Christian: Internalisierung des Risikomanagements durch neues Umwelt- und Technikrecht – Ein Plädoyer für die Beachtung ordnungsrechtlicher Prinzipien in der umweltökonomischen Diskussion, NVwZ 1994, S. 937 ff.

Kohstall, Thomas: Braucht der Arbeitsschutz ein Managementsystem?, BG 1996, S. 371 ff.

Kohte, Wolfhard: Anmerkung zum Urteil des Verwaltungsgerichts Hannover vom 6.10.1995 – 7 A 4246/95 –, AuA 1996, S. 399

– Arbeitnehmerhaftung und Arbeitgeberrisiko, Königstein/Ts. 1981

– Arbeitsschutzrahmenrichtlinie, in: Oetker, Hartmut / Preis, Ulrich (Hrsg.): Europäisches Arbeits- und Sozialrecht – Rechtsvorschriften, systematische Darstellungen, Entscheidungssammlung, Heidelberg, Loseblattsammlung, Kennziffer B 6100

– Arbeitsschutzrecht im Wandel – Strukturen und Erfahrungen, in: Dieterich, Thomas (Hrsg.): Jahrbuch des Arbeitsrechts, Bd. 37, Berlin 2000, S. 21 ff.

– Arbeitsschutzrecht und UWG – ein fruchtbares Wechselverhältnis, ArbuR 1989, S. 241 ff.

– Betrieb und Unternehmen unter dem Leitbild des Organisationsvertrags, Habilitationsschrift Bochum 1987

– Betrieblicher Umweltschutz am Beispiel des Störfallrechts, in: Ahrens, Martin / Donner, Hartwig / Simon, Jürgen (Hrsg.): Arbeit – Umwelt: Joachim Heilmann zum 60. Geburtstag, Baden-Baden 2001, S. 73 ff.

– Das Störfallrecht als Motor des Arbeitsumweltrechts, WSI Mitteilungen 2000, S. 567 ff.

– Die arbeitsrechtliche Bedeutung der Störfallverordnung, BB 1981, S. 1277 ff.

– Die Krankheitskündigung im Blickwinkel des Arbeitsschutz- und Sozialrechts, AiB 1990, S. 125 ff.

– Die Sicherheitsbeauftragten nach geltendem und künftigem Recht, in: Anzinger, Rudolf / Wank, Rolf: Entwicklungen im Arbeitsrecht und Arbeitsschutzrecht – Festschrift für Otfried Wlotzke zum 70. Geburtstag, München 1996, S. 563 ff.

– Die Stärkung der Partizipation der Beschäftigten im betrieblichen Arbeitsschutz – Vorschläge für gesetzliche Anpassungen in Deutschland – Vergleich der Umsetzung der europäischen Arbeitsschutzrichtlinie in acht Mitgliedsstaaten der Europäischen Union, Düsseldorf 1999

– Ein Rahmen ohne Regelungsgehalt? Kritische Anmerkungen zur Auslegung des § 87 Abs. 1 Nr. 7 BetrVG, ArbuR 1984, S. 263 ff.

– Ganzheitlicher Gesundheitsschutz nach dem neuen Arbeitsschutzgesetz, in: Von Benda, Helmut / Bratge, Dietmar (Hrsg.): Psychologie der Arbeitssicherheit, 9. Workshop 1997, Heidelberg 1998, S. 32 ff.

– Normzweck und Interessenabwägung bei der Auslegung des § 823 II BGB – BGH NJW 1987, 1818 –, Jura 1988, S. 125 ff.

– Stand der Technik und gesicherte arbeitswissenschaftliche Erkenntnisse – Bedeutung für Maschinensicherheit und betrieblichen Arbeitsschutz, in: Bundesanstalt für Arbeitsschutz und Arbeitsmedizin (Hrsg.): Europäisches Recht, Arbeitsgestaltung, Arbeits- und Gesundheitsschutz – betriebliche Erfahrungen bei der Anwendung von Europäischen Richtlinien und Normen – Informationstagung der Bundesanstalt für Arbeitsschutz und Arbeitsmedizin vom 12. März 1997 in Dortmund, Dortmund, Berlin 1997

– Störfallrecht zwischen Umwelt- und Arbeitsrecht – eine Verbindung ohne Verständigung, JUTR 1995, S. 37 ff.

Kohte, Wolfhard / *Bücker*, Andreas: Arbeitsmittel zwischen Markt und Betriebsorganisation – Ein integriertes europarechtliches Konzept, in: Krämer, Ludwig / Micklitz, Hans-W. / Tonner, Klaus (Hrsg.): Law and diffuse Interests in the European Legal Order (Recht und diffuse Interessen in der Europäischen Rechtsordnung) – Liber amicorum Norbert Reich, Baden-Baden 1997

– Die Rezeption des Europäischen Arbeitsumweltrechts in das deutsche Arbeitsschutzsystem – Mißverständnisse und Defizite, ZfRSoz 1993, S. 243 ff.

Kohte, Wolfhard / *Habich*, Anke: Anmerkung zu ArbG Neumünster, Urteil vom 20.01.2000 – 4 Ca 1034 b/99 –, CR 2000, 667 f.

Koll, Michael: Die Beurteilung von Gefährdungen am Arbeitsplatz und ihre Dokumentation nach der EG-Rahmenrichtlinie Arbeitsschutz, in: Anzinger, Rudolf / Wank, Rolf (Hrsg.): Entwicklungen im Arbeitsrecht und Arbeitsschutzrecht – Festschrift für Otfried Wlotzke zum 70. Geburtstag, München 1996, S. 701 ff.

Koll, Michael / *Janning*, Rita / *Pinter*, Harald: Arbeitsschutzgesetz, Gesetz zur Umsetzung der EG-Rahmenrichtlinie Arbeitsschutz und weiterer Arbeitsschutz-Richtlinien / Rechtsverordnungen aufgrund des Arbeitsschutzgesetzes – Kommentar für die betriebliche und behördliche Praxis, Stuttgart, Berlin, Köln, Loseblattsammlung

Kollmer, Norbert: Das neue Arbeitsschutzgesetz als „Grundgesetz“ des Arbeitsschutzes, WiB 1996, S. 825 ff.

– Zivilrechtliche und arbeitsrechtliche Wirkungen des Gerätesicherheitsgesetzes, NJW 1997, S. 2015 ff.

Kollmer, Norbert / *Blachnitzky*, Horst / *Kossens*, Michael: Die neuen Arbeitsschutzverordnungen – Grundzüge der AMBV, ArbStättV-Änderungen, BaustellV,

BildscharbV, BiostoffV, LasthandhabV, MuschRiV und PSA-BV sowie Haftungsfragen nach der Baustellenverordnung, München 1999

Kollmer, Norbert / *Vogl*, Markus: Das Arbeitsschutzgesetz – Darstellung der Rechtslage für Arbeitgeber, Beschäftigte und Fachkräfte für Arbeitssicherheit, 2. Auflage, München 1999

Kommission über den Reaktorunfall auf Three Mile Island: Der Störfall von Harrisburg – Der offizielle Bericht der von Präsident Carter eingesetzten Kommission über den Reaktorunfall auf Three Mile Island, Düsseldorf 1979

Konstanty, Reinhold: Das neue Arbeitsschutzrecht – Zukunftschance für die Gewerkschaften, SozSich 1996, S. 361 ff.

Konstanty, Reinhold / *Zwingmann*, Bruno: Perspektiven des Arbeitsschutzes und der betrieblichen Gesundheitsförderung nach der Arbeitsschutzgesetzgebung, WSI Mitteilungen 1997, S. 817 ff.

Kopp, Ferdinand O. / *Ramsauer*, Ulrich: Verwaltungsverfahrensgesetz, 7. Auflage, München 2000

Kort, Michael: Inhalt und Grenzen der arbeitsrechtlichen Personenfürsorgepflicht, NZA 1996, S. 854 ff.

Kothe, Peter: Beratungspflichten und Informationsbedarf im Umweltschutz – Beratungspflichten von Gebietskörperschaften und Ver- und Entsorgungsbetrieben in öffentlich-rechtlicher Trägerschaft und Beratungsbedarf der Bürger –, DÖV 1998, S. 577 ff.

Kotulla, Michael: Die neue 5. BImSchV und ihre Auswirkungen hinsichtlich der Bestellung für Immissionsschutz- und Störfallbeauftragte, GewArch 1994, S. 177 ff.

Kötz, Hein / *Wagner*, Gerhard: Deliktsrecht, 9. Auflage, Neuwied, Kriftel 2001

Kuchenbauer, Konstantin: Asbest und Strafrecht, NJW 1997, S. 2009 ff.

Kühlmann, Torsten M.: Organisationsstrukturen in Wirtschaft und Verwaltung, in: Von Rosenstiel, Lutz / Hockel, Curd Michael / Molt, Walter (Hrsg.): Handbuch der Angewandten Psychologie – Grundlagen, Methoden, Praxis, Landsberg/Lech, Loseblattsammlung

Kuhn, Karl: Neue Produktionskonzepte, Gruppenarbeit und Arbeitsschutz, WSI Mitteilungen 1996, S. 105 ff.

Kunig, Philip: Zur „hinreichenden Bestimmtheit" von Norm und Einzelakt, Jura 1990, S. 495 ff.

Kupisch, Berthold: Die Haftung für Verrichtungsgehilfen (§ 831 BGB), JuS 1984, S. 250 ff.

Lachenmann, Christina K.: Betriebsverfassungsrechtliche Fragen bei der Einführung eines nach der DIN ISO 9001 zertifizierbaren Qualitätsmanagementsystems, RdA 1998, S. 105 ff.

Ladeur, Karl-Heinz: Umweltrecht und technologische Innovation, JUTR 1988, S. 305 ff.

Landgraf-Rütten: Analyse und Abbau psychischer Belastungen durch Organisationsentwicklung, Die BG 2001, S. 352 ff.

von Landmann, Robert / *Rohmer*, Gustav: Gewerbeordnung und ergänzende Vorschriften – Kommentar, München, Loseblattsammlung

von Landmann, Robert / *Rohmer*, Gustav / *Hansmann*, Klaus: Umweltrecht – Kommentar, München, Loseblattsammlung

Lang, Karl-Heinz / *Vorath*, Bernd-Jürgen: Betriebliche Arbeitsschutzmanagementsysteme, AiB 2001, S. 426 ff.

Lange, Klaus: Staatliche Steuerung durch offene Zielvorgabe im Lichte der Verfassung, VerwArch 1991, S. 1 ff.

Langerfeldt, Michael: Das novellierte Environmental Management and Audit Scheme (EMAS II), NVwZ 2001, S. 538 ff.

Langhoff, Thomas / *Brandt*, Gabriele: Verbesserung von Gesundheit und Sicherheit bei der Arbeit mit einer Systemnorm zum Arbeitsschutzmanagement?, WSI Mitteilungen 1996, S. 661 ff.

Larenz, Karl / *Canaris*, Claus-Wilhelm: Methodenlehre der Rechtswissenschaft, 3. Auflage, Berlin, Heidelberg, New York, Barcelona, Budapest, Hong Kong, London, Mailand, Paris, Tokyo, 1993

Leichsenring, Christian: Ein solider Wurf – Das neue Arbeitsschutzsystem, Die BG 1997, S. 82 f.

Leinemann, Wolfgang: GewO – Kommentar zur Gewerbeordnung, arbeitsrechtlicher Teil (Fortführung des von Eugen Stahlhacke begründeten Kommentars), Neuwied, Kriftel, Loseblattsammlung

Lepke, Achim: Kündigung bei Krankheit, 10. Auflage, Berlin 2000

Leßmann, Jochen: Neues über Rauchverbote am Arbeitsplatz, ArbuR 1995, S. 241 ff.
– Rauchverbote am Arbeitsplatz – Rechtliche Grundlagen, betriebliche Gestaltungsmöglichkeiten, Maßnahmen des Nichtraucherschutzes, Stuttgart 1991

Leßwing, Günter: Projektorientierte Programmarbeit – Zeitgemäße Strategie in gewandelter Arbeitswelt, in: Ministerium für Arbeit, Gesundheit und Soziales des Landes Nordrhein-Westfalen (Hrsg.), Jahresbericht 1996 der staatlichen Arbeitsschutzverwaltung des Landes Nordrhein-Westfalen, Düsseldorf 1996, S. 9 ff.

Leube, Konrad: Anordnungen der Unfallversicherungsträger zur Prävention, Die BG 1999, S. 66 ff.

Linster, Werner / *Schmidt*, Albrecht: Asbest: Kompendium für Betroffene, Planer und Sanierer, Karlsruhe 1993

Lißner, Lothar: Arbeitsbedingte Gesundheitsrisiken – Auf dem Weg in eine ungewisse Zukunft, WSI Mitteilungen 1995, S. 77 ff.

Löwisch, Manfred: Der Erlaß von Rauchverboten zum Schutz vor Passivrauchen am Arbeitsplatz, DB 1979, Beilage Nr. 1, S. 1 ff.

Löwisch, Manfred / *Kaiser*, Dagmar: Betriebsverfassungsgesetz – Kommentar, 5. Auflage, Heidelberg 2002

Löwisch, Manfred / *Neumann*, Daniela: Anmerkung zum Beschluß des Bundesarbeitsgerichts vom 02.04.1996 – 1 ABR 47/95 –, SAE 1997, S. 85 ff.

LPK – SGB VII, Gesetzliche Unfallversicherung – Lehr- und Praxiskommentar: Schriftleitung Franke, Edgar, Baden-Baden 2000

Lübbe-Wolff, Gertrude: Das Kooperationsprinzip im Umweltrecht – Rechtsgrundsatz oder Deckmantel des Vollzugsdefizits, N+R 1989, S. 295 ff.

– Das Umweltauditgesetz, N+R 1996, S. 217 ff.

– Die EG-Verordnung zum Umwelt-Audit, DVBl. 1994, S. 361 ff.

– Instrumente des Umweltrechts – Leistungsfähigkeit und Leistungsgrenzen, NVwZ 2001, S. 481 ff.

– Öko-Audit und Deregulierung – Eine kritische Betrachtung, ZUR 1996, S. 173 ff.

– Rechtsprobleme der behördlichen Umweltberatung, NJW 1987, S. 2705 ff.

Luczak, Holger: Arbeitswissenschaft, 2. Auflage, Berlin, Heidelberg, New York, Barcelona, Budapest, Hongkong, London, Mailand, Paris, Santa Clara, Singapur, Tokio 1998

von Mangoldt, Hermann / *Klein*, Friedrich / *Starck*, Christian: Das Bonner Grundgesetz – Kommentar, 4. Auflage, München 1999

Manssen, Gerrit: Die Betreiberverantwortung nach § 52 a BImSchG, GewArch 1993, S. 280 ff.

Marburger, Peter: Die Regeln der Technik im Recht, Köln, Berlin, Bonn, München 1979

Maus, Karl Heinz: Der Insolvenzplan, in: Arbeitskreis für Insolvenz- und Schiedsgerichtswesen e.V., Köln (Hrsg.): Kölner Schrift zur Insolvenzordnung, Herne, Berlin 1997, S. 707 ff.

Medicus, Dieter: Bürgerliches Recht, 19. Auflage, Köln, Berlin, Bonn, München 2002

Medwedjew, Zhores: Das Vermächtnis von Tschernobyl, Münster 1991

Meisel, Peter G. / *Sowka*, Hans-Harald: Mutterschutz und Erziehungsurlaub – Kommentar zum Mutterschutzgesetz, zu den Leistungen bei Schwangerschaft und Mutterschaft nach der RVO und zum Bundeserziehungsgeldgesetz, 5. Auflage, München 1999

Meisenbach, Jürgen: Integration des Arbeits- und Gesundheitsschutzes in Lean Production und Gruppenarbeit, Die BG 1995, S. 710 ff.

Meißner, Doris: Arbeitsschutz und betriebliche Wirklichkeit, ArbuR 1989, S. 248 ff.

Melchior, Jost: Arbeitsschutz in Sachsen-Anhalt, Rückblick – Umbruch – Zukunft, in: Ministerium für Arbeit, Frauen, Gesundheit und Soziales des Landes Sachsen-Anhalt (Hrsg.), Jahresbericht 1999 der Gewerbeaufsicht Sachsen-Anhalt, Magdeburg/ Dessau 1999

Merten, Frank: Gesundheitsschutz und Mitbestimmung bei der Bildschirmarbeit, Köln 2000

Merten, Philip: Anmerkung zum Beschluß des Bundesarbeitsgerichts vom 16.06.1998 – 1 ABR 68/97 –, AP Nr. 7 zu § 87 BetrVG 1972 Gesundheitsschutz

Merten, Philip / *Klein*, Stefanie: Die Auswirkungen des Arbeitsschutzgesetzes auf die Mitbestimmungsrechte des Betriebsrats nach § 87 Abs. 1 Nr. 7 BetrVG – Unter besonderer Berücksichtigung der Bildschirmarbeitsverordnung, DB 1998, S. 673 ff.

Meyer, Gunter: Die Bedeutung Technischer Regeln für Gefahrstoffe, in: Heilmann, Joachim (Hrsg.): Gefahrstoffe am Arbeitsplatz – Basiskommentar Gefahrstoffverordnung, 2. Auflage, Köln 1995, S. 234 ff.

Meyer, Hans: Die Kodifikation des Verwaltungsverfahrens und die Sanktion für Verfahrensfehler, NVwZ 1986, S. 513 ff.

Michalke, Regina: Die Verwertbarkeit von Erkenntnissen der Eigenüberwachung zu Beweiszwecken im Straf- und Ordnungswidrigkeitenverfahren, NJW 1990, S. 417 ff.

Ministerium für Arbeit und Soziales, Qualifikation und Technologie des Landes Nordrhein-Westfalen (Hrsg.): Arbeitsschutz in Nordrhein-Westfalen, Jahresbericht 1999, Düsseldorf 2000

Ministerium für Arbeit, Frauen, Gesundheit und Soziales des Landes Sachsen-Anhalt (Hrsg.): Jahresbericht 1999 der Gewerbeaufsicht Sachsen-Anhalt, Magdeburg/ Dessau 1999

Minoggio, Ingo: Der Sicherheitskoordinator nach BaustellV als Schadensmanager – unzulässige Kostenminimierung zulasten der Sicherheit?, VersR 2002, S. 1200 ff.

Mohr, Peter C.: Umweltberatung durch Privatperson und Behörden – Ein Beitrag zu den Rechtsgrundlagen der Umweltberatung für die privaten Haushalte, N+R 1989, S. 101 ff.

Molkentin, Thomas: Das Recht auf Arbeitsverweigerung bei Gesundheitsgefährdung des Arbeitnehmers, NZA 1997, S. 849 ff.

Möx, Jochen: Arbeitnehmerrechte in der Gefahrstoffverordnung, Frankfurt/Main, Bern, New York, Paris 1992

Müggenborg, Hans-Jürgen: Das Phänomen von Industrieparks – eine erste Annäherung aus umwelt- und sicherheitsrechtlicher Sicht, DVBl. 2001, S. 417 ff.

– Die neue Störfall-Verordnung, NVwZ 2000, S. 1096 ff.

Müller, Gerda: Das reformierte Schadensersatzrecht, VersR 2003, S. 1 ff.

Müller, Wolf: Mitteilungspflichten nach § 52 a BImSchG im Lichte der Öko-Audit-Verordnung, VR 1998, S. 149 ff.

Müller-Wenner, Dorothee: Anmerkung zum Urteil des Landesarbeitsgerichts Hamm vom 11.09.1997 – 12 Sa 964/97 –, AiB 1998, 596 f.

von Münch, Ingo / *Kunig*, Philip: Grundgesetz-Kommentar, 5. Auflage, München 2000

Münchener Handbuch zum Arbeitsrecht, 3 Bde.: Hrsg. von Reinhard Richardi / Otfried Wlotzke, 2. Auflage, München 2000

Münchener Kommentar zum Bürgerlichen Gesetzbuch, hrsg. von Kurt Rebmann / Franz Jürgen Säcker / Roland Rixecker, 3./4. Auflage, München 1997/2001

Münchener Kommentar zur Zivilprozeßordnung – mit Gerichtsverfassungsgesetz und Nebengesetzen, hrsg. von Gerhard Lüke / Alfred Walchshöfer, 2. Auflage, München 2000/2001

Murswiek, Dietrich: Das sogenannte Kooperationsprinzip – ein Prinzip des Umweltschutzes?, ZUR 2001, S. 7 ff.

– Die staatliche Verantwortung für die Risiken der Technik – Verfassungsrechtliche Grundlagen und immissionsschutzrechtliche Ausformung, Berlin 1985

Nachreiner, Friedhelm: Psychische Belastung und Beanspruchung – ISO Normungsarbeit (Begriffe, Theorien), in: Bundesanstalt für Arbeitsschutz und Arbeitsmedizin (Hrsg.): Psychische Belastung und Beanspruchung unter dem Aspekt des Arbeits-

und Gesundheitsschutzes (Tagungsbericht Nr. 86), Dortmund, Berlin 1998, S. 17 ff.

Neudörfer, Alfred: Konstruieren sicherheitsgerechter Produkte – Methoden und systematische Lösungssammlungen, Berlin 1997

Neumann, Thorsten: Psychische Lasten als Gefährdungspotenzial, AuA 2001, S. 355 ff.

Nipperdey, Hans Carl: Die privatrechtliche Bedeutung des Arbeitsschutzrechts, in: Schreiber, Otto (Hrsg.): Die Reichsgerichtspraxis im deutschen Rechtsleben – Festgabe der juristischen Fakultäten zum 50jährigen Bestehen des Reichsgerichts (1. Oktober 1929) in 6 Bänden, Vierter Band, Berlin, Leipzig 1929, S. 203 ff.

Nisipeanu, Peter: Der Betriebsbeauftragte für Gewässerschutz (Der Gewässerschutzbeauftragte), N+R 1990, S. 439 ff.

Nöthlichs, Matthias: Arbeitsschutz und Arbeitssicherheit: Ergänzbarer Kommentar zum Arbeitsschutzgesetz und zum Arbeitssicherheitsgesetz, Berlin, Loseblattsammlung

Obermayer, Klaus: VwVfG – Kommentar zum Verwaltungsverfahrensgesetz, 3. Auflage, Neuwied, Kriftel, Berlin 1999

Oebbecke, Janbernd: Beratung durch Behörden, DVBl. 1994, S. 147 ff.

Opfermann, Rainer / *Rückert*, Anette: Neue Regeln zur manuellen Handhabung von Lasten, AuA 1997, S. 187 ff.

Opfermann, Rainer / *Streit*, Wilhelm: Arbeitsstättenverordnung, -Richtlinien mit Kommentierung, Vorschriften, Regeln, Normen, Heidelberg, Loseblattsammlung

Oppermann, Thomas: Europarecht, 2. Auflage, München 1999

Oppolzer, Alfred: Einbeziehung psychischer Belastungen in den gesetzlichen Arbeits- und Gesundheitsschutz, Die BG 1999, S. 735 ff.

Palandt, Bürgerliches Gesetzbuch – Kommentar –, 62. Auflage, München 2003

Papier, Hans-Jürgen: Anmerkung zu OVG Berlin, Urteil vom 17.7.1978 - OVG I B 157.25 –, DVBl. 1978, S. 162 ff.

Peglau, Reinhard: Die Normung von Umweltmanagementsystemen und Umweltauditing im Kontext der EG-Öko-Audit-Verordnung, ZUR 1995, S. 19 ff.

Perrow, Charles: Normale Katastrophen – Die unvermeidbaren Risiken der Großtechnik, 2. Auflage, Frankfurt/Main, New York 1992

Petersen, Frank: Schutz und Vorsorge – Strukturen der Risikoerkenntnis, Risikozurechnung und Risikosteuerung der Grundpflichten im Bundes-Immissionsschutzgesetz, Berlin 1993

Pflüger, Norbert: Die Kündigung wegen betrieblich verursachter Erkrankung, DB 1995, S. 1761 ff.

Pieper, Ralf: Das Arbeitsschutzrecht in der deutschen und europäischen Arbeits- und Sozialordnung – Grundlagen, Bestandsaufnahme und Bewertung der Reform, Dortmund, Berlin 1998

Pohl, Andreas: Umweltaudits in der betrieblichen Praxis, BB 1998, S. 381 ff.

Poppendick, Karl-Ernst / *Brückner*, Bernhard / *Rötzer*, Michael / *Waldeck*, Dieter / *Brock*, Gabriele / *Zwingmann*, Bruno: Management im Arbeitsschutz – Die deutsche Konzeption, BArBl. 1999 (2), S. 11 ff.

Posser, Herbert / *Müller*, Rolf-Georg: Die neue Störfall-Verordnung und deren Auswirkungen auf die Praxis, N+R 2001, S. 321 ff.

Praxiskommentar Arbeitsschutzgesetz – Verordnungen und Richtlinien: Hrsg. von Norbert Kollmer, München, Loseblattsammlung

Pröll, Ulrich: Perspektivstudie Arbeitsschutz 2000 – Funktionswandel staatlichen Handelns in der betrieblichen Prävention, Gutachten zu den arbeitsschutzpolitischen Perspektiven der Reform der staatlichen Gewerbeaufsicht in Nordrhein-Westfalen, in: Sozialforschungsstelle Dortmund Landesinstitut (Hrsg.), Beiträge aus der Forschung, Bd. 70, Dortmund 1993

Pröll, Ulrich / *Sczesny*, Cordula: Fachkräfte für Arbeitssicherheit in der betrieblichen Zusammenarbeit – Ergebnisse einer schriftlichen Befragung von Sicherheitsfachkräften im VDSI, Dortmund 1991

Ransiek, Andreas: Unternehmensstrafrecht – Strafrecht, Verfassungsrecht, Regelungsalternativen, Heidelberg 1996

Reason, James: Menschliches Versagen – Psychologische Risikofaktoren und moderne Technologien, Heidelberg, Berlin, Oxford 1994

Rebentisch, Manfred: Auswirkungen der neuen „Seveso-Richtlinie“ auf das deutsche Anlagensicherheitsrecht, NVwZ 1997, S. 6 ff.

Rebmann, Kurt / *Roth*, Werner / *Herrmann*, Siegfried: Gesetz über Ordnungswidrigkeiten, Stuttgart, Berlin, Köln, Loseblattsammlung

Rehbinder, Eckard, Umweltsichernde Unternehmensorganisation, ZHR 2001, S. 1 ff.

– Andere Organe der Unternehmensverfassung – Die institutionalisierte Vertretung diffuser Interessen im Unternehmen unterhalb der Gesellschaftsorgane, ZGR 1989, S. 305 ff.

– Reflexives Recht und Praxis – Der Betriebsbeauftragte für Umweltschutz als Beispiel, JbRSozRTh 1988, S. 109 ff.

– Umweltschutz und technische Sicherheit als Aufgabe der Unternehmensleitung aus juristischer Sicht, in: 9. Trierer Kolloquium zum Umwelt- und Technikrecht vom 19. bis 21. September 1993, UTR, Bd. 26, Heidelberg 1994, S. 29 ff.

Rehbinder, Eckard / *Heuvels*, Klaus: Die EG-Öko-Audit-Verordnung auf dem Prüfstand, DVBl. 1998, S. 1245 ff.

Rehborn, Helmut / *Rehborn*, Martin: Der Gewässerschutzbeauftragte, ZfW 1999, S. 363 ff.

Rehhahn, Hans: Betriebsleitung in der Verantwortung, ArbSch 1977, S. 243 ff.

Reif, Armin / *Täubert*, Jens / *König*, Andreas: Sind ältere Arbeitnehmer noch leistungsfähig?, AiB 1996, 329 ff.

Reinhardt, Michael: Die Überwachung durch Private im Umwelt- und Technikrecht, AöR 1993, S. 617 ff.

Renken, Bernd: Der Betriebsbeauftragte für Umweltschutz, KJ 1994, S. 218 ff.

Reuter, Alexander: Umwelthaftung, strikte Organisation und kreative Unordnung – Überlegungen zu einer Schnittstelle zwischen Recht und Organisationslehre –, DB 1993, S. 1605 ff.

RGRK (Das Bürgerliche Gesetzbuch: mit besonderer Berücksichtigung der Rechtsprechung des Reichsgerichts und des Bundesgerichtshofes – Kommentar), hrsg.

von den Mitgliedern des Bundesgerichtshofes, 12. Auflage, Berlin, New York 1989

Richardi, Reinhard (Hrsg.): Betriebsverfassungsgesetz mit Wahlordnung – Kommentar –, 8. Auflage, München 2002

Richter, Gabriele: Negative Auswirkungen psychischer Belastungen auf die Arbeitssicherheit und Gesundheit, in: Bundesanstalt für Arbeitsschutz und Arbeitsmedizin (Hrsg.): Psychische Belastung und Beanspruchung unter dem Aspekt des Arbeits- und Gesundheitsschutzes (Tagungsbericht Nr. 86), Dortmund, Berlin 1998, S. 9 ff.

– Psychische Belastung und Beanspruchung – Stress, psychische Ermüdung, Monotonie, psychische Sättigung, in: Bundesanstalt für Arbeitsschutz und Arbeitsmedizin, Arbeitswissenschaftliche Erkenntnisse – Forschungsergebnisse für die Praxis, Nr. 116, Dortmund 2000

– Psychische Belastungen am Arbeitsplatz, ArbuR 2001, S. 46 ff.

Ritter, Albert / *Langhoff*, Thomas: Arbeitsschutzmanagementsysteme – Vergleich ausgewählter Standards, Forschungsberichte der Bundesanstalt für Arbeitsschutz und Arbeitsmedizin, Bd. 792, Bremerhaven 1998

Romahn, Regine: Gefährdungsbeurteilungen in der Praxis – Beteiligungsmöglichkeiten für Betriebsräte, AiB 2001, S. 418 ff.

Rosenberg, Leo / *Schwab*, Karl Heinz / *Gottwald*, Peter: Zivilprozeßrecht, 15. Auflage, München 1993

Rosner, Ludwig: Umstellung der Produktion auf Gruppenarbeit, Die BG 1997, S. 32 ff.

Rotsch, Thomas: Täterschaft kraft Organisationsherrschaft?, ZStW 2000, S. 518 ff.

Rotter, Stephan: Anmerkung zu LAG Köln, Urteil vom 22.01.1993 – 12 Sa 872/92 –, LAGE Nr. 6 zu § 618 BGB

Rottmann, Martina: Zur Mitbestimmung des Betriebsrats beim Umgang mit Gefahrstoffen, BB 1989, S. 1115 ff.

Ruberg, Bernd: Mobbing: Überlegungen zu Interventionsmitteln der Arbeitsgerichte, wenn statt der Sache die Person „erledigt“ werden soll, ArbuR 2002, S. 201 ff.

Rudolphi, Hans-Joachim: Strafrechtliche Verantwortlichkeit der Bediensteten von Betrieben für Gewässerverunreinigungen und ihre Begrenzung durch den Einleitungsbescheid, in: Küper, Wilfried in Verbindung mit Puppe, Ingeborg und Tenckhoff, Jörg (Hrsg.): Festschrift für Karl Lackner zum siebzigsten Geburtstag am 18. Januar 1987, Berlin, New York 1987

Sachs, Michael (Hrsg.): Grundgesetz – Kommentar, 3. Auflage, München 2002

Sack, Rolf: Die wettbewerbsrechtliche Durchsetzung arbeitsrechtlicher Normen, in: Hanau, Peter / Lorenz, Egon / Matthes, Hans C. (Hrsg.): Festschrift für Günter Wiese zum 70. Geburtstag, Neuwied, Kriftel, Berlin 1998, S. 493 ff.

Salje, Peter: Zivilrechtliche und strafrechtliche Verantwortung des Betriebsbeauftragten für Umweltschutz, BB 1993, S. 2297 ff.

Sanden, Joachim: Öko-Audit und Umweltstrafrecht – Das Audit als Abwehrmaßnahme gegenüber der Staatsanwaltschaft?, wistra 1995, S. 283 ff.

Sarnighausen, Hans-Cord: Abwägungsmängel bei Bebauungsplänen in der Praxis, NJW 1993, S. 3229 ff.

Schaub, Günter: Arbeitsrechtshandbuch, 10. Auflage, München 2002

Scheel, Kurt-Christian: Die Richtlinie zum Schutz von Gesundheit und Sicherheit der Arbeitnehmer vor der Gefährdung durch chemische Arbeitsstoffe bei der Arbeit, DB 1999, S. 1654 ff.

Schenke, Wolf-Rüdiger: Zur Problematik des Bestandsschutzes im Baurecht und Immsissionsschutzrecht, N+R 1989, S. 8 ff.

Scherer, Joachim: Rechtsprobleme normersetzender „Absprachen“ zwischen Staat und Wirtschaft am Beispiel des Umweltrechts, DÖV 1991, S. 1 ff.

– Umwelt-Audits: Instrument zur Durchsetzung des Umweltrechts im europäischen Binnenmarkt?, NVwZ 1993, S. 11 ff.

Schlachter, Monika: Sexuelle Belästigung am Arbeitsplatz – Inhalt und Funktion des Arbeitsplatzbezugs, NZA 2001, S. 121 ff.

Schliemann, Harald (Hrsg.): Das Arbeitsrecht im BGB – Kommentar, 2. Auflage, Berlin, New York, 2002

Schliephacke, Jürgen: Arbeitssicherheitsmanagement: Organisation – Delegation – Führung – Aufsicht, 3 Bände, Frankfurt/M 1992

– Führungswissen Arbeitssicherheit: Aufgaben – Verantwortung – Organisation, Berlin 2000

Schmalz, Dieter: Allgemeines Verwaltungsrecht und Grundlagen des Verwaltungsrechtsschutzes, 3. Auflage, Baden-Baden 1998

Schmidt, Reiner: Das fünfte Gesetz zur Änderung des Bundes-Immissionsschutzgesetzes, NVwZ 1999, S. 507 ff.

Schmidt, Susanne / *Dobberahn*, Peter: Betriebsverfassungsrechtliche Fragen bei einem Zertifizierungsverfahren nach DIN ISO 9000 ff., NZA 1995, S. 1017 ff.

Schmidt-Preuß, Matthias: Steuerung durch Organisation, DÖV 2001, S. 45 ff.

– Verwaltung und Verwaltungsrecht zwischen gesellschaftlicher Selbstregulierung und staatlicher Steuerung, VVDStRL 1997 (56), S. 160 ff.

Schmidt-Räntsch, Annette: Das neue EU-Umweltmanagementsystem – Änderungen in der novellierten EG-Umweltaudit-Verordnung unter Berücksichtigung der zu ihrer Anwendung erlassenen Leitlinien, N+R 2002, S. 197 ff.

Schmidt-Salzer, Joachim: Kommentar zum Umwelthaftungsrecht – Betriebliche Risiken und innerbetriebliche Verantwortung, Heidelberg 1992

– Massenproduktion, lean production und Arbeitsteilung – organisationssoziologisch und -rechtlich betrachtet: Haftungs- und Strafrecht als Mittel zur Konkretisierung und Verdeutlichung der Organisation von Unternehmen und Unternehmensgruppen, BB 1992, S. 1866 ff.

– Verbraucherschutz, Produkthaftung, Umwelthaftung, Unternehmensverantwortung, NJW 1994, S. 1305 ff.

Schmitz, Wolfgang: Bestimmtheit von Verwaltungsakten, DVP 1991, S. 39 ff.

Schneider, Helmut: Unterweisung – Beispiele, Methoden, Grundlagen, Tips, 5. Auflage, Wiesbaden 1997

Schneider, Uwe H.: Gesellschaftsrechtliche und öffentlich-rechtliche Anforderungen an eine ordnungsgemäße Unternehmensorganisation – Zur Überlagerung des

Gesellschaftsrechts durch öffentlich-rechtliche Verhaltenspflichten und öffentlich-rechtliche Strukturnormen, DB 1993, S. 1909 ff.

Schoch, Friedrich: Der Verfahrensgedanke im allgemeinen Verwaltungsrecht – Anspruch und Wirklichkeit nach 15 Jahren VwVfG, DV 1992, S. 21 ff.

Schönke, Adolf / *Schröder*, Horst: Strafgesetzbuch – Kommentar, 26. Auflage, München 2001

Schöpf, Udo: Multikausale Schäden in der gesetzlichen Unfallversicherung – Gedanken zur systemgerechten Zuweisung arbeitsbedingter Gesundheitsrisiken, Berlin 1995

Schottelius, Dieter: Umweltmanagement-Systeme – Fortschritt für den Umweltschutz?, in: Czajka, Dieter / Hansmann, Klaus / Rebentisch, Manfred (Hrsg.): Immissionsschutzrecht in der Bewährung – Festschrift für Gerhard Feldhaus, Heidelberg 1999, S. 407 ff.

Schottelius, Dieter / *Küpper-Djindjic*, Corinna: Umweltmanagement und Organisationssysteme, BB 1994, S. 2214 ff.

Schröder, Meinhard: Zur Gegenwartslage des Bestandsschutzes im Immissionsschutzrecht, UPR 1986, S. 127 ff.

Schünemann, Bernd: Die strafrechtliche Verantwortlichkeit der Unternehmensleitung im Bereich von Umweltschutz und technischer Sicherheit, UTR 26, S. 137 ff.

– Unternehmenskriminalität und Strafrecht, Köln, Berlin, Bonn, München 1979

Schutzbach, Axel: Die strafrechtliche Verantwortung für Betriebsunfälle, Berlin 1983

Schwarze, Roland: Praktische Handhabung und dogmatische Einordnung des Nachweisgesetzes, ZfA 1997, S. 43 ff.

Sellner, Dieter / *Schnutenhaus*, Jörn: Umweltmanagement und Umweltbetriebsprüfung („Umwelt-Audit“) – ein wirksames, nicht ordnungsrechtliches Instrument des betrieblichen Umweltschutzes, NVwZ 1993, S. 928 ff.

Sendler, Horst: Rechtssicherheit bei Investitionen und normative Anforderungen des modernen Umweltschutzrechts, UPR 1990, S. 41 ff.

– Wer gefährdet wen: Eigentum und Bestandsschutz den Umweltschutz – oder umgekehrt?, UPR 1983, S. 33 ff., 73 ff.

Sieg, Harald / *Leifermann*, Werner / *Tettinger*, Peter J.: Gewerbeordnung, 5. Auflage, München 1988

Siemes, Christiane: Die Neuregelung der Mitbestimmung des Betriebsrates nach § 87 I Nr. 7 BetrVG bei Bildschirmarbeit, NZA 1998, S. 232 ff.

Simons, Rolf / *Wattendorff*, Frank: Sicherheitsbeauftragte im Betrieb – Bericht über den Vertiefungskurs V 3089 und den Projektkurs P 3032, Weiterbildungsstudium Arbeitswissenschaft der Universität Hannover, Hannover 1985.

Slesina, Wolfgang: Evaluation von Gesundheitszirkeln, in: Badura, Bernhard / Litsch, Martin / Vetter, Christian (Hrsg): Fehlzeiten-Report 2000, Zukünftige Arbeitswelten: Gesundheitsschutz und Gesundheitsmanagement – Zahlen, Daten, Analysen aus allen Branchen der Wirtschaft, Berlin, Heidelberg, New York, Barcelona, Hongkong, London, Mailand, Paris, Singapur, Tokio 2001, S. 199 ff.

Slesina, Wolfgang / *Broekmann*, Manfred: Gesundheitszirkel zur Verstärkung des Gesundheitsschutzes im Betrieb, Arbeit 1992, S. 166 ff.

Smid, Stefan: Grundzüge des neuen Insolvenzrechts, 3. Auflage des von Hans Heilmann begr. Werkes, München 1999

Soergel, Hans-Theodor / *Siebert*, Wolfgang: Bürgerliches Gesetzbuch, mit Einführungsgesetz und Nebengesetzen – Kommentar, 12. Auflage, Stuttgart, Berlin, Köln 1998

Sokoll, Günther: Die gesetzliche Unfallversicherung im Übergang zum Europäischen Binnenmarkt – Änderungen zum 1. Januar 1993, NZS 1993, S. 9 ff.

Sowka, Hans-Harald: Mutterschutzrichtlinienverordnung, NZA 1997, S. 927 f.

Spindler, Gerald: Anlagensicherheit im deutschen und europäischen Recht – Grundlegende Probleme der neuen StörfallVO –, UPR 2001, S. 81 ff.

– Unternehmensorganisationspflichten – Zivilrechtliche und öffentlich-rechtliche Regelungskonzepte, Köln, Berlin, Bonn, München 2001

– Unternehmensorganisationsrecht als Beitrag zur zivilrechtlichen Risikoregulierung?, in: Hart, Dieter (Hrsg.): Privatrecht im „Risikostaat", Baden-Baden 1997, S. 99 ff.

Spinnarke, Jürgen / *Schork*, Gerhard: Arbeitssicherheitsrecht (ASiR), 2. Auflage, Heidelberg, Loseblattsammlung

Staudinger, Julius von: Kommentar zum Bürgerlichen Gesetzbuch – mit Einführungsgesetz und Nebengesetzen, 13. Auflage, Berlin 1999

Stege, Dieter / *Weinspach*, F.K.: Betriebsverfassungsgesetz – Handkommentar für die betriebliche Praxis, 8. Auflage, Köln 1999

Stein, Friedrich / *Jonas*, Martin: Kommentar zur Zivilprozeßordnung, 21. Auflage, Tübingen 1997

Stelkens, Paul / *Bonk*, Heinz J. / *Sachs*, Michael: Verwaltungsverfahrensgesetz – Kommentar, 6. Auflage 2001

Storm, Peter-Christoph: Novellierungsbedarf der EG-Umweltaudit-Verordnung? – Erkenntnisse der Rechtstatsachenforschung, NVwZ 1998, S. 341 ff.

Strate, Gerhard / *Wohlers*, Wolfgang: Umweltaudit und strafrechtliche Verantwortlichkeit, in: Ewer, Wolfgang / Lechelt, Rainer / Theuer, Andreas (Hrsg.): Handbuch Umweltaudit, München 1998

Streffer, Christel: Freier Warenverkehr und Arbeitsschutz im europäischen Recht, in: Anzinger, Rudolf / Wank, Rolf (Hrsg.): Entwicklungen im Arbeitsrecht und Arbeitsschutzrecht – Festschrift für Otfried Wlotzke zum 70. Geburtstag, München 1996, S. 769 ff.

Strobach, Manuela: Schutz des Verkaufspersonals vor verkaufsoffenen Sonntagen, AiB 2000, S. 275 ff.

Stüer, Bernhard: Handbuch des Bau- und Fachplanungsrechts – Planung, Genehmigung, Rechtsschutz, 2. Auflage, München 1998

Stumpp, Hans: Die Bestimmtheit von Verwaltungsakten, DVBl. 1968, S. 330 ff.

Systematischer Kommentar zum Strafgesetzbuch – SK-StGB –, hrsg. von Hans-Joachim Rudolphi / Eckhard Horn / Erich Samson / Hans-Ludwig Günther / Andreas Hoyer, Neuwied, Berlin, Kriftel, Loseblattsammlung

Teske, Ulrike / *Zinke*, Eva: Gesundheitsbericht und Gesundheitszirkel auf dem Prüfstand, s.i.s. 1996, S. 341 ff.

Tettinger, Peter J. / *Wank*, Rolf: Gewerbeordnung, 6. Auflage, München 1999

Teubner, Gunther: „Corporate responsibility" als Problem der Unternehmensverfassung, ZGR 1983, S. 34 ff.

Teubner, Gunther / *Willke*, Helmut: Kontext und Autonomie – Gesellschaftliche Selbststeuerung durch reflexives Recht, ZfRSoz 1984, S. 4 ff.

Tiedemann, Klaus: Die strafrechtliche Vertreter- und Unternehmenshaftung, NJW 1986, S. 1842 ff.

Többens, Hans W.: Die Bekämpfung der Wirtschaftskriminalität durch die Troika der §§ 9, 130, 30 des Gesetzes über Ordnungswidrigkeiten, NStZ 1999, S. 1 ff.

Trägner, Ulrike: Bereitschaftsdienst angestellter Krankenhausärzte als Arbeitszeit, NZA 2002, S. 126 ff.

Ule, Carl Hermann / *Laubinger*, Werner: Bundesimmissionsschutzgesetz – Kommentar, Rechtsvorschriften, Neuwied, Loseblattsammlung

Veigel, Bernd: Das niederländische Arbeitsschutzrecht und die Umsetzung der Arbeitsschutzrahmenrichtlinie in den Niederlanden, Baden-Baden 2002

Vetter, Christian / *Dieterich*, Clemens / *Acker*, Christoph: Krankheitsbedingte Fehlzeiten in der deutschen Wirtschaft, in: Badura, Bernhard / Litsch, Martin / Vetter, Christian (Hrsg): Fehlzeiten-Report 2000, Zukünftige Arbeitswelten: Gesundheitsschutz und Gesundheitsmanagement – Zahlen, Daten, Analysen aus allen Branchen der Wirtschaft, Berlin, Heidelberg, New York, Barcelona, Hongkong, London, Mailand, Paris, Singapur, Tokio 2001, S. 277 ff.

Vogel, Jörg: Die Rechtsbindung der Arbeitnehmer an Unfallverhütungsvorschriften gemäß § 15 Abs. 1 S. 1 Nr. 2 SGB VII, Berlin 2000

Vogl, Markus: Das neue Arbeitsschutzgesetz, NJW 1996, S. 2753 ff.

Volk, Klaus: Zur Bestrafung von Unternehmen, JZ 1993, S. 429 ff.

Wagner, Gerhard: Haftung und Versicherung als Instrumente der Techniksteuerung, VersR 1999, S. 1441 ff.

Wagner, Hellmut / *Budde*, Andreas: Erfahrungen mit dem Umwelt-Audit-System in Deutschland, ZUR 1997, S. 254 ff.

Wagner, Joachim: Anmerkung zum Urteil des ArbG Dortmund vom 2.9.1998 – Kostentragungspflicht des Arbeitgebers für Sehhilfen –, AiB 1999, S. 419 f.

– Die Beteiligung des Betriebsrats bei Umweltmanagementsystemen nach der EG-Öko-Audit-Verordnung, AiB 1996, S. 453 ff.

– Qualitätsmanagementsysteme DIN/ISO 9000 und Betriebsratsrechte, AiB 1994, S. 600 ff.

– Rechtsprechung zur Mitbestimmung des Betriebsrats bei der Umsetzung des Arbeitsschutzgesetzes und der Bildschirmarbeitsverordnung, DB 1998, S. 2366 f.

Wallrath, Jana: Strategien der Staatlichen Arbeitsschutzbehörden in bezug auf Klein- und Kleinstunternehmen unter besonderer Berücksichtigung der Systemkontrolle, Projektarbeit im Rahmen des Projektes „Strukturwandel des Arbeitsschutzes – Bilanz und Bestandsaufnahme –" an der Hochschule für Wirtschaft und Politik Hamburg, Wintersemester 1999/2000 bis Wintersemester 2000/2001.

Wank, Rolf: Der neue Entwurf eines Arbeitsschutzgesetzes, DB 1996, S. 1134 ff.

– Kommentar zum technischen Arbeitsschutz, München 1999

Wank, Rolf / *Börgmann*, Udo: Deutsches und europäisches Arbeitsschutzrecht – Eine Darstellung der Bereiche Arbeitsstätten, Geräte- und Anlagensicherheit, Gefahrstoffe und Arbeitsorganisation mit Abdruck der einschlägigen EG-Richtlinien, München 1992

Waskow, Siegfried: Betriebliches Umweltmanagement: Anforderungen nach der Audit-Verordnung der EG – ein Leitfaden über die EG-Verordnung zum Umweltmanagement und zur Umweltbetriebsprüfung, Heidelberg 1994

– Verknüpfungen von Umwelt-Audit und Immissionsschutzrecht, in: Czajka, Dieter / Hansmann, Klaus / Rebentisch, Manfred (Hrsg.): Immissionsschutzrecht in der Bewährung – Festschrift für Gerhard Feldhaus, Heidelberg 1999, S. 365 ff.

Watkins, Gareth: The health and safety handbook, London 1997

Wegner, Carsten: Die Auswirkungen fehlerhafter Organisationsstrukturen auf die Zumessung der Unternehmensgeldbuße, wistra 2000, S. 361 ff.

Wehner, Theo / *Nowack*, Jürgen / *Mehl*, Klaus: Über die Enttrivialisierung von Fehlern: Automation und ihre Auswirkungen als Gefährdungspotentiale, in: Wehner, Theo (Hrsg.): Sicherheit als Fehlerfreundlichkeit – Arbeits- und sozialpsychologische Befunde für eine kritische Technikbewertung, Opladen 1992, S.36 ff.

Wickel, Martin: Bestandsschutz im Umweltrecht – Entwicklung einer einheitlichen Bestandsschutzkonzeption für genehmigte Anlagen, Baden-Baden 1996

Wiedemann, Herbert (Hrsg.): Tarifvertragsgesetz mit Durchführungs- und Nebenenvorschriften – Kommentar, 6. Auflage, München 1999

Wilrich, Thomas: Prüfung, Betrieb und Überwachung von Arbeitsmitteln und Anlagen nach der Betriebssicherheitsverordnung, DB 2002, S. 1553 ff.

Wimmer, Klaus / *Stenner*, Alexander: Lexikon des Insolvenzrechts, Neuwied, Kriftel, Berlin 1999

Windel, Armin: Gruppenarbeit im Büro – Vergleich des Beanspruchungserlebens von Sachbearbeitern bei arbeitsteiligen Organisationsstrukturen und teilautonomer Gruppenarbeit, Münster, New York 1996

Wlotzke, Otfried: Anmerkung zum Urteil des Bundesarbeitsgerichts vom 8.5. 1996 – 5 AZR 315/95 –, AP Nr. 23 zu § 618 BGB

– Ausgewählte Leitlinien des Arbeitsschutzgesetzes, in: Klebe, Thomas / Wedde, Peter / Wolmerath, Martin (Hrsg.): Recht und soziale Arbeitswelt – Festschrift für Wolfgang Däubler, Frankfurt/M 1999, S. 654 ff.

– Das Arbeitsschutzgesetz und die Arbeitsschutzpflichten der Beschäftigten, in: Isenhardt, Udo / Preis, Ulrich (Hrsg.): Arbeitsrecht und Sozialpartnerschaft – Festschrift für Peter Hanau, Köln 1999, S. 317 ff.

– Das betriebliche Arbeitsschutzrecht – Ist Zustand und künftige Aufgaben, NZA 2000, S. 19 ff.

– Das neue Arbeitsschutzgesetz – zeitgemäßes Grundlagengesetz für den betrieblichen Arbeitsschutz, NZA 1996, S. 1017 ff.

– Fünf Verordnungen zum Arbeitsschutzgesetz von 1996, NJW 1997, S. 1469 ff.

– Öffentlich-rechtliche Arbeitsschutznormen und privatrechtliche Rechte und Pflichten des einzelnen Arbeitnehmers, in: Dieterich, Thomas / Gamillscheg, Franz /

Wiedemann Herbert (Hrsg.): Festschrift für Marie Luise Hilger und Hermann Stumpf, München 1983, S. 723 ff.

– Technischer Arbeitsschutz im Spannungsverhältnis von Arbeits- und Wirtschaftsrecht, RdA 1992, S. 85 ff.

– Zur stufenweisen Neuregelung des Arbeitsschutzrechts, in: Engelen-Kefer, Ursula / Schoden, Michael / Zachert, Ulrich (Hrsg.): Arbeitsrecht in der Bewährung – Festschrift für Karl Kehrmann, Frankfurt/Main 1997, S. 141 ff.

Wolf, Rainer: Der Stand der Technik – Geschichte, Strukturelemente und Funktion der Verrechtlichung technischer Risiken am Beispiel des Immissionsschutzes, Opladen 1986

Wollnik, Michael: Interpretative Ansätze in der Organisationstheorie, in: Kieser, Alfred (Hrsg.), Organisationstheorien, 2. Auflage, Stuttgart, Berlin, Köln 1995, S. 303 ff.

Wright, Frank B.: Law of health and safety at work, London 1997

Zimolong, Bernhard: Arbeitssicherheit und Umweltschutz, Studienbrief der Fernuniversität – Gesamthochschule Hagen, Hagen 1998

– (Hrsg.): Management des Arbeits- und Gesundheitsschutzes – Die erfolgreichen Strategien der Unternehmen, Wiesbaden 2001

Zimolong, Bernhard / *Kohte*, Wolfhard: Implementierung organisationsrechtlicher Standards unter dem Aspekt der Prävention in der Metallindustrie – Abschlußbericht des mit Mitteln der Volkswagenstiftung geförderten Projekts II/71 715, Bochum/Halle 2001

Zmarzlik, Johannes / *Anzinger*, Rudolf: Jugendarbeitsschutzgesetz – Kommentar, 5. Auflage, München 1998

Zöller, Richard: Zivilprozeßordnung, mit Gerichtsverfassungsgesetz und den Einführungsgesetzen, mit internationalem Zivilprozeßrecht, Kostenanmerkungen, 23. Auflage, Köln 2002

Zöllner, Wolfgang: Arbeitsrecht und menschengerechte Arbeitsgestaltung, RdA 1973, S. 212 ff.

Zöllner, Wolfgang / *Loritz*, Karl-Georg: Arbeitsrecht, 5. Auflage, München 1998

Sachregister